上海市政府专项资金项目“旅游 + 校园体验中心”成果之一

中国经典景点

（下）

华东卷

夏林根——主编　张　媛　宁　月　曹紫红——编著

東方出版中心

图书在版编目（CIP）数据

中国经典景点. 下 / 夏林根主编；汪安梅等编著
. —上海：东方出版中心, 2021.3
ISBN 978-7-5473-1766-2

Ⅰ. ①中… Ⅱ. ①夏… ②汪… Ⅲ. ①景点－介绍－
中国 Ⅳ. ①K928.7

中国版本图书馆CIP数据核字（2021）第010625号

中国经典景点（下）

主　　编　夏林根
编　　著　汪安梅　张　媛　宁　月　曹紫红
策划组稿　唐丽芳　张芝佳
责任编辑　邓　伟　费多芬　唐君宇
装帧设计　钟　颖

出版发行　东方出版中心
地　　址　上海市仙霞路345号
邮政编码　200336
电　　话　021-62417400
印 刷 者　上海万卷印刷股份有限公司

开　　本　700mm × 1000mm　1/16
印　　张　83.75
字　　数　1059千字
版　　次　2021年3月第1版
印　　次　2021年3月第1次印刷
定　　价　188.00元

前　言

由夏林根教授主持的上海市政府专项资金项目“旅游+校园体验中心”，包括“旅游大数据体验室”“出境旅游目的地信息系统”“中国经典景点信息系统”“客源国风情体验室”等子项目。《中国经典景点》根据其中的“中国经典景点信息系统”的相关资料整理编纂而成。

本书所称的“经典景点”，除了由联合国教科文组织认定的“世界地质公园”和“世界遗产”以外，全部为国务院及各相关部、委、局评选认定和命名的“国家级”景点。它们是人们进行旅游活动的主要场所，也是推进生态文明、建设美丽中国的重要载体。

本书汇集中国31个省、市、自治区（不含港、澳、台）的“经典景点”1.2万余个，分为以下30个类别：

1. 中国历史文化名镇。指由住房和城乡建设部与国家文物局组织评选的，保存文物特别丰富且具有重大历史价值或纪念意义，能较完整地反映一些历史时期传统风貌和地方民族特色的镇。

2. 中国历史文化名村。指由住房和城乡建设部与国家文物局组织评选的，保存文物特别丰富且具有重大历史价值或纪念意义，能较完整地反映一些历史时期传统风貌和地方民族特色的村。

3. 全国特色景观旅游名镇（村）。指由住房和城乡建设部与文化和旅游部共同评定的，具有丰富的地域特色、水域特色、生物特色、气候特色等自然景观资源且保存完好，具有鲜明的非物质文化特色、特色建筑和设施、农林牧渔特色、产业特色、民族特色等人文景观资源，体现乡村和小城镇的地方风貌，具有较高的观光游览和休闲度假等旅游开发利用价值，具有显著的爱国主义、文化传承、城乡交流、科普教育等积极意义，适宜开展旅游活动，形成一定的旅游主题的镇或村。

4. 中国特色小镇。指由国家发展和改革委员会、财政部、住房和城乡建设部共同认定的，富有活力的，以休闲旅游、商贸物流、现代制造、教育科技、传统文化、美丽宜居等为特色的镇。

5. 中国历史文化街区。指由住房和城乡建设部、国家文物局共同认定的，风貌完整、传统建筑集中、历史文化遗存丰富的法定保护的区域或“历史地段”。

6. 国家级文化生态保护实验区。指由文化和旅游部批准建立的，以保护非物质文化遗产为核心，对历史文化积淀丰厚、存续状态良好，具有重要价值和鲜明特色的文化形态进行整体性保护的特定区域。

7. 国家生态旅游示范区。指由文化和旅游部、生态环境部共同评定的，具有明确地域界限、管理规范、具有示范效应的典型的生态旅游示范区。

8. 全国红色旅游经典景区。指由国家发展和改革委员会等认定的，以 1840 年以来在中国大地上发生的中国人民反对外来侵略、奋勇抗争、自强不息、艰苦奋斗，充分显示伟大民族精神的重大事件、重大活动和重要人物事迹的历史文化遗存为主体，组织接待旅游者进行参观游览，学习革命精神，接受革命传统教育和振奋精神、放松身心、增加阅历的旅游目的地。

9. 全国农业旅游示范点。指由文化和旅游部认定的，以农业生产过程、农村风貌、农民劳动和生活场景为主要景观的旅游活动的示范点。

10. 全国休闲农业与乡村旅游示范点。指由农业农村部、文化和旅游部认定的，推进农业功能拓展、农业结构调整、社会主义新农村建设和促进农民增收的休闲农业与乡村旅游的示范点。

11. 全国工业旅游示范点。指由文化和旅游部认定的，具有观赏、研学、展示、休闲、疗养、购物等功能，提供相应旅游设施与服务的场所，以及反映重大事件、体现工业技术成果和科技文明等的载体，包括工业企业、工业园区、工业展示区域、工业历史遗迹等。

12. 国家级非物质文化遗产生产性保护示范基地。指由文化和旅游部认定的，通过生产、流通、销售等方式，将非物质文化遗产及其资源转化为生产力和产品，产生经济效益，并促进相关产业发展，使非物质文化遗产在生产实践中得到积极保护，实现非物质文化遗产保护与经济社会协调发展良性互动的单位。

13. 国家级旅游度假区。指由文化和旅游部认定的，为了适应我国居民休闲度假旅游需求的快速发展，为人民群众积极营造有效的休闲度假空间，提供多样化、高质量的休闲度假旅游产品，为落实职工带薪休假制度创造更为有利的条件而设立的综合性旅游载体品牌。

14. 国家级风景名胜区。原称国家重点风景名胜区，指由国务院审定的，具有观赏、文化或者科学价值，能够反映重要自然变化过程和重大历史文化发展过程，基本处于自然状态或者保持历史原貌，具有国家代表性的自然景观、人文景观比较集中，环境优美，可供人们游览或者进行科学、文化活动的区域。

15. 国家级自然保护区。指由国务院审定的，对有代表性的自然生态系统、珍稀濒危野生动植物物种的天然集中分布区，有特殊意义的自然遗迹等保护对象所在的陆地、陆地水体或者海域，依法划出一定面积予以特殊保护和管理的区域。

16. 国家级水利风景区。指由水利部评定的，以水域或水利工程为依托，可以开展观光、娱乐、休闲、度假或科学、文化、教育活动的区域。

17. 国家级海洋特别保护区。指由国家海洋局认定的，具有特殊地理条件、生态系统、生物与非生物资源及海洋开发利用特殊需要的，采取有效的保护措施和科学的开发方式进行特殊管理的，具有生态保护和重要资源开发价值、涉及维护国家海洋权益的重要海洋区域。

18. 世界地质公园。指由联合国教育、科学及文化组织选出的，以具有地质科学意义、珍奇秀丽且独特的地质景观为主的，融合自然景观与人文景观的自然公园。

19. 国家地质公园。指由自然资源部认定的，以具有国家级特殊地质科学意义、较高的美学观赏价值的地质遗迹为主体，并融合其他自然景观与人文景观而构成的一种独特的自然区域。

20. 国家森林公园。指由国家林业和草原局批准设立的，森林景观特别优美，人文景物比较集中，观赏、科学、文化价值高，地理位置特殊，具有一定的区域代表性，旅游服务设施齐全，有较高的知名度，可供人们游览、休息或进行科学、文化、教育活动的场所。

21. 国家沙漠公园。指由国家林业和草原局批准设立的，以沙漠景观为主体，以保护荒漠生态系统和生态功能为核心，合理利用自然与人文景观资源，开展生态保护及植被恢复、科研监测、宣传教育、生态旅游等活动的特定区域。

22. 国家石漠公园。指由国家林业和草原局认定的，以多样化的岩溶地貌与生物景观资源为基础，以保护岩溶生态系统及其生态环境为基本出发点，以生态文化建设和科普宣教为主线，合理利用资源开展公众游憩、旅游休闲和进行科学、文化、宣传和教育活动的特定区域。

23. 国家湿地公园。指由国家林业和草原局批准设立的，具有一定规模和范围，以具有显著或特殊生态、文化、美学和生物多样性价值的湿地景观为主体，以保护湿地生态系统、合理利用湿地资源、开展湿地宣传教育和科学研究为目的，可供公众游览、休闲或进行科学、文化和教育活动的特定区域。

24. 国家矿山公园。指由自然资源部、文化和旅游部、生态环境部等评定的，以人类矿业遗迹景观为主体，体现矿业发展历史，具备研究价值和教育功能，可供人们游览观赏、进行科学考察与科学知识普及的特定的空间地域。

25. 国家考古遗址公园。指由国家文物局评定的，以重要考古遗址及其背景环境为主体,具有科研、教育、游憩等功能,在考古遗址保护和展示方面具有全国性示范意义的特定公共空间。

26. 世界遗产。指由联合国教育、科学及文化组织和其组织内的世界遗产委员会确认的,人类罕见的、目前无法替代的、全人类公认的具有突出意义和普遍价值的文物古迹及自然景观。

27. 全国重点文物保护单位。指由国家文物局评定的,具有重大历史、艺术、科学价值,在中华文明中具有标志性地位和全国性意义的最高保护级别的不可移动文物。

28. 国家一级博物馆。指由国家文物局评定的,具有文物、标本收藏保管、科学研究、陈列展览功能,在综合管理与基础设施、藏品管理与科学研究、陈列展览与社会服务等各方面处于最高等级的博物馆。

29. 国家重点美术馆。指由文化和旅游部认定的,具有展览、典藏、研究及公共教育和服务功能,有较好的基础设施、管理和服务,不以营利为目的的公益性美术馆。

30. 中华老字号。指由商务部认定的,历史悠久,拥有世代传承的产品、技艺或服务,具有鲜明的中华民族传统文化背景和深厚的文化底蕴,取得社会广泛认同,形成良好信誉的品牌。

本书分为六卷,即东北卷(包括辽宁、吉林、黑龙江),西北卷(包括陕西、甘肃、青海、宁夏、新疆),华东卷(包括上海、江苏、浙江、安徽、江西、山东、福建,不含台湾),华北卷(包括北京、天津、河北、内蒙古、山西),中南卷(包括河南、湖北、湖南、广东、广西、海南,不含香港、澳门),西南卷(包括重庆、四川、贵州、云南、西藏)。各卷以省级行政区为单位分类归集景点,各类别的景点原则上以认定入选的年份先后为序。本书资料原则上截止于 2018 年 6 月。

本书先由夏林根制定框架,选定景点,收集相关基本资料,然后由各分卷编纂者负责校订增补,最后由夏林根通稿审定。在编纂过程中,本书得到了上海杉达学院副校长王馥明教授、副校长娄斌超教授、校长办公室李扬女士，东方出版中心唐丽芳博士，上海奇众信息科技公司总经理高吉瑞先生的大力支持和帮助。本书较多地参考征引了相关政府机关和专业网站的资料，恕不一一列举。谨致谢忱！

目录 CONTENTS

上海篇

江苏篇

浙江篇

安徽篇

江西篇

山东篇

福建篇

上海篇

上海，直辖市。春秋战国时期，上海地区是楚国春申君黄歇的封邑，故别称“申”。晋朝时期，因渔民创制捕鱼工具“扈”，江流入海处称“渎”，松江下游一带称为“扈渎”，后又改称“沪”，故上海又别称“沪”。

上海位于太平洋西岸，亚洲大陆东沿，中国南北海岸中部，东濒东海，南临杭州湾，北、西接江苏和浙江两省。总面积 6 340.5 平方千米。地处长江三角洲冲积平原，平均海拔 2.19 米左右。大金山岛是上海境内最高点，海拔 103.7 米。崇明岛为中国第三大岛。

上海属于亚热带季风性气候，四季分明，日照充分，雨量充沛。气候温和湿润，春秋较短，冬夏较长。全年平均气温为 17.7℃。

上海辖有黄浦、徐汇、长宁、静安、普陀、虹口、杨浦、闵行、宝山、嘉定、浦东、金山、松江、青浦、奉贤、崇明 16 个区。2019 年末，常住人口 2 428.14 万，其中户籍常住人口 1 450.43 万。居民主要为汉族。

上海是国家中心城市，沪杭甬大湾区核心城市，国际经济、金融、贸易、航运、科技创新中心，首批沿海开放城市之一，长江经济带的龙头城市。上海与江苏、浙江、安徽共同构成的长江三角洲城市群，是世界六大城市群之一。上海港货物吞吐量和集装箱吞吐量均居世界第一，设有中国大陆首个自贸区——中国（上海）自由贸易试验区。

一、中国历史文化名镇

金山区枫泾镇 位于上海与浙江交界处。上海的西南门户。2 000 年前这里已有人类生息，1 500 多年前形成集市。元至元年间建“白牛镇”，明代改称“枫泾镇”。典型的江南水乡集镇，素有“三步两座桥，一望十条巷”之美誉。文化底蕴深厚，名人辈出，源自此地的金山农民画是享誉世界的民间艺术珍品。2005 年入选中国历史文化名镇。

青浦区朱家角镇 位于上海市西部，地处江、浙、沪交界处。古镇历史可追溯至 1 700 多年前的三国时期，宋、元时形成集市，名“朱家村”。明万历年间建镇，名“珠街阁”。曾以布业著称江南，号称“衣被天下”，为江南巨镇。古镇九条老街，千余栋民宅临河而建，展现出一幅古意盎然的江南水乡风情画卷。2007 年入选中国历史文化名镇。

浦东新区新场镇 位于浦东新区南部。古称“石笋里”，有着 1 300 年的历史，素有“十三牌楼九环龙，小小新场赛苏州”的美誉。现有 15 万平方米的成片古建筑群，古街、古牌坊、古宅、古仪门、古桥、古驳岸、古寺、古银杏，呈现“八古”历史风韵。保留着 2 000 多米的南北长街，1 000 多米的马鞍水桥古石驳岸，大小不一的 100 多户明清古宅院，牌坊和拱桥是当地的两大特色。2008 年入选中国历史文化名镇。

嘉定区嘉定镇 位于嘉定区西北郊。嘉定区商业、文化、旅游中心，上海市“四大历史文化名镇”之一，素以人文荟萃闻名。历史悠久，唐代因练祁河得名“练祁市”。南宋嘉定年间设县治，依年号命名为“嘉定”。保留有历史建筑6.5万平方米,有其顺堂、厚德堂、崇德堂等16处优秀历史建筑。始建于南宋嘉定年间的孔庙保存完好。2008年入选中国历史文化名镇。

嘉定区南翔镇 位于上海的西北部。已有1 500多年的历史,是上海市“四大历史文化名镇”之一。梁天监年间建成白鹤南翔寺,镇因寺得名。五代建成砖结构“双塔”,南宋抗金名将韩世忠留下烽火墩“鹤槎山”,明代建成古猗园。古镇美食为世人所称道,如南翔小笼、郁金香酒、罗汉菜、肥羊面等。2010年入选中国历史文化名镇。

浦东新区高桥镇 位于浦东新区北部,北毗吴淞口,西临黄浦江,东毗长江口。历史悠久,建制于宋代。浦东新区超过三分之一的名胜古迹、名宅故居都在高桥镇,大部分名宅故居集中在具有800多年历史的高桥老街。历代名人辈出,美食高桥松饼远近闻名。2010年入选中国历史文化名镇。

青浦区练塘镇 位于上海的西南部,地处沪、浙交界地区。历史悠久,春秋时属于吴,后为楚国春申君黄歇封地。著名的江南鱼米之乡,青浦薄稻即产于此。人文资源丰富,自然风光优美,具有深厚的文化底蕴。古镇还是无产阶级革命家陈云的故乡。2010年入选中国历史文化名镇。

金山区张堰镇 位于金山区中部。古称“赤松里”,春秋时期已成村落。相传汉留侯张良曾居此,故又称“留溪”“张溪”。唐代为御海潮置华亭十八堰,其中之一即为张泾堰,镇袭堰名。文化底蕴深厚,商贸交通发达。现存大小弄巷29条,建于清代以前的石皮弄、政安弄、西河沿、南社纪念馆等四大建筑群保存完好。2010年入选中国历史文化名镇。

青浦区金泽镇 位于青浦区西南隅。地处江、浙两省进入上海的西大门,是上海唯一与江苏省和浙江省交界的镇。原有6观、1塔、13坊、42虹桥,有“庙庙有桥,桥桥有庙”之谚,著名书法、篆刻家钱君陶曾为之题写“金泽古桥甲天下”。2014年入选中国历史文化名镇。

浦东新区川沙新镇 位于浦东新区的东部,东南端水域为长江与东海的汇合处。因盐而兴、因商而盛的工商重镇。明嘉靖年间,因倭寇猖獗,中央政府在古镇四周修筑城墙,命名为“川沙堡城”,“川沙”之名由此流传。文人名士咸集，如建筑设计师杨斯盛、爱国人士黄炎培等。著名景点有黄炎培故居、宋氏家族居住地、川沙天主堂、张闻天故居、川沙公园、川沙古城墙、上海迪士尼乐园等。2014 年入选中国历史文化名镇。

二、中国历史文化名村

松江区下塘村 位于泗泾镇。元末明初形成村落，民居店铺沿泗泾塘北岸排列，形成沿河街道。下塘街及中市桥南岸一带，保存有传统水乡市集的河街格局和部分传统建筑。村域内有安方塔、马相伯故居、史量才故居等。2014 年入选中国历史文化名村。

闵行区革新村 位于浦江镇。这里是上海农耕文化的发源地，召稼楼古镇就在辖区内。乡间小道干净整洁，农宅院落错落有致，有多处传统民居、历史遗迹、埠头和桥梁，还有众多名人遗迹。村宅风格迥异，在保留当地传统乡村房型的同时杂糅了各地建筑元素，既美观又宜居。2014 年入选中国历史文化名村。

三、全国特色景观旅游名镇(村)

崇明区前卫村 位于竖新镇。原是一片滩涂中的边陲小村，如今已是现代化的村镇，经济比较发达。曾先后获得“全国科普教育基地”“全国精神文明建设工作先进单位”“全国生态农业旅游示范点”“全国文明村”等荣誉称号。2010 年入选全国特色景观旅游名镇。

青浦区朱家角镇 2010 年入选全国特色景观旅游名镇。参见中国历史文化名镇——青浦区朱家角镇。

金山区中华村 位于廊下镇。环境优美，建筑以二三层的白墙黛瓦民居为主。有锦江中华村农家乐、金山农村新天地、上海农业科普馆金山馆、玉环灵芝基地、盛姆仙桃园、艺林垂钓中心、农家乐马场、碧林度假村、农科院葡萄采摘基地、桑果采摘园等景点，还有53.33万平方米高尔夫草坪种植基地、46.67万平方米彩色树种植基地、草鸡养殖基地、中华村会务中心等项目。先后获得“中国人居环境范例奖”等荣誉，被评为“全国创建文明村镇工作先进村镇”。2015年入选全国特色景观旅游名镇(村)。

金山区金山嘴渔村 位于山阳镇，濒临杭州湾。历史上渔业兴旺，清末民初有商店、作坊36家，渔行客栈10多家。现金山嘴老街修缮一新，开设了渔村博物馆、金山嘴海鲜城、海鲜一条街，古老的渔村焕发出崭新的活力。2015年入选全国特色景观旅游名镇(村)。

崇明区瀛东村 位于陈家镇。地处崇明岛的最东端，以生态旅游为主体，是集生态农业和观光旅游业为一体的现代海边小村。生态旅游、淡水养殖和绿化种植三业并举，结合农业旅游与渔业旅游，开设渔家乐生态旅游项目，已发展成为市郊独特的旅游品牌。2015年入选全国特色景观旅游名镇(村)。

嘉定区南翔镇 2015年入选全国特色景观旅游名镇(村)。参见中国历史文化名镇——嘉定区南翔镇。

四、中国特色小镇

松江区车墩镇 位于上海市西南郊。相传为三国时期吴越官员出猎停车之地，故名“车墩”。镇域内有充满老上海风情的上海影视乐园，以化城安养院、东禅古寺、杨园组成的“一院一寺一园”为核心的华阳老街宗教文化区,朱季恂宅、顾氏宅等名人古宅和元、明两代五座古桥为主的明清水乡游览区。2016 年入选中国特色小镇。

金山区枫泾镇 2016 年入选中国特色小镇。参见中国历史文化名镇——金山区枫泾镇。

青浦区朱家角镇 2016 年朱家角镇入选中国特色小镇。参见中国历史文化名镇——青浦区朱家角镇。

闵行区吴泾镇 位于闵行区东南部。新中国成立后是著名的工业区,曾创造了新中国化学工程史上多个里程碑。如今以“科技”和“时尚”为核心,紫竹国家高新技术产业开发区汇集了微软、英特尔、中广核、国核自仪等 14 家世界 500 强企业,900 余家科技型企业和各级研发机构,森马、衣恋、拉夏贝尔等服装服饰行业的龙头企业相继在此建设产业基地。2017 年入选中国特色小镇。

崇明区东平镇 位于崇明岛中北部。包括原市属崇明东风、长江、前进、前哨四个农场区域。主要景点有:东平国家森林公园、根宝足球基地、江南三民文化村、紫海鹭缘浪漫庄园、上海奶牛科普馆。每年举办丰富多彩的旅游节庆活动,如光明丰收节、光明菜花节、崇明薰衣草节等。崇明生态岛建设的重要实践区,被评为“上海市文明镇”“上海市平安镇”。2017 年入选中国特色小镇。

嘉定区安亭镇 位于上海市西北部的沪、苏交界处。“安亭”之名源于汉代,“十里一亭,以安名亭,以亭为镇”,自此沿用至今。典型的江南城镇,民风淳厚,风景优美,有震川书院、严泗桥、永安塔等景点。安亭是上海国际汽车城的核心区域,也是上海市“一城九镇”城镇体系的重点镇之一。新镇区依托上海国际汽车城,以汽车产业、房地产业和旅游业三大产业为支撑,打造高品位、高起点、特色鲜明的现代化城镇。2017 年入选中国特色小镇。

宝山区罗泾镇 位于宝山区的北部,东临长江,与崇明岛隔江相望。罗泾港是上海第三大港。镇域内有 3.24 平方千米的水资源保护区和 4 平方千米的长江原水基地,承担了上海市 30% 的原水供应。历史文化资源丰富,有始建于南宋的萧泾古寺,有上海市非物质文化遗产"十字挑花"。已经形成融现代农业、生态景观、休闲度假、文化娱乐于一体的旅游产业体系。2017年入选中国特色小镇。

奉贤区庄行镇 位于上海的西南郊。宋代已成村落,元末明初建成集镇,明清两朝商业发达、街市繁荣,素有"鱼米庄行闹六时"之说。农艺文化底蕴深厚,有刻纸、农民诗歌、汉光瓷等乡土艺术,土布染织技艺、羊肉加工技艺和青团制作技艺入选上海市非物质文化遗产。拥有三个万亩水稻示范带,"润庄""庄原"大米闻名沪上。2017 年入选中国特色小镇。

浦东新区新场镇 2017 年入选中国特色小镇。参见中国历史文化名镇——浦东新区新场镇。

五、中国历史文化街区

外滩历史文化街区 位于黄浦区的黄浦江畔。清道光末年,这一带被划为英国租界。包括 43 个街坊,总面积超过 1 平方千米。建筑面貌基本形成于 20 世纪 30 年代,以金融贸易建筑为主,有汇丰银行、海关大楼、怡和洋行、沙逊大厦、上海总会等,还有四座跨越苏州河的桥梁。外滩建筑群、上海邮政总局等为全国重点文物保护单位。外白渡桥、四川路桥、乍浦路桥被评为"上海市优秀历史建筑"。2015 年入选中国历史文化街区。

六、国家级文化生态保护实验区

明珠湖—西沙湿地国家生态旅游示范区 位于崇明岛西南端。由明珠湖和西沙湿地两个景点组成。明珠湖南北3 000米、东西600米左右,最深处8米,水容量500万立方米,风光秀丽,环境优美,空气质量为国家一类,水质达到国家二类标准,是崇明最大的天然内陆淡水湖。西沙湿地与明珠湖隔堤相望,占地面积3.6平方千米,拥有6 800米的木质栈道,是上海首家国家级湿地公园。西沙湿地孕育了丰富的生态物种,包括国家重点保护的鱼类和鸟类,特别是中国特有物种震旦鸦雀。2013年入选国家级生态旅游示范区。

东滩湿地国家生态旅游示范区　位于崇明岛的最东侧。候鸟亚太迁徙路线上的重要驿站和栖息地,2001年被列入《国际重要湿地名录》。已完成1.81平方千米范围的基本环境建设,绿化面积27万平方米,湖面面积35万平方米,原始芦苇面积约40万平方米。在此栖息的鸟类达149种,其中属于国家重点保护动物的14种。2013年入选国家级生态旅游示范区。

海湾国家森林公园　位于奉贤区海湾镇。以森林为主体,融苗木生产、休闲观光、科学研究和科普教育为一体的大型人工城市生态森林。占地面积10.67平方千米,核心开放区域4.33平方千米,分为游乐活动区、水上活动区、文化观赏区、度假会务区。有351种400多万株植物,其中沉水樟、舟山新木姜子、黄檗等是国家珍稀濒危树种。密布蜿蜒深邃的河道,38.67万平方米的百鸟湖,形成了以森林生态为基础的多彩的城市森林景观。2015年入选国家级生态旅游示范区。

东方绿舟旅游景区　位于青浦区西南部的淀山湖畔。占地面积3.73平方千米,是上海市落实科教兴国战略和大力推进素质教育的一项标志性工程。有17万平方米四季常青的草坪,11万棵大树,500余种花卉树木,拥有智慧大道、湖滨广场、渔人码头、求知岛、月亮湾、地球村等精品景点和户外攀岩、野营烧烤、水上运动、拓展训练、科学探索、素质测试等30余项活动项目,年接待国内外学生和社会游客150余万人次。2015年入选国家级生态旅游示范区。

七、全国红色旅游经典景区

中国共产党第一次全国代表大会会址纪念馆　位于黄浦区兴业路(原望志路),是一幢沿街的砖木结构旧式石库门住宅建筑。纪念馆对外开放的主要是中共一大会议室,基本陈列为“中国共产党创建历史文物陈列”,展出历史文物、史料和照片150件,展示了中国共产党创建前后的历史画面。1921年7月在此召开的中国共产党第一次全国代表大会,宣告了中国共产党的诞生,开辟了中国历史发展的新时代。1958年会址恢复原貌,并在紧邻会址的房屋内辟设辅助陈列室。2011年入选全国红色旅游经典景区。

龙华革命烈士陵园　位于徐汇区,东临名刹龙华寺。占地面积19万平方米,红岩石、入口广场、园名牌楼、纪念桥、纪念广场、纪念碑、纪念馆、无名烈士陵墓等建筑,井然有序地坐落在陵园的南北主轴线上,文化和艺术氛围浓厚。2011年入选全国红色旅游经典景区。

宋庆龄陵园　位于长宁区宋园路。前身为上海市万国公墓。由以宋庆龄墓为中心的纪念建筑、少年儿童活动区、万国公墓名人墓和万国公墓外籍人墓园四部分组成。主干道东端建有宋庆龄纪念碑,镌刻着邓小平的题词“爱国主义、民主主义、国际主义、共产主义的伟大战士宋庆龄同志永垂不朽”。有数千平方米的大草坪,300年以上树龄的罗汉松,百年以上树龄的桂花树和广玉兰树,以及数百棵高大的龙柏、雪松、香樟等树木,一年四季芳草如茵,是开展爱国主义和国际主义教育的重要场所。2011年入选全国红色旅游经典景区。

陈云故居暨青浦革命历史纪念馆　位于青浦区境内。在陈云故居和原青浦革命历史陈列馆的基础上扩建而成,占地面积3.47万平方米。

2000 年建成开馆，江泽民题写馆名。纪念馆主体建筑为地下一层，地上两层，建筑面积 5 500 平方米，2005 年陈云 100 周年诞辰之际陈云铜像落成。故居与民宅融为一体，体现了江南水乡小镇的独特韵味。2011 年入选全国红色旅游经典景区。

中国共产党第二次全国代表大会会址纪念馆　位于成都路辅德里。1922 年 7 月中国共产党第二次全国代表大会在此召开。联排式石库门旧式里弄建筑，建于 1915 年。纪念馆建筑面积 2 282 平方米，展出文献、实物、资料等 300 余件，辅以电子翻书、电子沙盘、电子留言板等多媒体手段，真实地再现了中国共产党创建初期的峥嵘岁月。2011 年入选全国红色旅游经典景区。

中共四大纪念馆　位于虹口区四川北路绿地公园。中国共产党第四次全国代表大会会址原在虹口区东宝兴路，当年的房屋已于“一・二八”事变中毁于战火。2006 年在虹口区多伦路建立了 186 平方米的中共四大史料纪念馆。纪念馆建筑面积 3 180 平方米，展览面积约 1 500 平方米，由序厅、主展厅、影视厅和副展厅等组成。2011 年入选全国红色旅游经典景区。

上海城市规划展示馆　位于市中心的人民广场。2000 年建成开放，是中国首家以展示城市发展与城市规划为主的专业性主题场馆，展示规模在世界同类展馆中首屈一指。整体建筑风格中西合璧，顶部设计形态为盛开的上海市花白玉兰，曾获得中国建筑行业工程质量最高荣誉奖“鲁班奖”。占地面积 4 000 平方米，建筑高度 43.3 米，展示面积 7 000 平方米，并拥有 100 余米长的市民休闲街。展馆以“城市、人文、环境、发展”为主题，沿着历史的文脉，全面系统地介绍上海这座国际大都市城市形态发展变化的历程。2011 年入选全国红色旅游经典景区。

上海鲁迅纪念馆　位于虹口区鲁迅公园内。1951 年向公众开放，周恩来总理题写馆名。馆舍青瓦白墙，马头式山墙，简洁雅致，是一座江南民居风格、中西合璧的两层庭院式建筑。占地面积 5 266 平方米，建筑面积 5 043 平方米，以多种方法展示了鲁迅的生平事迹。中厅前有一个鲁迅笔下的“百草园”，枫叶如丹，百花争艳。馆藏文物资料约20万件，其中有鲁迅文稿、诗稿、译稿、书信、生活用品和木刻作品等珍贵文物1万余件。2011年入选全国红色旅游经典景区。

浦东陆家嘴金融贸易区 位于浦东滨江地区，与浦西外滩一江之隔。占地面积28平方千米。已经建成250幢8层以上的高档写字楼，建筑面积达1 500万平方米。2011年入选全国红色旅游经典景区。

上海世博园 位于南浦大桥和卢浦大桥之间。2010年上海世博会园区，占地面积5.28平方千米，围绕“城市让生活更美好”的主题，贯彻绿色生态设计原则，绿化覆盖率超过40%。除大量新式建筑外，近20%的老建筑得到保护保留。园区的设计和建造，体现了国际先进理念和中国制造的高水准，向全世界展示了中国改革开放取得的伟大成就。2011年入选全国红色旅游经典景区。

上海淞沪抗战纪念馆 位于宝山区境内。以两次淞沪抗战为主题的纪念馆，2000年建成开馆。建筑面积349平方米，展厅面积1 500平方米，室外展示区域近8 000平方米，与上海淞沪抗战纪念公园“馆园合一”。纪念馆共11层，以文物、史料、图片为主，辅以声、光、电等互动手段，真实地展示了“八一三”淞沪会战的历史风貌。4层以上为塔式建筑，11层设观景台，可远眺长江口，俯瞰宝山城。2011年入选全国红色旅游经典景区。

上海四行仓库抗战纪念馆 位于静安区光复路。战争遗址类爱国主义教育基地。原是大陆银行和北四行的联合仓库，淞沪会战时期曾驻扎452名国民党将士，他们英勇地抵抗了日本侵略军的疯狂进攻。1985年正式命名为“八百壮士四行仓库抗日纪念地”。纪念馆包括“序厅”“血鏖淞沪”“坚守四行”“孤军抗争”“不朽丰碑”及“尾厅”等六个部分，以实物、雕塑和现代科技手段再现了当年战斗场景，通过图文展板、巨幅绘画等展示了上海人民投身全民族抗战、共御外敌的历史事实。2011年入选全国红色旅游经典景区。

八、全国农业旅游示范点

东平林场 位于崇明岛的中北部。占地面积3.60平方千米。1993年建成国家森林公园,植物资源丰富,有植物近千种,其中药用植物100多种,水杉为公园的主要树种。野生动物有蛙、蛇、獭、兔等几十种,还有近160种鸟类。设有多功能休闲中心、500平方米的水上游乐园、2万平方米的沙滩游泳场、青少年野营基地等游乐场所,提供森林滑索、彩弹射击、森林骑马、野外烧烤等特色项目。2004年入选全国农业旅游示范点。

孙桥现代农业园 位于浦东新区孙桥镇。全国第一个综合性现代农业开发区,占地面积约4平方千米。采用现代高科技技术经营农业生产,引进荷兰、法国、西班牙等国的优良品种、温室设施装备和先进农业技术,形成了种子种苗、设施农业等六大现代农业产业,通过了ISO14001环境管理体系认证。水栽培种植香芹、三叶芹、番杏、木耳菜、彩色苋菜等叶用蔬菜以及海棠等草木花卉。2004年入选全国农业旅游示范点。

崇明前卫村 2004年入选全国农业旅游示范点。参见中国特色景观旅游名镇(村)——崇明区竖新镇前卫村。

申隆生态园 位于奉贤区青村镇。占地面积7.85平方千米,其中70%为生态林,25%为人工湖泊和河道,5%为林中道路。分为森林别墅区、保健休闲区、森林旅游区、森林苗圃区和生态养殖区,是一座集度假休闲、休养康复、旅游观光会务为一体的综合性绿色生态森林公园。环境优美,林木葱茏,设有风格独特的餐饮楼、小巧玲珑的苏式公园,还有露天泳池、假山瀑布、会议中心。2005年入选全国农业旅游示范点。

崇明瀛东村 2005年入选全国农业旅游示范点。参见中国特色景观旅游名镇(村)——崇明区陈家镇瀛东村。

金山区廊下镇中华村 2006年入选全国农业旅游示范点。参见中国特色景观旅游名镇(村)——金山区廊下镇中华村。

九、全国休闲农业与乡村旅游示范点

闵行区陶家湾休闲农庄 位于浦江镇永丰村。占地面积16万平方米。配套设施齐全,拥有装饰豪华的别墅、小木屋13幢,可同时容纳80人住宿的客房服务中心,大小会议室4间,风格各异的餐厅30余间,设有多功能厅、健身房,还有室外网球、户外烧烤、垂钓采摘等多种娱乐项目。采用集约化模式运用新技术开发农业,推动了当地农业产业化的发展,促进了农业产业结构的调整,为当地农村富余劳动力提供了就业的机会。2013年入选全国休闲农业与乡村旅游示范点。

金山区金山嘴渔村 2013年入选全国休闲农业与乡村旅游示范点。参见中国特色景观旅游名镇(村)——金山区山阳镇金山嘴渔村。

崇明区泰生示范农场 位于崇明区现代农业园区。种养结合、资源循环利用的有机农场,占地面积48.67万平方米,其中农艺与园艺作物区28.67万平方米,猪舍8万平方米,有机蔬菜认证面积26.67万平方米。除了提供新鲜安全的农产品,还设置多项休闲项目,如骑自行车、喂养动物、种植蔬菜和烧烤、涂鸦等。2014年入选全国休闲农业与乡村旅游示范点。

松江区雪浪湖生态园 位于新浜镇。占地面积93.33万平方米,四周森林环绕、环境优美、空气清新,是上海城郊少有的天然生态氧吧。上海之根雪浪湖度假村坐落园区,内有两栋标准房间楼,一个是有东南亚特色的西餐厅,一幢两层的湖景中餐厅,20多个不同风格的露天温泉泡池,还有大型户外拓展基地、大型CS训练基地、射箭训练场、森林卡丁车游乐场、户外垂钓广场、户外烧烤广场等娱乐设施。2014年入选全国休闲农业与乡村旅游示范点。

崇明区陈家镇瀛东村 2014年入选全国休闲农业与乡村旅游示范点。参见中国特色景观旅游名镇(村)——崇明区陈家镇瀛东村。

金山区吕巷水果公园 位于吕巷镇。占地面积约6.67平方千米。公园培育了“皇母”蟠桃、“金山小黄冠”西瓜、“施泉”葡萄、“平漾”樱桃、“敏蓝”蓝莓等水果品牌,形成了生产种植园、水果科研园、采摘游乐园、观光休闲园、文化体验园等特色果园。面积6万余平方米的平漾樱桃园,是上海规模最大的樱桃种植采摘园。每个月都会举办一种水果采摘活动,游客还可以在农耕基地赏花踏青,体验踩水车、搓草绳、插秧的乐趣。2015年公园入选全国休闲农业与乡村旅游示范点。

崇明区西来农庄 位于崇明岛西部,东与明珠湖毗邻,南临西沙湿地,西接长江大堤。“西来”一名取自郭沫若的名句“大江东去,佛法西来”。占地面积10余平方千米,拥有2.8万平方米柑橘园,还有蟋蟀文化展示馆,展示各类蟋蟀用具。2015年入选全国休闲农业与乡村旅游示范点。

崇明区瑞华果园 位于崇明岛西北部。占地面积1平方千米,是崇明生态示范区建设的绿色窗口。主要分为果蔬采摘区、休闲垂钓区、素质拓展区、自助烧烤区、餐饮住宿和玫瑰花海观赏区等,盛产20多种时令果品。曾荣获上海市“安全优质信得过果园”等荣誉称号,现为上海市科普教育基地。2015年入选全国休闲农业与乡村旅游示范点。

十、全国工业旅游示范点

宝钢集团总部 位于宝山区境内。专业生产高技术含量、高附加值的钢铁产品,是中国市场重要的钢材供应商,产品出口日本、韩国、欧美等40多个国家和地区。主要产品均获得国际权威机构认可,是中国冶金行业第一家通过 ISO14001 环境管理体系认证的企业。1997 年宝钢国际旅行社开始接待参观团队,1999 年推出宝钢工业旅游,游客可以从原料码头开始,参观高炉、热轧厂、冷轧厂、展示厅、钢管厂、文化馆等。2004 年入选全国工业旅游示范点。

黄浦区“8 号桥”工业创意园区 位于黄浦区建国中路。由 20 世纪 70 年代建造的上海汽车制动器厂的 8 栋老厂房改造而成。由于楼与楼之间用桥连接,因此得名“8 号桥”。占地面积 7 000 多平方米,建筑面积 1.2 万平方米,保留了工业老建筑特有的底蕴,同时注入新产业元素,有不少设计公司、创意团队入驻,成为一个激发创意灵感、吸引创意人才的新天地,是沪上时尚创意园区之一。2005 年入选全国工业旅游示范点。

上海大众汽车有限公司 位于上海市西北郊安亭国际汽车城。占地面积 333 万平方米,建筑面积 90 万平方米,是国内生产规模最大的现代化轿车生产基地之一,年生产能力 50 万辆。拥有富于设计感的工厂、灵巧的机器人、高效的生产流水线,游客可以坐在特制的电瓶车上近距离观摩汽车生产的全过程。2005 年入选全国工业旅游示范点。

上海东方地质科普馆 又名“月亮湾宝石城”,位于浦东新区凌空农艺大观园,是集地质科普、展示、收藏和研究为一体的科普博物馆。展厅面积 5 800 平方米,分为地球厅、地球构造厅、矿物岩石厅、古生物厅、地质地貌厅、国土资源厅、宝石厅、关怀厅、奇石馆九个厅馆,以普及地质科学知识、珍爱地球资源环境为理念,以独特的石类展览为载体,演绎了岩石进化各阶段、各层次的发展过程,全方位、多角度地揭示地球的奥秘和大自然的神奇。2006 年入选全国工业旅游示范点。

美特斯邦威集团工业园 位于浦东新区康桥东路。美特斯邦威集团主要生产销售休闲系列服饰,拥有上海、温州、北京、杭州、中山、重庆、成都、广州、沈阳、西安等分公司及祺格服饰有限公司。集团总部迁往上海后,建立了博物馆、文化长廊、销售展厅,在大楼之间建立了天桥通道,形成了较为完整的参观旅游线路。2006 年入选全国工业旅游示范点。

上海烟草集团工业园 位于杨浦区长阳路。上海烟草集团由原上海市烟草公司所属企业改制组建而成,拥有一流水准的现代化卷烟技术及烟草储运、印刷等配套业务,并涉足商业、物流、宾馆酒店以及金融保险等行业,是一个以卷烟工业为主的多元化、集约化、现代化的大型企业。公司出品的“中华”“熊猫”“红双喜”“牡丹”和“中南海”等名优卷烟畅销国内,远销海外。2006 年入选全国工业旅游示范点。

M50 现代创业园区 位于普陀区莫干山路。前身为上海春明粗纺厂,2000 年起开始转型为艺术创意园区。占地面积约 2.4 万平方米,拥有 20 世纪 30 年代至 90 年代各个历史时期的工业建筑 4.1 万平方米,是苏州河畔保留较完整的民族纺织工业建筑群。引进了 18 个国家和地区的 130 多个艺术家工作室以及画廊、影视动漫传媒公司等设计机构,是上海最早的创意产业集聚区之一,也是目前上海最具规模和影响力的创意产业园区之一。2006 年入选全国工业旅游示范点。

漕河泾新兴技术开发区 位于上海城区西南部,地跨徐汇区和闵行区。1988 年经国务院批准为国家经济技术开发区,1991 年经国务院批准为国家高新技术产业开发区,2000 年又成为 APEC 科技工业园区,2004 年闵行区浦江镇浦江高科技园建成,总面积 10.7 平方千米。已形成微电子、光电子、计算机及软件和新材料等四大产业,建成“研究开发”“网络运行”“技术创新”等四大中心。2007 年入选全国工业旅游示范点。

1933 老场坊 位于虹口区溧阳路。原为上海工部局宰牲场,1933 年由工部局出资兴建,英国设计师巴尔弗斯设计,是上海市优秀历史保护建筑。建筑融汇东西方特色,采用混凝土结构,有无梁楼盖、伞形柱、廊桥、旋梯、牛道等众多特色建筑元素,光影和空间变幻无穷。现已成为集时尚表演、创意设计、品牌定制、文化求知、创意休闲于一体的创意生活体验中心。2007 年入选全国工业旅游示范点。

上海车墩影视基地 又名“上海影视乐园”,位于松江区车墩镇。占地面积 43.3 万平方米,建筑面积约 13 万平方米。集影视拍摄、旅游观光、文化传播为一体，由 20 世纪 30 年代南京路、南京西路、上海石库门里弄、上海老城厢、欧式建筑群、苏州河港区、马勒别墅、教堂等景点及大型组合摄影棚、服装仓库、道具仓库、置景工厂所组成，辟有上影服道选粹展馆。国内大部分讲述上海故事的年代戏都在这里拍摄，如《情深深雨濛濛》《新上海滩》等。2007 年入选全国工业旅游示范点。

神仙酒城　位于奉贤区四团镇。上海神仙酒厂是中国白酒百强企业之一。园区包括神仙桥景区、中华神仙酒文化科普展示馆、神仙井景区、神仙酒生产区、神仙科普园等五大部分，设计突出知识性、趣味性、参与性，游客可尽情参与各种与酒有关的游戏和活动，领略酒文化、增长酒知识、品尝神仙酒，是集游览、观赏、娱乐、休闲、购物为一体的老少皆宜的人文旅游胜地。2007 年入选全国工业旅游示范点。

上海益力多乳品有限公司工业旅游区　位于嘉定工业区。日本养乐多集团在中国市场的第一个全额投资的子公司，养乐多集团是全球最大的活性乳酸菌饮品制造商之一，创建于 1935 年。园区的“养乐多健康之旅”，有针对儿童和成人的不同互动活动，让游客在轻松活泼的过程中实地观察养乐多饮品的生产流程，品尝新鲜出产的养乐多。2007 年入选全国工业旅游示范点。

上海乳品八厂工业旅游区　位于浦东新区境内。游客可以在酸奶展示馆了解酸奶的起源和历史，亲眼见到被隐藏在纯白酸奶中的黑色益生菌。酸奶博物馆空间设计别致，宛如童话空间。2007 年入选全国工业旅游示范点。

上海高博特生物保健品有限公司工业旅游区　位于松江区中山街道。“高博特”是上海市著名商标。园区环境优美，是一个可以看、听、尝的动态景区和有趣的科普基地。由“走进人体微生态”展示厅、研发中心和栽培冬虫夏草的人工气候室等构成，展示各种益生菌和微生态食品，游客还能在科研人员的指导下制作一些简易的养生菜肴，还可以亲自采摘和品尝新鲜的冬虫夏草。2007 年入选全国工业旅游示范点。

空间 188 创意产业园　位于虹口区东江湾路。秉承整旧如旧的原则，古希腊爱奥尼式的廊柱、精巧雅致的阳台、装饰精美的窗檐和私密性很强的庭院,既保持了老厂房的原汁原味,又具有强烈的时代感。2007 年入选全国工业旅游示范点。

十一、国家级非物质文化遗产生产性保护示范基地

周虎臣曹素功笔墨有限公司　位于黄浦区金陵东路。由拥有 300 多年历史的上海老周虎臣笔厂和 400 多年历史的上海墨厂组建的生产型企业,拥有杨振华笔墨庄、老周虎臣笔庄、曹素功墨苑三家零售企业。周虎臣毛笔制作技艺、曹素功墨锭制作技艺是江南地区传统笔墨制作工艺的代表之一,为国家级非物质文化遗产。公司开展名师带徒、工艺改进、产品开发等一系列保护工作,设立了上海周虎臣曹素功笔墨博物馆,保存了大量珍贵史料。2014 年入选国家级非物质文化遗产生产性保护示范基地。

朵云轩艺术发展有限公司　位于徐汇区龙华路。朵云轩木版水印制作技艺是具有海派文化特色的传统绘画复制技艺,与荣宝斋木版水印形成了"南朵北荣"两大流派。朵云轩木版水印制作技艺于 2008 年入选国家级非物质文化遗产,其保护单位就是上海朵云轩艺术发展有限公司。2014 年入选国家级非物质文化遗产生产性保护示范基地。

十二、国家级自然保护区

九段沙湿地国家自然保护区　位于长江和东海的交汇处,东连东海,西接长江,南隔南槽深水航道与浦东国际机场隔江而望,北隔长江口北槽深水

航道与长兴岛、横沙岛一衣带水。保护区占地面积420.2平方千米。九段沙东西长约46.3千米，南北宽约25.9千米，由上沙、中沙、下沙、江亚南沙及其周边浅水域组成，海拔-5米以上面积421平方千米，为长江口面积最大、最原始的河口型滩涂湿地。共有高等植物45种，记录到鸟类186种，有国家一级保护野生动物3种，国家二级保护野生动物21种，被列入《世界自然保护联盟濒危物种红色名录》的鸟类16种。鱼类有133种，其中属于国家重点保护野生鱼类的16种。2005年入选国家级自然保护区。

崇明东滩鸟类国家自然保护区　2005年入选国家级自然保护区。参见国家生态旅游示范区——东滩湿地国家生态旅游示范区。

十三、国家级水利风景区

松江生态水利风景区　位于上海的西南部。占地面积604平方千米。依托悠久的历史文化积淀，以生态、景观、文化、休闲、旅游为主体，形成了"山城连景、水系畅通、回归自然、体现特色"的总体格局。景区北部拥有佘山等12座山峰；景区中部建成了龙兴港、绿带河、校园河、张家浜等景观河道；景区南部黄浦江上游干流横贯全境，并与全区1 000多条河道相通。2003年入选国家级水利风景区。

淀山湖风景区　位于青浦区西部，邻接江苏省昆山市。淀山湖是上海最大的天然淡水湖泊，占地面积62平方千米，是上海的母亲河——黄浦江的源头，有"风吹芦苇倒，湖上渔舟漂，池塘荷花笑"的怡人景象。淀山湖环境幽雅，青商公路横贯景区，将游览区分隔成东西两部分。东半部是自然景点，还有一条380多米长的人工堤，西半部是一条名为"石城古风"的仿古街道。环湖散落着享有盛名的朱家角古镇、上海大观园、东方绿舟等景区。2006年入选国家级水利风景区。

碧海金沙水利风景区 位于奉贤区海滨。占地面积约 80 万平方米，是中国最大的人造沙滩海滨浴场。通过水循环和污水处理，保证了亲水活动的安全卫生，海水浴场水质达到国家游泳池水质标准，可以开展各种水上、沙滩活动，设有水上乐园、水上自行车、水上休闲船等游乐项目。2007 年入选国家级水利风景区。

滴水湖水利风景区 位于浦东新区临港新城。我国最大的城市景观人工湖，不仅发挥着防洪排涝、维持生态平衡的作用，更成为浦东新区一道独特的生态景观。湖区按照“一滴水从天而降，落入平静的水面，泛起层层涟漪”的创意，形状呈圆形，面积 5.56 平方千米，直径 2.66 千米，平均水深 3.7 米，最深处 6.2 米。滴水湖配套水利工程包括春涟河、夏涟河、秋涟河、冬涟河 4 条涟状河道，以及赤风港、橙和港、黄日港、绿丽港、青祥港、蓝云港、紫飞港 7 条射状河道。2009 年入选国家级水利风景区。

十四、国家地质公园

崇明岛国家地质公园 崇明岛为世界第一大河口冲积沙岛，占地面积约 1 200 平方千米。公园主体由西沙地质公园、西沙湿地科普馆、世界河口沙洲水文化馆、前卫村木化石科普馆及崇西湿地科学实验站等“一园三馆一站”组成。西沙地质公园保存了大量的地质遗迹和地貌景观，拥有 20 多处典型的潮滩地质遗迹点、3 000 米长的潮滩木栈道、10 处大型木质观赏平台及 4 个科普长廊。西沙湿地科普馆拥有 120 平方米的湿地科普展示板。世界河口沙洲水文化馆拥有 200 平方米的各类潮滩地质遗迹科普展片。前卫村木化石科普馆拥有中国西北、华南和缅甸等东南亚不同区域的硅化木化石和江南各类奇石展品。崇西湿地科学实验站拥有 11 个实验室，4 个大型实验平台。2005 年入选国家地质公园。

十五、国家森林公园

佘山国家森林公园 位于松江区境内,地跨佘山、小昆山两个镇境。占地面积4.01平方千米。包括北竿山、厍公山、薛山、凤凰山、东佘山、西佘山、辰山等大小山峰12座,蜿蜒连绵13千米。已建成东佘山园、西佘山园、天马山园、小昆山园、月湖等景点。2012年被国家林业局评为“全国最具影响力的森林公园”。1993年入选国家森林公园。

东平国家森林公园 2004年入选国家森林公园。参见全国农业旅游示范点——东平林场。

海湾国家森林公园 2004年入选国家森林公园。参见国家生态旅游示范区——海湾国家森林公园。

共青国家森林公园 位于杨浦区境内,东濒黄浦江。占地面积1.31平方千米,分为南北两园,其中北园森林公园1.06平方千米,南园万竹园16万平方米,南北园风格各异。种植200余种树木30多万株,拥有18万平方米苗圃,培育银杏、棕榈、广玉兰、罗汉松、水杉等48种植物。温室面积887平方米,培育各种花卉、热带植物和盆景。2006年入选国家森林公园。

十六、国家湿地公园

崇明西沙国家湿地公园 位于崇明岛的西南部。占地面积3.6平方千米,海岸线17.5千米,湿地率为98.9%,属于大型潮汐河口淡水湿地类型。周而复始的潮汐现象,造就了丰富的地质地貌,拥有湖泊、泥滩、内河、芦苇丛、沼泽等不同的湿地形态，是一块比较完整的集湿地生态恢复研究、生态科普教育、湿地生态功能展示和休闲观光为一体的原生态湿地，在中国乃至全世界都具有典型性和代表性。2005 年入选国家湿地公园。

吴淞炮台湾国家湿地公园　位于宝山区东部。东濒长江、黄浦江，西倚炮台山，原生态湿地面积 50 余万平方米，沿江岸线长 1 974 米，其西南角就是著名的吴淞口。清朝时，此地因其有利地形建造了水师炮台，故而得名“炮台湾”。公园的设计突出生态恢复及文化重建理念，原有的滩涂湿地得到了有效的保护，在沿江岸线一侧利用大小生态岛的组合及潮起潮落的水位变化，营造了 11 万平方米的湿地景观。2007 年入选国家湿地公园。

十七、全国重点文物保护单位

中山故居　位于黄浦区香山路。1918—1924 年孙中山和夫人宋庆龄在此居住。1925 年 3 月孙中山逝世后，宋庆龄继续在寓所内居住，直到 1937 年。1945 年底宋庆龄回到上海，将寓所赠与国民政府，作为孙中山的永久纪念地。底层东为客厅，墙上悬挂着孙中山就任中华民国临时大总统和蒙难一周年纪念等照片，友人赠送的名家书画和象牙雕刻等。西为餐厅，墙上有孙中山画像和照片，其中一幅是 1923 年视察广州机场时在中国第一架自行装配的飞机前与宋庆龄的合影，还陈列有 1917 年领导护法运动时使用的一把指挥刀和 1924 年北上时沿途团体和群众赠送的银盾、银杯等。楼上西为书房，东为卧室，还有一间长方形内阳台，均陈列着许多珍贵的文物。1961 年入选全国重点文物保护单位。

中国社会主义青年团中央机关旧址　位于黄浦区淮海中路。二层楼砖木结构石库门建筑，原由国民党元老戴季陶租用。1920 年春开设中俄通讯社，后改称“华俄通讯社”。在陈独秀的倡导下，俞秀松、袁振英、叶天底、金家凤等在此成立上海社会主义青年团。1921年初,中国社会主义青年团成立,此处成为团中央机关驻地。1957年旧址按原貌修复。楼上东西两亭子间分别为俞秀松、杨明斋卧室,杨的卧室又为华俄通讯社办公室,客堂楼为团中央办公室,楼下客堂为外国语学社教室。1961年入选全国重点文物保护单位。

鲁迅墓 位于虹口区鲁迅公园内。1936年鲁迅在上海逝世,遗体葬于万国公墓。1947年在文化界进步人士和鲁迅生前好友内山完造的资助下,鲁迅夫人许广平改建了鲁迅墓,碑面上有周建人所书的金字碑文。1956年迁置于今址。周围环抱松柏、香樟、广玉兰等常青树。建有铜铸鲁迅坐像,铜像基座用四块花岗石镶成,上部浮雕花饰图案,采用鲁迅亲自设计的《坟》一书扉页上的云彩部分。墓碑东西两侧分别是当时周海婴和许广平栽下的一棵桧柏。墓椁外用光洁的花岗石铺筑,镶缝密封。墓穴后面照壁式大墓碑,用斩光花岗石砌成,高5.38米,宽10.2米,上面镌刻着毛泽东手书的"鲁迅先生之墓"六个金字。1961年入选全国重点文物保护单位。

中国共产党第一次全国代表大会会址 1961年入选全国重点文物保护单位。2016年入选首批"中国20世纪建筑遗产项目"。

豫园(包括沉香阁) 位于上海老城厢的东北部,与老城隍庙毗邻。江南古典园林,有"奇秀甲于东南""东南名园冠"之美誉。明嘉靖年间,曾任四川布政使的潘允端经过20余年的苦心经营建成豫园,"豫"有"平安、安泰"之意,取名"豫园"意为"豫悦老亲"。园内有名列"江南三大名石"的"玉玲珑"、清咸丰初年小刀会起义的指挥所点春堂。沉香阁又名"慈云禅院",为国务院批准的"汉族地区佛教全国重点寺院"之一。潘允端的家庵,始建于明万历年间,清嘉庆中期重建后改名为"慈云寺",但民间仍称之为"沉香阁"。沉香阁为国内最大的尼姑庵之一,有弥勒殿、山门石坊、大雄宝殿、沉香佛殿、造鹤轩等建筑。名贵水沉香木雕成的观音像,神态自然逼真,每逢雨天芳馥四溢。1982年入选全国重点文物保护单位。

宋庆龄墓 位于长宁区宋园路宋庆龄陵园内。宋庆龄是民主革命先行者孙中山的夫人，中华人民共和国名誉主席，伟大的爱国主义、民主主义、国际主义、共产主义战士，1981 年逝世后骨灰安葬于上海万国公墓。墓碑采用卧式，长 120 厘米，宽 60 厘米。墓后为小山坡，遍植中山柏、龙柏、雪松等常青树，墓地四周环植宋庆龄生前喜爱的丁香、玉兰、紫薇、杜鹃等树木和花卉。墓地南端为可容纳千余人举行瞻仰活动的纪念广场。1982 年入选全国重点文物保护单位。

外滩建筑群 1988 年入选全国重点文物保护单位。参见中国历史文化街区——外滩历史文化街区。

龙华革命烈士纪念地 1988 年入选全国重点文物保护单位。参见全国红色旅游经典景区——龙华革命烈士陵园。

徐光启墓 位于徐汇区南丹路光启公园内。徐光启是中国研究和介绍西方科学的先驱，在农业与天文学上的成就极为突出。原墓地占地面积 1.33 万平方米，共有 10 个墓穴，葬有徐光启及其夫人吴氏以及 4 个孙子。墓前立有石碑、石人、石马、华表、石牌坊等物，后均遭破坏。新中国成立后多次拨款整修，墓地建碑廊，墓前立徐光启塑像，墓前小路拓建成 150 平方米花岗石坟台。墓东侧建有徐氏手迹碑廊，勒石《几何原本序》《葩经嫡证序》等部分手迹。碑廊背面的石刻是明末清初学者查继佐所撰《徐光启传》及现代画家程十发临摹的徐光启画像。1988 年入选全国重点文物保护单位。

松江唐经幢 位于松江区中山小学内。全名“佛顶尊胜陀罗尼经幢”，建于唐大中年间，为上海地区现存最古老的建筑物。材质为石灰岩，现存 21 级，高 9.3 米。幢身八面，刻有《佛顶尊胜陀罗尼经》。托座、束腰、华盖等部分雕刻精致，有海水纹、宝相莲花、卷云、力士、大王、菩萨、供养人及盘龙、蹲狮等。整个建筑高大美观，雕刻细腻，人兽花卉均有丰满之感。1988 年入选全国重点文物保护单位。

兴圣教寺塔 位于松江区方塔园内。兴圣教寺建于五代后汉乾祐年间。寺塔建于宋熙宁至元祐年间，1975—1977 年复原大修。楼阁式砖木结构，高 42.5 米，四面九级，因塔的平面呈四方形而俗称“方塔”。沿袭唐代砖塔的建筑风格,大出檐,瘦塔身,古朴秀美,高耸入云。顶部由复盆、相轮、宝瓶等组成高达 8 米的塔刹。有四条铁索从尖顶分别系向九层的四角塔檐,名“浪风索”。塔檐翘角处系有铜铃 36 只。地宫安放有石匣 1 个,银盒石匣 2 个,匣内藏有宋代钱币 42 枚,铜菩萨坐像和卧像各 1 尊。1996 年入选全国重点文物保护单位。

邮政总局 位于虹口区北苏州路。大楼建于 1924 年,由当时英商思九生洋行设计,拥有号称“远东第一大厅”的邮政营业厅,现为上海市邮政局和四川路桥邮政支局所在地。钟楼高 13 米,正面镶嵌有直径达 3 米的大钟,钟楼基座两边各有一座水刷石粉面的火炬台雕塑。塔楼建于钟楼之上,高达 17 米,顶端设置高 8.2 米的旗杆,塔楼两旁各有一对希腊人物雕塑群像。大楼主立面设有 19 根高数十米的科林斯柱,墙面采用细粒水刷石粉面,具有浓郁的英伦风情。1996 年入选全国重点文物保护单位。

真如寺大殿 位于上海市西郊真如镇街道。真如寺创建于元延祐年间。现存大殿面阔、进深均为三间,屋顶为单檐歇山顶,建筑手法基本按照《营造法式》的规定,具有从宋代向明清过渡的特点。梁枋、斗拱、柱等主体结构保留初建时的原貌,大部分构件为元代遗物。1963 年修葺时在大批木构件上发现墨书构件名称,为初建时工匠所书写。梁思成、刘敦桢、陈从周等古建筑专家都曾前来实地考察并给予高度评价。1996 年入选全国重点文物保护单位。

宋庆龄故居 位于黄浦区淮海中路。一幢红瓦白墙的小洋房,1948—1963 年,宋庆龄在这里工作、生活,是宋庆龄一生中居住时间最长的地方,留下了许多珍贵的历史瞬间和大量文物。1949 年宋庆龄在这里接受中国共产党的邀请,北上参加开国大典和第一届中国人民政治协商会议。宋庆龄经常在这里举行国务活动,会晤和宴请来访的各国贵宾,会见许多党和国家领导人如毛泽东、刘少奇、周恩来、朱德、陈毅、邓小平等。2001 年入选全国重点文物保护单位。

福泉山遗址 位于青浦区重固镇。福泉山呈不规则的长方形,东西长

94米，南北宽84米，高7.5米。共有宋、唐、汉、战国、良渚文化、崧泽文化墓葬154座，良渚文化祭坛和崧泽文化居址等重要遗迹多处，其中以良渚文化高台墓地的发现最为重要。出土了一批新石器时代陶器、玉器，如人兽纹琮形镯、黑陶阔把壶、楼孔足鼎等，是探索中国古代文明起源的重要实物。完整地保存了一方有黄褐、灰褐、灰蓝、青灰、黄等五色土层的文化叠压遗存，被考古学家誉为“中国的土建金字塔”“古上海的历史年表”。2001年入选全国重点文物保护单位。

张闻天故居 位于浦东新区祝桥镇。建于清光绪中期。江南农村特色的一正两厢房砖木结构的民宅，占地面积495平方米，建筑面积686平方米。张闻天是中国共产党早期领导人之一，清光绪二十六年(1900年)诞生于此，直到17岁去南京读书才离开家乡，之后还回家居住多次。1990年按原貌修复卧室、书房、客厅、厨房，不少家具是当年旧物。陈云为故居书额“张闻天同志故居”。2002年入选全国重点文物保护单位。

马勒住宅 位于黄浦区陕西南路。1927年由英籍犹太人马勒委托当时著名的华盖建筑事务所设计建造的私人花园别墅。工程历时9年，于1936年竣工。主建筑为三层北欧挪威风格建筑，宛如童话世界里的城堡。主楼外墙用泰山耐火砖镶嵌，凸凹多变，棱角起翘；尖顶嵌着有色玻璃，半透半遮。花房、葡萄房等都以瓷砖铺地。入口处大门为红色，门楼采用红色校斗拱撑托。沿街的围墙用耐火砖建造，呈现赭红多彩色调，上覆绿色琉璃筒瓦。2006年入选全国重点文物保护单位。

国际饭店 位于黄浦区南京西路。由金城、盐业、大陆、中南四家银行于1932年联合投资兴建，匈牙利建筑师邬达克担纲设计，上海馥记营造厂建造，1934年建成开业。大楼24层，其中地下2层，地面以上高84米，钢框架结构，钢筋混凝土楼板，是当时亚洲最高的建筑物，有“远东第一高楼”之称。建筑平面呈“工”字形，立面采取竖线条划分，前部15层以上逐层四面收进呈阶梯状，造型高耸挺拔。1950年，上海地政局以国际饭店楼顶中心旗杆为全市测绘坐标原点，由此确立上海城市平面坐标系，国际饭店大堂中心位置设有“大地原点”标志。2006 年入选全国重点文物保护单位。

龙华塔 位于徐汇区境内，与龙华寺相对而立。相传始建于三国吴赤乌年间，曾称“舍利宝塔”“报恩塔”。唐乾符、广明年间毁于兵燹，宋太平兴国年间吴越王钱俶重建，迄今已有千余年历史。塔高 40.6 米，七层八角，砖木结构。塔内壁呈方形，底层高大，逐层收缩成密檐。每层四面皆有塔门，逐层转换，塔内楼梯旋转而上，供登塔远眺。塔顶饰有七相轮，新铸塔刹重达 3.2 吨，由露盘、相轮、浪风索等 18 个部件组成。檐下悬有 56 个铜铃，风动铃响，秀美可爱。塔刹挺然高举，体形清丽玲珑，和江南风物非常和谐。2006 年入选全国重点文物保护单位。

徐家汇天主堂 位于徐汇区蒲西路。天主教上海教区主教座堂，正式的名称为“圣依纳爵堂”，于清宣统年间落成。中世纪哥特式建筑，高 79 米，宽 28 米，砖木结构，占地面积 2 670 平方米，建筑面积 6 670 平方米，可容纳 3 000 余人。两侧建钟楼，钟楼双尖顶砖石结构，全高约 60 米，尖顶 31 米，尖顶上的两个十字架直插云霄。大堂内圣母抱小耶稣像立祭台之巅，俯视全堂，为整座教堂之中心。教堂外部采用清一色红砖，花岗石镶边，屋顶铺设石墨瓦，饰以许多圣子、天主的石雕。2013 年入选全国重点文物保护单位。

提篮桥监狱早期建筑 位于杨浦区长阳路。始建于清光绪年间，由 10 余幢楼房组成，占地面积 3.2 万平方米，院壁高深，可以关押上万人，号称“远东第一监狱”。1954 年向外国来宾开放，是新中国首批对外开放的监狱之一，先后接待世界 80 多个国家的代表团 6 000 多人次。2013 年入选国家重点文物保护单位。

广富林遗址 位于松江区方松街道。原始社会时期古文化遗址，主要有崧泽文化、良渚文化、广富林文化等，其中广富林文化的发现增补了上海古代文明的组成系列，为环太湖地区增添了一处新石器时代晚期的文化遗址。2013 年入选全国重点文物保护单位。

佘山天文台 位于松江区西佘山之巅。清光绪中期由法国天主教耶稣会建造，占地面积 8 000 余平方米，为我国最早的现代天文台。我国天文研究中心之一。新中国成立以来，在天体运行及人造卫星定轨等方面取得了27项国家级的科研成果，是我国运用新技术参加国际地球自转联测的单位。现为全国青少年科技教育基地。2013年入选全国重点文物保护单位。

志丹苑元代水闸遗址 位于普陀区志丹路。元水利专家任仁发于元泰定初年治理吴淞江时所建，距今约有700年。占地面积1 500平方米，由闸门、闸墙、底石、夯土等组成，是已发现的同类遗址中规模最大、做工最好、保存最完整的一处，是官式水利工程在长江三角洲特殊地貌环境下建造的实例，对研究宋元时代江南地区的水利工程、吴淞江流域的历史变迁、吴淞江对整个长江三角洲经济发展的影响具有重要价值。2013年入选全国重点文物保护单位。

崧泽遗址 位于青浦区赵巷镇。公元前4000—公元前3000年的新石器时代遗址。分为上、中、下三层。下层属于新石器时代遗存，发现有储藏食物的窖穴、生产工具以及人工培植的稻粒。中层为母系氏族社会时期遗存。上层为西周晚期和春秋时期遗存，出土物包括陶器、瓷器、石器和少量青铜器。发掘揭露面积703平方米，清理墓葬100座，出土文物621件，为研究太湖地区原始文化和上海史前历史提供了重要的实物资料。2013年入选全国重点文物保护单位。

杨树浦水厂 位于杨浦区杨浦大桥浦西段西侧。始建于清光绪初期，占地面积12.9万平方米，是全国供水行业建厂最早、生产能力最强的地面水厂之一。建筑的外形为英国传统城堡形式，承重墙为清水砖墙，嵌以红砖腰线，周围墙身压顶雉堞缺口，雉堞的压顶及窗框、腰线等均用水泥粉出凸线，墙面转折交界处为水泥隅石形状，如同一座中古时期的英国城堡。2013年入选全国重点文物保护单位。

马桥遗址 位于闵行区马桥镇。坐落在一道被称为“竹冈”的贝沙堤之上，冈身即古海岸遗迹。占地面积约5 000平方米，呈南北长、东西窄的宽带形状。遗址共分为唐宋时期遗存、春秋战国时期遗存、商周时期遗存和新石器时代遗存四层，出土了一批青铜器、纹印陶器、石器等珍贵文物，为研究上海地区的成陆年代和文化历史提供了大量依据。2013 年入选全国重点文物保护单位。

嘉定孔庙 位于嘉定城区法华塔南首。始建于宋嘉定年间,700 多年来整修、重建、增建 70 余次。现存建筑占地面积 1.13 万平方米,有大成殿、大成门、泮池、棂星门、石柱牌坊、名宦祠、土地祠、乡贤祠、忠孝祠等建筑,是目前国内比较完整的孔庙之一。现为中国科举博物馆。2013 年入选全国重点文物保护单位。

中国共产党第二次全国代表大会会址 2013 年入选全国重点文物保护单位。参见全国红色旅游经典景区——中国共产党第二次代表大会会址纪念馆。

十八、国家一级博物馆

上海博物馆 位于黄浦区人民广场南侧。创建于 1952 年,新馆于 1996 年建成开放。建筑造型为方体基座与圆形出挑相结合,寓意中国“天圆地方”的理念。建筑面积 4 万平方米,地下一层半,地面五层,总高 29.5 米,宛如一尊古代的青铜器。分为 12 个专馆,即青铜器馆、陶瓷馆、绘画馆、书法馆、雕塑馆、钱币馆、玉器馆、家具馆、玺印馆、少数民族工艺馆、胡惠春先生捐赠瓷器陈列室、西方艺术馆。馆藏珍贵文物 12 万件,包括青铜器、陶瓷器、书法、绘画、玉牙器、竹木漆器、甲骨、玺印、少数民族工艺等 21 个门类,尤以青铜器、陶瓷器、书法、绘画为特色。2008 年入选国家一级博物馆。

上海鲁迅纪念馆 2008 年入选国家一级博物馆。参见全国红色旅游经典景区——上海鲁迅纪念馆。

中共一大会址纪念馆 2008 年入选国家一级博物馆。参见全国红色旅游经典景区——中国共产党第一次全国代表大会会址纪念馆。

上海科技馆 位于浦东新区世纪大道。以科普教育为主的展览馆，占地面积6.8万平方米，建筑面积9.8万平方米。设有地壳探秘、生物万象、智慧之光、视听乐园、设计师摇篮、彩虹乐园等七个展区和巨幕影院、球幕影院、四维影院、太空影院及会馆、旅游纪念品商场、临展馆、多功能厅等配套设施。2012年入选国家一级博物馆。

陈云纪念馆 2017年入选国家一级博物馆。参见全国红色旅游经典景区——陈云故居暨青浦革命历史纪念馆。

十九、国家重点美术馆

上海美术馆 原址坐落于南京西路，2012年迁入浦东新区耀华路原世博园的中国国家馆，并更名为“中华艺术宫”“上海当代艺术博物馆”。前身为1956年开馆的上海美术展览馆，1986年改名为“上海美术馆”。现有藏品8 000余件，收藏有虚谷、任伯年、吴昌硕、张大千、刘海粟、关良、王个簃、谢稚柳等近现代著名画家的作品及具有地方特色的油画、版画、连环画、年画等作品。2011年入选国家首批重点美术馆。

二十、中华老字号

上海三阳南货店(注册商标：羊牌) 位于黄浦区南京东路。清同治年间由八位宁波的唐姓股东合伙开办，主要经营南北货、海味和自产自销的宁式糕点。一年四季制作不同的食品——春酥、夏糕、秋饼、冬糖，还为生日和红白喜事做果品糕点。2006年入选中华老字号。

上海老大同调味品有限公司(注册商标：老大同) 位于黄浦区福建中路。起始于清咸丰初年,以香糟、糟油为传统特色,20 世纪 30 年代名扬海内外。近年来相继开发了“香糟卤”“糟鱼头汤料”“糟钵头汤料”。2005 年通过 ISO9001 质量管理体系、HACCP 食品安全体系认证。2006 年入选中华老字号。

上海群力草药店(注册商标：群力) 起始于 1924 年,几度搬迁,现入驻黄浦区金陵东路,主营草药。门诊部医师坐堂门诊,专用中草药为疑难杂症患者治病,对治疗各种肿瘤有独到之处。2006 年入选中华老字号。

上海蔡同德堂药号(注册商标：蔡同德堂) 位于黄浦区南京东路。起始于清光绪早期,是国内开业最早、规模最大的中药商店之一。因选料精良、加工精细、用量准足,恪守“货真价实,童叟无欺”的店规,迅速跻身“旧上海中药四大户”之一。以道地药材,精制饮片、参茸银耳、丸散膏丹、胶露药酒饮誉海内外,尤以补膏补酒见长,“虎骨木瓜酒”“洞天长春膏”中外闻名。2006 年入选中华老字号。

上海王宝和酒店(注册商标：王宝和) 位于黄浦区九江路。起始于清乾隆初年,是上海最早的酒店之一,已有 270 多年的历史。王宝和有“两绝”,一是王宝和老酒;二是清水大闸蟹,被誉为“酒祖宗”和“蟹大王”。1998 年成立上海王宝和大酒店有限公司,旗下有王宝和大酒店、上海大酒店和王宝和酒家。2006 年入选中华老字号。

上海培罗蒙西服公司(注册商标：培罗蒙) 位于黄浦区南京东路。起始于 1928 年。主要制作西服、大衣,凭借精湛的技术、新颖的选料、独特的风格而闻名中外。培罗蒙一代又一代技师用皮尺、剪刀、熨斗,操作推、归、拔、结、沉到位,每一套西服外观平、直、隑、登、挺,内涵胖、窝、圆、服、顺,成为海派西服的代名词。培罗蒙西服制作技艺已被列入国家级非物质文化遗产(代表性项目)名录。2006 年入选中华老字号。

上海宝大祥青少年儿童购物中心(注册商标：宝大祥) 位于黄浦区南京东路。起始于 1924 年。专为 0 到 18 岁婴幼儿及青少年提供生活、娱乐、教育等全方位服务的专业性零售企业。2006 年入选中华老字号。

上海王开摄影有限公司(注册商标:王开) 位于黄浦区南京东路。起始于 1921 年。创始人王炽开,又名"王开",他以"人无我有,人有我精,顾客至上,质量第一"为宗旨,不断扩大经营规模,更新照相设备,坚持优质服务。王开照相馆是上海唯一一家存活百年的摄影老店。2006 年入选中华老字号。

上海杏花楼食品餐饮股份有限公司(注册商标:杏花楼) 位于黄浦区福州路。起始于清咸丰初年,是一家以餐饮起家、月饼发家的百年名店。原名"生昌号番菜馆",清光绪初年更名为"杏花楼"。2002 年成立杏花楼食品餐饮股份有限公司,拥有 3 家酒家、1 家食品厂、1 家物流配送中心、2 家食品营销公司、120 多家食品连锁专卖店,以地道粤菜、中西糕点、粽子腊味,尤以精制月饼著称。"杏花楼"商标为"中国驰名商标"。2006 年入选中华老字号。

上海杏花楼(集团)有限公司老半斋酒楼(注册商标:老半斋) 位于黄浦区汉口路。起始于清光绪末年,初名"半斋总会",是由几家银行设立的一个俱乐部,为银行职员供应扬州菜与面点。民国初期改名为"半斋菜馆",后又改为"老半斋酒楼",以淮安、扬州、镇江一带的特色风味见长,吸引了许多文人墨客与著名人士的频繁光顾。2006 年入选中华老字号。

上海杏花楼(集团)有限公司燕云楼(注册商标:燕云楼) 位于黄浦区云南南路。起始于 1928 年,上海首家经营北京烤鸭的餐馆。燕云楼的烤鸭多次在全国食品博览会上获得金奖,因此有"欲尝烤鸭香,必到燕云楼"的说法。燕云楼京菜师承传统的烹饪方法,创制出一批深受中外宾客喜爱的看家菜点。刚劲有力、秀逸飘洒的"燕云楼"三个金色大字,是郭沫若的墨迹。2006 年入选中华老字号。

上海杏花楼(集团)有限公司老正兴菜馆(注册商标:老正兴) 位于黄浦区福州路。上海最负盛名的上海本帮菜馆之一。起始于清同治初年,取创始人祝正平、蔡任兴姓名中一字命名为"正兴馆",因冒名者甚多,遂改名为"老正兴"。百余年来,以太湖地区河鲜为原料烹制浓淡相宜的上海菜,被誉为"活鲜大王"。2006年入选中华老字号。

上海小绍兴餐饮经营管理公司小绍兴大酒店(注册商标:小绍兴) 位于黄浦区云南南路。起始于1943年,经营江、浙、沪特色风味小吃和筵席。现有"部优产品"2个、"中国名菜"及"中国名点"11个、"中华名小吃"18个,其中"白斩鸡"获得"部优产品""中国名菜""中国名小吃"等称号。2006年入选中华老字号。

上海功德林素食有限公司(注册商标:功德林) 位于黄浦区南京西路。起始于1922年,以淮扬风味素菜为特色,主要名菜有"五香烤麸""功德火腿""素蟹粉""白汁芦笋""罗汉菜"等,享有"素食鼻祖"之称。"功德林素食制作技艺"已被列入国家级非物质文化遗产(代表性项目)名录。2006年入选中华老字号。

上海全泰服饰鞋业总公司(注册商标:全泰) 位于黄浦区中华路。起始于1936年。1982年在商场内设立全国第一个中老年服装专柜,现已成为上海规模最大的中老年服装特色商店。2000年被列入《上海市商委重点推进品牌名录》。"全泰"牌中老年女上衣为"上海名牌"。2006年入选中华老字号。

上海老饭店(注册商标:上海老饭店) 位于黄浦区豫园旅游区。原名"荣顺馆",成立于清光绪初年,以经营上海本地风味菜为特色,是上海本帮菜的发祥地之一,有"品味源头上海菜,驻足百年老饭店"之说。招牌菜肴有虾籽大乌参、红烧河鳗、扣三丝、油爆虾、糟钵头、八宝鸭、八宝辣酱等。曾多次接待外国元首、领导人和各界名流。2006年入选中华老字号。

上海豫园旅游商城股份有限公司南翔馒头店(注册商标:南翔) 位于黄浦区豫园九曲桥畔。起始于清光绪中期。初名"长兴楼",后改为"南翔馒头店",主营南翔小笼馒头,20世纪20年代已名闻全国。"南翔小笼"因制作精、质量佳为世人所喜爱,频摘桂冠,1995年被认定为"上海名特小吃",1998年被评为"中华名小吃"。2006年入选中华老字号。

上海万有全(集团)有限公司(注册商标:万有全) 位于黄浦区南车站路。起始于清咸丰初年,以经销金华火腿和腌腊制品而享誉海内外,“万有全”成为上海闻名遐迩的著名品牌。万有全集团是一家以食品生产和销售为主,集零售、批发、加工于一体的综合性商业企业集团。2006 年入选中华老字号。

上海恒源祥(集团)有限公司(注册商标:恒源祥) 位于黄浦区金陵东路。起始于 1927 年。纺织品生产企业,产品涵盖绒线、针织、服饰、家纺等,有“恒源祥”“彩羊”“小囡”等品牌。1999 年“恒源祥”被国家工商局认定为“中国驰名商标”。2006 年入选中华老字号。

上海老凤祥有限公司(注册商标:老凤祥) 位于黄浦区南京东路。起始于清道光末年。由老凤祥银楼发展而来,主要生产、加工和经营工艺美术品、金银制品、旅游工艺品、珠宝、钻石等,在海外和中国香港特区开设了 19 家银楼专卖店。“老凤祥”多次被列入上海百强企业榜、《财富》中国 500 强排行榜、全球 100 大奢侈品公司排行榜、中国 500 最具价值品牌榜单。2006 年入选中华老字号。

上海张小泉刀剪总店有限公司(注册商标:泉) 位于黄浦区南京东路。前身为成立于清宣统末年的“张小泉忠记”。上海解放前夕,全市共有刀剪商店 257 户,其中以“张小泉”为字号的剪刀店近 100 家。1956 年公私合营,张小泉协记、张小泉鸿记和陆大隆刀店三家合并组建张小泉刀剪商店。张小泉刀剪以规格全、品种多、质量优而闻名全国,“泉”字商标被认定为上海市著名商标。2006 年入选中华老字号。

上海卧室用品有限公司(注册商标:上卧) 位于黄浦区南京东路。原名“上海帐子公司”,70 多年来专营卧室用品。生产和供应床罩配件套、被套、被芯、枕芯、床单、毛毯、蚊帐、台布、凉席、床垫、窗帘等,产品几乎涵盖所有的床上用品大类,品种齐全、款式新颖、品质精良。2006 年入选中华老字号。

上海人立服饰有限公司(注册商标:人立) 位于黄浦区汉口路。起始于1956年,2000年改制为"上海人立服饰有限公司",以做工讲究,制作精良著称。20世纪80年代,"人立"率先提出"人无我有、人有我优、人优我廉、人廉我转"的16字方针,以产品开发的新思维主导创新男士服饰款式。2006年入选中华老字号。

上海亚一金店有限公司(注册商标:亚一) 位于黄浦区豫园旅游区。起始于1993年,是集产、供、销于一体的国内最大的综合性黄金珠宝企业之一。以经营黄金、珠宝玉器、钻石饰品闻名遐迩。创立之初,营业面积4 000平方米,柜台500多节,产品品种4 000余种,堪称"亚洲之冠","亚洲第一金店"的美誉由此而来。2013年,"亚一金店"升级为"亚一珠宝",专攻产品设计。2006年入选中华老字号。

上海老庙黄金有限公司(注册商标:老庙) 位于黄浦区城隍庙。起始于清光绪末年。1982年创建上海老城隍庙工艺品商店,是国务院批准的国内恢复销售黄金饰品后上海第一家黄金零售点。1994年发展为专营黄金珠宝首饰的上海老城隍庙金银珠宝公司。1998年改制为上海老庙黄金有限公司,"老庙黄金给您带来好运气"的广告语在上海家喻户晓。以稳定的质量、时尚的设计与高端的品位,在国内外珠宝大赛中屡获殊荣。2006年入选中华老字号。

上海古今内衣集团有限公司(注册商标:古今牌) 位于黄浦区淮海中路。起始于20世纪40年代。1989年以"古今"店招申请注册为"古今牌"商标。公司"以信立业、以质取信"构塑了良好的社会信誉,现已成为工贸结合、全国连锁的女性内衣专业公司。2006年入选中华老字号。

上海黄山茶叶有限公司(注册商标:叙友) 位于黄浦区南塘浜路。起始于1951年。坚持"以茶会友、以茶传情——让每一位消费者喝好茶"的经营理念,现有30余家连锁店。公司所属的叙友茶庄,汇集了300余种质优名茶,珍藏了数百种造型别致、风格迥异的紫砂茶具,建有无污染、无公害的高山生产基地,配备了科学、先进的保鲜储存设施,拥有雄厚的评茶技术力量。品味纯正、个性包装的"叙友"礼茶,多次作为国礼赠予外宾,在日本、欧美、东南亚等国家和地区备受青睐。2006 年入选中华老字号。

上海沧浪亭餐饮管理有限公司(注册商标：沧浪亭) 起始于 1950 年，以经营苏式面点、糕团而闻名于世。自创的葱油肉丝面、虾蟹面、百果松糕、条头糕、三鲜鱼肚、蟹粉口蘑等数十个品种被评为“中国名点”“上海名菜”等。被商业部命名为“中华餐饮名店”。“沧浪亭”为“上海市著名商标”。2006 年入选中华老字号。

上海开开实业股份有限公司(注册商标：开开) 位于长宁区万航渡路。以衬衫为主导产品，已形成羊毛衫、西服、西裤、大衣、夹克、羊毛内衣、针织内衣、T 恤、领带等多品种系列产品，并开发了一系列有高科技含量的新产品。2006 年入选中华老字号。

上海立丰食品有限公司(注册商标：立丰) 位于静安区安远路。起始于 1938 年，主营广帮与海派食品，其中牛肉干、鸭肫干、鸭舌等产品享有很高的声誉，素有“牛肉干大王”之称。现有牛肉干系列、休闲肉制品系列、炒货系列、蜜饯系列等 200 余个花色品种，连续多年被评为“上海名牌”和上海“畅销产品”。2006 年入选中华老字号。

上海蓝棠一博步皮鞋有限公司(注册商标：蓝棠、博步) 位于黄浦区新闸路。由蓝棠皮鞋店和博步皮鞋店联合组成。蓝棠皮鞋店成立于 1948 年，以定制中高档女式皮鞋而闻名，有“女鞋皇冠”之称；博步皮鞋店创业于 1945 年，博步皮鞋以稳重、刚健、舒适、优质而闻名。在继承与发扬传统工艺的基础上，运用新材料、新技术、新工艺开发新产品，产品多次被评为“上海名牌”和上海“畅销产品”。2006 年入选中华老字号。

上海凯司令食品有限公司(注册商标：凯司令) 位于虹口区纪念路。“凯司令”西餐馆于 1928 年在赫德路(今常德路)女作家张爱玲住的公寓楼底层开张，并在静安寺路开设分店，经营德国菜和蛋糕，逐渐发展成为综合型西式点心食品公司。2006 年入选中华老字号。

上海绿杨村酒家有限公司(注册商标：绿杨村) 位于静安区奉贤路。起始于 1936 年，店名取自清代文学家王士祯的佳句“绿杨城郭是扬州”，暗示酒家经营的菜点具有扬州风味。经过几十年的发展演变,现已形成典型的上海菜风格。烹饪高手云集,菜肴选料精、刀工细、调料齐、香头重、口味佳、营养高,享有“天厨妙味”的美誉。2006 年入选中华老字号。

上海新长发栗子食品有限公司(注册商标:新长发) 位于静安区威海路。起始于 1935 年。以糖炒栗子为主打产品,坚持选用优质板栗为原料,凝练了传统的炒制工艺,素有“栗子大王”的美誉。桂花甘栗、栗子肉枣、栗子鸡翅、栗子牛筋等真空小包装,将传统的厨房食品转化为时尚的休闲食品。2006 年入选中华老字号。

上海亨生西服有限公司(注册商标:亨生) 位于静安区南京西路。起始于 1929 年。以定制高档西服、礼服为主营业务,“亨生”成为各界名流购买、定做西服的首选。现“亨生”产品的种类已涉及羊毛衫、衬衫、夹克、领带等男士服饰用品,形成了以正装西服为主的多品类经营格局。连续 10 年被评为“上海名牌”。2006 年入选中华老字号。

上海乔家栅饮食食品有限公司乔家栅食府(注册商标:乔家栅) 位于黄浦区陆家浜路。前身是成立于清宣统初年的“永茂昌汤团店”,1940 年定名为“乔家栅食府”。主要经营各种名特点心和速冻食品,以点带菜,菜点结合。有八宝饭、甜咸粽子、细沙麻球等十几个传统品种和创新品种,曾多次荣获“上海名特小吃”“中华名小吃”等称号。2001 年,为参加 APEC 会议的中外首脑、贵宾提供过特色点心。2005 年被中国烹饪协会评为“中华餐饮名店”。2006 年入选中华老字号。

上海鼎丰酿造食品有限公司(注册商标:鼎丰) 位于奉贤区南桥镇。前身为“鼎丰酱园”,成立于清同治初年。公司发扬“优质举鼎、文明双丰、科技振兴、管理促旺”的企业精神,被评为“中国商业名牌”企业,乳腐酿造制品曾连续九次荣获“上海名牌”。2006 年入选中华老字号。

上海百联集团股份有限公司上海妇女用品商店(注册商标:漂亮妈妈) 位于黄浦区淮海中路。起始于 1956 年,是上海最早、规模最大的妇女用品专业商店。曾更名为“劳动妇女用品商店”。商店分设化妆品、鞋帽、包袋、黄金饰品、羊毛衫、时装、内衣等七个厅房式商场,推出欧美包袋、法国香水、护肤用品、新潮羊毛衫等特色商品。2006 年入选中华老字号。

上海三联(集团)有限公司吴良材眼镜公司(注册商标:吴良材) 位于黄浦区南京东路。创业人吴良材于清康熙末年在上海开设“澄明斋珠宝玉器店”。1927 年因兼营的水晶、茶晶眼镜生意兴旺,遂改为专营眼镜的吴良材眼镜店。新中国成立后,以众多的人才、精湛的技艺、可靠的质量和周到的服务,在我国眼镜业中保持龙头老大的地位。2006 年入选中华老字号。

上海三联(集团)有限公司茂昌眼镜公司(注册商标:茂昌) 位于黄浦区南京东路。起始于 1923 年,生意日益兴旺。新中国成立后,在全国率先引进国际先进的成人渐进多焦镜、美国“AO”及德国“LOH”光学研磨设备,首创青少年渐进多焦镜。2006 年入选中华老字号。

上海菊花纺织有限公司(注册商标:菊花) 位于杨浦区平凉路。起始于 1914 年。集棉纺、针织、漂染、成衣为一体的全能型企业,已形成棉毛、汗布、罗纹、绒衫、蒙泰丝和柔暖衫等十大系列产品,产品远销世界 60 多个国家和地区。“菊花”产品自纺自织,品种齐全,选料和做工精细,质量好,穿着舒适,被誉为“健康内衣”。“菊花”被评为“上海市著名商标”。2006 年入选中华老字号。

上海萃众毛巾总厂(注册商标:钟牌 414) 位于黄浦区制造局路。1937 年抗日战争全面爆发,上海中高档国产毛巾脱销,萃众毛巾制造有限公司创办,选取“钟”为商标,寓意提倡“国人使用国货”,警钟长鸣;取名“萃众”,并以此二字组成钟形图案,寓意产品质量拔萃超众。初期少人问津,于是厂房给销售商送毛巾,请销售商试一试,后来货号就选用“试一试”的谐音“414”。2001 年获“上海毛巾产销量第一”证书。2006 年入选中华老字号。

上海华元实业总公司(注册商标:飞机) 位于闵行区新闵路。原为上海染料化工十厂,起始于 1935 年,是中国生产还原染料的重要厂家之一。“飞机”牌还原染料曾多次荣获“国家重点新产品”“上海名牌”“上海市优秀新产品”“上海高新技术成果转化项目”等荣誉称号。2006 年入选中华老字号。

上海冠生园(集团)有限公司(注册商标:冠生园) 位于黄浦区新闸路。前身为“小雅园”食品店,创办于1915年。公司拥有“冠生园”“大白兔”“佛手”“华佗”四家老字号企业。主要生产和经营大白兔糖果,冠生园蜂制品、保健品,面制品,华佗十全酒,佛手调味品等五大类上千个品种的产品,连续数年被评为“全国轻工业卓越绩效先进企业”。2006年入选中华老字号。

上海轮胎橡胶(集团)股份有限公司(注册商标:双钱) 位于虹口区吴淞路。1990年由国内最早生产轮胎的上海大中华橡胶厂和上海正泰橡胶厂组建而成,2007年更名为“双钱集团股份有限公司”。主要产品有全钢子午线载重汽车轮胎、全钢子午线工程轮胎、全钢子午线工业轮胎等。“双钱”牌轮胎位居“中国轮胎十大民族品牌”之首,荣获“中国驰名商标”“最具价值的老商标”等荣誉称号。2006年入选中华老字号。

上海凤凰毯业有限公司(注册商标:凤凰) 位于普陀区桃浦工业区。原为上海毛毯厂,建于1922年。年产各类毛毯100万条,产品出口日本、美国、俄罗斯、澳大利亚等国家。曾经获得“上海名牌”等荣誉称号。2006年入选中华老字号。

上海家化联合股份有限公司(注册商标:美加净) 位于杨浦区江湾城路。前身是“香港广生行”,成立于清光绪中期。产品涵盖护肤、彩妆、香氛、家用等多个领域,拥有“佰草集”“六神”“美加净”“高夫”“启初”等诸多中国著名品牌,其中“佰草集”品牌成功打入欧洲市场。有国家级科研中心和国家级工业设计中心,并拥有多项专利技术。2001年在上海证券交易所上市。2006年入选中华老字号。

上海凤凰股份有限公司(注册商标:凤凰) 位于闵行区武川路。前身是成立于1958年的上海自行车三厂。以生产、销售“凤凰牌”自行车为主营业务的上市公司。公司实行“一业为主,多元经营”的经营战略,除主营自行车外,还经营工程塑料、酒店、国际贸易等产业。1999年起连续六年被评为

“上海百强企业”。“凤凰”牌是首批“中国驰名商标”之一，连续十年被评为“上海名牌”。2003 年凤凰自行车、电动车获得国家质量监督检验检疫总局颁发的产品质量免检证书，并入选“2005—2006 年度商务部重点培育与发展的出口品牌”。2006 年入选中华老字号。

上海白猫（集团）有限公司（注册商标：白猫） 位于徐汇区龙吴路。前身是“上海合成洗涤剂厂”，20 世纪 50 年代末生产了国内第一包洗衣粉，填补了国内洗涤剂生产的空白，成为我国洗涤剂工业的发源地。“白猫”产品出口到 10 多个国家和地区。“白猫”牌洗衣粉和超浓缩洗衣粉连续荣获“国家银质奖”，连续四年荣获全国最畅销国产商品“金桥奖”，被认定为“上海市著名商标”。2006 年入选中华老字号。

上海亚明灯泡厂有限公司（注册商标：亚字） 位于嘉定区马陆镇。前身为“上海亚浦耳灯泡厂”，成立于 1923 年，是中国第一家灯泡厂。创始人胡西元是我国著名的实业家和发明家，制造出中国第一个自制灯泡，被誉为“中国灯泡之父”。主要产品包括高强度气体放电灯、紧凑型荧光灯以及各类配套电器产品，其中高压钠灯为“国家金质奖”产品。2006 年入选中华老字号。

朵云轩（注册商标：朵云轩） 2006 年入选中华老字号。参见国家级非物质文化遗产生产性保护示范基地——朵云轩艺术发展有限公司。

上海新世界股份有限公司（注册商标：新世界） 位于黄浦区南京西路。前身是成立于 1915 年的新世界游乐场，1958 年组建新世界百货商场，1988 年改制成为商业股份制企业，1993 年在上海证券交易所挂牌上市。新世界城总建筑面积 20 多万平方米，是一座集购物、娱乐、住宿、餐饮、休闲十一体的综合商城，目标定位是全国一流的精品百货商店。曾先后荣获“全国文明单位”“全国精神文明建设工作先进单位”等荣誉 160 余项。2011 年入选中华老字号。

上海老介福商厦（注册商标：老介福） 位于黄浦区河南中路。原名“介福绸缎局”，成立于清咸丰末年。民国时期是上海规模最大、资本最雄厚的绸缎商店,经营丝绸、贡缎、丝绣织品、丝绸被面等高档商品。新中国成立后改名为“老介福绸布呢绒商店”,1993 年商店翻修改建为老介福商厦。经营呢绒、丝绸,花色品种多达 1 500 余种。2011 年入选中华老字号。

上海豫园商城百货有限公司(注册商标:永青) 位于黄浦区旧校场路,是一家综合性的百货公司。旗下的豫同百货公司天裕楼,以自有品牌“永青”销售假发。“永青假发”起源于晚清光绪初年的褚元兴梳篦店,贩售清朝男性的假辫子。清朝灭亡后,改为售卖戏曲演员装饰所用的假发,发展成为上海唯一的老字号假发特色商店。曾获得上海市商业系统“十大服务品牌”称号,在上海百货商业行业协会“百花杯”优质服务竞赛活动中荣获金奖。2008 年被授予“全国商业服务业顾客满意企业”称号。2011 年入选中华老字号。

上海豫园旅游商城股份有限公司湖心亭茶楼 位于黄浦区豫园九曲桥池中央。原系明嘉靖年间由四川布政司潘允端所构筑,属于豫园内景之一,名曰“凫佚亭”。清乾隆中期改建成湖心亭,咸丰中期起开设茶楼。上海现存最古老的茶楼,有“海上第一茶楼”的美誉。建筑飞檐翘角,玄瓦朱窗,巍然屹立,不仅是豫园商城的标志,也是老上海的标志。注册的是图形商标。2011 年入选中华老字号。

上海豫园商城小商品有限公司丽云阁笺扇镜架商店(注册商标:丽云阁) 位于黄浦区豫园新路。原名“丽云阁笺扇庄”,成立于清光绪中期。1956 年公私合营改名为“丽云阁笺扇镜架商店”。以经营名人书画、苏杭雅扇、锦绫裱对、红木镜框、围屏寿幛而驰名,有“北有朵云轩、南有丽云阁”的美称。近年来开发景泰蓝系列等新产品,开设修理高档檀香扇、代客穿扇面、配扇钉等服务项目。2011 年入选中华老字号。

上海三大祥纺织品有限公司协大祥绸布商店(注册商标:协大祥) 位于黄浦区董家渡路。起始于 1912 年,是上海著名的“三大祥”元老。“三大祥”是指协大祥、宝大祥、信大祥三家百年绸布商店,都以棉布经营为特色,为上海棉布零售业的三巨头。营业之初,凭借“真不二价”和“足尺加一,薄利多销”，执上海棉布业之牛耳。不断拓展丝绸品种，提升真丝服装、围巾、领带、绣品的产品品质，逐步形成了“协大祥”的独有风格。现有5家连锁商店和一个批发市场，在全国建立了有30多家面料批发商组成的经销网络。2011年入选中华老字号。

上海三大祥纺织品有限公司宝大祥绸布商店（注册商标：宝大祥） 位于静安区灵石路。起始于1924年，初名“宝大祥绸布庄”，是上海著名的“三大祥”之一。业务范围由初创时棉布经营逐步发展到各种绫罗绸缎、呢绒、土布、驼毛、绣品等零售兼批发，同时提供代客定制服务，加工各式服装和手工刺绣等各种婚嫁用品，故有“嫁囡要到宝大祥，备嫁妆，送新娘，床上身上都像样”的赞誉。2011年入选中华老字号。

上海三大祥纺织品有限公司信大祥绸布商店（注册商标：信大祥） 位于黄浦区南车站路。起始于1928年，是上海著名的“三大祥”之一。主要经营绸缎布匹，兼制各种服装。由于布匹齐全，做工精细，式样新颖，服务周到，声誉鹊起。1956年公私合营后，为支援大西北建设，将南京东路店迁至甘肃省兰州市，兰州“信大祥绸布庄”成为当时我国西北地区最大的布店。2011年入选中华老字号。

上海全国土特产食品有限公司（注册商标：培丽） 位于黄浦区雁荡路。前身为“培丽土产公司”，成立于1963年，由吴县商人鲍培清、鲍丽清兄弟始创，商号“培丽”源自兄弟二人的名字。经营沪杭、沪宁沿线的土特产小食品和日用小商品200余种，后又增辟加工小作坊，自产加工白糖乳瓜、萝卜头、玫瑰乳腐等传统特色食品。2011年入选中华老字号。

上海金龙商业有限公司（注册商标：五星） 位于黄浦区淮海中路。起始于1938年，创始人杨存琳是我国著名的实业家。以经营各种花色绸缎为主，还经营皮革日用小商品。因商品花色多、色彩艳、款式新，备受顾客青睐。以经营江浙沪高档丝绸面料和优质精纺呢绒而著称。2011年入选中华老字号。

上海市徐家汇商城股份有限公司六百分公司（注册商标：六百） 位于

徐汇区徐家汇商圈中心，是沪上著名的现代化商业零售企业。前身是成立于20世纪50年代的“上海市第六百货商店”，现已发展成为一家经营面积近万平方米、经营商品上万种的服饰商厦。公司的净资产收益率、单位面积创利、人均销售额等指标连续多次位居全国商业行业前列，先后获得“全国精神文明建设工作先进单位”“全国百城万店无假货示范店”“中华老字号传承创新优秀企业”等多项荣誉称号。2011年入选中华老字号。

上海百联集团股份有限公司第一百货商店 位于黄浦区南京东路。新中国第一家国有百货零售企业，曾被时任上海市长陈毅称为“我们自己的商店”。建筑面积达7万多平方米，吸引了众多时尚、知名品牌入驻，成为一家多功能、多元化的综合性百货商店。主要经营日用百货、服装、针棉织品、皮具鞋类、家具等五大类4万余种商品。经营业绩曾连续14年雄踞全国百货之首，先后获得“全国百城万店无假货示范店”“全国用户满意企业”等称号，经营效益保持国内同行的领先地位。注册的是图形商标。2011年入选中华老字号。

上海百联集团股份有限公司上海时装商店（注册商标：舒馨） 位于黄浦区南京东路。南京路步行街上著名的时装商店和旅游观光景点。商店大楼为历史悠久的古罗马风格建筑，共有羊毛衫商场、羊绒衫商场、少淑女装商场、淑女装商场、职业女装商场、男装商场、儿童商场五个经营楼面七大主题商场，经营面积超过1万平方米。先后荣获“上海市物价计量信得过金奖单位”“上海市重合同守信用百家优秀企业”“全国百城万店无假货示范店”“国家级守合同重信用单位”等多项荣誉称号。2011年入选中华老字号。

上海市糖业烟酒(集团)有限公司（注册商标：玉棠） 位于黄浦区南京东路。以食品为主业的国有大型商业企业集团。旗下的东方先导糖酒有限公司是一家全国性糖业产业公司，主打产品“玉棠”牌民用系列小包装食糖，因质好、量准、卫生、携带方便，深受消费者的喜爱。2011年入选中华老字号。

上海东方眼镜有限公司（注册商标：东方明星） 位于黄浦区瑞金一

路。起始于1928年。拥有世界一流的整套电脑验光仪、自动割边机、裂隙灯、角膜曲率仪等先进设备和一支技术精湛的员工队伍,以款式新、质量好、价格平而著称。公司是上海市眼镜行业协会副会长单位、上海中华老字号企业协会理事单位。2011年入选中华老字号。

上海三角地菜场(注册商标:三角地) 19世纪中叶,随着上海被设为通商口岸,今上海大厦附近(旧称"头坝")住宅日益增多,一些肩挑蔬菜的小贩设摊销售,逐渐形成菜市。19世纪90年代,工部局建成钢筋混凝土结构的"洋菜场",称为"三角地菜场"。1920年改建为三层楼菜场,20世纪40年代成为上海首屈一指的菜市场。新中国成立后,三角地菜场以"巧理千家菜,温暖万人心"为经营宗旨,多次获得"全国五一劳动奖状""上海市文明单位"等荣誉称号。2011年入选中华老字号。

上海邵万生食品公司(注册商标:邵万生) 位于黄浦区南京东路。起始于清咸丰初年。经营糟醉、腌腊、南北货、烟酒、糕点、休闲食品的综合性食品公司。围绕"老字号,新糟醉"做文章,坚持"打造经典百年邵万生,做糟醉行业的引领者",产品在境内外都享有盛誉,素有"中华糟醉席上珍,众口皆碑邵万生"的美誉。在保留原有产品特色的同时,成功地创新了禽类、休闲类特色产品,获得了"全国中华老字号传承创新先进单位""全国商业零售业诚信服务十佳单位"等多项荣誉称号。2011年入选中华老字号。

上海市泰康食品有限公司真老大房食品分公司(注册商标:真老大房) 位于黄浦区南京东路。起始于清光绪中期。先是自产自销苏式糕点,后重金聘请名师制作酥糖、鲜肉月饼等特色茶食,名声大震。企业曾获得"上海市文明单位""上海市模范集体"等多项荣誉称号。2011年入选中华老字号。

上海市泰康食品有限公司稻香村肫肝食品分公司 位于浦东新区浦东大道。起始于清光绪中期。原名"稻香村肫肝商店",1992年改制为"稻香村肫肝食品公司"。主要生产鸭肫肝、鸭舌、鸭颈等禽肉制品,素有"肫肝大王"的美誉。稻香村的鸭肫肝采用天然原料,以传统工艺和现代化设备加工制作,真空高温灭菌保鲜,鲜咸适中,清香可口,被认定为“上海市著名商标”。注册的是图形商标。2011 年入选中华老字号。

上海利男居食品总厂(注册商标:利男居) 位于浦东新区鹿吉路。专业性糕点生产企业,起始于清光绪中期。以中秋月饼为主要产品,辅以各类中西式糕点,开发多元化休闲食品。“利男居”中秋月饼用料精选,工艺讲究,多次被上海市糖制食品协会授予“优秀月饼奖杯”,被中国焙烤食品糖制品工业协会评为“全国放心月饼金牌企业”,连续数届荣获“中国月饼节名牌月饼”。2011 年入选中华老字号。

上海采芝斋食品有限公司(注册商标:采芝斋) 位于浦东新区鹿吉路。前身为苏州观前街的“采芝斋糖果商铺”,成立于清同治中期,经营以粽子糖为主的苏式糖果。1938 年采芝斋糖果上海分店开业,在店后开设工场,聘请名师高手生产“采芝斋”传统特色产品。采芝斋产品远销日本、东南亚和欧美等国家和地区。2011 年入选中华老字号。

上海川湘调料食品有限公司(注册商标:川湘) 位于黄浦区金陵东路。前身是 1920 年开业的“利川东号”。1956 年利川东号、川江土产商店和四川土产公司合并为“川湘土产食品商店”,以“前店后工场”的经营方式,自产自销麻辣风味的“川湘调料”。1975 年扩建为川湘土产食品厂。云集专制麻辣食品的高手,致力于生产和经营四川、湖南特色的调料食品,先后被评为“上海市商业小巨人”“上海市优质企业”。2011 年入选中华老字号。

上海梨膏糖食品厂 位于黄浦区复兴东路。上海熬制梨膏糖的历史可追溯至清咸丰初年,当时有一对朱姓夫妻在老城隍庙大殿旁开设名为“朱品斋”的梨膏糖店。后又有人在老城隍庙晴雪坊开设名为“永生堂”的梨膏糖店。清光绪末年,有人在城隍庙北豫园门口开设一家名为“德甡堂”的梨膏糖店。1956 年三家小铺子合并成立“上海梨膏糖食品厂”。上海梨膏糖由纯白砂糖(不含饴糖、香精、色素)与杏仁、川贝、半夏、茯苓等 14 种药材(碾粉)熬制而成,甜如蜜,松而酥,不腻不黏,芳香适口,在国内外享有盛名。2011 年入选中华老字号。

上海老城隍庙五香豆食品有限公司(注册商标：老城隍庙) 位于浦东新区东方路。城隍庙五香豆是上海的传统小吃,起始于20世纪30年代。因用料讲究,皮薄肉松,盐霜均匀,咬嚼柔糯而广受好评,有"不尝老城隍庙五香豆,不算到过大上海"之美誉。五香豆不仅成为上海特色的旅游食品,还是招待海内外贵宾的佳品。2011年入选中华老字号。

上海三阳盛食品有限公司(注册商标：三阳盛) 位于静安区南京西路。前身是"三阳盛南货店",成立于1929年。"三阳盛"寓意三阳开泰,枝茂叶盛。主要经营南北货、腌腊制品、休闲食品,因独树一帜的干果盆景预订业务而脱颖而出,生意越做越兴隆。2011年入选中华老字号。

上海大陆酿造有限公司(注册商标：公鸡) 位于崇明区城桥镇。前身为"大陆制酱厂",由崇明岛上的汪同盛酱园、同德酱园、盛元丰酱园、裕园酱园、刘万盛酱园、大昌酱园六家酱园公私合营而成。主要经营崇明老白酒、甜酒酿、甜包瓜、紫玉米、粉圆、崇明糕等产品。2011年入选中华老字号。

上海冠军食品有限公司(注册商标：张力生) 位于崇明区港西镇。前身为1948年成立于台湾的张力生食品工厂,1994年从台湾迁至上海崇明。主要经营水磨年糕、白粿干、米线、松糕、速泡年糕等大米制品。"张力生"水磨年糕系列在国际上有较高的知名度,目前已在32个国家和地区注册。2011年入选中华老字号。

上海丁义兴食品有限公司(注册商标：丁义兴) 位于金山区枫泾镇。主要生产酱卤肉制品及非发酵性豆制品,现有以"枫泾丁蹄""枫泾豆腐干"为核心的18种产品。主打产品"枫泾丁蹄",起始于清咸丰初年,是江浙沪一带著名的地方特产,多次在博览会上获得殊荣：1910年获南洋劝业会银质奖牌,1915年获巴拿马万国博览会金质奖章。"枫泾丁蹄制作技艺"入选上海市非物质文化遗产,"丁义兴"被评为"上海市著名商标"。2011年入选中华老字号。

上海宝鼎酿造有限公司(注册商标：天鱼) 位于闵行区中春路。原名"上海醋厂",成立于清道光中期,是上海唯一的百年食醋制造企业。2005年被中国调味品协会评为“中国调味品食醋十强品牌企业”。“天鱼牌”食醋、糟卤产品连续多年被评为“上海名牌”。2011 年入选中华老字号。

上海钱万隆酿造厂(注册商标:钱万隆) 位于浦东新区张江镇。起始于清光绪初年,清朝两浙都转盐运使司授予第 11 号“官酱园”烙金招牌,曾创出特色酱油“晒街油”和“晒卫油”,其 12 道传统工艺传承百年。1983 年作为沪上首批出口的调味食品,远销奥地利、挪威、西班牙等 10 多个国家和地区。2005—2009 年连续五年获“上海名优食品”称号。“钱万隆酱油酿造技艺”被列入国家级非物质文化遗产(代表性项目)名录。2011 年入选中华老字号。

上海南翔速冻食品有限公司(注册商标:南翔) 位于嘉定区华亭镇。主要产品有南翔小笼包、肉包子、上海云吞、水饺、春卷、精白馒头、麻饼、汤圆等“南翔”系列食品,产品远销美国、加拿大、英国、澳大利亚、日本等国家。公司生产的南翔小笼包,以皮薄、馅大、汁多、味美而著称,曾获得商业部“饮食业优质产品金鼎奖”,被评为“上海市著名商标”。2011 年入选中华老字号。

上海光明乳业股份有限公司(注册商标:光明) 位于闵行区吴中路。起始于清宣统末年。经过 110 多年的不断发展,逐步确立以各类乳制品的开发、生产和销售为主营业务,是目前国内规模最大的乳制品生产销售企业之一。2002 年在上海证券交易所上市。2003 年更名为“光明乳业股份有限公司”。2011 年入选中华老字号。

上海金枫酒业股份有限公司(注册商标:金枫) 位于浦东新区张杨路。前身为“上海市第一食品股份有限公司”。国内黄酒业率先实现传统黄酒工业化生产的企业,1992 年在上海证券交易所上市。2008 年更名为“金枫酒业股份有限公司”。拥有 20 多个系列 60 多种产品。公司先后获得“上海市文明单位”“全国酿酒行业排头兵企业”等多项殊荣。2011 年入选中华老字号。

上海冠生园食品有限公司(注册商标:大白兔) 位于奉贤区惠阳路。

冠生园(集团)有限公司的主要品牌公司之一。主导产品“大白兔”糖果被誉为“中国第一奶糖”,曾连续10年被评为“上海名牌”,多年来一直保持全国同类产品市场占有率第一位的业绩,2003年通过国家地理标志保护产品注册认证。2011年入选中华老字号。

上海冠生园华佗酿酒有限公司(注册商标:华佗) 位于静安区淮安路。冠生园(集团)有限公司的主要品牌公司之一。主要经营保健食品,主打产品为华佗十全酒(原名“十全大补酒”)、得力劲酒等。还研制开发了楠药补酒、参杞补酒,产品远销新加坡、马来西亚、印度尼西亚、韩国、泰国、日本等国家。2011年入选中华老字号。

上海益民食品一厂有限公司(注册商标:光明) 位于奉贤区汇丰北路。前身是经营蛋品加工的“美商海宁洋行”,成立于1913年。“光明”品牌取形“火炬”,寓意“解放了,天亮了,新中国一片光明”。1950年“光明”牌棒冰问世,“光明”牌冷饮畅销全国。以生产“光明”牌冷饮和速冻食品为主,共有80多个品种。冷饮包括冰激凌类、雪糕类、棒冰类、冰霜类等。2011年入选中华老字号。

上海冠生园天厨调味品有限公司(注册商标:佛手) 位于青浦区青浦工业园区。冠生园(集团)有限公司的主要品牌公司之一。“佛手”是中国最早的味精品牌,“佛手”牌味精是中国民族工业的代表性产品之一,在1926年美国费城万国商品博览会上荣获大奖。1997年荣获中国保护消费者基金会最高奖。2011年入选中华老字号。

上海三添食品有限公司(注册商标:三添) 位于闵行区陪昆路。前身是成立于1957年的上海油脂五厂。2003年成立上海三添食品有限公司,成为上海良友(集团)有限公司下属的国有全资子公司,专业生产和销售芝麻油等系列调味品。秉承数十年油脂生产的经验,铸就了“沪上五十年、闻香食三添”的“三添”芝麻油优质品牌。“三添”品牌寓意“添色、添香、添味”,荣获“上海市著名商标”“上海名牌”荣誉称号。2011年入选中华老字号。

上海悦来芳食品有限公司(注册商标:悦来芳) 位于普陀区兰田路。

前身为1926年开业的悦来芳茶食糖果号。主要经营各类中西糕点、中高档糖果饼干、精美罐头食品等近20个大类1 000余个品种。沿袭“前店后工场”的传统经营特色，根据不同季节，自产自销各种时令糕点，形成了“悦来芳”翻毛月饼、苏式鲜肉月饼、青团、熏鱼等特色产品。2011年入选中华老字号。

上海五福调味食品有限公司 位于黄浦区薛家浜路。起始于1947年，“前店后工场”，店面招牌为五只蝙蝠围成一圈，中间一个“福”字。“五福辣油”在上海家喻户晓，被中国粮食行业协会授予“放心油”称号。注册的是图形商标。2011年入选中华老字号。

上海福新面粉有限公司（注册商标：福新） 位于闵行区新闵路。起始于1912年，创始人为我国著名实业家荣宗敬、荣德生兄弟，与茂新面粉公司共同构成当时中国最大的私营面粉企业集团。1919年荣氏的茂新、福新、申新三家总公司，居民族工业第二位，仅次于南洋兄弟烟草公司。公司生产的系列面粉灰分低、蛋白质高、筋力高低兼备、粒度细、延伸性好、弹性适宜，被中国粮食行业协会授予“放心面”称号。2011年入选中华老字号。

上海第一食品连锁发展有限公司 位于黄浦区南京东路。起始于1954年，是享誉全国的食品专业零售大店。从中国食品公司上海市公司第一门市部到如今的上海第一食品连锁发展有限公司，见证了食品文化的变迁，成为上海的美食地标之一。公司围绕食品零售旗舰店、标准店、社区店、特色连锁店四种模式并存发展的战略目标，注重品牌价值的提升和食品质量安全，产品深得消费者信任和喜爱。注册的是图形商标。2011年入选中华老字号。

上海新光光学仪器有限公司（注册商标：新光） 位于黄浦区淮海中路。前身是成立于清光绪中期的“万金记”旧货店。新中国成立后改名为“新光光学调剂商店”，因经营二手相机及西洋摆件而闻名上海。以经营照相机、摄影器材、光学仪器及相机修理为主。2011年入选中华老字号。

上海三枪(集团)有限公司（注册商标：三枪） 位于黄浦区制造局路。

前身是“上海莹荫针织厂”，创始人干庭辉于1930年获得两次射击冠军，遂注册“双枪”商标用于针织衫裤，1936年又获冠军，遂使用“三枪”商标。1999年国家工商局商标局将“三枪”商标认定为“中国驰名商标”。先后荣获“上海市最具价值的老商标”等荣誉称号。2011年入选中华老字号。

上海海螺服饰有限公司（注册商标：海螺） 位于嘉定区马陆镇。前身为“荣新内衣厂”，成立于1950年。拥有海螺、金海螺、高马仕、绿叶、箭鱼等服装品牌。其中“海螺”品牌先后获得“中国驰名商标”“中国最具市场竞争力品牌”等荣誉称号。先后推出保暖系列、易打理系列、丝绵系列等衬衫。在各专卖店提供“天天免烫”服务和“量身定制”业务。2011年入选中华老字号。

上海龙头家纺有限公司（注册商标：民光） 位于黄浦区制造局路。前身是成立于1935年的“民光织物社”，“民光”中的“民”字代表创始人项立民，“光”则隐喻事业发扬光大。20世纪50—90年代，“民光”一直是我国床单界的领头羊，其研发的特丽伦花边长青床单被时任纺织部部长的郝建秀赞为“既是日用品，又是工艺品”。以大众化市场为主，配合以中高档产品，发展延伸配套市场，形成品种齐全的床品系列，是家纺行业中享有盛誉的老字号品牌。2011年入选中华老字号。

上海锦乐纺织装饰品有限公司（注册商标：皇后） 位于静安区余姚路。起始于1933年，是国内最早的毛巾生产厂商之一，以创始人余家的“锦乐堂”命名为“锦乐织造厂”。当时生产的“63”双面印花毛巾取名为“皇后”牌。新的“皇后”牌毛巾手感柔软、质地蓬松、印花图案精细、时尚流行。2011年入选中华老字号。

上海杏花楼（集团）有限公司新雅粤菜馆（注册商标：新雅） 位于黄浦区南京东路。起始于1926年，是当时沪上最负盛名的粤菜馆。新中国成立后率先被批准公私合营。1998年上海新雅粤菜馆总部改建开业，现为10层现代化豪华建筑，总建筑面积达8 500平方米，经营港粤风味特色菜肴、喜庆寿宴、高档宴请、羊城风味餐厅，是设备先进、装潢豪华的一流菜馆。2011年入选中华老字号。

上海清真洪长兴餐饮食品有限公司(注册商标：洪长兴) 位于黄浦区南京东路。起始于清光绪中期,由京剧表演艺术家马连良的二伯马春桥开办,取名“马家班伙房”。1918年马春桥将“马家班伙房”送给回族朋友洪海泉,洪海泉便以他儿子的名字命名为“洪长兴羊肉馆”。洪长兴“涮羊肉”由单一品种拓展成涮锅系列,融汇成自成一体的清真特色风味,成为上海最大的清真饮食店。2011年入选中华老字号。

上海沈大成餐饮速食有限公司(注册商标：沈大成) 位于黄浦区南京东路。起始于清光绪初年,名为“沈大成粥店”,“沈”为创始人之姓,“大成”意为集点心与风味小吃之大成。由于注重选料,制作精细,口碑甚佳,被誉为“点心大王”。1995年,太白拉糕、双色糖年糕、细沙条头糕、蟹粉小笼、虾肉馄饨被商业部评为“优质产品金鼎奖”。先后获得“餐饮业著名传统品牌企业”“上海市著名商标”等荣誉称号。2011年入选中华老字号。

上海鲜得来排骨年糕餐饮有限公司(注册商标：鲜得来) 位于黄浦区云南南路。起始于1921年,创始人何世德受吃客的赞语“鲜得来”的启发,自己的名字中又有“德”字,而做生意最讲究“道德”,于是将招牌写成“鲜德来”。这块招牌用上海方言左右可读——“鲜德来”“来德鲜”,在上海越叫越响。产品不断创新,先后推出排骨年糕、春卷、双档、八宝饭等冷冻食品系列,还研发调味系列品种。“鲜得来”的拳头产品“排骨年糕”曾获得商业部“优质产品金鼎奖”“中华名小吃”“中国名点”等荣誉称号。2011年入选中华老字号。

上海德兴面馆有限公司(注册商标：德兴面馆) 位于黄浦区福建中路。起始于清光绪初年,以苏锡面点享誉申城。“德兴馆”的焖肉面,肉质鲜嫩,肥而不腻,酥而不烂,口味纯正,在上海市民中享有较高的声誉。其“焖蹄”被商业部授予“优质产品金鼎奖”,1999年被国内贸易部授予“中华名点”称号。2011年入选中华老字号。

上海德大西餐有限公司(注册商标：DEDA) 位于黄浦区四川中路。

原名“德大饭店”，成立于清光绪中期。经营西菜原料，自制火腿、培根，并设立西菜餐厅，供应德国大菜。融传统时尚于一炉，用餐环境富有情趣，形成了新的适合现代生活方式的西餐文化。铁排鸡、柠檬白脱蛋煎鳜鱼、匈牙利鸡腿等都是“德大”的传统名菜。西点纯白脱牛油蛋糕曾被商业部授予“优质产品金鼎奖”。2011 年入选中华老字号。

上海德兴馆（注册商标：德兴） 位于黄浦区中华路。起始于清光绪初年。上海本帮菜的发源地之一，菜肴以烧、炖见长，原汁原味，浓油赤酱，入口醇厚。一菜一格的经典佳肴风靡全上海，独创的虾子大乌参有“天下第一参”之美誉。拥有雄厚的技术力量，整理出百余款精致名特菜点。2011 年入选中华老字号。

上海大富贵酒楼（注册商标：大富贵） 位于黄浦区中华路。前身为“徽州丹凤楼”，成立于清光绪初年，是当时在上海营生的徽商聚集场所。1956 年公私合营，改名“大富贵酒楼”，寓意“吉祥如意，荣华富贵”。主营徽菜和点心，还创制了一批时尚菜点，扩大了卤味蔬菜的外卖品种。现已形成以大众化点心为主、海派徽菜为辅的经营格局。2011 年入选中华老字号。

上海梅龙镇酒家有限公司（注册商标：梅龙镇） 位于静安区南京西路。前身为“梅龙镇酒肆”，成立于 1938 年。早期主要经营肴肉、煮干丝、汤包、煨面之类的扬帮小吃，如今形成了“香嫩滑爽、清香醇浓、一菜一格、百菜百味”的“梅家菜”，其中蟹粉鱼翅、干烧明虾、水晶虾仁、富贵鱼镶面、干烧四季豆等近百款经典菜肴被选入《中国名菜谱》。2011 年入选中华老字号。

青浦金泽赵家豆腐店（注册商标：赵瑞兰） 位于青浦区金泽镇。起始于清光绪中期赵瑞兰开设的“前店后工场”的豆腐店。赵家香干历经百年，紧密细腻，柔韧相兼，口味鲜香，盛名远扬。2011 年入选中华老字号。

上海王家沙餐饮有限公司（注册商标：王家沙） 位于静安区南京西路。起始于 1945 年，以生产中式传统小吃而闻名。虾肉馄饨、蟹粉生煎、豆沙酥饼、两面黄四款点心，被称作王家沙“四大名旦”。20 世纪 80 年代后期，王家沙的蟹粉小笼、蟹粉汤团、鸡虾肉生煎等 10 个产品获得“中华名点”“中华名小吃”称号。近年来还推出了梅花糕、油墩子等江南传统点心。2011 年入选中华老字号。

上海红房子西菜馆(注册商标:红房子) 位于黄浦区淮海中路。原名“罗威饭店”,由意大利人路易·罗威于 1935 年开设,是上海最老的法式西菜馆之一。因店的门面是红色的,人们称之为“红房子”。“红房子”的奶油忌司焗明虾、焗蛤蜊、法式洋葱汤等菜肴曾获商业部“优质产品金鼎奖”。2011 年入选中华老字号。

上海凯福发展公司西湖饭店(注册商标:西湖牌) 位于虹口区四川北路。原名“孟尝君食府”,成立于 20 世纪 40 年代末。经营杭州西湖风味菜肴,“西湖醋鱼”“杭州酱鸭”和“清汤鱼圆”等杭帮菜颇具特色。曾获得“上海市商业系统优质服务先进集体”“上海著名传统餐饮品牌企业”等荣誉称号。2009 年被评为“中国改革开放 30 年中华老字号传承创新优秀企业”。2011 年入选中华老字号。

上海锦江饭店有限公司 位于黄浦区茂名南路。锦江饭店成立于 1951 年,是当时上海规模最大的综合性国宾馆。“锦江”之名沿用企业家董竹君于 1935 年开设的锦江川菜馆。现今的锦江饭店由锦北楼、锦南楼以及锦江小礼堂等多幢公寓式楼宇组成,曾接待过 150 多个国家和地区的 500 多位首脑和政府要员。锦江小礼堂是中国共产党八届七中全会的场所,也是磋商和发表《中美上海公报》,举办《财富》论坛上海年会等重大活动的场所。注册的是图形的商标。2011 年入选中华老字号。

上海和平饭店有限公司(注册商标:PH) 位于黄浦区南京东路。原名“华懋饭店”,成立于 1929 年,是 20 世纪 30 年代上海最负盛名的酒店,铜质的绿色金字塔形尖顶是上海的地标性风景,被称为“远东第一楼”。1956 年改名为“和平饭店”,成为外国代表团及重要人物访华的接待场所。2011 年入选中华老字号。

上海锦江金门大酒店有限公司(注册商标:金门大酒店) 位于黄浦区南京西路。原名“华侨饭店”,成立于 1926 年,是当时名流淑媛精英荟萃的地方。酒店建筑具有意大利风格,石扶梯、石柱、大理石精雕墙面,经历近百年依旧如故。酒店餐厅提供名厨主理的闽、潮、粤等中西名馔,尤以“佛跳墙”等特色佳肴赢得各路美食家的青睐。2011 年入选中华老字号。

上海鸿翔时装公司(东号)(注册商标:翔) 位于黄浦区南京东路。1917 年,鸿翔时装公司创建于静安寺路(今南京西路),是沪上第一家由中国人开办的专营女子时装的特色店。1932 年在今南京东路开设“鸿翔”分公司,即今日鸿翔时装公司(东号)。坚持“前店后工场”和自产自销,女呢大衣、女呢套裙为商业部“优质产品”。2011 年入选中华老字号。

上海新新美容城 位于黄浦区南京东路。前身是上海南京路上“四大公司”之一的新新公司理发部,成立于 1925 年。1989 年改建为现代化、多功能的上海新新美容城,有六个楼面,面积 1 200 平方米,成为上海首家超特级美发美容企业。多年来,坚持男式理发 43 道工序,男子修面 72 刀半,女式理发 32 道工序,1999 年被上海市劳动局认定为国家职业技能鉴定所。先后获得“中国美容美发名校”“中国美发美容行业诚信经营示范企业”等称号。注册的是图形的商标。2011 年入选中华老字号。

上海童涵春堂中药饮片有限公司(注册商标:童涵春堂) 位于黄浦区旧校场路。起始于清乾隆中期。主要产品分为配方中药饮片和精制中药饮片两大类,精制冬虫夏草系列是公司的拳头产品。2011 年入选中华老字号。

上海豫园商城工艺品有限公司(注册商标:华宝楼) 位于黄浦区老城隍庙西侧。“华宝楼”取“物华天宝、人杰地灵”之意,是一栋仿明清建筑大楼。华宝楼有四个楼面商场,汇聚了各类传统工艺精品、名品,是一个融传统工艺礼品与现代风格艺术于一体的综合性工艺品、珠宝玉器、古玩的专营商场。2011 年入选中华老字号。

上海王大降刀剪实业有限公司 位于黄浦区豫园老街。起始于清嘉庆初年,所制作的裁缝用服装剪自成特色,定名“伟剪”,与杭州秦记张小泉、苏州昌记张小泉并称“三大名剪”。后陆续增加了皮剪、内衣剪、园林剪、妇女绣花用的翘头剪、修指甲用的指甲剪、老人吃瓜子用的嗑瓜子剪等,品种繁多。尤其是系列食蟹工具,为人们赏菊啖蟹带来了不少情趣和便利。“王大隆”坚持“三分磨,七分敲”的行业特色,素为同业称道。注册的是图形的商标。2011 年入选中华老字号。

上海老同盛有限公司(注册商标:老同盛) 位于黄浦区中华路。起始于清光绪中期,以经营南北货而负盛名,是上海历史最久、影响最大的南北货经营品牌。2003 年实行转制,成为一个多元化投资的民营企业。主要经营预包装食品、食用农产品、陶瓷制品、五金交电、建筑材料、装潢材料、卫生洁具、日用百货、照相器材、工艺品、文教用品、服装鞋帽。2011 年入选中华老字号。

上海五华伞业有限公司(注册商标:五华) 位于黄浦区江阴街。起始于 1935 年,是国内最早生产钢骨伞的企业之一。新中国成立后兼并了伟嘉棉布厂,更名为“五华钢骨阳伞染织厂”。1956 年公私合营后,先后变更为五华钢骨阳伞厂、中国伞厂、上海制伞总厂、上海五华伞厂,属于制伞行业龙头企业。2011 年入选中华老字号。

上海百新文化用品公司(注册商标:百新) 位于黄浦区福州路。前身为“百新书局”,成立于 1912 年,从事图书出版发行和文化用品经营。2005 年企业改制,先后与浙江省新华书店集团、江苏凤凰新华传媒集团等国内较大的新华书店集团合作,在新华书店渠道的卖场开设文化用品店中店,还创建了“百新文具馆”“博酷”两个文化用品经营品牌。2011 年入选中华老字号。

上海美丽华礼品公司(注册商标:美丽华) 位于黄浦区新闸路。原名“永顺祥礼品湘绣局”,成立于 1916 年,主要经营绸幛、堆绢人物、旗伞、堂彩、对联立轴、赛银饰品、镜框等商品。1957 年,合并 19 家礼品店,仍沿用“永顺祥”店名。经营的商品有画片镜框、工艺摆件、奖杯和锦旗四大类,以经营品种多、工艺精湛而称雄沪上。2011 年入选中华老字号。

上海汇丰纸行有限公司 位于黄浦区福州路。原名“汇丰新记纸号”,成立于 1934 年。1947 年改组,以零售为主,兼营批发,逐渐发展成为一家专业商店。1956 年公私合营时,“汇丰”与“协兴”“谦祥”“同春”“大众”等纸号合并成立“汇丰纸行商店”。在长期的经营中,形成了“裱”“拖”“切”三大特色,经营品种达 300 余种。注册的是图形的商标。2011 年入选中华老字号。

上海西泠印社有限公司(注册商标:西泠印社) 位于黄浦区江西中路。起始于清光绪末年,创始人吴隐也是杭州西泠印社创始人之一。主要生产高级书画印泥,产品质量可靠,不渗油,不渗色,有立体感,长期保存不褪色。2011 年入选中华老字号。

上海华安美容美发有限公司(注册商标:HUAN) 位于黄浦区南京西路。原名“丽美理发所”,成立于 1926 年。1939 年更名为“华安云记美丽馆”,设备和用具全部从法国引进,美容美发师皆为当时的名师,号称“最高尚理发馆,最优等技术师”。1956 年改名为“华安美发厅”,是当时上海四家超特级美发厅之一。始终保持一流的设备、一流的环境、一流的技术、一流的服务,2000 年被国内贸易局评为“全国十佳美容院”“全国首批放心美容院”。2011 年入选中华老字号。

中国第一铅笔股份有限公司(注册商标:中华牌) 位于黄浦区南京西路。前身是成立于 1935 年的中国铅笔一厂。主营业务包括笔类文化用品、笔类化妆用品以及与笔类产品配套的文具、制笔零件产品和化工产品等。拥有“中华牌”“长城牌”石墨铅笔、彩色铅笔、活动铅笔,“古雷马”削笔器,“好学生”橡皮等品牌文具产品。先后获得“全国制笔功勋企业”等荣誉称号。2011 年入选中华老字号。

上海朋街服饰有限公司(注册商标:朋街) 位于黄浦区北京西路。原名“朋街女子服装商店”,成立于 1932 年。创始人为德国人立西纳,他用家乡的一条小街“Borg Street”作为店名,中文译作“朋街”。因裁缝技艺高超,服装制作讲究,造型设计美观,很快就闻名全市。1956 年公私合营后扩大经营,成为一家专营女式服装的特色商店。精制各式女子服装,特别是夹克裙、连衫裙、晚礼服、大衣等,式样新、质量好,获得消费者的好评。2011 年入选中华老字号。

上海雷允上药业西区有限公司(注册商标:雷允上) 位于静安区新闸路。起始于清雍正年间,由清代“吴门医派”的集大成者雷大升创办。上海雷允上药业西区有限公司于2000年由上海雷允上国药西区公司和上海静安药业公司组建而成,是一家集产、供、销为一体的规模型医药企业,主要经营中西药品、参茸饮片、医疗器械、化学制剂等。“雷允上”“上雷牌”商标分别获得“上海名牌服务”与“上海名牌”称号,“上雷牌”被评为“上海市著名商标”。2011年入选中华老字号。

上海鸿翔制衣有限公司(注册商标:鸿翔) 位于静安区海防路。起始于1917年,是上海第一家由中国人开办的专营女子时装的特色店,有“女服之王”的美誉。店名“鸿翔”为创始人金鸿翔的名字。注重设计和裁剪,“推、归、拔”处理得当,缝制以手工制作为主,立式裁剪更是“鸿翔一绝”,有“天衣无缝”之称。蔡元培曾为“鸿翔”题写“国货津梁”匾额。1931年在美国芝加哥国际博览会上,“鸿翔”大衣和礼服获“银质奖”。2011年入选中华老字号。

上海第一西比利亚皮货有限公司(注册商标:虎啸) 位于静安区南京西路。起始于20世纪30年代,是当时上海唯一的集生产、销售、保养、保管为一体的一年四季销售高档裘皮、皮革服装的皮货专业公司,也是上海首批命名的特色商店之一。公司产品融合传统工艺特色和时尚元素,选料考究,做工精细,样式美观,蜚声中外。2011年入选中华老字号。

上海龙凤中式服装有限公司(注册商标:龙凤) 位于静安区陕西北路。起始于1936年。新中国成立后由上海著名的“朱顺兴”“范永兴”“钱立昌”“阎凤记”“美昌”苏广成衣铺合并组建而成。至今仍采用手工缝制技术,保持“前店后工场”的加工销售模式,“镶、嵌、滚、宕、盘、锈”保持着原汁原味的苏广成衣铺的制作工艺,制作的中式旗袍蕴含着历史文化的底蕴,堪称海派旗袍的精华。“龙凤旗袍制作技艺”被列入国家级非物质文化遗产(代表性项目)名录。2011年入选中华老字号。

上海新大美华鞋业有限公司(注册商标：大美华) 位于静安区泰兴路。起始于1940年,是上海首创的专营女士绣花鞋的店铺。产品造型别致、质地精良,穿着舒适滑爽,有“软、薄、轻、挺、秀”之特色。先后在泰国、菲律宾等地开设分店。2011年入选中华老字号。

上海正章洗染有限公司(注册商标：正章) 位于静安区北京西路。原名“正章洗衣洋行”,成立于1925年,是中国人自己经营的第一家洗衣店。以洗染为主业,并发展与主业相似、相关、相近的日用洗涤化工产业,由“前店后工场”的作坊型洗染店发展成为融洗烫服务,生产和销售日用洗涤化工产品的综合型企业。曾为APEC会议、亚太经社会第60届会议、上海合作组织六国峰会、2010年世博会提供特约服务,在全国洗染业各类技术竞赛中多次获得奖牌,并获得“上海市著名商标”“全国洗染业知名品牌”“中国商业名牌企业”等荣誉称号。2011年入选中华老字号。

上海西区老大房实业公司(注册商标：老大房) 位于静安区愚园路。起始于清咸丰初年。自制产品“四时八节”在商店轮番应市,在海内外享有盛誉。生产熟食、糕点、鲜肉及苏式月饼、半成品、冷冻食品五大系列120多款品种。企业获得“上海市著名商标”“上海市名特优商店”等荣誉称号。2011年入选中华老字号。

上海九和堂国药有限公司(注册商标：九和堂) 位于静安区西康路。起始于1933年,因独家经营广东药材而闻名于沪上的名特商店,以药材道地、货真价实、服务周到为人称道。1995年九和堂和广药集团旗下的广州中药一厂、潘高寿、陈李济、奇星、王老吉、敬修堂药厂共同投资组建上海九和堂国药有限公司,是上海市中药行业系统第一家股份公司。曾荣获“上海市商业系统先进单位”“上海市物价计量信得过单位”“上海名牌服务企业”等殊荣。2011年入选中华老字号。

上海龙凤金银珠宝有限公司(注册商标：天宝、龙凤) 位于黄浦区淮海中路。前身为“天昌首饰商店”,成立于20世纪30年代。在传承老字号品牌传统的基础上,紧跟国际时尚潮流,形成了一套独特的设计理念,发展成为集黄金、铂金、钻石与珠宝玉器零售加工、批发为一体的综合性珠宝企业。曾获得“上海市著名商标”“上海名牌”“中华老字号传承创新先进单位”“上海市五星级诚信创建企业”“上海商业优质服务集体”等多项荣誉。2011 年入选中华老字号。

上海床上用品有限公司(注册商标：上上) 位于黄浦区瑞金二路。原名“上海床上用品社”,成立于 1936 年。经营被单、床罩、线毯、羊毛毯、被套、枕套、枕芯、羽绒制品、睡衣等,品种多达上千种。曾获得“上海市名特商店”“消费者喜爱的上海老字号品牌”“改革开放 30 年中华老字号传承创新优秀企业”等荣誉称号。2011 年入选中华老字号。

上海奇美鞋业股份有限公司(注册商标：奇美) 位于黄浦区淮海中路。起始于 1950 年。“奇美”女鞋以用料讲究、款式多样、工艺精湛、特色服务而著称,曾荣获“上海名牌”“上海市著名商标”等荣誉称号。2011 年入选中华老字号。

上海人民塑料印刷厂(注册商标：SRS) 位于闵行区朱行路。起始于清道光末年,是我国最早的塑料薄膜印刷企业。1976 年与上海人民印刷十七厂、上海人民印刷十八厂合并,定名为“上海人民塑料印刷厂”,成为我国最早生产彩印软包装材料的大型企业。拥有先进的吹膜、印刷、复合、分切、制袋、产品检测等一体化的彩印软包装复合材料成套生产设备,为国内外的食品、医药、日化、通信和服装等行业提供复合包装材料,产品远销日本、美国、德国、加拿大等国家。2011 年入选中华老字号。

上海红双喜股份有限公司(注册商标：红双喜) 位于金山区新街路。1959 年,为纪念新中国成立十周年和容国团首夺世界乒乓赛冠军,周恩来总理用富有喜庆色彩的“红双喜”命名产品,并采用中国传统的双喜图案作为商标。两年之后的第 26 届世界乒乓球锦标赛,中国队全部使用“红双喜”器材,“红双喜”成为中国第一个进入世界顶级赛事的运动器材品牌。2000 年成为中国第一个进入奥运赛场的体育品牌。2011 年入选中华老字号。

上海实业马利画材有限公司(注册商标：马利) 位于静安区西康路。

1919 年,著名画家、上海美术专门学校创始人之一的张聿光等集资创办民族颜料厂,注册商标“马利”,取“马到成功、利国利民”之意。生产出了中国第一支水彩颜料和第一支油画颜料,成为我国最早出口的民族工业产品之一,于右任、何香凝、徐悲鸿等著名人士都曾为“马利”题词。新中国成立后,陆续生产出了中国第一支蜡笔、第一支软管国画颜料和第一支丙烯颜料。目前产品包括水彩、水粉、中国画、油画、丙烯画颜料,以及蜡笔、油画棒、粉画笔等十几个大类,品种逾 2 000 多个。“马利”被国家工商局认定为“中国驰名商标”。2011 年入选中华老字号。

上海民族乐器一厂(注册商标:敦煌) 位于闵行区联明路。起始于 1958 年,主要生产古筝、琵琶、二胡、柳琴、扬琴、月琴、阮、笛、笙、箫等民族乐器,产品销往全国各地,并远销日本、美国、加拿大等国家。自 2001 年起,“敦煌牌”商标连续荣获“上海市著名商标”称号。“敦煌牌”古筝、琵琶、二胡荣获“上海名牌”称号。企业先后获得“全国轻工业卓越绩效先进企业特别奖”“全国工业品牌培育示范企业”等荣誉称号。2011 年入选中华老字号。

上海立信会计账册纸品公司(注册商标:立信) 位于浦东新区峨嵋路。起始于 1936 年。专业生产“立信”牌会计账簿表单、会计系列用品、文教系列用品、现代办公系列用品和各种纸制品等。2011 年入选中华老字号。

上海钢琴有限公司(注册商标:STRAUSS) 位于杨浦区江浦路。原名“永兴琴行”,成立于清光绪中期。主要承接钢琴修理,并仿制新琴,自创“施特劳斯”“上海”等品牌钢琴。1956 年公私合营,包括永兴 3 家琴行在内的上海 29 家琴行合并成立上海乐器厂,实现了规模生产,生产出了中国第一架九尺卧式钢琴。2011 年入选中华老字号。

上海熊猫线缆股份有限公司(注册商标:熊猫) 位于宝山区牡丹江路。起始于 1947 年,专业生产各种塑料绝缘电线电缆,是中国电气装备电线电缆行业中历史最久、影响最大的专业工厂之一。公司致力于为国家重点工程和国内外著名企业提供配套服务,产品远销世界几十个国家和地区。

“熊猫”牌被认定为“中国驰名商标”，产品被认定为“国家免检产品”。2011年入选中华老字号。

上海余天成药业连锁有限公司余天成堂药号(注册商标：余天成) 位于松江区中山中路。起始于清乾隆中期。上海地区现存历史最悠久的药号，创始人余游园以“天禄同寿，成德长生”之意，定店名为“余天成”，并提出“道地药材、修制务精、货真价实、童叟无欺、名医坐堂、治病救人”24字办店方针。经营国内外名、特、优中西成药、特药、新药、人参补品、保健药品、化妆品等5 000余种产品。2011年入选中华老字号。

上海人寿堂国药有限公司(注册商标：人寿堂) 位于静安区江苏路。公司成立于1993年，经营范围包括中成药、中药饮片、化学药制剂、抗生素以及生化药品、生物制品、二类医疗器械。2011年入选中华老字号。

上海广茂香经贸发展有限公司(注册商标：广茂香) 位于虹口区天宝路。起始于1923年。店铺名“广茂香”，寓意“烤鸭飘香，生意茂盛”。初时是一家前店后场的店铺，自产自销烧烤、卤味、腌腊制品以及广式糕点。新中国成立后更名为“广茂香烤鸭店”，2002年转制为广茂香经贸发展有限公司。“广茂香”烤鸭单店日销量上千只仍供不应求，烤肉、烤排、烤乳猪等特色品种亦广受消费者青睐。2011年入选中华老字号。

上海红心器具有限公司(注册商标：红心) 位于浦东新区杨高中路。起始于1943年，主要从事电熨斗的生产和销售。1958年自主开发我国第一台调温型电熨斗。1968年、1978年又试制成功喷雾电熨斗、喷雾蒸汽电熨斗，1982年试制成功工业蒸汽电熨斗。已经建立电熨斗、挂烫机等规模型小家电开发制造基地，产品延伸到电磁炉、电火锅、电吹风、电水杯、电饭煲和小太阳等家电器具。先后获得“上海市著名商标”“上海名牌”“中国改革开放30年中华老字号传承创新优秀企业”等荣誉称号。2011年入选中华老字号。

上海华通开关厂有限公司(注册商标：华通) 位于松江区石湖荡镇。起始于1919年，是国内外著名的电气设备制造企业。主要产品有高、低压断路器，高、低压成套开关设备，自动化装置和与海军舰船配套的配电板，消磁设备和电器电源等。产品应用于全国许多重点工程，并远销国外电网电站。2011 年入选中华老字号。

上海集成药厂（注册商标：集成） 位于黄浦区中兴路。原名“集成药房”，起始于 1914 年，1937 年改名为“集成药房制药厂”，1955 年公私合营更名为“集成化学制药厂”。主要经营配方和外埠药品批发业务，生产集成痱子粉和乳白鱼肝油。2011 年入选中华老字号。

上海永久股份有限公司（注册商标：永久） 位于浦东新区南六公路。中国最早的自行车整车制造厂家之一，成立于 1940 年。研制了统一全国自行车标准和规格的标定车，开发了中国第一代 660 毫米轻便车、载重车、赛车及电动自行车、LPG 燃气助力车等产品，形成了以自行车、电动自行车、童车、电动轮椅车为核心的两轮车产品群，以保龄设备、棋牌桌、塑胶跑道为核心的康体产品群。曾获得“国家重点新产品”“国家自行车队指定产品”等荣誉。2011 年入选中华老字号。

上海三联（集团）有限公司亨达利钟表公司（注册商标：亨达利） 位于黄浦区南京东路。前身为法国人霍普开设的霍普兄弟公司，成立于清同治初年。1917 年开始专业经营钟表，声誉鹊起。“亨达利”商品崇尚高档传统，品种齐全。钟表精修也是“亨达利”经久不衰的一大法宝，“以修促销”的经营服务特色百年未变。2011 年入选中华老字号。

上海三联（集团）有限公司冠龙照相器材公司（注册商标：冠龙） 位于黄浦区南京东路。起始于 1931 年，是由中国人创建的第一家照相器材公司，也是中国最早承接彩色冲晒业务的专业商店。2011 年入选中华老字号。

上海市第一医药股份有限公司第一医药商店（注册商标：医一） 位于黄浦区南京东路。起始于 1953 年，定位“精良药房”，造就了医药零售行业众多的第一：第一家单体药房日最高销售额超 300 万元，行业内第一家获“上海市政府质量奖”，全国医药零售第一家获 ISO9001 国际质量管理体系认证证书，第一批通过了 GSP 认证。2011 年入选中华老字号。

上海国旅国际旅行社有限公司(注册商标:乐趣) 位于静安区北京西路。起始于1954年,是新中国最早成立的旅行社之一。2004年与锦江国际集团资产重组,变更为“上海锦江国际旅游股份有限公司”。旅游行业内唯一的中华老字号企业,拥有“乐趣”和“有趣”等产品。2011年入选中华老字号。

上海梅林正广和(集团)股份有限公司(注册商标:梅林) 位于杨浦区通北路。由上海梅林(集团)有限公司和正广和(集团)有限公司于1997年联合重组的大型食品企业集团,是国家确定的“512户国家重点企业”之一,也是上海市确定的“54户重点企业”之一。梅林食品(集团)公司的主干龙头企业是成立于1930年的上海梅林罐头食品厂,以肉业和罐头食品制造业为主。“梅林”牌午餐肉罐头曾三次获得“全国质量奖”,“梅林”商标被认定为“上海市著名商标”。2011年入选中华老字号。

上海振华造漆厂(注册商标:飞虎) 位于静安区古浪路。中国最早从事涂料生产的专业厂家之一,成立于1916年。1926年,“飞虎”牌产品荣获巴拿马万国博览会金奖。20世纪80年代形成预处理、底漆、面漆、背面漆和表面预处理剂组成的卷材涂料系列,打破了洋品牌垄断新产品的局面。目前在高端卷材涂料市场占有率达40%以上。“飞虎”为“上海名牌”“上海市著名商标”。2011年入选中华老字号。

上海回力鞋业有限公司(注册商标:回力) 位于杨浦区昆明路。前身是1927年开设的“义昌橡皮制物厂”,生产“八吉”牌套鞋。1996年,使用鞋类“回力”商标的上海胶鞋六厂和上海胶鞋七厂合并组建上海回力鞋业总厂。2000年组建上海回力鞋业有限公司。“回力”为“中国驰名商标”,“回力”鞋类产品先后获得“全国银质奖”“上海市优秀产品奖”等荣誉。2011年入选中华老字号。

上海开林造漆厂(注册商标:光明) 位于青浦区菘泽大道。起始于1915年,是我国第一家油漆制造企业。建厂初期产品单一,年产量仅几十吨,现专业生产“光明牌”船舶涂料、重防腐涂料等各种涂料和“长城牌”绝缘漆、耐高温涂料等，先后有60多个产品获国家级、市级等近百个奖项。产品被广泛应用于国家和上海市的重大工程和项目。2011年入选中华老字号。

上海白象天鹅电池有限公司（注册商标：白象） 位于浦东新区康桥镇。前身是“上海电池厂”，成立于1921年。“白象”“天鹅”牌电池在国内外享有很高的声誉。其中“白象”牌电池是中国电池工业协会推荐的名牌产品，产品远销美国、加拿大、日本、西非、东非等20多个国家和地区。2011年入选中华老字号。

上海造漆厂（注册商标：眼睛牌） 位于闵行区颛桥镇。起始于1932年，是中国最早生产高档油漆的厂家之一。随着历史的变迁，先后变更为“亚美化学品股份有限公司”“天一造漆厂股份有限公司”“上海造漆厂”。企业具有较完善的质量保证体系和严格的质量检测制度，产品为许多知名项目所使用。2011年入选中华老字号。

上海油墨厂（注册商标：牡丹） 位于静安区宝源路。起始于1913年，是我国专业生产和销售各类印刷油墨规模最大、历史最悠久的国有企业。拥有近8万平方米的生产基地，集近百年的制造技术和经验，引进世界一流装备，实现了产品的开发、制造和检验一体化。2011年入选中华老字号。

上海染料研究所有限公司（注册商标：狮头） 位于普陀区真南路。前身为上海宏兴染料厂，成立于1947年。1956年更名为“公私合营上海宏兴染料厂”，产品商标“兽王”改名为“狮头”。1980年联合国教科文组织资助我国染料行业和纺织染织业，国家批准组建上海市染料研究所。“狮头”牌已成为食品添加剂着色剂行业的领军品牌。2011年入选中华老字号。

上海涂料有限公司（注册商标：一品） 位于闵行区颛桥镇。前身为中国维新油漆颜料厂，成立于1931年。1956年与吕新华涂料等五家企业合并成立上海氧化铁颜料厂。公司专业生产经营氧化铁颜料、复合颜料、酞菁颜料、群青颜料、铬系颜料、防锈颜料、珠光颜料及相关衍生品，产品行销全球54个国家和地区。先后获得“上海市著名商标”“上海名牌”等荣誉称号。2011年入选中华老字号。

上海京华化工厂(注册商标:白石) 位于闵行区双柏路。前身为上海新业化工厂,创建于1930年。是氧化锌行业龙头企业,主要产品有氧化锌系列(间接法、压敏、药用、试剂、活性),碳酸锌、硼酸锌、磷酸锌、炉甘石粉等。2011年入选中华老字号。

上海表业有限公司(注册商标:上海) 位于杨浦区榆林路。1955年试制成功中国第一批细马机械表,开创了中国人造手表的新纪元。上海牌手表曾是上海人的“三大件”之一。1986年“上海”牌薄型表荣获“全国银质奖”,2004年“上海”牌多功能自动机械手表获第13届全国“星火杯”创造发明竞赛“优秀项目金奖”。拥有10项产品专利、12项专用技术,已推出新产品72种,新款式240多种,产品成功进入北美和欧洲市场。2011年入选中华老字号。

上海星钻秒表有限公司 位于徐汇区宜山路。前身为“大光明制钟厂”,成立于1953年,主要生产铁锚牌闹钟。1966年改名为“上海第二钟厂”。1977年改名为“上海秒表厂”,正式生产“钻石牌”机械秒表。主要生产机械秒表、电子秒表。产品先后获得“轻工部优质产品”“上海名牌”“上海轻工知名品牌(产品)”等荣誉称号。注册的是图形的商标。2011年入选中华老字号。

上海医疗器械(集团)有限公司卫生材料厂(注册商标:中亚) 位于闵行区莘庄工业区。中国最早建立的医用橡皮膏生产厂家,成立于1948年。1958年成功研制国内首个含药贴膏——消炎解痛膏,后又研发生产关节止痛膏、鸡眼膏和肤疾宁等品种。目前生产销售30余种产品,涉及医用胶带、药用贴膏、医用敷料和电子保健四个大类。先后获得“上海市著名商标”“上海市高新技术企业”等荣誉称号。2011年入选中华老字号。

上海中华药业有限公司(注册商标:龙虎) 位于长宁区延安西路。起始于清宣统年间,是近代中国第一家民族制药企业。拥有中国驰名商标“龙虎”牌、上海市著名商标“天坛”牌。核心产品“龙虎”牌和“天坛”牌清凉油选用名贵药材,由国家保密工艺和配方精制而成。“天坛”牌清凉油在1987

年德国莱比锡国际博览会上荣获“金奖”。2011 年入选中华老字号。

上海雷允上药业有限公司(注册商标:雷氏) 位于奉贤区航谊路。起始于清雍正初年,咸丰末年自苏州迁至上海,民国期间已成为全国首屈一指的中成药品牌。主要产品有国家保密产品六神丸,以及丹参片、珍菊降压片、猴头菌片等。常年生产丸剂、片剂、外用膏等八个剂型 50 余种产品。“六神丸制作技艺”被列入国家级非物质文化遗产(代表性项目)名录,“六神丸制作技艺”传承人荣获首批“上海工匠”称号。2011 年入选中华老字号。

上海飞马针织有限公司(注册商标:飞马) 位于浦东新区雪野路。前身是“景福衫袜织造厂”,成立于 1937 年。1980 年建成 1 万平方米针织漂染大楼,引进先进的技术设备。除了生产汗衫,还生产天鹅绒服装、儿童印花套装等产品。2011 年入选中华老字号。

上海良友海狮油脂实业有限公司(注册商标:海狮) 位于浦东新区张杨路。由上海良友(集团)有限公司和上海市油脂公司共同投资成立,集食用植物油生产、销售、储运、内外贸易为一体的大中型国有企业。公司旗下有“海狮”“金海狮”“乐惠”等食用油品牌,拥有十大类 60 多个品种的小包装食用油产品以及五大类 10 多个品种的餐饮食用油产品。主导品牌“海狮”已有数十年历史,曾获得国家市场监督管理总局颁发的产品质量免检证书和中国粮食行业协会认定的“放心油”等荣誉称号。2011 年入选中华老字号。

上海正广和饮用水有限公司(注册商标:正广和) 位于杨浦区济宁路。起始于清同治初年,是中国饮料行业历史最悠久的企业之一。1995 年成立正广和饮用水有限公司,是上海最早生产饮用水的企业之一。现由梅林正广和股份有限公司和法国达能(亚洲)有限公司共同投资组建,主要经营包装饮用水与配套冷热饮水机的生产、销售、服务。2011 年入选中华老字号。

上海惠罗有限公司(注册商标:惠罗) 位于黄浦区南京东路。前身为英国商人开设的“惠罗公司”,创建于清光绪末年。1992 年成立中外合作的惠罗有限公司，汪道涵亲笔为之题词。上海大型百货商店之一，经营面积近4 000平方米，销售真丝面料、真丝服装、真丝床品和丝绸工艺品，定期举办“惠罗羽绒服饰博览会”和“惠罗真丝服饰博览会”。曾获得“上海市著名商标”“上海名牌”等荣誉称号，享有“买羽绒，到惠罗”的口碑。2011年入选中华老字号。

上海周虎臣曹素功笔墨有限公司墨厂（注册商标：曹素功） 2011年入选中华老字号。参见国家级非物质文化遗产生产性保护示范基地——周虎臣曹素功笔墨有限公司。

上海周虎臣曹素功笔墨有限公司笔厂（注册商标：虎） 2011年入选中华老字号。参见国家级非物质文化遗产生产性保护示范基地——周虎臣曹素功笔墨有限公司。

上海锦江国际饭店有限公司（注册商标：国际饭店） 2011年入选中华老字号。参见全国重点文物保护单位——国际饭店。

江苏篇

江苏省，简称“苏”。清初，以南京原辖区域改设江南省。清康熙六年(公元1667年)，分江南省为江苏、安徽二省，是为江苏建省之始。

江苏地处中国大陆东部沿海地区中部，长江、淮河下游，东濒黄海，北接山东，西连安徽，东南与上海、浙江接壤，是长江三角洲地区的重要组成部分。陆地面积10.72万平方千米，海域面积3.75万平方千米。

江苏是中国地势最低的一个省份，绝大部分地区在海拔50米以下。平原面积占全省总面积的86.9%以上，主要由苏北平原、黄淮平原、江淮平原、滨海平原、长江三角洲平原组成。连云港云台山玉女峰海拔624.4米，为江苏最高峰。中国五大淡水湖中的太湖、洪泽湖，位于江苏境内。长江横贯东西，京杭大运河纵贯南北，海岸线长954千米。

江苏属于温带向亚热带的过渡性气候，气候温和，雨量适中，四季分明，以淮河、苏北灌溉总渠一线为界，以北属于暖温带湿润、半湿润季风气候，以南属于亚热带湿润季风气候。年平均气温13—16℃。

江苏下辖副省级市南京，无锡、徐州、常州、苏州、南通、连云港、淮安、盐城、扬州、镇江、泰州、宿迁等13个地级市，55个市辖区、22个县级市、19个县。省政府驻地南京市。2019年末，常住人口8070万，绝大部分为汉族。

江苏是中国古代文明的发祥地之一，50万年前就有人类在此活动。江苏辖江临海，扼淮控湖，经济繁荣，教育发达，文化昌盛，素有“山水江南、鱼米之乡”的美誉。江苏旅游资源丰富，古镇水乡，千年名刹，古典园林，湖光山色，帝王陵寝，都城遗址，自然景观与人文景观相互交融。

一、中国历史文化名镇

昆山市周庄镇　位于昆山市西南部。地处昆山、吴江与上海的交界处。春秋时期至汉代有“摇城”之说。北宋元祐初年，因周迪功捐地修全福寺而更名为“周庄”。元朝中叶，因江南富豪沈万三经商发迹而繁荣。历经900多年沧桑，完整地保存着原来的水乡集镇风貌。四面环水，咫尺往来皆须舟楫；依河成街，桥街相连；深宅大院，重脊高檐；河埠廊坊，过街骑楼，穿竹石栏，临河水阁，古朴幽静，是“江南六大古镇”之一，有“中国第一水乡”之誉。2003年入选中国历史文化名镇。

吴江区同里镇　位于苏州市吴江区太湖之畔。地处古运河之东，四面临水，八湖环抱，自然条件优越，为吴地最富庶的地方，故名“富土”。唐初，因其名太奢，改称“铜里”。宋代建镇，定名为“同里”。镇区被15条小河分隔成7个小岛，架桥49座又将小岛串为一个整体。建筑依水而立，家家临水，户户通舟，水田肥沃，物丰富庶，人杰地灵，拥有众多的明清两代的花园、寺观、宅第和名人故居，素有“东方小威尼斯”之誉。2003年入选中国历史文化名镇。

吴中区甪直镇　地处苏州市吴中区的东大门。与苏州古城同龄，具有2 500多年历史。梁天监年间称“甫里”，宋、元时初具雏形，明代成为“郡东乡镇之首”，商贾云集，居民近万户。清代改称“甪直”，有“昆山一个城，不及甪直半个镇”之说。水系纵横，素有“五湖之汀”“六泽之冲”之称。以水多、桥多、巷多、古宅多、名人多而著称，更因塑壁罗汉和水乡妇女服饰而闻名天下，有“神州水乡第一镇”“水乡桥都”的美誉。2003年入选中国历史文化名镇。

吴中区木渎镇 位于苏州市吴中区太湖之滨。相传春秋末年，吴王夫差建馆娃宫和姑苏台，三年聚材，五年乃成，因“木塞于渎”而称“木渎”。北宋设木渎镇，素有“吴中第一镇”“秀绝冠江南”之誉。有明清时代私家园林30余处，有“园林之镇”的美誉。古宅庭院深深，小桥流水悠悠，河道纵横，石驳岸绵延，组成了苍古的水上风景。镇西北的太平山，以“红枫、清泉、怪石”三绝闻名，“天平观枫”为江南一大奇观。2005年入选中国历史文化名镇。

太仓市沙溪镇 位于太仓市中西部。历史悠久，宋、元时代集市成镇，明、清时代商市繁华，成为太仓地区一大镇。民国年间，有“东南十八镇，沙溪第一镇”之说。枕水人家，过街楼宇，亭台楼阁，转角货栈，木板门面，长廊通道，小桥流水，水岸码头，入水台阶，一派江南水乡风光。苏州评弹，吴侬软语，民风淳朴，市井文化保护良好。2005年入选中国历史文化名镇。

姜堰区溱潼镇 位于泰州市姜堰区北部。地处南通、盐城、泰州三市交界处，旧有“犬吠三县闻”之说。5 000年前已是先民聚居之所，麋鹿生息之地。溱潼一度临海，夏商时属于扬州，春秋时属于吴地。元至元年间设置泰州路，溱潼始称镇。小桥流水，深巷幽居，麻石铺街，老井当院，名人遗迹，传统工艺，特色美食，古韵新风相映生辉，有“莫道江南花似锦，溱潼水国胜江南”之美誉。2005年入选中国历史文化名镇。

泰兴市黄桥镇 位于泰兴市东北部。南濒长江，东连如皋，北接姜堰，是苏中、苏北地区通往苏南的重要门户，北分淮委，南接江潮，素有“水上枢纽”之称。2 000多年前汉高祖时期，因仓取名“永丰里”。北宋时建镇，名为“黑松林”，元末明初易名“黄桥镇”。至今有保留完好的明清建筑2 000余间以及少量的宋代建筑。近代著名的黄桥战役发生地，保留着不少革命历史遗址。2005年入选中国历史文化名镇。

高淳区淳溪街道 位于南京市高淳区中西部。东临固城湖，北倚石臼湖。早在殷商时期就有人类活动，逐步形成村落、集镇。文物古迹众多，古建筑风格独特。以“金陵第一古街”著称的高淳老街呈“一”字形，故称“一字街”,砖木结构的建筑傍水而列,粉墙青瓦、飞檐翘角,配上精美的砖木石雕和传统的书法牌匾,古朴典雅,融苏南香山派、皖南徽派风格于一体。2007 年入选中国历史文化名镇。

昆山市千灯镇 位于昆山市南部。原名“千墩”,名出吴越争霸。清宣统年间易名“茜墩”,1966 年改称“千灯”。历史悠久,人文荟萃,经济发达,有“金千灯”之美誉。明清石板街是江苏省内保存最长、最完整的石板街。镇中河道千灯浦之上,横跨七座明清时期的拱形环龙石桥。这里是著名爱国学者顾炎武的故乡,又是昆曲和江南丝竹的发源地。2007 年入选中国历史文化名镇。

东台市安丰镇 位于东台市西部,是苏北与苏中的水陆交通枢纽。古镇成陆于新石器时代,古名“小淘浦”。汉初以煮盐入史,南宋设小淘盐场,北宋时期因西溪盐仓监范仲淹的“先天下之忧而忧,后天下之乐而乐”而更名为“安丰”。镇区以南石桥大街为中轴,以鲍氏建筑群为代表的古建筑群,尽显晋徽商贾与淮夷本土建筑流派相融合的独特风貌。2007 年入选中国历史文化名镇。

昆山市锦溪镇 位于昆山市西南隅。东临淀山湖,西依澄湖,南靠五保湖,北有矾清湖、白莲湖,“东迎薛淀金波远,西接陈湖玉浪平”,素有“金波玉浪”之称。古镇有一溪流,夹岸桃李纷披,晨霞夕晖,满溪跃金,灿烂若锦带,故名“锦溪”。烟波浩渺的湖面,一座长桥卧于荷海之上,乌篷船一字排开,若隐若现的陈妃水冢,风铃悦耳的文昌古阁,蛟龙卧波的十眼长桥,“三十六座桥,七十二只窑”的传说,全国首创的古砖瓦博物馆,成就了逸闻江南的古镇。2008 年入选中国历史文化名镇。

江都区邵伯镇 位于扬州市江都区西北部,淮扬公路、京杭运河过境,东西南北四湖通。古称“甘棠”“邵伯埭”。因地处南北航孔道,唐宋以后日益兴盛,商铺鳞次栉比,是京杭大运河地区的繁华商埠。斗野亭、甘棠庙、御码头、万寿宫、甘棠树等名亭、名庙、名树远近闻名。沟渠纵横,河网密布,邵伯湖、邵伯船闸、运河堤岸,组成了一幅美丽的水乡风景图。2008 年入选中国历史文化名镇。

海门市余东镇 位于海门市北部，与上海一江之隔。古称“余庆”，又名“凤城”，成立于唐代，兴于北宋，盛于明清，依靠煮海为盐逐步发展，至新中国成立前一直为通东地区的政治、经济、文化中心。文化厚重，通东号子等非物质文化遗产蜚声省内外。古街、古井、古桥、古民宅、古庙，被誉为传承通东民俗风情和民间文化的活化石。2008 年入选中国历史文化名镇。

常熟市沙家浜镇 位于常熟市东南部。隋大业年间乡民在此聚居，逐水建屋，渐成集市，名曰“尤泾”，又称“语溪”。后因聚居村民以唐姓居多，更名为“唐市”。南面是烟波浩渺的阳澄湖，北面是清澈如镜的昆承湖，两湖之间曲径逶迤，成了名副其实的转水墩、活络圩。因河成市，河街并行，整体风貌基本保存完好。“小桥流水”“华阳旭日”等景点具有典型的江南水乡特色。京剧《沙家浜》更使“沙家浜”之名家喻户晓。2008 年入选中国历史文化名镇。

吴中区东山镇 位于苏州市吴中区西南部。地处太湖东南岸的东山半岛，东山岛是伸展于太湖东首的一座长条形半岛。自有史书记载起，属地更迭频繁。由于地理位置重要，各朝各代多设治所。唐、宋、元、明、清历代大兴土木，建造了众多的厅堂、楼台等豪华建筑，形成了衣冠礼乐、博彩人文的大邑之风和众多的名胜景观。有保存完好的仿古雕花楼，依山傍水的席家花园，明代住宅楠木厅等。风物清嘉，是我国“十大名茶”之一的“碧螺春”的原产地。2010 年入选中国历史文化名镇。

锡山区鹅湖镇 位于无锡市东部。地处无锡、苏州、常熟三地交界处，自古就是区域性水码头，素有“小苏州”“银荡口”之美誉。古名“丁村”，晋代就成集镇，后因位于鹅肫荡口而更名为“荡口”。河道纵横，湖荡密布，小桥流水，河埠驳岸，民居傍河，孝义之风盛行，民间风俗有着鲜明的江南水乡特色。居民以华氏居多，华氏义庄是江南地区规模最大、存续时间最长、保存最完整的义庄之一。2010 年入选中国历史文化名镇。

兴化市沙沟镇 位于兴化市西北部。东邻盐都，西邻高邮、宝应，北与建湖隔河相望,是“五县通衢”的中心镇,有“江湖中的一葫芦”之说。历史悠久,在距今2 200多年前的秦朝末年名曰“射阳村”,后定居者日增,明末清初更名为“沙沟镇”。流传着地域色彩浓厚的传统民俗活动“板凳龙”,保存着基本完好的明末清初的益民巷古宅群。2010年入选中国历史文化名镇。

江阴市长泾镇　位于江阴市东南部。南依太湖,北临长泾。四周青山环立,中间一马平川,水陆交通便捷。宋代名“东城里”,明代因舜曾居于此而更名为“东舜乡”,清康熙年间始称“长泾镇”。穿镇而过的泾水河两岸都是枕水人家,石板老街和明清街长达千余米,古宅、古街、古桥、古寺随处可见,是吴文化的发祥地之一。2010年入选中国历史文化名镇。

张家港市凤凰镇　位于张家港市东南郊。6 000多年前就有先民在此繁衍生息,元明时代已成市集,称“河阳”。明正统年间建为“恬庄镇”,后因境内名山凤凰山而称“凤凰镇”。拥有千年古街恬庄古街、南朝四百八十寺之一的永庆寺、千年古树红豆树等名胜古迹和中国非物质文化遗产河阳山歌。2010年入选中国历史文化名镇。

吴江区黎里镇　位于苏州市吴江区东南部。东临上海,西濒太湖,南接浙江,北依苏州,地处江浙沪金三角交汇处的腹地。2 500年前的春秋时期,这里的御儿浞为吴越分界地之一。唐代已成村落,南宋时成为市集,明弘治年间为江南大镇。宋代的桥和井,元代的棂星门,明代的鸿寿堂和进士第,清代的驳岸、宅院、弄堂,诉说着古镇曾经的岁月。青色的石板路,斑驳的石墙,各种色彩搭配恰到好处,恰似一幅展开的水墨画。2014年入选中国历史文化名镇。

吴江区震泽镇　位于苏州市吴江区西南部。地处江浙交界处,古有“吴头越尾”之称。远古时期,此地为潟湖浅湾,聚成村落。唐开元年间,因濒临太湖而得名“震泽”。明成化年间,依丝发祥而成建制镇,为“江南五大桑镇”之一。自清代中叶起,丝织业鼎盛,至今仍是蚕丝被之乡。高耸的慈云塔,遗三国孙吴之流风;拱伏的禹迹桥,传上古圣贤之伟业;小巷悠长,古韵犹存;师检堂、思范桥,诉说着百年沉浮。2014年入选中国历史文化名镇。

东台市富安镇 位于盐城市最南端，毗邻南通市。运河、国道、公路四通八达，形成了水陆交通网络。古称“虎墩”“虎埠”，南唐时设有虎墩场，宋朝设有虎阜场，后因富足安定，元朝改名为“富安场”。民国时期设市，1984年建镇。历史悠久，钟灵毓秀，名胜古迹遍布全镇。古街古巷古民居，古树古桥石牌坊，记载着昔日的繁华。物产丰富，风俗典雅，桑蚕历史源远流长，有“中国茧都”之誉。2014 年入选中国历史文化名镇。

江都区大桥镇 位于扬州市江都区东南部。拥有长达 33 千米的长江岸线。古名“白沙”，因海边多白色的沙砾而得名。隋唐时期，波斯胡商在此安家落户。宋淳熙年间建大桥镇。条石古街上被车辙碾出的一道道凹痕依然清晰，一块块花岗岩条石像是一本本厚重的书，展示着曾经绵延数个朝代的繁荣。星北湖畔的开元寺，雄雌银杏华盖翠顶，是典型的滨江田园寺院。2014 年入选中国历史文化名镇。

新北区孟河镇 位于常州市西北部。地处长江之畔。汉朝已沿江聚集成村，后因运河人口增多，聚集成市，镇因孟河而名。清朝中后期，“孟河医派”在此发祥，有“吴中名医甲天下，孟河名医冠吴中”之称。九龙禅寺、东岳庙戏楼等历史建筑保存完好，万绥猴灯、斧劈石造景艺术等非物质文化遗产远近闻名，齐梁文化、医派文化、小黄山文化、名人文化多姿多彩。2014 年入选中国历史文化名镇。

宜兴市周铁镇 位于宜兴市东北部。地处太湖西岸，水陆交通便捷，可直达沪、宁、杭三大城市。2 700 多年前，周朝设铁官于此，故名“周铁”。明洪武初年设市。湖山毓秀，人杰地灵，尊师重教的优良传统造就了浓厚的文化底蕴，素有“阳羡状元地，周铁教授乡”的美名，被誉为“无锡西门外第一镇”。老街的城隍庙，历经 1 800 多年的银杏树，见证了古镇的风雨沧桑。2014 年入选中国历史文化名镇。

如东县栟茶镇 位于南通市如东县西北部。北濒黄海，海岸线长 12 千米，滩涂面积 66.67 平方千米，滩涂资源十分丰富。由于海水冲击，两晋至南北朝时期逐渐聚沙成陆，又名“南沙”。唐代初期为煎盐场亭，始有移民居住。时人出海以柄茶为标，故名“柄茶”。流淌不息的卫海河，随风晃动的红灯笼，人群喧闹的街市，江南小镇如水墨画。2014 年入选中国历史文化名镇。

常熟市古里镇 位于常熟市东郊。青墩塘和白茆塘横贯古镇，水陆交通便捷。因地处青墩塘、三丫港、清水港三水汇集之处，成了渔民集散地，渐成集镇，宋称“菰里村”。自清初瞿氏入居，集镇更加繁荣。清道光中期始称“古里”。有南北横街两条，东西竖街三条，南横街沿市河最为繁荣，各业店面林立。镇中心的瞿氏铁琴铜剑楼，是享誉海内外的“清代四大藏书楼”之一。2014 年入选中国历史文化名镇。

二、中国历史文化名村

吴中区陆巷村 位于苏州市东山镇。因村中有六条直达太湖的巷弄而得名。背靠莫厘峰，面向太湖，东有寒谷山，西有箭壶，与太湖西山遥遥相望，依山傍水，风景秀丽。南宋时渐成村落，明清时名人辈出。古村建筑顺应地势，随高就低，交错穿插，鳞次栉比。民宅外观简洁精巧，厅堂色调雅素明净，门楼砖雕木刻雅致，窗户梁架彩画秀美，具有鲜明的明清建筑风格，是香山帮建筑的经典之作，环太湖古建筑文化的代表，被誉为“太湖第一古村落”。2007 年入选中国历史文化名村。

吴中区明月湾村 位于苏州市金庭镇。南濒太湖，背倚青山，地形宛如一钩明月，故称“明月湾”。春秋时已形成村落，唐宋时期，基本形成了状若棋盘的山村格局。清乾隆年间达到鼎盛，修建了大批精美的宅第、祠堂、河埠、码头等建筑，以石板街最为著名。村庄格局延续至今，阡陌纵横，屋舍俨然，处处展示出独特的江南乡村风貌。2007 年入选中国历史文化名村。

惠山区礼社村 位于无锡市玉祁街道。北枕长江，京杭大运河支流五牧河由南向北贯穿全境。南宋淳熙年间建村,得名“吕舍”。明宣德年间,因以“礼”作为治家兴族的准则,更名“礼社”。清乾隆年间兴建街市,形成了9弄13进的街坊布局,河网交错,码头林立,是江南著名的商业集散地。老街由青砖平铺,两边是修旧如旧的民房。2010年入选中国历史文化名村。

吴中区杨湾村 位于苏州市东山镇,地处东山岛后山的西部。民国时期是杨湾镇镇公所驻地。两条街道相交成“十”字形,各长500米。现存老街依山近湖,橘树成林,古木参天,风景优美。街道由青砖铺就,构成“人”字形和水波形图案,街弄两边多官宦宅邸、小康门第和茶楼酒肆。2014年入选中国历史文化名村。

吴中区东村 位于苏州市金庭镇。地处西山岛北部,东起金铎山,西至张家湾,南依栖贤山,北枕张家山和凤凰山,群山环抱,依山面湖,村落整体格局呈“河蟹”状,风水极佳。始建于秦末汉初,因汉初“商山四皓”之一的东园公隐居于此而得名。村中的道路大多为石板与青砖铺就,两旁的古宅以清乾隆、嘉庆年间的居多,深宅大院,雕梁画栋,构筑精细。敬修堂是西山现存规模最大的一幢古宅。2014年入选中国历史文化名村。

武进区焦溪村 位于常州市郑陆镇。东倚鹤山,北枕舜过山,南望石堰山,舜河依山流经。4 000多年前虞舜禅位后在此安营扎寨,唐代形成集镇雏形,宋代时称“焦村”。清代已成市镇,因镇中有河溪贯通,得名“焦溪”。古街临河而筑,龙溪河蜿蜒东流,面街背水户通舟,台榭高低临水际。依山傍水格局完整,传统街巷保留至今,建筑黄石半墙呈南地北风,充满江南特色的商贾遗风,是崇德尚学的人文盛地。2014年入选中国历史文化名村。

吴中区三山村 位于苏州市东山镇。地处太湖之中的三山岛,由主岛三山及泽山、厥山等岛组成,眺望太湖烟波浩瀚水阔天长。古称“三山门”,汉朝建乡,晋代称“蓬莱”。开采太湖石留下的旧石群,辅以亭、桥、池、榭,还有一半浸润于太湖水中的十二生肖石,千姿百态。2014年入选中国历史文化名村。

高淳区漆桥村 位于南京市漆桥镇。地处苏皖两省交界处,自汉朝以来就是连接苏南、皖南的交通要道。汉代以前称作“南陵”，西汉时期因村南漆桥河上的漆桥而得名“漆桥村”。漆桥老街是村中弧形延伸的中轴线，每隔几幢建筑就留有临水通道的小巷；两侧的房子都是古旧的砖木式店房，屋檐外挑，门楣雕有精美的纹饰，木门上木料的纹路清晰可见。居民多孔子家族后裔，恪守着孔圣人“学诗学礼承旧业”的祖训家风。老街、老宅、老巷，融汇成一道古色古香的风景线。2014 年入选中国历史文化名村。

通州区余西村 位于南通市二甲镇。地处江苏东部，长江口北岸。这里成陆早于周边，古名“余庆”（庆余）；因城设路形似龙，又名“龙城”。始于唐末，兴于北宋，盛于明清，因煮海为盐而逐步发展，是古通州东南沿海第一个盐埠，也是我国印花的发祥地之一。城河相拥，街巷纵横，粉墙瓦黛，宅院参差，店铺林立，古迹众多，人文底蕴深厚。独特的风土人情，大量的民间传说、诗词歌赋，反映了千年古村的历史演变。2014 年入选中国历史文化名村。

江宁区杨柳村 位于南京市湖熟街道。依山傍水，北靠马场山，前临杨柳湖。400 多年前，朱氏一支定居于此，渐成大族，村中近半数建筑为朱氏所建。清康熙、乾隆年间建造的古建筑群“九十九间半”，是南京城保存最完整的古民居。古建筑群古朴典雅，建筑独具匠心，房顶的瓦片曲面大气，弧线有力度，雕刻细致，图案纹式精美，具有典型的南京地域特色。2014 年入选中国历史文化名村。

三、全国特色景观旅游名镇(村)

江阴市徐霞客镇 位于马镇，地处苏锡常经济圈的中心。原为宋、元时期邮递交接处和往返马匹的歇息地。因是明代地理学家、旅行家徐霞客的故乡，2003 年组建“霞客镇”，2007 年更名为“徐霞客镇”。镇内既有杏花春雨的明丽，又有小桥流水的幽雅，古寺、古宅、古街、古桥，处处彰显着古镇的悠久历史和文化。2010 年入选全国特色景观旅游名镇(村)。

宜兴市湖㳇镇 位于苏、浙、皖三省交界处。浦之水东泻入太湖，故称“湖浦”，后称“湖洑”“湖㳇”。山清水秀，风景如画，是太湖阳羡风景区的重要组成部分。茶园依山就坡，一望无际。拥有 40 平方千米的竹海。奇竹、奇水、奇树、奇石、奇洞、奇花，被誉为“长三角最佳慢生活旅游古镇”。2010 年入选全国特色景观旅游名镇(村)。

常熟市蒋巷村 位于支塘镇，地处常熟、昆山、太仓三市交界处的阳澄湖水网地区。40 多年前的蒋巷村，河沟坑洼、地块破碎，小雨白茫茫，大雨成汪洋，血吸虫病流行，村民绝大多数住泥墙草房，如今村内大街小巷的桃花、梨花争相怒放，碧水绿树环绕的别墅群整洁气派，生态园里蜂蝶飞舞，鸡鸭成群，村外金黄的油菜花随风摇曳，千亩良田里绿浪滚滚，获得了“全国文明村”“全国农村现代化建设示范村”“全国民主法治示范村”“全国农业旅游示范点”等荣誉称号。2010 年入选全国特色景观旅游名镇(村)。

吴中区旺山村 位于苏州市越溪街道。地处横山南麓，东邻石湖，西连东山。2 500 多年前是太湖登岸的处所，历史悠久。群山环抱，林木葱郁，环境优美，空气清新，历史文化古迹保存良好，现有环秀晓筑养生度假村、钱家坞农家乐、耕岛农事参与体验区、九龙潭、七子山、宝华寺、叆叇岭、南山头等八大景区。2010 年入选全国特色景观旅游名镇(村)。

昆山市周庄镇 2010 年入选全国特色景观旅游名镇(村)。参见中国历史文化名镇——昆山市周庄镇。

吴江区同里镇 2010 年入选全国特色景观旅游名镇(村)。参见中国历史文化名镇——吴江区同里镇。

吴中区木渎镇 2010 年入选全国特色景观旅游名镇(村)。参见中国历史文化名镇——吴中区木渎镇。

姜堰区溱潼镇 2010 年入选全国特色景观旅游名镇(村)。参见中国历史文化名镇——姜堰区溱潼镇。

常熟市沙家浜镇 2010 年入选全国特色景观旅游名镇(村)。参见中国历史文化名镇——常熟市沙家浜镇。

吴中区三山村 2011 年入选全国特色景观旅游名镇(村)。参见中国历史文化名村——吴中区三山村。

溧阳市天目湖镇 位于溧阳市区南部,地处天目山余脉。1999 年设镇并以“天目湖”命名。天目湖的周围,现存许多历史文化遗址,如以春秋时代楚人伍子胥命名的伍员山,东汉文学家蔡邕的读书台、太白楼、报恩禅寺,唐代名刹龙兴寺旧址、“天下第一石拱坝”等。盛产“沙河桂茗”绿茶、乌龙茶、珍珠栗、桂圆栗等。现为国家生态旅游示范区、国家级旅游度假区。2011 年入选全国特色景观旅游名镇(村)。

东海县温泉镇 位于连云港市东海县城西北隅。明代属于海州直辖区域,1985 年撤乡设镇。镇内的温泉被誉为“华东第一温泉”,建有各类洗浴中心、疗养院所 24 家,还有听泉亭、阅泉碑廊等温泉景观。镇域内还有尹湾汉墓和罗庄城遗址等人文景观,羽山、殛鲧泉、试剑石等自然景色。养鳗场年产成鳗 100 余吨,为苏北最早最大的养鳗基地。2011 年入选全国特色景观旅游名镇(村)。

新沂市窑湾镇 位于新沂市西南隅。地处京杭大运河及骆马湖交汇处,三面环水,有“黄金水道金三角”之称。山洪裹挟泥沙而下便于兴建窑厂,又因在京杭大运河拐弯处,故名“窑湾”。窑湾历史溯于春秋,建镇于唐朝初年,明、清漕运和海运鼎盛时期,扼南北水路之要津。镇内以东西两大街为经,南北两条大街为纬,各交叉路口建过街楼,构成独特的街巷格局。街道青石铺面,沿街两厢货栈、钱庄、当铺、丝绸店、鞋帽店、药房、粮行、酒馆等鳞次栉比,有“苏北小上海”之称。2011 年入选全国特色景观旅游名镇(村)。

宜兴市西渚镇 位于宜兴市西南部。地处太华山区 72 条涧滩的下游,连日暴雨时虬山岭以西一片汪洋,此地又在张渚的西面,故称“西洋渚”,简称“西渚”。以一湖、一茶、一禅为载体,以茶禅文化为主题,配以竹、陶、历史文化等多重元素,打造出“水墨云湖、禅意西渚”的“茶禅小镇”。2011 年入选全国特色景观旅游名镇(村)。

海门市常乐镇 位于海门市中部。滨江临海,是长三角北翼连通上海、苏南的第一桥头堡。始建于清康熙末年。以张謇纪念馆为主的名人游,以官公岛湿地公园、常乐湾生态园、九龙岛度假村为主的生态游,以麒麟红木产业园为主的红木文化游,互动发展。2011 年入选全国特色景观旅游名镇(村)。

江阴市华西村 位于华士镇。地处太湖平原北侧,地势平坦。40 多年来,以工业化致富农民,以城镇化发展农村,以产业化提升农业,实现了农村工业化、城镇化和现代化,华西金塔是标志性建筑。华西村博物馆融合了故宫的角楼、红墙等元素,还有复制的五亭桥、美国国会大厦、法国凯旋门、澳大利亚悉尼歌剧院等 80 多处景点。2011 年入选全国特色景观旅游名镇(村)。

吴中区甪直镇 2011 年入选全国特色景观旅游名镇(村)。参见中国历史文化名镇——吴中区甪直镇。

昆山市锦溪镇 2011 年入选全国特色景观旅游名镇(村)。参见中国历史文化名镇——昆山市锦溪镇。

昆山市千灯镇 2011 年入选全国特色景观旅游名镇(村)。参见中国历史文化名镇——昆山市千灯镇。

泰兴市黄桥镇 2011 年入选全国特色景观旅游名镇(村)。参见中国历史文化名镇——泰兴市黄桥镇。

六合区竹镇镇 位于南京市六合区西北部。春秋时已有记载,南宋时因栽种紫竹而称“竹墩”,后为避南宋兴宗赵墩讳,改称“竹镇”。全镇森林覆盖率 40%以上,生态环境优美,动物和植物种类丰富。也是少数民族聚居地,民族特色鲜明。清真寺、清真女学、明清老街等人文景观保存完好。2015 年入选全国特色景观旅游名镇(村)。

惠山区阳山镇 位于无锡市惠山区西南部,南临太湖,北靠京杭大运河。镇域内四座山丘统称“安阳山”,镇因山得名。山间有朝阳洞、清水洞、文笔峰等一批洞天福地,山中有千年古刹朝阳寺。山水相映,一年四季皆风景,俨然一处世外桃源。2015 年入选全国特色景观旅游名镇(村)。

常熟市梅李镇 位于常熟市东北部,北依黄金水道长江。五代十国天宝年间梅世忠、李开山在此戍守,居民依军成市,得名“梅李”。宋代设为镇。历史遗迹众多,古墓、古墩遍布集镇四周,大小庙宇十几所,素有“东乡十八镇,梅李第一镇”之美誉。2015 年入选全国特色景观旅游名镇(村)。

淮阴区码头镇 位于淮安市区西南郊。从秦始皇置淮阴县开始,长期为县治所在地。古称“马头镇”,后因黄河和淮河等五河交汇,形成了水上码头,改称“码头镇”。西汉初年异姓诸侯王韩信的故里,保存有淮阴故城遗址、秦甘罗城遗址、清河旧县遗址、漂母墓、钓鱼台等古迹。2015 年入选全国特色景观旅游名镇(村)。

高淳区蓝溪村 位于南京市椏溪街道,地处椏溪国际慢城核心区域。拥有深厚的历史底蕴,大山下有千年古戏台、祠山菩萨、张渤纪念馆、芮氏宗祠。拥有千亩茶园、千亩旱园竹、千亩有机农业园,古水车、古磨石、茅草屋、垂钓台等风景小品点缀其间。2015 年入选全国特色景观旅游名镇(村)。

常熟市李袁村 位于碧溪街道,地处常浒河畔。建有问村仿古围墙、古牌楼以及农耕文化展示馆,形成了李袁生态园、李袁高效农业示范园、李袁无公害葡萄基地、胡家弄特色村庄、金橡树生态园、李袁农民集中居住区、问村老街、红豆山庄等景点,成为以生态观光休闲游、绿色蔬果品摘游、民俗古迹参观游、花卉林木观赏游、农家生活体验游为特色的乡村旅游区。2015 年入选全国特色景观旅游名镇(村)。

通州区开沙村 位于五接镇。东临南通市主城区,西接如皋,南临长江主航道,北连苏北腹地,与张家港隔江相望。华能度假村风光旖旎,曲水山庄柳树如烟,秀岛山庄花香蝶舞,中国乒乓球通州训练基地大气磅礴,江心寺意蕴悠远。2015 年入选全国特色景观旅游名镇(村)。

句容市戴庄村 位于天王镇,地处句容、溧阳、溧水三县(市、区)交界处。村内居民原多赵姓,至今村西南尚有赵家庙和赵家遗址。明洪武初期,戴氏先祖迁居于此,称“赵戴李村”。后戴姓家业富足,改名“戴庄”。2015 年入选全国特色景观旅游名镇(村)。

吴江区震泽镇 2015 年入选全国特色景观旅游名镇(村)。参见中国历史文化名镇——吴江区震泽镇。

太仓市沙溪镇 2015 年入选全国特色景观旅游名镇(村)。参见中国历史文化名镇——太仓市沙溪镇。

四、中国特色小镇

高淳区桠溪街道 位于南京市高淳区东端。历史悠久,早在 3 000 年前就有人类活动,明崇祯末年形成集镇,为两省四县(市、区)交界地区的商贸中心。如今六个行政村分布在一条长达 48 千米的风光带两侧,或依山傍水,或穿山越岭,郁郁葱葱,鸟语花香,尽显田园风光。三分山、两分水、五分田,山、水、城、林融为一体。2016 年入选中国特色小镇。

宜兴市丁蜀镇 位于宜兴市东南部,东濒太湖,西部为天目山余脉。由丁山、蜀山、汤渡三处合并而成,取前两者首字为镇名。山水相依,风景秀丽,人文荟萃。紫砂文化独步千年,制陶历史可上溯到 6 000 多年以前,积淀了深厚的历史文化底蕴。千米长的蜀山古街,有 30 多家紫砂陶器店,被誉为“中国陶都”。2016 年入选中国特色小镇。

邳州市碾庄镇 位于邳州市西部。解放战争中淮海战役关键之战的战场,战争遗址遍布,形成了以烈士陵园为中心的军事文化红色旅游区,是红色旅游和爱国主义教育基地。2016 年入选中国特色小镇。

东台市安丰镇 2016 年入选中国特色小镇。参见中国历史文化名镇——东台市安丰镇。

苏州市甪直镇 2016 年入选中国特色小镇。参见中国历史文化名镇——苏州市角直镇。

吴江区震泽镇 2016 年入选中国特色小镇。参见中国历史文化名镇——吴江区震泽镇。

姜堰区溱潼镇 2016 年入选中国特色小镇。参见中国历史文化名镇——姜堰区溱潼镇。

江阴市新桥镇 位于江阴市东南隅。上古时代属于九州之扬州。唐武德年间置暨州,属于暨阳县,复并入江阴县。镇内有海澜飞马水城旅游度假区和阳光生态旅游度假区等旅游景点。2017 年入选中国特色小镇。

邳州市铁富镇 位于邳州市北部。环境优美,有姚庄银杏时光隧道、民族风情园、万亩银杏博览园、艾山九龙沟自然风景区、艾山民族风情园、银杏林海等人文自然景观。2017 年入选中国特色小镇。

广陵区杭集镇 位于扬州市东郊。集聚了美国“高露洁”、比利时“安泰士”、江苏“三笑集团”以及上市公司“鸿达兴业”“两面针”等 200 多家品牌企业,并衍生出了日化产业、酒店用品产业和新型包装材料产业,被称为“中国牙刷之都”“中国酒店日用品之都”。2017 年入选中国特色小镇。

昆山市陆家镇 位于昆山市东南部,是典型的江南鱼米之乡。历史悠久,从春秋战国开始就有人类活动。明代已成集市,清代百货业、绸布业、饮食业已具规模,商业繁荣,有“昆东首镇”之称。古遗址有地龙、红桥渡、黄巷渡、天主教堂以及古寺观、古桥梁、古亭园、古墓葬等,还有菉葭生态园、沙葛公园、杏泉园等。2017 年入选中国特色小镇。

扬中市新坝镇 位于扬中市西北部。因在老堤坝内围新坝造田而得名,三面临江。不断推进微智能电气主导产业,微电网等战略性新兴产业的引擎作用日益突出,现代金融、电子商务等服务业高端化特征更加明显,成为产业提升、生态领先、融合发展的特色小镇。现有职业装博览馆、梓阳植物园等景点。2017 年入选中国特色小镇。

盐都区大纵湖镇 位于盐城西南隅。由原大纵湖镇、原义丰镇合并成立,因濒临大纵湖而得名。人文景观有清代书法家宋曹祖居、郑板桥教书馆、大纵湖影视基地等,自然景观有大纵湖水利风景区、大纵湖旅游度假区。大纵湖大闸蟹个体硕大,壳青肚白,为当地特产。2017 年入选中国特色小镇。

常熟市海虞镇 位于常熟市北部。因东临沧海而名“海虞”。拥有2 700多年的文明史,下马村遗址为西周晚期春秋早期的吴文化遗址。东汉永建年间置司盐都尉,是常熟历史上最早的吏治记载。西晋太康年间设立海虞县。中国苏作红木家具的发祥地之一,已有数百年的发展历史。2017年入选中国特色小镇。

兴化市戴南镇 位于兴化市东南部。南临长江,北接淮水,是里下河地区著名的鱼米之乡。东吴五凤初年,因首居此者为戴姓,且邻近满月湖荡沼泽而得名“戴家泽”。1926年设为戴南镇。湖荡密布,河网纵横,地貌独特,风景优美,有着深厚的人文底蕴和丰富的历史遗存。2017年入选中国特色小镇。

如皋市搬经镇 地处如皋市西大门。原名“潘泾”,因潘泾河而得名。相传唐代有一僧人来此讲经,因遇洪水,令弟子将经书搬出暴晒,故名“搬经”。保存有绍隆禅寺、岳飞下马桩等历史古迹,“七战七捷”红色遗址,修建了如皋西乡陈氏族史陈列馆和苏中地区首家文化展示馆。2017年入选中国特色小镇。

锡山区东港镇 位于无锡市东北部。由原东湖塘镇和港下镇合并而成,取两镇各一字为镇名。历史悠久,春秋时期的象塔头墩遗址至今清晰可见,300多年的黄土塘老街遗址、古代名刹香山禅寺保留着古老的风韵。独具特色的舞龙、舞狮、庙会、灯会等民俗活动,增添了古镇的文化魅力。2017年入选中国特色小镇。

吴江区七都镇 地处太湖东南岸,古有“吴头越尾”之称。建于宋太平兴国年间,文脉厚重,人文荟萃,被称为“儒林里”。现有费孝通江村纪念馆、江村历史文化陈列馆、太湖大学堂等文化景观。2017年入选中国特色小镇。

惠山区阳山镇 2017年入选中国特色小镇。参见全国特色景观旅游名镇(村)——惠山区阳山镇。

如东县栟茶镇 2017年入选中国特色小镇。参见中国历史文化名镇——如东县栟茶镇。

泰兴市黄桥镇 2017 年入选中国特色小镇。参见中国历史文化名镇——泰兴市黄桥镇。

新北区孟河镇 2017 年入选中国特色小镇。参见中国历史文化名镇——新北区孟河镇。

五、中国历史文化街区

南京市梅园新村历史文化街区 位于玄武区汉府街。规模较大、住宅形式多样、历史格局清晰、传统风貌比较完整、历史遗存较为丰富的历史文化街区。有文物保护单位 4 处,包括中国共产党代表团办事处旧址、毗卢寺、白崇禧公馆旧址和黄裳故居;历史建筑 37 处,包括周恩来图书馆、汉府街 37 号民国建筑群等;历史街巷 5 条,包括南唐时期的竺桥、明代的汉府街、清代的大悲巷、民国时期的雍园街及梅园新村。2015 年入选中国历史文化街区。

南京市颐和路历史文化街区 位于鼓楼区。以宁海路环岛为中心,包括宁海路、颐和路、牯岭路、莫干路、江苏路、北京西路一带。原是 20 世纪 30 年代民国政府官员的高级住宅区,有独立式花园住宅 287 处,是南京重要的近代建筑群。至今保存较为完好的民国公馆有 225 幢,其中颐和路公馆区的 26 幢风格各异的民国时期别墅,荣获联合国教科文组织亚太地区“文化遗产保护荣誉奖”。2015 年入选中国历史文化街区。

苏州市平江历史文化街区 位于苏州古城东北隅。苏州地区规模最大、保存最完整的历史街区,堪称苏州古城的缩影。历史遗存和人文景观极为丰富,基本保持着“水陆并行、河街相邻”的双棋盘格局以及“小桥流水、粉墙黛瓦”的独特风貌。其中有世界文化遗产耦园、中国昆曲博物馆,还有省市级文物古迹100多处。2015年入选中国历史文化街区。

苏州市山塘街历史文化街区 位于苏州古城西北部。山塘街始建于唐宝历年间,至今已有1 000多年的历史。山塘街全长3 600米,水陆相傍,东段从阊门渡僧桥起至半塘桥,大多是商铺和住宅,热闹繁华;西段自半塘桥至虎丘山,渐近郊外,清幽宁静。街区充分展示了典型的姑苏水乡风貌和鲜活的吴地民俗风情。2015年入选中国历史文化街区。

扬州市南河下历史文化街区 位于古城区东南部,北至广陵路,南至南河下、新大树巷一线,东至居士巷、徐凝门路一线,西至渡江路,占地面积约22.35万平方米。古井、老宅、古树众多,街巷结构基本保持明清时期的原样,整体风貌保存完整。街区内除了"晚清第一名园"何园,还有湖南会馆、小盘谷、贾氏庭园、二分明月楼、岭南会馆等众多盐商宅第、会馆和私家园林。2015年入选中国历史文化街区。

六、国家生态旅游示范区

溱湖湿地国家生态旅游示范区 位于江苏中部、江淮之间。占地面积26平方千米,其中湖泊、河流等占1/3左右。溱湖又名"喜鹊湖",形似玉佩,因昔多喜鹊飞集而得名。九条河流通达湖区,自然形成"九龙朝阙"的奇异景观。湿地类型多样,自然资源优越,有鸟类97种,兽类21种,两栖爬行类23种,鱼类38种,浮游动物21种,其中包括国家一级保护野生动物丹顶鹤、麋鹿,国家二级保护野生动物白天鹅、白枕鹤、白鹇等。2013年入选国家生态旅游示范区。

天目湖国家生态旅游示范区 位于溧阳市南郊。占地约300平方千米。天目湖因地处天目山余脉而得名。以丘陵山区为主,森林覆盖率84.5%。富硒土壤具有养生保健功效,温泉是华东地区稀缺的碳酸氢钙型温泉。拥有沙河和大溪两座国家大(二)型水库,水域面积25平方千米,天然弱碱性水,水质达到国家二类饮用水标准。拥有野生植物1 100多种,野生脊椎动物149种。2013年入选国家生态旅游示范区。

镇湖生态旅游区 位于苏州市高新区西部,西依太湖。占地面积19平方千米,包含太湖国家湿地公园、环太湖大堤、中国刺绣艺术馆和刺绣展示中心,还有25千米的环太湖生态岸线、米泗山房车露营公园、绿野村未成年人实践基地、万佛塔和14个创意文化闸站等生态文化旅游项目。依托得天独厚的山水生态优势,发展旅游、文化、生态密切结合的综合性产业。2014年入选国家生态旅游示范区。

蠡湖风景区 位于无锡市西南的太湖内湖五里湖。相传吴国被灭,范蠡功成身退,偕西施泛舟于此,此后民间把五里湖改称为"蠡湖"。古往今来,蠡湖的秀美景色一直为人称颂。近年来,建设了38千米沿湖岸线和十八湾生态风光带,修复了蠡湖公园、中央公园、渤公岛生态公园、长广溪湿地公园等15座公园,沿湖开放公园总面积达367万平方米,公共绿地220多万平方米。2014年入选国家生态旅游示范区。

虞山尚湖旅游区 位于常熟市城区西部。占地面积42平方千米,是常熟城市形态的重要组成部分。尚湖因商末姜尚在此隐居垂钓而得名,主体水域面积8平方千米,烟波浩渺,水质清澈,岛中有湖,湖中有岛,与十里虞山交相辉映,形成一幅自然山水画。虞山森林面积12.6平方千米,森林覆盖率96%以上,秀丽幽奇,古迹丰富,是吴文化的发祥地之一。2015年入选国家生态旅游示范区。

潘安湖湿地 位于徐州市贾汪区西南部。占地面积52.87平方千米。是集"基本农田再造、采煤塌陷地复垦、生态环境修复、湿地景观开发"四位一体的首创性项目。分为北部生态休闲区、中部湿地景区、西部民俗文化区、南部湿地酒店配套区和东部生态保育区五个部分,南北兼容,自然和谐,是具有苏北田园风光的乡村湿地。入选首批"10家国家湿地旅游示范基地"。2015年入选国家生态旅游示范区。

七、全国红色旅游经典景区

梅园新村纪念馆 位于南京市玄武区汉府街。1946 年 5 月至 1947 年 3 月,中国共产党代表团在这里同国民党政府代表进行了 10 个多月的谈判。现有中共代表团办事处旧址、国共南京谈判史料陈列馆、周恩来铜像、周恩来图书馆等。2016 年入选全国红色旅游经典景区。

雨花台烈士陵园 位于南京市雨花台区境内。占地面积 1.13 平方千米,是新中国成立后修建的规模最大的纪念性陵园。包括雨花台主峰等五个山岗,以主峰为中心形成南北向中轴线,自南向北有南大门、广场、纪念馆、纪念桥、革命烈士纪念碑、北殉难处烈士大型雕像、北大门以及西殉难处烈士墓群、东殉难处烈士纪念亭等。入选首批“中国 20 世纪建筑遗产项目”、全国爱国主义教育示范基地。2016 年入选全国红色旅游经典景区。

新四军江南指挥部纪念馆 位于溧阳市竹箦镇。占地面积 4 万平方米,展厅面积 1 万平方米。馆区有新四军江南指挥部旧址群(包括司令部旧址、司令部副官处旧址、司令部通讯班宿舍旧址、政治部战地服务团旧址、政治部印刷室旧址)、新四军江南指挥部展览馆、纪念广场、陈毅元帅诗词书法碑廊、毛泽东像章陈列馆、新四军廉洁思想教育馆等,收藏历史照片 810 幅,纸质类文物 328 件,金、铁、木、布、瓷类文物 260 件,书画作品 400 余幅。2016 年入选全国红色旅游经典景区。

盐城市新四军纪念馆 位于亭湖区建军东路。分为群雕、碑林、展厅、园林四个景区。广场东西两侧屹立着“英勇战斗”和“拥军支前”两组高大的红色花岗岩雕塑,广场正中耸立着由李先念题名的新四军重建军部纪念碑,纪念碑两侧碑廊分别陈列着老一辈革命家和全国各地知名书法家作品的石碑 120 余块。展览大厅的中间展出了新四军佩戴的“N4A”臂章图案,有新四军重建军部后的五位领导人刘少奇、陈毅、张云逸、赖传珠、邓子恢为主体的大型雕塑。2016 年入选全国红色旅游经典景区。

周恩来纪念馆和故居　周恩来纪念馆位于淮安市城北的桃花垠，邓小平题写馆名，江泽民、李先念、李鹏、杨尚昆等题词；由纪念岛、3 个人工湖和湖四周环形绿地组成，占地面积 35 万平方米，其中 70%为水面；主馆以丰富而翔实的图片、实物和影像资料，展示了周恩来光辉灿烂的一生。周恩来故居位于淮安区驸马巷，占地面积 1 960 平方米，由东西相连的两个普通的老式宅院组成，有青砖小瓦木构平房 32 间，为曲折的三进院结构；整个建筑青砖灰瓦、古朴典雅，是典型的苏北民居的建筑风格；院内辟有周恩来生平史料展览室。2016 年入选全国红色旅游经典景区。

中山陵　位于南京市钟山中茅峰南麓。民主革命先行者孙中山的陵墓，于 1926 年动工，1929 年春主体建筑竣工，同年 6 月 1 日举行奉安大典。此后工程继续进行，1931 年底全部完成。占地面积 1.33 平方千米，依山而筑，前临平川，后拥青嶂，气势磅礴，平面呈“自由钟”形。陵寝建筑中轴对称，从牌坊、墓道、陵门、碑亭到祭堂、墓室平距 700 米，高差 70 米，有 392 级石阶和 8 个平台，全部用白色花岗岩和钢筋水泥构筑，覆以青色琉璃瓦。陵寝附近有音乐台、行健亭、光化亭、流徽榭、藏经楼等多处纪念性建筑。入选首批“中国 20 世纪建筑遗产项目”。2016 年入选全国红色旅游经典景区。

中国人民解放军海军诞生地纪念馆　位于泰州市高港区白马镇。分为中国人民解放军第三野战军渡江战役指挥部旧址和海军诞生地新馆两部分。渡江战役指挥部旧址占地面积 1 500 平方米，建筑面积 800 平方米，现存清代二层小楼一座及平房数间，楼上为渡江战役指挥中心会议室，楼下为粟裕、张震、张爱萍将军的卧室兼办公室。1949 年 4 月，中国人民解放军的第一支海军——华东海军在这里宣告成立。2016 年入选全国红色旅游经典景区。

瞿秋白故居、张太雷故居及恽代英纪念广场　中国共产党的早期领导人瞿秋白、张太雷、恽代英都是常州人，被称为“常州三杰”。瞿秋白故居位于常州市钟楼区,原为清光绪年间瞿秋白的叔祖父瞿庚甫捐资修建的私家祠堂,占地面积 1 051 平方米,垂檐下悬挂的“瞿秋白同志故居”的横匾由茅盾题写。张太雷故居位于常州市天宁区,前后两进平房。恽代英纪念广场占地面积 6.42 万平方米,主要建筑物有“常州三杰”群雕、烈士诗抄碑廊和人生格言碑林、常州革命烈士纪念馆、革命烈士纪念碑等。2016 年入选全国红色旅游经典景区。

侵华日军南京大屠杀遇难同胞纪念馆 又称“江东门纪念馆”,位于南京市建邺区水西门大街,是当年侵华日军南京大屠杀江东门集体屠杀遗址及遇难者丛葬地之一。占地面积 12 万多平方米,建筑面积 11.5 万平方米,展陈面积近 1.8 万平方米,馆藏文物史料 20 万余件。纪念馆的分馆——南京利济巷慰安所旧址陈列馆,为亚洲最大、保存最完整的慰安所旧址。全国爱国主义教育示范基地、国家一级博物馆,国际公认的二战期间三大惨案纪念馆之一,入选首批“中国 20 世纪建筑遗产项目”。2016 年入选全国红色旅游经典景区。

南京渡江胜利纪念馆 位于南京市渡江路。为纪念南京渡江战役胜利而建。由主馆区、渡江胜利广场、渡江胜利纪念碑、挹江门城楼馆区等组成,占地面积 2 万平方米,建筑面积约 9 000 平方米,展厅面积 4 000 余平方米。主馆区采用仿木结构的外立面,呈“木船”形状,寓意“驶向胜利之船”。主展厅内展示相关的各类文物和复制品 400 余件,珍贵历史照片 500 余幅。2016 年入选全国红色旅游经典景区。

南京条约史料陈列馆 位于南京市鼓楼区狮子山。设有四个展厅,以“百年沧桑,国耻毋忘”为主题,通过 130 余幅(件)图片、史料和实物,展示了英帝国主义侵略中国,腐败的清政府屈膝求和、割地赔款的屈辱一幕。馆内新增条约陈列室,陈列了自鸦片战争至 1949 年与外国政府签订的 1 100 多个条约文本,其中大部分是不平等条约。2016 年入选全国红色旅游经典景区。

茅山新四军纪念馆 位于句容市茅山镇。1985 年建成,1998 年重新翻建。新馆占地面积 1.6 万平方米，展厅面积 3 500 多平方米。展出各种珍贵文物和历史资料 2 000 多件，通过声、光、电、多媒体等高科技手段，再现了当年新四军与苏南人民浴血奋战的悲壮场面。2016 年入选全国红色旅游经典景区。

新四军黄桥战役纪念馆　位于泰兴市黄桥镇米巷丁家花园。纪念馆辖 4 处革命旧址：通如靖泰临时行政委员会旧址（原丁家花园）、新四军苏北指挥部旧址（原黄桥中学工字楼）、新四军第三纵队指挥部旧址（原严复兴楼）以及黄桥战役支前委员会旧址。占地面积 4 820 平方米，展线全长 192 米。2016 年入选全国红色旅游经典景区。

沙家浜革命历史纪念馆　位于常熟市沙家浜风景区。占地面积 6 400 平方米，建筑面积 4 492 平方米，布展面积 2 400 平方米。馆藏资料详尽，运用半景画和声光电高科技展示技术，展示了 400 多幅民主革命时期沙家浜的革命历史图片和一批革命文物，形象逼真地再现了当年的抗日场景和军民鱼水深情。2016 年入选全国红色旅游经典景区。

淮海战役纪念馆　位于徐州市东南郊的凤凰山东麓。1965 年为纪念解放战争时期三大战役之一的淮海战役而建，2007 年新馆建成开放。建筑面积 2.56 万平方米，陈列面积 1.2 万平方米。分前厅、序言厅、战役厅、支前厅、烈士厅、后厅六个部分，展出珍贵文物、历史照片以及油画、国画、雕塑等 2 200 余件，包括毛泽东为中央军委起草的《关于淮海战役作战方针》的电报手稿、韩联生等 86 名烈士的遗像遗物等。2016 年入选全国红色旅游经典景区。

禹王山抗日阻击战遗址纪念园　位于邳州市戴庄镇。建筑主体在山顶沿着山脊线形成轴线，由西向东有纪念广场、鉴池、纪念馆、战壕遗迹以及禹王庙等主要建筑和场所，最终恰好指向禹王山战役初次交火地点陈瓦房村。纪念馆分为地下、地上两部分，地面突出部分建筑形似碉堡，围以三重落地建筑，寓意参加禹王山抗日阻击战的 60 军 182、183、184 三个师。纪念馆西部就是当年的战壕遗迹。2016 年入选全国红色旅游经典景区。

苏中七战七捷纪念馆 位于海安市长江中路。1946年,华中野战军以3万兵力迎击美式装备的国民党军12万人,连续作战七次,仗仗奏捷,史称“苏中七战七捷”。纪念馆占地面积2.1万平方米,建有纪念碑、陈列馆、国防园、广场等。纪念碑为古铜色花岗岩砌成的一把刺刀,高27米。陈列馆正面是向天鸣捷的七支枪,馆内陈列大量历史图片和数百件文物、史料以及书画作品500多件。2016年入选全国红色旅游经典景区。

八十二烈士陵园 位于淮安市淮阴区刘老庄镇。又称“新四军刘老庄连纪念园”,始建于1955年,占地面积约32万平方米,绿化覆盖率75%。主要纪念设施有:八十二烈士墓、八十二烈士纪念馆、壮志亭、八十二烈士纪念碑及广场、碑廊、廊柱、82棵青松、红星广场、浴血刘老庄主题战壕、张芳久烈士纪念碑、无名烈士墓、淮阴散葬烈士集中安葬区、刘皮街阻击战纪念亭、刘老庄八十二烈士纪念林等。2016年入选全国红色旅游经典景区。

黄花塘新四军军部旧址 位于淮安市盱眙县黄花塘镇。占地面积6 000平方米,其中纪念馆1 000平方米。除主体纪念馆外,还有军部礼堂旧址和陈毅、饶漱石、曾山旧居等建筑。主体纪念馆为造型别致的现代建筑,其余为当年民居式样的院落和茅草房。2016年入选全国红色旅游经典景区。

新安旅行团历史纪念馆 位于淮安市新安小学校园南隅。新安旅行团是中国共产党领导的少年儿童文艺团体,1935年成立于淮安,运用多种艺术形式宣传中国共产党的抗日救国主张,行程2.5万公里,被誉为“中国少年儿童的一面旗帜”。纪念馆陈列有中央领导人及各界人士的题词,还有150余幅珍贵的历史照片和120余件实物、30幅绘画以及报纸影印件等。2016年入选全国红色旅游经典景区。

雪枫公园 位于宿迁市京杭大运河和古黄河两条城市景观廊道的围合区。为纪念彭雪枫将军100周年诞辰而建。彭雪枫是中国工农红军和新四军杰出的指挥员,参加过长征,组织过土成岭战役,两次率军攻占娄山关,是抗日战争中牺牲的新四军的最高将领之一,被毛泽东、朱德誉为“共产党人的好榜样”。公园占地面积21.33万平方米,布置有“一馆、一塔、一湖、二桥、三雕塑、四广场”，以彭雪枫将军的革命历程为主线，通过长征路、长淮大道、将军大道等道路，将育德广场、卖马坡、彭雪枫纪念馆、拂晓广场等10余处景点串联成景观体系。2016年入选全国红色旅游经典景区。

中国工农红军第十四军纪念馆 位于如皋市如城街道。占地面积19.73万平方米，由红十四军纪念馆、广场景观、青少年红军历史教育馆、户外拓展训练基地四部分组成，馆名由红十四军将领张爱萍题写。红十四军纪念馆建筑面积7 860平方米，展出相关图片1 300余幅，实物资料700余件，复原相关场景24处，声光电展示场景5处，雕塑23处，真实反映了土地革命时期那段艰苦卓绝、可歌可泣的革命历程。2016年入选全国红色旅游经典景区。

连云港抗日山烈士陵园 位于赣榆区王洪村。由八路军115师教导二旅、山东军区、滨海军区军民于1941年兴建，至1944年先后四次为抗战牺牲的先烈建塔树碑。1949年以后国家又多次拨款整修护建，形成了由纪念塔、纪念亭、纪念堂、纪念碑、烈士冢和东西墓群为主的大型烈士陵园。占地40万平方米，有坟墓751座，安葬着800余位烈士的忠骨，墓碑上铭刻着3 576位烈士英名。2016年入选全国红色旅游经典景区。

八、全国农业旅游示范点

南京江心洲街道 位于建邺区。江心洲是长江下游的冲积沙洲，陆地面积14.3平方千米，因状若青梅，故又称“梅子洲”。古白鹭洲就位于江心洲东部，现已与陆地相连。环境优美、绿树成荫，绿化覆盖率47%，是城市中的绿洲，素有“长江绿宝石”之美誉。盛产葡萄，每年举行葡萄节。2004年入选全国农业旅游示范点。

溧水傅家边科技园 位于南京市溧水区洪蓝街道。创建于1994年。已建成梅园景区、神山湖景区、青龙山景区、无想山景区、竹海景区和中心科普区，形成了十里梅岭、百种花木、千亩竹海、万亩茶果园的农业科技园。现为省级重点农业科技园区。2004 年入选全国农业旅游示范点。

昆山市生态农业旅游区 位于昆山市南部。占地面积 17.7 平方千米。主要由昆山市国家农业综合开发现代化示范区和昆山丹桂园主题公园组成，设有鲟鱼养殖基地、永丰余高科技农场、设施葡萄园、立架瓜果栽培园、洋兰园、大绿种子工厂、大康奶牛场等，其中丹桂园占地面积 83.2 万平方米，种植花卉苗木近 3 000 种，有 28 项游乐项目。现已发展成为集游览、度假、花卉苗木销售、娱乐、餐饮、会务于一体的大型主题公园。2004 年入选全国农业旅游示范点。

苏州未来农林大世界 位于吴中区环湖路。占地面积 2 平方千米。以“汇聚现代农林科技，展示未来自然田园”为发展主题，有“生态旅游、趣味互动”项目 30 多个，是集农业科技、国际展览、销售贸易、产业招商、农业休闲观光等为一体的生态农园。2004 年入选全国农业旅游示范点。

江苏天一度假村 位于宜兴市和桥镇。乡村园林式的多功能休闲度假基地，依托风光旖旎的滆湖，环抱古意盎然的私家园林，还有生态种植园、养殖及度假中心，占地面积 2 平方千米。现有 700 多个标准床位，2 000 多个餐位，12 个会议室，1 000 平方米的室内温泉游泳馆。2004 年入选全国农业旅游示范点。

无锡太湖花卉园 位于无锡市西郊。占地面积 40 万平方米，由科普教育区、休闲度假区、生态观光区三部分组成，是集科普教育、旅游观光和休闲度假于一体的城市特色公园。科普教育区由科普中心、花卉广场、盆景园和花卉生产基地组成，休闲度假区由舜龙湖和滨湖农林科技培训中心组成，生态观光区植物资源丰富，每年举办太湖花会和杨梅节。园区还设有多种形式的拓展运动项目。2004 年入选全国农业旅游示范点。

无锡龙寺农业生态园 位于太湖山水城旅游度假区。占地面积 1 平方千米，是一座融农业观光、度假休闲、果茶生产于一体的现代农业生态观光园。大面积种植茶叶、杨梅、水蜜桃、柑橘、醉李、梨、枇杷、柿子、板栗、银杏，是江苏省主要的果品生产基地之一。2004年入选全国农业旅游示范点。

宜兴观光农业科技示范园 位于宜兴市丁蜀镇，东临烟波浩渺的太湖。占地面积14.67平方千米，已形成花卉苗木、优质林果、生态湿地、宜兴百合、现代生物农业产业五大基地，高效设施农业面积4平方千米。园区建有连栋温室，设立了农业科技研发中心、农业会展培训中心、湖滨花卉交易中心。2004年入选全国农业旅游示范点。

连云港现代农业示范园 位于海州区瀛洲南路。国内成立较早的以花卉为特色的国家级农业科技示范园区，占地面积2平方千米。分为蝴蝶兰育苗中心、绿化苗木基地、交易展示中心、花卉市场、酒店、高尔夫训练场、观光采摘园等区域，已建成生物组培中心智能玻璃温室、花卉交易中心和会展中心等现代化设施，设立了连云港花卉研究院、江苏省博士后科研工作站、南京农业大学专家工作站等产学研“三位一体”的技术研发平台。2004年入选全国农业旅游示范点。

赣榆区宋口村 位于连云港市青口镇。面积5平方千米，其中耕地面积80万平方米，海水高产养殖面积1.73平方千米，滩涂面积3.33平方千米，淡水养殖面积80万平方米。1999年入选“全国文明村”。2004年入选全国农业旅游示范点。

江都现代花木产业园 位于扬州市江都区东郊。占地面积12平方千米。江苏省林科院、南京林业大学、扬州市林业局、扬州雅典娜园艺科技开发有限公司等20多个单位和本地大户在园内承包栽植了大面积的花木。2004年入选全国农业旅游示范点。

扬州凤凰岛生态旅游实业有限公司 位于广陵区泰安镇。由“七河八岛”组成，水域面积138平方千米，陆地面积35平方千米。拥有岛屿、森林、芦荡、湿地、桑果茶园，还养殖野鸭、山鸡、天鹅、波瓦羊、梅花鹿和孔雀等，大批白鹭、野鸭在这里栖息和繁衍。2004年入选全国农业旅游示范点。

常州横山桥镇 位于武进区东北部。镇中心区主要由山北居住区、核心风景区、老镇中心区、省庄居住区四个区域构成，发展纺织、化工、机械、电子、冶金、建材、食品等产业。有大林寺、白龙观、三圣禅寺等景点。先后获“全国小城镇综合改革试点镇”“全国创建文明小城镇示范点”等称号。2004年入选全国农业旅游示范点。

如皋花木大世界 位于如皋市境内。占地面积23.33万平方米。以花木交易区、园艺资材区、商业服务区为核心，设有商贸、盆景、苗木、大树、综合五大功能区，共有1 160个摊位，是一个集花木种植交易、科研培训、园林设计施工、旅游观光、电子信息服务于一体的大型花木交易市场。2004年入选全国农业旅游示范点。

徐州稼悦园 位于徐州市三环东路。占地面积20万平方米，分为农作物种植体验观赏区、苏北民俗文化区、休闲娱乐区，主要包括苏北风情园、农业教育体验园、农家小院、世纪乐园、珍禽园、蛇园、昆虫馆、犬馆、跑马场、美食城等15个景点，成为集农业生产展示、农田劳动体验、农业科普教育、农业观光休闲于一体的农业主题公园。2004年入选全国农业旅游示范点。

江阴华西村 2004年入选全国农业旅游示范点。参见中国特色景观旅游名镇(村)——江阴市华西村。

高淳桃源旅游度假中心 位于南京市高淳区永胜圩。占地面积1.06平方千米，其中2/3为水面。天旷地平，夹岸桃柳，荷池飘香，鱼蟹满塘，水乡风情浓郁。建有苏源会议中心、钟山宾馆迎湖会议中心、桃源鱼庄、湖滨渔村、蟹文化展馆、蒂姆户外拓展基地等会议休闲场所，是集旅游观光、会议培训、垂钓休闲、水上娱乐、农事参与为一体的休闲度假区。2005年入选全国农业旅游示范点。

南京陶吴农业旅游度假区 位于江宁区横溪街道。分为甘泉湖旅游度假区、南京蔬菜科技园、横溪现代园艺科技示范园三个区域。甘泉湖旅游度假区占地面积12平方千米，有民族村、上国安寺、雷公洞、甘泉池、农业园、极限运动场等景点；南京蔬菜科技园占地面积70万平方米，有设施栽培区、竹类品种观赏区、苗木生产区、桃园等13处景点；横溪现代园艺科技示范园占地面积86.67万平方米，以示范生产特色瓜果为主，是江苏省首批无公害农产品生产示范基地之一。2005年入选全国农业旅游示范点。

江浦帅旗农庄 位于南京市浦口区乌江镇。占地面积20万平方米，是集科研、示范、生产、加工、休闲、观光、养生等为一体的新型都市农庄。种植美国甜杏、日本砂梨、鲜食大枣、特大油桃、葡萄等12大类62个品种的国内外名特优水果，养殖美国绿头野鸭、美国七彩山鸡、蓝孔雀、旱鸳鸯、火鸡、观赏鸽等十多种禽鸟。2005年入选全国农业旅游示范点。

吴江绿乐生态科技园 位于苏州市吴江区松陵镇。拥有智能化温室8 098平方米，普通温室17 136平方米，钢结构基质装播车间2 250平方米，电动收张式育苗荫棚9 912平方米，科技大楼、组培室4 332平方米。在上海市、山东潍坊市、江苏镇江市、浙江临海市和湖州市建有苗木生产和推广基地，总面积1.67平方千米，有各类绿化观赏树种和花卉品种200多个。被国家林业和草原局授予“全国特色种苗基地”称号。2005年入选全国农业旅游示范点。

无锡雪浪山生态景观园 位于无锡市山水城旅游度假区。占地面积3.33平方千米，既有向阳林果、浪山映湖、雪浪贡茶和雪浪观枫等自然生态景观，又有御茶楼、蒋子书院、状元路、仙人洞、洞山禅院、入蜀禅院和横山寺等人文历史景观。春日观花采茶，夏日品茗避暑，秋日赏菊摘柑，冬日踏雪赏梅，四季皆景。2005年入选全国农业旅游示范点。

常州三勤农业生态园 位于常州市湖塘镇。占地面积3.46平方千米。这里原是一片低洼地，经常发生水涝，生态园因地制宜，建设具有都市气派和田园风光的休闲型观光农业生态园。分为优质林果种植区、特种畜禽养殖区、休闲娱乐区、高档花卉组培区、特种水产养殖垂钓区、现代农业培训中心区等六大区域50多个板块，建成了观光桥、四方阁、湖心岛等景点。2005年入选全国农业旅游示范点。

武进区夏溪镇 位于常州市武进区。拥有华夏农林观光园、苏南枫泽山庄、武进夏溪观赏植物科技示范园和王小金盆景园等景点。艺林园占地8

万平方米。2005年入选全国农业旅游示范点。

常州牟家村 位于武进区郑陆镇。建成了村史馆、农博馆、文体公园，雕梁画栋的牌楼，古色古香的群艺楼，沉重古朴的村石，烟柳画桥，风帘翠幕，天人合一，相映成趣。2005年入选全国农业旅游示范点。

金坛奥金鳄鱼乐园 位于常州市金坛区北郊。长三角地区最大的鳄鱼养殖基地，占地面积3.33万平方米。分为鳄鱼养殖区、鳄鱼产品加工区、鳄鱼科普教育区、泰国佛教文化区，是集鳄鱼养殖、产品深加工、科普教育以及泰国民俗文化体验为一体的农业旅游观光景点。鳄鱼乐园有大小鳄鱼3 000余条。2005年入选全国农业旅游示范点。

常州新华村 位于新北区春江镇，地处长江之滨。村内有会议接待中心、门球场、网球场、老年活动中心，有休闲垂钓中心、河豚养殖基地以及品项繁多的花卉苗木基地。2005年入选全国农业旅游示范点。

句容南山农庄 位于句容市春城镇。占地面积24.67万平方米，其中水面面积约6.67万平方米。以休闲采摘活动为特色，农庄内竹篱草亭、荷塘柳树，红瓦白墙的农舍田园掩映在绿树丛中，一年四季风景如画。2005年入选全国农业旅游示范点。

扬州兴科农业科技博览园 位于扬州市城区西北部。占地面积80万平方米，是集生态观光、休闲娱乐和科技普及为一体的农业科技博览园。分为“峰峦滴翠”“城市之巅”“桃源仙境”“雪浪卷绿”四大板块，建成了“婆娑世界”“万圣观灯”“百草流芳”“双亭嬉水”“橡塑魔术”“花中仙子”“神秘射线”“国色天香”等10个景点以及婚纱摄影基地、闲趣茶吧、盆景街等。2005年入选全国农业旅游示范点。

徐州（港上）银杏博览园 位于邳州市港上镇。主要由古银杏姊妹园、林趣园、沂河湾特色休闲景区、观音树景区、青少年野营区和港上河观光带等组成。银杏种植面积233.33平方千米，拥有树龄百年以上的银杏15 366株。2005年入选全国农业旅游示范点。

徐州泰山生态农业科技示范园 位于徐州市南郊的凤凰山畔。占地面积 16.33 万平方米,设置花卉观赏区、特种农作物种植体验区、绿色生态餐饮娱乐休闲区、垂钓赏荷区等五个功能区,共有 21 个景点。2005 年入选全国农业旅游示范点。

丰县果都大观园 位于徐州市丰县大沙河镇。占地面积 25.33 万平方米,是一座集果园、花园、公园于一体的新型游乐中心。主要景点包括宫院、大观楼、中原民俗文化博物馆、汉代帝王馆、古丰城缩影、儿童游乐园,还有特色优新果品示范园、优质果培育试验园、果树科普培育基地、良种栽培基地。2005 年入选全国农业旅游示范点。

盱眙铁山寺国家森林公园 位于淮安市盱眙县境内。占地面积 70.58 平方千米,其中次生林海 23.73 平方千米,群山环抱的天泉湖 9 平方千米。栖息着 40 多种野生动物,170 多种鸟类,分布有 280 多种树木,近千种植物和 800 多种中草药,其中绝大多数为南北地域边缘物种,是天然的动植物基因库。2005 年入选全国农业旅游示范点。

金湖荷花荡景区 位于淮安市金湖县东南处,地处高邮湖畔。占地面积 8 平方千米,是全球最大、品种最全的荷花园。共有荷花 300 多种,已建成荷花仙子广场、荷博园、荷文化体验馆、百荷园、咏荷碑廊、百莲园、青山寺等数十个景点。唐朝宰相魏征曾在这里的东至庵留下墨宝。2005 年入选全国农业旅游示范点。

淮安古黄河生态民俗园 位于淮安市区西北部,北枕黄河故道。拥有城市公共绿地 1.14 平方千米,另有湿地 17 万平方米,是一个集保护、科普、休闲于一体的生态公园。桃花坞景区、柳树湾景区已免费开放,每年的桃梨风光节和酥梨采摘节吸引百万游客前来赏花踏青。2005 年入选全国农业旅游示范点。

苏州西山国家现代农业示范园区 位于苏州市西山渡。占地面积 40 万平方米,分为设施蔬菜园、蝴蝶兰花园、珍奇瓜果园、鱼菜共生园、新果品精品园,集产品生产、科普研究、观光旅游、展示培训、资讯传播于一体,全方位传播农业科技知识。2005 年入选全国农业旅游示范点。

常熟市蒋巷村 2005年入选全国农业旅游示范点。参见中国特色景观旅游名镇(村)——常熟市蒋巷村。

大丰区斗龙庄园 位于盐城市斗龙港。占地面积7.07平方千米,其中水面养殖6.67平方千米。包括花卉园林区、动物观赏区、水上活动区、休闲娱乐区、生活居住区等五大区域,具有休闲度假、商务会务、科普教育等多种功能。原始古朴的自然风光,品种众多的养殖鱼类,构成一幅优美的生态风景画。2006年入选全国农业旅游示范点。

射阳县十里菊香景区 位于盐城市洋马镇。洋马镇具有悠久的中药材种植历史,全镇药材种植面积达66.67平方千米,是华东地区最大的中药材种植基地之一。其中菊花种植面积26.67平方千米,每年秋季,绵延数十里的菊花竞相开放,黄白相间,蔚为壮观。2006年入选全国农业旅游示范点。

东台市永丰林农业生态园 位于新曹镇。地处黄海之滨,紧邻黄海森林公园和国家级自然保护区中华麋鹿园。占地面积约4平方千米,自然环境优美,是一个以生态农业为基础,集旅游观光、商务会议、休闲度假于一体的旅游景区。已建成草鸡场、生态猪场、生态酒坊、生态豆腐坊、生态主题雕塑群像,体验性项目有酿酒、采摘、骑马、射箭等。2006年入选全国农业旅游示范点。

门河万亩药用植物园 位于连云港市门河镇。以2 200多年前东渡日本的方士徐福药文化为背景,集科技、保健、教育、旅游、观光、娱乐于一体的特色园区。连片种植芍药、桔梗、白术、牡丹、丹参、金银花、板蓝根等20多种经济价值高、观赏性强的中药材,形成了四区两园的发展格局。“四区”即药文化科技产业区、中医理疗保健区、旅游观光区和休闲娱乐综合功能区,“两园”即百种药材科普教育园和银杏翠竹风情园。园内还有吴承恩著书台、老龙潭、千年神桥等景点。2006年入选全国农业旅游示范点。

谢湖有机茶果观光基地 位于连云港市厉庄镇。占地面积10平方千米,主要种植茶叶、大樱桃、红雪枣、中华寿桃、日本脆柿、板栗、苹果、山楂等13大类40多个品种。经生态环境部认证的有机茶果观光基地,有茶园

53.33 万平方米，西洋大樱桃园 1.33 平方千米，珍果园 2 平方千米。有机茶果观光基地的发展建设，带动了谢湖和周边村 3 000 余户 1 万多名农村劳动力从事茶果种植与销售。2006 年入选全国农业旅游示范点。

姜堰区河横村 位于泰州市沈高镇，紧邻溱湖风景区。全村绿地面积 1.23 平方千米，森林覆盖率 30%以上，村庄绿化率 41%以上，常年树木成荫，四季花果飘香。每年举办中国河横菜花节暨姜堰乡村旅游节。1990 年被联合国环境规划署授予“全球 500 佳环境奖”。2006 年入选全国农业旅游示范点。

兴化市张郭镇 地处兴化市东南隅。具有水乡特色的生态型新型城镇，已建成融江南园林风格与水乡文化为一体的农民公园晨秀园，集文化娱乐、健身休闲、公共活动于一体的音乐喷泉广场，农民公寓 30 多幢、居民别墅 1 500 多幢、功能完备的城镇小区 12 个。全镇绿化覆盖率 40%，人均公共绿地 20 平方米。2006 年入选全国农业旅游示范点。

九、全国休闲农业与乡村旅游示范点

宜兴市篱笆园农家乐 位于湖㳇镇，毗邻竹海、张公洞、玉女潭、紫砂圣地丁山等旅游胜地。利用宜南山区得天独厚的竹林和山水资源，开辟了茶园、果品园、挖笋园、农产品加工场、垂钓中心，推出“篱笆驿站”乡村旅游连锁品牌和乡村快乐大舞台，成为阳羡生态旅游区的重要组成部分。2013 年入选全国休闲农业与乡村旅游示范点。

雨发生态园 位于南京市，北依老山，南临长江，地理位置得天独厚。占地面积 8 平方千米，水系丰富，风景宜人。已经形成现代农业博览园、国际大马戏园、森林木屋度假别墅区等功能板块。2013 年入选全国休闲农业与乡村旅游示范点。

大丰区恒北村 位于盐城市大中镇。全国最大的早酥梨商品生产基地，产品获得国家有机食品认证。设有梨园赏花、农家采摘、果品展示等项目，建有农家乐、民宿等旅游设施，道路、庭院、河道、田园、景点全绿化，全村绿化率达95%，为“国家级生态村”“全国文明村”。2013年入选全国休闲农业与乡村旅游示范点。

如皋市长江药用植物园 位于长青沙岛。占地面积约3.33平方千米，有1600多种长江流域珍稀药用植物，是一个集资源保护、科普教育、科学研究、长寿养生、休闲度假于一体的综合性药用植物园。建有山水文化广场、金银花药草主题园、芳香药用植物园、长生湖、森林度假小木屋等景区。2014年入选全国休闲农业与乡村旅游示范点。

宜兴市绿缘农业观光园 位于湖汊镇。占地面积40万平方米，主营木本植物观赏、珍稀苗木培植。分为药材园、苗木园、果树园、吊瓜园、禽类养殖园、生态菜园等功能区，是一个集观光旅游、休闲体验、餐饮购物、会议住宿于一体的综合性乡村旅游点。2014年入选全国休闲农业与乡村旅游示范点。

张家港市长江村 位于金港镇，紧靠张家港保税区。占地面积5.2平方千米。建成了百亩绿化地和万米绿化带，荣获“全国文明村”等荣誉称号。2014年入选全国休闲农业与乡村旅游示范点。

锡山区山联村 位于无锡市东港镇，地处锡山、常熟、江阴三地交界的顾山脚下，素有“鸡鸣闻三县”之说。实施以工业龙头企业转型带动农业产业转型的发展理念，将飞沙走石、尘土飞扬的采矿场变成了鸟语花香的美丽村庄。休闲业态丰富，农家乐、茶室、民宿、游船、动物园等应有尽有。2014年入选全国休闲农业与乡村旅游示范点。

栖霞区桦墅村 位于南京市西岗街道。地处周冲水库旁，栖霞山风景区东南隅。山水相依，风光旖旎，徽派建筑错落有致，还有一条窄轨铁路，被江苏省水利厅评为“水美乡村”。种植有大片的特产水稻，桦墅大米被誉为“江苏最好吃的大米”。2015年入选全国休闲农业与乡村旅游示范点。

泗阳县大禾庄园 位于宿迁市。占地面积66.67万平方米，建设有大型高档园林实景生态酒店、百亩垂钓娱乐拓展训练中心、53.33万平方米绿色有机果蔬产品基地，是集果苗繁育、园林工程、中草药种植、生态农业观光、采摘垂钓、拓展训练等为一体的现代高效生态农业产业化企业。2015年入选全国休闲农业与乡村旅游示范点。

东台市生态苗木示范园 位于新街镇。占地面积6.67平方千米，森林覆盖率72.3%。栽植了大叶女贞、银杏、栾树、紫薇等70余种乔灌木，其中主打品种"新街女贞"为全国农产品地理标志保护产品，已成为全国最大的女贞生产基地和集散地。被评为"全国百佳生态文明城市与景区""中国最美村镇"。2015年入选全国休闲农业与乡村旅游示范点。

惠山区阳山镇 2015年入选全国休闲农业与乡村旅游示范点。参见中国特色景观旅游名镇(村)——惠山区阳山镇。

谢湖有机茶果观光基地 2015年入选全国休闲农业与乡村旅游示范点。参见全国农业旅游示范点——赣榆区谢湖有机茶果观光基地。

十、全国工业旅游示范点

江阴海澜集团 总部位于江阴市新桥镇。国内服装龙头企业之一，2016年，在"中国企业500强"中名列第202位，"中国民营企业500强"中名列第36位。海澜集团的发展经历了粗纺起家、精纺发家、服装当家再到品牌连锁经营的历程，成功创建了"海澜之家""圣凯诺""海一家"等自主服装品牌。可参观欧式建筑风格的海澜总部大楼、海澜发展厂史馆、海澜集团电子商务运营中心、全自动化的智能物流仓储物流园以及国际赛马场等。2004年入选全国工业旅游示范点。

常熟隆力奇集团 位于常熟市隆力奇生物工业园内。日化产品、保健品的研究、开发和产销基地,参观点包括隆力奇全球研发中心、电商发货区、人工智能4.0工厂、文化长廊、工厂店、蛇园、有机农场、真武观等。2004年入选全国工业旅游示范点。

扬州第二发电有限公司 位于邗江区八里镇,东与扬州港毗连,南与镇江市隔江相望,是一座现代化的大型火电厂。可参观企业文化展示中心、电厂模型、主要设备模型以及电厂控制室,了解发电厂从基建到投产的历程和运作过程。2004年入选全国工业旅游示范点。

连云港港区 位于海州湾西南岸。北倚东西连岛天然屏障,南靠巍峨的云台山,为横贯中国东西的铁路大动脉——陇海、兰新铁路的东部终点港,被誉为"新亚欧大陆桥东桥头堡"。参观点包括港口文化展示中心、上合组织(连云港)国际物流园"一带一路"展览馆、中哈物流合作基地、亚欧大陆桥东方桥头堡等。2004年入选全国工业旅游示范点。

南京市云锦研究所 位于栖霞区金港科创园。南京云锦是中国传统丝制工艺品,已有1 600多年历史,传统的提花木机织造技艺流传至今,有"寸锦寸金"之称。研究所成立于1957年,是新中国第一家工艺美术类研究所,中国云锦研究、开发、生产专业机构。拥有1 500平方米的生产工艺展示大厅,展示历代丝绸文物复制精品和云锦妆花各类花色品种以及中国少数民族的各种织锦绣机器具和实物。2005年入选全国工业旅游示范点。

南京卷烟厂 位于秦淮区佳营东路,新厂区坐落于南京市河西新区。占地面积27.2万平方米,是一家集生产、仓储、办公、宾馆、休闲于一体的花园式现代化工厂。新厂区绿色环抱,景色宜人,建筑风格中西合璧,烟草文化馆讲述了烟草发展的历史。2005年入选全国工业旅游示范点。

南京金箔集团 位于江宁区。成立于1955年,是中国最大的真金箔生产基地,国务院"中国金箔城"授牌所在地标志性企业,中国烟草配套材料重点生产基地,2000年被科技部认定为"国家火炬计划重点高新技术企业"。2005年入选全国工业旅游示范点。

常熟波司登股份有限公司 位于常熟市波司登工业园区。已建成常熟

“波司登”、江苏“雪中飞”、山东“康博”和扬州“波司登”四大羽绒服生产基地。可以参观波司登集团的档案馆，了解了公司的发展历程与企业文化，还可以参观“雪中飞”生产车间，了解羽绒服生产的全过程。2005 年入选全国工业旅游示范点。

苏州市第一丝厂有限公司　位于姑苏区南门路。成立于 1926 年。民国时期民族工业的标志性建筑红砖瓦房，完整地保留了苏州丝绸文化的经典元素。厂史馆介绍了百年老厂的发展历程；丝绸文化展馆以文字、图片和实物，展示了源远流长的苏州丝绸文化。2005 年入选全国工业旅游示范点。

常熟梦兰集团　位于常熟市虞山镇。成立于 1972 年。从八根绣花针、村办作坊式加工点起步，发展成集家纺、电子信息、跨境油品项目、环保科技等多元产业为一体的现代企业集团，曾连续十多年进入中国制造业企业 500 强行列，工信部“重点跟踪培育的服装家纺自主品牌企业”，连续五次获评“全国文明单位”。梦兰党群之家、村史馆、龙芯产业化基地、家居生活馆，展示了村民生态宜居的幸福生活，产业转型发展的历史变迁。2005 年入选全国工业旅游示范点。

苏州刺绣研究所　位于苏州市环秀山庄内。以研究苏州刺绣为主的专业机构，成立于 1954 年。苏绣艺术与园林艺术交相辉映，成为苏州古城的城市名片。因凝聚了苏绣艺术的核心和精华，成为当代苏绣艺苑中的领军者。沿着刺绣实验工场、作品展示厅、环秀山庄等进行实地考察，可以领略刺绣大师的高超刺绣技艺。2005 年入选全国工业旅游示范点。

昆山捷安特（中国）有限公司　位于昆山市洪湖路。成立于 1992 年。经营范围包括成人及儿童自行车、电动自行车、电动摩托车、无机非金属材料及制品（碳纤制品）及其零配件等。主要参观景点包括捷安特的展览馆和生产工厂，可以了解捷安特的品牌历史以及当下的生产工艺和车型，见证捷安特自行车的诞生过程。2005 年入选全国工业旅游示范点。

天目湖水电科普园　位于溧阳市环湖东路。以江苏沙河抽水蓄能电站为主体，是融水电科技、自然环境、旅游风光为一体的主题公园。由发电站上下库区、龙岕沟自然风光带、尾水渠自然风光带以及望湖岭山庄等组成。2005 年入选全国工业旅游示范点。

连云港市汪恕有滴醋厂 位于海州区板浦镇。苏北地区最大的食醋生产专业厂家,已形成调味、保健、风味三大系列产品。主要生产传统名牌产品汪恕有滴醋,年产食醋 5 000 吨、醋酸饮料 2 000 吨。可以在淋醋车间、发酵车间参观生产流水线,了解汪醋的生产过程;参观包装车间,在醋酝迷宫参与互动活动;在娱乐室观看反映汪醋 300 多年艰辛创业史的电视剧《醋圣》,了解食醋与人体健康的相关知识。2005 年入选全国工业旅游示范点。

昆山富贵集团(明辉堂皮件)工业园 位于昆山市经济技术开发区。富贵集团是以“生活、时尚、经济”为愿景的跨行业、多元化经营的企业,旗下产品有皮具、服装、鞋类及配件等。工业园展示了知名品牌皮包生产制作流程,拥有休闲的购物环境。2006 年入选全国工业旅游示范点。

昆山三得利啤酒工业园 位于昆山市昆太路。“三得利”公司于 2001 年投产,啤酒年生产能力 20 万吨。园区占地面积 30.6 万平方米,绿化率达 30%以上。设有设施齐全的多媒体游客接待中心,干净整洁的生产现场参观通道,内容丰富的产品展厅,环境优美的试饮厅等,配备了专职讲解员,可以参观糖化、发酵、装瓶等啤酒生产的全过程。2006 年入选全国工业旅游示范点。

昆山通力电梯有限公司工业园 位于昆山市工业园内。成立于 1996 年,是通力公司全球规模最大的生产及研发基地。可以参观测试塔以及客户关怀中心等设施,参观通力电梯和自动扶梯的核心部件生产过程,了解通力在国内外的众多经典项目。2006 年入选全国工业旅游示范点。

镇江金东纸业工业园 位于镇江市兴港东路。成立于 1997 年,环境优美,鸟语花香,年产铜版纸超过 240 万吨,是一家高资源利用率的环保型造纸企业。可以参观世界上先进的现代化造纸设备,体验现代绿色造纸技术的神奇。2006 年入选全国工业旅游示范点。

南通安惠生物科技旅游园 位于南通市中央路。研究、开发健康产品及美容化妆品的专业公司。拥有中华灵芝文化馆,采用自动化控制技术,拥有极具观赏价值的蕈菌生态园,还有集娱乐、饮食、宿舍为一体的安惠国际会议中心。2006年入选全国工业旅游示范点。

南京海尔曼斯工业园 位于南京市双龙大道。集研发、设计、生产、销售为一体的大型服装企业集团,主要产品有羊绒服饰、羊毛服饰、桑蚕丝针织衫和时尚女装,连续多年保持羊毛衫销量全国第一,获得中国驰名商标认定、ISO9001(质量管理体系)、ISO14001(环境管理体系)、GB/T28001(职业健康安全管理体系)认证的服装企业。园区绿草茵茵、碧水荡漾,是一家典型的花园式工厂。2006年入选全国工业旅游示范点。

扬州玉器工业园 位于扬州市广储门外街。扬州玉雕已被列入第一批《国家级非物质文化遗产名录》。扬州玉器厂的经典白玉作品《宝塔炉》《五行塔》《大千佛国图》和碧玉作品《石刻聚珍图》,被永久收藏于中国工艺美术馆。厂区有四大参观点:东区的扬州玉器艺术馆,西区的扬州玉器学校,北区的扬州玉器工艺品市场,南区的扬州综合工艺品市场。2006年入选全国工业旅游示范点。

扬州漆器工业园 位于邗江区银柏路。成立于1955年,是全国工艺美术行业重点骨干企业。扬州漆器为中国地理标志保护产品。产品装饰工艺主要有雕漆嵌玉、点螺、平磨螺钿、刻漆、骨石镶嵌以及雕漆、彩绘、雕填、磨漆画等十大类,产品主要有工艺家具、室内装饰品、旅游纪念品、礼品、高档收藏品,共3 000多个花式品种。扬州漆器髹饰技艺被列入第一批国家级非物质文化遗产(代表性项目)名录。2006年入选全国工业旅游示范点。

宿迁洋河酒厂工业园 位于宿城区洋河镇。洋河白酒属于浓香型大曲酒,以优质高粱为原料,将小麦、大麦、豌豆萃取而成的火曲作为发酵剂,以泉水精工酿制而成。工业园拥有酒文化博物馆、地下酒窖、美人泉、自助酿酒车间、米市街、名人故居等景点。2006年入选全国工业旅游示范点。

连云港田湾核电站 位于连云区境内,背依云台几个小岛,海水环拥。1999年开工建设,是我国“九五”期间重点核电工程项目之一。可以观看田湾核电发展的宣传片、核电站的总体模型，参观核电科普展厅和1号、2号机组控制区，了解核电知识、核电文化以及核电站运行管理的安全措施。2006年入选全国工业旅游示范点。

南京高淳陶瓷股份有限公司工业旅游区 位于高淳区境内。旅游区展示了原料加工、成型、施釉、装饰和烧成等陶瓷生产的全过程。作为高淳陶瓷工业旅游示范项目的陶艺苑，占地6.67万平方米，在有限的空间内点缀山水树木、亭台楼阁、池塘小桥，营造出宁静、优雅的意境。2007年入选全国工业旅游示范点。

苏州华佳丝绸有限公司工业旅游区 位于吴江区盛泽镇。公司成立于20世纪70年代，现已由一家乡办缫丝厂发展成为集育种、种桑、养蚕、缫丝、织造、印染于一体的专业真丝绸企业，成为一家大型骨干生产企业。2007年入选全国工业旅游示范点。

苏州物流中心有限公司工业旅游区 位于苏州市现代大道。公司成立于1997年，是全国唯一的实行“空陆联程”快速通关模式的苏州虚拟空港、全国首家保税物流中心（B型）试点单位。参观点有：地标性建筑物流大厦、高科技互动展厅、一站式服务大厅、监管仓库、保税恒温仓库、美利龙公司。2007年入选全国工业旅游示范点。

南通家纺城 位于通州区境内。集家用纺织品研发、生产、展示、会务、休闲、观光等于一体的国际家纺中心，占地面积3平方千米，建筑面积120万平方米。包括面料市场、成品市场、星级酒店、客运物流中心、综合配套服务区五大功能片区，拥有各类经营户近6 000家，产品远销100多个国家和地区。2007年入选全国工业旅游示范点。

淮安今世缘酒业有限公司工业旅游区 位于淮安市高沟镇。占地面积100余万平方米，拥有“国缘”“今世缘”“高沟”三个品牌，年产白酒3万余吨。可以参观今世缘景区、文化广场、展示中心、中国白酒智能化酿酒示范车间、酒库、地下酒窖和制曲中心，实地了解今世缘的企业文化。2007年入选全国工业旅游示范点。

十一、国家级非物质文化遗产生产性保护示范基地

宜兴紫砂工艺厂 位于宜兴市丁蜀镇。宜兴紫砂陶始于北宋，兴于明清。1954 年由数家紫砂小作坊组建陶业合作社。1958 年国营宜兴合新陶瓷厂和蜀山陶业生产合作社合并，成立江苏省宜兴紫砂工艺厂，产品畅销世界 50 多个国家和地区。2011 年入选国家级非物质文化遗产生产性保护示范基地。

镇湖刺绣艺术馆有限公司 位于苏州市镇湖绣馆街。以展示全国各地传统刺绣工艺，彰显地方特色刺绣文化为主旨，集刺绣生产销售、刺绣展示评比、刺绣技艺研发、刺绣学术交流等多项功能于一体。园区入驻刺绣作坊或重点企业 38 家，设有全国四大名绣展厅、大师级名人刺绣作品展厅、绣史馆、演示厅、刺绣研发中心和多功能厅等区域，展示了苏绣、粤绣、蜀绣、湘绣等全国各地绣种的刺绣精品，还有绣娘现场表演。2011 年入选国家级非物质文化遗产生产性保护示范基地。

广陵古籍刻印社 位于扬州市邗江区梅岭街道。我国古籍线装书生产基地之一，成立于 1958 年。“雕版印刷技艺”于 2009 年被联合国教科文组织列入人类非物质文化遗产（代表性）名录。目前拥有国家级、省级工艺美术大师和专业技术人员 70 余人，以雕版印刷技艺为核心技术，活字印刷技艺为补充，专业从事古籍线装书复制、古籍修复、传统版画印刷、宣纸古籍印刷，以及博物馆珍贵古籍的复制，地方志印刷，佛经印刷，名人诗词集印刷，名人书法复制，碑帖拓片复制。2011 年入选国家级非物质文化遗产生产性保护示范基地。

扬州玉器厂 2011 年入选国家级非物质文化遗产生产性保护示范基

地。参见全国工业旅游示范点——扬州玉器工业园。

南京云锦研究所有限公司 2011年入选国家级非物质文化遗产生产性保护示范基地。参见全国工业旅游示范点——南京云锦研究所。

十二、国家级旅游度假区

汤山温泉旅游度假区 位于南京市江宁区汤山街道。占地面积约30平方千米。汤山温泉的开发已有1 500多年历史,历代达官显宦、文人雅士来此游览沐浴,南朝萧梁时期被封为“圣泉”,为皇家御用温泉。温泉日出水量5 000吨,常年水温60—65℃,含30多种矿物质和微量元素。2015年入选国家级旅游度假区。

天目湖旅游度假区 位于溧阳市南郊。占地面积10.67平方千米,另有水面7.25平方千米,包括山水园、南山竹海和御水温泉三大景区。2015年入选国家级旅游度假区。参见全国特色景观旅游名镇(村)——溧阳市天目湖镇。

阳澄湖半岛旅游度假区 位于苏州工业园区北部,地处阳澄湖南岸,区位优越,交通便捷。占地面积24.39平方千米,其中内湖水域面积9平方千米。苏州工业园区重点打造的“金鸡湖、独墅湖、阳澄湖”三大功能板块之一,立足“精品高端及绿色生态”的发展定位,呈现“天边水泽,别有乾坤”的胜景,是一个现代化、国际化、园林化的新型滨水休闲养生度假胜地。2015年入选国家级旅游度假区。

阳羡生态旅游度假区 位于宜兴市湖㳇镇。占地面积96平方千米。湖㳇系丘陵山区,属于天目山余脉,山峦环抱,河湖纵横。度假区内名胜景点众多,以竹海景区、陶祖圣境、玉潭凝碧、优美灵谷、张公福地、磬山幽谷等最为著名。2018年入选国家级旅游度假区。

十三、国家级风景名胜区

太湖风景名胜区 包括苏州市的木渎、石湖、光福、东山、西山、角直、同里景区，无锡市的梅梁湖、蠡湖、锡惠、马山景区，常熟市的虞山景区，宜兴市的阳羡景区，以及无锡市的泰伯庙、泰伯墓两个独立景点，占地面积888平方千米，其中太湖水面529平方千米。是以太湖、沿湖山丘、岛屿的山水景观为特色，具有悠久文化历史的天然湖泊风景区。1982年入选国家级风景名胜区。

钟山风景名胜区 位于南京市玄武区紫金山。占地面积45平方千米。钟山又名“紫金山”，与后湖相依相望。诸葛亮有“钟山龙蟠，石头虎踞，此帝王之宅也”的赞誉。钟山以“龙蟠”之势屹立于扬子江畔，囊六朝文化、明朝文化、民国文化、山水城林文化、生态休闲文化、佛教文化系列于一山之中，被称为“中华城中人文第一山”。分为明孝陵景区、中山陵景区、灵谷景区、头陀岭景区和其他景点五大部分，各类名胜古迹多达200多处，其中有世界文化遗产1处，全国重点文物保护单位15处，江苏省文物保护单位和市级文物保护单位31处。1982年入选国家级风景名胜区。

云台山风景名胜区 位于连云港市区东北部。占地面积约180平方千米，包括海滨、宿城、孔望山、花果山四个景区，主要由前云台山、中云台山、后云台山及鹰游山、锦屏山等互不连续的断块山脉组成。山体为前古生代变质岩系，花果山的玉女峰海拔625米，为江苏省最高峰。1988年入选国家级风景名胜区。

瘦西湖风景名胜区 位于扬州城市中央。占地面积约12平方千米，与扬州古城紧密相依。包括瘦西湖、蜀冈、唐子城、笔架山、绿杨村等景区。瘦西湖景区巧妙地利用河流、丘壑的自然风貌，亭廊楼阁依势而筑，傍水而建，形成集锦式的“湖上古典园林”群落。史载著名景点24处,现存徐园、小金山、莲花桥、白塔、二十四桥、静香书屋等。1988年入选国家级风景名胜区。

三山风景名胜区 位于镇江市长江南岸。占地面积约99万平方米。“三山”指金山、焦山和北固山,还包括云台山、合山、象山及江边芦滩等过渡景域。金山居首,以奇丽著称;焦山断后,以古雅见长;北固山雄踞其中,以雄险闻名。三山形态各异,景观独特,以长江为纽带,互为对景,江山相映,自东晋南朝以来即为风景名胜。2004年入选国家级风景名胜区。

十四、国家级自然保护区

盐城湿地珍禽自然保护区 位于江苏中部沿海。占地面积约2 472.6平方千米,是我国最大的滩涂湿地保护区之一。主要保护对象为丹顶鹤等珍稀野生动物及其赖以生存的滩涂湿地生态系统。有植物450种,鸟类402种,两栖爬行类26种,鱼类284种,哺乳类31种,其中有国家一级保护野生动物丹顶鹤、白头鹤、白鹤、东方白鹳、黑鹳、中华秋沙鸭、遗鸥、大鸨、白肩雕、金雕、白尾海雕、麋鹿、中华鲟、白鲟等14种,国家二级保护野生动物獐、黑脸琵鹭、大天鹅等85种。每年来此越冬的丹顶鹤千余只,有3 000多只黑嘴鸥、近千只獐在此栖息繁殖,还是东北亚与澳大利亚候鸟迁徙的重要停歇地。1983年入选国家级自然保护区。

洪泽湖湿地自然保护区 位于宿迁市泗洪县东南部,地处洪泽湖西北部。占地面积5.2平方千米,包括洪泽湖部分湖面、滩地及溧河洼,湿地类型主要有浅水湖泊湿地、浅滩沼泽湿地、河流湿地等。分为天然湿地区、湖滨珍禽鸟类保护区、生态森林公园(休闲度假区)、生物多样化科普区、万亩水产养殖生态示范区和万亩无公害稻蟹立体养殖示范区,以湿地生态系统、大鸨等鸟类、鱼类产卵场及地质剖面为主要保护对象。1985年入选国家级自然保护区。

大丰麋鹿自然保护区 位于江苏省东部的黄海之滨。占地面积约26.67平方千米，是世界上面积最大、种群数量最多的野生麋鹿自然保护区。地貌由林地、芦荡、草滩、沼泽地、盐裸地组成，属于典型的黄海滩涂型湿地，已被列入《国际重要湿地名录》。1986年入选国家级自然保护区。

十五、国家级水利风景区

天目湖旅游度假水利风景区 位于溧阳市南郊。占地面积320平方千米。天目湖为国家生态旅游示范区，区域内坐落着沙河、大溪两座国家级大型水库。湖水清澈如镜，碧波浩瀚，周围群峰绵延，树木葱茏。2001年入选国家级水利风景区。

江都水利枢纽水利风景区 位于江都市区，地处京杭大运河、新通扬运河和淮河入江尾闾芒稻河的交汇处。占地面积1.6平方千米，四面环水，闸站相连，四座庞大的抽水机站呈“一”字形巍然矗立，雄伟壮观。有园中园、明珠阁、江石溪碑亭等景点，秀美的山水风光与恢宏的水利工程和谐统一，是全国绿化先进单位。2001年入选国家级水利风景区。

云龙湖风景区 位于徐州市区南部。占地面积44.7平方千米，其中核心景区15.1平方千米，水域面积7.5平方千米。景区内有汉画像石馆、汉墓、刘备泉、水上世界、生态岛、十里杏花、滨湖公园及苏公塔等景点。以云龙山水自然景观为特色，以两汉文化为主要内容，具有科普、观光、游览、休闲、生态等综合功能的城市型风景名胜区。2002年入选国家级水利风景区。

瓜洲古渡风景区 位于扬州市古运河下游与长江交汇处，与镇江金山寺隔江相对。占地面积5.06万平方米。有银岭塔、锦春园、映影池、园中园、瓜洲古渡碑、牌楼、沉箱亭、观潮亭等景点。滨江邻河，四面环水，林木葱郁，四季有花,楼台亭榭参差有致,历史遗迹分布其间。2002 年入选国家级水利风景区。

三河闸水利风景区 位于淮安市盱眙县,地处洪泽湖东岸。包括三河闸、鹤鹭自然保护区、月亮湖、洪泽湖水利碑廊、洪泽湖镇水铁牛等五处景点。三河闸全长 697.75 米,共 63 个孔,每孔净宽 10 米,是淮河流域第一大闸。水文化遗产主要有洪泽湖古堤、三河大闸、治水碑刻、治水典籍等,其中洪泽湖大堤为全国重点文物保护单位。2003 年入选国家级水利风景区。

泰州引江河风景区 位于高港区境内。泰州引江河是江苏省重点水利工程,南起长江,北接新通扬运河,全长 24 千米,集灌溉、水利调控、航运、旅游等功能于一体,是国家南水北调东线工程的源头工程。园区绿化面积达 5 平方千米,绿化覆盖率达 95%。风格别致的园区建筑,充满水韵的引江河工程纪念碑,独具特色的棋园、琴园、巨型壁画,构成长江边一道亮丽的风景线。2003 年入选国家级水利风景区。

胥口水利风景区 位于胥江入太湖的交汇口,毗邻苏州太湖旅游度假区,占地面积约 57 万平方米。主体景观胥口水利枢纽,为苏州古城区和阳澄淀泖地区排涝的主要控制口门,由节制闸、船闸、复线船闸等水工建筑组成。景区内有休闲长廊、桂花苑、樟树林、渔家乐、生态湿地公园、垂钓中心、文体活动中心、观光果园等游乐设施,工程建筑、人文景观与自然风光浑然一体,尽现江南水乡特色。2004 年入选国家级水利风景区。

淮安水利枢纽风景区 位于淮安市京杭大运河、苏北灌溉总渠和淮河入海水道的交汇处。占地面积约 3.33 平方千米,主体景观由 4 座大型电力抽水站、10 座涵闸、4 座船闸、5 座水电站、1 座变电站组成,常年发挥着灌溉、排涝、泄洪、航运、发电、南水北调、冲淤保港等综合效用。2004 年入选国家级水利风景区。

淮安古运河水利风景区 位于淮安市区。占地面积 30 平方千米。里运河穿城而过,两岸散落着众多文化古迹和水利工程景观,如码头镇、九龙口、现代港口、读书广场、清江大闸、都市风貌区、怀楚生态区、河下古镇、三湖公园、淮安水利枢纽等。成立于明永乐中期的清江大闸，是京杭大运河上最古老、保存最完好的石闸，距今已有600年。2005年入选国家级水利风景区。

通榆河枢纽水利风景区　横跨滨海、响水两县，占地面积3.13平方千米。黄河故道、通榆河、苏北灌溉总渠、淮河入海水道贯穿景区。以滨海至响水段4万米的通榆河沿途自然、人文风光为主线，核心区内建有水榭亭台、曲桥长廊、欧式广场、垂钓中心、水上乐园、水利工程展览馆。2005年入选国家级水利风景区。

溱湖水利风景区　2005年入选国家级水利风景区。参见国家生态旅游示范区——溱湖湿地国家生态旅游示范区。

金牛湖水利风景区　位于南京市六合区东北部。金牛湖又名“金牛山水库”，修建于1958年，蓄水量约1亿立方米，是南京市最大的人工湖泊；湖面浩渺，岸线曲折，群山环绕，叠翠连绵。占地面积23.5平方千米，其中水域面积16.7平方千米。主要有情人石、白鹭林、放牧亭、鉴湖亭以及明朝古刹金光禅寺等景点。2006年入选国家级水利风景区。

横山水库水利风景区　位于宜兴市宜溧太华山区。横山水库兴建于1958年，是太湖流域㕔溪河水系的大型水利工程，集水面积154.8平方千米，总库容1.12亿立方米；枢纽工程均质土坝坝长4 090米，坝高24米，坝顶宽8.1米。2006年入选国家级水利风景区。

梅梁湖水利风景区　位于无锡市近郊，地处太湖北侧梅梁湖与京杭大运河支流梁溪河的上游交汇处。占地面积约204.94平方千米。主要依托犊山防洪枢纽工程、直湖港水利枢纽工程和梅梁湖泵站枢纽工程而建。一条十里芳堤贯穿渤公岛、犊山大坝直达鼋头渚公园，沿途分布着渤公岛生态公园、鸥鹭岛、渔父岛生态园、蠡堤、杨氏宗祠、中犊山、太湖仙岛等众多自然景观和人文景观。2007年入选国家级水利风景区。

凤凰河水利风景区　位于泰州市古城区东南隅。凤凰河全长5.43千米，沿岸建有凤凰园、治水者广场、百水园、帆影广场、葫芦岛等五大景区，共16个景点，包括体现厚重历史文化底蕴的望海楼、文会堂、清风阁、碧血莲池，展现悠久戏曲文化的凤凰墩、陈庵，展示独特桥梁文化的百凤桥、鸾凤桥、莲花桥、栖凤桥等。2007 年入选国家级水利风景区。

外秦淮河水利风景区　位于南京市老城区西侧。占地面积约 3 平方千米。以外秦淮河为纽带，主要有双孔护镜闸、石头城遗址、中华门城堡、明城墙、古越城遗址、大报恩寺遗址、六朝石刻、清凉山、七桥瓮湿地公园以及沿河亭廊等景点。三汊河河口闸是景区核心工程和主体景观。护镜闸为外秦淮河“引江换水、截污清水”工程的重要组成部分。2008 年入选国家级水利风景区。

中运河水利风景区　位于宿迁市区东部。占地面积 86 万平方米，其中水域面积 50 万平方米。宿迁境内中运河全长 1.8 千米，两岸绿树成荫。八桥一闸横跨运河，每座大桥都是一道独特景观；每座大桥两端都建有桥头公园，八座桥头公园是运河城区段的重要景观节点。不仅是典型的生态景观走廊，还是一个敞开的运河博物馆，拥有御码头、宿迁旧城遗址、寿圣禅林遗址、敕赐极乐律院遗址、宿迁孔庙等五处遗址和乾隆行宫、项王故里两个全国重点文物保护单位，还有丽人岛、卧龙湾水上乐园等众多景点。2008 年入选国家级水利风景区。

徐州故黄河水利风景区　位于徐州市城区。依托黄河故道市区段综合整治工程而建。故黄河是历史上黄河夺泗入淮的故道，流经徐州境内全长 193 千米。占地面积 8.2 平方千米，其中水域面积 1.3 平方千米。以城市防洪工程为依托，修复绿地 55 万平方米，打造以黄河文化、两汉文化、苏轼文化为主题的文化景观八处。沿河两岸分布着古黄河公园、黄楼公园、汉桥公园、显红岛公园及百步洪广场、兵魂广场等多个开放式公园，还有张良墓道碑、镇河铁牛、明清古城墙等遗址。2009 年入选国家级水利风景区。

金仓湖水利风景区　位于太仓市主城区的东北侧。东接长江出海口，西连昆山阳澄湖，占地面积 2.66 平方千米。利用苏昆太高速公路建设集中取土形成的近千亩（1 亩≈666.7 平方米）水面，通过开挖疏浚、生态修复等治理措施，打造出一座以生态为主题，以自行车运动为主元素，集游览、健身、休闲、度假为一体的风景区。还有10万平方米草坪和富有亲子气息的赤足森林公园等。骑行在5千米的环湖自行车赛道上,烟波浩渺的千亩湖面和风情各异的绚丽景致尽收眼底。2009年入选国家级水利风景区。

珍珠泉水利风景区 位于南京市浦口区定山西南麓。占地面积8.9平方千米。面向长江,背靠老山,谷深幽峻,林木葱茏,碧水涟涟,是一处以水为依托,以泉为特色,集生态观光、休闲游乐、度假疗养为一体的度假胜地。景区中部的珍珠泉,泉水酷似串串珍珠。珍珠泉右侧的镜山湖,清澈明净,四季清幽,可乘竹筏尽揽湖光山色。还有野生动物生态园、野营中心、观光索道、山地滑道、名石艺术馆、晋苏鑫游乐园等40余个休闲景点。2009年入选国家级水利风景区。

天生桥河水利风景区 位于南京市溧水区境内。占地面积7.6平方千米。主要水利工程天生桥闸是南京外秦淮河环境综合整治的关键工程,与武定门闸、秦淮新河闸、三汊河口闸等六闸联动,对改善南京城区秦淮河水环境起着重要作用。明太祖朱元璋时期,在溧水古胭脂岗上开凿人工运河,从而沟通了江浙漕运,粮船得以从太湖经内陆直达南京。胭脂河上一座石桥似一长虹横跨河上,故名“天生桥”。胭脂河两岸怪石高悬,绝壁危岩,清泉滴翠,碧水丹崖交相辉映。2009年入选国家级水利风景区。

艾山九龙水利风景区 位于邳州市铁富镇。东临沂河,西濒京杭大运河,占地面积约20平方千米。主要由艾山水库和南北两大山脉构成,九龙涧、艾王城遗址、九龙佛塔、铁佛寺等景观点缀其中,山、湖、林浑然天成。艾山位居“苏北三大名山”之列,与花果山、云龙山齐名。艾山水库成立于20世纪50年代,从山顶俯视似一块精致透彻的青绿色玉如意,故又称“如意湖”。铜质音乐喷泉雕塑——九龙佛塔巍然屹立于湖边。2010年入选国家级水利风景区。

小塔山水库水利风景区 位于连云港市赣榆区境内。西依沂蒙山余脉,北靠大吴山,占地面积40平方千米,其中水域面积24平方千米。群山环绕,碧波万顷,水利工程气势恢宏,还有端木书台、祠堂遗址等历史遗迹,已成为赣榆西部观光带的重要节点。2010 年入选国家级水利风景区。

樱花园水利风景区 位于淮安市淮阴城区古黄河北岸。依托淮安市樱花园水土保持科技示范区工程而建,属于水土保持型水利风景区。占地面积 63.4 万平方米,其中水域面积 12 万平方米。原为古黄河滩地,地形起伏,水土流失严重。在景区建设过程中,坚持工程措施与生物措施相结合,水土保持综合治理与生态景观相协调,已建成水土保持试验示范区、科普教育区、特色治理区、工程防护区和休闲观光区。2011 年入选国家级水利风景区。

龙游水利风景区 位于如皋市主城区。依托盘桓在千年古城四周的内外两条古城河及水利配套设施而建。拥有 40 多处人文景观,形成了"两环映古今,一脉水灵秀"的水景观格局。沿河有明万历年间的徽派"园林海内孤本"水绘园,建于隋朝的"曲水环寺、群楼抱殿、山门北向"的定慧禅寺,建校百年的全国第一所公立师范学校如皋师范学堂,2 500 年前的春秋遗址射雉亭,明代古桥迎春桥,名人辈出的宋代冒家巷、治水先贤沙元炳的故居颐园等名胜古迹。2011 年入选国家级水利风景区。

浦江源水利风景区 位于苏州市吴江区七都镇。占地面积 14.7 平方千米,依托太浦河水利枢纽与东太湖而建,属于城市河湖型水利风景区。拥有太湖大堤、太浦闸、太浦河泵站等工程景观,还有星罗棋布的湖荡,纵横交错的河港。景区内还有充满异域风情的格林乡村公园,具有浓郁鱼米之乡氛围的庙港水街、湿地公园等。2011 年入选国家级水利风景区。

长广溪湿地水利风景区 位于无锡市西南郊,是连接蠡湖和太湖的生态廊道。占地约 17.33 万平方米,其中水面约 5.33 万平方米,构成山丘、湿地、河流、湖泊融合一体的景观格局。长广溪是一条历史悠久的古河道,是无锡地区居民较早聚集的地区,两岸有多处历史遗迹和众多的古代遗物。长广溪及其两侧地区被无锡城市总体规划确定为湿地生态公园,在保护好现有湿地景观的前提下,恢复和重建有地方特色的湿地生态系统,治理好长广溪水质,兼顾观光和科普教育功能,实现区域的可持续发展。2012 年入选国家级水利风景区。

花果山大圣湖水利风景区　位于连云港市城区。占地面积 10.47 平方千米,其中水域面积 95 万平方米。背依云台山山脉,东望千年古刹海清寺,重峦叠嶂,云雾缭绕,山水相映,风光旖旎。大圣湖发源于花果山主峰玉女峰,由九龙涧的山泉汇集而成,水体清澈,是景区的主要水体景观。湖中的白鹭岛是白鹭繁殖、栖息、觅食的地方,也是观鸟胜地。湖东岸的佛教圣地海清寺阿育王塔院,是全国重点文物保护单位。2012 年入选国家级水利风景区。

宝应湖湿地水利风景区　位于扬州市宝应县境内,地处大运河和宝应湖之间。宝应湖湖面面积 3 平方千米,湖区有苏北规模最大、保护最好的水杉森林湿地。历史上这里是运河西部宝应湖东部的湖滩地,随着大规模围湖造田植树,昔日浩渺的宝应湖向西一退再退,如今只剩下一条狭窄的水道。水利风景区的建立,得以将蔚为壮观的水杉湿地和仅存的宝应湖面长期保留。2012 年入选国家级水利风景区。

大纵湖水利风景区　位于盐城市大纵湖镇。依托大纵湖和步湖路防洪圩堤等水利工程而建,占地面积 21 平方千米,其中水域面积 16 平方千米。陆地与湖面错落交融,天然植被与盈盈绿水相映成趣,林草丰茂,静雅灵秀。已建成入口广场、芦苇迷宫等六大功能区,50 多个景点及游乐设施。还有古代“二十四孝”石碑林,大书法家宋曹纪念馆,三国名士“建安七子”之一的陈琳之墓,“扬州八怪”之一的郑板桥坐馆授徒书屋。2012 年入选国家级水利风景区。

泗水河水利风景区　位于宿迁市泗阳县县城。占地面积 1.29 平方千米,其中水域面积 35 万平方米。以泗水河为主轴,以五里湖湿地公园、奥林匹克生态公园和城市森林公园为景观环,通过整治水环境,挖掘水文化,营造水景观,构筑水清、岸绿的新风貌。景区内的泗水古城,骡马商业街、福华塔、揽胜阁、泗水美食街、湿地公园、生态公园、森林公园有机结合,渗透着古城气息和现代都市的繁华。2012 年入选国家级水利风景区。

天泉湖水利风景区 位于淮安市盱眙县境内。第三纪火山喷发的玄武岩熔岩台地,经流水侵蚀后形成桌状方山丘陵,山顶平坦如台,山脊绵亘。依托化农水库而建,占地面积47平方千米,其中水域面积9平方千米。化农水库是兼有防洪、供水、旅游等综合效益的中型水利工程。2012年入选国家级水利风景区。

清晏园水利风景区 位于淮安市清江浦区,傍依里运河。占地面积8万平方米,其中水域面积3.33万平方米。清晏园即原清代河道总督署,全国重点文物保护单位。设有总督河道部院、河道总督奏疏馆、荷芳书院、水情教育馆等展馆展室,展示了明清水利建设成就,兼顾了水文化宣传、水知识普及、水法制教育等功能。2012年入选国家级水利风景区。

古淮河水利风景区 位于淮安市清河新区境内。依托古淮河清河辖区段而建,占地面积约1.6平方千米。分为东西两个景区。东区地形高低错落,委婉中野趣横生,是一处秀美清幽的风光景观带。西区将生态优势与古淮河文化充分结合,成为融集会、展览、办公、服务于一体的江淮文化体验生态景区。2012年入选国家级水利风景区。

旺山水利风景区 位于苏州市城区西南的横山。东近石湖,南临太湖,三山环抱,是一个完全封闭的小流域,占地面积6.1平方千米,其中水域面积0.46平方千米。景区原是采石宕口,自1997年禁止采矿后,通过封山育林,修建生态护坡、整治泄洪沟等水土保持工程措施,呈现出山清水秀的崭新风貌,拥有"水土保持科技示范园区"等多项荣誉称号。2013年入选国家级水利风景区。

张家港市环城河水利风景区 位于张家港市区南部。占地面积18平方千米,其中水域面积近2平方千米。以石域骨干引排控制枢纽——朝东圩港水利枢纽和骨干清水廊道——环城河、东横河等为主要依托,将水利工程建设与水环境治理、水景观营造、水文化展示、水旅游开发有机融合,构织了一幅人与自然和谐的锦绣画卷。通过拓浚整治,水系贯通,景点串联,形成了暨阳湖水生态景区、谷渎港水文化景区、东横河与沙洲公园人文历史景区的空间布局。2013 年入选国家级水利风景区。

凤凰岛水利风景区 位于扬州市广陵区泰安镇。地处京杭大运河、邵伯湖等多条水路交汇处，是京杭大运河北上的输水干线，淮河入长江的重要泄洪通道，也是联系扬州“两古一湖”(古城、古运河、瘦西湖)与邵伯湖、高邮湖的重要节点。占地面积 2.25 平方千米，其中水域面积 1.15 平方千米，属于季节性过水湖泊湿地，湿地率为 78.2%。拥有鸟类 81 种，鱼类 67 种，哺乳类动物 12 种，两栖类动物 6 种，爬行类动物 15 种，浮游类动物 159 种，底栖类动物 38 种，还有高等植物 104 种。2013 年入选国家级水利风景区。

海陵湖水利风景区 位于连云港市境内，地处赣榆、东海、临沭三区县交界处。占地面积 92 平方千米，其中水域面积 85 平方千米。海陵湖气势宏伟，新沭河蜿蜒逶迤，磨山富有历史底蕴，羽山承载大禹治水的美丽传说。古色古香的亭台水榭及趣味十足的景观小品，展现着水利发展的历史和现代水利的丰硕成果。2013 年入选国家级水利风景区。

金龙湖水利风景区 位于徐州市新城区北部。金龙湖湖面面积约 25.33 万平方米，平均水深 4.5 米，储水量 130 万立方米。占地面积 4 平方千米，分春夏秋冬四区 12 园，滨湖景观带长达 3.7 千米。2013 年入选国家级水利风景区。

潘安湖水利风景区 2013 年入选国家级水利风景区。参见国家生态旅游示范区——潘安湖湿地。

愚池湾水利风景区 位于常州市金坛区境内。占地面积 4.15 平方千米，其中水域面积 1 平方千米。丹金溧漕河穿境而过，愚池、金沙湖、钱资湖共同组成清水长廊。以下坵河水利枢纽与龙山枢纽为依托，通过水文化展示馆、水科技轴线和展示广场，呈现出“一带双环，五星互联”的水生态图景，成为以湿地、水系和历史人文为主导的城市河湖型水利风景区。2014 年入选国家级水利风景区。

明镜荡水利风景区 位于昆山市锦溪镇。占地面积 32 平方千米，其中水域面积10.78平方千米，以长白荡和明镜荡岸线防洪站闸等水利工程为依托，属于河湖型水利风景区。明镜荡、长白荡、陈墓荡、汪洋湖四个自然湖泊都被列入《江苏省湖泊保护名录》，环境优美，资源丰富。2014年入选国家级水利风景区。

金山湖水利风景区 位于镇江市主城区西北部，紧临佛教圣地金山寺。占地面积1.08平方千米，其中水域面积0.68平方千米。主要依托金山湖退渔还湖工程、金山河、塔影湖而建，通过实施退渔还湖、河道疏浚、亮化绿化、水土保持、建闸护堤、截污等工程，融合优越的自然风景和深厚的历史文化资源，打造集生态观光、休闲娱乐、科普健体等多种功能于一体的综合性开放式风景区。2014年入选国家级水利风景区。

梁鸿水利风景区 位于无锡市国家高新技术开发区。依傍伯渎河，东邻漕湖、鹅真荡，西望太湖，南傍望虞河，占地面积2.3平方千米，其中水域面积67万平方米。根据河流分布设置人文景点，合理配置植物，灵活运用园林小品，水体、植物、建筑互衬互映。有大小桥梁19座，古朴的石头桥，坚固的木质桥，简洁的绳索桥，形态各异，体现出江南水乡的别致风情。河湾、湖泊、树木、桥梁与周边建筑错落有致，尽显景区的地文特征。2014年入选国家级水利风景区。

宿城古黄河水利风景区 位于宿迁市城区。占地面积4.11平方千米。以古黄河生态廊道为主体，包括“印象黄河”“水景公园”“雄壮河湾”三个板块。“印象黄河”板块体现黄河精神、黄河人文和黄河生态三大内涵，展示了“第一江山春好处”的自然景色。“水景公园”板块以城市河湖水系通连枢纽为依托，是一座集滨水旅游、体育休闲、应急避难和商务接待等功能的市民公园。“雄壮河湾”板块建有滨河公园、树林草地等生态保护区，有综合型商业建筑、青少年城市广场、仿古亲水楼阁等配套设施。2014年入选国家级水利风景区。

南山竹海水利风景区 位于溧阳市境内。主要依托桃树岕水库而建，水库集水面积2.94平方千米，蓄水量15.53万立方米，山水相映，风光旖旎，有“天堂南山、梦幻竹海”之美誉。峰峦起伏,溪流、湖泊、竹林、桥梁、水岸坡道与周边建筑等错落有致,两山夹峙中的一泓清水——静湖,像一块明镜镶嵌于山中。景区还拥有古官道、吴越古兵营、黄金沟等人文资源。2014 年入选国家级水利风景区。

芙蓉湖水利风景区 位于江阴市月城镇。占地面积 10 平方千米,其中水域面积 3.5 平方千米。依托马甲圩水利工程而建,以河道水网为中心,呈“丰”字形布局。拥有徐霞客故居、晴山堂石刻、顾山红豆树等 20 多处历史人文景观。2015 年入选国家级水利风景区。

丁万河水利风景区 位于徐州市城区。占地面积 3.5 平方千米。属于城市河湖型水利风景区。丁万河西起与故黄河相通的丁楼,东至万寨与京杭大运河相连,流域面积 27.5 平方千米,是故黄河重要的分洪道。沿河而行,可赏楚园、丁万河公园、两河口公园,可观楚汉文化和治水名贤遗址,步入丁万河水博物馆可了解丁万河的历史。2015 年入选国家级水利风景区。

金沙湖水利风景区 位于盐城市阜宁县城南新区。占地面积 22.61 平方千米,其中水域面积 6.7 平方千米。金沙湖碧波荡漾,湖光潋滟,阵阵清风送来淡淡荷香。迷宫一样的沙雕艺术园,展现了阜宁的传统文化、新特产业和异域风情。2015 年入选国家级水利风景区。

六塘河水利风景区 位于宿迁市宿豫区境内。依托六塘河河道、六塘河闸、井头翻水站等水利工程而建,占地面积 4.96 平方千米,其中水域面积 0.64 平方千米。六塘河紧邻京杭大运河,上下游与骆马湖和洪泽湖相通。通过截污导流工程、雨污分流系统、泵站基础设施建设、河道清淤及两侧植树种草等措施,提高了水生态质量和景观效果。现已建成六塘河风景带、三岛公园和水利遗址公园,是一个以水生态文化为主体的城市河湖型水利风景区。2015 年入选国家级水利风景区。

荷花荡水利风景区 2015 年入选国家级水利风景区。参见全国农业旅游示范点——金湖荷花荡景区。

扬州古运河水利风景区 位于扬州市城区。依托古运河和扬州闸而建,占地面积 16 平方千米,其中水域面积 1.7 平方千米,属于城市河湖型水利风景区。扬州古运河是世界文化遗产“中国大运河”项目的重要组成部分,是沟通江淮、引排航运的骨干河道。扬州闸是古运河进行水体置换的主要工程,发挥着防洪、排涝、供水等功能。2016 年入选国家级水利风景区。

玄武湖水利风景区 位于南京市玄武区境内。依托玄武湖及武庙闸、太平闸等引水设施而建,占地面积 5.13 平方千米,其中水域面积 3.78 平方千米,属于城市河湖型景区。玄武湖汇水面积 26 平方千米。武庙闸建于明洪武年间,连通玄武湖与城市内河,目前仍在使用,具有防洪排涝、改善城市水环境的作用。玄武湖综合环境整治工程,改善了玄武湖水质,提升了城市防洪排涝能力,形成了“三线、四湖、五洲”的基本格局,结合紫金山、明城墙等文化景观,展现了南京“山水城林”的城市特色。2016 年入选国家级水利风景区。

赤山湖水利风景区 位于句容市境内。依托赤山湖水利工程而建,占地面积 16.1 平方千米,其中水域面积 10.3 平方千米,属于湿地型水利风景区。赤山湖为秦淮河的源头之一,主要功能是蓄洪减峰、蓄水抗旱。通过防洪综合治理、退渔还湖、湿地保护修复、景观林及滨湖景观建设等工程,提高了防洪滞洪能力,改善了水生态环境。2016 年入选国家级水利风景区。

宜兴竹海水利风景区 位于宜兴市境内。依托东省庄水库和竹海水土保持工程而建,占地面积 10 平方千米,其中水域面积 0.05 平方千米,属于水土保持型水利风景区。东省庄水库总库容 14.4 万立方米,主要水源为山涧水,水质达到国家一类标准,生长着有“水中大熊猫”之称的珍稀生物桃花水母。2016 年入选国家级水利风景区。

雁荡河水利风景区 位于常州市新北区薛家镇。雁荡河全长 2 150 米,穿越镇区中心,呈倒“T”字形,东与中巷河相通,西与老童子河相连,北与童子河交汇,河道蜿蜒,生态护岸,水质纯净,两岸亭、桥、廊、榭依势而建。芦苇成片，香樟成行，杨柳成荫，翠柏成林，茵茵绿地，石径通幽。2016 年入选国家级水利风景区。

凤城河水利风景区 位于泰州市城区。依托南唐开国之初挖建的护城河而建，是一个以古现代水利工程、重要历史文化遗存和古典园林群为特色的城市河湖型水利风景区。占地面积 3.85 平方千米，其中水域面积 0.84 平方千米，由 1 条环城河、3 个商业街区和 10 多个历史文化景点组成。景区主轴凤城河，全长 11.12 千米，平均宽 110 米，深近 3 米，绕城一周，水量充沛，自然生态环境优良。凤城河两岸拥有梅园、柳园、望海楼、文会堂、老街、陈庵、乔园、学政试院、三水湾、南水关遗址、宋城古涵遗址等众多景点。2017 年入选国家级水利风景区。

华东百畅水利风景区 位于宜兴市张渚镇。华东百畅是一个典型的采矿宕口遗存，水域面积 10 万平方米，存水量 96 万立方米，是园田涧、团山涧、大庙涧水系的发源地。“石海”湖水深碧，清澈见底，山谷中生长着茂密的树林，岩壁长满了绿色的山草，鸟鸣啁啾，景色各异。2017 年入选国家级水利风景区。

五岛湖水利风景区 位于淮安市涟水县城中心。包括五岛湖公园、能仁寺、博物馆、涟河风光带四大板块，占地面积 1.67 平方千米，其中水域面积 97 万平方米。涟漪湖肇始于清乾隆末年的大水灾，后水中一些倒塌的建筑废墟露出水面形成小岛，经过 20 世纪 90 年代的四次整修，将湖上五个不规则、相离的小岛逶迤相连成风景秀丽的五岛公园。2017 年入选国家级水利风景区。

骆马湖嶂山水利风景区 位于宿迁市境内。依托骆马湖嶂山闸而建，占地面积 16.5 平方千米，其中水域面积 16 平方千米，属于城市河湖型水利风景区。嶂山闸宽 428.97 米，按 50 年一遇洪水设计，设计流量 8 000 每秒立方米，担负着调节骆马湖蓄水、防洪排涝、工农业供水、航运等功能。按照“一体七区珍珠带”规划布局，建有文化长廊，湖光秀美，水质清澈。2017 年入选国家级水利风景区。

十六、国家级海洋特别保护区

蛎蚜山牡蛎礁海洋特别保护区 位于海门市东灶中心渔港东北处。总面积12.23平方千米,其中牡蛎礁生态保护区1.69平方千米,资源恢复区2.66平方千米,生态环境整治区3.53平方千米,开发利用区4.5平方千米。蛎岈山方圆约4平方千米,牡蛎礁平均高出海平面约4.5米,是我国海岸滩涂稀有的活体牡蛎礁,是探测2万年以来中纬度地区古海洋地质变化的重要观照体,具有特殊的科研、文化和旅游价值。2006年入选国家级海洋特别保护区。

海州湾海湾生态与自然遗迹海洋特别保护区 位于连云港市境内。以秦山岛为中心,总面积约490平方千米。海州湾是我国海岸南北分界处,亚热带与暖温带的交界处,分布着数百种鱼、虾、贝、蟹等生物资源和100多种鸟类。有江苏独有的基岩海岛、40千米沙滩、30千米基岩海岸、泥质海岸及海岛森林,是典型的海洋海岸岛礁自然地貌区。秦山岛上的连岛沙坝长4.5千米,还有被称为“大将军”和“二将军”的海蚀柱、龙王河口南岸的羽状沙嘴。沿海有海滨沙矿,数道贝壳沙堤保存较好,标志着不同时期的海岸线,见证了自然演变和历史变迁的过程。竹岛、无人岛原始生态系统保存完好,有天然竹林。2008年入选国家级海洋特别保护区。

十七、国家地质公园

太湖西山国家地质公园 位于无锡市太湖的东南隅。包括西山本岛及桃花岛、三山岛、横山群岛等 20 多个小岛，占地面积约 83 平方千米，其中 60%为低山丘陵。共有 41 座山峰，最高峰缥缈峰海拔 336.6 米。主要山体大多由石英砂岩、粉砂岩构成，东南部石公山、林屋山、元山等少数山丘湖岛由石灰岩组成，经长期流水溶蚀，形成典型的喀斯特地貌，包括六大类 66 个地质遗迹景点。2004 年入选国家地质公园。

六合国家地质公园　位于南京市六合区境内。占地面积 92 平方千米，主要地质遗迹面积 60 平方千米。地貌由丘陵、岗地、沿江冲积平原等单元组成，地势北高南低，山多盾火山。最高峰冶山海拔 231 米，山顶由玄武岩组成。拥有地质遗迹 30 多处，山石景观 11 处，洞穴景观 4 处，以火山群、石柱林群、雨花石层群及古冶炼—采矿场等地质遗迹为特色。还有国有林地 2.87 平方千米。2005 年入选国家地质公园。

汤山方山国家地质公园　位于南京市江宁区境内。以汤山猿人洞、地质剖面、温泉、新近纪火山为主的综合性地质公园。分汤山园区和方山园区两个部分，占地面积约 38 平方千米，主要地质遗迹面积约 18 平方千米，包括岩溶高峰丛深洼地地貌、峡谷、溶洞和水体景观。有深浅不同的洼地 2 566 个，平均每平方千米 5.28 个，是世界上最密集的峰丛洼地分布区；板兰峡谷地貌奇险、坡度陡、峰顶高；地下暗河水系由 15 条支流组成，是中国特大型地下暗河。2009 年入选国家地质公园。

十八、国家森林公园

虞山国家森林公园　位于常熟市阳澄湖边，西南方与尚湖相依。处于北亚热带的边缘，森林植被类型以亚热带常绿落叶桂叶混交林为主。占地面积 12.6 平方千米，分为兴福、剑门、宝岩、维摩、辛峰五个区域。兴福景区在虞山北麓幽谷深处，以千年古刹兴福禅寺为中心；剑门景区在虞山中部最高处，以石景著称；维摩山庄地处虞山中部山巅，为利用维摩寺遗迹兴建的园林景点。1989 年入选国家森林公园。

上方山国家森林公园 位于太湖风景区石湖景区内。占地面积 5 平方千米，由主景区、观光果园区和森林游憩区组成，以吴越遗迹和江南水乡田园风光取胜。林木覆盖率 95%以上，有植物 300 多种，植被茂密，林木葱郁，苍松挺拔，花果满园。主景区内有楞枷塔、拜郊台、越公井、乾隆御道、吴越古城墙、治平寺、茶磨屿、石湖草堂、烽火台等景点 20 余处。1992 年入选国家森林公园。

徐州环城国家森林公园 位于徐州市市区南部。由 72 座山峰（山丘）组成，最高峰泉山主峰海拔 238.2 米。郁郁葱葱的青山之中蕴藏着众多汉代文化古迹。占地面积 13.33 平方千米，是徐州市云龙湖风景名胜区和城市绿地系统的组成部分。植被以人工落叶阔叶林和针阔混交林为主。主要景点有泉山森林公园、鸟悦园、云龙湖、云龙山、九里山古战场等。1992 年入选国家森林公园。

宜兴国家森林公园 位于宜兴市西南部，地处苏、浙、皖三省交界处。占地面积 34 平方千米，分为南部篙山和北部铜官山两大块。山系属于天目山余脉，主峰铜官山海拔 521 米。属于中亚热带北缘地带性植被，森林覆盖率 92%。分布有杉木、黑松、马尾松、毛竹、淡杂竹等，还有野生动物 200 余种。1992 年入选国家森林公园。

惠山国家森林公园 位于无锡市西郊。占地面积 9.33 平方千米。惠山别称“九龙山”，属于天目山的余脉，毗邻大运河，山顶三峰并立，主峰海拔 328 米；山上多泉，“九龙十三泉”名噪天下。现有石门景区、东大池景区、二茅峰景区、三茅峰景区、观赏植物景区等五大景区。一条宽 6 米、长 624 千米的盘山游览通道直达山顶。1993 年入选国家森林公园。

东吴国家森林公园 位于苏州市藏书镇。占地面积 12 平方千米，有穹隆山、灵岩山、天平山等景点。吴中洞天胜地，穹窿山高峻挺拔，主峰笠帽峰高约 341.7 米，为太湖东岸苏州地区群山之冠。灵岩山上有吴王夫差行宫——馆娃宫遗址，吴王井、玩月池、琴台等至今完好；山腰有拘禁越王勾践的勾践洞（后改名为“西施洞”），山下有南宋抗金名将韩世忠墓。天平山以山石雄奇著称，山下有大片枫香林，秋日枫叶流丹，宋代名相范仲淹安葬于此；山上有飞来峰、一线天、白云洞、白云泉、忘湖台等景点。1993 年入选国家森林公园。

盱眙第一山国家森林公园 位于淮安市盱眙县城区北部。占地面积 14 平方千米。“盱眙第一山”得名于米芾所题的“第一山”，景色秀美，有林、泉、亭、宇之玲珑，融儒、佛、道于一体。早在汉朝，孔子后裔孔安国为临淮太守，在此创立崇圣书院，为历朝历代文人墨客所推崇。宋、元以来，众多的文人墨客、翰林学士、官府政要慕名而来，留下了大量的碑刻和碑碣，其中不乏苏轼、陆游、杨万里、米芾等名家之作。现存大成殿、淮山堂、翠屏堂、春昼亭、玻璃泉亭、明伦堂、摩崖石刻保护廊等。1993 年入选国家森林公园。

云台山国家森林公园 1993 年入选国家森林公园。参见国家级风景名胜区——云台山风景名胜区。

南山国家森林公园 位于镇江市城区南部。“南山”是招隐山、黄鹤山、夹山、九华山等诸山的统称。占地面积约 10 平方千米，植被类型为落叶阔叶林，森林覆盖率 73%。自南朝以来，此地备受历代文人青睐，苏东坡、骆宾王、王昌龄等数百位文人墨客先后留下了讴歌南山的文学作品。景点有增华阁、读书台、济祖殿、听郦山房、虎跑泉、林公泉、玉蕊亭、如斯亭、万古长亭、乌外亭、文心阁等。1995 年入选国家森林公园。

宝华山国家森林公园 位于句容市 312 国道南侧、沪宁高速公路北侧。占地面积 100 平方千米，森林覆盖率 92%。因南北朝梁代高僧宝志在此结庵讲经，得名“宝华山”。公园内有“林麓之美，峰峦之秀，洞壑之深，烟霞之胜”四大奇景。1996 年入选国家森林公园。

西山国家森林公园 位于苏州市境内。地处太湖之中，占地面积 60 平方千米。山丘上部多灌木疏林和草坡，山丘中部为松树和阔叶树混交林，山丘下部为果树和茶树。有树龄 1 200—1 500 年的柏树 3 株，1000 年以上的香樟树 2 株。还有种类繁多的水生动物，其中鱼类 106 种、甲壳类 11 种、软体动物 23 种，“太湖三白”驰名海内外。1997 年入选国家森林公园。

紫金山国家森林公园 位于南京市玄武区境内。占地面积 30.09 平方千米，森林覆盖率 70.2%。林相整齐，生物多样性保存完好，有植物 600 多种，古树名木 924 株；有鸟类 64 种、昆虫 200 多种、真菌 246 种。公园以中山陵园为中心，明孝陵和灵谷寺为依托，各类名胜古迹多达 200 多处，有“中华城中人文第一山”之称。2003 年入选国家森林公园。

铁山寺国家森林公园 2003 年入选国家森林公园。参见全国农业旅游示范点——盱眙铁山寺国家森林公园。

大阳山国家森林公园 位于苏州古城西部，西濒碧波万顷的太湖。主要山体包括鸡笼山、大荒山、凤凰山、观山、火烧山、青山、阳山等。占地面积 10.3 平方千米，其中林地面积 9.13 平方千米，森林覆盖率 88.64%。分为五大景区，内有明代古道、半山寺、文殊殿、浴日亭、箭阙峰、凤凰寺等景点。文殊寺成立于东晋年间，依岩而构，重檐翼然，飞甍浮光，昔时有悬空寺之称，距今已 1 600 余年。2009 年入选国家森林公园。

栖霞山国家森林公园 位于南京市栖霞区中部。占地面积 10.19 平方千米，森林覆盖率 94.6%。栖霞山北临长江，主峰海拔 286 米，古生物化石众多，是多种地学名称的命名地，被专家称为“天然地质博物馆”“地学教科书”。历史古迹遗址 80 多处，其中佛教“四大丛林”之一的千年古刹栖霞寺就坐落在栖霞山西麓。西侧的枫岭有成片的枫树，为中国“四大赏枫胜地”之一，每到深秋，漫山红遍，犹如晚霞栖落。2010 年入选国家森林公园。

游子山国家森林公园 位于南京市高淳区中部。“游子山”因孔子曾游历于此而得名，海拔 188 米，松繁竹茂，被誉为“濑渚第一形胜”，是“江苏省华侨华人文化交流基地”。由游子山、小游山、三条垄、塘门山、南栗山、北栗山和花山、秀山、禅林山等组成，占地面积 84.37 平方千米，森林覆盖率 88.3%，还有华东地区罕见的大片天然林。文化底蕴深厚，荟萃了儒、释、道三教文化，南宋诗人范成大在此留下足迹，写下了“雨归陇首云凝黛，日漏山腰石渗金”的佳句。2012 年入选国家森林公园。

老山国家森林公园　位于南京市浦口区老山林场。老山系淮阳山脉余脉，横贯浦口，山峦起伏，有大小山峰近百座。南临长江，北枕滁河，占地面积 74.93 平方千米，森林覆盖率超过 80%，素有“南京绿肺、江北明珠”之美誉。山川秀丽，以“林、泉、石、洞”四绝著称，还是白鹭、苍鹭的栖息地。主要景点有：惠济寺、点将台、兜率寺、七佛寺、狮子岭、龙洞。2014 年入选国家森林公园。

天目湖国家森林公园　位于溧阳市南隅，地处天目山余脉丘陵地区。占地面积 37.59 平方千米，陆地森林覆盖率 99.14%。南山竹海分布有毛竹林 5.36 平方千米，龙潭片区有 4.31 平方千米的天然次生林。有野生植物 1 153 种，其中有国家一级保护野生植物银杏，国家二级保护野生植物钱松、樟树、榉树、喜树、野大豆、莲、野生茶和野菱。有白鹭、灰鹭、夜鹭、杜鹃、黄雀等鸟类 50 多种，野生脊椎动物 149 种。2015 年入选国家森林公园。

无想山国家森林公园　位于南京市溧水区境内。占地面积 20.72 平方千米，其中林地面积 18.8 平方千米，森林覆盖率 95%以上。地处丘陵岗地，属于宁镇丘陵余脉，平均海拔约 100 米，有无想山、平安山、顶公山、石头山、白虎山、秋湖山、馒头山等十多个山峰，其中无想山最高海拔 209.5 米。森林植被属常绿阔叶林和落叶阔叶林的过渡类型，植被主要为人工林和次生林，以栎、青冈等树种为主。有植物 557 种，脊椎动物 238 种。主要景点有无想寺、无想山摩崖石刻等。2015 年入选国家森林公园。

黄海海滨国家森林公园　位于东台市境内。前身是 1965 年成立的东台林场。占地面积 41.57 平方千米，由海林片区和海滨片区组成，是华东地区规模最大的人造生态园林之一。植被以人工落叶阔叶林和常绿阔叶林为主，森林覆盖率 66.6%。主要景点有：森林浴场、绿色长廊、空中栈道、少儿营地等。2015 年入选国家森林公园。

三台山国家森林公园　位于宿迁市骆马湖畔，地属马陵山麓余脉。占地面积 12.7 平方千米，森林覆盖率 98%，负氧离子含量每立方厘米 2 万个。

山水相依,花海荡漾,形成“一核三区多点”景观带,即以生态景观为核心,分为森林游赏区、森林休闲区、森林度假区三大区域,晴翠湖、梅园、相思湖、天和塔、镜湖和衲田等多个景点分布其中。“衲田花海”面积1.48平方千米,由612块花田拼接而成,栽植着50多种花卉。2017年入选国家森林公园。

十九、国家湿地公园

长广溪国家湿地公园 2005年入选国家湿地公园。参见国家级水利风景区——长广溪湿地水利风景区。

太湖国家湿地公园 位于苏州市区的西部。西枕太湖,东接东渚,南连光福,毗邻镇湖,占地面积4.6平方千米。包括河流湿地、湖泊湿地、沼泽湿地、人工湿地四大类湿地,永久性河流、永久性淡水湖、草本沼泽、灌丛沼泽、森林沼泽等八个湿地型。有国家二级保护的野生鸟类16种,珍稀濒危植物24种。建有湿地科普宣教中心、候鸟观赏点、生态浮岛景观、湿地之塘景观及湿地科普知识长廊等。2011年入选国家湿地公园。

溱湖国家湿地公园 2011年入选国家湿地公园。参见国家生态旅游示范区——溱湖湿地国家生态旅游示范区。

宝应湖国家湿地公园 2011年入选国家湿地公园。参见国家级水利风景区——宝应湖湿地水利风景区。

梁鸿国家湿地公园 2011年入选国家湿地公园。参见国家级水利风景区——梁鸿水利风景区。

沙家浜国家湿地公园 位于常熟市境内,地处太湖湖网地区。占地面积4.14平方千米,其中湿地面积3.08平方千米,湿地率为74.37%。分为河流湿地、沼泽湿地、湖泊湿地和人工湿地,包括草本沼泽、永久性河流、永久性淡水湖等湿地型,河湖相连。有植物554种,鸟类131种,其中国家重点保护的野生鸟类有中华秋沙鸭、黑鹳、白鹳、黄嘴白鹭等。华东地区最大的鹭鸟繁殖地之一，每年春季，以白鹭、夜鹭为主的大批水鸟前来栖息繁衍。2013 年入选国家湿地公园。

蠡湖国家湿地公园 2013 年入选国家湿地公园。参见国家生态旅游示范区——蠡湖风景区。

太湖湖滨国家湿地公园 位于苏州市吴中区太湖度假区。占地面积 7.1 平方千米，其中湿地面积 6.73 平方千米，湿地率为 94.83%。由浅水型湖泊、湖滨带湿地和湖岸林地组成的典型湖滨湿地类型，是环太湖湖滨带具有代表性的湿地生态系统。共有维管植物 331 种；鸟类 132 种，其中国家二级保护的野生鸟类 16 种；鱼类 33 种。2014 年入选国家湿地公园。

新济洲国家湿地公园 位于南京市江宁区境内。主要包括长江低水位时的新济洲、新生洲、再生洲、子母洲和子汇洲，占地面积 26.67 平方千米。以典型的长江中下游洲滩湿地生态系统为核心，生态系统结构完整，自然景观独特，生物多样性丰富。共有维管植物 366 种，包括国家一级保护野生植物 3 种；野生脊椎动物 142 种，包括国家二级保护野生动物 12 种；鱼类 108 种，包括国家重点保护的野生鱼类“长江微笑天使”江豚、中华鲟、胭脂鱼等。2016 年入选国家湿地公园。

三山岛国家湿地公园 位于苏州市吴中区东山镇。占地面积 6.25 平方千米。在退渔还湖、退塘还湿的基础上进行湿地保护与恢复，恢复了三山岛原有的河流和湖滨带。三山岛上有距今 1 万余年的被称为“三山文化”的旧石器时代遗址及哺乳类动物化石遗存。2016 年入选国家湿地公园。

九里湖国家湿地公园 位于徐州市主城区西北部。九里湖由庞庄煤矿采煤塌陷地沉降而形成。占地面积 2.5 平方千米。湿地内拥有大量的野生动植物，现有维管植物 215 种，野生脊椎动物 197 种，其中不乏国家重点保护的野生动植物。复杂独特的生态环境为鸟类及其他生物提供了丰富的食物来源和适宜的栖息场所，在保存物种基因库和保护物种多样性方面发挥着重要的作用，是濒危鸟类重要的繁殖地及越冬地。2017 年入选国家湿地公园。

凤凰岛国家湿地公园 2017年入选国家湿地公园。参见国家级水利风景区——凤凰岛水利风景区。

赤山湖国家湿地公园 2017年入选国家湿地公园。参见国家级水利风景区——赤山湖水利风景区。

天福国家湿地公园 位于昆山市花桥经济开发区北部。由河流、沼泽、林地、池塘、人工湖和稻田等组成,占地面积7.8平方千米,其中湿地面积4.96平方千米,湿地率为63.62%。动植物资源丰富,环境优美,湿地资源丰富。2018年入选国家湿地公园。

同里国家湿地公园 位于苏州市吴江区同里镇。地处太湖流域下游阳澄淀泖水系区,包含澄湖、白蚬湖部分水面,占地面积9.28平方千米。湖泊、河流、沼泽等水网复杂,有横港河、中堂港、石头渠港、张家港等八条河流,构成了错综复杂的河流生态系统,连接着澄湖、季家荡、白蚬湖湖泊水体与草本沼泽和森林沼泽区。共有维管植物301种,其中国家重点保护野生植物8种;野生脊椎动物248种。2018年入选国家湿地公园。

九龙口国家湿地公园 位于盐城市建湖县西南部,地处盐城、淮安、扬州三市交界处。以湖荡湿地为主,占地面积1.32平方千米。"九龙口"由蚬河、林上河、钱沟河、安丰河、新舍河、溪河、莫河、涧河、城河等九条自然河道汇集而成,属于潟湖型湿地。历史上黄河多次夺淮入海,古射阳湖逐渐淤塞,形成了以河道和浅滩为主的湖荡湿地。拥有130多种野生植物,60多种野生鸟类,30多种水生物。2018年入选国家湿地公园。

长荡湖国家湿地公园 位于常州市金坛区境内。长荡湖又名"洮湖",系古太湖分化湖。占地面积79.69平方千米,湿地率为97.3%。湿地公园建设突出生态保护和修复,强化源头治理,实施围网拆除、清淤、退圩还湖等六大生态工程。有维管植物406种,浮游植物180种,鱼、虾、蟹等69种,鸟类90余种。2018年入选国家湿地公园。

天目湖国家湿地公园 位于溧阳市天目湖镇。由天目湖水源——徐家园河、平桥河和中田河三条河流交互影响形成的丘陵、河道和入湖口淡水湿地组成，占地面积 11.54 平方千米，湿地率为 61.2%。湿地分为沼泽湿地、湖泊湿地、河流湿地、人工湿地四类，森林沼泽、草本沼泽、灌丛沼泽、永久性淡水湖、永久性河流等六型。共有植物 200 余种，动物 184 种，还是一些濒危鸟类、迁徙候鸟以及其他野生动物的栖息繁殖地。2018 年入选国家湿地公园。

潘安湖国家湿地公园　2013 年入选国家湿地公园（试点）。参见国家生态旅游示范区——潘安湖湿地。

淮安古淮河国家湿地公园　2013 年入选国家湿地公园（试点）。参见国家级水利风景区——淮安市古淮河水利风景区。

黄河故道大沙河国家湿地公园　位于徐州市丰县大沙河镇。地处黄河进入江苏境内的起点处，百里大沙河的源头。大沙河是清咸丰初年黄河从安徽省蟠龙集决口冲刷而成。占地面积 3.81 平方千米。湿地类型多样，生物种类繁多，文化资源丰富。2014 年入选国家湿地公园（试点）。

安国湖国家湿地公园　位于徐州市沛县安国镇。安国湖湿地因张双楼煤矿采煤塌陷沉降而形成。占地面积 5.17 平方千米，分为天然生态区、表流净化区、缓冲隔离区、湿地宣教区、休闲娱乐区和管理服务区等六个功能区。湿地建设整合了塌陷地治理、生态保护、水资源综合利用等四种元素。2015 年入选国家湿地公园（试点）。

白马湖国家湿地公园　位于淮安市金湖县和洪泽区境内。占地面积 32.43 平方千米，其中湿地面积 30.6 平方千米，湿地率为 94.34%。湿地资源丰富，生长有大片芦苇、茭草、莲、双穗雀稗、菹草、狐尾藻等水生植物群落，具有典型的浅水草型湖泊的植被特征。有维管植物 151 种，浮游动物 32 种，底栖生物 32 种，鱼类 66 种，两栖爬行类 23 种，哺乳动物 14 种，鸟类 131 种。2015 年入选国家湿地公园（试点）。

里下河国家湿地公园　位于兴化市千垛镇和沙沟镇。占地面积 13.05 平方千米，其中湿地面积 12.69 平方千米，湿地率为 97.2%。湿地保育区重点保护野生动物栖息地，开展相关的生态监测；恢复重建区将原来的鱼塘恢复成大片草本沼泽区，为湿地动物提供栖息地；宣教展示区开展湿地科普宣教工作；合理利用区分为南北两个区域，南部以森林沼泽湿地生态休闲为主，适度开发一些旅游项目，北部以生态养殖为主，展示里下河地区传统渔耕文化。2016 年入选国家湿地公园（试点）。

西双湖国家湿地公园 位于连云港市东海县境内。西双湖是 20 世纪 50 年代开挖的人工湖，湖区面积达 8.1 平方千米，水体面积 5.39 平方千米，库容量超过 1 200 万立方米。湿地公园占地面积 7.19 平方千米。拥有 40 余种鸟类、8 种兽类、12 种两栖类、8 种爬行类、56 种鱼类和 84 种植物。2016 年入选国家湿地公园（试点）。

二十、国家矿山公园

象山国家矿山公园 位于淮安市盱眙县城区北部。占地面积 2 平方千米。象山矿自清朝后期露天开采建筑石料，2002 年关闭后全面进入地质生态环境恢复治理阶段。公园以淮河风光和矿山复绿生态为依托，以保护和展示采矿、地质遗迹为主体，按照“一心一馆五区”建设布局，即入口集散管理中心、矿山地质博物馆、采矿地质遗迹展示区、河岸亲水花园区、石塘水上娱乐区、崖壁拓展运动区和矿山生态恢复区。2005 年入选国家矿山公园。

冶山国家矿山公园 位于南京市六合区境内，紧临金牛湖风景区、桂子山石柱林风景区。冶山铁矿有着悠久的开发历史，早在西周时期即为采铜炼铁之地，距今已有 3 000 多年。拥有吴王谷、塘口、大峡谷、仙人洞、井下巷道、井下采掘层面、选矿遗迹、窄轨铁路、蒸汽小火车等矿业遗迹景观。2010 年入选国家矿山公园。

二十一、国家考古遗址公园

鸿山国家考古遗址公园　位于无锡市境内。鸿山遗址占地面积约7平方千米，保存着百余座大小土墩，其中有七座墓葬属于战国早期的越国贵族墓。墓葬分为小型、中型、大型和特大型四种，代表了越国贵族的四个等级。其中丘承墩一座长57米的“中”字形特大型墓，是仅次于绍兴印山越王墓的越国第二大墓。七座墓葬共出土随葬品2 000件。鸿山越国贵族墓入选2004年度“全国十大考古新发现”。鸿山遗址博物馆占地面积约6 000平方米，建筑面积9 139平方米。2010年入选国家考古遗址公园。

扬州城国家考古遗址公园　位于扬州市老城区及西北郊。隋、唐、宋时期扬州城池遗址，占地面积16.8平方千米，是目前国内保存最为完好的古城遗址之一。汉代以来城池位置变化不大，并呈叠加式发展，众多地上、地下文物遗存保存较为完好。发掘面积1万平方米、古墓葬600余座，出土文物4000余件。被列入“十一五”期间100处国家重点大遗址保护项目。2010年入选国家考古遗址公园。

二十二、世界遗产

苏州古典园林　位于苏州市境内。苏州古典园林始建于春秋时期，形成于五代，成熟于宋代，兴旺于明清。到清末，苏州已有各色园林170多处，如今保存完整的有60多处。苏州古典园林蕴含浓厚的中国传统思想和文化内涵，是东方文明的造园艺术典范，是中华园林文化的翘楚和骄傲，是中国园林的杰出代表，享有“江南园林甲天下，苏州园林甲江南”之美誉，被誉为“咫尺之内再造乾坤”。1997年拙政园、留园、网师园、环秀山庄入选世界文化遗产，2000年沧浪亭、狮子林、艺圃、耦园、退思园入选世界文化遗产。

明清皇家陵寝：明孝陵 位于南京市玄武区紫金山，东毗中山陵，南临梅花山。明太祖朱元璋和马皇后的合葬陵墓，因马皇后谥号“孝慈高皇后”，又因奉行孝治天下，故名“孝陵”。占地面积170余万平方米，是中国规模最大的帝王陵寝之一。建于明洪武十四年（公元1381年），先后调用军工10万，历时25年建成。承唐宋帝陵“依山为陵”的旧制，又创方坟为圜丘新制，成为中国传统建筑艺术文化与环境美学相结合的典范，有“明清皇家第一陵”的美誉。2003年作为明清皇家陵寝的组成部分入选世界文化遗产，其周边的常遇春墓、仇成墓、吴良墓、吴桢墓及李文忠墓等五座明代功臣墓，被划入世界遗产保护范围。

中国大运河：江苏段 中国大运河始建于春秋时期。由隋唐大运河（永济渠、通济渠、邗沟、江南河段）、京杭大运河（通惠河、北运河、南运河、会通河、中河、淮扬运河、江南运河段）、浙东运河共三大部分、十段河道组成；地跨北京、天津、河北、山东、河南、安徽、江苏、浙江8个省和直辖市，全长2 700千米（含遗产河道1 011千米），纵贯中国最富饶的华北大平原与江南水乡，通达海河、黄河、淮河、长江、钱塘江五大水系，是世界上开凿时间较早、规模最大、线路最长、延续使用时间最长的运河。自清末改漕运为海运后，大运河地位衰落。2014年，联合国教科文组织将27段河道和58个遗产点以“中国大运河”为名列入《世界遗产名录》。其中江苏段有：瘦西湖、洪泽湖大堤、清口枢纽、高邮盂城驿、淮扬运河段主线等。

二十三、全国重点文物保护单位

南京一中山陵 位于玄武区境内。中山陵以及廖仲恺何香凝墓、邓演达墓、谭延闿墓、国民革命军阵亡将士公墓于 1961 年入选全国重点文物保护单位。参见全国红色旅游经典景区——中山陵。

南京—明孝陵 1961 年入选全国重点文物保护单位。参见世界遗产——明清皇家陵寝：明孝陵。

南京—太平天国天王府遗址 位于玄武区境内。明代初期为归德侯府和汉王府，清代被辟为江宁织造署、两江总督署等，康熙、乾隆南巡均以此为行宫。太平天国定都南京（后改称天京）后扩建为天王府。天王府周围十余里，重墙两道，每道围墙高达 7 米。分外城、内城两部分，分别名为“太阳城”和“金龙城”。太阳城的正门是天朝门，门前有御沟，沟宽、深各 6.67 米，沟上有桥，桥前面有一块镌刻着“天朝”的石坊。金龙城的正门是圣天门，门内两侧有三层高的“朝房”，正面为金龙殿，后有二殿、三殿、后宫林苑。金龙殿宏伟高大，瓦顶重檐、雕梁画栋，殿内四壁有彩绘的龙虎狮像，富丽堂皇。1912 年孙中山在此宣誓就职中华民国临时大总统，天王府遗址辟为大总统府，后来又成为南京国民政府总统府。1982 年入选全国重点文物保护单位。

南京—堂子街太平天国壁画 位于秦淮区汉中门堂子街。房屋落成时正值太平军攻占南京，这里成了东王杨秀清下属的一个衙署。在这座建筑第三进的墙壁与屏风门和第五进的木板壁与门楣上，保留有太平天国时期的壁画 18 幅。现已开辟为堂子街太平天国壁画艺术馆。1988 年入选全国重点文物保护单位。

南京—南京城墙 位于玄武区、秦淮区境内。周元王四年（公元前 472 年），南京始建城墙，长约 942 米。东汉建安十六年（公元 211 年）孙权改秣陵为“建业”，在金陵邑故址建“石头城”。东晋义熙年间石头城城墙改为砖砌，长约 3 000 米。明朝建都南京后，朱元璋花了 20 多年时间，在五省烧制城砖，调动 20 余万工匠修筑城墙，城墙长约 34 千米，高 14—21 米，上宽 4—9 米，下宽 14.5 米左右，垛口 13 616 个，窝铺 200 座，为世界第一大城垣。1988 年入选全国重点文物保护单位。

南京—栖霞寺舍利塔 位于栖霞区栖霞寺。栖霞寺始建于南朝齐永明初年，隋文帝仁寿初年复修，现存石塔系五代南唐时期重建。舍利塔为五层方形木塔，八角五檐，高15米，结构紧凑，雕饰华美，是南方非常少见的密檐式塔，也是中国最大的舍利塔。1988年入选全国重点文物保护单位。

南京—南朝陵墓石刻 主要分布于栖霞区、江宁区境内。南朝宋、齐、梁、陈均建都南京，现存帝王、贵族陵墓石刻共17处，其中年代最早的是宋武帝刘裕的初宁陵石刻。1988年入选全国重点文物保护单位。

南京—南唐二陵 位于江宁区境内。包括南唐的李昪及其皇后的钦陵、李璟及其皇后的顺陵，是五代时期规模最大的帝王陵墓。二陵相距约100米，均依山为陵，冈阜环抱，砖结构多室墓。钦陵刻字填金，标明了陵名及下葬年代。顺陵有数以百计的男女宫中侍从俑、舞俑以及各种动物俑。二陵出土文物600多件，其中玉哀册、陶俑等尤为珍贵。1988年入选全国重点文物保护单位。

南京—雨花台烈士陵园 1988年入选全国重点文物保护单位。参见全国红色旅游经典景区——雨花台烈士陵园。

南京—国立紫金山天文台旧址 位于玄武区紫金山上。1929年遵照孙中山科学建设中华的遗愿开始筹建，1934年建成。占地面积约700平方米，是中国人自己建立的第一个现代天文学研究机构，被誉为“中国现代天文学的摇篮”。保存有明清时代复制的古天文仪器件，如公元前20世纪度量日影长度的圭表，汉代发明的测量天体位置和运动的浑天仪，元代郭守敬所创制的测量天体位置的简仪，元代用以演示天体运行情况的天球仪。1996年入选全国重点文物保护单位。

南京—中国共产党代表团办事处旧址 位于玄武区汉府街。1946—1947年，以周恩来、董必武为首的中国共产党代表团在此与国民党政府代表进行长时间的和平谈判，并举行多次中外记者招待会，发表重要声明。梅园新村30号是周恩来、邓颖超办公和居住地，翠柏、石榴、铁枝海棠、葡萄和蔷薇都是当年中共代表团所植。梅园新村35号是董必武、李维汉、廖承志、钱瑛等办公和居住地。梅园新村17号是中共代表团办事机构所在地。2017

年入选“中国20世纪建筑遗产项目”。1996年入选全国重点文物保护单位。

南京—浡泥国王墓 位于雨花台区境内。15世纪初浡泥(今文莱)国王(苏丹)麻那惹加那之墓,是中国现存仅有的两处外国国王墓葬之一。自北宋开始,古浡泥国就与中国友好交往。明永乐六年(1408年),浡泥国国王携妻子、弟、妹、子女、陪臣等150多人来中国进行友好访问,病故南京城,年仅28岁。明成祖朱棣遵其“希望体魄托葬中华”的遗愿,以王侯的仪式礼葬,谥“恭顺王”,建祠祭祀,世代为之守墓。墓葬形制与明初功臣徐达、李文忠墓相似,今尚存石刻12件及享殿基址。2001年入选全国重点文物保护单位。

南京—千佛崖石窟及明征君碑 位于栖霞区境内。从栖霞寺至纱帽峰,自南朝宋、齐起历代皆有开凿,现存窟龛250余个。最大的石窟为南朝的大佛阁,穹隆顶,圆雕佛像,主像连底座通高9.31米,两边观音、大势至菩萨各高6.81米。相邻的次大龛也属于南朝时期。两个大窟附近有许多中小型龛窟,造像以弥勒佛、阿弥陀佛和千佛为主,年代大都是南朝时期。明征君碑是南京地区保存最好、最大的唐碑,为唐上元三年(公元676年)所立,碑高2.74米,宽1.31米,厚0.36米,碑文为唐高宗李治所撰,唐代书法家高正臣书,王知敬篆额。2001年入选全国重点文物保护单位。

南京—原国民政府旧址 包括原国民政府行政院、外交部、交通部、最高法院、主席官邸、国民党中央党史史料陈列馆、中央监察委员会和临时政府参议院等九处旧址。这些建筑大多建于20世纪二三十年代,凝聚了中国近代建筑的精华。位于中山北路的原国民政府外交部大楼,由当时著名的华盖建筑事务所设计,钢混结构的平屋顶,外部以中国传统风格装饰。位于中山东路的国民党中央党史史料陈列馆,由我国建筑大师杨廷宝设计,重檐歇山大屋顶,绘以沥粉彩画,整座建筑富丽堂皇。位于湖南路的临时政府参议院,原为清朝江苏省咨议局,1911年辛亥革命中宣布起义的10多个省的代表聚集于此,商讨组织“临时中央政府”,推选孙中山为临时大总统,并宣布改国号为“中华民国”。2001年入选全国重点文物保护单位。

南京—南京人化石地点 位于江宁区雷公山葫芦洞。山洞东西长约

100 米，最宽约 30 米。主要遗存是两具猿人头盖骨化石，还有肿骨鹿、棕熊、貉、中国鬣狗等十多种古动物化石，时代属于中更新世，性质与北京猿人和北方的肿骨鹿动物相近。“南京人”的发现，对研究当时南方环境、气候、动物群的迁徙及其与人类的关系等有重要价值。2006 年入选全国重点文物保护单位。

南京—钟山建筑遗址 原称“钟山六朝坛类建筑遗址”，位于玄武区紫金山。宋大明年间所建的国家北郊祭坛遗存，由两个祭坛与一处祭坛附属建筑组成，占地面积 2 万多平方米。2006 年入选全国重点文物保护单位。

南京—明故宫遗址 位于玄武区境内。建于元至正二十六年（公元 1366 年），明洪武二十五年（公元 1392 年）基本完工，前后历时 20 余年。明故宫为明初三朝皇宫长达 54 年，明永乐十九年（公元 1421 年）迁都北京后仍由皇族和重臣驻守。占地面积超过 101 万平方米，是当时世界上最大的宫殿建筑群，被称为“世界第一宫殿”。2006 年入选全国重点文物保护单位。

南京—龙江船厂遗址 位于鼓楼区境内。占地面积 13 万平方米，现存三个古船坞遗址，是明朝规模最大，专门建造战船的官办造船工场。永乐年间，明成祖朱棣委派郑和出使西洋，大型宝船即由龙江船厂建造。出土文物以大舵杆和绞关木最为重要，舵杆现陈列在北京中国历史博物馆。2005 年纪念郑和下西洋 600 周年之际打造成遗址公园。2006 年入选全国重点文物保护单位。

南京—象山王氏家族墓地 位于鼓楼区境内。东晋尚书、左仆射王彬的家族墓葬群。先后发掘了七座，除 2 号墓系南朝墓外，余均为东晋墓。墓室均系砖结构。已发掘的王氏家族墓葬区占地面积约 5 万平方米，随葬品较丰富，对研究东晋时期的士族门阀制度、丧葬制度等具有重要价值。2006 年入选全国重点文物保护单位。

南京—瞻园 位于秦淮区境内。明太祖朱元璋称帝前为吴王府，取欧阳修诗“瞻望玉堂，如在天上”之意而命名，明代被称为“南都第一园”。南京地区保存最为完好的明代古典园林，曾是明朝开国功臣徐达府邸的一部分，清朝各任江南布政使办公的地点，太平天国时期为东王杨秀清的王府。占地面积约2万平方米，典雅精致，有宏伟壮观的明清古建筑群，陡峭峻拔的假山，闻名遐迩的北宋太湖石，清幽素雅的楼榭亭台。园中辟有太平天国历史博物馆。2006年入选全国重点文物保护单位。

南京—甘熙宅第 位于秦淮区境内。甘熙为晚清进士，著作甚丰。建于清嘉庆年间，俗称“九十九间半”，实有房间162间，与明孝陵、明城墙并称为南京“明清三大景观”。南京现有面积最大、保存最完整的私人民宅。现已辟为南京民俗博物馆。2006年入选全国重点文物保护单位。

南京—中央体育场旧址 位于玄武区今南京体育学院内。1931年奠基，包括田径场、国术场、篮球场、游泳池、棒球场及网球场、足球场、跑马场等，占地面积66.67万平方米，可容纳6万人，是当时远东地区最大的运动场。全部工程为钢筋混凝土结构，采用中国传统纹样装饰，进出口主看台采用中国式牌楼建筑风格。1933年第五届全国运动大会在此举行。2017年入选“中国20世纪建筑遗产项目”。2006年入选全国重点文物保护单位。

南京—国民大会堂旧址 位于鼓楼区境内。1936年建成。整个建筑左右对称，全部为钢筋水泥结构，西方近代剧院建筑风格。门厅上方正中的整面墙体上镶嵌三段长方形玻璃窗群。门厅三门并立，雨篷前伸遮护踏道，檐口、门窗框架、雨篷、门厅等处都采用传统的回形花纹，雍容典雅。共五层，观众席3 400多个。1948年国民政府在此召开第一届国民代表大会。1954年毛泽东在此发表讲话。现为南京人民大会堂。2006年入选全国重点文物保护单位。

南京—中央大学旧址 位于玄武区，现为东南大学四牌楼校区。1928年江苏大学改称“国立中央大学”，是民国时期国立大学中系科设置最齐全、规模最大的高等院校。1937年抗日战争全面爆发后迁至重庆松林坡，抗战胜利后迁回南京。1949年更名为“国立南京大学”。现存建筑有体育馆、图书馆、江南院、金陵院、中大院、大礼堂、南校门、生物馆、科学馆、梅庵等，基本呈对称布局，从南大门至大礼堂形成一条中轴线，其他建筑物依次排列在中轴线的两侧,形成排列有序、错落有致的建筑群。入选“中国20世纪建筑遗产项目”。2006年入选全国重点文物保护单位。

南京—金陵大学旧址 位于鼓楼区境内。金陵大学校舍成立于1916年,占地面积160万平方米,代表性建筑有北大楼、东大楼、西大楼、东北大楼、礼拜堂、图书馆和学生宿舍等十余幢,青砖墙面,歇山顶,上覆灰色筒瓦,进深较大,窗户较小,体现了中国北方官式建筑的特征。现金陵中学主校区内的汇文书院钟楼,修建于清光绪中期,占地面积约330平方米,墙面为青砖,屋顶为四坡形,最高层的大钟高1.3米,宽1.4米,由美国贝尔铸造公司铸造。入选“中国20世纪建筑遗产项目”。2006年入选全国重点文物保护单位。

南京—金陵女子大学旧址 位于鼓楼区境内。金陵女子大学由美国基督教会、长老会、英国伦敦会等教会创办于1915年,1937—1945年迁至成都,1952年和南京大学师范学院合并成为南京师范学院。先后建成会议楼、科学馆、文学馆、图书馆、大礼堂和四幢学生宿舍,这些建筑以宽阔的大草坪为中心,采用中国传统宫殿式建筑风格,钢筋混凝土结构,建筑物之间以中国古典式外廊相连接,为中西合璧的建筑群。2017年入选“中国20世纪建筑遗产项目”。2006年入选全国重点文物保护单位。

南京—侵华日军南京大屠杀死难同胞丛葬地 位于建邺区境内。1937年12月侵华日军攻陷南京,对南京市民、中国士兵进行惨绝人寰的大屠杀,遇难同胞30多万。遇难同胞遇难地和丛葬地有江东门、中山陵西洼子村、挹江门、清凉山、煤炭港、北极阁、中山码头、汉中门、草鞋峡、上新河、五台山、南京大学、燕子矶等17处。在江东门“万人坑”遗址建有侵华日军南京大屠杀遇难同胞纪念馆,在煤炭港建有侵华日军南京大屠杀死难同胞遇难处及丛葬地纪念碑,在水西门外上新河建有纪念碑。2006年入选全国重点文物保护单位。

南京—薛城遗址 位于高淳区境内。新石器时代遗址,距今5 500—6 300年,被确定为“南京原始人发源地”。占地面积约6万平方米,是南京地区面积最大的史前文化遗址。出土 115 具人的骨架以及玉器、陶器、磨制石器等 400 余件，还发现灰坑、窖坑、柱洞等，坑中有鱼骨、贝壳动物骨骸等人类生活遗存物。2013 年入选全国重点文物保护单位。

南京—固城遗址 位于高淳区境内。固城为春秋时吴国所筑，名“濑渚邑”，又名“子罗城”。城垣夯筑，分内外两重。内城南北 13.5 米，东西 196 米，四周环以宽 13.5 米的护城河。出土大量西周、秦、汉、唐等朝代的文物，发现西周铜戈、春秋铜鼎、编钟、提梁卣、战国铜剑、楚国货币郢爰、铜斧、汉代瓦当和砖等文物。固城湖滨发现的东汉时期的“校官之碑”，是江苏现存最早的汉碑。2013 年入选全国重点文物保护单位。

南京—大报恩寺遗址 位于秦淮区境内。大报恩寺为明成祖朱棣为纪念明太祖朱元璋和马皇后而建，明永乐十年（公元 1412 年）在东吴赤乌年间建造的建初寺原址上重建，调动军役、民夫 10 万人，耗费白银约 250 万两，历时 19 年才落成。按照皇宫的标准营建，有殿阁 30 多座、僧院 148 间、廊房 118 间、经房 38 间，是中国历史上规模最大、规格最高的寺院之一。琉璃宝塔高 78.2 米，通体琉璃，塔内外置长明灯 146 盏，有“中国之大古董，永乐之大窑器”之誉。地宫中出土了“佛顶真骨”以及“感应舍利”“诸圣舍利”“七宝阿育王塔”等文物。2013 年入选全国重点文物保护单位。

南京—上坊孙吴墓 位于江宁区境内。前对青龙山，背依黄龙山。墓坑长 21.5 米，宽 14.4 米，土坑竖穴砖室墓，由封土、墓坑、斜坡墓道、排水沟和砖室等组成。中国迄今发现的规模最大、结构最复杂、出土瓷器最多的孙吴墓葬。2013 年入选全国重点文物保护单位。

南京—仙鹤观六朝墓地 位于栖霞区仙鹤山，峰巅旧有仙鹤观。东晋名臣高崧家族墓地。墓共三座，均为砖室墓，由封门墙、甬道和墓室等组成，分“凸”字形穹隆顶和“凸”字形券顶两种。其中一座墓主为高崧及夫人谢氏，分别葬于泰和元年（公元 366 年）和永和十二年（公元 356 年），出土文物以玉器和金银器为主，为国内发现的墓葬形制最完整，出土玉器、金银器最多的东晋贵族墓葬。1998 年入选“全国考古十大新发现”。2013 年入选全国重点文物保护单位。

南京—七桥瓮 位于秦淮区境内。修建于明正统年间,不等跨半圆形石拱桥,桥长 99.84 米,宽 13 米,桥身酷似弯弓,全部青石花岗岩叠砌。共有七个桥孔,中间桥瓮最大,其余两两相对,依次缩小。现存的七桥瓮依旧保持着明代的原貌,桥墩、桥瓮和兽头等均是原物。桥瓮上方桥耳两侧有 16 只精雕的螭首兽头,堪称中国古代拱桥中的杰作。2013 年入选全国重点文物保护单位。

南京—蒲塘桥 位于溧水区境内。多孔连续性拱桥。凡九瓮,净宽 5.7 米。桥下有八个带分水尖的桥墩,中心孔最大跨径 10.6 米,两侧各孔逐渐收小。拱石为当地产的火山凝灰岩,用无铰连接并列砌置的方法砌成。2013 年入选全国重点文物保护单位。

南京—朝天宫 位于秦淮区境内。“朝天宫”之名系明太祖朱元璋御赐,意为“朝拜上天”“朝见天子”。明朝时期,朝天宫是朝廷举行盛典前练习礼仪的场所,官僚子弟袭封前学习朝见天子礼仪的地方。朝天宫基本保留了明代宫殿式体制,占地面积约 7 万平方米,最南边为宫墙,正南照壁上砖刻“万仞宫墙”四个大字,墙内有泮池。抗日战争胜利后,辟为南京首都高等法院。现是南京市博物馆所在地。2013 年入选全国重点文物保护单位。

南京—杨柳村古建筑群 位于江宁区境内。南京现存规模最大的明清民宅之一,也是江南地区典型的古民宅建筑。始建于明代,清康熙、乾隆年间先后改建。古建筑群背靠马场山,前临杨柳湖,原有宅院 36 个,今存较完整的 17 个,共 36 进、366 间房屋。建筑群均为多进穿堂式的高墙深院,其中最大的翼圣堂有 7 进 18 道门槛。宅院间闾巷相连,青石铺路。2013 年入选全国重点文物保护单位。

南京—阳山碑材 位于江宁区汤山街道。阳山南坡在明代以前就是采石场。明洪武中期,明成祖朱棣为其父明太祖朱元璋树碑而开凿的巨型石材,但最终未被使用而留存在原地。碑材共三块:碑座石材高 13 米,宽 16 米,长 30.35 米,重约 1.6 万吨;碑身石材长 49.40 米,宽 4.4 米,高 10.7 米,重约9 000吨;碑额石材高10米,长20.3米,宽8.40米,重约6 000吨。2013年入选全国重点文物保护单位。

南京—金陵刻经处 位于秦淮区境内。清同治中期由晚清学者杨仁山创办。杨仁山精通多国语言,曾以参赞身份随外交家曾纪泽出使欧洲各国。刻经处原为杨仁山自建私宅,占地面积约1.2万平方米,房屋132间,主要建筑有深柳堂、祇洹精舍、经版楼、杨仁山居士墓塔等。2013年入选全国重点文物保护单位。

南京—金陵兵工厂遗址 位于秦淮区境内,毗邻大报恩寺遗址公园。金陵兵工厂即金陵机器制造局,创办于清同治四年(公元1865年),是南京第一座近代机械化工厂,素有"中国民族军事工业摇篮"之誉。现存遗址主要有机器正厂、右厂、左厂、炎铜厂、卷铜厂、木厂和机器大厂等。2013年入选全国重点文物保护单位。

南京—浦口火车站旧址 位于浦口区境内。浦口火车站1912年落成,是津浦铁路南端的终点,接通大江南北的咽喉之地。车站大楼坐落在浦口江边,远瞰南京下关,平吞江濑,为浦口一大景观。候车大楼、月台、雨廊、售票房、贵宾楼、高级职工宿舍等主体及配套建筑,都被系统性地保存下来。浦口火车站于2004年停运。2013年入选全国重点文物保护单位。

南京—北极阁气象台旧址 位于玄武区境内。北极阁地处南京城内的一座丘陵,古名"鸡鸣山",因形似鸡笼又名"鸡笼山",南朝时为皇家苑囿。明代于山巅置仪表、测玄纬,更名为"钦天山"。明洪武十八年(公元1385年)复建观象台。1927年竺可桢筹建中央研究院气象研究所,在此建立中国近现代第一个国家气象台——北极阁气象台。2010年中国北极阁气象博物馆建成。2013年入选全国重点文物保护单位。

南京—中央陆军军官学校旧址 位于玄武区境内。1927年国民政府在此筹设中央陆军军官学校,1946年后为国民政府国防部驻地。建筑群由张谨农等设计,杨仁记营造厂建造,占地面积2.35万平方米,计有西式平房62幢,西式洋楼17幢,共1 075间,其中最具有代表性的建筑有一号楼、大礼堂、憩庐和122号楼。2013年入选全国重点文物保护单位。

南京—励志社旧址 位于玄武区境内。因地处中山东路307号,简称“307”招待所,1990年改建为“江苏省钟山宾馆”,1997年改称“江苏省会议中心”。励志社成立于1929年,是以黄埔军人为对象,以培养“笃信三民主义最忠实之党员,勇敢之信徒”“模范军人”为目的的军事组织。励志社旧址设有多功能礼堂、剧院,宾馆式客房以及大小高级餐厅,是民国时期党政首脑、军政要人、社会名流、各国外交人员举办重要政务活动和顶级社交活动的场所。2013年入选全国重点文物保护单位。

南京—国民政府中央广播电台旧址 位于鼓楼区境内。该电台设立于1928年,是中国最早建立的现代通信工具。1937年11月,日本侵略军进犯南京时被迫内迁,翌年3月在重庆恢复播音。抗战胜利后于1946年5月迁回南京。现为江苏人民广播电台的发射基地,有发射机房、配电房各一座和两座发射塔,钢筋混凝土结构的机房保持原来的结构和民国建筑特色,大门上部有一个拱形的雕花窗,两侧有两根西式风格的石柱式照明灯。2013年入选全国重点文物保护单位。

南京—国立中央研究院旧址 位于玄武区境内。国立中央研究院成立于1928年,设有物理、化学、工程、地质、天文、气象、历史语言、心理、社会科学及动植物等十个研究所,是民国时期最高学术研究机构。总办事处大楼是一座仿明清宫殿式建筑,高三层,建筑面积3 000平方米,钢筋混凝土结构,单檐歇山顶,屋面覆盖绿色琉璃筒瓦,梁枋和檐口部分均仿木结构,漆以彩绘,清水砖墙,花格门窗,具有浓郁的民族风格。历史语言研究所大楼为仿明清宫殿式建筑,高三层,建筑面积1 700平方米,钢筋混凝土结构,单檐歇山顶,屋面覆盖绿色琉璃瓦,外墙上部为清水青砖墙,下部采用水泥仿假石粉刷。2017年入选“中国20世纪建筑遗产项目”。2013年入选全国重点文物保护单位。

南京—拉贝旧居 位于鼓楼区境内。约翰·拉贝是德国商人,曾任南京安全区国际委员会主席。1932年夏天,拉贝从金陵大学农学院租得一幢西式花园别墅,拉贝全家在这座德式小洋楼里生活了七年。1937 年 12 月南京大屠杀期间,拉贝在这里收留、保护了 600 多名中国难民,还将当时的情景用日记的形式记录下来,日记长达 2 400 多页,真实记录了日军在南京大屠杀中的暴行。已在故居原址建立拉贝与国际安全区纪念馆、拉贝国际和平与冲突化解研究交流中心。2014 年被列入《国家级抗战纪念设施、遗址名录》。2013 年入选全国重点文物保护单位。

南京—美国驻华使馆旧址 位于鼓楼区境内,现为江苏省机关招待所。由三幢造型相同、规模相等的西式楼房和三幢西式平房组成。馆舍为公寓式建筑,砖石结构,高二层,另有地下室一层,每幢楼房建筑面积均为 936 平方米。正立面中部为门廊、阳台,四面坡屋顶,屋脊两侧及后部竖有用来取暖的壁炉烟囱。现存主楼一幢,红砖及米黄色外墙,“人”字形坡屋顶,红瓦,南侧加盖一间平房连接主楼。2013 年入选全国重点文物保护单位。

南京—英国驻华使馆旧址 位于鼓楼区境内,现为双门楼宾馆。1924—1925 年英国在此建公使馆,1935 年升格为大使馆。1946 年建砖木混凝土结构二层楼房 9 栋、西式平房 10 栋及中式平房,共有房屋 253 间。2013 年入选全国重点文物保护单位。

南京—孙中山临时大总统府及南京国民政府建筑遗存 2013 年入选全国重点文物保护单位。参见全国重点文物保护单位——南京—太平天国天王府遗址、南京—原国民政府旧址。

泰州—天目山遗址 位于姜堰区北部。西周中晚期至春秋早期的古城遗址。地势较高,四面环水,形似一座小岛。古城依天目山地形而建,分为外城和内城。外城占地面积 2.3 万平方米,四周有护城河道。内城占地面积 3 800 平方米,城墙为土筑,始建时城墙高度不超过 10 米。另有宋代和汉代墓葬,出土北宋政和铁钱、两汉陶器等器物,还有大量动物遗骨及麋鹿角亚化石。2006 年入选全国重点文物保护单位。

泰州—泰州城隍庙 位于海陵区境内。始建于唐代,北宋以来曾经五次翻修。历史上的城隍庙共有四进,第一进山门殿,第二进四值功曹殿,第三进审事厅，第四进正殿，天井有一座戏楼，两边各有厢房 15 间。正殿供奉泰州城隍爷神像，城隍爷坐像前置有一张条形大经桌，上设香炉、烛台，殿内东西两边塑有文武判官像，东南角置钟鼓，殿前廊外月台正中置放一座大铜鼎。2006 年入选全国重点文物保护单位。

泰州—人民海军诞生地 2006 年入选全国重点文物保护单位。参见全国红色旅游经典景区——中国人民解放军海军诞生地纪念馆。

泰州—日涉园 位于海陵区境内。明万历年间修建的私人住宅园林。“日涉园”之名源于陶渊明《归去来辞》中“园日涉以成趣”之语意。因曾一度被两淮盐运使乔松年占有，泰州人多称之为“乔园”。占地面积 1 500 平方米，现有山响草堂、因巢亭、绠汲堂、松吹阁等房屋建筑，分为前后两园，保持了明代建筑的风貌。2013 年入选全国重点文物保护单位。

泰州—黄桥战斗旧址 位于泰兴市境内。包括新四军苏北指挥部旧址、通如靖泰临时行政委员会旧址、新四军第三纵队司令部旧址、黄桥决战支前委员会旧址等四处革命旧址。新四军苏北指挥部旧址，原为私立黄桥初级中学，建于 1924 年，仿德式建筑。通如靖泰临时行政委员会旧址，原为清代民居丁家花园，著名地质学家丁文江的故居。新四军第三纵队司令部旧址，为清代民居严复兴油坊会客楼。黄桥决战支前委员会旧址，为明代何斐御史府第，清代扩建为黄桥何氏宗祠。2013 年入选全国重点文物保护单位。

泰州—学政试院 位于海陵区境内。原是明朝都察院所在地，清康熙以后成为扬州府治八个县市考秀才的考场。试院建筑结构完整，规模宏伟，有头门、仪门、大堂、思补堂、东楼、西楼、上房、下房、考棚、福神祠等建筑。光绪三十年(公元 1904 年)废科举后，院址曾办学堂。2013 年入选全国重点文物保护单位。

泰州—上池斋药店 位于兴化市昭阳镇。清康熙年间，扬州人方石川率族迁居兴化城，在城门口黄金地段买房置业，开设药店，悬壶济世，名“上池斋”。店名金字招牌由书法家李培源书写。药店建筑面积 280 平方米，前后两进，砖木结构。前进上下二层，下为店堂，上为药材库房；后进是平房，为制药作坊。上池斋药店现仍正常营业。2013 年入选全国重点文物保护单位。

无锡—寄畅园 位于滨湖区境内。原为惠山寺的僧舍，明嘉靖初年为曾任南京兵部尚书的秦金辟为园林，名“凤谷山庄”。秦金死后，归于族侄秦瀚及其子江西布政使秦梁。嘉靖中期，秦瀚修葺园居，凿池叠山。秦梁卒，改属秦梁之侄都察院右副都御使、湖广巡抚秦燿。万历中期，秦燿因恩师张居正被追论而解职回乡，疏浚池塘，改筑园居，寄抑郁之情于山水之间。1988 年入选全国重点文物保护单位。

无锡—徐霞客故居及晴山堂石刻 位于江阴市马镇。徐霞客是明代旅行家、地理学家。故居建于明代，三进院落式住宅，现存古建筑五栋 17 间，均为硬山式建筑，建筑面积 500 平方米。第一进面阔七间 21.1 米，进深 6.4 米，高 4.6 米，明间的后墙门外有天井。第二进面阔五间 19 米，进深 7.4 米，高 4.8 米，明间后大殿墙门建有砖雕门楼。晴山堂是收藏明清书法家作品和记载徐氏家族史为主的石刻群，涉及明朝的文人之多、内容体裁之多样、书法类型之丰富，在中国碑林石刻中较为罕见。2001 年入选全国重点文物保护单位。

无锡—国山碑 位于宜兴市张渚镇。三国吴天玺年间，因在离墨山中发现石洞（今善卷洞），皇帝孙皓派遣司徒董朝等前往封禅，改离墨山为“国山”，刻国山碑，或称“禅国碑”。碑呈圆鼓形，高 2.34 米，四周刻封禅文辞，碑文为篆书，由吴国东观令史立信中郎将苏建书写。国山碑是中国存世极少的三国时期石刻之一，也是中国历史上最早记录地震的石碑。2001 年入选全国重点文物保护单位。

无锡—薛福成故居建筑群 位于梁溪区境内。薛福成出身于书香门第、官宦之家，是近代外交家、洋务运动主要领导者之一、资本主义工商业的发起者。故居始建于清光绪中期，现存建筑 160 余间，建筑面积约 6 000 平方米。除原照壁已拆除、西花园已造厂房、后花园改作操场外，其余大部分建筑如中门厅、桥厅、正厅、转盘楼、花厅小院、弹子房、传经楼等基本保持原貌。主要建筑为木结构楼阁、厅堂。2001 年入选全国重点文物保护单位。

无锡—骆驼墩遗址 位于宜兴市新街镇。新石器时代遗址,主要遗存距今约 5 000—7000 年。占地面积约 25 万平方米,发掘面积 1 309 平方米,发现了大量的马家浜文化时期的瓮棺葬及古河道,筛选出相当数量的炭化稻米,成为太湖西岸重要的历史地理坐标。遗址的发现,确立了太湖流域新石器时代新的文化类型——骆驼墩文化,填补了环太湖史前文化考古的空白。2006 年入选全国重点文物保护单位。

无锡—宜兴窑址 位于宜兴市洑东乡。唐朝中后期窑址遗存,自古被称为“龙窑”。现保存有窑头及中段部分,坡度陡、垫座高,窑炉烧制青瓷,产品主要有双系罐、碗、钵、盘等,双系罐具有越窑风格。2006 年入选全国重点文物保护单位。

无锡—泰伯庙和墓 位于滨湖区境内。泰伯为商末周国王长子,为让贤奔吴,居住在梅里(今梅村)。泰伯庙俗称“让王庙”,清咸丰末年毁于兵燹,现仅存明弘治年间修建的大殿,单檐歇山顶,翘角飞檐。2006 年入选全国重点文物保护单位。

无锡—惠山镇祠堂 位于梁溪区惠山镇。在不足 1 平方千米的范围内,有古祠堂及其他古建筑 118 处,其中有周代奔吴的泰伯,战国时期的春申君,唐代“茶圣”陆羽,宋代的李纲、范仲淹等的祠堂,有江南特色的会馆公所、书院戏台、酒肆茶楼、门楼牌坊、照壁楼阁、码头桥梁,有江南名刹惠山古寺、惠山泉和寄畅园。2006 年入选全国重点文物保护单位。

无锡—东林书院 位于梁溪区境内。创建于北宋政和初年,是北宋理学家程颢、程颐嫡传高弟、知名学者杨时长期讲学的地方。明万历年间东林学者顾宪成等修复,并在此聚众讲学,声名大噪,成为江南地区人文荟萃之地。现存石碑坊、仪门、丽泽堂、碑亭、道南祠等建筑,内有顾宪成所撰名联“风声雨声读书声,声声入耳;家事国事天下事,事事关心”。2006 年入选全国重点文物保护单位。

无锡—昭嗣堂 位于锡山区境内。明嘉靖初年进士曹察所建的宅第，称“香楠厅”。清乾隆初年曹氏后人改宅为祠，名“昭嗣堂”。建筑呈对称布局，面阔五间，进深11架椽，硬山顶，全部采用上等的金丝楠木建成。椽上置楠木望板，厅内金柱的雀替、月梁两端及脊檩等均施彩绘，贴金隐约可见。金柱下置覆盖形青石柱础，檐柱下为青石桎，山柱下为木桎和柱础。厅前有院墙，墙体下置青石须弥座，中为砖墙，上首有精雕砖刻。2006年入选全国重点文物保护单位。

无锡—天下第二泉庭院及石刻 位于梁溪区境内。“天下第二泉”指的是惠山脚下之泉，相传为唐大历年间无锡令敬澄开凿，因僧人惠照在此居住，故名“惠山泉”。惠山有九龙十三泉，此泉最负盛名。分为上、中、下三池。上池呈八角形，为泉源所在，水质最好。中池为方形，活水细流，澄澈可爱。2006年入选全国重点文物保护单位。

无锡—阿炳故居 位于梁溪区境内。原为雷尊殿道馆。民间音乐家阿炳生于此、逝于此，其传世名曲也大都创作于此。阿炳晚年穷困潦倒、贫病交加，屈居在道馆最东面的一间小平房内。这间平房约20平方米，硬山顶，墙壁上挂着照片和著名人士的留言，破旧的蚊帐耷拉在床上，床边摆放着一张桌子和一个掉漆的柜子，柜子上静躺着两个旧箱子和一些衣物，柜子旁边有一个破旧竹箱，门口处还有一个四脚小桌，此外别无他物。2006年入选全国重点文物保护单位。

无锡—荣氏梅园 位于滨湖区境内。民国时期无锡著名实业家荣德生创建。1912—1921年，在东山先后建门楼、天心台、揖蠡亭、荷轩（后改建为“清芬轩”）、香海轩、乐农别墅、留月村、招鹤亭、小罗浮等，移建诵豳堂（楠木厅），开凿洗心泉和研泉。1922—1930年，园址扩充至浒山，建豁然洞、经畬堂、秋丹阁、宗敬别墅、念劬塔等。1934年，又在浒山东麓建开原寺，植梅3 000株。荣氏梅园与苏州邓尉、杭州超山并称江南三大赏梅胜地。抗日战争期间遭严重破坏。1955年荣毅仁按父亲遗愿将梅园捐献给国家，辟建数百米的梅林小径，恢复大批原有的匾联。2006年入选全国重点文物保护单位。

无锡—鸿山墓群 2006年入选全国重点文物保护单位。参见国家考古遗址公园——鸿山国家考古遗址公园。

无锡—西溪遗址 位于宜兴市芳庄镇。新石器时代遗址，马家浜文化时期的一处大型聚落，主要遗存形成于距今约6 000—7 000年。遗址中心区域为一高出四周农田2米的长条状高地，占地面积近5万平方米。发掘清理建筑遗迹13座、灰坑28座，出土石器、陶器、玉器、骨器150余件以及大量石料、陶片标本，首次发现似吊脚楼的干栏式建筑、釜和鼎。2013年入选全国重点文物保护单位。

无锡—佘城遗址 位于江阴市云亭镇。夏代至周代时期古城遗址，占地面积近40万平方米，距今约3 100—3 500年。长方形的城址清晰可见，环城有河道。城北隅有一处公共建筑遗址。西城墙已被破坏，东城墙有缺口通河道。长方形的城墙相对高度6米左右。出土陶豆、陶釜、箭镞、石戈等文物200多件，部分尚属完整。2013年入选全国重点文物保护单位。

无锡—阖闾城遗址 位于常州市雪堰镇城里村与无锡市胡埭镇湖山村之间。春秋时期城池遗址，是扼守太湖北部的军事战略要地。始建于周敬王六年（公元前514年），距今已有2 500多年。城址呈长方形，城中段有残存城墙相隔，形成东西两个方形城区。东城较小，在无锡境内；西城较大，大部分在常州武进境内。城墙残高3—4米，墙基厚约20米，均系夯土筑成。城壕总长约4 000米。发现陆门和水门、大型建筑群、护城河等遗迹。西城遗有练兵场和点将台。遗址出土有新石器时代的夹砂陶、红陶和西周至春秋时期流行的曲折纹、回纹、菱形填线纹等几何形残陶片。2013年入选全国重点文物保护单位。

无锡—大窑路窑群遗址 位于梁溪区境内。明朝至清朝的砖瓦窑遗址。中国古代砖瓦的重要原产地之一，原有108家砖瓦窑，分布在大运河东岸大窑路沿线和伯渎港南岸。现残存砖瓦窑40余座，较为完整的近20座。现已建成大窑路古窑群博物馆。2013年入选全国重点文物保护单位。

无锡—蜀山窑群 位于宜兴市丁蜀镇。蜀山窑在宜兴各窑中连续烧造时间最长，从明代中期一直到1966年，前后近500年。蜀山窑烧制的陶瓷品种繁多，几乎涵盖了明清时宜兴窑的所有品种。残存窑址15座，有大量残片堆积。东窑场可见紫砂壶、罐残片，堆积约3 000平方米；西窑堆积厚度达4米，产品以带釉陶罐、紫砂壶为主。2013年入选全国重点文物保护单位。

无锡—兴国寺塔 位于江阴市区南街。兴国寺始建于北宋太平兴国年间，几经兴废而古塔犹存。塔为楼阁式砖木结构，元至正年间遭战火毁坏，明正统年间修复，清嘉庆末年毁于火，砖壁筒体犹存。2013年入选全国重点文物保护单位。

无锡—周王庙及碑刻 位于宜兴市宜城镇。奉祀晋代改恶从善、射南山虎、斩长桥蛟的平西将军周处的专祠。始建于西晋元康年间，原名“周孝侯祠”，宋绍兴年间赠庙额“英烈”，加封“武惠正应王”，称“周王庙”。现存周王庙共三进，面阔44米，进深88米。第一进为戏楼，二层双檐歇山顶，面阔五间20米，进深八架椽8.6米，南侧中间为戏台，面阔5.65米，进深4.3米。保存的明代宜兴人蒋如奇所刊刻的《净云枝》残帖10余方。2013年入选全国重点文物保护单位。

无锡—适园 位于江阴市区南街。俗称“陈家花园”，占地4 667平方米，巧于园林构造的山水画师陈式金于清咸丰中期就宅旁隙地所建，自题园名为“适园”，意为“无意为园而适成之”。咸丰末年部分毁于兵燹，其子光绪进士、工部主事陈曦唐倦归故里后，以十年时间补廊培屋，移树浚池，为园增色。日军侵占江阴后又遭破坏。新中国成立后，迭经整修，渐复旧观，为我国现存百座著名家庭园林之一。保存有晋王羲之《换鹅碑》、元倪瓒山水画，以及明代梁同书、董其昌等手迹石刻。2013年入选全国重点文物保护单位。

无锡—惠山寺经幢 位于梁溪区惠山寺。共有两幢，分别为唐陀罗尼经幢、宋大白伞盖神咒幢，两幢相距约10米。唐陀罗尼经幢建于唐乾符年间，由幢基、幢身、幢顶三部分组成，高6.26米，底部直径1.48米。宋大白伞盖神咒幢建于北宋熙宁年间，高6.22米，底座直径1.40米，幢身刻咒而不刻经。经幢幢身高大，形体华丽，雕刻精美，显示出晚唐时代的雕刻艺术风格。2013 年入选全国重点文物保护单位。

无锡—黄山炮台旧址 位于江阴城北的黄山。黄山自古为军事要地，享有“江河门户”“镇航要塞”之称。炮台修筑于明、清、民国时期，前后历 360 余年，构筑年代之早，延续使用之长，规模之大，保存之完好，为目前全国现存炮台遗址中少见。分为明清炮台、清末炮台和民国炮台三部分，以民国炮台规模最大，保存最为完整。炮台以钢筋混凝土构筑，有的依石壁凿垒，有的就山势铺筑甬道，有的地下工事曲深奇特，有的连接地下火药库，固若金汤，史称“江阴要塞”。2013 年入选全国重点文物保护单位。

无锡—小娄巷建筑群 位于梁溪区境内。小娄巷长数百米，原为无锡谈氏和秦氏两大名门望族的世居之地，始建于宋代，盛于明清。现存建筑以晚清至民国时期建筑为主，占地面积约 4 万平方米，著名的有谈氏宗祠、万备堂、福寿堂、少宰第、来鹤楼、钦使第、佚园等。巷内建筑皆为民宅，形制不高，面阔一至三开间，硬山顶，天井窄小。2013 年入选全国重点文物保护单位。

无锡—刘氏兄弟故居 位于江阴市西横街。中国现代文化名人刘半农、刘天华、刘北茂三兄弟的故居。三开间两进两侧厢八个小天井，还包括半农圃、流芳曲、北茂苑三个花园以及下沉广场、音乐桥、光明街等。现保留了原有格局和风貌，序厅、私塾、思夏堂、纺织间、卧室、厨房等展示着刘氏兄弟的生活起居环境。新中国成立后，刘氏后裔将故居捐给国家。2013 年入选全国重点文物保护单位。

无锡—茂新面粉厂旧址 位于梁溪区境内。原名“保兴面粉厂”，是民族工商业先驱荣宗敬、荣德生等于清光绪二十六年（公元 1900 年）创办的最早的荣氏家族企业。生产的“兵船牌”面粉当时享誉全国，还远销英、法等国。抗日战争期间厂房被炸，设备受损，1945 年重建。1948 年建成的麦仓、制粉车间、办公楼等保存至今，荣德生使用过的办公桌、沙发等基本完好。已在原址成立民族工商业博物馆。2013 年入选全国重点文物保护单位。

无锡—国民党江阴要塞司令部旧址 位于江阴市区。原为近代实业家吴汀鹭宅地，建于1923年，占地面积3 820平方米，建筑面积2 008平方米。1937年日本军队侵占江阴后，吴汀鹭拒绝出任“维持会长”，设计出避上海，此宅被日军占为驻澄警备司令部，抗战胜利后被国民党军队接收，成为国民党要塞司令部。江阴要塞的中共地下组织，在1949年渡江战役中成功策动国民党江阴要塞7 000多名官兵起义。江阴解放，要塞司令部由中国人民解放军第三野战军接管，成为人民解放军江阴要塞司令部。2013年入选全国重点文物保护单位。

无锡—无锡县商会旧址 位于梁溪区境内。无锡县商会原名“锡金商会”（“锡金”即无锡和金匮两县），由两位无锡籍实业家周舜卿和祝大椿创办于清光绪三十一年（公元1905年），是我国成立最早的地方商会组织之一。商会大楼由两座风格相似的两层西式楼组成，歇山顶，清水砖外墙，窗眉、腰线、倚柱等以朱色处理。2013年入选全国重点文物保护单位。

无锡—秦邦宪旧居 位于梁溪区境内。秦邦宪又名“博古”，是中国共产党早期领导人之一，党的新闻事业的重要奠基人和开拓者，1946年4月因飞机失事牺牲。故居原是无锡地方名流、秦邦宪的族叔秦琢如的家宅“既翕堂”，建于清光绪末年，占地面积2 300平方米，建筑面积1 500平方米，青砖黛瓦，庭院抱厦，马头墙矗立，为典型的江南四进民宅，大门上方挂有杨尚昆题写的“秦邦宪故居”匾额。现已改建为秦邦宪纪念馆。2013年入选全国重点文物保护单位。

盐城—新四军重建军部旧址 位于亭湖区境内。1941年皖南事变后，新四军在革命老区盐城的泰山庙重建军部。泰山庙建有三殿两厢，前殿曾被日军焚毁，现已修复。正殿为新四军司令部作战室。后殿为藏经楼，东西厢房各三幢，现开设刘少奇、陈毅生平图片陈列和黄克诚大将生平图片陈列，新四军纪念馆馆藏书画展。2006年入选全国重点文物保护单位。

盐城—海春轩塔 位于东台市西溪古镇。又名“广福寺塔”，唐代建筑，七层八角砖结构密檐塔，高20.8米，底层直径7.2米，除底层外每层均有佛龛,共有佛像 48 尊。海春轩塔无地基而建在泥地上,屡遭地震和水灾仍巍然屹立。塔的宝顶原是铜葫芦,用“烽火铜”铸成,随着日照光线不同,能变幻成七种色彩。2013 年入选全国重点文物保护单位。

扬州—何园 位于广陵区境内。始建于清同治初年,原址为清乾隆年间的双槐园。清光绪初年,湖北汉黄德道兼江汉关监督何芷舠卸任后到扬州,购得吴氏片石山房旧址,扩为园林,称为“寄啸山庄”。占地面积 1.4 万余平方米,建筑面积 7 000 余平方米,复道回廊长 1 500 米,被誉为“晚清第一园”。全园分为东园、西园、园居院落、片石山房四个部分,衔山环水,高低勾搭,形成全方位立体景观,发挥了中国园林艺术的回环变化之美和四通八达之妙。1988 年入选全国重点文物保护单位。

扬州—个园 位于广陵区境内。原为明代的“寿芝园”,清嘉庆末年拓建为住宅园林。分为中部花园、南部住宅、北部竹赏区三个部分。个园中最大的特色是“四季假山”,在面积 3.33 万平方米的园子里,开辟了四个形态逼真的假山区,分别以春、夏、秋、冬命名。1988 年入选全国重点文物保护单位。

扬州—盂城驿 位于高邮市城区。驿站是古代官办飞报军情、递送仪客、运输军需的机构。盂城是高邮的别称。盂城驿修建于明洪武初年,规模宏大,除驿站本身的牌楼、照壁、鼓楼、厅房、库房、廊房、马房等外,临里运河堤有迎饯宾客的皇华厅,驿内有秦邮公馆,驿北有驿丞宅等房屋。现存有息厅、敞厅、后厅、秦邮公馆门楼、驿丞宅及监房等建筑,驿站东南有驿马饮水地遗址,绝大部分建筑为清代重建。盂城驿是中国规模最大、保存最完好的古代驿站,已辟为邮驿博物馆。盂城驿作为中国大运河的重要组成部分入选世界文化遗产。1996 年入选全国重点文物保护单位。

扬州—扬州城遗址 1996 年入选全国重点文物保护单位。参见国家考古遗址公园——扬州城国家考古遗址公园。

扬州—龙虬庄遗址 位于高邮市龙虬镇。江淮地区东部最大的一处新石器时代早期遗址,距今 5 000—7 000 年。发掘墓葬 402 座,房屋遗址 1 处,居住遗址 4 处，灰坑 34 个，出土遗物 2 000 余件，还发现了 4 000 多粒 5 000—7 000 年以前的炭化稻米，将我国人工栽培水稻的历史提早到 5 500 年前。出土的陶片和鹿角上的刻画符号具有文字符号特征，陶文比甲骨文年代久远上千年。2001 年入选全国重点文物保护单位。

扬州一普哈丁墓　位于广陵区境内。建于南宋末年，清末重修，大门门额题“西域先贤普哈丁之墓”。普哈丁系伊斯兰教先知穆罕默德女婿阿里支系第 16 世裔孙，南宋咸淳年间来扬州传教，德祐元年（公元 1275 年）病逝于由天津南下的舟中，遵其嘱葬于此。建筑分寺院、墓穴两部分，寺院包括礼拜堂和水房，墓穴葬有普哈丁、法纳及其他多人。另有明代穆斯林的墓塔与坟墓。2001 年入选全国重点文物保护单位。

扬州一莲花桥和白塔　位于邗江区境内。莲花桥俗称“五亭桥”，清乾隆二十二年（公元 1757 年）两淮巡盐御史高恒为迎奉皇帝南巡而建。桥南北跨瘦西湖，总长 57.99 米，青石砌成，用 28 根大红圆柱支撑，下列四翼，正侧共 15 个券洞，黄瓦朱柱，白色栏杆，造型秀丽。五亭簇立，彩绘藻井，富丽堂皇，似出水莲花，故名“莲花桥”，是瘦西湖的标志。瘦西湖白塔又称“喇叭塔”，建于清乾隆四十九年（公元 1784 年），塔高 27.5 米，呈古梅瓶状，顶盖覆以华盖，正中竖葫芦形铜顶，轮廓秀美。塔座是砖雕的束腰须弥座，四面，每面三龛，龛内砖雕十二生肖像，象征一年 12 月，一天 12 时辰；筑台 53 级，象征童子拜观音的五十三参图；相轮为 13 层，象征天的最高处十三天。2006 年入选全国重点文物保护单位。

扬州一吴氏宅第　位于扬州市泰州路。建于清光绪末年。宅第主人为道台吴引孙，清末曾任广东、甘肃、新疆、浙江布政使等职。宅第包括住宅、花园“芜园”和吴氏祠堂，占地面积 7 930 平方米，四周为青砖垒砌的高大风火墙。现存建筑大门厅、测海楼、小洋楼、观音堂、人仙堂、爱日轩、轿厅、仪门、照壁等。2006 年入选全国重点文物保护单位。

扬州一大明寺　位于邗江区境内。因初建于南朝宋孝武帝大明年间而得名。1 500 余年来，寺名多有变化，隋代称“栖灵寺”“西寺”，唐末称“秤平”,清代因讳“大明”二字一度沿称“栖灵寺”,乾隆皇帝亲笔题书“法净寺”。1980 年恢复原名。大雄宝殿内法相庄严,经幢肃穆,法器俱全。藏经楼二层五楹,轩敞疏廊,屋脊之上阳嵌“法轮常转”,阴刻“国泰民安”;平山堂为北宋文学家欧阳修任扬州太守时所建,庭院幽静,花木扶疏,凭栏远眺江南诸山,恰与视线相平,故称“平山堂”;西园为一座富有山林野趣的古典园林;鉴真纪念堂是大明寺最有特色的建筑,为纪念鉴真法师圆寂 1 200 周年而建。2006 年入选全国重点文物保护单位。

扬州—小盘谷 位于广陵区境内。清光绪晚期,两江总督周馥购得徐氏旧园重修而成。危路险,苍岩探水,溪谷幽深,石径盘旋,故名“小盘谷”。以花墙隔为东西两个庭院。西院右首叠湖石假山一座,左首建曲尺形楠木花厅三间,以卷棚游廊连接水阁凉亭,厅后辟一方清池。东院粉墙开桃形门,有鱼池、花厅、竹树、石笋等。布局严密,随形造景,相互借景,别具匠心。2006 年入选全国重点文物保护单位。

扬州—高邮当铺 位于高邮城北门外。清代中期开设当铺,占地面积 3 300 多平方米。五排五进,房屋 80 多间,其中柜房 3 间、客房 3 间、首饰房 24 间、号房 30 余间、更房和生活用房 20 多间。高邮当铺起源于南北朝时期,兴盛于明清,消亡于 20 世纪 50 年代。2006 年入选全国重点文物保护单位。

扬州—朱自清旧居 位于广陵区境内。朱自清是现代散文家、教育家、诗人、学者和民主人士。故居建于晚清,三间两厢,客座两间,大门过道一间,天井一方,是扬州传统的三合院式民间住宅,保存完好。悬挂在门洞上方的“朱自清故居”牌匾,为江泽民题写。2006 年入选全国重点文物保护单位。

扬州—庙山汉墓 位于仪征市境内。发现汉代墓葬 4 座,出土文物 82 件。庙山地下有三座 8×8 米呈“品”字形排列的木结构陵墓建筑。2013 年入选全国重点文物保护单位。

扬州—史可法墓祠 位于邗江区境内。史可法是明崇祯年间的进士,官至兵部尚书、武英殿大学士，督师扬州，清兵南下，城破被杀。因无法辨认遗骸，于梅花岭筑衣冠冢。乾隆三十七年（公元 1762 年）乾隆帝赐史可法谥号“忠正”，建祠奉祀。太平天国时期墓祠毁于战火，清同治末年重建。今有墓、祠、园三部分。东部为墓，南侧大门临祠，门额书“史公墓”。庭院两侧为碑廊，门外悬张尔荩撰写的名联“数点梅花亡国泪，二分明月故臣心”，堂内置史可法坐像。2013 年入选全国重点文物保护单位。

扬州—汪氏盐商住宅 位于广陵区境内。汪氏祖籍安徽旌德，以祖传之法制售皮货，清嘉庆年间在旌德地区颇有声望。咸同兵燹，汪氏产业付之一炬，遂来扬州投入盐号，卓有成效。住宅占地面积 3 000 余平方米，遗存老屋近百间。横为三路并列，纵为主房三进延伸，前后中轴贯穿，左右两厢对称，布局规整。庭园玲珑精巧，厅前屋后辟“可栖”“小苑春深”“迎曦”小苑，纵横互连相通，内外分合自如，通风采光充足，是扬州大宅门传统格局。2013 年入选全国重点文物保护单位。

扬州—贾氏盐商住宅 位于广陵区境内。包括庭园、二分明月楼园林两部分。庭园系清光绪年间盐商贾颂平所建。二分明月楼园林是道光年间袁氏所建，光绪年间为贾氏购得。占地面积 3 200 平方米，今存东路六进、西路四进。二分明月楼前设平台，前临水池，为豪家聚宴庭园的典型格局。2013 年入选全国重点文物保护单位。

扬州—卢氏盐商住宅 位于广陵区境内。宅主为商界巨富卢绍绪。建于清光绪中期，耗银 7 万余两，占地面积万余平方米，是扬州晚清盐商最大的豪华住宅，被誉为“盐商第一楼”。构筑考究，前后九进，200 多间房间。临街的大门门楣上的砖雕异常精美。前厅很大，据说可容百席，称“百宴厅”。宅院后有一园林名“意园”，假山、楼阁、碧水、回廊一应俱全。2013 年入选全国重点文物保护单位。

扬州—逸圃 位于广陵区境内。清宣统年间钱业经纪人李鹤生所建。扬州园林多半为前宅后园，唯独逸圃花园筑于住宅左边。几十米长的贴壁假山上建有五角亭，火巷上部的假山上建有半亭，仿佛飘在空中。正对大门的是八角门,火巷通向东侧房屋的是花瓶门,通向西侧花园的是桃门。2013年入选全国重点文物保护单位。

扬州—重宁寺 位于邗江区境内。“清代扬州八大名刹”之一。始建于清乾隆中期,咸丰年间毁于兵燹,同治年间重建,光绪年间再建。现存天王殿、大殿、文昌阁、僧房,占地面积近万平方米,建筑面积约2 000平方米。大殿歇山重檐顶,面阔五间,以铁栗木做柱,天花藻井彩绘完好,乾隆皇帝亲题匾额“普现庄严”“妙香花雨”及《万寿重宁寺碑》均为原物。2013年入选全国重点文物保护单位。

扬州—汪氏小苑 位于东圈门历史街区。因主人姓汪,以住宅为主,苑则相辅,苑的面积不大,故称“汪氏小苑”。占地面积3 000余平方米,遗存老房旧屋近百间,建筑面积1 580余平方米,是扬州现存最为完整的清末民初盐商住宅之一。房屋布局规整,装饰雕琢精湛,庭园玲珑精巧,文化底蕴丰厚。2013年入选全国重点文物保护单位。

苏州—太平天国忠王府 位于姑苏区,毗邻拙政园。清末农民起义政权太平天国忠王李秀成的王府,是太平天国留存的最完整的建筑物。主要包括公署、邸宅、花园等部分。1951—1975年王府官署部分经七次修缮,大门、仪门、两庑、正殿、后堂、后殿等全面修葺,忠王府官署建筑基本恢复原貌。1961年入选全国重点文物保护单位。

苏州—云岩寺塔 又称“虎丘塔”,位于姑苏区境内。相传春秋时吴王夫差葬父于此,葬后三日便有白虎踞于其上,故名“虎丘山”。始建于五代后周显德年间,七级八面,内外两层枋柱半拱,砖身木檐,是10世纪长江流域砖塔的代表作。宋代到清末多次遭火灾,顶部的木檐均遭毁坏。现塔身高47.7米。曾在塔内发现大量文物,其中有越窑、莲花石龟等罕见的传统艺术珍品。1961年入选全国重点文物保护单位。

苏州—拙政园 位于姑苏区境内。初为唐代诗人陆龟蒙的住宅,元朝时为大弘寺。明正德年间,御史王献臣仕途失意归隐苏州买下该处,聘吴门画派代表人物文徵明参与设计蓝图,历时16年建成园林,借用西晋文人潘岳

《闲居赋》中“筑室种树，逍遥自得……灌园鬻蔬，以供朝夕之膳(馈)……此亦拙者之为政也”之句，命名为“拙政园”，暗喻自己把浇园种菜作为自己(拙者)的“政”事。400多年来屡换园主，清咸丰十年(公元1860年)成为太平天国忠王府花园，20世纪50年代恢复初名。占地面积4.13万平方米，分为东、中、西三个相对独立的小园。中部主景区占地面积1.23万平方米，总体布局以水池为中心，亭台楼榭皆临水而建，被誉为“天下园林之母”。1997年作为“苏州古典园林”的组成部分入选世界文化遗产。1961年入选全国重点文物保护单位。

苏州—留园 位于姑苏区阊门外。始建于明嘉靖年间。原为明代徐时泰的东园，清代归刘蓉峰所有，改称“寒碧山庄”，俗称“刘园”。清光绪初年为盛旭人所据，始称“留园”。占地面积约2万平方米，厅堂、走廊、粉墙、洞门等建筑与假山、水池、花木等组合成数十个大小不等的庭园小品，充分体现了江南园林建筑的艺术风格。全园分为四个部分：中部以水景见长，是全园的精华所在；东部以曲院回廊的建筑取胜，有著名的佳晴雨快鱼之厅、林泉耆砍之馆、还我读书处、冠云台、冠云楼等数十处斋、轩，池后立有三座石峰，居中者为名石“冠云峰”；北部具乡村风光，并有新辟的盆景园；西区是全园最高处，以假山为奇，土石相间，堆砌自然，涵碧山房与明瑟楼为主要观景建筑。1997年作为“苏州古典园林”的组成部分入选世界文化遗产。1961年入选全国重点文物保护单位。

苏州—苏州文庙及石刻 位于姑苏区境内。北宋名臣范仲淹于景祐年间创建，庙学合一。历经拓建，明清时代已占地面积约10万平方米，其中府学约6万平方米，文庙约4万平方米，有“江南学府之冠”的赞誉。以两条中轴线为界形成两大建筑群体，左路是以大成殿为中心的孔庙建筑群，右路是以明伦堂为中心的府学建筑群，布局严谨，殿宇宏丽。文庙的石刻，主要有“天文图”“地理图”“帝王绍运图”和“平江图”碑，简称为“天、地、人、城”四碑，均为南宋刻石。1961年入选全国重点文物保护单位。

苏州—保圣寺罗汉塑像 位于吴中区角直镇。保圣寺建于梁武帝天监年间。唐会昌年间因唐武宗灭佛而被毁,北宋大中祥符年间重建。元末再次衰落,明代成化年间重新兴盛。1961 年入选全国重点文物保护单位。

苏州—玄妙观三清殿 位于姑苏区境内。玄妙观始建于西晋咸宁年间,曾多次毁坏,多次修葺。三清殿是玄妙观的正殿,重建于南宋淳熙年间,重檐歇山顶,面阔七间,进深四间。木构部分属殿堂型构架,构架由上、中、下三层重叠而成。殿内砖砌须弥座上塑有三清像,虽经改装,基本上仍是宋代遗物。1982 年入选全国重点文物保护单位。

苏州—网师园 位于姑苏区境内。始建于宋淳熙初年,始称“渔隐”,旧为宋代藏书家、官至侍郎的扬州文人史正志的“万卷堂”故址。几经沧桑变更,至清乾隆中期定名为“网师园”,并形成现在的格局。几易其主,园主多为文人雅士,各有诗文碑刻遗于园内。典型的宅园合一私家园林。住宅部分共四进,轿厅、大客厅、撷秀楼、五峰书屋等沿中轴线依次展开,主厅“万卷堂”屋宇高敞,装饰雅致。1997 年作为“苏州古典园林”的组成部分入选世界文化遗产。1982 年入选全国重点文物保护单位。

苏州—环秀山庄 位于姑苏区境内。始建于清乾隆年间,为一官僚私园。乾隆末年归于尚书毕沅,后屡有兴废。道光末年成为汪姓宗祠的一部分,更名为“环秀山庄”。占地面积约 2 000 平方米,集建筑、园林、雕刻、诗书等传统艺术于一身,突出了园林建筑的雄、奇、险、幽、秀、旷的特点。新中国成立前,园中建筑除补秋舫外已全部颓毁。1953 年对假山进行抢修,1984 年全面整修。1997 年作为“苏州古典园林”的组成部分入选世界文化遗产。1988 年入选全国重点文物保护单位。

苏州—瑞光塔 位于姑苏区境内。瑞光寺初名“普济禅院”,三国吴赤乌年间孙权为迎接西域康居国僧人性康而建。后孙权为报母恩建 13 层舍利塔于寺中。原塔高 13 层,宋大中祥符年间重建,改为七层八面,高约 43 米。1988 年入选全国重点文物保护单位。

苏州—罗汉院双塔及正殿遗址 位于姑苏区境内。罗汉院始建于唐咸通年间,初名“般若院”,五代吴越时改称“罗汉院”。北宋太平兴国年间建砖塔一对,称“双塔”。经清咸丰十年(公元1860年)战火,仅存双塔及正殿遗址。双塔八角七层,为砖砌仿木结构楼阁式塔。正殿在双塔北部,平面呈正方形,面阔三间,现存石柱、石础、石罗汉残像、碑刻等遗物。1996年入选全国重点文物保护单位。

苏州—彩衣堂 位于常熟城内翁家巷。清同治、光绪两朝帝师、户部尚书翁同龢的故居。占地面积约4 620平方米,大致分为东、中、西三路,今存大小房屋90余间。门厅设在东路,进门有东厅三间,后设小楼三楹。西路以花厅思永堂为主,余有双桂轩、藏书楼、柏古轩、知止斋等,曲折幽深。中路为主轴线,前后六进,依次为门厅、轿厅、堂楼和下房两进。梁枋檩等处施彩绘116幅,部分画面施沥粉堆塑。后步枋高悬“彩衣堂”匾额,为道光中期江苏巡抚陈銮所书。1996年入选全国重点文物保护单位。

苏州—退思园 位于吴江区同里镇。始建于清光绪初期。园主任兰生因故落职回乡,花10万银两建造宅园,取《左传》“进思尽忠,退思补过”之意,命名为“退思”。简朴淡雅,水面过半,建筑皆紧贴水面,园林如浮于水上。占地面积6 667平方米,坐春望月书楼、琴房、退思草堂、眠云亭等建筑紧凑自然,步移景异。2000年作为“苏州古典园林”的组成部分增补入选世界文化遗产。2001年入选全国重点文物保护单位。

苏州—宝带桥 位于吴中区境内。又名“长桥”,横卧于大运河和澹台湖之间的玳玳河上,有“苏州第一桥”之称。唐元和年间,苏州刺史王仲舒为筹建此桥变卖束身宝带,当地士坤纷纷解囊捐赠,兴工建桥。为纪念王仲舒捐带建桥义举,命名为“宝带桥”。全桥用金山石筑成,长316.8米,53孔。如今的宝带桥为明正统年间重建。2001年入选全国重点文物保护单位。

苏州—耦园 位于姑苏区境内。清顺治年间保宁知府陆锦所筑,因在住宅东西两侧各有一园,故名“耦园”。原名“涉园”,取陶渊明《归去来兮辞》中的“园日涉以成趣”之意。黄石假山,驳岸码头,尽显姑苏“人家尽枕河”的特色。2000年作为“苏州古典园林”的组成部分增补入选世界文化遗产。2001年入选全国重点文物保护单位。

苏州—绰墩遗址 位于昆山市巴城镇。太湖地区发现的文化序列最为完整、文化遗存极为丰富的一处史前文化遗址，距今已有6 000余年。遗址东西长500米，南北宽800米，中心区面积29万平方米。文化层从下至上依次为马家浜文化、崧泽文化、良渚文化和马桥文化。2006年入选全国重点文物保护单位。

苏州—沧浪亭 位于三元坊沧浪亭街。始建于北宋，为文人苏舜钦的私人花园，是苏州现存诸园中历史最为悠久的古代园林，与狮子林、拙政园、留园并称为苏州“宋、元、明、清”四大园林。占地面积1.08万平方米，除沧浪亭本身外，还有印心石屋、明道堂、看山楼等建筑。2000年作为“苏州古典园林”的组成部分增补入选世界文化遗产。2006年入选全国重点文物保护单位。

苏州—崇教兴福寺塔 位于常熟市古城区。俗名“方塔”，始建于南宋建炎年间。僧人文用善风水，谓此地客山高而主位低，请立浮图以镇之，县令李闾之命令建塔。工程未过半，文用去世。咸淳年间僧人法渊撤去遗构重建。历史上曾14次大修，清咸丰间寺毁而塔幸存。沿袭唐代方形楼阁式木塔的形制，四面九层盝形顶，砖木结构，逐层递收，立面轮廓呈抛物线状。2006年入选全国重点文物保护单位。

苏州—紫金庵罗汉塑像 位于吴中区境内。紫金庵原称“金庵寺”，始建于唐代，清代重修。主要建筑仅为一殿一堂。大殿正面释迦牟尼佛、药师佛和阿弥陀佛巍坐在覆莲座上，迦叶和阿难侍立两旁，海岛观音壁立“三世佛”后，十六罗汉分列于大殿两侧的佛龛内，姿容各异，栩栩如生。2006年入选全国重点文物保护单位。

苏州—报恩寺塔 位于姑苏区境内。重建于南宋绍兴年间，是南宋平江（今苏州）城内重要一景，在《平江图》碑中已经刻出，现称“北寺塔”。塔为八角九层，砖身木檐，内部为双层套筒，塔心内各层都有方形塔心室。砖砌塔身，每面分三间，正中一间设门，木结构部分为清光绪年间重修，在平座上增加了许多擎檐柱。塔高76米，檐角高举，既宏伟又秀逸，体现了江南建筑艺术风格。2006 年入选全国重点文物保护单位。

苏州—太仓石拱桥 位于太仓市城厢镇。包括周泾桥、州桥、皋桥、井亭桥和金鸡桥五座元代拱形青石桥。周泾桥、州桥、井亭桥为三孔桥，皋桥、金鸡桥为单孔桥。五桥的建筑风格基本一致，拱券分节并列砌置，桥身上采用长系石拉接，券石、拦板、桥耳部分有石雕装饰。这些石拱桥始建年代确凿，保存完整，是我国境内具有代表性的元代石拱桥。2006 年入选全国重点文物保护单位。

苏州—盘门 位于姑苏区境内。因“水陆相半，沿洄屈曲”，故名“盘门”。历史上为“吴国八门”之一，门上曾悬有木制蟠龙，以示震慑越国，故又称“蟠门”。现存城门为元至正年间修筑，后张士诚增建瓮城。明初、清初和晚清都进行过修缮，总体布局和建筑结构基本保持元末明初旧观。总平面呈曲尺形，是苏州现今唯一保存较完整的水陆并联的城门。2006 年入选全国重点文物保护单位。

苏州—狮子林 位于姑苏区境内。始建于元代至正年间。苏州“四大名园”之一，中国古典私家园林建筑的代表之一。占地面积 1.1 万平方米。因园内多竹林，竹下多怪石，状如狻猊（狮子），且天如惟则禅师得法于浙江天目山狮子岩，取佛经中狮子座之意，命名为“狮子林”。几经兴衰，寺、园、宅分而又合，传统造园手法与佛教思想相互融合，近代贝氏家族又把西洋造园手法和家祠引入园中，成为融禅宗之理、园林之乐于一体的寺庙园林。2000 年作为“苏州古典园林”的组成部分增补入选世界文化遗产。2006 年入选全国重点文物保护单位。

苏州—轩辕宫正殿 位于吴中区境内。始建于唐代。轩辕宫原有山门、碧霞元君祠、城隍庙、正殿、火神殿等建筑，现仅存正殿和城隍庙。轩辕宫正殿安放花岗石轩辕黄帝像。殿前城隍庙已改为碑刻陈列室，存有明清时代珍贵石刻。陈列室中的阴亭制成于明正德年间，仿木结构石筑物，高 3.58 米，直径 2.5 米，六角形的每一面都有石刻，中间为藏尸骨之所。2006 年入选全国重点文物保护单位。

苏州—寂鉴寺石殿 位于吴中区境内。寂鉴寺修建于元至正年间,山门两侧依山凿筑仿木结构石屋极乐园与兜率宫,分别为重檐歇山顶、单檐歇山顶。石殿名为“西天寺”,紧挨山崖,无斗拱,单檐歇山顶,面阔三间,进深两间,明间后部突出,平面呈“凸”字形,宋代称之为“龟头屋”。两石屋内佛龛中各刻阿弥陀佛、弥勒佛,均高3米多。2006年入选全国重点文物保护单位。

苏州—赵用贤宅 位于常熟市境内。赵用贤为明朝学者、藏书家,隆庆年间进士,万历初年官检讨,因弹劾张居正而被夺官归里。宅第始建于明嘉靖时期,原有轴线三组,左右两组已毁,今存为主轴,占地面积约1 400平方米。宅内大木构架、梁枋彩画、雕花柱础、雕花踢脚砖和丁字斗拱等均为明代原物。2006年入选全国重点文物保护单位。

苏州—张溥宅第 位于太仓市城厢镇。张溥为明崇祯年间进士,选庶吉士,精通诗词,尤擅散文、时论,著作宏丰,编述三千余卷,涉及文、史、经学各个学科,曾与郡中名士结为复社,评议时政。宅第原是张溥伯父、明崇祯年间工部尚书张辅之所有,后为张溥所得。始建于明天启年间,现存三进组合式房屋,建筑面积1 507平方米,较完整地保存了明代“尚书府第”的建筑风貌。2006年入选全国重点文物保护单位。

苏州—东山民居 位于吴中区境内。包括怀荫堂、明善堂、凝德堂等处,均为明代民居。怀荫堂两层11间,建筑面积200多平方米,大门形制“霸王撑”代表了明代建筑的特色。明善堂分为两大部分,外区由雕花门楼、大厅、花厅、客堂、佛楼组成,内区为生活起居之地,正厅面阔三间,进深八柱10架13檩,山架梁以透雕“云雾山中”图装饰,梁、檩、枋、山垫板上均有苏式彩绘,熔砖雕、木雕、石彩画艺术于一炉,是苏南地区明代群体住宅建筑的优秀代表。凝德堂初创时规模宏大,现仅存正厅、仪门、门屋三座建筑,共676平方米,现有彩画88幅,集苏式彩画艺术之大成。2006年入选全国重点文物保护单位。

苏州—艺圃 位于姑苏区文衙弄。前身是明嘉靖年间袁祖庚所建的

“醉颖堂”。袁祖庚为明嘉靖年间进士，官至浙江按察副使，后辞官退隐，在此择地建造宅园。万历年间为后官至大学士的秀才文震孟购得，改名为“药圃”。明朝灭亡后，为明崇祯进士姜采（号敬亭）所有，改称“敬亭山房”，后更名为“艺圃”。占地面积 3 967 平方米，分住宅、花园两部分，布局简练开朗，风格自然质朴。2000 年作为“苏州古典园林”的组成部分增补入选世界文化遗产。2006 年入选全国重点文物保护单位。

苏州—全晋会馆　位于姑苏区境内。清乾隆中期山西钱业商人创建。后毁，由山西丝茶商人重建。占地面积 6 000 平方米，沿街门厅三间，门前八字墙，门两侧上方各有一座鼓吹楼，门内戏楼由戏台及东西厢看楼组成。戏台为歇山顶，檐下上额枋雕饰戏文、龙凤、花卉，斗拱木雕贴金，光彩夺目。台顶穹隆形藻井由 632 个木雕构件榫卯组成旋转放射状纹饰，奇巧华丽而又聚音。2006 年入选全国重点文物保护单位。

苏州—师俭堂　位于吴江区境内。始建于清道光年间，咸丰末年毁于战火，同治初年重建。占地面积 2 700 平方米，建筑面积 3 500 平方米，集河埠、店铺、街道、厅堂、内宅、花园、库房为一体，街中建宅，宅内有街，布局规整，结构严谨，用料讲究，雕刻精致。2006 年入选全国重点文物保护单位。

苏州—俞樾旧居　位于姑苏区境内。俞樾是清末学者、文学家、经学家、古文字学家、书法家，他于同治末年购地规划，构屋 30 余楹。在居住区之西北原有隙地如曲尺形，取老子“曲则全”之意，构筑小园“曲园”。宅门悬晚清重臣李鸿章书“德清余太史著书之庐”横匾。“小竹里馆”为当年俞樾读书处。面阔两间的“艮宧”，乃昔日琴室。曲水亭三面环水，池名“曲池”。池东假山上有“回峰阁”与亭相对。结构布局曲折多变，颇有小中见大之奇。2006 年入选全国重点文物保护单位。

苏州—春在楼　位于吴中区境内。在上海做棉纱生意的金锡之、金植之兄弟，为孝敬母亲而建造的豪宅。由香山帮著名匠人陈桂芳设计，雇用 250 多名工匠，耗资 15 万银圆，自 1922 年动工，历时三年才竣工。雕刻精美、结构奇巧。雕花楼闲情逸致，观山亭上写着“青山无奈露真容，绿水有意藏幽姿”。楼北侧有一座小花园,小桥荷塘,亭台楼阁一应俱全。2006年入选全国重点文物保护单位。

苏州—柳亚子旧居 位于吴江区黎里镇。柳亚子系清末秀才,同盟会会员,南社创始人之一,曾任孙中山临时大总统府秘书,新中国成立后任中央人民政府委员。旧居原是清乾隆年间工部尚书周元里的私邸。厅堂楼室气宇轩昂,庭院备弄结构完整,门窗梁柱雕龙绘凤。现改建为“柳亚子纪念馆”。2006年入选全国重点文物保护单位。

苏州—草鞋山遗址 位于吴中区境内。遗址分为五个区域,文化堆积层厚11米,包括马家浜文化、崧泽文化、良渚文化和春秋吴越文化等。距今5 500年崧泽文化晚期墓葬群,挖掘出随葬物品百余件,以陶器为主,陶鼎、罐、壶、豆为主要器形,另有杯、钵、盆、盘等器类,个别比较大的墓葬中还出土了做工精美的石器如钺、斧等。2013年入选全国重点文物保护单位。

苏州—东山村遗址 位于张家港市金港镇,西枕香山,北依长江。马家浜和崧泽文化类型的新石器时代大型村落遗址。遗址平面近圆形,占地面积约20万平方米。发现史前墓葬31座,房址11座,出土文物104件,还有稻谷、灰坑、骨等遗存。2013年入选全国重点文物保护单位。

苏州—赵陵山遗址 位于昆山市张浦镇。新石器时代遗址。占地面积约1万平方米,为一海拔高10.5米的椭圆形土墩,系良渚文化早期大型土筑高台。发掘面积2 000平方米,文化堆积层厚9米,上层为春秋时期遗存,中层为良渚文化,下层为崧泽文化。共发现94座以良渚文化为主的墓葬,按墓主贫富贵贱分区埋葬。出土文物有玉器、石器、陶器。2013年入选全国重点文物保护单位。

苏州—黄泗浦遗址 位于张家港市杨舍镇。占地面积约1平方千米,探出三处遗迹密集区。出土陶器、瓷器、铁器、铜器、木器、骨器等文物1 500多件,清理出灰坑、灰沟、房址、水井、河道以及道路等。唐宋时期的港口型遗址,范围之大、时间之长,在全国同时期遗址中较为罕见。2013年入选全国重点文物保护单位。

苏州—太仓海运仓遗址 位于太仓市新浏河南岸,盐铁塘东侧。元代遗址,由两个长方形的土台组成,高出地面0.5—1.5米。海运仓始建于元代,扩建于明代,主要储存从江南各地征集的粮食,再运至京都、辽东以备军需。海运仓共919间。2013年入选全国重点文物保护单位。

苏州—顾炎武墓及故居 位于昆山市千灯镇。顾炎武系明朝苏州府昆山千灯镇人,因仰慕文天祥学生王炎午的为人,改名“炎武”。因故居旁有亭林湖,学者尊之为“亭林先生”。后人将他与黄宗羲、王夫之并称为“明末清初三大儒”。20世纪60年代,顾炎武墓、祠堂曾遭破坏,2002年经全面修缮,先后恢复了240平方米的住宅楼、120平方米的读书楼、100平方米的水墙门、150平方米的膳房。2013年入选全国重点文物保护单位。

苏州—甲辰巷砖塔 位于姑苏区境内。五层八面的楼阁式塔,青砖仿木结构,通高6.82米,底边宽0.51米。各层均以相间的菱角牙子和板檐砖叠涩挑出腰檐,檐下壁面隐出阑额、柱头枋与转角铺作,檐上架设平座,八面间隔辟壶门和隐出直棂窗,四门四窗的位置逐层相错。2013年入选全国重点文物保护单位。

苏州—思本桥 位于吴江区同里镇。南宋宝祐年间诗人叶茵所建,俗称“思汾桥”。后代曾重建。单孔拱形结构,除石阶为花岗石外,其余均为武康石。单孔拱形桥,长22.5米,宽1.8米,跨径9米,矢高4.5米。2013年入选全国重点文物保护单位。

苏州—东庙桥 位于吴江区境内。全桥除民国年间增置花岗岩栏石、望柱外,其他均由武康石构筑。底盘石和排柱浑厚稳重,排柱与横系石平接严密,受力匀称。三孔桥面架设六根石梁,石梁间铺设石板,整个桥面略成拱形,造型美观。石梁之下的长系石上尚有四个直径18厘米的半月形孔,乃建桥时安置托木所用。次孔石梁边端分别镌刻如意云图案,飘然生动。2013年入选全国重点文物保护单位。

苏州—聚沙塔 位于常熟市梅李镇。原称“聚沙百福宝塔”,始建于南宋绍兴年间。八面七层,通高20多米,仿木塔楼阁式砖木结构。塔座窄而塔身宽。清代,塔檐、塔顶残毁,塔身逐渐破败倾斜。20 世纪 90 年代,完成塔身纠偏扶正和全面修复工程。塔院内有两座碑亭,左边一碑刻有宋代造塔的碑文及祥云盘龙,文字已难辨认。右边一碑为 1998 年聚沙塔纠偏时仿造,刻有两只凤凰。2013 年入选全国重点文物保护单位。

苏州—万佛石塔 位于虎丘区境内。太湖水患多,而塔是佛的象征,该塔作为镇湖之物始建于南宋绍兴年间。1976 年塔刹被台风吹落,1978 年整修并增筑围墙。塔通高 11.2 米,由石灰石石块砌成。塔体外方内圆,造型简洁,比例适度,坚固朴实。须弥座上环筑十层武康石,并刻满一排排浮雕小佛像,共计 10 800 尊,佛像高 4.5 厘米,宽 3.5 厘米,衣冠清晰,五官可辨,“万佛宝塔”之名由此而来。2013 年入选全国重点文物保护单位。

苏州—开元寺无梁殿 位于姑苏区境内。开元寺初名“通玄寺”,三国东吴赤乌年间孙权为乳母陈氏而建,自隋代起至清咸丰年间多次毁而又建,清同治年间稍事重修,未复旧观。无梁殿即藏经阁,是开元寺仅存的一座古建筑,建于明万历中期,原先供奉无量寿佛,故称“无量殿”;又因纯为磨砖嵌缝纵横拱券结构,不用木结构梁柱檩椽,故习称“无梁殿”。2013 年入选全国重点文物保护单位。

苏州—玉燕堂 位于昆山市周庄镇。原名“怡顺堂”,明代中山王徐达之弟徐孟清后裔始建于明正统年间,清初出卖给张姓人家,俗名“张厅”。共六进,房屋 60 间,占地面积 1 400 平方米,建筑面积 1 884 平方米。正厅南侧设有幽暗狭长的备弄,足有 20 米长,左侧可连通堂楼,右侧可进入花厅,备弄底下有一条小河穿越水阁而去,与南湖相通。2013 年入选全国重点文物保护单位。

苏州—秦峰塔 位于昆山市千灯镇。原名“秦柱峰”,梁天监年间修建,明洪武年间重修。砖木结构,通高 38.7 米,横断平面为正方形,每边长 4.88 米。顶刹系铁铸,高 7 米,铁葫芦做顶,下焊八角环,每角立一紫铜小鸟,再下嵌四片白铜大耳形片,顶层四只翘角檐下系铜铃,阵风吹过铜铃叮当。清同治年间,太平军与清军作战,秦峰塔的各层搁板、扶梯及四周栏杆付之一炬,现尚存顶层搁板。1994 年大修,恢复宋代风貌。2013 年入选全国重点文物保护单位。

苏州—慈云寺塔　位于吴江区境内。建于三国时期东吴赤乌初年。六面五级,砖木结构,通高 38.44 米,由塔壁、回廊、塔心组成。自第二层起每层施平座腰檐,并辟有三面壶门,开口方位上下相错。第四层有楠木刹柱直透顶端。塔刹由铁质覆钵、仰莲、相轮、宝盖、宝珠、受花和铜质宝瓶组成。铁链分系六角,角端挂有铜铃,铃称“檐马”,俗呼“惊鸟”。2013 年入选全国重点文物保护单位。

苏州—浏河天妃宫遗迹　位于太仓市浏河镇。祀奉妈祖的道教宫宇,始建于元至元年间,至正年间重建,明宣德,清乾隆、道光年间多次复修。前有照壁、山门、钟楼、鼓楼,入宫有正殿、后殿及道舍等。正殿高大雄伟,奉妈祖神像,匾额纵横,宫灯高悬。宫之左右建有城隍庙、文昌阁、五路堂、三官阁等。建筑群东西有金钩、玉带两河环抱,景色秀丽。后因兵燹,大部分殿宇先后被废。2013 年入选全国重点文物保护单位。

苏州—苏州织造署遗址　位于姑苏区境内。苏州是中国“四大绸都”之一,自元代起朝廷就设立织造局,清顺治初年建总织局,亦称“织造府”或“织造署”。康熙中期在织造署西侧建行宫,作为皇帝“南巡驻跸之所”。织造署规模宽敞,厅堂、园池、机房、吏舍齐备,清咸丰十年(公元 1860 年)毁于兵燹,同治末年重建,但未能恢复旧观。现存头门、仪门、西花园瑞云峰等,保存有清代《制造经制记》及顺治、乾隆、同治年间的修建碑,是“江南三织造”中现存遗迹最多的一处。2013 年入选全国重点文物保护单位。

苏州—卫道观前潘宅　位于姑苏区境内。卫道观初名“会道观”,始建于元初,道士邓道枢在原宋代上官氏废圃上建立。潘宅即“礼耕堂”,清乾隆末年徽商潘麟兆所建,占地面积 6 700 平方米,建筑面积 7 500 平方米,五路六进,规模庞大,屋宇高峻,装修精致。中路建筑偏西,依次为门厅、轿厅、大厅及三进楼厅。2013 年入选全国重点文物保护单位。

苏州—杨氏宅第　位于张家港市凤凰镇。包括榜眼府、杨氏孝坊、杨氏南宅。榜眼府系清初名士杨岱所建，因门前立有四根旗杆，又称“旗杆里”，历经数次修建改建，建筑面积1 356平方米，既有清初仿明建筑的风格，也有清代中后期的建筑风格。杨氏孝坊始建于清嘉庆中期，系清政府为表彰孝子杨岱而建，建筑面积962平方米。杨氏南宅为杨岱所建，典型的清代仿明建筑，院落独立，雕刻精巧。2013年入选全国重点文物保护单位。

苏州—燕园 位于常熟市古城区新峰巷。相传系福建台澎观察使兼学政蒋元枢建于清乾隆年间，蒋元枢的父亲蒋溥、祖父蒋廷锡均为内阁大学士，家世豪富，筑园精良。道光年间泰安县令蒋因培购得后又修葺增饰，更成名构胜景。占地面积约3 520平方米，有五芝堂、赏诗阁、引胜岩、过云桥、绿转廊、一希瓦阁、十愿楼等16处景观，名山清池。亭台楼阁、曲院深廊相映增辉，尤以巧夺天工的假山和品类繁多的牡丹为著。2013年入选全国重点文物保护单位。

苏州—敬业堂 位于昆山市周庄镇。俗名“沈厅”，始建于清乾隆初年，由“江南第一富豪”沈万三的后人沈本仁建成。七进五门楼，占地面积2 000平方米，大小房屋100多间，为典型的“前厅后堂”建筑格局。前后楼屋之间均由过街楼和过道阁连接，形成一个大的“走马楼”。整个建筑布局严谨，雕饰华丽，精雅古朴。2013年入选全国重点文物保护单位。

苏州—先蚕祠 位于吴江区盛泽镇。又名“蚕花殿”或“蚕王殿”，始建于清道光中期，由盛泽丝业商人公建。汉族古典庙堂式建筑，正面门楼飞檐斗拱，气势轩昂；旁侧是八字形清水砖壁，朴素雅洁。三座拱门正中竖立祠名匾，两侧上方分别书写“织云”和“绣锦”。正殿雄伟高敞，供奉中华始祖轩辕、神农和嫘祖三座塑像。戏楼前的石板广场可容万人。2013年入选全国重点文物保护单位。

苏州—耕乐堂 位于吴江区同里镇。明代处士朱祥所建。占地面积4 267平方米，初建时有五进52间，现尚存三进41间，有园、斋、阁、榭。门厅露明三间，庄重朴实，为清代后期建筑。宅楼西侧有一条陪弄直通后园，园中置有荷花池，荷池四周湖石镶砌，高低参差，清幽别致。2013 年入选全国重点文物保护单位。

苏州一东吴大学旧址 位于姑苏区苏州大学内。东吴大学为美国基督教会在中国建立的早期教会大学之一。占地面积约 6 万平方米，建筑面积 2.1 万平方米，主要建筑分布在草坪操场周边。钟楼“林堂”建于清光绪后期，图书馆“孙堂”建于清宣统初年，科学馆“葛堂”建于 1924 年，学生宿舍“维格堂”建于 1934 年，“子实堂”建于 1935 年，健身房建于 1936 年。建筑风格或作欧洲古典式，或仿中世纪城堡式，或效美国教堂式，既多样又统一，至今保持原貌。2013 年入选全国重点文物保护单位。

苏州一天香小筑 位于姑苏区境内。中西合璧式花园别墅，1935 年由洞庭东山席家花园主人席启荪所建。2001 年辟为苏州图书馆古籍部。占地面积 2 664 平方米，建筑面积 1 033 平方米，分住宅和园林两部分。住宅部分现存建筑呈“回”字形格局，有大厅、主楼及东西两厢楼，三幢楼组成“品”字形。园林部分占地面积 1 000 平方米，堆土叠石，石阶小径，树木葱茏。2013 年入选全国重点文物保护单位。

南通一南通博物苑 位于濠河之滨。由中国早期现代化的先驱、晚清状元张謇于清光绪三十一年（公元 1905 年）创办，是第一座中国人独立创办的公共博物馆。藏品分物产、历史、美术、教育四类，主要陈列于南馆、北馆，大型文物标本展示于室外。1988 年入选全国重点文物保护单位。

南通一大生纱厂 位于崇川区境内。清光绪二十二年（公元 1896 年），中国早期现代化的先驱、晚清状元张謇购地建厂。南通是产棉区，原料价廉；工人工资较低，税赋也较轻；当地发达的土法织布业，为棉纱提供了市场，故经营顺利，利润优厚。1988 年入选全国重点文物保护单位。海门市的大生第三纺织公司于 2013 年归入大生纱厂，也成为全国重点文物保护单位。

南通一水绘园 位于如皋市古城东北隅。始建于明万历年间。原是邑人冒一贯的置业，历四世至冒辟疆时重整旧园，精心增饰“妙隐香林”“波烟玉亭”等佳境十余处，始臻完善。“绘者，会也，南北东西皆水绘其中，林峦葩卉块圠掩映,若绘画然”,故名“水绘园”。占地面积约30万平方米,北依城墙,南邻中禅寺,西倚碧霞山,借城为景,城围半园。2001年入选全国重点文物保护单位。

南通—青墩遗址 位于海安市西北部。新石器时代遗址,文化堆积属于良渚文化范畴。占地面积2万多平方米,发掘515平方米,出土大量精美的石器、玉器和陶器。地层清晰,遗物时代明确,说明至少在距今5 000多年之前海安就已成陆,并已成为人类聚居活动之地。2006年入选全国重点文物保护单位。

南通—天宁寺 位于崇川区境内。始建于唐贞观、永徽年间,距今已历1 300多年。北宋政和年间,殿堂宏丽,楼阁穹崇,为一州之伟观,宋徽宗赵佶御笔题写“大雄之殿”。明宣德初年,仅存大殿、山门。后屡有兴修,修旧补缺,铸造铜像,成为演习礼仪之所。国务院批准的“汉族地区佛教重点寺院”之一,有“东南第一丛林”之称,与镇江金山寺、扬州高旻寺、宁波天童寺并称为“中国禅宗四大丛林”。2006年入选全国重点文物保护单位。

南通—广教禅寺 位于崇川区的狼山。始建于唐总章初年。狼山是佛教大势至菩萨的道场。寺院建筑分山上山下两部分。山下的建筑主要有大佛殿、轮藏殿、大悲殿、金刚殿、藏经楼、晒经楼、枕山楼、方丈室及僧寮等,山顶的建筑有山门、萃景楼、圆通宝殿、大圣殿,还有葵竹山房、三仙祠、支云塔等。大圣殿面阔五间,进深三间,殿宇高崇,梁架精壮,为明朝建筑。2013年入选全国重点文物保护单位。

南通—如皋公立简易师范学堂旧址 位于如皋古城东南隅。始建于清光绪二十八年(公元1902年),为全国第一所独立设置的公立师范学校,创办人为清代翰林院编修沙元炳。建筑格局参照日本弘文学院图样,融合中国书院风格。初建时为三路四进,各路两侧均有围墙,围墙之间形成巷道,其间有风雨骑廊相连。所有建筑均为砖木结构,以单檐硬山为主,青砖小瓦,朱格门窗。现存中、东两路建筑,占地面积4 266平方米,保持了原址原貌。2013年入选全国重点文物保护单位。

南通—韩公馆 位于海安市西大街。韩紫石故居。清光绪末年在其祖居旧址重建。正屋为七架五开间,青砖小瓦,穿堂四进,厅庑廊轩齐全,火巷回廊具备。每进天井相隔,回廊相连。主轴线院落东侧一条火巷,直通后花园及火车车厢式小花厅,为典型的扬派建筑风格。现为海安县博物馆。2013 年入选全国重点文物保护单位。

南通—通崇海泰总商会大楼 位于崇川区境内。通崇海泰总商会始名"南通州商务总会",始建于清光绪二十八年(公元 1902 年),为中国最早的两家商会之一。大楼建于 1920 年,占地面积 2.6 万平方米,建筑面积 4 707 平方米。以门廊、大厅和会议厅为中轴,两边以办公楼环绕形成院落,具有欧洲古典主义风格。2013 年入选全国重点文物保护单位。

连云港—孔望山摩崖造像 位于海州区境内。在一处赭黄色的高低参差的崖壁上,依山就势镌刻着 100 多个大小不一、造型各异的人像,内容有道家传说也有佛教故事。修建于东汉时期,虽经 1 000 多年的风雨侵蚀,人物形象仍栩栩如生。1988 年入选全国重点文物保护单位。

连云港—将军崖岩画 位于海州区锦屏镇。东南沿海地区首次发现的岩画,在南北长 22 米、东西宽 15 米的一块混合花岗岩构成的覆钵状山坡上,分布着三组岩画,以石器敲凿磨制而成,断面呈"V"形,线条宽而浅,粗率劲直,风格原始。岩画描述了农业部落的原始崇拜,创作年代距今约 7 000 年。1988 年入选全国重点文物保护单位。

连云港—大伊山石棺墓 位于灌云县伊山镇。发现新石器时代墓葬 62 座,全部采用天然石板镶砌而成。还有岳石文化和西周时期灰坑各一个,汉代墓葬 10 座。出土陶器、石器、骨器、玉器等文物 170 余件。随葬陶器以釜、钵、罐或鼎、钵、盆为基本组合,鼎釜多带腰沿,钵多为平底,部分为盖在死者头部的"红顶钵",其中 6 件的底部有刻画符号。1996 年入选全国重点文物保护单位。

连云港—藤花落遗址 位于连云区境内。发掘面积 4 000 平方米,发现奠基坑、房址、水稻田、石埠头等遗迹 200 多处,出土石器、陶器、玉器以及炭化稻米等动植物标本 2 000 余件。城内的龙山时代遗迹保存较好，是我国聚落考古和史前城址考古的重大收获之一。2006 年入选全国重点文物保护单位。

连云港—海清寺塔 位于海州区境内。为供养“释迦真身舍利”和“阿育王灵牙”而建，故名“阿育王塔”。北宋天圣初年建塔，距今已近千年。九级八面，相对高度 40.58 米，塔身、心柱、内廊梯级、腰沿、塔刹为砖砌，外轮廓线卷杀柔和，建筑雄浑凝重。2006 年入选全国重点文物保护单位。

连云港—曲阳城遗址 位于东海县境内。汉代遗址。略呈长方形，南北长约 350 米，东西宽约 300 米，夯土板筑，城垣保存完好。城基宽 15 米，残高 5 米多，东西北三面各有原城门的豁口，长 50 米、宽 40 米。出土汉筒瓦、板瓦、瓦当、陶尊、铜镜、“军假司马”铜印等文物。2013 年入选全国重点文物保护单位。

连云港—尹湾汉墓 位于东海县境内。面积约 2 500 平方米，共有 10 余座墓葬，深埋在地表以下 5—8 米的基岩上。出土了大量铜、铁、陶、骨角、漆木、玉、琉璃器和纺织品。2013 年入选全国重点文物保护单位。

连云港—东连岛东海琅琊郡界域刻石 刻石共有两块，一块位于连云区连岛镇东连岛东端灯塔山羊窝头北麓，面海而立，另一块位于连岛镇苏马湾沙滩南缘，刻石面北。羊窝头刻石因风化断为两截，字约 30 个；苏马湾刻石刻面保存良好，字迹清楚可辨，并有明确纪年，字 60 个。两块石刻石文为竖文，隶体带篆意，文字排列不齐，行距不均，字径大小不等，为王莽时期东海郡与琅琊郡的界域刻石，是我国迄今为止发现的较为完整、内容明确、有确切纪年的汉代界域刻石。2013 年入选全国重点文物保护单位。

连云港—郁林观石刻群 位于海州区境内。共有 16 处石刻。唐开元年间镌于“飞泉”前一块巨石上的《东海县郁林观东岩壁纪》，海州司马崔惟怦之子崔逸撰文，24 行，每行 17 字，字径 10 厘米，是一篇文字优美的描述云台山风景名胜的游记，书法结体方整，被收录于《金石录》，向为历代金石家所重。祖无择三言诗刻，篆书，镌于北宋庆历年间，苏唐卿书丹，王君章镌刻。

其余为谭亨甫诗刻、宋四士题名、刘居实题名、王邦美题刻等。2013 年入选全国重点文物保护单位。

常州—淹城遗址 位于武进区境内。遗址东西长 850 米，南北长 750 米，为三城三河形制。城墙分为三重，均为堆土而筑，高约 3 米。子城位于城内中部偏北，周长 500 米，近方形；内城近似方形，周长约 1 500 米；外城为不规则圆形，周长近 2 500 米。形制独特，文物珍贵，是保存完整的春秋地面城池遗址之一。1988 年入选全国重点文物保护单位。

常州—瞿秋白故居 1996 年入选全国重点文物保护单位。参见全国红色旅游经典景区——瞿秋白故居、张太雷故居及恽代英纪念广场。

常州—三星村遗址 位于金坛区朱林镇。新石器时代遗址。揭露面积 640 平方米，清理新石器时代的墓葬 1 001 座，灰坑 55 个，房址 4 处，出土各类文物 4 000 余件。三星村遗址的年代为距今 5 500—6 500 年。2006 年入选全国重点文物保护单位。

常州—张太雷旧居 2006 年入选全国重点文物保护单位。参见全国红色旅游经典景区——瞿秋白故居、张太雷故居及恽代英纪念广场。

常州—中华曙猿化石地点 位于溧阳市上黄镇。旧石器时代遗址。发现哺乳动物化石上万块，包括 1 500 多块牙齿化石，其中一种高等灵长类动物被命名为“中华曙猿”。中华曙猿生活于始新世中期，为一类体形很小的灵长类动物，是已知的高级灵长类动物中最早的一种。化石是一块带有三颗牙齿的右下颌骨残段以及一些零散的牙齿等，时代为 4 500 万年前。2013 年入选全国重点文物保护单位。

常州—金坛土墩墓群 位于句容市天王镇一带。商周时代墓群，距今 2 700—3 000 年。清理墓葬 233 座、祭祀器物群(坑)229 个、丧葬建筑 14 座，出土文物 3 800 多件。发现土墩墓 46 座，发掘土墩 40 座。2013 年入选全国重点文物保护单位。

常州—近园 位于天宁区境内。又名“静园”“恽家花园”，兴建于清乾隆年间。占地仅数亩，构思奇巧，穷尽画理，浓缩了明清时期园林建筑的精华。山水花木,亭台楼榭,精细雅致。建筑大多环山绕水,错落有致。北面的“西野草堂”傍水而建,是宴请宾客之地。西南方向有“天香阁”“安乐窝”以及临池水的“得月轩”。2013年入选全国重点文物保护单位。

常州—新四军江南指挥部旧址 位于溧阳市前马镇。1938年夏,新四军第一、第二支队先后挺进苏南敌后,开展抗日游击战争。次年11月,新四军江南指挥部在前马镇水西村成立,统一指挥第一、第二支队和苏南地方抗日武装,巩固和发展了苏南抗日根据地。指挥部旧址原系李氏宗祠,始建于明代,三进四厢房,回廊雕窗,斗拱画梁。政治部战地服务团等五处旧址,均系砖木结构民宅。2013年入选全国重点文物保护单位。

镇江—丹阳南朝陵墓石刻 位于丹阳市陵口镇的萧梁河两岸、狮子湾、仙塘、前艾庙、金王陈村、烂石垅、三城巷、水经山村等处。主要是南朝时齐、梁两代帝王、帝后的陵墓,其中有齐宣帝萧承之的永安陵、齐景帝萧道生的修安陵、齐武帝萧赜的景安陵、齐明帝萧鸾的兴安陵、梁文帝萧顺之的建陵、梁武帝萧衍的修陵。1988年入选全国重点文物保护单位。

镇江—焦山碑林 位于京口区境内。由摩崖石刻与碑林陈列组成。摩崖石刻环集焦山西侧峭壁,存有百余方六朝以来的刻石。其中唐刻《金刚经偈句》,宋刻《米芾摩崖题名》《陆游踏雪观瘗鹤铭》等,均属上品,弥足珍贵。碑林陈列始于北宋庆历年间,自清代以来蜚声江左,但屡遭毁坏。1960年征集四乡刻石,建立焦山碑林。碑林园中有近500方各个时期的碑刻,其中《瘗鹤铭》为中外历代文人所赞叹,享有“大字之祖”“书家冠冕”的盛誉。1988年入选全国重点文物保护单位。

镇江—英国领事馆旧址 位于京口区境内。清咸丰末年,英国在镇江云台山上建筑领事馆。光绪十四年(公元1888年)镇江洋捕殴毙华人,群众愤怒焚毁了领事馆及巡捕房。清政府屈从侵略者,重建英国领事馆,现存旧址就是当时重建的建筑。占地面积1.17万平方米,有五幢房屋,均为砖木结构。靠山坡两幢方形楼房为正、副领事住房,北面临江处一幢三层长方形楼房,为工部局、巡捕房。1996年入选全国重点文物保护单位。

镇江—昭关石塔 位于京口区境内。横卧在小街中间,因塔上刻有“昭关”两字,故名“昭关石塔”;又因外形像一只瓶子,俗称“瓶塔”。建于元末明初。喇嘛式石塔,高 4.69 米,分为塔座、塔身、塔颈、十三天、塔顶五部分,用青石分段雕成。塔的下半部用块石垒砌,成四根石柱,顶部铺满条石,筑成一个框架形的台座。有十三圈带形浮雕,象征十三层天。法轮上刻有“八宝”。2006 年入选全国重点文物保护单位。

镇江—城上村遗址 位于句容市华阳镇。新石器时代至周代的遗址。占地面积约 7 万平方米,文化堆积丰厚,有古代筑城的夯土层和环壕,出土的陶片以夹砂红陶、夹砂红褐陶为主,还有少量泥制黑陶、泥制红陶、泥制灰陶、夹砂黑陶、硬陶、原始瓷,器形有鼎、鬲、釜、罐、豆、钵、盆、器盖、簋、瓿等,石器有石锛、石刀等。2013 年入选全国重点文物保护单位。

镇江—葛城遗址 位于丹阳市珥陵镇与导墅镇交界的葛城村。西周至春秋时期的吴国城址。占地面积 5.73 万平方米,高出地面约 3 米。城址内分布有窖穴、房基、水井、水沟,城址外分布有土墩墓。遗址中出土了较丰富的陶器、石器、青铜器等吴文化遗物。2013 年入选全国重点文物保护单位。

镇江—铁瓮城遗址 位于京口区境内。铁瓮城又名“子城”“京城”,始建于三国孙权时期,作为地方政治中心的治所,历经晋、唐直至明、清,有 1 700 多年的历史。城周平面近椭圆形,清理出六朝夯土及包砖墙、历代官衙建筑等遗迹。遗址保存比较完好,文化遗存丰富,文化遗物种类繁多。2013 年入选全国重点文物保护单位。

镇江—宋元粮仓遗址 位于京口区境内。宋元时代粮仓遗址,埋在现今地面以下 1.5—2 米处,发现大面积的夯土遗存。镇江是历史上京杭大运河和长江的交汇之处,坐落着 13 座古代遗留下来的大型粮仓,时间跨越宋、元、明、清四个朝代。2013 年入选全国重点文物保护单位。

镇江—春城土墩墓群 位于句容市茅山镇,地处何庄村低丘土岗的百培山。土墩数以百计,多为小型封土墩,高 1.5—2.5 米,底径 12—20 米。其中杨家棚村北的一座土墩规模最大,高约 10 米,底径约 50 米。2013 年入选全国重点文物保护单位。

镇江—烟墩山墓地 位于丹徒区大港镇。西周时期吴国诸侯王周章的墓葬,距今近3 000年。出土青铜器12件,随葬物主要是青铜礼器,有鼎、簋、鬲、盂、觥等。出土重要文物“宜侯夨簋”。“宜侯”即吴侯,其地在今镇江丹徒区。宜侯夨簋内有铭文126字,主要记载武王、成王伐商、赏赐之事,是西周初年井田制与奴隶制的重要佐证。2013年入选全国重点文物保护单位。

镇江—甘露寺铁塔 位于京口区北固山上。甘露寺雄踞在北固山后峰之顶,最初为石塔,建于唐宝历初年。宋元丰年间改建为九级铁塔,塔身每层皆八面四门,上铸飞天、立佛等。原塔在明代因海啸倾塌,仅遗存最下面的四层。2013年入选全国重点文物保护单位。

镇江—隆昌寺 位于句容市宝华山。原名“千华寺”,系佛教律宗祖庭。创寺已逾1 500余年。清雍正十一年(公元1733年)清世宗令宝华山律院住持、律师赴京放皇戒(即授御戒),名望随之日高。鼎盛时期有殿宇近千间。2013年入选全国重点文物保护单位。

徐州—汉楚王墓群 徐州附近的楚王山、小龟山、东洞山、北洞山、南洞山、卧牛山、驮篮山、狮子山等处,共有汉代墓葬20余座。东洞山一号墓较大,有七个墓室,面积约200平方米;二号墓规模较小,出土鎏金铜器,有赵姬沐盘、明光宫鼎等。北洞山汉墓墓室面积500平方米,七个彩俑室各有仪仗、侍卫彩俑30余个,出土金带钩、透雕玉器、铜、铁器等珍贵文物。1996年入选全国重点文物保护单位。徐州汉代采石场遗址,南北长200米,东西宽150米,清理出采石坑68处,石渣坑1处,墓葬2座。2006年国务院公布第六批全国重点文物保护单位时,将其归入第四批全国重点文物保护单位汉楚王墓群。

徐州—大墩子遗址 位于邳州市四户镇。占地面积5.33万平方米,先后清理墓葬340多座,还有居住遗迹、窑穴、窑等遗迹。分上、下两个文化层,下文化层为青莲岗文化早期,上文化层与大汶口文化中晚期相当。出土于下层的陶器中有少数泥质陶，外施红色陶衣，彩陶片为钵和碗，在砖黄色地上绘红色花纹，有直线、曲线、复道弧线等花纹，图案疏朗。2006 年入选全国重点文物保护单位。

徐州—花厅遗址 位于新沂市马陵山。新石器时代大汶口文化遗址，年代约为公元前 3 000 年。清理墓葬 78 座，大多为长方形墓坑，其中有大墓 10 座，随葬品多达上百件，以陶器和玉器为主。陶器具有大汶口文化的特征。2006 年入选全国重点文物保护单位。

徐州—徐州墓群 位于贾汪区、铜山区。包括白集汉墓、茅村汉墓和拉犁山汉墓。发现西周墓葬 32 座，其中土坑竖穴墓 25 座、马坑 5 座、牛坑 1 座、狗坑 1 座，尸骨大多保存完好。死者均为青壮年，大多数为男性，不少人尸骨不全。墓地有 5 匹殉马，规格较高，但出土的随葬品只有少量的陶器。其中一个墓室发现一具大致完整的骨骸，头顶前摆放着鬲、簋、豆、罐等陶器随葬品及一些鸡、鱼、猪的骨头，从头部到髋骨挂着 160 枚海贝。2006 年入选全国重点文物保护单位。

徐州—户部山古建筑群 位于云龙区境内。西楚霸王项羽建都彭城时因山为台，以观将士戏马。南朝宋武帝刘裕北征至彭城时于此盛宴将僚，并建抬头寺。独立完整的宫廷式古建筑群，占地面积 7 100 平方米。主要建筑有山门、雄风殿、戏马堂、配殿、碑亭、碑廊、重九台、追膝轩等。雄风殿前的项羽立像，高 2.85 米，南侧放置“霸业雄风”铁鼎一尊。这里是古代的军事要塞。2006 年入选全国重点文物保护单位。

徐州—刘林遗址 位于邳州市戴庄镇。新石器时期遗址，处于大汶口文化的早期。发现墓葬 145 座，出土文物 804 件，其中石器 69 件，骨、角、牙器 215 件，陶器 530 件。2013 年入选全国重点文物保护单位。

徐州—梁王城遗址 位于邳州市北部，京杭大运河依傍而过。新石器时代至战国时代的遗址。占地面积 100 多万平方米。文化层堆积深达四五米，地层堆积从早到晚依次为大汶口文化层、龙山文化层、商周文化层、春秋战国文化层、北朝-隋文化层以及宋元文化层。2013 年入选全国重点文物保护单位。

淮安—周恩来故居 1988年入选全国重点文物保护单位。参见全国红色旅游经典景区——周恩来纪念馆和故居。

淮安—明祖陵 位于盱眙县洪泽湖西畔的淮河入湖处。明太祖朱元璋的高祖、曾祖、祖父的衣冠冢及其祖父的葬地。朱元璋建立明朝后，追尊其高祖朱百六为玄皇帝，曾祖朱四九为恒皇帝，祖父朱初一为裕皇帝，并于洪武十九年（公元1386年）修建祖陵，永乐十一年（公元1413年）朱棣建棂星门及围墙，祖陵全部建成。原有城墙三道，金水桥三座，殿庑、亭阁、署房、宫私宅第千间，栽植柏树万株，神道长250多米，两侧立望柱两对，石像19对，规模宏大。1996年入选全国重点文物保护单位。

淮安—洪泽湖大堤 位于淮阴区、洪泽区境内。又称“高家堰”“捍淮堰”，全长70.4千米。始建于东汉建安年间，明万历年间增筑直立式条石墙护面，至清乾隆晚期全部完工。工程规模巨大，被誉为“水上长城”。明代黄河夺淮入海，洪泽湖以东地区水患严重，大堤为保卫淮扬地区的安全起到了至关重要的作用。洪泽湖大堤是世界文化遗产“中国大运河”的遗产点之一。2006年入选全国重点文物保护单位。

淮安—淮安府衙 位于淮安区境内。明朝开国以后在苏北设立淮安府，治山阳县（今淮安区）。洪武初年，以淮安路屯田打捕总管府为府衙，一直沿用到清末。府衙占地面积近2万平方米，房室300余间。大门面南临街，前有20余米长的照壁，东西有金丝楠木牌楼。整个建筑分中东西三路，中路为正房。府衙内后部有一园，名“偷乐园”。2006年入选全国重点文物保护单位。

淮安—苏皖边区政府旧址 位于清江浦区境内。苏皖边区政府是新四军在苏中、苏北、淮南、淮北四大解放区创建的民主联合政府，1945年在淮阴（今淮安）成立。旧址占地面积1万多平方米，对称分布的四幢平房是当年政府办公室，北部的四合院是接待来客、举行会议的地方。2006年入选全国重点文物保护单位。

淮安—泗州城遗址 位于盱眙县泗州城。泗州城始建于北周，隋朝时毁于战乱，唐代重建，曾经是淮河下游的一座繁盛都市，有“水陆都会”之称。较为完整地保存了300多年前的城市风貌。2013年入选全国重点文物保护单位。

淮安—文通塔 位于淮安区境内。原名“尊胜塔”，始建于唐景龙年间，高44米，13层。明崇祯年间重修，因旁有文通寺而改名为“文通塔”。清康熙八年（公元1669年）郯城大地震，文通塔仅剩两层，后来重建时只修了七层。现塔系砖结构，无梁柱，高23米，七层八角，外形为黄身青檐。2013年入选全国重点文物保护单位。

淮安—月塔 位于涟水县唐集镇。此处古代曾有一座规模宏大的法济寺，建有前大殿、后大殿、中大殿。法济寺山门外原有塔三座，月塔为其中之一。月塔又名“石橛塔”“法济塔”，高七级，明万历三十四年（公元1606年）重修。2013年入选全国重点文物保护单位。

淮安—青莲岗遗址 位于淮安区境内。新石器时代早期文化遗存。遗址分布范围约4平方千米，出土石器有穿孔石斧、石锛、石凿、砺石等，出土陶器种类不多，制作较为粗糙，常见器形有红陶钵、鼎、釜、双鼻小口罐，还有一定数量的深腹圜底罐、碗、支座、带流壶以及角状把陶器。内壁绘彩陶器主要有水波纹和网纹，以及弧线纹和八卦纹，线条简练流畅，与其他新石器时代彩陶风格迥然有别。两处红烧土堆积厚约1米，面积5—10平方米。2013年入选全国重点文物保护单位。

淮安—第一山题刻 位于盱眙县城。盱眙第一山原名“南山”，因盛产都梁香草，又名“都梁”，也成为古时盱眙县的别称。第一山左靠翠屏峰，右揽凤坡岭，背倚清风山，面向淮河，树木葱郁，楼阁掩映其中，自然风景极佳。北宋书法家米芾作《第一山怀古》诗，并挥毫书写“第一山”三个大字，人们改称南山为“第一山”。目前尚有摩崖石刻74方（其中宋代45方），碑刻39通。山腰间有著名的秀岩、瑞岩、西城寺三座石刻，多属宋、元、明、清历代名家题留，诗词并茂，字体齐全。2013年入选全国重点文物保护单位。

宿迁—龙王庙行宫 位于皂河镇。龙王庙始建于清顺治年间,康熙、雍正、乾隆、嘉庆年间复修和扩建,形成占地面积2.4万平方米的四院三进北方官式建筑群。乾隆皇帝六次下江南,五次宿顿于此,并建亭立碑,故又称“乾隆行宫”。龙王庙行宫为世界遗产“中国大运河”项目的一个遗产点。2001年入选全国重点文物保护单位。清乾隆二十二年(公元1757年)乾隆帝第六次下江南,御舟泊于皂河镇内京杭大运河岸石码头,至龙王庙祭拜并下榻于龙王庙行宫。御码头约80平方米,块石垒砌,岸边筑平台,坡道用条石铺成,共39级,宽约6米。2006年国务院公布第六批全国重点文物保护单位时,将御码头遗址归入第五批全国重点保护文物龙王庙行宫。

宿迁—晓店青墩遗址 位于宿豫区晓店镇。西周至汉朝时期遗址,占地面积9万平方米。文化层厚近2米,上为汉代文化层,下为西周文化层,被称为“青墩文化”。出土大量陶器,更有青铜剑、戈、镞等面世。遗址遗迹组合丰富,空间分布完整,地层清晰,遗物时代明确。2006年入选全国重点文物保护单位。

宿迁—三庄墓群 位于泗阳县大水泊镇三庄村。古泗水国的重要遗址,分布于东西2 500米,南北7 500米的范围内。计有古墓40余座,并处南北同一轴线。其中大墓为汉代泗水国王的王陵,周围的土墩墓为贵族和官员的陪葬墓。王陵的封土高约8.5米,底径约长90米,主墓室长5.7米、宽4.4米、高1.7米。墓道西侧有一上下两层的大型陪葬坑。2013年入选全国重点文物保护单位。

二十四、国家一级博物馆

南京博物院 位于玄武区境内。中国“三大博物馆”之一。前身是1933年蔡元培等倡建的国立中央博物院,是中国第一座由国家投资兴建的大型综合类博物馆。占地面积13万余平方米,设有历史馆、特展馆、数字馆、艺术馆、非遗馆、民国馆,另设考古研究所、文物保护研究所、古代建筑研究所、陈列艺术研究所、非遗保护研究所、古代艺术研究所。藏品42万余件(套),历朝历代的珍品佳作,青铜、玉石、陶瓷、金银器皿、竹木牙角、漆器、丝织刺绣、书画、印玺、碑刻造像等所有文物品类一应俱全,每一品种自成历史系列。2008年入选国家一级博物馆。

苏州博物馆 位于平江区东北街。馆址为原太平天国忠王府。新馆由华人建筑师贝聿铭设计,2006年建成开放。新馆占地面积约1.07万平方米,建筑面积1.9万余平方米,加上修葺的太平天国忠王府,总建筑面积2.65万平方米,是一座集现代化馆舍建筑、古建筑与山水园林三位一体的综合性博物馆。2008年入选国家一级博物馆。

扬州博物馆 位于邗江区文昌西路。由扬州中国雕版印刷博物馆、扬州博物馆新馆组成。占地面积5万平方米,建筑面积2.5万平方米,展区面积1万平方米,文物库房面积5 000平方米。设有广陵潮——扬州城市故事厅、扬州八怪书画厅、馆藏明清书画厅、国宝厅、扬州古代雕刻厅、中国雕版印刷展厅、扬州雕版印刷展厅和一个临展厅等八个展厅。2008年入选国家一级博物馆。

侵华日军南京大屠杀遇难同胞纪念馆 2008年入选国家一级博物馆。参见全国红色旅游经典景区——侵华日军南京大屠杀遇难同胞纪念馆。

南通博物苑 2008年入选国家一级博物馆。参见全国重点文物保护单位——南通博物苑。

常州博物馆 位于常州市龙城大道。创建于1958年,新馆于2006年落成,建筑面积2万平方米,展区面积近1万平方米。馆藏文物2万余件(套),包括国家一级文物27件(套)、二级文物166件(套)、三级文物3 129件(套)。其中良渚文化时期的玉器、春秋战国时期的青瓷器、宋元时期的漆器与瓷器以及明清时期的书画,都是特色馆藏。2017年入选国家一级博物馆。

南京市博物总馆　包括南京市博物馆(朝天宫)、太平天国历史博物馆(瞻园)、中国共产党代表团梅园新村纪念馆、南京市民俗博物馆(甘熙宅第)、渡江胜利纪念馆、江宁织造博物馆、六朝博物馆、南京市考古研究所和南京市文化遗产保护研究所等九家市属文博馆所。馆藏文物10万余件(套),其中一级文物395件(套)。2017年入选国家一级博物馆。

二十五、国家重点美术馆

江苏省美术馆　位于南京市长江路。中国第一座国家级美术馆,始建于1936年。现拥有老馆和新馆两处展馆建筑,建筑面积4万平方米。各类藏品近万件,其中以中国画最为丰富。还收藏大量版画、中国油画、中国水彩画、当代书法、民间艺术等美术作品。2011年入选国家重点美术馆。

二十六、中华老字号

无锡市三凤桥肉庄有限公司(注册商标:三凤桥)　位于中山路。起始于1927年。三凤桥酱排骨沿袭近百年的传统配方,配合现代生产工艺制作,以色泽酱红、香味浓郁、骨酥肉烂、油而不腻为特色,为无锡著名土特产。目前生产新鲜、真空包装、保鲜包装三大熟食系列200多个品种。2006年入选中华老字号。

江苏仙鹤食品酿造有限公司(注册商标:仙鹤)　位于常州市新北区长江中路。起始于清同治年间。“仙鹤”牌酱油采用非转基因脱脂大豆、地产小麦和麦麸为主要原料,采用高盐先稀后固的发酵工艺,适当调整发酵温度和周期,产品有浓郁的酱香和酯香。目前生产浓色型、家庭型、餐桌型、补铁型四大系列21个品种的“仙鹤”牌酱油。2006年入选中华老字号。

江苏恒顺醋业股份有限公司(注册商标:恒顺) 位于镇江市丹徒区恒顺大道。起始于清道光中期,主要从事食醋、酱油、酱菜、黄酒等传统酿造调味品、现代复合调味品和食醋递延保健品的生产、销售。“恒顺”香醋采用优质糯米为原料,经制酒、制醅、淋醋40多道工序酿造而成。“镇江恒顺香醋酿制技艺”已被列入第一批国家级非物质文化遗产(代表性项目)名录。2006年入选中华老字号。

扬州富春饮服集团有限公司富春茶社(注册商标:富春) 位于得胜桥。起始于清光绪中期,以花局起家,继以茶社兴盛,又以美点佳肴闻名遐迩。花、茶、点、菜相结合,选料严格,制作精细,注重本味,讲究火候、刀工,清鲜平和,浓醇兼备。2006年入选中华老字号。

南京清真马祥兴菜馆(注册商标:马祥兴) 位于鼓楼区湖南路。起始于清道光末年。在继承穆斯林传统技法的基础上,融入地域特色,菜肴色、香、味、形俱佳,马祥兴盐水鸭被认定为“全国清真名牌风味食品”,马祥兴菜馆入选“中华餐饮名店”。2006年入选中华老字号。

苏州市得月楼餐饮有限公司(注册商标:得月楼) 位于苏州市太监弄。起始于明嘉靖年间,已有400多年历史。传承苏帮菜点,注重精益求精,讲究色、香、味、形,保持原汁原味,常年供应品种达300多种,并配有四季时令菜点。2006年入选中华老字号。

南京中央商场股份有限公司(注册商标:中央) 位于新街口商业圈。起始于1936年。公司为多业态并存、跨地域经营的大型商业集团,中心店经营面积逾6万平方米。2006年入选中华老字号。

镇江宴春酒楼有限公司(注册商标:宴春) 位于解放路。起始于清光绪中期。创业伊始,创始人从名儒吴季衡的一副嵌头联“宴开桃李园中一觞一咏,春在金焦山畔宜雨宜晴”中选取头两字,命名为“宴春酒楼”。供应镇江地方特色菜肴、特色早点,在海外侨胞、港澳同胞中享有盛誉。2006年入选中华老字号。

苏州松鹤楼饮食文化有限公司(注册商标：松鹤楼) 位于姑苏区观前街。起始于清乾隆中期,已有250多年历史。古人以松鹤寓长寿,故取名“松鹤楼”。精于苏菜炖、焖、煨、焙等传统技法,注重选料、刀工、火候,每道菜讲究色、香、味、形,是苏州地区历史悠久的正宗苏帮菜馆。2006年入选中华老字号。

扬州三和四美酱菜有限公司(注册商标：三和、四美) 位于鼎兴路。“四美”是清初一秀才借用《滕王阁序》中“四美具,二难并”之句命名,含义为鲜甜脆嫩;“三和”是酱园主人自起,含义为色、香、味皆佳。清代,三和四美酱菜被列为宫廷御膳小菜。现为规模最大的扬州酱菜生产企业,中国调味品著名品牌企业50强骨干企业。主要生产酱菜、腐乳、花色酱、酱油等调味品和速冻包点。2006年入选中华老字号。

南京金都饮食服务有限公司(注册商标：绿柳居) 位于太平南路。起始于清末宣统年间。绿柳居菜馆独创了不少金陵风味的素菜,至今盛名不衰。2006年入选中华老字号。

南京四明眼镜店有限责任公司(注册商标：四明) 位于汉中路。起始于1939年,已有80余年的历史。以技术力量雄厚强大,验配技术高超精确,产品质量优质可靠,服务管理严格规范而蜚声华东地区。2006年入选中华老字号。

南京韩复兴清真食品有限公司(注册商标：韩复兴) 位于雨花台区龙腾北路。起始于清同治年间,始创人为河南回民韩连登。清真食品“韩复兴”鸭选料讲究,制作精细,加工工艺独特,清宣统年间在南洋劝业会上荣获金牌奖,享有“贡鸭”之美誉。2006年入选中华老字号。

常熟市王四酒家(注册商标：王四酒家) 位于兴福街。起始于清光绪中期。店主王祖康有一手精湛的烹饪技艺,利用田间蔬菜、家养鸡鸭烹制菜肴。2006年入选中华老字号。

徐州恒顺万通食品酿造有限公司(注册商标：万通) 位于杨山路。起始于1941年。集科研、生产、销售为一体的食品酿造公司,主要生产万通牌酱油、食醋、辣酱、酱腌菜及腐乳五大系列近百个品种,年产规模8万吨。2006年入选中华老字号。

南京宝庆银楼首饰有限责任公司(注册商标:宝庆) 位于秦淮区太平南路。起始于清嘉庆年间。主要产品为“宝庆牌”黄金珠宝首饰和金银摆件。“宝庆”商标获“中国驰名商标”。2006年入选中华老字号。

苏州乾生元食品有限公司(注册商标:乾) 位于吴中区木渎镇。起始于清乾隆中期,原名“费萃泰”,光绪初期更名为“乾生元”。所产“松子枣泥麻饼”以形如满月、色泽金黄、入口香甜、甜而不腻、香而不焦、油而不溢、松脆可口而著称,曾被列为宫廷御膳点心。2006年入选中华老字号。

南京白敬宇制药有限责任公司(注册商标:白敬宇) 位于惠中路。前身为“白敬宇药庄”,成立于1931年。传统产品“白敬宇”眼药(现名为“复方炉甘石眼膏”)疗效独特,1915年获巴拿马万国博览会金奖。公司产品现有原料药近20个品种,年生产能力800吨。2006年入选中华老字号。

苏州乾泰祥丝绸有限公司(注册商标:乾泰祥) 位于姑苏区观前街。“乾泰祥”起始于清同治初年。现除经营绸缎外,精粗纺呢绒,棉布化纤,应有尽有,“丝绸大王乾泰祥,天天都有新花样”的广告语已深入人心。2006年入选中华老字号。

苏州稻香村食品厂(注册商标:禾) 位于工业园区。起始于清乾隆中期,已持续经营250年,是中国糕点食品行业历史最悠久的企业之一。现在全国拥有九大现代化食品生产加工中心,并在江苏、山东、湖南、云南等地联合建有七大原料基地,开发改良了传统糕点、面包、月饼、粽子、蛋糕、糖果、肉食、炒货、蜜饯等近100余种新产品。2006年入选中华老字号。

徐州市老同昌茶叶有限责任公司(注册商标:老同昌) 位于徐州市彭城路。起始于1927年。集生产、加工、销售为一体的茶叶专业公司,拥有先进的茶叶储存、检测、包装设备及雄厚的专业技术力量,经营高、中、低档花茶、绿茶、红茶、乌龙茶、白茶、黄茶、普洱茶、保健茶、名优礼品茶,还经营精美陶瓷、紫砂茶具、工艺品等。2006年入选中华老字号。

扬州市光明眼镜有限公司(注册商标:光明) 位于广陵区国庆路。起始于20世纪20年代,是一家具有近百年历史的眼镜专业店。光明牌眼镜因选料讲究、做工精细、验光精准、佩戴舒适而蜚声大江南北。2006年入选中华老字号。

南京新街口百货商店股份有限公司(注册商标:新百) 位于秦淮区中山南路。起始于1952年。江苏地区规模最大、最具影响力的零售企业之一,推行“一业为主、多元经营”的发展战略,拥有“新街口百货”和“东方国际”两大百货品牌,实现了从单店经营向集团化运作的转变。2006年入选中华老字号。

南京金都饮食服务有限公司(注册商标:永和园) 位于秦淮区建康路。起始于清光绪年间,素有“秦淮第一楼”的美称。“永和园”营业面积约1 700平方米,一楼为明档自选小吃广场,以“秦淮八绝”驰名中外;二楼设零点大厅及豪华包间,呈奉精致京苏及民国大菜。2006年入选中华老字号。

苏州市朱鸿兴饮食有限公司(注册商标:朱鸿兴) 位于平江区皮市街。起始于1938年成立的一家不足30平方米的面店。因面食品种多,质量高,服务周到,价格便宜,市民天天争早赶吃头汤面。2006年入选中华老字号。

镇江存仁堂医药连锁有限责任公司(注册商标:存仁堂) 位于宗泽路。起始于清道光中期,店名取“存其仁义,同济众生”之意,是晚清江南一大知名老店,有“南有存仁堂,北有同仁堂”之誉。现经营中西药械和营养滋补保健品等七大类6 000多种规格的商品。2006年入选中华老字号。

苏州玉露春茶叶有限公司(注册商标:玉露春) 位于姑苏区阊胥路。前身为“玉露春茶庄”,成立于清光绪末年,自产自销碧螺春茶叶。现在原产地洞庭湖西山建立了茶园生产基地,出产的碧螺春茶叶带有淡淡的花果香气。2006年入选中华老字号。

苏州市春蕾茶庄有限公司(注册商标:汪瑞裕) 位于临顿路。前身为

“汪瑞裕茶号”,成立于清乾隆年间,1966 年更名为“春蕾茶庄”。春蕾茶庄的“汪瑞裕”牌茉莉花茶,曾获中国国际茶叶博览会金奖。2006 年入选中华老字号。

苏州市石家饭店(注册商标:石家饭店) 位于吴江区木渎镇。初名“叙顺楼菜馆”,成立于清乾隆晚期。创始人石汉,善用太湖淡水鱼鲜烹调,形成了以十大名菜为主的独特的菜肴体系。2006 年入选中华老字号。

常州糖烟酒股份有限公司瑞和泰副食品商场(注册商标:瑞和泰) 位于广化街。由清光绪年间前店后坊的“瑞和泰”茶食店发展而来,以创始人王瑞、李泰的名字命名。目前拥有一家大型食品零售商场和 25 家连锁门店,主营名烟名酒、名品茶叶、百货用品、洗涤用品、高档营养品、特色南北货、名特优农产品和各种土特产。2006 年入选中华老字号。

扬州谢馥春化妆品有限公司(注册商标:谢馥春) 位于广陵区东关街。起始于清道光早期。“谢馥春”制作的香粉,采取天然原料,经鲜花熏染、冰麝定香工艺精制而成,为清廷贡粉,于 1915 年荣获巴拿马万国博览会大奖。2006 年入选中华老字号。

南京云锦研究所有限公司(注册商标:吉祥牌) 2006 年入选中华老字号。参见全国工业旅游示范点—— 南京市云锦研究所。

扬州玉器厂(注册商标:玉缘) 2006 年入选中华老字号。参见全国工业旅游示范点——扬州玉器工业园。

扬州漆器厂(注册商标:漆花) 2006 年入选中华老字号。参见全国工业旅游示范点——扬州漆器工业园。

南京同仁堂药业有限责任公司(注册商标:乐家老铺) 位于江北新区星宇路。前身是北平同仁堂京都乐家老铺南京分号,1926 年开业,1955 年公私合营更名为“南京同仁堂国药号”,1957 年定名为“南京同仁堂制药厂”。1998 年改制组建南京同仁堂药业有限责任公司。“炮制虽繁,必不敢省人工;品味虽贵,必不敢减物力”,是同仁堂传承百年的古训。2006 年入选中华老字号。

常州新世纪商城有限公司(注册商标：常百) 位于钟楼区北大街。起始于常州市第一家百货店,是常州历史最悠久的综合性百货零售企业。1998年组建常州新世纪商城有限公司。经营钟表、黄金饰品、针织品、服装、鞋帽、文体用品、影视、家电等21个大类3.8万个品种。2010年入选中华老字号。

昆山奥灶馆有限公司奥灶馆(注册商标：奥灶馆) 位于昆山市玉山镇。前身为“天香馆”,已有100多年历史。1956年公私合营取名“奥灶馆”。独创的白汤卤鸭面和红油爆鱼面被评为“中华名小吃”。2009年“昆山奥灶面制作技艺”被列为江苏省非物质文化遗产。2010年入选中华老字号。

扬州绿杨春茶叶有限公司(注册商标：绿杨春) 位于国庆路。前身为“景吉泰茶庄”,成立于清光绪末年,1956年与森泰等几家同业改组为“绿杨春茶叶店”,2000年成立扬州绿杨春茶叶有限公司。现主要经营绿杨春、魁龙珠、龙井、铁观音等全国各地名茶。2010年入选中华老字号。

南京吴良材眼镜店(注册商标：吴良材) 位于秦淮区太平南路。由1946年开业的上海吴良材眼镜公司设立的南京分公司发展而来。多年来,企业始终秉承“货真价实,验配考究”的核心价值观,已成为中国眼镜行业知名连锁经营企业之一。2010年入选中华老字号。

江苏洋河酒厂股份有限公司(注册商标：洋河) 位于宿迁市洋河中大街。坐拥“三河两湖一湿地”。洋河酿酒起源于隋唐,隆盛于明清,有1 300多年的酿酒历史。2010年入选中华老字号。

江苏双沟酒业股份有限公司(注册商标：双沟) 位于宿迁市泗洪县双沟镇。起始于清雍正初期,已有近300年的历史。拥有“双沟”“双沟珍宝坊”“苏”三个中国驰名商标。“双沟大曲”在1912年南洋劝业会获得一等奖。2010年入选中华老字号。

江苏汤沟两相和酒业有限公司(注册商标：汤沟) 位于连云港市灌南县汤沟镇。起始于北宋年间,成名于明末清初。“汤沟大曲”以高粱及大麦、小麦为原料,采用传统“老五甑”工艺酿制而成。“汤沟酒酿造技艺”已被列入江苏省首批非物质文化遗产。2010 年入选中华老字号。

苏州采芝斋食品有限公司(注册商标：采芝斋) 位于姑苏区观前街。起始于清同治年间。20 世纪 50 年代周恩来在日内瓦国际会议上用来招待国际友人。采芝斋产品包括苏式糖果、糕点、炒货、蜜饯等五大系列 300 多个品种。2010 年入选中华老字号。

苏州黄天源食品有限公司(注册商标：黄天源) 位于姑苏区观前街。起始于清道光初年。主要经营各色糕团,品种达 200 多种,每天供应 60 多种。除了一年四季应时供应青团子、南瓜团子、重阳糕、神仙糕等,还按苏州人的风俗习惯推出适销品种,如老年人做寿用的寿团、寿糕,姑娘出嫁用的蜜糕、铺床团子等。2010 年入选中华老字号。

江苏张家港酿酒有限公司(注册商标：沙洲) 位于金港镇。起始于清光绪年间。目前是全国最大的民营黄酒生产制造企业之一,已形成高、中、低档黄酒、啤酒的系列产品。“沙洲”黄酒连续多年被评为“江苏名牌产品”通过绿色食品认证。2010 年入选中华老字号。

苏州津津食品有限公司(注册商标：津津) 位于北园路。前身为“老津津牛肉干工场”,起始于清末民初。“津津”牌豆腐干、玫瑰乳腐被认定为国家地理标志保护产品。津津产品还有素火腿、素爆鱼、开洋、五香、虾味香干、桂花糖藕、肉汁酱煨蛋、笋豆等。2010 年入选中华老字号。

苏州叶受和食品有限公司(注册商标：和合) 位于姑苏区观前街。起始于清光绪初期,创始人叶鸿年,店名取义于“和气生财”。主要生产糕点、炒货、野味、糖果。2007 年“叶受和苏式糕点制作技艺”被列入江苏省非物质文化遗产。2010 年入选中华老字号。

太仓肉松食品有限公司(注册商标：太仓牌) 位于城厢镇。前身为起始于清光绪年间的“倪鸿顺肉松店铺”。“太仓牌”肉松在 1915 年巴拿马万国博览会上获得金奖。“太仓牌”肉松、“太仓牌”肉松骨头为“江苏名牌产品”,“太仓牌”商标为“中国驰名商标”。2010 年入选中华老字号。

淮安市浦楼酱醋食品有限公司(注册商标：浦楼) 位于轮埠路。起始于清道光中期,字号为“浦楼酱园”。1956 年公私合营创成立“清江酱醋食品厂”。现有生态大缸 3 000 多口,年生产能力 3 000 多吨。产品主要有天然白汤酱油、酿造酱油、酿造食醋和清真月饼。2010 年入选中华老字号。

泰州梅兰春酒厂有限公司(注册商标:梅兰春) 位于江洲南路。“梅兰春”酒原名“泰州酒”,为了纪念泰州籍京剧艺术大师梅兰芳 90 周年诞辰,改名为“梅兰春酒”。2010 年入选中华老字号。

宿迁市三园调味品有限公司(注册商标:三园) 位于四海路。1998 年由原宿迁市酱醋厂改制而成。主要产品有“三园”牌甜油、酱油、食醋、大头菜和酱类五大系列 30 余种。其中甜油是宿迁独有的调味品,天然日晒发酵,风味独特;香醋采用固稀结合分层发酵工艺,酸甜可口,具有保健功能。2010 年入选中华老字号。

南京奶业集团有限公司(注册商标:卫岗) 位于玄武区童卫路。前身是宋美龄、宋庆龄两姐妹创办的学校实验牧场。现拥有汤泉奶牛场、仙林第一牧场、西岗奶牛场、泰州奶牛场等大型奶牛基地。2010 年入选中华老字号。

南京冠生园食品厂有限公司(注册商标:园) 位于秦淮区太平南路。起始于 1918 年。建有现代化的中央工厂,引进先进的质量检测和生产设备,产品实行统一生产,统一配送,通过了质量管理体系、国际环境管理体系及食品安全管理体系三项认证。“苏式椒盐月饼”被评为“中华糕饼文化遗产”。2010 年入选中华老字号。

南京小苏州食品有限公司(注册商标:小苏州) 位于三元巷。起始于 1932 年。生产杏仁酥、雪片糕、水蒸蛋糕、方糕、定胜糕、京果、酥糖、苏式月饼及各色苏式糖果,统称为“茶食”。产品花色品种多,口味具江南特色,成为馈赠佳品。2010 年入选中华老字号。

南京清真桃源村食品厂有限公司(注册商标:蜜桃牌) 位于秦淮区白下路。起始于 1937 年。传统苏式“麻油椒盐”“麻油五仁”月饼和“民国老月饼”用料纯正,制作工艺精良。2010 年入选中华老字号。

无锡市玉祁酒业有限公司(注册商标：双套) 位于惠山区玉祁街道。前身是1954年无锡地区酿酒糟坊合伙经营的“锡西酿酒工场”。年生产黄酒2.5万吨,白酒3 000吨。2010年入选中华老字号。

无锡市真正老陆稿荐肉庄有限公司(注册商标：真正老陆稿荐) 位于梁溪区境内。起始于清同治末年,无断代传承已有140余年。主要生产酱制类、糟卤类、煎炸类等120余品种,以酱排骨、酱牛肉、酱香鸭、太湖三白、卤汁豆腐干等肉、禽、鱼、豆制品类产品为代表。2010年入选中华老字号。

苏州陆稿荐食品有限公司(注册商标：大房、陆稿荐) 位于姑苏区观前街。起始于清康熙初年,创始人陆稿荐。苏州有“陆蹄、赵鸭、方羊肉”三大著名熟食,其中“陆蹄”即陆稿荐的酱蹄。“陆稿荐苏式卤菜制作技艺”被列入江苏省非物质文化遗产。2010年入选中华老字号。

吴中区角直酱品厂(注册商标：角直) 位于吴中区角直镇。起始于清同治年间,由张源丰、沈成号、鼎康三家酱油、酱菜、糕饼作坊合并而成。1956年公私合营成立“角直酱品厂”。公司传统产品“角直萝卜”已有180多年历史。“角直萝卜制作技艺”已列入江苏省非物质文化遗产。2010年入选中华老字号。

吴江市平望调料酱品厂(注册商标：莺湖) 位于吴江区平望镇。前身为“平望达顺酱园”,起始于清同治末年。达顺酱园以银杏为标记的三伏晒油、桂花辣酱、酱黄瓜等享誉大江南北。2010年入选中华老字号。

南通白蒲黄酒有限公司(注册商标：水明楼) 位于如皋市白蒲镇。白蒲镇酿酒坊的历史可追溯到明清时期,至新中国成立初期有酒坊九户。白蒲黄酒采用纯稻米酿造,“白蒲黄酒酿造技艺”已列入南通市非物质文化遗产。2010年入选中华老字号。

如皋市林梓潮糕店(注册商标：林梓老万和) 位于如皋市林梓镇。明代江南巨富沈万三之弟沈万四举家逃至如皋林梓镇避祸,开设老万和糖坊兼营糕点。“老万和”糕点配以中药茯苓、桂花,晶莹如玉,形如满月。2010年入选中华老字号。

江苏新中酿造有限责任公司(注册商标：新中) 位于南通市通州区石港镇。石港滨江临海，明清时酱园繁盛，从事菽乳(乳腐)和酱腌制品生产的业者众多。“新中”牌乳腐选料考究，以“香味浓郁、质地细腻、口感酥糯、乳汁清醇”在国际国内多次荣获金奖，是国家地理标志保护产品。2010年入选中华老字号。

南通颐生酒业有限公司(注册商标：颐生) 位于海门市常乐镇。“颐生”酒由清末状元张謇创于清光绪中期，曾获日本大阪劝业博览会大奖，清光绪三十二年(公元1906年)在意大利米兰万国博览会上为中国酒类赢得了第一枚世博会金奖。“颐生酒酿造技艺”已列入南通市非物质文化遗产。2010年入选中华老字号。

南京清真安乐园菜馆(注册商标：安乐园) 位于秦淮区王府大街。前身为“清真安乐园饭店”，起始于1920年。名点牛肉汤包、鸭肫烧卖、六色套点、焖钵牛肉圆荣获“中华名小吃”称号。2010年入选中华老字号。

南京夫子庙饮食有限公司奇芳阁菜馆(注册商标：奇芳斋) 位于南京市夫子庙贡院街。起始于1917年开设的“奇芳阁”清真茶社。主要经营秦淮特色的八味冷盘、菊花鸭心、凤冠鸡翅、豆瓣鳜鱼、雪花鲜贝等热炒大菜，翡翠烧卖、牛肉蒸饺、什锦菜包、千层油糕等八色名点。2010年入选中华老字号。

南京刘长兴餐饮有限公司(注册商标：刘长兴) 位于秦淮区三条巷。前身为成立于清光绪晚期的刘长兴面馆。主要经营传统面点小吃，供应“薄皮小包”“螃蟹包”及各式老卤浇面、花色蒸饺，品种近百个。产品曾获“中华名小吃”等称号。“刘长兴面点制作技艺”已列入江苏省非物质文化遗产。2010年入选中华老字号。

无锡市王兴记有限公司(注册商标：王兴记) 位于无锡市中山路。起始于1913年，是全国首批“中华餐饮名店”之一。主营产品无锡小笼、馄饨系列，享誉海内外。现有6家直营店和10家加盟店，并在美国、日本开设了分店。2010年入选中华老字号。

徐州市金悦饮服有限公司两来风酒楼分公司(注册商标:两来风) 位于云龙区民主南路。1947 年,山东人刘广宗在徐州开设两来风酒楼,经营徐州风味小吃辣汤。后数易其名,1985 年恢复"两来风"字号。公司所属"两来风精品店"被中国烹饪协会评为"中国餐饮五百强门店"。2010 年入选中华老字号。

徐州市金悦饮服有限公司马市街汤分公司(注册商标:马市街汤) 位于徐州市苏园小区。前身为"马市街饣它汤店",起始于清光绪年间。饣它汤原名"雉羹",迄今已有 4 000 余年历史,乾隆皇帝品尝后赐名"饣它汤",有"天下第一羹"之称。主营饣它汤、八股油条、素煎包等中华名小吃。2009 年被中国烹饪协会认定为"中华餐馆名店"。2010 年入选中华老字号。

吴中区藏书老庆泰羊肉馆(注册商标:老庆泰) 位于吴中区木渎镇。起始于清光绪中期。百多年来,"老庆泰"将传统的羊肉作坊发展成了特色餐饮连锁企业。2010 年入选中华老字号。

苏州市义昌福酒店(注册商标:义昌福) 位于沧浪区莫邪路。起始于清光绪初年,制作典型的苏帮菜。20 世纪 90 年代创制了"义昌福"大包,皮薄馅大,松软味美。曾获得"全国绿色餐饮企业"称号。2010 年入选中华老字号。

苏州市近水台面馆(注册商标:近水台) 位于万年桥大街。起始于1926 年,由于地临胥江之滨,邻近日晖桥北堍,以名句"近水楼台先得月"之意,取名"近水台"。前店后坊,自制生面,采用老法手工刀切,具有细、熟、软、糯、滑等特色。堂口供应焖肉面、爆鱼面、爆膳面、蹄髈面及壮鸡面等。2010 年入选中华老字号。

无锡聚丰园大酒店有限责任公司(注册商标:聚丰园) 位于梁溪区中山路。起始于清同治中期,经营正宗锡邦菜肴,在沪宁线和东南亚地区久负盛名。特色名菜有清炒大玉、炒蟹黄油、奶油鲫鱼、活炝虾、腐乳汁肉等。2010 年入选中华老字号。

无锡市穆桂英美食广场有限责任公司(注册商标:穆桂英) 位于梁溪

区解放南路。前身为“倪氏桂花点心店”,起始于1946年。以无锡传统特色的点心糕团、餐饮小吃在苏南地区闻名遐迩。现已形成蒸、炸、煮、烘、烤“五艺俱全”的生产经营格局,供应品种近千个。花色肉粽、糕团、虾仁馄饨被认定为“中华名小吃”。企业被中国烹饪协会认定为“中华餐饮名店”。2010年入选中华老字号。

扬州共和春饮食文化发展有限公司(注册商标:共和春) 位于甘泉路。起始于1933年,主要经营虾籽饺面。20世纪80年代挂牌为“共和春酒家”。产品有虾籽单面、共和春饺面、虾籽单饺、鲜肉锅贴等各式煨面、各式炒面。2010年入选中华老字号。

常州市义隆素菜馆有限公司(注册商标:义隆) 位于劳动西路。起始于清光绪末年。主要经营素菜、素点,原料新鲜、做工精细、造型逼真、口味独特。每天供应十多个大类30多个品种的素菜。“义隆素火腿制作技艺”已列入常州市非物质文化遗产。2010年入选中华老字号。

南京中烟工业公司南京卷烟厂(注册商标:南京) 位于建邺区梦都路。起始于1948年。集生产、仓储、办公、休闲于一体的花园式现代化工厂,生产南京九五、南京五星、南京特醇、南京红、南京喜庆、南京佳品、南京绿、南京精品、南京珍品等品种和系列,年生产卷烟80多万箱。2010年入选中华老字号。

无锡市惠山泥人厂有限责任公司(注册商标:大阿福) 位于锡惠路。惠山泥塑已有500多年历史。惠山泥人是民族传统工艺美术品,取惠山东北坡山脚下的黑泥制作,泥质柔软细腻,可塑性强。惠山泥人憨态可掬,当地土语叫作“大阿福”,是无锡特产之一。公司每年创作设计新品上千件,生产销售惠山泥人几十万件。“惠山泥人”已被列入国家级非物质文化遗产(代表性项目)名录。2010年入选中华老字号。

无锡市世泰盛经贸有限责任公司(注册商标:世泰盛) 位于县前西街。起始于清光绪中期。创建之初以经营绸布为主,现已发展成为专营丝绸、棉布、呢绒、布料,兼营丝绵、百货、纺织品的生产加工型企业。2008年

“世泰盛”被评为“江苏著名商标”。2010 年入选中华老字号。

江苏大众医药连锁有限公司(注册商标:致和堂) 位于江阴市人民中路。前身为晚清名医柳宝诒于清光绪二十年(公元 1894 年)创设的“致和堂药店”。现已形成集药店专柜、研究所、诊所的产、学、研一体的综合性平台。“致和堂膏滋药制作技艺”已被列入国家级非物质文化遗产(代表性项目)名录。2010 年入选中华老字号。

常州市梳篦厂有限公司(注册商标:白象牌) 位于勤业路。前身为“真老卜恒顺梳篦店”,创始于明天启年间。常州地区创办最早、规模最大的梳篦生产企业。产品于 1910 年在南洋劝业会上获得金牌奖,1915 年获得巴拿马万国博览会银奖,1926 年获得费城世博会金奖,1991 年获得北京国际博览会金奖。2010 年入选中华老字号。

苏州雷允上药业有限公司(注册商标:雷允上) 位于横山路。清雍正初期,江南名医、“吴门医派”集大成者雷大升(字“允上”),在苏州阊门内开设“诵芬堂老药铺”,坐堂行医。现已发展成为集药品生产、零售连锁、健康养生为一体的中医药大健康产业集团。2010 年入选中华老字号。

苏州三万昌茶叶有限公司(注册商标:三万昌) 位于姑苏区观前街。起始于清咸丰初年,已有 160 多年的历史。字号“三万昌”,意为“绵绵不绝,繁荣昌盛”。拥有 1.67 平方千米绿色无公害基地茶园,自产、自制、自销碧螺春、碧螺毛尖、碧螺香茶、万昌绿、万昌生态茶等系列优质品种茶叶。2010 年入选中华老字号。

苏州医疗用品厂有限公司(注册商标:华佗) 位于华佗路。生产针灸器械已有 150 多年的历史,主要有“华佗牌”针灸针、针灸器械、电子医疗保健器械和可吸收性外科缝合线等四大类医疗器械产品。2010 年入选中华老字号。

南通老天宝银楼有限公司(注册商标:老天宝) 位于人民中路。20 世纪 20 年代组建“老天宝银楼”。以经营黄金、铂金、钻石、白银、翡翠首饰为主,兼营各类礼品、工艺美术品。2010 年入选中华老字号。

江苏大德生药房连锁有限公司(注册商标：大德生) 位于扬州市国庆路。起始于1912年。门楼上书“大德生药号”五个大字，大门两侧悬挂两块长形阴文铜牌，左书“吉林人参”，右书“关东鹿茸”。公司主要经营中成药、中药饮片、化学药制剂、抗生素、生化药品、生物制品(除疫苗)等。2010年入选中华老字号。

镇江鼎大祥商贸有限公司(注册商标：鼎大祥) 位于大西路。起始于1939年，店名“鼎大祥”意为“三足鼎立，大吉大祥”。“鼎大祥”金字招牌为书法家武中奇题写。“鼎大祥”为“江苏著名商标”。2010年入选中华老字号。

苏州雷允上国药连锁总店有限公司良利堂药店(注册商标：良利堂) 位于钟慧路。起始于清嘉庆中期。精选上等药材，精制饮片、人参、鹿茸以及煎膏滋药，买卖兴隆。2010年入选中华老字号。

镇江唐老一正斋药业有限公司(注册商标：唐萼楼) 位于中山路。起始于清康熙初年，是全国现存最老的药店之一。遵奉“一心本一德治病救人，正人先正己一丝不苟”和“缺味少药不出门，货真价实不二价”的祖训，以家传秘方及传统工艺生产“一正膏”(原名“万应灵膏”)。“一正膏药”由名贵的麝香、血竭、乳香等80多味中草药配伍精制而成，驰名中外。2010年入选中华老字号。

苏州市恒孚首饰集团有限公司恒孚银楼(注册商标：恒孚) 位于人民路。起始于清嘉庆年间。凭着出众的信誉、卓越的工艺和上乘的品质，赢得了苏州百姓广泛的认可。公司现拥有直营门店(专柜)15家，品牌加盟店19家，成为实力雄厚的综合性珠宝集团。2010年入选中华老字号。

苏州雷允上国药连锁总店有限公司宁远堂药店(注册商标：宁远堂) 位于桐泾北路。明代晚期，一宁波药商在苏州西部重镇木渎设店，取诸葛亮《诫子书》中“宁静以致远，淡泊以明志”之意，取店名为“宁远堂”。前店后坊，店貌古朴，药品质量优良。2010年入选中华老字号。

苏州雷允上国药连锁总店有限公司王鸿翥药店(注册商标：王鸿翥堂) 位于姑苏区观前街。起始于清光绪初年，创始人为王鸿翥，“鸿翥堂”意为

“鸿鸟飞翔，福至于庭”。收集历代古方，精选地道药材，炮制中药饮片，精修丸、散、膏、丹，以研制丸散而驰名，“首乌延寿丹”“回天再造丸”“大资生丸”等中成药以质量优等、功效独特得到中医界的好评。2010 年入选中华老字号。

如皋市白蒲三香斋茶干厂（注册商标：三香斋） 位于白浦镇。起始于清顺治年间开设的一间豆腐干店，店号“三香斋”。“三香斋”生产的茶干，用料考究，工艺精细，细软劲韧，被誉为“白蒲一绝”。2010 年入选中华老字号。

连云港市板浦汪恕有滴醋厂(注册商标：汪) 2010 年入选中华老字号。参见全国工业旅游示范点——汪恕有滴醋厂。

浙江篇

浙江省，简称“浙”。省境内最大的河流是钱塘江，江流曲折，故称“之江”“折江”，又称“浙江”，省以江名。元代时浙江属江浙行中书省，明初改元制为浙江承宣布政使司，清康熙初年改为浙江省，建制至此确定。

浙江地处长江三角洲南翼，东临东海，南接福建省，西与安徽、江西省相连，北与上海市、江苏省接壤。陆域面积10.55万平方千米，是中国陆域面积较小的省份之一。海域面积26万平方千米，海岸线总长6 486千米，居中国首位。沿海岛屿3 000余个，是全国岛屿最多的省份。

浙江地势自西南向东北呈阶梯状倾斜，西南以山地地形为主，中部以丘陵地形为主，东北部是低平的冲积平原。大致可分为浙北平原、浙西中山丘陵、浙东丘陵、中部金衢盆地、浙南山地、东南沿海平原及滨海岛屿等六个地形区。山地和丘陵面积约占75%，平坦地约占20%，河流和湖泊约占5%，耕地面积仅2.081 7万平方千米，有“七山一水二分田”之说。龙泉的黄茅尖海拔1 929米，为浙江最高峰。

浙江属于亚热带季风气候，四季分明，季风显著，光照较多，雨量丰沛，空气湿润。气温适中，年平均气温15—18℃。

浙江下辖杭州、宁波2个副省级城市，温州、绍兴、湖州、嘉兴、金华、衢州、台州、丽水、舟山等9个地级市，37个市辖区、20个县级市、32个县。景宁畲族自治县是中国唯一的畲族自治县，也是华东地区唯一的少数民族自治县。2018年末，全省常住人口5 737万，城镇化率为68%。世居浙江省的少数民族畲族，人口超过17万，是省内人口最多的少数民族。

浙江是吴越文化、江南文化的发源地，被称为“丝绸之府”“鱼米之乡”。海洋捕捞量居中国之首，有“中国鱼仓”的美誉。大米、茶叶、蚕丝、柑橘、竹品、水产品在全国占有重要地位。绿茶、毛竹产量居全国第一，蚕茧产量居全国第二，柑橘产量居全国第三，绸缎出口量占全国的30%。浙江菜是我国八大菜系之一。浙江是中国经济最活跃的省份之一。

一、中国历史文化名镇

嘉善县西塘镇 位于嘉兴市嘉善县北部。地处江浙沪三省市交界处，素有“吴根越角”之称。唐朝时已建有村落；南宋时村落渐成规模，形成市集；元代开始依水而市，渐成集镇；明代建镇，初名“斜塘”，明正德年间改称“西塘”。素以桥多、弄多、廊棚多而闻名，民风淳厚，橹声悠扬，到处洋溢着中国传统文化中特有的人文积淀。2003 年入选中国历史文化名镇。

桐乡市乌镇 位于桐乡市北端，京杭大运河西侧。7 000 年前已有先民在这一带繁衍生息。春秋时期称为“乌戍”。秦代分而治之，西为“乌墩”，东为“青墩”。1950 年乌、青两镇合并为“乌镇”。一条小河贯穿全镇，以水为街，以岸为市，岸边店铺林立，叫卖声不绝于耳，河中不时有乌篷船咿呀往返。淳朴秀美的水乡风景，风味独特的美食佳肴，缤纷多彩的民俗节日，亘古不变的生活方式，使其成为东方古老文明的活化石。2003 年入选中国历史文化名镇。

南浔区南浔镇 位于江浙沪交界处，北濒太湖，东接江苏省苏州市，是湖州市接轨上海的前沿。早在新石器时代，原始社会氏族部落就在此繁衍生息。南宋初已成村落，因濒浔溪河而名“浔溪”，又名“南林”。淳祐年间建镇，南林、浔溪两名各取首字改称“南浔”。传统民居清丽典雅，传统园林大宅巧妙地渗透和融合西方建筑风格，形成了中西合璧式的江南宅第建筑艺术。以一镇之地而拥有五大园林，且皆为巨构，为江南所仅见。2005 年入选中国历史文化名镇。

柯桥区安昌镇 位于绍兴市柯桥区北部。4 000 多年前,越地先民在此繁衍活动。1 000 多年前五代十国时期,吴越国国王钱镠平董昌之乱后定名“安昌”,明代弘治年间建为老街,清代宣统年间置镇。千年人文荟萃,名将商贾,翰墨史书,幕风蔚盛,师爷故里,闻名遐迩。现存三里长街依河筑市,店铺作坊古朴厚重,翻轩骑楼错落有致,石板弄堂曲折清寂,台门民居古老凝重,各式小桥千姿百态,素有“碧水贯街千万居,彩虹跨河十七桥”的美誉。2005 年入选中国历史文化名镇。

江北区慈城镇 位于宁波市江北区西北部。慈城设治始于越王勾践时,史称“勾”“勾余”“勾章”,自唐代开元年间(713—741 年)至 1954 年的 1 200 多年间皆为慈溪县治。三面环山,南临慈江,负阴抱阳,背山面水,街巷纵横,平直规整。现存传统建筑中有大量的民居,还有孔庙、会馆、牌坊、古井等公共建筑及设施,一街一河双棋盘,专家称之为“中国传统县城的典型代表”。2005 年入选中国历史文化名镇。

象山县石浦镇 位于东海之滨、象山半岛南端。以溪流入海处山岩直逼海中而得名。唐代神龙年间已成村落,明代洪武中期筑城,成为海防重镇。由东门、对面山、南田、高塘诸岛围成天然屏障,形成月牙状封闭型港湾,素有“浙洋中路重镇”之称。石浦人世代以海为生,蕴涵众多神奇的渔文化和渔风情。古城的主街,空间封闭连续,台阶高低曲折,封火墙沿巷跨街,集江南古镇的古朴灵秀和山城渔港的蜿蜒多变于一身。2005 年入选中国历史文化名镇。

越城区东浦镇 位于绍兴市越城区西北处。因地势低洼,又在原山阴县东半部而得名。东晋末年已有聚落,两宋时形成集镇。河湖密布,水流纵横,村民沿河而居,粉墙黛瓦沿廊,是著名的水乡;桥梁遍布,有的古朴典雅,有的气势磅礴,是著名的桥乡;“越酒行天下,东浦酒最佳”“绍兴老酒出东浦,东浦十里闻酒香”,为绍兴黄酒的发祥地,是著名的酒乡;人杰地灵,英才辈出,如爱国诗人陆游、辛亥革命先烈徐锡麟等,是著名的名士之乡。2007 年入选中国历史文化名镇。

宁海县前童镇 位于宁波市宁海县西南部。始建于南宋绍定年间，兴盛于明清时期。白溪入村挨户环流，家家连流水小桥，户户通卵石曲径。呈“回”字九宫八卦式布局，身处其中如入迷宫。卵石街巷，幽碧流水，黛瓦青砖，嵌石天井，几百年前的风韵犹存。青藤白墙黑瓦，石头镂花窗户，雕梁画栋门楼，苍凉中显现出昔日的繁华。一座明清时期的江南民居，一幅古韵浓重的乡村画屏，一段优美动人的江南丝竹，素有“浙东丽江”的美誉。2007 年入选中国历史文化名镇。

义乌市佛堂镇 位于义乌市南部。六大交通干线纵横成网，交通便利。三四千年前就有先人在此繁衍生息。南朝梁普通初年，达摩来此传教时命名为“佛堂”，清嘉庆年间建镇。新码头、盐埠头、浮桥头、市基口，四条横街朝江走；新市基、老市基，一南一北在两端。街道两旁，木雕画廊鳞次栉比，巷弄窄而曲，基本保存了古代市井的风貌。因佛而名，因水而商，因商而盛，素有“小兰溪”之称。2007 年入选中国历史文化名镇。

江山市廿八都镇 位于江山市西南端。地处浙闽赣三省交界的仙霞山脉，素有“枫溪锁钥”之称。唐代武德年间已有山民居住，北宋熙宁年间设都四十四，此地排行第二十八，得名“廿八都”。老街鹅卵石铺就，店铺木排门，殿阁庙宇气势恢宏，彩绘壁画色泽如初，雕梁画栋精美绝伦。山歌、民舞、旱船、花灯、剪纸、木偶以及民谚、民谣、民间故事、民间传说盛行，被称为“文化飞地”“一个遗落在大山里的梦”。2007 年入选中国历史文化名镇。

仙居县皤滩镇 位于仙居县城西部。地处永安溪的五溪汇合点，也是水陆交汇之地。千年之前因水路便利而成为永安溪沿岸一个繁华的集镇。古街由鹅卵石铺砌，是我国古代江南山区古镇的缩影，有“浙江第一古街”之誉。唐、宋、元、明、清、民国遗留下来的“三透九门堂”，气势宏伟。制作精美、造型别致的针刺无骨花灯，被称为“中华第一灯”，皤滩镇也被称为“花灯之乡”。2008 年入选中国历史文化名镇。

永嘉县岩头镇 位于永嘉县中部，地处楠溪江中游的河谷平原。五代十国时期，此地成为避乱之所。北宋时期，已有不少村落。1935 年称“岩头镇”。楠溪江山清水秀,风光旖旎,适于养生休闲。2008 年入选中国历史文化名镇。

富阳区龙门镇 位于杭州市西南部,地处富春江南岸。因山清水秀,“胜似吕梁龙门”而得名。曾是三国时期东吴孙权后裔的聚居地。古镇建筑多为厅屋组合院落,一座厅堂为一房或一小家族,环以住宅,筑起高墙,是保存完整的江南地区明清风格山乡古镇。龙门山气势雄伟,景色壮丽,100 余米的山顶瀑布飞流直下,状如白练。发源于龙门山的小溪穿镇而过,溪畔棵棵老树横斜,座座古桥飞虹,充满诗情画意。2008 年入选中国历史文化名镇。

德清县新市镇 位于德清县东部。前身为“陆市”,古称“仙潭”。西晋永嘉年间先民迁移至河网如织、水烟漠漠、芦苇丛生的汀洲之地定居,更名为“新市”。镇区水街相依,溪塘穿街而过,溪上众桥飞跨,塘畔绿树成荫,河中舟楫不绝,千百年来居民临河而建,傍桥而市。2008 年入选中国历史文化名镇。

景宁县鹤溪镇 位于景宁县中北部。汉初浮丘伯沐鹤于溪而名“鹤溪”,镇因溪而名。明代景泰年间置县,始为县治。畲族祖先 1 200 年前入迁此地,成为畲族集聚地,也是浙闽地区畲族文化的交流中心。镇区青瓦黄墙鳞次栉比,山腰上畲族民居高低错落,建筑掩映于青山绿水之间,是名副其实的山水之城。民居建筑以卵石为基,木构为架,夯土为墙,土本为色,古拙质朴,又不乏精细大气之作。2010 年入选中国历史文化名镇。

海宁市盐官镇 位于海宁市东南部。盐官历史可追溯到良渚文化时期,汉代元狩年间于此置司盐之官,地以官名。唐代会昌年间置建宁镇,五代后梁开平年间易名为“盐官镇”。从“捍海长城”到镇海古塔,从千年古刹到皇家御花园,从宰相府第到海神庙宫,无不与皇族有着密切的关系,处处隐现皇家之气。2010 年入选中国历史文化名镇。

嵊州市崇仁镇 位于嵊州市西北部,素有“浙东小上海”之称。原名“杏花村”,北宋熙宁年间裘氏先祖迁居至此,以崇尚仁义为本,故名“崇仁”。宋嘉定年间设崇仁乡,明万历年间形成集市,清康熙时设崇仁镇。保留着庞大的古建筑群,具有宋朝遗风、明清特色。以玉山公祠为中心,保存完整的老台门就有100余座,台门之间以用跨街楼连接,体现了先人“分户合族、聚只一家”的遗风。2014年入选中国历史文化名镇。

永康市芝英镇 位于永康市中部,地处义乌、永康、东阳三个浙中经济体的黄金通道上。原名“大田里”,为应氏世居之地,后改村名为“诸应”。南宋时已是居民错杂之地。明代因应氏祖山“茔产芝草”,更名为“芝英”。在2 000平方米范围内有祠堂近百座,世所罕见。2014年入选中国历史文化名镇。

松阳县西屏镇 位于松古盆地东南部,省道龙丽线和上松线在镇东处交汇。原名“紫荆村”,因境内有西屏山而改名。唐代贞元年间始为县治所在地。山奇水秀,瓯江支流松荫溪穿城而过,城西、城南有“望松观日”“石笋仙踪”等景点;城西有始建于北宋的延庆寺塔;城内有兄弟进士牌坊、鹦鹉冢等名胜古迹。2014年入选中国历史文化名镇。

岱山县东沙镇 位于岱山本岛西北部。此地自西向东有个半圆形海湾,古镇坐落在海湾东角的沙滩上,古称“东沙角”,镇由此得名。三四千年前已有居民生息,清代康熙年间以渔建镇,光绪年间始称“东沙角镇”。纵街横巷井然有序,民居宅第古色古香,如今虽已淡去了昔日的繁华,但浓郁古朴的渔家风情依旧。2014年入选中国历史文化名镇。

二、中国历史文化名村

武义县俞源村 位于俞源乡。始建于南宋,明代嘉靖年间为鼎盛时期,至清代乾隆、道光时期再度兴盛。村落按天体星象布局排列,体现了人与自然和谐相处、天人合一的境界,被誉为“太极星象村”。村口有巨型太极图,村中布有“七星塘”“七星井”，古建筑体量大，做工精致，墙上壁画保存完好，木雕、砖雕、石雕精细，是古生态文化的经典遗存。2003 年入选中国历史文化名村。

武义县郭洞村 位于武阳镇。郭洞村的历史可追溯到宋朝宰相何执中。元代至元年间，何氏后裔仿学仙修道宝图《内经图》营造村庄，形成“山环如郭，幽邃如洞”的人居环境，故名“郭洞”，被誉为“江南第一风水村”。2003 年入选中国历史文化名村。

桐庐县深澳村 位于江南镇，地处富春江南岸、天子岗北麓。始建于南宋，距今已有千年。村落呈长方形，南北走向老街卵石铺面，下筑引泉暗渠（俗称“澳”），澳深水洌，因以名村。古民居大都是徽式，既安静又能保证居家的私密性。2007 年入选中国历史文化名村。

永康市厚吴村 位于前仓镇。宋代嘉定年间吴氏先祖在此定居，已有 900 多年的历史，是依山傍水的江南丘陵谷地村落。房屋幢幢相连，门廊相通，走廊呈“井”字形向四面八方伸展，几百间房连为一片，是永康最大最完整的古建筑群。2007 年入选中国历史文化名村。

龙游县三门源村 位于石佛乡北部。北宋末年，翁、叶二姓先祖避祸迁居至此。进出村庄要经过三道屏障，穿村而过的溪水又为塔石溪的源头，故称“三门源”。群山环绕，仅有南面与金衢盆地相接。建筑的布局与地形、河流完美结合，风光宜人。民居依山势沿溪而筑，以明清建筑风格为主，保留了徽派民居与江南民居的特色。错落有致的马头墙，曲折幽静的卵石巷道，独具一格的粉墙黛瓦，体现着浓郁的古村风貌。2008 年入选中国历史文化名村。

建德市新叶村 位于大慈岩镇。建于南宋嘉定年间。建筑群落如同一个迷宫，包含着天人合一的传统哲学思想。街巷有上百条之多，巷子窄而幽深，街巷两侧房子高而封闭。户与户、房子与房子连成一个整体，构成一幅东方神秘文化的立体图像。2010 年入选中国历史文化名村。

永嘉县屿北村 位于岩坦镇。地处楠溪江上游，周围簇拥着 5 座酷似瓣瓣莲花的小山，村寨为莲花芯。始建于唐代，南宋时改称“屿北村”。阡陌交通，鸡犬相闻，一座座古宅和祠堂错落分布于卵石铺就的乡间小道上，整个村落犹如陶渊明笔下的世外桃源。2010 年入选中国历史文化名村。

金东区山头下村 位于傅村镇，地处金华和义乌交界处。潜溪和航慈溪穿村而过，因坐落山下而得名。始建于明代，距今已有 500 多年。古村周围仅设 5 道村门，暗合五行，形制奇特。众水环抱，历史上有典塘、横塘等 8 口池塘，浑然天成“外八卦”图形。村内格局近似“井”字形，建筑用材考究，装饰华丽。每条小道旁边根据地势高低挖置了排水沟渠，形成了完善的排水设施，勾勒出我国古代城市的雏形。2010 年入选中国历史文化名村。

仙居县高迁村 位于白塔镇。背靠永安溪、笔架山，前有景星岩，旁有一条河流经过。始建于元代，现存村落格局形成于清代乾隆至咸丰年间。四合院式的建筑一个连着一个，白墙黛瓦，巷道深深，古色古香；门堂里、窗棂上随处可见风格多样的雕刻，或古拙，或飘逸，或简洁，或繁复，无一不恰到好处。2010 年入选中国历史文化名村。

庆元县大济村 位于松源镇。村子东南部群山环抱，西部河谷盆地，济川溪从村中经过。建于宋代景德年间，“大济”两字喻义是子孙经邦济世。历代尊师重教，崇文尚礼，人才层出不穷，自宋朝至明代，小村涌现出 26 名进士，被誉为“进士村”。2010 年入选中国历史文化名村。

乐清市南阁村 位于仙溪镇。地处雁荡山北部，西邻显胜门，南依凤凰山，北濒南阁溪，山峦叠翠，奇峰矗立，溪流壮阔。后晋天福年间建成村落。因与北阁遥遥相对而得名。明代正统年间始建牌坊，其后裔续建，现存 7 座。2010 年入选中国历史文化名村。

宁海县许家山村 位于茶院乡。南宋末年建，已有 700 多年的历史。全村建筑以石构筑，每家每户的石屋由沿山势而上的石巷互相贯通。地势平缓，梯田、果茶园与古巷、石屋、石桥融为一体。古村延续着传统的生活方式，牛耕田地、捣年糕、做竹编等，呈现一派原始朴实景象。2010 年入选中国历史文化名村。

婺城区寺平村 位于汤溪镇。元朝末期，就有先民迁居于此繁衍生息，明朝逐渐兴旺。村内大部分建筑始建于明代初期，徽派建筑风格的厅堂院落遍布全村，青瓦白墙，鹅卵小路，蜿蜒巷弄，木雕砖刻，宛若一幅雅致的水墨画。2010 年入选中国历史文化名村。

柯桥区冢斜村 位于稽东镇。山水环绕，保留着较多的明清时期古建筑，保存着绍兴地方建筑风格的民居、祠堂、古井，拥有完整的街巷格局体系，是江南古村落的典型代表之一。2010 年入选中国历史文化名村。

苍南县碗窑村 位于桥墩镇，地处玉龙湖河谷的中上游。村子很小，一条长满青草的石板小路蜿蜒穿村而过，每户人家的房前屋后都有山泉绕过，恬淡秀美。清代浙南地区烧制民用青花瓷的主要基地，至今保留着以手工业为中心的古老村落形态，有清初样式的古建筑 300 多间，包括古窑、古庙、古民居、古戏台，是一座活生生的历史博物馆。2014 年入选中国历史文化名村。

浦江县嵩溪村 位于白马镇，地处嵩溪上游的谷地中。始建于宋代。古墙上的画作，厅堂中的牌匾，门楣上的古训，处处遗落着文化的珠玑。村民工于诗书画，造诣不凡者大有人在，清朝徐子静、当代徐天许皆是自成一家的佼佼者。2014 年入选中国历史文化名村。

缙云县河阳村 位于新建镇。三面环山，一面临水。始建于五代，河南信阳人迁居于此，取名“河阳”。元代重建，是一个以宗族血缘为纽带的千年古村落。古民居依山傍水，以“十八间”为代表，清一色的灰色建筑群落，给人含蓄委婉的感觉。静静的山村，窄窄的小巷，幽幽的弄堂，深深的庭院，高高的马头墙，充满悠然宁静的田园韵味。2014 年入选中国历史文化名村。

江山市大陈村 位于大陈乡。因境内的大陈溪得名。明朝永乐初年徽州汪氏迁入，人丁逐渐兴旺，创建了一个以徽派建筑为主的古村落。现有建筑大都建于清代，公共建筑恢宏大气，民居细巧精美。2014 年入选中国历史文化名村。

南浔区荻港村 位于和孚镇。地处孚漾的南岸，四面环水，河港纵横，青堂瓦舍，临河而建，自古就有“苕溪渔隐”之称。绿桑成荫，鱼塘连片，水路如织，廊屋逶迤，构成了水乡古镇的独特景观。2014 年入选中国历史文化名村。

磐安县榉溪村 位于盘峰乡。北有金钟山，南有来龙山，叠嶂参差。南宋初年建村立庄。现存历史建筑大都建于清代和民国时期，房屋主要为木构和砖石混合式，外观朴实又富于文化内涵，质朴中又具有多样性，较好地保存了历史原貌。村落与周围的山川环境融为一体，小街、小弄错落有致，给人一种强烈的视觉冲击。2014 年入选中国历史文化名村。

淳安县芹川村 位于浪川乡。距今已有 700 多年。四周青山围绕，幽静安逸。村头小道曲折，村口古樟参天，芹水溪穿村而过，将全村一分为二，一座座石拱桥跨溪而架，一幢幢徽式民居沿溪而筑，犹如一幅“小桥、流水、人家”式的桃源美景图。2014 年入选中国历史文化名村。

苍南县福德湾村 位于矾山镇。宋代末年，此地发现明矾矿，始有住户。明朝洪武年间至清末，众多逃难者和工人在此聚居，原称“苦竹庵”，本地人多称为“苦德湾”，近年雅化为“福德湾”。古朴的小街依山而建，蜿蜒而上的石筑山岭就是小街的街市。各种传统民居、历史建筑大多分布在老街两侧。村落格局保存完整，具有典型的浙南山地民居特色，又与炼矾旧址相辅相成，成为矾山历史文化的发祥地。2014 年入选中国历史文化名村。

龙泉市下樟村 位于龙泉市近郊。宋代名士管师复发动山民在此定居，称“云坞”，又因管师复在村口栽种樟树，得名“下樟村”。秀水奇岩怪石，白云茂林修竹，宛若世外桃源。有保存完好的宋代古迹——白云庙，清代悬壁式廊屋木桥——白水桥，明清时期古民居建筑群。民居建筑错落有致，道路多为鹅卵石铺就，古建筑和自然生态浑然一体。2014 年入选中国历史文化名村。

开化县霞山村 位于马金镇。地处浙皖赣三省交界的钱塘江源头，北依来龙山，南环马金溪，溪流映碧，山清水秀，环境清幽。宋代皇祐年间村落渐成规模。村落北部徽派民居按照血缘关系围绕祠堂，形成对祠堂的拱卫之势；村落南部以马金溪和古道为基准，基本呈辐射状布局。街巷曲折迂回，外人进村东转西踅，很难找到出路。2014 年入选中国历史文化名村。

遂昌县独山村 位于焦滩乡。因村西的天马山独立于乌溪江东岸而得名。南宋孝宗年间逐渐成村落。周围高山耸立，村前孤峰独峙，江水清流。古街、民居、牌坊及塞门、塞墙，保存着古村落的历史文化脉络。鹅卵石铺就的官道早已斑驳黯淡，浓浓书香依旧溢满山村。2014 年入选中国历史文化名村。

安吉县鄣吴村 位于鄣吴镇。地处玉华、金华两山之间。南宋初年，江苏淮安望族迁居于此。原称“归仁里”，明代称“鄣南吴家村”，俗称“鄣吴村”。村后高山林立，村前古木参天，日照短，故又名“半日村”。铺着卵石的街巷纵横交错，高大雄伟的门楼、牌坊溪边林立，亭台楼阁鳞次栉比。明清以来，耕读之风盛行，不仅有“父子叔侄皆进士”的佳话，还是以“诗书画印”四绝著称的近代艺术大师吴昌硕的故里。2014 年入选中国历史文化名村。

莲都区西溪村 位于雅溪镇。始建于唐代元和年间，迄今已有 1 200 多年。明清时期的古民居鳞次栉比，错落有致，处处透露着古朴独特、清新雅致之美，有“千年西溪”之美称。文化底蕴深厚，“耕读传家、诗礼传家、以德治家”的祖训代代传承，尊师重教蔚然成风，书香世家甚多，培养了一代代书画和根雕爱好者。西溪村民积极投身于红色起义和抗日战争，赢得了“红色西溪”的美誉。2014 年入选中国历史文化名村。

宁海县龙宫村 位于深甽镇。建于北宋宣和年间。原称“龙溪村”，明代改称“龙宫村”。群山环抱，中间是一块平坦的盆地，围而不寒，藏风得水，素有“村外十支泉，村内八卦水”之称。村内有一大片青瓦白墙、飞檐翘角、苍华古朴的建筑群舍，卵石堆砌的围墙，枝头上的翠意，偶尔路过的朴实村民，构成了一幅淡雅的水墨画。2014 年入选中国历史文化名村。

三、全国特色景观旅游名镇(村)

奉化区溪口镇 位于奉化区西北面。地处四明山麓，东靠武岭，南濒剡溪,北临雪窦山,水绕山环,景色秀丽。宋代景德年间建村。蒋介石的出生地及蒋氏父子的故里。镇域内有雪窦山、亭下湖等景区,以剡水、古刹、蒋氏故里和幽谷飞瀑名闻遐迩。2010 年入选全国特色景观旅游名镇(村)。

温岭市石塘镇 位于温岭市东南濒海处。原是一渔村,因塘以石砌而得名。以石塘山为屏,三面环海,疏密相间的石墙、石屋、石路高低错落有致,色彩协调一致,构成了富有节奏感的石头城镇。鱼汛季节的中心渔港,渔船点点,星罗棋布,一派海滨风光,画家、诗人、摄影家纷至沓来。2010 年入选全国特色景观旅游名镇(村)。

普陀区桃花镇 位于舟山群岛东南部,与普陀山、朱家尖隔港相望。镇域内有塔湾金沙、安期峰、桃花峪、大佛岩(《射雕英雄传》旅游城)等六大景区,有金沙日出、金龙吐珠等 12 大景观,东海神珠、弹指峰等 60 多个景点,风光旖旎。盛传金庸武侠文化、观音佛教文化、安期道教文化、海岛民俗文化等,成为闻名遐迩的“海上仙山、武侠幻境”。2010 年入选全国特色景观旅游名镇(村)。

庆元县月山村 位于举水乡。宋代景德初年称“东庄”。因后山形如半月,村前溪水曲似银钩,村庄如同山环水抱的一轮圆月,后改称“月山”。山村约千米的举溪上分布着 10 座古廊桥,每座桥的间隔只有二三十米,美丽的廊桥与周围的景观构成一幅恬然自足的画卷,有“二里十桥”的美誉。2010 年入选全国特色景观旅游名镇(村)。

兰溪市诸葛村 位于诸葛镇。原称“高隆村”,元代中期诸葛亮后裔迁至此,逐渐演变为诸葛亮后裔的最大聚居地,后称“诸葛村”。村落在 8 座小山的合抱之中,形成“外八卦”;村中建筑按“八阵图”样式布局,村落中心的“钟池”似太极阴阳鱼图,8 条小巷向外辐射,形成“内八卦”,故俗称“诸葛八卦村”。保存了大量明清古民居,宗祠规模宏大,木雕、砖雕、石雕众多。2010 年入选全国特色景观旅游名镇(村)。

南浔区南浔镇 2010 年入选全国特色景观旅游名镇(村)。参见中国历史文化名镇——南浔区南浔镇。

鄞州区龙观乡 地处四明山麓。森林覆盖率达75%,桂花种植面积较大,有“中国桂花之乡”的美誉。乌贼山、白象山纵横,著名的踏春圣地五龙潭风景区就坐落在这里。依托原生态山水资源,建成高端民宿,每年举办“二月二龙抬头”文化节、江南100千米越野赛等活动。2015年入选全国特色景观旅游名镇(村)。

新昌县镜岭镇 位于新昌县西南部。春秋战国时期就有村民居住。市集始建于宋代,称“黄婆滩”;发展至明代,又称“镜黄镇”;清代康熙雍正年间,改称“穿岩镇”。新中国成立后始称“镜岭镇”,是临近各县的货物集散地。镇区四周青山如黛,山水交相辉映,境内有著名的国家级硅化木地质公园和穿岩十九峰风景名胜区。2015年入选全国特色景观旅游名镇(村)。

诸暨市山下湖镇 位于诸暨市东北部。国内最大的珍珠养殖、加工、交易中心,是“中国珍珠之都”。建设了珍珠特色工业园区、珍珠精品陈列馆、珍珠养殖观光点、效益农业示范观光园等。2015年入选全国特色景观旅游名镇(村)。

仙居县白塔镇 位于仙居县中部,地处永安溪南岸。神仙居景区以西罨幽谷为中心,岩奇、瀑雄、谷幽、洞密、水清、雾美,移步换景,如置身画卷之中。景星岩有绮丽如画的翠竹秀林、鬼斧神工的奇峰峭壁、宏大的净居寺、全国罕见的和尚圆寂塔、风水宝地读书堂等名胜景点。2015年入选全国特色景观旅游名镇(村)。

镇海区十七房村 位于澥浦镇。南宋时期建。村落呈棋盘形,整体建筑以幢为单元连成庭院,融合了北方“合院”的大气,浸染了南方楼榭的玲珑,是国内现存规模较大且保存完整的明清古建筑群落之一。2015年入选全国特色景观旅游名镇(村)。

余姚市柿林村 位于大岚镇。因盛产“吊红”柿子而得名。周边是高耸的山峰,挺拔的悬崖,满坡翠竹林木,青瓦白墙若隐若现,村庄仿佛悬挂在山腰间的密林中。丹山赤水风景名胜区坐落村域。在过去的650多年中,村民过着“一村一姓一家人,一口古井饮一村”的生活。2015年入选全国特色景观旅游名镇(村)。

永嘉县苍坡村 位于岩头镇。李姓聚居之地,始建于五代后周年间,原名“苍墩”。现存的苍坡村已有800多年历史,虽经沧桑风雨却旧颜未改,保留有大量宋代建筑。村庄按五行风水说布局,具有丰富的文化内涵。2015年入选全国特色景观旅游名镇(村)。

秀洲区建林村 位于王店镇。1949年组建村落,原名“为一村”。水道纵横交错,河道沿岸遍布林木,房屋错落有致,房前碧水潺潺,屋后树影婆娑,是嘉兴市成功的新农村建设样板。现以聚宝湾为依托,凭借呈“丰”字状分布的7个自然湾口的天然资源,收集江浙一带的古玩、石器、牌楼、门坊等稀奇珍贵物件,打造了梅园、石园、花园、垂钓园。2015年入选全国特色景观旅游名镇(村)。

诸暨市斯宅村 位于东白湖镇,地处会稽山西麓。村落建在山麓狭长地带,地势东高西低,上林溪由东向西穿村而过。古称“上林”,因五代乾祐年间所建之上林院而得名。居民以“斯”姓为主,故名“斯宅”,是当今斯姓最大的聚居地。古民居造作讲究,各个组群皆围以高墙,构成各自独立的建筑空间。木雕、砖雕、石雕工艺精湛,堪称民间建筑艺术瑰宝。2015年入选全国特色景观旅游名镇(村)。

柯城区大头村 位于七里乡。海拔600多米,因气温比市区低而成为避暑胜地。集山水风光、农业观光为一体的花园式农家乐特色村,建有20万平方米高山蔬菜采摘基地,引种了郁金香、荷花、梅花等各类花卉,修建了竹海绿道、石尖问顶、蔬果长廊等景点。2015年入选全国特色景观旅游名镇(村)。

天台县后岸村 位于街头镇,始丰溪蜿蜒过村。唐代诗僧寒山子在这里隐居,徐霞客云游四海两次留宿这里。风景秀丽、山峦叠翠,空气清新,素有“天台后花园”之美誉。依托原生态的山林净土及文化积淀,修建了“石文化”一条街,整修石板小屋,在小溪两侧铺设石板游步道,发掘“寒山神隐”文化,成为集漂流、登山、垂钓、观光、餐饮、住宿及商务接待于一体的综合性休闲度假村。2015年入选全国特色景观旅游名镇(村)。

象山县石浦镇 2015年入选全国特色景观旅游名镇(村)。参见中国历史文化名镇——象山县石浦镇。

嘉善县西塘镇 2015年入选全国特色景观旅游名镇(村)。参见中国历史文化名镇——嘉善县西塘镇。

德清县新市镇 2015年入选全国特色景观旅游名镇(村)。参见中国历史文化名镇——德清县新市镇。

江山市廿八都镇 2015年入选全国特色景观旅游名镇(村)。参见中国历史文化名镇——江山市廿八都镇。

永嘉县屿北村 2015年入选全国特色景观旅游名镇(村)。参见中国历史文化名村——永嘉县屿北村。

南浔区荻港村 2015年入选全国特色景观旅游名镇(村)。参见中国历史文化名村——南浔区荻港村。

磐安县榉溪村 2015年入选全国特色景观旅游名镇(村)。参见中国历史文化名村——磐安县榉溪村。

四、中国特色小镇

桐庐县分水镇 位于桐庐县西北部。桐庐县第一大镇。始建于唐代武德年间,至今已有1 300多年的建制史。状元故里,进士之乡,也孕育了分水的制笔基因,有“中国制笔之乡”的美誉。自然景色多姿多彩,旅游资源得天独厚,有天溪湖旅游度假区、分水龙潭百合基地等。2016年入选中国特色小镇。

乐清市柳市镇 位于乐清市东南沿海,地处瓯江口北岸。西汉昭帝始元年间已有人居住,因“柳树下的集市”而得名。三面环山一面靠海,青山绿水,自然资源优越。境内的中雁荡山,奇峰怪石,岩洞深邃,水清泉碧。黄杨木雕、细纹刻纸、龙档(板凳龙)、蓝夹缬等民间工艺被列为国家级非物质文化遗产。以生产经营电工电器闻名,电气产业集群已占据全国市场销售额的近三分之二。2016 年入选中国特色小镇。

桐乡市濮院镇 宋朝建炎以前系一草市,名“梅泾”“幽湖”。建炎年间为濮氏世居地,后以御赐府邸“濮院”作镇名。通江达海,繁荣绵延 800 余年。盛产丝绸,是明清时期江南五大名镇之一。现今是全国最大的羊毛衫集散中心。古镇街区保存完好,历史遗迹众多,文化底蕴深厚,风雅质朴,古韵悠悠。旅游景点有翔云观、女儿桥、香海禅寺等。2016 年入选中国特色小镇。

德清县莫干山镇 位于德清县西部,毗邻莫干山国家级风景名胜区。相传春秋末年,吴王派莫邪、干将夫妇来这里铸剑,“莫干山”由此得名。留存的人文景观和历史文化遗址有黄郛故居、葛岭仙境、高峰禅寺等。“八山半水分半田”的山区小镇,以原生态为依托,以民宿产业为主导,以“洋家乐”品牌为支撑,以“裸心养生”为特色,发展高端乡村旅游产业,被誉为“万国别墅博览园”。2016 年入选中国特色小镇。

诸暨市大唐镇 位于诸暨市西南部。国内袜机配件的主要集散地,全国最大的袜业生产和销售基地,已形成以袜业为主导,弹簧、机械、织布等行业共同发展的产业格局,是蜚声中外的“中国袜业之乡”“中国袜子名镇”。2016 年入选中国特色小镇。

东阳市横店镇 位于东阳市南部。宋代咸平年间设乡,明代万历后期设横店义市,民国末年设立横店镇。人文荟萃,英才辈出,孕育了北伐名将金佛庄、科学泰斗严济慈等仁人志士。镇域内横店影视城成为众多影视剧的拍摄基地。实施“影视城+”行动计划,发展观光旅游、体育休闲、影视文化等影视休闲产业,打造“影视名城、休闲小镇”之称。2016 年入选中国特色小镇。

莲都区大港头镇 环境清幽宜人,保持着江南古镇自然古朴的风貌。镇区以“古堰画乡”为载体,建设了竹笋两用林基地、有机茶基地、花卉苗木基地等三大基地，着重发展美术写生基地、创作基地、行画生产基地。以景区为龙头，挖掘港埠文化、船帮文化和红色文化，构建“镇在景中、景在镇里、镇景合一”的新格局。2016 年入选中国特色小镇。

龙泉市上垟镇 位于龙泉市西部，地处浙闽赣交界处。瓷土资源丰富，民间瓷窑林立，保留有大量的古窑址，是现代龙泉青瓷的发祥地和聚集区，素有“青瓷之都”的美称。正在着力打造“世界青瓷技艺传承地、青瓷文化创意集散地、青瓷文化交流汇集地”三位一体的经典文化小镇。拥有众多的林木资源和优越的生态条件，青瓷的韵味，毛竹的葱郁，古民居的优雅，展示着青瓷小镇深厚的文化底蕴。2016 年入选中国特色小镇。

安吉县孝丰镇 位于安吉县中部，地处天目山北麓、西苕溪上游。东汉灵帝中平年间始建安吉县，县衙设于此地，距今已有 1 800 多年。因历代多孝子，孝文化源远流长，故得“孝丰”之名。拥有孝文化广场、孝子村和孝道三大景区。青山环抱，山峦起伏，云雾缭绕，连绵不绝的竹海，漫山遍野的树林，清澈见底的溪流，古朴典雅的民居，处处是景。2017 年入选中国特色小镇。

宁海县西店镇 位于宁波市南部。地处象山港西岸，是宁波南部三县的交通要塞。唐代天宝年间，唐军在此打造兵器，称为“西垫”，后演化为“西店”。境内有天然的海滨风光，优美秀丽的双山岛，还有古老的桶盘山，巧夺天工的皇封庙等名胜古迹和历史遗迹。2017 年入选中国特色小镇。

余姚市梁弄镇 位于浙东四明山麓。秦时属于会稽郡，原因梁、冯二姓聚居而名为“梁冯”，至后唐已“人烟辏集，亦一巨镇”。由于街弄多，遂谐音为“梁弄”。四明湖、白水冲瀑布等山水风光，五桂楼、孙子秀墓、羊额古道、四明湖革命烈士纪念碑等人文景观，交相辉映。2017 年入选中国特色小镇。

衢江区莲花镇 唐代如意年间属于盈川县，元和年间改属于信安县，后一直属于衢县。古迹众多，有铁面御史赵抃墓、万安桥、大乘寺等。现代农业欣欣向荣，建有西瓜、葡萄、草莓、食用菌、优质稻、生猪、麻鸭等十大基地，成为名副其实的城区“菜园子”。2017 年入选中国特色小镇。

桐庐县富春江镇　位于桐庐县西南部的富春江畔。富春江贯穿全境，七里泷大坝在此截流，七里严滩竹筏搏浪，富春江小三峡风光旖旎。人文旅游资源丰富，是东汉高士严子陵的隐居之地，晚唐著名诗人方干的故里，元代画家黄公望《富春山居图》的实景地。现有严子陵钓台、七里扬帆、葫芦瀑布、芦茨湾、白云源等景点，是富春江、新安江、千岛湖黄金旅游线上的一座新兴工业旅游城镇。2017年入选中国特色小镇。

秀洲区王店镇　五代后晋天福年间，嘉兴镇遏使王逵居此，植梅百亩，聚货交易，始称“王店”。后簪缨相继，日渐殷庶，遂成巨镇。至明代中叶成为嘉兴四大镇之一。新中国成立后，逐步由商业性城镇发展为以轻纺、家电、轻工为主的工业性城镇。彩灯、剪纸等民间工艺享誉一时，被誉为“禾城一奇花”。有“一代文宗”朱彝尊故居曝书亭、近代画家施定夫故居等。梅溪河穿镇而过，两岸树木枝繁叶茂，四喜街上一排排店铺沿河而建，是江南水乡的一颗璀璨明珠。2017年入选中国特色小镇。

浦江县郑宅镇　位于浦江县东部。郑氏家族自南宋落户，宋、元、明三朝15世同居共食达300余年。郑氏家族以孝义传家，世代清廉，被后人称为“郑氏义门”，被朱元璋赐名为“江南第一家”。有保存完好的郑氏宗祠、以“十桥九闸”闻名的白麟溪、以丰富的古代家族文化和明清建筑风格为特色的牌坊群，“青山庭院古镇，小桥流水人家”的古镇风情日益凸显。2017年入选中国特色小镇。

建德市寿昌镇　位于建德市西南部。三国东吴分富春置新昌县，西晋太康初年更名为“寿昌”。历史悠久，人文荟萃，风景名胜得天独厚，江南悬空寺、灵栖洞天、建德航空小镇、新安江玉温泉等旅游区享誉全国。依托千岛湖通用机场，发展航空服务、航空制造与航空休闲旅游，已成为远近闻名的航空小镇。2017年入选中国特色小镇。

三门县健跳镇　位于浙东海岸线中段，东濒东海。以水为魂，扼水陆交通咽喉，历来为海防重地。明代洪武中期设千户所，嘉靖年间戚继光抵抗倭寇修建跳城，清代雍正初年设立水师驻防，民国初期建“实业之要港”和“第九渔业港”。老城基本保存渔家古镇原貌，新城展示宁静、优美的工业小镇的魅力，工业美景和自然风光交相辉映。2017年入选中国特色小镇。

越城区东浦镇 2017年入选中国特色小镇。参见中国历史文化名镇——越城区东浦镇。

嘉善县西塘镇 2017年入选中国特色小镇。参见中国历史文化名镇——嘉善县西塘镇。

江北区慈城镇 2017年入选中国特色小镇。参见中国历史文化名镇——江北区慈城镇。

仙居县白塔镇 2017年入选中国特色小镇。参见全国特色景观旅游名镇(村)——仙居县白塔镇。

江山市廿八都镇 2017年入选中国特色小镇。参见中国历史文化名镇——江山市廿八都镇。

义乌市佛堂镇 2017年入选中国特色小镇。参见中国历史文化名镇——义乌市佛堂镇。

五、中国历史文化街区

杭州市中山中路历史文化街区 位于杭州市中心城区。北起解放路官巷口，南至清河坊鼓楼，全长约1 500米、东西约100米，占地面积23.6万平方米。作为传统商业街区，至今保留着方裕和、状元馆、高义泰、九芝斋、豫丰祥、邵芝岩、奎元馆等十多家名店老店。街道两侧分布的清代至民国初期的建筑，有银行、店铺、民居、寺庙等多种建筑类型，是杭州近代历史建筑最集中的街道。2015年入选中国历史文化街区。

龙泉市西街历史文化街区 位于龙泉市西部。西起宫头村，东至公园路，北起中山街，南到龙泉溪，占地面积40.26万平方米。整个街区呈长条形，共有历史建筑 75 处。全长 1 417 米的西街，自唐代建县时即存在，因地处县治西部而得名，如今保存有较为完整的旧时空间格局和历史风貌。弄堂里巷的民居，多有粉墙、青瓦、雕饰，殷实大户人家多为“三坊一照壁，三合四天井”布局，历史文化气息浓厚。2015 年入选中国历史文化街区。

兰溪市天福山历史文化街区 位于兰溪市老城区。南起云山路，东、北至延安路，西至兰江边，占地面积 11.47 万平方米。以兰江水运为依托，既有商埠码头、防御城垣、商业店铺、明清至民国时期的建筑，又有西洋古典风格的近现代建筑。以皖南文化圈建筑特征为主要风貌的建筑群落，分布集中，保存完整。2015 年入选中国历史文化街区。

绍兴市蕺山（书圣故里）历史文化街区 位于绍兴市蕺山南麓。东起中兴路，西临解放路，北至环城北路，南到胜利路，占地面积约 80 万平方米。这里是号称“书圣”的王羲之和“学界泰斗”蔡元培的故里，也是刘宗周、黄宗羲等名士的求学之地。前街后河，四街六弄，笔飞弄的蔡元培故居、西街的戒珠寺、蕺山街的题扇桥、肖山街的探花台门等散布其间。2015 年入选中国历史文化街区。

六、国家级文化生态保护实验区

海洋渔文化(象山)生态保护实验区 象山县春秋时属越国鄞县（今鄞州区），唐代神龙初年立县。因县城西北有山形似“伏象”，故名“象山”。地处浙江中部三面环海，两港相拥，海域面积 6 618 平方千米，海岸线 925 千米，岛礁 656 个，浅海及滩涂面积 500 余平方千米，港口岸线 30.7 千米。北部象山港为著名深水良港，南部石浦港是国家中心渔港、对台重要贸易口岸。6 000 多年的塔山文化遗址、明清海防文化遗址、古陶窑、古沉船等文物点遍布城乡；象山渔鼓、龙灯、鱼灯、竹根雕、渔歌号子、剪纸等民间文化代代相传。

徐福东渡传说、海盐晒制技艺、渔民开洋谢洋节、石浦—富岗如意信俗等被列入国家级非物质文化遗产。2010年入选国家级文化生态保护实验区。

七、国家生态旅游示范区

钱江源国家生态旅游示范区 位于开化县境内,地处浙江母亲河钱塘江的源头,由莲花塘、卓马坑、莲花溪、水湖、枫楼等景区组成。区域内千米以上的山峰有25座,最高峰莲花尖海拔1 136.8米,群峰竞立,谷涧交错,茂林修竹。山青、水秀、林茂、瀑美,为"浙江最美生态景观"、"浙江省十佳避暑胜地"。2013年入选国家生态旅游示范区。

滕头国家生态旅游示范区 位于奉化区北部。占地面积1平方千米。建有植物组培观光园、花卉苗木观赏区、蔬菜种子种苗基地、时令瓜果采摘区、江南风情园等几十处生态景点,开展了纺纱织布、阡陌车水、舂谷砻米等参与性项目及动物表演。2013年入选国家生态旅游示范区。

西溪国家湿地公园 位于杭州市区西部。占地面积11.5平方千米,分为东部湿地生态保护培育区、中部湿地生态旅游休闲区和西部湿地生态景观封育区。公园内河流总长100多千米,约70%的面积为水域,水道如巷,诸岛棋布,陆地绿化率85%以上。有"三堤十景","三堤"分别是福堤、绿堤、寿堤,"十景"分别是秋芦飞雪、火柿映波、龙舟盛会、莲滩鹭影、洪园余韵、蒹葭泛月、渔村烟雨、曲水寻梅、高庄晨迹、河渚听曲。2014年入选国家生态旅游示范区。

神仙居景区 位于仙居县白塔镇,占地面积15.8平方千米。典型的流纹岩地貌,景观丰富而集中。奇峰环列,山崖陡峻,峰崖相对高差多在100米以上,基岩落石处处成景,溪水瀑布常年不断,一山一水一岩一洞一石一峰自成一格。将军岩鬼斧神工,"睡美人"惟妙惟肖,羞女峰可望而不可即,象鼻瀑气势磅礴,十一泄常年飞瀑。古民居群规模宏大,布局精巧,保存完整。

唐代李白《梦游天姥吟留别》一诗,吟诵的就是神仙居的奇幻美景。2014 年入选国家生态旅游示范区。

天台山景区 位于天台县境内。天台山是仙霞岭中支,西南与大磐山连成一体,向东北延伸入海。因山有八重,四面如一,顶对三辰,当牛女之分,上应台宿,故名“天台”。占地面积 187.1 平方千米,包括东部的苍山,西部的天柱山,南部的大雷山,森林覆盖率达 92%。以“佛宗道源,山水神秀”闻名于世,是中国佛教天台宗和道教南宗的发祥地。主要有国清寺、石梁、赤城山、寒山湖、华顶峰等景点,赤城栖霞、双涧回澜、华顶秀色、琼台月夜等被称为“天台八景”。2015 年入选国家生态旅游示范区。

八、全国红色旅游经典景区

南湖风景名胜区 位于南湖区境内。占地面积 2.76 平方千米,其中水域面积 98 万平方米。1921 年 7 月,中国共产党第一次全国代表大会在上海秘密召开,后因受到法租界巡捕的干扰而转移到嘉兴南湖的一艘游船上继续进行。在南湖的续会上审议通过了中国共产党第一个纲领和第一个决议,选举产生了党的第一届中央局领导机构,中国共产党宣告诞生。2005 年入选全国红色旅游经典景区。

鲁迅故居及纪念馆 位于绍兴市中心。占地面积 51.57 万平方米,主要包括以鲁迅祖居、鲁迅故居、三味书屋等为核心的鲁迅青少年时代生活环境展示区、清末民初绍兴市井生活风情和鲁迅作品人物场景展示区、鲁迅文化研究展示区。故居原为两进,后面一进是五间二层楼房,东首楼下后半间是鲁迅母亲的房间,西首楼下前半间是鲁迅祖母的卧室,西次间是鲁迅的诞生地。纪念馆始建于 1953 年,以鲁迅生平事迹的宣传教育、鲁迅文物资料的征集保护、鲁迅思想作品的研究为主要任务。2005 年入选全国红色旅游经典景区。

解放一江山岛战役纪念地 位于台州湾椒江口外。一江山岛由南北两个岛屿组成,面积1.24平方千米。1955年1月,人民解放军华东军区部队发起一江山岛登陆作战,经过三天战斗,一江山岛完全解放。这次战役是人民解放军陆、海、空三军的首次协同作战。解放一江山岛纪念馆由战斗陈列馆、烈士纪念馆、纪念塔碑和墓区组成。2005年入选全国红色旅游经典景区。

浙南(平阳)抗日根据地旧址 位于平阳县山门镇、水头镇。这一带是粟裕、刘英、曾山等创建的浙南革命根据地之一,是中国工农红军挺进师、中共闽浙边临时省委与浙江省委的活动中心。有众多革命遗迹,包括红军革命史迹、闽浙边根据地史迹、中共浙江省一大史迹等革命圣迹。现是全国爱国主义教育示范基地。2005年入选全国红色旅游经典景区。

浙东(四明山)抗日根据地旧址 位于余姚市梁弄镇。以四明山为中心的浙东革命根据地,是抗日战争时期全国19个解放区之一,解放战争时期南方7个游击战争根据地之一。1943年4月攻克四明山重镇梁弄后,中共浙东区委和三北游击司令部进驻梁弄,梁弄成为浙东抗日根据地的指挥中心。旧址包括浙东区党委旧址、浙东行政公署旧址、新四军浙东游击纵队司令部旧址、浙东抗日军政干校旧址、《新浙东报》社旧址等。2005年入选全国红色旅游经典景区。

浙西南革命根据地旧址群 位于浙闽赣三省交界处。浙西南革命根据地创立于1935年,范围涉及20多个县,中心区域为今丽水市的松阳、龙泉、遂昌以及衢州市和福建省浦城县的部分地区,纵横100余千米,游击区域为今丽水市属的云和、庆元、景宁、丽水、青田、缙云,还有福建省属的松溪、政和、寿宁,温州市属的泰顺,衢州市属的衢江区、龙游,金华市属的汤溪、宣平、武义、永康、磐安,台州市属的仙居、天台等县的全部或局部。2011年入选全国红色旅游经典景区。

新四军苏浙军区旧址群 分布于浙、苏、皖三省交界的山区中。主要包括新四军苏浙军区司令部、粟裕宿舍和办公室、新四军后方医院疗养所、修枪所、兵工厂、《苏南报》社等旧址。军区司令部原是清末民宅,建于清朝嘉庆、道光年间，现陈列新四军苏浙军区的文件、军用地图、作战武器和战利品，《苏南报》、江南银行纸币以及烈士遗物和照片等革命文物。新四军苏浙军区旧址是江南抗战时期保存下来的最为完整、规模最大的一处革命旧址群。2011 年入选全国红色旅游经典景区。

中国工农红军第 13 军军部旧址群 位于永嘉县岩头镇。1930 年 5 月，浙南红军游击队组建为工农红军第 13 军，军部设于这里的五间两进民宅内。主要由军部旧址、纪念碑、纪念馆三部分组成。1985 年军部旧址整修一新，右侧山坪耸立中国工农红军第 13 军纪念碑，左侧建立红 13 军战史纪念馆。2011 年入选全国红色旅游经典景区。

侵浙日军投降仪式旧址 位于富阳区受降镇。1937 年 12 月富阳县城沦陷，日军第 22 师团 35 联队第 3 大队移驻宋殿村。1945 年 8 月日本宣布无条件投降，宋殿村被指定为浙江地区日军投降的唯一地点，1945 年 9 月 4 日举行了接受日方代表投降仪式。"受降厅"建筑面积 440 多平方米，泥石木结构，重檐亭式房屋，现陈列展出近 200 幅历史照片、图片和当年受降仪式现场的部分实物。2011 年入选全国红色旅游经典景区。

洞头先锋女子民兵连纪念馆 位于洞头区北岙镇。洞头先锋女子民兵连组建于 1960 年，曾荣获集体二等功、集体一等功，多次被全国妇联和省妇联授予"三八红旗集体"，被解放军总部、原南京军区、浙江省评为"民兵预备役工作先进单位"，获"洞头先锋女子民兵连"荣誉称号。纪念馆占地面积 2 000 平方米，建筑面积 900 平方米，保存有大量的实物图片，生动地再现了女子连的光辉历程。2011 年入选全国红色旅游经典景区。

九、全国农业旅游示范点

浙江省农业高科技示范园区 位于萧山经济开发区内。占地面积 3.3

平方千米。浙江省首批省级农业科技型企业，拥有工厂化育苗、中高档盆花栽培、无公害瓜果蔬生产的智能化和全自控等各类温室12万平方米。配备先进仪器设备的年产3 000万株克隆苗的组培车间和实验室，成为农业高科技产业孵化基地、高科技农业“绿色硅谷”。2004年入选全国农业旅游示范点。

浙江(中国)花木城 位于萧山区新街镇。占地面积53.33万平方米，是一个集花卉苗木批发、农业旅游于一体的园林绿化批发零售综合性市场，中国东部最大的花木集散地。2004年入选全国农业旅游示范点。

奉化区滕头村 水乡特色的江南小村。走“生态农业”“立体农业”的发展道路，建立了高科技蔬菜瓜果种子种苗基地、植物组织培育中心，现代化农业格局基本形成。2004年入选全国农业旅游示范点。

沈家门渔港 位于舟山本岛东南侧。面临东海，背靠青龙、白虎两山，东西向横贯沈家门镇，长11.5千米，宽0.1—0.7千米，为多口门峡道型海港。港域面积320万平方米，水域面积185万平方米，水深4—12米，海底平坦，泥质粉砂，是中国最大的天然渔港。早在清朝中期便形成了热闹的街市，曾有“市肆骈列，海物错杂，贩客麇至”的记载。2004年入选全国农业旅游示范点。

兰溪市兰花村 位于兰阴山北麓。全国最大的兰花培育基地之一，设有兰花苑118幢，盆景园5个，还有兰花史博物馆、中华兰花物种园、兰文化作品展馆。兰花苑为青瓦、白壁、马头墙的江南徽式民居。2004年入选全国农业旅游示范点。

松阳县卯山农业观光园 位于古市镇。卯山古迹众多，民间传说源远流长。现已形成卯山果园基地、十里桃花林、茶文化园、甲鱼垂钓园等农业观光休闲旅游景点，经营面积1.63平方千米。2004年入选全国农业旅游示范点。

杭州市梅家坞茶文化村 位于西湖风景区西部。杭州著名的龙井茶生产基地，纵深长达十余里，有“十里梅坞”之称。拥有周恩来纪念室、乾隆遗迹、古树观赏点、茶园观赏区等十余处景点。2005 年入选全国农业旅游示范点。

安吉县中南百草园 占地面积 3.73 平方千米，拥有森林、草原、湿地、野生动物等生态资源，是一个以植物世界、动物世界和运动世界为三大主题的综合性旅游景区。“植物世界”由碧水晨曦、丹枫流霞、百草映雪等 8 景和白茶园、桂花园、采摘果园、淡竹林等 18 园组成。“动物世界”有 150 多种动物，其中有老虎、狮子、大象、长颈鹿等 70 多种珍稀野生动物。“运动世界”有户外拓展、森林骑马、攀岩、高空溜索、湿地漂流等各类运动项目 50 多种。2005 年入选全国农业旅游示范点。

安吉县竹子博览园 占地面积 80 万平方米。拥有 396 种珍稀竹种，除了安吉的乡土竹种 45 种外，还有从福建、江西、广东、北京等中国 17 个省市移植引种以及与泰国、美国、日本等各国交流的一些竹种，是集竹文化、竹工艺于一体的中国竹子博物馆和亚洲规模最大的竹品种基地，也是世界上规模最大、品种最齐全的竹子王国，被誉为“竹类大观园”。2005 年入选全国农业旅游示范点。

杭州市中国古代造纸印刷文化村 位于杭州郊区的富春江畔。占地面积 2 万平方米。富阳造纸有 1 800 年历史。村内建筑为仿宋风格，飞檐翘角，斗拱牛腿，圆柱铜钉门。造纸作坊、印刷作坊、装订作坊、古籍陈列室等展现了古代造纸术和印刷工艺。古代造纸一条街，重现了从古井取水、舂料、操纸、晒纸到烘干等工序，游客既可参观游览，又可实践操作，寓知识于游玩之中。2005 年入选全国农业旅游示范点。

鄞州区天宫庄园 占地面积 1.07 平方千米。拥有 30 多万平方米的桑果采摘基地，1.2 万平方米的植物世界，还有桑果深加工基地以及草莓园、葡萄园、无花果园等高品质全年绿色观赏基地，形成了一、二、三产业同步发展的新农村发展模式，是一个集新农村展示、农业产业、文化旅游、亲子游乐于一体的休闲农庄。2005 年入选全国农业旅游示范点。

台州市漩门湾农业观光园 位于玉环岛清港镇。占地面积 6.67 平方千米,由农耕文化游览区、休闲康体游憩区、生态农业种养殖区、世界名柚园区、鱼乡风情区和生态果园观光区组成。在发展农业生产与示范项目的同时,建设了一系列休闲度假项目,将生态农业和旅游休闲观光融为一体。2005 年入选全国农业旅游示范点。

台州市金泉农庄 位于台州市东海之滨。占地面积 1.24 平方千米,环境幽雅,有“天然绿色氧吧”之称。农庄按照“人、自然、健康”理念规划设计,建成了金荔泉度假村、绿篱迷宫、童趣园、风筝广场等景点,突出农业旅游的“土、野、乐、趣”四大特色,既辽阔秀丽又有浓浓的乡土气息。2005 年入选全国农业旅游示范点。

桐乡市华章现代生态农业观光园 位于乌镇。占地面积 97.67 万平方米。水网河系交错,湖泊岛屿密布,珍禽果蔬丰富。游客可参与酿酒、编织、制陶、养蚕等活动,泛舟于湿地芦苇之间,观荷赏鸟。2005 年入选全国农业旅游示范点。

十、全国休闲农业与乡村旅游示范点

德清县浩雄生态园 位于武康镇。集生态模式、科技集成示范、品种展示、农业体验和餐饮休闲为一体的高效生态农业综合项目。农庄设有农业观光、果蔬采摘、养身垂钓、生态餐饮等休闲项目。园区内的世外桃源农庄,绿树成荫,花草相拥,四季蔬果不绝,温馨恬静。2013 年入选全国休闲农业与乡村旅游示范点。

金东区锦林佛手生态农业观光园 位于赤松镇。占地面积 20 万平方米,分为佛手文化展示区、现代农业观光区、农产品展销区、休闲娱乐区等功能区。拥有佛手精品种植园,打造集农业现代化生产、科研成果转化、博览示范、科普教育、休闲度假、农业观光旅游于一体的综合性示范园区。2013

年入选全国休闲农业与乡村旅游示范点。

建德市红群高科技草莓园　位于下涯镇。建德果蔬乐园开放采摘的标准化果园。园区采用物联网、草莓立体栽培技术等农业高科技种植草莓，建设了草莓种植采摘园、草莓博物馆、亲子体验区和会务活动区，不仅能体验采摘草莓、制作草莓冷饮及糕点的乐趣，还能品尝到以草莓为原料的特色菜品。2013 年入选全国休闲农业与乡村旅游示范点。

余杭区琵琶湾生态农庄　位于塘栖镇。千亩原生态有机果园，百亩荷塘，与江南水乡的水上建筑相互辉映，构建四季常青、果蔬飘香的生态景区。以有机农业观光及四季采摘体验为主题，发展有机果蔬产业与休闲观光农业，打造了枇杷节、荷花节、葡萄节、草莓节等特色农事节庆及农事体验活动。2014 年入选全国休闲农业与乡村旅游示范点。

台州市三门农博园　位于健跳镇。占地面积 1.4 平方千米，建有一院（7D 影院）、二园（奇迹养生园、亚热带多肉植物园）、三馆（三门湾民俗博物馆、台风体验教育馆、地震体验教育馆）、四区（迷宫逃生区、荷花池观赏区、垂钓烧烤区、水果采摘区）和五基地（素质教育拓展基地、珍禽动物养殖基地、海水养殖基地、农作物种植基地、传统作坊基地）。2014 年入选全国休闲农业与乡村旅游示范点。

上虞区盖北野藤葡萄休闲观光园　位于盖北镇。葡萄连片面积 3.33 平方千米。观光园区主要由丰富基地、镇东基地、绿翠基地等三大基地组成，设有野藤葡萄观光步道、葡萄品种休闲博览长廊，并有农家乐餐饮等配套设施。2014 年入选全国休闲农业与乡村旅游示范点。

南湖区梅花洲农业休闲园　位于凤桥镇。现有农业区域面积 33.33 万平方米，其中桃林 20 万平方米，葡萄、梨、甜瓜等 13.33 万平方米，提供四季水果采摘、烧烤野炊、婚纱摄影等服务。2014 年入选全国休闲农业与乡村旅游示范点。

长兴县城山沟桃源山庄　位于和平镇。占地面积 1.2 平方千米。分为水上活动区、果园采摘区、城山寺庙文化区、服务中心、游客接待中心五个功能区，由四条主干线路和若干支线路串联，是集休闲娱乐、旅游度假、餐饮住宿、水上活动、果园采摘等于一体的农业旅游观光园区。2015 年入选全国休闲农业与乡村旅游示范点。

普陀区干施岙村 位于展茅街道。依山傍水，溪水潺潺，香樟环列，环境优美。青山碧水中的田园乡村，风车随风翻动，竹筏在塘上来回，散发出浓郁的江南水乡风情。巷弄窄小，白墙黛瓦，墙体上遍绘“二十四孝”图。柑橘、杨梅、桃子，一年四季水果飘香。2015 年入选全国休闲农业与乡村旅游示范点。

温岭市四季生态农业园 位于温岭市南部。集生态农业示范、科普教育、观光休闲、旅游度假、会议培训于一体的高标准精品农业园。占地面积 3.33 平方千米，分为休闲观光区、无公害种植区、特色水产养殖区、生态畜牧区四大功能区，已建成水上乐园、水车长廊、野生垂钓等体验项目。2015 年入选全国休闲农业与乡村旅游示范点。

庆元县莲湖休闲农业综合体 位于隆宫乡。建设了稻鱼(螺、泥鳅)套养区、鱼塘观光垂钓区、特色精品水果区和特种畜禽养殖区。以郊野公园为中心，发展荷塘藕、蛙稻米、红柚等特色产业，成为“美丽乡村+生态社区+特色产业”的田园综合体。2015 年入选全国休闲农业与乡村旅游示范点。

嵊州市飞翼生态农业园区 位于三界镇。拥有 3.33 平方千米有机果蔬菜园，种有近百种有机蔬菜，还有樱桃、杨梅、桃子、葡萄等水果，一年四季都可以采摘。农业园采用新技术、新品种实现有机果蔬的大规模生产，是一个集有机农产品生产、加工、销售、配送、观光、休闲、科普为一体的现代化农业基地。2015 年入选全国休闲农业与乡村旅游示范点。

余姚市九龙湾乡村庄园 位于水墨潭。以“游温室花园，过田园生活”为理念打造的农家乐和休闲观光农业基地。拥有观光果山、杨梅采摘区、世外桃园采摘区、开心农场、农家餐厅以及体验休闲慢生活的金冠村千年古村文化旅游客栈等。2015 年入选全国休闲农业与乡村旅游示范点。

北仑区现代农业园区 浙江省休闲观光农业示范园，占地面积 1.33 平方千米。建有休闲长廊、农家生态餐厅、烧烤场、钓鱼池、会议中心等场所,兼具农业生产、农业科研、休闲体验、文化娱乐、农业科普等多种功能。每年4月至5月举办牡丹花会。2017年入选全国休闲农业与乡村旅游示范点。

十一、全国工业旅游示范点

天荒坪电站 位于安吉县东南部的天目山东缘。又称“天荒坪抽水蓄能电站”,上下水库落差607米,总装机容量180万千瓦,是目前世界上水位落差最高的电站之一,也是世界第二大抽水储能电站。水电站隐没于崇山峻岭之间,雄伟的电站建筑与秀丽妩媚的自然风光融为一体,成为安吉生态旅游的一道亮丽的风景线。2004年入选全国工业旅游示范点。

大虎打火机厂 位于温州市炬诚路。中国金属外壳打火机生产的龙头企业,已形成直冲式、防风式、明火式、花样式四大类几十个系列数百种款式的高、中档产品,多项技术填补了国内空白,并获得国家专利。2004年入选全国工业旅游示范点。

报喜鸟集团 位于永嘉县报喜鸟工业园。2014年创建了以工厂云为主体、以定制云和数据云为两翼的云翼互联智能制造架构体系,游客可以参观智能车间和研发车间,观看云翼互联宣传片,体验3D设计搭配系统,在智能生产车间零距离接触智能制造的流程工序。2004年入选全国工业旅游示范点。

奥康集团 位于永嘉县瓯北镇。主导产品“奥康”牌皮鞋伴随着“穿奥康,走四方”的广告语畅销海内外,国内市场占有率稳居全国同行业前三名。2004年入选全国工业旅游示范点。

飞跃集团 总部位于台州市椒江区机场中路。集科研、生产、进出口贸易为一体的大型外向型企业集团,经营业务涉及装备制造、再生资源等。在飞跃科技园设有产品展示区,展示集团的最新产品。2004 年入选全国工业旅游示范点。

钱江集团 位于温岭市科技路。集团旗下产业涉及多个制造业领域,包括园林通用机械、发动机、环保新材料等产业,致力于从传统制造业向高端制造、智能制造等产业转型升级。2004 年入选全国工业旅游示范点。

千岛湖农夫山泉生产基地 位于淳安县千岛湖镇。生产基地坐落在风光秀丽的千岛湖畔,是一家环境优美的花园式工厂,拥有现代化的高科技设备、全自动化的生产流程、全透明的旅游观光通道,游客可以欣赏农夫山泉的整个生产过程。2004 年入选全国工业旅游示范点。

娃哈哈集团下沙工业园 位于杭州下沙经济技术开发区。娃哈哈集团公司是中国规模最大的饮料企业之一,主要生产含乳饮料、饮用水、碳酸饮料、果汁饮料等八大类 100 多个品种的产品。下沙工业园占地面积近 33.33 万平方米,是娃哈哈集团在全国 38 个生产基地中规模较大、生产品种最多的一个基地。各生产车间均设有专门的参观通道,游客可看到整个全自动的生产过程。2004 年入选全国工业旅游示范点。

秦山核电站 位于海盐县境内。中国自行设计、建造和运营管理的第一座 30 万千瓦压水堆核电站。核电站采用目前世界上技术成熟的压水堆,核岛内采用燃料包壳、压力壳和安全壳三道屏障,能承受极限事故引起的内压、高温和各种自然灾害。宣传接待中心设有核电科普馆、爱国主义教育馆、模型展厅、放映厅等,游客可以参观游览 45 米长的观景亭、千米海塘、千米隧道等景点。2004 年入选全国工业旅游示范点。

丰同裕蓝印布艺有限公司 位于桐乡市石门镇。前身为“丰同裕染坊店”,由漫画家丰子恺的祖父创办于清代道光至咸丰年间,蓝印布艺工艺已传承 160 多年。继承传统,吸收国画、版画、民间剪纸等多种艺术形式,引进蜡染、扎染等其他蓝印花布的制作工艺,推陈出新,开发新图案,所做蓝印制品为人们所青睐。2004 年入选全国工业旅游示范点。

吉利汽车工业有限公司 位于台州市路桥区吉利工业区。台州市最大的工业制造基地。园区供游客参观的景点包括：展示吉利集团四大整车制造基地的大厅沙盘、企业文化长廊、广场浮雕和音乐喷泉、畅销车型展示厅、冲压分厂、焊装分厂等。2005年入选全国工业旅游示范点。

黄坛口发电厂 位于衢州市境内。钱塘江支流乌溪江流域两级开发的第二级电站，是新中国成立初期浙江省最早兴建的一座中型水电站。依托电站的悠久历史和风光旖旎的九龙湖山水，融历史、科普、风光于一体。2005年入选全国工业旅游示范点。

正泰集团 位于乐清市柳市镇。主要生产高低压电器、输配电设备、仪器仪表等产品，是智慧能源解决方案提供商。多年来超常规、跨越式的发展，被誉为“温州模式”的缩影。园区提供三条参观线路，即“感受员工的工作与生活环境”线路、“从零部件到产品，从手工组装到全自动检测”线路和“家用电表的生产过程”线路。2005年入选全国工业旅游示范点。

红蜻蜓集团有限公司 位于永嘉县瓯北街道。成立于1996年，以制鞋为主业，兼及房产置业、百货业态、教育产业、金融投资的全国无区域性企业集团。红蜻蜓集团的旅游线路，包括中国鞋文化博物馆、红蜻蜓企业品牌文化展厅、专业化皮鞋生产线和红蜻蜓休闲购物中心。2005年入选全国工业旅游示范点。

宁波卷烟厂 位于奉化区萧浦西路。始建于1925年。厂区内可供游客参观的景点包括大红鹰广场、模拟海底环境的“海洋世界”，主厂房屋顶的“空中花园”等。2005年入选全国工业旅游示范点。

新安江水电站 位于建德市新安江镇，地处桐官峡谷中。中国第一座自行设计、自制设备、自己施工建造的大型水力发电站，被誉为“长江三峡的试验田”。电站于1960年建成投产，安全稳定运行至今。2006年入选全国工业旅游示范点。

五芳斋工业园 位于嘉兴市境内。全国生产规模最大的粽子专业生产基地，集展示、研究、开发、生产、旅游、购物于一体。设有园区风貌、展示厅、表演区、粽艺长廊区等七大区域，展示了粽子深厚的历史与文化底蕴。2006

年入选全国工业旅游示范点。

浪莎袜业工业园 位于义乌市经济开发区。“浪莎袜业”拥有10多家分公司及5个海外贸易公司，已发展成为集袜子、服饰、家居、金融等多元化产业集团。2006年入选全国工业旅游示范点。

梦娜针织袜业工业园 位于义乌市北苑工业园区。“梦娜针织袜业”是中国最大的袜类企业之一。现有4条参观线路：一是以袜类文化为主的文化长廊；二是现代化的生产车间；三是自由线路；四是乘坐游览车参观厂容厂貌。2006年入选全国工业旅游示范点。

康奈集团工业园 位于温州市双屿街道康奈工业园。园区风光旖旎，有康奈泉、鸿盛花园、榕抱枇杷、文化大礼堂、互动体验馆、产品展销中心等九大景点，形成了集名企探秘、观光游览、互动体验、教育培训、休闲购物、餐饮娱乐为一体的多形态综合性旅游景区。2006年入选全国工业旅游示范点。

永淦古玩旅游区 位于慈溪市天元镇。建筑面积8.2万平方米，分为红木馆、瓷器馆、工艺精品馆、桌椅及生活用品馆、大件家具馆、精品展示馆等展区。2006年入选全国工业旅游示范点。

嘉欣丝绸园 位于嘉兴市中山西路。嘉兴是古代的“丝绸之府”，当代的“中国绸都”，丝绸历史源远流长。兴建于2001年，占地面积43.33万平方米，集栽桑、养蚕、缫丝、织造、印染、服装于一体，是一家国家级丝绸产业特色园区。建有丝绸文化广场、丝绸博物馆、产品展示中心以及历史厅、综艺坊、文化苑等。2007年入选全国工业旅游示范点。

龙泉宝剑厂工业旅游区 位于龙泉市大沙工业区。宝剑厂创办于20世纪50年代，传承2 500多年的传统铸剑工艺，享有“龙泉宝剑”“龙凤七星”商标专用权，曾为国内外各界名人铸剑。园区拥有欧冶遗风景区、剑文化表演区、精品购物区等功能区。2007年入选全国工业旅游示范点。

金田铜业(集团)公司 位于江北区慈城镇。成立于1986年，占地1.33平方千米，是国内产品系列最为齐全、综合加工量最大的铜加工企业，名列中国企业500强。2007年入选全国工业旅游示范点。

十二、国家级非物质文化遗产生产性保护示范基地

东阳市陆光正创作室 位于东阳市城北新区。东阳木雕是中国民间雕刻艺术之一,因产于浙江东阳而得名,是国家级非物质文化遗产,与“青田石雕”“黄杨木雕”并称为“浙江三雕”。东阳,自唐代至今已有千余年的木雕历史,北京故宫及苏、杭、皖等地,都有精美的东阳木雕留世。陆光正是中国工艺美术大师、东阳木雕国家级代表性传承人。创作室集东阳木雕作品设计创作销售、木雕工艺装修、专业技术培训为一体。2011 年入选国家级非物质文化遗产生产性保护示范基地。

青田县二轻工业总公司 位于青田县鹤城街道。生产经营青田石雕。青田石雕发端于距今 5 000 年的“菘泽文化”时期,元、明时期已具备较高的圆雕技艺水平。至清代,青田石雕吸收“巧玉石”制作工艺,开创了中国石雕“多层次镂雕”技艺的先河。2011 年入选国家级非物质文化遗产生产性保护示范基地。

王星记扇业有限公司 位于杭州市下城区。杭州是我国制扇名城,自古有“杭州雅扇”之说,南宋以来有不少制扇艺人荟集杭州。前身为“杭州王星记扇庄”,创建于清代光绪初年,迄今已有 130 多年历史。远销 40 多个国家和地区,曾作为进献皇室的贡品,有“贡扇”之誉。“王星记制扇技艺”已被列入国家级非物质文化遗产名录。2014 年入选国家级非物质文化遗产生产性保护示范基地。

善琏湖笔厂 位于湖州市善琏庙桥弄。湖笔亦称“湖颖”,是“文房四宝”之一,被誉为“笔中之冠”。“湖笔制作技艺”已被列入国家级非物质文化遗产名录。善琏湖笔厂是全国生产规模最大的湖笔制造企业,拥有湖笔

制作技艺传承人和国家级制笔艺术大师。“双羊牌”湖笔制作精细，享誉文化界。2014年入选国家级非物质文化遗产生产性保护示范基地。

金星铜集团有限公司 位于余杭区兴中路。杭州铜雕是古代青铜器制造的延续，清代同治以后，以“朱府铜艺”为代表的杭州铜雕技艺日趋成熟，代代相传。“铜雕技艺”已被列入国家级非物质文化遗产名录。“朱府铜艺”第四代传人朱炳仁，是国家级工艺美术大师，中国非物质文化遗产传承人。“朱府铜艺”第五代传人朱军岷，是“朱炳仁·铜”品牌的创始人。公司应用现代铜工艺成功建成了雷峰塔、峨眉金顶等30多个重点工程。2014年入选国家级非物质文化遗产生产性保护示范基地。

十三、国家级旅游度假区

东钱湖旅游度假区 位于鄞州区东钱湖镇。东钱湖是浙江省面积最大的淡水湖，群山环抱，森林苍郁，年平均气温15.4摄氏度，生态环境优美。度假区占地面积230平方千米，包括东钱湖镇、天童寺、阿育王寺、天童森林公园，山地森林覆盖率92.4%。历史遗迹星罗棋布，有陶公钓矶、霞屿锁岚、二灵夕照、白石仙坪等十大胜景以及南宋石窟“补陀洞天”、元塔二灵塔、王安石庙等70余处古迹、21处文物保护点和200余具南宋时期石雕。2015年入选国家级旅游度假区。

南太湖旅游度假区 位于湖州市区北部，地处太湖南岸，故名“南太湖”。占地面积55.3平方千米，是集旅游、购物、休闲、度假、居住为一体的滨湖新区。度假区内有法华寺、太湖乐园、高尔夫球场和众多的度假酒店，以及一条比较有特色的湖鲜街。2015年入选国家级旅游度假区。

湘湖旅游度假区 位于萧山区西部。湘湖是浙江文明的发祥地，出土了世界上最早的独木舟，跨湖桥文化遗址是全国重点文物保护单位，湘湖城山之巅的越王城遗址为保存最好的古城墙遗址之一。占地面积35平方千米,以湖面及其湖畔、堤岸为主体空间,五大景区30余个景点串联其间,形成“一桥跨湖两岸美景,二堤交辉绿岛掬星,三寺朝晖古村窑烟,四园齐欢五店宴饮”的盛景。2015年入选国家级旅游度假区。

灵峰旅游度假区　位于安吉县城与古镇孝丰的连接地,东与城区隔浒溪相望,西、南两面与安吉黄浦源景区和天荒坪景区相连。占地面积84平方千米,有“二水一山”“二景一村”。浒溪与龙王溪绕灵峰山穿境而过,千年古刹灵峰寺、竹博园与香溢五星酒店相映生辉,形成了以乡村休闲、竹文化体验、山地运动、健康养生、商务会议为主题的度假产品体系。2018年入选国家级旅游度假区。

十四、国家级风景名胜区

西湖风景名胜区　位于杭州市中心。西湖被孤山、白堤、苏堤、杨公堤分隔,分为外西湖、西里湖、北里湖、小南湖及岳湖等五片水面,苏堤、白堤越过湖面,小瀛洲、湖心亭、阮公墩三个小岛鼎立于外西湖湖心,夕照山的雷峰塔与宝石山的保俶塔隔湖相映,形成“一山、二塔、三岛、三堤、五湖”的基本格局,秀丽的湖光山色和众多的名胜古迹闻名中外,被誉为“人间天堂”。占地面积49平方千米,其中湖面6.5平方千米,有100多处公园景点,60多处各级重点文物保护单位和20多座博物馆。1982年入选国家级风景名胜区。

富春江—新安江风景名胜区　位于钱塘江上游,下起富阳,中经桐庐,上至淳安,总面积982平方千米。富春江—新安江两岸山色青翠秀丽,江水清碧见底,素以水色佳美著称。新安江水库碧波万顷,岛屿密布,林木繁茂,有“千岛湖”之称。沿江有鹳山、桐君山、瑶琳洞、赋溪、姥山、龙山等景区,有严子陵钓台、方腊洞、灵栖洞、鹳山“春江第一楼”、碧云洞、龙门瀑布、三国孙权故里、元代画家黄公望隐居地等景点。1982 年入选国家级风景名胜区。

雁荡山风景名胜区　位于乐清市以及永嘉县及温岭市境内。占地面积 450 平方千米。雁荡山因主峰雁湖岗上的湖荡年年有南飞的秋雁栖宿而得名。有灵峰、灵岩、大龙湫、三折瀑、雁湖、显胜门、羊角洞、仙桥等八大景区 500 多处景点。以奇峰怪石、飞瀑流泉、古洞畸穴、雄嶂胜门和凝翠碧潭扬名海内外，被誉为“海上名山，寰中绝胜”，史称“东南第一山”。其中，灵峰、灵岩、大龙湫三个景区被称为“雁荡三绝”。1982 年入选国家级风景名胜区。

普陀山风景名胜区　普陀山是舟山群岛中的一个小岛，面积 12.5 平方千米，呈狭长形，最高处佛顶山海拔约 300 米。普陀山素有“海天佛国”“南海圣境”之称，历朝相继在此兴建寺院，最盛时有寺庵 82 座，以供奉观音菩萨为主，其中普济、法雨、慧济三大寺规模宏大，建筑考究，是中国清初寺庙建筑群的典型。奇岩怪石众多，著名的有磐陀石、二龟听法石、海天佛国石等。山海相接之处有许多石洞胜景，以潮音洞和梵音洞最著名。岛的四周有许多沙滩，包括百步沙和千步沙。1982 年入选国家级风景名胜区。

嵊泗列岛风景名胜区　嵊泗列岛由钱塘江与长江入海口汇合处的岛屿群构成，包括大洋山、小洋山、沈家湾岛、薄刀嘴岛等 400 多个大小岛屿，其中有人居住的岛屿 16 个。占地面积 8 824 平方千米，主要包括四个景区：以碧海金沙、渔家休闲、海鲜美食为特色的泗礁景区，以远东第一大灯塔——花鸟灯塔和雾岛为特色的花鸟绿华景区，以渔港、海崖和渔俗为特色的嵊山—枸杞景区，以幻石灵礁和现代港桥为特色的洋山景区。1988 年入选国家级风景名胜区。

楠溪江风景名胜区　位于永嘉县境内。属于雁荡山世界地质公园西园区，占地面积 671 平方千米。分为大楠溪、石桅岩、大若岩、太平岩、岩坦溪、四海山、源头等八大景区，共有 800 多个景点。山岩有“峰笔立、崖如削、洞悬壁”的奇异景观，还有因山体断裂构造产生的许多瀑布景观。沿江分布有台湾水青冈、银杏、华西枫杨等多种珍贵树种。江滨村落保存有宋代以来的寺庙、道观、宗祠、牌楼等古建筑。1988 年入选国家级风景名胜区。

天台山风景名胜区 1988年入选国家级风景名胜区。参见国家生态旅游示范区——天台山景区。

莫干山风景名胜区 位于德清县境内。占地面积约43平方千米。莫干山属于天目山余脉,主峰塔山海拔758米。中心景区包括塔山、中华山、金家山、屋脊山、莫干岭、炮台山等,植被覆盖率92%,以竹、泉、云的景观和清、绿、凉、静的环境著称,素有"清凉世界"之美誉,与北戴河、庐山、鸡公山并称为我国四大避暑胜地。修篁丛生,万竿夹道,遍山竹海,流泉飞瀑,更有挺拔参天的日本冷杉及宋代银杏。1994年入选国家级风景名胜区。

雪窦山风景名胜区 位于奉化区溪口镇。占地面积85平方千米。雪窦山以雪窦古刹和千丈岩瀑布为中心,东有五雷、桫椤、东翠诸峰,西有屏风山,南有天马、翠峦,西南有象鼻峰、石笋峰、乳峰,中间是一片广阔的平地,阡陌纵横,山水秀丽。山峦灵秀,岩壑雄奇,瀑布绚丽,林泉幽深,共有景点60余处,以千丈岩、三隐潭瀑布等最著名。1994年入选国家级风景名胜区。

双龙风景名胜区 位于金华市城北的金华北山。占地面积79.73平方千米,是一处以地下悬河、岩溶奇观、赤松祖庭为特色,以观光度假、康体休闲为主要功能的山岳型风景名胜区,其中以双龙洞、冰壶洞、朝真洞和仙瀑洞最为著名,还有奇趣盎然的桃源洞。1994年入选国家级风景名胜区。

仙都风景名胜区 位于缙云县城东部。占地面积166.2平方千米,由仙都、黄龙、岩门、大洋四大景区组成,有鼎湖峰、倪翁洞、小赤壁、芙蓉峡、黄帝祠宇等300多个景点。峰岩奇绝、山水神秀,自隋代起即闻名于世。1994年入选国家级风景名胜区。

江郎山风景名胜区 位于江山市江郎乡。占地面积53.9平方千米。江郎山古称"玉郎山""金纯山",山形主体为三个高耸入云的巨石,高360余米,形似石笋天柱,状如刀砍斧劈,人称"三爿石"。聚岩、洞、云、瀑于一山,集奇、险、陡、峻于三石,雄伟奇特,蔚为壮观。还拥有一线天、伟人峰、开明禅寺等景点景观100余处。2002年入选国家级风景名胜区。

仙居风景名胜区 位于仙居县境内。仙居境内多山,有"八山一水一分田”之说。占地面积 187.8 平方千米，包括神仙居、景星、十三都、公盂、淡竹五大景区。千嶂叠翠，沟谷幽深，清流急湍，林茂竹秀，集奇、险、清、幽于一体，汇峰、瀑、溪、林于一地，素有“神仙居之奇、景星岩之雄、公盂之巍、淡竹之清、十三都之幽”的称誉。2002 年入选国家级风景名胜区。

浣江—五泄风景名胜区 位于诸暨市西北部。占地面积约 50 平方千米，主要由五泄湖、桃源、东源和西源峡谷四个景区组成，以“瀑、峰、林”而著称。五泄湖长达 2.5 千米，曲折环绕，碧波荡漾；桃源景区溪涧峥嵘，林海苍莽；西源景区以峰、林、溪见长，有石屏、朝阳峰、香炉峰等景点；东源景区内的五级瀑布，堪称五泄景区的灵魂所在。2002 年入选国家级风景名胜区。

方岩风景名胜区 位于永康市城东处。方岩山高 384 米，山体平地拔起，远望如城堡方山，故名“方岩”。以山岩奇特，风景秀丽而闻名，素有“人间仙境”之称。占地面积 92 平方千米，包括方岩山、五峰、南岩、石鼓寮、灵山湖烈士陵园、状元湖等八大景区，其中方岩山有罗汉洞、虎跑泉等景观，最为著名的是胡公祠。2004 年入选国家级风景名胜区。

百丈漈飞云湖风景名胜区 位于文成县境内。占地面积 558.8 平方千米，由峡谷景廊、百丈飞瀑、天顶湖、朱阳九峰、刘基故里五大部分组成。峡谷景廊步步皆景，四季各异；百丈飞瀑是阶梯形瀑布，自古有“一漈百丈高、二漈百丈深、三漈百丈宽”之说；天顶湖有大小岛屿 10 余个，山花烂漫，湖光山色相映成趣；朱阳九峰堪称天下奇观；刘基故里现存有刘基庙、墓、故居等古迹。2004 年入选国家级风景名胜区。

方山长屿硐天风景名胜区 位于温岭市东北部。占地面积 16.18 平方千米，由八仙岩、双门硐、崇国寺和野山四大景区组成，其中八仙岩、双门硐以硐群景观为主。长屿地区的硐群是自南北朝以来人工开采石板留下来的景观，迄今已有 1 500 多年的历史，长屿人一钎一锤的凿击，取出了上亿立方的石材，留下了 28 个硐群，1 314 个形态各异的硐窟。崇国寺和野山景区都是人文景观和自然景色融为一体的旅游区。2005 年入选国家级风景名胜区。

天姥山风景名胜区　位于新昌县境内。占地面积143.13平方千米，有大佛寺、穿岩十九峰、沃洲湖三个分区。主要有大佛寺、千佛岩、十里潜溪、双林石窟、天烛湖等著名景点。以佛教文化、唐诗文化、茶道文化和山水文化为内涵，以石窟造像、丹霞地貌、火山岩石地貌为特色。2009年入选国家级风景名胜区。

大红岩风景名胜区　位于武义县白姆乡、俞源乡和王宅镇交界处。占地面积50.5平方千米，由原大红岩、刘秀垄、清风寨、俞源、寿仙谷、龙潭、石鹅岩、郭洞等八个景区组成。俞源、郭洞两个明清古村落为中国历史文化名村，俞源村古建筑群为全国重点文物保护单位。景区内有典型丹霞地貌近10平方千米，丘陵峰石连绵，奇岩怪石罗列。主要景点有望夫岩、盘龙岩、天堂岭等50余处。2012年入选国家级风景名胜区。

大盘山风景名胜区　位于磐安县境内。占地面积55.98平方千米。大盘山是钱塘江、瓯江、灵江、曹娥江四大水系的主要发源地，森林茂密，大小山峰5 200余座，独特的地貌特征与地质活动形成了火山湖和平板溪两大地质奇观。有红板溪、之形瀑、鱼纹瀑等胜景。南侧的杉木林郁郁葱葱，连绵近千米；北侧有以野生山楂为主的大片灌木林；主峰南部的高山湖，面积2 000多平方米，海拔1 160米，为我国东南部最高的湖泊之一。2017年入选国家级风景名胜区。

桃渚风景名胜区　位于临海市东部，包括桃渚镇、东洋镇、连畔乡等三个乡镇。占地面积150平方千米。分为桃渚、石柱山、武坑、金鸡山、芙蓉山等十多个景区，景点多达200多处。有簇拥辐辏的峰丛，成排壁立的峰墙，孤立撑空的峰柱，还有无数灵岩巧石。2017年入选国家级风景名胜区。

仙华山风景名胜区　位于浦江县七里乡。占地面积约66平方千米，分为峰林仙华山、江南第一家、富春野马岭、幽谷古禅寺四大景区，共有20个景群、270个景点。自然环境宜人，植被覆盖率达88%以上，是一处难得的休闲避暑胜地。山巅突兀，奇峰灵秀，云雾升腾缭绕，以“奇、险、旷、幽”称誉江南。2017年入选国家级风景名胜区。

十五、国家级自然保护区

天目山国家级自然保护区 位于临安区境内。天目山地质古老,第四纪冰川影响不大,历来受到人类保护,植被没有遭受过重大破坏。占地面积43平方千米,主要保护对象为珍稀濒危植物。分布有国家重点保护植物25种,包括银杏、金钱松、天目铁木、独花兰、香果树、连香树等。1986年入选国家级自然保护区。

南麂列岛国家级自然保护区 位于平阳县东南海域。总面积201.06平方千米,其中陆域面积11.3平方千米,有大小岛屿52个,岸线长24.8千米。中心景区大沙岙是由贝壳碎屑堆积而成的沙滩,是浙江沿海理想的海滨浴场。以海洋贝、藻、鸟、水仙花为主要保护对象,其中黑叶马尾藻、头状马尾藻和浙江褐茸藻是海藻新种。1990年入选国家级自然保护区。

凤阳山—百山祖国家级自然保护区 位于龙泉市、庆元县境内。占地面积260.5平方千米。有国家一级保护野生植物伯乐树、红豆杉、南方红豆杉,国家二级保护野生植物香果树、福建柏、白豆杉等18种;国家一级保护野生动物有华南虎、金钱豹、云豹、黄腹角雉等8种,二级保护野生动物有大灵猫、小灵猫、短尾猕猴、苏门羚等45种。百山祖冷杉为保护区特有植物。1992年入选国家级自然保护区。

乌岩岭国家级自然保护区 位于泰顺县西北部。中国距离东海最近的森林生态与野生动物类型国家级自然保护区,占地面积188.62平方千米,森林覆盖率为87.9%,双坑口一带森林覆盖率达95%以上。中国黄腹角雉的唯一保种基地和原产地人工繁殖基地,还拥有国家保护植物中华水韭、南方红豆杉、伯乐树等,国家一、二级保护野生动物金钱豹、黑麂等50种,鸟类200多种。1997年入选国家级自然保护区。

清凉峰国家级自然保护区　位于临安区境内。清凉峰海拔 1 784.4 米，是浙江省西北部的最高峰。占地面积 10.8 平方千米，由龙塘山、千顷塘和顺溪坞三个部分组成。主要保护对象为东南沿海季风区中山丘陵森林生态系统及珍稀野生动植物。野生动植物资源丰富，其中国家重点保护野生植物有鹅掌楸、夏蜡梅、南方铁杉等。1998 年入选国家级自然保护区。

古田山国家级自然保护区　位于开化县城西北处。“古田山”因有古田庙而得名，山上林木葱茏，天然次生林发育完好，占地面积 13.68 平方千米。主要保护对象为白颈长尾雉、黑麂及其原生态的森林生态系统。这里是全国两个黑麂集中分布区中最大的一处。2001 年入选国家级自然保护区。

大盘山国家级自然保护区　2002 年入选国家级自然保护区。参见国家级风景名胜区——大盘山风景名胜区。

九龙山国家级自然保护区　位于遂昌县西南部。占地面积 55.25 平方千米，属于森林和野生动物类型自然保护区。有国家一级保护野生植物伯乐树、南方红豆杉，国家二级保护野生植物福建柏、白豆杉、榧树、长叶榧、连香树等 16 种。有云豹、豹、黑麂、黄腹角雉、白颈长尾雉等 5 种国家一级保护野生动物和 40 种国家二级保护野生动物。2003 年入选国家级自然保护区。

长兴地质遗迹国家级自然保护区　位于长兴县槐坎乡。占地面积 2.75 平方千米，主要保护对象为全球二叠至三叠系界线层型剖面、长兴阶层型剖面及古生物化石。长兴阶是世界上唯一的一个剖面中有两个金钉子的地层剖面，也是中国唯一一个断代金钉子。金钉子剖面对于研究地球历史、探求地球生物演化奥秘具有极高的科学价值。2005 年入选国家级自然保护区。

韭山列岛海洋生态国家级自然保护区　位于象山县境内，地处舟山群岛最南端。占地面积 484.78 平方千米，共有 76 个岛礁，岛礁总面积 7.3 平方千米，其中南韭山、积谷山、官船岙、蚊虫山、马补山、大青山、上竹山、中竹山和下竹山等 9 个岛屿较大。属于海洋生态系统类型的自然保护区，主要保护对象为曼氏无针乌贼、大黄鱼、以黑嘴端凤头燕鸥为主的鸟类和江豚以及与之相关的海洋生态系统。2011 年入选国家级自然保护区。

安吉小鲵国家级自然保护区　位于安吉县西南端。地处黄浦江源头，主峰龙王峰海拔1 587.4米。占地面积12.43平方千米，属于森林和野生动物类型自然保护区，以安吉小鲵及银缕梅等珍稀濒危动植物为主要保护对象。安吉小鲵为小鲵科小鲵属两栖动物，是中国的特有物种，最早在安吉龙王山被发现而取名为“安吉小鲵”。现有野生植物1 400多种，野生动物269种，其中黑麂、云豹等为国家级保护动物。2017年入选国家级自然保护区。

十六、国家级水利风景区

钱江潮韵度假村水利风景区　位于海宁市盐官观潮区内。以排涝、观潮为主，兼有科技、文化、休闲功能的游览胜地。配套建设有浙江省治太水利陈列馆、观潮台、观潮廊道、观潮亭、候潮厅等设施，主建筑面积8 600余平方米。2001年入选国家级水利风景区。

天河生态水利风景区　位于宁海县境内。占地面积160平方千米，其中核心区30多平方千米，是一处以自然山水风光为依托，以道家和台岳文化为内涵的生态风景区。拥有大面积的原始森林和次森林，森林覆盖率达91.5%。大松溪峡谷多急流、飞瀑和形态各异的溪坑巨石，以“雄、奇、险、幽”著称。有七色潭、翡翠潭、黄板滩等色泽不同的碧潭优美秀丽。2001年入选国家级水利风景区。

亭下湖水利风景区　位于奉化区境内。亭下湖是一座人工建成的山川湖泊，湖面面积5.9平方千米，分为内外两湖，外湖似月亮，内湖像太阳，是溪口雪窦山风景名胜区三大景系之一。湖区四周群山叠翠，逶迤起伏。历史上曾有许多文人墨客来此探胜观奇，留下了众多脍炙人口的诗文。2001年入选国家级水利风景区。

天赋旅游区　位于安吉县境内，地处天目山余脉。占地面积24.72平方千米。以赋石水库为主体,生态环境质量极佳。库区千山竞秀,茂林修竹,空气清新湿润,冬暖夏凉,建有天赋度假村、大坝观赏区、梅子湾狩猎区等。有竹种园、龙王山自然保护区等自然景观,还有吴昌硕故居等人文景观。2002 年入选国家级水利风景区。

杭州湾海滨游乐园 位于慈溪市杭州湾大通道。国内最大的海涂淡水水库,面积 7.4 平方千米,水库大坝全长 15 千米。海涂阳光充足,空气清新,初步形成以“围垦文化”为题,集休闲、娱乐、餐饮为一体的综合性旅游景区。人工岛上已建成水寨垂钓、游船快艇、游泳冲浪、野餐烧烤等项目。2002 年入选国家级水利风景区。

南太湖旅游度假区 2002 年入选国家级水利风景区。参见国家级旅游度假区——南太湖旅游度假区。

峡里湖生态风景区 位于江山市峡口镇。峡里湖是依高山峡谷而建的人工湖,长 13 千米,面积 12.39 平方千米,蓄水量 6 340 立方米。两岸青山环绕,岸线绵延曲折,波光流影,引人入胜,夏临此地犹入清凉世界。峡里神风、峡谷画廊、三卿口古瓷村,被称为峡里湖“三宝”。2003 年入选国家级水利风景区。

沃洲湖水利风景区 位于新昌县城东部。占地面积 81.8 平方千米,是天姥山国家级风景名胜区的重要组成部分,以风光秀丽而著称。沃洲湖是中国山水诗的发祥地,是唐诗之路的精华地段,也是道教福地之一。拥有石女峰、鹅鼻峰、放鹤峰、真君殿、三十六渡等景点。2003 年入选国家级水利风景区。

绍兴环城河风景区 位于绍兴市城区。占地面积 1.14 平方千米,其中水域面积 60 万平方米,包括稽山园、鉴水苑等八大景区。环城河长约 12 千米,外与浙东古运河、鉴湖相连,内与城区河道相通,为古城绍兴镶嵌了一个充满生气和活力的翠环。2003 年入选国家级水利风景区。

月亮湖水利风景区 位于江山市境内。占地面积 90.32 平方千米,其中水域面积 10 平方千米。月亮湖有 7 个大湖湾 24 个岛屿,风景优美。出土春秋时期青铜编钟六枚,有省级文物保护单位宋代碗窑遗址群,有粟裕将军在月亮湖区战斗的遗迹,还有石壁寺、深渡祠堂等景观。2004 年入选国家级水利风景区。

姚江游水利风景区　位于余姚市境内。主要依托姚江而建。姚江又称“余姚江”，发源于大岚镇夏家岭龙角山，干流全长105千米，流域总面积2 940平方千米，是宁波的母亲河。姚江沿岸有7 000年前的河姆渡遗址、越王勾践所建的句章城等文化遗存。姚江两岸有众多的古渡口，如姜家渡、蜀山渡、丈亭渡、车厩渡、黄墓渡、城山渡、鹳浦渡等，有些渡口已不再使用，但地名仍然存留至今。2005年入选国家级水利风景区。

龙穿峡水利风景区　位于天台县白鹤镇。地处国家级重点风景名胜区天台山的桐坑溪—万年寺景区内，群山环抱，峡谷纵横，奇石嶙峋，飞瀑流泉，以峰险、壁绝、洞奇、雾幻为主打特色。分为台岳春秋、秀溪观瀑、五泄流泉、太白临风、游龙戏凤、龙穿破壁、石门叩关、天池浴翠、山峡探险、空谷鸟鸣等十大景区，是江浙一带不可多得的自然山水画廊。2005年入选国家级水利风景区。

绍兴运河园水利风景区　位于绍兴市境内。绍兴运河园地处浙东古运河的主干河道，全长4.5千米。有运河纪事、沿河风情、古桥遗存、浪桨风帆、唐诗之路、缘木古渡六大景区，立体地再现了运河的水文化、名人文化和地域风情。2007年入选国家级水利风景区。

江南天池景区　位于安吉县天荒坪镇。主要由天荒坪抽水蓄能电站、天池、温泉、竹海通幽、天文科普基地、冬季野外滑雪场等组成。山峦翠竹，景色宜人，雄伟壮观的水利工程和淳朴秀丽的自然风光融为一体，是远近闻名的高山旅游休闲和避暑胜地。2007年入选国家级水利风景区。

曹娥江城防水利风景区　位于上虞区曹娥江两岸。依托曹娥江城市防洪工程而建，是一个集城市防洪、生态保护、休闲景观为一体的城市河湖型水利风景区。整个景区以“似堤非堤”为设计理念，崇尚自然，突出上虞的地域文化特色，塑造社会发展与资源环境相协调的景观。曹娥江右岸为“18里亲水型绿色文化走廊”，左岸为“12里亲水型绿色运动长廊”，一动一静，相得益彰。2008年入选国家级水利风景区。

玉环水利风景区 位于玉环市境内，紧邻乐清湾。依托漩门二期蓄淡围垦区及特色农业观光园建设而成。风光旖旎，生态环境优良，工程景观独特。海上长堤 7 000 余米，将湖泊与大海东西分隔，滩涂、湿地、小岛、山林交相辉映。资源较为丰富，淡水生物和海洋生物混杂生存，是全国最大的野生黑嘴鸥栖息地之一。以"玉环柚"种植区为基础的农业观光园，已成为玉环市的绿色名片。2008 年入选国家级水利风景区。

南明湖及生态河川水利风景区 位于丽水市市区南部的瓯江边。南明湖是人工湖，由瓯江上游大溪开潭水电站蓄水而成。属于自然河湖型水利风景区，占地面积 5.6 平方千米，分为古堰（千年通济堰）、画乡（巴比松油画）、九龙河滩湿地（国家级湿地公园）和南明湖（城区人工湖）等区块。以"清流、绿林、河滩、湿地"为核心景观，生态环境较好。2009 年入选国家级水利风景区。

老石坎水库水利风景区 位于安吉县境内。依托老石坎水库而建，属于水库型水利风景区。老石坎水库是黄浦江水系源头最大的湖泊，集雨面积 272 平方千米。景区以水库及南岸丘陵山地为背景，围绕黄浦江源文化主题，集度假观光、娱乐、运动、生态教育、会议等功能为一体，生态环境良好。2009 年入选国家级水利风景区。

曹娥江大闸水利风景区 位于绍兴市滨海新城，地处钱塘江与曹娥江交汇处。依托曹娥江大闸枢纽工程而建，占地面积 2.47 平方千米，分为闸口景观区、文化活动区、绿色公园区、乡村生态区、酒店休闲区、水上游乐区等六大景区。曹娥江大闸工程主要由挡潮泄洪闸、堵坝、导流堤、鱼道、观光廊道等组成。2010 年入选国家级水利风景区。

琼台仙谷水利风景区 位于天台县境内。依托桐柏抽水蓄能电站而建，属于水库型水利风景区，占地面积 7.3 平方千米。桐柏抽水蓄能电站水库及地下厂房等水利工程，堪称一座水利博物馆。山壁对峙，怪石错列，有李白题诗岩、仙人聚会、双女峰等景观。灵溪峡谷素有"佛宗道源、山水神秀"之美誉。2010 年入选国家级水利风景区。

乌溪江水利风景区 位于衢江区湖南镇。属于水库型水利风景区，占地面积155平方千米。有三片相对集中的区域：一是以湖南镇为中心的水上游览及避暑疗养区，有避暑胜地湖南镇、破石四景、水库大坝等景点；二是以石室水库为中心的旅游及避暑区；有乌溪江引水工程渠首水库、烂柯山等景点；三是天脊龙门游览区，有龙门石笋、龙潭瀑布、龙门峡谷等景点。2010年入选国家级水利风景区。

富春江水利风景区　位于富阳区境内。依托富春江富阳段河道而建，属于自然河湖型水利风景区，占地面积125平方千米。水域辽阔，山清水秀，景色绮丽，拥有保护完好的牌坊、村落、民居、宗祠等古建筑、古遗址。2010年入选国家级水利风景区。

信安湖水利风景区　位于衢州市境内。依托塔底水利枢纽、衢江城区段和乌溪江下游河段而建，属于城市河湖型水利风景区，占地面积15.2平方千米。信安湖湖面长约12千米，右岸水亭门城楼屹立，气宇轩昂，左岸高楼林立，尽显现代气息，一湖春水将古城文化与现代文明和谐对接，形成了湖在城中、湖城相依的美景。景区内的南宗孔庙是全国仅有的两座孔氏家庙之一。2011年入选国家级水利风景区。

十八里翠水利风景区　位于遂昌县东南部，地处瓯江支流松阴溪上游。依托十四都源溯游而建，占地面积70余平方千米。拥有成屏一、二级水库，神龙谷漂流和神龙飞瀑等优质风景资源。以十八里翠生态长廊为轴线，以飞瀑、流泉等水利景观为核心，利用生态河道串联沿河的各类生态旅游资源，形成了集观光、休闲、娱乐、度假为一体的风景旅游区。2012年入选国家级水利风景区。

松阴溪水利风景区　位于松阳县中部。松阴溪河道总长14.5千米，景区占地面积12.07平方千米，核心区在县城区域。空间布局为“一心、一廊、四区”：“一心”是指独山湖水利体验中心，“一廊”是指松阴溪山水田园画廊，“四区”包括入口综合服务区、都市田园度假区、乡村田园风情体验区、珍稀鸟类保育区，集水文、地文、生物、人文等景观于一体。2013年入选国家级水利风景区。

畲乡绿廊水利风景区 位于景宁县境内。依托瓯江支流而建，属于自然河湖型水利风景区，占地面积 86.93 平方千米，其中水域面积 8.25 平方千米。畲乡绿廊全长 13 千米，串联起县城、凤凰古镇等区块，是一个集生态旅游、文化体验、休闲健身为一体的生态综合空间。2015 年入选国家级水利风景区。

东钱湖水利风景区 位于鄞州区东钱湖镇。东钱湖由谷子湖、南湖和北湖组成，水域面积 20 平方千米，平均水深 2.2 米，总蓄水量 3 390 万立方米。湖面开阔，岸线曲折，四周群山环抱，森林苍郁，被郭沫若誉为“西子风韵、太湖气魄”。2016 年入选国家级水利风景区。

黄檀溪水利风景区 位于永嘉县境内。依托金溪水库和碧莲溪水库等水利工程而建，属于自然河湖性水利风景区，占地面积 46.55 平方千米，其中水域面积 4.17 平方千米。主要包括百丈瀑景区、金溪湖(中型水库)、金溪水电站(全国示范电站)等区域，拥有金溪腾飞、黄坦幽居、奇石幻影、坑口古村、金溪梯田等十大代表性景观。2016 年入选国家级水利风景区。

中雁荡山水利风景区 中雁荡山原名“白石山”，是雁荡山脉的趾部，位于乐清市西南部，南靠瓯江七里港区，北邻雁荡山景区，西倚永嘉楠溪江风景区。占地面积 93.44 平方千米，包括玉甑、西漈、三湖、东漈、凤凰山、杨八洞、刘公谷等七大景区，有 300 多处景观，以峰雄嶂险、洞幽寺古、湖光山色、潭碧林翠著称。历代文人雅士在中雁荡山留下大量墨迹，如东晋诗人谢灵运的“千倾带远堤，万里泻长汀”，宋朝王十朋的“十里湖山翠黛横，两溪寒玉斗琮琤”。2016 年入选国家级水利风景区。

太湖溇港水利风景区 位于湖州市吴兴区。占地面积 76 平方千米，分为水乡民俗风情运动区、溇港古村落文化体验区、创意农庄休闲娱乐区、特色生态农业观光区。景区内太湖岸线长 21.3 千米，大小溇港 27 条共 84 千米。横贯区域的北横塘始于大钱港，终于汤溇，全长 21 千米，松溪漾、清墩漾、陆家漾、草囤漾、草荡漾五大湖漾点缀其中，是太湖南岸重要的天然生态湿地。2017 年入选国家级水利风景区。

云和梯田水利风景区 位于云和县崇头镇。依托浮云溪水系的上游段而建,属于水土保持型水利风景区。占地面积 20.79 平方千米,其中水域面积 8.71 平方千米(包含水稻田和农塘溪流)。云和梯田是华东地区最大的梯田群,也是中国历史最为悠久的古梯田群之一。2017 年入选国家级水利风景区。

浦阳江水利风景区　位于浦江县境内。浦阳江又称"浣江",长 150 千米,流域面积 3 452 平方千米。景区主要包括通济桥水库以及浦阳江穿城河段。以浦阳江为中心轴线,以浦阳江老城区两岸为民俗文化恢复带,以库区消落带、库尾滩地、浦阳江下游人工湿地为修复保护带,以通济桥水库、翠湖湿地、金狮湖、三江口湿地为核心,集水生态涵养区、城乡民俗文化体验区、水文化游赏区、湿地科普区、现代农业观光区于一体,形成了荷塘驿站、都市田园、乔杉问渠等浦阳江新十二景。2017 年入选国家级水利风景区。

十七、国家级海洋特别保护区

西门岛国家级海洋特别保护区　位于乐清市境内。保护区范围约 30.8 平方千米,主要保护对象包括滨海湿地、海洋生物资源、红树林群落以及黑嘴鸥、中白鹭等多种鸟类。分为两大功能区,即环岛滨海生态保护景观区和南涂生态保护开发区。环岛滨海生态保护景观区分为红树林生态保育核心区、滨海红树林绿化带、红树林种植科普区、湿地水鸟观赏区、海上牧场观光旅游区和水上运动娱乐区;南涂生态保护开发区分为湿地珍稀鸟类保护区、滩涂生态渔业开发区两个亚区。2005 年入选国家级海洋特别保护区。

马鞍列岛国家级海洋特别保护区　马鞍列岛为舟山群岛最北端的岛群,处于舟山渔场中心位置,包括 136 个岛屿,其中有居民岛 10 个,无居民岛 126 个。保护区总面积 549 平方千米,其中岛礁面积 19 平方千米。海域辽阔,海洋资源种类繁多,构成了以丰富的海洋生物资源、独特的岛礁自然地貌和潮间带湿地为主体的岛群海洋生态系统。主要保护对象为海洋生态环境,以石斑鱼为主的鱼类资源及苗种,厚壳贻贝等潮间带贝藻类资源、苗种及其周围生态环境,无人岛岛礁资源、自然景观和历史遗迹。2005 年入选国家级海洋特别保护区。

中街山列岛国家级海洋生态特别保护区 位于舟山市普陀区东北部。中街山列岛地处我国沿海南北航线和长江“黄金水道”交汇的咽喉之地,是长三角地区走向世界的海上走廊,有“二分岛礁八分海”之说。因繁殖珍稀濒危生物、盛产名贵经济鱼类而被称为“东海鱼仓”。保护区总面积 202.9 平方千米,有 4 个居民岛和 41 个无居民岛,岛陆面积 10.48 平方千米。保护对象是大黄鱼、曼氏无针乌贼等鱼类产卵场,鸟类资源及其生存环境,岛礁资源和贝藻类资源等。2006 年入选国家级海洋特别保护区。

渔山列岛国家级海洋生态特别保护区 位于象山县石浦镇,地处浙江省中部沿海。渔山列岛东侧伏虎礁是我国领海基点之一。保护区总面积 57 平方千米,其中生态保护核心区 1.9 平方千米。伏虎礁领海基点、北渔山、南渔山和无居民海岛被划为资源保护区,人工鱼礁增殖放流区、生态养殖区、海岛生态旅游区等划为开发利用区。2008 年入选国家级海洋特别保护区。

玉环国家级海洋特别保护区 位于玉环市境内。保护区总面积 306.69 平方千米,其中重点保护区 31.73 平方千米,生态与资源恢复区 219.95 平方千米,适度利用区 55.01 平方千米。拥有独特的地质景观,生物资源丰富。2017 年入选国家级海洋特别保护区。

十八、世界地质公园

雁荡山世界地质公园 主要位于乐清市境内,部分位于永嘉县及温岭市境内。雁荡山最高海拔 1 056.6 米。地质公园占地面积 294.6 平方千米,分为主园区、东园区和西园区三部分。主园区为雁荡山景区,为白垩纪流纹质火山地质地貌。东园区为方山—长屿硐天,是采矿硐窟遗址和火山岩地貌景观。西园区的楠溪江,以河流地貌和古村落为主。2005 年入选世界地质公园。

十九、国家地质公园

常山国家地质公园 位于常山县境内,地处钱塘江水系上游。占地面积 40 平方千米,分为金钉子、三衢山、青石、常山港四个园区,其中金钉子园区是核心区。园区内还有多阶段发展形成的各类微地貌单元和常山港河流地质地貌景观。广阔的河漫滩,阶地上的胡杨林,长风一带的气象景观,均为国内罕见。2002 年入选国家地质公园。

临海国家地质公园 位于临海市东部滨海地带。占地面积 65.15 平方千米。最高山峰白岩山海拔 508 米,一般山峰海拔在 200—300 米。层状火山岩、断裂构造和垂直柱状节理,形成了独特的熔岩台地、峰丛等景观。2002 年入选国家地质公园。

新昌硅化木地质公园 位于新昌县西部。由安溪-王家坪硅化木群地质遗迹、穿岩十九峰—倒脱靴景区和大佛寺—十里潜溪景区三部分组成,占地面积 68.7 平方千米。地处中国东南大陆边缘新昌白垩纪盆地,盆地具有明确的边界、清楚的地层剖面、明显的岩层界面。已发现地质遗迹资源 116 处,及 300 余棵硅化木,十分壮观。2004 年入选国家地质公园。

二十、国家森林公园

千岛湖国家森林公园 位于淳安县境内。占地面积 950 平方千米,其中山地面积417平方千米,水域面积533平方千米,蓄水量178亿立方米。千岛湖水色晶莹剔透,能见度7米以上,湖中岛屿森林覆盖率82.5%。森林植被资源丰富,以常绿针叶纯林和针阔混交林为主。经过多年开发建设,形成了特色鲜明的羡山、屏峰、梅峰、龙山等景区。1986年入选国家森林公园。

雁荡山国家森林公园 位于乐清市东北部,地处雁荡山景区的核心地带。占地面积9.26平方千米,包括净名、灵峰、灵岩、大龙湫、雁湖等五个林区。森林覆盖率94%,森林蓄积量8万立方米。共有植物1 248种,包括国家保护植物和特产树种,还有丰富的野生动物。1990年入选国家森林公园。

大奇山国家森林公园 位于桐庐县富春江南岸。大奇山又称“塞基山”,有山峦、怪石、峡谷、溪瀑,以雄、险、奇、秀、旷著称。占地面积40平方千米,主要有石景源峡谷、金牛问奇居等景点,开辟了青青世界、童趣园、烧烤场等游乐设施。1992年入选国家森林公园。

兰亭国家森林公园 位于绍兴市兰渚山兰亭景区。占地面积6.7平方千米。崇山峻岭,茂林修竹,植被以亚热带常绿阔叶林为主,建成了高18米的江南第一神笔“梦笔生花”和大型石刻“兰亭圣壁”,秀丽的自然景观和丰富的人文景观交相辉映。1992年入选国家森林公园。

午潮山国家森林公园 位于余杭区闲林镇。午潮山属于天目山余脉,海拔494.7米。占地面积5.22平方千米,森林覆盖率93%。生长着800余种森林植物,分布着许多珍稀树种,如夏蜡梅、香果树、天竺桂等。地带性植被是常绿阔叶林。主要景点有午潮井和悬崖怪岩。1992年入选国家森林公园。

富春江国家森林公园 位于建德市东部。占地面积84.85平方千米,由梅城区块、乾潭区块、绿荷塘区块组成。植被以常绿阔叶林为主,森林覆盖率91.72%。分布有野生和栽培的木本植物642种。有国家重点保护动物鸳鸯、苍鹰等。主要景点有七里扬帆、葫芦飞瀑、双塔凌云、江南古村和梅城古镇。1995年入选国家森林公园。

浙江竹乡国家森林公园 位于安吉县境内。占地面积180平方千米,由两大片四个景区组成。东南片为灵峰寺景区、天荒坪景区、港口景区;西南片为省级自然保护区——龙王山景区。位于亚热带常绿阔叶林带,共有植物 1 395 种,古树名木 500 余株。国家保护野生植物有银缕梅、野生银杏等 23 种。有野生动物 269 种,其中国家一、二级保护动物 8 种,珍稀动物有梅花鹿、黑鹿、云豹等 28 种。1995 年入选国家森林公园。

天童国家森林公园 位于鄞州区境内。占地面积 4.3 平方千米。平均海拔约 300 米,是浙江省东部丘陵地区地带性植被类型的代表性地段,也是中国东部常绿阔叶林分布的主要地区之一。森林覆盖率 88.7%,拥有高等植物 368 种,古树名木 750 株。1997 年入选国家森林公园。

溪口国家森林公园 位于奉化区溪口镇。占地面积 1.89 平方千米,包括雪窦山核心景区及山麓溪口镇西郊。幽谷飞瀑,万木葱茏,森林覆盖率 87.6%,古松树群为景区内一道亮丽风景线,其中树龄百年以上的松树 200 多株,50 年以上的 2.5 万余株。1997 年入选国家森林公园。

双龙洞国家森林公园 位于金华市金华北山。海拔 500 米以下,占地面积 7.77 平方千米,森林覆盖率 96.6%。有丰富的动植物资源,维管植物千余种,野生动物 210 种,其中包括国家级保护动物黑麂、豹、白鹳、穿山甲等。1997 年入选国家森林公园。

华顶国家森林公园 位于天台县石梁镇。占地面积 53.33 平方千米。以华顶山为主体,拥有大片原始的中亚热带常绿阔叶林,其中古树名木 40 多种 1 400 余株。公园内有一片占地 20 万平方米、树龄百年的原始杜鹃林,树之古、面之广、花之艳堪称奇观。还有大灵猫、小灵猫、穿山甲等国家保护的珍贵动物,另有葛玄植茶树处、王羲之墨池、华顶讲寺等人文景点。1997 年入选国家森林公园。

九龙山国家森林公园 1997 年入选国家森林公园。参见国家级自然保护区——九龙山国家级自然保护区。

青山湖国家森林公园 位于临安区境内。占地面积 64.5 平方千米,包括青山湖、西径山等景点。公园内有 240 余种野生动物,及银杏、夏蜡梅等。

1999 年入选国家森林公园。

玉苍山国家森林公园 位于苍南县西北部。玉苍山海拔 700—900 米，怪石、日出、云海，被称为玉苍山“三绝”。占地面积 23.79 平方千米，森林覆盖率 95.9%，森林蓄积量 15.8 万立方米。是南北植物汇集之地，有野生植物 1 503 种，其中国家重点保护野生植物有沉水樟、钟萼木等 9 种。野生动物 1 736 种，其中属于国家重点保护野生动物有小灵猫等 12 种。1999 年入选国家森林公园。

钱江源国家森林公园 位于开化县齐溪镇。占地面积 45 平方千米，其中山林面积 42.5 平方千米。拥有七叶莲花塘、大峡谷、枫楼坑等景区，峰峦叠嶂，飞泉瀑布，潺潺溪流，古木参天，景观丰富。植被分布区系有明显的地域特色，保留着大片的原始次生林，木本植物有 720 种，森林覆盖率 97.55%。1999 年入选国家森林公园。

紫微山国家森林公园 位于衢江区境内。占地面积 55 平方千米，包括龙门峡谷景区、药王山景区、大源尾景区、洞岩景区及九龙湖休闲度假区。浙西地区最大的动植物资源库之一，生长着千余种植物，其中珍稀植物有木莲、红豆杉、白豆杉等。栖息着金钱豹、猴面鹰、相思鸟、穿山甲等 100 多种珍禽异兽，其中国家一、二级保护野生动物 12 种。2000 年入选国家森林公园。

铜铃山国家森林公园 位于文成县境内。占地面积 27.55 平方千米，森林覆盖率 98.1%。主要植被为常绿阔叶林，主要分布在郑坑源、胜坑、梅厂三个林区，还有针阔混交林和针叶林。共有高等植物 2 040 种，其中国家一级保护植物有钟萼木、南方红豆杉，二级保护植物有连香树、鹅掌楸、香果树等 9 种。主要景点有铜铃山峡、小瑶池、铜铃寨等。2001 年入选国家森林公园。

花岩国家森林公园 位于瑞安市西部。地处飞云江北侧，是寨寮溪风景名胜区的重要组成部分，最高峰五云山海拔 1 026.6 米。由花岩、五云山、新建、大垟坑、小坑、老龙岗等六个林区组成，占地面积 26.4 平方千米，森林覆盖率 95% 以上。九龙溪自海拔 1 000 多米的五云山巅急泻而下，形成了“九潭九瀑”奇观。密林峭壁间，跳跃着一群可爱的动物界精灵——猕猴，数量在百只以上。2002 年入选国家森林公园。

龙湾潭国家森林公园　位于永嘉县东部。占地面积 15.62 平方千米,森林覆盖率 95.2%。共有维管植物 1 014 种,其中雁荡润楠为珍稀濒危保护植物。有七折瀑、五连瀑、骆驼峰等景点 50 多处,且集中成片。2002 年入选国家森林公园。

遂昌国家森林公园　位于遂昌县境内。占地面积 246.47 平方千米,分为白马山景区、神龙谷景区和独山景区。属于中亚热带常绿阔叶林地带北部亚地带,有维管植物 1 300 余种,其中有国家一级保护植物南方红豆杉、钟萼木,国家二级保护植物鹅掌楸、蛛网萼等。有国家一级保护动物黄腹角雉、云豹、金钱豹、黑麂,二级保护动物穿山甲、金猫、黑熊、猕猴等。2002 年入选国家森林公园。

五泄国家森林公园　位于诸暨市西部的群山之中。“泄”就是瀑布,瀑布从五泄山巅飞流而下,折为五级,总称“五泄溪”。占地面积约 50 平方千米,主要由五泄湖、桃源、东源和西源峡谷等四个景区组成,主要景点有东源瀑布群(五级飞瀑)、西源峡谷、五泄湖、五泄禅寺和桃源。2003 年入选国家森林公园。

石门洞国家森林公园　位于青田县境内。占地面积 42.47 平方千米。属于中亚热带常绿阔叶林区,划分为次生针叶林、针阔混交林、阔叶林、草地和毛竹林五个植被类型。有植物 267 种,野生动物 54 种,其中国家一级保护动物有云豹,二级保护动物有大灵猫、小灵猫、穿山甲。还有石门飞瀑、伯温古村等景点。2003 年入选国家森林公园。

四明山国家森林公园　位于四明山腹地的余姚、鄞州、奉化、嵊州、上虞五市区境内。占地面积 66.65 平方千米。四明山主峰腹船山海拔 1 020 米,有植物近千种,动物 106 种。主要景点包括鹁鸪岩、仰天湖等。2003 年入选国家森林公园。

双峰国家森林公园　位于宁海县境内,地处天台山脉。占地面积 22.81 平方千米,森林覆盖率 92.6%。植被以天然常绿阔叶林为主,建群树种为木荷、石栎等,其他植被还有杉木林、马尾松阔叶树混交林、竹林等。有国家一级保护植物南方红豆杉,二级保护植物香果树、红毛椿、香樟、榉树等 4 种。有国家一级保护动物云豹、黑麂,二级保护动物穿山甲、水獭、猫头鹰等。2003 年入选国家森林公园。

仙霞国家森林公园 位于江山市东南部。占地面积 34.5 平方千米,分为仙霞关景区、龙井坑景区和浮盖山景区三部分。森林覆盖率 95%以上,国家、省级重点保护的珍稀树种有红豆杉、伯乐树等 27 种。有脊椎动物 200 多种,其中列为国家一级保护动物有白颈长尾雉、黄腹角雉等,二级保护动物有穿山甲等。2004 年入选国家森林公园。

大溪国家森林公园 位于温岭市大溪镇。包括国家风景名胜区方山-南嵩岩景区以及太湖景区、流庆寺景区、紫莲山景区,占地面积 33.75 平方千米。既有太湖尖、洪武尖、仰天湖等自然风光,也有徐偃王城遗址、盘山古道、流庆寺等历史遗迹。共有植物 1 200 多种,动物 260 多种。2004 年入选国家森林公园。

卯山国家森林公园 位于松阳县古市镇。卯山山势平缓,状若覆盆,昔为唐代著名道士叶法善修炼之所。占地面积 9.05 平方千米,森林覆盖率 96.4%。拥有木本植物 508 种,属于国家重点保护的珍稀树种有 8 种;有两栖类、爬行类、鸟类动物数百种,其中 20 多种属于国家重点保护动物。2005 年入选国家森林公园。

牛头山国家森林公园 位于武义县境内。地处仙霞岭山脉延伸段,最高点牛头山海拔 1 560 米。占地面积 13.28 平方千米,森林覆盖率 98.04%。浙江中部地区天然森林植被保存最为完好、植物资源最为丰富的地区,有木本植物 439 种,包括国家一级保护植物南方红豆杉、钟萼木(伯乐树),二级保护植物长叶榧、凹叶厚朴等 6 种;有陆生脊椎动物 265 种,其中国家一级保护动物有白颈长尾雉、云豹、豹、黑麂等 4 种,二级保护动物有大鲵、虎纹蛙等 32 种。2005 年入选国家森林公园。

三衢国家森林公园 位于常山县境内。占地面积 10.68 平方千米,森林覆盖率88%。分为三衢石林、展衣山、黄岗山和虎山四个景区。共有维管植物952种,其中国家重点保护植物22种;野生陆生脊椎动物113种,其中国家重点保护动物14种。2005年入选国家森林公园。

径山国家森林公园 俗称“山沟沟国家森林公园”,位于余杭区鸬鸟、径山两镇境内。主要由双溪漂流景区、山沟沟景区等组成,核心区面积58.92平方千米,森林覆盖率89.86%。有植物1 142种,国家和省级保护动物22种。人文景观以“禅茶文化”为主,多历史遗址,其中包括1 200余年历史的径山寺等。2006年入选国家森林公园。

南山湖国家森林公园 位于嵊州市西南角。由南山湖、天兴潭、贵门三大景区组成,占地面积21.89平方千米,其中森林面积16.97平方千米,森林覆盖率77.5%。属于剡溪水系,有南山湖、太子湖及丰潭湖三个湖泊,南山湖广博坦荡,丰潭湖深渊神奇,太子湖小巧秀气。2006年入选国家森林公园。

大竹海国家森林公园 位于龙游县南端。占地面积31.27平方千米,由步坑口晓溪、毛连里两个区域组成。属于中国散生竹分布区,竹子种类有41种,以毛竹、红竹、早竹、高节竹、金竹为主。海拔800米以上是南方红豆杉、木荷、香樟等乔、灌木,竹笋、蕨菜等绿色食用资源极为丰富。有野猪、黑麂、黄麂等50余种野生动物。2008年入选国家森林公园。

仙居国家森林公园 位于仙居县淡竹乡,地处括苍山脉中部。占地面积29.8平方千米,融险峰、幽谷、秀林、奇瀑于一体。森林覆盖率95.7%,有括苍山脉仅存的一片天然常绿阔叶林。有各类木本植物近1 500种、野生脊椎动物260余种,还有风格独特的明代余氏祠堂、晚清陈家祠堂等名胜古迹。2008年入选国家森林公园。

瑶琳国家森林公园 位于桐庐县瑶琳镇。最高峰天峒山海拔640米。占地面积9.49平方千米,主要由天峒山奇源景区和垂云通天河景区组成。天峒山奇源景区有城门洞、仰天洞、佛印洞等近20个溶洞。垂云通天河景区是一处地下溶洞,总面积8万余平方米,全长4.5千米,河道落差380米。植被以中亚热带常绿阔叶林为主,森林覆盖率95%。动植物资源丰富,其中杜仲、金钱松、浙江楠等13种树种为国家保护的珍贵树种，有云豹、穿山甲、苏门羚等国家保护动物20余种。2008年入选国家森林公园。

诸暨香榧国家森林公园 位于诸暨市赵家镇。占地面积38.69平方千米。香榧栽培面积20平方千米，拥有占地6.67平方千米的香榧古树群126个，百年以上香榧古树达28 771株，其中最老的“香榧王”树高18米，胸围9.26米，树冠覆盖567平方米，犹如遮天巨伞。公园出产的香榧占全国总产量的60%以上，是国内最大的香榧集聚地。2009年入选国家森林公园。

半山国家森林公园 位于拱墅区东北部，地处天目山脉余脉的末端。占地面积10.03平方千米，森林覆盖率超过90%。以阔叶林为主，包括落叶阔叶林、常绿落叶阔叶混交林和常绿阔叶林三个类型，还分布有少量的针叶林、灌木林、经济林。2010年入选国家森林公园。

庆元国家森林公园 位于庆元县城西侧。由巾子峰、白坎、百丈三个部分组成，占地面积24.56平方千米，森林覆盖率99.5%。拥有万亩天然阔叶次生林，古木参天，溪谷瀑潭众多，奇峰绝壁随处可见。植物资源丰富，有种子植物1 000多种，木本植物289种。2010年入选国家森林公园。

西山国家森林公园 位于西湖区西部。占地面积17.75平方千米，分为龙坞、大清谷、灵山三个分园。森林覆盖率95.3%，以次生阔叶林为主。野生动物资源丰富，有兽类80余种，鸟类150余种，爬行类20余种。有杭州城区第一高峰如意尖，杭州城区唯一的溶洞灵山洞，自然大瀑布白龙飞瀑。2012年入选国家森林公园。

梁希国家森林公园 位于湖州市南郊。占地面积49.27万平方米，森林覆盖率90%。拥有高坡杉松森林32.93万平方米，丘陵低坡观赏林4.27万平方米，果树林5.4万平方米。植有广玉兰、雪松等名贵观赏树2 000多株，紫竹、玉笔竹等观赏竹500多株。梁希为我国著名林学家、新中国第一任林业部长，公园内建有梁希纪念馆。2014年入选国家森林公园。

括苍山国家森林公园 位于临海市境内。占地面积31.37平方千米，分为米筛浪和云峰两个片区，森林覆盖率96.38%。植被类型以常绿阔叶林为主。有丰富的野生动植物和千姿百态的奇峰怪石峡谷,其中九台峡谷600米长的范围内分布有七连瀑、天门瀑等瀑布群。七连瀑总落差200余米,气势壮观。2017年入选国家森林公园。

白云国家森林公园　位于莲都区境内。占地面积25.87平方千米,其中林地面积25.57平方千米,森林覆盖率98.64%,森林蓄积量29.7万立方米。山体秀丽,林木葱郁,物种多样,自然与人文景观交相辉映,集奇、秀、灵、古、珍于一体。主要景点有福禅寺(白云寺)、丽水名茶都等。2017年入选国家森林公园。

二十一、国家湿地公园

西溪国家湿地公园　2005年入选国家湿地公园。参见国家生态旅游示范区——西溪国家湿地公园。

下渚湖国家湿地公园　位于德清县城东南处。占地面积约36平方千米,分为琳琅水街、下渚芦汀、阡陌田园等景区。下渚湖水域面积3.4平方千米。原生植被以常绿阔叶林为主,其中有水杉、银杏、金钱松等国家保护植物;动物以农田动物为主,珍稀鸟禽约160余种,有朱鹮等国家保护鸟禽20余种。2013年入选国家湿地公园。

九龙国家湿地公园　位于丽水市城区西南方。以瓯江为轴线,覆盖瓯江20多千米自然河段,占地面积16.86平方千米。九龙湿地是河流湿地,有滩涂、沼泽和有林湿地三种湿地地貌。保定圩、对门圩、连河村河滩等9片泛洪湿地呈串珠状分布,与九龙湿地长廊中大片的枫杨林形成了独特的“水上森林”奇观。2015年入选国家湿地公园。

白塔湖国家湿地公园　位于诸暨市北部。诸暨市最大的生态湿地,占地面积8.56平方千米。地处河网平原,有78个岛屿,河网交错,呈现“湖中有田、田中有湖、人湖共居”景象。栖息着150余种动物，其中草鸮、长耳鸮为国家二级保护动物。特色景点包括桃花岛、紫薇岛、木芙蓉岛等。2015年入选国家湿地公园。

乌溪江国家湿地公园 2015年入选国家湿地公园。参见国家级水利风景区——乌溪江水利风景区。

仙山湖国家湿地公园 位于苏、浙、皖三省交界处。主要由仙山显圣寺和仙湖湿地组成，占地面积22.69平方千米。仙山高162米，古刹显圣寺已有1 000多年历史，是地藏王菩萨祖庭。仙湖水质清澈，湖区分布有近千亩森林沼泽和草本湿地。植被种类繁多，水中杨树林景观奇特，还有丰富的野生动物资源，包括珍稀鸟类、水禽、鱼类、陆生野生动物等。2016年入选国家湿地公园。

杭州湾国家湿地公园 位于宁波市杭州湾新区西北部。占地面积43.5平方千米，分为湿地教育中心和展示区、涉禽和游禽活动区、水禽栖息地区域、鹭鸟繁殖地及有林湿地区域等功能区。典型的海岸湿地生态系统，是东亚最大的咸水海滩湿地之一。每年有上百种、几十万只候鸟经过此地，成为世界级观鸟圣地。2016年入选国家湿地公园。

漩门湾国家湿地公园 位于乐清湾东部，与雁荡山隔湾相望。中国围垦工程中唯一的国家级水利风景区，占地面积31.48平方千米，其中浅海滩涂面积7.06平方千米，水域面积16.7平方千米。主要包括玉环市漩门二期蓄淡围垦区和玉环观光农业园两部分，分为近海与海岸湿地、河流湿地、沼泽湿地和人工湿地，是世界濒危物种黑嘴鸥在中国的主要越冬区之一。2016年入选国家湿地公园。

始丰溪国家湿地公园 位于天台县赤城、始丰、福溪三个街道交汇处，横跨始丰溪两岸。占地面积4.24平方千米，其中湿地面积3.05平方千米。属于典型的河流湿地，保留了原生态湿地风貌。有大面积的原生古樟树群和天然针阔混交林。动植物种类众多，有植物1 000余种，鸟类150余种以及大量的亚热带动物和昆虫，拥有完整的湿地生态系统。2017年入选国家湿地公园。

云和梯田国家湿地公园　2014年入选国家湿地公园(试点)。参见国家级水利风景区——云和梯田水利风景区。

鉴湖国家湿地公园　位于越城区境内。主要包括浙东古运河和洋湖泊、百家湖、白塔洋三个海岸性淡水湖,占地面积7.24平方千米,湿地率为72.86%(不含水田)。复合湿地生态系统和水网型的湿地景观结构,在浙江北部的平原水网区中具有较强的代表性。2017年入选国家湿地公园(试点)。

二十二、国家矿山公园

遂昌金矿矿山公园　位于遂昌县境内。占地面积33.6平方千米,其中核心区6.3平方千米。矿冶历史悠久,最早可追溯至唐代,历经兴废,形成并保留了众多矿业遗迹,其中唐代黄岩坑古矿硐保存完整、规模宏大,文献记载翔实丰富。自然生态景观优美,是桃花水母的栖游之地。人文景观丰富,有黄金博物馆、矿业遗迹保护区、古代黄金冶炼展示区等景观景点。2005年入选国家矿山公园。

长屿硐天矿山公园　位于温岭市新河镇。占地面积10.09平方千米。拥有300多个清代及更早期的露天采坑、1 000多个现代井下采硐等矿业遗迹,分为矿业生产遗址、矿业活动遗迹、矿业制品和非物质矿业活动遗产四类,其中矿业活动遗迹、矿业制品等数量众多,矿业生产遗址、矿业活动遗迹等34处(项)。2010年入选国家矿山公园。

伍山海滨石窟矿山公园　位于宁海县长街镇伍山村和月兰村一带。核心区面积约2.3平方千米,其中不周山和聪明山两个洞窟群是伍山石窟的主景区。属于侵蚀剥蚀地貌,有开采陡壁形成的水体景观及季节性瀑布流水痕迹,季节性瀑布流水形成的色彩斑斓的地衣苔藓及硐坑积水。2010 年入选国家矿山公园。

苍南矾山矿山公园 位于苍南县矾山境内。明矾石矿藏面积 10 多平方千米,储藏量约 1.67 亿吨,约占全国储藏量的 80%,占世界储藏量的 60%,开发历史可追溯至明朝洪武初年。薪火相传的 600 多年明矾生产史,留存了丰富的工业遗产,是中国明矾生产的"活化石"、"炼矾工业的活遗址"。2017 年入选国家矿山公园。

三门蛇蟠岛矿山公园 位于三门县境内。蛇蟠岛因状如蛇蟠龙蛰而有其名,陆地面积 19.68 平方千米,盛产色泽棕红的蛇蟠石,是雕刻、建筑的良材。自宋代起,历经 800 多年的开采,留下 1 300 多个奇异洞穴。园区由海盗村、野人洞等景点组成。2017 年入选国家矿山公园。

二十三、国家考古遗址公园

良渚国家考古遗址公园 位于余杭区良渚、瓶窑、安溪三镇境内。新石器时代晚期人类聚居地,年代为公元前 3300 年至公元前 2000 年,是长江下游良渚文化的代表性遗址。占地面积约 34 平方千米,有村落、墓地、祭坛等各种遗存。出土的璧、琮、钺、璜、冠形器等璀璨生辉,世所罕见。2011 年入选国家考古遗址公园。

大窑龙泉窑国家考古遗址公园 位于龙泉市南琉华山下。龙泉窑继越窑发展而来,创烧于北宋早期,兴盛于南宋至元初,清代中叶以后停烧,是宋元时期著名窑场之一。烧造历史悠久,窑址分布密集,生产规模庞大,工艺精湛质量高。现存龙泉窑遗址 126 处,碎瓷品堆积丰富,保存甚好。2017 年入选国家考古遗址公园。

上林湖越窑国家考古遗址公园 位于慈溪市鸣鹤镇,地处西栲栳山麓上林湖一带。占地面积约15.18平方千米。在上林湖、古上岙湖、白羊湖、里杜湖及古银锭湖发现古窑址120余处,以上林湖最为集中。因古代上林湖属于越州,故名“越窑”。越窑始于东汉,盛于晚唐、五代、北宋早期,衰于北宋晚期,至南宋时停烧,烧造历史长达千年之久。上林湖越窑遗址展现了越窑从创烧、鼎盛到衰落的历史轨迹,素有“露天青瓷博物馆”之称。2017年入选国家考古遗址公园。

二十四、世界遗产

中国丹霞:江郎山 中国丹霞是由陆相红色砂砾岩在内生力量(包括隆起)和外来力量(包括风化和侵蚀)共同作用下形成的各种地貌景观的总称。它们的共同特点是壮观的红色悬崖以及一系列侵蚀地貌,包括雄伟的天然岩柱、岩塔、沟壑、峡谷和瀑布等。江郎山于2010年作为“中国丹霞”之一入选世界自然遗产名录。参见国家级风景名胜区——江郎山风景名胜区。

杭州西湖文化景观 位于杭州市西部。占地面积33.23平方千米,由西湖自然山水、“三面云山一面城”的城湖空间特征、“两堤三岛”景观格局、“西湖十景”题名景观、西湖文化史迹和西湖特色植物六大要素组成。该景观在10个多世纪的持续演变中日臻完善,成为景观元素特别丰富、设计手法极为独特、历史发展特别悠久、文化含量特别厚重的东方文化名湖,极为清晰地展现了中国景观的美学思想,对中国乃至世界的园林设计影响深远。2011年入选世界文化景观遗产。

中国大运河:浙江段 中国大运河始建于春秋时期。由隋唐大运河(永济渠、通济渠、邗沟、江南河段)、京杭大运河(通惠河、北运河、南运河、会通河、中河、淮扬运河、江南运河段)、浙东运河共三大部分、十段河道组成;地跨北京、天津、河北、山东、河南、安徽、江苏、浙江8个省、直辖市共27座城市,全长2 700千米,纵贯中国最富饶的华北大平原与江南水乡,通达海河、黄河、淮河、长江、钱塘江五大水系,是世界上开凿时间较早、规模最大、线路最长、延续时间最久的运河,自清末改漕运为海运后,大运河地位衰落。共有27段河道和58个遗产点,于2014年入选《世界遗产名录》。中国大运河浙江段,从钱塘江开始,经曹娥江、姚江和甬江,汇入东海,流经嘉兴市、湖州市、杭州市。

良渚古城遗址 2019年入选世界文化遗产。参见国家考古遗址公园——良渚国家考古遗址公园。

二十五、全国重点文物保护单位

杭州—六和塔 又名“六合塔”,位于杭州市西湖之南,钱塘江畔月轮山上,是中国现存最完好的砖木结构古塔之一。始建于北宋开宝年间,智元禅师为镇江潮而创建,取佛教“六和敬”之义,命名为“六和塔”。现今的塔身重建于南宋,通高59.89米,内部砖石结构分7层,外部木结构为八面13层,塔檐翘角上挂铁铃104只,雍容大度。清代乾隆皇帝游此,为每层题字立匾。1961年入选全国重点文物保护单位。

杭州—岳飞墓 也称“岳坟”,位于杭州市栖霞岭南麓。南宋抗金名将、鄂王岳飞的墓地。建于南宋嘉定年间,以石块围砌而成。中间的墓园区,种植大量古柏和花草。墓园区东西两侧分别是忠烈祠和启忠祠,正殿东西两庑分别是祭祀岳飞部将张宪、牛皋的烈文侯祠和辅文侯祠。1961年入选全国重点文物保护单位。

杭州—飞来峰造像 包括飞来峰、慈云岭、烟霞洞、天龙寺四处造像。飞来峰造像位于杭州市灵隐寺前的飞来峰上,有五代至元代造像380多尊,后周广顺初年雕造的“西方三圣”是其中最早的有题记的一龛。慈云岭造像位于上城区玉皇山慈云岭南麓,后晋天福年间雕造,现两龛造像完好。烟霞洞造像位于西湖区翁家山烟霞洞内,主要建造于五代吴越国时期,另有北宋至清代的摩崖题记和碑碣多处,原有佛像 38 尊,现剩 14 尊。天龙寺造像位于杭州市玉皇山南麓,雕凿于北宋乾德年间,造像共 3 龛。1982 年飞来峰造像入选全国重点文物保护单位,2006 年慈云岭造像、烟霞洞造像、天龙寺造像并称“西湖南山造像”归入飞来峰造像。

杭州—胡庆余堂 位于清河坊。创建于清代同治末年,以研制成药著称于世,与北京的同仁堂齐名。恢宏的建筑,辉煌的大厅,精湛的雕刻,风貌犹存。创办者胡雪岩是清末富甲一时的红顶商人。胡雪岩故居位于杭州市元宝街,建于清同治年间。1988 年胡庆余堂以及胡雪岩旧居入选全国重点文物保护单位。

杭州—闸口白塔 位于钱塘江边闸口白塔岭,与六和塔遥遥相望,是钱塘江的标志性建筑。建于五代吴越国末期,为五代吴越时期仿木构塔中最精美、最典型的一座。以白石砌筑而成,通高约 14 米,平面呈八角形,共 9 层,比例适度,出檐深远,起翘舒缓,秀丽挺拔。基座雕刻山峰、海浪等纹饰,象征“九山八海”。塔座束腰上刻有佛经,塔身浮雕有佛、菩萨和经变故事,人物形象惟妙惟肖。1988 年入选全国重点文物保护单位。

杭州—良渚遗址 1996 年入选全国重点文物保护单位。参见国家考古遗址公园——良渚国家考古遗址公园。

杭州—临安城遗址 位于宋城路一带。临安城建于南宋建炎年间,元代毁于大火。城址平面呈方形,占地面积约 1 万平方米,有殿、堂、楼、阁 130 余座,主要宫殿区被深埋在地表 3 米以下,基址保存完好。南宋的临安城,皇宫在南,民居、市集在北,开创了“南宫北市”的先河。2001 年入选全国重点文物保护单位。

杭州—临安吴越国王陵 包括钱镠墓、康陵、钱宽夫妇墓、吴汉月墓。钱镠是唐末五代吴越国第一代国王,其墓位于临安区锦城街道,背靠太庙山，留存有牌坊、钱王祠、州祠、凌烟安国楼等，是浙江省唯一保存完好的帝王陵墓。康陵位于临安区祥里村庵基山，为吴越国第二代国王钱元瓘的王后马氏之墓。钱宽夫妇墓位于临安城西明堂山，墓主钱宽、水邱氏夫妇系钱镠的父母亲，两墓皆为砖砌。吴汉月墓位于上城区施家山，吴汉月是钱元瓘的次妃、钱弘俶的生母。2001 年入选全国重点文物保护单位。

杭州—凤凰寺 位于杭州市中山中路。杭州穆斯林的礼拜中心，伊斯兰宗教节庆活动的主要场所，占地面积 2 600 平方米，建筑面积 1 370 平方米。结合中国与阿拉伯文化特色与传统建筑风格，主要建筑物向着麦加，布置在东西向的中轴上。大殿的建筑风格带有江南独特的秀气与质朴，是凤凰寺中最古老的建筑。2001 年入选全国重点文物保护单位。

杭州—文澜阁 位于西湖区孤山路浙江省博物馆内。起始于清代乾隆中期，是为珍藏《四库全书》而修建的七大藏书阁之一，也是江南三阁中的唯一幸存者。典型的江南庭院建筑，布局顺应地势，适当点缀亭榭、曲廊、水池、叠石等，并借助小桥互相贯通。主体建筑仿宁波天一阁，是重檐歇山式建筑。有两座碑亭，一为清乾隆帝题诗碑，背面刻颁发《四库全书》上谕；一为清光绪帝题“文澜阁”字碑。2001 年入选全国重点文物保护单位。

杭州—功臣塔及功臣寺遗址 位于临安区锦城镇功臣山。功臣塔始建于五代后梁贞明元年(915 年)，砖砌仿木构楼阁式，方形平面，通高 25.3 米，由基座、塔身、塔刹组成，立面自下而上逐层收分，无塔心柱，轮廓缓和，形制有唐塔遗风。功臣寺遗址为大型廊院式建筑遗址，由前殿、天井、钟楼、大殿等组成。功臣塔于 2001 年入选全国重点文物保护单位，功臣寺遗址于 2013 年入选全国重点文物保护单位。

杭州—宝成寺麻曷葛剌造像 位于杭州市紫阳山。五代后晋天福年间吴越王妃仰氏建“释迦院”，北宋大中祥符年间改“宝成寺”。“麻曷葛剌”为梵语音译，被元朝统治者奉为军神或战神。龛形呈横长方形，中间为本尊麻曷葛剌像，两侧分别为文殊骑狮像、普贤骑象像。2001 年入选全国重点文物保护单位。

杭州—梵天寺经幢　位于上城区梵天寺遗址。梵天寺为五代吴越国名刹。经幢共两座，幢高 15.76 米。幢顶为日月宝珠，雕刻精致；基座为须弥座，底层浮雕“九山八海”；束腰浮雕蟠龙，生动威武；上层短柱四周凿成小龛，龛内雕佛像；幢身刻佛经。每层短柱上刻设佛龛，龛内雕造佛和菩萨像，形象端庄，比例匀称。经幢由太湖石构筑，体量高大，是吴越建筑艺术与雕塑艺术结合的瑰宝。2001 年入选全国重点文物保护单位。

杭州—西泠印社　位于杭州市孤山南麓。西泠印社创立于清代光绪晚期，吴昌硕为第一任社长，以“保存金石，研究印学，兼及书画”为宗旨，是海内外研究金石篆刻历史最悠久、成就最高、影响最广的民间艺术团体。亭台楼阁皆因山势高低而错落有致，建有中国印学博物馆，收藏历代字画、印章 6 000 余件。2001 年入选全国重点文物保护单位。

杭州—跨湖桥遗址　位于萧山区城厢镇。遗址以古湘湖上、下湘湖之间的一座跨湖桥命名。由于湖底淤泥沉积，遗址的表土厚达 3—4 米，遗址内的文物得以保存完整。发掘面积约 1 000 平方米，出土大量陶器、骨器、木器、石器以及人工栽培的水稻等文物。2006 年入选全国重点文物保护单位。

杭州—茅湾里窑址　位于萧山区大汤坞村。春秋战国时期窑址，占地面积约 2 万平方米。窑品主要为印纹硬陶，胎色不一，有深灰色、橙色等，有米字形纹、网格纹、方格纹、雷纹等，部分表面有釉。印纹硬陶用含铁量较高的黏土烧制，主要盛行于长江以南和东南沿海各地，是中国东南沿海地区独有的陶文化现象，有 4 000 多年的历史。2006 年入选国家重点文物保护单位。

杭州—郊坛下和老虎洞窑址　郊坛下窑址位于杭州市乌龟山，发掘面积 1 400 余平方米，发现窑炉一座，作坊遗址一处，出土瓷片 3 万余片，窑具数千件。老虎洞窑址位于杭州市凤凰山，发掘面积约 2 300 平方米。郊坛下和老虎洞窑址为宋代至元代的遗址。2006 年入选全国重点文物保护单位。

杭州—于谦墓　位于西湖区三台山。于谦是明代民族英雄，明代景泰年间因卷入“夺门之变”而被杀身亡，成化年间平反昭雪，弘治年间明孝宗为表彰其为国效忠的功绩，赐谥“肃愍”，并在墓旁建旌功祠，形成祠墓合一格局。原墓呈马蹄形，1982 年重建。2006 年入选全国重点文物保护单位。

杭州—马寅初故居 位于杭州市庆春路。马寅初是中国当代经济学家、教育学家、人口学家，曾任浙江大学第一任校长。故居为三层砖木结构楼房，占地面积 461 平方米，现基本保持原貌，改为“马寅初纪念馆”。2006 年入选全国重点文物保单位。

杭州—钱塘江大桥 位于杭州市六和塔附近，横跨钱塘江。由桥梁专家茅以升主持设计，是中国自行设计、建造的第一座双层铁路、公路两用桥，为连接沪杭甬铁路、浙赣铁路的交通要道。1934 年动工兴建，1937 年建成。2006 年入选全国重点文物保护单位。

杭州—之江大学旧址 位于杭州市杭富路，现为浙江大学之江校区。之江大学前身为宁波的崇信义塾，清宣统三年(1911 年)迁址钱塘江滨，1914 年改名为“之江大学”，1952 年停办。旧址由外国建筑师规划主持设计，建筑群依山而建，藏于青松翠柏之间，建筑中西合璧、简朴新颖，较好地体现了近代建筑设计思想。整体风貌保存较为完整，现存建筑 22 幢，总建筑面积 1.6 万余平方米。2006 年入选全国重点文物保护单位。

杭州—笕桥中央航校旧址 位于江干区笕桥街道。笕桥中央航校被誉为“中国空军的摇篮”，于 1931 年建成招生，并先后在洛阳、广州设立分校，至 1937 年抗战全面爆发前，共培训学员 500 余名。抗战全面爆发后，先后迁往云南昆明、巴基斯坦拉合尔，并改名为“中央空军军官学校”，抗战胜利迁回原址。抗日战争中部分建筑被破坏，后修复。2006 年入选全国重点文物保护单位。

杭州—章太炎故居 位于余杭区仓前老街。章太炎是近代民主主义革命家、思想家和国学大师。故居为中式宅院，建于明末清初，章太炎在此度过了 22 个春秋。建筑面积 811 平方米，四进一弄，由轿厅、正厅、内堂、书房等组成。故居匾额由赵朴初题写。故居集清代木雕之精华，技艺精湛，巧夺天工。2006 年入选全国重点文物保护单位。

杭州—乌龟洞遗址 位于建德市李家镇。出土一枚人类的右上犬齿以及大熊猫、东方剑齿象、中国犀等一批哺乳动物化石,时代大体相当于更新世晚期的后一阶段,距今10万年左右。发现的人类右上犬齿化石,属于智人类型,被定名为“建德人”。2013年入选全国重点文物保护单位。

杭州—小古城遗址 位于余杭区潘板镇。占地面积约35万平方米。出土可复原的陶器、石器和木器40件,其中有夹砂红陶釜、牛鼻器耳、夹砂陶圆柱形鼎足等。2013年入选全国重点文物保护单位。

杭州—泗洲造纸作坊遗址 位于杭州市高桥镇。占地面积1.6万平方米,既有劳作区域,也有工人生活区域,基本上反映了从沤料到制浆、抄纸的古代造纸工艺流程,可以与明代宋应星《天工开物》等文献记载相印证。2013年入选全国重点文物保护单位。

杭州—天目窑遗址群 位于临安区西天目山。宋代至元代窑址遗址,占地面积约6平方千米。烧造青釉、黑釉和青白瓷三种产品,器形有碗、盘、瓶、盅等,采用刻花、印花、点彩及堆塑等工艺,器物上还有许多文字。烧造时间长,分布面广,堆积层厚,产品多样。2013年入选全国重点文物保护单位。

杭州—灵隐寺石塔和经幢 位于西湖区灵隐寺内。石塔始建于五代或北宋初年,吴越王钱弘俶重建灵隐寺时所立,当时立有四塔,今存大雄宝殿前东西双塔。两石塔相距42米,皆为8面9层,仿木构楼阁式塔。经幢有两座,由吴越国王建造于北宋开宝年间,原为12层,现已残损。2013年入选全国重点文物保护单位。

杭州—保俶塔 位于杭州市宝石山上。始建于五代后周年间,原为9级,北宋咸平年间重修时改为7级。历代曾多次修建,现在的实心塔为1933年按照古塔原样修葺。宝塔墩座高约65厘米,墩座的西部或西北部边缘从岩石上直接凿出,手法粗犷,岩石上清晰可见尖利的凿痕。2013年入选全国重点文物保护单位。

杭州—西山桥 位于建德市乾潭镇。建于南宋时期,距今已有750多年。条石折边单拱桥,全长18米,宽3.7米,高5.5米,拱跨度11米。桥面用石板铺接,保存完好。折边形桥型始于汉代,流行于两宋,与《清明上河图》中的虹桥同形,架设难度很大,如今桥身留存完好的凤毛麟角。2013年入选全国重点文物保护单位。

杭州—普庆寺石塔 位于临安区横畈镇。建于元代至治年间。全用条石砌筑,仿楼阁式塔。6面7层,通高约7米。须弥座塔基,边长0.8米。每层由塔身和塔檐组成,腰檐雕刻筒板瓦,檐口饰有勾头滴水,转角处用发戗做法,翼角起翘较高。一至七层均阴刻佛名或菩萨像。2013年入选全国重点文物保护单位。

杭州—新叶村乡土建筑 位于建德市大慈岩镇。新叶村西为玉华山,为祖山;北为道峰山,为朝山;村东和村南各有一个小土丘为狮山、象山。村民多叶姓。村内有保存较好的古祠堂、古大厅、古塔、古寺和200多幢古民居建筑,主要古建筑有西山祠堂(万萃堂,祖祠)、抟云塔、文昌阁等。2013年入选全国重点文物保护单位。

杭州—龙兴寺经幢 位于杭州市延安路。龙兴寺建于唐代开成年间,北宋大中祥符初年真宗赐额"大中祥符寺",数度兴废,1959年拆除,仅存经幢。经幢原有东西两座,现仅存其一。经幢石质,高4.2米,由须弥座、幢身、腰檐、短柱、上檐、幢顶相叠而成。幢身高1.7米,面宽0.27米,短柱四面刻佛龛,每龛一佛二菩萨,造像具有丰满、健壮、写实的风格。2013年入选全国重点文物保护单位。

杭州—南山造像 位于余杭区瓶窑镇。雕琢于元代。这里原是采石场,岩壁大块裸露,山体留有千仞峭壁,造像就在壁面起龛雕琢而成,高大庄严,蔚为壮观。除最西一躯为道教造像外,其余皆为佛教造像。2013年入选全国重点文物保护单位。

杭州—仓前粮仓 位于余杭区仓前街道。前身是南宋绍兴年间为备赈济而设立的临安便民仓。1953年在民国积谷仓的基础上创建了全国首个无虫粮仓,吸引了全国各地乃至苏联的专家前来考察,1954年中央新闻纪录电影制片厂以仓前粮仓为背景拍摄了纪录片《无虫粮仓》，进而开展了“无虫、无霉、无鼠、无雀”的“四无粮仓”创建活动。2009 年在原址基础上建立了“四无粮仓”陈列馆。2013 年入选全国重点文物保护单位。

杭州—浙江兴业银行旧址 位于上城区中山中路。浙江兴业银行创立于清光绪三十三年(1907 年)。兴业银行旧址建于 1923 年，占地面积 2 267 平方米，建筑面积 3 487 平方米。主体为钢筋混凝土结构，面阔 5 间，3 层，大小房间 78 间，地下为金库。2013 年入选全国重点文物保护单位。

杭州—西湖十景 指杭州市西湖及其周边的 10 处特色风景：苏堤春晓、曲院风荷、平湖秋月、断桥残雪、三潭印月、柳浪闻莺、花港观鱼、双峰插云、雷峰夕照、南屏晚钟。西湖十景之名形成于南宋时期，各擅其胜，组合在一起又能代表古代西湖胜景的精华。2013 年入选全国重点文物保护单位。

嘉兴—茅盾故居 位于桐乡市乌镇。茅盾，原名沈德鸿，字雁冰，中国现代著名作家、文学评论家、文化活动家以及社会活动家，是新文化运动的先驱者、中国革命文艺的奠基人之一，代表作有小说《子夜》《春蚕》和文学评论《夜读偶记》。旧居为一幢典型的江南民居，建成于清道光末年，占地面积 644 平方米。楼房临街，两层楼，面阔 4 间，进深 2 间，木屋架，木门窗，青砖小瓦。楼房后面是一小园，园中有平房 3 间，1934 年茅盾亲手设计翻造为书斋。1988 年入选全国重点文物保护单位。

嘉兴—罗家角遗址 位于桐乡市石门镇。新石器时代遗址。占地面积 12 万平方米。发掘面积 1 338 平方米，文化层堆积厚 20—350 厘米，叠压着四个文化层，发现灰坑 53 个、带榫卯的建筑木构件、大量的动物遗骸及稻谷等自然遗存，出土石、骨、木、陶器等文物 800 件，还发现一批典型器物，如宽沿盆和多角沿盘、喇叭形圈足豆、小网坠等。出土 156 粒稻谷，较河姆渡遗址发现的稻谷遗存早 300 多年。2001 年入选全国重点文物保护单位。

嘉兴—马家浜遗址 位于南湖区南湖乡天带桥村马家浜。距今约 7 170 年，是长江下游、太湖流域新石器时代马家浜文化的代表性遗址。占地面积 1.5 万平方米，发掘墓葬 30 多座和房屋建筑遗址一处，出土大量陶器、骨器、玉器、石器。墓葬葬式盛行俯身直肢葬。陶器以夹砂红陶为主。2001 年入选全国重点文物保护单位。

嘉兴—盐官海塘及海神庙 位于海宁市盐官镇。始建年代不详,现存的海塘大都为清代重修。现存建筑包括天风海涛亭、占鳌塔(现名镇海塔)、中山亭等。海神庙又称“庙宫”,位于盐官镇春熙路,始建于清代雍正初年,是一座祭祀“浙海之神”的宫殿式建筑,占地面积约 2.7 万平方米,造型完美,工艺精湛。2001 年入选全国重点文物保护单位。

嘉兴—绮园 位于海盐县武原镇。占地面积 9 867 平方米。园主冯缵斋系清代诗人、剧作家黄燮清之次婿,黄家先后拥有拙宜园和砚园,黄燮清将两园作为次女黄秀的陪奁。清代同治中期,冯缵斋集两园山石之精粹,并添置一些太湖石修筑绮园,又续建了亭台楼阁等。以树木山池为主,形成水随山转、山因水活的布局,是不可多得的造园佳构。2001 年入选全国重点文物保护单位。

嘉兴—中国共产党第一次全国代表大会会址 2001 年入选全国重点文物保护单位。参见全国红色旅游经典景区——嘉兴市南湖风景名胜区。

嘉兴—谭家湾遗址 位于桐乡市乌镇。占地面积 8.75 万平方米,文化层厚 1.5 米,共分 3 层。中下层的文化内涵极为丰富,有机质较多,土质松软,色泽深黑。在遗址西北面发现釜、罐、盆、钵、豆等陶器碎片,还有较多的麋鹿、水牛遗骸。文化面貌属于新石器时代马家浜文化类型。2006 年入选全国重点文物保护单位。

嘉兴—南河浜遗址 位于秀洲区大桥镇。新石器时代遗址,占地面积 2 万多平方米。抢救性发掘 1 000 平方米,发现崧泽文化时期人工堆筑土台一处,清理出良渚崧泽文化墓葬 96 座、房屋 7 座、灰坑 26 个,出土陶、石、骨、玉等器物 700 余件。2006 年入选全国重点文物保护单位。

嘉兴—莫氏庄园 位于平湖市当湖镇。清末莫放梅祖孙三代居住的封闭式民居建筑群,始建于清代光绪中期。占地面积 4 800 平方米,房屋 70 余间,三组四进,左右对称、前后错落,因袭坐北朝南、沿街临河、前堂后寝的古制。各单体建筑分别采用穿斗式和抬梁式梁架结构，缀以工艺精湛、刀法细腻的木刻、砖雕。三座花园错落其间，花木、水池、曲径、湖石皆成小景。《红楼梦》《聊斋》《原野》等近200部电影、电视剧在此取景。2006年入选全国重点文物保护单位。

嘉兴—安国寺经幢 位于海宁市盐官镇。安国寺始建于唐代开元初年，现仅存3座唐代石经幢。其中南座经幢高约7米，八角形，19层，座身刻有"九山八海"及蟠龙等图案，周围勾栏、腰檐、斗拱等均为石构仿木，出檐深远，翼角起翘，勾头滴水，是我国最早的石构仿木经幢之一。2006年入选全国重点文物保护单位。

嘉兴—王国维故居 位于海宁市盐官镇，南隔城墙与钱塘江相望。王国维是我国近代国学大师，在文学、美学、史学、哲学、古文字学、考古学等方面都有卓越成就，他在这里度过了青少年时期。故居建于清代嘉庆年间，占地面积443平方米，建筑面积260平方米，砖木结构，两进，前进平屋，后进楼房，两进之间有天井和厢房，是典型的石库门建筑。2006年入选全国重点文物保护单位。

嘉兴—庄桥坟遗址 位于平湖市林埭镇。良渚文化遗址。分为居住区、墓葬区、农业区、生产区四大片，各片具有不同的功能。发现人工土台3座，清理墓葬236座，出土陶、石、玉、骨、木等各类器物近3 000件。2013年入选全国重点文物保护单位。

嘉兴—新地里遗址 位于桐乡市崇福镇。以墓地为主的综合性高土台类型的良渚文化中晚期遗址。占地面积1万多平方米，发掘3 000平方米，清理墓葬140座，发现40余个灰坑、2条灰沟、1口水井、1个祭祀坑及1处规模较大的红烧土营建遗迹，出土陶、石、玉、骨、木等各类器物1 800余件(组)。2013年入选全国重点文物保护单位。

嘉兴—长安画像石墓 位于海宁市长安镇。相传为三国时期东吴孙权第三个女儿的安葬处，俗称"三女堆"。墓为砖石结构，分前后两室，前室附东西两耳房，全长9.56米，宽4米；墓道长1.31米，宽1.72米，高1.6米。该墓早年被盗，但墓内55幅石刻画像保存完整，题材有车马出行、庖厨宴饮、舞乐百戏等。2013年入选全国重点文物保护单位。

嘉兴—吴镇墓 位于嘉善县魏塘镇。吴镇为元代画家，精书法，工诗文。吴镇晚年隐居嘉善，死前自垒坟墓，自书墓碑。墓高2.3米，墓径5.2米，墓基八边形，用条石砌成，条石棱角上刻有如意纹，石墓以上再叠三层条石，顶上堆土植草。墓前有梅花泉，前方甬道尽头是梅花亭，亭西侧是洗砚池。2013年入选全国重点文物保护单位。

嘉兴—陈阁老宅 位于海宁市盐官镇。清代太子太傅、文渊阁大学士陈元龙故宅。海宁陈家有“一门三阁老，六部五尚书”之称，陈元龙世称“广陵相国”，清代相国（宰相）又称“阁老”，故其宅俗称“陈阁老宅”。宅子建于明代晚期，陈元龙拜相后改建扩大，增建了“双清草堂”和“筠香馆”。2013年入选全国重点文物保护单位。

嘉兴—惠力寺经幢 位于海宁市硖石街道。建于唐代咸通年间。经幢共两座，石质、大小、形制以及镌刻的花纹图案均相同。整座经幢分14段，安置在四边形的方台上。幢身为八棱石柱，幢身上部的宝盖为八角形，转角皆饰一兽面，各自口衔璎珞带。八棱顶下刻有飞仙，八棱顶上方为一八边形石，再上为仰莲，仰莲上安放一八棱石，八面都刻有坐像。结构紧凑、造型优美、雕刻细腻，代表了唐代江南石刻的工艺水平。2013年入选全国重点文物保护单位。

嘉兴—乍浦炮台 位于平湖市乍浦镇。包括天妃宫炮台和南湾炮台。天妃宫炮台始建于清代雍正初年，现尚存块石垒砌的弧形长廊和炮台，呈扇形南北排列；铁炮3尊，其中一尊铁炮重7吨。南湾炮台建于清代光绪中期，现存炮台两座，残高分别为4.15米和4.45米。2013年入选全国重点文物保护单位。

嘉兴—文生修道院与天主堂 文生修道院位于嘉兴市光明街，清代光绪晚期竣工。西式建筑群，占地面积5 600多平方米，中轴对称布局，主体部分平面呈倒“凹”字形。院内遍植香樟，文物保存基本完整。天主堂位于嘉兴市紫阳街，由意大利籍神父韩日禄主持修建，1930 年竣工，占地面积 7 720 平方米。砖混结构，使用尖券拱顶、爱奥尼柱等西方建筑元素，融合了哥特式和罗马式建筑风格。2013 年入选全国重点文物保护单位。

丽水—大窑龙泉窑遗址 1988 年入选全国重点文物保护单位。参见国家考古遗址公园——大窑龙泉窑国家考古遗址公园。

丽水—处州廊桥 位于庆元县。廊桥根据桥体构造和用材不同，有木拱廊桥、木撑架廊桥、木平梁廊桥、石拱廊桥之分。处州（今丽水市）是廊桥的发源地之一，共有廊桥 249 座（包括遗址）。2013 年入选全国重点文物保护单位。

丽水—通济堰 位于莲都区碧湖镇。以引灌为主、蓄泄兼备的水利工程，建于南朝萧梁天监年间，距今 1 500 多年，自宋元至清代多次续建整修。由拱形大坝、通济闸、石函渠等组成。大坝呈弧拱形，长 275 米，宽 25 米，高 2.5 米，初为木条结构，南宋时改为石坝。通济闸至石函渠段两侧，留有多株千年护岸香樟。临渠有文昌阁、店铺、民居、牌坊等清代木石建筑物。2014 年入围世界灌溉工程遗产。2001 年入选全国重点文物保护单位。

丽水—时思寺 位于景宁县大际乡。始建于宋代绍兴年间。相传梅氏 6 岁起守祖父墓，居庐 3 年不离其侧，其庐为“时思院”。明代洪武初年刘基题额“时思道场”。周边群山耸峙，瀑布飞扬，古木参天，寺前沐鹤溪清流环绕，木廊桥横卧，环境幽雅清丽。建筑面积 1 250 平方米，大殿面阔 3 间，进深 2 间，重檐歇山顶。2001 年入选全国重点文物保护单位。

丽水—仙都摩崖题记 位于缙云县仙都景区。初阳山、鼎湖峰等地遗存有唐代以来的摩崖题记 100 多处。前后延续一千多年，书法品类众多，风格各异，其中不乏名人之作。2001 年入选全国重点文物保护单位。

丽水—延庆寺塔 位于松阳县西屏镇。南朝梁普通年间建延庆寺，咸平年间在延庆寺建塔以藏舍利。如今寺已毁。塔为楼阁式砖木结构，6 面 7 级，高 38.32 米。塔上遗留有历代游人题记和一些壁画。2006 年入选全国重点文物保护单位。

丽水—好川遗址 位于遂昌县三仁畲族乡。清理墓葬80处，墓地规模较大，墓葬数量众多，以大中型墓葬为主。出土随葬品1028件(组)。常见随葬品有陶釜、鼎、甑、壶等，还出土一件象征权力的镶嵌玉片的柄形器。遗址年代上限在良渚文化晚期，下限至夏末商初，距今约3 700—4 200年。2013年入选全国重点文物保护单位。

丽水—云和银矿遗址 位于云和县境内。明代景泰前后，云和银矿开采冶炼，延续了100多年，县境内与银矿相关的遗址、史迹分布广泛，文物类型齐备。2013年入选全国重点文物保护单位。

丽水—河阳村乡土建筑 位于缙云县新建镇。河阳村三面环山，一面临水，始建于五代。朱氏血缘村落建筑群，清一色的灰色建筑。保存有明、清、民国时期的建筑1 500余间，其中保存完整的古民居30多处，祠堂10多处，水系、街巷基本延续了元代重建时的布局。2013年入选全国重点文物保护单位。

丽水—西洋殿 又名"松源殿""吴判府殿"，位于庆元县西洋村。菇民为纪念香菇鼻祖吴三公而建的纪念性建筑。始建于宋代咸淳初年，几经变迁，清代光绪初年庆元、龙泉、景宁三县村民集资重建。殿宇依山傍水，进深32米，面阔19.4米，建筑面积952平方米。中轴线上自南而北依次有照墙、山门、前厅等，正殿前分列左右厢房。2013年入选全国重点文物保护单位。

丽水—南明山摩崖题刻 位于丽水城南处。此地传为晋代葛洪修道之处。寺阁掩映于丛林之中，古迹隐现于丹崖上下。现有摩崖石刻58处，主要分列于石梁、高阳洞和云阁崖三处。石梁长达数十丈，凌空横悬，喻为"半云""悬虹"，刻有题记20处。高阳洞有摩崖石刻15处，多为宋人遗迹。云阁崖有石刻12处。2013年入选全国重点文物保护单位。

丽水—石门洞摩崖题刻 位于青田县高市乡。洞域群山环抱，林木葱郁，古迹纷呈，尤以垂天飞瀑著称于世，大部分保存完好。内容有题名、题记与诗刻，隶、行、草、篆书等各体皆备。题刻者有谢灵运、郭密之、沈括等。2013年入选全国重点文物保护单位。

丽水—浙江大学龙泉分校旧址 卢沟桥事变后，浙江大学总校内迁贵州遵义，并于1939年在今龙泉市芳野村开办分校，办学7年，哺育了一批国内外知名教授、科学家。龙泉分校旧址为中西合璧式建筑，总体布局为三条轴线，建筑面积2 294平方米，立面为典型的巴洛克风格。2013年入选全国重点文物保护单位。

衢州—孔氏南宗家庙 位于衢州市新桥街。北宋末年，孔子第48代孙孔端友定居衢州。宋代宝祐年间敕建孔氏家庙，是为南宗。庙中有两件无价之宝，一件是孔子与亓官夫人的楷木像，还有一件是先圣遗像碑。每年9月28日，衢州都会举行隆重的南宗祭孔活动，来自全球的儒学文化研究专家、教授以及孔子后人云集于此畅谈儒学文化。1996年入选全国重点文物保护单位。

衢州—湖镇舍利塔 位于龙游县湖镇。建于北宋嘉祐年间。6面7层仿木楼阁式实心砖塔，高27.31米。造型精细的砖制斗拱、弧度较大的屋檐起翘、龛内保存完好的各式青铜佛像以及铁制相轮等，皆保持了宋代形制，弥足珍贵。2001年入选全国重点文物保护单位。

衢州—衢州城墙 始建于东汉初平年间。原为土墙，唐代以后以砖石筑墙。北宋宣和年间重修旧城，奠定了后世的规模。衢州古城墙是一座明清时期传统建筑风格的大型防御设施，是我国东南府城一级城池格局、规模等方面的实物标本。2006年入选全国重点文物保护单位。

衢州—三卿口制瓷作坊 位于江山市峡口镇。三卿口是以陶瓷制作为主的手工业村，居民多为黄姓，黄氏先祖于清代乾隆年间在此开窑创业。村内与生产生活有关的建筑设施如水碓、作坊、瓷窑等大都保持完好。作坊区的民宅保留原有的历史风貌。这种使用传统工艺生产并保存完好的制瓷作坊，是传统家庭式手工作坊的“活化石”。2006年入选全国重点文物保护单位。

衢州—小南海石室 位于衢州市衢江北岸。开凿于江畔红砂岩山体中，是宋代至清代的遗址。现存石室50多座，大部分保存较好。石室平面多呈方形，有些石室顶呈弧状。2013年入选全国重点文物保护单位。

衢州—关西世家 位于龙游县志棠乡。始建于明代万历年间，至今已有400多年。前后两进，均为三开间，面阔12米，进深24米，建筑面积282平方米。保留有古戏台、杨氏宗谱等文物。2013年入选全国重点文物保护单位。

衢州—绍衣堂和横山塔 位于龙游县横山镇。绍衣堂建于明代洪武年间，四进三开间，砖木结构，现仅存前两进。横山塔原名“横峰塔”，建于明代嘉靖年间，平面呈八边形，高7层，约30米，为仿木结构楼阁式空心砖塔。2013年入选全国重点文物保护单位。

衢州—鸡鸣山民居苑 位于龙游县鸡鸣山。龙游县域内部分缺乏就地保护条件的明清古建筑集中迁移至此而形成的民居建筑群，主要有元代建筑“商岗起凤”厅、明代建筑“翊秀亭”、清代建筑“灵山花厅”等，各有特色，奇妙无穷。2013年入选全国重点文物保护单位。

衢州—南坞杨氏宗祠 位于江山市凤林镇。江山南坞杨氏79世祖尹中公肇居南坞。其子孙于元朝在八卦井（八角井）北面建造宗祠。明朝嘉靖、万历年间，90世祖杨梦元建成杨氏外祠，称原来八角井北面的宗祠为“内祠”。内祠堂前后三进，不设厢房，外祠堂亦为前后三进，但增设两侧厢房。2013年入选全国重点文物保护单位。

衢州—吴氏宗祠 位于衢江区云溪乡。吴赈荣、吴赈隆两兄弟积赀巨万，应诏输粟2 000斛以济通州之欠，并输白金170两，景泰帝下旨建造宗祠，名“光裕堂”。现存吴氏宗祠及门前牌坊，为四面厅形式，前厅有戏台。2013年入选全国重点文物保护单位。

衢州—三槐堂 位于龙游县天池村。即王氏宗祠，建筑面积1 500平方米，由闾门、门楼和正屋组成。建筑整体呈“T”字形，规模宏大，用材考究，为典型明代建筑风格。2013年入选全国重点文物保护单位。

衢州—周宣灵王庙 位于柯城区下营街。相传周宣灵王本名周雄，南宋时期杭州新城（今杭州市富阳区）人，其母病重，他千里迢迢赴江西祈福，乘船返回途中听闻母亲去世，气绝身亡，但身躯却直立不倒。衢州百姓敬奉为神，孔子第51代孙孔文远为他漆身塑像并捐地立庙以祀。俗称“孝子庙”，现存建筑为明代重建，清代重修。三进，有门厅、正殿和后殿，建筑面积853平方米。2013年入选全国重点文物保护单位。

衢州—北二蓝氏宗祠 位于柯城区航埠镇。始建于明代崇祯年间，清代嘉庆中期重建后厅、正厅，咸丰中期重修，是现存保存最为完整的畲族宗祠。整体布局为三进二明堂。整座建筑用料粗大，雕梁画栋，具有浓厚的地方色彩和民族特点。2013年入选全国重点文物保护单位。

衢州—三门源叶氏民居 位于龙游县石佛乡。清代道光末年兴建。原有建筑5座，现存3座，占地面积4 500平方米。布局严谨、造型精致、气势宏大、组合巧妙，保持了清代中晚期江南民居的典型风格。建筑镶嵌众多砖雕，有楼台亭阁、山水动物、花鸟图案。2013年入选全国重点文物保护单位。

舟山—浙东沿海灯塔 浙东沿海灯塔共有14座，分布于舟山群岛和宁波沿海。这批灯塔始建于清道光二十年(1840年)鸦片战争以后，一部分灯塔为西方人出资建造，另一部分为中国航海人士所建，沿用至今。嵊泗县花鸟岛上的花鸟灯塔，呈圆柱形，通高16.5米，以砖石和铁板筑成。2013年花鸟灯塔并入浙东沿海灯塔，整体入选全国重点文物保护单位。

舟山—普陀山多宝塔 位于普陀山普济寺附近。五层方塔，高18米，双层塔座，三层塔身，有台无檐，全由太湖石砌成。上三层四面均凿龛雕佛，造型别致。2006年入选全国重点文物保护单位。

舟山—普陀山法雨寺 位于普陀区普陀山白华顶。创建于明代万历初年，清代康熙中期兴修大殿，并赐“天花法雨”匾额。同治、光绪年间又陆续建造殿宇。现存殿宇294间，计8 800平方米。全寺分列在六层台基上，中轴线上有天王殿、玉佛殿、观音殿等。2006年入选全国重点文物保护单位。

舟山—普陀山普济寺 位于普陀区普陀山白华顶。唐代大中年间修建，宋代嘉定年间皇帝御书“圆通宝殿”匾额，定为专供观音的寺院。明代万历中期扩建观音寺，清代康熙南巡时下诏重建寺庙。寺前有海印池，池中正对山门有八角亭、御碑亭。寺东南有多宝塔，西南有石碑坊。2013年入选全国重点文物保护单位。

金华—太平天国侍王府 位于婺城区酒坊巷。太平天国后期重要将领、忠王李秀成的堂弟李世贤的府第。清代咸丰末年李世贤进军浙江，以金华为中心建立太平天国浙江根据地。侍王府为当年李世贤在浙江的指挥中心。1988年入选全国重点文物保护单位。

金华—东阳卢宅 位于东阳市卢宅村。卢氏自宋代定居于此，从明代永乐中期至清代中叶科第不绝，其间不断修建，终成一规模庞大的住宅群。现存自明代景泰年间至民国初年的建筑20余座，以卢氏宗祠为中心，由复荆堂、肃雍堂、树德堂三条轴线延伸的几组建筑呈拱月之势围绕四周，长500米的卢宅老街和东西两条雅溪形成卢宅的交通干道，40多处园林、书院、寺观和26座牌坊点缀其间，是典型的封建家族聚居点。1988年入选全国重点文物保护单位。

金华—天宁寺大殿 位于金华市东南处。天宁寺始建于北宋大中祥符年间，后多次重建修葺。大殿面阔三间，平面呈正方形，梁架为抬梁式结构，较多地保存了宋代建筑的风格和特点。1988年入选全国重点文物保护单位。

金华—延福寺 位于武义县桃溪镇。创建于后晋天福年间，宋代绍熙年间赐名“延福寺”。现存建筑群按中轴线布列山门、天王殿、大殿和观音堂，两侧有厢楼，后有石涧井。1996年入选全国重点文物保护单位。

金华—马上桥花厅 位于东阳市湖溪镇。清朝道光中期落成。占地面积2 793平方米，由门楼、照壁、正厅和两进后堂组成，为传统民居与东阳木雕艺术结合的典型代表。1996年入选全国重点文物保护单位。

金华—诸葛、长乐村民居 位于兰溪市诸葛镇。这里是三国名臣诸葛亮后裔的聚居地。南宋末年，诸葛亮第25世孙迁徙于此，先后兴建了30余座厅堂及大批居住建筑，现有丞相祠堂、大公堂等建筑。长乐村是宋元之际浙东学派中坚金履祥后裔的聚居地，现有元明清建筑127幢，以元明建筑为主。1996 年入选全国重点文物保护单位。

金华—铁店窑遗址 位于金华市琅琊镇。宋代,铁店窑烧造的瓷器品种有青釉瓷器和乳浊釉瓷器,以乳浊釉瓷器最具特色。铁店村附近的古窑口有数十条,窑口一般都依山而建,一些当时废弃的瓷器和碎片层层叠叠,有的厚达数十米。2001 年入选全国重点文物保护单位。

金华—古月桥 位于义乌市赤岸镇,横跨龙溪。建于北宋嘉定年间,全长 31.2 米,拱高 4.95 米,宽 4.5 米。虽经几百年风雨侵蚀,石质风化严重,仍保持古朴风貌与别致造型。石拱形式与《清明上河图》中的虹桥类似,是研究中国古代石拱桥的重要实物资料。2001 年入选全国重点文物保护单位。

金华—黄山八面厅 位于义乌市上溪镇。清代嘉庆年间建造。平面布局近长方的“回”字形,现存建筑分为三路六院共 64 间,建筑面积 2 500 平方米。以一条中轴线和两条横轴线布列主体建筑和附属建筑。中轴线、横轴线上各有 4 座厅堂,故俗称“八面厅”。2001 年入选全国重点文物保护单位。

金华—俞源村古建筑群 俞源村位于武义县城西南部,始建于南宋,文风鼎盛,经商致富。村落总体布局严谨完整,各类型建筑质量优良,是一个保存良好的南方农村聚落。现存元代石拱桥 2 座,明代宗祠及住宅 12 座,清代宗祠、庙宇、戏台等 44 座。2001 年入选全国重点文物保护单位。

金华—郑义门古建筑群 位于浦江县县城近郊。北宋初年郑氏在此立宅。元代因两次旌表为“孝义门”而称“郑义门”,历宋、元、明 15 世 330 余年,鼎盛期间人口达 3 000 余。郑宅宗祠占地面积 5 000 平方米,建筑面积 2 463 平方米,有 10 桥 9 闸、东明书院等古迹。2001 年入选全国重点文物保护单位。

金华—上山遗址 位于浦江县黄宅镇。出土随葬器物及打制石器近 200 件。稻作遗存的发现,表明长江下游是世界稻作和栽培稻的最早起源地之一,进一步证实了中国是世界上最早种植水稻的国家之一。上山遗址的发现是中国早期新石器时代考古的重大突破,将长江中下游地区的人类文明发展史大大推前。2006 年国务院核定为全国重点文物保护单位。

金华—东阳土墩墓群 位于东阳市江北街道、六石街道、巍山镇。春秋战国时期墓葬，其中5处保存较好。石角山、派园、银角山三座石室土墩墓，墓室由巨大的石块构筑而成，选用巨石多为板状、条状或方形。前山土墩墓是一座长方形浅土坑木椁墓，甬道部分用石块构筑成石室形状，形制结构相当特殊。峋界尖土墩墓规模巨大，用膏泥封筑。2006年入选全国重点文物保护单位。

金华—玉山古茶场 位于磐安县玉山镇。包括茶场庙、茶场管理用房、茶场三大部分，现存建筑为清代乾隆年间集资修建，建筑面积1 560平方米。玉山古茶场始建于宋代，所产“婺州东白”在唐代即为贡品。这种集茶叶生产、交易及茶文化内涵于一体的古茶场遗址全国罕见。2006年入选全国重点文物保护单位。

金华—榉溪孔氏家庙 位于磐安县盘峰乡。榉川孔氏家庙建于南宋宝祐年间，宋理宗赐“万世师表”匾。现存家庙为清代重建，建筑面积836平方米，由门楼、戏台、天井等组成，建筑格局、形制已似浙中地区普通宗祠建筑。2006年入选全国重点文物保护单位。

金华—法隆寺经幢 位于金华市金钱寺村。法隆寺曾名“金钱寺”，寺庙已毁，仅存经幢。经幢始建于唐代大中年间。经幢部分埋于地下，地面部分高约6.3米，呈八角棱形。2006年入选全国重点文物保护单位。

金华—芝堰村建筑群 位于兰溪市黄店镇。芝堰村古时为严婺古驿道，由于过往行人密集，商贸活动频繁，兴建了大量的厅堂、民宅、客栈等，在明朝中期已经形成较为完整的村落格局。现存明、清古建筑30余座，分为宗祠、民居两大类，代表性建筑有孝思堂、衍德堂等。2006年入选全国重点文物保护单位。

金华—吕祖谦及家族墓 位于武义县上陈村。南宋时期理学家、婺学创始人吕祖谦及其族人的墓地。吕氏家族为当地望族，墓地间隔很近，在南方较为少见。2013年入选全国重点文物保护单位。

金华—龙德寺塔 位于浦江县龙峰山上。建于北宋大中祥符年间。砖木结构的楼阁式塔，高36米，7层6面，每层都有两米来高的拱形门洞，六门相对，玲珑秀丽。2013年入选全国重点文物保护单位。

金华—七家厅　位于婺城区雅畈镇。建于明代早期。由照壁、天井、前厅、后厅和厢房构成，呈方形布局。前后厅、两侧厢房均为七间，因此得名"七间厅"，可能因为方言中发音相似而被称为"七家厅"。整体建筑布局基本完整，结构简练。2013年入选全国重点文物保护单位。

金华—西姜祠堂　位于兰溪市水亭畲族乡。西姜村自元朝营建，至今已有700余年。祠堂占地面积近3 000平方米，规模之大、规格之高全国罕见。奉祀炎帝、神农、姜子牙和姜维等姜氏祖先，在家庙中也属绝无仅有。2013年入选全国重点文物保护单位。

金华—世德堂　位于兰溪市黄店镇。始建于南宋淳熙年间。现存三进，面阔皆三间，硬山顶，建筑面积710平方米。2013年入选全国重点文物保护单位。

金华—上族祠　位于兰溪市永昌街道。徐氏宗祠，又称"孝伦堂"，大约兴建于明代万历年间。整体平面布局呈"回"形，先低后高（意为步步升高），占地面积约1 700平方米，为五开间三进两明堂砖木结构。由前（门厅）、中（正厅）、后（寝室）三厅及左右厢房及四个偏院组成，正厅独立，其余建筑互相连接。2013年入选全国重点文物保护单位。

金华—积庆堂　位于金华市社峰村。又名"恩荐堂""小宗祠"，始建于元朝，重建于明代崇祯末年，清代康熙、乾隆年间重修。建筑规模宏大，选址布局合理，用材规整大气，历次修建均有明确年代记载，对研究我国明清时期江南建筑技艺和营造理念及其传承和衍化过程具有重要作用。2013年入选全国重点文物保护单位。

金华—余庆堂　位于兰溪市女埠街道。清朝乾隆末年建造。三合院，门楼居东，厅堂朝南五开间。布局完整，结构完好，更有石碑记载建造经过，是清乾隆晚期祠堂的代表作。2013年入选全国重点文物保护单位。

金华—寺平村乡土建筑　2013年入选全国重点文物保护单位。参见中国历史文化名村——婺城区寺平村。

湖州—飞英塔 位于湖州市东北角。唐代咸通年间,僧人云皎游历长安时得僧伽大师所授舍利七粒及阿育王饲虎面像,归来后建“上乘寺舍利石塔”藏之。北宋开宝年间,于石塔之外增建木塔,从而形成别具一格的“塔里塔”,取佛家语“舍利飞轮,英光普照”之意,更名为“飞英塔”。宋、元、明、清各代多次修缮。1982 年再次维修。1988 年入选全国重点文物保护单位。

湖州—下菰城遗址 位于湖州市道场乡。这里是春秋战国时期楚国春申君黄歇的封地。楚考烈王年间黄歇在此置菰城县,距今已有 2 500 余年。城垣分内外两重,平面均呈圆角等边三角形。现存外城占地面积 44 万平方米,内城占地面积约 16 万平方米。2001 年入选全国重点文物保护单位。

湖州—嘉业堂藏书楼及小莲庄 位于南浔区南浔镇。刘镛的私家藏书楼和花园。小莲庄建于清代光绪初年,占地面积 1.7 万平方米,建筑面积 1 250 平方米。嘉业堂藏书楼由刘镛长孙刘承干建于 1920 年,砖木结构两层楼,园林式布局,置肃穆的书楼于幽雅的园林之中。嘉业堂藏书楼为我国近代最著名的私家藏书楼之一,最盛时藏书 18 万册。2001 年入选全国重点文物保护单位。

湖州—南浔张氏旧宅建筑群 位于南浔区南浔镇。建于清代光绪年间,占地面积 5 135 平方米,建筑面积 6 137 平方米,房间 244 间。分为南、北、中三部分,前面数进为晚清中式建筑,南、中部后进为西欧巴洛克式风格的建筑群。各种建筑风格类型俱全,砖、木、石雕极为丰富,中式建筑的装修大量采用西欧的材料及工艺,保存有大量书法名家的手迹,在江南民宅中极为罕见。中西建筑形制相互穿插、融会贯通,体现了清末西风东渐的时代特征。2001 年入选全国重点文物保护单位。

湖州—新四军苏浙军区旧址 2001 年入选全国重点文物保护单位。参见全国红色旅游经典景区——新四军苏浙军区旧址群。

湖州—钱山漾遗址 位于吴兴区常路乡。新石器时代良渚文化遗址。占地面积 23.4 万平方米,堆积丰厚,出土文物以陶器、石器居多。有机质文物数量众多,有竹木器、家蚕丝织物等,是出土有机质文物最丰富的良渚文化遗址之一。出土的家蚕丝织物,是我国迄今发现的年代最早的家蚕丝织物,丝织物的平纹结构、密度体现出良渚文化时期纺织技术已达到很高的水平。2006 年入选全国重点文物保护单位。

湖州—独松关和古驿道 独松关位于安吉县递铺镇。南宋都城临安(今杭州)抵御北方敌兵的关隘,东西连接两侧山崖。古驿道为临安至建康(今南京)陆路之要道,明代前即设有驿站,现存古驿道长 1 200 余米,安吉段约 1 100 米。驿道间存有自然条石构筑的 3 座平桥、1 座卵石构筑的拱桥。古驿道沿山溪而行,群山环绕,翠竹葱郁,至今仍为安吉至余杭徒步的主要通道。2006 年入选全国重点文物保护单位。

湖州—安城城墙 位于安吉县安城镇。始建于明代初期,明代嘉靖晚期砌石加固,此后多次重修。古城平面呈椭圆形,周长约 6 000 米。现存城墙残高 4—6 米,厚 5 米,有南、西、北三门,均为券顶式门。2006 年入选全国重点文物保护单位。

湖州—顾渚贡茶院遗址及摩崖 顾渚贡茶院位于长兴县顾渚山。始建于唐代大历年间,是督造贡茶顾渚紫笋茶的场所。贞元年间,贡茶院有 30 余间,工匠千余人。元代,贡茶院改为“磨茶院”。顾渚山摩崖题记,今存主要为唐代开元年间湖州刺史杨汉公、唐代贞元年间湖州军事刺史于岫、南宋绍兴年间龙图阁学士汪藻等人的题名。2006 年入选全国重点文物保护单位。

湖州—莫干山别墅群 位于德清县莫干山上。莫干山是风光优美的避暑名山,现保留有各式别墅 250 多座。始建于清代光绪中期,早期由英、美、法、德、俄等国人士兴建,式样繁多,后期以国民党要人、工商富豪的别墅居多。莫干山别墅群与自然景观相映成趣,而且与中国近代的重要人物、重要事件有相当密切的关系。2006 年 23 处代表性建筑入选全国重点文物保护单位。

湖州—陈英士墓 位于湖州市南郊的岘山东麓。陈英士即陈其美,湖州吴兴人,中国近代民主革命家、同盟会元老、青帮代表人物。1913 年袁世凯阴谋称帝,陈英士奋起讨袁,组建中华革命党,组织反袁武装暴动,1916 年被人暗杀于上海。陈英士墓始建于 1918 年,1998 年重修。陈英士墓由石碑坊、墓道和墓穴三部分组成,占地面积约 3 000 平方米,石碑坊匾额有孙中山手书“成仁取义”四大字。2006 年入选全国重点文物保护单位。

湖州—安吉古城遗址、龙山越国贵族墓群 安吉古城始建于春秋战国时期,并有秦汉至两晋时期地层存在,历经东周、秦朝、两汉、两晋。出土印纹陶器、原始瓷及建筑构件上的板瓦、铜瓦、瓦当等文物,是迄今为止保存最好的越国城址之一。龙山越国贵族墓群位于安吉县递铺镇古城村,占地面积约 24 万平方米,有墓葬约 268 座。这批墓葬往往以主墓为中心,周围分布众多小墓。2013 年入选全国重点文物保护单位。

湖州—德清古桥群 德清县境内河道密布、古桥众多。寿昌桥为单孔石拱桥,建于宋代咸淳年间,整桥采用武康石砌筑,结构科学,造型古朴,2006 年入选全国重点文物保护单位。另有万寿桥、普济桥、永安桥、青云桥、社桥、兼济桥于 2013 年入选全国重点文物保护单位。

湖州—上马坎遗址 位于安吉县溪龙乡。旧石器时代文化遗址。试掘 18 平方米,获得旧石器标本 45 件。上马坎旧石器文化遗址的发现,填补了浙江旧石器时代考古的空白,将浙江境内人类的历史提前到距今 10 多万年前。2013 年入选全国重点文物保护单位。

湖州—七里亭遗址 位于长兴县泗安镇。旧石器时代遗址。发掘面积 600 余平方米,发现 700 多件刮削器、砍砸器、手镐等打制石器。分成上、中、下三个大文化层。七里亭遗址是全国旧石器时代遗址中为数不多的超过百万年的遗址之一。2013 年入选全国重点文物保护单位。

湖州—昆山遗址 位于吴兴区八里店镇。商周时代遗址。占地面积约 10 万平方米。出土的陶器胎壁较厚,表面黑色,为泥质厚胎黑皮陶。还出土一件青铜戈和一块商代龟卜甲。出土距今约 3 500 年的一条长 11 米、残高 60 多厘米的竹篱笆,在国内考古发掘中尚属首次。2013 年入选全国重点文物保护单位。

湖州—德清原始瓷窑址　位于德清县龙胜村、龙山村。占地面积约6平方千米。古窑址中有商末周初至春秋战国时期的原始青瓷窑址及东汉、隋唐时期的瓷窑址。出土的原始青瓷，既有大量日常生活用具，又有专门模仿青铜礼器的丧葬用器。德清原始瓷窑址规模大、延续时间长、保存完整，标志着中国制瓷史上的第一座高峰。2013年入选全国重点文物保护单位。

湖州—城山古城遗址　位于长兴县和平镇。江南地区保存较为完整、面积较大、内涵丰富的汉代城池遗址。始建于西汉末年，东汉末年加固修筑。有土城墙、城门、蓄水池等遗址，占地面积12万平方米。内外两层城墙，其中外城墙环山顶一周，保存完整。遗址内有始建于南朝宋元嘉年间的寺庙一座，遗址北侧有元代石刻造像10尊。2013年入选全国重点文物保护单位。

湖州—赵孟頫墓　位于湖州市洛舍镇。赵孟頫与其妻管氏的合葬墓。赵孟頫为元代书画家，变革南宋院体格调、创立元代画风，精诗文、篆刻。1993年墓地重新修复，占地面积3 000平方米，神道两侧立石马、石翁仲。2013年入选全国重点文物保护单位。

湖州—潘公桥及潘孝墓　潘公桥位于吴兴区龙泉街道苕、霅两溪汇合处，由明朝工部尚书、水利学家潘季驯捐银所建，故名。始建于明代万历年间，清代道光年间重建时为增加泄水量，改五孔石木梁桥为三孔石拱桥。潘孝为潘季驯的祖父，其墓位于湖州市滨湖街道，格局保存完好。2013年入选全国重点文物保护单位。

湖州—双林三桥　位于湖州市双林镇。指横跨双林塘的万元桥、化成桥、万魁桥。万元桥初建于清代康熙年间，原为木桥，雍正初年砌石桥，道光中期重建；化成桥始建于元代延祐年间，原为木桥，明代嘉靖中期改建为石桥，明代崇祯、清代乾隆年间两度重修；万魁桥初为木桥，清代康熙初年砌石桥，乾隆晚期改建。2013年入选全国重点文物保护单位。

湖州—尊德堂　位于南浔区南浔镇。即张静江故居，由张静江祖父张颂贤建于清代光绪中期。故居保持清代传统的三进五间式建筑风格，每进一堂便递高一级，俗称“步步高升”。装饰考究，雕刻精湛，多名人题词楹联，可谓南浔一绝。2013 年入选全国重点文物保护单位。

温州—蒲壮所城 位于苍南县马站镇。海防城堡建筑，明代洪武中期为抗倭而建。1996 年蒲壮所城入选全国重点文物保护单位，2006 年壮士所城、白湾堡、巡检司遗址归入全国重点文物保护单位蒲壮所城。

温州—玉海楼 位于瑞安市道院前街。江南著名藏书楼之一，清代光绪中期太仆寺卿孙衣言创建，庋藏古籍甚富。孙氏因慕宋代王应麟博览群书，遂以其巨著《玉海》名斯楼。其子孙诒让为清末朴学大师，在此潜心著述垂 30 年。玉海楼及孙诒让故居和百晋斋，三面环水，前后两进。1996 年入选全国重点文物保护单位。

温州—浙南石棚墓群 位于瑞安市棋盘山、平阳钱仓龙山头和苍南桐桥，共有石棚墓 13 座。石棚墓形制与结构大体分两级：一级是四角或四面各立高 1 米左右的支石，上盖巨型整石，有较大的地面空间；另一级是在大盖石下反垫若干小石，显得十分低矮，有的几乎无地面空间。石棚墓内的陪葬品有印纹硬陶、原始黑瓷、原始青瓷、青铜器等，均为商周时期器物。2001 年入选全国重点文物保护单位。

温州—刘基庙及墓 位于文成县南田镇。刘基是明朝开国元勋、朱元璋的老师。刘基庙为明代天顺年间敕建，1979 年重修。庙分头门、仪门、正厅，庙后附有追远祠，正厅中有刘基与其子刘琏、刘璟三尊坐姿塑像。刘基墓位于刘基故居附近的夏山之麓，建于明代洪武初年，砖室封土结构，占地面积约 300 平方米，是刘基与两位夫人的合葬墓。2001 年入选全国重点文物保护单位。

温州—南阁牌楼群 位于乐清市仙溪镇。原有 7 座牌楼，现存 5 座。牌楼立于明正统至嘉靖年间，高约 7 米，面阔 5.57 米，进深约 4 米，形制、结构相近，均为木石混合结构，单开间三楼悬山式。牌楼群规模宏大，形制完整，在明代牌楼中很少见。2001 年入选全国重点文物保护单位。

温州—永昌堡 位于龙湾区永中街道。建于明代嘉靖中期。明代，温州沿海备受倭寇侵犯,王叔果兄弟发起修建此堡以抗倭。城堡呈长方形,长778米,宽445米,城墙高8米,有敌台13座。堡内有11座造型、色彩各异的明代石拱桥、状元府等18幢明清时代的古民居衬托出城堡古色古香的韵味。2001年入选全国重点文物保护单位。

温州—四连碓造纸作坊 位于瓯海区泽雅镇。元末明初,福建南屏人为避战乱迁居泽雅,因泽雅水多竹茂,遂重操旧业造“南屏纸”。泽雅一带数千人从事造纸,因此到处是水碓、纸坊,水碓坑、水帘坑等地名都与造纸有关,泽雅遂又名“纸山”。四连碓造纸作坊建于明朝初年,水渠长约230米,顺流分四级水碓,可反复利用水力资源,故名“四连碓”。2001年入选全国重点文物保护单位。

温州—高氏家族墓地 位于乐清市高岙村。高友玑及其家族成员的墓地,高友玑为明代弘治年间进士,官至刑部尚书,著有《南屏遗稿》。高友玑墓的石作建筑仿木构形式,工艺精湛、造型美观,是明代石构建筑中的佳品。2006年入选全国重点文物保护单位。

温州—赤溪五洞桥 位于温州市赤溪镇。始建年代不详,南宋咸淳年间重建。五孔梁式石桥,长24.6米,宽1.7米。2006年入选全国重点文物保护单位。

温州—芙蓉村古建筑群 位于永嘉县岩头镇。芙蓉村始建于唐末,村落格局按“七星八斗”寓意布置。现存清代建造的古建筑近50座,风貌古朴。建筑群由寨墙、寨门、民居、宗祠等组成。寨墙由不规则块石垒砌。宗祠以陈氏大宗祠为代表,门厅五开间带左右各一间,宗祠前有芙蓉池、侧门,空间开阔。芙蓉亭位于芙蓉池中,有小桥与池岸相通,三间两檐,周设美人靠。2006年入选全国重点文物保护单位。

温州—圣井山石殿 位于瑞安市大南乡。始建于南宋景定初年,现存部分为明代万历至清朝光绪年间所筑,为浙南历史最早、规模最大、保存最完整的石构建筑群。因石殿神座前正中有一口泉眼井,终年不溢不涸,泉水清洌甘甜,故被誉为“圣井”。占地面积410平方米,建筑面积229平方米,由山门、石坊、前殿、正殿和左右厢房组成，左右对称。石殿的所有构件都用石料雕刻而成，殿内陈设也都由石块刻制。2006 年入选全国重点文物保护单位。

温州—泰顺廊桥 廊桥泛指有廊屋的桥。泰顺境内保存完好的唐、宋、明、清代的木拱廊桥达 46 座，数量之多、工艺之巧、造型之美以及与周边环境之和谐，在世界桥梁史上堪称一绝。其中北涧桥、溪东桥、三条桥、仙居桥等 15 座廊桥，于 2006 年入选全国重点文物保护单位。

温州—仕水碇步 位于泰顺县仕阳镇。碇步是桥梁的雏形，也称“汀步桥”“过水梁”“过水明桥”“堤梁桥”。泰顺沟谷纵横、溪流交错，过溪涉水多靠碇步，全县有碇步 200 多条，短的 10 多齿，长的 200 余齿。其中以“仕水碇步”最为著名。“仕水碇步”始建于清代乾隆末年，嘉庆末年重修，全长 133 米，共有 223 齿，是浙南最长、最好的碇步。2006 年入选全国重点文物保护单位。

温州—顺溪古建筑群 位于平阳县境内。主要有陈迢岩大屋、陈有相大屋。陈迢岩大屋由主院及东西院落组成，主院沿中轴线依次列台门、门厅、正厅、后厅，占地面积约 6 050 平方米，建筑面积 2 210 平方米。陈有相大屋平面略呈方形，建筑面积约 1 700 平方米。无论是总体设计还是单元工艺，堪称区域木建筑工艺之最，许多建筑构件保留着北宋建筑典籍《营造法式》上的做法。2006 年入选全国重点文物保护单位。

温州—利济医学堂旧址 位于瑞安市城关镇。利济医学堂由陈虬、陈介石、陈葆善、何迪启等创办于清代光绪早期，是我国第一所采用欧美办学制度和方法的新式中医学堂。旧址占地面积约 1 840 平方米，砖木结构，由门厅、主楼、种植园等组成，中西混合式建筑风格。2006 年入选全国重点文物保护单位。

温州—曹湾山遗址 位于鹿城区藤桥镇。新石器时代遗址。曹湾山又称老鼠山，海拔 61 米，是一座由主峰和多座小山头连成一体的岗丘型山岗。遗址以山顶岗地为聚落中心，山腰、山坡均有遗存分布，面积近万平方米，属于典型的山前沿江的孤丘型聚落遗址,年代距今约4 000年。发掘面积635平方米,清理墓葬35座,获得玉器、石器、陶器等各类文物1 000多件及大量的陶片标本。2013年入选全国重点文物保护单位。

温州—大溪东瓯古城遗址 位于温岭市大溪镇。东瓯国是由西汉朝廷分封的一个地方小国,自公元前192年至公元前138年共存在了54年,西汉初举国北迁到江淮后即踪迹难觅。古城遗址属于西汉时期,占地面积约10万平方米,是东瓯国地域内发现的唯一城址。城内地层堆积分为上、下两层,上层堆积包含物有青瓷瓶、壶、罐等文物,下层堆积包括板瓦、筒瓦、瓦当等。遗址附近的塘山古墓,是一座东瓯国的上层贵族大墓,可能是王陵。2013年入选全国重点文物保护单位。

温州—国安寺塔 位于龙湾区瑶溪镇。国安寺始建于唐代乾符年间,国安寺塔为北宋元祐年间所建。青石仿木结构楼阁式实心石塔,高九层,平面六边形,原高18米余,现残高约17米。塔下有雕刻精美的须弥座。塔身遍雕佛像,共计1 026尊。2013年入选全国重点文物保护单位。

温州—观音寺石塔 位于瑞安市万松山南麓。观音寺始建于后周显德年间,规模恢宏,晚清重建,前后两进,面阔三间。观音寺石塔原名千佛塔,建于北宋熙宁年间,全部用石块雕凿砌叠而成,原高7层,现存6层,残高7.8米。2013年入选全国重点文物保护单位。

温州—护法寺桥和塔 位于温州市钱库镇。桥、塔因寺而建,始建于北宋。护法寺桥为三孔梁式石桥,造型古朴大方,结构稳固,具有浙南山区北宋初期石桥建筑风格。护法寺塔为单檐砖塔,由塔基、塔身、塔顶三部分构成,基座呈六边形,雕饰水云纹,上置须弥座两层,结构匀称,小巧玲珑,雕刻精细。2013年入选全国重点文物保护单位。

温州—乐清东塔 位于乐清市乐成镇。宋代古塔,高约18米,六面七层楼阁式砖塔,须弥座。造型优美、庄重严肃、雕刻精致,充满浓厚的历史文化气息。2013年入选全国重点文物保护单位。

温州—八卦桥和河西桥 位于瑞安市陶山镇。建于南宋。八卦桥横跨陶溪,五孔石梁柱,全长 25.4 米,宽 2.5 米。河西桥横跨河西河,五孔石梁柱,全长 24.5 米,宽 3.1 米。两桥的用材、结构风格相似,中孔主墩的两侧设副墩,锁以石梁,这种桥墩的砌筑形式极为罕见。2013 年入选全国重点文物保护单位。

温州—栖真寺五佛塔 位于平阳县鳌江镇。栖真寺建于隋代,兴于后周,盛于南宋,衰于明时,而今已尽是断垣残壁。塔原有 5 座,现存 4 座。单檐石质,仿木结构。形制相同,分别由台基、基座、塔身、顶檐、塔刹等组成,刹均已毁。2013 年入选全国重点文物保护单位。

温州—真如寺石塔 位于乐清市盘石镇。真如寺始建于唐代文德初年,元代大德年间重建。寺前石塔建于北宋,原有 7 座,现存 4 座,三座缺顶盖,仅一座完好。塔高 5.16 米,平面呈六角形。2013 年入选全国重点文物保护单位。

温州—金昭牌坊和宪台牌坊 金昭牌坊位于永嘉县岩头镇,为明代嘉靖中期金昭进士及第时所建,六柱三楼式木构,平面呈横长方形。宪台牌坊位于永嘉县花坦村,建于明代弘治年间,为纪念工科给事中、奉使云南、政绩卓著的朱良以而建,四柱三楼式木构。2013 年入选全国重点文物保护单位。

温州—楠溪江宗祠建筑群 位于永嘉县碧莲镇、花坦乡、潘坑乡等地。包括永嘉郡祠、孝思祠、季氏大宗祠、邵氏大宗祠、郑氏大宗祠、谢氏大宗祠、叶氏大宗祠、陈氏大宗祠等八座祠堂。楠溪江流域的村落文化是中原文化与东瓯乡土文化交融的结晶,宗祠建筑是当时社会背景和宗族文化的写照。2013 年入选全国重点文物保护单位。

温州—玉岩包氏宗祠 位于泰顺县泗溪镇。始建于明成化年间,清代道光晚期重修。建筑因山就势,采用中轴线对称布局,由牌楼、外台门、头门、前堂、正厅、祭殿、荷花池等组成,占地面积 3 400 平方米。整组建筑保存完整。2013 年入选全国重点文物保护单位。

温州—雪溪胡氏大院 位于泰顺县雪溪乡。明代天顺年间,胡道严徙居今泰顺雪溪西岸,为当地胡氏始祖。传至胡东伟一代,家业日盛,遂开始大规模建造住屋。从道光初年起至同治末年,先后建造了胡氏大院、凤垅厝等,前后历时40余年。整个建筑呈“品”字形,平面布局为棋盘式,有两个三合院组成,院中间建有两道横墙,住宅的大门是对称的石制门楼。2013年入选全国重点文物保护单位。

温州—泰顺土楼 位于泰顺县罗阳镇。由曾氏家族建于清代晚期,保存完整。土楼为方形两层建筑,占地面积625平方米。外围土墙,用条石砌基,黄土夯筑。内部木构建筑两层,两坡顶,平面呈“口”字形布置,东西面阔5间,南北面阔4间。楼外周圈设壕,作防御之用。2013年入选全国重点文物保护单位。

温州—红13军军部旧址 2013年入选全国重点文物保护单位。参见全国红色旅游经典景区——中国工农红军第13军军部旧址群。

宁波—保国寺 位于江北区洪塘镇。始建于东汉,广明初年重建。占地面积1.3万平方米,建筑面积6 000多平方米。中轴线上依次列山门、天王殿、大雄宝殿、观音殿、藏经楼等建筑,建筑工艺令人叹为观止。现存大殿为北宋祥符年间重建,是长江以南最古老、保存最完整的木结构建筑之一。1961年入选全国重点文物保护单位。

宁波—天一阁 位于海曙区天一街。中国现存最早的私家藏书楼。建于明朝中期,由范钦主持建造,占地面积2.6万平方米。汉代郑玄《易经注》有“天一生水”之说,火是藏书楼最大的祸患,故名“天一阁”取水克火之意。硬山顶重楼式,面阔、进深各六间,前后有长廊相互沟通。楼前有“天一池”,引水入池,蓄水防火。1982年入选全国重点文物保护单位。

宁波—河姆渡遗址 位于余姚市河姆渡镇。中国已发现的最早的新石器时代文化遗址之一。占地面积约4万平方米,发现墓葬27座,灰坑28个,发现大量干栏式建筑遗迹,出土种类丰富的纺织工具和大量的石器、陶器、木器、骨器。现已建立博物馆、河姆渡原始生态区。1982年入选全国重点文物保护单位。

宁波—它山堰 位于海曙区鄞江镇。地处樟溪出口处,是甬江支流鄞江上修建的御咸蓄淡引水灌溉枢纽工程。始建于唐代太和年间,在鄞江上游的四明山与它山之间,用条石砌筑一座上下各36级的拦河溢流坝,可以下挡咸潮,上蓄溪水,供鄞西平原数千顷农田灌溉,并通过南塘河供宁波城使用。1988年入选全国重点文物保护单位。

宁波—上林湖越窑遗址 1988年入选全国重点文物保护单位。参见国家考古遗址公园——上林湖越窑国家考古遗址公园。

宁波—镇海口海防遗址 镇海地处东海之滨的甬江口,素有“两浙门户”“海天雄镇”之称,具有丰富的海防历史遗址。镇海口海防遗址包括甬江北岸镇海区招宝山的威远城、明清碑刻、月城、安远炮台,梓荫山的吴公纪功碑亭、俞大猷生祠碑记、泮池(裕谦殉难处)、吴杰故居等8处;甬江南岸北仑区的戚家山营垒、金鸡山瞭望台、靖远炮台、平远炮台、宏远炮台、镇远炮台等6处。1996年入选全国重点文物保护单位。

宁波—蒋氏故居 位于奉化区溪口镇。蒋介石前后几辈的故宅,包括丰镐房、小洋房、玉泰盐铺。丰镐房占地面积4 800平方米,建筑面积1 850平方米,大门、素居、报本堂、独立小楼为清代建筑,其余为1929年扩建;小洋房占地面积240平方米,建筑面积310平方米,西式三间两层楼房,建于1930年;玉泰盐铺占地面积716平方米,建筑面积600平方米。蒋氏故居以及溪口镇建筑群蒋家私庵摩诃殿、文昌阁、武岭门于1996年入选全国重点文物保护单位。

宁波—庆安会馆 位于宁波市区三江口东岸。建于清代咸丰初年。占地面积约5 000平方米。既是祭祀天后妈祖的殿堂,又是舶商娱乐聚会的场所。建筑装饰采用砖雕、石雕和朱金木雕等宁波传统工艺。现改建为全国首家海事民俗博物馆,展出各个朝代的船模。2001年入选全国重点文物保护单位。

宁波—庙沟后、横省石牌坊 庙沟后石牌坊位于鄞州区东钱湖镇,横省石牌坊位于鄞州区五乡镇。两座牌坊皆为墓道牌坊,所在墓道已毁,墓主无从考证。两柱一间一楼仿木结构石坊,约建于南宋至元代,是目前所知我国最早的石牌坊,也是我国木坊向石坊转型的重要实例。2001 年入选全国重点文物保护单位。

宁波—东钱湖石刻 位于鄞州区东钱湖北岸。建于北宋政和年间至明万历早期。主要有冀国夫人叶氏太君墓道、史浩墓道等 5 处墓前石刻,其中南宋时期近 140 件,元明时期超过 40 件,雕刻精美,形象生动逼真,整体保存较好。2001 年入选全国重点文物保护单位。

宁波—龙山虞氏旧宅建筑群 位于慈溪市龙山镇。近代实业家虞洽卿在家乡营造的私宅。中西合璧式建筑群,由相对独立的两部分共五进建筑组成,面阔 59 米,进深 94 米,以一条中轴线贯穿始终,主次分明、过渡自然,是近代建筑中西合璧的成功范例。前三进为传统中式建筑,后两进为西式建筑。2001 年入选全国重点文物保护单位。

宁波—永丰库遗址 位于宁波市中山西路。宋、元、明时期大型衙署仓储遗址。永丰库遗址建筑面积 9 600 平方米,出土可复原各类文物 800 余件。2006 年入选全国重点文物保护单位。

宁波—天宁寺 位于宁波市中山西路。创建于唐代大中年间,屡毁屡建,主体建筑已不存。原寺前有左右两塔,左塔崩毁于清代光绪年间,右塔幸存。五层楼阁式砖塔,平面呈方形,占地面积 9 平方米,残高 12 米,为江南现存最古老的唐塔之一。2006 年入选全国重点文物保护单位。

宁波—阿育王寺 位于鄞州区五乡镇。始建于西晋武帝太康年间,佛教禅宗名寺,中国现存唯一以印度阿育王命名的千年古寺。占地面积 12.41 万平方米,建筑面积 2.34 万平方米,有殿、堂、楼、阁 600 余间。寺内有浙江省仅存的两座元塔,较完整地保存着历代碑碣、石刻、匾额以及经藏古籍等文物。2006 年入选全国重点文物保护单位。

宁波—白云庄和黄宗羲、万斯同、全祖望墓 白云庄位于海曙区环城西路,原为明末户部主事万泰的祠庄,其子万斯选著有《白云集》而世称“白云先生”,卒后葬于此地,故名。白云庄曾是明末清初思想家、文学家、史学家、浙东学派代表人物黄宗羲所创“甬上证人书院”的讲学处。黄宗羲墓位于余姚市陆埠镇。万斯同是清代浙东学派代表人物,其墓位于奉化区莼湖镇。全祖望是清代浙东学派的重要代表人物,史学家、文学家,其墓位于海曙区恒春街。2006 年入选全国重点文物保护单位。

宁波—慈城古建筑群 位于江北区慈城镇。慈城是江南少数保存较为完好的古县城之一,保存有大批明、清古建筑,包括祠堂、住宅、牌坊等。古建筑用材讲究、雕刻精美,具有浙东地方建筑特色。2006 年入选全国重点文物保护单位。

宁波—天童寺 位于宁波市东郊。始建于西晋永康初年,占地面积 7.64 万平方米,建筑面积 3.88 万平方米,有殿、堂、楼、阁、轩、居 999 间。寺院坐落在层峦叠嶂的太白山下,东、西、北三方有六峰簇拥,唯独南面天阔山远,一条大道恭迎宾客朝山进香。2006 年入选全国重点文物保护单位。

宁波—王守仁故居 位于余姚市武胜门路。王守仁是明代思想家、教育家、哲学家、军事家,为东亚古代唯心主义哲学集大成者。明朝成化八年(1472 年)诞生于此,并度过童年,日后曾多次回此地居住、讲学。故居为典型的江南民居大院,占地面积 4 600 平方米,主体建筑瑞云楼为重檐硬山、五间二弄的两层木结构楼房。2006 年入选全国重点文物保护单位。

宁波—宁海古戏台 宁海县的古戏台大多建于明清时期,现存 120 多处,包括有三连贯藻井戏台、二连贯藻井戏台、单藻井戏台等。藻井古代多用于重要建筑,也常见于戏台之中,实际功用起着扩音与拢音的作用,集上乘的美学构思、雕刻、彩绘于一处。崇兴庙、岙胡胡氏宗祠、下蒲魏氏宗祠等 10 处古戏台,于 2006 年入选全国重点文物保护单位。

宁波—江北天主教堂 位于宁波市新江桥北堍。建于清代同治末年。由钟楼、主教公署等组成,具有典型的哥特式建筑风格。内部结构采用抬梁式,圣室上覆盖中国的攒尖顶,采用中国的筒瓦。江北天主教堂见证了宁波"五口通商"开埠之后的城市发展史、城市建筑史。2006 年入选全国重点文物保护单位,2014 年遭不明原因的火灾烧毁。

宁波—钱业会馆 位于宁波市区战船街。1923 年兴建,1926 年竣工。

宁波金融业聚会、交易的场所，占地面积1 500余平方米，前后两进，由亭台楼阁、园林组成的中西式砖木结构建筑，是全国唯一保存完整的钱庄业建筑。1994年在钱业会馆原址建成“宁波钱币博物馆”。2006年入选全国重点文物保护单位。

宁波—浙东抗日根据地旧址 2006年入选全国重点文物保护单位。参见全国红色旅游经典景区——浙东（四明山）抗日根据地旧址。

宁波—东钱湖墓葬群 位于鄞州区东钱湖镇。包括南宋理宗兵部尚书余天任墓、明代永乐时期兵部尚书金忠家族墓葬群、南宋丞相史浩之弟史涓墓等。古墓大部分被毁，遗留有大量的墓前石像、石牌坊以及墓碑石刻。2013年入选全国重点文保单位。

宁波—田螺山遗址 位于余姚市三七市镇。占地面积约3万平方米，文化堆积厚度超过3米，距今约5 500—7 000年。出土文物中包括无数的植物遗存、动物遗骸、纺织工具，是迄今为止发现的河姆渡文化遗址中地面环境保存最好、地下遗存相对完整的一处。2013年入选全国重点文物保护单位。

宁波—鲻山遗址 位于余姚市丈亭镇。新石器时代遗址。文化堆积厚约3米，出土文物1 000余件。该遗址极大地丰富了河姆渡文化的内涵，为更加全面地了解河姆渡文化的产生、生活状况及经济形态提供了重要实物资料。2013入选全国重点文物保护单位。

宁波—塔山遗址 位于象山县丹城镇塔山东南麓，依坡濒海。占地面积约4万平方米，文化层堆积厚0.8—2.3米。出土大量的人的骨架、大型兽骨、各类器物，为研究体质人类学和东南沿海地理环境变迁提供了可贵的资料。2013年入选全国重点文物保护单位。

宁波—花岙兵营遗址 位于象山县花岙岛。是保存相对完整的古代军事营地或军事基地。除了兵营遗址外，还有其他军事设施遗址，如练兵场、哨所等。兵营位置特殊、规模庞大、布局清晰，为研究我国明清时期海岛军事防御设施体系与海岛军事屯田历史提供了珍贵的史料。2013年入选全国重点文物保护单位。

宁波—二灵塔 位于鄞州区东钱湖镇。建于北宋政和年间。方形，七层仿楼阁式空心石塔，高9米，底座为石砌台基。2013年入选全国重点文物保护单位。

宁波—林宅 位于海曙区镇明路。清代同治年间举人林钟峤、林钟华兄弟的住宅。占地面积3 100平方米，建筑面积2 000平方米，由头门、照壁、二门等组成，左右配以厢房。门楼、照壁、影壁等处均有精致的雕刻，现尚存砖雕170余幅，石雕、木雕50余幅。2013年入选全国重点文物保护单位。

宁波—锦堂学校旧址 位于宁波市观海卫镇。锦堂学校由爱国华侨吴锦堂创建于清代光绪末年，学校有“口”字形教学楼一幢，辟有操场、花园、蓄水池、学堂河。教学楼为欧式风格两层楼，屋顶披小青瓦，墙体青砖错缝平砌，正方形大天井栽花植树，形成一个独立而幽雅的学习环境。2013年入选全国重点文物保护单位。

台州—台州府城墙 位于临海市境内。始建于东晋，曾多次拆毁、重建及修缮。由城墙墙体、城门、城楼、瓮城等组成，城墙总长约6 280米，高7米，设置7座城门。城墙下宽上窄，呈梯形，顶部外侧设置雉堞，内侧砌筑女墙，墙身间隔一定距离设置外突的马面。2001年入选全国重点文物保护单位。

台州—桃渚城 位于临海市桃渚镇。明代正统年间始建，是明代为抗倭而设置的千户所所城。城墙周长1 366米，高4.5米，四面都有城门。除垛口外，城墙主体及三个城门、瓮城均保存完好。城内街巷至今仍保持着明清风貌，民居绝大部分为清代建筑。2001年入选全国重点文物保护单位。

台州—国清寺 位于天台县城关镇。始建于隋代开皇年间，几度被毁，屡毁屡建。现存建筑为清代雍正年间重修，占地面积7.3万平方米，建筑面积2.8万平方米，房屋8 000余间。弥勒殿和雨华殿为单檐歇山顶，大雄宝殿为重檐歇山顶，三圣殿、罗汉堂和禅堂是典型的南方厅堂建筑，妙法堂、方丈楼和迎塔楼为中西合璧建筑。2006年入选全国重点文物保护单位。

台州—新河闸桥群 位于温岭市新河镇。初建于宋代，历代都有修建，现存中闸、麻糍闸、北闸、下卢闸等 4 座闸桥。闸桥群是闸与桥的结合，上可通行，下以通水，在水利史、建筑史上有特殊的地位。2006 年入选全国重点文物保护单位。

台州—瑞隆感应塔 位于黄岩区城关镇。建于五代吴越建隆年间。七层八面仿楼阁式砖塔，高 35.2 米。2013 年入选全国重点文物保护单位。

台州—南峰塔和福印山塔 位于仙居县城关镇。南峰塔建于北宋天圣年间，六面七层砖塔，通高 23.8 米，每层由平座、正身、腰檐组成。福印山塔约建于北宋初年，六面七层，仿楼阁式砖木结构，通高 26 米。2013 年入选全国重点文物保护单位。

台州—千佛塔 位于临海古城龙兴寺内。又名“多宝塔”，俗称“癞头塔”。建于元代大德年间，清代咸丰末年遭火焚，现塔为六面七级，砖木混砌楼阁式，其内中空，单壁筒状结构，残高 28.66 米。全塔佛像有 1 003 尊，造型优美，工艺水平相当高。2013 年入选全国重点文物保护单位。

台州—仙居古越族岩画群 位于仙居县境内。春秋战国时期古越族先民刻制。已发现岩画近 10 处，总面积约 3 000 平方米，总体保存完好。岩画上刻凿有蛇形、鸟形、鸟头鱼身形等各类图纹 220 多个。岩画线条流畅、笔画粗犷、内容丰富。送龙山岩画、小方岩岩画、中央坑崖刻、西塘岩画，于 2013 年入选全国重点文物保护单位。

台州—坎门验潮所 位于玉环市坎门镇。1929 年建造，为中国第一座由中国人修建的验潮机构。两条长约 100 米、宽约 12 米的海蚀冲沟沟壁直立，连接外海。验潮井跨西北侧 5 米宽的冲沟，自下向上拔地而起，高约 11 米。验潮房东南向最外侧斜横着一条隆起的山脊，高度为黄海标高 8—10 米，可挡住台风期强大的东南向风浪袭击。1930 年正式验取潮汐资料，经多年观测，确定了“坎门零点”，于 1936 年正式启用。1959 年我国首次向世界公布“坎门高程”的精确数据。坎门验潮所目前仍是国际海洋水文气象资料交换站。2013 年入选全国重点文物保护单位。

绍兴—鲁迅故居 1988 年入选全国重点文物保护单位。参见全国红色旅游经典景区——鲁迅故居及纪念馆。

绍兴—秋瑾故居 位于绍兴古城塔山。秋瑾自称“鉴湖女侠”,是我国杰出的女革命家,辛亥革命重要的领导人之一。秋瑾长期在此生活、学习和战斗。秋瑾烈士纪念碑位于绍兴市轩亭口,1930年为纪念秋瑾烈士而建,碑址为秋瑾就义之地。1988年秋瑾故居和秋瑾烈士纪念碑入选全国重点文物保护单位。

绍兴—古纤道 纤道是古人行舟背纤的通道,又是来往船只躲避风浪的屏障。绍兴古纤道位于浙东运河绍兴至萧山段,唐代元和年间建。纤道连绵百余里,所用材料皆为青条石、青石板。历史久远,形制独特,堪称江南水乡一绝。1988年入选全国重点文物保护单位。

绍兴—大禹陵 位于绍兴城东南的会稽山。大禹是治水英雄,中国第一个王朝夏朝的开国之君。陵区由禹陵、禹祠、禹庙三部分组成。禹陵为大禹葬地,禹祠为姒氏之宗祠,禹庙为历代帝王、官府、百姓祭祀大禹的地方。1996年入选全国重点文物保护单位。

绍兴—印山越国王陵 位于柯桥区兰亭镇。平面呈“甲”字形,凿岩而成,竖穴土坑墓。山脚四周有防御保护的围沟。规模宏大,形制独特,充分显示了越国王陵制度的特点。印山越国王陵是经正式发掘并被确认的第一座越王陵。2001年入选全国重点文物保护单位。

绍兴—古桥群 绍兴是我国著名的“桥乡”,保存至今的宋代至民国时期各类桥梁达700多座。古桥历史悠久,桥型系列比较完整,在中国科学技术史上占有重要地位。2008年“石桥营造技艺”入选国家非物质文化遗产。始建于南宋嘉泰年间的八字桥于2001年入选全国重点文物保护单位,光相桥、广宁桥、泗龙桥、太平桥、谢公桥、题扇桥、迎恩桥、拜王桥、接渡桥、融光桥、泾口大桥于2013年被列入全国重点文物保护单位。

绍兴—吕府 位于绍兴市区新河弄。明代嘉靖年间礼部尚书吕本的府第。占地面积3.2万平方米,现存明代原构建筑6 200平方米。所有建筑依三条纵轴线和五条横轴线布置。吕府主要建筑永恩堂,原为正厅,吕本死后改作祠堂,面宽36.5米,进深17米,结构简洁、制作规整、彩绘清晰。2001年入选全国重点文物保护单位。

绍兴—斯氏古民居建筑群 位于诸暨市东白湖镇。清代江南典型的大型宗族建筑群,现存古民居建筑14处,以斯盛居、发祥居、华国公别墅最具代表性。斯盛居又称“千柱屋”,清代嘉庆初期由里人斯元儒建造,气势恢宏;发祥居又称“下新屋”,建于清代嘉庆初期,保存完好;华国公别墅系后人为追念斯华国而建于清代道光中期。古民居各个组群皆有高墙围护,构成各自独立的组合空间。2001年入选全国重点文物保护单位。

绍兴—蔡元培故居 位于绍兴市区萧山街。蔡元培历任民国教育总长、北京大学校长等职,是我国近代著名的民主革命家、教育家。故居为明清台门建筑,蔡元培于清同治七年(1868年)诞生于此,并生活了26年。故居占地面积1 856平方米,建筑面积1 056平方米,主体建筑为砖木结构。2001年入选为全国重点文物保护单位。

绍兴—富盛窑址 位于柯桥区富盛镇。占地面积约4 000平方米,堆积层厚约1.5米,地表散布着原始青瓷和几何印纹陶碎片。有多座窑床,系我国早期龙窑。印纹硬陶和原始青瓷同窑合烧,器物的造型与装饰均具有战国时期的特征。2006年入选全国重点文物保护单位。

绍兴—小仙坛窑址 位于上虞市上浦镇。占地面积约800平方米。窑炉破坏严重,遗存物制作规整、质量甚高,青瓷产品已达到或超过现代日用瓷的标准。制品胎质细腻,呈灰白色,釉以青、青黄色为主,釉层比原始瓷显著增厚。小仙坛窑址表明早在东汉时期浙江已能烧造成熟的瓷器。2006年入选全国重点文物保护单位。

绍兴—王守仁墓 位于柯桥区兰亭镇。背依山岗,墓冢直径10米,墓道全长70余米,台阶百余级,四层平台,全部用石材精心雕刻而成,是较典型的明代墓葬建筑。于明代嘉靖初年应召西征,归途中病卒,归葬于此。2006年入选全国重点文物保护单位。

绍兴—青藤书屋和徐渭墓 青藤书屋位于越城区大乘弄。明代文学家、艺术家徐渭的故居。徐渭是中国绘画史上大写意画派成熟期的代表，被尊为青藤画派始祖。青藤书屋占地面积460平方米，三开间，分前后两室，前有天池和青藤，东为一竹园，面积不大但精致幽雅。明代万历中期徐渭病逝，安葬于柯桥区兰亭镇里木栅村的徐氏家族墓地。2006年入选全国重点文物保护单位。

绍兴—崇仁村建筑群　位于嵊州市西北部。崇仁村始建于唐代，兴起于南宋，繁荣于明清，抗日战争期间浙江大部分地区相继沦陷，唯独崇仁乡绅智退日寇而使此地免遭践踏。重要的建筑有玉山公祠、五联台门等。古建筑数量众多，格局完整。2006年入选全国重点文物保护单位。

绍兴—大通学堂和徐锡麟故居　大通学堂即大通师范学堂，位于绍兴市胜利西路，清代光绪末年光复会领导成员徐锡麟、陶成章为联络、训练各地会党、培养军事干部而创立，是辛亥革命在浙江的活动中心和皖浙武装暴动的重要据点，也是中国近代最早培养民主革命人才的军事学校之一。清光绪三十三年(1907年)徐锡麟安庆起义失败，清兵包围大通学堂，学堂遭查封。徐锡麟故居位于越城区东浦镇，徐锡麟在此出生并从事革命活动，留下了许多珍贵的文物和史迹。2006年入选全国重点文物保护单位。

绍兴—马寅初故居　位于嵊州市名人街。始建于清代光绪年间，是中国当代经济学家、教育学家、人口学家马寅初的父亲建造的传统江南民居。三进院落，占地面积628平方米，建筑面积1 228平方米。清代光绪八年(1882年)马寅初降生在这里，居住至17岁去上海求学，此后数次回乡都居于此。2006年入选全国重点文物保单位。

绍兴—小黄山遗址　位于嵊州市甘霖镇。长江中下游地区距今9 000年前后规模最大的聚落遗址。占地面积5万多平方米，文化堆积厚1—2米，其中包括良渚文化晚期遗存。水稻遗存的发现，对研究农业起源特别是稻作农业起源，对完整长江下游地区新石器时代文化发展序列具有重要意义。2013年入选全国重点文物保护单位。

绍兴—凤凰山窑址群　位于上虞市上浦镇。三国至晋代的遗址，由尼姑婆山、凤凰山和前山窑址三部分组成，文化层分布面积2.41万平方米。三处窑址地缘相邻，制作风格和装饰技法一致。窑址群生产规模庞大，代表了三国西晋时期越窑烧瓷技术的最高水平，是早期越窑鼎盛期的典型窑场。2013年入选全国重点文物保护单位。

绍兴—越国贵族墓群 绍兴是春秋战国时期越国政治、经济、文化中心。境内春秋战国时期的越国贵族墓葬共11处，其中10处位于柯桥区平水镇，1处位于柯桥区漓渚镇。平水镇东桃村水竹庵桥头的越国贵族墓，主墓封土规模巨大，北侧20米处有一陪葬墓，两墓外观均呈长方形覆斗状，应为深土坑木椁墓。墓主人的具体身份、墓中的实物数量，至今仍是不解之谜。2013年入选全国重点文物保护单位。

绍兴—宋六陵 位于绍兴市富盛镇。有宋高宗永思陵、宋孝宗永阜陵、宋光宗永崇陵、宋宁宗永茂陵、宋理宗永穆陵、宋度宗永绍陵等南宋六帝陵寝，故称“宋六陵”，另有北宋徽宗陵、哲宗后陵、徽宗后陵、高宗后陵，总占地面积2.25平方千米，为江南最大的皇陵区。每座陵寝均设上下宫，结构完善、功能齐备，但均曾遭盗掘，现尚存部分墓冢石及200余棵古松，陵区环境保持当年风貌。2013年入选全国重点文物保护单位。

绍兴—东化成寺塔 位于诸暨市枫桥镇。南朝梁大同初年，诸暨枫桥紫薇山南麓建有寺院，宋代开宝年间重建，后寺院被毁。北宋元祐年间于寺后山巅建塔，名“东化城寺塔”。塔为砖木结构，边宽约2米，原高7层，现仅存4层。2013年入选全国重点文物保护单位。

绍兴—狭猱湖避塘 位于镜湖新区狭猱湖上。狭猱湖水面面积2.4平方千米，为绍兴平原最大的淡水湖。明代崇祯末年会稽张贤臣在湖中建避塘，嘉庆、咸丰、同治和宣统年间均曾修缮。避塘横穿狭猱湖，风起时避塘的一侧湖面有浪，另一侧无浪，船可进入无风一侧的湖面避风。今避塘基本保持清代原貌，全长3.5千米。2013年入选全国重点文物保护单位。

绍兴—华堂王氏宗祠 位于嵊州市金庭镇。华堂村是王氏聚居地。明代正德年间，为祭祀王羲之36世孙王琼及其夫人而筑大宗祠。建筑面南向，占地面积约 1 800 平方米。2013 年入选全国重点文物保护单位。

绍兴—兰亭 位于绍兴市兰亭镇。东晋书法家王羲之的园林住所。相传春秋时越王勾践在此植兰，汉时设驿亭，故名“兰亭”。东晋永和年间，王羲之邀友人谢安、孙绰等名流亲朋在此举办修禊集会，王羲之微醉之中写下了被历代书界奉为极品的《兰亭集序》。2013 年入选全国重点文物保护单位。

绍兴—舜王庙 位于绍兴城东南的舜王山。又名“大舜庙”，重建于清代咸丰年间。舜是中国历史上传说中的五帝之一。舜王庙有前殿、后殿各三间，大殿规模宏敞，以殿宇宏伟、结构独异、雕刻精湛闻名于世。2013 年入选全国重点文物保护单位。

绍兴—大佛寺石弥勒像和千佛岩造像 大佛寺位于新昌县城南明街道，始建于东晋。寺内的石弥勒佛像，通高 16.3 米。千佛岩位于新昌城石城山中，齐永明年间开始建石窟，洞宽 18 米，深 6 米，高 4—5 米，洞内共有佛像 1 040 尊，故称“千佛石窟”。2013 年入选全国重点文物保护单位。

绍兴—柯岩造像及摩崖题刻 位于柯桥区柯桥镇。三国时期这里曾是采石场，经历代不断开凿，造就了姿态各异的石宕、石洞和石壁。以云骨石最为奇绝，高 30 余米，底围仅 4 米，却在风雨中屹立了千年。云骨石上有清代光绪年间所刻“云骨”两字。弥勒大佛盘坐造像，高 20.8 米，与石龛、华盖、香炉、大佛莲台及佛殿台阶均由同一巨石雕成。大佛两耳相通，可容一人自由往来，世所罕见。2013 年入选全国重点文物保护单位。

绍兴—春晖中学旧址 位于上虞区驿亭镇。春晖中学由浙江省教育会会长、第一师范学校校长经亨颐在实业家陈春澜的鼎力资助下创建于 1921 年。早期的春晖中学，荟萃一批名师，朱自清、朱光潜、丰子恺等先后在此执教，著名的“白马湖散文流派”便诞生于此。旧址现保留有一字楼、曲院、科学馆等当年的历史建筑。2013 年入选全国重点文物保护单位。

绍兴—曹娥庙 位于上虞区孝女庙村。始建于东汉元嘉初年，为彰扬上虞孝女曹娥而建。曹娥庙背依凤凰山，面向曹娥江，占地面积 6 000 平方米,建筑面积 3 840 米。规模恢宏、布局严谨,以雕刻、楹联、壁画、书法(古碑)饮誉海内外。2013 年入选全国重点文物保护单位。

浙东运河 又名“杭甬运河”,西起杭州市滨江区,经过绍兴市,东至宁波市甬江入海,全长 239 千米。绍兴境内的山阴水道始建于春秋时期,为运河最初开凿的部分。南宋建都临安,浙东运河成为当时重要的航运河道。直到近代,运河的作用才逐渐被取代。2013 年入选全国重点文物保护单位。2014 年浙东运河与隋唐大运河、京杭大运河以“中国大运河”之名入选世界文化遗产。

二十六、国家一级博物馆

浙江省博物馆 位于杭州市孤山路。原名“浙江省立西湖博物馆”,始建于 1929 年。1993 年改扩建工程竣工,新馆占地面积 2.04 万平方米,建筑面积 7 360 平方米,新增历史文物馆、青瓷馆、书画馆等 10 个展馆。馆舍以富有江南地域特色的单体建筑和连廊组合而成,形成“园中馆,馆中园”的独特格局。馆藏文物 10 万余件,其中一级品 158 件。2008 年入选国家一级博物馆。

中国丝绸博物馆 位于西湖区玉皇山路。占地面积 5 万平方米,建筑面积 8 000 平方米,陈列面积 5 000 平方米,1992 年对外开放,是第一个全国性的丝绸专业博物馆,也是世界上最大的丝绸博物馆。基本陈列包括序厅、历史文物厅、蚕丝厅、染织厅、现代成就厅等五部分,展示了中国五千年的丝绸文化。2009 年牵头申报的“中国蚕桑丝织技艺”入选联合国教科文组织人类非物质遗产代表作名录。2008 年入选国家一级博物馆。

宁波博物馆 位于鄞州区首南中路。占地面积 4 万平方米,建筑面积 3 万平方米。主体三层、局部五层,采用主体二层以下集中布局、三层分散布局的独特方式，将宁波地域文化特征、传统建筑元素与现代建筑形式和工艺融为一体，造型简约而灵动，外观严谨而颇具创意，为王澍“新乡土主义”风格的代表作。展品囊括了从史前河姆渡文化至近代以来的珍贵青铜器、瓷器、竹刻等文物共6万余件。2008年入选国家一级博物馆。

浙江自然博物院 位于杭州市西湖文化广场。1984年从浙江博物馆分出成立浙江自然博物馆，2009年新馆建成开放，2018年更名为“浙江自然博物院”。建筑面积2.6万平方米，常设展厅面积9 000平方米，临时展厅面积2 500平方米，库房面积5 000平方米，收藏植物标本、矿物标本、水生生物标本等近15万件，其中不乏珍贵标本。以“自然与人类”为主题，集科普教育、收藏研究、文化交流于一体。2012年入选国家一级博物馆。

温州博物馆 位于温州市市府路。创建于1958年，是一所综合性地方博物馆。单体封闭式建筑，3层，建筑面积约2.6万平方米，展区面积1.2万平方米。以展示温州人5 000年历史足迹的历史馆为核心展厅，另设书画馆、陶瓷馆、自然馆等六个专题陈列。拥有文物2万多件，包括陶瓷器、青铜器、彩塑等20个门类。2017年入选国家一级博物馆。

杭州博物馆 位于杭州市西湖风景名胜区吴山。前身为建于2001年的杭州历史博物馆。占地面积2.4万平方米，建筑面积1.3万平方米，展区面积7 000平方米。馆藏文物逾万件，形成了完整的文化发展序列。2017年入选国家一级博物馆。

二十七、国家重点美术馆

浙江美术馆 位于杭州市南山路。2009年正式开馆。建筑4层，采用全玻璃顶采光，空间宽敞。占地面积3.5万平方米，建筑面积3.2万平方米，展厅面积9 000平方米，库房区面积3 000平方米。拥有展厅14个，拥有近2

万件不同种类的美术藏品。主要代表国家承担美术作品和美术文献的展览、陈列、征集、收藏,并利用美术和美术馆资源开展学术研究、教育推广、对外交流和公共文化服务。2015 年入选国家重点美术馆。

中国美术学院美术馆 位于杭州市南山路中国美术学院内。始建于 1960 年,是展示中国美术学院教学、创作与研究成果的重要平台。系统地收藏古代名家字画、近现代书画家的作品等。主要用于教学和示范,同时对外开放,并不定期举办中国古代绘画陈列、油画藏品陈列,还举办院内外美术家专题展览、国际美术展览等。2015 年入选国家重点美术馆。

二十八、中华老字号

杭州孔凤春化妆品有限公司(注册商标:孔凤春) 位于杭州经济技术开发区。前身为清河坊“孔记香粉号”,起始于清代同治初年,后将店名改为“孔凤春”。由于产品制作精细、经营诚信而声名鹊起。2006 年入选中华老字号。

杭州张小泉集团有限公司(注册商标:张小泉) 位于拱墅区大关路。明代崇祯初年,张氏先祖迁居杭州,凭借祖传手艺辅以龙泉好钢,锻铸传世精品。民国时期,“张小泉”走出国门荣膺万国博览会大赏。“张小泉剪刀锻制技艺”为国家级非物质文化遗产。2006 年入选中华老字号。

瑞安李大同(老五房)茶食品店(注册商标:李大同) 位于瑞安市安阳镇。起始于清代光绪中期,已有 130 多年历史。经两代人苦心经营,至 20 世纪 30 年代已成为浙南闽北一带首屈一指的大商号。主要产品有双炊糕、面茶糕等茶食糕点,以甜、酥、软、韧、香为特色,风味独特。2006 年入选中华老字号。

浙江五芳斋实业股份有限公司(注册商标:五芳斋) 位于秀州区秀新

路。起始于1921年,历经百年沧桑沉浮。现已形成粽子、大米、米饭制品、卤味制品等产品系列,销售网络遍及全国,产品还销往海外。“五芳斋粽子制作技艺”被列入国家级非物质文化遗产。2006年入选中华老字号。

湖州王一品斋笔庄有限责任公司(注册商标:天官牌) 位于湖州市红旗路。起始于清代乾隆初年,迄今已有280年。湖笔从选料到制作,都按传统手工百道工序精制而成,具有“尖、齐、圆、健”四大特点。2006年入选中华老字号。

绍兴市咸亨酒店有限公司(注册商标:咸亨) 位于绍兴市鲁迅中路。清代光绪中期,鲁迅堂叔周仲翔等在绍兴城内的都昌坊口开设一家小酒店,店名“咸亨”,寓意“生意兴隆,万事亨通”。鲁迅的很多著作把咸亨酒店作为重要背景,咸亨酒店名扬海内外。2006年入选中华老字号。

浙江雪舫工贸有限公司(注册商标:雪舫蒋) 位于东阳市歌山镇。起始于清代咸丰末年。“雪舫蒋”火腿以金华优良猪种的后腿为原料,精肉细嫩、肥肉透明、不咸不淡、香味清醇,历史上被列为贡品。曾于清光绪三十一年(1905年)、1915年、1929年分别获得德国莱比锡万国博览会金奖、巴拿马万国博览会金奖、杭州西湖博览会特等奖。2006年入选中华老字号。

衢州市邵永丰成正食品厂(注册商标:邵永丰) 位于衢州市上营街。起始于清朝,以生产衢州传统特产麻饼、冻米糖等产品而闻名。在1929年南京博览会上,邵永丰衢州麻饼荣获国家级“名品佳点”称号。2006年入选中华老字号。

龙泉市官窑瓷业公司(注册商标:官) 位于龙泉市青瓷宝剑园区。南宋建炎初年,南宋皇帝赵构定都临安(今杭州)后,在浙江龙泉大窑、溪口设立窑场,专门烧制宫廷用瓷,史称“龙泉官窑”。现代的“龙泉官窑”,继承了古代官窑制品的传统,工艺严格、操作规范,并在每件成品底部打上“官”字印记,瑕疵品一律销毁。2006年入选中华老字号。

浙江省粮油食品进出口股份有限公司(注册商标:塔牌) 位于杭州市体育场路。公司在绍兴湖塘设有绍兴黄酒酿造示范基地和中国黄酒传统酿制技艺研究中心。公司所属“塔牌”的“塔”是指江南名塔杭州六和塔。塔牌黄酒顺应自然、一冬一酿,全部采用手工酿制,酒体醇厚丰满、酒气芬芳馥郁、酒味甘鲜爽洁。2006 年入选中华老字号。

瑞安市百好乳业有限公司(注册商标:擒雕牌) 位于瑞安市沿江西路。起始于 1926 年,是我国第一家乳品厂,创始人吴百亨是我国乳品工业的奠基人。“擒雕”商标由吴百亨亲自设计。“擒雕牌”炼乳以优异的质量打破了外商垄断我国炼乳市场的局面。2006 年入选中华老字号。

嘉兴三珍斋食品有限公司(注册商标:三珍斋) 位于桐乡市乌镇。起始于清代道光末年的“三珍斋”酱鸡店,专门加工、销售江浙沪一带特有的传统酱卤肉禽制品,产品有酱鸡、酱鸭、叫花鸡等十多种。2006 年入选中华老字号。

湖州丁莲芳食品有限公司(注册商标:丁莲芳) 位于吴兴区八里店镇。从事千张包子、丝粉、粽子等食品生产销售的综合性企业。清代光绪初年,湖州菜贩丁莲芳以鲜猪肉、千张为原料,裹成长枕形千张包子,配以细丝粉,名曰“千张包子丝粉头”,肩挑叫卖,生意兴隆,“千张包子”成为湖州的传统名点。2006 年入选中华老字号。

绍兴女儿红酿酒有限公司(注册商标:女儿红) 位于上虞区东关街道。“女儿红”酒起始于 1919 年。公司以生产销售黄酒为主,是我国黄酒行业的骨干企业之一。拥有黄酒生产线 3 条,产品屡获国内外大奖。2006 年入选中华老字号。

中国绍兴黄酒集团有限公司(注册商标:沈永和) 位于绍兴市北海桥。清代康熙初年,沈良衡始创“沈永和酿坊”,取“永远和气生财”之意。绍兴黄酒集团有限公司以生产“古越龙山”及其系列黄酒为主,是国内最大的黄酒生产基地、黄酒行业龙头企业。2006 年入选中华老字号。

杭州方回春堂国药馆有限公司(注册商标:方回春堂) 位于上城区河坊街。起始于清代顺治初年,为钱塘名医方清怡所创。方清怡字“再春”,故将药号命名为“方回春堂”,以期“逢凶化吉,妙手回春”。2001 年“方回春堂”在河坊街原址恢复营业。2006 年入选中华老字号。

杭州民生药业集团有限公司(注册商标:民生) 位于余杭市临平大道。前身“杭州民生药厂”,建于 1926 年。公司以原料药为基础、制剂药为重点,开发高科技、高附加值的产品。现为国家大型骨干制药工业企业。2006 年入选中华老字号。

杭州楼外楼实业有限公司(注册商标:楼外楼) 位于杭州市孤山之麓。起始于清代道光末年,店名“楼外楼”取自南宋诗人林升的诗句“山外青山楼外楼”。名厨云集、佳肴迭出,西湖醋鱼、宋嫂鱼羹等风味独具一格,成为中外旅客所喜爱的名菜。2006 年入选中华老字号。

杭州毛源昌眼镜厂(注册商标:毛源昌) 位于上城区南山路。清代同治初年,绍兴人毛四发在杭州太平坊(今中山中路)开设“毛源昌”商号,主营玉器,兼营眼镜,主要品种有铜边花镜、水晶眼镜等。2006 年入选中华老字号。

杭州饮食服务集团有限公司知味观(注册商标:知味观) 位于杭州西湖杨公堤。创始人孙翼斋从《礼记·中庸》中的“人莫不饮食也,鲜能知味也”得到启发,写下“欲知我味,观料便知”八个大字,并从中取“知”“味”“观”三字组成招牌字号。主要经营青团、粽子、月饼等食品。2006 年入选中华老字号。

会稽山绍兴酒有限公司(注册商标:会稽山) 位于柯桥区杨绍路。原名“云集酒坊”,成立于清代乾隆初年。“会稽山”绍兴酒以精白糯米、麦曲、鉴湖水为主要原料精心酿制而成。公司为黄酒行业的龙头企业之一、“绍兴黄酒酿制技艺”非物质文化遗产传承基地。2006 年入选中华老字号。

杭州华东大药房连锁有限公司(注册商标:张同泰) 位于下城区孩儿巷。起始于清代嘉庆初年,是杭州现存最古老、连续在原址经营时间最长的国药号。延请国家级、省级老中医现场坐诊,经营道地药材、中西成药、参燕银耳。张同泰“道地药材文化”为浙江省非物质文化遗产和传承基地。2006 年入选中华老字号。

杭州万隆肉类制品有限公司(注册商标:万隆) 位于余杭区良渚镇。前身为“万隆火腿庄”,成立于清朝同治初年。前店后场,以新鲜美味的腌腊制品在杭城享有盛誉。以经营金华火腿为主,兼营南北货、腌腊制品。2006年入选中华老字号。

杭州西泠印社有限公司(注册商标:西泠印社) 位于杭州市孤山西麓。清代光绪末年由浙派篆刻家丁仁、王禔、吴隐、叶铭等始创,是我国现存历史最悠久的文化社团,也是海内外成立最早的金石篆刻专业学术团体。2006年,“金石篆刻(西泠印社)”入选首批国家级非物质文化遗产。2009年由西泠印社领衔申报的“中国篆刻”成功入选联合国教科文组织人类非物质文化遗产。2006年入选中华老字号。

杭州邵芝岩笔庄(注册商标:芝兰图) 位于上城区中山中路。前身为“粲花宝”笔店,成立于清代同治初年。自设制笔墨工场,制作的毛笔以“尖、齐、圆、健”为特色,深得历代艺苑儒林称赞。自产自销的毛笔主要有羊毫、狼毫、紫毫和兼毫四大类,还供应砚台、宣纸、徽墨、笔架等。2006年入选中华老字号。

杭州山外山菜馆有限公司(注册商标:山外山) 位于杭州市玉泉路。前身是“鼎园处菜馆”,成立于清朝光绪末年,后更名为“山外山”。1956年“山外山”与“天外天”合并,沿用“天外天”名号。1978年“满园春”酒家改名为“山外山”菜馆,“山外山”得以重现杭城。2006年入选中华老字号。

杭州朱养心药业有限公司(注册商标:朱养心) 位于拱墅区教工路。前身为“朱养心药室”,由朱养心创办于明代万历年间。经过400多年的发展,已经从前店后厂的作坊式药店发展成为现代化实体型医药企业。拥有治伤胶囊、黄连胶囊等国家及省级名优产品。2011年“朱养心药室传统膏药制作技艺”被列入国家级非物质文化遗产。2006年入选中华老字号。

杭州信源首饰店有限公司(注册商标:信源) 位于杭州市中山中路。起始于清代同治年间,由于重信誉、讲成色、工艺精,早年几乎成了江浙一带黄金首饰的代名词。1972年杭州金银饰品厂恢复生产、加工金银首饰业务,并注册了“信源”商标。凭借“信源”几代传人的首饰制作功底,饰品设计新颖、工艺精细,深得消费者喜爱。2006年入选中华老字号。

杭州致中和酒业有限公司(注册商标:致中和) 位于建德市科技工业园区。“致中和”商号由徽州药商朱仰懋创立于清代乾隆中期。“致中和”酒色如榴花,香如蕙兰,入口醇厚甘甜,几百年来盛销不衰,是中国驰名商标。2006年入选中华老字号。

杭州市食品酿造有限公司(注册商标:五味和) 位于江干区德胜中路。由成立于清代光绪年间的恒泰酱园、五味和食品厂改制组建而来,是浙江省最大的酿造调味品、糖制食品工业企业。湖羊牌系列酱油、双鱼牌系列米醋、五味和牌月饼,畅销全省及周边省市,还常年出口海外。2006年入选中华老字号。

杭州解百集团股份有限公司(注册商标:解百) 位于下城区环城北路。前身是成立于1918年的“国货陈列馆”,1950年成为杭州市最早建立的国营零售企业,1992年改制为股份制公司,1994年在上海证券交易所挂牌上市。2006年入选中华老字号。

杭州卷烟厂(注册商标:利群) 位于杭州市中山南路。起始于1949年,现主产“利群”“新安江”“雄狮”“西湖”四大系列产品。2006年入选中华老字号。

浙江震元医药连锁有限公司(注册商标:震元堂) 位于越城区解放北路。起始于清代乾隆中期,“震元”出自《周易》。公司在原浙江震元股份有限公司零售总店的基础上,整合绍兴市中药材经营公司所属药店资源组建成立,是绍兴市第一家医药零售连锁企业。2006年入选中华老字号。

浙江新昌同兴食品实业有限公司(注册商标:同兴) 位于新昌县樟树路。起始于清代道光末年,生产芝麻酥糖、小麻饼、月饼等江南传统糕点,金薯脆片、小核桃等炒货食品。2006年入选中华老字号。

宁波市楼茂记食品有限公司(注册商标:楼茂记) 位于鄞州区周宿渡路。相传康熙年间,一对楼氏夫妻在宁波江东百丈街、灰街拐角处摆豆芽摊谋生,后又自产自销豆腐、素鸡等。乾隆初年开始卖盐造酱,“楼恒盛茂记酱园”隆重开张。如今的“楼茂记”,主要产品为香干、酱油、米醋等。2006 年入选中华老字号。

宁波华天投资有限公司(注册商标:升阳泰) 位于滨江区江南大道。前身为“升阳泰南货铺”,成立于清朝咸丰初年,经营地址 170 多年来一直未变。前店后场,生产销售传统糕点,由于选料考究、现做现卖且色、香、味俱佳,深受消费者欢迎。所产的苔生片、万年青、香糕等独具宁波地方风味。2006 年入选中华老字号

杭州王星记扇业有限公司(注册商标:王星记) 2006 年入选中华老字号。参见国家级非物质文化遗产生产性保护示范基地——杭州王星记扇业有限公司。

杭州胡庆余堂国药号有限公司(注册商标:胡庆余堂) 2006 年入选中华老字号。参见全国重点文物保护单位——杭州—胡庆余堂。

杭州金星铜世界装饰材料公司(注册商标:炳新) 2006 年入选中华老字号。参见国家级非物质文化遗产生产性保护示范基地——金星铜集团有限公司。

湖州震远同食品有限公司(注册商标:震远同) 位于湖州市梦溪路。清代道光中期,湖州菱湖镇人沈震远在当地开设茶食店,后由其徒弟继承店业,并迁到湖州闹市区骆驼桥下营业,为谢恩师把店名定为“震远同”,“同”者意为继承师业、奋发图强。主要产品有玫瑰酥糖、牛皮糖、椒盐桃片等各类休闲食品。2010 年入选中华老字号。

温州市第一百货商店(注册商标:温一百) 位于温州市五马街。起始于 1925 年,前身是当时蜚声浙南的“云博百货商场”。如今,温州一百公司旗下拥有温州第一百货商店、一百家电、五味和、金三益等实业公司。2010 年入选中华老字号。

温州市金三益商店(注册商标:金三益) 位于温州市五马街。起始于代清咸丰末年,由金绪宝三兄弟创办,始名“金同益”,不久改名为“金三益”,

寓意金氏三兄弟都得益。现主要经营中高档时尚女装。2010 年入选中华老字号。

浙江温州医药商业集团老香山连锁有限公司老香山连锁总店(注册商标：老香山) 位于温州市五马街。起始于清代同治年间。温州市首家处方药与非处方药分类管理药店，主要经营参茸燕窝、丸散膏丹、滋补药酒等，并聘任中医名师坐堂施诊。2010 年入选中华老字号。

浙江东海酒业有限公司(注册商标：陈德顺发记坊) 位于舟山市普陀区东海西路。前身是成立于 1914 年的“陈德顺发记酿酒坊”。公司主要生产黄酒、白酒、杨梅酒及露酒等四大类 20 余种酒品，年产 1.5 万吨。2010 年入选中华老字号。

杭州老大昌调味品有限责任公司(注册商标：老大昌) 位于萧山区瓜沥镇。前身为“大昌宫酱园”，成立于清代道光中期，店名“大昌”寓意“大兴千秋业，昌通万里财”。酿造食品工业企业，生产酿造酱油、酿造食醋两大系列 28 个品种，年产 4 000 余吨。2010 年入选中华老字号。

浙江嘉善黄酒股份有限公司(注册商标：西塘) 位于嘉善县西塘古镇。前身为“嘉善酒厂”，成立于明代万历中期，已有 400 年的酿酒史。拥有万吨级传统工艺黄酒酿造生产线、国内一流的机械化黄酒酿造设备和自动化灌装流水线，年生产黄酒达 5 万吨，产品远销海内外。2010 年入选中华老字号。

绍兴咸亨食品有限公司(注册商标：咸亨) 位于绍兴市永仁路。前身为“咸亨酱园”，成立于清朝乾隆初年，经营腐乳、酱油、黄酒等调味食品。如今已发展成为集酿造、销售、科研为一体的综合性酿造食品企业，产品销往全国各地，出口东南亚、欧美等地区。2010 年入选中华老字号。

中国绍兴黄酒集团有限公司(注册商标：古越龙山) 位于绍兴市北海桥。由黄酒骨干企业绍兴市酿酒总公司与具有 300 多年历史的沈永和酒厂联合组建成立，是目前国内最大的黄酒生产基地。核心企业古越龙山绍兴酒股份有限公司于 1997 年在沪成功挂牌上市，成为中国黄酒业第一家上市公司。2010 年入选中华老字号。

义乌市丹溪酒业有限公司(注册商标：丹溪牌) 位于义乌市赤岸镇。丹溪红曲酒继承红曲酒祖传秘方并结合现代生物技术,选取浙江双尖山下的源头水,以有机糯米、红曲、中药等天然原料纯手工酿造,色如琥珀、香溢柔和、味感甘醇。2010 年入选中华老字号。

湖州诸老大食品有限公司(注册商标：诸老大) 位于吴兴区爱山街道。起始于清代光绪初期,经过几代人不断创新,已由小作坊发展成为专业生产经营粽子的现代化企业。现有冷库两座、保鲜库一座,年生产粽子达 2 000 万只。2010 年入选中华老字号。

中国绍兴黄酒集团鉴湖酿酒厂(注册商标：鉴湖牌) 位于绍兴市湖塘街道。前身为“章氏家族酿酒作坊”,成立于 1951 年。“鉴湖牌”加饭(花雕)酒以优质精白糯米、优质小麦和鉴湖水为原料,采用传统工艺手工精酿而成。2010 年入选中华老字号。

杭州颐香斋食品有限公司(注册商标：颐香) 位于上城区秋涛路。起始于清代光绪初年。2001 年“颐香斋”实施体制改革,成立杭州颐香斋食品有限公司。生产麻酥糖、椒桃片、浇切片等杭州著名特产。2010 年入选中华老字号。

杭州蜜饯厂有限公司(注册商标：陈源昌) 位于萧山区益农镇。前身为“陈元昌蜜饯厂”,清朝光绪初年由陈立勋筹建。1964 年“陈元昌”更改为“陈源昌”。杭州唯一一家专业生产蜜饯的厂家,生产六大系列 36 个品种,主要产品有金橘饼、九制橄榄、奶油话梅等。2010 年入选中华老字号。

杭州市食品酿造有限公司杭州恒泰酿造厂(注册商标：湖羊) 位于江干区笕桥街道。前身为“恒泰酱园”,成立于清代光绪年间。酱油、食醋、黄酒等酿造调味品和糕点食品加工经营企业。2010 年入选中华老字号。

温州市五味和副食品商场(注册商标：五味和) 位于温州市五马街。清代光绪初年,慈溪商人杨正裕、冯伯桢等合伙开设“五和”蜜饯店。冯伯桢与清末名家梅调鼎有旧,遂嘱其书店招,梅氏推敲再三,在“五和”两字间增一"味"字,寓甜、酸、苦、辣、咸五味调和。2010 年入选中华老字号。

湖州乾昌酒业有限责任公司(注册商标:乾昌) 位于湖州市轻纺路。起始于清代光绪年间的酿酒作坊。历经百年沧桑,现已成为综合性酿酒企业。2010 年入选中华老字号。

上虞区同仁酿造有限公司(注册商标:协和) 位于绍兴市上虞区聚英路。清朝道光初年,连仲愚回到家乡创办"协和酱园",即今"同仁酿造"的前身。现以农产品加工为主,生产酱腌菜、酱制品、豆制品三大类产品,年加工能力达 1 万吨。2010 年入选中华老字号。

杭州翠沁斋清真食品有限公司(注册商标:翠沁斋) 位于江干区杭海路。起始于清代光绪末期,已有百多年历史。在萧山区所前镇设有新产品生产基地,拥有 5 条全自动糕点、月饼生产流水线,生产清真食品。2010 年入选中华老字号。

杭州景阳观调料酱品有限公司(注册商标:景阳观) 位于萧山区党湾镇。前身为"景阳观酱菜店",成立于清代光绪末年,前店后坊,销售自制酱菜、腐乳等 10 多个品种。其中"双插瓜"由浙江籍官员带到北京馈赠同僚,进而传进了宫内。后又经营宁波的醉蟹、泥螺、虾子和杭州的酱鸭、酱猪头、桂花梅酱、酱油、露酒等应季酱制品、调味品、礼酒等。2010 年入选中华老字号。

杭州采芝斋食品有限公司(注册商标:采芝斋) 位于上城区延安路。起始于清代同治末年,自产自销苏式糖果和炒货、苏式蜜饯,因店铺原是采芝斋古董店,店招定为"采芝斋"。由于注重果品的药疗作用,获得了"半爿药材店"的美称。2010 年入选中华老字号。

平湖市老鼎丰酿造食品有限公司(注册商标:群欢) 位于平湖市城西支路。前身为"老徐鼎丰酱园",成立于清代同治末年。现专业生产酿造酱油、酿造食醋、调味料等近 100 个品种。2010 年入选中华老字号。

龙泉南宋哥窑瓷业有限公司(注册商标:南宋哥) 位于龙泉市龙窑路。龙泉青瓷起源于三国两晋时期,盛于南宋,以哥、弟二窑闻名。哥窑紫口铁足器形端庄、静穆幽深；弟窑产品华美飘逸，青如美玉。公司为目前国内青瓷制造业的翘楚。2010 年入选中华老字号。

湖州老恒和酿造有限公司(注册商标：老恒和) 位于湖州市八里店。前身为“老恒和酿造厂”，起始于清光绪初年。2005 年，湖州中味酿造有限公司兼并收购了老恒和酿造厂，进行资产整合、设备改造、品牌重塑，“老恒和”重获新生。2010 年入选中华老字号。

江山市酿造厂(注册商标：清湖) 位于江山市解放路。前身为“清湖公泰酱园”，成立于清朝道光初年。“清湖”牌系列产品以粮食为原料，以传统发酵工艺和现代酿造技术生产酱油、米醋、酱制品、酒类等产品，在市场上享有较高的声誉，为浙江省酱油食醋生产定点企业。2010 年入选中华老字号。

绍兴仁昌酱园有限公司(注册商标：仁昌记) 位于柯桥区安昌镇。前身为“仁昌酱园”，成立于清朝光绪中期，为前店后场的小酱园。质量优等的制酱，清明前后蒸料、发酵，伏天晒酱，金秋成油，称之为“伏酱秋油”。现为浙江省非物质文化遗产传统酱油技艺传承基地，以母子酱油、酱窝油、玫瑰米醋为主导产品。2010 年入选中华老字号。

宁波市味华食品有限公司(注册商标：味华) 位于鄞州区钟公庙街道。前身为“味华酱园”，成立于 1928 年。公司在经营传统工艺产品“味华酱油”基础上，现拓宽酱油、食醋等调味品产品系列。2010 年入选中华老字号。

杭州边福茂鞋业有限公司(注册商标：边福茂) 位于上城区中山中路。起始于清朝道光末年，因用料考究、工艺精细、讲究信誉而逐渐成为一家在海内外享有盛誉的大型专业商店。如今的“边福茂”分为男皮鞋、女皮鞋、童鞋、布鞋、旅游鞋、休闲鞋等柜组，经营品种达数千个。2010 年入选中华老字号。

杭州东南化工有限公司(注册商标：船牌) 位于上城区上仓桥路。前身为“东南化学皂厂”，成立于 1943 年。全国日化行业的重点骨干企业，主营洗衣皂、透明皂、香药皂等 60 多个品种。2010 年入选中华老字号。

杭州都锦生实业有限公司(注册商标：都锦生) 位于下城区凤起路。

起始于1922年,1926年已拥有手拉机近百台。其产品《宫妃夜游图》曾在美国费城国际博览会荣获金质奖章,被誉为“东方艺术之花”。特色产品为都锦生织锦、丝织风景画。2010年入选中华老字号。

杭州广合顺皮塑鞋材公司(注册商标:广合顺) 位于上城区中山中路。初名“任文记”,成立于1916年,后更名为“广合顺皮革鞋料号”。现已成为一家经营皮塑、鞋材等产品的专业特色商店,经营品种四大类5 000余种。2010年入选中华老字号。

杭州李宝赢堂中药饮片有限公司(注册商标:李宝赢堂) 位于富阳区东洲街道。前身是成立于清朝光绪初年的“宝致堂”,由浦江名中医李致高开办。1992年,由李家第四代传人李赢主持在杭州重新开张,并改名为“李宝赢堂”。2010年入选中华老字号。

上城区潘永泰棉花店(注册商标:潘永泰) 位于杭州市河坊街。起始于清代光绪中期。“潘永泰”手工弹制棉花有32道工序,用红、绿等彩色棉花,采用“撕、扯、捻”等手法,结合传统的吉祥图案在棉胎上做字做花、画龙画凤,具有独特的手工艺价值。2010年入选中华老字号。

杭州万承志堂国药馆有限公司(注册商标:承志堂) 位于上城区高银街。起始于清代光绪初年,创始人万嗣轩是清末杭城一代巨贾,其子万一奇官至三品,曾任清朝两浙盐运使。2010年入选中华老字号。

杭州武林药店有限公司(注册商标:许广和) 位于下城区建国北路。拥有“武林”“培元堂”“许广和”等多个注册商标。“许广和”药号成立于明代嘉靖初年,创始人为卸任的朝廷御医。“许广和”精制成药380余种,多数药方为宫廷秘方。2010年入选中华老字号。

杭州羊汤饭店有限公司(注册商标:西乐园羊汤) 位于杭州市中山中路。起始于清代乾隆末年。满汉羊腿、鱼羊同喜等十几道菜肴最受顾客欢迎。2010年入选中华老字号。

杭州饮食服务集团有限公司杭州奎元馆(注册商标:奎元馆) 位于上城区解放路。起始于清代同治中期。1942年第六代传人陈桂芳继承祖业,

"奎元馆"进入鼎盛时期。虾爆鳝面、片儿川面、红油八宝面等为"中华名小吃"。2010 年入选中华老字号。

湖州市周生记食品有限责任公司(注册商标：周生记) 位于湖州市红旗路。前身为"周生记馄饨店",成立于 1940 年。特色馄饨、特色卤味系湖州传统名点。2010 年入选中华老字号。

金华寿仙谷药业有限公司(注册商标：寿仙谷) 位于武义县壶山街道。"寿仙谷"创立于清朝宣统初年。现为集名贵中药材和珍稀食药用菌品种选育、研究、栽培、生产、营销等为一体的综合性现代中药高新技术企业。2010 年入选中华老字号。

宁波市缸鸭狗汤团有限责任公司(注册商标：缸鸭狗) 位于海曙区望童路。1926 年江定法摆摊卖汤圆生意红火,店主目不识丁,便以自己小名"江阿狗"的谐音,在招牌上画了一口水缸、一只麻鸭、一只黄狗,由此得名"缸鸭狗"。镇店之宝"猪油汤团"以独特的工艺秘制而成,色白如玉,外浑内甜。2010 年入选中华老字号。

宁波四明大药房有限责任公司(注册商标：四明) 位于江东区宁徐路。起源于 1923 年,已有近百年的历史。现为浙江省大型国有控股医药零售连锁企业,有门店近 70 家,主要经营中药材、中成药、化学药品等。2010 年入选中华老字号。

宁波天胜照相馆(注册商标：天胜) 位于宁波市中山西路。起始于 1924 年,"天胜"意为能摄天下美景、世上胜景。2010 年入选中华老字号。

宁波鄞州野草工艺编织厂(注册商标：黄古林) 位于鄞州区古林镇。鄞西广德湖南岸一带古称"黄古林",两千多年前在此发现一种色泽通绿、内含白色纤维、韧性强的湖草,织出来的席子硬朗、凉爽、耐用,自此当地农人世代以种草织席为生。清代嘉庆年间,黄古林皮草行已在全国设有 70 多家分号。2010 年入选中华老字号。

天台县北山供销合作社(注册商标：华顶山云雾) 位于天台县石梁镇。前身是成立于 1951 年的天台集云供销社。主要负责该地区茶叶等特产的统购统销,其中最主要的购销物资是“华顶山云雾茶”。2010 年入选中华老字号。

温州市县前汤团店(注册商标:县前) 位于鹿城区县前头路。原名“郑德大”汤圆店,清朝咸丰年间开业,是温州最早的一家汤圆店。1928—1938 年又有“黄新发”“知味圆”两家汤圆店开张。三家汤圆店各有特色:知味圆的鲜肉汤圆以肉冻做馅,咬开汤圆便有一口香汤;黄新发的豆沙汤圆、麻心汤圆用高级的花果牌香蕉精调味,味美可口;郑德大的麻心汤圆馅用料最为考究。1958 年三家店合并为“县前汤圆店”。2010 年入选中华老字号。

温州叶同仁医药连锁有限公司(注册商标:叶同仁) 位于温州市锦绣路。起源于清朝康熙初年。2002 年创办了叶同仁药城和叶同仁门诊部,后又相继成立温州叶同仁医药连锁有限公司、叶同仁医药批发公司和叶同仁中医药文化休闲养生园,并拥有 6 000 平方米的药品配送中心。2010 年入选中华老字号。

龙泉市沈广隆剑铺(注册商标:沈广隆) 位于龙泉市广通路。清代光绪十一年(1885 年)沈朝庆开炉铸造龙泉剑,清代光绪二十年(1894 年)沈朝庆之子沈庭璋始创沈广隆剑铺。多年来研制出乾坤剑、乾坤刀、九鹰剑、棍子剑等 20 余个新品种。2010 年入选中华老字号。

浙江天台山乌药生物工程有限公司(注册商标:台乌) 位于天台县高新技术产业园区。中药保健食品研究、开发和生产的科技型企业。公司在挖掘道教南宗经典养生方的基础上,以天台乌药和延年益寿珍品黄精等为主要原料,运用现代生物技术,先后开发了乌药精茶、乌药黄精颗粒等产品。2010 年入选中华老字号。

浙江天一堂药业有限公司(注册商标:天一堂) 位于兰溪市天一路。“天一堂”由诸葛亮第 47 代世孙诸葛棠斋成立于清代同治初年,制作的饮片、丸、散、膏、丹以选料道地、炮制精湛素负盛名。如今已发展成为一家集开发、生产、销售为一体的大型中成药生产企业,主要产品以中成药为主、中西药并举。2010 年入选中华老字号。

浙江越王珠宝有限公司(注册商标:越王) 位于绍兴市解放北路。起源于清光绪二十八年(1902年)创办的绍兴“陈氏银楼”。1988年陈氏后人创办“越王珠宝”,后成立“越王珠宝有限公司”,成为一家集珠宝首饰生产、连锁经营、钻石及翡翠贸易等于一体的大型综合珠宝企业。2010年入选中华老字号。

桐乡市丰同裕蓝印布艺有限公司(注册商标:丰同裕) 2010年入选中华老字号。参见全国工业旅游示范点——丰同裕蓝印布艺有限公司。

龙泉市宝剑厂有限公司(注册商标:龙泉宝剑) 2010年入选中华老字号。参见全国工业旅游示范点——龙泉宝剑厂工业旅游区。

安徽篇

安徽，省级行政区。清康熙六年(1667 年)因江南省东西分置而建省，省名取“安庆府”与“徽州府”之首字合成。因境内有皖山、春秋时期有古皖国而简称“皖”。

安徽地处长江、淮河中下游，长江三角洲腹地，沿江通海，东连江苏、浙江，西接湖北、河南，南邻江西，北靠山东。总面积 14.01 万平方千米。

安徽地形地貌由淮北平原、江淮丘陵、皖南山区组成，平原、台地、丘陵、山地等类型齐全。长江流经安徽中南部，淮河流经安徽北部。境内最高峰为黄山莲花峰，海拔 1 864 米。

安徽属于暖温带与亚热带的过渡地区。淮河是中国南北气候的分界线，淮河以北属于暖温带半湿润季风气候，淮河以南属于亚热带湿润季风气候。四季分明，春暖多变，夏雨集中，秋高气爽，冬季寒冷，季风明显。年平均气温为 14—17 摄氏度。

安徽下辖合肥、芜湖、蚌埠、淮南、马鞍山、淮北、铜陵、安庆、黄山、阜阳、宿州、滁州、六安、宣城、池州、亳州等

16 个地级市，45 个市辖区、9 个县级市、50 个县。省政府驻地合肥市。2018 年末，全省户籍人口 7 082.9 万人，其中常住人口 6 323.6 万。55 个少数民族成分俱全，少数民族人口约 50 万，其中回族、满族、畲族为世居少数民族。

安徽是中国史前文明的发祥地之一，拥有淮河文化、庐州文化、皖江文化、徽文化四大文化圈。安徽处于全国经济发展的战略要冲和国内几大经济板块的对接地带，经济、文化和长三角其他地区有着天然的联系。安徽是中国重要的农产品、能源、原材料加工制造业基地，汽车、机械、家电、化工、电子、农产品加工等行业在全国占有重要地位。地方戏种现存 30 余种，被称为“中国戏曲之乡”。黄梅戏是中国五大戏曲剧种之一，徽剧是京剧的主要源流之一，池州的傩戏号称“戏剧活化石”，淮河两岸流行的花鼓灯被誉为“东方芭蕾”。安徽与上海、江苏、浙江共同构成的长江三角洲城市群，是国际六大世界级城市群之一。

一、中国历史文化名镇

肥西县三河镇 位于肥西县南端。地处肥西、舒城、庐江三县交接处,合肥、巢湖、六安三市的接合部,有"一步跨三县,鸡鸣三县闻"之说。夏商时代,渔人结庐避风于此,名"鹊渚"。南北朝后期称"三汊河",明清置"三河镇",因丰乐河、杭埠河、小南河三水流贯其间而得名。以"千年水乡古镇、小桥流水人家"为特色,保存有成片的晚清徽派建筑群和历史遗迹,形成了古河、古桥、古街、古巷、古民居、古茶楼、古庙台、古战场等"八古"景观。2007年入选中国历史文化名镇。

金安区毛坦厂镇 位于舒城、霍山、金安三县区交界处。因朱元璋推行马政制度被命名为"茅滩场",后改称"毛坦厂"。明清老街民俗风情浓郁,有750余间徽派风格古民居,是皖西地区唯一保存完好的明清古建筑群。崇文尚贤,代代传承。2007年入选中国历史文化名镇。

歙县许村镇 位于歙县西北部,地处黄山主脉箬岭南麓。始建于东汉,古称"富资里"。南宋时名"昉溪源""任公村"。唐末有许氏迁居至此,后繁衍成大族,更名"许村"。明清时期,徽商兴盛,村落建设迅速发展,留下独特的村落景观。保存完好的明清古建筑种类多样,布局严谨,工艺精湛,多为宋元建筑做法,是研究徽州文化不可多得的实物资料。2008年入选中国历史文化名镇。

休宁县万安镇 位于休宁县城东郊。地处横江之滨,是黄山的南大门。三国至唐朝曾是当时皖南地区政治、经济、文化、交通中心。资源丰富,古迹众多,有古城岩、万安老街、古民居、古塔、古桥等。2008年入选中国历史文化名镇。

宣州区水东镇 位于宣州区东南处，地处水阳江东岸。唐朝初期，境内长番岭(今茶花岭)已形成繁华街市，明代万历年间逐渐形成现在的老街，因依傍水阳江东岸台地而名“水东”。古镇四面环山，风景秀丽，有300万年前的溶洞、千余年的村庄和明清老街及中西宗教建筑，旅游资源得天独厚。2008年入选中国历史文化名镇。

泾县桃花潭镇 位于宣城市西部。地处宣徽池核心地带，西濒青阳县，南眺黄山区，紧靠太平湖，为青弋江源头。古称“南阳镇”“陈翟村”，形成于明朝初年。桃花潭水光潋滟，四周点缀着众多的自然人文景观，如屹立千年的垒玉墩、深藏奥妙的书板石、李白醉卧的彩虹岗、踏歌声声的古岸阁、青砖黑瓦的古民居等。因李白的《赠汪伦》诗而名扬天下。2014年入选中国历史文化名镇。

徽州区西溪南镇 位于徽州区西部，是黄山新城的北大门。古称“丰溪”“丰南”，始建于唐代，兴于宋元，盛于明清。溪流绕村巷，云雾漫山前。民居大多为明代遗留下来的徽派古宅，“人”字形屋顶，粉墙黛瓦，池水环绕；宅边多百年老树，树枝低垂，过街亭临水而建，移步换景，形成一幅小江南的画卷。2014年入选中国历史文化名镇。

铜陵市大通镇 位于铜陵市西南郊，扼九华，望黄山，临皖江，依铜都。古名“澜溪”，始建于西汉时期，唐代设大通水驿，宋代开宝年间建镇，已有千年历史。清末民初为名蜚中外的江岸重镇，与安庆、芜湖、蚌埠并称安徽四大商埠。大通镇内长龙山、慈堂湖山水相映，天然成趣。澜溪、和悦两条古街保存完好，杆秤制作、渔网编织、藤艺编织等传统手工艺代代相传。2014年入选中国历史文化名镇。

二、中国历史文化名村

黟县西递村 位于黟县县城东部。别称“西溪”“西川”，始建于北宋庆历年间，因村边有水西流，又因古有驿站，得名“西递”。村民以胡氏宗族为纽带聚族而居，有二进、三进等多种形式的院落，院落之间设有马头墙。村内街巷以青石铺地，建筑以木结构、砖墙为主，装饰以木、石、砖雕为主。村落空间变化韵味有致，建筑色调朴素淡雅，体现了皖南古村落人居环境营造方面的杰出成就。2003 年入选中国历史文化名村。

黟县宏村　位于黟县城东北部，三面环山。始建于南宋绍熙年间。原为汪姓聚居之地，绵延至今已有 800 余年。古称“弘村”，清乾隆年间更名为“宏村”。村内水系呈“牛”形，水流穿村，村中及村南形成月沼和南湖，街巷民居傍水而造。明清至民国时期的建筑鳞次栉比，粉墙黛瓦，似一幅徐徐展开的山水长卷，被誉为“中国画里的乡村”。2003 年入选中国历史文化名村。

歙县渔梁村　位于歙县县城东南部。唐代已具雏形，明清时期是徽州最繁华的水运商埠和商业街区。“渔梁”之名由坝而来，渔梁整体格局保存完整。渔梁街依山傍水，整条街道用清一色鹅卵石铺就，恰似鱼鳞。渔梁坝是古歙的一大水利工程，也是渔梁的一大景观。2005 年入选中国历史文化名村。

旌德县江村　位于皖南山区，地处黄山北麓。始建于隋末唐初，有 1 400 余年的历史。前有山峰耸立，后有幽谷深藏，狮山、象山卧居村口左右，山川灵秀。群山环抱，枕山环水，龙溪、凤溪形成“龙凤呈祥”的水文格局。聚秀湖周旁古庙宝塔、诗碑堤栏、垂柳秀荷相映成画。2005 年入选中国历史文化名村。

歙县唐模村　位于歙县县城西部。始建于唐代，盛于明、清。历史上因经济活跃、民风淳朴，被誉为“唐朝模范村”，因而名“唐模”。檀干溪穿村而过，全村夹岸而居，村落建筑以水口园林、徽派建筑和田园风光为主要特色，是目前徽派古建筑遗存最多的村落之一，被誉为“中国水口园林第一村”。2007 年入选中国历史文化名村。

歙县棠樾村　位于歙县县城西部。北靠灵山支脉，南以富亭山为屏，丰乐河自西向东从山前流过，枕山、环水、面屏，环境甚佳。北宋祥符年间，徽州鲍荣始建别墅,子孙繁衍,渐成村落,村名典出《诗经·甘棠》。徽派建筑白墙墨瓦,马头墙高低错落,曲径通幽。村口的7座牌坊,由一条石板路串连成一线。2007年入选中国历史文化名村。

黟县屏山村 位于黟县县城东北部。因村北有座状如屏风的高山而得名。唐代中和年间舒氏先祖在此定居、繁衍生息,故又名“舒村”。枕山环水,地域开阔,青砖黛瓦的徽派建筑错落有致。吉阳溪流贯村中,溪上多座古桥静卧,岸边石板路曲折沧桑,构成一幅绝妙的“小桥、流水、人家”的古村落图画。2007年入选中国历史文化名村。

徽州区呈坎村 位于呈坎镇。古名“龙溪”,始建于东汉三国时期。因村落按“阴阳八卦”理论选址布局,阳为呈,阴为坎,唐末易名“呈坎”。依山傍水,2圳5街99巷井然有序。保存完好的明代建筑,类型丰富,风格独特,小巷与大街大体垂直,一律由花岗岩条石板铺筑。精湛的工艺和精美的石雕、砖雕、木雕、彩绘,将徽州古建筑艺术的古、大、美、雅体现得淋漓尽致。2008年入选中国历史文化名村。

泾县查济村 位于黄山与九华山之间。唐朝时,查姓在此定居,繁衍生息,逐渐成为远近闻名的大村落。临水结村,依山建屋,推窗见河,开门走桥。村内巷陌皆用石板铺砌,路随水转,曲折迂回。正街以外,宅第散布,古雕、砖雕、木雕随处可见。2008年入选中国历史文化名村。

黟县南屏村 位于黟县县城近郊。始建于元、明时代,因村南犹如屏障的南屏山而得名。背倚淋沥、南屏、顶游三山,环临武陵溪、东西干溪,风光秀丽,景色优美。72条古巷纵横交错于高墙深院之间,如同迷宫,充满神秘色彩;36眼古井或圆或方,井水清澈晶莹;从村头到村尾300多米长的轴线上,8座祠堂组成风格古雅的祠堂群,蔚为壮观。作为有千年历史、规模宏大的徽商聚居古村落,是解密古徽州宗法制度、村落风水原理和徽商兴衰的博物馆。2008年入选中国历史文化名村。

休宁县黄村 位于休宁县县城南郊。相传由农民起义领袖黄巢所建,已有1 100多年的历史。分为上门村、下门村。下门村状若燕巢,四周青山绿水。上门村呈“凸”字形，背靠三山，村前筑月形塘。两条暗沟、两条明沟汇通月形塘，名曰“四水归堂”。整个村落青山环抱，数十幢古建筑白墙黛瓦，交相辉映于山水之间。2010 年入选中国历史文化名村。

黟县关麓村 位于黟县县城西郊，地处武亭山麓、西武岭下。因西武岭有“西武雄关”之称，该村居雄关之东麓而得名。以汪姓为主聚居的村落，始建于后唐时期，已有 1 000 多年的历史。古建筑鳞次栉比，粉墙黛瓦疏朗有致，其中 8 幢徽派建筑连成一体，被称为“关麓八家”。2010 年入选中国历史文化名村。

泾县黄田村 位于榔桥镇，地处黄子山西麓。北宋嘉祐年间，朱氏家族迁居此地而立村，鼎盛于明、清，已有千年历史。村庄形似船形，河岸和道路以石块砌筑，河上架设石桥 10 余座。建筑以家庙、住宅和书院、书舍为主，既有宫廷建筑的恢宏、苏州园林的风格，又有皖南徽派建筑的特色。巷道交错，明沟暗渠相通，活水穿村，排水通畅。独特的船屋建筑文化、水磨花砖的传统建材工艺、天然水口的风水文化构成古村的三大建筑特色。2014 年入选中国历史文化名村。

绩溪县龙川村 位于绩溪县县城东郊。东汉咸康初年，胡氏始祖聚族而居，始成村落，距今已有 1 600 多年。地形如靠岸之船，东耸龙须山，紧依登源河，南有龙川东流，西偎凤冠秀峰，北峙崇山峻岭。古廊桥、古祠堂、古牌坊、水街等徽文化遗存众多。自古文风昌盛、人才荟萃，龙川胡氏代有人才，是徽州出名的“进士村”。2014 年入选中国历史文化名村。

歙县雄村 位于歙县南部。古名“洪村”，元末曹姓家族迁入此地，改名“雄村”。背倚翠微、面屏竹山，两条游龙般的山脉蜿蜒其左，如虎似狮的群山雄踞其右，飘带状的新安江绕村东流，粉墙黛瓦，古树掩映，犹如世外桃源。2014 年入选中国历史文化名村。

天长市龙岗村 位于天长市东北边陲的苏皖交界处。古称“芙蓉岗”，建村已有 1 200 多年。东枕高邮湖，南傍铜龙河，三面环水，老街纵横。明清时期修建的古屋、古庙、古楼多为青砖小瓦的浮梁浮柱式建筑。民居均为四合院样式,平门格扇,镂空雕刻。2014 年入选中国历史文化名村。

徽州区灵山村 位于呈坎镇。始建于后唐,因在灵金山之南而得名。整个村庄似一条长长的飘带,依山傍水,一条长长的灵金河从村中缓缓流过,将村庄分为南、北两部分。老街由青石板铺成,水街上有古石桥 36 座。四周竹林环绕,户户皆会竹编,造就灵山一绝——竹器。灵山村以灵秀之气和禅佛圣地而为世人尊崇。2014 年入选中国历史文化名村。

祁门县坑口村 位于安徽与江西交界处。唐代乾符年间建村,因村中多竹,古名"竹溪""竹源",后因地势低洼呈锅状而被称为"坑口"。东西北三面冈阜环翠,文闪河绕村而过,古老巷道青石板铺就,房宅呈梯状分布,粉墙黛瓦,古树参天。居民偏爱黄梅戏,村中拥有全国重点文物保护单位古戏台群。2014 年入选中国历史文化名村。

黟县卢村 又名"雉山村",位于黟县北部。南唐末年,卢氏始祖迁往雉山,至今已有 1 000 多年的历史。靠山临水,民宅依溪而建,临水一侧多挑出,建有敞廊,别有一番情趣。一级级青石台阶,一座座小木桥,身处山村却又似在水乡。村中有一水圳是人工修筑的沟渠,弯曲蜿蜒,碧水淙淙,是徽州古村落注重水的活用的实证。拥有一座稀世的木雕楼,由两名工匠花费近 20 年的时间精雕细刻而成,被誉为"徽州木雕第一楼"。2014 年入选中国历史文化名村。

三、全国特色景观旅游名镇(村)

黟县西递村 2010 年入选中国特色景观旅游名镇(村)。参见中国历史文化名村——黟县西递村。

黟县宏村 2010 年入选中国特色景观旅游名镇(村)。参见中国历史文化名村——黟县宏村。

肥西县三河镇 2010年入选中国特色景观旅游名镇(村)。参见中国历史文化名镇——肥西县三河镇。

绩溪县龙川村 2010年入选中国特色景观旅游名镇(村)。参见中国历史文化名村——绩溪县龙川村。

宣州区水东镇 2011年入选中国特色景观旅游名镇(村)。参见中国历史文化名镇——宣州区水东镇。

当涂县太白镇 位于当涂县西部,地处芜湖、马鞍山两市之间。因唐代诗人李白归葬此地而得名。历史悠久,景色宜人,旅游资源丰富,有“江南历史名乡”之美誉。李白墓园为全国重点文物保护单位,龙山是诗仙李白初葬之地,以“龙山秋色”而享誉江南,九山是东晋大司马桓温的点将台。2015年入选中国特色景观旅游名镇(村)。

枞阳县浮山镇 位于枞阳县中西部。地处长江北岸的白荡湖畔,三面环水,形成了“山浮水面水浮山”的奇观,故名“浮山”。浮山是一座佛教名山,晋梁时期就建有寺庙,古有寺庙8座,现存6座。浮山也是一座文山,浮山石壁上有480多幅摩崖石刻,有“中国第一文山”的美誉。浮山独特的火山奇观世界罕见,峰峦叠嶂,美不胜收。2015年入选中国特色景观旅游名镇(村)。

潜山市天柱山镇 位于潜山市西北部。1992年因旅游业的发展而建镇。镇域内的天柱山,又名“皖山”,因主峰“一柱擎天”而得名。天柱山峰雄、石奇、洞幽、水秀,集北山之雄、南山之秀于一身。景点众多,如道家高人左慈修炼遗迹、新石器时代的薛家岗文化遗址、《孔雀东南飞》主人公合葬的孔雀坟、王安石秉烛夜读之地蜀王台、通俗小说大师张恨水、京剧鼻祖程长庚等人的故居。2015年入选中国特色景观旅游名镇(村)。

宿松县趾凤乡 位于宿松县西北部。典型的山区乡镇,群山环绕,风景秀丽。始建于元朝的白崖寨,绵延十华里,环绕五大山峰,逶迤起伏,巍峨壮观,是名副其实的“南国小长城”和“天下第一寨”。古寨历经数年战乱,留下了大量的战争遗迹,白崖寺还是红军第二十七军成立之地。2015年入选中国特色景观旅游名镇(村)。

歙县雄村乡 位于歙县南端。山明水秀,巍峨的牌坊,参天的古树,古朴的民居,随处可见。尖顶挑檐的文昌阁耸立于绿树丛中,古朴雅致的竹山书院沉浸在百年桂树的浓香里,江对岸竹山腰间隐藏着慈光庵。2015 年入选中国特色景观旅游名镇(村)。

颍上县八里河镇 位于颍上县城南部。南临淮河,中贯八里河,上接第三湖,下连颍河,地形复杂,岗坡湖洼交错,素有“一河两湾五湖”之称。淮河和颍河流域典型的湖泊地区,淮河、颍河穿镇而过,湿地、沼泽地占全镇的三分之一,野生动植物资源丰富。2015 年入选中国特色景观旅游名镇(村)。

金寨县天堂寨镇 位于金寨县西南部。春秋时期就是兵家必争之处,号称“吴楚东南第一关”。天堂寨有崇山峻岭、茂林修竹、龙潭飞瀑、奇松怪石,为国家森林公园、国家级自然保护区。还有天水涧漂流、“金三角”漂流、白马大峡谷等景点。2015 年入选中国特色景观旅游名镇(村)。

巢湖市洪疃村 位于巢湖北岸的西黄山南麓。起源于明初,有着 600 多年的历史。村落与群山相依,粉墙黛瓦的农家小院错落有致,围绕村口的大塘呈正方形展开。村内有极具智慧的“九龙攒珠”形制,张治中创办的乡村师范,始建于唐朝贞观年间的相隐寺,明代庄氏居住时留下的“庄氏井”,还有原汁原味的洪氏古祠堂。2015 年入选中国特色景观旅游名镇(村)。

烈山区榴园村 位于烈山镇。地处龙脊山下,三山环绕。“新汉风”风格的民居或依岩或傍塘或临涧,房前屋后遍植石榴。坐拥近千亩明清石榴园,是华东地区年代最久远的古代石榴园。还有塔山寺遗址、莲花池、古盐道等景点。2015 年入选中国特色景观旅游名镇(村)。

潜山市官庄村 位于潜山市西北部。始建于汉末,兴盛于明清。生态环境良好,旅游资源丰实,人文底蕴深厚,传统产业历史悠久。山上茶园、桑园星罗棋布,山下田园风光秀美。有清乾隆皇帝御赐匾额“五世同堂”的和德馨庄、余氏宗祠、千年银杏树等名胜古迹。2015 年入选中国特色景观旅游名镇(村)。

黄山区庄里村 位于甘棠镇。村前一条宽阔的柏油路沿着青龙河蜿蜒数十千米，恬静的青龙河上一座座休憩凉亭精致而温馨。徽派农居干净整洁，苍劲古木生机盎然。2015 年入选中国特色景观旅游名镇(村)。

凤阳县小岗村 位于小溪河镇。因地处岗地故名“小岗”。1979 年实行包产到户，掀开了中国改革开放的序幕，创造了“敢想敢干，敢为天下先”的小岗精神。现有大包干纪念馆、沈浩同志先进事迹陈列馆、沈浩故居等景点。2015 年入选中国特色景观旅游名镇(村)。

萧县费村 位于白土镇。有山有水，景色宜人。穿村而过的“倒流河”，河水清澈见底；村后的小泰山鲜花遍地，奇石满坡，钟灵毓秀；周边果园桃李满枝，瓜果飘香。还有萧窑遗址、寻宝塘遗址和古泉、古井等。2015 年入选中国特色景观旅游名镇(村)。

贵池区霄坑村 位于梅村镇。毗邻九华山，田野幽寂、溪水清畅、民居错落、民风淳朴，历史上曾是香客沿秋浦河朝拜九华山的必经之路。宋代就盛产绿茶，村民以采茶为生。霄坑绿茶色泽翠绿、油润毫显、香郁芬芳、味醇甘甜，有“春满晶宫、绿满杯底”之美妙。2015 年入选中国特色景观旅游名镇(村)。

绩溪县上庄村 位于上庄镇。地处常溪盆地西部，周围群山环绕。村南竦岭逶迤，连接歙东；村北竹峰高耸，形成北面屏障；常溪河似彩带，环村南飘过。石板道蜿蜒曲折，古民居错落有致。居民聚族而居，世代繁衍相传，历史上名人辈出，胡适就来自上庄村。2015 年入选中国特色景观旅游名镇(村)。

宁国市千秋畲族村 位于云梯畲族乡。地处天目山西麓，宁国市南部。村落得名于当地一处关隘——千秋关。畲族文化底蕴深厚，风情独特。畲族民居沿湖而建，钓鱼塘、观景台等楼台亭榭点缀其间。除了历史名关千秋关，还有汤公山万亩映山红、畲族文化交流中心等景点。2015 年入选中国特色景观旅游名镇(村)。

泾县桃花潭镇 2015 年入选中国特色景观旅游名镇(村)。参见中国历史文化名镇——泾县桃花潭镇。

黟县卢村 2015年入选中国特色景观旅游名镇(村)。参见中国历史文化名村——黟县卢村。

四、中国特色小镇

岳西县温泉镇 位于岳西县城北郊,地处大别山南坡。因附近有温泉出水点10余处而得名。山清水秀、景色迷人,被誉为“岳西县城后花园”。历史悠久,人文荟萃,自古崇文重教,耕读遗风犹存。房屋以白墙红瓦居多,有着皖西南小镇特有的风貌。汤池老街旁有远近闻名的千年古汤池,老街桥头保留有两座古祠堂——刘氏宗祠和王氏享堂。古牌坊、古道、古桥,随处可见。2016年入选中国特色小镇。

裕安区独山镇 位于裕安区西北部。地处大别山东麓、淠河源头。小镇走出了16位新中国开国将军,享有“一镇十六将,独秀大别山”“中国第一将军镇”之美誉。独山革命旧址群,邓小平题词的“六霍起义纪念塔”“六霍起义纪念馆”、古老的独山寺、穿云破雾的黄巢尖、神秘莫测的观音洞、风光秀丽的龙井沟、栩栩如生的龙虎潭,尽在镇域之内。2016年入选中国特色小镇。

旌德县白地镇 位于旌德县西南部,地处黄山东大门。宣砚主产地之一,被誉为“中国宣砚之乡”。“走古道、游江村、赏宣砚、品白茶”成为小镇的旅游口号。2016年入选中国特色小镇。

黟县宏村 2016年入选中国特色小镇。参见中国历史文化名村——黟县宏村。

铜陵市大通镇 2016年入选中国特色小镇。参见中国历史文化名镇——铜陵市大通镇。

繁昌区孙村镇 位于繁昌区西南处。地属江南丘陵地形,三面环山,西面成圩,矿藏资源丰富。曾出土大量的新石器时代的陶器、青铜器,被誉为“人类的起源地”。历史悠久、人杰地灵,现有人字洞遗址、远古部落文化村、犁山铜冶炼遗址等景点。2017 年入选中国特色小镇。

当涂县黄池镇 位于当涂县东南部。唐代大顺年间置镇,素有“九街十八巷”之称。商贾云集,物产丰富,居民对各类小吃的制作情有独钟,这里出产的稻米、鱼虾、贡藕等早在唐宋时期就享有盛名。镇域内有留爱桥、广教寺、点将台等景点,由宋理宗亲书牌匾的“丹阳书院”是安徽省早期书院之一。2017 年入选中国特色小镇。

怀宁县石牌镇 位于安徽西南部的皖河之滨。始建于北宋建隆年间。明清以来商贾云集,为怀宁诸镇之首。钟灵毓秀,人文荟萃,“出门三五里,处处黄梅声”,素有“戏曲之乡”的美誉。这里曾诞生清代“四大徽班”进京发起人、“国剧大师”杨月楼,孕育出了一大批黄梅戏艺术名流,有“梨园佳子弟、无石不成班”之说。2017 年入选中国特色小镇。

来安县汊河镇 位于来安县城以南的皖苏交界处。滁河、清流河、来河在此交汇,“汊河”之名由此而来。便利的水陆交通,成就了历史上的“鱼米之乡”。如今以加工制造业为重点,大力发展现代工业和高新技术产业,主动承接南京产业转移,依托南京资源带动当地经济发展,逐步成为集科技开发、商贸流通、休闲度假为一体的生态型现代化城市。2017 年入选中国特色小镇。

义安区钟鸣镇 位于义安区东部。古镇有千年历史,唐宋时就商贾云集,市贸繁荣,素有“九井十三街”之美称。以奇山秀水著称,狮子山、马仁山、太阳冲等风光绮丽,宛若“世外桃源”。保存有北宋林学家陈翥墓园和育桐著书址。抗日战争时期曾为新四军三支队驻地,皖南行政专员公署、大江银行等一批抗战机构入驻于此。2017 年入选中国特色小镇。

界首市光武镇 位于界首市北部,地处皖西北豫皖两省三县交界处,因汉室苗裔建光武庙祭祀而得名。汉光武帝刘秀与王莽曾逐鹿于此,留下了大量的典故和民间传说。拥有新阳城、皇家庙、四门八古堆等重点文物遗址和刘秀庙、象鼻井、千年古槐等八大人文景观。2017 年入选中国特色小镇。

宁国市港口镇　位于宁国市北部。明朝初年,港口流村已是水阳江上游可停泊百吨舟船的码头,是宁国西北和古宣州西南地区的物资集散地,集镇即以港口为名。有树博景区、山门景区、茶香慢城景区等,正在打造西村花鼓、千年龙窑、树木博览、世外桃源、茶香慢城等特色小村。2017 年入选中国特色小镇。

休宁县齐云山镇　位于休宁县西郊。镇域内的齐云山,36 奇峰峰峰入画,72 怪石岩岩皆景。神奇秀美的丹霞地貌、厚重神秘的道教文化、琳琅满目的摩崖石刻、婉约内敛的徽州田园,组成了一幅斑斓恢宏的山水画卷。正以国学“道源、文鼎”文化为“眼”,祈福、养生、静隐、修学、启智、耕读要素为“脉”,以文旅商业、养生度假、主题游乐、展示体验、祈福静憩为“骨”,打造国际文旅游憩目的地。2017 年入选中国特色小镇。

六安市毛坦厂镇　2017 年入选中国特色小镇。参见中国历史文化名镇——六安市毛坦厂镇。

肥西县三河镇　2017 年入选中国特色小镇。参见中国历史文化名镇——肥西县三河镇。

五、中国历史文化街区

屯溪老街历史文化街区　位于屯溪区中心地段。坐落在横江、率水和新安江三江汇流之处,北面依山,南面傍水,全长 1 272 米,包括 1 条直街、3 条横街和 18 条小巷。不同年代建成的 300 余幢徽派建筑构成的街巷呈鱼骨架形分布,是中国保存最完整的具有南宋和明清建筑风格的古代街市,被称为流动的“清明上河图”。2009 年入选中国历史文化街区。

六、国家级文化生态保护实验区

徽州文化生态保护实验区　徽州文化是伴随着中华民族文明进程而形成的区域文化体系。古徽州一府六县与周边地带,是徽州文化孕育和发展的主要空间。保护实验区总面积13 881平方千米,包括现今的安徽黄山市、绩溪县和江西婺源县。实验区对徽州文化产生、发展、传承的区域所承载的文化表现形式,开展以非物质文化遗产保护为主的全面的整体性保护工作。2008年入选国家级文化生态保护实验区。

七、国家生态旅游示范区

黄山国家生态旅游示范区　位于黄山市境内。黄山是世界文化与自然双重遗产、世界地质公园、国家级风景名胜区,素以奇松、怪石、云海、温泉、冬雪"五绝"著称。黄山加入了世界自然保护联盟等国际组织,与美国优胜美地、加拿大班芙、瑞士少女峰等缔结了友好合作关系。2013年入选国家生态旅游示范区。

九华天池风景区　位于池州市境内。占地面积20平方千米,水域面积50多万平方米,由龙池、天池、冰川石谷、芙蓉峰四部分组成。自然生态原始,景观奇特,既有峡谷、溪流、飞瀑、奇树等自然景观,也有山村、电站、茶园等人文景观。幽深的树林,清新的空气,静态的巨石,动态的急流瀑布,形成了"天河挂绿水"的奇观,被誉为江南的"阿里山"。2014年入选国家生态旅游示范区。

八、全国红色旅游经典景区

新四军二师师部旧址 位于来安县半塔镇。1943 年初，新四军第 2 师师部由盱眙县黄花塘移驻来安县大刘郢。师政治部、供给部等直属机关分驻附近村庄。大刘郢现有烈士墓三座，一座为新四军团参谋长王凤岐之墓，其他两座埋葬着 200 多位新四军烈士。2010 年入选全国红色旅游经典景区。

皖南事变烈士陵园及新四军军部旧址 皖南事变烈士陵园位于泾县城郊的水西山，1990 年初为纪念皖南事变新四军将士殉难 50 周年而修建，占地 15 万平方米，建筑面积 7 000 平方米。新四军军部旧址位于泾县云岭与四顾山之间，包括 13 个自然村。司令部设在罗里村两座地主庄园内，包括 71 间民房、一座楼房和一座小花园，叶挺、项英均住此。军部大礼堂设在罗里村陈氏宗祠，军部修械所设在罗里村关帝庙，中共中央东南局设在丁家山村。2016 年入选全国红色旅游经典景区。

藕塘烈士纪念馆及中共中央中原局旧址 抗日战争时期，定远县是皖东抗日根据地的始建地，定远县藕塘镇为淮南抗日民主根据地的中心区。藕塘烈士纪念馆位于藕塘烈士陵园内，占地面积 360 平方米，其中“烈士英名录”刻有 2 000 多位烈士的英名。1939 年 11 月，刘少奇率中共中央中原局抵达定远县，刘少奇三次在定远县召开中原局会议。2016 年入选全国红色旅游经典景区。

岩寺新四军军部旧址 位于黄山市岩寺镇。1938 年 1 月新四军正式成立后，一、二、三支队和特务营奉命到达皖南岩寺地区，集中进行组编点验和军政训练，军部设立在金家大院。金家大院是一组清末徽派民居建筑群，包括四幢砖木结构楼房及前后院落，占地面积 3 000 余平方米。1999 年旧址恢复原貌，开辟了展示厅。2016 年入选全国红色旅游景点景区名录。

皖东北革命历史纪念馆暨江上青烈士殉难地 皖东北革命历史纪念馆位于泗县县城近郊。江上青烈士殉难地位于泗县刘圩镇秦场村，立有纪念碑。江上青是江苏扬州江都人，他积极投身人民革命和抗日战争的洪流，为皖东北抗日民族统一战线的形成和始创皖东北抗日根据地作出了巨大贡献，1939 年 8 月在泗县刘圩镇小湾村遭伏击，以身殉国，年仅 28 岁。2009 年江上青烈士被评为“100 位为新中国成立作出突出贡献的英雄模范人物”。江上青烈士殉难地建有“江上青纪念馆”。2016 年入选全国红色旅游经典景区。

新四军四师纪念馆 位于涡阳县新兴集。占地面积 1.33 万平方米，其中包括“六一”战斗烈士陵园。1939—1941 年新四军四师司令部设在此处，刘少奇、彭雪枫、张爱萍、张震等老一辈无产阶级革命家曾在此战斗和生活。纪念馆以丰富的资料再现了一幕幕军民同仇敌忾、合力杀敌、奋力治水的真实场面。2016 年入选全国红色旅游经典景区。

新四军江北指挥部旧址 位于庐江县汤池镇。西南环山，地势险要，是西进大别山的通道。1939 年 5 月，新四军军长叶挺、政治部主任邓子恢等相继从皖南来到庐江，组建国民革命军新编第四军江北指挥部，至 1940 年 3 月撤离。旧址已改建为纪念馆，以 200 余幅珍贵的历史照片、图表和文献资料，系统介绍了新四军江北指挥部的组成、发展和壮大的历程。2016 年入选全国红色旅游经典景区。

大通万人坑教育馆 位于大通区大通街道。主要包括“万人坑”、秘密水牢、窑神庙、站后碉堡、碉堡水牢等处，日军占领淮南大通煤矿后，为掠夺煤炭资源、镇压反抗矿工所建。“万人坑”共有 3 个长方形坑，每坑长 18 米、宽 3 米、深 3 米，自 1938 年夏至 1941 年冬，被日军残害致死、食用日军发放的发霉麦麸病死的万余名矿工及矿工家属尸骨被投入“万人坑”中。秘密水牢面积 120 平方米，高 6.9 米，灰砖瓦房，先后有近百名抗暴矿工及新四军战士在秘密水牢内被迫害致死。2016 年入选全国红色旅游经典景区。

龙岗抗大八分校纪念馆 位于天长市龙岗镇。“抗大八分校”在龙岗办学历时 4 年多,共培训学员 3 000 余人,为抗日民主根据地建设及抗日战争的胜利作出了巨大贡献。纪念馆占地面积约 3 500 平方米,现为全国国防教育示范基地。2016 年入选全国红色旅游经典景区。

鄂豫皖边区国共和谈旧址 位于岳西县青天乡。1937 年 7 月,中共代表、皖鄂边特委书记何耀榜同国民党代表、少将参谋刘刚夫在汪氏宗祠举行和平谈判,达成鄂豫皖边国共双方“停止内战,联合抗日”的协议。汪氏宗祠建于清代,砖木结构,占地面积 1 178 平方米,现祠内雕刻稍有损坏,建筑外貌基本完整。2016 年入选全国红色旅游经典景区。

新四军第四支队纪念馆 位于舒城县高峰乡。1938 年 5 月至 1939 年 6 月,新四军四支队司令部进驻韦家大屋,这里成为四支队在皖西、皖中、皖东地区开展抗日游击战争的指挥中心。四支队官兵驰骋江淮大地,英勇顽强地抗击日寇,蒋家河口战斗打响了新四军对日作战的第一枪,在抗日战争史上写下了光辉的篇章。2016 年入选全国红色旅游经典景区。

红军北上抗日先遣队纪念馆 位于黄山区谭家桥镇。占地面积 5.33 万平方米,主要由瞻仰大厅、粟裕将军墓、战壕遗迹及战斗指挥台等部分组成,是目前国内展示红军北上抗日先遣队资料图片和革命文物最丰富、最齐全的纪念馆。抗日先遣队系红军参加长征的五支部队之一,是最先从江西出发、掩护中央红军主力西进战略行动的一支偏师,也是唯一一支未能最后到达陕北的红军部队。2016 年入选全国红色旅游经典景区。

皖南苏维埃政府及柯村暴动旧址 位于黟县柯村乡,地处山高林密的清溪河与东坑河交汇的深山盆地。1934 年,柯村乡遭受百年不遇的大旱,秋季粮食几乎绝收,地主仍残酷地向农民逼租。当地 100 多位党员组织上万农民举行了著名的“柯村暴动”,随后在柯氏宗祠成立皖南苏维埃政府。当年年底,红军北上抗日先遣队入驻柯村进行休整。2016 年入选全国红色旅游经典景区。

新四军七师纪念馆 位于无为市红庙乡。1941 年 5 月新四军第七师在无为县白茆洲成立，是皖江地区坚持进行抗日斗争的主力部队，建立时1 900余人，到抗战胜利前夕已发展到3万余人。纪念馆占地面积2.64万平方米，设有“皖江抗日起怒潮”“血泊中诞生的新四军第七师”“第七师健儿驰骋皖江”“永远的丰碑”等展厅，运用多媒体声光手段，以沙盘、幻影成像、纪录片等方式，再现了当年新四军七师的光辉史绩。2016年入选全国红色旅游经典景区。

淮海战役双堆集烈士陵园 位于濉溪县双堆集。占地面积10.6万平方米，始建于1976年。陵园中部有烈士纪念碑，碑高22.5米。陵园东南部有双堆集歼灭战纪念馆，张爱萍题写馆名，馆内陈列珍贵历史照片300余张，文物200余件，作战地图、图表、美术作品20余幅。烈士墓分为公墓和单体墓。2016年入选全国红色旅游经典景区。

淮海战役总前委会议暨华东野战军指挥部旧址 位于萧县丁里镇。华东野战军组建于1947年2月，是中国人民解放军主力部队之一。旧址既是淮海战役期间总前委召开的唯一一次会议的会址，也是华东野战军指挥部驻地，为一组清末古建筑群，共有69间房屋，展出实物500余件，照片200余张，雕塑8组。2016年入选全国红色旅游经典景区。

皖西烈士陵园 位于六安市九墩塘畔。陵园中的大别山革命历史纪念馆建筑面积2 700平方米，收藏烈士档案263卷，烈士遗物遗照300余件，书籍文献550(册)件，货币票证1 083件，战斗武器100余件。2016年入选全国红色旅游经典景区。

独山革命旧址群 位于裕安区独山镇。苏维埃时期县级机构旧址，保存完整。包括几处重点文物保护单位：苏维埃俱乐部、暴动指挥部、赤卫军指挥部、中共六安县委和少共六安县委、保卫局、苏维埃政府、革命法庭、经济合作社、列宁小学旧址等，皆为清末民初木结构建筑。2016年入选全国红色旅游经典景区。

苏家埠战役纪念园 位于六安市横排头水库边。1932年在这里发生了震惊中外的苏家埠大战，中国工农红军第四方面军在总指挥徐向前的率领下,采用“围点打援”战略战术,成功击退国民党的重兵“围剿”,取得空前大捷,为鄂豫皖地区的革命战争奠定了胜利的基础。纪念园占地面积 10.67 万平方米,主要有苏家埠战役陈列馆、徐向前铜像广场等。2016 年入选全国红色旅游经典景区。

金寨县革命烈士陵园 位于金寨县城。占地面积 25 万平方米,主要由革命烈士纪念塔、金寨县革命博物馆、金寨县红军纪念堂等构成。现已形成以烈士纪念塔为中心,融塔、馆、堂、碑、墓、村为一体的大型革命烈士陵园。2016 年入选全国红色旅游经典景区。

红 25 军军政机构旧址 原址位于响洪甸水库淹没区内,后在金寨县革命遗址园内复建。1931 年,根据中共鄂豫皖中央分局和军委会决定,中国工农红军第 25 军在金寨县麻埠成立,是金寨境内成立的第一支成军建制的红军队伍。旧址内陈列有红军战士睡过的床、穿过的衣服以及大量图片,展示了红 25 军的辉煌历程。2016 年入选全国红色旅游经典景区。

诸佛庵镇革命遗址 位于霍山县诸佛庵镇。这里是皖西革命根据地和鄂豫皖革命根据地的重要组成部分。土地革命时期安徽省第一次民团起义——诸佛庵兵变就在这里发动,皖西地区武装反抗国民党反动派的第一枪在这里打响,著名的六霍起义序幕在这里拉开,中共霍山县委和苏维埃政府也在此成立,刘邓大军挺进大别山在此留有战绩。现存革命遗址八处、烈士墓四座、纪念碑两座。2016 年入选全国红色旅游经典景区。

红 28 军军政机关及重建旧址 位于岳西县包家乡。现恢复了红 28 军政委高敬亭的住所——聂家老屋,维修了屋后战壕,兴建了红 28 军展陈馆和中心广场。2016 年入选全国红色旅游经典景区。

刘家畈高干会议旧址 位于太湖县刘畈乡。包括刘畈村的胡氏新祠和胡氏宗祠两个部分,建于清嘉庆年间,属于典型的徽派建筑。1947 年,刘伯承、邓小平率领中原野战军挺进大别山,在刘家畈胡家祠堂召开重要的军事会议,史称“刘家畈会议”。2016 年入选全国红色旅游经典景区。

张家店战役纪念馆 位于金安区毛坦厂镇。1947 年 9 月,刘邓大军第三纵队在皖西地方武装的配合和群众的支援下，在现金安区张家店与敌人展开激烈战斗，并取得胜利。这场战役是刘邓大军进入大别山以来，在无后方依托的条件下，首次取得消灭敌人一个正规旅以上兵力的重大胜利。纪念馆建筑面积约 1 850 平方米，展示了刘邓大军千里跃进大别山的背景和张家店战役的过程。2016 年入选全国红色旅游经典景区。

王稼祥纪念园　位于芜湖市狮子山。王稼祥是中国共产党早期重要领导人之一。纪念园占地面积 1.24 万平方米，由生平陈列馆、综合馆等组成，展示了王稼祥在中国革命的各个历史时期的突出成就。2016 年入选全国红色旅游经典景区。

渡江战役总前委旧址　位于肥东县撮镇。原是清末王景贤的宅第，三进四厢两座四合院。解放战争中的辽沈、淮海、平津三大战役结束以后，党中央决定成立渡江战役总前委，全面负责指挥渡江战役。1949 年 2 月渡江战役总前委在商丘张菜园村成立，随后邓小平和陈毅率总前委机关进驻瑶岗。总前委在这里起草了众多具有历史意义的文件、命令等。2016 年入选全国红色旅游经典景区。

渡江战役总前委孙家圩子旧址　位于蚌山区燕山乡。设在孙家圩子的渡江战役总前委为渡江战役的军事指挥中心和华东地区的政治决策中枢。“总前委”在这里组织拟定了渡江战役的纲领性文件《京沪杭战役实施纲要》。旧址主要包括邓小平旧居、陈毅旧居、张震旧居、大食堂及会议室，占地面积 1.36 万平方米，建筑面积 1 230 平方米。2016 年入选全国红色旅游经典景区。

渡江战役第一登陆点纪念碑　位于繁昌县荻港镇。板子矶地势险要，为长江二十四矶之首，素有“吴楚关锁”之称，历来为兵家必争之地。解放战争期间百万雄师横渡长江，这里是过江第一船的登陆地。在矶头西北部一块五级台阶的平台上，立有“渡江战役第一船登陆地”纪念碑。2016 年入选全国红色旅游经典景区。

“两弹元勋”邓稼先故居　位于安庆市宜秀区。邓稼先是中国科学院院士、核物理学家、中国核武器研制工作的开拓者和奠基者，为中国核武器、原子武器的研发作出了重要贡献，被称为“两弹元勋”。故居主体建筑名为“铁砚山房”，陈列有邓稼先生前的生活用品、学习用品和办公设备。2016 年入选全国红色旅游经典景区。

凤阳县小岗村 2016 年入选全国红色旅游经典景区。参见全国特色景观旅游名镇(村)——凤阳县小岗村。

九、全国农业旅游示范点

屯溪区黄山植物大观园 占地面积 1.34 平方千米，种植苗木 1.07 平方千米，品种 30 余个，其中花木有龙柏、松柏、黄杨、桂花等。已建成苗木种植区、农业旅游观光区和农业新品种示范区三大功能区，带动当地 300 户农民发展苗木生产，初步形成集苗木培植、储备和观赏于一体的绿色基地和旅游休闲景点。2002 年入选全国农业旅游示范点。

歙县花果山村落生态旅游区 占地面积 10 平方千米，森林覆盖率 80%以上。漫山遍野果木成林，300 岁以上的古梅就有 500 余株，还有橘、李、桃、梨、灯笼柿等果园 1.2 平方千米，果香四季，茶园和竹林郁郁葱葱，是个藏在深闺人未识的“世外桃源”。2002 年入选全国农业旅游示范点。

徽州区蜀源生态旅游区 位于蜀源村。蜀源村是一个文化昌盛、民风淳朴的千年古村落，生态环境极佳。利用当地丰富的无污染食品资源，开发了绿色食品和各种徽州小吃，借助民间医学力量开发养生项目。2002 年入选全国农业旅游示范点。

芙蓉观光农业开发实验区 位于黄山北大门。由黄碧潭旅游集锦园、观光林茶果园、土特产加工企业园组成，占地面积 4.67 平方千米。黄碧潭集锦园建有猕猴桃园、茶园、花卉盆景园等景点；观光林茶果园占地面积 4 平方千米，主要种植黄山毛峰、笋用竹等；土特产加工企业园围绕旅游开展绿色产品加工，提高实验区产出效益。2002 年入选全国农业旅游示范点。

休宁县农业高科技示范园 黄山万亩高科技大棚经济园区的核心工程，占地面积约 67 万平方米。已建成集高科技无土栽培、大棚种植、大棚养殖、花卉盆景、无公害农产品、优质粮油示范区于一体，融示范、培训、科研、观光于一炉的多功能综合性示范园区。2002 年入选全国农业旅游示范点。

颍上县八里河风景区 位于八里河镇。占地面积 2.4 平方千米，包括世界风光、锦绣中华、碧波游览区、鸟语林四个部分。“世界风光”微缩希腊宙斯神庙、法国雄狮凯旋门、美国大峡谷等世界著名建筑；“锦绣中华园”苏式园林小巧奇绝，白雀寺庙殿宇轩昂，九天瀑布飞帘溅玉，张公山上长城逶迤，集东方建筑艺术之特色，融中国传统文化之精华；“碧波游览区”拥有众多珍稀野生动物，“鸟语林”有鸟类近百种，其中包括国家一级保护的绿孔雀、白鹳、中华秋沙鸭等。2002 年入选全国农业旅游示范点。

颍泉区颍泉生态园 位于古颍州西湖遗址区。改造治理泉河洼地，以生态农业观光为主线，集“农业示范、科普教育、生态环保、休闲娱乐”为一体的综合类旅游景区。2002 年入选全国农业旅游示范点。

颍上县迪沟生态旅游风景区 位于迪沟镇。占地面积 28 平方千米。迪沟湿地是沼泽、滩涂、河流、沟渠、池塘与煤矿塌陷洼地交互镶嵌的特殊的湿地类型，在黄淮平原具有典型性和代表性。野生植物、鱼类、湿地兽类、湿地鸟类物种丰富，形成了较为完备的生态系统。2002 年入选全国农业旅游示范点。

池州市贵池农业科技示范园 位于涓桥镇。占地面积约 1.73 平方千米，建成了特种水产养殖、大棚蔬菜种植、温室种苗培育、农作物良种试验、畜牧业养殖、林业以及果类六大园区。2002 年入选全国农业旅游示范点。

石台县天方茶叶集团公司 位于石台县秋浦东路。主要从事茶叶、茶饮料等产品的生产、加工、销售和以茶文化为主导的旅游景区开发，拥有进出口自主经营权，为安徽省农业产业化重点龙头企业。2002 年入选全国农业旅游示范点。

东至县龙泉农业生态旅游区 位于龙泉镇。龙泉镇地处皖赣两省的东至、彭泽、波阳三县交界处，为安徽省综合体制改革试点镇。一马平川的万亩盐田大畈是东至县久负盛名的“米粮之仓”，大板山区蓄藏着极其丰富的珍奇资源，盛产粮食、棉花、油料、莲子等农副产品。2002 年入选全国农业旅游示范点。

安庆市石塘湖农业旅游示范点 位于安庆城北的大龙山。石塘湖素有“十里长湖”之称，水域广阔，水质良好，盛产鲜鱼、湖虾、螃蟹、甲鱼，仅鲜鱼年产量就达 50 余万斤。湖西岸有商业集镇石塘嘴，是这一带农副产品的贸易中心。2002 年入选全国农业旅游示范点。

潜山市水吼农业观光园 位于水吼镇。占地面积 62 万平方米。以清纯优美的河谷风光见长，兼有丰富的人文景观与多彩的娱乐体验型项目，如马术、团体野外乘骑、橡皮艇漂流等。2002 年入选全国农业旅游示范点。

太湖县花亭湖 花亭湖如一颗璀璨的明珠镶嵌于大别山的崇山峻岭之中，湖水面积 100 平方千米，蓄水量 24 亿立方米，灌溉太湖及邻县的 700 平方千米良田，年产鲜鱼 1 500 吨。湖中岛屿众多，一岛一色。物产富饶，盛产柑橘、板栗、茶叶和武昌鱼、螃蟹、银鱼等鱼类。日出水量 1 200 吨的汤湾温泉可浴可医，四周山峦起伏，九龙涧瀑布、天生塔、飞来石、禅宗卧佛等景点与美丽的花亭湖交相辉映。2002 年入选全国农业旅游示范点。

毛集国家社会发展综合实验区 位于淮河与西淝河交汇处。东倚百里煤城淮南，西接京九明珠阜阳，南临历史文化名城寿县，地理位置优越，水陆交通便利。自然资源丰富，已发展成集商贸、工业、教育、住宅、文化娱乐、卫生保健等于一体的多功能经济文化中心。2002 年入选全国农业旅游示范点。

亳州药物种植园 位于谯城区谯东镇。占地面积 1.4 平方千米。种植各类药材 220 种，分别按木本、草本、藤本等不同类型设立景区，配套建设餐饮、休闲、娱乐等现代化旅游服务设施。2002 年入选全国农业旅游示范点。

芜湖县和平生态公园 位于红杨镇。有万余亩森林，植被覆盖率 90% 以上。其中“和平鹭鸟自然保护区”占地面积 68.7 平方千米，每到春夏之交，天空中、树林里、沟壑边到处都是鹭鸟，有“雪（白鹭）压青松、万鹭齐飞”之奇观。有各类植物 460 余种，野生动物 120 余种。2002 年入选全国农业旅游示范点。

十、全国休闲农业与乡村旅游示范点

宁国市恩龙林业集团有限公司 位于宁国市津河西路。恩龙集团旗下有林木种苗、园林绿化工程和世界木屋村三家子公司。“林木种苗”从2.2万平方米的作坊式小苗圃起步，不断扩大生产规模，建成了罗溪苗圃等六个园林基地。“园林绿化”承接宁国大道、皖东南及苏浙沪地区园林景观绿化、仿古建筑60余处工程，成为皖东南地区园林绿化行业的领头羊。“世界木屋村”掩映在青山绿水之中，填补了皖东南地区高规格、高品位的接待服务的空白。2010年入选全国休闲农业与乡村旅游示范点。

合肥市肥西老母鸡农牧科技有限公司 位于合肥市长江西路。挖掘“肥西老母鸡”品牌的区域文化内涵，对产业结构进行调整，对产业基地进行升级，发展成为一家集种鸡饲养、快餐连锁、休闲旅游、食品加工为一体的大型企业。2010年入选全国休闲农业与乡村旅游示范点。

南陵县大浦乡村世界 位于南陵县G205国道。占地面积约16平方千米，涉及浦西湖、池湖、龙潭湖三个湖泊，湖岸与陆地相互交错，岸线变化流畅，水体资源丰富，水域、湖岸、农田自然分布，生态良好。拥有大浦现代农业博览园、大浦绿洲生态美食园等十多个园区，以打造农业生产、旅游度假、生态人居三大功能为核心，形成集农业科技展示、农产品生产、农业观光、农业休闲等于一体的复合型生态休闲旅游区。2010年入选全国休闲农业与乡村旅游示范点。

包河区大圩镇 环巢湖旅游景观带上的一颗璀璨明珠。以圩西农民文化乐园为活动阵地，每年举办新春民俗文化节、百家宴、农民趣味运动会等文化体育活动，注重培育民间文化团体，形成了沈福的威风锣鼓、许贵的花船、慈云的龙舟、圩西的舞狮等特色文化队伍。2011年入选全国休闲农业与乡村旅游示范点。

蚌埠市禾泉农庄 位于涂山风景区内。依山傍水,占地面积1平方千米。农庄以休闲、观光旅游为主,通过展示皖北民风、民俗,弘扬大禹文化,发展多种经营项目,带动了周边农民共同致富。2011年入选全国休闲农业与乡村旅游示范点。

凤阳县藤茶山庄 位于凤阳县南部的凤阳山。占地面积80万平方米,其中水域面积10万平方米。四周群山环抱,碧水荡漾,林木苍翠,野草漫道,置身其中恍若回归自然天堂。现有野生藤茶园、特色蔬果园等,可开展采摘、垂钓、摸鱼、采茶等多项活动。2011年入选全国休闲农业与乡村旅游示范点。

阜阳市阜阳生态乐园 位于颍泉区欧阳修路。占地面积约2.53平方千米,有欧苏文化园、儿童乐园、高新农业技术园等数十处主题景观。拥有底蕴厚重的历史文化、魅力精彩的现代农业、钟灵毓秀的园林美景、惊险刺激的主题乐园,是一家集农业观光、文化传承、生态旅游、休闲娱乐于一体的综合类旅游景区。2012年入选全国休闲农业与乡村旅游示范点。

桐城市嬉子湖生态旅游有限公司观光园 位于桐城市东南部。占地面积71平方千米,其中陆地面积30平方千米,水域面积41平方千米,拥有采摘园、休闲垂钓中心、方以智广场等旅游景点,推出了春天湿地观光、夏天休闲垂钓、秋天瓜果采摘、冬天赏雪观鸟等旅游项目。2012年入选全国休闲农业与乡村旅游示范点。

利辛县印象江南生态农业风景区 位于王人镇。占地面积约1.3平方千米。利用高速公路取土坑,结合新农村建设和现代农业示范园区规划,临湖建景,吸纳了苏州园林、徽派建筑等中式建筑的精华,辅以现代的建筑文化特色,打造集观赏性、体验性、娱乐性、参与性于一体的乡村旅游示范区。2012年入选全国休闲农业与乡村旅游示范点。

霍邱县霍邱田园度假村 位于临淮岗。占地面积1.3平方千米。建筑风格独特,环境优雅,提供温暖舒适的住宿环境。餐饮以天然种养的蔬果禽畜为食材,运用农家柴锅土灶,精心烹制淳朴可口、绿色生态的佳肴。2013

年入选全国休闲农业与乡村旅游示范点。

宁国市千秋畲族休闲园区 位于西天目山脚下的千秋村。千秋村是安徽省唯一的畲族村，畲族风情的建筑沿湖而建，楼台亭榭点缀其间，钓鱼塘、观景台清新自然。有养分丰富的兰花泥、奇形怪状的景观石。境内的千秋关、铜岭关历史悠久，为古代兵家必争之地。2013 年入选全国休闲农业与乡村旅游示范点。

南陵县丫山花海石林观光园 位于河湾镇。“丫山”因主峰呈“丫”字形而得名。占地面积 25 平方千米，由花海石林、溶洞瀑布、峡谷天坑、暗河山顶湖四大景区组成，属于典型的喀斯特地貌。山民祖祖辈辈种植药用牡丹，景区拥有 3 个牡丹观赏园。大面积的石林与大面积的牡丹相结合，形成了花海和石林刚柔并济的奇景。2013 年入选全国休闲农业与乡村旅游示范点。

东至县江南农业科技园 位于大渡口镇。依托升金湖湿地，建有度假别墅、垂钓中心、休闲娱乐中心等，是集观光旅游、娱乐休闲、体育运动、农业开发、科学研究、科技培训为一体的高新科技园区和旅游度假村。2014 年入选全国休闲农业与乡村旅游示范点。

庐阳区三十岗乡 典型的丘陵地貌。历史文化底蕴深厚，曾是三国时期曹魏屯兵抗吴之地，现已辟为三国遗址公园。还有清代李牌坊（李天馥墓）、马神庙等人文景观。以庄园、瓜园、菜园、花园、果园等五园为建设内容，创建集农家乐旅游、历史文化景区（点）、观赏农业旅游、休闲旅游于一体的乡村生态旅游品牌。2014 年入选全国休闲农业与乡村旅游示范点。

和县林海旅游农业观光园 位于西埠镇。占地面积 44.67 万平方米。这里远离城市的喧嚣，拥有徽派园林式建筑风格的客房，生态果园有葡萄、油桃、石榴等各种水果。果实原汁原味健康绿色，游客可在果木园自行采摘。2014 年入选全国休闲农业与乡村旅游示范点。

岳西县大别山映山红文化大观园 位于莲云乡。占地面积 66.67 万平方米，由根雕艺术走廊、奇石长廊、盆栽和珍稀植物园、映山红文化中心等构成，自然和人文景观各具特色。2015 年入选全国休闲农业与乡村旅游示范点。

潜山市天柱山卧龙山庄 位于天柱山景区大龙窝索道站，具有优越的地理位置和得天独厚的生态环境。拥有多种不同主题的木结构客房，设计时尚。利用山高林密的生态资源，发展高山无公害蔬菜种植、高山冷水鱼养殖，打造天柱山南大门养身休闲接待中心。2015 年入选全国休闲农业与乡村旅游示范点。

黄山市山岔村翡翠人家 位于汤口镇。地处黄山南大门的布水峰下，依山傍水。一幢幢独栋小别墅一字排开，白墙黛瓦，每户门上方悬挂长方形木制牌匾，刻有该农家乐的名称。门两边悬挂条幅，条幅用竹简编结而成，诗句对仗工整、意境悠长，反映出浓厚的徽州文化底蕴。2015 年入选全国休闲农业与乡村旅游示范点。

泾县水墨汀溪风景区 位于汀溪乡。占地面积约 45 平方千米，构建了“两不厌”休闲游、“原始森林”探险游、“桃岭生态”养生游等三大主题景区，集青山绿水、林海茶园、奇花异树、怪石深潭于一体。2015 年入选全国休闲农业与乡村旅游示范点。

广德市和合生态农业科技示范园 位于桃州镇。占地面积 4.23 平方千米。以“竹乡梅海、七善田园”为主题，打造集科技农业、农产品展销、特色养殖、生态旅游等功能于一体，体现低碳经济、循环经济理念的生态农业旅游观光园。2015 年入选全国休闲农业与乡村旅游示范点。

十一、全国工业旅游示范点

芜湖市工艺美术厂 位于镜湖区九华西路。芜湖铁画、金画的生产厂家和全国黄金首饰的定点生产企业。拥有全国工艺美术大师、高级工艺师等铁画专业技术人才，产品有座屏、壁画、书法、陈设、文化礼品等五大系列 300 多个品种，年生产铁画、金饰工艺画 10 万幅左右。2004 年入选全国工业旅游示范点。

马鞍山钢铁厂 位于马鞍山市九华西路。我国特大型钢铁联合企业之一，安徽省最大的工业企业。拥有世界先进水平的冷热轧薄板生产线、高速线材生产线、我国最先进的热轧大 H 型钢生产线和亚洲最大的车轮轮箍专业生产厂，按国际标准组织生产的钢材产品达到钢材产品总量的 80%，产品出口多个国家和地区。2004 年入选全国工业旅游示范点。

歙县老胡开文墨厂 位于徽城镇。胡开文是著名徽商、徽墨行家、"胡开文"墨业创始人，善做药墨，被誉为"药墨华佗"。"胡开文墨业"创基于清代乾隆中期，至今已有 250 多年历史，曾在 1915 年荣获巴拿马万国博览会金奖。现专业生产和经营歙砚及"四雕"工艺品。2004 年入选全国工业旅游示范点。

亳州古井集团 位于谯城区古井产业园。前身为起源于明代正德年间的公兴槽坊。秉承"做真人，酿美酒，善其身，济天下"的核心价值观，致力于打造以白酒为主业的"制造业平台"，以商旅为主的"实业平台"，以金融为主的"金融平台"和以酒文化、酒生态、酒产业、酒旅游为核心的"文旅平台"。2004 年入选全国工业旅游示范点。

东至县玩具工业城 位于东至县梅城路，地处风景名胜区黄山、九华山、庐山的环抱中，濒临长江。占地面积 7 万平方米，标准化生产厂房 2.8 万平方米，年生产各种毛绒玩具超 100 万打，已从一个代加工集体小厂发展成为中国目前最大的毛绒玩具专业生产、出口基地，产品全部出口到东南亚及欧美等 30 多个国家和地区。2004 年入选全国工业旅游示范点。

安庆环新集团 位于怀宁县独秀大道。由原安庆活塞环厂改制而成，重点进行资本运作和集团化企业管理。目前已拥有环丰丰田、新安商事会社等 10 家中外合资公司，9 家全资及控股子公司，分别从事汽车零部件制造、出口贸易、汽车销售等。2004 年入选全国工业旅游示范点。

芜湖港 位于芜湖市境内的青弋江、运漕河与长江汇合处。港区总面积 47.69 平方千米米，包括荻港、新港、三山、滨江、朱家桥、东梁山、四褐山、裕溪口及无为 9 个港区。芜湖港为长江水运第五大港，煤炭能源输出第一大港,安徽省最大的货运、外贸、集装箱中转港,国家一级口岸。2006 年入选全国工业旅游示范点。

蚌埠丰原集团工业园 位于蚌埠市丰原大道,地处淮河之滨、龙子湖畔、涂山脚下。拥有丰原药业、丰原生物、泰格生物等企业,是生物化工、生物能源和生物制药方面的大型科技产业型公司。2006 年入选全国工业旅游示范点。

谯城沪亳中医药文化博览园 位于谯城区境内。设有“四区一湖”,“四区”为产学研区、中医康养体验区、中医文化互动传播区、旅游配套服务区,“一湖”为百草湖。代表性景点有华祖庵、中药材交易中心、亳州药用植物园等。2006 年入选全国工业旅游示范点。

贵池海螺有限公司工业园 位于贵池区牛头山镇。海螺集团 5 个千万吨级熟料基地之一。依托当地便利的水陆运输和丰富的矿山资源,建成 6 条水泥熟料生产线,使用国内最先进的治噪技术,彻底治理了水泥企业长期不能解决的噪声问题,产能规模突破 1 000 万吨。2006 年入选全国工业旅游示范点。

泾县宣纸探秘文化园 位于泾县乌溪村。占地面积 4 万平方米,设有中国宣纸博物馆、宣纸古作坊、宣纸古籍印刷、文房四宝体验园等。不仅可以参观古法宣纸制作工艺,而且可以自己动手制作纸、墨、笔、砚、扇、纸帘等。2006 年入选全国工业旅游示范点。

泾县宣笔工艺厂工业园 位于泾县黄村镇。泾县是中国宣笔的发源地。宣笔是中国四大名笔之一,制作工序复杂,从选毫、切割、修削到成品要经过 12 道大工序、120 多道小工序。工业园现有宣笔生产企业及作坊 30 余户,年产宣笔 630 余万支,品种 400 多个。产品畅销全国各地,并出口东南亚及欧美国家。2006 年入选全国工业旅游示范点。

屯溪老胡开文墨厂工业园 位于屯溪区老虎山。1956 年由原屯镇胡开文老店、屯溪胡开文墨品工业社及其他墨庄、作坊、字号公私合营组建而成,是国内三大制墨厂之一。设有点烟、和料、制墨、雕刻、描金等十多个工艺车间、一个制盒分厂及一个设备齐全的墨锭理化检测中心。保留着传统工艺精华——古法手工点烟技术，拥有制作徽墨的技术设备和祖传配方，明清以来名家创作雕刻的珍贵墨模 7 800 多个。2006 年入选全国工业旅游示范点。

芜湖奇瑞汽车有限公司工业园　位于芜湖市经济技术开发区长春路。已建立起完整的技术和产品研发体系，产品出口 80 余个国家和地区，打造了艾瑞泽、瑞虎等知名产品品牌，旗下两家合资企业拥有观致、捷豹、路虎等品牌。2006 年入选全国工业旅游示范点。

徽州竹艺轩雕刻工艺厂工业旅游区　位于徽州区岩寺城镇。始建于 1997 年，生产手工雕刻竹简、竹雕画、竹雕笔筒等竹工艺品，还生产激光雕刻的竹简、笔筒、笔搁等精细工艺品，产品出口多个国家和地区。2007 年入选全国工业旅游示范点。

屯溪雕世家暨王祖伟雕艺术中心　位于屯溪区屯溪老街。王祖伟是徽州歙砚文人派的代表性人物，其作品选料与工艺俱精，主题与意境俱佳，追求“文化入砚”，融诗、书、画、印于一体，集文、史、哲、美于一身，绝无雷同之作。2007 年入选全国工业旅游示范点。

黄山佳龙土特产有限公司工业旅游区　位于休宁县五城镇。休宁县茶干生产的骨干企业。以地方特产“龙湾”牌茶干为主打产品，组建了休宁佳龙茶干农民合作社，逐步实现了企业增效、农民增收、财政增税，成为促进新农村建设的新亮点。2007 年入选全国工业旅游示范点。

马鞍山蒙牛乳业(马鞍山)有限公司工业旅游区　位于马鞍山市经济技术开发区。蒙牛集团全资子公司，占地面积 36.8 万平方米，是蒙牛集团最大的驻外生产基地。具有国际先进水平的生产线 54 条，生产冷冻饮品、发酵乳等近 150 种产品，日产能力 2 500 多吨。蒙牛集团在南部区域的核心工厂，销售辐射安徽、江苏、上海、浙江、福建等省市。2007 年入选全国工业旅游示范点。

霍山迎驾集团工业旅游区　位于霍山县佛子岭镇。迎驾集团是国家大型酿酒企业，大别山革命老区的支柱企业。迎驾工业旅游区建成了迎驾酒道馆、迎驾槽坊村、迎驾博物馆、迎驾洞藏景观等九大景点。2007 年入选全国工业旅游示范点。

寿县八公山豆制品厂工业旅游区 位于寿县八公山乡。寿县是中国豆腐文化的发祥地。公司用珍贵的“玛瑙泉”水精制“八公山泉”豆腐、豆腐乳、风味豆干等近百个品种。旅游区以“传承豆腐工艺,弘扬豆腐文化”为理念,按照豆腐文化寻根—豆腐文化参观—豆腐文化体验—豆腐文化休闲的脉络,精心打造中国豆腐文化产业园。2007 年入选全国工业旅游示范点。

安庆鸿润(集团)股份有限公司工业旅游区 位于安庆市桐城经济开发区。以羽绒及其系列制品为主导的外向型企业,是全国最大的羽绒床上用品生产和出口基地。2007 年入选全国工业旅游示范点。

宣州志文工艺品有限公司工业旅游区 位于宣州区水东镇。中美合资企业,拥有精良的技术设备、一流的生产加工工艺和健全的售后服务,提供工艺蜡烛系列商品。2007 年入选全国工业旅游示范点。

广德宏祥丝绸织造有限公司工业旅游区 位于广德市四合乡。集蚕茧收烘、缫丝、织绸、服装加工、丝绸专卖等生产经营活动。年收烘蚕茧 1 500 吨,年产白厂丝 200 余吨、真丝绸系列产品 350 余万米,先后获得国家专利 64 项。2007 年入选全国工业旅游示范点。

亳州兴邦工业园 位于亳州市古井镇。主要从事白酒经营服务,拥有优质的产品和专业的销售、技术团队。2007 年入选全国工业旅游示范点。

十二、国家级非物质文化遗产生产性保护示范基地

绩溪胡开文墨业有限公司 位于绩溪县华阳镇。由绩溪县书画油烟材料厂和胡开文墨厂合并成立,是国内唯一的专业炼烟生产厂家。拥有炼烟、制墨、雕模、晾墨、打摩、描金的生产车间和油烟材料、墨汁、墨锭理化检测中心,形成了从炼烟到制墨、墨汁生产一条龙的运行体系。高级油烟采用海拔

600 米以上的桐子(油)、松脂及名贵药材作原料,吸取了胡开文传统“灯盏炼烟”的工艺精髓,结合最新技术精炼而成,是高档书画墨和高档墨汁的最佳原材料。2011 年入选国家级非物质文化遗产生产性保护示范基地。

安徽中国宣纸集团 位于泾县乌溪村。宣纸是中国劳动人民的艺术创造,已被列入首批国家级非物质文化遗产。中国的书法和绘画离了宣纸便无从表达艺术的妙味。宣纸集团是我国规模最大的宣纸生产企业,生产的“红星牌”宣纸于 1979 年、1984 年和 1989 年三获国家质量金奖。2011 年入选国家级非物质文化遗产生产性保护示范基地。

徽州竹艺轩雕刻有限公司 2014 年入选国家级非物质文化遗产生产性保护示范基地。参见全国工业旅游示范点——徽州竹艺轩雕刻工艺厂工业旅游区。

十三、国家级旅游度假区

巢湖半汤温泉养生度假区 位于巢湖市半汤镇汤山路。“半汤温泉”由一热一冷两大温泉汇聚而成,冷热各半,故名“半汤”。由于神奇的沐浴功效,被古人誉为“九福之地”,远在秦汉就为人们发现和利用。度假区依托“半汤温泉”而建,以“享受最现代科技成果,过着最原始部落生活”为理念,打造生活化的旅游养生度假新场景。2018 年入选国家级旅游度假区。

十四、国家级风景名胜区

黄山风景名胜区 位于黄山区汤口镇。占地面积约 160 平方千米。黄山山体呈峰林结构，有 36 大峰、36 小峰，融峰林地貌、冰川遗迹于一体，兼有花岗岩造型石、花岗岩洞室、泉潭溪瀑等丰富而典型的地质景观。代表性景观有“四绝三瀑”，“四绝”即奇松、怪石、云海、温泉，“三瀑”即人字瀑、百丈泉、九龙瀑。有黄山松、黄山杜鹃、天女花等珍稀植物，黄山迎客松是安徽人民热情友好的象征。1982 年入选国家级风景名胜区。

九华山风景名胜区　位于青阳县九华镇。占地面积约 120 平方千米。九华山古称“陵阳山”“九子山”，北俯长江，南望黄山，东临太平湖，绵亘 100 余千米，主要有 99 峰，最高的十王峰海拔 1 342 米。九华山与山西五台山、浙江普陀山、四川峨眉山并称为中国佛教四大名山，也是安徽省“两山一湖”（九华山、太平湖、黄山）旅游开发战略的主景区。名刹古寺林立，文物古迹众多，尚存化城寺、月身宝殿、慧居寺、百岁宫等古刹 78 座，佛像 1 500 余尊，藏有明朝万历皇帝颁赐的圣旨、藏经及其他玉印、法器等文物 1 300 余件。1982 年入选国家级风景名胜区。

天柱山风景名胜区　位于潜山市西部。占地面积约 82.46 平方千米。天柱山因主峰如“擎天一柱”而得名，有千米以上高峰 45 座，主峰海拔 1 488.4 米。分为虎头崖、九井河、三祖寺、龙潭河等八大景区，拥有名崖、奇石、异洞、涧瀑、云海等自然景观。1982 年入选国家级风景名胜区。

琅琊山风景名胜区　位于琅琊区境内。占地面积约 115 平方千米。琅琊山古名“摩陀岭”，后因东晋琅琊王避难于此而改称琅琊山。拥有琅琊山、城西湖、姑山湖、胡古等四大景区，主要山峰有摩陀岭、凤凰山、大丰山、小丰山等。以茂林、幽洞、碧湖、流泉为主要景观，还有始建于唐代的琅琊寺、卜家墩古遗址、唐代吴道子画观音像等。唐宋文人雅士如韦应物、欧阳修、曾巩、苏轼、宋濂等均有诗文记其胜。1988 年入选国家级风景名胜区。

齐云山风景名胜区　位于休宁县境内。占地面积约 100 平方千米。由齐云、白岳、歧山、万寿等 9 座山峰组成，以道教文化和丹霞地貌为特色。分为月华街、云崖洞、楼上楼三部分，有奇峰、怪岩、幽洞、飞泉洞等。主要景观有洞天福地、真仙洞府、月华街等。清朝乾隆帝曾赞誉齐云山是“天下无双胜境,江南第一名山”。1994 年入选国家级风景名胜区。

采石风景名胜区 位于雨山区境内。占地面积约 64.85 平方千米。采石矶为长江三矶之首,以山水风光、绝壁矶石名闻天下。由采石矶、濮塘、青山、横山等片区组成,四片区特色各异,共有 33 类景观。以诗仙李白为灵魂,以深厚的历史文化内涵为底蕴,以“翠螺浮大江”的山岳型自然景观为特色,以文化欣赏、自然观光和休闲为主要功能的综合型风景区。2002 年入选国家级风景名胜区。

巢湖风景名胜区 位于巢湖市境内。巢湖水域面积 760 平方千米,是我国五大淡水湖之一,有“八百里湖天”之称。分为三河古镇景区、中庙-姥山岛景区、牛角大圩景区、滨湖湿地森林公园等十大景区。以巢湖辽阔水域风光为背景,以较为原生态的湖岸环境为基础,是融风景游赏、环境保持、运动体验、科普研究、休闲康养、旅游度假等功能为一体的综合性特大型国家公园。2002 年入选国家级风景名胜区。

花山谜窟—渐江风景名胜区 位于屯溪区篁墩至歙县雄村的新安江两岸。占地面积约 80.6 平方千米。渐江两岸不仅风景优美,而且集中着很多徽文化的遗迹和名胜。与渐江相连的花山谜窟是古人开凿的石窟群,千百年来无任何文字记载,古代人工开发规模之大、谜团之多,国内罕见。景区集自然景观和人文景观之大成,集寻古探幽、观光探险特色于一身。2002 年入选国家级风景名胜区。

太极洞风景名胜区 位于广德市石龙山。占地面积约 14 万平方米。太极洞为地下溶洞群,属于喀斯特溶洞,洞长 5 400 余米,分上洞、中洞、大洞、水洞和天洞,洞中有水,洞洞相连,形成了奇丽的天然景观。洞外有砚池湖、卧龙桥、范公亭等古建筑群。太极洞历史悠久,文化积淀深厚,被明代文学家冯梦龙列入“天下四绝”。2004 年入选国家级风景名胜区。

花亭湖风景名胜区 位于太湖县境内。占地面积 198 平方千米,分为花亭湖、西风洞、佛图寺、狮子山、龙山五大景区和汤湾温泉疗养度假区。花亭湖中众多的岛屿与周围的青松翠柏、奇峰怪石交相辉映,相得益彰;汤湾温泉日出水量1 200吨,水温常年47.2摄氏度,富含人体所需的多种微量元素及矿物质,可浴可医;狮子山是中国佛教禅宗文化的发祥地,中国佛教禅宗开山鼻祖慧可法师在此坐禅传教30余年。2005年入选国家级风景名胜区。

龙川风景名胜区 位于绩溪县瀛洲乡。占地面积26.6平方千米。龙川地势独特,风景优美,胡姓聚族而居,已有1 600余年历史。拥有全国重点文物单位胡氏宗祠、奕世尚书坊和徽商胡炳衡宅等景点。胡氏宗祠素有“木雕艺术博物馆”和“民族艺术殿堂”之美称,保存的木雕“四和图”(和谐、和顺、和美、和鸣)成为和谐社会的象征;奕世尚书坊是盛明时期的石牌坊,为徽派石雕的典型代表;徽商胡炳衡宅保存了徽州古民居旧貌。2017年入选国家级风景名胜区。

齐山平天湖风景名胜区 位于池州市城区。占地面积42.9平方千米,其中平天湖水域12平方千米。由齐山景区、碧山景区、平天湖景区、湿地景区、桃源景区五部分组成,集山、水、湿地于一体,自然景色优美,人文积淀深厚。自古以来是池州城的“郊外胜地”,“水如一匹练,此地即平天”就是李白对平天湖的生动写照。2017年入选国家级风景名胜区。

十五、国家级自然保护区

安徽扬子鳄国家级自然保护区 位于宣城市宣州、郎溪、广德、泾县及芜湖市南陵等五区、县境内。始建于1979年。占地面积51.88平方千米,主要保护对象为扬子鳄及其生态环境。扬子鳄是中国特有的现存最古老的爬行动物,有“活化石”之称。扬子鳄与美洲密西西比河鳄是目前世界上仅存的两种钝吻鳄,被国家列为一级保护野生动物。保护区地属暖温带,低山丘陵旁的浅水塘是扬子鳄栖息的理想场所。通过就地保护和人工繁殖相结合的措施,扬子鳄的种群得到较大幅度的增长,现有扬子鳄三代4 000余条。

1986 年入选国家级自然保护区。

鹞落坪国家级自然保护区 位于霍山县与湖北省英山县之间。占地面积 123 平方千米,属于森林生态系统类型自然保护区,主要保护对象为大别山区代表性的森林生态系统、国家珍稀濒危野生动植物,并作为淮河流域磨子潭和佛子岭水库的重要水源涵养林保护区。1988 年入选国家级自然保护区。

牯牛降国家级自然保护区 位于石台、祁门两县交界处。牯牛降因山形酷似一头牯牛从天而降而得名。占地面积 67.13 平方千米,分为主峰景区、灵山景区、双龙谷景区、龙门景区、观音堂景区五大景区,以雄、奇、险著称。属于森林生态系统类型自然保护区,主要保护对象为中亚热带常绿阔叶林生态系统和野生动植物资源,是我国东部为数不多的保存完好的亚热带原生森林生态体系“本底”资源信息库。1988 年入选国家级自然保护区。

升金湖国家级自然保护区 位于东至县与贵池区交界处。占地面积 333.4 平方千米。属于湿地生态类型自然保护区,主要保护对象为淡水湖泊湿地生态系统和珍稀濒危鸟类。升金湖是中国主要的鹤类越冬地之一,也是世界上种群数量最多的白头鹤天然越冬地,越冬水鸟有白头鹤、东方白鹳等 11 个品种,因此有“中国鹤湖”之称。1997 年入选国家级自然保护区。

天马国家级自然保护区 位于金寨县境内。占地面积 289 平方千米,以天堂寨、马宗岭两个自然保护区为核心,包括鲍家窝、窝川、九峰尖、康王寨四个国有林区和天堂寨镇集体林区。属于森林生态系统类型自然保护区,主要保护对象为北亚热带常绿落叶阔叶林及珍稀动植物是大别山区规模最大、保存天然阔叶林最为完整的国家级自然保护区。1998 年入选国家级自然保护区。

铜陵淡水豚国家级自然保护区 位于铜陵市郊区。占地面积 315 平方千米。所处江段沙洲发育充分,是白鳍豚和长江江豚的重要栖息地,白鳍豚分布最为集中的水域。以滩涂湿地为主的内陆淡水湿地类型自然保护区,主要保护对象为白鳍豚、江豚、中华鲟等,是世界上首座利用半自然条件对白鳍豚、江豚等进行易地养护的场所。2006 年入选国家级自然保护区。

清凉峰国家级自然保护区 位于绩溪县和歙县交界处。占地面积 78.11 平方千米。属于森林生态系统类型自然保护区,主要保护对象为典型完整的中亚热带常绿阔叶林及标志性物种、植被垂直分布带及珍稀植物群落及国家重点保护野生动植物。自然环境优越,保存有典型完整的森林植被类型、丰富罕见的野生动植物资源,是华东地区保存完好的野生物种基因库。2007 年入选国家级自然保护区。

古井园国家级自然保护区 位于岳西县大别山东南部。占地面积 79 平方千米,属于森林生态系统类型自然保护区,主要保护对象为北亚热带常绿落叶阔叶混交林、落叶阔叶林和珍稀濒危野生动植物。有兰科植物 37 种,还是濒危植物霍山石斛的原生地之一。有国家一级保护植物银缕梅,国家二级保护植物大别山五针松、香榧等 13 种;国家一级保护动物安徽麝和金钱豹 2 种,国家二级保护动物豺、细痣疣螈等 19 种。2016 年入选国家级自然保护区。

十六、国家级水利风景区

龙河口(万佛湖)水利风景区 位于舒城县龙河口。库区流域面积 1 111 平方千米,总库容 8.2 亿立方米,底库容 0.53 亿立方米,防洪保护区面积 353 平方千米,大大减轻了杭埠河的洪水负担,灌溉舒城、庐江、六安三县农田 1 033 平方千米。由中国农民手挖肩挑筑成的千米大坝。2001 年入选国家级水利风景区。

太平湖风景区 位于黄山区西北部。地处黄山、九华山之间,是安徽省实施“两山一湖”旅游发展战略的重要景区。占地面积 313 平方千米,其中水域面积 89 平方千米,最大蓄水量 24 亿立方米。分为共幸、广阳、黄荆、龙门、三门等五大景区，青山起伏连绵，岛屿散落如珠，湖水清澈碧透。2001 年入选国家级水利风景区。

佛子岭水库风景区 位于霍山县淠河上游。佛子岭水库是淮河治理工程的重要组成部分，1954 年 11 月建成，以防洪为主，结合灌溉、发电和航运。水库集水面积约 1 840 平方千米，总库容 4.96 亿立方米。水库拦河坝为混凝土连拱坝，设有水力发电站，所发电力主要输送到六安、合肥等城市。2003 年入选国家级水利风景区。

龙子湖风景区 位于龙子湖区。龙子湖水面面积 8.4 平方千米，主要由龙湖、曹山、雪华山、西芦山及锥子山组成，是全国最大的城市内湖之一。分为北湖景区、南湖景区、西芦山景区、锥子山景区等四大景区，集自然景观、人文景观于一体。2003 年入选国家级水利风景区。

梅山水库水利风景区 位于金寨县县城南端。梅山水库是国家“一五”计划期间的重点工程，库区流域面积 1 970 平方千米，总库容 23.37 亿立方米，碧波荡漾，群峰侧映，植被茂盛，风光旖旎。天鹅岛、九王寨等景点妙趣天成，万寿桥、响山古寺等历史遗迹古色古香，还是一座物种丰富的天然动植物园。2004 年入选国家级水利风景区。

响洪甸水库水利风景区 位于金寨县响洪甸镇。占地面积 1 431 平方千米。响洪甸水库是 20 世纪 50 年代治理淮河水患的枢纽工程之一，以防洪灌溉为主，结合发电、城市供水、航运、水产养殖等功能的大型水利水电工程。不仅有旧六安州八景之一的“齐山拥雾”，还有名茶齐山翠眉、六安瓜片，青山湖鳜鱼为代表的淡水鱼，板栗、食用菌等土特产资源。2004 年入选国家级水利风景区。

蚌埠闸枢纽水利风景区 位于蚌埠市西郊。蚌埠闸是淮北地区唯一的一座水力发电站和淮河上最大的船闸，建于 1958 年，由节制闸、船闸、水力发电站、分洪道和千亩湿地公园组成，具有防洪、灌溉、航运、水力发电等综合功能，素有“淮河上的葛洲坝”之称。占地面积 5 平方千米，工程气势磅礴，自然景色优美，游览项目丰富。2004 年入选国家级水利风景区。

青龙湾水利风景区　位于宁国市西部。占地面积280平方千米，属于山地湖泊型景区。青龙湖是国家大型水利工程港口湾水库形成的人工湖泊，蓄水量9.41亿立方米，湖面延绵34平方千米，有38个岛屿，湖光山色、绚丽多姿。2004年入选国家级水利风景区。

花亭湖水利风景区　2004年入选国家级水利风景区。参见国家级风景名胜区——花亭湖风景名胜区。

横排头水利风景区　位于六安市区南部，地处千峰竞秀的大别山山麓。依托淠河总干渠源头的横排头水利枢纽工程而建，占地面积约50平方千米。横排头又名丰源湖，湖水通过进水闸流入淠河总干渠，浇灌安徽、河南广阔土地。这里有浪花飞溅的人工大瀑布、烟波浩渺的湖面、野趣横生的荒滩、峰回路转的群山、植被茂密的树林、十万白鹭栖息的生态园，更有举世瞩目的淠史杭水利枢纽工程建筑群，汇山川秀色与水域风情于一身，融雄险奇特与精巧玲珑于一域，被誉为“横排仙境”。2005年入选国家级水利风景区。

水门塘水利风景区　位于霍邱县城北部。水门塘水库是淠史杭灌区的一座中型反调节水库，库区面积3平方千米，库容1 040万立方米，塘内有46个防浪岛屿，被称为皖西“千岛湖”。分为五大景点，中为“业陂画阁”，东为“四园翠影”，西为“烟波含黛”，南为“蓼邑红楼”，北为“白鹭绿洲”。水门塘系楚令尹孙叔敖于公元前622年修建，已有2 600余年历史。2006年入选国家级水利风景区。

卢湖竹海风景区　位于广德市卢村乡。占地面积35平方千米，以卢湖为中心，由卢湖和笄山、甘溪两处漫无边际的竹林组成。卢湖即卢村水库，面积5.3平方千米，始建于20世纪70年代初期。自然生态景观秀美，人文景观众多，土特产品丰富。2007年入选国家级水利风景区。

桃花潭水利风景区　位于泾县桃花潭镇。桃花潭水光潋滟，潭岸怪石耸立，古树青藤纷披，春季桃花似火如霞，飞阁危楼隐约其中。潭东岸的东园古渡，系汪伦踏歌送别李白处，唐代诗人李白曾于此写下“桃花潭水深千尺，不及汪伦送我情”的千古绝唱。2008年入选国家级水利风景区。

摇铃秀水水利风景区 位于歙县境内。依托瑶岭水库而建。由生态农业和摇铃秀水景区构成，占地面积 5.6 平方千米。景区突出霸王山优势，开展了恐龙遗迹研究、洞窟勘探等工作。以生态农业为基础，以自然景观为依托，打造“科普园区、养生福地、度假天堂”的生态旅游基地。2009 年入选国家级水利风景区。

茨淮新河水利风景区 位于凤台县的淮河之滨。茨淮新河是治淮以来新辟的人工河道，1991 年完工，全长 134.2 千米，包括截引黑茨河和西淝河上游，流域面积 7 127 平方千米。依托茨淮新河（凤台段）而建，以万亩林带为主体，属于自然河湖型水利风景区。2009 年入选国家级水利风景区。

临淮岗工程水利风景区 位于霍邱县临淮岗乡。临淮岗工程是中国治淮 19 项骨干工程之一，也是国家“十五”计划的重点项目，是淮河上已建成的最大的水利枢纽工程。属于自然河湖型水利风景区，主要有临淮岗洪水控制主体工程、治淮丰碑广场、工程展示厅等景点。2009 年入选国家级水利风景区。

白鹭洲水利风景区 位于利辛县阚疃镇。占地面积 1.2 平方千米，其中水域面积 0.4 平方千米。以茨淮新河阚疃枢纽工程为中心，包括节制闸、船闸、抽水站等。基础设施健全，是一个集自然生态、休闲度假、水利文化展示和康体运动于一体的综合性景区。2009 年入选国家级水利风景区。

王家坝水利风景区 位于阜南县淮河、洪河、白露河三河交汇处。依托千里淮河第一闸王家坝闸而建。占地面积 11 平方千米，其中水域面积 9 平方千米，分为王家坝水利工程游赏区、王家坝抗洪纪念园区、望淮楼等八大区域。2010 年入选国家级水利风景区。

焦岗湖水利风景区 位于淮南市毛集社会发展综合实验区。依托焦岗湖而建，焦岗湖是淮河流域的天然淡水湖泊，面积 40 平方千米，水深长年保持在 1.8 米左右，有“淮河大湿地、华东白洋淀”之美誉。生态环境良好，有水生动植物上百种，已成为淮南旅游业的龙头和淮河风情旅游线上的重要节点。2010 年入选国家级水利风景区。

天子湖水利风景区 位于郎溪县姚村乡。依托天子门水库而建，占地面积105平方千米,属于水库型水利风景区。包括石佛山和天子湖两个景区。石佛山是皖东南佛教名山之一,山上的千年银杏树傲然挺拔,还有风动石、七丈岩、试剑石等各类奇石近百处。天子湖水域辽阔,湖畔有艺术创作中心、欧式别墅以及湖边宾馆等。2010年入选国家级水利风景区。

石门水利风景区 位于黄山风景区东部。依托石门水库而建,属于水库型水利风景区。以水利工程、石门峡谷、飞瀑为主景,融生态旅游、观光体验、休闲度假和科研教育等功能于一身。自然生态优越,植被条件良好,动植物种类繁多,人文景观丰富,有红军北上抗日留下的战斗遗迹、纪念碑,还有浓郁的徽州特色文化和民俗风情。2010年入选国家级水利风景区。

芜湖市滨江水利风景区 位于芜湖市城区西部的长江沿岸。依托长江防洪墙而建,属于城市河湖型水利风景区,占地面积36万平方米。利用长江雄伟壮丽的自然水文景观,结合音乐喷泉、人造瀑布、水幕电影等人造景观及周边的历史、人文、宗教等资源,将防洪墙融入滨江景观。2011年入选国家级水利风景区。

淠河水利风景区 位于六安市区。以月亮岛为核心,依托老淠河和淠河总干渠(新淠河)两条河流而建。占地面积29.48平方千米,其中水域面积16.27平方千米,两岸绿地城市生态带3.3平方千米。既有广阔的水域、璀璨的岛屿等自然景观,又有古城墙、皖西文化墙等人文景观。2011年入选国家级水利风景区。

天峡水利风景区 位于岳西县河图镇。依托10千米长的自然河谷和天峡湖、天佛湖水库而建,占地面积14.4平方千米。拥有高山湿地、蜿蜒的河谷以及悬崖峭壁,植被覆盖率90%以上。2012年入选国家级水利风景区。

白鹭岛水利风景区 位于来安县舜山镇。依托练子山水库而建,占地面积28平方千米,森林覆盖率达90%。峰峦叠翠的练子山、秀色宜人的舜歌山、绿竹环绕的大庵寺、香烟弥漫的孔雀寺、鬼斧神工的一线天、古色古香的赏鹭亭等景观景点众多,蔚为壮观。2012年入选国家级水利风景区。

襄河水利风景区 位于全椒县城内襄河两岸。依城傍水,全长9.7千米,汇集了自然景观、水利工程、观光休闲、健身娱乐等多种元素和功能,拥有蒙学文化长廊、儒林文化长廊、新襄河等景观,是一座富有浓郁现代气息的开放式公益性带状城市公园。2014 年入选国家级水利风景区。

大别山彩虹瀑布水利风景区 位于岳西县黄尾镇。占地面积 40 平方千米,以华东地区最大的梦幻彩虹瀑布和原生态猴河峡谷为主体,拥有众多的河心洲、小岛。彩虹瀑布高 80 米,宽 30 米,水流自猴子崖飞泻而下,阳光透过水雾呈现出一道道绚丽的彩虹。猴河峡谷悬崖峭壁,人迹罕至,至今仍保存原生态。2014 年入选国家级水利风景区。

岱山湖水利风景区 位于肥东县古城镇。依托岱山中型水库而建,属于水库型水利风景区。占地面积 50 平方千米,其中水域面积 6.43 平方千米。岱山湖离城较远,四周为乡村田野,清纯自然。山水交融、环境宜人,被誉为合肥的名片及后花园。2014 年入选国家级水利风景区。

八里河水利风景区 2014 年入选国家级水利风景区。参见全国农业旅游示范点——颍上县八里河风景区。

合肥滨湖水利风景区 位于包河区境内。依托巢湖大堤、淝河大堤、派河大堤而建,占地面积 124 平方千米,其中水域面积 71 平方千米,属于城市河湖型水利风景区。现有植物 205 种、动物 173 种,初步形成了林水相映、水绿交融的生态景观格局,成为合肥主城区与巢湖之间的重要生态屏障。2015 年入选国家级水利风景区。

悠然蓝溪水利风景区 位于金安区三十铺镇。依托猴枣树水库而建,属于水库型水利风景区。占地面积 2.16 平方千米,其中水域面积 0.7 平方千米。围绕皋陶“吉、寿、宾、军、嘉”五礼文化,形成了“吉礼——文化体验、寿礼——康体养生、军礼——运动休闲、宾礼——商务会议、嘉礼——民俗风情”等五大旅游内容。2015 年入选国家级水利风景区。

横江水利风景区 位于休宁县海阳镇。依托横江水环境综合治理项目、万安坝和川湖坝而建,占地面积 4.91 平方千米,其中水域面积 2.04 平方千米,属于城市河湖型水利风景区,充分展现了防洪、水利、景观和旅游的综合性功能。2015 年入选国家级水利风景区。

古雷池水利风景区　位于望江县境内。依托武昌湖、岚杆湖、褒隐寺水库和宝塔河而建，占地面积 177 平方千米，其中水域面积 117 平方千米，属于自然河湖型水利风景区。由地文、生物、水文、人文、工程五大景观组成，以望江历史文化为特色，正在打造集水利功能、生态功能、休闲度假、游览观景等于一体的综合型水利风景区。2015 年入选国家级水利风景区。

九华天池水利风景区　2015 年入选国家级水利风景区。参见国家生态旅游示范区——池州市九华天池风景区。

奇墅湖水利风景区　位于黟县宏村镇。依托宏村左村街水系、葵山溪和东方红水库而建，占地面积 10.3 平方千米，其中水域面积 2.2 平方千米，属于自然河湖型水利风景区。以水域和相关水利工程设施为载体，建设以“原生态的山水风貌、皖南山区的田园风光、古村落的人工水系、古徽州的乡村风情”为特色的休闲养生佳地。2016 年入选国家级水利风景区。

新汴河水利风景区　位于宿州城区北部。依托具有千年历史的古汴河及 20 世纪 60 年代末重新开挖的新汴河而建，属于城市河湖型水利风景区。新汴河是淮北平原上人工平地开挖的一条高排水河道，干流全长 127.1 千米，是一条兼具防洪、排涝、灌溉、航运等功能的综合性利用河道，已成为集防洪蓄水、生态科普、文化娱乐、休闲健身等功能于一体的大型综合性景区。2016 年入选国家级水利风景区。

水韵水利风景区　位于湾沚区陶辛镇。依托陶辛圩工程而建，占地面积 33 平方千米，属于灌溉型水利风景区。主要分为入口集散管理区、养老养生度假区、农业种养观光区、文化休闲体验区等四大功能区。利用水文景观、生物景观、工程景观等资源，打造集观光旅游、休闲度假、康体疗养、科普教育等为一体的皖江城市休闲带。2016 年入选国家级水利风景区。

杏花村水利风景区　位于池州市城区。依托秋浦河、杏花联湖、谷潭湖等河湖资源而建，占地面积 35 平方千米，其中水域面积 13.8 平方千米，属于自然河湖型水利风景区。结合杏花村等众多历史人文景观，突出展示盛唐诗酒、山水农耕、传统民俗和江南村落“四大文化”，打造原生态、深呼吸、慢生活的旅游目的地。2016 年入选国家级水利风景区。

燕子河大峡谷水利风景区　位于金寨县燕子河镇。依托燕子河大峡谷、丰坪水库而建，属于自然河湖型水利风景区。燕子河大峡谷全长约 4 800 米，河谷最高峰海拔 568 米，最低处海拔约 350 米，奇石怪潭、险峰绝壁、陡崖飞瀑、云雾缥缈，四季景色各显风韵。2016 年入选国家级水利风景区。

三河水利风景区　位于肥西县三河镇，地处巢湖之滨。依托杭埠河、丰乐河、小南河及其圩田水系而建，属于自然河湖型水利风景区。占地面积 18.87 平方千米，其中湿地面积 16.83 平方千米，湿地率为 89%。结合水体资源和水利工程，完善防洪、排涝、观光、休闲等多种功能。2017 年入选国家级水利风景区。

大浦水利风景区　位于南陵县许镇镇。依托青弋江分洪道水利工程而建，属于自然河湖型水利风景区。占地面积 16 平方千米，其中浦西湖、池湖两大湖泊面积共 2.7 平方千米。经多年开发，现已形成集农事体验游、农业观光游、科普教育游等于一体的水利风景区。2017 年入选国家级水利风景区。

牯牛降水利风景区　位于石台县与祁门县交界处。牯牛降古称“西黄山”，是黄山山脉向西延伸的主体，以雄、奇、险、秀著称，山岳风光秀美绮丽。占地面积 67 平方千米，拥有牯牛湖、牯龙湖、九龙溪、湘东河等水域，属于自然河湖型水利风景区。牯牛湖是一个小型水库，大坝处于两山狭窄处，高 40 米，一条引水渠从峡谷的空中巨龙般横跨两山，水渠上建有长长的廊桥，廊桥幽深静僻，两岸曲径通幽。2017 年入选国家级水利风景区。

十七、世界地质公园

黄山世界地质公园　位于黄山区汤口镇。黄山原名“黟山”，因峰岩青黑、遥望苍黛而名。山体呈峰林结构,有 36 大峰,36 小峰,主峰莲花峰海拔 1 873 米,与光明顶、天都峰并称黄山三大主峰。黄山集 8 亿年地质史于一身,融峰林地貌、冰川遗迹于一体,兼有花岗岩造型石、花岗岩洞室、泉潭溪瀑等丰富而典型的地质景观。2004 年入选世界地质公园。

天柱山世界地质公园 位于潜山市境内。占地面积 135.12 平方千米。地处扬子、华北板块接合部位,记录了两大板块俯冲、碰撞的演化过程。以属于全球范围内规模最大、剥露最深、出露最好、超高压矿物和岩石组合最为丰富的大别山超高压变质带的经典地段而享誉世界,是研究大陆动力学的最典型地区之一。郯庐断裂带上的花岗岩地貌景观,被誉为中国"天柱山型"花岗岩地貌。出土古新世哺乳类动物化石,被公认为是"亚洲哺乳动物发源地之一,古脊椎动物化石宝库"。2011 年入选世界地质公园。

九华山世界地质公园 位于青阳县九华镇。占地面积 139.7 平方千米。山峰与丘陵、盆地地貌创造了形态各异的花岗岩石峰和北纬 30°亚热带山地生态环境。九华山绵亘 100 余千米,最高的十王峰海拔 1 342 米,素有"东南第一山"之称。九华山山体地处皖南断块隆起的中心部位,亿万年前形成的花岗岩组成众多错落有致、大小悬殊的中山、低山和丘陵,形成以峰为主、盆地峡谷、溪涧泉流交织其中的独特地貌景观。2019 年入选世界地质公园。

十八、国家地质公园

齐云山国家地质公园 位于黄山市境内。占地面积 110 平方千米。丹霞地貌类型齐全,属于峰丛式丹霞地貌,奇峰峥嵘,怪石嶙峋,代表了距今约 9 000 万年晚白垩世以来在地貌发展过程中正在进行的地质作用的模式之一。白垩纪地层中富含古生物化石,恐龙足迹、恐龙蛋化石、恐龙骨骼化石三位一体的恐龙化石群实属罕见。2002 年入选国家地质公园。

八公山国家地质公园 位于淮南市境内。占地面积120平方千米,以形成于距今5.1亿—5.4亿年前的寒武系下、中统剖面及丰富的古生物化石为特色。2000年,中科院考古队在八公山又发现了古猿牙齿化石,距今300多万年。2002年入选国家地质公园。

浮山国家地质公园 位于枞阳县北部。占地面积76.7平方千米。浮山因"东西南北皆水汇""山浮水面水浮山"而得名,以独特的火山地质地貌、摩崖石刻、河湖风光而著称于世。在侏罗纪晚期至白垩纪早期的近4 000万年时间里,这里发生多次火山喷发,形成了奇特的火山地貌。浮山为白垩纪(距今6 500万—1.35亿年)火山喷发形成的破火山。2002年入选国家地质公园。

牯牛降国家地质公园 位于祁门县境内。占地面积67平方千米。有多期次侵入的复式花岗岩岩体构成的花岗岩峰丛地貌,有流水淘蚀形成的花岗岩洞穴,有泉、潭、瀑布等水文地质景观,有青白口纪地层剖面。2004年入选国家地质公园。

大别山(六安)国家地质公园 位于霍山县南部,西邻河南,南与湖北交界。由金寨县的天堂寨、燕子河大峡谷、红石谷,霍山县的铜锣寨、白马尖、佛子岭,舒城县的万佛湖、万佛山,金安区的东石笋、嵩寮岩、皖西大裂谷等11个园区组成,占地面积450平方千米。拥有花岗岩地貌、变质岩地貌、丹霞地貌等多种地貌,地质景观多彩多姿,地质遗迹鬼斧神工。2005年入选国家地质公园。

韭山国家地质公园 位于凤阳县南部。占地面积55平方千米,包括狼巷迷谷、韭山洞、卧牛湖和柳泉寺四个园区。地貌为密网状岩溶构造。在新构造运动作用下,凤阳山脉在断块抬升过程中,节理面被拉开和错移,长期遭受风化侵蚀和溶蚀,最终形成纵横交错的溶沟,还有一线天、落水洞、溶洞等喀斯特景观。2009年入选国家地质公园。

丫山国家地质公园 位于南陵县何湾镇。占地面积37平方千米,是我国著名的岩溶地貌风景区,地质遗迹丰富,地质景观独具特色。由花海石林景区、天坑园区、南山园区三个景区组成。花海石林景区有大量典型的岩溶地貌和珍稀动植物;天坑园区以天坑为主体,以惊、险、奇为主要特色,有大量的溶洞景观;南山园区积极发展旅游商业。珍稀植物资源丰富,动物物种主要为两栖纲、爬行纲和哺育纲。2011 年入选国家地质公园。

太极洞国家地质公园　2011 年入选国家地质公园。参见国家级风景名胜区——太极洞风景名胜区。

磬云山国家地质公园　位于灵璧县渔沟镇。占地面积 4.25 平方千米,由磬云山和崇山两大景区组成。岩溶地貌广泛分布,地质遗迹的最大特色是灵璧石、臼齿构造、震积岩。磬云山为灵璧石的原产地,遗存有磬石、白灵璧、珍珠石、叠层石等多类品种,不同品种揭示不同的沉积环境,被誉为“上古时代地球演变的‘黑匣子’”。2014 年入选国家地质公园。

马仁山地质公园　位于繁昌区孙村镇。占地面积 3.3 平方千米,风景奇特,文化底蕴深厚。拥有典型的火山岩地貌景观,集奇峰、岩洞、怪石、岩壁、泉水于一身,是华东地区火山岩地貌体系最完整、地貌景观最美的地点之一。2014 年入选国家地质公园。

十九、国家森林公园

琅琊山国家森林公园　位于琅琊区境内。占地面积 115 平方千米。植被类型为天然次生林和人工林、针叶林和阔叶林,呈块状、带状混交,森林覆盖率 85%以上。1985 年入选国家森林公园。

黄山国家森林公园　位于黄山区汤口镇。占地面积 116.87 平方千米,由太平湖、黄山林场、黄荆岛、密岩关等景区景点组成。生态系统稳定平衡,植物群落完整而垂直分布,森林覆盖率 85%,植被覆盖率 93%。有高等植物 1 805 种,有黄山松、黄山杜鹃、天女花等珍稀植物,首次在黄山发现或以黄山命名的植物有 28 种。1987 年入选国家森林公园。

天柱山国家森林公园 位于潜山市西部。占地面积 304.02 平方千米，其中主景区面积 102.72 平方千米，森林覆盖率达 97%以上。拥有大片人工林，百年古树 2 000 多棵。有植物 1 638 种，野生动物有虎、金钱豹、小灵猫等，鸟类有长尾雉、黑喜鹊、画眉等，水中还有各种鱼类如娃娃鱼（大鲵）等。1992 年入选国家森林公园。

九华山国家森林公园 位于青阳县九华镇。林地面积约 79 平方千米，森林覆盖率 49%。分布维管植物 1 400 余种，其中珍稀树木有银杏、香果、青檀等。花卉有兰花、金步摇、仙桂等百余种，名贵药材有天麻、贝母、杜仲等。还有兽类动物 48 种，两栖类动物 13 种，爬行类动物 24 种，鸟类 168 种。1992 年入选国家森林公园。

皇藏峪国家森林公园 位于萧县境内。汉高祖刘邦曾避难于此，故名“皇藏峪”。占地面积约 22.7 平方千米。皇藏峪为陶墟山系南部的剥蚀低山丘陵，山岩为石灰岩体，有许多天然洞穴及井泉、山石景观。公园由瑞云寺景区、天门寺景区、樱桃沟景区、竹林寺景区和倒流河遗址区组成，不仅繁衍着松柏、黄桑、青檀等百余种木本和草本植物，有多种鸟类在此栖息，还有珍奇的皮毛兽水獭、黄鼬、狐狸等。1992 年入选国家森林公园。

徽州国家森林公园 位于歙县县城西部。占地面积 53 平方千米，由实验林场、岩寺特种经济林场、清凉峰自然保护区组成。植物垂直分布，属于中亚热带常绿（落叶）阔叶林带，野生动物物种丰富多样。1992 年入选国家森林公园。

大龙山国家森林公园 位于宜秀区境内。占地面积 40.18 平方千米，山体具有典型的球状花岗岩地貌兼湖泊景观特色。境内有山峰 84 座，其中 600 米以上的山峰 23 座，最高海拔为 693 米。地处暖温带落叶阔叶林与亚热带常绿阔叶林自然分布的过渡地带，植被以人工林为主，森林覆盖率高，动植物资源丰富。分为灵山石树、日照峰、龙山第一刹等七个景点，是一个以森林、山岳、奇峰、异石等自然景观为主、人文景观为辅的郊野型国家森林公园。1992 年入选国家森林公园。

紫蓬山国家森林公园 位于肥西县紫蓬镇。占地面积 10.02 平方千米，植被类型主要为针阔混交林和阔叶纯林，森林覆盖率 96%以上。有紫蓬山、圆通山、周公山、大潜山等大小山峰 100 余座，还有孔雀松、仙人洞等奇观，佛园、佛像墙等古迹，是合肥市近郊具有代表性的森林生态区和休闲旅游之地。1992 年入选国家森林公园。

皇甫山国家森林公园 位于滁州市南谯区。因南唐大将皇甫晖在此屯兵而得名。群峰奔凑，绵延起伏，山下幽谷深邃，溪流潺潺，山间花香鸟语，藤树缠绕。最高峰北将军岭海拔 399.2 米，为皖东北第一峰。占地面积近 90 平方千米，森林覆盖率 96%，拥有江淮地区保存最完整、面积最大的原始次生森林景观带。1992 年入选国家森林公园。

天堂寨国家森林公园 位于金寨县西南处。主峰天堂寨海拔 1 729 米，系大别山第二高峰。地质主体为燕山期形成的中酸性花岗岩，基底岩层为古老的大别山杂岩，地质年龄达 26.6 亿年，地质遗迹丰富。占地面积 120 平方千米，有瀑布 100 多道，森林覆盖率 95%。天然原始森林古木参天，隐天蔽日，有维管植物 1 400 多种、动物 120 多种。1992 年入选国家森林公园。

鸡笼山国家森林公园 位于和县境内。占地面积 4 500 平方千米。因群山环拱，一峰独雄状若鸡笼而得名。地貌以低山丘陵为主，森林覆盖率高，地带性植被以亚热带落叶阔叶林为主，含少量乔灌木树种的落叶与常绿混交林。1992 年入选国家森林公园。

冶父山国家森林公园 位于庐江县境内。冶父山因春秋战国时期欧冶子曾在此为楚王铸龙泉剑而得名。占地面积 8 平方千米。植被以北亚热带常绿阔叶林和落叶林混交共生为主。冶父晴岚、湖山一览、龙池映月等景观，构成一幅清新自然的山水画卷。1992 年入选国家森林公园。

太湖山国家森林公园 位于含山县铜闸镇。占地面积 18.13 平方千米。由 20 座秀丽山峰组成，主峰太湖山海拔 450 米，主要为砂岩、石灰岩、峰林地貌。地处亚热带季风气候区，植被多为落叶阔叶林和常绿阔叶林，有木本植物300余种,药用植物500余种,野生动物100余种。1992年入选国家森林公园。

神山国家森林公园 位于全椒县六镇镇。占地面积2 200平方千米。植被类型为天然次生林,多为天然阔叶林与人工常绿针叶混交林。拥有皖东稀有的清苏、青檀等名木古树和省级保护动物杜鹃、金丝燕等野生动物。主要景点有白石泉、神山湖、览胜塔等,还有已存在1 200多年的神山寺。公园是一座融秀水、奇石、溶洞、古寺为一体的郊野公园。1992年入选国家森林公园。

妙道山国家森林公园 位于岳西县西南部。妙道山是佛教禅宗临济祖师的寓修地,时人称为“妙光善道”“妙道山”因此得名。占地面积30平方千米,分为聚云峰、祖师峰、紫柳园、南溪源、龙门峡谷五大景区。大面积天然次生林保存完好,珍稀植物有鹅掌楸、香果树、蓝果树等60余种,生长在高山之巅沼泽地上的千年紫柳极为罕见;珍稀动物有娃娃鱼、金钱豹等20多种。1992年入选国家森林公园。

天井山国家森林公园 位于无为市蜀山镇。因山顶有一口天井终年不枯不溢而得名“天井山”。占地面积12平方千米,林海茫茫,山谷纵横,著名的山峰有灵壁、陡壁、天井山等。原先寺庵较多,香火旺盛,今仅存双泉寺和青苔寺。1992年入选国家森林公园。

舜耕山国家森林公园 位于长丰县境内。占地面积25.3平方千米,林木繁茂,林相整齐,是城区居民野营、避暑胜地。主要有秀峰、怪石、涌泉、洞穴等自然景观,以及古寺庙遗址、古寨及跑马场遗址等人文景观。1992年入选国家森林公园。

石莲洞国家森林公园 位于宿松县境内。占地面积14.8平方千米,森林覆盖率高。分为河西山、孚玉山、仰角尖、罗汉尖四大景区,共有自然景观100多处,人文景观50余处。地貌以低山为主。有野生动物80多种,植物500余种,是一个以森林景观为主,兼有城市娱乐功能的综合型的森林公园。1992年入选国家森林公园。

浮山国家森林公园 1992年入选国家森林公园。参见国家地质公园——浮山国家地质公园。

齐云山国家森林公园 位于休宁县境内。占地面积约60平方千米,森林覆盖率67%。以低山高丘为主,峰峦四起,峭壁耸立。森林植被类型为亚热带常绿阔叶林,优势树种有青冈栎、绵柯、紫楠等。共有蕨类植物91种,有兽类动物49种,鸟类200余种,爬行类45种,鱼类17种,昆虫700余种,两栖类20余种。属于国家重点保护的动物有26种。1993年入选国家森林公园。

韭山国家森林公园 位于凤阳县南部山区。韭山又名"九山""鸠山",因地暖多野韭而得名。占地面积55平方千米。地处南北植物区系过渡地带,山地母岩多为石灰岩,喀斯特地貌发育,形成了洞泉结合、山水相融的景观。1993年入选国家森林公园。

横山国家森林公园 位于广德市境内。由小平山、大横山、小横山、石头山和长山岭五座山峰组成,五峰呈南高北低、西高东低之势横卧于地,故名"横山"。地处天目山、黄山山脉余脉的丘陵岗地过渡地带,地貌以山地为主。占地面积10平方千米,植被以人工林为主,是一个以森林景观为主体,以祠山文化、竹藤文化为主要特色的景区。1994年入选国家森林公园。

敬亭山国家森林公园 位于宣城市城北的水阳江畔。地属黄山支脉,大小山峰60余座,主峰名"一峰",海拔317米。占地面积20平方千米,由双塔景区、独坐楼景区、一峰景区、宛陵湖景区、白马湖景区等五大景区二十几处景点组成。现存大多为新中国成立后营造的人工林。拥有很多珍稀动物,包括国家一级保护野生动物扬子鳄和敬亭特有的敬亭蝾螈以及天鹅、竹园鸟。敬亭山自古为诗人之地,李白、谢朓、白居易、欧阳修、苏轼等300多名文人雅士留下了数以千计的动人篇章和珍贵墨迹。1996年入选国家森林公园。

八公山国家森林公园 位于淮南市境内。"八公山"之名源于汉代淮南王刘安及其八个门客得道成仙的故事,主峰海拔241米。占地面积200多平方千米,主要景点有四顶山奶奶庙、淮南王墓、珍珠涌泉等。有植物 300 余种,动物 50 余种。2002 年入选国家森林公园。

万佛山国家森林公园 位于舒城县境内。占地面积 20 平方千米。地处北亚热带湿润季风气候,植被类型为亚热带常绿阔叶林带,有 1 368 种维管植物,其中分布着香果树、银缕梅等 25 种国家保护野生植物,还栖息着香獐、金钱豹、娃娃鱼等 10 余种国家保护野生动物。分为清凉涧、飞龙瀑、老佛顶三大景区。2002 年入选国家森林公园。

水西国家森林公园 位于泾县泾川镇。占地面积 21.5 平方千米,由水西、狮子山、象山、湖山坑、百岭坑和沿江等六大景区组成。蕴藏着丰富的动植物资源,包括紫楠、红椿、银杏等稀有珍贵植物,梅花鹿、云豹等野生动物。2004 年入选国家森林公园。

青龙湾国家森林公园 位于宁国市西部。占地面积 27.3 平方千米。属于北亚热带季风亚湿润气候,四季分明,气候宜人。青龙湾是修建大型水利工程港口湾水库而形成的人工水库,湖面延绵 34 平方千米,有 38 个岛屿。公园内有无数的奇花异木,珍稀动植物繁多。2004 年入选国家森林公园。

上窑国家森林公园 位于淮南市上窑镇。占地面积 10.4 平方千米。地处北亚热带与暖温带落叶阔叶林区,植物种类达 139 种,植被多为人工栽植和天然次生。有陆生脊椎动物 22 种,其中国家一、二级保护野生动物 4 种。境内有大小山峦 30 多座,分为洞山怀景区、树木园景区、石棚景区和香山景区。2005 年入选国家森林公园。

马仁山国家森林公园 位于繁昌区孙村镇。占地面积 3.3 平方千米。植被类型为天然阔叶林,有完好的森林生态环境和丰富的森林植被景观。共有 600 余种植物。2008 年入选国家森林公园。

大蜀山国家森林公园 位于蜀山区境内。占地面积 10.03 平方千米。大蜀山属于溢出型死火山,山峰孤突,海拔 284 米,是合肥市城区最高点。森林公园主体景区为人工培植的针阔混交林和阔叶纯林,共有维管植物 756 种,动物有斑鸠、画眉、草兔、刺猬等。2013 年入选国家森林公园。

合肥滨湖国家森林公园　位于包河区境内。占地面积10.72平方千米，其中森林面积7.99平方千米，是安徽省内最大的城市水网森林。森林上层以杨树为主，辅以水杉、女贞、湿地松等；中层以次生的香樟、桑树、乌桕等为主；林下由棕榈、木芙蓉、藤蔓等植被组成，形成多层次的植物群落系统。2014年入选国家森林公园，是中国第一个由退耕还林的人工林修复而建成的国家级森林公园。

塔川国家森林公园　位于黟县宏村镇。塔川村依山而建，飞檐翘角的古民居层层叠叠、错落有致，远远望去像一座宝塔矗立在山谷之中，一条清澈的小溪穿村潺潺流过，故名“塔川”。占地面积21.3平方千米，山、林、水、古树、古村落多元素高度聚集，拥有塔川秋色、木坑竹海、江南山居等景观。2017年入选国家森林公园。

老嘉山国家森林公园　位于明光市张八岭镇和石坝镇交界处。老嘉山海拔332.4米，植被为原始次生林。占地面积36.2平方千米。分为三大片区，一是西部大横山片区，以造型奇特的红砂岩地质奇观、保存完好的元代法华禅庵塔为主要特色；二是中部栖风湖片区，以风光旖旎的栖凤湖美景为主要特色；三是东部老嘉山片区，以苍翠优美的森林植被景观为主要特色。2017年入选国家森林公园。

马家溪国家森林公园　位于旌德县境内。占地面积21.5平方千米，是一个以森林自然景观为主体，兼与红色旅游、徽派古民居绝妙融合的山岳型森林公园。森林资源丰富多样，现有维管植物1 235种，其中国家一级保护植物6种，国家二级保护植物31种；动物358种，其中国家一级保护动物4种，国家二级保护动物21种。2017年入选国家森林公园。

相山国家森林公园　位于相山区境内。占地面积102平方千米，属于城市型森林公园。公园由天然森林和人工森林覆盖，主要的植物群落类型有以禾本科植物为优势种的草丛，以扁担木、酸枣等为优势种的灌丛或灌草丛，局部发育良好的人工侧柏林和混交林。2019年入选国家森林公园。

二十、国家湿地公园

太平湖国家湿地公园　2014年入选国家湿地公园。参见国家级水利风景区——太平湖风景区。

菜子湖国家湿地公园　位于宜秀区罗岭镇。占地面积25.4平方千米，其中湿地面积23.6平方千米，湿地率为93%。菜子湖是候鸟迁徙停歇地、越冬地和繁殖地，有鸟类142种，水鸟总数约10万只，其中属于国家重点保护的12种。如今已成为安庆市城郊湿地休闲中心，也是皖江城市开展生态旅游的一处亮点。2015年入选国家湿地公园。

嬉子湖国家湿地公园　位于桐城市嬉子湖镇。占地面积54.5平方千米，其中湿地面积43.1平方千米，湿地率为84%。嬉子湖是桐城市唯一的天然湖泊，属于淤积浅水型淡水湖泊。具有以湖泊湿地为主，河流以及水稻田、池塘等人工湿地并存的多种湿地类型。2015年入选国家湿地公园。

两湾国家湿地公园　位于界首市代桥镇。占地面积5.04平方千米，其中湿地面积3.20平方千米，湿地率为63%。主河道泉河水资源充沛，是当地重要的淡水水源。两湾湿地和周边纵横交错的“八沟”浑然一体，形成独特的生物群落，成为许多野生动物特别是水禽类繁育的天然场所。有多样的湿地植物群落，生物多样性丰富。2015年入选国家湿地公园。

西淝河国家湿地公园　位于利辛县境内。占地面积7.91平方千米，其中湿地面积4.46平方千米，湿地率为56%。分为河流湿地、湖泊湿地、沼泽湿地、人工湿地四大湿地类和永久性河流、永久性淡水湖、草本沼泽、库塘、稻田五个湿地型。多样的湿地类型和良好的生境状况，为野生动植物提供了良好的生存环境，孕育了丰富的多样性生物。2015年入选国家湿地公园。

沙颍河国家湿地公园　位于太和县境内。公园主体为耿楼河道湿地，占地面积7.14平方千米。沙颍河湿地是永久性的河流湿地，湿地河流、沟渠、沼泽集中连片，原有生态环境保持完整，形成了相对完备的复合型湿地系统，发挥着行洪、灌溉、航运、净化水质、调节气候、维护区域生物多样性等重要的生态功能。2015年入选国家湿地公园。

王家坝国家湿地公园 位于阜南县境内。依托濛河分洪道而建，占地面积56.64平方千米，其中湿地面积53.71平方千米，湿地率为95%。包括河流湿地、洪泛湿地和人工湿地三大湿地类型，其中以洪泛湿地为主体。处于中国南北两大植物区系的过渡与汇集的特殊地区，动植物资源丰富，有维管植物377种，野生动物140种。2015年入选国家湿地公园。

花亭湖国家湿地公园 位于太湖县境内。占地面积218.41平方千米，其中湿地面积108平方千米。以花亭湖水库为主体的人工库塘型湿地，是长江水系皖河支流深水性高山峡谷型人工湖泊的典型代表。主要植物群落有大薸群落、细果野菱群落、水鳖群落、莲群落等，形成了典型的库塘湿地植被景观。维管植物多达1 290种，其中国家级保护野生植物21种，国家级保护野生动物20种。2015年入选国家湿地公园。

迪沟国家湿地公园 2015年入选国家湿地公园。参见全国农业旅游示范点——迪沟生态旅游风景区。

三河国家湿地公园 2015年入选国家湿地公园。参见国家级水利风景区——三河水利风景区。

横江国家湿地公园 2015年入选国家湿地公园。参见国家级水利风景区——横江水利风景区。

焦岗湖国家湿地公园 2015年入选国家湿地公园。参见国家级水利风景区——焦岗湖水利风景区。

颍州西湖国家湿地公园 位于颍州区境内。占地面积6.66平方千米，其中湿地面积4.86平方千米，湿地率为73%。以深水湖泊为主，包括滩涂、河流、河口、浅滩等多种湿地类型。生物多样性丰富，是候鸟迁徙停歇之地，也是阜阳市脊椎动物集中分布地之一。多样的湿地景观、多彩的浅滩湿地、宽阔纯净的湖面、人文积淀的名胜古迹,构成了颍州西湖的美丽画卷。2016年入选国家湿地公园。

石龙湖国家湿地公园 位于泗县大路口乡。占地面积16.95平方千米。湿地正常水域面积约6.67平方千米,汛期水域面积20平方千米,湖泊最深处约10米,湿地生态系统保存完好。兼有河流、湖泊和沼泽等多种湿地类型,湿地水质优良,动植物种类繁多,拥有大面积的芦苇、睡莲、荷花等野生植物,青鱼、鲶鱼、草鱼、鲢鱼等近百种野生鱼类,栖息着大白鹭、芦苇莺、布谷鸟等几十种鸟类,还有獾、刺猬、狐等野生动物。2016年入选国家湿地公园。

三汊河国家湿地公园 位于淮上区境内。占地面积8平方千米,其中湿地面积6平方千米,湿地率为75%。有沼泽湿地、湖泊湿地、河流湿地和库塘湿地类型,是淮河流域湿地中保存较好的一块未受污染的自然湿地。生物资源丰富多样,共有维管植物193种,鱼类19种,两栖、爬行动物27种,鸟类103种,在调节径流、蓄洪防旱、净化水源、调节气候等方面有不可替代的作用。2016年入选国家湿地公园。

秋浦河源国家湿地公园 位于石台县境内。占地面积18.5平方千米,是由秋浦河上游、鸿陵河部分河段及公信河等构成的自然与人工复合湿地系统,属于山区河流湿地类型,包括永久性河流和洪泛平原两个湿地型。秋浦河历史悠久,湿地生态系统保存完好,野生动植物资源丰富。2016年入选国家湿地公园。

道源国家湿地公园 位于涡阳县境内。占地面积8.49平方千米,其中湿地面积4.26平方千米,湿地率为50%。公园主体为因煤矿开采导致地面持续塌陷而形成的湖泊湿地以及涡河、武家河常年径流而形成的河流湿地。湖泊湿地、河流湿地、草本沼泽湿地与库塘、输水河等人工湿地交互镶嵌,形成复合型湿地。生态系统组成完整,动植物资源较为丰富,是皖北地区脊椎动物集中分布地之一。2017年入选国家湿地公园。

平天湖国家湿地公园 位于贵池区境内。占地面积29平方千米,其中湿地面积21平方千米。有湖泊湿地、河流湿地、人工湿地和沼泽湿地四种湿地类,湖泊湿地类为永久性淡水湖湿地型,河流湿地类有永久性河流湿地型,人工湿地类有水产养殖场、人工输水河和库塘三种湿地型,沼泽湿地类主要是草本沼泽湿地型。亚热带季风气候,低山丘陵和滨江湖泊相依,形成了独特的生境类型,孕育了丰富的动植物资源,现有植物 256 种,鸟类 179 种,兽类 20 种,鱼类 38 种,两栖动物 6 种,爬行动物 15 种,其中国家一、二级保护动物 30 余种。2017 年入选国家湿地公园。

淠河国家湿地公园 2017 年入选国家湿地公园。参见国家级水利风景区——淠河水利风景区。

北淝河国家湿地公园 位于蒙城县境内。占地面积 13.67 平方千米,其中湿地面积 8.95 平方千米,湿地率为 66%。包括北淝河蒙城段长 34 千米河道及许疃煤矿塌陷区及连接两者的公益沟、双村沟和雪枫湿地公园。野生动植物资源丰富,已发现国家级保护野生动物猫头鹰、黑喜鹊、大山雀等。湿地公园以流域湿地资源保护、平原塌陷区湿地生态保育、生态农业种植示范、传承庄子生态思想和红色文化为建设目标。2016 年入选国家湿地公园(试点)。

董铺国家湿地公园 位于庐阳区境内。以生态保护为主的城区型湿地公园,占地面积 46.67 平方千米,其中湿地面积 29.50 平方千米,湿地率为 63%。包括河流湿地、人工湿地两大湿地类,永久性河流湿地、洪泛平原湿地、库塘湿地三个湿地型。公园以董铺水库为主,董铺水库是一座以城市防洪为主、结合城市供水、郊区农业灌溉等综合利用的大型水库,也是合肥市饮用水源地。2016 年入选国家湿地公园(试点)。

管湾国家湿地公园 位于肥东县梁园镇。占地面积 6.64 平方千米,其中湿地面积 4.13 平方千米,湿地率为 62%。包括人工湿地和河流湿地两个湿地类,内陆滩涂、永久性河流、库塘湿地三个湿地型。管湾水库水面开阔、水质优良、河网密布,共记录鸟类 107 种,其中小天鹅为国家二级保护鸟类。2016 年入选国家湿地公园(试点)。

潜水河国家湿地公园 位于潜山市境内。以潜水河干流为主体,占地面积14.5平方千米,其中湿地面积10.44平方千米,湿地率为72%。潜水河是长江的二级支流,水质优良,是潜山市的饮用水源地。有山区河流、平原河流两种生境类型,孕育了丰富的野生动植物资源,自然风景优美。2017年入选国家湿地公园(试点)。

泉水湾国家湿地公园 位于阜阳市颍泉区。包括老泉河河道、西湖闸和泉颍闸之间的泉河河道以及古颍州西湖遗迹,占地面积6.12平方千米,其中湿地面积3.75平方千米,湿地率为61%。随着湿地公园的建设,泉河将成为一条靓丽的风景线,成为阜阳市一张优美的生态名片。2017年入选国家湿地公园(试点)。

巢湖半岛国家湿地公园 位于巢湖市境内。占地面积10.52平方千米,其中湿地面积6.23平方千米,湿地率为59%。包括花塘河湿地、烔炀河湿地、鸡裕河湿地以及沿湖滩涂,以河流湿地、湖泊湿地、人工湿地为主。多种湿地类型、特有的动植物资源,构成了绚丽多彩的湿地景观。近400种野生植物、100余种野生动物,成为摄影、写生作画的基地。建有鸟文化博物馆、4D球幕鸟类电影院,鸟园汇集了世界珍稀鸟类20多种、我国珍稀鸟类30多种。2017年入选国家湿地公园(试点)。

中湖国家湿地公园 位于相山区中南部。占地面积8.6平方千米。中湖为采煤采空区形成的人工塌陷湖泊,湖床平坦,水体相对封闭,中湖治理项目是淮北"九个一工程"之一,承担着淮水北调的蓄水重任。正在以"城市绿心"为基础,打造集生态修复、资源保护、科学研究、旅游休闲为一体的城市中央公园。2017年入选国家湿地公园(试点)。

巢湖湖滨国家湿地公园 位于包河区巢湖北岸。占地面积15.4平方千米,其中湿地面积13.2平方千米,湿地率为85%。地处江淮分水岭南侧,外围地形平坦,主要由巢湖北部水生植被生长床和浮游生物的集中分布区、塘西河两部分组成,周边为合肥滨湖森林公园、牛角大圩等景区所环绕。2017年入选国家湿地公园(试点)。

观音湖国家湿地公园 位于怀宁县秀山乡和石镜乡,包括观音湖及其周边区域。占地面积3.66平方千米,其中湿地面积2.02平方千米,湿地率为55%。湿地公园将保障观音湖湿地水生态安全,保护和恢复湿地及森林生态系统,发掘与整合境内及周边的各类景观,开展以湿地景观观赏、农耕文化体验及历史文化展示为主题的生态旅游。2017年入选国家湿地公园(试点)。

池杉湖国家湿地公园 位于来安县雷官镇与江苏省南京市六合区交界处。占地面积3.87平方千米,由向阳河新旧河道围绕而成,由森林沼泽、草本沼泽、河流湿地、运河输水河、库塘、水田等组成。现已形成五万多棵池杉组成的“水上森林”景观,成为长江下游沿江地区鸟类重要的栖居地。2017年入选国家湿地公园(试点)。

二十一、国家矿山公园

淮北国家矿山公园 位于淮北市境内。占地面积16平方千米。以南湖公园为核心,由南湖塌陷地休闲娱乐区、东湖矿业文化雕塑园区、相山地质遗迹区和中湖采煤沉陷生态恢复区四大景区组成。有40多处矿业文化景点,其中相城煤矿井下旅游探险和相山古物化石遗迹最为引人注目。核心景区之一的淮北国家矿山博物馆追溯了煤的生成与发现,探寻淮北煤炭的早期开采,记述了淮北矿工革命斗争的历史,是了解淮北煤城发展的一把钥匙。2005年入选国家矿山公园。

铜官山国家矿山公园 位于铜官山区境内。占地面积4.95平方千米。保留有唐代以前的铜采冶遗迹,近代采铜过程中留下来的一些废旧设施,已淘汰的矿山采掘、通风、运输设备等。铜官山是中国3 000年来采冶铜矿资源的缩影。2010年入选国家矿山公园。

大通国家矿山公园 位于淮南市境内。占地面积22.2平方千米。大通煤矿是淮南煤矿的发源地，早在明朝万历年间就有煤炭开采的记载，清代光绪末年正式建矿开采，因资源枯竭于20世纪70年代末关闭，留下了井口、井架、煤矸石堆等矿业活动遗址。公园恢复植被，改善矿山生态环境，开发建设煤矿文化博物馆、井下探险、煤都文化休闲街等旅游项目。2010年入选国家矿山公园。

二十二、国家考古遗址公园

明中都皇故城国家考古遗址公园　位于凤阳县境内。占地面积50多平方千米。明中都始建于明朝洪武初年，是明太祖朱元璋称帝后在家乡营建的明代第一座都城，上承唐宋，下启明清，为南京故宫和北京故宫的营建提供了蓝本和实践经验，在中国古代都城建筑史上占有极其重要的地位。历经600多年风雨，仍保留了大量规模较大、数量繁多、内容丰富的建筑遗存和雕刻以及装饰精美的建筑构件。2017年入选国家考古遗址公园。

二十三、世界遗产

黄山　1990年入选世界文化与自然双重遗产。参见世界地质公园——黄山世界地质公园，国家级风景名胜区——黄山风景名胜区，国家森林公园——黄山国家森林公园。

皖南古村落：西递、宏村　2000年入选世界文化遗产。参见中国历史文化名村——黟县西递村、黟县宏村。

中国大运河：安徽段　中国大运河始建于春秋时期。由隋唐大运河（永济渠、通济渠、邗沟、江南河段)、京杭大运河(通惠河、北运河、南运河、会通河、中河、淮扬运河、江南运河段)、浙东运河三大部分、十段河道组成;地跨北京、天津、河北、山东、河南、安徽、江苏、浙江 8 个省市 27 座城市,全长 2 700 千米,纵贯在中国最富饶的华北大平原与江南水乡上,通达海河、黄河、淮河、长江、钱塘江五大水系,是世界上开凿时间较早、规模最大、线路最长、延续时间最久的运河。自清末改漕运为海运后,大运河地位衰落。共有 27 段河道和 58 个遗产点于 2014 年入选《世界遗产名录》。中国大运河安徽段流经淮北和宿州,有 2 处遗产点,分别是通济渠泗县段与淮北柳孜运河遗址,均属于隋唐运河通济渠。

二十四、全国重点文物保护单位

合肥—渡江战役总前委旧址 1996 年入选全国重点文物保护单位。参见全国红色旅游经典景区——渡江战役总前委旧址。

合肥—刘铭传旧居 位于肥西县井王店。刘铭传是清末淮军将领,清朝光绪年间任台湾省首任巡抚,积极加强防务、整顿吏治、开发经济、创办新学。现存旧居占地面积约 7 万平方米,四周有两道防御壕沟,用石头砌成的围墙上建有碉堡五座。原有房屋百余间,建筑兼具南北方民居的特点,又吸取了西洋建筑优点,反映了江淮之间独特的圩堡文化。2006 年入选全国重点文物保护单位。

合肥—冯玉祥旧居 位于巢湖市夏阁镇。冯玉祥系巢县(今巢湖市)人,辛亥革命后任北洋军旅长、师长,陕西、河南督军等职,1926 年响应北伐任国民联军总司令,1933 年任察绥民众抗日同盟军总司令。旧居占地面积 4 690 平方米,建筑面积 432 平方米,有议事厅、侍卫室、卧室、书房等建筑,院中有冯玉祥将军全身花岗岩塑像。2006 年入选全国重点文物保护单位。

合肥一银山智人遗址 位于巢湖市银屏镇。银山海拔 25 米，山顶阳光充足，环境适宜人类居住。山上有两个山洞，洞口几乎堆满了黄土，洞口周边散布着一些动物化石，动物骨架痕迹清晰可见。在银山西侧一洞穴堆积中发现一块不完整的人类枕骨、一块附连三枚牙齿的左上颌骨及三枚零星牙齿。2013 年入选全国重点文物保护单位。

合肥一李氏家族旧宅 位于庐阳区境内。清末直隶总督李鸿章家族的宅第，占地面积近 2 000 平方米，五进房屋置于一条长 80 余米、宽 26 米的中轴线上。第一进、第二进均为七开间；第三进是建筑的主体中厅，采用明三暗五式；第四、五进系女眷的休息活动场所。李氏家族旧宅是仅存的与晚清重臣李鸿章有关的大型建筑群，典型的江淮地区民居建筑。2013 年入选全国重点文物保护单位。

合肥一安徽省博物馆陈列展览大楼 位于合肥市怀宁路。仿苏式建筑，砖混结构，正中主楼五层（第五层为塔楼），两侧副楼两层。造型呈“U”形，中轴对称，简洁壮观。主楼高耸突出，回廊宽缓伸展，是合肥市 20 世纪 50 年代兴建的三大建筑之一。2013 年入选全国重点文物保护单位。

芜湖一大工山凤凰山铜矿遗址 位于南陵县西部的大工山和铜陵市凤凰山一带。大工山铜矿遗址包括塌里牧铜矿遗址、江木冲冶炼遗址、刘家井冶炼遗址、破头山采矿遗址等。凤凰山铜矿遗址以金牛洞古采矿区、万迎山古冶炼区以及市郊罗家村的大炼渣为代表，其中金牛洞古采矿区内发掘有古代采矿竖井、平巷、斜井和众多的生产用具。大工山凤凰山铜矿的开采从西周到宋代，前后延续了 2 000 多年，是一个完整的古代铜矿生产基地。1996 年入选全国重点文物保护单位。

芜湖一繁昌窑遗址 分布在繁昌区南郊和西郊的山地丘陵地带。繁昌窑初烧于五代，北宋中期开始衰落，延续至南宋初年。已发现窑址多处，其中以繁昌县南郊的柯家村窑址面积最大，是繁昌窑的主要生产区域。柯家村窑主要烧造青白釉瓷器，其次烧造白釉瓷器。种类多为壶、碗、碟、杯等民间日常生活用器，造型工整，胎质洁白细腻，釉色白中泛青、青中显白，釉面莹润,制作工艺精细。2001 年入选全国重点文物保护单位。

芜湖—皖南土墩墓群 由千峰山土墩墓群和万牛山土墩墓群组成。千峰山土墩墓群位于南陵县与泾县交界的葛林乡,是商周时期的公共墓地,现存墓葬 995 座,分布面积 13 平方千米,随葬品有印纹硬陶、原始青瓷器、青铜器以及采矿、炼铜的生产工具等。万牛山土墩墓群位于繁昌县平铺、新林两乡,为西周至春秋的公共墓地,分布面积 6 平方千米,墓葬为平地掩埋,堆土垒墓的葬俗为吴文化特征之一,出土文物有印纹硬陶罐、纺轮,原始青瓷豆、罐,青铜盖罐、鼎、剑等。2001 年入选全国重点文物保护单位。

芜湖—人字洞遗址 位于繁昌县瘌痢山。旧石器时代早期文化遗址。洞穴自然剖面呈人字形,故称"人字洞"。出土大量 200 万年前的灵长类动物化石和古人类石制品,包括 5 000 件哺乳动物化石,以及若干灵长类化石标本和石制品、骨制品。其中 10 多件骨制品有加工痕迹,上面的打击点甚至极其细致的修理瘢痕清晰可见,应是古人类制作的工具。一头完整的乳齿象骨骼化石是目前亚洲出土的乳齿象化石中最完整的一头。2006 年入选全国重点文物保护单位。

芜湖—牯牛山城址 位于南陵县籍山镇。西周至春秋时期古城遗址。"牯牛山"是人工堆建形成的高台地,因形似浮在水中的牯牛而得名。城址占地面积约 70 万平方米,由五个高台地组成,各台地间以水道相隔,相互独立、布局严谨,护城河宽 20—60 米,具有极强的防御功能。文化堆积厚度约 0.5—3 米,出土了陶器、原始瓷器和石器、冶炼铜渣等百余件,标本数百件。2013 年入选全国重点文物保护单位。

芜湖—黄金塔 位于无为市城区北郊。建于宋代咸平初年。北宋早期,无为县境内佛教兴盛,僧侣众多,遂在汰水(现西河)边辟地建寺,称"南汰寺",后又在寺中建黄金塔,形成规模宏大的佛教建筑群。时代变迁,南汰寺无存,黄金塔幸存。仿木楼阁式砖塔,共 9 层,高约 35 米,塔身由灰色青砖砌成,历经千年,巍然屹立。2013 年入选全国重点文物保护单位。

芜湖—芜湖天主堂 位于芜湖市吉和街。清代光绪年间由法国人设计监造，旋即因芜湖教案被焚毁。事后得到 13 万两白银赔款，在原处扩大规模重建。教堂平面呈拉丁“十”字形，罗马风格，砖木石混结构，塔楼最高处为 29 米，左右两座钟楼高约 18 米，教堂顶端竖立着耶稣圣像，直立的身躯和平伸的双臂成高约 5 米的“十”字，通体白色寓意圣洁。2013 年入选全国重点文物保护单位。

芜湖—英驻芜领事署旧址 位于新芜区范罗山。包括英国驻芜领事署旧址、总税务司公所旧址、洋员帮办楼旧址、英国驻芜领事官邸旧址四幢建筑。领事署建于清朝光绪初年，建筑面积近 900 平方米，由英国建筑师设计，东、西、南三面均有拱券回廊，廊柱挺拔、圆券清秀，配以石砌基座、白色廊石柱和连续拱券，拱顶夹砌青砖，色彩搭配协调柔和。整个建筑比例适当，造型庄重典雅，建筑施工质量和内外装修均属上乘。2013 年入选全国重点文物保护单位。

芜湖—圣雅各中学旧址 位于镜湖区狮子山。由博仁堂、义德堂和经方堂三幢单体建筑组成，是芜湖最早的教会学校之一。圣雅各中学创办于清朝光绪末年，后美籍瑞典人卢义德在狮子山上建起圣雅各中学高中部。学校注重圣经课、英文课，学生毕业时英文课成绩优异者可保送到洋行、海关、邮电等部门工作。2013 年入选全国重点文物保护单位。

黄山—潜口民宅 位于徽州区潜口镇。明代传统民居建筑群，建筑类型有宅第、小桥、路亭、牌坊，时间跨度从明代弘治初年延续到明代中晚期。清初名流黄宗羲、施闰章、梅庚、靳治荆等均涉足此地，并有题记留存。20 世纪 80 年代，按照“原拆原建、集中保护”的原则，将散落于歙县民间且不宜就地保护的明清古建筑进行集中保护，建成潜口民宅古建筑专题博物馆。1988 年入选全国重点文物保护单位。

黄山—许国石坊 位于歙县城内阳和门。又名“大学士坊”，俗称“八脚牌楼”，坊主许国是明朝嘉靖、隆庆、万历三朝重臣，万历年间因平定云南边境叛乱决策有功封武英殿大学士。许国石坊是他衣锦还乡时所建。仿木构建筑，东、西作四柱三楼冲天柱式，南、北作二柱三楼冲天柱式，南北长 11.54

米，东西宽6.77米，全高11.4米。石料质地坚硬，每块重达四五吨。牌坊四个方向的内外侧都有精美的图饰，题字都出自明代书画家董其昌之手。1988年入选全国重点文物保护单位。

黄山—棠樾石牌坊群 位于歙县郑村镇。明清时期古徽州建筑艺术的代表作。七连座牌坊群不仅体现了“忠、孝、节、义”伦理道德的概貌，也包括了内涵丰富的“以人为本”的人文历史，亦是徽商纵横商界300余年的重要见证。1996年入选全国重点文物保护单位。

黄山—老屋阁及绿绕亭 位于歙县西溪南村。建于明代中期。老屋阁为砖木结构二层楼，五间二进，口字形四合院，面阔17.7米。住宅大门用铁皮包镶并建有水磨砖砌成的门罩，厚实庄重，不事雕琢。楼上厅堂宽敞，沿天井四周有一圈栏板，雕有精美的飞禽走兽和花朵。楼上房壁均以芦苇编篱，表面敷泥及石灰。绿绕亭平面近正方形，面阔4米，进深4.36米，高5.9米，月梁上绘有包袱锦彩绘图案，典雅工丽。1996年入选全国重点文物保护单位。

黄山—罗东舒祠 位于徽州区呈坎镇。为纪念罗氏第十三世祖罗东舒而建。罗东舒是宋末元初著名学者和思想家，忽必烈多次下旨召他去做官，他却不愿去而自谥。此祠按孔庙格局而建，四进四院，后寝宝纶阁高达13.6米，面阔11间，规模宏大，雕刻出色。因嘉靖和万历两度建造，故形式和风格迥异。1996年入选全国重点文物保护单位。

黄山—程氏三宅 位于屯溪区柏树街。明代成化年间礼部右侍郎程敏政所建的三幢住宅。三宅均为封闭式砖木结构的三层楼房，一脊两堂，屋面盖蝴蝶瓦，四周墙体封护，从天井采光，梁面上饰有粉画，楼上前檐垂莲柱，装置飞来椅，被古建筑专家誉为“明代民居之瑰宝”。2001年入选全国重点文物保护单位。

黄山—呈坎村古建筑群 位于徽州区岩寺镇。呈坎古名“龙溪”，自唐代以来，高官、隐士、巨贾、史志学家、作家、制墨家、书画家代不乏人。这座朱熹笔下的“江南第一村”，已有1 800多年历史，是国内徽派古建筑遗存最多的村落之一。全村三街99巷,小巷与大街大体垂直,均用花岗岩条石板铺筑,保存着明代古村落的整体布局和街巷水系。现存清代民居200余幢,明代民居30余幢,有“呈坎民居甲天下”之誉。2001年入选全国重点文物保护单位。

黄山一渔梁坝 位于歙县徽城镇。新安江上游最古老、规模最大的古代拦河坝。早在隋朝就在此垒石为坝,现在的古坝为明代重建。坝长138米,底宽27米,顶宽4米,用清一色的坚石垒砌而成,每块石头重达吨余。每垒10块青石便立一根石柱,上下层之间用坚石墩如钉插入,上下层紧密衔接。每一层各条石之间又用石锁连接,上下左右紧连一体,跨江而卧,极为坚实。渔梁坝可蓄上游之水,缓坝下之流,兼得灌溉、行舟、放筏、抗洪之利。2001年入选全国重点文物保护单位。

黄山一西递村古建筑群 2001年入选全国重点文物保护单位。参见世界遗产——皖南古村落:西递、宏村。

黄山一宏村古建筑群 2001年入选全国重点文物保护单位。参见世界遗产——皖南古村落:西递、宏村。

黄山一许村古建筑群 位于歙县许村镇。唐代末年,许氏迁居于此,繁衍成大族,遂名“许村”。明清时期,徽商兴盛发达,村落建设迅速发展。昉、西二溪交汇在高阳桥下,流入练江。保存有明、清和民国时期的古建筑100余座,建筑保存了较多的宋元建筑做法。2006年入选全国重点文物保护单位。

黄山一祁门古戏台群 位于祁门县新安乡和闪里镇。完整地保留11座明清时期的古戏台。戏台建在祠堂前进,与享堂、寝堂相对,每逢演戏即开享堂隔门,祖宗牌位正对戏台,后人与祖宗共赏同乐。戏台分为固定式和活动式两类形制,左右对称布局,前台三开间。祁门古戏台组合完美、空间合理,既讲究传统建筑的严谨均衡,又不失因势而为的灵活性,集实用性与艺术性于一体。2006年入选全国重点文物保护单位。

黄山一南屏村古建筑群 位于黟县西武乡。南屏因村北有山势如屏障的南屏山而得名。村东西两侧的干溪汇入村北的西瓜河东流而去,环境优美。保存较好的古祠堂8幢,依序排列在一条约200米长的轴线上。宗祠规模宏大,家祠小巧玲珑,组成一个全国罕见的古祠堂建筑群。300多幢明清民居古建筑,沿着72条巷弄分布排列,组成一个如迷宫似的村庄。其中以叙秩堂、叶奎光堂、孝思楼等最具代表性。2006年入选全国重点文物保护单位。

黄山—溪头三槐堂 位于休宁县秀阳乡。建于明代中期,因建造时庭院中栽植三棵槐树而得名。原为三进院,现存前、中二进,建筑面积900平方米,砖木结构,有柱182根,其中99根主柱围粗近1米。前、中两进之间开大天井,两侧配厅各有小天井,结构严谨。内部装饰华丽,雕刻工艺精湛,尤以木雕著称,俗称“金銮殿”。2006年入选全国重点文物保护单位。

黄山—郑氏宗祠 位于歙县郑村镇。明代成化初年为纪念元代著名学者郑玉而建。郑玉一生芳洁自守,隐居乡里,创办书院,传经讲学,人称“师山先生”,因此该祠又称“师山先生祠”。占地面积1 856平方米,由门坊、门厅、享堂、寝堂四部分组成,为典型的徽州廊院式祠堂。门坊三间四柱五楼,宽9.86米,高12.5米。梁、柱和枋额遍饰锦纹雕刻,典雅工丽。牌坊正面上方刻有“奕世忠贞”,背面是“名宗孝祀”,刻字苍劲。此坊传为郑氏私制,故称“门坊”。2006年入选全国重点文物保护单位。

黄山—竹山书院 位于歙县雄村乡。雄村曹氏系新安望族,清初业盐,为两淮八总商之一。明清两代曹氏有进士、举人53名,其中有户部尚书曹文埴、军机大臣曹振镛等。清代乾隆中期,曹景廷、曹景宸创立竹山书院,清代名人沈德潜、袁枚、金榜、邓石如等曾来此讲学。现存大部分建筑为原构,占地面积2 000平方米,建筑面积1 218平方米。园林建筑有清旷轩、文昌阁、眺帆轩等,保持了宋、明以来园林的简远、疏朗、天然、雅意,是徽州古典园林的重要范例。2006年入选全国重点文物保护单位。

黄山—齐云山石刻 位于休宁县齐云山。齐云山是中国四大道教名山之一,清乾隆皇帝下江南时曾题联“天下无双胜境,江南第一名山”。宋代至民国间,文人墨客和香火信徒在山上留下摩崖石刻及碑刻1 400余处,今尚存462处,其中年代最早的为北宋大观和南宋绍熙年间的石刻,数量最多的为明清两朝石刻和碑刻。2006年入选全国重点文物保护单位。

黄山—黄山登山古道及古建筑 黄山游览磴道初建于唐代,形成于明清,发展于民国,完善于当代。以天海为中心,分为东、西、南、北四条主干道,辅以支道连接,形成贯通各景区景点的盘道网络。全山磴道总长约85千米,有石阶6.3万余级。历代铺筑磴道的同时,在沿线相应修建了一批与自然风光互相辉映的楼台、亭桥等景观设施,如慈光阁古建筑群、古观景亭、观瀑楼、听涛居等。2013年入选全国重点文物保护单位。

黄山—黄山摩崖石刻群 黄山是天下名山,历代文人墨客、风流雅士纷至沓来,创作出大量诗词歌赋,留下众多摩崖石刻作品。现存历代摩崖石刻300余处,主要分布在温泉、玉屏、北海、云谷和松谷等景点和磴道沿线的岩石崖壁。以唐代诗人李白手迹"鸣弦泉"与"洗杯泉"题刻年代最早;以民国时期所镌"立马空东海,登高望太平"题刻面积最大,单字字径6米,"平"字一竖达9.4米。书艺精湛,篆、隶、真、行、草诸体皆备。黄山摩崖石刻是一部镌刻在花岗岩石上的黄山"史记"。2013年入选全国重点文物保护单位。

黄山—长庆寺塔 位于歙县城西的长庆寺旁。长庆寺已不存。该塔于北宋重和年间建造,历代均有修葺。楼阁式,实心方形,高23.1米,底层平面每边5.28米,须弥座五层,束腰高66厘米,有间柱、角柱。塔身为砖砌,底层有木廊,石檐柱间宽4.33米。四面辟有券门,门内置石雕莲瓣佛座。2013年入选全国重点文物保护单位。

黄山—程大位故居 位于屯溪区境内。出生于商人家庭的程大位,撷取名家之长,历经20年,于明代万历年间写就巨著《算法统宗》和《算法纂要》,开创了中国珠算新的里程碑,被称为"珠算之父"。故居占地面积540平方米,建于明正德年间。主楼三开间两进,二层,砖木结构,门楼里外挑檐,曲梁斗拱,马头山墙。西侧为把祖楼,五开间,倚主楼而建。2013年入选全国重点文物保护单位。

黄山—黄村进士第 位于休宁县东洲乡。黄福为明朝洪武年间进士。占地面积 790 平方米,脊高 12 米,进深 51 米,面宽 15.5 米。前后四进,依次为门楼、门屋、享堂、寝楼,每进庭院两侧均有侧廊相连。门楼上嵌有木匾一块,上书“进士第”三个大字。整座建筑有木柱 102 根,主柱围粗 1.6 米,选料讲究。横梁上雕镂龙、凤、狮、虎等异禽猛兽,刀法细腻、形象生动。2013 年入选全国重点文物保护单位。

黄山—洪氏宗祠 即“叙伦堂”,位于歙县三阳乡。原建于明初,改建于明末。宗祠门口铺的麻石甬道,为清末状元洪钧获皇帝恩准而建。清朝光绪年间洪钧回村省亲祭祖,将“状元及第”和“钦赐奉宸苑卿”牌匾挂在洪氏宗祠正门之上,至今保存完好。宗祠三进五开间两天井,砖木结构,进深 48 米,开阔 18.6 米,有形态各异、寓意深刻的石雕、木雕、砖雕,反映了徽州的山地特征、风水意愿和地域美饰倾向,保持着独有的徽派艺术风采。2013 年入选全国重点文物保护单位。

黄山—棠樾古民居 位于歙县西南部。南宋建炎年间,居住于徽城西门的棠樾鲍氏始祖鲍荣到这里建造别墅。此后 800 多年里,棠樾村发展成为鲍氏族聚地。主要建筑有欣所遇斋及存养山房、保艾堂、毕德修宅等。村东的七座石坊和祠堂等宗族建筑,加上七星墩、水口亭,构成了颇具特色的村口景观。村中有众多轴线明确、卑尊有序的各式住宅。2013 年入选全国重点文物保护单位。

黄山—北岸吴氏宗祠 位于歙县北岸村。建于清朝道光初年。三间三进。门厅为五凤楼,八字墙须弥座石刻与檐下砖雕、博缝板木雕均极华美。中进享堂的月报梁、金柱粗硕宏大。檐柱前有“黟县青”石栏,望柱头刻石狮,栏板镌杭州西湖风景,洗练精致。2013 年入选全国重点文物保护单位。

黄山—员公支祠 位于歙县昌溪乡。始建于清代。楼为歇山顶,砖木结构,三进二明堂,进深 45 米,面阔 13.5 米。祠前的木牌坊,四柱三楼,面阔 9.3 米,高 8 米,两侧有护墙,四柱用靠背石支撑,有月梁、额枋、斗拱。2013 年入选全国重点文物保护单位。

黄山—昌溪周氏宗祠 位于歙县昌溪乡。砖木结构,三进五开间,面阔18.5米,进深43.5米,由门厅、享堂、寝堂、廊、天井等组成。门厅1997年维修时恢复五凤楼;享堂的木构架较完整,前檐的斜撑为四个圆雕人物,雕刻水平极高;明间天井有香火井。布局舒展、结构精巧、装饰优美,是杰出的清代徽派祠宇建筑。2013年入选全国重点文物保护单位。

黄山—北岸廊桥 位于歙县棉溪河上。建于清代中叶。三孔石桥,长33米,宽4.7米,高6米,砖木结构。东西两侧廊墙上辟有八个大型方窗,窗孔镂空,造型为满月、古瓶、树叶、葫芦。跨河南北两端廊墙开有对称大门,均设厚木巨门。2013年入选全国重点文物保护单位。

黄山—兴村程氏宗祠 位于黄山区甘棠镇。始建于明朝正统年间,为南北朝时期南陈名将程灵洗的行祠。三进,硬山顶,构架穿斗式,门楼五凤楼。祠深58.6米,宽22.6米,檐高7.5米,建筑面积1 324平方米。正堂四楹,东西庑八楹,门屋四楹。现堂、屋、廊俱存,仍保留明代建筑风格。2013年入选全国重点文物保护单位。

黄山—洪家大屋 位于祁门县城。建于清代中期,为洪姓迁入时所建。现存四组建筑,承恩堂居中,后有养心斋,左有承泽堂、思补斋,右有荆奕堂、笃素堂、三世大夫第,前设谷厂和又新书屋(现无存)。庑设有观戏楼,戏台正立面及构件上均雕刻精美的纹饰。平面布局构架、木作砖雕等独具匠心,为典型的徽派建筑。清代咸丰年间,湘军曾国藩多次在这里召开军事会议。太平军曾在墙壁上留下许多墨书标语,现存有10多个3寸(1寸=0.03米)见方的墨笔直书大字"太平天国粤东前营叶高",字迹如新。2013年入选全国重点文物保护单位。

黄山—岩寺新四军军部旧址 2013年入选全国重点文物保护单位。参见全国红色旅游经典景区——岩寺新四军军部旧址。

蚌埠—双墩遗址 位于淮上区小蚌埠镇。出土了大量的陶器、石器、骨角器、蚌器、红烧土块建筑遗存、动物骨骼以及螺蚌壳等,种类繁多,既有生产工具、生活用具,也有刻画符号的泥塑艺术品。陶器纹饰简练、手法粗犷、风格神奇怪异,有原始艺术的趣味和神秘感。多数刻画有符号、图画,或者含有符号的组合图画,其中有大量逼真的象形动物刻画符号,以鱼纹、猪纹为多。这些出土文物距今已有7 000年左右。双墩刻符是中国文字的重要源头之一。2013年入选全国重点文物保护单位。

蚌埠—禹会村遗址 位于蚌埠市涂山南麓。禹会有"禹墟"之称,相传因"禹会诸侯"而得名。占地面积约50万平方米,是淮河流域最大的一处龙山文化遗址。文化堆积厚度达3米,有沟槽和圜底坑、火烧堆、方土台、长方形土坑等遗存遗迹,出土有陶器、磨石、草木灰、兽骨、兽牙等。大型的人类堆筑遗迹和器形别致的陶器以及烧坑、器物坑的存在,表明这里是祭祀遗址。2007年入选国家文明探源工程。2013年入选全国重点文物保护单位。

蚌埠—垓下遗址 位于固镇县濠城镇。"垓下"为古地名。4 500年前的城址,不规则土筑四方城,占地面积近20万平方米,城垣埋于地下的基础保存较完整,结构形制较清晰。这里是刘邦、项羽长达四年之久的"楚汉战争"的最后决战之地。2013年入选全国重点文物保护单位。

蚌埠—双墩春秋墓 位于淮上区境内。春秋时期大型墓葬,占地面积约1 000平方米。双墩一号墓和二号墓相距200米,均为夯土构成,夯土层厚15—20厘米,封土高大,其中双墩一号墓封土高达9.5米,底径分别是60米和80米。出土文物计有青铜器12件,彩陶器、玉器、漆器、木器等400余件,10具殉葬人体骨骼。墓主为春秋时期钟离国的国君。墓葬的形制、结构和遗迹等都极其复杂,出现了许多从未见过的新文化现象和建筑遗存。2013年入选全国重点文物保护单位。

蚌埠—化明塘严氏墓 位于五河县小溪镇。传说当年朱元璋在与元军交战中身受重伤,逃至严家楼,严小姐用大箩筐藏匿朱元璋,并用裙子盖住箩筐,骗过了元军,分别时严小姐剃发相赠,非他不嫁。朱元璋在南京登基后,严小姐迟迟不见迎亲队伍,抑郁而死。后朱元璋将严小姐按一品夫人规格厚葬。严氏墓占地面积1 500平方米,曾有五开间享殿一座,现存神道30米,无字墓碑一个,石翁仲、石虎、石羊、石马、望柱各一对。出土墓砖数块,砖上有“洪武七年”“镇江府制”等字样。2013 年入选全国重点文物保护单位。

蚌埠—汤和墓 位于蚌埠市东郊曹山。墓主为明朝开国大将汤和。墓室凿山而建,单券式砖石结构,面积约 40 平方米。墓南神道长 225 米,有大型神道碑和石雕马、羊、狮、武士,雕刻线条流畅粗犷,系明初石刻精品。神道碑高 6.35 米,石碑上数千字的碑文已被人逐字凿去。神道尽头坐落着汤和墓享堂,为三开间木结构歇山式建筑。汤和墓为明代墓葬,而享堂却是宋代建筑风格。2013 年入选全国重点文物保护单位。

蚌埠—怀远教会建筑旧址 位于怀远县衙后街。包括由美国基督教长老会于清代光绪年间创办的含美学校、宣统初年创办的民望医院、民康医院等三处教会建筑旧址。含美学校现存美籍校长办公住宿的西式建筑小西楼、学生教室中楼、接待厅花厅。民望、民康医院现存西式楼房七栋。2013 年入选全国重点文物保护单位。

六安—独山和金寨革命旧址群 独山革命旧址群位于裕安区独山镇,参见全国红色旅游经典景区——独山革命旧址群。金寨革命旧址群位于金寨县境内。1938 年冬,中共鄂豫皖区委会在金寨县王家老屋成立,领导鄂豫皖地区革命斗争,直至 1939 年夏机关转移。其后,中共鄂豫皖边区省委会曾多次设在金寨。还有金寨县汤汇乡的红 25 军、28 军合编旧址,金寨和岳西的红 28 军军部重建旧址,金寨县斑竹园的红 11 军 32 师师部旧址,金寨县丁埠镇的立夏节起义旧址等。2006 年归入鄂豫皖革命根据地旧址,入选全国重点文物保护单位。

六安—李氏庄园 位于霍邱县马店镇。建于清代咸丰年间。庄园东西 250 米,南北 240 米,大小院落错落有致,院落之间路廊相连。建筑布局紧凑,一寨分三宅,每宅分四院,每宅从头门至正堂楼门一线穿珠,五排房屋一幢高过一幢。2006 年入选全国重点文物保护单位。

六安—汉代王陵墓地 位于金安区三十铺镇。西汉六安国第一代国王刘庆陵墓葬区,有双墩、马大墩、三星墩、高大墩四对八大墩墓冢以及其他古墓葬共36座。分为南北两个小区。南区墓多为单冢，少数为双冢。北区约有30余座墓，其中宁西铁路以北的核心区域有四座巨大的双连冢墓葬，俗称“八大墩”。出土保存完整的“黄肠题凑”葬具及漆木器、金银箔、玛瑙、青铜器、车马器等500余件，还发现了多种农作物果实。2013年入选全国重点文物保护单位。

六安—程端忠墓 位于金寨县长岭乡。程端忠为宋代理学宗师程颐的长子，哲宗时进士。南宋初年与宋高宗率兵与来犯的金兵激战，被困敌围。程端忠夫妇与皇帝、皇后互换龙凤袍，引开金兵，高宗安然脱身，程端忠战死阵中，首级被挂城三天。朝廷念其功节显著，赐金头合躯而厚葬，并建忠烈祠，祠内有高宗手书的对联“三川一门两夫子，六安千古几知军”。现墓为清代同治中期重建。碑前置石制香炉，竖八方石柱两根，石人、石马、石狮各二。墓前立忠烈牌坊。2013年入选全国重点文物保护单位。

亳州—花戏楼 位于亳州城咸宁街。始建于清代顺治初年，康熙、乾隆两朝多次扩建。原名“大关帝庙”，亦称“山陕会馆”，由于戏楼的砖雕、木雕、彩绘多以地方戏曲折子戏为主要内容，俗称“花戏楼”。花戏楼大门为三层牌坊架式，仿木结构，水磨砖墙上镶满砖雕。大殿为主体建筑，前置铁鼎，侧立铁鹤。戏楼舞台呈凸字形，东侧为钟楼，西侧为鼓楼。1988年入选全国重点文物保护单位。

亳州—尉迟寺遗址 位于蒙城县许疃镇。原始社会新石器晚期聚落遗存。占地面积约10万平方米。在1万平方米的范围内，清理出房迹78间，墓葬300余座及大量的灰坑、祭祀坑等，出土各种石器、陶器、骨器、蚌器等珍贵文物近万件。遗址中的红烧土排房，是我国迄今为止发现的最完整、最丰富、规模最大的史前建筑遗存。遗址地上曾建有一寺，相传是纪念唐代大将军尉迟敬德在此屯兵而建，故称“尉迟寺遗址”。2001年入选全国重点文物保护单位。

亳州—曹氏家族墓群 位于亳州市魏武大道。东汉后期费廷侯曹腾（魏武帝曹操祖父）家族墓群。占地面积约10平方千米，主要有董园汉墓群、曹四孤堆、薛家孤堆、张园孤堆等。墓葬多为砖室结构,墓内出土有银缕玉衣、铜缕玉衣、玉枕、玉猪、象牙尺、青瓷罐等珍贵文物。曹氏家族墓群对研究东汉后期的墓葬形制和丧葬习俗具有重要学术价值,800多块带文字的墓砖对研究东汉时期的书法文字和社会历史颇具意义。2001年入选全国重点文物保护单位。

亳州—古地道 位于亳州市老城区。原为三国曹操连通城内外的地下运兵道,现存大部分为宋代重修。已发现的古地道长4 000余米,以大隅首为中心,分别向东南西北四城门延伸,并通达城外。地道有单行、平行、上下两层、立体交叉四种形式。还有猫耳洞,可容1—6人。地道内转弯处为T字形,设有障碍券、障碍墙、陷阱、绊腿板(棍)。地道砖结构,券顶为拱形砖券。2001年入选全国重点文物保护单位。

亳州—蒙城万佛塔 又名“插花塔”,位于蒙城县城东南部。始建于宋代崇宁初年。塔东侧有寺,名“兴化寺”,故最早塔名“兴化塔”。元代有慈氏寺,故又称“慈氏寺塔”。八角13层楼阁式砖塔,通高42.2米,塔底周长24米,直径8米,因塔体内外镶嵌佛像8 000余尊而得名“万佛塔”。造型秀丽,结构富于变化,保存亦较完整,是中国南北方造塔技术融合的作品。2006年入选全国重点文物保护单位。

亳州—古井贡酒酿造遗址 位于谯城区境内。古井贡酒自汉代起一直作为皇室贡品,曾四次蝉联全国白酒评比金奖,是巴黎第13届国际食品博览会上唯一获金奖的中国名酒。遗址包括北魏古井、宋代古井、明清窖池群、明清酿酒遗址等四部分。明代窖池及酿酒设施、作坊遗址中出土百余件碗、盏、盘、杯、缸等生活用具。2013年入选全国重点文物保护单位。

亳州—南京巷钱庄 位于亳州市南京巷。亳州自古为一商埠,被称为“南北之门户,淮西之都会”。建于清朝道光初年,是一座三进四合院,都是前门大后门小,越往后越小,成倒斗状,寓意“日进斗金”。还有一条引水渠,寓意“财源广进似流水”。天井院式建筑,下雨时雨水从四边的房檐上流下,隐喻“四季来财,肥水不流外人田”。2013年入选全国重点文物保护单位。

淮南—安丰塘 位于寿县中部地区。古称“芍陂”“期思陂”，是淮河流域重要的水利工程。由春秋时期楚国丞相孙叔敖修建，被誉为“天下第一塘”。隋唐以后设置安丰县，因此被称为“安丰塘”。1988年入选全国重点文物保护单位。

淮南—寿春城遗址 寿春即今寿县，为淮上军事重镇，著名的秦晋淝水之战就发生在这里。寿县筑城始建于楚迁都寿春之时，是战国时期楚国的第二大城。汉代以后，城址缩小至故城东北角，即今寿县城关一带，后代多沿袭其址。故城占地面积约25平方千米，城内分成15个区域，每一区域内有系统规划的水道。发掘的重要墓葬有楚幽王墓、蔡侯墓等，其中楚幽王墓是目前中国发掘的楚墓中规模最大、年代与墓主确切、出土文物最多的侯王墓葬，也是可以认定的唯一一座楚王墓。2001年入选全国重点文物保护单位。

淮南—寿县古城墙 始建于宋代，重建于北宋熙宁年间，明清时曾多次修葺。城垣周长6 651米，城墙墙体以土夯筑，外侧贴砖，外壁下部用条石砌筑两米高的墙基，城墙砖石之间用糯米汁拌石灰等物弥合，垛墙之下墙体高7.7米，底宽18—22米，顶宽4—10米，非常牢固。设有瓮城、谯楼，重关叠雉。2001年入选全国重点文物保护单位。

淮南—寿州窑遗址 位于大通区上窑镇。古代窑系多以州名称呼，上窑镇在唐代归寿州所辖，故名“寿州窑”。陆续发现古代窑场10余处，占地面积约16平方千米，其中以大通区上窑镇周围分布最为集中。历史上寿州窑绵延几十里，规模巨大，曾是江淮地区的制瓷中心。2001年入选全国重点文物保护单位。

淮南—淮南王刘安家族墓地 位于寿县城北部，南临淝水，北依八公山。刘安是淮南王刘长之子，先封为阜陵侯，后进为淮南王，元狩年间被告发谋反而自杀。相传豆腐生产技术就是他发明的。刘安墓冢呈覆斗状，底部用青石叠砌一米高环周挡土墙，周长120米，墓冢高6.4米。墓南立有“汉淮南王墓”碑，墓地建有神道石阶、石柱等。2013年入选全国重点文物保护单位。

淮南—寿县清真寺 位于寿县寿春镇。唐宋时建于县城西北部，明代天启年间移建于今址。清真寺院落东西长 128 米，南北宽 14 米。中轴线上布置三进重院。前院正门为大中门，两侧设偏门；正屋为两门，两侧设偏门，无厢房。两进院落为中院，正殿为无像宝殿即礼拜殿，殿前为宽广的平台，院中银杏数株参天蔽日。2013 年入选全国重点文物保护单位。

淮南—寿县孔庙 位于寿县城西大街。元代始建。自元代泰定初年至清光绪初年，先后维修、扩建达 42 次，形成一个规模宏大、体系完备的建筑群。占地面积约 2 万平方米。现有泮宫、快睹、仰高三坊，以及泮池、戟门、名宦祠、乡贤祠等建筑。2013 年入选全国重点文物保护单位。

淮南—侵华日军淮南罪证遗址 2013 年入选全国重点文物保护单位。参见全国红色旅游经典景区——大通万人坑教育馆。

淮北—柳孜运河码头遗址 位于濉溪县百善镇。柳孜原是隋唐大运河通济渠上的一个集镇，因运河的开通而繁荣。通济渠流经濉溪县境 40 余千米，历隋、唐、宋三代 500 余年，南宋时淤塞废弃。曾发现一条深入地下的石台阶，用 2 米长、60 厘米宽、30 厘米厚的青石块砌成，为桥梁遗址。1999 年发现一处石构筑物遗址、八条唐代沉船以及隋唐宋金时期瓷器 1 653 件、灰坑一座，还有大量铁器、骨器、石器、画像石、动物骨骼等，出土瓷片数十万件。2001 年入选全国重点文物保护单位。

淮北—临涣城址 位于濉溪县城西南部。临涣古称“铚”，是秦末陈胜农民起义军攻克的第一个城池。四周城垣基本完整，城垣顶端残存一些高大的土墩，可能是当时的马面和敌楼。古城四边各有一门，现存的门径宽 10—20 米。城墙始筑于战国晚期，墙体用土夯筑，后多次覆土，总长约 5 690 米，现高 5—7 米。城外有护城河，除南面系利用天然河道外，其余三面均为人工开挖，总长 4.2 千米，宽 10 米多，深 4 米，部分河道已被淤塞。曾出土汉代布纹、云纹瓦片、瓦当等文物。2006 年入选全国重点文物保护单位。

淮北—淮海战役总前委和华东野战军指挥部旧址 2006 年入选全国重

点文物保护单位。参见全国红色旅游经典景区——淮海战役总前委会议暨华东野战军指挥部旧址。

淮北—石山孜遗址 位于濉溪县石山孜村。新石器时代早期文化遗址。遗址南北长 100 米,东西宽 160 米。发现文化层和红烧土、手制陶纺轮、锥形鼎足及陶片,清理出灰坑、墓葬和房屋遗址。陶器为手制,器形不规整,器壁较厚、较粗糙,制作时留下的手纹清晰可辨。文化层厚约 2 米,面积大、时代早、内涵丰富,受中原和长江流域诸文化因素影响较小。2013 年入选全国重点文物保护单位。

淮北—古城汉墓 位于濉溪县铁佛镇。东汉末年墓葬,占地面积约 2 160 平方米。有南北两处同封异穴的墓葬,封土近椭圆形,残高约 5 米。南侧的墓为多室砖室墓,由对称两甬道及 3 个墓室共 8 个单元组成,青砖铺地、铺顶,砌墙砖大多为素面,少数有纹饰。北侧的墓为画像石墓,以石条为框架,顶部及墙体均用花纹青砖砌筑,由墓道、甬道、前室、后室、耳室组成,花砖铺地,石门上刻凤鸟和铺首衔环图案,门额刻有双龙穿璧图案,甬道及前室的横梁上也雕刻有画像。墓内出土文物 100 多件。2013 年入选全国重点文物保护单位。

滁州—明中都皇故城及皇陵石刻 1982 年入选全国重点文物保护单位。参见国家考古遗址公园——明中都皇故城国家考古遗址公园。

滁州—半塔保卫战旧址 位于来安县半塔镇。1940 年 3 月国民党顽固派韩德勤部调集万余兵力进攻半塔地区,驻守半塔的教导大队固守待援达七昼夜,后新四军击退韩德勤部队进攻,皖东抗日局面从此打开,迅速建立了政权。主要建筑有纪念塔、纪念碑、刘少奇在皖东纪念馆、半塔革命纪念馆及烈士墓群。2006 年入选全国重点文物保护单位。

滁州—琅琊山摩崖石刻及碑刻 位于滁州市琅琊山。主要分布在琅琊山的琅琊寺、醉翁亭一带。现存石刻及碑刻 300 多块,系唐代至民国初年历代名人镌刻。石刻和碑刻大多以醉翁亭、丰乐亭、琅琊寺为主题,有诗、词、赋、散文等文体,有楷、篆、隶、行、草各种书体,有人物、花鸟、山水、动物等绘画,是研究琅琊山历史文化及书法艺术的珍贵资料。2013 年入选全国重点文物保护单位。

池州—榉根关古徽道 位于皖南石台、祁门、东至三县交界处的仙寓山。唐宋以来徽州通往江西饶州的一条商贸大道,遗存最完整的路段长 7.5 千米,共有台阶 1.8 万步。古道沿线保存有大量的明清时期的古建筑、古墓葬、古亭、石碑、石刻、石雕等。2013 年入选全国重点文物保护单位。

池州—太平山房 位于青阳县陵阳镇。三进,后进系明朝建筑,前两进建于明末清初。乾隆中期改建公堂作学馆。清代咸丰初年扩建成现今的规模。山房五开间计 15 米,进深三进计 71 米,正门前原有一方高大照壁遮掩大门,正门墙壁为五层四脚牌坊形,顶高 10 米,斗拱飞檐,坊顶是块“鲤鱼跳龙门”浮雕,下镶嵌一块“积善流芳”石匾,匾下是砖雕八仙图,神情惟妙惟肖。2013 年入选全国重点文物保护单位。

池州—九华山祇园寺 位于池州市九华山。初建于明代嘉靖年间,清代多次重修和增建。现存建筑建于清代,占地面积 6 600 平方米,为九华山四大禅林之一。全寺分前殿、中殿和后殿。前殿轴线和中、后殿轴线成 45°交角,是罕见的不对称平面布局。山门的前墙安有三重琉璃飞檐,蔚为壮观。大雄宝殿内端坐三尊喷金大佛,高 6 米余,寺内有大小菩萨雕像 100 余尊。2013 年入选全国重点文物保护单位。

池州—九华山化城寺 位于池州市九华山。“化城”为天竺国佛场之名。晋代隆安年间始建九华寺,唐代始名“化城”,建中初年成为地藏大师传经布道的大伽蓝。现存殿宇四进,门楹窗棂、斗拱梁柱和台阶基石均刻有精巧美观的图案。殿内有清代康熙、乾隆和明代崇祯皇帝御书横匾。现存山门和藏经楼为 16 世纪所建,大雄宝殿和后厅为 19 世纪重建。建筑内部为木结构,柱、梁、檩、椽全部采用闩缝对榫的传统方法,不用一颗钉子。大殿正中的藻井层层叠叠,九条木雕龙围着硕大的宝珠盘旋飞舞,祥云和瑞蝠穿插其间,令人叹为观止。2013 年入选全国重点文物保护单位。

池州—九华山月身殿 位于池州市九华山。殿宇宏观,顶覆铁瓦,重檐斗拱,画栋雕梁。殿后半月形瑶台台上列铁鼎,终日香火不断。新罗国王近宗金乔觉卓锡九华,居于南台,唐代贞元年间圆寂,佛徒信为菩萨化身,遂建塔纪念,明万历帝赐名“护国肉身宝塔”。宝塔高约17米,七级木结构,每层有佛龛八座,供奉地藏金色坐像,塔两侧有十王立像拱持。塔基、神台、殿内地面均铺以汉白玉。殿、塔屡经废兴,今存者为清代同治年间重建。2013年入选全国重点文物保护单位。

池州—九华山百岁宫 位于九华山插霄峰巅。原名“摘星庵”,与祇园寺、东崖寺、甘露寺并称为九华山四大禅林。始建于明代,1982年重修庙宇。五层高楼融山门、大殿、肉身殿、库院、斋堂、僧舍为一体,没有单体建筑的配置,远观似通天拔地的古城堡,这种形制在中国现存寺庙建筑中极为少见。布局充分利用由南向北下跌的坡势,楼层由低爬高,层层上升,形成曲折幽深、恢宏多变的迷宫。大殿宽19米,进深14米,有“九龙戏珠”藻井,佛龛因地就势筑在长4.5米、高2米的岩石上。2013年入选全国重点文物保护单位。

池州—济阳曹氏宗祠 位于青阳县城。青阳曹氏是唐末天平节度使曹全晸三子曹翙的后裔,近代名人曹汝霖就出自此支。宗祠始建于清代乾隆初年。由门楼、曲廊、享堂和寝楼组成,五开间砖木结构,中间设有天井,两侧设有庑廊,屋面下部为抬梁式结构,上部大部分是穿枋式结构。整个建筑浑然一体,制作工艺精湛,现为“青阳县博物馆”。2013年入选全国重点文物保护单位。

池州—上章李氏宗祠 位于青阳县沙济乡。始建于明代,清代乾隆中期重修,建筑面积887平方米。祠堂正面有三道大门,中门最为高大,两旁有一对黑色大理石的石板,人可骑坐其上,因之又名“骑鼓”。高大宽敞的四合明堂中,圆形木柱粗可合抱。后厅是一座三层楼阁建筑雕梁画栋、玉石栏杆,宛如一座艺术宫殿。镶嵌在墙上的块长条石刻形神兼备、神态逼真,工艺精细的木雕、石雕、砖雕最为人注目。2013年入选全国重点文物保护单位。

池州—齐山摩崖石刻 位于池州市城区南部。齐山为江南名山，唐代以来便为游览胜地，唐代的李白、杜牧，宋代的司马光、王安石、陆游、包拯、朱熹、岳飞，明代的王守仁、冯叔吉，清代的赵国麟等都曾刻石记游，先后留下摩崖石刻 200 多处。现存石刻百余处，其中有姓名可考的近 60 处。最早者是唐代，宋元明清均有石刻，以明代石刻居多。石刻绝大部分为阴刻，少者两个字，多者百字，书体各具风格，刻工精细。2013 年入选全国重点文物保护单位。

宣城—新四军军部旧址 1961 年入选全国重点文物保护单位。参见全国红色旅游经典景区——皖南事变烈士陵园及新四军军部旧址。

宣城—龙川胡氏宗祠 位于绩溪县瀛洲乡。大坑口古称“龙川”。宗祠始建于宋代。明代嘉靖年间里人兵部尚书胡宗宪倡导捐资扩建，是胡氏家族祭祀祖先、议决族内大事的场所。前后三进七开间，占地面积 1 564 平方米，建筑面积 1 146 平方米。装饰以各类木雕为主，保持了明代徽派雕刻艺术的风格。1988 年入选全国重点文物保护单位。

宣城—广教寺双塔 位于宣城市敬亭山。广教寺创建于唐代大中年间，广教寺双塔建于北宋绍圣年间。元末至清，广教寺几经兴废。清朝乾隆年间，广教寺毁坏，只留下双塔和石佛殿。抗日战争时期，石佛殿又毁，双塔遗存。双塔东西对峙，相距 26.9 米，高均为 17 米，形制均为平面方形的仿木楼阁式砖塔。这种既沿袭唐代四方形平面的建塔风格，又具有宋代建筑特征的塔，在宋代古塔实物中仅此一例。1988 年入选全国重点文物保护单位。

宣城—陈山遗址 位于宣州区向阳镇。旧石器时代遗址，出土于一条西南—东北走向的陇岗东北端，当地俗称“陈山”。陈山遗址地处水阳江中游 10 余处同类旧石器地点的中心，遗址面积大，延续时代长，文化层堆积厚，遗物丰富。2001 年入选全国重点文物保护单位。

宣城—宣城水西双塔 位于泾县水西寺。一为大观塔，一为小方塔。大观塔始建于北宋大观初年，七层八面，用叠涩法砌出短檐，檐下有仿木结构的凸出斗拱，每层出檐双层，层与层之间的转角处用半圆形砖砌成半圆柱,塔体凝重壮丽。小方塔建于南宋绍兴年间,正方形,第一层南北两面塔壁嵌有石刻佛像,佛像背面为浮雕佛光。2001 年入选全国重点文物保护单位。

宣城—查济古建筑群 位于泾县桃花潭镇。原有 108 座桥梁、108 座祠堂、108 座庙宇,现尚有 140 余处。普通民居多为三合院,主要建筑为两层。元代建造的德公厅屋,三层门楼,前檐较低,檐柱楠木质,粗矮浑圆,柱础为覆盘式,无雕琢。明代的“涌清堂”“进士门”,雕刻细腻,结构精致。2001 年入选全国重点文物保护单位。

宣城—江村古建筑群 位于旌德县白地镇。江村为江姓聚居地,始建于隋唐,明清时达鼎盛,现存建筑多为明清时期建造。尚存老街、古牌坊、古祠堂、古民居、古桥等近 200 处,主要建筑有江氏宗祠、溥公祠、孝子祠等。2006 年入选全国重点文物保护单位。

宣城—黄田村古建筑群 位于泾县榔桥镇。村中河岸和道路均以石块砌筑,河上架设石桥十余座。巷道平直,明沟暗渠相连,活水穿村西流,排水通畅。建筑以家庙、住宅和书院、书舍为主,施以木雕、石雕和砖雕,雕刻精美。现存较为完整的古民居 58 处 103 栋,大多建于清朝乾嘉年间。主要建筑有洋船屋、思慎堂、聚星堂等,体现了典型的“儒商”文化。2006 年入选全国重点文物保护单位。

宣城—毛竹山、官山遗址 位于宁国市罗溪村。长江下游地区露天类型的旧石器时期遗址。两处遗址坐落在两条陇岗上,间距约 500 米。毛竹山遗址埋藏在网纹红土的底部,地质时代为中更新世中期,可能是储料场和石器制造场,发掘出土 1 100 多件砾石和石制品,主要为砍砸器、刮削器、石球和尖刃器。官山遗址出土石片、石核、砍砸器、刮削器、镐等旧石器。2013 年入选全国重点文物保护单位。

宣城—徽杭古道绩溪段和古徽道东线郎溪段 徽杭古道西起绩溪县伏岭镇,东至浙江临安区清凉峰镇,是徽商向杭州方向贩运货物的重要通道。古道早在唐代就已修成,其中保存最完整的是绩溪县境内的盘山小道,长约

16 千米，沿途可见峡谷、溪水、瀑布、小草原，是徽杭古道的精华所在。徽杭古道是中国继丝绸之路、茶马古道之后的第三条著名古道，在历史上曾经产生过巨大的政治、经济、文化作用。2013 年入选全国重点文物保护单位。

宣城—建平镇土墩墓群　位于宣城市建平镇。墓群东西向呈一线排列，横跨建平镇钟西、钟新村，占地面积约 5 平方千米。西周至春秋战国之交的公共墓地，数量众多、保存较好。土墩墓平地起土、不设葬具、封土不夯，核心特征是堆土成墩，为吴越民族葬俗之一。出土较多的原始瓷和印纹硬陶器，说明商周时期可能有较高等级的聚落组织。2013 年入选全国重点文物保护单位。

宣城—天寿寺塔　位于广德县桃州镇。始建于北宋太平兴国年间，后多次被毁又重修，清代光绪中期失火，仅存塔体。1984 年全面修缮，基本保持原来的特点，总高 39.97 米，屋面斜坡 25 度，各层飞檐出挑 1.3 米。发现了地宫及一块长 74 厘米、宽 44 厘米、厚 8.5 厘米的地宫石盖和一块长 65 厘米、宽 50 厘米、厚 5 厘米的石碑。2013 年入选全国重点文物保护单位。

宣城—仙人塔　位于宁国市仙霞镇。六面七层，砖木结构，通高 26 米，修长如笔。层层均有拱门及蹬道，每层设有平座和挑出飞檐，上铺筒瓦，形制秀丽。塔内中空，楼板与飞檐均毁。塔基四周层砌磨青砖，中嵌如意纹饰大方砖。塔刹系生铁浇铸，高 5 米，现完整保存了覆钵、仰莲、相轮及宝瓶。塔刹上通体布满铭文和花草、莲花瓣纹饰，全部铭文 3 000 余字。塔顶有两株桃树，阳春三月桃花甚茂。2013 年入选全国重点文物保护单位。

宣城—奕世尚书坊和胡炳衡宅　位于绩溪县瀛洲乡。奕世尚书坊为纪念明代户部尚书胡富和兵部尚书胡宗宪而立，建于明代嘉靖中期。仿木石构牌坊，三间四柱五楼，高 10 米，宽 9 米，坊楼为歇山式，用茶园石雕凿而成；主楼正中置恩荣匾，花板南面分别镌书“奕世尚书”和“奕世宫保”，为明代文征明手书。徽商胡炳衡宅建于清代，占地面积 180 平方米，面阔三间，前后两进，砖木结构，硬山屋顶，四周封砌马头墙，木构件、木门窗雕饰精美，是一座典型的徽州传统民居。2013 年入选全国重点文物保护单位。

宣城—上庄古建筑群 位于绩溪县上庄村。主要包括胡适故居、胡适私塾、胡传旧居、胡寿基宅等古建筑。胡适故居为一座典型的徽派建筑,小青瓦,马头墙,前庭有天井,两旁有厢房,楼上为“通转楼”,楼下是堂屋。后进为内庭,栏板隔扇,精雕细刻,是胡适童年生活及青年返乡完婚的住宅。胡适私塾为一进三开间厅式建筑,是胡适幼年接受启蒙教育的地方。胡传旧居是胡适父亲胡传出生和生活的老宅。胡寿基宅为一栋集书法与雕刻于一体的徽派艺术建筑,胡寿基是胡适的学生,与胡适同族同宗。2013 年入选全国重点文物保护单位。

宣城—旌德文庙 位于旌德县旌阳镇。始建于北宋崇宁初年,五次被毁重建,现存建筑为清代顺治初年所建。占地面积 4 700 平方米,主要为大成殿、东西厢、戟门、名宦祠、乡贤祠等。大成殿长宽均 17 米,基高 3.33 米,殿高 18.66 米,重檐歇山顶;屋面为滚龙亮背,上下两层,各有四条垂脊,正脊中嵌火焰宝珠;正脊两端及垂脊角均嵌有鱼尾走龙,抬梁式木结构。殿内四根木柱通顶,表通天之意。2013 年入选全国重点文物保护单位。

宣城—王稼祥故居 位于泾县桃花潭镇。王稼祥是中国共产党早期重要领导人之一。故居是一座普通的皖南民居,砖木结构,三间两厢,建筑面积约 300 平方米。2013 年入选全国重点文物保护单位。

宿州—小山口遗址 位于埇桥区曹村镇。新石器时代遗址,占地面积约 2 万平方米,距今约 8 000 年。在文化层内发现新石器时代灰坑、大汶口文化时期的墓葬和龙山时期的灰坑。大汶口文化层较薄,出土器物较少,器物较规整并出现彩绘的陶器。龙山文化层出土遗物较多,以陶器骨器为主,石器较少,陶器多为泥质陶和黑陶。这些陶器制作普遍使用轮制,胎薄坚硬,器形规整美观,还出现了磨光黑陶工艺,是新石器时代制陶技术的巅峰。2013 年入选全国重点文物保护单位。

宿州—古台寺遗址 位于埇桥区境内。占地面积约 6 万平方米,呈覆斗形的古台形状。地层堆积从上而下除耕土层外,包括汉代堆积、大汶口文化堆积和早期新石器时代文化堆积。文化内涵丰富,时代最早距今约 8 000

年。古台寺遗址发掘的最大收获是发现了皖北早期新石器文化与大汶口文化的地层依据,揭露出早于大汶口文化遗存在皖北存在的事实。2013 年入选全国重点文物保护单位。

安庆—薛家岗遗址 位于潜山市王河镇。坐落于一条狭长的山岗之上,呈椭圆形台地,占地面积约 6 万平方米。发现新石器时代的墓葬、灰坑、残房基等遗迹 100 余处,出土陶器、石器、玉器等生产生活用具及装饰品 2 000 余件。该遗址的新石器时代文化遗存具有独立的发展序列,被考古学界命名为“薛家岗文化”,时代距今 5 000 至 6 000 年,其早期处在母系氏族社会向父系氏族社会的转变时期,他们过着集体劳动的公有制生活。1996 年入选全国重点文物保护单位。

安庆—白崖寨 位于宿松县趾凤乡。始建于元末,因地势险要、易守难攻为历代兵家必争之地。元代至正年间朱元璋曾在此练兵打仗,明代崇祯末年兵部尚书史可法曾据寨与张献忠起义军作战。寨墙周长 4 264 米,高 1—4 米,宽 1 米多,险要地段建双层,全部用大片石所砌。寨墙东西南北的关隘口建有五座门楼,皆用大条石垒砌而成,吴半月形桥拱状,高 10 余米、宽 8 米、厚 5 米,顶部设有炮口。2001 年入选全国重点文物保护单位。

安庆—天柱山山谷流泉摩崖石刻 位于潜山市天柱山镇。现存唐代至民国石刻 400 余方,以宋代石刻最多。题刻作者达数百余人,可查考者不下百人,唐代李德修,宋朝王安石、黄庭坚、苏东坡,明朝胡缵宗,清代张楷等名宦大家都曾题字崖谷。题刻内容广泛,文体、书体多样。2001 年入选全国重点文物保护单位。

安庆—振风塔 位于迎江区迎江寺内。原名“万佛塔”,始建于明代隆庆初年。八角七级楼阁式,砖石结构,呈圆锥形体,高 60.86 米。塔基直径 19.25 米,台基为须弥座式,底层供奉一座 5 米高西方接引阿弥陀佛。塔的二层供弥勒佛,三层供五方五佛,三、四、五层有砖雕佛像 600 多尊,塔身嵌有碑刻 52 块。振风塔临江而立,为长江流域规模最大、最高的七级浮屠。2006 年入选全国重点文物保护单位。

安庆一世太史第 位于迎江区境内。始建于明代。因赵氏族中四代翰林,故称“世太史第”“四代翰林宅”。赵朴初诞生于此,故亦为赵朴初故居。占地面积4 463平方米,建筑面积2 773平方米,规模宏大;中轴对称,结构规整,砖雕、木雕、石雕技艺精湛,点线面、黑白灰、清水勾缝外墙、白粉内墙、小青瓦等组合成清新淡雅的外观形象;建筑风格融北方古建筑的恢宏、粗犷及徽州古建筑的细腻、精致于一体,具有浓郁的地方特色。2006年入选全国重点文物保护单位。

安庆一孙家城遗址 位于怀宁县马庙镇。新石器时代至商代的遗址。遗址东西长约750米,南北宽约430米,河面宽100米至150米。城内的新石器时代文化遗存厚1—3米,采集有石斧、石铲、环形石器、鼎足、陶片等文物,对研究长江中下游地区的原始文化以及与黄河流域诸文化具有重要意义。2013年入选全国重点文物保护单位。

安庆一张四墩遗址 位于宜秀区三义村。新石器时代至周代的遗址。占地面积2.1万平方米,由四个土墩以及土墩环绕的中部低地组成,平面呈弧边三角形,土墩高出周围地面2—4米。堆积两个文化层,出土器物主要有石器和陶器,纹饰多种多样,显示出较高的制陶技艺。2013年入选全国重点文物保护单位。

安庆一张廷玉墓 位于桐城市双溪村。张廷玉是清代康熙中期进士,曾任刑部侍郎、吏部侍郎、礼部尚书、户部尚书、吏部尚书等,任康熙实录总裁官。墓园占地面积7 000余平方米,九级拜台,中贯神道,两旁依次排列文俑、武俑、马、文豹、羊、狮、赑屃负御祭碑等石像生,石像生前立四柱石坊。享堂前设照壁,上嵌雍正帝所书“调梅良弼”“赞猷硕辅”石匾。2013年入选全国重点文物保护单位。

安庆一太平塔 位于潜山市彰发山皖光苑内。始建于晋代咸和年间。塔前有真武殿,殿后有玉皇阁、石华表。七层八楼阁式砖塔,高43米,仿斗拱结构,外旋中空,弧檐翘角。塔体内外壁镶嵌砖雕佛像近千尊。塔内砌有台阶,穿楼绕廊,可上可下。登上最高层,远眺天柱,风光无限,俯视县城,楼宇林立。在塔下有仿建的张恨水故居和心远亭、莲花池、题字碑林等。2013 年入选全国重点文物保护单位。

安庆—法云寺塔 位于岳西县响肠镇。传说是三国时曹操大军征伐东吴时所建。楼阁式建筑，平面呈方形，七层，通高 23 米，青砖砌筑。二至七层每层每面各有 10 个砖雕神龛，龛内有一大二小共三个佛像，计有 1 680 尊，故又名“千佛塔”。塔身的背面有莲花、菊花、太极图的标志，说明在 1 000 多年的历史长河中三大教派曾在此弘扬宗教文化。鼎盛时拥有大殿建筑 20 多间，田产 40 万平方米，山场近百亩，下辖一庙六庵二寺，香火盛极一时。2013 年入选全国重点文物保护单位。

安庆—桐城文庙 位于桐城市城区。始建于元代皇庆年间，明代洪武初年移建于此。占地面积 4 150 平方米，建筑面积 1 803 平方米。以御道为中轴线，前为文庙门楼，中为大成门，后为大成殿，前后两院落，四周筑有“宫墙万仞”的外墙，构成堂皇宏伟、布局工整的古建筑群。藏有新石器时代以来的许多珍贵文物，其中有李公麟的画、方以智的书、雍正御赐保和殿大学士张廷玉的虎铜印、乾隆御题碧玉铭文等多件稀世珍宝。2013 年入选全国重点文物保护单位。

安庆—南关清真寺 位于安庆市南关镇。始建于明代成化年间，清代同治中期重建。占地面积 1 829 平方米，原有大殿、明德堂、养正堂、望月八角亭等。大殿雄伟高大，建筑面积 600 平方米，高 20 余米，有殿柱 36 根，可容千人礼拜。2013 年入选全国重点文物保护单位。

安庆—浮山摩崖石刻 位于枞阳县浮山镇。浮山是一座佛教名山，早在晋梁时期就建有寺庙。晋梁以后，吸引了大量的文人墨客，如孟郊、白居易、范仲淹、王安石等。浮山天然石壁上现存 300 余块摩崖石刻，字字珠玑，篇篇精湛，是一处难得的书法宝库和珍贵的文化遗产。2013 年入选全国重点文物保护单位。

安庆—安徽大学红楼及敬敷书院旧址 敬敷书院旧址位于安庆师范学院敬敷大道，清代光绪中期移建于此。建筑面积 937 平方米，建院时的讲堂正梁、考生试卷等均保存完好，是清代安徽规模最大、办学时间最长的官办书院，桐城派文学大师姚鼐、刘大櫆曾为书院院长，安徽近代名人房秩五曾受业于此。1934 年兴建的安徽大学主教学楼是单体二层砖木结构，建筑面积 3 008 平方米。2013 年入选全国重点文物保护单位。

安庆—安庆天主堂 位于迎江区境内。清代同治年间安庆教案发生后，官府赔偿 4 000 元给教会建教堂，光绪中期扩建。砖木结构，中西合璧风格，由耶稣圣心堂、神甫楼、门厅及庭院组成，总建筑面积 6 091 平方米。2013 年入选全国重点文物保护单位。

安庆—陈独秀墓 位于安庆市境内。陈独秀灵柩于 1947 年从四川江津迁回家乡，与原配夫人高晓岚合冢。由墓冢、墓碑、墓台、护栏、墓道构成。墓冢高 4 米，直径 7 米，汉白玉贴面。墓碑高 2.4 米，碑身高 1.8 米。墓台两层，正方形，高 2.4 米，四周有汉白玉栏杆。墓的两侧各排列 32 株杉树，喻示陈独秀走过的 64 个春秋；五棵龙柏松，代表他曾经担任过中国共产党一大至五大的总书记或执行委员会委员长。2013 年入选全国重点文物保护单位。

马鞍山—和县猿人遗址 位于和县陶店乡。东西 9 米，南北 3—4 米，深 5 米，洞穴堆积分五层，古人类化石和脊椎动物化石出自第四层。“和县猿人”距今 25 万年，为目前我国唯一保存完整的猿人头盖骨化石。和县猿人的形态与北京猿人相似，属于晚期直立人。还出土动物化石 60 多种，既有北方中更新世常见的剑齿虎、中国鬣狗、肿骨鹿和葛氏斑鹿，又有华南同时代常见的大熊猫、剑齿象和中国貘等。1988 年入选全国重点文物保护单位。

马鞍山—凌家滩遗址 位于含山县凌家滩村。约 5 000 多年前的新石器时代晚期聚落，占地面积约 160 万平方米。发现新石器时代晚期的祭坛、大型氏族墓地以及祭祀坑、红烧土和积石圈等遗迹，出土玉礼器、石器、陶器等珍贵文物。2001 年入选全国重点文物保护单位。

马鞍山—朱然家族墓地 位于雨山区境内。朱然是三国东吴左大司马、右军师。占地面积 1 万平方米，由封土、墓道、墓坑、前后墓室组成。前室内置祭台和陪葬者漆棺，后室内置墓主漆棺。出土文物 140 余件，其中漆木器 80 余件,漆器上多有精美的彩绘图案,是三国时期美术史实物的重要发现。漆木器中的两件犀皮黄口羽觞工艺精湛,是罕见的文物精品。6 000 多枚汉代和三国时期的铜钱,为研究三国时期的币制和社会经济提供了重要的实物资料。2001 年入选全国重点文物保护单位。

马鞍山—李白墓 位于当涂县青山。唐代诗人李白一生倾情当涂,钟爱青山,在他 62 年颠沛流离的生命旅程中,曾七次来到当涂。唐代宝应初年李白去世,葬于城南龙山东麓。元和年间,李白生前好友范作之子范传正与时任当涂县令诸葛纵将李白墓迁于与龙山相对的青山。墓用青石砌成,为一座周砌石墙的圆形坟墓,上顶为圆锥状的土堆,墓前竖立一方"唐名贤李太白之墓"碑刻。2006 年入选全国重点文物保护单位。

马鞍山—太白楼 位于马鞍山市采石矶,面临长江,是一座金碧辉煌、宏伟壮丽的古建筑,素有"风月江天贮一楼"之称,与湖南的岳阳楼、湖北的黄鹤楼、江西的滕王阁并称"长江三楼一阁"。原名"谪仙楼",始建于唐代元和年间,清代康熙初年重建,易名"太白楼";又将神霄宫旁的李白祠移建于此,形成楼阁合璧的格局。现存太白楼系清代光绪初年兵部右侍郎彭玉麟捐资重建,高 18 米,长 34 米,宽 17 米,主楼三层。2013 年入选全国重点文物保护单位。

二十五、国家一级博物馆

安徽博物院 位于合肥市怀宁路。原称安徽省博物馆,2011 年更为现名。建筑造型体现了"四水归堂、五方相连"的徽派建筑风格。占地面积约 6.2 万平方米,展厅面积 1.6 万平方米,展厅 15 个,馆藏历代文物 21.8 万余件,其中善本书 8 000 余册,一级藏品 135 件。2008 年入选国家一级博物馆,2010 年入选全国古籍重点保护单位。

中国徽州文化博物馆 位于屯溪区境内。国内唯一的徽州文化主题博物馆。建筑面积1.4万平方米，展出面积6 000平方米，库房面积2 000平方米。馆舍建筑以天人合一为主导思想，以徽州地理山水为背景，以徽州建筑风格为基调，是一组多功能的综合建筑及徽派风景园林。藏有陶瓷、砚台、徽墨、书画、徽州三雕等各种文物近10万件(册)，其中古籍近5万册，契约文书近3万份，歙砚、徽墨、新安书画、徽州文献是特色藏品。2017年入选国家一级博物馆。

二十六、中华老字号

安徽口子酒业股份有限公司(注册商标：口子) 位于淮北市相山南路。新中国成立后第一批建厂的白酒企业之一，以生产国优名酒“口子”系列白酒而著称，为国家酿酒骨干企业。拥有口子窖、老口子、口子坊、口子美酒等系列品牌产品，主导产品“口子窖酒”以独特的风格和卓越的品质畅销市场。2006年入选中华老字号。

安徽同庆楼餐饮发展有限公司(注册商标：同庆楼) 位于包河区。起始于1925年，现已成为中国知名的餐饮集团，名列中国餐饮百强企业，在全国各地拥有连锁餐饮酒店近60家。2006年入选中华老字号。

安庆市胡玉美酿造食品有限责任公司(注册商标：胡玉美) 位于安庆市黄土坑东路。起始于清代道光中期。主要产品有蚕豆辣酱、复合调味酱、酱油等系列产品百余个品种，年产量超万吨。各种产品畅销全国，部分产品常年供应我国驻外使馆(机构)。2006年入选中华老字号。

芜湖市耿福兴酒楼(注册商标：耿福兴) 位于镜湖区凤凰美食街。起始于清代光绪年间，“童叟无欺，货真价实”是百年不变的经营理念。主营淮扬菜和徽菜，特色美食为小笼蟹黄汤包、虾籽面和酥烧饼。2006年入选中华老字号。

安徽寿春堂大药房有限公司(注册商标：寿春堂) 位于合肥市蒙城路。“寿春堂”成立于清末,以中药材为主营业务,曾与北京同仁堂、杭州胡庆余堂等著名药房齐名。2006年入选中华老字号。

安徽安科余良卿药业有限公司(注册商标：余良卿) 位于宜秀区迎宾路。起始于清朝咸丰中期,历160余年而不衰,产品畅销国内外。有被誉为安徽“三珍”之一的传统产品“鲫鱼膏药”(现名“余良卿膏药”),疗效独特优良。2006年入选中华老字号。

芜湖市四季春大酒店(注册商标：四季春) 位于镜湖区环城西路。主要经营早点小吃,承办喜宴、寿宴、拜师宴。四季春把“弘扬餐饮文化、打造百年老店”作为发展宗旨,把“诚信”当作座右铭,是安徽餐饮名店。2006年入选中华老字号。

黄山市屯溪老胡开文墨厂(注册商标：胡开文) 2006年入选中华老字号。参见全国工业旅游示范点——屯溪老胡开文墨厂工业园。

中国宣纸集团公司(注册商标：红星) 2006年入选中华老字号。参见国家级非物质文化遗产生产性保护示范基地——安徽中国宣纸集团。

安徽省六安瓜片茶叶股份有限公司(注册商标：徽六) 位于六安市龙河西路口。集茶叶研发生产和销售、基地建设、旅游、茶文化传播等相关产业于一体的现代化大型企业,是安徽省农业产业化龙头企业、省级扶贫龙头企业。2010年入选中华老字号。

黄山市猴坑茶业有限公司(注册商标：猴坑) 位于黄山工业园区。生产、加工、经营“太平猴魁”系列茶的重点龙头企业,国家级标准化太平猴魁示范区和国家星火计划——太平猴魁茶产业开发项目承建单位,是安徽省农业产业化龙头企业、高档礼品茶定点生产单位,名列中国茶叶行业百强企业。2010年入选中华老字号。

黄山谢裕大茶业股份有限公司(注册商标：谢正安) 位于徽州区文峰西路。公司前身是清朝光绪初年由古徽州漕溪人谢正安所兴办的“谢裕大茶行”,至今已有140多年的历史。现已成为涉及茶叶、茶食品的研发、生产、销售、基地建设、旅游等茶文化关联产业的现代化大型企业。2010年入选中华老字号。

马鞍山市采石矶食品有限公司(注册商标:采石矶) 位于雨山区雨翠路。“采石矶”系列茶干传世已有200多年,清朝嘉庆年间就已闻名遐迩。现已由当年的作坊发展成为现代化民营企业。2010年入选中华老字号。

安庆市麦陇香食品厂(注册商标:麦陇香) 位于安庆市四牌楼。厂名“麦陇香”出自苏东坡诗句“麦陇风来饼饵香”。生产中式糕点已有百年历史。“墨子酥”是“麦陇香”的传统名牌糕点,还有寸金、白切、元宝糖等。2010年入选中华老字号。

合肥公和堂食品厂(注册商标:公和堂) 位于肥东县撮镇工业聚集区。“公和堂”之名源于祖上留下的一副对联“公则悦万商云集,和为贵四海风从”,成立于清朝末年。现为农副产品加工的重点骨干企业。2010年入选中华老字号。

安徽金种子集团有限公司(注册商标:颍州) 位于颍州区莲花路。起始于1949年。经营范围主要为白酒。2010年入选中华老字号。

阜阳宏达食品有限公司(注册商标:叫花鸡) 位于阜阳市新阳大道。以农副产品深加工为主的综合型龙头骨干企业,有五香型、特色味、水果味、奶油味四大“叫花鸡”系列瓜子。2010年入选中华老字号。

合肥市糖业烟酒有限责任公司张顺兴食品厂(注册商标:张顺兴号) 位于合肥市铜陵路。起始于清代光绪初年,前店后坊式经营,主要品种为糕饼、点心、炒货和酒。如今的“张顺兴号”,经营四大名点——麻饼、烘糕、寸金、白切,均经独特工艺加工而成。2010年入选中华老字号。

寿县饮食服务公司聚红盛大酒店(注册商标:聚红盛) 位于寿县寿春镇。起始于清代光绪初年,创始人为清代咸丰年间状元、光绪帝师孙家鼐家族,为寿州城内最著名的酒楼。传统名菜有炸肉枣、锅贴鸡、红烧肉、四喜豆腐等。2010年入选中华老字号。

休宁县万安吴鲁衡罗经老店有限公司(注册商标：吴鲁衡) 位于休宁县万安镇。起始于清朝雍正年间,创始人为罗经大师吴鲁衡,至今有近300年历史。“吴鲁衡”选用徽州稀有的虎骨木材料,经裁制坯料、分格、写盘、油货、装针、包装等工序进行手工制作,采用祖传的天然磁石磁化的独特工艺,磁针灵敏度高、永不退磁。2010年入选中华老字号。

绩溪县良才墨业有限公司(注册商标：艺粟斋) 位于绩溪县临溪镇。秉承和弘扬曹素功制墨业的传统工艺,吸取并开发新工艺、新技术,生产油烟墨、松烟墨、精烟墨和选烟墨以及工艺墨、收藏墨、高级彩色墨、油烟墨汁等。2010年入选中华老字号。

安庆市柏兆记工贸实业发展有限公司(注册商标：柏兆记) 位于宜秀区菱北西路。起始于清代光绪末年。拥有独特的配方工艺和操作流程,以成熟的产品和稳定的产品质量,成为安徽省最大的清真食品加工企业。2010年入选中华老字号。

芜湖市老余昌钟表眼镜有限责任公司(注册商标：老余昌) 位于镜湖区中山路。主要经营钟表、眼镜、表带批发零售,提供修理服务。“老余昌”已有百年历史,当初只是一个小店铺,如今已成为现代化眼镜零售企业。2010年入选中华老字号。

歙县老胡开文墨业有限公司(注册商标：李廷珪牌) 2010年入选中华老字号。参见全国工业旅游示范点——歙县老胡开文墨厂。

安徽迎驾贡酒有限公司(注册商标：迎驾) 2010年入选中华老字号。参见全国工业旅游示范点——迎驾集团工业旅游区。

江西篇

江西省，唐开元二十一年（公元 733 年）设江南西道而得省名，因其最大的河流为赣江，简称“赣”。

江西省地处我国东南部的长江中下游南岸，东邻浙江省、福建省，南连广东省，西接湖南省，北毗湖北省、安徽省而共接长江，面积 16.69 万平方千米。

江西省东、西、南三面环山地，全省地势向北倾斜，地形以山地、丘陵为主，中部丘陵和河谷平原交错分布，北部为鄱阳湖平原。水网稠密，河湾港汊交织，湖泊星罗棋布。黄岗山海拔 2 157 米，为省内最高点。鄱阳湖为全国最大的淡水湖。

江西省的气候属于亚热带季风湿润气候，四季分明且天气复杂多变。年平均气温 18.0℃，冬暖夏热，夏季时为长江中游最热的地区之一。

江西省下辖南昌、赣州、宜春、吉安、上饶、抚州、九江、景德镇、萍乡、新余、鹰潭等 11 个地级市。省政府驻地南昌市。2018 年末，常住人口 4 647.6 万。全省共有 55 个民族，其中汉族人口占 99%以上，少数民族中人口较多的有畲族、苗族、回族、壮族、满族等。

江西省地处长江三角洲、珠江三角洲和闽南三角地区的腹地，乃“形胜之区”。矿产资源丰富，有“世界钨都”“稀土王国”“中国铜都”“有色金属之乡”的美誉。江西是我国古代书院的起源地之一，唐代德安义门东佳书院和高安桂岩书院是我国最早设立的书院之一，宋代白鹿洞书院名列我国四大书院。制瓷工业历史悠久，瓷都景德镇是我国著名的瓷器生产中心。井冈山是中国革命的摇篮，南昌是中国人民解放军的诞生地，瑞金是苏维埃中央政府成立的地方，安源是中国工人运动的策源地，红色文化闻名中外。江西是江南以水稻为主的重要粮食产区之一，也是我国淡水渔业重点省份之一。

一、中国历史文化名镇

浮梁县瑶里镇 位于浮梁县东部,地处皖、赣两省交界处。唐代中叶发展陶瓷业,瓷窑颇多,是景德镇陶瓷发祥地,因此得名“窑里”。清末因陶瓷业衰落而雅称“瑶里”。群山环抱,原始森林郁郁幽深,飞瀑流泉,小桥流水,禽鸟啼鸣。保留有许多清代建筑,有展示徽派“三雕”艺术的狮冈胜览、程氏宗祠,反映封建家族礼仪思想的进士第,再现革命斗争历史的陈毅旧居、抗日动员大会会场,印证往日繁华景象的明清商业街、徽州古道等。既有深厚的文化积淀,又有优美的自然环境,有“瓷之源、茶之乡、林之海”的美称。2005 年入选中国历史文化名镇。

贵溪市上清镇 位于贵溪市西南部。唐武德年间称“雄石镇”,清乾隆中期始称“上清镇”。自古以道教文化著称,镇域内的明清建筑具有典型的道教建筑风格。道教祖庭天师府,规模宏大,雄伟壮观,建筑华丽,有“南国无双地,西江第一家”之誉。师法自然的古街、沿河鳞次栉比的吊脚楼和船埠头,显现出江南水乡特有的风格。2007 年入选中国历史文化名镇。

横峰县葛源镇 位于横峰县北部,地处磨盘山盆地。因漫山遍野生长着野葛,又处于溪水源头而得名“葛源”,被誉为“中国葛之乡”。隋末唐初,苏、冯二姓定居溪水源头,至宋代,成为繁荣的山区集镇。至今保留着山区古老村镇的风韵,梯田、古树、古桥遍布,土墙、瓦顶构成了独特的农舍房屋造型,清末民初的古街道完整保留了集市商埠特色。还是闽浙皖赣革命根据地的“红色省会”,保存有众多的革命旧址。2008 年入选中国历史文化名镇。

青原区富田镇 位于吉安市青原区东南部。庐陵文化的重要发祥地，抗元名臣文天祥的故乡。三国时建柳塘街，宋朝中叶富田街兴起。留存有宋、元、明、清时期的各种建筑，其中以祠堂、庙宇最多。王家宗祠诚敬堂被称为“江南第一祠”。匡家娘娘祠、陂下古村的敦仁堂以及以“大夫第”为首的古建筑群，凸显赣中民宅的建筑风格。还留存有文天祥墓、文氏宗祠。富田是第二次反“围剿”斗争的前沿阵地，留下了许多革命遗迹。2010 年入选中国历史文化名镇。

安源区安源镇 位于萍乡市安源区东南部。原始社会晚期先民在此活动，春秋战国时期为楚地。著名的安源路矿工人大罢工发生地，有安源路矿工人俱乐部、总平巷、安源路矿工人消费合作社、安源路矿工人运动展览馆等多处历史遗迹。还是毛泽东早期工作的地方，是红领巾的摇篮。现是全国百个爱国主义教育基地之一。2014 年入选中国历史文化名镇。

铅山县河口镇 位于铅山县北部。古称“沙湾市”，唐朝初期开始兴盛，北宋初年发展为赣东名镇。因地处信江河与铅山河的合流之处，明初改称“河口”。历史上曾与景德镇、樟树镇、吴城镇并称为“江西四大名镇”。沿河500 米长的明清古街，层楼绵延，古老典雅；青石板路面上的道道车辙，记录了小镇当年的繁荣，被称为“江西第一古街”。九弄十三街格局依然如故，惠济河穿城而过，小桥流水风韵依旧，一座座青石桥横跨两岸，可以窥见旧时的繁华。2014 年入选中国历史文化名镇。

广昌县驿前镇 位于广昌县南部，地处武夷山脉腹地，抚河源头。西汉景帝年间名“梅村”，为通往闽、粤的必经之地。南宋绍兴年间建驿馆，“驿前”由此得名。明清古建筑群高墙深院，飞檐翘脊，木刻、砖雕、石雕古朴典雅，堪称江南明清建筑的上乘佳作。莲花、荷叶、莲蓬等吉祥图物随处可见，形成了多姿多彩的莲文化。2014 年入选中国历史文化名镇。

金溪县浒湾镇 位于金溪县西部，紧傍抚河北岸。素为江南重镇。古名“金冠里”，明代初年因建村于抚河河湾，得名“许湾”，又因在水边，雅称

"浒湾"。清乾隆中期成为县治所在地,民国初年设浒湾镇。明、清时代木刻印书的出产地,刻印的书籍称为"江西版",流传有"临川才子金溪书"的说法。前后两条书铺街,民居与书坊合二为一,前店后厂,古韵悠悠。2014 年入选中国历史文化名镇。

吉安县永和镇 位于吉安县中部,地处赣江中游西岸。宋嘉祐年间建镇。陶瓷是古镇的一大产业,吉州窑是我国独具特色的民间瓷窑,南宋最盛时有"六街三市七十二花街",如今仍残存着一条条匣钵和窑砖铺砌的长街古道。2014 年入选中国历史文化名镇。

铅山县石塘镇 位于铅山县东南部,地处武夷山北麓。古代江南五大手工业基地之一,素有"武夷山下小苏州"之称。五代时镇北有方塘 10 口,名"十塘",后谐音为"石塘"。南唐保太年间设镇。建筑呈纺锤形,靠河一侧建有城墙,墙外为宽而深的护城沟。老街铺以青石板,临街店铺鳞次栉比。店铺建筑为木构架砖墙,前店后堂。靠石、走廊、瓦檐,均有造型各异的木雕、石雕和砖雕,被誉为"中国明清建筑博物馆"。2014 年入选中国历史文化名镇。

二、中国历史文化名村

乐安县流坑村 位于乐安县牛田镇,地处乌江之畔。四周青山环抱,三面江水绕流,山川形胜,钟灵毓秀。始建于五代南唐升元年间,繁荣于明清两代。拥有融于自然的山村环境,历史上昌盛的科举文化,别具一格的村落布局,保存完整的古建筑群,精美绝伦的建筑装饰,积厚流广的宗族遗存,古朴纯美的民俗风情,绚丽多彩的乡土文化,流传千古的傩舞,被誉为"千古第一村"。2003 年入选中国历史文化名村。

青原区渼陂村 位于吉安市青原区文陂镇。南宋初年建村。现有大量保存完好的明清建筑,如气势恢宏的祠堂,饱经风霜的书院,幽静的古街,别具一格的教堂,古老的牌坊。民居内有许多精美的石雕、木雕、砖雕、照壁及藻井,被誉为“庐陵文化第一村”。20 世纪 30 年代成为红色革命根据地,曾是江西省苏维埃政府和赣西南苏维埃政府所在地,现保留有大批红色革命遗址和战争年代的文物。2005 年入选中国历史文化名村。

婺源县理坑村　位于沱川乡。原名“理源”,因地处理源溪畔而得名,俗称“理坑”。北宋末年村落始建,明朝末至清朝中叶达到鼎盛。村人崇尚“读朱子之书,秉朱子之教,行朱子之礼”,理坑村被尊为“理学渊源”,走出了尚书、司马等高官及一批巨富,留下了颇具特色的明清官邸建筑。古民居以精致的砖雕、石雕、木雕见长,被誉为“中国明清官邸、民宅最集中的古村落”。2005 年入选中国历史文化名村。

高安市贾家村　位于新街镇。后晋开运年间立村,至今已有 1 000 多年。古村落有 64 条巷道,街道、弄巷均由石板青砖铺设,纵横交错,展现出江南村落的地域文化魅力。房屋建筑主要有宗祠、雨亭、大堂、官厅、客厅、民居六大级,被誉为“现实中的荣国府”。古村落保存完好,是明清江南古村的典型代表。2007 年入选中国历史文化名村。

吉水县燕坊村　位于金滩镇。始建于南宋中期,鄢氏先祖在此肇基,将村名定为“鄢坊”,新中国成立后改名为“燕坊”。有许多高大的古樟树,整个村庄掩隐在翠绿丛中。四周环绕护村墙、护村河,巷道铺以青石板、红石板或鹅卵石。牌坊众多,气势不凡;民居错落有致,屋内描金绘凤,字画满堂,从外观风貌到内部结构都折射出明清建筑的古韵。2007 年入选中国历史文化名村。

婺源县汪口村　位于东江湾镇。宋大观年间村落向河边扩展,因村前有碧水,故名“汪口”。村落布局近似网形,18 条直通溪埠码头的主巷道连着错落有致、纵横发展的小巷。有徽派风格的千年古街、古朴典雅的一经堂、“平渡堰”曲尺碣遗址等景点。俞氏宗祠气势雄伟,布局严谨,工艺精湛,雕刻工艺细腻,被誉为“木雕宝库”。2007 年入选中国历史文化名村。

安义县罗田村 位于石鼻镇。唐广明年间,蕲州罗田人为避兵乱筑村于此,沿用家乡的地名,称为“罗田”。古街铺以麻石板,古车辙清晰可见,至今保留着完整的地下排水系统。村民按照先祖十大房的亲缘关系划区集居,民居内砖雕、石刻、木雕构件古朴而精美。完整的宗族里甲制度,雕饰精湛的天井式民居,尊师重教的耕读文化,展现了明清时期江西传统聚落的历史文化价值。2008 年入选中国历史文化名村。

浮梁县严台村 位于江村乡。起源于东汉光武年间。江氏宗族聚落,村庄选址、布局与“八仙下棋”的地势巧妙结合,大街小巷成叶脉状。现存街巷大多建于明代,用青石板、细石片铺砌,两边用河卵石砌护。民居建筑形式主要有明三间、四合院、三间穿堂式等,多为砖木结构式楼房,有阶梯式、弓形、云形的马头墙,利于采光、聚水的天井,传统的双坡屋顶半掩半露,呈现出赣派与徽派建筑相结合的特点。2008 年入选中国历史文化名村。

赣县区白鹭村 位于赣州市白鹭乡,毗邻兴国、万安两县。商周时期已形成村落,南宋绍兴年间钟氏先祖在此定居,取名“白鹭”。江南最集中并保存完好的客家古村落之一,历经 800 多年依然保存有大量的堂屋、祠宇。这里有我国第一座也是唯一一座以女士命名的女士祠,我国第一所希望小学,江南第一个村级民俗博物馆。2008 年入选中国历史文化名村。

青原区陂下村 位于吉安市富田镇。唐代开基,已有 1 000 多年的历史。山环水绕,古樟环抱,封闭式古堡状的布局风格独特。全村有四个大门出入,每条巷口设小门,大封闭圈中藏小封闭圈,比较完整地保留了古代村落抵御敌人入侵的防御设施和体系。宗祠和民居前后墨勾画檐,门楼浮雕字画。鹅卵石巷道纵横,并与古街相连,体现了赣派典型的“村街合一”的建筑特色。毛泽东、朱德等曾在这里工作和战斗,被称为“红色古村”。2008 年入选中国历史文化名村。

婺源县延村 位于思口镇。始建于北宋元丰年间。原名“延川”,明初改今名。背倚火把山,思溪河流经村前,整个村庄犹如一竹排依偎在思溪河畔。由青石板铺就的六条主街巷,呈棋盘型。房屋风火山墙青瓦坡顶,门罩翘角飞檐，门枋砖雕，方柱石基，格扇门窗，三雕艺术精美绝伦。有56幢较为完整地保存着的清代商人建造的古民居，被誉为“清代商宅群”。2008年入选中国历史文化名村。

宜丰县天宝村 位于天宝乡，地处九岭山麓中段。始建于宋光宗初年，村名取“绿波清浪，物华天宝，驾重洛阳”之意。古村48条石巷、48口古井，流遍全村的小渠组成了交通、饮水和冲洗网络。保存着20多座500年以上的古祠堂，120余幢明清古建筑。随处可见的古井、拴马桩，诉说着古老村落的岁月沧桑。2008年入选中国历史文化名村。

吉州区钓源村 位于吉安市兴桥镇，地处井冈山下。由欧阳修的高叔祖欧阳弘肇基于唐代末年，取姜太公垂钓渭水之意，命名为“钓源”。依山就水，建筑布局顺乎山势，延绵的岗地环绕青砖黑瓦的民居，处处合应太极八卦图。依村7口水塘，取“七星伴月”之意。民居的木雕和石雕多以八卦图案为内容。建筑和装饰透露出一种隐逸遁世的道家色彩。2010年入选中国历史文化名村。

金溪县竹桥村 位于双塘镇。始建于元末明初。全村形似一柄巨扇，金溪挨村而过，一溪如带，良田万顷。村口有四人合抱的老樟树，还有锡福庙和紫澜阁遗址。13条巷道如同扇骨支撑起整个村子，在这些扇骨上分布着一条古驿道、两处雕版印刷遗址、三口古井、三个晒场、四座门楼、五座祠堂、六条街道、八方水塘。保存完好的十家弄和八家弄等古建筑，成为封建社会农商并重的标本。2010年入选中国历史文化名村。

龙南县关西村 位于关西镇。地处关西洞的小盆地之间，中央有一条9曲18弯的关西河。青峰东立，古塔西护，东山南耸，关水北流，山环水抱，形胜天然。村庄拥有700多年的历史，关西新围为9幢18厅的宫廷式建筑，是当今赣南保存最为完整、面积最大的客家围屋，展示了“文武合一、耕读合一、官商合一、村围合一”的客家文化。2010年入选中国历史文化名村。

婺源县虹关村 位于浙源乡，地处高湖山南端。建于南宋，建村者“仰虹瑞紫气聚于阙里”，取名“虹关”。背枕青山，面临清溪，整个村落镶嵌于锦峰绣岭、清溪碧水之中,房屋群落与自然环境巧妙融合。村头溪畔兀然屹立的古樟,树龄已有1 000余年,被誉为“江南第一樟”。古村的兴起和民居建设与徽墨生产有着密切关系,素有“墨乡”之称。村落房屋为徽派建筑,砖雕装饰比比皆是,木雕艺术尤为精湛。把墨模的雕刻艺术应用在建筑艺术上,是虹关建筑文化的独特之处。2010年入选中国历史文化名村。

浮梁县沧溪村 位于勒功乡。始建于东汉末年。因苍松林立,清澈秀丽的小溪绕村而过,得名“苍溪”,后称“沧溪”。整个村落临水依山,环境优美,风光旖旎。房屋依地形而建,顺地势而上,布局符合“枕山、环水、面屏”的风水理念,体现了“天人合一”的审美需求。自古人杰地灵、名贤辈出,“三举五贡四十八秀”曾在浮梁县独占鳌头。清末民初,因茶号的发展涌现出一批富商,留下了许多装饰华丽的精美建筑。2010年入选中国历史文化名村。

婺源县思溪村 位于思口镇。由俞姓建于南宋庆元年间,因地处清溪之畔,故以鱼(俞)水相依之兆而取名“思溪”。村落建筑为典型的徽派风格,砖雕、石雕、木雕工艺精湛,精美绝伦;清代“银库”屋,现已少见;“敬序堂”花厅,古色古香,为品茶对弈、吟诗作画的理想之地;明代“通济桥”和“如来佛柱”,是古时村落水口组合建筑的孑遗;俞氏客馆格扇门上96个不同字体的“寿”字组成的百寿图,堪称木雕精品。2014年入选中国历史文化名村。

宁都县东龙村 位于田埠乡。因东南有群山蜿蜒起伏,形如卧龙而得名“东龙”。唐宋以前已经有人居住。村落选址以山川形势为基本要素,空间配置以宗祠、神庙为中心,景观建设以水系为核心,安全设施以隘亭、寨堡为屏障,古祠古宅依山傍水,古寺古塔点缀其间,小巷幽径错落有致。2014年入选中国历史文化名村。

吉水县桑园村 位于金滩镇。明洪武年间建村,因屋舍前后桑树成荫,以养蚕著称而得名“桑园”。背靠赣江,整体布局遵循风水理论,以护村河和护村墙最有特色。护村河宛若一条水龙盘踞在村子周边,护村墙沿河而建,徽派建筑的粉墙黛瓦和精巧雕琢的马头墙鳞次栉比,蕴藏着深厚的庐陵文化,被建筑界称为“东南半壁独一无二的古村落”。2014年入选中国历史文化名村。

金溪县曾家村 位于琉璃乡。地处丘岗地带,村外田园平沃,村后竹林茂密,村东溪水潺潺,村北一河横穿,风景秀丽。东源街又称“直街”,向西北方向分出六条巷道,青石板与卵石铺就的巷道和小巷相互连通。分布着九大古民居聚落群,每个聚落群屋屋相通。2014 年入选中国历史文化名村。

安福县塘边村 位于洲湖镇。立村已有千余年。因民居围绕水塘建造而得名。整个村庄分为东西两部分,均为圆形格局。塘岸用块石和条石砌就,岸边细柳拂水。村落屋宇,翠樟古柏,天光云影,美似画图。自唐末开基以来,耕、读、商三业并举,世传诗书理学,代有仕官科名,奕叶贵显,为乡邑之望族。2014 年入选中国历史文化名村。

峡江县湖洲村 位于水边镇。北宋宝元初年,习氏先祖逆沂江而上,在古石阳县旧址(今湖洲村)安家建院,后其孙辈率族裔倾家资大造屋宇,所建的花门楼远近闻名。初以“花门楼”为名,后改为“湖洲村”。现存古建筑为清代风格,戏台、寺庙、祠堂、牌楼等布局集中,房屋为砖木结构,雕梁画栋,极尽人间美景。2014 年入选中国历史文化名村。

三、全国特色景观旅游名镇(村)

婺源县江湾镇 位于婺源县东部。北宋神宗元丰年间立村,历来是婺源通往皖浙赣三省的要塞。一街六巷纵横交错,新旧有序,千年延展,不乱方阵。每条巷道各有个性,不见雷同,自成一景。有保存尚好的三省堂、敦崇堂、培心堂等众多明清官邸、徽派商宅民居,古村古风古韵犹存。自古文风昌盛,宋代至清代养育了状元、进士与仕宦 38 人,另有文人学士 19 人,传世著作 92 部。2010 年入选全国特色景观旅游名镇(村)。

铜鼓县大塅镇 位于铜鼓县东北部,地处定江河畔。南方丹霞地貌成带状分布，奇峰罗列，深壑幽谷，山环水绕。天柱峰国家森林公园坐落镇域，有浩瀚潋滟的九龙湖、香火袅袅的灵石庵、云缠雾绕的水上一线天、奇险高耸的天柱峰，还有隘口汤里天然温泉，自然景观众多，客家风情纯朴。历来是铜鼓县东河片的政治、经济、文化中心，毛泽东曾在这里发动和领导了闻名中外的秋收起义。2010 年入选全国特色景观旅游名镇(村)。

浮梁县瑶里镇 2010 年入选全国特色景观旅游名镇(村)。参见中国历史文化名镇——浮梁县瑶里镇。

横峰县葛源镇 2010 年入选全国特色景观旅游名镇(村)。参见中国历史文化名镇——横峰县葛源镇。

高安市贾家村 2010 年入选全国特色景观旅游名镇(村)。参见中国历史文化名村——高安市贾家村。

吉水县燕坊村 2010 年入选全国特色景观旅游名镇(村)。参见中国历史文化名村——吉水县燕坊村。

青原区渼陂村 2010 年入选全国特色景观旅游名镇(村)。参见中国历史文化名村——青原区渼陂村。

濂溪区海会镇 位于九江市，东临烟波浩渺的鄱阳湖，西靠风景秀丽的庐山五老峰。曾为官道驿站，宋代称“茶庵”，民国时期称“土楼”，后借“百川汇海”之意取名“海会”，是一个具有 2 000 多年历史的古镇。有庐山东门、庐山三叠泉风景区、第四纪冰川遗迹、碧龙潭风景区，海会寺等古迹。庐山云雾茶的始产地，素有“茶圣落足品茗之地，诗仙筑庐隐迹之所”之美誉。2011 年入选全国特色景观旅游名镇(村)。

新建区人平镇 位于南昌市新建区西北部，地处梅岭国家森林公园和梅岭国家风景名胜区的腹地。有山水秀丽的狮子峰，有位于梅岭主峰罗汉岭的洗药湖，有翠竹飞瀑的神龙潭，有千年银杏、千年红豆杉等名贵树木，还有心街、垴下村、欢乐葵园等休闲景点，青山碧水，风光旖旎。2015 年入选全国特色景观旅游名镇(村)。

靖安县宝峰镇 位于九岭山国家自然保护区内。因宝峰禅寺而得名。

现形成了以宝峰寺为代表的禅宗文化品牌，以神仙谷为代表的生态旅游品牌及水上娱乐旅游品牌，以周郎、宝田现代农业区园为代表的休闲农业品牌，以三爪仑土特产为重点的旅游商品品牌。2015 年入选全国特色景观旅游名镇(村)。

南康区谭邦村　位于赣州市坪市乡。建于明正德年间，由明武宗皇帝朱厚照敕令，南赣巡抚王阳明组织修建的一座城池。谭邦城依山就势，形似一只巨大的神龟，龟首傲视地势平坦且位置稍低的坪市圩，龟尾连接城后屏风状的网形山。谭邦河像一根玉带围绕着城堡。城内遗存众多建筑物，保存较为完好的为两座祠堂和部分民宅。2015 年入选全国特色景观旅游名镇(村)。

赣县区夏浒村　位于赣州市湖江镇，地处赣江十八滩河段最险的两大险滩——天柱滩和黄泉滩之间。始建于南北朝时期，初名“夏釜”，后取“华夏天府”之意而命名为“夏府”，复取“位于赣江万安湖边”之意而改称“夏浒”。以赣江水运之便成为商贸重镇，素有赣南“水上北大门”之称。唐代风韵的十八花厅及配套的历史建筑，朱漆牌坊，青砖灰瓦，蔚为壮观；客家宗祠群保存完好，是客家文化的摇篮。这里是戚继光祖籍地，保留着戚继光祖祠等历史文物。2015 年入选全国特色景观旅游名镇(村)。

石城县大畲村　位于琴江镇。宋代之前曾名“竹子洞”“彭家村”，元代初期以“良田白米”的美好愿望改名“大畲”。紧靠武夷山脉，峰峦崔巍，岩洞遍布，山水奇特。村后怪石如林犹如丹霞横空，龟裂石板美称“仙人犁田”，清泉四季流淌，竹木青翠如海。村内碧水环绕，曲径通幽如入仙境。丹山、碧水、绿树、红花、白雾，美不胜收。2015 年入选全国特色景观旅游名镇(村)。

婺源县篁岭村　位于江湾镇。典型的徽州山居村落，已有近 600 年历史，因“晒秋”习俗闻名遐迩。周边千棵古树环抱，万亩梯田簇拥。“天街”似玉带串接古建筑，徽式商铺林立，前店后坊。数十栋古民居在百米落差的岭谷错落排布，家家凿窗采光，户户支架晒物。村民以眺窗为画板，支架为画笔,晒匾为调色盘,成就了一幅幅民俗风情杰作。2015 年入选全国特色景观旅游名镇(村)。

赣县区白鹭村 2015 年入选全国特色景观旅游名镇(村)。参见中国历史文化名村——赣县区白鹭村。

宁都县东龙村 2015 年入选全国特色景观旅游名镇(村)。参见中国历史文化名村——宁都县东龙村。

四、中国特色小镇

进贤县文港镇 位于进贤县西南部,地处抚河下游东岸。自秦代始,家家户户以制作毛笔为生,唐代已有笔市,明清时日趋鼎盛,被誉为“华夏笔都”。人文鼎盛,诗词飘香,是北宋著名词人晏殊的故里。现已形成以“二晏”为代表的传统文化、以毛笔文化为代表的产业文化、以毛笔工艺制作为精髓的工匠文化三大板块。2016 年入选中国特色小镇。

袁州区温汤镇 位于宜春市袁州区西南方。镇内有明月山国家森林公园和国内罕见的地下温泉。明月山是佛教沩仰宗的发源地。山水奇特,植被丰茂,原始风貌保存良好。地下温泉富含以硒为主的微量元素,是我国唯一一处可饮可浴的富硒温泉。2016 年入选中国特色小镇。

贵溪市上清镇 2016 年入选中国特色小镇。参见中国历史文化名镇——贵溪市上清镇。

婺源县江湾镇 2016 年入选中国特色小镇。参见全国特色景观旅游名镇(村)——婺源县江湾镇。

全南县南迳镇 位于全南县西南部。宋绍定年间,谭氏、李氏由湖南茶陵州迁居此地,且地处全南县城之南,故名“南迳”。风景优美,资源丰富,拥有国家级自然保护区和古韵梅园、千亩桂园、香韵兰园、南迳温泉、十里桃江等芳香产业基地和景点。江西省规模最大的台湾皇达兰花基地落户该镇。现以芳香花木种植、芳香产品加工、芳香温泉及乡村旅游为主线,重点打造芳香花木、芳香温泉、芳香文化、芳香乡村四大板块,是全国知名的芳香小镇。2017 年入选中国特色小镇。

宁都县小布镇 位于宁都县西北部。原名“小浦”,意为“水边小镇”。第二次国内革命战争时期,这里是第一、二、三次反“围剿”斗争的指挥中心,毛泽东、朱德、曾山等老一辈无产阶级革命家留下了光辉足迹。中共苏区中央局、中华苏维埃中央革命军事委员会、中国工农红军第一部无线电侦察台在此成立,成为中国人民解放军无线电通信兵种和无线电通信学院的发源地。2017 年入选中国特色小镇。

樟树市阁山镇 位于樟树市东南隅。东汉时,葛玄到阁皂山结庐定居,炼丹布道,采药施诊,前后达 43 年,阁皂山成为道教灵宝派的发祥地,阁山成了“药都”樟树药业的源头。阁皂山山峰陡峭、峡谷幽深、泉水潺潺,享有“神仙之府”之美誉,唐高宗御封为“天下第三十三福地”。山内有鸣水桥、江南三大书院之一的紫阳书院(宋代理学家朱熹讲学处)等历史古迹,留有天师坛、洗药池、百草园等道教文化遗址,与贵溪龙虎山、南京茅山并称全国三大道教圣地。2017 年入选中国特色小镇。

吉安县永和镇 2017 年入选中国特色小镇。参见中国历史文化名镇——吉安县永和镇。

广昌县驿前镇 2017 年入选中国特色小镇。参见中国历史文化名镇——广昌县驿前镇。

浮梁县瑶里镇 2017 年入选中国特色小镇。参见中国历史文化名镇——浮梁县瑶里镇。

濂溪区海会镇 2017 年入选中国特色小镇。参见全国特色景观旅游名镇(村)——濂溪区海会镇。

新建区太平镇 2017 年入选中国特色小镇。参见全国特色景观旅游名镇(村)——新建区太平镇。

五、国家级文化生态保护实验区

徽州文化生态保护实验区 位于婺源县。徽州文化是伴随着中华民族文明进程而形成的区域文化体系。古徽州“一府六县”与相关的周边地带，是徽州文化孕育和发展的主要空间。实验区总面积13 881平方千米，包括现今的安徽省黄山市、绩溪县和江西省婺源县，是我国第一个跨省的文化生态保护实验区。实验区对徽州文化产生、发展、传承的区域所承载的文化表现形式，开展以非物质文化遗产保护为主的全面的整体性保护工作。“徽州文化生态保护实验区建设工程”项目入围2010年十大“国家文化创新工程”。2008年入选国家级文化生态保护实验区。

客家文化（赣南）生态保护实验区 位于赣州市。赣州市以保护非物质文化遗产为核心，对历史文化积淀深厚、存续状态良好、具有重要价值和鲜明特色的客家文化形态进行整体性保护的特定区域，总面积3.94万平方千米。赣南客家人超过800万，是全国最大的客家聚居地，客家文化的主要发源地和传承地。赣南的客家文化内容丰富、形式多样、风格独特，有赣南采茶戏、兴国山歌、于都唢呐公婆吹、石城灯会、古陂“席狮”“犁狮”等国家级非物质文化遗产代表性项目10项，省级非物质文化遗产108项，市级非物质文化遗产165项，在客家文化领域影响极大。2013年入选国家级文化生态保护实验区。

六、国家生态旅游示范区

婺源国家生态旅游示范区 位于婺源县。婺源是古徽州一府六县之一,婺源的代表文化是徽文化,素有“书乡”“茶乡”之称。拥有独特的自然生态、自然景观和与之共生的人文生态,被誉为“中国最美的乡村”是“绿水青山就是金山银山”实践创新基地。2013年入选国家生态旅游示范区。

井冈山国家生态旅游示范区 位于井冈山市。地处湘赣两省交界的罗霄山脉中段,有“郴衡湘赣之交,千里罗霄之腹”之称。集人文景观、自然风光和高山田园于一体的山岳型风景旅游区,被赞为“绿色宝库”,享有“天然动植物园”的美誉。山区空气中每立方厘米含负氧离子数超过8万个,人称“天然氧吧”,是理想的旅游避暑休闲疗养胜地。2013年入选国家生态旅游示范区。

鄱阳湖湿地公园 位于鄱阳县鄱阳湖生态经济区核心区。占地面积362.85平方千米,其中湿地面积351.16平方千米,湿地率达97%,是以湖泊、河流、草洲、泥滩、岛屿、泛滥地、池塘等湿地为主体景观的、纯自然生态的、复合型湿地公园。鄱阳湖湿地是世界六大湿地之一,亚洲湿地面积最大、湿地物种最丰富的湿地。2015年入选国家生态旅游示范区。

七、全国红色旅游经典景区

南昌八一起义纪念馆 位于南昌市西湖区中山路。原为“江西大旅社”,1927年7月下旬,在此成立了以周恩来为书记的中共前敌委员会。8月1日南昌起义爆发后又多次在此举行会议,成为领导起义的指挥中心。南昌起义打响了武装反抗国民党反动派的第一枪,是中国共产党独立领导武装斗争和创建革命军队的开始。1933年7月11日,中华苏维埃共和国临时中央政府决定,每年8月1日为中国工农红军成立纪念日。新中国成立后,将此纪念日改称为“中国人民解放军建军节”。纪念馆陈展图片、图表509幅,文物407件(套),艺术品51件。2005年入选全国红色旅游经典景区。

方志敏纪念馆 位于弋阳县县城北面的峨眉嘴山顶。方志敏是杰出的农民运动领袖，土地革命战争时期赣东北和闽浙赣革命根据地的创建人，1934年11月率红军北上抗日，在皖南遭国民党重兵围追堵截，终因寡不敌众而被捕，在狱中写下《可爱的中国》《清贫》《狱中纪实》等重要文著，1935年在南昌英勇就义，时年36岁。纪念馆占地面积1.1万平方米，建筑面积1 300平方米，介绍了方志敏烈士参加创建江西地方党团组织、领导江西农民运动、创建闽浙赣根据地和红十军团、狱中斗争的事迹。2005年入选全国红色旅游经典景区。

南昌新四军军部旧址 位于南昌市西湖区友竹巷友竹路。1938年1月，新四军军部从汉口移驻这里。军部在南昌期间，确定了新四军的主要领导人，指导南方八省红军、游击队改编为新四军，北上抗日，并直接指挥了新四军四个支队的组建和集结工作。旧址原为北洋军阀张勋公馆，建于1915年。这里还是中共中央东南分局和新四军驻赣办事处的所在地。现已按照当年新四军军部的格局进行复原陈列。2005年入选全国红色旅游经典景区。

秋收起义纪念地 秋收起义是1927年毛泽东在湖南东部和江西西部领导的一次武装起义，中国共产党第一次在武装斗争中公开打出了自己的旗号，诞生了人民军队历史上第一面军旗（有镰刀、斧头、五角星图案的工农革命军军旗），为后来各地工农红军和农村革命根据地的大规模发展奠定了基础。纪念地包括修水县城凤凰山路的秋收起义修水纪念馆、铜鼓县城西的秋收起义铜鼓纪念馆和萍乡的秋收起义广场。2005年入选全国红色旅游经典景区。

安源路矿工人运动纪念馆 位于萍乡市安源区安源镇。1921年冬，毛泽东来安源考察，组织成立了“安源路矿工人俱乐部”。1922年9月，工人俱乐部组织工人举行了大罢工，罢工指挥部就设在俱乐部内。旧址有前后两栋建筑，建筑面积1 266平方米。前面一栋是砖木结构的二层楼房，原为安源煤矿职员合股经营的协兴洋货店，现已辟为纪念馆，馆藏文物5 000余件，其中一级藏品约200件。2005年入选全国红色旅游经典景区。

湘鄂赣革命根据地旧址 位于万载县仙源乡,地处湖南、湖北、江西三省边界地区。1928年彭德怀、滕代远等领导平江起义,成立了中国工农红军第五军,开辟了湘鄂赣革命根据地。1931年成立中共湘鄂赣省委和湘鄂赣省苏维埃政府。1932年湘鄂赣军区成立,红军和地方部队发展到1.6万人。现存遗址包括湘鄂赣省委、省苏维埃政府旧址、省委红旗报社旧址、中华苏维埃中央军事政治学校第五分校旧址等。2005年入选全国红色旅游经典景区。

上高县抗日会战遗址 位于上高县镜山。1941年3月,侵华日军第11军所辖的两个师团和一个混成旅团共4.2万人,分三路进犯赣西北,逼近上高。国民革命军第19集团军9个师7万余人,血战26天,打败了装备优良的日军军队,毙伤日寇1.5万余人,大获全胜,被誉为"抗战以来最精彩之战""媲美台儿庄胜利的赣北大捷"。此次战役是抗日正面战场22次影响最大的会战之一,也是抗日战争中13次大捷之一。在宜春城区东郊建有"上高会战抗日阵亡将士陵园"。2005年入选全国红色旅游经典景区。

罗坊会议纪念地 位于新余市渝水区罗坊镇。1930年10月下旬—11月初,毛泽东率红一方面军总前委与江西省委在罗坊召开联席会议,史称"罗坊会议"。会议期间,毛泽东对八位兴国籍红军战士进行了调查,写成《兴国调查》。罗坊会议纪念地包括罗坊会议旧址、兴国调查会旧址和红一方面军总部旧址,均为民国初年所建的砖木结构民居。2005年入选全国红色旅游经典景区。

井冈山市红色旅游系列景区 井冈山市地处湘赣两省交界的罗霄山脉中段,是江西省的西南门户。20世纪20年代末,毛泽东等老一辈无产阶级革命家率领中国工农红军来到这里,创建了我国第一个农村革命根据地,点燃了中国革命的星星之火,开辟了"农村包围城市,武装夺取政权"的革命道路,被誉为"中国革命的摇篮"和"中华人民共和国的奠基石"。井冈山有100多处革命旧址和遗迹,主要有茨坪红军造币厂遗址、茅坪八角楼茨坪毛泽东旧居、桐木岭红军哨口工事遗址、古城会议旧址、黄洋界哨口、上井红军造币厂旧址、大井毛泽东旧居、小井红军烈士墓、小井红军伤病员殉难处、中国工农红军第四军建军广场旧址、井冈山会师纪念碑、井冈山革命博物馆、井冈山会师纪念馆、井冈山烈士陵园、龙江书院、红军会师桥——达维桥等。2005 年入选全国红色旅游经典景区。

瑞金革命遗址 位于瑞金市叶坪乡、沙洲坝镇。瑞金地扼赣闽咽喉，素为赣闽粤三省通衢。瑞金是著名的“红色故都”“共和国摇篮”，1931 年中国共产党苏区中央局迁驻瑞金，在此召开第一次全国苏维埃代表大会，成立了中华苏维埃共和国临时中央政府，毛泽东和朱德指挥根据地军民粉碎了敌人第一、二、三次“围剿”，中央红军长征也从这里出发。瑞金现存革命遗址 15 处，包括毛泽东、张闻天、谢觉哉、邓小平等同志的故居以及中华全国总工会旧址、列宁小学旧址等。2005 年入选全国红色旅游经典景区。

于都长征第一渡 位于于都县县城东门渡口。于都河（即贡江）是红军长征面临的第一条大河。1934 年 10 月，毛泽东、周恩来等老一辈革命家率领中央红军主力集结于都，分别从于都河北岸 8 个渡口渡过于都河，迈出了二万五千里长征第一步。2005 年入选全国红色旅游经典景区。

抚州市红色革命遗址 抚州是 1933 年中国工农红军第四次、第五次反“围剿”斗争的主战场，也是中央苏区的北部屏障，发生在这里的黄陂战役、洵口战役、团村战役、金溪战役和大寨脑、高虎脑、万年亭战斗等，在中国人民革命斗争史上写下了不朽的一页。抚州市保留有“闽浙赣苏维埃政府”旧址、红军“第一号布告”和大量红军标语等珍贵的革命遗址和遗迹。2005 年入选全国红色旅游经典景区。

上饶集中营革命烈士陵园 位于上饶市信州区茅家岭街道。上饶集中营是国民党军统特务组织设立的法西斯集中营，包括七峰岩、周田村、茅家岭、李村和石塘等五处集中营，曾囚禁皖南事变中被俘的新四军战士和爱国人士 1 000 余人。1942 年日本侵略军攻占上饶城，国民党反动派对上饶集中营中的新四军战士进行了血腥大屠杀。新中国成立后修建了革命烈士陵园。2005 年入选全国红色旅游经典景区。

闽浙皖赣革命根据地旧址群 位于横峰县葛源镇。第二次国内革命战争时期,方志敏等革命先驱在这里创建了红色政权,开创了“两条半枪闹革命”的历史,被毛泽东誉为“我们光荣的模范苏区”。旧址群包括闽浙皖赣省委机关旧址、省苏维埃旧址、省军区司令部旧址、红军五分校旧址、红色列宁公园、红军广场、四部一会旧址、少共省委旧址。红色列宁公园是我党历史上建立的第一个公园。2011 年入选全国红色旅游经典景区。

中国工农红军北上抗日先遣队纪念馆 位于玉山县。1935 年 1 月,方志敏率领中国工农红军北上抗日先遣队,宣传中国共产党的抗日主张,推动全民族的抗日救亡运动,策应中央主力红军战略大转移,历时 6 个多月,行程 5 000 余里,最后在怀玉山遭遇国民党七倍于己的兵力围攻,在冰天雪地里浴血奋战 20 多天,近千名红军战士壮烈牺牲。纪念馆生动地反映了抗日先遣队在怀玉山区的英勇事迹。2011 年入选全国红色旅游经典景区。

新四军整编旧址 位于铅山县石塘镇。1937 年国共两党实行了第二次合作,闽赣省边区的红军游击队 600 多人来到石塘,集中整编扩军。中共闽赣省委在石塘召开群众动员大会,组织工作组到附近各县进行抗日救国、国共合作的宣传,部队扩大到 1 500 多人。1938 年 2 月,在石塘集结的闽赣边区红军游击队改编为“国民革命军新编第四军第三支队第五团”。2011 年入选全国红色旅游经典景区。

新四军瑶里改编及程家山旧址 位于浮梁县。瑶里是皖赣边区三年游击战争的根据地之一。1937 年七七事变后,全面抗战的局面形成,中国共产党将南方 8 省 14 个地区的红军游击队改编成国民革命军新编第四军。1938 年初,陈毅等领导的三支红军游击队汇集到瑶里进行改编和整训,然后奔赴抗日前线。留下的部分人员,在瑶里敬义堂设立“新四军驻瑶里留守处”,筹集物资支援抗战。瑶里改编旧址包括华仁寺、程家祠堂、敬义堂三处。程家山旧址是 1934 年皖赣苏区第五次反“围剿”斗争的重要战场。2011 年入选全国红色旅游经典景区。

红十军建军旧址 位于乐平市众埠镇。红十军即第二次国内革命战争时期的中国工农红军第十军，是方志敏、邵式平、周建屏等于1930年创建的闽浙赣革命根据地的主力红军。红十军历经大小战斗千余次，仅第二次国内革命战争时期牺牲的有名可查的众埠籍战士就达950名。旧址内陈列了有关红十军建军的照片、图表等珍贵的历史资料。2011年入选全国红色旅游经典景区。

赣东北革命委员会旧址 位于乐平市乐平镇。1930年8月红军一举解放乐平城，一月之内实现了全县一片红，县、区、乡、村苏维埃政府相继建立，革命根据地得以壮大和巩固。1930年9月，赣东北革命委员会由弋阳迁来乐平县城。旧址原为大豪绅汪老伍家宅，建于19世纪20年代初期。2011年入选全国红色旅游经典景区。

乐平方志敏旧居 位于乐平市十里岗镇。1927年方志敏在弋阳漆工镇领导暴动后遭追捕，秘密来到乐平篁坞村汪歧芬家。方志敏在这里居住了40余天，并进行了一系列革命活动。旧居为典型的落檐山墙式民居建筑，占地面积约140平方米，建筑面积约70平方米。2011年入选全国红色旅游经典景区。

东固革命根据地旧址 位于吉安县东固乡。东固革命根据地是土地革命战争时期中国共产党在江西省西部创立的一个重要根据地，被毛泽东称为“第二个井冈山”。根据地所处地区山高林密，地势险要，易守难攻，土地肥沃，物产丰富，为中国共产党人实行武装割据提供了极佳的自然物质条件。旧址主要有东固平民银行、红四军与红二、四团会师旧址、东固毛泽东旧居。2011年入选全国红色旅游经典景区。

三湾改编旧址 位于永新县三湾村，地处九陇山北麓。1927年9月毛泽东率领秋收起义部队撤离湘东转移到这里，前敌委员会对这支部队进行了具有伟大历史意义的改编，史称“三湾改编”。三湾改编确立了党对军队的绝对领导，建立了军队民主制度，是我党政治建军史上的第一块里程碑。现存遗址有：枫树坪旧址、工农革命军第一军第一师第一团士兵委员会旧址——泰和祥杂货铺、毛泽东旧居——协盛和杂货铺、工农革命军第一军第一师第一团团部旧址——钟宗祠、毛泽东亲自创建的第一个农村党支部——秋溪乡党支部旧址、龙源口大捷旧址、湘赣省委旧址等。2011 年入选全国红色旅游经典景区。

马家洲集中营旧址 位于泰和县马市镇。马家洲集中营是国民党秘密设立的法西斯监狱,被称为“江西渣滓洞”。2011 年入选全国红色旅游经典景区。

共青城创业史陈列馆 位于共青城市共青大道。1955 年 98 名上海青年志愿者来到鄱阳湖畔荆棘丛生、荒无人烟的滩涂野岭围涂造田,开山垦荒。时任团中央书记的胡耀邦到江西考察时,坐着一辆铁路轧道车,冒着寒风,颠簸百余千米,专程赶到德安县东南九仙岭下垦荒队驻地看望大家,并题词“共青社”。陈列馆占地面积 1.3 万平方米,包括城市主题雕塑、创业史发展区、现代和未来发展区、观众体验区、文化传播区。2011 年入选全国红色旅游经典景区。

庐山会议旧址及领袖旧居群 位于庐山市河西路。庐山会议旧址原是蒋介石在庐山创办军官训练团修建的三大建筑之一,于 1937 年落成。1959 年中国共产党八届八中全会、1961 年中央工作会议、1970 年九届二中全会,均在此召开。现已辟为庐山会议纪念馆,保留着 1970 年时的会场布置,保存着当年的实物、照片、材料和根据纪录片制作的录像片。庐山别墅建筑群包括别墅千余栋,建筑面积 50 余万平方米,毛泽东、周恩来、刘少奇、朱德、邓小平、彭德怀等曾在此居住。2011 年入选全国红色旅游经典景区。

98 抗洪精神教育基地 位于九江市浔阳区抗洪大道。1998 年夏,我国江南、华南大部分地区及北方局部地区发生了特大洪水,在抗洪抢险斗争中形成了“万众一心、众志成城,不怕困难、顽强拼搏,坚韧不拔、敢于胜利”的伟大抗洪精神。纪念馆以影像资料、图文记载、历史文物、情景模拟等形式,再现了九江人民的抗洪斗争事迹。2011 年入选全国红色旅游经典景区。

八一起义策源地暨叶挺九江指挥部旧址纪念馆 位于九江市浔阳区庐

峰东路。原为美国圣约翰中学校长高达德的公寓,是一栋回廊式两层西式楼房,砖木结构,建筑面积 224 平方米。1927 年 7 月中旬,叶挺率国民革命军第 24 师进驻九江,指挥部即设于此。共产党人多次在这里召开研究和部署南昌起义的重要会议。7 月 25 日,贺龙、叶挺、叶剑英等在九江市区甘棠湖中的一只小船上召开紧急会议,确定了南昌起义的军事行动。九江成为八一起义的策源地和起义部队的出发地。2011 年入选全国红色旅游经典景区。

中央苏区反“围剿”旧址及纪念馆 位于宁都县梅江镇。中央苏区亦称“中央苏维埃区域”,即中央革命根据地,位于江西南部、福建西部,是在土地革命战争时期建立的全国最大的革命根据地,是全国苏维埃运动的中心区域。1930 年 12 月—1933 年 10 月,蒋介石调集重兵,发动了五次对中央苏区的“围剿”。中央苏区反“围剿”纪念馆是全国唯一的一所反映中央苏区五次反“围剿”斗争的纪念馆。2011 年入选全国红色旅游经典景区。

南方红军三年游击战旧址及纪念馆 位于大余县黄龙镇。1934 年秋—1937 年秋,中国工农红军主力长征后,留在大余、信丰、龙南地区的红军和游击队,同国民党军队进行了三年游击战,保存了革命力量和基本阵地,钳制了大量敌军,配合了红军主力的行动,为中国革命和革命战争作出了重要贡献。旧址包括南方红军三年游击战纪念馆、池江陈毅旧居、红色游击司令部旧址等。2011 年入选全国红色旅游经典景区。

小平小道陈列馆 位于南昌市新建区望城镇。“文革”时期邓小平在此劳动和生活了 3 年 5 个月。当时工厂给邓小平修了一条往返于车间和住处的小道,即此后闻名于世的“小平小道”。小平小道陈列馆建筑面积 2 134.5 平方米,陈展面积 1 720 平方米,分为“文化大革命”初期、“疏散”到江西、工厂劳动、小平小道、情系新建和永远的怀念六个部分。2016 年入选全国红色旅游经典景区。

江西革命烈士纪念堂 位于南昌市东湖区广场北路。占地面积 1.7 万余平方米。主体建筑于 1957 年向社会开放。纪念堂前的广场中心有一座红军战士塑像。纪念堂前厅中的大型浮雕采用火焰燃烧造型，寓意革命斗争星星之火可以燎原；浮雕正中央有“250 000”几个铜色数字，代表着江西为革命斗争牺牲的25万名烈士。2016年入选全国红色旅游经典景区。

遂川县工农兵政府旧址　位于遂川县泉江镇。1928年1月毛泽东亲手创建了第一个红色政权——遂川县工农兵政府。1928年2月，毛泽东率领工农革命军回师井冈山，遂川县工农兵政府随军撤离。红军撤离井冈山后，工农兵政府旧址被国民党反动派烧毁。1968年按原貌进行修复。旧址为砖木结构，前后三进，占地面积2 000多平方米。2016年入选全国红色旅游经典景区。

湘赣革命根据地中心旧址　位于永新县。湘赣革命根据地创建于1930年，是继井冈山根据地后的第二个根据地。山高林密，水网交织，南北走向的罗霄山脉横卧于湘赣两省边界。崇山峻岭连绵不断，险要的地势，丰富的物产，自给自足的小农经济，为游击战争的开展提供了有利条件。2016年入选全国红色旅游经典景区。

八、全国农业旅游示范点

婺源生态农业旅游区　位于婺源县。峰峦叠嶂、峡谷深秀、溪流潺潺，奇峰、怪石、驿道、古树、茶亭、廊桥，构成了美丽的自然景观，被誉为“中国最美的乡村”。不仅自然风光秀美，还有着深厚的文化底蕴，自古有“书乡”的美称，先后出了文学家朱弁、理学家朱熹、篆刻家何震、铁路工程专家詹天佑等文化名人。古建筑保存完整，其中汪口俞氏宗祠气势雄伟、工艺精巧，被专家誉为“艺术宝库”。2004年入选全国农业旅游示范点。

鹰潭市九曲洲农业观光园　位于龙虎山大道。北依秀美的龙虎山，南临清澈的泸溪河，占地面积27万平方米。绿树成荫，百花盛开，环境秀美，拥有大型户外拓展训练基地，被授予“青年文明号”荣誉称号。2004 年入选全国农业旅游示范点。

崇义县七星湖农业旅游区　位于横水镇。七星湖水面 26.67 平方千米，以水域面积大、湖湾长、水质优、植被好而出名。湖内有石鱼、武昌鱼、鳜鱼、鲈鱼等众多淡水鱼种。建有七星望月度假村，开设了划船、垂钓、滑水、冲浪、孤岛狩猎、夜捕石鱼等娱乐项目。2004 年入选全国农业旅游示范点。

共青城农业旅游区　位于庐山南麓、鄱阳湖畔。经过几代共青人卓有成效的开发与建设，共青城已成为全国生态示范区、全国青少年教育基地、中国羽绒服装名城、新兴的旅游休闲城市。胡耀邦曾两次亲临共青城，三次为共青城题词。1995 年时任中共中央总书记江泽民视察共青城，称赞“共青城山清水秀，是个好地方”。胡耀邦的陵园坐落于共青城的富华山。2004 年入选全国农业旅游示范点。

南丰县罗里石蜜橘生态园　位于白舍镇。占地面积 6.67 平方千米，其中挂果面积 4.67 平方千米，盛产期蜜橘产量达 9 000 吨，成为全国最大的南丰蜜橘种植基地。生态园依托蜜橘林、生态林、淡水湖、稻田、菜地及优美的生态环境，利用深厚的傩乡文化与多彩的橘都文化，构建了丰富的旅游项目体系。2004 年入选全国农业旅游示范点。

九、全国休闲农业与乡村旅游示范点

南昌县现代生态农业示范园　位于黄马乡。占地面积约 6 平方千米，是江西省农业厅依托江西省蚕桑茶叶研究所的科技力量、产业基础、生态环境而打造的农业园区。地处鄱阳湖生态经济圈，通过搭建平台、建设基地，形成了“八区二馆一基地”的整体格局，成为江西省现代农业的展示、示范和引领的窗口。2010 年入选全国休闲农业与乡村旅游示范点。

南昌县国鸿生态园 位于蒋巷镇。占地面积53万平方米。山丘起伏,树林密布,清澈小河贯穿全园,空气清新,气候宜人。设有农业观光区、体育运动区、休闲度假区、娱乐健身活动中心、珍奇野生动物观赏区、生态园音乐广场,打造了休闲度假的生态农业旅游基地。2010年入选全国休闲农业与乡村旅游示范点。

玉山县田园牧歌农产品专业合作社 位于三清乡。占地面积20万平方米。旅游资源主要有千年红豆杉、仙桃谷、梨苑、同心林、纪念林、生态园林,还有古水车、九马池、状元桥、九曲长廊、福寿宫、古戏楼、耕春塑像、唐末农民起义军首领黄巢塑像等。设有民俗风情展示区、农艺奇观区、木屋度假区和会议中心,是目前三清山唯一的大型旅游综合体。2010年入选全国休闲农业与乡村旅游示范点。

得雨生态园 位于景德镇市昌江区瓷都大道。占地面积40万平方米。从高山上移植古树檵木,打造了我国第一个檵木博览园。已有50万株檵树林、20万株高山杜鹃林、100万株红豆杉林,开辟了万株樱花园、玉兰园、海棠园、茶花园等,还打造了得雨龙山根雕馆、生态农业观光区、休闲农业体验区、青少年科普教育活动区、国家级登山健身步道等。2011年入选全国休闲农业与乡村旅游示范点。

武宁县新光山水开发有限公司 位于宋溪码头。已建成集水产、果木药材种植、住宿娱乐、生态旅游于一体的大型生态农庄——新光山庄。主要由百花园、百果园、百树园组成。百花园种植风景树和行道树4 000余棵,鲜花和观赏植物300余种;百果园栽种50个品种的果木15 000株;百树园种植各种树木3 000余株。2011年入选全国休闲农业与乡村旅游示范点。

五龙客家风情园 位于赣州市章贡区沙河大道。占地面积92万平方米,分为客家风情度假村、森林动物园、游乐园、五龙湖水上乐园、休闲垂钓区、体育健身中心、五龙巅峰团队拓展训练营等。建有龙安围、龙居围、龙汇围、龙庆围四大围屋以及龙腾阁、龙凤桥等客家典型建筑。山顶的龙腾阁有根石文化展,登上阁顶赣州城风貌尽收眼底。2012年入选全国休闲农业与乡村旅游示范点。

鑫海休闲农庄 位于新余市渝水区创业大道。占地面积3 000平方米，是以现代种养为主的绿色休闲庄园。农庄种植无公害蔬菜，散养土鸡、土鸭、土鹅，特邀名厨烹制特色农家菜肴，还建有一座库容30万立方米的小型水库，可以垂钓、采摘，品味农家小吃。2012年入选全国休闲农业与乡村旅游示范点。

上栗县毛家湾文化村 位于彭高镇。占地面积4万平方米。建有侗族和江南古民居建筑，设有农家餐饮、儿童乐园、垂钓休闲、农耕民俗、生态农庄、快乐烧烤、拓展培训、名人雕塑、果木林园、红色文化等功能区。2012年入选全国休闲农业与乡村旅游示范点。

莲花县莲花村 位于莲花县琴亭镇。该村原为省级贫困村，如今变成了远近闻名的先进村。以莲花村为核心的荷花博览园，占地面积约2平方千米，分为荷花观赏区、户外宿营区、休闲区、度假区、培育区、农耕体验区、后期开发区。2013年入选全国休闲农业与乡村旅游示范点。

进贤县李家村 位于进贤县前坊镇。有着600多年历史、500多户人家、以李姓为主的古村庄，山水相济，树木苍翠，田园秀美，乡风古朴，具有得天独厚的自然生态优势。在新农村建设中，兴建了占地面积2 100平方米的农博馆，建造了农耕馆、作坊馆和明堂馆，恢复了"龙灯舞、龙舟渡、采茶戏、陇西谱"等民俗项目。2013年入选全国休闲农业与乡村旅游示范点。

吉安县公塘古村葡萄观光园 位于横江镇。村内有各种古树30余棵，主导产业是葡萄和肉鸡。吉安县最大的葡萄种植专业村，被评为全省"一村一品"示范村。依托横江葡萄谷万亩葡萄园，开发了古村游览、葡萄采摘、农业观光、休闲娱乐等旅游项目，大力发展乡村旅游业。2013年入选全国休闲农业与乡村旅游示范点。

婺源县江岭风景区 位于上饶市。海拔近千米，梯田如链似带。黄灿灿的万亩油菜花海，气势磅礴的云海雾海，黑白色的徽式民居，洁白的梨花，粉红的桃花，构成一幅幅优美的天然画卷。田埂上、花丛中还有用稻草做成的塑像,憨态可掬,趣味无穷。2014 年入选全国休闲农业与乡村旅游示范点。

石城县通天寨荷花园区 位于琴江镇。占地面积 33 万平方米,分为采莲赏莲区、品种展示园、莲文化馆三大板块。采莲赏莲区种植红花莲和白花莲,建有 1 000 多米木栈道、四个观光亭;品种展示园整体形状为一朵盛开的莲花,建有标准莲花池 329 个,种植有 300 多种莲花;莲文化馆以实物、图片、书法、绘画等形式,运用电子触摸屏、投影仪等现代科技设备,展示与莲相关的各种知识。2014 年入选全国休闲农业与乡村旅游示范点。

怪石岭旅游景区 位于南昌市新建区溪霞镇。占地面积 2 平方千米。拥有朝阳峪、护宫廊、紫竹坡、龙王府、奔天岭、连天石六大景区,有"玉兔下山"等象形石和岩洞 40 多处。山石千奇百怪,洞与洞之隙深不可测,还有洞中洞和石上石,组成一座巨大的天然迷宫。2014 年入选全国休闲农业与乡村旅游示范点。

浮梁县梅岭山庄 位于瑶里镇。占地面积 1.8 万平方米。依山而建,临水而居,拥有别墅楼、吊脚楼客房、会议室、洗浴中心等接待服务设施,是一处集餐、住、游、娱、疗养于一体的综合性旅游接待中心。2014 年入选全国休闲农业与乡村旅游示范点。

南昌县湖光山舍田园农庄 位于蒋巷镇。占地面积 23 万平方米,是集客房、餐饮、会务、游乐、温泉、拓展、垂钓、演出、种植、养殖等项目于一体的休闲农庄。2015 年入选全国休闲农业与乡村旅游示范点。

武宁县阳光照耀 29 度度假区 位于杨洲乡,地处庐山西海腹地。已开发花源谷和金沙滩两个景点。花源谷占地 1.3 平方千米,拥有大小岛屿上百座,建有桃花涧、玉兰洲、樱花海、海棠湾、杏花港、荷叶田、杜鹃谷、枫杏源、紫荆峡、香槐岭、紫薇山等观光游览项目。金沙滩建有沙滩浴场、休闲木屋,设置了活动展演区、景观休憩区、冲浴服务区、餐饮购物区、运动娱乐区,还可以开展沙滩排球、冲浪、潜水、沙滩烧烤等水岸娱乐活动。2015 年入选全国休闲农业与乡村旅游示范点。

泰和县井冈山国家农业科技园 位于兴桥镇。占地面积10平方千米，建有奶牛养殖基地、种鸽场、种猪场、葡萄栽培基地、特色花卉苗木基地、芦笋栽培示范基地、茶叶标准园生产示范基地、组织培育中心和兰花设施栽培基地、农业休闲山庄等。2015年入选全国休闲农业与乡村旅游示范点。

浮梁县双龙湾农业生态园 位于庄湾乡。占地面积1.53平方千米。由天然次生林、湿地松林、竹林、果园、茶园、花卉苗圃地、旱地、河滩等组成，山高林茂，溪流潺潺，动植物种类繁多，有南方红豆杉、银杏、竹柏、罗汉松、五针松等珍贵品种，具有独特的自然山林风貌和秀美的田园风光。历史上曾是景德镇最大的瓷土采集地，现存采矿山洞几十个，深者上百米，有四个巨大的露天采矿坑。2015年入选全国休闲农业与乡村旅游示范点。

寨九坳风景区 位于赣州市赣县区三溪乡。占地面积2平方千米，为典型的丹霞地貌，沟壑纵横、丹霞壁立、群峰斗奇、石窍玲珑，或呈狮子状，或呈大象状，或呈马鞍状，或呈石鼎状。将军寨有一溜九座石岩——狮子岩、将军寨、鬼面山、马鞍山、定光山、试剑石、佛盈脑、酒坛山、靠石殿，面对着寨九坳村，一幅“九狮拜象”的生动景致。2015年入选全国休闲农业与乡村旅游示范点。

十、全国工业旅游示范点

景德镇雕塑瓷厂明青园 位于珠山区新厂东路。仿明代徽派建筑群。园内建有仿古瓷器街，许多工艺美术大师在此设立工作室。主要参观点有名人作坊、桂花苑、乐天陶社、国际陶艺交流中心、雕塑艺术品展销中心等，是集参观、游览、鉴赏、研修、购物、餐饮、休闲等功能于一体的特色景区。2004年入选全国工业旅游示范点。

景德镇国际陶瓷交流中心 位于珠山区华阳东路。设有古陶瓷标本馆、皇窑陶瓷艺术博物馆、景德镇皇窑陶瓷文化研究院,是集陶瓷文化旅游、陶瓷藏品展示、学术交流、古陶瓷鉴赏和陶瓷艺术研修于一体的综合性艺苑。2007 年入选全国工业旅游示范点。

靖安金锣湾度假村 位于靖安县高湖镇。森林覆盖率高,有“绿色宝库”之称。拥有神秘的地下发电厂、金罗湾峡谷漂流、九岭高山滑水、大型水上乐园和娱乐中心等旅游项目和景点,集餐饮、住宿、娱乐、健身、会议、旅游、度假于一体。2007 年入选全国工业旅游示范点。

江西铜业公司工业旅游区 位于南昌市昌东大道。江西铜业公司是集铜的采、选、冶于一体的特大型联合企业,我国最大的铜产品生产基地和重要的硫化工原料及金银、稀散金属产地和硫化工的重要生产基地。2007 年入选全国工业旅游示范点。

十一、国家级非物质文化遗产生产性保护示范基地

佳洋陶瓷有限公司 位于景德镇市珠山区陶阳北路。中国古典园林式建筑,环境幽雅,四季花木郁郁葱葱。工厂生产从原料淘洗到彩绘成瓷,均采用景德镇传统的手工工艺,保持了手工制瓷技艺的本真性、完整性,核心技艺保护和传承较好,青花瓷和粉彩瓷等的绘制和烧炼技艺水平较高。主要产品有仿古瓷、艺术瓷、茶具以及旅游瓷等。2011 年入选国家级非物质文化遗产生产性保护示范基地。

景德镇古窑瓷厂 位于景德镇市古窑路。历代瓷窑展示区内有古代制瓷作坊、世界上最古老的制瓷生产作业线、宋代龙窑、元代馒头窑、明代葫芦窑、清代镇窑以及风火仙师庙、瓷行等景点,展示了古代瓷业建筑、明清时期

景德镇手工制瓷的工艺过程以及传统名瓷精品。陶瓷民俗展示区以12栋明清时期古建筑为中心，有陶瓷民俗陈列、天后宫、瓷碑长廊、水上舞台瓷乐演奏等景观。水岸前街创意休憩区有昌南问瓷、昌南码头、前街今生、木瓷前缘等瓷文化创意休闲景观。2011年入选国家级非物质文化遗产生产性保护示范基地。

含珠实业有限公司 位于铅山县工业园区。公司经营范围包括农林产品、竹木工艺品、高档连史纸。用毛竹制造连史纸的工艺方法、传统连史纸制造过程中改用碱性抄纸法的工艺方法获得专利，还制定了连史纸行业的地方标准和企业标准。2011年入选国家级非物质文化遗产生产性保护示范基地。

朱子实业有限公司 位于婺源县紫阳镇。专业从事龙尾砚研究以及文房四宝研发、生产、销售于一体的民营科技公司。下属公司有朱子砚石矿、朱子龙尾砚厂、朱子工艺品厂、北京朱子艺苑文房四宝销售公司，形成了从砚石开采到砚台生产加工、销售的产业体系，是婺源砚台行业生产规模最大、开发能力最强的龙头企业。2014年入选国家级非物质文化遗产生产性保护示范基地。

十二、国家级旅游度假区

明月山温汤旅游度假区 位于宜春市袁州区温汤镇。占地面积13.6平方千米。温泉水一年四季不绝，日流量达1万多吨，年平均68—72℃，不含硫黄气，无色无味，富含硒、偏硅酸等对人体有益的微量矿元素。拥有“中国温泉之乡”“中国自驾游示范基地”等多项荣誉。2017年入选国家级旅游度假区。

十三、国家级风景名胜区

井冈山风景名胜区 位于井冈山市茨坪镇。井冈山属南岭北支,罗霄山脉中段,山高谷深,林木茂密,山泉飞瀑,溪流澄碧,还有大型溶洞和许多珍稀动植物。井冈山是我国第一个农村革命根据地,被誉为“中国革命的摇篮”。拥有11大景区、76处景点、460多个景观,其中革命人文景观30多处,革命旧址遗迹100多处,如黄洋界、五指峰、井冈山革命烈士陵园、茨坪革命旧址群、大井毛泽东旧居、井冈山革命博物馆、茅坪八角楼、会师纪念馆等。英雄的业绩和壮丽的河山相互辉映,由朱德亲笔题字、毛泽东题词“天下第一山”。1982年入选国家级风景名胜区。

庐山风景名胜区 位于庐山市。庐山又名“匡山”“匡庐”,东偎婺源、鄱阳湖,西邻京九铁路,北枕滔滔长江。庐山已命名的山峰有171座,主峰汉阳峰海拔1 474米。庐山是一种多成因复合地貌景观,由断块山构造地貌景观、冰蚀地貌景观、流水地貌景观叠加而成,悬崖峭壁林立,雄伟壮观。群峰间散布冈岭26座,壑谷20条,岩洞16个,怪石22处,瀑布22处,溪涧18条,湖潭14处,以雄、奇、险、秀闻名于世,素有“匡庐奇秀甲天下”之美誉,是中外著名的避暑胜地。司马迁、陶渊明、李白、白居易、苏轼、王安石、黄庭坚、陆游、朱熹、康有为、胡适、郭沫若等文坛巨匠曾登临庐山,留下4 000余首诗词歌赋。中共中央在庐山举行了对我国社会主义建设有着重大影响的三次会议。庐山是世界文化景观、国家级自然保护区、世界地质公园。1982年入选国家级风景名胜区。

三清山风景名胜区 位于玉山县三清乡。因玉京、玉虚、玉华三峰宛如道教玉清、上清、太清三位尊神列坐山巅而得名。其中玉京峰最高,海拔1 819.9米,是江西第五高峰和怀玉山脉的最高峰,也是信江的源头。在这里，不同成因的花岗岩微地貌密集分布，是世界上已知花岗岩地貌中分布最密集、形态最多样的峰林；2 373 种高等植物、1 728 种野生动物，构成了生物多样性的生态环境；1 600 余年的道教历史孕育了丰厚的道教文化，按八卦布局的三清宫古建筑群，被誉“中国古代道教建筑的露天博物馆”。1988 年入选国家级风景名胜区。

龙虎山风景名胜区 位于鹰潭市月湖区龙虎山大道。传说正一道创始人张道陵曾在此炼丹，丹成而龙虎现，故名“龙虎山”。主峰天门山最高，海拔 1 300 米。景区占地面积 996.6 平方千米，包括龙虎山、龟峰、象山等三个园区。以丹霞地貌景观为主，兼有火山岩地貌、层型剖面、沉积构造、断裂构造、多类夷平面等地质遗迹，是我国丹霞地貌中发育程度最好、序列发育最完整的地区之一，保存有方山石寨、赤壁丹崖、峰林、峰丛、石梁、石墙、石柱、石峰、洞穴等丹霞地貌类型，造就了独特的丹霞峰林地貌组合和象形丹霞景观。1988 年入选国家级风景名胜区。

仙女湖风景名胜区 位于新余市渝水区河下镇。仙女湖因“七仙女下凡”的传说而得名。占地面积 298 平方千米，其中水域面积 50 平方千米。湖中有 99 座岛屿，湖汊港湾扑朔迷离，森林覆盖率达 95%。动植物种类繁多，共有植物 3 000 多种，各种鸟兽类 76 种，为亚洲最大的亚热带树种基因库之一。2002 年入选国家级风景名胜区。

三百山风景名胜区 位于安远县三百山镇。占地面积 137.6 平方千米，森林覆盖率达 98%。这里有 116 科 2 500 多种木本植物和 400 余种野生动物，其中国家重点保护野生动物 19 种。三百山属寒武纪火山地貌，集火山构造、奇峰幽壑、清溪碧湖、飞瀑深潭、密林古树、珍禽异兽、怪石险滩、温泉等奇景于一体，融清幽、奇秀、雄险、古朴等特色于一炉。清澈秀丽的东江源，壮观密集的潭瀑群，保存完好的常绿阔叶林，无可挑剔的环境质量，堪称三百山的“四绝”。2002 年入选国家级风景名胜区。

梅岭一滕王阁风景名胜区 梅岭地处赣江与抚河故道的汇合处，是我国古典音律和道教净明宗的发源地，国家森林公园。滕王阁是江南三大名楼之一,位于南昌市沿江路赣江东岸,建于唐代永徽年间,因唐太宗李世民之弟——滕王李元婴始建而得名,因初唐诗人王勃诗句“落霞与孤鹜齐飞,秋水共长天一色”而流芳后世。现有的滕王阁为第29次重建,于1989年落成。景区占地面积143.68平方千米,是以西山积翠、滕阁秋风、洪崖丹井、梅仙洞府为主要风景,是以观光览胜、生态休闲为主要功能的城郊型风景名胜区。2004年入选国家级风景名胜区。

龟峰风景名胜区 位于弋阳县弋江镇。占地面积136平方千米,是龙虎山—龟峰世界地质公园和世界自然遗产“中国丹霞”的组成部分,是国家森林公园、全国爱国主义教育示范基地。龟峰因整座山体像一只硕大无朋的巨龟,且山上有无数形态酷似乌龟的象形石而得名,有36峰72景,集“奇、险、灵、巧”于一身,素有“江上龟峰天下稀”和“天然盆景”之誉称。2004年入选国家级风景名胜区。

高岭—瑶里风景名胜区 位于浮梁县鹅湖镇。高岭在明代宋应星《天工开物》中被称为“出糯米土的高梁山”,北宋时始称“高岭”,是古代景德镇制瓷业最主要的原料产地。自清康熙五十一年(公元1712年)一法国神甫介绍此地产瓷土后,声名远扬,成为世界制瓷黏土“高岭土”的命名地。数百年来大规模的高岭土开采,留下了大量的历史文化遗存和人文古迹,主要有采矿遗址、淘西坑、水口亭、东埠古街、古码头等。瑶里山高林密,峡谷纵横,明清建筑群保存完整,古代窑址星罗棋布,徽州古道蜿蜒逶迤。2005年入选国家级风景名胜区。

武功山风景名胜区 位于芦溪县。武功山属湘赣边界罗霄山脉北段,主峰白鹤峰(金顶)海拔1 918.3米,历史上曾与庐山、衡山并称江南三大名山,有“衡首庐尾武功中”之称。占地面积139平方千米,其中核心区41.7平方千米,景点200多处,由金顶景区、羊狮幕景区、九龙山、发云界四大区块组成。2005年入选国家级风景名胜区。

云居山—柘林湖风景名胜区 位于九江市西南部,地跨永修、武宁两县。地处庐山西麓,水域广阔,风景秀丽,有“庐山西海”之名。占地面积495

平方千米,由大型水库柘林湖和佛教禅宗圣地云居山组合而成。柘林湖内千岛落珠,山水交融,有面积 2 000 平方米以上的岛屿 1 667 个,3 000 平方米以上的岛屿 997 个。环湖地貌各异,古迹甚多,有千仞壁立的悬崖、雄伟独特的黄荆大瀑布、6.5 亿年前原始水母化石群,还有明朝尚书魏源墓、乾隆游江南留下的石刻、三国吴王文化遗址。2005 年入选国家级风景名胜区。

灵山风景名胜区 位于上饶市广信区清水乡。占地面积 160 平方千米。灵山自然环境独特,地质构造复杂,地貌类型多样,是道、佛二教圣地,为道教“天下第 33 福地”。拥有世界罕见的环状花岗岩峰林地貌,72 座山峰峰峰挺秀,绵延百余里。山中还有山鸡、鲽鱼、石耳等名贵动植物资源及钽、铌、重晶石、锌、铁等地下矿产资源。2009 年入选国家级风景名胜区。

神农源风景名胜区 位于万年县大源镇。占地面积 43.46 平方千米。具有多种地质遗迹,以喀斯特地貌的地下溶洞、地下河流自然风光为主。地表发育有石林、峰丛和洼地等岩溶地貌景观,地下发育有规模宏大的地下河洞穴和洞穴廊道。神农宫内有类型丰富、数量众多且造型精美的洞穴次生化学沉积物。全国重点文物保护单位“仙人洞—吊桶环遗址”出土了大量的古人类文化遗物。2012 年入选国家级风景名胜区。

大茅山风景名胜区 位于德兴市龙头山乡。占地面积 154 平方千米。分为大茅山、笔架山、四角坪、双溪湖四个景区。风光秀丽,松竹茂密,瀑布聚集,云海雾涛,蔚为壮观,珍稀野生动植物丰富。奇特的花岗岩峰峦地貌、良好的森林植被和丰富的水资源融为一体,形成了以森林生态、峡谷水景为主要特征的山水景观,是登山览胜、休闲度假、红色缅怀的山岳型风景名胜区。2012 年入选国家级风景名胜区。

瑞金风景名胜区 位于瑞金市沙洲坝镇。占地面积 2 448 平方千米。瑞金是红色故都、中央红军长征出发地、共和国摇篮,是苏区时期党中央驻地、苏维埃临时中央政府诞生地,拥有丰富的红色旅游资源,中央和国家 22 个部委在此建立了革命传统教育基地。自然景观和人文景观兼备,拥有叶坪游览区、红井游览区、二苏大游览区、中华苏维埃纪念园游览区、罗汉岩景区,有国家级文物保护单位15处。也是客家人聚居地,文化、风情、建筑和饮食具有鲜明的客家特色。2017年入选国家级风景名胜区。

小武当风景名胜区　位于龙南县武当镇。小武当山主峰海拔864米,峰峦叠嶂,群岩俊秀,形如剑戟,直指苍穹。占地面积30.8平方千米,由武当和关西两个片区组成,包括武当峰、玉笔峰、棋棠山、关西围四个景区和燕翼围、太平桥、乌石围、蔡屋古榕四个独立景点。以丹霞峰林地貌景观和赣南客家围屋文化景观为主要特色:丹霞峰林绵延十里,形成丹霞峰林长廊景观;关西新围、燕翼围等围屋规模宏大、保存完好,是赣南客家方型民居的典型代表。2017年入选国家级风景名胜区。

杨岐山风景名胜区　位于上栗县杨岐乡。占地面积57.2平方千米。由杨岐普通寺、孽龙洞、凤鸣湖、九龙洞四个景区以及瑶金山寺、李畋故居等外围景点组成,以禅宗古刹、岩溶景观和自然生态为特色。已有1 200多年历史的杨岐普通寺,是杨岐开宗圣地。杨岐宗系我国佛教禅宗五家七宗之一,在我国佛教界具有显赫地位。2017年入选国家级风景名胜区。

汉仙岩风景名胜区　位于会昌县筠门岭镇。汉仙岩因传说八仙之一的汉钟离在此修炼成仙而得名。占地面积约75平方千米,由汉仙岩、汉仙湖、盘古山、羊角水堡、汉仙温泉、过江坪古松林等近百景点组成,其中古建筑和古石刻48处、革命旧址5处。拥有赣南地区典型的丹霞地貌景观,奇山异石千姿百态,自古就有“虔南第一山”和“江南小蓬莱”的称誉。2017年入选国家级风景名胜区。

十四、国家级自然保护区

鄱阳湖候鸟国家级自然保护区　位于鄱阳湖西北角。占地面积224平方千米,属于野生动物类型的自然保护区,主要保护对象为白鹤等珍稀候鸟及其越冬地。生物多样性丰富,有鸟类 310 种,高等植物 476 种,浮游植物 50 种,浮游动物 47 种,昆虫类 227 种,贝类 40 种,鱼类 122 种,两栖类 40 种,爬行类 48 种,兽类 47 种。以其独特的湿地景观、壮观的栖息鸟群,被誉为“珍禽王国”、“候鸟乐园”、野生动物的“安全绿洲”。当今世界重要的候鸟越冬栖息地,全球最主要的白鹤与东方白鹳越冬地。1988 年入选国家级自然保护区。

井冈山国家级自然保护区　2000 年入选国家级自然保护区。参见国家级风景名胜区——井冈山风景名胜区。

桃红岭梅花鹿国家级自然保护区　位于彭泽县龙城镇。占地面积 12 500 平方千米,多为海拔 300—500 米的山峰,最高峰猫鹰窝 536.6 米。属于野生动物类型自然保护区,主要保护对象为野生梅花鹿南方亚种及其栖息地。我国野生梅花鹿南方亚种最大的分布区,还有众多珍稀野生动物资源,如国家保护野生动物云豹、金钱豹、白颈长尾雉、苏门铃、豺等。2001 年入选国家级自然保护区。

武夷山国家级自然保护区　位于铅山县武夷山镇。占地面积 160 平方千米。东南与福建省的武夷山国家级自然保护区相连,共同组成了我国东南区域现存面积最大、保留最为完整的中亚热带森林生态系统,也是目前世界同纬度带保存最完整的中亚热带森林生态系统。该地区躲过了第四纪冰川的侵袭,红豆杉、鹅掌楸、木莲、南方铁杉等 50 多种古生代树种得以幸存,成为当今的孑遗植物。保存了江西省 50%以上的高等植物、60%以上的脊椎动物。2002 年入选国家级自然保护区。

九连山国家级自然保护区　位于龙南县。九连山因 99 座山峰相连而得名。占地面积 134 平方千米,属于中亚热带与南亚热带过渡地带,主要保护对象是典型的亚热带常绿阔叶林生态系统和丰富的生物多样性。我国中亚热带与南亚热带过渡区生物多样性最丰富的地区之一,保存有大面积的原生性亚热带常绿阔叶林,素有“生物基因库”“动植物避难所”之称。2003 年入选国家级自然保护区。

官山国家级自然保护区 位于宜春市。海拔千米以上的山峰有30多座，主峰麻姑尖海拔1 480米。占地面积115平方千米，森林覆盖率93.8%，主要为亚热带常绿阔叶林森林。野生动物类型的自然保护区，有脊椎动物300余种，昆虫1 600余种，珍稀动物主要有白颈长尾雉、黄腹角雉、云豹、金钱豹、黑麂等，还有猛禽、蝴蝶及其他珍贵昆虫几百种，其中属于国家重点保护的野生动物有白颈长尾雉、黄腹角雉、云豹、豺、白鹇等37种。2007年入选国家级自然保护区。

鄱阳湖南矶湿地国家级自然保护区 位于鄱阳县鄱阳湖南部，地处赣江三角洲前缘，赣江三大支流的河口与鄱阳湖大水体之间的水陆过渡地带。有南山、矶山两个小岛，合称“南矶山”。占地面积333平方千米。地质构造复杂，基本骨架为东西向构造、华夏系构造和新华夏系构造，显示了长期、多阶段的演化过程。赣江口-鄱阳湖湿地生态系统，为净化鄱阳湖和长江下游水质起到了重要作用，具有蓄滞洪水、调节气候等多项生态功能。2008年入选国家级自然保护区。

马头山国家级自然保护区 位于资溪县马头山镇，地处闽赣交界的武夷山脉西麓。占地面积1.39平方千米，主要保护对象为美毛含笑、蛛网萼、伯乐树等大面积的珍稀植物原生种群。森林植被以天然常绿阔叶林为主，森林覆盖率达96.3%。生物多样性丰富，有高等植物2 483种，陆地生物脊椎动物387种，其中国家重点保护野生植物20种，国家重点保护野生动物54种，还有南方红豆杉、福建柏、天然杉木、伯乐树、莼菜、报春苣苔、白颈长尾雉、黄腹角雉、云豹、猕猴、黑熊等珍稀野生动植物。2008年入选国家级自然保护区。

九岭山国家级自然保护区 位于靖安县水口乡，地处鄱阳湖平原与洞庭湖平原之间的九岭山脉东段腹地。海拔1 333.2米，主要由花岗岩和变质岩构成。占地面积115.41平方千米，属于森林生态系统类型自然保护区，以中亚热带低海拔区域的典型原生性常绿阔叶林、丘陵河流湿地生态系统和珍稀野生动植物为主要保护对象。野生动植物资源丰富，生态系统完整典型，是一座珍贵的自然博物馆。2010 年入选国家级自然保护区。

阳际峰国家级自然保护区 位于贵溪市冷水镇。地处武夷山脉中段西北坡，由阳际峰和天华山两个相对独立的山体构成，是连接武夷山的重要生态廊道。占地面积 109.46 平方千米，森林覆盖率达 99.7%，是我国生物多样性保护的关键地区。拥有 60 平方千米的原生性较强的常绿阔叶林，有国家重点保护的野生植物 16 种，国家一级保护野生动物 5 种，国家二级保护野生动物 34 种。2012 年入选国家级自然保护区。

齐云山国家级自然保护区 2012 年入选国家级自然保护区。参见国家级风景名胜区——齐云山风景名胜区。

赣江源国家级自然保护区 位于石城县横江镇。占地面积 161 平方千米，森林覆盖率 94.2%。森林生态类型自然保护区，主要保护对象为中亚热带常绿阔叶林森林生态系统。有高等植物 2 582 种，其中国家一级保护野生植物有银杏、南方红豆杉、伯乐树，国家二级保护野生植物有凹叶厚朴、樟树、闽楠等 13 种，还有大面积的香果树、伯乐树、青钱柳等珍稀植物群落。分布有脊椎动物 405 种，其中国家一级保护野生动物有云豹、豹和蟒蛇等 5 种，国家二级保护野生动物有穿山甲、小灵猫、水鹿等 37 种。2013 年入选国家级自然保护区。

庐山国家级自然保护区 位于长江与鄱阳湖交汇处。是长江中下游大平原上的“生态交汇岛”，也是候鸟迁徙路线上重要的越冬地、停歇地和候鸟迁徙“导航塔”。保护区大体以庐山山麓环山公路为界，地跨庐山市和九江市。保护区内的地貌成因类型较为独特，以断块山构造地貌、冰蚀地貌、流水侵蚀地貌和山麓冰川堆积垅岗地貌叠加而成的复合地貌为特色。庐山最高峰大汉阳峰海拔 1 474 米，最低山麓海拔只有 23 米。

铜钹山国家级自然保护区 位于上饶市广丰区南部。占地面积 320 平方千米，属于森林生态类型自然保护区，主要保护对象为中亚热带北缘常绿阔叶林森林生态系统和黑麂、黄腹角雉、南方红豆杉等珍稀濒危物种。武夷山脉地区生物多样性最丰富的地区之一，森林覆盖率达 98.8%。拥有原始森林 20 平方千米，毛竹林面积 66.67 平方千米。2014 年入选国家级自然保护区。

婺源森林鸟类国家级自然保护区 位于江西、浙江、安徽三省交界处，地处婺源县的黄山、天目山、怀玉山脉与鄱阳湖盆地间过渡带的丘陵山地。占地面积 130 平方千米，野生动物类型自然保护区，保护对象主要为蓝冠噪鹛、白腿小隼、中华秋沙鸭、白颈长尾雉、黄腹角雉、鸳鸯等珍稀鸟类种群及其栖息地。森林覆盖率 93.3%，保存有大面积的原生性中亚热带常绿阔叶林。有国家一级保护野生植物南方红豆杉，国家二级保护野生植物榧树、闽楠等 12 种，国家一级保护野生动物中华秋沙鸭、黄腹角雉、黑麂等 9 种，国家二级保护野生动物拉步甲、虎纹蛙等 34 种。2016 年入选国家级自然保护区。

南风面国家级自然保护区 位于遂川县戴家埔乡。“南风面”因一年四季只刮南风而得名，海拔 2 120.4 米，素有“江南之巅第一脊，湘赣两省最高峰”之称。占地面积 105.88 平方千米，主要保护对象为中亚热带山地常绿阔叶林森林生态系统，鄱阳湖流域重要水源涵养林，我国中部候鸟迁徙通道和珍稀濒危野生动植物。拥有野生植物 2 512 种，其中国家重点保护野生植物有资源冷杉、银杉、红豆杉等 23 种；有野生动物 258 种，其中国家重点保护野生动物有黄腹雉、穿山甲、水鹿等 37 种，堪称“基因宝库”。2017 年入选国家级自然保护区。

十五、国家级水利风景区

上游湖水利风景区 位于高安市华林山镇。上游湖水利工程为全国 60 座大型水利枢纽工程之一，流域面积 140 平方千米，总库容量 1.83 亿立方米，山清水秀，自然环境以“幽、静、秀”为特征。拥有自然景观 12 处，人文景观10处,包括白鹭岛、猴岛、古树林、桂岩书院遗址、紫翠亭、藏兵洞等。2003年入选国家级水利风景区。

玉田湖水利风景区 位于浮梁县湘湖镇。占地面积2.69平方千米,其中水域面积2.56平方千米。湖面呈葫芦状,中央有桃花岛。群山怀抱,四季如春,风景秀丽,有许多国家野生保护动物,如鸳鸯、白鹭、野鸭等,每年有大批野生鸳鸯在此栖息越冬。主要景点有水上乐园、溶洞、狮子山、戴弁墓、仙人桥等。2003年入选国家级水利风景区。

白鹤湖水利风景区 位于贵溪市鸿塘镇。因湖区栖息有大量白鹤而得名。依托硬石岭水库而建,硬石岭水库是国家中型水库,也是鹰潭市最大的水库,湖面广阔,碧波万顷,烟波浩渺。占地面积48.41平方千米,其中水域面积10平方千米。山势连绵起伏,山体苍翠,植被保持良好;人文景观丰富,龙虎山奇峰林立,悬棺崖墓举世闻名,塘湾古镇、务义港明清建筑群赏心悦目。2004年入选国家级水利风景区。

井冈湖水利风景区 位于井冈山市茨坪镇。依托井冈冲水库而建,该水库总库容量1 870万立方米。湖面碧波粼粼,轻舟点点,周围林木密密层层,浓荫如盖,森林覆盖率85%以上。电站大坝为双曲拱坝,坝高92米,是国内同类型坝中最高的一座。毗邻我国第一个革命根据地——井冈山,“红绿资源”交相辉映。2004年入选国家级水利风景区。

潭湖水利风景区 位于南丰县太源乡。潭湖湖面面积4.12平方千米,周围有山林11.33平方千米,栽种有南丰蜜橘67万平方米,森林覆盖率99%。大部分区域处于原始森林状态,空气清新,鸟语花香,成为一个大型的天然氧吧,素有“小庐山”之称。良好的生态环境吸引了众多野生鸟兽栖息繁衍,野鸭、鸭鹅、白鹭、野鸬鹚、野猪、野兔、野山羊随处可见,穿山甲、巨蟒、猫头鹰、鸳鸯等也时有出现。2004年入选国家级水利风景区。

翠平湖水利风景区 位于乐平市涌山镇。翠平湖被婺源县大游山、珍珠山和乐平市历居山所怀抱,是以灌溉为主,兼顾防洪、发电、养殖和旅游等综合功能的大型水库,水域面积近20平方千米,总库容量1.437亿立方米,沿岸植被保护良好,构成了自然原始的湖域风光。蕴藏丰富的人文资源,其中车溪村敦本堂古戏台建筑群是石木混合结构的明清建筑。开发了山水观光、水上居民采风、水上游艇泛舟、垂钓等旅游项目。2004 年入选国家级水利风景区。

麻源三谷水利风景区 位于南城县。占地面积 35.2 平方千米,依托麻源水库而建。麻源水库水质清澈,坦荡如镜,与周围山峦相映成趣,构成一组秀丽的湖光山色画卷。库区内有三个湖心岛,兴建有水上乐园、钓鱼台、麻源宾馆、游泳池。属于丹霞地貌区,有着多种天然岩石景观。谷谷幽深,溪水潺潺,茂林修竹,山谷田园,独具野趣,自古以来就是我国东南道、释、儒活动中心和避暑游览、养生健身的胜地。2004 年入选国家级水利风景区。

白鹭湖水利风景区 位于泰和县桥头镇。占地面积 28 平方千米,依托南车水库而建,水库坐落在源于井冈山的六八河上。白鹭湖有大量白鹭栖息,湖面野鸭戏水,空中白鹭飞翔,人称井冈山下“小桂林”。落金山峡谷清新幽雅,两侧奇石林立,瀑布飞溅,雄伟俊秀。“帝王像”栩栩如生,“猴儿石”活灵活现,“鹰回头”展翅欲飞,“乌龟山”惟妙惟肖。2004 年入选国家级水利风景区。

飞剑潭水利风景区 位于宜春市袁州区飞剑潭乡。飞剑潭是以灌溉、防洪为主,结合旅游、发电、养殖、城镇用水等综合功能的大型水利工程,集雨面积 100 平方千米,总库容量 1.01 亿立方米,设计灌溉面积 83.6 平方千米。库坝高耸雄踞山间,高峡平湖相映生辉。2004 年入选国家级水利风景区。

枫泽湖水利风景区 位于上饶市上泸镇。枫泽湖又名“大坳水库”,水域面积 9.5 平方千米,是上饶地区最大的水利工程,因处于传说中仙境“七星赶月”地带而又名“七星湖”。拥有众多的名木繁花和国家级保护珍稀动植物,有圣堂庙、江公庙等人文古迹和“金钟瀑布”“金盆养鲤”等自然景点,还有红军豪岭战役遗址。2005 年入选国家级水利风景区。

三江水利风景区 位于赣州市。章江自西南款款而来,贡江自东南婀娜而至，两条赣江支流从古城两侧环流而过，在城北合为波涛汹涌的千里赣江，构成了这座古城的江城格局。以章江、贡江、赣江三条江河为线，以众多自然人文景观为点，相融而成一幅古色悠悠的宋城风采、客家风情、红色情怀景观图。2005 年入选国家级水利风景区。

九龙湖水利风景区　位于铜鼓县大塅镇，毗邻天柱峰国家森林公园。九龙湖是以发电为主，兼具防洪、养殖、旅游等功能的国家大型水利工程，总库容量 1.15 亿立方米。丹霞地貌形成的山、石、林、峰相互辉映，自然生态保持完好，环境保护质量优良。天柱峰、灵石庵、一线天、九龙瀑布等景点与九龙湖山水相依，形成了以山水风光、丹霞风貌和客家风情为主要特点的生态旅游景区。2006 年入选国家级水利风景区。

武功湖水利风景区　位于安福县泰山乡。武功湖因坐落在国家级风景名胜区武功山下而得名，是江西省 24 座大型水库之一，总库容量 1.7 亿立方米，下辖“两库一渠”、三座电站，总装机量 1.5 万千瓦。森林覆盖率达 98%，满目葱茏，浓荫蔽日，红豆杉、罗汉松、银杏等十多种国家珍稀树种点缀其间。这里还是白鹭、野鸭、野猪、短尾猴等数十种国家重点保护野生动物的栖息地。2006 年入选国家级水利风景区。

月亮湖水利风景区　位于景德镇市昌江区丽阳镇。依托山田水库而建，风景秀丽，素有“水上明珠”的美称。山田水库水域面积 1.37 平方千米，集水面积 76.8 平方千米，总库容量 1 980 万立方米，山峦起伏，碧水粼粼，青山绿水相映生辉。生态环境良好，植被覆盖率高，有许多珍稀野生动植物，形成了生态旅游与水文化、陶瓷文化相结合的旅游示范点。2007 年入选国家级水利风景区。

张岭水库水利风景区　位于都昌县蔡岭镇。包括两座中型水库、两个林场和一个森林公园。两座中型水库分别是大港、张岭水库，两个林场分别是红光林场、武山林场，一个森林公园是都昌三尖源省级森林公园。三尖源海拔 647.3 米，夏季最高气温 25℃，被誉为“小庐山”。水库周边群山环抱，翠峦叠嶂，动植物种类繁多，被誉为“野生动物王国”。2009 年入选国家级水利风景区。

明月湖水利风景区 位于芦溪县南坑镇。明月湖是集灌溉、发电、旅游、养殖和提供城镇生产和生活用水等功能于一体的中型水库。水库大坝为条石拱坝,高46.5米,总库容量1 975万立方米。占地面积9.23平方千米,包括明月湖上游溪流水域形成的百转溪流景区、以植物景观为主的天螺山景区、以瀑布景观为特色的桃溪香瀑景区、以历史典故传说造景形成的野猪洞景区和以千亩杜鹃林及宗教文化为特色的婆婆岩景区等六大景区。四季气候宜人,空气清新,远离城市喧嚣。2009年入选国家级水利风景区。

汉仙湖水利风景区 位于会昌县筠门岭镇。依托羊子岩水库而建,羊子岩水库总库容量675万立方米,是具有防洪、灌溉、发电、养殖等综合效益的小型水利枢纽工程。水库型水利风景区,占地面积14平方千米。库区狭长,奇峰夹岸,山环水绕,景色瑰丽,有"十里画廊"之称,集水景观、森林景观、丹霞地貌景观、摩崖石刻景观于一体,是以生态观光、休闲度假、文化体验为主的水利风景区。2010年入选国家级水利风景区。

赣抚平原灌区水利风景区 位于南昌县向塘镇。依托赣抚平原灌区水利工程、抚河故道、抚西大堤及周边湿地、岛屿、沙滩而建。属于灌区型水利风景区,有完好的大型拦河闸坝工程、分洪闸、进水闸、船闸、渡槽等水利建筑物和纵横交织的灌溉渠道,有绵延5千米的野生荷花带和数十千米的沙滩带,水塘星罗棋布,水生动植物种类繁多,还分布有大量古遗址与古建筑。2010年入选国家级水利风景区。

庐湖水利风景区 位于庐山市温泉镇。地处江西鄱阳湖生态经济区和环庐山百里画廊的重要位置,区位优势明显。依托观音塘水库而建,占地面积8平方千米。四周青山环绕,湖岸蜿蜒曲折,水质优良,空气清新,环境幽雅。人文积淀深厚,拥有战国时期康王寨遗址和桃花源遗址,东林寺净土宗祖庭和庐山东林大佛。集山水风光、佛教文化、桃花源历史文化于一体,是休闲、度假、养生型水利风景区。2010年入选国家级水利风景区。

渊明湖水利风景区 位于宜丰县澄塘镇。依托丰产水库而建,因有陶渊明故里而得名。属于水库型水利风景区,占地面积 65.18 平方千米,包括丰产水库、陶渊明故里和洞山景区三部分。水库工程景观宏伟,自然山水风光怡人,风景资源丰富,生态环境优良,动植物种类繁多,文化底蕴深厚。2011 年入选国家级水利风景区。

梦山水库水利风景区 位于南昌市新建区石埠镇。依托梦山水库、肖峰水库而建。属于水库型水利风景区,占地面积 31.1 平方千米。茂林修竹,碧波粼粼,白鹭盘旋,青山绿水,风景秀丽。梦山石室、罕王庙、朱权墓等历史遗迹和文物众多。景区内的“梦”文化独具特色,以梦为主体的旅游资源丰富,正在打造以“好山好水,梦山寻梦山水间”为主题的水利风景区。2011 年入选国家级水利风景区。

溪霞水库水利风景区 位于南昌市新建区溪霞镇。依托溪霞水库而建。属于水库型水利风景区,占地面积 40 平方千米。生态环境优越,森林覆盖率较高,人文与自然风景资源丰富,山水风光独特,景观组合效果及观赏性较强。有怪石群等地质景观,规模宏大,惟妙惟肖。已开发建设了溪霞湖、怪石岭、佛禅寺、竹林公园、度假山庄等景点,成为集观光、休闲、运动、体验等功能于一体的水利风景区。2011 年入选国家级水利风景区。

桃花源水利风景区 位于武宁县杨洲乡。北临庐山西海,南与三爪仑国家森林公园交界,区位优势明显。属于自然河湖型水利风景区,占地面积 46 平方千米,其中水域面积 34 万平方米。跌宕起伏的瓜源河,水质达到一类标准,拥有“水中大熊猫”之称的桃花水母。山清水秀,植被茂盛,风景优美,自然景源和人文景源丰富。有怪石凌云、古木参天的神雾山,有登高远眺七县、千姿百态的武陵岩,有香火鼎盛的佛教圣地凤凰山弥陀寺,山水宗教文化源远流长。2012 年入选国家级水利风景区。

庐山西海水利风景区 位于永修县巾口乡。依托国家大型水库——柘林水库而建,属于水库型水利风景区,占地面积 495 平方千米,其中水域面积 192 平方千米。柘林水库总库容量 79.2 亿立方米,水域辽阔,山色迷人。湖中有面积 2 000 平方米以上的岛屿 1 667 个,最大的岛屿面积 2 平方千米。

自然生态条件优越,水质达国家一类标准,是全国最大的桃花水母繁衍地,负氧离子含量每立方厘米15万个,被誉为“天然氧吧”。辖区内云居山真如禅寺为全国佛教三大样板丛林之一。2013年入选国家级水利风景区。

群英水库水利风景区 位于万年县大源镇,地处乐安河下游、鄱阳湖南岸。依托群英水库而建,属于水库型水利风景区,占地面积5.85平方千米,其中水域面积1.52平方千米。以水域、山林、湿地、茶园、农田等自然资源为依托,以“万年稻作”历史文化与水利科普教育为主线,积极发展现代科技农业、生态旅游和休闲度假产业,已开发农禅文化、茶文化、蘑菇采摘、雷竹观赏、生态湿地和水利科普等旅游景点和项目。2013年入选国家级水利风景区。

三清湖水利风景区 位于玉山县双明镇。地处信江上游,三清山下。依托国家大型水库——七一水库而建,属于水库型水利风景区,占地面积54.8平方千米,其中水域面积9.9平方千米。怪石玲珑,林木葱绿,湖光山色,兼具千岛湖之韵味,小三峡之风光。人文底蕴深厚,主要景点有灵霄天梁、少华山、少华禅寺、罗汉洞等,其中“湖中村”枫叶村的南宋状元汪应辰故居,仿若远离尘嚣的世外桃源。自然生态保持完整,封山育林与水土保持成效显著。2013年入选国家级水利风景区。

九仙湖水利风景区 位于上饶市。九仙湖是铜钹山国家森林公园内的高峡湖,被誉为“江南天池”。湖泊两岸有典型丹霞地貌的军潭山及龟寿山。依托军潭水库枢纽工程而建,属于水库型水利风景区,占地面积10平方千米,其中水域面积1.92平方千米。高山平湖,山入水中,水进山里,既有九曲十八弯的幽静之美,又有山水景观的丰富变化。2013年入选国家级水利风景区。

龟峰湖水利风景区 位于弋阳县弋江镇。依托龟峰湖水库而建。龟峰湖因形似一只硕大无朋的巨龟,又有无数酷似乌龟的象形石而得名。属于水库型水利风景区,占地面积28.88平方千米,其中水域面积4.47平方千米。峰奇石巧,壁立万壑,奇峦如画,是典型的丹霞地貌。拥有众多的人文景观,如南岩寺、龟峰寺、招隐庵、振衣台、将军楼、龟峰寨和摩崖石刻。集自然精华，纳人文风采，融五千年历史、宗教、民俗、养生文化于一炉，享有“天下丹霞，醉美龟峰”之美誉。2014 年入选国家级水利风景区。

凤凰湖水利风景区　位于德兴市新营街道。依托凤凰湖水库工程而建，属于水库型水利风景区。占地面积 4.25 平方千米，其中水域面积 0.53 平方千米。凤凰湖水库具有防洪、旅游、灌溉等多重效益，水域开阔、水质优良，岛屿众多，风景秀丽。人文资源丰富，不仅有八仙铁拐李点泉汇湖、七仙女化凤等传说典故，沿湖还有聚远楼、报德寺、江西矿冶博物馆、和兴古街等人文景观，是德兴市的后花园。2014 年入选国家级水利风景区。

赣江源水利风景区　位于宁都县洛口镇。依托团结水库工程而建，属于水库型水利风景区，占地面积 60 平方千米，其中水域面积 11.25 平方千米。团结水库水利枢纽是赣江源头的重要工程，发挥着防洪、发电、灌溉等综合效益。水利工程景观雄伟壮观，大坝泄洪奔腾咆哮，山水相依，四季特色各异，风景如画。2014 年入选国家级水利风景区。

黄泥埠水库水利风景区　位于新干县金川镇。依托黄泥埠水利工程而建，属于水库型水利风景区，占地面积 8.56 平方千米，其中水域面积 1.98 平方千米。水库工程宏伟壮观，水面碧波荡漾，风光旖旎，周边森林密布，生态环境良好，动植物种类繁多，景观资源种类丰富，组合效果良好，素有“青、绿、美、奇、古，桃源黄泥埠”之美誉。水库周边有灌溉区黄泥埠村、麦斜林场和县城城区，形成一个地域文化和自然风光相补充的休闲、旅游、度假、娱乐特色景区。2014 年入选国家级水利风景区。

螺滩水利风景区　位于吉安市青原区富滩镇。依托螺滩水库而建，属于水库型水利风景区，占地面积 8.6 平方千米，其中水域面积 3.7 平方千米。螺滩水库处于赣江支流泷江下游，是具有灌溉、防洪、发电等综合效益的水利工程，山峦重叠，山环水绕，绵延数十里。两岸山势陡峭，植被茂密，原始生态保存完好，森林覆盖率较高。2014 年入选国家级水利风景区。

西海湾水利风景区　位于武宁县。占地面积 104 万平方米，其中水域面积65万平方米。依托沙田河建设了长水堰、西海堰两座水利堤堰工程,围合出朝阳湖、沙田河湖两大湖面,沿湖岸打造出朝阳湖公园、八音公园观光带和沙田河湿地公园观光带,建有各具特色的桥梁8座,集湖泊景观、城市景观、湿地景观于一体,是一处典型的城市河湖型水利风景区。2015年入选国家级水利风景区。

江西水土保持生态科技园水利风景区　位于德安县。属于水土保持型水利风景区,占地面积80万平方米,植被覆盖率87.60%。生态环境优美,结合自然景观实施水土保持措施,并赋予丰富的文化内涵,是江西省最大的水土保持生态主题公园,被列为全国首批水土保持生态科技示范园、水利部鄱阳湖水资源与水生态环境研究中心三大基地之一、全国中小学水土保持教育社会实践基地。2015年入选国家级水利风景区。

陈石湖水利风景区　位于瑞金市壬田镇。属于水库型水利风景区,包括罗汉岩景区、日东水库、陈石水库三个部分,占地面积51.37平方千米,其中水域面积4.96平方千米。日东水库地处赣江水系贡江支流绵江最上游,总库容量6 700万立方米,是一座以防洪、灌溉为主要功能的中型水库。陈石水库处于日东水库下游,总库容量877万立方米。2015年入选国家级水利风景区。

醉仙湖水利风景区　位于南城县洪门镇。依托洪门水库而建,属于水库型水利风景区,占地面积114.97平方千米,其中水域面积46.45平方千米。洪门水库总库容量12亿立方米,是一座以防洪、发电、灌溉为主要功能的大型水库,也是江西省第三大水库。湖内有岛屿1 000余个,有“赣东千岛湖”之称。景区为典型的丹霞地貌,有醉仙岩、象鼻山、千年龟、仙人手印、狮子山、回音壁、黄金海岸、世纪之吻、一线天等各具特色的景点。每年冬天上万只鸬鹚、白鹭成群结队迁徙而来,鸟类集聚量年年递增。2015年入选国家级水利风景区。

青原禅溪水利风景区　位于吉安市青原区。青原禅溪因流经千年古刹青原山寺而得名。依托青原溪、草坪溪、油箩坑水库、钓鱼台水库、裤脚塘水库以及上神岭水库等水利工程而建，占地面积19.4平方千米，其中水域面积1.42平方千米。青山常绿，碧水长流，山不高而峰秀，潭不深而水清，被历代高僧、学士赞誉为“山青、水青、气青”。以水景观、禅宗文化、山林生态环境为基础，精心打造以水文化为灵魂，以禅宗文化为特色，集水利科普、观光游憩、文化体验、运动休闲于一体的水利风景区。2016年入选国家级水利风景区。

龙门湖水利风景区　位于弋阳县南岩镇。依托龙门湖水库而建，属于水库型水利风景区，占地面积4.42平方千米，其中水域面积1平方千米。龙门湖呈“U”形，湖水沿着山坳漫漫延伸，共有99道弯，山骨在凸处盘绕，四周碧顶丹崖，红岩绿水映印在清澈的湖水之中。山峰奇秀，丘陵连绵，植被茂盛，风光绚丽，是一处集丹霞地貌、佛教文化、观光休闲、朝佛养生于一体的旅游胜地。2016年入选国家级水利风景区。

琴江水利风景区　位于石城县琴江镇。依托琴江河、前江河防洪工程、南坑水库而建，属于城市河湖型水利风景区，占地面积48.97平方千米，其中水域面积1.82平方千米。包括琴江河石城县城区河段、通天寨景区、九寨温泉景区、大畲乡村旅游示范村，具有白莲之乡、丹霞地貌、峡谷温泉、灯彩非遗、赣江源头等五大特色。2017年入选国家级水利风景区。

客家梯田水利风景区　位于崇义县上堡乡。依托崇义客家梯田而建，属于灌区型水利风景区，占地面积97.4平方千米，其中水域面积1.65平方千米。崇义客家梯田为中国南方稻作梯田，梯田面积26.67平方千米，最高海拔1 260米，最低280米，垂直落差近千米，最高达62梯层，被上海大世界吉尼斯总部认定为“世界最大的客家梯田”，被联合国粮农组织认定为全球重要的农业文化遗产。除了梯田、河流、冰川遗迹、茶场、温泉等自然景观外，还有客家文化、红色文化、历史文化等人文景观。2017年入选国家级水利风景区。

双溪湖水利风景区　位于德兴市饶二镇。依托双溪湖水库而建，属于水库型水利风景区，占地面积150平方千米，其中水域面积3.11平方千米，森林覆盖率90%以上。双溪湖水库是以灌溉为主,兼有防洪、发电、旅游、养殖等综合效益的中型水库,水量充沛,水质优良,是德兴市的水源区。地表水资源丰富,源于大茅山主峰的马溪蜿蜒贯穿东西,沿马溪分布有潭、瀑100多处。2017年入选国家级水利风景区。

十六、世界地质公园

庐山世界地质公园　2004年入选世界地质公园。参见国家级自然保护区——庐山国家级自然保护区。

龙虎山世界地质公园　2007年入选世界地质公园。参见国家级风景名胜区——龙虎山风景名胜区。

三清山世界地质公园　位于玉山县三清乡。占地面积229.5平方千米。是以中生代花岗岩和元古代-古生代地层为主组成的自然地理区域,具有丰富的地质遗迹与独特地质地貌现象。记录和保存了地球中新生代以来地壳形成和演化的历史,特别是完整记录与系统显示了三清山花岗岩地貌的形成过程,是一个极有价值的花岗岩微地貌天然博物馆。2012年入选世界地质公园。

十七、国家地质公园

武功山国家地质公园　2005年入选国家地质公园。参见国家级风景名胜区——武功山风景名胜区。

十八、国家森林公园

三爪仑国家森林公园 位于靖安县三爪仑街。因三条山脉呈“爪”字形排列且地势险要而得名。占地面积213.33平方千米,由况钟园林景区、骆家坪景区、宝峰景区、盘龙湖景区、躁都景区、铁门堑景区等组成。地处中亚热带季风气候带,森林植被为亚热带阔叶林。山清水秀,自然景观优美,人文景观众多,野生动植物资源丰富,珍禽异兽、奇花佳木遍地,被唐宋八大家之一的曾巩赞誉为“虽为千家县,正在清华间”。三爪仑还是我国的“娃娃鱼之乡”,是“中国柑橘之乡”和“中华诗词之乡”。1993年入选国家森林公园。

庐山山南国家森林公园 位于庐山市白鹿镇。地处庐山含鄱岭下,五老峰、太乙峰、汉阳峰三面环绕,南临鄱阳湖。占地面积33.47平方千米,森林覆盖率高。匡庐奇秀甲天下,庐山之美在山南。秀峰与观音桥两大风景名胜区坐落在森林公园的南北两端。秀峰群峰竞秀,泉瀑争流,风光如画。1993年入选国家森林公园。

梅岭国家森林公园 位于南昌市新建区梅岭镇。占地面积150平方千米,森林覆盖率71.2%。森林植被为亚热带阔叶林,植树达420多万株,植物种类达342种;还有梅花30多种万余株,竹类30.4万株,其中沉水樟、舟山新木姜子、黄檗等为国家珍稀濒危树种。在茂密的森林中,栖息繁衍着云豹、獐、鹿、山兔、花面狐、吃蛇龟、眼镜蛇、山鸡、竹鸡等动物。1993年入选国家森林公园。

三百山国家森林公园 1993年入选国家森林公园。参见国家级风景名胜区——三百山风景名胜区。

马祖山国家森林公园 位于庐山市威家镇与姑塘镇之间。占地面积10平方千米,林木繁茂,瀑泉飞泻,云雾弥漫,气候温润,森林覆盖率80%以上。

马祖山是唐代禅宗高僧马道一开山辟庙之地。马祖山东侧的石林，怪石嶙峋，有孙母石、香炉石、阎王鼻、桌子石、白莲池、畅观亭、姐妹石、饮马池以及李四光凿石手迹等景观。1993 年入选国家森林公园。

鄱阳湖口国家森林公园　位于湖口县双钟镇。占地面积 12.67 平方千米，森林覆盖率 70%以上。地处亚热带湿润性气候区，森林植被以亚热带常绿阔叶林为主，海拔 100 米以下有天然森林，用材林以杉、松、檫、竹为主，经济林以油桐、油茶为主。有珍贵树木 400 余种，如银杏、樟木、楠木、红楠木、金钱松、水杉、柳杉、栾树等。还有国家保护野生动物鹳、鹤、雁和其他候鸟珍禽。1993 年入选国家森林公园。

灵岩洞国家森林公园　位于婺源县。占地面积 30 平方千米，由灵岩洞群、石城古树群、石林奇观三个部分组成。森林植被为亚热带常绿硬叶林和亚热带常绿阔叶林。灵岩洞群有卿云、莲华、涵虚、凌虚、萃灵、琼芝等 36 个溶洞，或雄浑奇伟，或玲珑秀丽，洞内泉清澈见底，水石相映成趣，石笋、石花、石柱、石幔琳琅满目，还保留有唐代以来的游人题墨 2 000 多处。1993 年入选国家森林公园。

明月山国家森林公园　位于宜春市袁州区温汤镇。占地面积 104 平方千米，由太平山、玉京山、老山、仰山等 12 座海拔千米以上的大小山峰组成，主峰太平山海拔 1 735.6 米。因整个山势呈半圆形，恰似半轮明月，故称“明月山”。主要景点有乌云崖、瑞庆塔、仰山积雪、云谷飞瀑、天然植物园、昌黎书院、袁州谯楼、袁州会议旧址、体育中心、城区公园等 20 多处，融山、石、林、泉、瀑、湖、竹海于一体，集雄、奇、幽、险、秀于一身。1994 年入选国家森林公园。

翠微峰国家森林公园　位于宁都县。地貌以低山丘陵为主。占地面积 78.67 平方千米，分为翠微峰、金精洞、锦绣湖、凌霄峰、八峰台五大片区。群峰中以“金精十二峰”为著，其中又以主峰翠微峰最为出名。森林植被为亚热带常绿阔叶林，森林覆盖率 79.8%。1994 年入选国家森林公园。

泰和国家森林公园　位于泰和县桥头镇。占地面积 137.7 平方千米，森林覆盖率 89.9%。四面环山，森林茂密，多绿阔叶林和针阔叶混交林，是著名的白鹭栖息地，人称井冈山下“小桂林”。2000 年入选国家森林公园。

天柱峰国家森林公园 位于铜鼓县大塅镇。占地面积 207.57 平方千米，由天柱峰、铜鼓石、大沩山、龙门崖四大景区组成，森林覆盖率 95%。地质构造为白垩系潭埠群及南雄组红岩，丹霞地貌独特，处处奇峰突兀、壑深谷回、曲径通幽，有修江第一峰天柱峰、九龙瀑布、万笏朝天、铜鼓石、七重门等胜景。珍稀植物、野生动物品种众多，被誉为“江南生物世界”。2000 年入选国家森林公园。

鹅湖山国家森林公园 位于铅山县永平镇。占地面积 79.5 平方千米，森林植被为亚热带常绿阔叶林。公园内的葛仙山，主峰海拔 1 096.3 米，属于武夷山中部大支脉的主要山峰之一，九条山脉汇聚，奇峰峻岭，峰峦环簇，呈群山相抱之形，揽飞瀑流泉之势。2000 年入选国家森林公园。

龟峰国家森林公园 位于弋阳县弋江镇。占地面积 74 平方千米，地处亚热带植物带。自然景观主要集中在龟峰中心景区，主要景点有双龟迎宾、老人峰、三叠龟峰、老鹰戏小鸡、童子拜观音、四声谷、将军楼、天女散花、百年道、十八罗汉、南天一柱等。骆驼峰海拔 418.6 米，为景区最高峰，奇峰怪石惟妙惟肖，有“中华丹霞精品、东方神龟乐园”之美誉。龟峰历史悠久，文化积淀深厚，有商周文化遗址、“中华第一佛洞”等景点，自古以来赢得了“江上龟峰天下稀”“大地文章集龟峰”的赞誉。2000 年入选国家森林公园。

上清国家森林公园 位于鹰潭市月湖区龙虎山大道。占地面积 118 平方千米，包括上清宫景区、天门山景区、圣井山景区、应天山景区，自然景观不胜枚举。森林植被为亚热带常绿阔叶林，森林覆盖率 85%。龙虎山为道教文化的发祥地和我国最大的道教活动中心，也是我国明朝宰相夏言的故乡，还有江西四大书院之一的象山书院遗址。2000 年入选国家森林公园。

梅关国家森林公园 位于大余县梅关镇。大庾岭原名“台岭”，因多梅树又称“梅岭”，地势险要，奇峰叠秀，南控百粤，北扼三江，为赣粤两省的天然屏障，历来为兵家必争之地。梅岭以梅著称，每当寒冬腊月时节，梅花斗雪盛开，成了一片花海。因山岭南北气候迥异，造就了神奇的“南枝花落北枝始开”的奇观。南方红军三年游击战争时期，陈毅、项英等老一辈无产阶级革命家在此坚持了长期的游击战争，留下了《梅岭三章》《偷渡梅关》等著名诗篇。2001 年入选国家森林公园。

永丰国家森林公园　位于永丰县恩江镇。占地面积 76 平方千米，包括恩江水景景区、陶唐溶岩景区、沙溪文化观光景区、水浆生态景区、龙冈三色景区。拥有原始天然阔叶林 72 平方千米，森林风景绚丽多彩，自然风光奇特俊秀。有佛肚石壁、灵华胜景、竹林观赏园、双瀑飞虹、涧音阁、龙潭面瀑布、品茗轩、飞翠亭等景点 20 多处。大仙岩石灰岩溶洞，洞中有洞，大洞套小洞，洞洞相通，为江西最大的溶洞之一，相传八仙曾在此相会，故名“大仙岩”。2001 年入选国家森林公园。

阁皂山国家森林公园　位于樟树市阁山镇。阁皂山因葛玄、葛洪两位仙翁采药炼丹、创立道教灵宝派而名扬天下。占地面积 68.6 平方千米，森林覆盖率 83.4%。植物群落丰富，生态景观多样，主要植被类型有常绿阔叶林、常绿落叶阔叶混交林、针叶林、针阔混交林、竹林、灌丛、灌草丛等。生息着国家一级保护野生动物 6 种，二级保护野生动物 28 种。著名的景点有接仙桥、一天门、鸣水桥、照门松、梅花桥、大万寿崇真宫、百草园、紫阳书院等。2001 年入选国家森林公园。

三叠泉国家森林公园　位于庐山市牯岭镇。占地面积 16.51 平方千米。地势西高东低，山岩由第四纪冰川运动凸叠而成。三叠泉大瀑布为“庐山第一奇观”，我国四大瀑布之一。森林植被属于湿润森林区中亚热带常绿阔叶林带，森林覆盖率 89.9%，一年四季青山叠翠。动植物资源极为丰富，保留有多种珍贵物种，生态状况保持良好。主要景点有碧龙潭、妯娌树、折扇峰、海会寺、石牛山等。2001 年入选国家森林公园。

武功山国家森林公园　2002 年入选国家森林公园。参见国家级风景名胜区——武功山风景名胜区。

铜钹山国家森林公园　2002 年入选国家森林公园。参见国家级自然保护区——铜钹山国家级自然保护区。

阳岭国家森林公园　位于崇义县横水镇。阳岭古称“观音山”，有秀峰36座，主峰海拔1 259.5米，后为纪念明朝理学家王阳明在崇义平叛立县而改称“阳岭”。占地面积68.90平方千米，植被类型为亚热带阔叶林，森林覆盖率96.8%。空气中负离子平均值9.6万个/立方厘米，其中兰溪瀑布区最高值达19万个/立方厘米，为我国之最。2003年入选国家森林公园。

天花井国家森林公园　位于庐山市莲花镇。占地面积6.85平方千米，由海拔583米的天花井和海拔218米的林角山及道凹等山峰所组成。森林植被为常绿阔叶林及落叶常绿混交林，有珍稀濒危植物200余种，其中列为国家重点保护的珍稀树种37种，还有两株连体的千年古桂和两株700余年古枫。有候鸟115种，两栖类动物11种，哺乳类动物20种，也是梅花鹿栖息之地。2003年入选国家森林公园。

五指峰国家森林公园　位于上犹县五指峰乡。五指峰海拔1 607米，因五座相依相连、状如五指的山峰而得名。占地面积245.33平方千米，森林植被为中亚热带典型的常绿落叶阔叶林。有高等植物2 200多种，其中国家一级保护野生植物5种，国家二级保护野生植物22种；有国家一级保护野生动物7种，国家二级保护野生动物10余种。公园是候鸟迁徙的主要通道之一，被列为世界候鸟观察站。2003年入选国家森林公园。

柘林湖国家森林公园　位于永修、修水、武宁三县。占地面积164.5平方千米，包括梦生山、桃花溪、鹿角尖、黄荆洞四大景区。公园内有数百个岛屿，大小不一，形态各异，聚散有致。千姿百态的岛屿，幽深多变的湖岸，碧绿的水面，青翠的密林，组成拓林湖独特的自然景观。森林植被为亚热带常绿阔叶林，有国家重点保护野生植物11种，有云豹、白颈长尾雉、蟒蛇等国家一级保护野生动物，猕猴、穿山甲、大灵猫、虎纹蛙、白鹇等国家二级保护野生动物。2004年入选国家森林公园。

陡水湖国家森林公园　位于上犹县陡水镇。占地面积226.67平方千米。陡水湖怀抱灵山秀水，有自然天成的湖湾427个，岛屿42座。湖中藏湾,湾内套港,湖中有湖,岛湾相通,扑朔迷离,开阔处达3 000多米,狭窄处不足10米。主要景点有上犹江水电厂、赣南树木园、风月岛、民俗风情苑、跃进门、陡水佛瀑、青庐寺、睡女峰等。2004年入选国家森林公园。

万安国家森林公园 位于万安县。占地面积163.33平方千米,其中森林面积121.64平方千米,森林覆盖率74.5%,有天然阔叶林32.68平方千米,毛竹林11.95平方千米。碧波万顷的水域和良好的蜜溪坑亚热带常绿天然阔叶林,构成森林公园的主体。蜜溪坑林区自然景观秀丽多姿,“七重门”山洞的传说令人称奇,葱郁的森林蕴藏着丰富的植物资源。2004年入选国家森林公园。

三湾国家森林公园 位于永新县三湾乡。占地面积230平方千米,分为游览观光区、民俗风情区、综合服务区和景观生态保育区四大区域,其中游览观光区即红枫湖风景区、三湾革命遗址景区、九陇山根据地景区、荷树坪风景区。动植物种类繁多,其中国家重点保护野生植物8种,国家重点保护野生动物7种。还拥有“三湾改编”纪念馆、毛泽东旧居、士兵委员会旧址、红双井等红色景点。2004年入选国家森林公园。

安源国家森林公园 位于萍乡市北部杨岐山区和南部安源山、乌龙山一带。占地面积96.42平方千米,其中森林面积81.93平方千米。森林植被主要为亚热带常绿阔叶及针阔混交林。山岳高耸,古刹悠悠,山清水秀。2004年入选国家森林公园。

景德镇国家森林公园 位于景德镇市昌江区,地处黄山、怀玉山余脉与鄱阳湖平原过渡地带。占地面积38.96平方千米,分为二亭、塘坞、枫树山、南山、三宝五个园区。森林植被主要是亚热带常绿阔叶林、针叶林,林木覆盖率95%。有植物565种,有白鹭、杜鹃、画眉、黄雀等鸟类,偶尔还有天鹅来此越冬。爬行动物有金环蛇、银环蛇等,两栖动物有青蛙、蟾蜍等,哺乳动物有华南兔、野猪、鹿、松鼠、穿山甲等。2005年入选国家森林公园。

云碧峰国家森林公园 位于上饶市信州区水南街道。占地面积10.09平方千米。属于丘陵地貌,地势高低错落,山峰连绵起伏,主峰云碧峰海拔

252 米。森林覆盖率 85%,植被类型主要为亚热带常绿阔叶林和针叶林。有植物 307 种,包括国家一级保护野生植物南方红豆杉,国家二级保护野生植物鹅掌楸,还有古老的裸子植物银杏等。另有国家二级保护野生动物 6 种。2005 年入选国家森林公园。

岩泉国家森林公园 位于黎川县日峰镇。占地面积 96.67 平方千米,森林覆盖率 98.6%。森林植被多为针叶林和亚热带常绿阔叶林。拥有高等植物 2 000 余种,其中木本植物 661 种,国家级、省级保护野生植物 54 种,还有近千株胸径 1 米的香榧;野生动物 707 种,其中国家一、二级保护野生动物云豹、猕猴、蟒蛇、黑熊、苏门羚、大猫、山猫等 28 种。2005 年入选国家森林公园。

瑶里国家森林公园 位于浮梁县瑶里镇。占地面积 192.18 平方千米。植被完整,从阔叶林到针叶林,从藤蔓乔木到花草矮林,色彩斑斓,层次分明,俨然一座天然植物园。有木本植物 648 种,胸径 0.5 米以上的树木 600 多株,最大古木胸径达 1.36 米,平均树高 30 余米。还有国家一、二级保护野生动物金钱豹、黑麂、娃娃鱼、狗熊等 100 多种。2005 年入选国家森林公园。

九连山国家森林公园 2005 年入选国家森林公园。参见国家级自然保护区——九连山国家级自然保护区。

峰山国家森林公园 位于赣州市章贡区沙石镇。占地面积 207.35 平方千米。峰山以林翠、云幻、水秀、岩奇、史悠为特色,自晋代以来便是赣州名山,历代文人墨客来此吟诗作赋,被苏东坡列为“赣州八景”之首。峰山山区山峻林茂,云雾变幻莫测,形成云雾缭绕、云海翻涌的气象景观。公园内的上峰山村和下峰山村,有树龄 500 年以上的古树千余棵。2006 年入选国家森林公园。

清凉山国家森林公园 位于资溪县株溪采育林场。占地面积 33.98 平方千米。地处武夷山脉中段支脉,植被垂直分布,从低到高依次分布着常绿阔叶林、落叶阔叶林、针阔叶混交林和灌丛。拥有雾海、奇峰、秀木、峡谷、温泉、瀑布、溪流等众多自然资源,妙趣天成。青山连绵,奇峰陡峭,林木葱郁,色彩多变,别有风致。还有宛如“一线天”的马王峡、不怒自威的“猛虎跳涧”等奇特景观。2006年入选国家森林公园。

九岭山国家森林公园 位于武宁县杨洲乡。占地面积12.66平方千米,享誉全国的珍贵树种“爪源杉”即产于此地。以奇丽多姿的峰、岩、溪、谷、瀑和古朴自然的原始森林著称,猕猴、穿山甲等珍稀保护动物广为分布。景点众多,其中神雾山、吴王峰最令人神往。神雾山素有“小庐山”之称,因常年云雾弥漫而得名。吴王峰海拔750米,因有三国吴王孙权祖墓而得名。2006年入选国家森林公园。

岑山国家森林公园 位于横峰县解放北大道。占地面积9.55平方千米,由岑山景区、赭亭山景区、油桶石景区三个部分组成。公园环抱城区,是横峰县城北部的天然屏障。群山绵延,山石林立,沟谷纵横,地形起伏多变,集森林、岩峰、幽壑、溪泉、古刹和丹霞地貌于一体。地带性植被是以樟科和壳斗科为主的常绿阔叶林。拥有海内外罕的、体量巨大的油桶石,还有明代道教摩崖石刻吕洞宾石像。2008年入选国家森林公园。

五府山国家森林公园 位于上饶市广信区五府山镇。占地面积17.15平方千米,集悬崖、奇松、飞瀑、险滩、森林、竹林、蜂园、寺庙、湖泊于一身,有“饶南仙子”的美誉。九座海拔1 800米以上高峰相依形成五府岗,为华东第一天然屏障。海拔1 750米以上的3万平方米的高山草甸区,形成天然的南方小牧场。天龙谷、玉女溪,融幽、峻、奇、险、趣、野于一体。峰峦叠翠,谷深潭幽,蜂飞蝶舞,鸟叫蝉鸣,一步一景,美不胜收。双龙瀑、垂帘瀑等瀑布形态各异,蔚为壮观。2008年入选国家森林公园。

军峰山国家森林公园 位于南丰县三溪乡。军峰山因汉初长沙王吴芮讨伐南粤驻军山下而得名。主峰海拔约1 761米,是赣东第一高峰,号称“赣东屋脊”,山势雄伟峻峭,胜迹颇多。占地面积180平方千米,其中原始森林近13.33平方千米,拥有娃娃鱼、红豆杉、银杏等国家保护的野生动植物。有观音堂、迎仙观、炼丹窠、石庙等寺观亭阁,有野鸭池、姑尖峰、屏风石、桃花源、南箕窠、金沙涧、罗汉岩、七斗寨、大冠石、头陀峰、花峰、山茶洞及众多瀑布等自然景观。2008 年入选国家森林公园。

碧湖潭国家森林公园 位于萍乡市湘东区。占地面积 68.39 平方千米，由五峰山、广寒寨、碧湖潭三大景区组成。以中低山区为主，丘陵次之，四季分明、雨量充沛，森林植被为亚热带常绿阔叶林、山地灌丛及常绿针叶林和竹林，森林覆盖率 88.5%。奇绝的峡谷山林，独特的中山草甸，自然景观以谷秀、水碧、石奇、林茂、史悠而见长。2008 年入选国家森林公园。

怀玉山国家森林公园 位于玉山县怀玉山大道。怀玉山因“天帝赐玉”的传说而得名。占地面积 33.54 平方千米，分为怀玉山、武安山、天梁三大景区。奇峰竞秀，多沉积岩和岩浆岩。森林覆盖率 95.8%，生物物种丰富，林海婀娜浩瀚，溶洞雄奇秀美，泉瀑飞流直下，古迹渊源神秘，还有中国工农红军北上抗日先遣队纪念碑、怀玉书院等人文景观。2008 年入选国家森林公园。

仰天岗国家森林公园 位于新余市渝水区观巢镇。占地面积 21.79 平方千米。森林植被为常绿落叶阔叶林、常绿针叶林，自然风貌优美，人文景观独特，为新余的城市后花园和绿色生态屏障。主要景点有凯光亚热带植物园、千年罗汉松、烈士纪念碑广场等。2009 年入选国家森林公园。

圣水堂国家森林公园 位于安义县。占地面积 25.73 平方千米，由圣水堂景区、珠珞鹭鸟王国景区等组成，森林覆盖率 96%。山峦重叠，林木葱茏，动植物品种繁多。天然香樟林面积 10 万平方米，大部分树龄在 60 年以上，大的胸径达 0.6—0.7 米，高度 18—20 米，冠幅 16—20 米。公园内最高处顶端一山突起，山顶有一大雄宝殿，殿旁有一池，池水四时不溢不竭，池中有奇鱼，四脚红腹。池水为天然低钠水，是公认的珍贵水源。2009 年入选国家森林公园。

莲花山国家森林公园 位于鄱阳县莲花山乡。莲花山海拔 747 米，山顶有一小盆地，四周有五座相连相似的小山峰，其整体造型酷似莲花花瓣。占地面积 65.1 平方千米，由莲花山景区、军民水库景区、芝山景区和风雨山景区组成，其中军民水库水域面积 9.16 平方千米。集森林、奇峰、神石、溪泉、瀑布、古树名木、红色苏维埃旧址、古桥、佛文化、饶州典型民宅于一体，相映成趣。2012 年入选国家森林公园。

彭泽国家森林公园 位于彭泽县天红镇。占地面积 25.05 平方千米,由上十岭、龙宫洞和双峰尖三个片区组成。森林植被为常绿阔叶林,拥有面积达 13 平方千米的天然苦槠林,大多树龄为 60—90 年,胸径 0.2—0.7 米,是全国面积最大的天然苦槠林之一。龙宫洞内有石笋高达 38 米,底部直径 10 米。玉壶洞厅高 38 米、长 80 米、宽 70 米,洞内有数以万计的蝙蝠垂挂,蔚为壮观。2013 年入选国家森林公园。

金盆山国家森林公园 位于信丰县金盆山乡,地处南岭山地腹地。占地面积 59.82 平方千米,有“森林王国”“药材之乡”“动物乐园”之称。森林植被为中亚热带常绿阔叶林,有大面积的原始森林,景色奇异变幻无穷,古人有“金盆山十景”之说:三月烟笼,五月云带,晓前曙光,暝日夕阳,晴霞五色,夜月双辉,绿海奇峰,玉湖倒影,龙甲生云,飞泉玉液。公园周围地区是赣南客家人最早的聚居地和客家文化的发祥地之一,有丰富奇特的自然景观和人文景观,如玉带瀑布、宝山石鼓、南岳庙宇等。2014 年入选国家森林公园。

贵溪国家森林公园 位于贵溪市南部山区,地处武夷山西北麓。占地面积 29.83 平方千米,基本上都是林地。分为双圳、冷水两个独立片区,多奇松、怪石、瀑布、云海,有甑盖山、青茅境、火烧关、冷水大峡谷等景点和古盐道、古城墙、红军遗址。有维管植物 1 441 种,哺乳动物 30 余种、鸟类 100 余种、鱼类 15 种、爬行类动物 30 余种,其中伯乐树、南方红豆杉、蛛网萼、香果树等国家一、二级保护野生植物 14 种,猕猴、松鼠、中华秋沙鸭等珍稀动物 100 余种。2016 年入选国家森林公园。

会昌山国家森林公园 位于会昌县城西北部的贡江北岸,与老城区仅一水相隔。占地面积 34.24 平方千米,是会昌县城的天然屏障。会昌山俗称“岚山岭”,有国内罕见的低海拔天然地带性常绿阔叶林。此地冬暖夏凉,鸟语花香,自古就是避暑休闲胜地,历代文人骚客留下很多题咏,毛泽东曾在此写下“踏遍青山人未老,风景这边独好”的名句。2017 年入选国家森林公园。

罗霄山大峡谷国家森林公园 位于遂川县的罗霄山脉主峰南部。占地面积29.36平方千米，由大峡谷、鹰盘山、白水仙三个片区组成。大峡谷片区的冲里大峡谷，由花岗岩地貌发育而成，峭壁高悬，全长18千米，最窄处仅30余米，峡谷两岸山岭与江面高差达390米，在国内同类型峡谷中十分罕见；右溪河边近百米长的天然卵石滩内，随处移石挖沙便有温泉溢出，水温达68℃以上，为森林康养之天然胜地。鹰盘山石墙、石柱、石笋及峰丛、峰林等花岗岩地貌，与黄山松形成千奇百态的奇松怪石风光。白水仙片区千余米长的山谷中有五处总落差达275米的瀑布群，最大的仙女瀑布落差86米，宽10余米，形如仙女，曼妙多姿。2017年入选国家森林公园。

洪岩国家森林公园 位于乐平市洪岩镇。地处怀玉山脉西北余脉，怀玉山与鄱阳湖平原的过渡区域。占地面积32.43平方千米，由洪岩片区、历居山片区两个独立片区组成。洪岩仙境是1亿多年前中生代形成的壶天灰岩溶洞，洞中石钟乳遍布，晶莹绚丽，美不胜收。历居山片区群山环绕，阔叶林自然生态系统保存完好，喀斯特地貌奇观独特，自然风光优美。2019年入选国家森林公园。

十九、国家湿地公园

药湖国家湿地公园 位于丰城市同田镇，地处锦江与赣江交汇处。占地面积25.6平方千米，主要为丰城市药湖的核心区域。药湖湿地是鄱阳湖流域洪泛平原湿地的典型代表，生物多样性较为丰富，对抢救性保护和恢复长江中下游浅水湖湿地，恢复药湖湿地生态功能、减少区域洪涝灾害，保护和恢复长江中下游湿地生物多样性具有重要意义。2015年入选国家湿地公园。

傩湖国家湿地公园　位于南丰市白舍镇和紫霄镇,地处鄱阳湖流域五大河流之一的抚河源头水域。占地面积38平方千米。傩湖是典型的丹霞地貌区的新生湿地,湿地类型以滩涂、草地、林地和水域为主。湿地植物、动物资源丰富,拥有莎科、禾本科等高等植物300余种,聚集昆虫、两栖及爬行动物、鱼类、鸟类等种群数量可观的动物资源,尤其是候鸟种类齐全、季节性明显、数量较大,是难得的候鸟自然保护区。2015年入选国家湿地公园。

修河源国家湿地公园　位于修水县东津水库。占地面积43.42平方千米,分为修河湿地保护保育区、修河饮用水源湿地保护保育区、三都中华秋沙鸭保护区、杨梅渡湿地生态体验休闲区和义宁湿地生态展示区五大功能区。修河源湿地是江西五大水系之一修河的源头水源涵养区,对维护鄱阳湖乃至长江中下游地区水生态安全,保护世界濒危物种中华秋沙鸭等水鸟的栖息地具有重要意义。2015年入选国家湿地公园。

东江源国家湿地公园　位于安远县。包括寻乌水、马蹄河、斗晏水库和九曲湾水库及其周边的生态公益林和绿地,占地面积15.47平方千米,其中湿地面积9.47平方千米,湿地率为61.2%。典型的亚热带季风湿润区,森林茂密,共有维管植物421种。2015年入选国家湿地公园。

大湖江国家湿地公园　位于赣州市赣县区。主要包括赣江流经赣县区的部分流域及其分叉支流、周边的滩地等,占地面积66.55平方千米,其中湿地面积53.54平方千米,湿地率为80.45%。已打造了赣南客家名人(樱花)公园、桃花岛、夏浒十八花厅等一批旅游景点。2016年入选国家湿地公园。

湘江国家湿地公园　位于会昌县。主要包括羊子岩电站大坝至老虎头电站大坝段湘江及周边滩地、部分山林地,占地面积12.65平方千米,其中湿地面积10.39平方千米,湿地率为82.13%。公园坚持“保护优先、适度恢复、保护与恢复并重”的指导思想进行保护性开发建设,打造集湿地保护、科普宣教与休闲旅游于一体的综合性湿地公园。2016年入选国家湿地公园。

饶河源国家湿地公园　位于婺源县。主要包括星江部分流域及其分叉支流的湿地以及周边滩涂地与林地,占地面积3.47平方千米,其中湿地面积

3.20 平方千米,湿地率为 92.2%。公园内的湿地全部为天然湿地,分为河流湿地和沼泽湿地两类,永久性河流、洪泛平原湿地、森林沼泽、草本沼泽四个湿地型。有湿地维管植物 218 种,野生脊椎动物 404 种,其中国家一级保护野生动物 2 种,国家二级保护野生动物 37 种,还发现了全国最大的蓝冠噪鹛野生种群。2016 年入选国家湿地公园。

庐山西海国家湿地公园 位于武宁县,包括修河干流、柘林湖及周边滩地和部分林地。占地面积 247.14 平方千米,其中湿地面积 188.62 平方千米,湿地率为 76.32%。水岸线曲折漫长,沿岸滩涂、沟渠众多,形成以水网沼泽为特征的天然湿地和人工湿地相结合的复合生态系统。公园内设有中华秋沙鸭栖息地保护区。2016 年入选国家湿地公园。

章江国家湿地公园 位于大余县。章江又名"章水",是赣江的源头之一,古时称"豫章水",唐时因避豫王讳改称"章水"。章水发源于崇义县聂都山张柴洞,流经大余县、上犹县、南康区,在南康区三江乡三江口与上犹江汇合。占地面积 14.68 平方千米,绿荫婆娑,古木参天,怪石嶙峋,水清见鱼,景色幽雅。2017 年入选国家湿地公园。

潋江国家湿地公园 位于兴国县。包括平江、潋水、濊水的部分流域及长冈水库,占地面积 35.77 平方千米,其中湿地面积 23.62 平方千米,湿地率为 66.03%。鄱阳湖流域的重要生态屏障,也是兴国县唯一的饮用水及工业用水水源地。2017 年入选国家湿地公园。

孔目江国家湿地公园 位于新余市渝水区新欣北大道,地处孔目江中下游。占地面积 15.64 平方千米,由孔目江、东江湿地景观带和湖陂村、港背村、孝头村的部分区域构成。属于低山丘陵区,主要以丘陵地貌形态为主,最高处海拔近 400 米,最低处海拔 40 米,呈现谷岭相间、溪流交错的景观。主要为碳酸盐地层,为岩溶富水层,地下水位较高,泉眼多,泉水水质好。2005 年入选国家湿地公园(试点)。

东鄱阳湖国家湿地公园 位于鄱阳县莲湖乡,地处我国最大的淡水湖泊鄱阳湖的东岸。包括内珠湖、鄱阳湖湿地科学园、香油洲、龟脑山等区域,占地面积365平方千米,其中湿地面积351平方千米,湿地率为96%,是亚洲最大的湿地之一,名列世界六大湿地。以湖泊、河流、草州、泥滩、岛屿、泛滥地、池塘等湿地为主体景观,荟萃了鄱阳湖水、鸟、草、鱼等自然景观,是一片远离都市烦嚣的自然纯净世界。2008年入选国家湿地公园(试点)。

东江源国家湿地公园 位于安远县。包括东江源的西源镇江河及其支流符山河和古坊河以及周边滩涂,占地面积26.76平方千米,其中湿地面积5.47平方千米,湿地率为20.44%。有维管植物152种,脊椎动物202种,列入《濒危野生动植物种国际贸易公约》的动物16种。2008年入选国家湿地公园(试点)。

修河国家湿地公园 位于永修县涂埠镇。公园的主体——修河永修段是柘林大型水库与鄱阳湖国际重要湿地之间的生态廊道,我国江南地区典型的由河流、湖泊、滩涂、人工渠系等构成的自然与人工复合湿地系统。占地面积110.41平方千米,其中湿地面积96.71平方千米,湿地率为87.6%。2008年入选国家湿地公园(试点)。

章江国家湿地公园 位于赣州市城区的章江及其两岸。主要包括章贡区的章江及其周边区域,占地面积10.55平方千米,其中湿地面积7.88平方千米,湿地率为74.7%。河流水域广阔,形成了由河流、洪泛平原湿地、库塘、城市绿地构成的复合湿地生态系统,湿地景观多样,在我国南岭东北部具有典型性和代表性。2012年入选国家湿地公园(试点)。

万年珠溪国家湿地公园 位于万年县陈营镇。主要包括大港桥水库和龙溪大桥以上的珠溪河流,占地面积10.25平方千米,其中湿地面积5.07平方千米,湿地率为49.4%。水库水域广阔,形成了由河流、沼泽、洪泛平原湿地、库塘、水产养殖场构成的复合湿地生态系统,湿地景观多样。2012年入选国家湿地公园(试点)。

南湖国家湿地公园 位于上犹县陡水镇。包括红星村至仙人陂电站大坝段上犹江干流及其周边滩地、山林地,占地面积6.71平方千米,其中湿地面积6.27平方千米,湿地率为93.44%。由永久性河流、洪泛平原湿地、水产养殖场等构成的自然人工复合湿地，生态系统发育完整，森林、灌丛、草地等植物群落具有多样性，在亚热带地区具有典型性。2012 年入选国家湿地公园（试点）。

洪门湖国家湿地公园 位于南城县。主要包括江西省第三大水库——洪门水库（洪门湖）、黎滩河以及周边区域，占地面积 79.85 平方千米，其中湿地面积 42.09 平方千米，湿地率为 52.71%。包括洪门湖库塘湿地、黎滩河永久性河流湿地、洪泛平原湿地类型，属于自然人工复合湿地生态系统，湿地形态又呈现丹霞地貌景观，观赏性极强。2012 年入选国家湿地公园（试点）。

梅江国家湿地公园 位于宁都县。主要包括梅江、团结水库及其周边水源涵养林，占地面积 63.46 平方千米，其中湿地面积 44.71 平方千米，湿地率为 70.5%。以大江大河源头区域原生态的河流湿地、梅江和水质优良的库塘湿地、团结水库为主体，以洪泛平原湿地、牛牿湖和草本沼泽湿地为补充，组成了复合湿地生态系统，在我国南方低山区具有较强的典型性和代表性。2013 年入选国家湿地公园（试点）。

玉田湖国家湿地公园 2013 年入选国家湿地公园（试点）。参见国家级水利风景区——玉田湖水利风景区。

信江源国家湿地公园 位于玉山县。主要包括金沙溪、玉琊溪、峡口水库、王宅水库和信江源玉山段，占地面积 14.93 平方千米，其中湿地面积 8.2 平方千米，湿地率为 54.9%。湿地周边地区工业企业已陆续关闭，周边山林已全部纳入生态公益林进行封育，大力开展治污、清淤、水体综合治理，水面养殖实施“人放天养”生态渔业模式，还实施林地绿化和湿地恢复工程，大面积植树种苗种花。2014 年入选国家湿地公园（试点）。

信江国家湿地公园 位于贵溪市。占地面积 16.99 平方千米，其中湿地面积 14.84 平方千米，湿地率为 87.35%。主体为永久性河流，占湿地总面积的 78%，还有洪泛平原湿地和草本沼泽地。有维管植物 229 种，其中蕨类植物 6 种，裸子植物 1 种，被子植物 222 种；野生脊椎动物 380 种，其中鱼类 75 种，两栖类 21 种，爬行动物有 42 种，鸟类 204 种，兽类 38 种。2014 年入选国家湿地公园(试点)。

五斗江国家湿地公园 位于遂川县。占地面积8.93平方千米,其中湿地面积4.48平方千米,湿地率为50.17%。五斗江为赣江的一级支流,湿地公园属于典型的河流型复合性湿地生态系统,湿地生物多样性丰富,是遂川国际性候鸟迁徙通道的生态保障。2014年入选国家湿地公园(试点)。

庐陵赣江国家湿地公园 位于吉安市吉州区。主要包括赣江吉安中心城区段及一级支流螺湖水、螺子山(包括庐陵文化生态园、螺湖湾湿地公园),占地面积7.77平方千米,其中湿地面积6.57平方千米,湿地率为84.6%。水域宽阔,景观优美,是以保护和修复赣江湿地生态功能、维护河岸自然形态、维持赣江水质清洁、保持鸟类栖息地的生态价值为目的的湿地公园。2014年入选国家湿地公园(试点)。

山口岩国家湿地公园 位于芦溪县上埠镇,地处赣江一级支流袁水河的源头。占地面积4.49平方千米,其中湿地面积2.76平方千米,湿地率为61.46%。共有维管植物421种。山口岩水利枢纽库容1.05亿立方米,每日为萍乡市城区供水17万吨,为下游芦溪县城供水3万吨。2014年入选国家湿地公园(试点)。

赣江源国家湿地公园 位于石城县横江镇。占地面积16.79平方千米。有大小河流140条,河流总长1 099千米,集雨面积20平方千米以上。湿地内动植物资源丰富,是许多迁徙候鸟的天堂。园区负氧离子含量达每立方厘米10万个单位,有“天然氧吧”之称。2015年入选国家湿地公园(试点)。

锦江国家湿地公园 位于高安县。占地面积26平方千米,主要包括赣江流域锦江高安段、锦江支流连锦河、樟树岭水库、碧山水库和瑞阳湖。以自然生态为核心,以农耕文化、优质水源为依托,开展保护性利用,打造灌溉和防洪功能兼备的国家级湿地公园。2015年入选国家湿地公园(试点)。

岑港河国家湿地公园 位于横峰县兴安街道。占地面积3.29平方千米。建有岑港河湿地科普馆、湿地文化公园、滨江湿地长廊,水体形态各异,湿地景观多姿多彩,生物多样性丰富,是江西省生态科普基地。2015年入选国家湿地公园(试点)。

九龙湖国家湿地公园　位于资溪县郊区。占地面积3.67平方千米。九龙湖属于信江水系,因9座山岭宛如9条蛟龙盘卧于山峦丛林之间而得名,库区延绵13千米,水随山绕,翠绿山林依偎灵动之水,有"九曲练溪,十里画廊"之誉。2015年入选国家湿地公园(试点)。

莲江国家湿地公园　位于莲花县路口镇。主要包括莲江及其支流白马河河道湿地以及周边森林和乡村湿地,占地面积7.55平方千米,其中湿地面积6.22平方千米,湿地率为82.38%。莲江是莲花县的主要河流,由六条主要支流汇合而成,全程总长69.43千米,流域面积901.47平方千米,占全县流域面积的89%。2015年入选国家湿地公园(试点)。

阳明湖国家湿地公园　位于崇义县。占地面积26.41平方千米,其中湿地面积23.79平方千米,湿地率为90%。是长江中下游生物多样性最为丰富的区域之一,也是赣南最重要的备用饮用水源地和源头区湿地之一。2016年入选国家湿地公园(试点)。

桃江国家湿地公园　位于全南县。主要包括龙兴水库、西部虎头陂水库及水库第一重山脊线汇水区以内的林地和水域,还有县城附近的仙女陂水库及串联三座水库的桃江河堤最高水位线以内的水域及河漫滩地,占地面积8.99平方千米,其中湿地面积5.95平方千米,湿地率为66.18%。湿地公园属于桃江水系,是赣江的重要水源地之一。2016年入选国家湿地公园(试点)。

万安湖国家湿地公园　位于万安县的赣江中上游。占地面积40.76平方千米,其中湿地面积20.53平方千米,湿地率为50.37%。万安湖古有18滩,历代文人名士欧阳修、杨万里、苏东坡、辛弃疾等留下大量诗词文章,形成丰富的"十八滩文化"。万安湖水面开阔、碧波荡漾,群山连绵,奇峰叠翠,是千里赣江风光中极美的一段。2016年入选国家湿地公园(试点)。

玉峡湖国家湿地公园　位于峡江县巴邱镇。主要包括峡江水利枢纽工程峡江县域库区、赣江峡江段、黄金江沙坊段部分河段及其周边地带,占地面积 35.54 平方千米，其中湿地面积 19.29 平方千米，湿地率为 54.3%。有河流、沼泽、水库、稻田、池塘五种湿地类型，以湿地生态系统保护为核心，以蔚为壮观的高峡平湖、引人入胜的千岛迷宫、珍稀濒危的峡江鲥鱼、耐人寻味的湿地文化为特色。2017 年入选国家湿地公园（试点）。

绵江国家湿地公园 位于瑞金市。主要包括日东水库、陈石水库及周边部分山体、绵江河部分河段，占地面积 18.03 平方千米，其中湿地面积 9.33 平方千米，湿地率为 51.75%。瑞金的绵江长 119 千米，宽 30—160 米。上游的日东水库与陈石水库组成梯级水利工程，是瑞金市最大的水利枢纽。湿地公园属于以人工湿地和河流湿地为主的复合型湿地生态系统，是瑞金市重要的生态屏障和饮用水源地。2017 年入选国家湿地公园（试点）。

吉湖国家湿地公园 位于吉水县金滩镇。占地面积 12.93 平方千米，其中湿地面积 11.35 平方千米，湿地率为 87.8%。分为永久性河流湿地、洪泛平原湿地两种湿地型。永久性河流湿地包括赣江干流及恩江支流的部分河道，洪泛平原湿地包括赣江河道内及河流两侧洪水泛滥的河滩、河心洲以及季节性被水浸润的内陆三角洲。2017 年入选国家湿地公园（试点）。

凤岗河国家湿地公园 位于抚州市临川区青云街道。占地面积 7.34 平方千米。一湖碧波清澈如镜，湖底水草清晰可见，灌木丛中和草地上穿插栽种着香樟、石楠、银杏等名贵植物，白鹭悠闲地在湖面捕捉鱼虾，布谷鸟迎风展翅，更有珍稀野生动物来此安家，显现出一幅人与自然和谐相处的美丽画卷。2017 年入选国家湿地公园（试点）。

廖坊国家湿地公园 位于抚州市的临川区、金溪县、南城县三县（区）交界处。占地面积 28.31 平方千米，其中湿地面积 21.58 平方千米，湿地率为 76.2%。以廖坊水库为主体，以抚河流域生态控制点和库塘湿地为特色，在我国长江中下游地区具有较强的典型性和代表性。2017 年入选国家湿地公园（试点）。

抚河源国家湿地公园 位于广昌县驿前镇。以抚河为纽带，由河流湿地、人工湿地组成，占地面积 10.50 平方千米，其中湿地面积 6.53 平方千米，湿地率为62.19%。公园内湾、汉、岛、林镶嵌交错，湿地生态系统丰富多样，景色优美。2017年入选国家湿地公园（试点）。

二十、国家矿山公园

高岭国家矿山公园　位于浮梁县瑶里镇。占地面积19.68平方千米。高岭古矿从宋代开始开采，持续至20世纪60年代。高岭土被引入瓷胎，使景德镇制瓷原料与工艺发生了重大变革，陶瓷产品质量出现飞跃，达到了世界领先水平。高岭古矿保存有大量的高岭土矿残体、古尾矿堆、古采坑、古采硐、古洗选池、运矿古道、古码头、古亭、古桥和古瓷器等遗迹，形成了古矿址、古商埠、古村落三位一体的综合景观。2005年入选国家矿山公园。

德兴国家矿山公园　位于德兴市。占地面积11.77平方千米，由金山、银山、铜山、文博四个园区组成。德兴铜矿是亚洲最大的斑岩铜矿，是世界上深源斑岩铜金矿床的典型代表。2010年入选国家矿山公园。

安源国家矿山公园　位于萍乡市安源区安源镇。占地面积26.3平方千米，包括高坑大井和小金山、安源总平巷等。总平巷是一座砖砌门坊式建筑，背靠安源山，井口中间建有半月形大拱门为出入总口，通往距地面近千米深处的井下，两侧建有附属建筑物。当年毛泽东曾在这里下矿井考察，刘少奇、李立三也曾来此了解工人生产生活情况。高坑大井高耸的井架、巨大的绞车、架线的电车、深邃的竖井以及带有历史印记的口号标语与建筑，是矿山公园风貌最集中的地方。2010年入选国家矿山公园。

铜岭铜矿国家矿山公园　位于瑞昌市夏畈镇。我国大规模开采铜矿的历史至少有3 000年，铜岭铜矿遗址的采冶时代从商代中期延至战国早期，是我国迄今发现的矿冶遗址中年代最早、保存最完整、内涵最丰富的一处大型铜矿遗存，是我国青铜文明的象征之一。遗迹有露采坑、矿井、巷道、选矿场、工棚等百余处，铜、石、竹、木、陶质采矿工具和生活用器数百件，是我国冶金考古和青铜文化研究的重大突破。2012 年入选国家矿山公园。

西华山国家矿山公园　位于大余县浮江乡。占地面积 10.66 平方千米。大余县素有“世界钨都”之称，有我国发现最早、开采最早、历史最久的钨矿山之一，开采历史已逾百年。作为我国重要的钨矿生产基地，留下了体系完整、类型丰富的矿业遗迹。矿山公园以展示矿业遗迹景观为主体，以矿业发展历史为脉络，按照“一轴”“一核”和“三主线”的规划布局，建设地质遗迹科普区、钨金矿洞探秘区和世界钨都选矿遗迹游览区等八大景区，全方位、多角度、立体化揭秘钨矿生产全过程。2017 年入选国家矿山公园。

盘古山国家矿山公园　位于于都县盘古山镇。包括盘古山和铁山垅两个钨矿区，有着近百年的矿山开采历史。盘古山矿区占地面积 14.6 平方千米，于 1922 年开山，现年采选综合能力 58.1 万吨、钨精矿年产出能力 2 180 吨。铁山垅矿区占地面积 1.27 平方千米，曾是苏区红色矿业园，现年采选能力 50 万吨，年产黑钨精矿 2 000 吨。2017 年入选国家矿山公园。

二十一、国家考古遗址公园

御窑厂国家考古遗址公园　位于景德镇市珠山区珠山中路。占地面积约 5.1 万平方米。我国唯一一处系统反映官窑陶瓷生产和文化信息的历史遗存。地下埋藏文物丰富，新中国成立后先后进行了五次较大规模的清理发掘，清理出明代及清末民初葫芦形窑炉等遗迹，出土了大批元代和明代瓷器碎片。遗址公园的展示内容包括三馆、两房、两人、一中心。“三馆”为御窑厂历史陈列馆、御窑工艺博物馆、官窑博物馆。“两房”为遗址西侧明代窑炉遗迹保护房和珠山北麓遗址保护房。“两人”为明代御窑厂窑工童宾（佑陶灵祠）和清代御窑厂督陶官唐英（碑廊与唐英广场）。“一中心”为文物修复中心，展示出土官窑陶瓷修复的全过程。2010 年入选国家考古遗址公园。

吉州窑国家考古遗址公园　位于吉安县永和镇。占地面积约 5 万平方米。我国保存最完好、规模最大且最集中的古窑址群，出土的遗物包括各类瓷器，集南北各民窑之大成，所烧瓷器种类繁多，釉色齐全，纹饰精美，具有景德镇窑、磁州窑、耀州窑、建窑和定窑等窑系的特点，也是元代至明清时代著名官窑景德镇烧瓷技艺的重要源头之一。遗址公园由遗址展示区、古街古村落展示区和陶瓷文化展示区、商贸区四大主题区域组成。2017 年入选国家考古遗址公园。

二十二、世界遗产

庐山　1996 年入选世界文化遗产。参见国家级风景名胜区——庐山风景名胜区。

三清山　2008 年入选世界自然遗产。参见国家级风景名胜区——三清山风景名胜区。

中国丹霞：龙虎山　2010 年入选世界自然遗产。参见国家级风景名胜区——龙虎山风景名胜区。

铅山武夷山　位于铅山县武夷山镇。主峰黄岗山海拔 2 160.8 米，有“华东屋脊”之称。地处武夷山脉北段西北坡，东南与福建省武夷山国家级自然保护区相连，共同组成完整的中亚热带中山森林生态系统。有脊椎动物 418 种，哺乳动物 77 种，两栖动物 25 种，爬行动物 57 种，鱼类 36 种，昆虫 1 329 种；有高等植物 2 829 种，其中苔藓植物 276 种，蕨类植物 248 种，裸子植物 27 种，被子植物 2 278 种，被誉为“珍稀植物王国，奇禽异兽天堂”“生物模式标本产地”，被联合国教科文组织所属的“全球环境基金会”列为中国生物多样性保护示范区。还有历史上著名的文化中心鹅湖书院。2017 年入选世界文化与自然遗产。

二十三、全国重点文物保护单位

南昌—“八一”起义指挥部旧址 位于东湖区中山路。原是江西大旅行社,是一座灰色五层大楼。1927 年 7 月下旬,起义部队到达南昌后包租下这座大楼,成立了以周恩来为书记的中国共产党前敌委员会,江西大旅行社成为领导南昌起义的指挥中心。旧址已辟为南昌八一起义纪念馆,门首悬挂陈毅手书的镏金横匾;大楼的二三层辟为四个陈列室和一个题词纪念室,以大量的历史文献、图表、照片、文物以及参加过南昌起义的老同志的题词,再现了南昌起义的光辉历史。1961 年入选全国重点文物保护单位。

南昌—李渡烧酒作坊遗址 位于进贤县李渡镇。李渡镇酿酒历史已有 1 500 多年,自古有“酒乡”之称。元代至近现代烧酒作坊遗址,文化堆积主要为元、明、清三个时期。酿酒遗迹有水井、炉灶、晾堂、酒窖、蒸馏设施、墙基、水沟、路面、灰坑、砖柱等。水井始建于元代,深 4.25 米,六边形红麻石井圈,口径 0.66—0.72 米,井台三合土筑。炉灶始建于明代,红石与青砖砌,长径 2.80 米,短径 1.42 米,残高 1.98 米。酒窖 22 个,其中元代酒窖 13 个,有 6 个至今仍在使用。我国时代最早、规模最大的蒸馏酒作坊遗址。2002 年入选“全国十大考古新发现”。2006 年入选全国重点文物保护单位。

南昌—陈氏牌坊 位于进贤县七里乡。明代砖石结构的牌坊,由昼锦坊与理学名贤坊组成。昼锦坊系明永乐初年四川右参政陈谟所立,四柱三间,高 5.12 米,宽 8.08 米;匾额两侧、上下坊梁及四柱上部,均有浮雕图案;坊脊呈“人”字形,四角略翘,上盖陶灰瓦,中置莲花状顶。理学名贤坊系明崇祯中期陈谟后裔所建,四柱三间,高 5.96 米,宽 0.60 米,穿枋以上为“米”字形斗拱结构,坊檐向四周延伸,庑殿式坊脊,坊脊正中置乌纱状顶。2006 年入选全国重点文物保护单位。

南昌—青云谱 位于青云谱区青云谱路。原是一处历史悠久的道院。西汉时建梅仙祠,晋朝易名“太极观”,唐代易名“太乙观”,宋代敕赐“天宁观”。清顺治中期八大山人重建,改名为“青云圃”。“青云”两字源自道家神话“吕纯阳驾青云来降”。清代晚期,状元戴均元将“圃”改为“谱”,以示“青云”传谱,有牒可据,从此改称“青云谱”。青云谱为八大山人故居,园内有前、中、后三殿。后殿院中有桂树数枝,相传为万振元手植。整个园内古树参天,曲径通幽,亭台玲珑,恰似人间仙境。藏有八大山人真迹。2006 年入选全国重点文物保护单位。

南昌—新四军军部旧址 2006 年入选全国重点文物保护单位。参见全国红色旅游经典景区——南昌新四军军部旧址。

南昌—紫金城城址与铁河古墓群 位于新建区大塘坪乡。汉代海昏侯封地的生活居住地和墓葬地。城址南北长 300 米,东西宽 250 米,四周是黄土堆积的城墙,高 3 米,底宽 5 米。以侯和侯夫人墓为中心,周边有祠堂、寝殿、便殿、厢房和墓园墙以及道路和排水系统等各类地面建筑基址。文化堆积层厚约 0.2—0.6 米。已完成墓园、3 座祔葬墓、主墓藏阁和 1 座陪葬车马坑的清理工作,是我国目前发现的面积最大、保存最好、内涵最丰富的汉代侯国聚落遗址。2013 年入选全国重点文物保护单位,2016 年入选《大遗址保护“十三五”专项规划》项目库。

南昌—朱权墓与乐安王墓 朱权墓位于新建区石埠镇。朱权是明太祖朱元璋第 16 子,博学多才,洪武中期封为宁王。原墓区建有长生殿、南极殿、泰元殿、冲霄殿、璇玑殿等,皆毁于日军战火。乐安王墓位于新建区望城镇。乐安王系朱权之孙朱奠垒,明正统年间封为镇国将军,墓室用素面青砖砌成无梁卷拱式地宫,由甬道、前室、后室构成,前后室中间有两道青石双扇枢轴式大门,墓室左、右、后墙设有壁龛,墓室占地面积 70 余平方米。2013 年入选全国重点文物保护单位。

南昌—羽琌山馆和云亭别墅 位于进贤县架桥镇。羽琌山馆为清光绪年间进士陈志喆所建,云亭别墅主人为清咸丰年间的举人陈奎彩、光绪年间进士陈应辰父子所建,均为砖木结构,青砖黛瓦,近似徽派建筑风格。羽琌山馆有治经室、宝俭庐、还读楼、恋春阁、磨砚山房、洁馨屋等6栋建筑,还有园林、池塘等。云亭别墅占地面积1 650平方米,现存门楼、别墅、马房及残存后房7幢建筑,是我国现存建成最早且以"别墅"命名的私家园林之一。2013年入选全国重点文物保护单位。

南昌—邓小平旧居与劳动车间 位于新建区望城镇。邓小平旧居现为南昌陆军学院一处两层独家楼院,邓小平劳动车间在当时的拖拉机修配厂。"文革"时期邓小平在此劳动和生活了3年5个月。2013年入选全国重点文物保护单位。

抚州—流坑村古建筑群 位于乐安县牛田镇。始建于五代南唐升元年间,繁荣于明清两代。以规模宏大的传统建筑、风格独特的村落布局而闻名遐迩。现存明清传统建筑及遗址260处,其中民居30余栋,祠堂60余座,宫观庙宇8处,文馆、戏台各1座。古民居均为砖木结构的楼房,高一层半,格局多为两进一天井,质朴而简洁,木、砖、石雕(刻)及彩画、墨绘工艺精湛。村外有恩江、龙湖环绕,有村墙门楼守望,如一座小小的城池。建筑类型之齐全、保存之完整实属罕见,有"千古第一村"的美誉。2001年入选全国重点文物保护单位。

抚州—宝山金银矿冶遗址 位于金溪县秀谷镇。包括金窟山、铁屎墩、羊石山,因蕴藏贵重金属矿而称为宝山。在金窟山发现深浅不一的矿洞12个,深的深不可测,浅的2—6米不等,一般为先竖后横走向。在铁屎墩发现堆积如山的矿渣,分布范围达1.2平方千米,深11米多,发现炉基6处,还有多处深浅不一的矿洞及当时矿工的生活用具。在羊石山山脚下长达400多米处的断面上,随处可见火烧土及熟土层。羊石山半山腰有一摩岩石刻,石刻文字清晰地记载了宝山"聿兴此坑"的时间为"长庆三年"(公元823年)。2013年入选全国重点文物保护单位。

抚州—白舍窑遗址　位于南丰县白舍村。白舍窑起始于晚唐五代，兴盛于北宋中期，至元代初期趋于衰落，为“江西五大名窑”之一。遗存有古窑遗址32座，窑体堆积物20余座。白舍窑以烧制白瓷、青白瓷而著称，制作工艺精湛，有“瓷中之玉”的美称。2013年入选全国重点文物保护单位。

抚州—谭纶墓　位于宜黄县。谭纶系明嘉靖年间进士，先后任福建巡抚、蓟辽总督，官至兵部尚书、太子太保，曾率戚继光、俞大猷等抗击倭寇。谭纶墓始建于明万历初年，占地面积约1 000平方米，由祭道、神道、墓体三个部分组成。砖石镶嵌的祭道约300米长，神道约100米长。墓长30米，宽20米，沿山坡砌成3层，每层高1.2米，上层建有圆形雕花照壁，照壁正中刻着“奉天诰命”。整个墓葬居高临下，气势雄伟，石雕、石刻工艺精湛，被称为“江南第一古墓”。2013年入选全国重点文物保护单位。

抚州—明益藩王墓地　位于南城县。第一代益王为明宪宗第六子朱祐槟，明弘治年间就藩江西建昌府南城，共传六世六王。益王的家族墓主要分布在南城县洪门镇一带，有近50座，包括第一代藩王宁献王、淮靖王、益端王及其王妃墓，也有世系王墓、郡王墓、镇国将军墓、辅国将军墓、奉国将军墓，还有郡主、县主及仪宾墓，数量众多，在全国封藩地区极为罕见。2013年入选全国重点文物保护单位。

抚州—龙图学士和刺史传芳牌楼门　位于乐安县罗陂乡。龙图学士牌楼门始建于明洪武初年，成化年间重修，彭氏后裔为纪念先祖彭彦昭而建。刺史传芳牌楼门始建于元代，清乾隆初年重修，彭氏后裔为纪念祖先彭玕被封为安定王而建。两坊毗邻并排而立，中间隔一小巷。龙图学士牌楼门是我国南方明代木结构和木雕刻建筑的重要实例，刺史传芳牌楼门突显了清代成熟的砖雕技艺。2013年入选全国重点文物保护单位。

抚州—万年桥和聚星塔　万年桥横跨于南城县武岗山下的盱江两岸，始建于明崇祯年间，乾隆年间重修，全长411米，为江西省最长的一座单曲石拱桥；桥高10米，桥面宽6.3米，拱圈跨度14米，共有23孔24墩；桥身青石发卷砌成，拱圈采用纵联式垒砌法，单薄轻巧；桥墩迎水流方向凸出如船头状，能有效地缓解湍急的江水对桥墩的冲击。聚星塔始建于明万历中期，空心七级八角飞檐式砖塔，高 30 米，塔檐由砖叠涩出挑呈锯齿形，塔身自下而上逐层内收，叠托而上；塔略向北倾斜，其势欲倒，却历经 200 多年风雨侵蚀仍巍然屹立。2013 年入选全国重点文物保护单位。

抚州—玉隆万寿宫　位于临川区大公东路。道教忠孝净明道的发祥地与祖庭，为纪念江西的地方保护神许逊而修建。始建于东晋太元初年，几经兴废。北宋大中祥符年间升观为宫，皇帝亲书“玉隆万寿宫”赐额。明正德年间皇帝题额“妙济万寿宫”。清光绪年间为极盛时期，占地面积 3.2 万平方米，规模宏大，名扬江西。现仅存山门、仪门、正门、高明殿、谌母殿、三清殿、三官殿、关帝殿及宫墙等。2013 年入选全国重点文物保护单位。

抚州—驿前石屋里民宅　位于广昌县驿前镇。驿前镇有 50 余幢明清古建筑，其中最有名的为临池而建的船形古屋，穿斗式结构，仿古代宫船而建造，有大小厅堂厢房 30 余间。檐板刻有流云花卉、人物图案，造型秀丽。整栋房屋由石门坎、石墙体、石地板、大石柱等而成，故名“石屋里”。进深三进，占地面积 1 075 平方米，用材独特，石雕工艺精湛。2013 年入选全国重点文物保护单位。

吉安—井冈山革命遗址　位于井冈山市茨坪镇。地处江西、湖南两省交接的罗霄山脉中段。1927 年秋收起义失败后，毛泽东率领部队挺进井冈山，创立了全国第一个农村革命根据地。1928 年，朱德、陈毅率领的部队和彭德怀率领的平江起义部队先后到达井冈山与毛泽东领导的部队会合。井冈山革命遗址主要集中在井冈山市的茨坪、茅坪、大小五井及五大哨口等地。1961 年入选全国重点文物保护单位。2017 年入选“中国 20 世纪建筑遗产名录”。

吉安—湘赣省委机关旧址　位于永新县禾川镇。1931 年第二次反“围剿”斗争胜利后，形成了以永新县为中心的湘赣革命根据地，并成立湘赣省委。湘赣省委机关旧址即萧氏宗祠，建于 1914 年，砖木结构，正立面似教堂，内部为三进两天井，共有 22 个房间。1996 年被入选全国重点文物保护单位。

吉安—吉州窑遗址　位于吉安县永和镇。遗址长 2 千米，宽 1 千米，24

座古窑包如岗似岭，一条条用匣钵和窑砖砌成各种图案的长街古道纵横交错，瓷片和窑具俯拾皆是。我国极负盛誉的综合性窑场，也是古代黑釉瓷生产中心之一，产品精美丰富，尤以黑釉瓷产品著称。2001 年入选全国重点文物保护单位。

吉安—牛头城址　位于新干县大洋洲镇。城外有护城河，城内有 5 000 平方米的祭祀广场，2 000 多平方米的建筑遗迹，建筑内有鹅卵石通道，有灶堂、火堂、饭厅。城墙的筑造年代为公元前 1195 年—公元前 1255 年，为商代时期江南地区文化繁荣提供了新的证据。2006 年被入选全国重点文物保护单位。

吉安—白口城址　位于泰和县城西南的赣江南岸。占地面积约 23 万平方米，形状呈倒梯形，分为内外城。外城周长 1 941 米，除西北部分损毁外，大部保存完好。内城平面呈方形，占地面积约 4.3 万平方米。白口城是庐陵文化的发源地。城址文化堆积之丰富、保存之完好实属罕见，成为江西乃至江南城址考古的一把标尺。2006 年入选全国重点文物保护单位。

吉安—泷冈阡表碑　位于永丰县沙溪镇。欧阳修任青州太守时护送母亲郑氏灵柩归葬故里凤凰山泷冈时所立的墓碑，至今已有近千年。碑石为山东青州青石，高 2.12 米，宽 0.96 米，厚 0.24 米，通体墨绿色。碑石正面刻《泷冈阡表》，背面刻《欧阳氏世系表》。《泷冈阡表》与韩愈的《祭十二郎文》、袁枚的《祭妹文》同为我国古代三大祭文之一。整个碑石保存完好，“泷冈阡表”四个大字每字见方 16 厘米，正文共 1 116 字，每字见方 2 厘米，除下部 50 余字不能辨认外，其余字迹清晰。2006 年入选全国重点文物保护单位。

吉安—大智彭氏家族石刻　位于安福县。现存石刻 16 处，散布在大智村旁约 1 000 米长的古道、田垄的花岗岩石上。彭氏家族时称“父子四进士”，显赫一时。石刻历时 51 年，由彭氏三代接力完成。刻石或圆或扁，石刻字体阳镌正楷，大者近尺，小者盈寸，苍劲凝重，颇具古拙刚毅之气。可考释文字 6 000 余个，记载了明正统八年（公元 1443 年）至弘治六年（公元 1493 年）彭氏家族的历史，被文史界称为“彭氏家谱”。2006 年入选全国重点文物保护单位。

吉安—界埠粮仓遗址 位于新干县袁家村。占地面积2.5平方千米。已初步查明其中两栋粮仓的结构和规模。粮仓平面呈长方形,长61.5米,宽11米,规模之大,国内罕见,是战国时期最大规模的粮仓。粮仓地处赣江之畔,但较好地解决了防水防霉等技术难题,对于研究江西乃至全国战国时期的政治、经济、社会、军事,尤其是粮食生产、运输、中转、仓储管理等都具有极为重要的价值。2013年入选全国重点文物保护单位。

吉安—吉水东吴墓 位于吉水县龙华中大道。三国东吴晚期墓葬,距今1 700余年。墓葬占地面积900平方米,平面呈凸字形,封土高耸,墓向朝东。墓室规模宏大,结构复杂,形制奇特,垒砌精致。墓葬虽早年被盗,仍出土了青铜器、青瓷、陶器、古钱币等珍贵文物100余件,考古专家们称为"江南第一墓"。2013年入选全国重点文物保护单位。

吉安—文天祥墓 位于青原区富田镇。宋丞相文天祥之墓。墓区左右两山,山下一泉,山环水绕,有牌坊、石拱桥、台阶、平台、神道、拜谒台等建筑。神道长47米,寓意文天祥47岁为国捐躯;台阶分为三层,自下而上为12级、8级、3级,以示文天祥于公元1283年(元至元二十年)殉难。墓高2.6米,呈半球形状,墓前有祭祀台,两边各竖一墓表。神道两侧列有古朴威武的石俑、石马、石彪、石羊。2013年入选全国重点文物保护单位。

吉安—槎滩陂 位于泰和县禾市镇。分为主坝和副坝两部分,由筏道、排砂闸、引水渠、防洪堤、总进水闸组成。水渠自西向东依次流经禾市镇,在上蒋村又分为南北两条支流,在三派村汇入禾水。主坝上的基角处,以众多的红石条分四五层垒叠,已阻水千年。陂坝以上集雨面积971平方千米,被专家称为"江南都江堰"。2013年入选全国重点文物保护单位。

吉安—万安城墙 位于万安县芙蓉镇。北宋元丰初年开始修筑城墙,当时为土墙。元至正年间重筑土城,后将城墙加高增宽,土墙经常部分倒塌,再塌再筑。明正德年间以砖石重筑城墙,周长2 380米,高7.3米,垛口950个,城门6座。现保留有明代古城墙约1 000米。城墙濒临赣江,墙体厚实,城门古朴。2013年入选全国重点文物保护单位。

吉安—白鹭洲书院 位于吉州区沿江路。南宋淳祐初年创建,至清代末年累经修建。南宋宝祐三年(公元1255年),文天祥在此读书,次年中状元,理宗皇帝亲书"白鹭洲书院"匾额嘉奖,从此白鹭洲书院扬名天下,与庐山的白鹿洞书院、铅山的鹅湖书院、南昌的豫章书院齐名,合称为古代"江西四大书院"。现存书院的两座主体建筑风月楼和云章阁以及一排排斋舍,为清同治初年的遗留,鹭池为明万历中期重修书院时所辟。2013年入选全国重点文物保护单位。

吉安—安福孔庙 位于安福县平都镇。江南地区规模最大、保存最完整的孔庙之一。始建于北宋元丰年间,后屡有兴废。现存院落占地面积1万多平方米,建筑面积2 148平方米,有下马碑、泮池、大成门、名宦祠、乡贤祠、东西两庑、露台、大成殿等建筑。大成殿为宫殿式风格。2013年入选全国重点文物保护单位。

吉安—东固平民银行旧址 位于青原区东固乡。砖木结构两层楼房,占地面积190平方米。1928年,东固平民银行和东固消费合作社相继在此成立。当地群众纷纷筹集资金送往平民银行,有的妇女还送来了结婚时陪嫁的银手镯、银项链、银耳环、银戒指。东固平民银行对粉碎国民党反动派的经济封锁起了很大的作用。2013年入选全国重点文物保护单位。

吉安—君埠红一方面军总司令部旧址 位于永丰县君埠乡。原是祭祀道教真君的祠宇建筑,砖木结构,屋顶雕龙画凤。第一次反"围剿"龙冈战斗前夕,毛泽东、朱德率领红一方面军总司令部从宁都转移到君埠,总前委、总司令部、总政治部入驻君埠老街万寿宫。国民党军10万兵力向根据地中部展开第一次大"围剿",红一方面军4万人在小布设伏未能奏效,引兵西开君埠捕捉战机,最终全力围歼龙冈敌军。2013年入选全国重点文物保护单位。

吉安—富田村诚敬堂 位于青原区富田镇。明嘉靖年间修建的祠堂,为纪念王家村开基祖王经信(字诚敬)而称为诚敬堂。还有尊乐堂、仁心堂、四德堂、坚白堂、厚山堂、逸乐堂、发元堂等分祠七座,总面积约6 500平方米,有"江南第一祠"的美誉。祠堂前的照壁为"人"字形,祠堂呈"丁"字形,合起来是“人丁”，寓意“家族人丁兴旺”。2013 年入选全国重点文物保护单位。

吉安—渼陂红四军总部旧址 位于青原区文陂镇。渼陂村建于南宋初年，融书院文化、祠堂文化、宗教文化、红色文化和明清雕刻艺术于一体，被誉为“庐陵文化第一村”。古村内有红四军军部旧址以及赣西南苏维埃政府和江西省苏维埃政府旧址、毛泽东旧居、朱德旧居、江西省苏维埃政府总工会旧址、黄公略旧居、曾山旧居等十多处红色革命旧址，还有当时留下来的红军标语 180 余条。2013 年入选全国重点文物保护单位。

吉安—“二七”陂头会议旧址 位于青原区文陂镇。1930 年 2 月，毛泽东在吉安东固地区的陂头村主持召开了“二七会议”。二七会议旧址即梁家宗祠，前后两进，砖木结构。梁家宗祠的厅堂即当年二七会议的会场。两边房间现为二七会议展厅。2013 年入选全国重点文物保护单位。

萍乡—安源路矿工人俱乐部旧址 1982 年入选全国重点文物保护单位。参见全国红色旅游经典景区——安源路矿工人运动纪念馆。

萍乡—乘广禅师塔和甄叔禅师塔 位于上栗县上栗镇。唐代高僧乘广禅师来到萍乡传教，始创广利禅寺。唐贞元年间乘广禅师圆寂后，甄叔禅师为他修建了舍利石塔，保存至今。乘广禅师塔为仿古木结构建筑，高 2.73 米，塔基两层，塔檐厚实，出檐深远。寺内有唐元和二年（公元 807 年）文学家刘禹锡撰文的石碑，碑额圆首，锈刻螭龙图案，碑下有龟趺，龟座与碑均系花岗石雕刻而成。甄叔禅师圆寂后，也为他修建了舍利石塔。2013 年入选全国重点文物保护单位。

萍乡—盛公祠 位于安源区安源镇。原为萍乡煤矿总局旧址。清光绪中期盛宣怀在萍乡安源创办萍乡煤矿局，采用西方先进技术开井建矿，并动工兴建了萍乡煤矿办公大楼。办公大楼系两幢相连的砖木结构建筑，前幢三层，后幢两层，中间一条通道相连。屋顶为白锌皮覆盖，颇似西欧的天主堂。占地面积 2 623 平方米，大小房间 39 间。2013 年入选全国重点文物保护单位。

萍乡—总平巷矿井 2013年入选全国重点文物保护单位。参见国家矿山公园——安源国家矿山公园。

上饶—上饶集中营旧址 位于信州区。占地面积2平方千米。1941年,国民党军统特务组织设立的法西斯集中营。由七峰岩、周田村、茅家岭、李村和石塘等五处集中营组成,因都在上饶附近,统称为"上饶集中营"。集中营曾囚禁1 000余人,其中主要是皖南事变中被俘的新四军战士和爱国人士。1942年日本侵略军攻占上饶城,国民党反动派对上饶集中营中的新四军战士进行了血腥大屠杀。1988年入选全国重点文物保护单位。

上饶—闽浙赣省委机关旧址 位于横峰县葛源镇。闽浙赣省革命根据地是第二次国内革命战争时期全国六大革命根据地之一。闽浙赣省委于1932年底迁至葛源镇枫林村,1934年因第五次反"围剿"失败葛源失陷而撤离。现存旧址包括葛源革命烈士纪念馆、中共闽浙赣省委机关、闽浙赣省苏维埃政府、闽浙赣省军区司令部、红军学校第五分校、红军操场、闽浙赣"四部一会"、闽浙赣省财政部、列宁公园、万年台、赣东北省革命军事委员会、赣东北省苏维埃银行、仙岩洞红军兵工厂等。1996年入选全国重点文物保护单位。

上饶—仙人洞、吊桶环遗址 位于万年县大源镇。新石器时代洞穴遗址。仙人洞遗址的洞口朝向东南,前面有一条小河。吊桶环遗址位于一座60米高的石灰岩小丘顶部的洞穴内。出土遗物丰富,有石器、骨器、穿孔蚌器、陶片和人头骨、下颌骨、牙齿等,还有数以万计的动物骨骼碎片。还发现了12 000年前的野生稻植硅石和1万年前的栽培稻植硅石,是现今所知世界上年代最早的栽培稻遗存之一。2001年入选全国重点文物保护单位。

上饶—清华彩虹桥 位于婺源县清华镇。宋代建造。桥长140米,桥面宽3米多,4墩5孔,有11座廊亭,廊亭中有石桌石凳。桥墩的设计非常特别:桥墩像半个船形,前面锋锐,后面平整,可分解洪水的冲击力;桥墩之间距离不等,最大跨度12.8米,最小的9.8米,利于分洪并减少桥墩受到的冲击力;桥墩用长短大小不一的条石相钳在一起,缝隙小,非常牢固。周围青山如黛,碧水澄清,彩虹桥与青山、碧水、古村、驿道完美结合,景色优美。2006

年入选全国重点文物保护单位。

上饶—鹅湖书院 位于铅山县鹅湖镇。南宋淳熙年间赐名“文宗书院”,后更名为“鹅湖书院”。古代江西四大书院之一,占地面积8 000平方米,建筑面积4 800平方米。几度废兴,风貌依旧。建筑共六进,有御书楼及读书号房20幢。2006年入选全国重点文物保护单位。

上饶—理坑村民居 位于婺源县沱川乡。因村人崇尚理学,秉承勤读之风,被誉为朱子理学之源,故称“理坑”。自元代起文风大兴,明清时文人官宦辈出。有明清官宅120余幢,至今保存完好的有明崇祯年间广州知府余自怡的“官厅”,明天启年间吏部尚书余懋衡的“天官上卿”,明万历年间工部尚书余懋学的“尚书第”,清顺治年间司马余维枢的“司马第”,清道光年间茶商余显辉的“诒裕堂”,还有花园式的“云溪别墅”,园林式的“花厅”,颇具传奇色彩的“金家井”。2006年入选全国重点文物保护单位。

上饶—包家金矿遗址 位于广信区茶亭镇。采金场分布范围达25平方千米。历经唐宋元明清五个朝代,持续开采1100年以上,历时之久,规模之大,世界罕见。遗址主要由采矿区、选矿区、冶炼区构成,露天采矿遗迹有300多处,分为露天采坑和探槽两类。有大量的地下开采遗迹,矿山体系完备。冶炼中心区还有洗矿场和炼渣堆积处,出土了大量陶瓷器标本和唐、宋、明时间的摩崖题刻。2013年入选全国重点文物保护单位。

上饶—龚氏宗祠两牌楼及浣沙记石雕 位于广信区应家乡。龚氏宗祠包括玳公祠和叙公祠,始建于明成化年间,清乾隆年间重修。玳公祠后门西侧两块长3.2米、宽1.7米的大青石板上,有表现西施与范蠡的生平和爱情故事的明代青石浮雕《浣纱记》。该石刻刻于明末,采用高浮雕刻手法,刻有人物242个、战马18匹、纨扇10对、案桌10张,还有刀、枪、剑等道具,画面构思严谨,线条流畅自然,人物神形兼备。2013年入选全国重点文物保护单位。

上饶—社山头遗址 位于广丰区五都镇。新石器时代晚期至周商时期的文化遗址,距今约有5 000年。属于典型的台地遗址,占地面积1.1万平方米,文化堆积层3.3米,堆积序列清晰。出土文物2 000多件,包括新石器时期的谷壳、谷叶,大量的石质农业生产工具,纺轮和房址,其中两只完整的鏾,是我国迄今出土的最大最完好的鏾,也是我国出土的最古老的瓷器。2013 年入选全国重点文物保护单位。

上饶—银山银矿遗址　位于德兴市银山铅锌矿区。南北朝时期这里民间银矿采冶已经兴起,唐上元年间朝廷在此开设银场,当时是全国最主要的产银区,被誉为“大唐银冶第一山”。唐宋两朝产出白银过亿两,成为朝廷财政的重要支柱。元、明、清三代持续开采。1958 年成立德兴铅锌矿,以采冶铅锌为主,兼采银、铜,作业至今。遗址内现存各朝代横坑、平巷、斜巷、竖井等古矿井 188 处,矿渣堆积 15 处。2013 年入选全国重点文物保护单位。

上饶—永福寺塔　位于鄱阳县鄱阳镇。始建于梁武帝天监初年。宋天圣初年在寺东造佛塔一座。元至正中期在塔底挖得一个水晶净瓶,献于皇上,皇上赐为“永福寺”。该塔八面七级,基深 10 米,塔高 42 米,为密檐楼阁式空心砖塔。塔下部有茎底,塔身八面设有拱券门,柱枋上设斗拱,造型古雅威武,历经 10 多次地震而安然无恙。2013 年入选全国重点文物保护单位。

上饶—三清山古建筑群　位于玉山县三清乡。三清山人文景观的集萃地,共有观、殿、府、坊、泉、池、桥、墓、台、塔等古建筑 230 多处,是道教古建筑群的“露天博物馆”。古建筑依据“先天八卦图式”精巧布局,是研究我国道教古建筑设计布局的宝地。2013 年入选全国重点文物保护单位。

上饶—龙溪祝氏宗祠　位于广丰区东阳乡。建于明成化年间的家族祠堂建筑,属于祝氏家族祭祀祖先和先贤的场所。占地面积 2 520 平方米,中轴线上自南而北依次为一进戏台、二进中厅、三进享堂,设计精美,做工巧妙。中厅和享堂均为歇山顶,面阔五间,气势不凡。中厅是议事、宴飨的厅堂。后院有古树两株,苍老拙朴,郁郁葱葱。2013 年入选全国重点文物保护单位。

上饶—凤山查氏宗祠　位于婺源县浙源乡。建于清康熙初年,主要由查氏宗祠和查氏客馆两部分组成。始居婺源的查氏,是南唐工部尚书查文徽之弟查文徵。现存享堂、后天井、寝堂等三个部分，占地面积752平方米。享堂六柱五开间，木柱粗壮，直径达0.4米，柱础有鼓形、方形、莲花瓣形等。木构架为抬梁式和穿斗式相结合，梁枋雕有莲花堆砌、白鸟朝凤、如意器物等图案。2013年入选全国重点文物保护单位。

上饶—新源俞氏宗祠 位于婺源县江湾镇。俞氏家族祠堂，明万历初年朝议大夫俞应纶省亲回乡时捐资兴建，后经几次重修。三进院落，纵深42.6米。前后两进各五间，有天井、小圆门，中进三间。梁枋、斗拱、脊吻、驼峰、雀替等处均巧琢雕饰，有浅雕、深雕、圆雕、透雕形式的龙凤麒麟、松鹤柏鹿、水榭楼台、人物戏文、飞禽走兽、兰草花卉等精美图案百余组。2013年入选全国重点文物保护单位。

上饶—南岩石窟 位于弋阳县南岩镇。晋代有僧人在此修行，凿岩建造南岩寺，至今已有1 600多年。唐大和年间重修南岩寺，并在石壁上开凿石龛。北宋嘉定年间建殿门、庙堂、钟楼及架桥修亭，并续凿石雕刻诸佛像。元、明、清及民国年间陆续有僧人对南岩寺佛像进行增补、修复，继续丰富佛像。现存石龛40余座，摩崖石刻10余处，是我国最大的在自然洞穴中开凿的佛教石窟，被誉为“中华第一佛洞”。2013年入选全国重点文物保护单位。

景德镇—湖田古瓷窑址 位于昌江区竟成镇。湖田窑创建于五代，主要烧制青瓷和白瓷。元代烧制的湖田窑瓷器略带黄黑色，形制古雅。明代以民用青花瓷为主。明朝中叶结束烧制。遗迹遗物堆积范围达40万平方米，出土的瓷器类型丰富，纹饰精美，各具时代特征。1982年入选全国重点文物保护单位。

景德镇—祥集弄民宅 位于珠山区中山北路。保留了明清至民国年间的街巷20余条，古树群落5处。祥集弄11号是一座明代建筑，占地面积318平方米，建筑面积455平方米，富丽堂皇。祥集弄3号建筑面积220平方米，内部雕饰有元代风格。两宅均为木构架建筑，东、西立封檐墙，南、北砌封火墙，构架为五架穿斗式，带廊轩。1988年入选全国重点文物保护单位。

景德镇—御窑厂窑址 位于珠山区珠山中路。始建于明洪武初年，辛亥革命爆发后御窑制度被废,御窑厂随之消逝。明、清两代的皇家瓷厂,是我国烧造时间最长、规模最大、工艺极为精湛的官办窑厂之一。遗址占地面积 5.43 万平方米,出土了大量的遗迹遗物。2006 年入选全国重点文物保护单位。

景德镇—丽阳窑址 位于昌江区丽阳镇。烧造时间从五代延续到明代,是景德镇市区以外一处相对集中的瓷器生产地。窑址长 24.3 米,窑室最大宽度 4 米,保存较完好。窑炉形制比较特殊,火膛较深大,窑炉左右两壁外形呈弧形,炉壁近火膛处微内缩,尾部砌成圆弧形,没有龙窑常见的排烟孔等设施。该窑炉的发现填补了明初葫芦形窑考古的空白。2013 年入选全国重点文物保护单位。

景德镇—明园 位于昌江区瓷都大道。由七栋异地保护的明代民居建筑组合而成。占地面积 2 649 平方米,主出入口建筑为穿斗式五架梁木构架。其中汪柏故居为两进两层、三间五架穿斗式大木结构。2013 年入选全国重点文物保护单位。

景德镇—浒崦名分堂戏台 位于乐平市镇桥镇。程氏世居浒崦 40 余代,名分堂始建于清嘉庆中期,祠堂建成 14 年后开始筹建戏台。戏台造型取我国古典牌楼式样,戏台面宽 25 米,进深 12 米,高 14 米,梁柱粗壮,雕塑满台,装饰通体施金,金碧辉煌。2013 年入选全国重点文物保护单位。

景德镇—景德镇窑 位于景德镇市瓷都大道。景德镇窑自唐代起烧制青瓷,北宋时以烧制青白瓷为主。烧成室呈一头大一头小的长椭圆形,近窑门处宽而高,靠近烟囱处逐渐狭窄矮小,故有“鸭蛋窑”之称。宋真宗景德年间创烧出影青瓷。元代创烧出卵白色的“枢府”釉瓷及釉下彩的青花、釉里红瓷器。2013 年入选全国重点文物保护单位。

景德镇—瑶里改编旧址 2013 年入选全国重点文物保护单位。参见全国红色旅游经典景区——新四军瑶里改编及程家山旧址。

新余—罗坊会议和兴国调查会旧址 2006 年入选全国重点文物保护单位。参见全国红色旅游经典景区——罗坊会议纪念地。

新余—拾年山遗址 位于渝水区水北镇。新石器时代遗址，占地面积约 5 060 平方米，文化堆积厚 1.5—2 米。发掘揭露面积 1 200 平方米，清理墓葬 136 座、陶片堆 45 处、石器堆 15 处、房基 11 座，以及灰坑、水井等遗迹，出土遗物 4 000 余件。2013 年入选全国重点文物保护单位。

新余—凤凰山铁矿遗址 位于分宜县湖泽镇。属唐至明清的遗址。占地面积约 15 万平方米，文化堆积层厚 1.5—4 米。除个别处因取土、筑路等原因局部受到破坏外，绝大部分遗址点基本保存完好。遗迹遗物丰富，涉及原料采集、燃料选用、铁水冶炼、成品提取等冶铁的全部工序，是我国冶铁历史发展的见证。2013 年入选全国重点文物保护单位。

赣州—瑞金革命遗址 1961 年入选全国重点文物保护单位。参见全国红色旅游经典景区——瑞金革命遗址。

赣州—宁都起义指挥部旧址 位于宁都县博声东路。宁都起义是中国共产党在第二次国内革命战争时期领导的规模最大也是取得完全胜利的一次武装起义，起义部队后来改编为中国工农红军第五军团。旧址原来是一座耶稣堂，建于 1916 年，是一幢砖木结构的二层楼房建筑，建筑面积 394 平方米，庭院面积 2 040 米，保存完好。1988 年入选全国重点文物保护单位。

赣州—通天岩石窟 位于章贡区水西镇。山势合抱之处峭壁耸立，中有一洞，洞内一窍直通山巅，“通天岩”由此而得名。山不高而陡峭，地不大而奥奇，自古以来就是一处游览胜地。共有石龛造像 348 尊，除翠微岩的几尊立佛是唐代的雕刻外，其他多为宋代作品。1988 年入选全国重点文物保护单位。

赣州—赣州城墙 位于章贡区解放街道。赣州城墙始建于南朝梁代，以后历代都曾修葺。现存沿江的东西两段城墙和朝天门、西津门、涌金门、建春门以及炮城、马面、弩台等军事设施，全长 3 664 米，其中宋代石墙 25.25 米，宋代砖墙 19.80 米，宋代砖墙基 41 米。城墙内部为夯土，外用砖石包砌，宽 6—8 米，高约 7 米。1996 年被入选全国重点文物保护单位。

赣州—关西新围、燕翼围 位于龙南县关西镇和杨村镇。两座客家人聚族而居的大型土堡。燕翼围建于清顺治初年，围屋四层，平面呈“口”字形，占地面积 3 700 平方米。关西新围建于清嘉庆初年，占地面积 7 700 平方米，有祠堂、厅堂、内花园、戏台和梅花书院等建筑 20 栋，围墙高约 9 米，墙厚 2 米，围屋四角各有一座 15 米高的炮楼。2001 年入选全国重点文物保护单位。

赣州—大宝光塔 位于赣县区田村镇。始建于唐元和年间，现存塔为宋元丰年间重建，因塔由玉石雕凿而成，故又称“玉石塔”。塔共七层，高 4.6 米，塔内正中有个小佛像。塔的四面雕刻有动物、花纹等图案，雕刻细腻，图文并茂。2006 年入选全国重点文物保护单位。

赣州—赣州佛塔 包括赣州市区的慈云塔、信丰县的大圣塔、安远县的无为塔、石城县的宝福塔和大余县的嘉祐寺塔等五座北宋佛塔。慈云塔始建于北宋天圣初年，楼阁式砖塔，高 49.9 米，塔身中空。大圣寺塔始建于北宋治平初年，砖木结构，高 66.45 米，九层 18 级，塔内有藻井绘画。无为塔始建于北宋绍圣初年，高 61.3 米，外观六面九级，内为 17 层。宝福塔始建于北宋崇宁初年，高 59.79 米，砖木结构，七级六面，呈竹节钢鞭形。嘉祐寺塔始建于北宋嘉祐年间，楼阁式砖塔，六角五层，高 19 米，塔身中空。2006 年入选全国重点文物保护单位。

赣州—梅关和古驿道 位于江西省大余县与广东省南雄市交接界处。梅关即梅岭关，汉武帝时庾胜将军在此筑关城镇守。唐代首创商道，仅宽 1.6 米，鹅卵石铺筑。北宋时扩修驿道，并设关楼，匾额“南粤雄关”“岭南第一关”。清初于楼侧立“梅岭”碑，高 2.75 米。梅岭古道是全国保存最完整的古驿道之 ，道旁是繁茂的灌木丛，两侧山崖层峦叠翠。2006 年入选全国重点文物保护单位。

赣州—兴国革命旧址 位于兴国县潋江镇。兴国县是第二次国内革命战争时期中央苏区的主要组成部分。主要革命旧址有毛泽东长冈乡调查旧址、土地革命干部训练班旧址、江西省第一次工农兵代表大会会址、中共江西省委旧址、江西省军区旧址及检阅台等。兴国县长冈乡是苏区苏维埃政府工作的模范乡，毛泽东于 1933 年 11 月率中央政府调查团到长冈乡调查，整理出著名的《长冈乡调查》。1977 年建成毛主席作长冈乡调查纪念馆。2006 年入选全国重点文物保护单位。

赣州—中央红军长征出发地旧址　位于于都县贡江镇。1934 年 10 月，中央红军主力离开中央革命根据地，开始长征。中央红军主力 8 万余人从于都河（贡江）八个渡口渡河，中央机关、军委机关、红军总部和毛泽东、朱德、周恩来、张闻天、博古等从于都县城东门渡口渡过于都河，踏上漫漫长征路。1996 年在此建立“中央红军长征第一渡”纪念碑，碑高 10.18 米，寓意中央机关、红军总部于 10 月 18 日在此渡河长征；碑身为双帆造型，寓意中央红军由此扬帆出征；底座宽大厚实，象征中央红军出征一往无前、充满希望；四周环境优美、四季如春，象征长征精神万古长青。2006 年入选全国重点文物保护单位。

赣州—七里镇窑址　位于章贡区水东镇。七里镇窑是江西四大名窑之一，晚唐创烧，宋元鼎盛，明代中期停烧。产品主要有晚唐五代时期的青瓷和白瓷，宋元时期的青白瓷、酱釉瓷和黑釉瓷。遗址占地面积 2 平方千米，现存窑包堆积 16 处。发掘了三条龙窑，出土近 3 万件宋元瓷器。其中周屋坞窑最大内空达 4.27 米，保存了高达 3.6 米的窑壁和八个层次的完整窑尾，是目前全国所见窑室最大的龙窑。2013 年入选全国重点文物保护单位。

赣州—羊角水堡　位于会昌县筠门岭镇。占地面积 7.4 万平方米，城墙辟有防御和进攻用的垛口 564 个，城堡内街坊巷陌纵横交错，卵石铺成的大街小巷四通八达。明清两朝，城堡内有兵署、卫衙、公馆、宗祠、码头、圩市等诸多军事及民用设施，为保护当地居民发挥了重要作用，被誉为“平安堡”。2013 年入选全国重点文物保护单位。

赣州—太平桥　位于龙南县杨村镇。建于明末清初，重建于清嘉庆至道光年间。该桥横跨太平江，砖木和砖石双层结构，下层两孔三墩，四拱重叠组合，以精磨花岗石为料，桐油、石灰、红糖、糯米浆为灰浆，精工砌筑而成。全长 50 米，面宽 4 米，通高 17.2 米，拱高 6.2 米。2013 年入选全国重点文物保护单位。

赣州—永镇桥 位于安远县新龙乡。建于清顺治初年。全桥长 38.5 米,面宽 4.33 米,3 孔,为石墩木梁悬臂式廊桥。石桥墩采用花岗岩条石、石灰砂浆砌筑,桥墩迎水面砌成往上翘起的金刚分水尖形式。墩台上部以纵横交错、层层叠叠的杉木悬臂梁承托桥面。古桥左右前后都有两排八根大柱子,柱子周长 0.8 米,高 4 米。整座廊桥利用木头之间的榫卯原理搭建,没用一钉一铆,历经 360 多年沧桑岁月依然坚固如初。2013 年入选全国重点文物保护单位。

赣州—玉带桥 位于信丰县虎山乡。横跨于虎山河上。建于清乾隆初年,因弧形如玉带飞跨于崇山峻岭之间,凌驾于滔滔激流之上,故名。两墩三孔屋楼式拱桥,桥身成弧形,桥长 88.15 米,弧长 88.15 米,玄长 74.44 米,是目前江南现存最长的弧形廊桥。2013 年入选全国重点文物保护单位。

赣州—赣州文庙 位于章贡区赣江街道。唐代时为紫极观,宋代改为大中祥符宫,皇祐年间创立县学。占地面积约 1 万平方米,保存下来的建筑绝大部分建于清乾隆年间。建筑群分为三组,采用平行轴线布局,主要有大成门、大成殿、崇圣祠、魁星阁、节孝祠等,其中大成殿高达 15 米,气势宏伟,具有显著的赣南特色。2013 年入选全国重点文物保护单位。

赣州—东生围 位于安远县镇岗乡。集防御、防火、防水、防盗于一体的人居客家方围,建于清道光中期。初建时为五扇大门三层楼房。清同治年间东、南、北三面各扩建一幢,与西面围屋连成一体,形成外围,大门增至七扇,正面围屋由三层楼房改建为四层楼房。随后又在围屋正面西门坪照墙外增建厕所等附属设施,并增设外人门。围子长 94.4 米,宽 73 米,占地面积 6 891 平方米。2013 年入选全国重点文物保护单位。

赣州—罗田岩石刻 位于于都县贡江镇。在罗田岩四周约 2 平方千米的悬崖峭壁上,镌刻有岳飞、文天祥、朱熹、八大山人、王懋德、王阳明、罗洪先等历代名人题刻 100 多品,因年代久远,不少石刻已风化、剥落,现能辨认、保护较好的有 57 品。宋代石刻最多,最早的石刻为宋皇祐三年(公元 1051

年）所刻；悬崖上端最醒目的石刻，为宋代民族英雄岳飞的“天子万年”题刻；观音殿有南宋理学家朱熹题刻“居然仙境”。罗田岩石刻内容和形式繁多，以正楷和行书为多。2013年入选全国重点文物保护单位。

赣州—寻乌调查旧址 位于寻乌县长宁镇。毛泽东于1930年5月来到这里，开展了为期20天的社会调查，写下了著名的《寻乌调查》《反对本本主义》。旧址始建于1917年，原为耶稣教美国牧师的住房。1972年按原貌修复，是兼具我国南方特色和西方风格的客家建筑，建筑面积349平方米，共有18个房间。2013年入选全国重点文物保护单位。

赣州—中共苏区中央局旧址 位于宁都县黄陂镇。中共苏区中央局是全国苏维埃区域党的最高领导机构，1931年1月在宁都成立，1931年9月从永丰龙岗迁来瑞金，固定的办公地点在谢氏私宅。这是一栋江南典型的两厅一井民房，当时在楼上居住和办公的有毛泽东、周恩来、朱德、王稼祥、任弼时等。1933年4月，中央局搬迁到沙洲坝下肖村办公。2013年入选全国重点文物保护单位。

赣州—中华苏维埃共和国中央革命军事委员会旧址 位于瑞金市沙洲坝镇。1933年5月，中华苏维埃共和国中央革命军事委员会从瑞金叶坪迁驻于此，军委总参谋部本部以及作战局等机构在此办公，朱德、项英、周恩来、叶剑英、刘伯承等均在此办公和居住。1934年7月迁往云石山梅坑村。2013年入选全国重点文物保护单位。

赣州—瑞金中国工农红军学校旧址 位于瑞金市象湖镇。1931年冬，中华苏维埃共和国临时中央政府在瑞金成立中央军事政治学校，校址设在城南天后宫，后迁城区的杨氏宗祠。1932年夏改称为“中国工农红军学校”。萧劲光、何长工、刘伯承、叶剑英先后任校长，由毛泽东、叶剑英、刘伯承等为学员讲课。旧址系杨氏宗祠群，五祠相连，均为客家天井式建筑，抬梁式或穿斗式梁架，砖砌护墙，雕梁画栋。2013年入选全国重点文物保护单位。

鹰潭—仙水岩崖墓群 位于贵溪市上清镇。春秋战国崖墓，已发现崖墓205座，是我国现存崖墓最集中的地区之一。崖墓大部分利用天然岩洞建成。洞穴大小悬殊,大者宽58.3米,小者仅2米。墓门有两种结构:一种为夹板式墓门,另一种为横串式墓门。发掘棺木41具,形式多样,全是优质木材精制而成。随葬品中的十三弦古筝是国内发现的最早的木制弦乐器。2001年入选全国重点文物保护单位。

鹰潭—角山板栗山遗址 位于月湖区。商代中晚期的窑址,距今3 100—3 500年。窑场占地面积超过7万平方米,陶瓷窑炉成群,已发现烧成坑、马蹄形圆窑、龙窑近20座。出土完整和可复原陶瓷器3 000余件,陶瓷碎片几十万片。窑场规模宏大,连续生产三四百年,是我国发现的最早的专业性生产窑场,最先进的马蹄形圆窑。2013年入选全国重点文物保护单位。

鹰潭—龙虎山古建筑群 位于贵溪市上清镇。龙虎山是我国道教发源地,被誉为"道教第一仙境"。主要包括天师府内的三省堂、私第门、宫保第、广缘斋、仁靖真人碑、大铜钟、灵泉井和上清宫内的东隐院等8处,分属南宋、元、明、清四个历史时期。天师府建筑群规模庞大,采用庭院式与八卦式相结合的方式,以轴线为经纬建造庭院。三省堂为历代天师的住宅,始建于明代,江南院落式布局,分前、后、中三厅和东西厢房,面积近千平方米,堂内圆柱粗大,明代石雕须弥座仍存。2013年入选全国重点文物保护单位。

宜春—吴城遗址 位于樟树市吴城乡,地处萧江上游丘陵坡地。长江以南地区最早发现的商代遗址之一,占地面积约4平方千米,文化堆积厚2—3米。清理房基2座,窑址12座,灰坑55个,墓葬16座,出土较完整的石器、陶器、青铜器、玉器、牙雕等900余件。其中烧造考究的原始青瓷器的发现,证明这一地区是青瓷器的发源地之一。1996年入选全国重点文物保护单位。

宜春—洪州窑遗址 位于丰城市曲江镇。占地面积3万余平方米,地面堆积物厚达4—5米。洪州窑创建于东汉晚期,盛于为初唐、盛唐时期,停产于五代,是当时全国闻名的六大青瓷名窑之一。现存龙窑遗址两座,出土的瓷器主要为青釉色和褐融色两大类,青色略淡、青中闪黄,釉汁均匀光润,色泽稳定纯正,品种繁多,造型美观,反映了汉唐时代高超的制瓷技艺。1996

年入选全国重点文物保护单位。

宜春—筑卫城遗址 位于樟树市大桥乡。包括新石器时代、夏、商、西周、春秋、战国六个时期的文化堆积,是迄今为止发现的我国保存最完整的早期文明时期的大型土城之一。占地面积14.76万平方米,保存有房屋建筑基础、人工修整的大场地以及厚达3—4米的文化堆积。该遗址的发掘,为确立先秦考古学编年提供了大量的科学资料。2001年入选全国重点文物保护单位。

宜春—樊城堆遗址 位于樟树市刘公庙镇。南北长124米,东西宽101米,周长380米,占地面积1.2万平方米,属于保存完好的台地遗址。赣江中、下游具有代表性的新石器时代晚期遗址,被考古界命名为“樊城堆文化”。2006年入选全国重点文物保护单位。

宜春—朱轼墓 位于高安县村前镇。占地面积2 600平方米。朱轼为清康熙、雍正、乾隆时期的三朝重臣,经学家、文学家,文华殿大学士兼吏部尚书。朱轼墓几经沧桑,已非原貌。现存神道碑、石牌楼、望柱、翁仲、生兽造像等。牌楼额嵌“帝师元老”四字,及两旁石柱上刻的对联均为清康熙进士甘汝来手笔。牌楼前石人、石马、石兽雕刻精细,造型生动,栩栩如生。2006年入选全国重点文物保护单位。

宜春—鸣水桥 位于樟树市阁皂山。四周崇山峻岭,翠竹苍松,壑深流急。建于北宋政和初年,至今保存较好,是江西省现存的两座北宋石桥之一。凿崖为基,以长条石砌桥座,自左至右砌为单拱,自上游纵向并列砌17道拱券,联为单瓮。石桥内空高大,桥身横砌长条方石,拱上再覆盖两条条石。桥面用等边方石成对角菱形铺砌,两侧设栏杆,由望柱、栏额、华板、地袱相构。2006年入选全国重点文物保护单位。

宜春—袁州谯楼 位于袁州区鼓楼路。又称“宜春鼓楼”,呈“π”字形跨街而立,设有南北两个观天台。楼上的各种原有设备现已失散。袁州谯楼是世界上现存最早的专门从事时间工作的地方天文台,也是全世界现存唯一一座“π”字形布局的古天文台。2006年入选全国重点文物保护单位。

宜春—湘鄂赣革命根据地旧址 2006年入选全国重点文物保护单位。参见全国红色旅游经典景区——湘鄂赣革命根据地旧址。

宜春—蒙山银矿遗 位于上高县蒙山镇。宋元明时期的银矿遗址，包括：主采矿区——太子壁，禁令封碑——扁槽洞石刻，冶银工场——炉坪，管理机构——监里，子弟学院——正德书院，矿山关隘——夜合山，屯山兵营——马湖，休闲场所——桑梓园，佛教重地——圣济寺，纪念庙宇——太子词。2013年入选全国重点文物保护单位。

宜春—华林造纸作坊遗址 位于高安市华林山镇。发掘面积700多平方米，清理出元代抄纸房及各类与造纸相关的遗迹。遗址的最早年代可以上溯到南宋时期，是我国发现的最早的造纸遗址之一。基本上反映了从伐竹到制浆的造纸工艺流程，再现了《天工开物》中“造竹纸”之“新竹漂塘”和“煮楻足火”的情景。2013年入选全国重点文物保护单位。

宜春—李洲坳东周墓葬 位于靖安县水口乡。春秋中晚期墓葬，是我国发现的时代最早、埋葬棺木最多的一坑多棺形墓葬。有封土的大型土坑竖穴墓葬，原封土高约12米，封土底部为圆形，直径30—35米。在封土的正中下方位置，挖出长方形竖穴土坑作为墓穴。墓穴南北长14.5米，东西宽11.3—11.7米，墓口至底部深约4米。墓穴四壁陡直，表面抹有一层青膏泥作为保护。出土各类文物650余件和大量的人体骨骼标本。2013年入选全国重点文物保护单位。

宜春—吴平墓群 位于樟树市。此地原为吴平故城。汉至隋代的近百座古墓漫山遍布，封土高4—7米，分布面积达1.5万平方米。已清理四座墓，均为长方形竖穴坑墓，出土陶和原始瓷质的鼎、盒、壶、罐、碗及铁刀等随葬品。2013年入选全国重点文物保护单位。

宜春—逢渠桥 位于宜丰县同安乡。始建于北宋绍圣年间。桥身用11块石料卷成一个单拱，77块矩形石块组成七个单拱，七个单拱排成七列，组成一个大的承重拱板，每列纵向与横向石缝相通，像棋盘格一样。拱肩上面有两座石雕，石块与石块之间采用“无浆干砌”法，没有用桐油石灰勾缝，没有用糯米胶粘,也没有榫卯相连,就像搭积木那样靠相互的摩擦力支撑。2013 年入选全国重点文物保护单位。

宜春—马祖塔亭 位于靖安县宝峰镇。始建于宋元丰年间,高 5.5 米,深 5.17 米,六柱六角宝盖式顶,全身用花岗石为材料榫接而成。左右两旁各有一桂花树,金秋时节芳香四溢。1993 年按原样式重建马祖塔,材料是汉白玉,由塔基、塔身、塔刹三个部分组成,塔基为正方形须弥座,塔基下的汉白玉石函内珍藏着佛教高僧马祖的灵骨舍利。2013 年入选全国重点文物保护单位。

宜春—景贤贾氏宗祠 位于高安市新街镇。建于明代。四进式穿堂建筑祠堂,占地面积 1 872 平方米,分为昼锦堂、拜亭、寝宫、观音堂四个部分。雨亭、拜亭、寝宫、观音堂都位于南北中轴线上,廊道、庭院和厢房也沿中轴线对称布局。建有大型雨亭藻井,呈八卦造型,分为三层。二进院为拜亭,拜亭前为斧刃砖地面,镶成八卦形图案。三进院为寝宫,供奉祖先牌位。四进院为观音堂,前置太平缸一口。2013 年入选全国重点文物保护单位。

宜春—湘赣边界秋收起义前敌委员会旧址 位于铜鼓县永宁镇。1927 年 8 月,毛泽东以中央特派员身份回到湖南长沙组织武装起义。8 月 18 日,改组后的中共湖南省委在长沙市郊沈家大屋召开会议,讨论制定了秋收起义的纲领与计划,决定成立以毛泽东为书记的党的前敌委员会,作为起义的领导机关。会后,驻在安源、铜鼓、修水等地的工、农、士兵武装组成中国工农革命军第一军第一师。不久,秋收起义爆发。2013 年入选全国重点文物保护单位。

宜春—上高会战遗址 2013 年入选全国重点文物保护单位。参见全国红色旅游经典景区——上高县抗日会战遗址。

九江—观音桥 位于庐山市白鹿镇。建于北宋大中祥符年间,单孔石拱桥,长 24.4 米,宽 4 米,桥面铺以大石,两侧砌有石栏,桥孔内圈由七行长方形石首尾相衔,凹凸榫结,渐弯呈弓形。横跨高崖,下临深潭,历经近千年风雨,桥身安然无恙,至今能经受汽车重压而岿然不动。1988 年入选全国重点文物保护单位。

九江—白鹿书院 位于濂溪区海会镇。与湖南长沙的岳麓书院、河南商丘的应天书院、河南登封的嵩阳书院合称为“中国四大书院”。白鹿书院始于唐,盛于宋,沿于明清,至今已有1 000多年。占地面积近2平方千米,建筑面积3 800平方米。现存建筑群沿贯道溪自西向东串联而筑,大四合院布局,石木或砖木结构,屋顶均为人字形硬山顶。白鹿洞原因山峰环合似洞而得名,现有的石洞和石鹿为明嘉靖年间修凿而成。1988年入选全国重点文物保护单位。

九江—庐山会议旧址及庐山别墅建筑群 1996年入选全国重点文物保护单位。参见全国红色旅游经典景区——庐山会议旧址及领袖旧居群。

九江—铜岭铜矿遗址 位于瑞昌市夏畈镇。商周时期遗址,是我国迄今发现的矿冶遗址中年代最早、保存最完整、内涵最丰富的大型铜矿遗存之一。清理竖井103口,平巷19条,揭露冶炼区3处,炼渣散布面积约17万平方米,估计炼渣总量约10万吨。2001年入选全国重点文物保护单位。

九江—真如寺塔林 位于永修县云山镇。始建于唐宪宗元和年间。有文字记载的僧墓塔达91座,现存历代僧塔20多座,僧塔的建筑设计堪称我国僧塔的典范。寺中有建筑物约1万平方米,主体建筑为天王殿、大雄宝殿、法堂、玉佛殿、禅堂、虚云老和尚纪念堂、寮房等,多为砖木结构的宫殿式重庑双檐大开间,上盖生铁铸瓦。保留着清康熙年间铸造的千僧大铁锅,还有千年银杏十多株。2006年入选全国重点文物保护单位。

九江—秀峰摩崖 位于庐山市白鹿镇。秀峰以山水秀丽、石刻遍布而著称。南唐李璟筑读书台于此,即帝位后建开先寺。清康熙帝南巡时赐名“秀峰寺”,为“庐山五大禅林”之冠。附近有石刻100余方。山门旁有观音大士画像碑。寺后古读书台上有宋代书法家米芾手书碑刻。读书台下左侧有唐代书法家颜真卿《大唐中兴颂碑》。石壁上有宋代书法家黄庭坚“七佛偈”、明代教育家王守仁“纪功碑”等手书碑刻。2006年入选全国重点文物保护单位。

九江—美孚洋行旧址 位于浔阳区滨江路。包括美孚洋行旧址、美孚油库旧址、美孚油库办公楼旧址和美孚别墅旧址，建于清宣统年间。美孚洋行建筑面积 1 508 平方米，三层砖混结构，八根大柱支撑门面，柱身周长约 1.2 米，高约 8 米，异国风情浓郁。美孚油库建筑面积 1 544 平方米，库内 14 根立柱承接 18 米跨度的钢梁。美孚油库办公楼为砖混结构两层楼房，四周由砖砌方柱支起，建筑面积 816 平方米，高 10.2 米。美孚别墅墙体均由麻石灌制，内有楼梯、壁炉，别具一格。2006 年入选全国重点文物保护单位。

九江—枭阳城遗址 位于都昌县周溪镇。枭阳建县于汉高祖六年（公元前 207 年），南朝宋刘裕永初二年（公元 421 年）废，历时 600 余年。城址文化层堆积有的达 1—2 米，地表暴露有大量纹板瓦筒瓦，并发现有万岁瓦当、长乐未央当、陶网坠和陶片等。城址南端城头上有残存的人工修筑的土城垣，城内东侧有手工业作坊遗址。城址以北高地有汉墓群，出土文物有五铢钱、铜剑、铜簇、铁簇等。2013 年入选全国重点文物保护单位。

九江—石钟山古建筑及石刻 位于湖口县登山路。石钟山西周时期有人在此捕鱼狩猎。汉代有砖瓦建筑。居高临下，地势险要，号称“江湖锁钥”，自古为兵家必争之地。且闲亭前石崖上的“云根”二字，庄重工稳，遒劲有力。民国初年的石刻，大多饱含激愤，忧国忧民，如“牺牲救国”“铁血铸成”“中流砥柱”等，有着鲜明的时代特色。石刻刀法娴熟，线条流畅，种类繁多，风格各异，都是碑刻中的珍品。2013 年入选全国重点文物保护单位。

九江—大胜塔 位于浔阳区能仁寺内。始建于东晋，唐大历年间重建。塔为砖石结构，呈六角锥状，共七层，高 42.26 米，底层对角直径 8.9 米，门朝西南。从第二层起，每层六面均有门，三实三虚。塔外形似楼阁，古朴庄重，塔顶为六角攒尖式，上立铜刹。塔内有砖砌梯阶，可盘旋而上。2013 年入选全国重点文物保护单位。

九江—紫阳堤 位于庐山市紫阳南路。又称“南康星湾石堤”，始建于北宋，遗迹保存完好，内外两堤坚固如防，层层垒叠的花岗石块基础依旧，并以石桥相连，桥下有孔，供渔舟出入。2013 年入选全国重点文物保护单位。

九江—锁江楼塔 位于浔阳区滨江路。此处原系一回龙矶，江岸突出江面30余米，流水至此旋转湍急。原有一组古建筑，由江天锁钥楼、文峰塔以及四条铁牛等附设建筑组成，现仅存锁江楼塔。塔高35米，七层，六面锥状，青砖砌身，石凿拱顶，宛如撑天大柱突兀江畔。塔内原有木梯，沿梯盘旋而上可登临顶端。2013年入选全国重点文物保护单位。

九江—庐山赐经亭 位于庐山风景名胜区。明万历初年，明神宗命工部刊印续入藏经41函，颁布给黄龙寺，因此在寺后半里许兴建赐经亭一座，又建造藏经阁一栋以供奉藏经。赐经亭平面呈正方形，边宽3.8米，通高6米，歇山顶，石结构，造型简洁庄重。2013年入选全国重点文物保护单位。

九江—庐山御碑亭 位于庐山市环山路。明洪武中期，朱元璋为纪念对明朝建立有功的周颠，宣扬"君权神授"而建。碑亭为仿木结构歇山顶石亭，平面呈正方形，高6米，每边宽5.8米，亭子四面无柱子都是石壁。亭子正门外刻有两副对联，外联是"姑从此处寻踪迹，更有何人告太平"，内联是"四壁云山九江棹，四亭烟雨万壑松"。碑亭中至今保存着朱元璋的御碑，高约4米、宽1.3米、厚0.23米。2013年入选全国重点文物保护单位。

九江—同文书院 位于浔阳区南湖路。清同治六年(公元1867年)，美国传教士在九江城外土桥创建埠阆小学，后选择城内南门口甘棠湖畔为新校址，改为"同文书院"，为江西省第一所教会学校。清光绪末年，同文书院挖出三大坛唐开元古钱，换得巨款，加上教会筹集的一部分钱，建造了教学楼。2013年入选全国重点文物保护单位。

九江—陈宝箴、陈三立故居 位于修水县义宁镇。又称"陈家大屋"，是陈宝箴、陈三立的出生地。陈宝箴曾任浙江及湖北按察使，系清末地方督抚中唯一倾向维新变法的实权派人物。陈三立为陈宝箴长子，近代同光体诗派重要代表人物。陈家大屋有新旧两栋，老屋建成于清乾隆末年，由陈宝箴祖父陈克绳所建，一进二重；新屋建于光绪年间，为陈宝箴中举后所建。屋前竖立着旗杆石和旗石墩，旗杆石为陈宝箴中举后所竖，旗石墩为陈三立中进士时所竖。2013年入选全国重点文物保护单位。

二十四、国家一级博物馆

井冈山革命博物馆 位于井冈山市黄坳乡。1958 年由国家文物局投资兴建，为庆祝新中国成立十周年全国十大献礼工程之一。我国第一个地方性革命史类博物馆，占地面积 1 782 平方米，建筑面积 2 万平方米，其中展厅面积 8 436 平方米；馆藏文物 3 万余件，珍贵文献资料和历史图片 2 万余份，珍藏党和国家领导人、书画家及社会各界知名人士的墨宝珍迹千余幅，保存有毛泽东、朱德等党和国家领导人重上井冈山时的影视资料数百件。2008 年入选国家一级博物馆。

江西省博物馆 位于东湖区新洲路。坐落在赣江、抚河环抱的新洲上，北依“江南三大名楼”之一的滕王阁。1980 年由江西省历史博物馆和江西省革命博物馆合并而成。馆舍主体建筑造型取材于明代景德镇御窑出土的白瓷三管器，将古代陶瓷艺术与现代建筑风格巧妙地融于一体。占地面积约 4 万平方米，建筑面积 3.5 万平方米，由历史馆、革命馆、自然馆三幢独立建筑组成，展厅面积 1.3 万平方米，藏品 3.4 万余件，其中景德镇瓷器精品 121 件。2008 年入选国家一级博物馆。

瑞金中央革命根据地纪念馆 位于瑞金市象湖镇。原名“瑞金革命纪念馆”，为纪念土地革命战争时期创建中央革命根据地和中华苏维埃共和国而建立的博物馆。占地面积 44 694 平方米。2007 年新馆竣工。收藏文物 10 265 件，其中一级藏品 45 件，二级藏品 90 件，史料 10 220 份，图书、杂志 2 000 多册。为首批百个全国爱国主义教育示范基地之一。2008 年入选国家一级博物馆。

南昌八一起义纪念馆 2008 年入选国家一级博物馆。参见全国红色旅游经典景区——南昌八一起义纪念馆。

安源路矿工人运动纪念馆 2017年入选国家一级博物馆。参见全国红色旅游经典景区——安源路矿工人运动纪念馆。

二十五、中华老字号

江西友家食品有限公司(注册商标:德福斋) 位于赣州市南康区东山工业区。公司以“公司+基地+农户”为模式,建立了南瓜生产基地2.4平方千米,开发了“友家”食品四大系列20多个品种。“德福斋”辣椒酱始创于明末清初,已有300多年历史,1915年获得巴拿马万国国际博览会金奖。2006年入选中华老字号。

九江市清真梁义隆饼店(注册商标:梁义隆) 位于浔阳区庐山南路。“梁义隆”由梁义德始创于1937年,生意兴隆。抗战胜利前后,蒋介石和宋美龄在庐山美庐居住期间,宋美龄常常点名要买梁义隆的糕点待客。“梁义隆”糕点手工制作技艺流程复杂,吸收融汇南北各派糕点精华,目前生产两大系八个类别180个品种。2006年入选中华老字号。

南昌亨得利有限责任公司(注册商标:亨达利) 位于东湖区胜利路。公司创立于1918年。主营钟表、眼镜、黄金珠宝三大类商品,开设连锁商店12家,经营面积4 000余平方米,在南昌市场上的占有率达60%。2010年入选中华老字号。

南昌市品香斋旅游食品有限公司(注册商标:品香斋) 位于西湖区中山路。“品香斋”始创于清咸丰年间,店主徐氏家族改进技艺,按照江南人喜糖和香油的习惯,独家制作蛋黄麻花,花色、香、味、酥俱佳。2010年入选中华老字号。

江西森和兴贡面厂(注册商标:龙牌) 位于金溪县金溪工业园区。“森和兴贡面”纯手工油面已有300多年的历史,清代被选为宫廷食品,故有

“龙须贡面”之称。厂家恪守“质量至上”的古训,优选精制面粉、薯粉和优质植物油、食盐等为原料,采用纯手工制作,面细如游丝,具有白、软、滑、韧、香等特点。2010 年入选中华老字号。

江西临川酒业有限公司(注册商标:临川) 位于抚州市临川区临川大道。早在 900 多年前,北宋宰相王安石就以临川贡酒敬献宋神宗皇帝,深受皇帝厚爱而名扬天下。公司前身为“临川酒厂”,现已成长为集酿酒、化工、彩印、包装、农业生态园于一体的集团公司。年生产各类酒品 5 000 吨,主导产品为临川贡酒。中国白酒工业百强企业。2010 年入选中华老字号。

大余县南安板鸭厂(注册商标:南安板鸭) 位于大余县南安镇。“南安板鸭”因明万历年间始产于南安府而得名,至今已有 400 余年历史。用辅板造型,鸭身呈桃圆形,平整干爽,故名“板鸭”,“南安板鸭”于清宣统三年(公元 1911 年)获巴拿马世界博览会金奖,1986 年获首届中国食品博览会金奖。板鸭厂年生产加工南安板鸭 200 万只。2010 年入选中华老字号。

赣南果业股份有限公司赣州酒业分公司(注册商标:章贡) 位于赣州市章贡区张家围路。前身为赣州酒厂,创立于 1952 年。公司建设了国内先进的勾调中心,气势恢宏的灌装车间,大容量的储酒罐、地下储酒窖池,还有宋代建筑风格的酒文化博物馆。中国白酒工业百强企业。2010 年入选中华老字号。

婺源县清华酒业有限责任公司(注册商标:清华婺) 位于婺源县清华镇。唐开元年间,清华镇酒坊林立,商业繁荣,酿酒业已较发达。1952 年清华镇酒坊公私合营成立了清华酒厂。清华酒汇集众家之长,1963 年被评为“江西省四大名酒”。2010 年入选中华老字号。

江西省宜丰洞山酒业有限公司(注册商标:洞山) 位于宜丰县城东工业园。创立于 1956 年。早期主要采取传统工艺生产水酒和少量白酒。1982 年以本地特产柳条糯采用传统生产工艺开发新产品“糯米冬酒”,当年就生产糯米冬酒 500 吨。后陆续研制开发了“洞山黑糯米酒”“洞山延寿酒”等 30 多个品种。2010 年入选中华老字号。

江西堆花酒业公司(注册商标：堆花) 位于吉安市吉州区真君山。“堆花”酒酿造历史起于南宋。现公司不断改革和创新,推出了堆花 1952、六年窖藏、堆花吉安、八年窖藏、九年窖藏、十年珍藏、二十年典藏等名酒。2007 年被评为“中国酒业文化百强企业”。2010 年入选中华老字号。

江西永叔府食品有限公司(注册商标：永叔公) 位于永丰县工业园。“永叔公”腐乳始创于 1936 年,以质地细腻、滋味鲜美、咸淡适口、香辣适宜享誉大江南北。现生产“永叔公”腐乳、香辣制品、泡菜、礼品四大系列数十种产品。2016 年位列中国腐乳十大品牌榜首位。2010 年入选中华老字号。

九江市封缸酒厂(注册商标：浔阳楼) 位于湖口县高新技术科技产业园。专业生产白酒、黄酒、饮料三大类产品,以生产九江封缸酒而闻名遐迩。封缸酒是中国传统名酒,以大米、黍米为原料,属于低度酿造酒。1988 年获全国食品博览会金奖。2010 年入选中华老字号。

江西石钟山豆制品有限公司(注册商标：石钟山) 位于湖口县云亭路。豆豉及其制品生产厂家,为九江市农业产业化龙头企业。“石钟山”牌豆豉-酱系列产品起源于清光绪中期的湖口县“卢氏豉-酱坊”,至今已有 120 多年历史。公司现有“石钟山”牌湖口豆豉、豉香辣酱、养生豆豉等四大系列 30 余种产品。2010 年入选中华老字号。

江西黄庆仁栈华氏大药房有限公司南昌市黄庆仁栈总店(注册商标：黄庆仁栈) 位于西湖区胜利路。黄庆仁栈药店创建于清道光中期。2001 年以南昌黄庆仁栈连锁药店为主体,与上海华氏大药房联手,组建江西黄庆仁栈华氏大药房有限公司。公司拥有 600 余家直营连锁药店。2010 年入选中华老字号。

江西省南城建昌帮中药饮片厂(注册商标：建昌帮) 位于南城县建昌镇。我国中药炮制的四大流派和十三大药帮之一。“建昌帮”源于东晋,兴于宋元,盛于明清,衰于民国时期。“建昌帮”炮制技术是盱江医学的重要组成部分,自古有“药不到樟树不齐,药不过建昌不灵”之说;也是我国药材出口的第一大帮派。公司成立了建昌帮炮制技艺传承工作室、炮制实训基地和建昌帮中医药博物馆,抢救、挖掘和整理建昌帮炮制文化及特色炮制技术。2010 年入选中华老字号。

江西洪门养殖有限公司(注册商标:洪门) 位于南城县洪门镇。创立于 1993 年,是集养殖、加工、销售、运输于一体的农业产业化综合性企业,江西省最大的蛋禽养殖及加工出口基地。公司建立了禽种繁殖、饲料加工、绿色养殖、食品深加工、物流仓储、市场销售的完整产业链。主要产品为"洪门"牌鸡蛋。2010 年入选中华老字号。

贵溪市龙兴铺灯芯糕有限责任公司(注册商标:铁拐李) 位于贵溪市信江路。"龙兴铺灯芯糕"始于明代末年,已有 400 余年历史。经数代人的继承挖掘,如今已成为具有浓郁地方特色的糕点品牌。2010 年入选中华老字号。

高安市大观楼腐竹有限公司(注册商标:大观楼) 位于高安市筠阳街道。始创于 1954 年,1995 年成立产销一体化的豆制品加工企业,年产腐竹 3 000 吨。"大观楼"牌腐竹是纯天然食品,不含任何色素、添加剂,蛋白质含量在 50%以上,含有丰富的不饱和脂肪酸、钙、磷等营养成分和微量元素。2010 年入选中华老字号。

遂川县狗牯脑茶厂(注册商标:狗牯脑) 位于遂川县汤湖镇。"狗牯脑"茶始产于清嘉庆初年,因产于狗牯脑山而得名。由于气候环境独特、制作精巧,色、香、味、形俱佳,被选为皇室贡品。1964 年梁氏第六代传人献出制茶技艺,组建了遂川县狗牯脑茶厂。现为全国唯一的加工、销售狗牯脑茶的企业,"狗牯脑"茶获得中国首届食品博览会金奖,2004 年被批准为国家原产地域保护产品。2010 年入选中华老字号。

江西绿海油脂有限公司(注册商标:绿海) 位于永丰县桥南大道。依托吉安地区 400 平方千米的油茶林资源建立的、以生产茶油、茶粕、茶皂素和方便食品为主、实行油茶综合开发的现代化专业企业,是我国茶油、茶皂素和茶粕的重点生产企业,也是我国最早实行油茶综合利用加工的现代化生产企业之一。2010 年入选中华老字号。

江西省宁红集团公司(注册商标:宁红) 位于修水县宁红茶文化产业园。前身为“修水茶厂”,始建于1950年。1994年组建江西省宁红集团公司。拥有宁红瘦身含片加工厂、四都茶厂、漫江茶厂三个工厂,有茶园、茶叶、金银花种植基地13.33平方千米。具有国内先进的红绿茶加工生产线2条,保健茶系列产品生产线2条,茶饮料生产线1条,可年加工茶叶8万担,保健茶1亿盒,瘦身含片1亿片,茶饮料5 000万听。产品远销欧洲、北美、东南亚地区。2010年入选中华老字号。

山东篇

山东省，简称“鲁”，别名“齐鲁”。清初设置山东省，因居太行山以东而得名。

山东省位于我国东部沿海、黄河下游，京杭大运河中北段，是华东地区最北端的省份。山东半岛突出于渤海、黄海之中，与辽东半岛遥相对峙。自北而南与河北、河南、安徽、江苏四省接壤。全省陆域面积 15.58 万平方千米，海洋面积 15.96 万平方千米。

山东省中部山地突起，西南、西北低洼平坦，东部缓丘起伏，形成以山地丘陵为骨架、平原盆地交错环列其间的地形大势，山、水、林、田、湖自然禀赋得天独厚。平原面积占全省面积的 65.56%，丘陵面积占 15.39%，山地面积占 14.59%，台地面积占 4.46%。泰山雄踞中部，主峰海拔 1 532.7 米，为省内最高点。黄河三角洲一般海拔 2—10 米，为山东陆地最低处。

山东省的气候属于暖温带季风气候类型。春秋短暂，冬夏较长，雨热同季，降水集中。年平均气温 13.4℃。

山东省下辖济南、青岛两个副省级市，淄博、枣庄、东营、烟台、潍坊、济宁、泰安、威海、日照、滨州、德州、聊城、临沂、菏泽等 14 个地级市。省政府驻地济南市。2019 年末，全省常住人口 10 070.21 万。

山东省是中华民族古老文明的发祥地之一。儒家思想的创立人孔子、孟子，墨家思想的创始人墨子，军事家孙子等，均出生于今山东省。山东素以发达的农业和手工业著称于世，农业增加值长期稳居我国各省第一位。山东是我国经济实力最强的省份之一，2019 年国内生产总值居全国第三位。山东还是我国较早有戏剧活动的地区之一，拥有现代戏曲剧 30 多种。鲁菜是中国八大菜系之一。

一、中国历史文化名镇

桓台县新城镇　位于桓台县西部，地处桓台县和邹平市交界处。原是齐桓公游观射猎、高台戏马之地，齐桓公戏马台等遗迹留存至今。并留存有始建于明万历年间的四世宫保坊，融建筑、雕塑、书法、绘画等艺术于一体，工艺精妙，古朴典雅，被誉为“华夏第一砖坊”。2008 年入选中国历史文化名镇。

微山县南阳镇　位于微山湖北端的南阳湖中。元至元年间京杭大运河取直之后，一时商贾云集，成为物流集聚地，运河古镇应运而生。街道以青石板铺砌，镇街两侧为石垒台阶，台阶上建构厦檐，街面有“晴不见日，雨不漏水”之说。如今已成水上城镇，运河穿镇而过，河湖串联，水路交错，有“江北小苏州”之美称。2013 年入选中国历史文化名镇。

二、中国历史文化名村

章丘区朱家峪村　位于济南市官庄街道。原名“城角峪”，明洪武初年朱氏家族自河北迁至该村，更名为“朱家峪”。村庄原有的建筑格局至今保存完整，是我国北方地区典型的山村型古村落。古村呈梯形布局，上下盘道，高低参差，错落有致，祠庙、楼阁、古桥、古文化遗址星罗棋布。四面青峰隐隐，溪中碧水悠悠，长白、胡山诸峰拱卫，被誉为“齐鲁第一古村，江北聚落标本”。2005 年入选中国历史文化名村。

荣成市东楮岛村 位于山东省最东端的楮岛。建于明万历年间。海草房是当地村民祖辈居住的传统民居：大块石头砌成粗犷的墙壁，石头随方就圆，墙面纹样规则中略显灵活，寓朴于美；方形院落，三角形大山墙，房顶铺一层松软的海草，房顶略呈弧线，被誉为“生态民居的活标本”。2007 年入选中国历史文化名村。

即墨区雄崖所村 位于青岛市丰城镇。地处胶东半岛的南岸，地理位置险要。明洪武年间设守御千户所以抵御倭寇，渐成村落。因东北隅白马岛上有一座雄伟的断崖而得名。村落成正方形分布，墙上用青砖砌成垛口，墙外有护城河环绕，建有“奉恩”“迎薰”“镇威”等城门。城内有十字大街，街道用石条铺地，街衢平整。现存有西门、南门、玉皇庙等历史古迹，是一座保存较完整的海防古城。2008 年入选中国历史文化名村。

周村区李家疃村 位于淄博市王村镇。紧邻济南市章丘区，东依豹山，背靠青龙山。明洪武年间王姓族人在此生息繁衍，清乾隆年间达到鼎盛。村内多明清建筑，灰色砖瓦，石头地基，古香古色，是我国北方典型的四合院建筑群。保留有九门一庄、亚元府、解元府等古建筑，明清时期的庭院，厚实围墙的残垣断壁，村前村后的花园，古貌犹存。2010 年入选中国历史文化名村。

招远市高家庄子村 位于辛庄镇，地处胶东半岛西北部的渤海湾畔。西汉末年高姓徙居此地，取名“高家庄子”。房屋多为黑色青砖砌成四合院建筑的住房，房子外墙多嵌有拴马桩，以备拴马、拴骡子之用。留存有寺庙、祠堂、住宅、商铺等古建筑，是我国古代农耕社会的缩影。2014 年入选中国历史文化名村。

三、全国特色景观旅游名镇（村）

滕州市滨湖镇 位于滕州市西北部。历史悠久，名胜古迹众多。镇域内发现有战国郁郎亭遗址、小龙河南岸的汉墓群、镇南的黑丞相公墓碑等古迹。自然环境优美,有微山湖湿地红荷风景区,有凫山山脉两大主峰:一是牧仙山,因传说有牧者由此升仙而得名;二是凤凰山,极顶有玉虚仙宫,山内有诸多伏羲氏遗址。2010 年入选全国特色景观旅游名镇(村)。

蓬莱区南长山镇　位于南长山岛上。地处黄海和渤海交汇处,庙岛群岛最南端。唐代设大射戍,系屯兵储粮基地,遂为重镇。1982 年建长岛镇,1984 年更名为"南长山镇"。苍翠青碧的南长山岛,山清水秀,气候宜人,山有武陵十里画廊之美,水有漓江风光之秀,风光秀丽。旅游景点有峰山公园、明珠海水浴场、水晶洞、望夫礁、历史博物馆、鸟展馆等。2010 年入选全国特色景观旅游名镇(村)。

阳谷县闫庄村　位于阿城镇。地处阳谷县城东隅,黄河北岸。古称"青龙街",清康熙年间闫姓人士在此定居,渐成村落。清乾隆年间,成为黄河岸边著名的粮棉交易市场。建成了乡村民俗文化馆,恢复了明清时期的古宅古院,开发了东西龙潭、钓鱼台、鸟园等游乐项目,积极发展生态旅游项目。2010 年入选全国特色景观旅游名镇(村)。

临朐县冶源镇　位于临朐县南隅。山体绵延,河流纵横,有老龙湾、海浮山、巨洋湖、温泉河、官松树、卧龙岗、轰雷溅雪等景点十多处。古人曾诗"临朐八大景",其中"冶源烟霭三冬暖"甚为著名,有"北国江南,鲁中水乡"的美誉。2011 年入选全国特色景观旅游名镇(村)。

滕州市柴胡店镇　位于滕州市最南端。早在夏禹时代就已形成村落。原处于古薛国东门外南北通衢要道旁,因有村人柴、胡二姓开设旅店而称"柴胡店"。镇域内的黄连山山上乱石嶙峋、沟壑纵横、植被丰富、环境优雅,野生动物众多,有黑龙潭、迷宫岩、黄连洞等自然景观,还有观音阁、老北宫、罗汉山石刻造像、汉墓群、古石寨等文物古迹。有始建于明洪武年间的刘村梨园,是著名的"酥梨之乡"。2011 年入选全国特色景观旅游名镇(村)。

安丘市石埠子镇　位于安丘市南部的渠河沿岸。北依城顶山,西揽摘药山,山水毓秀,人文厚重。自古就是商埠,素有"安丘粮仓"之誉。拥有石雕珍品庵上石坊、公冶长书院、齐长城遗址、摘月山老子庙、齐召忽陵园、城顶山省级森林公园等景点。现已建立草莓、大樱桃、大桃等16个果品专业协会组织及22个果品交易市场,有“中国草莓之乡”“中国樱桃之乡”的美誉。2011年入选全国特色景观旅游名镇(村)。

泗水县泗水镇 位于泗水县县城。因泗河发源于此而得名。地处泰山以南,南部为低山丘陵,石灰石、矿泉水、林果等资源丰富,以大桃、苹果为主的优质果园超过13.33平方千米;中部是以县城和国道为依托的工贸经济带,餐饮、服务业兴旺;北部泗河沿岸有3.33平方千米的速生防护林带,冲积平原上有26.66平方千米的有机绿色瓜菜园,其中西瓜种植面积13.33平方千米。2011年入选全国特色景观旅游名镇(村)。

文登区界石镇 位于威海市文登区西北部。地处烟台、威海两市交界处,四面环山,中间为盆地,镇域内有“海上仙山之祖”昆嵛山。原始社会尧在此设坛祭日,秦始皇东巡时两次经过此地,春秋战国时昆嵛山为方仙道聚居地。昆嵛山上有“王母娘娘洗脚盆”、老子自然石像、老蜂窝等景观。米山水库山光水色融于一体,诗情画意无处不美。林木资源丰富,茶业兴旺,可春赏樱花,夏品樱桃,秋吃梨柿,冬观雪景,四季饮绿茶。2011年入选全国特色景观旅游名镇(村)。

莒县浮来山镇 位于莒县西部,素有莒县“西大门”之称。山东大地“齐鲁莒”三大文化中“莒文化”的发祥地。有浮来山旅游风景区、千年古刹定林寺、道教圣地朝阳观、地质遗迹保护区、自然动物园区和刘勰故居等,还建有滑草场、霹雳炮、浮来山庄等旅游设施和场所。2011年入选全国特色景观旅游名镇(村)。

沂南县铜井镇 位于沂南县北部,北与山东地下大峡谷天相邻,南与沂南智圣汤泉度假区、孔明文化旅游区相连。东靠沂河,香山河横贯全境,以泉多见称。历史悠久,因盛产黄金而得名,采金活动始于隋唐,延续至今已有1 400多年。有国内最早有确切纪年的三山沟西汉元凤凤凰刻石、八角革命烈士公墓等人文景点,还有观音寺庙千年银杏树、桃峪天然溶洞等自然景观。2011年入选全国特色景观旅游名镇(村)。

荣成市西霞口村 位于成山镇。一个村企合一、实行企业化管理的村庄,现已形成海珍品养殖、港口运作、国际海运、船舶修造、旅游度假五大支柱产业,形成了成山头、神雕山野生动物园、海驴岛、"福如东海"、福通天和乐园、摩天岭六大景区,开发了民俗表演、焰火、喷泉、水幕电影、水上餐厅等项目,成为集吃、住、玩于一体的旅游度假目的地。2011年入选全国特色景观旅游名镇(村)。

淄川区太河镇 位于淄博市淄川区东南部。淄博市最大的水源保护地——太河水库坐落于此。群山环绕,交错纵横,形成独特的山体地貌景观;生物资源丰富,山顶柏树林立,山腰山花烂漫,流苏、国槐等千年古树达万余株,被誉为"古树名木之乡"。几十座古山寨散落全镇,古村落,石房子、石板路保存较为完整。夏日瀑塘成串,冬日白雪皑皑,一年四时季季有景。2011年入选全国特色景观旅游名镇(村)。

昌乐县鄌郚镇 位于昌乐县西南部。山水秀美,景观奇特,有车罗顶、金山、仙月湖、一线天等旅游资源。人文底蕴丰厚,物产丰富,商贸繁荣,自古就是历史名镇,素有"南鄌北都"之称。现有古槐树群、姊妹杨、金山真观、九女藏夫冢、观音阁等名胜古迹,是全国闻名的"无籽西瓜之乡""乐器之乡"和"笤帚之乡"。2011年入选全国特色景观旅游名镇(村)。

历城区柳埠镇 位于济南市历城区南部。春秋战国时期就有人居住。有四门塔、九顶塔、龙虎塔、千佛崖、古齐长城遗址、黄巢起义纪念地、天齐庙等文物古迹;有柳埠、药乡两大国家级森林公园,其中涌泉竹林有"赛江南"之美称;有属"济南72名泉"的突泉、涌泉、苦苣泉,被誉为"济南泉水的源头";有济南野生动物世界、四门塔、九顶塔民族风情园、槲树湾等景点景区,是旅游休闲避暑的理想场所。2015年入选全国特色景观旅游名镇(村)。

山亭区店子镇 位于枣庄市山亭区西北部,地处枣庄、临沂、济宁三市交界地带。有莲青山、莲青湖湿地、长红枣、越峰寺、旱海奇观、土林等景观和景点40多处,形成了长红枣休闲采摘园农业生态逍遥游、越峰灵山古寺文化体验游、莲青山郊外山地游、安岭水寨娱乐游、莲青湖湿地景观游的旅游产业格局。2015 年入选全国特色景观旅游名镇(村)。

山亭区北庄镇 位于枣庄市山亭区东南部。重峦叠嶂,河流纵横,林木葱郁,奇峰溶洞交汇。有国家地质公园熊耳山-抱犊崮地质公园,有双龙大裂谷、天然溶洞群、黄龙洞府、“龙抓屋”、牡丹庵、巨龙洞等景点,享有“天然公园”的美誉。有沧浪渊、东汉渴口墓群、道教修炼地黄龙洞、南北朝钓鱼台、古瓷窑址、隋唐时期的三清观、唐代摩崖浮雕十八罗汉等古迹。2015 年入选全国特色景观旅游名镇(村)。

青州市庙子镇 位于青州市西南部,是潍坊市的西大门。清代属于益都县附郭乡,1984 年设庙子镇。仁河与淄河汇流于此,有仰天山国家级森林公园、唐赛儿寨、仁河水库、牛角岭盘山公路、朝阳洞、仙人桥等景点 30 多处。2015 年入选全国特色景观旅游名镇(村)。

安丘市辉渠镇 位于安丘市区西南部。雹泉、绪泉、温泉三泉汇成辉渠,留山、城顶山、大安山三山相连。有留山古火山国家森林公园、歌尔庄园、东方桃海等景区,有珍珠泉、绪泉、温泉、海眼等山泉 100 多处,享有“百泉之乡”的美誉。文化底蕴深厚,大汶口文化源远流长,孔子高徒曾在此讲经授学。2015 年入选全国特色景观旅游名镇(村)。

邹城市峄山镇 位于邹城市城南部。因峄山坐落于此而得名。峄山以奇石、洞穴景观著称,集泰山之雄伟、黄山之秀奇、华山之险峻于一身,素有“天下奇石第一山”之美誉。有邾国故城、野店遗址等名胜古迹,有峄东双万亩枣林带、唐王山流域综合治理、104 国道两侧绿色通道、凫山山系万亩核桃园等农业观光项目。2015 年入选全国特色景观旅游名镇(村)。

岱岳区满庄镇 位于泰安市岱岳区南部。地处泰安市泰磁高端产业聚集带中心地带,是著名的玻纤新材料小镇。四千万年前,就有人类在此繁衍生息,商周建村。保存有奇特的唐朝桧柏、罕见的“五指柏”,天上有云、泉内便有水的云泉庵等古迹。建有天乐国际旅游度假城、太阳部落、天颐湖旅游度假区等景区。2015 年入选全国特色景观旅游名镇(村)。

东平县银山镇 地处鲁、豫两省交界处，西依黄河，东濒东平湖，处于梁山、东平湖、腊山、棘梁山、程咬金祠、马跑泉、李密窝、白佛山等著名景点的核心位置，是“水浒风情一条线”和山东“一山一水一圣人”旅游圈的核心景区之一。腊山山奇雄、峰奇秀、岩奇险、水奇清、景奇幽、石奇美，被誉为“小岱峰”。2015 年入选全国特色景观旅游名镇(村)。

乳山市海阳所镇 位于乳山市最南端，三面环海。古称“沙沟寨”，自古为军事要塞。明洪武中期设立海阳守御千户所，清顺治初年改成“海阳所”。镇域西部的大乳山，山峦起伏，松海滔滔，乌云翻滚，山顶崖陡石峭，山腰小径幽曲，山下绿树成荫，渔村错落，为典型的北方渔村。海口西岸的西乳山，群峰相连，恰似一少女仰卧碧海之中。小镇紧邻银滩旅游度假区，沙白水洁的海水浴场与乳山遥相呼应，共同构成了一幅意境优美的泼墨山水画。2015 年入选全国特色景观旅游名镇(村)。

五莲县松柏镇 位于五莲县东部，地处鲁东南第一高峰——马耳山南麓。山清水秀，人杰地灵，具有浓厚的历史文化底蕴。风景秀丽的国家级森林公园九仙山风景区坐落于此，齐长城、孙膑书院等历史文化遗迹名声远扬。樱桃、苹果、板栗等果品种植面积达 18.67 平方千米，林木绿化率 64%，有“林果之乡”“樱桃之乡”的美誉。2015 年入选全国特色景观旅游名镇(村)。

沂水县院东头镇 位于沂水县城西南隅。地处沂蒙山腹地，居沂、沭河上游，山东省山水圣人和黄金海岸旅游大格局的中间地带，被称为“临沂后花园”，是沂蒙“红嫂”祖秀莲的故乡。拥有山东地下大峡谷、地下荧光溶洞、沂蒙山酒文化园、蒙山龙雾茶博园等旅游资源。天谷洞内钟乳遍布、石笋林立，是我国钟乳发育最丰富的溶洞之一，被誉为“岩溶地质博物馆”。2015 年入选全国特色景观旅游名镇(村)。

单县浮岗镇 位于单县西南部，地处鲁豫交界处的黄河故道北岸。历史悠久，清顺治年间建村，地方戏、书法、唢呐等民间艺术代代相传。有浮龙湖旅游开发区、李白杜甫高适游猎地、老君寨与老君庙、白莲教起义遗址与马踏石等景点。浮岗水库、木线条加工、玫瑰种植是该镇三大特色,被誉为“中国装饰木线之乡”。2015 年入选全国特色景观旅游名镇(村)。

栖霞市国路夼村 位于桃村镇。三面环山,东临塔顶山,北倚玉顶山,南面南刁顶,山间有清清溪水。重峦叠嶂,怪石嶙峋,有九顶五十峰,风光各不同。山势险峻,地貌奇特,环境优美,自然景观丰富,有百果园、山神谷、鬼谷三个风格迥异的景区。建有国路夼生态旅游区,亭台楼阁点缀成趣,房舍街道整洁宽敞,春来百花争艳,夏日杨柳依依,金秋硕果累累,隆冬白雪皑皑。2015 年入选全国特色景观旅游名镇(村)。

微山县南阳镇 2015 年入选全国特色景观旅游名镇(村)。参见中国历史文化名镇——微山县南阳镇。

四、中国特色小镇

胶州市李哥庄镇 位于胶州市最东部。明洪武中期,云南李姓迁此而立村,以姓氏命名。历史悠久,舞蹈、地方戏、书法、剪纸、雕刻等民间艺术代代相继。作为全国“制帽之乡”,全镇共有制帽及配套企业 380 余家。结合青岛市城市空间战略布局和临空经济区的规划,抓住胶东国际机场建设、大沽河生态中轴打造、小城市培育试点三大发展机遇,全力打造空港小镇。2016 年入选中国特色小镇。

淄川区昆仑镇 位于淄博市淄川区南部。宋神宗时以昆仑山为名而称“昆仑店”。制瓷业始于唐,兴于宋,是北方生产年代最早的窑口之一。现以陶瓷文化创意园为重点,大力发展陶瓷文化创意、陶瓷文化旅游和陶瓷新材料产业,以陶瓷工业旅游和陶瓷体验为主线,打造陶瓷文化旅游特色品牌。还有牛记庵、三台山、洄村古楼、王家大院等景点。2016 年入选中国特色小镇。

蓬莱区刘家沟镇 位于烟台市蓬莱区东北部。依山傍海,气候宜人,风景秀丽。拥有一条18千米长的葡萄观光长廊,修建了文成城堡、金山罗斯兰等特色酒堡群,推出“美丽乡村+葡萄酒庄”等旅游产品,开展“葡萄酒小姐”评选和“葡萄采摘节”、葡萄酒品评赛等活动,全力打造葡萄酒特色小镇。拥有特色鲜明、积淀深厚的文化资源,如郝斌红色文化、渔灯节文化、解宋营古城、八大碗美食、海草房、马家沟生态旅游景区、解宋营古城堡等。2016年入选中国特色小镇。

寿光市羊口镇 位于寿光市最北部。地处渤海莱州湾西侧,小清河入海口处。原名“塘头”,因塘头营而得名。清同治初年设港通商,商埠南迁后改为“羊角沟”。开埠百年,依然保存了鲁北地区典型的渔盐港风貌,整体布局契合山水地貌,路网形式顺应地形,是我国古代著名的盐业生产基地。2016年入选中国特色小镇。

新泰市西张庄镇 位于新泰市中心区域,地处泰山东麓。纺织历史悠久,上可追溯到先秦时期,始于草编。现以毛呢纺织产业为基础,以毛呢时装为引领,全力打造“泰山多彩毛呢小镇”,利用“互联网+”延伸产业链,发展具有高附加值的毛呢服装产业,形成毛呢产业集群,成为集毛呢服装的生产、展销、个性化订制、电子商务平台及体验式旅游等于一体的“泰山国际毛呢服装城”。2016年入选中国特色小镇。

威海市崮山镇 位于威海市经济技术开发区东部。因地处崮山之背阴,称“崮山”。成村于金元之际,为威海历史较长的村庄之一。正在打造以临港海洋产业、生物科技产业为主导,集船舶制造、高端装备制造、生物医药、科技产业于一体的、生态宜居的幸福小镇。2016年入选中国特色小镇。

费县探沂镇 位于临沂市与费县连接处。南望聚龙山、岐山,北依祊河,构成了南山、北水、中田园的悠然生态格局。以巨龙山王母宫、岐山寺庙为中心,依托优越的自然山水景观和山顶寺庙等人文建筑,开发佛道文化体验旅游。依托国家林产科技示范园区,设有珍木馆、家具馆、木玩具馆、木建筑馆、木装潢馆、根雕馆、木雕馆、历史馆、木与传统文化馆、产品展示馆、综合馆等。2016 年入选中国特色小镇。

东阿县陈集镇 位于东阿县城东部。自唐代以来就有冬至子时炼制阿胶的传统,凭借得天独厚的先天资源和“东阿阿胶”这块金字招牌,阿胶制造业蓬勃发展,有“中国阿胶看东阿,东阿阿胶看陈集”之说。打造了以阿胶文化碑刻为主题的文博旅游景观。古胶阿胶、东方阿胶等阿胶企业相继开发了阿胶文化旅游健康养身体验项目,实现了阿胶产业向工业旅游、文化体验、健康养生的转型升级。2017 年入选中国特色小镇。

博兴县吕艺镇 位于博兴县东部,地处小清河北岸。我国传统剧目——吕剧的发祥地,素有“吕艺之乡”的美称。现大力发展现代农业,建成了万亩生态林场以及有机果蔬、食用菌、畜禽水产养殖三大生态农业基地。2017 年入选中国特色小镇。

郓城县张营镇 位于郓城县东部。历史文化悠久,水浒遗风犹存,民风淳朴厚重。地方曲艺文化源远流长,是山东枣梆、山东柳子、两夹弦的发祥地,自古就有“无郓不成戏”之说,被称为“书山戏海、筝琴之乡”。依托郓城地区历史文化背景、戏曲文化资源,建设以音乐产业为主体,集生态旅游、文化体验、音乐教育发展、音乐产业创新于一体的特色小镇。2017 年入选中国特色小镇。

招远市玲珑镇 位于招远市东北部。北部罗山、玲珑山一带分布着 2 000 多条可供开采的金矿脉,藏量多、品位高、矿体厚,自古就有“玲珑山、十八层,金梁玉柱藏其中”的传说,玲珑镇也因金而生、因金而兴、因金而名,有“黄金第一镇”的美誉。已建成罗山黄金文化旅游度假区、我国最大的黄金博物馆、罗山国家森林公园、以黄金历史文化为主题的大型山水实景演出《金山佛谕》、必捷滑雪场等景点和项目。2017 年入选中国特色小镇。

曲阜市尼山镇 位于曲阜市东南部。孔子的诞生地,也是革命老区。原名“尼丘山”,为避讳孔子的名字简称为“尼山”。有孔子诞生地尼山夫子洞、尼山孔庙、尼山书院等人文景观,还有 6.67 平方千米水面的尼山水库(又称孔子湖)、尼山森林公园等景点,集千年名胜古迹、优美自然风光于一体。

2017 年入选中国特色小镇。

商河县玉皇庙镇 位于商河县西南部。承接济南“携河发展”战略的先行区和承载地。依托山东力诺集团商河基地，坚持产城一体、生态和谐的发展理念，培育壮大耐热玻璃、电光源玻璃、药用玻璃、工艺玻璃四大产业体系，打造全国最大的药用玻璃智造小镇、全国首个中硼硅玻璃生产小镇。2017 年入选中国特色小镇。

平度市南村镇 位于平度市东南隅，地处大沽河西岸。名胜古迹有沙梁龙山文化遗址、文昌阁、双泉池等。以白色家电产业为特色，按照“家电产业+旅游业+农业”的发展模式，打造中国家电产业集群示范区、环渤海家电智造中心、青岛家电创新基地；以“大沽河文化”为内涵，以“生态低碳”为目标，打造融智能制造、创新创业、科技研发、文化展示、旅游休闲、生活居住、人居配套等功能于一体的特色小镇。2017 年入选中国特色小镇。

庆云县尚堂镇 位于庆云县南部，地处阳信县、乐陵市、无棣县交界处。依托铁皮石斛基地，以“医、药、养、游、购、娱、创”七大业态缔造中医药养生产业链，打造集中草药种植、中医药文化旅游、中医药人才培训、中医药健康疗养、中医药贸易产业、养老产业、中医药创客于一体的休闲、康养、度假、旅游基地。2017 年入选中国特色小镇。

桓台县起凤镇 位于桓台县东北部的马踏湖畔。船道纵横相连，交织成网，形成了我国北方罕见的“村村靠湖、家家连水、户户通船”的水乡风貌。探亲访友、赶集上店、运粮运肥，湖民都以船代步，水乡风情迷人，素有“北国江南”之盛誉。留存有齐王阁、五贤祠、徐夜书屋、冰山、齐台、青丘、会城鲁连井、胜处祠、湖心亭、鱼神亭等古迹。齐桓公会盟诸侯、马踏成湖的历史传说广为流传。2017 年入选中国特色小镇。

岚山区巨峰镇 位于日照市。江北茶叶生产面积最大的乡镇，素有“南茶北引第一镇”之美誉。镇西部的幽儿崮山雄伟险峻、四季常青，相传为孔子老师项橐的出生地；东南的磴山泉清竹韵、溪转峰回；西部的北垛山“青山万重如城郭，绿树千丛护法王”；西北部的北垛山林秀泉清，云雾缭绕；北部群山有“小蓬莱”之称，留有朝元观、朝阳洞两处遗址。2017 年入选中国特色小镇。

荣成市虎山镇 位于荣成市西南部，濒临黄海。渔业是小镇的经济支柱产业，海岸线长 30 千米，拥有海珍品天然养殖场 53.33 平方千米，是全国水产养殖标准化示范区。以海参、鲍鱼、海蜇、对虾等海珍品为主，有国内面积最大的海参养殖基地之一，已经形成集名优养殖、水产品精深加工、大洋渔业于一体的现代化渔业生产体系。2017 年入选中国特色小镇。

莱芜区雪野镇 位于济南市莱芜区北部山区。古代为锦阳关之要塞，现为雪野街道。山水秀丽，物华天宝，自然景点有房干、孔雀山、雪野水库、悬羊吊鼓山、小三峡、马鞍山等，人文景观有齐长城遗址等。形成了“东西两大片（房干生态旅游区、雪野水库旅游区）、南北一条线（齐长城至雪野水库）”的旅游开发大格局。2017 年入选中国特色小镇。

蒙阴县岱崮镇 位于蒙阴县北部的沂蒙山区。群崮荟萃簇集之地，岱崮地貌是继丹霞地貌、喀斯特地貌、张家界地貌、嶂石岩地貌之后我国第五大岩石造型地貌，被称为“天下第一崮乡”。著名的革命老区，发生过龙须崮暴动、两次南北岱崮保卫战、智取安平崮、大崮保卫战等战役，留存有岱崮革命遗址、大崮革命遗址、龙须崮革命遗址、茶局峪烈士墓、坡里革命旧址等。2017 年入选中国特色小镇。

滕州市西岗镇 位于滕州市西南部，濒临京杭大运河和微山湖。历史悠久，甘桥村西北堌堆遗址印证了 6 000 年前农耕生活的场景。明代中叶至清代，商业活动日趋活跃。现有四座国有大中型煤矿，形成了以焦炭生产、矿山配件、电子机械、建筑建材为支柱产业的工业主导型城镇。居民自古以来有习武之风，杜庄村的大洪拳、刘仙村的棍术远近闻名，素有“武术之乡”之称。2017 年入选中国特色小镇。

岱岳区满庄镇 2017 年入选中国特色小镇。参见全国特色景观旅游名镇（村）——岱岳区满庄镇。

五、国家级文化生态保护实验区

潍水文化生态保护实验区 位于山东半岛中部。包括潍坊市所属的四区、六市、二县。潍水区域是齐文化形成的核心地带和齐文化传承发展的重要区域。自明清以来,潍水流域经济发达、文化繁荣,民间工艺制作形成规模,在我国民艺商贸史上有"南苏州,北潍坊"之称。20 世纪中后期,潍坊地区的风筝、年画、剪纸、泥塑、核雕、嵌银漆器、仿古铜、布玩具、刺绣、草编、砖等传统工艺得到广泛传承、快速发展。实验区内有非物质文化遗产项目国家级 14 项、省级 35 项、市级 164 项,已认定的代表性传承人国家级 5 人、省级 17 人、市级 89 人。2010 年入选国家级文化生态保护实验区。

六、国家生态旅游示范区

昆嵛山国家生态旅游示范区 位于烟台市,地处胶东半岛东端。占地面积 174 平方千米。昆嵛山主峰泰礴顶海拔 923 米,是胶东半岛第一高峰。方圆百里,万壑绵延,林深谷幽,古木参天,多清泉飞瀑,遍布文物古迹。我国道教全真派的发祥地,秦皇汉武东巡求仙的故地,有"海上仙山属蓬莱,蓬莱之祖是昆嵛"之说。2013 年入选国家生态旅游示范区。

微山湖国家湿地公园 位于微山县城区南部。占地面积 90 平方千米。微山湖是我国北方最大的淡水湖泊。微山湖湿地是亚洲最大的草甸型湖泊湿地,亚洲独一无二的河湖交融型湿地和最大的湖环岛型湿地群,曾被评为"中国十大魅力湿地"。规划建设新薛河自然湿地景区、渔业博览园区、亲水绿岛湿地景区、观鸟绿洲湿地景区、小泥河景区、渔业体验区、芦苇荡、天然生态湿地景区等八个景区。2014 年入选国家生态旅游示范区。

百果山生态旅游区 位于青岛市李沧区东部。占地面积 3.05 平方千米。自然景观奇特优美,山峦蜿蜒连绵,佛寺和乡村小镇隐于青山绿谷之中,是一处名副其实的“城市桃花源”。有原生态森林公园、佛像艺术馆、上流小院、百果采摘园、农业观光园、观景台、望海楼和望乡龟、金蟾石、卧驼石、五仙石等景点和景观。2015 年入选国家生态旅游示范区。

七、全国红色旅游经典景区

济南革命烈士陵园 位于济南市市中区英雄山路,地处英雄山南麓和五里山西麓。1949 年在英雄山间兴建革命烈士陵园,1968 年竣工,是山东省规模最大的烈士陵园。占地面积 32 万平方米,建筑面积 2.7 万平方米。有革命烈士纪念塔、济南战役纪念馆、革命烈士墓区、胜利铜雕、毛泽东凭吊革命烈士纪念亭和济南革命烈士纪念群雕等。2016 年入选全国红色旅游经典景区。

济南战役纪念馆 位于济南市市中区英雄山路,坐落于济南革命烈士陵园中东部。建筑面积 6 800 平方米,由陈列厅和全景画馆两大部分组成。陈列分为历史转折、战役经过、胜利序幕、参战支前、隐蔽战线、英模功绩等部分。其全景画馆为圆形穹顶建筑,集绘画、塑形、声光电等多种表现形式于一体,反映了气势恢宏、坚韧悲壮的济南战役大规模攻坚战与歼灭战的战争实景。2016 年入选全国红色旅游经典景区。

济南解放阁 位于济南市历下区,地处当年济南战役人民解放军攻城突破口。为纪念解放济南而建,1965 年建成台基,1985 年建阁。通高 30 米,建筑面积 620 平方米,为两层楼阁式建筑。外观为中国古典建筑形式,巍峨壮观,金碧辉煌。阁内大厅中央矗立着济南战役英雄群像,四周陈列着济南战役革命文物。大厅外壁上有八组反映济南战役场景的灰色大理石浮雕,画面生动逼真。2016 年入选全国红色旅游经典景区。

铁道游击队红色旅游景区 位于枣庄市薛城区临山路。占地面积 69 万平方米。主要由铁道游击队纪念碑、铁道游击队大型群雕、铁道游击队纪念馆三个部分组成。纪念碑碑顶矗立着一位游击队战士持枪冲刺的雕塑;大型群雕共两组,东组《铁道雄风》刻画铁道游击队队员在铁路上的战斗场面,西组《微湖曙光》刻画军民在微山湖上欢庆胜利的场景。纪念馆展示了铁道游击队的战斗历程。2016 年入选全国红色旅游经典景区。

八路军抱犊崮抗日根据地遗址 位于枣庄市山亭区北庄镇、徐庄镇。占地面积 6 000 平方米。抱犊崮抗日根据地是山东省八路军六个基本根据地之一,是八路军第 115 师在山东抗战的关键区域。以抱犊崮为中心的鲁南抗日根据地,是在中共山东党组织的领导和八路军 115 师的帮助下,逐步建立起来的一个重要的敌后抗日战略基地,是连接华北与华中两大抗日根据地的纽带。2016 年入选全国红色旅游经典景区。

台儿庄大战遗址 位于枣庄市台儿庄区沿河南路。地处苏鲁交界处,为山东省的南大门,京杭大运河横贯全境,自古是南北漕运的枢纽,兵家必争之地。1938 年 3 月下旬—4 月中旬徐州会战中,国民党军队在李宗仁将军指挥下苦战 26 天,消灭日本侵略军 2 万余人。台儿庄战役是抗战以来正面战场取得的重大胜利,极大地鼓舞了全国人民抗战的信心。台儿庄大战遗址由战役中最为激烈的几处战斗场所组成,包括残存的建筑物及在遗址上复建的建筑物,如清真古寺、中正门、火车站、新关帝庙及新建的台儿庄大战纪念馆等。2016 年入选全国红色旅游经典景区。

孟良崮战役遗址 位于蒙阴县和沂南县交界处。地处沂蒙山区南北交通要道,形势险要,自古为兵家必争之地。1947 年 5 月中旬,华东野战军在蒙阴县东南孟良崮地区对国民党军发动进攻,全歼国民党整编第 74 师,一举扭转了华东战局,成为解放战争由战略防御转为战略进攻的重要转折点。

遗址区域内建有孟良崮战役烈士陵园、烈士墓地、烈士英名塔、孟良崮战役纪念馆等。2016 年入选全国红色旅游经典景区。

华东革命烈士陵园 位于临沂市兰山区陵园前街。为纪念从第一次国内革命战争时期至解放战争时期,华东地区牺牲的革命先烈而修建的纪念性建筑群和纪念园林。占地面积 19.2 万平方米,是华东地区最大的革命烈士陵园。有塔、堂、馆、亭、墓、廊等大型纪念建筑物 19 座。陵园由梁思成主持设计,整体布局为中轴对称式,风格为仿古建筑,南北大门与主体建筑革命烈士纪念塔、革命烈士纪念堂居于一条中轴线上,烈士墓和石像亭等建筑物对称布列于东西两侧。2016 年入选全国红色旅游经典景区。

八路军 115 师司令部 位于莒南县大店镇。原为居业堂堂主庄余珍的庄园。115 师是中国共产党领导的八路军三大主力之一,1939 年由山西省挺进山东省,为夺取抗战胜利立下了不朽的功勋。1941—1945 年,八路军 115 师司令部在庄氏庄园驻扎,刘少奇、罗荣桓、陈毅、肖华、谷牧等老一辈革命家在这里工作、战斗。1945 年山东省政府在这里诞生。2016 年入选全国红色旅游经典景区。

新四军军部旧址 位于临沂市河东区九曲镇。砖瓦平房,占地面积 900 平方米。新四军历史上最后一个军部驻地,也是华东军区、华东野战军总部诞生地。1945 年 10 月,陈毅、粟裕指挥新四军北进,将军部设在此处长达一年之久,并在这里指挥了著名的宿北战役、鲁南战役,召开了华野前委会议。1947 年 2 月撤出后,房屋大部分被敌机炸毁。2005 年修复,陈毅、粟裕、张云逸等老一辈革命家用过的桌椅、书橱、皮箱等文物保护完好。2016 年入选全国红色旅游经典景区。

红嫂家乡常山庄村 位于沂南县马牧池乡。沂蒙山的一位妇女曾用自己的乳汁救活了一名革命战士,被称为“红嫂”。这里是抗战模范村,是“红嫂精神”诞生地,红色遗址众多。在不足 10 平方千米的范围内,有明德英故居、王换于故居、战邮会纪念馆、中共山东分局旧址、山东纵队司令部旧址、抗大一分校旧址、火线桥旧址、战地托儿所旧址、战时总医院旧址等红色遗迹30余处。2016年入选全国红色旅游经典景区。

莱芜战役纪念馆 位于济南市莱芜区汶阳大街。为纪念莱芜战役而建。莱芜战役是中国人民解放军作战史上运动战的光辉范例,电影《南征北战》《红日》都是以莱芜战役为背景拍摄的。纪念馆占地面积4.5万平方米,建筑面积8 000多平方米,由革命烈士纪念塔、展览馆和全景画馆三大主体建筑构成,成“品”字形布局,建筑雄伟壮观,资料生动翔实,展出手段先进。2016年入选全国红色旅游经典景区。

中国人民解放军海军博物馆 位于青岛市市南区莱阳路,东邻青岛鲁迅公园,南濒大海,北与栈桥隔水相望,西邻青岛湾。大型专业性军事博物馆,占地面积4万多平方米。包括室内展厅——军服礼品展厅、海战史展室、武器装备展区以及海上展舰区。馆藏的数千件珍贵文物,从不同侧面反映了中国人民海军从无到有、不断壮大的历程,是我国唯一的一座全面反映中国海军发展历史的博物馆。2016年入选全国红色旅游经典景区。

刘公岛甲午海战纪念地 刘公岛位于威海市威海湾内,与辽东半岛的旅顺共扼渤海咽喉。清光绪十四年(公元1888年)北洋舰队正式成立,北洋海军提督署设于刘公岛。清光绪二十年(公元1894年)中日甲午战争爆发。次年1月20日,日军分水陆两路围攻威海卫,北洋舰队在刘公岛外海与日军激战数日,力战不敌,全军覆没,提督丁汝昌殉国。刘公岛是甲午战争时的指挥营,现在的甲午战争博物馆即当年北洋海军提督署。甲午战争纪念地尚有丁公祠、水师学堂、铁码头、岛上炮台和日岛炮台等遗址、遗迹。2016年入选全国红色旅游经典景区。

鲁西南战役指挥部旧址 位于郓城县宋江河畔。1947年6月,晋冀鲁豫野战军在山东省西南部地区对国民党军队展开进攻,发起鲁西南战役,创造了以15个旅的兵力歼敌4个整编师共9个半旅6万余人的战绩,从而打乱了国民党军队在南部战线的战略部署,开辟了进军大别山的道路,揭开了人民解放军战略进攻的序幕。指挥部旧址占地面积3万平方米,主要有7 000平方米的主楼展厅、5 000平方米的纪念广场、30米高革命烈士纪念塔、革命烈士墓区等。2016 年入选全国红色旅游经典景区。

鲁西南战役纪念馆 位于金乡县羊山镇。鲁西南战役是解放战争时期晋冀鲁豫野战军主力南渡黄河,在山东省西南部地区对国民党军队展开进攻,创造了以 15 个旅的兵力歼敌 4 个整编师共 9 个半旅 6 万余人的战绩,揭开了人民解放军战略进攻的序幕。纪念馆占地 8.2 万平方米,建筑面积 6 000 余平方米,陈列了解放战争时期使用的各种机枪、手雷、大刀等武器和珍贵照片,参加过西南战役的老将军老领导的亲笔题词,以及有关鲁西南战役的书籍、军战史、影集、录像、录音、照片等历史资料。2016 年入选全国红色旅游经典景区。

冀鲁豫边区革命纪念馆 位于菏泽市丹阳路。冀鲁豫边区是抗日战争时期中国共产党领导的敌后抗日武装在河北、山东、河南三省交界的广大地区创建的一个抗日根据地。纪念馆占地面积 13.2 万平方米,建筑面积 1.17 万平方米。主体建筑由展厅和全景画馆组成,真实地再现了 1947 年夏人民解放军打响鲁西南战役第一仗——郓城战斗的壮观场面。2016 年入选全国红色旅游经典景区。

孔繁森同志纪念馆 位于聊城市东昌府区繁森路。孔繁森是聊城人,两次进藏,后因车祸殉职,年仅 50 岁,被中共中央组织部追授为“模范共产党员”“优秀领导干部”,党中央、国务院授予其“改革先锋”称号。纪念馆占地面积 1.04 万平方米,建筑面积 1 400 平方米,展出图片 270 多张,陈列实物千余件。2016 年入选全国红色旅游经典景区。

海阳地雷战遗址 位于海阳市行村镇赵疃村。海阳地处胶东半岛南部,地形复杂,多山石丘陵。抗日战争时期,海阳民众以民兵为作战主体,以地雷战为主要作战方式,与日本侵略军展开了殊死战斗,谱写了“赵疃摆雷阵、石雷阵、水雷炸敌、送瓜上门、包打盆子山、垛山雷声”等光辉战例。海阳市赵疃村是地雷战的主要战场之一,保存有大量的当年战斗的场景。2016 年入选全国红色旅游经典景区。

海阳市地雷战纪念馆 位于海阳市赵疃村。四个错落有致的金字塔顶，全部采用宝石蓝玻璃镶嵌，墙体饰以大红柱子，与蓝顶白墙互相映衬，美观、典雅、凝重。展厅面积500平方米，展览面积240平方米。展览分为“地雷战威力无穷”“地雷战故乡新貌”等六个部分，展出图片180余幅、文物200余件。2016年入选全国红色旅游经典景区。

胶东革命烈士陵园 位于栖霞县英灵山。1945年为纪念抗日战争期间牺牲在胶东大地的20 850名烈士而修建的烈士陵园。占地面积22万平方千米，纪念建筑物303处，由纪念堂、纪念塔、群雕、铜像及烈士墓、碑、亭等建筑组成，是建成最早、占地面积最大的抗战烈士陵园之一。纪念堂内珍藏着130多件革命文物。2016年入选全国红色旅游经典景区。

杨子荣纪念馆 位于烟台市牟平区。杨子荣是牟平人，曾任人民解放军侦察排长，参加大小战斗上百次，多次立功受奖，被评为“侦察英雄”“战斗模范”，在追剿土匪的战斗中英勇牺牲，年仅31岁。纪念馆建筑面积4 965平方米，主要由纪念馆主体建筑、思源之路、杨子荣雕塑、追思大道等组成。2016年入选全国红色旅游经典景区。

冀鲁边区革命纪念园 位于乐陵市朱集镇。冀鲁边区是抗日战争时期山东省六大战略行政区之一，范围大致包括今山东省德州市、滨州市和河北省沧州市的部分地区，1938年7月建立冀鲁边区军政委员会，1942年11月成立冀鲁边区战时行政委员会，1944年3月与清河行政区合并为渤海行政区。纪念馆建筑面积3 000平方米，以图版、文字、实物及绘画、模型、场景、展柜、多媒体等形式，反映了边区军民在党的领导下开展斗争的革命历史。2016年入选全国红色旅游经典景区。

渤海革命老区纪念园 位于滨州市滨城区滨北街道。渤海革命老区是中国共产党领导的重要的抗日根据地，也是解放战争后期山东三大战略区之一，东至胶莱河，西抵津浦线，南跨胶济路，北止天津南，东北濒临渤海，中心地域在现滨州市。纪念园主要有渤海革命老区纪念馆、渤海革命纪念塔、渤海区烈士英名录长廊、人民英雄群雕、烈士墓区等主要建筑物。2016年入选全国红色旅游经典景区。

八、全国农业旅游示范点

崂山北宅生态旅游区　位于青岛市北宅街道。占地面积54.47平方千米。地处崂山腹地,崂山水库上游,景色秀丽,物产丰富,著名的崂山北九水及华楼风景区坐落于辖区内。依托资源特色,开发了登山健身、采摘无公害果品,品尝无污染崂山绿茶,睡农家炕等一系列旅游活动,形成了较为完善的民俗生态旅游体系。2004年入选全国农业旅游示范点。

石老人观光园　位于青岛市崂山路,地处青岛市区至崂山风景区的必经之路。占地面积80万平方米。背山面海,碧海蓝天,山峦叠翠,植被郁郁葱葱,登山远眺山海风光尽收眼底,天海一色云影波光蔚为奇观。建有高效农业生产大棚、百亩改良崂山绿茶生产基地、热带珍稀植物展示大厅,各种作物新奇独特、品种繁多。大自然的美景、动人的神话传说和现代的高效农业生产有机融合,形成了融合了农林渔山海特色景观的大农业示范园区。2004年入选全国农业旅游示范点。

即墨区蔬菜科技示范园　位于青岛市即墨区经济开发区。占地面积1平方千米,由温室、展示棚、冬暖温室组成的高科技生产示范区,是储藏、保鲜、加工配送中心,有神农湖、财广亭、荷花池、琴鸟苑、梅花鹿园、驴拉碾、手推磨、羊拉车等景点,是青岛市首家集瓜果蔬菜种植、淡水养殖、珍禽动物养殖、花木栽植、餐饮娱乐、游船垂钓、旅游观光于一体的专业示范园区。2004年入选全国农业旅游示范点。

金宝游乐园　位于潍坊市。占地面积48万平方米。小桥流水,绿树成荫,杨柳婀娜,雅园、幽巷、风车、瀑布点缀其间。现已形成既相互关联又自成一体的六大游览区:情缘园、潍坊动物园、潍坊防震减灾科普馆、综合娱乐区、天然氧吧休闲区和潍坊金泉寺。以独具匠心的设计和巧妙合理的布局,构成了韵味独特、民俗风情浓郁、田园风光独具的观光旅游胜地。2004年入选全国农业旅游示范点。

寿光市高科技蔬菜示范园 位于寿光市洛城街道。占地面积6.7平方千米,南方的水果、北国的蔬菜应有尽有。建有造型别致的欧式建筑、引领时尚的现代温室,举办一年一度的国际蔬菜博览会。示范园与周边的弥河生态农业观光园、中华牡丹园、三元朱村等衔接,形成寿光城区周边农业观光旅游线。2004年入选全国农业旅游示范点。

寿光市林海生态博览园 位于寿光市西北部,濒临渤海莱州湾。占地面积近10平方千米,原为一片重度盐碱地。现在荷塘、淡水鱼池纵横交错,天然湿地内栖身着大量的鸟类,还有山东省最大的垂钓中心、采摘乐园、狩猎场、林间木屋群、稀有动物养殖场、水上游乐园、演艺广场、儿童乐园。2004年入选全国农业旅游示范点。

昌乐县尧沟镇农业旅游示范园 位于潍坊市。示范园中心区占地面积13万平方米,辐射带动区27平方千米。主要种植西瓜,是目前国内西瓜品种最丰富、栽培模式最齐全、种植技术最先进的西瓜特色园。有西瓜博物馆、千米瓜廊、智能温室、棚体展示区、传统农业展示区、葡萄长廊等景点。2004年入选全国农业旅游示范点。

龙口南山集团 位于龙口市中南部山区。南山集团已形成铝业、纺织服饰、金融、旅游、健康、航空等多产业并举的发展格局。南山铝业拥有完整的热电、氧化铝、电解铝、熔铸、铝型材/热轧—冷轧—箔轧/锻压铝加工产业链;南山纺织服饰拥有精纺紧密纺面料生产基地和高级成衣生产基地;南山金融致力于在银行、证券等领域构建全牌照大金融格局;南山旅游已形成集度假观光、休闲娱乐、星级酒店群、高端商务、会展服务于一体的综合性休闲度假产业体系。2004年入选全国农业旅游示范点。

烟台市农业科技博览园 位于烟台市西郊。占地面积66万平方米。已建成家庭园艺园、珍奇瓜果园、蔬菜大观园、花卉中心、蝴蝶兰观赏园、世界国花园、热带水果园、观光果园等十多个绿色景点,还建有人工气候室、克隆苗木馆、果品储藏馆，景点之间以幽径、花廊、绿篱等生态趣景相连接。每年举办春之旅、樱花节、南瓜节、赏蝴蝶兰花等节庆活动。集农业科技推广、生态旅游、休闲娱乐和科普教育于一体。2004 年入选全国农业旅游示范点。

昆嵛山国家森林公园　位于烟台市牟平区，地处胶东半岛东端。占地面积 48 平方千米。植物种类繁多，植被类型为暖温带落叶阔叶林。山东省植物种类最丰富的地区之一，有野生高等植物 1 073 种，其中国家一、二级保护野生植物 7 种，山东省特有植物 22 种，昆嵛山特有植物 13 种。野生动物 1 161 种，其中国家一级保护野生动物 9 种，国家二级保护野生动物 40 种。著名景点有泰礴顶、九龙池、无染寺、烟霞洞。2004 年入选全国农业旅游示范点。

枣庄冠世石榴园　位于枣庄市市中区南部、枣庄市峄城区西部。占地面积 80 平方千米。我国最大的石榴园林，以面积大、株数多、品种全、果质优而闻名，被誉为“冠世榴园”。园区内还有青檀寺、一望亭、园中园、三近书院、匡衡祠、仙人洞等景点，更有幽谷异洞、奇石怪峰、流泉飞瀑、古木奇树、碑碣石刻等点缀其间，自然景观与人文景观融于一体。2004 年入选全国农业旅游示范点。

熊耳山洪门葡萄村　位于枣庄市北庄镇。依托葡萄种植的资源优势，注重生态庭院的综合开发建设，种植葡萄 1.5 平方千米，主要有巨峰、黑提、红提、美人指、马奶子等 18 个葡萄品种。注重葡萄生产的加工和转化，培植发展了具有旅游观赏价值的葡萄盆景，提高了生态村的品位和内涵。2004 年入选全国农业旅游示范点。

店子镇长红枣基地　位于枣庄市，地处莲青山和越峰山的环抱之中。占地面积 65 平方千米，由大面积的优质枣园、丘陵枣林、路侧枣网、围山枣带构成，是全国产量最大的长红枣生产基地，素有“中国长红枣之乡”的美誉。有枣树王、万亩枣园、十里枣廊、枣博园、富川国家农业综合开发项目示范区、魏沃“两花一枣”生态农业示范园、千亩枣桃间作丰产园、越峰冬枣丰产游览区等景观和景点。2004 年入选全国农业旅游示范点。

盛能农牧业旅游观光园 位于临沂市盛庄镇。占地面积1.3平方千米，以特种动物养殖、农业观光旅游为主，是集休闲、娱乐、餐饮、种植、养殖、农业观光于一体的旅游区。现已形成以儿童乐园、水上乐园、百鸟园、动物园、采摘园、生态园、人工林场、牧场等为主，以鸵鸟、梅花鹿、奶牛生态养殖、珍稀花卉苗圃种植为辅的、多层次的、综合性游乐场所。2004年入选全国农业旅游示范点。

费县石林梨乡旅游区 位于费县县城南部。占地面积50平方千米，是山东省五大黄梨产区之一。现有沂蒙石林、万亩梨园、八卦连环洞、仙人洞、天景湖、石林采摘园、沂蒙荷花园、南天门、饮虎泉、丛柏庵、梨树王、地下石林、石林湖、石海等景点。2004年入选全国农业旅游示范点。

王家皂民俗旅游村 位于日照市东港区秦楼街道。东濒黄海，北临日照海滨国家森林公园，南依万平口海滨生态旅游区，风景秀丽，冬无严寒，夏无酷暑，气候宜人。王家皂村调整产业结构，发挥近海靠路的区位优势，以海水浴场为依托，兴办渔家民俗旅游，以“住渔家屋，吃渔家饭，坐渔家船，干渔家活”为特色，发展成为民俗旅游专业村。2004年入选全国农业旅游示范点。

桃花岛风情园 位于日照市东港区桃花岛村以东海域。全岛面积50万平方米，四周是岩石，中心区域是绵延数百米的海沙，还有一甜水小泉，怪石矗立，植物茂盛。拥有梳妆台、祭礼台、香炉石、试剑石、天女洗澡池等景点。周围的岩礁上生长着品种繁多的海螺、牡蛎、海星。现已成为一个集水产养殖、观光旅游、休闲度假于一体的旅游胜地。2004年入选全国农业旅游示范点。

莱芜房干村 位于济南市莱芜区雪野街道。山辉川媚，鸟语花香，有九龙大峡谷、金泰山、黑龙潭、望海峰、仙人洞、摩天岭、滴水崖、五老峰等八大景观，集山、水、林、泉、潭、瀑、峡、洞于一体。2004年入选全国农业旅游示范点。

章丘白云湖 位于济南市章丘区白云湖乡。由白云湖、白云湖乐园和

20千米柳堤及立体农业观赏园等组成。有接天映日的千亩荷花湖、高30米的荷花女神大型雕塑、活灵活现的十二生肖雕塑群、重达2吨的吉祥如意钟、青翠摇曳的芦苇丛、水上乐园等景观景点，有环湖游船、环湖游览车、水上餐饮船、航模船等设施，是山东省著名的红莲观赏区和远近闻名的休闲度假景点。2004年入选全国农业旅游示范点。

任家台民俗旅游村 位于日照市东港区秦楼街道黄海之滨。三面环海，海岸线长2.5千米，有海石园、海水浴场、黑松林、渔港码头等自然景观和景点。海石园内奇石耸立，风景秀美，有神龟探海、化石林、石犁子、龙泉等景点。附近海域盛产贝类、鱼、虾、蟹等海产品，是观海听涛、赶海垂钓、观海上日出的绝佳之处。2004年入选全国农业旅游示范点。

桃源世界农业生态旅游区 位于肥城市刘台村。肥城是桃文化的圣地，肥城桃以个大、肉肥、味美而著称。旅游区占地面积2平方千米，建有4.6平方千米桃花的精品园，每年春天桃花漫山遍野，争奇斗艳，堪称“人间仙境”。2004年入选全国农业旅游示范点。

姜堤乐园 位于聊城市东昌府区姜堤村。在原来四河头自然风景区的基础上建设的集林果栽培、园林观光、游览休闲于一体的游乐园。山峦起伏，曲径通幽，步移景异，绿树红瓦，池水满塘，百余种游乐设施全部免费开放。2004年入选全国农业旅游示范点。

凤凰苑农业科技园 位于聊城市东昌府区湖南路。占地面积1平方千米，分为五大园区：科技开发示范区、设施大棚栽培区、名优林果景观区、休闲娱乐景观区、观赏植物景观区。休闲娱乐景观区设有科技广场、垂钓区、游乐园、牡丹园、竹园、梅园、百花园、玉兰园、樱桃园、碧桃园、桃园、杏园等景观景点。2004年入选全国农业旅游示范点。

禹城市禹西生态农业观光园 位于房寺镇。占地面积13平方千米，分为旅游区、无公害蔬菜区、百果园区、花卉区、高效养殖区等区域，沟、渠、路、桥、涵、闸设施齐全，实现了上粮下渔、上牧下渔、上禽下渔的种养格局，成为集观光、旅游、生产、经营于一体的生态农业园区。有小西湖、迎宾山、碧波亭、千亩莲池、怡馨园度假花园、百果园、生态效益林等景观景点。2004年入选全国农业旅游示范点。

长岛渔家乐 位于烟台市蓬莱区,地处胶东、辽东半岛之间,黄海与渤海交汇处。海域辽阔,水产资源丰富,有贝类、藻类、鱼类海产品217种,是刺参、皱纹盘鲍、栉孔扇贝、光棘球海胆等海珍品的原产地,被称为"中国鲍鱼之乡""中国扇贝之乡""中国海带之乡";每年途经候鸟320多种120多万只,栖息太平洋斑海豹近400只,是国家级自然保护区和省级海豹自然保护区。还有距今6 000多年的大黑山北庄遗址,我国北方最早的妈祖庙显应宫等景点。长岛渔家乐起源于2000年,主要分布于蓬莱区北长山岛和南长山岛两个岛屿。2004年入选全国农业旅游示范点。

西大洋休闲渔村 位于青岛市城阳区红岛街道的近海地带。依托丰富的海洋资源与独具特色的海岸地貌,结合红岛渔村特色房屋,形成了滨海观光、赶海拾贝、海上游览、耕海牧渔、渔家美食等旅游项目。2005年入选全国农业旅游示范点。

茶苑生态旅游区 位于青岛市崂山区王哥庄街道,地处崂山东麓,仰口风景区北侧。建有崂山茶博物馆、品茶园等。发挥丰富的山、河、林、茶、果、水库等景观元素,发展具有山区生态旅游特点的崂山茶节、农家宴、农家旅馆、生态旅游观光等特色项目,形成了较为完善的民俗生态旅游体系。2005年入选全国农业旅游示范点。

海阳市招虎山国家森林公园 位于烟台、青岛、威海三市的中心地带。招虎山主峰海拔549.7米,因"以虎伏山中,仙家训之,遂化为石,遗迹宛然"而得名。地势复杂,山体俊秀,山谷幽深,植被茂密,瀑布众多,展现出胶东地区的独特风貌。占地面积1 762.7平方千米,东部以奇石、险峰为主要特色,有哈崮顶、鬼笔石、养儿台、天马戏水、九塔峰、观音峰、招虎山寨等30多处景点;西部以溪流飞瀑、奇木翠竹为特色,有龙门十八潭、瀑布、地潭等一系列水体景观和淡竹林、芦苇荡、观音峰等40多个景点。2005年入选全国农业旅游示范点。

兴瑞庄园 位于烟台市蓬莱区海滨路。地处渤海、黄海交汇处,东邻蓬莱新港,西望蓬莱仙阁,地理位置优越。有养殖场、东兴奇宝饮料厂、休闲农渔度假村。养殖场主要从事海参、大菱鲆、黄盖鲽等海珍品的育苗、养成。东兴奇宝饮料厂主要进行海参酒、仙人掌系列产品及各类农产品的开发、加工及销售。度假村已形成观光农业、生态农渔游、休闲渔业、仙境海岸游、渔家乐等特色旅游项目。2005 年入选全国农业旅游示范点。

好当家集团 位于荣成市虎山镇。建有 66.67 平方千米海水养殖基地、35 万平方米水产苗种基地、35 万个海上育苗网箱,是一家海参全产业链企业。现已发展成为集水产养殖、食品加工、生物制药、远洋捕捞、热电造纸、滨海旅游等产业于一体的大型企业集团,形成了渔工贸、产学研一体化的综合性经营格局。2005 年入选全国农业旅游示范点。

青龙旅游度假村 位于威海市文登区麦疃后村。山峦叠翠,植被茂密,奇峰异石众多,自然风景优美。有餐饮服务、休闲娱乐、果蔬种植、动物养殖四大区,有中心广场、盆景园、罗汉山、樱花园、属相岛、动物园、农业生态观光园、奇峰异石、民俗婚庆广场等 14 处景点,是集旅游、观光、休闲、娱乐、绿色养殖于一体的、多功能的生态旅游景区。2005 年入选全国农业旅游示范点。

桓台马踏湖风景区 位于桓台县起凤镇,地处桓台县与博兴县交界处。占地面积 96 平方千米。春秋战国时期齐国称霸,齐桓公会各路诸侯,聚兵列阵,平地马踏成湖,因此得名“马踏湖”。马踏湖是我国江北少有的内陆自然沼泽湿地,河道纵横,万亩苇荡,百鸟翔集,杨柳拂堤,自然风光旖旎。保留着五贤祠、徐夜书屋、冰山、会城鲁连井、齐王阁等景观景点。2005 年入选全国农业旅游示范点。

玉黛湖生态乡村庄园 位于淄博市张店区湖田街道。占地面积 277 平方千米,桃树成林,绿草如茵,鸟语花香。分为东西两个片区,东区主要有游乐园、团队拓展训练基地、淄博市动物园、海棠园、采摘园景点;西区有滑雪场、餐饮服务区、滨水娱乐区、绳网区、慧圆寺、月老洞、槐林山庄等景点和设施。2005 年入选全国农业旅游示范点。

济宁农业高新技术示范园 位于莒南县南环城路。占地面积 12 平方千米。以灵芝、螺旋藻、食用仙人掌等生产及生物制品的研究和开发为主导产业，先后引进了一批生物技术企业，并建立了以高档花卉、种苗培繁育产业为基础的五大产业化示范区。集现代农业高新技术和农业科普于一体，成为全省知名的观光农业度假区。2005 年入选全国农业旅游示范点。

九仙山农业观光示范园 位于曲阜市吴村镇。九仙山植被茂密，奇石林立，保存有著名的九仙山寺庙群，素有“鲁南小泰山”的美誉。占地面积 33.3 平方千米，有石景探秘区、水上游憩区、森林体验区、民俗体验区、农业观光休闲区、寺庙游览区等园区，有核桃园、高科技示范园、大枣园、优质山楂园、苹果园、樱桃园、无公害大棚示范园、九仙天池游乐园、百鹿园、粮船石水库垂钓园、玉龙池娱乐园、自采果园等景点。2005 年入选全国农业旅游示范点。

宋家沟农业生态区 位于泗水县泗张镇。占地面积 4 平方千米。已形成圣源度假村、桃园仙庄等旅游项目，集生态观光、休闲娱乐、接待服务等功能于一体。圣源度假村依山傍水，农家小院式的客房错落有致，点缀有凉亭和庙宇。桃园仙庄位于桃园水库畔，水边遍植松树，松林间建有各种茅草小屋。2005 年入选全国农业旅游示范点。

平邑九间棚旅游区 位于平邑县天宝梨乡。山势雄奇，沟谷深邃，山泉清澈，森林茂密，花果芬芳，民风淳朴。有保存完好的原始民居九间棚旧址、中国人民银行前身之一的北海银行鲁南印钞厂旧址朝阳洞、抗日战争时期罗荣桓等指挥的天宝山战斗遗址、引水工程龙顶山天池等历史和人文景观。2005 年入选全国农业旅游示范点。

马鬐山旅游风景区 位于莒南县城北隅。天佛风景名胜区的重要组成部分，占地面积 50 平方千米。马鬐山拔地而起，气势恢宏；比三个西湖还大的天湖，碧波荡漾，紧紧环抱着马鬐山，山色湖光相融，宛如仙源幻景。2005 年入选全国农业旅游示范点。

沂蒙小调旅游区 位于费县薛庄镇。唱响大江南北的民歌《沂蒙山小调》诞生于此，抗战史上悲壮的大青山突围战发生于此，现大力发展以大青山胜利突围纪念亭、纪念广场、沂蒙山小调诞生地、辛锐牺牲地为核心景点的红色旅游项目。山丘沟谷分布着板栗树，是全国著名的“板栗之乡”。以“万亩板栗”为核心，打造以体验农业生产过程、欣赏农村风貌和农民劳动生活场景的生态和农业旅游项目。2005 年入选全国农业旅游示范点。

新村万亩银杏园 位于郯城县新村乡。全国闻名的银杏苗木生产、培育基地和银杏叶、果集散地，有“天下银杏第一乡”的美誉。占地面积 35 平方千米，拥有连片的古银杏群，还有银杏古梅园、万亩古银杏森林公园、银杏生态园及长神树、红崖古梅、沂河风帆、打鼓台、广福寺等景点和古迹。2005 年入选全国农业旅游示范点。

乐陵枣林游览区 位于乐陵市朱集镇。乐陵小枣的栽培始于商周，兴于魏晋，盛于明清，已有 3 000 多年的历史。建有枣都碑、母子树、名人园、结义园、百枣园、金丝小枣文化博物馆等景点。2005 年入选全国农业旅游示范点。

梁锥希森新村 位于乐陵市黄夹镇。占地面积 6.67 万平方米，建筑面积 3.5 万平方米，是一个花园式建筑群。拥有集鲁西黄牛养殖繁育、屠宰加工、生物制品、蚯蚓养殖、沼气发电、生物饲料肥料加工等于一体的循环农业产业链。主要景点有玉米秸秆青储场、饲料拌和车间、鲁西黄牛育肥场、鲁西黄牛屠宰分割加工流水线、沼气发电、2 平方千米蚯蚓养殖场、生物饲料肥料加工车间等。2005 年入选全国农业旅游示范点。

世纪风农业科技园 位于平原县王凤楼镇。占地面积 2 平方千米。以高新技术为旗帜，以农业项目为素材，以园林化格局为载体，以技术展示、生产示范为手段，以高科技的现代化大农业为内涵，大力发展农业旅游观光。已形成种苗产业区、种植示范区、养殖示范区、生物技术区、生态旅游区、综合服务区六大区域，建成了组培温室、世纪风雕塑、荷花池、观雨亭、垂钓中心、鸽子广场、迎宾山、桃园等景点。2005 年入选全国农业旅游示范点。

曹州牡丹园 位于菏泽市人民北路。占地面积1.06平方千米。菏泽牡丹栽培已有近千年历史。目前有世界上牡丹芍药种植面积最大、品种最多的植物园林。建设有牡丹主题博物馆——国花馆,可四季观赏牡丹的温室。另有牡丹传奇、十二花神、芍药台、世界国花园、国风院等12大景区,国风园、国花门、国花魂、天香阁、桂陵碑、牡丹传奇及亭台水榭等景点39处。2005年入选全国农业旅游示范点。

乔家墩子村 位于日照市东港区秦楼街道。这里有蓝色的大海,金色的沙滩,翠绿的松林,神秘的海岛,依山傍海,林海相依。海市蜃楼是这里的一大奇观。早看海上日出,夜听涛声渔歌。民风淳朴,热情好客,是鲁南海滨旅游观光的一颗耀眼明珠。2005年入选全国农业旅游示范点。

竹洞天风景区 位于日照市东港区。占地面积67万平方米,绿化面积80%以上。生长着毛竹、淡竹、斑竹、箬竹、紫竹、钢竹、金镶玉竹等100多种竹子,是南竹北移的成功典范。主要有竹文化园、民族文化园、休憩园、水上娱乐园、原生毛竹林及农家乐生态园等六个功能区组成,建有侗族鼓楼、茶苑及民族文化村寨等30多处景观,构成了"魅力日照赛江南,别有盛景竹洞天"的主题景区。2005年入选全国农业旅游示范点。

肥家庄民俗旅游度假村 位于日照市东港区秦楼街道。东临黄海,西依卧龙山,北邻日照海滨国家森林公园和任家台渔家风情旅游度假村,南接桃花岛风情园。海水浴场宽阔平缓,沙质松软,无暗流险流。游客在此可以吃渔家饭,住渔家房,参加海滩篝火晚会,乘船出海、撒网捕鱼、赶海垂钓、登岛探秘,体验渔民生活,领略海上风光。2005年入选全国农业旅游示范点。

靴石民俗旅游村 位于五莲县松柏乡,地处九仙山腹地。因村西有一硕大巨石状如靴而得名。全村拥有乡村别墅式两层小楼20余座,集吃、住、娱、购于一体的乡村饭店坐落于青山绿水之间。南山有杜鹃花园,村西有靴石竹林,村东有孙膑书院,村前有小桥流水,四季瓜果飘香,乡土文化浓郁。2005年入选全国农业旅游示范点。

昌邑绿博园 位于昌邑市围子街。占地面积1.3平方千米。建有绿博会展中心、热带植物馆、国际展厅、四合院、崇圣塔、天音阁、伽蓝殿、青铜博物馆、暖温带观赏植物展示园、桩景园、常青园、民俗古典园等景点。引潍河水入园中,形成了长1 500多米、宽7米多的环园水系,倩影湖、天音湖等点缀园中。以水为脉、以古为骨、以绿为衣、以文为蕴、以人为本,成为“园林景观精致、静动自然和谐、文化底蕴丰厚”的生态观光旅游休闲园林。2005年入选全国农业旅游示范点。

杨家埠民间艺术大观园 位于潍坊市寒亭区南隅。杨家埠是潍坊风筝的发祥地。占地面积23.33万平方米,以年画、风筝为主导,民风民俗为主题,设有风筝博物馆、绘制馆、十八女子作坊、年画博物馆、年画作坊、民俗馆、文物馆、百年婚证展、老粗布作坊、农具展、红色收藏展、书画院、嫦娥奔月台、古店铺一条街、三星湖、度朔山以及杨家埠明清时期古村落等景点,是集风筝生产、年画印刷与民俗旅游于一体的民间艺术大观园。2005年入选全国农业旅游示范点。

岩马湖农业综合开发区 位于枣庄市冯卯镇。占地面积3平方千米,绿树成荫,环境优美,协调和谐。以驻驾山庄、岩马湖、九龙溶洞、姚沃村果材样板园为中心景区,形成了“一山一水一溶洞”和千亩池田藕的旅游格局,有山区水乡游、民俗风情游、农业生态游、溶洞探险游四条旅游线路,是“山区水乡”的独特色旅游区。2005年入选全国农业旅游示范点。

龟山农业生态旅游区 位于济南市市中区孟庄镇。因山形酷似伏卧的子母龟而得名。地处苏鲁豫皖交界的淮海经济开发区中心位置,与抱犊崮国家森林公园、熊耳山国家地质公园连成一片。主要包括万亩桃园、黄山涧十里绿色长廊、龟山风景区、老龙潭商周遗址、雁窝岭汉代古墓群等景区,山顶侧柏戴帽,山坡刺槐缠腰,山下果树环绕,生态农业特色显著。2005年入选全国农业旅游示范点。

绣川艾家村 位于济南市历城区绣川镇。紧邻红叶谷风景区、金象山乐园、孤山和齐鲁第一大佛,依山傍水,风景秀丽。山东省“生态家园富民计划”试点村,有农家乐15户,各户按不同标准划分为三个星级,由区旅游局挂牌管理。这里没有城市喧嚣,游客可以吃农家饭、干农家活、住农家院,享受农家的乐趣。2005 年入选全国农业旅游示范点。

九、全国休闲农业与乡村旅游示范点

滨州市芳绿食用菌高效生态休闲农业点 位于邹平市九户镇。利用当地农作物秸秆资源,工厂化生产菌种,建成了大型食用菌产业基地和以食用菌产业为主题的大型休闲餐饮观光项目——菇仙园。建有产业文化展厅、休闲长廊、江南风情大厅、各地名小吃现场加工点、小型鲜奶生产车间等,展现集珍稀食用菌栽培、彩色菇观光、采摘、餐饮、休闲、娱乐、科技教育于一体的食用菌餐饮文化。2013 年入选全国休闲农业与乡村旅游示范点。

乐陵市千年枣林公园 位于乐陵市朱集镇。乐陵小枣的栽培始于商周,兴于魏晋,盛于明清,已有 3 000 多年的历史。占地 20 平方千米,以枣生态、枣文化为核心,整合地方民俗、生态农业、企业高科技成果等资源,开发了国强亚联温泉旅游度假村、乾隆御赐枣王碑、采摘园、观光塔等景点,形成了一塔(观光塔)、两碑(李先念题词碑、中国金丝小枣之乡纪念碑)、三园(百枣园、结义园、高科技农业园)、四树(母子树、望娘子树、枣王树、铁将军树)的旅游格局,推出了“枣乡一日游”黄金旅游路线。2013 年入选全国休闲农业与乡村旅游示范点。

宫家巨峰葡萄生态观光园 位于青岛市城阳区惜福镇。葡萄种植面积达 66.67 万平方米,品种有巨峰、玫瑰香、黑美人等,其中以巨峰葡萄最为出名。这里的葡萄果肉结实水分多,颜色鲜艳,游客可入园自由采摘。2013 年入选全国休闲农业与乡村旅游示范点。

汉诺庄园一翼云石头部落 位于枣庄市山亭区兴隆庄,地处翼云山南麓。这里适宜种植葡萄,汉诺庄园集葡萄种植、葡萄酒酿造、葡萄酒品评、产品展销、温泉洗浴、旅游观光、休闲娱乐、歌舞表演等功能于一体，翼云石头部落集石板房山村探秘、民俗文化体验、田园农耕参与、城郊山水度假和水上游乐等功能于一体，是一个综合性旅游区。2013 年入选全国休闲农业与乡村旅游示范点。

黄河故道森林公园 位于夏津县东北部，地处鲁西北黄泛冲积平原。占地面积 21.78 平方千米。既有义合香雪、茌沙雨、苍桑雾霭、锦屏落玉等自然景观，又有十样龙枣、卧龙、古柿树等古树名木，更有点将台、石庄古井、古鄃书院大云寺、朱公祠、会盟台、点将台、杏坞书院等名胜古迹。四季分明，春季梨花飘香，夏季椹果压枝，秋季瓜果醉人，冬季雪景迷人。2014 年入选全国休闲农业与乡村旅游示范点。

岱岳里峪村 位于泰安市岱岳区道朗镇。地处泰山西麓，三面环山，背风朝阳，形成了利于林果生产的独特小气候。以苹果、山楂、核桃、板栗、春芽等林果产业为主导产业，并以“里峪村”为注册商标。有仰天神龟、国画崖、泰山老奶奶石等景点十余处，还有绵延数十里的齐长城、唐末农民起义遗址黄巢寨、元帅府、屯兵房、旗杆孔、点将台等遗迹。2014 年入选全国休闲农业与乡村旅游示范点。

淞晨茶文化产业园 位于日照市岚山区巨峰镇。湖泊及山地资源独特，保留了原有树林、植被和水系等自然生态系统，园区掩映在郁郁葱葱的山林之中。由日照茶叶博物馆、日照茶文化馆、生态有机茶叶园、清洁化加工车间、茶业科技研究和科普教育中心、游客接待中心、文化长廊七大部分组成，是集茶文化传播、休闲垂钓、养生保健、餐饮住宿、会议培训、商务洽谈、旅游度假于一体的生态观光、休闲养生胜地。2014 年入选全国休闲农业与乡村旅游示范点。

兰陵县国家农业公园 位于兰陵县顺和路。占地面积 13 平方千米，是山东省规模最大的生态农业旅游庄园。建设了五个 10 万平方米的大型智能温室和数百个冬暖式大棚，打造了“四季如春，常来常新”和“一园览四季，一日跨千年”的现代农耕文化奇观，展示了兰陵作为“中国蔬菜之乡”的美丽画卷。2014 年入选全国休闲农业与乡村旅游示范点。

邹城市上九山村 位于邹城市石墙镇。因周围有大小九个山头而得名;因坐落在山上,人住石头房、脚踩石头路、院墙石头垒,俗称“石头村”。始建于北宋初年,已有 1 000 多年的历史。有明清建筑风格的古民居 300 余套,保留有许多文化古迹,如玄帝观、爷娘庙、梁祝结拜地、秦皇故道、萧进士院、老学堂、古戏台、老廊桥、六合院及各类作坊店铺。2015 年入选全国休闲农业与乡村旅游示范点。

荣成市健康集团休闲农业示范区 位于埠柳、夏庄等镇。占地面积 3 平方千米。主要包括别洞天休闲采摘园、天润红豆杉种植园、仙极无花果种植园和乐时大樱桃采摘园,已形成集果蔬采摘、花卉观赏、观光体验、科普教育、摄影写生、婚纱摄影于一体的休闲旅游园区。2015 年入选全国休闲农业与乡村旅游示范点。

临朐县石门坊寨子崮村 位于临朐县西部山区。始建于明嘉靖年间,群山连绵,绿树环绕。村居顺河依山而建,200 多户人家错落有致地掩映在翠绿之中,石墙、石屋、石堰及石碾、石磨、石板路随处可见。拥有近万棵柿子树,魁星楼、晏婴洞、太平天国遗址等古迹闻名遐迩。2015 年入选全国休闲农业与乡村旅游示范点。

临邑县红坛寺森林公园 位于林子镇,地处鲁北平原。在黄河古道湿地的基础上建成的综合性生态农业观光园,占地面积 16 平方千米。保留有著名的红坛寺遗址,也是明朝初期著名的古战场。主要分为旅游服务区、愉湖游乐区、红坛度假区、林海览翠区、观光生态园区等六个景区,成为春赏花、夏游园、秋食果、冬踏雪的情趣之地。2015 年入选全国休闲农业与乡村旅游示范点。

池上镇中郝峪村 位于淄博市博山区。先后开发了蔬菜劳作园、桂花赏花园、漂流、休闲、养生、宿营等旅游项目,发展以休闲度假为主的乡村旅游项目。吃农家饭、住农家院、观农家景、享农家乐,是中郝裕村旅游的主要特色。2015 年入选全国休闲农业与乡村旅游示范点。

沽河休闲农业示范园 位于莱西市沽河街道。依托大沽河自然风光、成片的果园、多样的民俗风情，建成山后韭菜生态园、佰川佳禾生态园、大沽河万亩果品生态园、神岭休闲谷、曲家庄葡萄庄园、丰诺优质桃生态园、吉林森工苗木基地等十多个特色农业园和白鹭湖温泉度假村，形成了休闲农业、乡村旅游、产业融合、联动发展四位一体的休闲农业与乡村旅游发展模式。2015 年入选全国休闲农业与乡村旅游示范点。

海青镇茶业生态示范区 位于青岛市黄岛区。拥有茶园 13.33 平方千米。依托得天独厚的山、茶、竹、林、水资源以及厚重的历史资源，茶叶产业、旅游产业、文化产业融合发展，做活茶叶、生态、旅游三篇文章，打造“北方的江南小镇”。2015 年入选全国休闲农业与乡村旅游示范点。

十、全国工业旅游示范点

青岛啤酒厂 位于青岛市市北区登州路。清光绪末年由英、德两国商人合资开办，是我国最早的啤酒生产企业之一。主要产品为青岛牌系列啤酒，以酒液清澈透明、香醇爽口、泡沫细腻、持久挂杯而闻名。20 世纪 90 年代后期，建成了啤酒专业博物馆和旅游参观长廊，正式向海内外旅游团体开放。2004 年入选全国工业旅游示范点。

青岛海尔工业园 位于青岛市高科园东部。前身是 1984 年建立的青岛电冰箱总厂，现是大型家用电器成品开发基地。占地面积 53 平方千米。已建成海尔文化广场、海尔中心大楼样品室、海尔科技馆、海尔时空飞碟、海尔特种冰箱生产线、海尔开发区物流中心、海尔商用空调生产线等景点 12 处。2004 年入选全国工业旅游示范点。

青岛港 位于山东半岛南岸的胶州湾。始建于清光绪中期，是已有 100 多年历史的国家特大型港口。由青岛老港区、黄岛油港区、前湾新港区三大港区组成。主要参观游览点：金牌工人的杰出楷模、“振超精神”创造者许振超的工作现场，世界一流的集装箱码头、铁矿石码头、原油码头、煤炭码头、粮食接卸基地。2004 年入选全国工业旅游示范点。

青岛华东葡萄酒庄园 位于青岛市崂山区南龙口九龙坡。欧式葡萄酒庄园，占地 67 万平方米，庄园内四季常青，被誉为世外桃源。所属公司青岛华东葡萄酿酒有限公司，创建于 1985 年，现发展成为集葡萄种植、酿酒、旅游、贸易于一体的花园式生产企业，2004 年入选全国工业旅游示范点。

张裕集团 位于烟台市芝罘区大马路。前身为烟台张裕酿酒公司，由我国近代爱国侨领张弼士创办的我国第一个葡萄酒工业化生产厂家。拥有国内现代化的酒窖，形成了以酒文化博物馆为中心，串联酒庄、葡萄基地、葡萄发酵中心、现代化生产线的旅游线路。2004 年入选全国工业旅游示范点。

东阿阿胶集团 位于东阿县阿胶街。前身为东阿阿胶厂，建于 1952 年。拥有中成药、保健品、生物药等产业门类，为全国最大的阿胶系列产品生产企业，产品远销欧美及东南亚各国。建有阿胶博物馆、东阿阿胶古城、药王山、毛驴繁育中心、福寿宫毛驴火锅形象店等，主打中医药养生体验旅游。2004 年入选全国工业旅游示范点。

日照港 位于日照市东港区。东临黄海，北与青岛港、南与连云港毗邻，隔海与日本、韩国、朝鲜相望。伴随着我国改革开放诞生、成长起来的新兴沿海港口，国家实施“西煤东运，北煤南运”战略的重要出口，也是西部大开发战略的重要通道。1986 年投产运营，是一个拥有港口业务、物流与贸易、建筑与制造、综合服务四大业务板块的大型现代化企业集团。2005 年入选全国工业旅游示范点。

济宁三号煤矿 位于济宁市石桥镇。利用濒临微山湖畔的优势，巧借江南园林的构建手法，建成了高品位的矿井园林区。造型别致的采掘楼可西眺烟波浩渺的微山湖，主井和红色的钢铁副井井架高高矗立，天蓝色的大型圆煤仓上和平鸽盘旋其间，全封闭的皮带运输栈桥把主井塔、煤仓、选煤厂、热电厂和运河码头连成一体，孔雀、珍珠鸡、梅花鹿、鸵鸟等动物休憩其间,整个园区充满生机。2005 年入选全国工业旅游示范点。

济宁兴隆庄煤矿 位于济宁市兖州煤田的北部。煤田面积 56.23 平方千米,开设了拓展训练、井下体验等工业旅游项目,游人可以深入地下 1 500 米体验神秘的井下世界。新建的兴盛拓展训练中心是山东省设施最全、师资力量最雄厚、自然环境最优美的大型专业化培训基地。2005 年入选全国工业旅游示范点。

山东时风集团 位于高唐县时风路。以农用车生产为主业的多元化经营的大型企业集团,主要经营酒业、宾馆、商贸、涂料和油料,主导产品为三轮农用车、四轮农用车、拖拉机和发动机。是中央党校经济研究中心调研基地和山东大学教学研究基地,设有全国农用车行业唯一的博士后工作站。2005 年入选全国工业旅游示范点。

山东凤祥集团 位于阳谷县安乐镇。肉种鸡饲养、商品鸡孵化和宰杀冷藏、肉鸡分割,以及禽肉熟制品、调味品、生物保健品、畜禽饲料等相关产业的大型企业集团,是我国最大的肉鸡生产加工出口企业之一。生产基地现代化程度较高,各种生产场所均建有宽敞明亮的参观通道。2005 年入选全国工业旅游示范点。

德州扒鸡集团公司 位于德州市德城区迎宾大街。德州扒鸡是山东传统名吃,“德州三宝”(扒鸡、西瓜、金丝枣)之一,早在清乾隆年间就被列为贡品。德州扒鸡制作技艺被列入国家级非物质文化遗产代表性项目名录。工业园区拥有现代化扒鸡生产线、现代化保健品、蜂产品生产线,成为集生产加工、产品研发、文化展览和观光旅游于一体的德州扒鸡示范基地。2005 年入选全国工业旅游示范点。

中粮长城葡萄酿酒有限公司 位于烟台市蓬莱区刘家沟镇。长城品牌高档酒酿造基地,是按照国际标准建设的葡萄庄园。国家级葡萄及葡萄酒科研中心,是葡萄生态实验区和工厂化苗木繁育中心,也是葡萄酒文化传播的窗口。2005 年入选全国工业旅游示范点。

青岛海信集团 位于青岛市市南区东海西路。大型专业电子信息产业集团，拥有海信电器和海信家电两家上市公司，产业涉及多媒体、家电、通信、智能交通等领域。在海信智能展馆，不仅可以了解到海信的发展历程与最新的科技成果，也可以看到改革开放后智能技术的发展变迁，还能参与互动，体验人工智能技术。2005年入选全国工业旅游示范点。

青岛贝雕厂 位于青岛市延安三路。生产经营贝雕工艺品的大型企业。参观者可以通过玻璃隔断，详细了解贝雕工艺品的设计、选料、雕磨、成型、着色、安装等整套过程。厂区的贝雕艺术馆展示青岛贝雕历年来的获奖作品和各个时期不同风格的珍品佳作。2005年入选全国工业旅游示范点。

青岛可口可乐饮料有限公司 位于青岛市崂山区株洲路。经可口可乐公司授权生产并销售可口可乐系列产品的公司。实行免费工业旅游参观活动，整个游览共五个环节，分别是赠饮室现场品尝饮料，放映室观看介绍片并参与有奖竞猜互动游戏，参观生产线，参观博物馆，礼品区购买礼品和饮料。2005年入选全国工业旅游示范点。

青州卷烟厂 位于青州市玲珑山北路。前身为建于1948年的华东野战军随军卷烟社，现为山东中烟工业公司生产加工企业之一。2005年入选全国工业旅游示范点。

威海宏安集团 位于威海市文登区龙威路。主导产品为光纤光缆、数据电缆、通信电缆等，是国内最大的光电通信线缆企业之一，国内为数不多的拥有完整产业链的国家级高新技术企业。2005年入选全国工业旅游示范点。

威海艺达集团 位于威海市文登区。艺达集团是我国最大的床上用品生产企业之一。由艺达文登工业园和艺达菏泽工业园两大园区组成。艺达文登总部为贸易中心、技术中心、产品研发中心和高新生产设备聚集区，艺达菏泽工业园为产品加工中心和物流配送中心。2005年入选全国工业旅游示范点。

威海金猴集团 位于威海市环翠区世昌大道。始建于1951年，主要生产皮鞋、皮具、服装等产品，并从事进出口贸易、房地产开发、金融、投资、物流、酒店等第三产业。建于2001年的金猴工业园，所有的车间都有一条观光通道，生产流水线全部沿通道两侧设置，游客可以沿着通道观看工人的操作，不出车间就可看完全部生产流程，有兴趣的游客还可现场购买一双自己喜爱的皮鞋。2005年入选全国工业旅游示范点。

德城皇明中国太阳谷 位于德州市德城区抬头寺镇。主要从事再生能源的研发、检测、生产，规划建成集产、学、研于一体的世界太阳能“硅谷”。建设有以太阳能为主的多种节能技术相结合的节能建筑。是目前世界上最大的太阳能光热研发检测、制造物流及光伏终端研发生产基地，是世界了解中国太阳能产业的窗口。2005年入选全国工业旅游示范点。

烟台南山集团 2005年入选全国工业旅游示范点。参见全国农业旅游示范点——龙口南山集团。

淄博中国陶瓷馆 位于淄博市张店区文化广场。集陈列、展览、收藏、研究、销售和社会教育于一体的综合性现代化陶瓷博物馆。展区面积1万多平方米，分古代展区、现代展区、表演区和销售区四大部分，全面展示从新石器时代的后李文化以来的中国陶瓷文化，生动直观地展现了中华文明的博大精深与源远流长。2006年入选全国工业旅游示范点。

清华紫光科技园区 位于威海市环翠区齐鲁大道。占地面积近7万平方米。以无花果系列产品开发、生产、销售为主的现代化高新技术企业。依托清华大学紫光集团，推出紫薇卵磷脂、金思力、金奥力、金福力等系列产品，正在开发磷脂颗粒系列产品。2006年入选全国工业旅游示范点。

郓城云龙家纺工业园 位于郓城县工业园区。出口工艺家纺制品的大型生产基地。拥有云龙进出口有限公司、云龙复合纺织材料有限公司和云龙泰科家纺有限公司等，主要研发、生产及销售抽纱刺绣品、工艺家纺制品和功能性复合纺织材料，以科、工、贸一体化为主要经营特色。2006年入选全国工业旅游示范点。

泰安蒙牛乳业泰安工业园 位于泰安市高新技术开发区。占地面积25

万平方米。工业园建筑以开放透明为特色,主色调蓝、绿、白,寓意蓝天、草原、白云和牛奶。生产车间设有参观通道,展示蒙牛产品从生产、加工到成品的全线生产流程。围绕冰激凌、液体奶、酸奶三大品类的工厂及附属设施,开发了十多个参观景点,设计了三条参观线路。2006 年入选全国工业旅游示范点。

泰山抽水蓄能电站 位于泰安市。由国网新源控股有限公司、山东电力集团公司、泰安市泰山投资有限公司共同出资建设,是山东省第一座大型抽水蓄能电站和第一个水电工程,主要担负山东电网的调峰、填谷任务,兼有调频、调相及事故备用等功能。2006 年入选全国工业旅游示范点。

肥城石横发电厂工业园 位于肥城市石横镇。石横发电厂始建于 1962 年,装机容量 198 万千瓦,为国家特大型中外合资企业,担负为泰安、聊城、济南等地区供电重任,是山东电网的主力发电厂。工业园区游览以电力科普、观光、休闲、娱乐为定位,生产区内有输煤栈桥、锅炉燃烧系统、汽机发电机组、集中控制室等景点。2006 年入选全国工业旅游示范点。

禹城高新区工业旅游园区 位于禹城市区东部。园区入驻企业 358 家,其中国家高新技术企业 14 家、国家级研究中心 7 个、省级以上研发机构 54 家,是全国第六家设在县级城市的国家高新技术产业开发区。已培植形成了生物、装备制造、新能源、新材料、绿色食品、高档纺织六大特色产业集群。2006 年入选全国工业旅游示范点。

平邑归来庄金矿地质公园 位于平邑县地方镇。占地面积 80 万平方米,依托矿区内采场、选厂和废石山等建设的环保型矿山公园,以展示黄金生产、工作场景、地质地貌、生态恢复为主要游览内容的黄金地质公园。主要分为选金、宝坑和金山三大工业景区,开发有天下奇石一条街、地质原貌读景壁、地下时空隧道、天鹅湖、风景山、封禅台、采矿工艺、选矿工艺、娱乐城、人间画廊、水晶宫、五牌楼等景点。2006 年入选全国工业旅游示范点。

青岛保税区 位于青岛市黄岛区。占地面积 3.8 平方千米。1993 年开关运营,享有免证、免税、保税政策,具有国际贸易、进出口加工、保税仓储、物流分拨等功能。由主体功能区、保税功能拓展区、辐射带动示范区三个部分组成,实行境内关外方式运作。2007 年入选全国工业旅游示范点。

周村烧饼有限公司工业旅游区 位于淄博市周村区。周村烧饼源于汉代,距今已 2 000 余年。周村烧饼有限公司始建于 1956 年,是一个有着 60 多年生产历史的老字号企业。主要生产周村烧饼。建有周村烧饼博物馆等景点。2007 年入选全国工业旅游示范点。

山东航天科技展馆 位于烟台市航天路。占地面积 1 000 平方米,分为中国航天发展史、中国航天器、世界航天、山东航天电子技术研究所与中国航天、航天科技幻影成像系统等模块,汇集了大量航天图片和实物模型、音像资料,集航天科普和航天体验于一体,颇具知识性和趣味性。2007 年入选全国工业旅游示范点。

鲁花集团工业旅游区 位于莱阳市龙门东路。鲁花集团是农业产业化国家重点龙头企业,主要产品有鲁花 5S 压榨一级花生油、压榨特香菜籽油、剥壳压榨葵花仁油、坚果调和油、橄榄油、芝麻香油、酿造酱油、酿造糯米香醋、花生制品、粉丝、矿泉水、原装进口葡萄酒等。2007 年入选全国工业旅游示范点。

莱阳新冷大集团工业旅游区 位于莱阳市富水路。新冷大集团始建于 1988 年,主要产品有各种畜禽肉制品、调理食品、蔬菜浓缩汁、速冻和保鲜蔬菜水果、真空低温食品、干燥类食品、高温杀菌类等七大类 300 余个品种。2007 年入选全国工业旅游示范点。

诸城新郎欧美尔家居产业园 位于诸城市经济开发区。占地面积 42 万平方米。主要从事办公、酒店、卧房、餐厅、儿童套房等系列产品的生产加工,并为酒店、精装房、固装家具、活动家具配套的家具生产企业,形成了从研发、生产、销售到服务的一条龙经营模式。园区内有典雅别致的欧式建筑,有独特秀美的园区景观,是一座现代化休闲购物园区。2007 年入选全国工业旅游示范点。

威海健人食品科技公司工业园 位于威海市珠海路。占地面积 40 万平方米，建筑面积2万多平方米。集科研、养殖、加工、销售于一体的，海参深加工领域的龙头企业，同时还利用无花果等特产资源，研发无花果产品，成立了威海市无花果产业协会，开发了无花果活素等系列产品。2007年入选全国工业旅游示范点。

威海啤酒集团工业园 位于威海市环翠区温泉镇。集白酒、啤酒、葡萄酒、矿泉水的研发、生产、销售于一体，兼营房地产开发、生物科技等的现代化综合性企业集团。主要产品有威海卫啤酒、威海卫白酒、威海卫葡萄酒、威豪紫薯粉、威海卫矿泉水等。2007年入选全国工业旅游示范点。

武城古贝春有限公司工业园 位于武城县古贝春大街。地处鲁西北平原，京杭大运河畔，水美谷丰，物华天宝，酿酒资源丰富。1958年建厂，是山东省纯粮食酒重点生产厂家。生产浓香、兼香、酱香三大香型的纯粮优质白酒，主导产品为“古贝春”“古贝元”系列酒。2007年入选全国工业旅游示范点。

十一、国家级非物质文化遗产生产性保护示范基地

东阿阿胶股份有限公司 位于东阿县阿胶街。阿胶的应用已有3 000年的历史，自古以来就被誉为“补血圣药”“滋补国宝”，从汉唐至明清一直都是皇家贡品。东阿阿胶被列入国家级非物质文化遗产（代表性项目）名录。2012年入选国家级非物质文化遗产生产性保护示范基地。

鲁锦工艺品有限责任公司 位于鄄城县人民路。山东省规模最大的鲁锦生产企业，集鲁锦生产、销售、研发、对外贸易于一体，鲁锦及其制品畅销欧美及亚洲60多个国家和地区。鄄城县是“中国鲁锦艺术之乡”。元明之际，随着棉花在黄河流域的大面积种植，鲁西南人民将传统的葛、麻、丝、织

绣工艺糅于棉纺,形成了鲁西南棉锦。清代鄄城鲁锦被作为贡品上献朝廷。鲁锦织造技艺被列入国家级非物质文化遗产(代表性项目)名录。2014 年入选国家级非物质文化遗产生产性保护示范基地。

杨家埠民俗艺术有限公司 位于潍坊市寒亭区杨家埠村。杨家埠是潍坊风筝的发祥地。公司前身是杨家埠风筝厂,始创于 1986 年,是国内最大的风筝生产厂家。形成了从风筝、木版年画民俗艺术的发掘、研究,到风筝、木版年画制作、生产、销售,再到特色民俗旅游的发展格局。民间艺术大观园建有风筝文化艺术展示区、木版年画艺术展示区、民俗文化艺术展示区、店铺街民间艺术制作展示区四大游览区。2014 年入选国家级非物质文化遗产生产性保护示范基地。

十二、国家级旅游度假区

凤凰岛旅游度假区 位于青岛市。占地面积约 28 平方千米。三面环海,受海洋潮汐影响,造就了景观优美的岸线和洁净清澈的沙滩浴场。有 7 平方千米海域和 54 千米海岸线,是海滨景观之集大成者。山、海、岛、滩、湾、岬等自然景观,港口、渔村、海洋牧场、度假酒店等人文景观,组成了一幅传统与现代互融、环境优美的海滨画卷。2015 年入选国家级旅游度假区。

海阳旅游度假区 位于海阳市黄海大道。南临黄海,处于青岛、烟台、日照、威海四大优秀旅游城市的黄金节点,“仙境海岸”的核心地段。占地面积 13.36 平方千米,拥有滨海浴场、度假别墅、星级酒店、沙雕公园、美食广场、亚沙遗址群、滨海游乐中心、高尔夫球场、游艇俱乐部等景点和旅游项目,是一处具有浓郁海洋文化特色的旅游度假胜地。2015 年入选国家级旅游度假区。

蓬莱旅游度假区 位于烟台市蓬莱区海滨路。地处胶东半岛最北端,濒临渤海、黄海，与长山列岛隔海相望。占地面积约10平方千米。有蓬莱阁、三仙山、蓬莱水城、戚氏牌坊和戚继光故居、亚洲最大的海洋极地世界等景点，有山海自然风光、百里黄金海岸、18千米葡萄长廊、风格迥异的葡萄酒庄等景观。2018年入选国家级旅游度假区。

十三、国家级风景名胜区

泰山风景名胜区　位于泰安市泰山区，绵亘于泰安、济南、淄博三市之间。占地面积242平方千米。主峰玉皇顶海拔1 545米，有“五岳之首”“天下第一山”之称，有“泰山安，四海皆安”的说法。自秦汉至明清，历代皇帝到泰山封禅20多次，宏大的山体上留下了20余处古建筑群，2 200余处碑碣石刻。泰山是东方文化的缩影，是“天人合一”思想的寄托之地，是中华民族精神的家园。泰山日出、云海玉盘、晚霞夕照、黄河金带，被称为“泰山四大奇观”。泰山是国家风景名胜区、世界地质公园、世界文化与自然双重遗产。1982年入选国家级风景名胜区。

崂山风景名胜区　位于青岛市崂山区。占地面积446平方千米，由巨峰、流清、太清、棋盘石、仰口、北九水、华楼等九个风景游览区和沙子口、王哥庄、北宅、夏庄、惜福镇等五个风景恢复区及外缘陆海景点三个部分组成。崂山在海边拔地崛起，最高峰海拔1 133米，是我国海岸线第一高峰，有“海上第一名山”之称。绕崂山的海岸线长达87千米，沿海大小岛屿18个，构成了崂山的海上奇观。山海相连，山光海色，是崂山风景的特色。我国著名的道教名山，始建于北宋初年的太清宫至今犹存。佛教传入崂山地区已有1 700多年的历史，崂山最古老的寺院崇佛寺建于魏元帝景元年间。1982年入选国家级风景名胜区。

胶东半岛海滨风景名胜区　位于胶东半岛东北部，包括烟台蓬莱和威海成山头两个片区及海上长山岛、黑山岛、庙岛、刘公岛等岛屿。海湾岬角曲折多姿，地形起伏，林木繁茂，海蚀地貌如天然群雕。蓬莱以“海市蜃楼”驰名中外，蓬莱水城是保护完好的古代海军基地。水城西北丹崖山巅的蓬莱阁，面海凌空，气势雄伟，是神话里“八仙过海”的地方。长岛有“海上仙岛”之称，威海刘公岛是著名海上重镇，为清末北洋水师基地。成山头是我国东部“天涯海角”，地势险要，留有众多古迹，是历代著名的风景名胜地。1888 年入选国家级风景名胜区。

博山风景名胜区 位于淄博市博山区。占地面积 73 平方千米，有国家级森林公园两处，中国第一长城齐长城，大自然奇迹石海，高耸入云的望海楼，鲁中第一高山鲁山，被誉为“山东第一洞”的开元溶洞。中国孝文化的发祥地之一，汩汩流淌的孝水哺育了无数优秀的中华儿女。博山是历史悠久的“陶瓷琉璃之乡”。别具风味的博山菜肴和地方小吃，在鲁菜中占有重要地位，被誉为“中国鲁菜名城”。2002 年入选国家级风景名胜区。

青州风景名胜区 位于青州市西南郊。占地面积 76.54 平方千米，由云门山景区、驼山景区、玲珑山景区、田园风光区、南阳湖景区、昭阳洞景区、仁河水库景区等七大景区组成。拥有景点 86 处，主要有山岳、石崖、溶洞、湖体、森林、天景天象等自然景观，还有云门山大“寿”字、全国重点文物保护单位驼山石窟造像、魏碑鼻祖郑道昭的玲珑山题刻、长达 2 600 米的山体巨佛、龙兴寺佛教造像等。2002 年入选国家级风景名胜区。

千佛山风景名胜区 位于济南市历下区。占地面积 11.46 平方千米。隋开皇年间，依山势凿窟，镌佛像多尊，始称“千佛山”，并建千佛寺。唐贞观年间，千佛寺改名“兴国禅寺”，居千佛山山腰，现存隋开皇年间的佛像 130 余尊；兴国禅寺东侧的历山院，内有舜祠、鲁班祠、一览亭等。千佛山以山岳景观为特色，涧谷萦回，地景丰富。山崖上有龙泉洞、极乐洞、黔娄洞、吕祖洞等景观景点。北麓建有万佛洞，现存大量北魏、唐、宋造像。此外还有辛亥革命烈士陵园、唐槐亭、齐烟九点及云径禅关坊等景点。2017 年入选国家级风景名胜区。

十四、国家级自然保护区

山旺古生物化石国家级自然保护区 位于临朐县山旺村，地处鲁中南山区的东北边缘。占地面积 1.2 平方千米。以闻名世界的山旺古生物化石及火山地貌为特色。硅藻土沉积厚约 25 米，硅藻土质岩薄如纸张，稍有风化即层层翘起，宛若书页，古人比喻为“万卷书”。古生物化石种类繁多，精美完好，印痕清晰，栩栩如生，被誉为“化石宝库”。1980 年入选国家级自然保护区。

长岛国家级自然保护区 位于烟台市蓬莱区，地处胶东、辽东半岛之间，黄海、渤海交汇处。包括长山列岛的大小 32 个岛屿，占地面积 50 平方千米，其中陆地面积 39 平方千米，湿地海域 11 平方千米。林木苍郁，是候鸟迁徙的重要通道。自然景致美丽多样，以高峻险要的海蚀山崖、幽幻神奇的海蚀洞、千姿百态的奇礁异石、澄澈蔚蓝的海湾最为独特。长岛还是海豹的乐园，每年 3—5 月，憨态可掬的海豹成群结队，构成一道亮丽的风景线。1988 年入选国家级自然保护区。

黄河三角洲国家级自然保护区 位于东营市，地处渤海之滨，新、老黄河入海口两侧。占地面积 1 530 平方千米。以保护新生湿地生态系统和珍稀濒危鸟类为主的湿地类型自然保护区。黄河携带大量泥沙在这里沉积，年均造陆地约 13.33 平方千米，这里成为共和国最年轻的土地，也是我国暖温带最完整、最广阔、最年轻的湿地生态系统。每年春秋候鸟迁徙季节，数百万只鸟类在这里捕食、栖息、翱翔，成为东北亚内陆和环西太平洋鸟类迁徙的重要中转站、越冬栖息地和繁殖地。1992 年入选国家级自然保护区。

马山国家级自然保护区 位于青岛市即墨区。由马山、大山、宝安山、团山和长岭五个山丘组成，占地面积 7.74 平方千米。有柱状节理石群、硅化木群、沉积构造、接触变质带等地质遗迹,被地质界称为“袖珍式地质博物馆”。在安山岩中发现了柱状节理石群,在我国尚属首例。有玉皇殿、白云庵、千佛洞、狐仙居、即墨大夫等景点。1994 年入选国家级自然保护区。

贝壳堤岛与湿地国家级自然保护区 位于无棣县城北隅,地处渤海湾西南岸。占地面积 43 平方千米,其中核心区面积 15.5 平方千米。自南向北可分为第一贝壳堤岛及潮上沼泽湿地带、第二贝壳堤岛以及潮间滩涂和潮下湿地带,是山东省最宽广的滨海湿地带。主要保护对象为贝壳堤岛和滨海湿地,属于海洋自然遗迹类型自然保护区。贝壳堤岛是国内独有、世界罕见的贝壳滩脊海岸,目前世界上保存最完整的新老堤并存的贝壳堤岛,也是东北亚内陆和环西太平洋鸟类迁徙的中转站和越冬、栖息、繁衍地。2006 年入选国家级自然保护区。

大天鹅国家级自然保护区 位于荣成市成山镇。占地面积 17 平方千米,其中核心区 7 平方千米。以保护大天鹅等濒危鸟类和湿地生态系统为主的自然保护区。地处海陆过渡带,有芦苇沼泽、滩涂和浅海及潟湖四种湿地类型。典型的沙坝-潟湖海岸地貌,其中马山港是我国现存最为完整、最为典型的潟湖之一。天鹅湖滩涂广阔,环境幽静,饵料丰富,适宜大天鹅栖息越冬,每年有近万只大天鹅来此越冬,是世界上最大的大天鹅越冬种群栖息地。2007 年入选国家级自然保护区。

昆嵛山国家级自然保护区 位于烟台市牟平区和威海市文登区。以中国赤松为主要保护对象的森林生态类型自然保护区,占地面积 154.16 平方千米。昆嵛山属于长白山系崂山山脉,海拔 500 米以上的山峰超过 25 座,群峰耸立,沟壑纵横。主峰海拔 923 米,相对高差近 900 米,构成了山东半岛的屋脊;低于 400 米的山丘有烟霞山、姑余山等,构成昆嵛山外围高丘区和广阔山域。分布有我国最北界的刺杉、最南界的赤松,也有山东省最大的水杉。拥有全世界保存最完好的赤松林,是中国赤松的原生地和天然分布中心,被誉为“胶东植物王国”。2008 年入选国家级自然保护区。

十五、国家级水利风景区

沂蒙湖水利风景区 位于临沂市沂河城区段。坝上蓄水面积11平方千米。小埠东橡胶拦河坝全长1 135米,是世界第一橡胶坝。湖中建有两个湖心岛,两岸修建了宽80米的绿化带,构成了一湖、两岛、两线、四桥的水上游乐区。万亩水面碧波粼粼,两岸滩地草木茵茵,拦河坝雄伟壮观,湖心岛相映成趣,四桥腾空飞驾,形成一道靓丽的风景线。2001年入选国家级水利风景区。

天鹅湖公园 位于东营市东营区东部滨海地带。占地面积近40平方千米。天鹅湖为亚洲最大的平原人工水库,原名"广南水库",后因每年冬季大批天鹅相约而至,改名"天鹅湖"。大水面、大空间,有"七岛、六景、五特、两鲜"。"七岛"为北岛、太阳岛等七个岛屿,从空中俯视如北斗七星映射地面;"六景"为日月山、太阳岛等六大景点;"五特"为地热资源特别丰富、候鸟特别多、大水面环境特别美、湖鲜特别好和地理位置特殊;"两鲜"为空气新鲜、湖中鱼类和湖区野菜鲜美。2002年入选国家级水利风景区。

江北水城风景区 位于聊城市东昌府区。占地面积25.48平方千米,其中水域面积6.01平方千米。由东昌湖、古运河和徒骇河三处组成。东昌湖为江北水城的标志性景点,自然环境清新宜人。城中有湖、湖中有城,城、湖、河一体,形成独特的湖城风貌。还拥有景阳冈龙山文化遗址、明代的光岳楼、临清运河钞关、清代的山陕会馆等众多人文景观。2003年入选国家级水利风景区。

百里黄河风景区 位于济南市天桥区。占地面积9.9平方千米。黄河在枯水期波平如镜,洪水期浊浪排空,漩涡环生。大坝飞峙,堤防伟岸,林木葱郁,黄河堤防、水闸等工程景观气势磅礴,被誉为"中国水上长城",毛泽东、周恩来等党和国家领导人曾来此视察。鹊山、华山、药山偎依河畔，河面上百年铁路老桥、斜拉式公路桥、泺口古渡浮桥如玉带束腰，形成了独特的景致。2003 年入选国家级水利风景区。

漳卫南运河水利风景区 位于德州市。漳卫南运河河道全长 814 千米，堤防长 1 536 千米。景区划分为三大区域：一是漳河及卫运河主轴区，设置有岳城湖水利风景区、郸声码水利浏览风景区、引黄穿卫枢纽风景区、四女寺枢纽风景区；二是卫河区，建设有浚县伾山风景点；三是漳卫新河区，建设有水闸工程、堤防风景和地方古文化景点。2004 年入选国家级水利风景区。

潍河水利风景区 位于昌邑市。占地面积 5.4 平方千米，其中水域面积 2.4 平方千米，湿地及园林面积 3 平方千米。潍河是昌邑人民的母亲河，建有城东、金口橡胶坝、潍河新大桥、潍河景观大堤、城区水系等重点水工建筑，形成了从金口拦河闸至城东橡胶坝的生态景观带，成为集观光旅游、生态休闲、娱乐健身等于一体的开放型滨河水利风景区。2005 年入选国家级水利风景区。

天平湖水上公园水利风景区 位于泰安市泰山区。占地面积 3.5 平方千米，其中水面面积 3 平方千米。分为沿湖游乐区、坝前亲水区、坝顶广场区、坝后休闲区、别墅开发区和管理服务区六大功能区，建设了龙园、松石园、如意园、水文化长廊、天庭园、日晷台、天门园等十几个景园，体现了现实与历史的对话、泰山与水文化的融合、人与自然和谐的主题。2005 年入选国家级水利风景区。

仙月湖风景区 位于昌乐县西南部与临朐县的交界处。占地面积 16 平方千米。仙月湖因有嫦娥奔月的传说而得名，水域面积 9.9 平方千米，水质纯净无污染，鱼类资源丰富，大坝周围绿林成荫。仙月湖与蓝宝石、古火山口、山旺化石等组合，成为集住宿、餐饮、休闲、娱乐、康体等多功能于一体的水利风景区。2005 年入选国家级水利风景区。

清风湖水利风景区 位于东营市东营区。占地面积约 6 平方千米，其中水域面积 3 平方千米。主要由“一河两湖六桥一区”组成，即广利河、清风湖、明月湖、五座步行景观桥、胜利大街桥及南岸旅游开发区。自然资源具有“新、奇、野、阔”之特点。新,是共和国最年轻的土地,拥有与海交汇的神韵;奇,黄河携沙填海造陆成为天下奇观;野,充满野趣的天然湿地;阔,地势低平,一马平川,视野辽阔。2005年入选国家级水利风景区。

汶河水利风景区 位于临朐、昌乐两县。占地面积1.25平方千米。汶河综合治理工程构建了大水面、大空间、大森林、大绿地的格局,改善了河道的水质条件,保护了沿河生物的多样性。城区段河道绿水清澈,群鸟翔集,景点优美;滨水景观带水清可浴,岸静可憩。2006年入选国家级水利风景区。

寿光弥河水利风景区 位于寿光市区圣城东街。占地面积22平方千米。以弥河河道为依托,按照“一轴”(水景观轴)、“一环”(环河林荫道)、“五片”(蔬菜博览苑、林果绿洲区、花城风采区、水上游览区、滨水住宅区)、“多点”(十里荷塘、晨鸣国际大酒店、展览馆、中华牡丹园、蔬菜高科技示范园等)的布局形式,分梯次开展拦蓄水工程建设,建成了集观光游览、生态休闲、科普科技于一体的开放型滨水空间。2006年入选国家级水利风景区。

中海水利风景区 位于滨州市渤海十八路。占地面积5.41平方千米,其中水域面积1.69平方千米,绿化面积2.91平方千米。景区以“天”为主题,突出日月星辰的设计理念,分中东海、中西海及中南海3片10区。现已建成三组标志性建筑:五角星造型的中国滨州国际会展中心,仿航母造型的中海航母餐饮娱乐城,汇集众多国家及民族建筑风格的滨州中海宾馆。此外还建有月亮湾浴场、森林浴生态区、百花园等休闲娱乐区。2006年入选国家级水利风景区。

东村河水利风景区 位于海阳市五间村至石人泊村之间。水域面积2.12平方千米。东村河自北向南经过海阳经济技术开发区、海阳旅游度假区汇入黄海,是海阳市的母亲河。风景区主要有由39座拦河闸坝构成的水生态环境区、市区北入口绿地、瑞祥园、新元广场、峰泽园、万紫园和林海桃源湿地公园,以优美的原生态自然风光和深厚的历史文化底蕴而闻名。

2007 年入选国家级水利风景区。

三里河公园水利风景区 位于胶州市，地处三里河文化遗址东南隅。三里河文化遗址是新石器时代原始氏族社会的文化遗存。风景区占地面积 31.8 平方千米，依托三里河文化，挖掘和吸收了胶州 4 500 年历史文化精髓，结合现代建园手法，以“一心、二桥、三园、多丘、十八景”的自然山水格局，构成以休闲滨水景观带、现代城市聚居广场、自然生态丘地、精品园区、环境小品为特色的开放式景区。2007 年入选国家级水利风景区。

洛神湖水利风景区 位于东阿县新城街道。风景区水面面积 40 万平方米，沿岸河槽、公路 12 千米，浆砌石护岸 10 千米，植被面积约 10 万平方米。洛神湖湖光映山色，草木繁花成景致，形成了风光优美的滨水自然景观带，已成为集生态、文化、观光、运动、休闲、旅游于一体的开放式、综合性园林公园。2007 年入选国家级水利风景区。

孙武湖水利风景区 位于广饶县，地处大王镇与古乐安城之间。占地面积 8 平方千米，其中水域面积 2.48 平方千米。湖区中间设有一座橡胶坝和拦河闸，三条干线公路大桥从湖中穿过，两侧湖岸全部采用砌石衬砌，绿化林带向两侧纵深绵延近 3 000 米。营造景观园林 80 万平方米，整个湖区掩映在翠绿之中，形成具有孙武兵学人文色彩和湖滨温泉自然色彩双重特质的综合性旅游胜地。2007 年入选国家级水利风景区。

峨庄水土保持生态风景区 位于淄博市淄川区。占地面积 93 平方千米。山体葱郁俊秀，山中多古树名木和珍稀动植物，与碧波荡漾的广阔水面、清澈见底的山涧溪流和随处可见的瀑布群相映成趣。生态多样性特征明显，26 个瀑布高差达 200 多米，瀑连塘、塘连瀑，青山连绵，色彩多变，风景如画，被誉为“北方的九寨沟”。2007 年入选国家级水利风景区。

莱西湖水利风景区 位于莱西市韶存庄。莱西湖又名“产芝水库”，是一座集防洪、灌溉、供水、养鱼、旅游于一体的综合性大型水库，流域面积 879 平方千米。以莱西湖为主体，以四周田园风光、林木等自然景观和宗教、民俗文化为依托，既有烟波浩渺的千顷湖面，又有一望无际的天然林地，自然环境优美。莱西湖水域东北处的马银山，四面环水水天一色，苍松劲柏，绿树成荫，有水拍云崖之奇观。2007 年入选国家级水利风景区。

淄博黄河水利风景区 位于高青县。淄博的黄河河道长 45.6 千米，堤防长 46.92 千米，绿化面积近 7 平方千米。主要依托黄河防洪工程和水土资源建设而成，包括沿黄河生态区和以黄河为背景的两大外延功能区——艾李湖、大芦湖。沿黄河生态区以黄河滩地、水利工程、防护林及大堤外侧生态农业为主，两大外延功能区以湿地景观为主，植被覆盖率高。2007 年入选国家级水利风景区。

抱犊崮龟蛇湖水利风景区 位于枣庄市山亭区北庄镇。占地面积 128 平方千米，由抱犊崮景区、龟蛇湖（周村水库）景区、熊耳山景区及生态保护区等组成。龟蛇湖与抱犊崮景区相连，周围山川环抱，水域辽阔，山清水秀。现已保护性地修复了三清观、会仙亭、天台坊，建设了山东省最大的百鸟园，开发了登山索道、登崮旋梯、双龙大裂谷、黄龙洞、龟蛇山及万寿阁等景点。2007 年入选国家级水利风景区。

微山湖湿地红荷水利风景区 位于滕州市滨湖镇。占地面积 90 平方千米，其中湖域面积 60 平方千米。有 55 千米的湖岸线、66.67 平方千米的野生荷花、数十平方千米的芦苇荡及人迹罕至的水上林区。陆续建成了荷花精品园、红荷广场、湿地静水漂流园、激情漂流园、水生植物园、《铁道游击队》外景拍摄基地、湖上观光园、湖岛探幽处等景点，形成陆上精品荷花湿地游、水上微山湖岛屿游、微山湖森林氧吧游三大旅游板块，集中展现了微湖、湿地、红荷、林海四大旅游亮点。2008 年入选国家级水利风景区。

康王河公园水利风景区 位于肥城市西北部，地处康王河与龙山河交汇处。占地面积 168 平方千米。以肥城风情，生态印象为主题，形成了“一轴、一线、两带、四区”的景观区。一轴即泰临路景观轴；一线即康汇大街延长线；两带即康王河、龙山河两大景观带；四区即自然保护景区、展示中心景区、水泽天地景区、荷田野趣景区四大景区。2008 年入选国家级水利风景区。

鱼丘湖水利风景区 位于高唐县鼓楼西路,环抱古城。占地面积2平方千米,其中湖域面积0.72平方千米。鱼丘湖碧波荡漾,淫雨不涨,久旱不涸,清如许,明如镜,如一颗璀璨的明珠镶嵌在古朴秀美的县城,形成了城中有湖、湖中有城、城湖一色的美丽画卷。有各具特色的鱼丘,还有文昌宫大成殿、在原遗址上兴建的大觉寺等景点。2008年入选国家级水利风景区。

潍河水利风景区 位于昌邑市交通中街与滨河西路交叉口。占地面积5.4平方千米,其中水域面积2.4平方千米,湿地及园林面积3平方千米。潍河是昌邑人民的母亲河。建有城东、金口橡胶坝、潍河新大桥、潍河景观大堤、城区水系等重点水利建筑,形成了从金口拦河闸至城东橡胶坝的生态景观带,成为开放型滨河水利风景区,2008年入选国家级水利风景区。

峡山湖水利风景区 位于潍坊市王家庄街道。占地面积210平方千米。峡山湖烟波浩渺,岸绿水清,群鸟翔集,景色优美。峡山、草山、鞋山抱水而立,周边有郑公祠、伯温洞、朱子祠、袁绍墓、潍水之战古战场等人文景观,历史文化底蕴深厚。建有湖滨公园、观光亭、观光栈桥等景点,成为集游览、休闲、娱乐于一体的水生态旅游精品工程。2008年入选国家级水利风景区。

马踏湖水利风景区 位于桓台县起凤镇,地处桓台县与博兴县两县交界处。马踏湖占地面积43.08平方千米,一般水深1.5米,最深处2.5米,正常容水量3 000万立方米,盛产莲藕、苇、蒲。有五贤祠、鲁连井等18处名胜古迹。2008年入选国家级水利风景区。

岩马湖水利风景区 位于枣庄市山亭区冯卯镇。占地面积近20平方千米。风光旖旎,山环水绕,水映青山,渔舟点点,沙鸥翔集,构成了一幅天然的美丽画卷。岩马湖湖面上网箱星罗棋布,扁舟穿梭;周围的溢洪道、桥头堡、发电站、放水塔、岩马公路站和欧峪大桥等建筑雄伟壮观,古朴典雅,与蓝天碧水相映成趣,一派典型的山区水乡的风貌。2008年入选国家级水利风景区。

黄河口水利风景区 位于东营市垦利区,地处黄河入海口。占地面积8.8平方千米,其中水域面积近3平方千米。依托黄河堤防而建,属于自然河湖型水利风景区。以黄河标准化堤防和入海流路的特有景观为主线，遍布大小坑塘、众多水库及串状分布的湿地，自然生态环境优越。已形成“一带六区”的建设格局，“一带”即以黄河堤岸风景为主的龙之堤景观带，“六区”即龙之邸度假区、龙之睛中心接待区、龙之屿水上休闲娱乐区、龙之葩生态农业观光采摘区、龙之趣体验综合活动区、龙之魂黄河文化殿。2009 年入选国家级水利风景区。

东阿黄河水利风景区　位于东阿县。占地面积 100 多平方千米，其中水域面积 20 平方千米。依托黄河堤防、引黄干渠及配套水利工程而建，属于自然河湖型水利风景区。以黄河沿岸独特的地貌和沿河防护林等自然景观为基础，融合黄河文化和地方历史人文景观，突出展示“黄河下游最窄处”“险工险段最多处”的独特魅力。拥有艾山卡口（黄河下游最窄处）、南水北调东线穿黄工程等工程景观。2009 年入选国家级水利风景区。

德州黄河水利风景区　位于齐河县。占地面积 184 平方千米，其中水域面积 75 平方千米。依托黄河南坦险工而建，属于自然河湖型水利风景区。黄河蜿蜒曲折，形成了“二级悬河”“黄河之水天上来”的天下奇观。堤防巍峨、坝岸雄伟，有“水上长城”之美誉；黄河落日、千里冰封及开河奇观远近闻名。生态环境良好，动植物种类繁多，人文历史悠久，文化底蕴深厚，是黄河文化和齐文化的发祥地之一。2009 年入选国家级水利风景区。

滨州黄河水利风景区　位于滨州市滨城区。占地面积近 8.5 平方千米，属于自然河湖型水利风景区。滨州市境内的黄河段属于典型的弯曲性河道，因河沙淤积造就了著名的地上悬河，有“黄河之水天上来”之势。依托黄河丰富的生态旅游资源，以水生态体系为主，展现了黄河文化的特有魅力。2009 年入选国家级水利风景区。

白浪河水利风景区　位于潍坊市寒亭区，地处白浪河中下游。占地面积 9.3 平方千米。以河流湿地和沼泽湿地两个类型为主，包括白浪河、白浪河两岸的绿地、部分建筑以及河滩地。分为生态湿地片区、水景公园片区、景观绿廊片区、商业文化片区和休闲园林片区五大片区。建有秋水云阁、田园酒廊、槿篱农舍等古建筑以及东坡步月、南溪垂钓等历史文化景观，成为集旅游休闲、商业服务、历史文化等于一体的城市湿地公园。2009 年入选国家级水利风景区。

台儿庄运河水利风景区　位于枣庄市台儿庄区运河街道。占地面积 38 平方千米，由南水北调台儿庄泵站景区、双桥景区、运河复线船闸景区、古运河公园景区、运河滩地十里荷花廓景区、月河明渠景区等八个部分组成。集河、湖、渠、塘、湿地生物种群等自然资源和运河桥、防波堤、蓄洪坝、节制闸、船闸、南水北调提水泵站等水利景观于一体，是国内罕见的组群式地貌水利奇观。城区内 3 000 米明清运河故道、古码头、古街巷，是京杭运河仅存的清代运河文化遗产。2009 年入选国家级水利风景区。

太公湖水利风景区　位于淄博市临淄区东部。依托淄河而建，处于中国古车馆-太公生态文化旅游区的核心部位。占地面积约 10 平方千米，其中水域面积 1.6 平方千米。以太公湖及太公湖生态休闲公园为核心，分为牛山、稷山、马莲台等景区，自然景色秀丽。景区内还有田齐王陵、管仲纪念馆的仿齐国古代门楼、宫殿等建筑。2009 年入选国家级水利风景区。

秦口河水利风景区　位于滨州市沾化区下洼镇，地处秦口河两岸。占地面积 4 平方千米，其中水域面积 1.2 平方千米。依托秦口河、沟盘河等水域和冬枣园林而建，包括下洼生态旅游园、秦口韵生态主题公园和沿河景观带三大部分，分为秦口韵文化区、滨水娱乐区、休闲体验区和新农村游览区等四大功能区。已建成鹊桥、仙果山、瀑布、冬枣文化长廊、沿河景观带等系列人文生态景点，成为集旅游、采摘、观光和感受水利文化、冬枣文化、乡土文化于一体的综合性水利风景区。2009 年入选国家级水利风景区。

淌水崖水库水利风景区　位于临朐县九山镇，地处弥河流域最南端、泰沂山脉北坡。依托淌水崖水库而建，水库四周山秀石奇，黑松连片，刺槐遍生，树木郁郁葱葱，山光水色相映成趣。地势复杂，山形多变，谷中河道盘旋交织，形成了以山为基、以水为秀、以林为屏、以石为奇的自然景观。淌水崖水库西部有新开发的黑松林自然风光旅游区。2009 年入选国家级水利风景区。

千乘湖水利风景区 位于高青县城南部。占地面积1平方千米。集环保治污、平原水库、生态恢复、景观建设于一体的综合性水系工程。建有田横山、千字文广场、十二生肖武士、飞鱼化龙、五福临门山、滨水伴读园等人文景观,展现了高青水城一体、人与自然和谐统一的黄河湿地园林城市特色。2009年入选国家级水利风景区。

胶河水利风景区 位于高密市凤城镇。依托胶河河道以及两岸风景而建设,自然风光奇美,独具传统人文魅力。胶河西畔的文体公园,包括体校、体育馆和博物馆、图书馆等,为集体育、文化、科研、会展、休闲、娱乐于一体的现代化、多功能文化体育科研场所。胶河东岸的锦都生态园,种有数百种南国植物,是植物生态观赏餐饮园。与胶河贯通相融的蝴蝶泉公园,绿树成荫,既使蝴蝶泉与胶河相通相融,又别成一片洞天。湿地资源丰富,生态系统多样,珍稀濒危鸟类繁多,是众多野生动物的栖息地或迁徙驿站。2009年入选国家级水利风景区。

青云湖水利风景区 位于安丘市新安路。占地面积8平方千米,其中水域面积6平方千米。分为宝岛风情区、植物园、金沙滩、生态湿地区、垂钓中心区、水上乐园区、水上运动区、度假别墅区八大功能区,植被丰富,景色秀丽。青云湖紧依青云山,碧波荡漾,沙鸥翔集,舟筏穿行,风景如诗如画。2009年入选国家级水利风景区。

浞河水利风景区 位于潍坊市高新技术开发区中部。占地面积2平方千米。依托浞河综合整治工程高新城区段而建,属于城市河湖型水利风景区。河道蜿蜒,水质良好,有半岛、岛屿、湿地等,生态环境优良。2010年入选国家级水利风景区。

抱龙河水利风景区 位于威海市文登区,地处抱龙河上游。占地面积73万平方米,其中水域面积42.68万平方米。依托抱龙河综合整治工程而建。抱龙河把城区一分为二,五座大桥似彩虹横卧其上。沿河建有大型音乐喷泉和富有地域文化特色的抱龙河公园、文登学文化主题公园,附近还有召文台古遗址、万石山摩崖石刻、峰山公园等景点。2010年入选国家级水利风景区。

少海水利风景区 位于胶州市少海新城。占地面积16平方千米,其中水域面积6.28平方千米。依托滞洪区的大型水体,对云溪河、三里河洪水进行调蓄分洪,形成一个完整的防洪、防潮工程体系,使胶州城区防洪能力提高到50年一遇,防洪、排涝和供水效益显著。水面宽阔,岸线曲折,植被覆盖率高,生态环境优良,成为大青岛区域内一个新兴的绿色社区。2010年入选国家级水利风景区。

雪野湖水利风景区 位于济南市莱芜区雪野街道。占地面积223平方千米。依托雪野水库而建,峰峦俊秀,峡谷奇幽,生态环境保护良好,动植物种类繁多,森林覆盖率高,有天然氧吧的美称。建设有以雪野湖为核心的四个旅游板块,推出游艇俱乐部、万人沙滩浴场等水上运动项目,还有国际航空节、航空运动会、空中体育体验运动等七大特色旅游产品,成为湖滨生态休闲度假中心、山水运动、会议疗养基地。2010年入选国家级水利风景区。

天颐湖水利风景区 位于泰安市岱岳区满庄镇。占地面积20平方千米。天颐湖由胜利水库改建而成。规划建设“一核、一环、两湖、多板块”的风景体系,形成山、城、湖为特色的城市新景观。一核是核心景观区旅游度假中心区,一环是沿天颐湖湖滨大道串联多个不同主题的景观区块,两湖是南北两个湖面,多板块指镶嵌在湖面上的滨水中心广场、主题乐园、湖滨生态园、水上运动中心、郊野生态园。2010年入选国家级水利风景区。

东平湖水利风景区 位于东平县老湖镇。东依泰山,北接济南,处在运河文化区中心。依托东平湖和有“江北都江堰”之称的古代水利工程戴村坝而建。属于自然河湖型水利风景区,占地面积638平方千米,其中水域面积630平方千米。《水浒传》中描述的八百里水泊唯一遗存水域,三面环山,钟灵毓秀,素有“小洞庭”之称。有东平水浒影视城、六工山水浒大寨、戴村坝、腊山、白佛山、稻屯洼湿地公园等景点。2010年入选国家级水利风景区。

赵王河水利风景区 位于菏泽市牡丹区。占地面积2.03平方千米，其中水域面积0.97平方千米。属于城市河湖型水利风景区，大气磅礴、伟岸壮阔，一轴、六片、十景的景观令人目不暇接。2010年入选国家级水利风景区。

三河湖水利风景区 位于滨州市滨城区堡集镇。占地面积24平方千米。徒骇河、土马沙河、付家河交汇于此。属于自然河湖型水利风景区，地貌层次明显，水域广阔，水质优良，景色各异。以人水和谐为主题，突出黄河三角洲风情，已成为山东省水文化生态旅游的新亮点和环渤海腹地的度假胜地。2010年入选国家级水利风景区。

天马岛水利风景区 位于莒南县大店镇。占地面积26平方千米。主要包括陡山水库水域和马亓山群峰以及部分库区村庄和土地，其中陡山水库是景区的主体和精华。陡山水库又称"天湖"，是一座以防洪为主，兼有旅游、渔业养殖、灌溉、发电等综合功能的大型水库。2010年入选国家级水利风景区。

小开河灌区水利风景区 位于滨州市的黄河左岸。占地面积1 498平方千米，其中水域面积32平方千米。依托小开河引黄灌区而建。包括一带六区，即沿干渠引黄灌区水文化生态景观带，黄河文化景区、西海风景区、两河水文化区、民俗风情区、自然生态湿地区、沿海风光区。黄河三角洲原生植被与次生植被类型齐全，物种多样，水质良好，是重要的野生动物栖息地以及鸟类迁徙停歇地。2010年入选国家级水利风景区。

沂河源水利风景区 位于沂源县牛角山。占地面积14平方千米，其中水域面积近10平方千米。依托沂河河道上的橡胶坝、拦河坝等水利设施而建，属于自然河湖型水利风景区。根据沂河干流走向，利用现状地形，采用生态护岸，营造多样性河段，创建集休闲、度假、观光旅游于一体的水利风景区。2010年入选国家级水利风景区。

五阳湖水利风景区 位于淄博市博山区石马镇。占地面积31平方千米，其中水域面积3平方千米。百顷湖泊，千顷湿地，万顷森林，水利工程宏伟的大坝，壮观的溢洪道，精致的桥头堡和周围镶衬的汉白玉栏杆，横跨湖区的芦家台交通桥，构成五阳湖的独特风景。景区内还有五阳山、五凤山、金牛山、石马水库以及古老的齐长城、齐鲁桥等历史遗址，另外还开发了五阳湖生态园、现代有机农业观光园等旅游功能板块。2011 年入选国家级水利风景区。

仁河水库水利风景区　位于青州市庙子镇。占地面积 68 平方千米，其中水域面积 1.2 平方千米。依托仁河水库而建，属于水库型水利风景区。汇聚山峦、河流、森林、湖湾、洞穴等诸多自然景观及人文景观，是一个以生态旅游为主体，集休闲度假、水上游乐、文化交流、避暑疗养于一体的风景区。2011 年入选国家级水利风景区。

沂山东镇湖水利风景区　位于临朐县东南部。占地面积 85 平方千米。依托大关水库而建，属于水库型水利风景区。分为沂山和东镇湖两大板块，建设有沂山风景区、水库观光区、水上娱乐区、景石文化与现代生态农业观光区、马鞍山景区、齐长城遗址等景点景区。2011 年入选国家级水利风景区。

五龙河水利风景区　位于莱阳市五龙河入海口至沐浴水库上游蚬河莱阳入境处。占地面积 120 平方千米。依托沐浴水库而建，自然风光优美，人文景观独特，生态旅游资源丰富，具有清、静、绿、野、鲜、新、奇、特、优等特色。由沐浴水库生态风景区、蚬河休闲观光区、梨乡风情旅游区、丁字湾滨海旅游度假区四大景区串联组成，是开放性、公益性、园林式、河湖型水利风景区。2011 年入选国家级水利风景区。

岠嵎湖水利风景区　位于乳山市乳山寨镇。占地面积 15 平方千米。依托院里水库而建，属于水库型水利风景区。包括院里水库、岠嵎山等景区，自然景观、水文景观、历史景观、民俗景观等旅游资源丰富多彩。岠嵎山山石独特，是一个“天然的石雕园”；森林景观幽雅，植物种类丰富，是名副其实的“植物园”；水文资源丰富，湖塘、瀑布、山泉、山林相得益彰，空气中每立方厘米负氧离子含量高达 80 多万个，是一座“天然氧吧”。2011 年入选国家级水利风景区。

竹泉水利风景区 位于沂南县铜井镇。占地面积20平方千米。依托寨子水库而建,属于水库型水利风景区。水库工程蔚为壮观,水库波光粼粼,帆影点点,与秀美山川构筑成一幅盛世画卷。景观资源分布均匀,水体、山体、历史人文建筑、自然植被等景观要素组织合理,以竹林、泉水、古村落为特色,打造了一个集聚沂蒙山乡韵味的水利风景区。2011年入选国家级水利风景区。

浮龙湖水利风景区 位于单县浮岗镇。占地面积58.6平方千米,其中水域面积21平方千米。浮龙湖是“中国四大古泽”之一的孟渚泽遗址,南临黄河故道,是历史上黄河冲积形成的半自然、半人工湖泊。开发了水滨休闲、水上运动、水中情缘、垂钓、沙滩浴场、淡水养殖、玫瑰苑等九大区域。2011年入选国家级水利风景区。

惠民县古城河水利风景区 位于惠民县城区。占地面积12.71平方千米,其中水域面积5.96平方千米。依托两河、一湖、三个水系而建,属于城市河湖型水利风景区。主要分为古城河和惠民湖两大核心景区。以河道景观林带为主体,以绿化节点为点缀,四季常青、三季有花,是富有韵律节奏感的绿色生态景观长廊。2011年入选国家级水利风景区。

黄河岛水利风景区 位于无棣县东北部套尔河与秦口河交汇处。依托秦口河、套尔河、黄河岛水库而建,属于城市河湖型水利风景区。占地面积39.5平方千米,其中水域面积15平方千米。水域广袤,烟波浩渺,林木葱翠,花草繁茂,芦苇绵延,名人苑、赛马场、高尔夫练习场、拓展训练基地、游船码头等匠心独运,既可开展丰富多彩的文艺活动,又可组织健身娱乐活动,还可进行滑水、龙舟赛、飞艇和游船等水上活动。2011年入选国家级水利风景区。

邹平黄河水利风景区 位于邹平市码头镇。占地面积300平方千米。依托气势磅礴的黄河大堤而建。打造了黄河绿色生态观光带、梯子坝黄河景区、码头休闲农业与乡村旅游区、台子古城文化与生态采摘区。景区内黄河河段河沙淤积形成“地上悬河”。梯子坝险工因形似架于黄河之上的梯子而得名，被誉为“黄河第一险工”，是景区标志性工程。2011 年入选国家级水利风景区。

菏泽黄河水利风景区 位于东明县。依托黄河大堤而建，属于城市河湖型水利风景区，占地面积 100 平方千米。除了世界闻名的“地上悬河”河段，还有“槽高、滩低、堤根洼、堤外更洼”的“二级悬河”。大面积的黄河滩地与绿化林带相得益彰，形成了靓丽的河道景观。还有黄河高村抢险纪念碑、庄子观、庄子钓鱼台等历史文化古迹。2011 年入选国家级水利风景区。

利津县黄河生态水利风景区 位于利津县黄河宫家闸到王庄闸之间。占地面积 35.8 平方千米。依托黄河自然景观以及港湾码头、树林草场、鱼池果园、农房草舍，形成了具有浓郁的黄河下游风情的景观区。空间布局呈“一带六节点”，“一带”即宫家引黄闸至王庄引黄闸生态休闲观光带，“六节点”即黄河诗词苑、黄河浴场、黄河码头、观澜园、利津水文站。2012 年入选国家级水利风景区。

王屋水库水利风景区 位于龙口市东南部。以王屋水库及黄水河河道为主体而建，王屋水库控制流域面积 320 平方千米，素有“高峡平湖”之称。水库大坝像一条巨龙横卧两山之间，蓄起万顷碧波，清澈的库水拍打着堤岸，如大海潮涨潮落，展现出人定胜天的磅礴气势。坝顶远眺，烟波浩渺，水天一色，成群的水鸟当空翱翔，摩托艇飞驰而过。还建有东放水洞渡水栈桥、环翠亭、西放水洞水榭、坝西端漫步公园、峡湖宾馆和别墅小区等景点和设施。2012 年入选国家级水利风景区。

长春湖水利风景区 位于栖霞市。占地面积 30.4 平方千米，属于城市河湖型水利风景区。已形成以长春湖为核心的休闲度假观光旅游板块，以牟氏庄园区为龙头的文化旅游板块，以艾山为中心的森林温泉养生旅游板块。长春湖湖面开阔，岸线曲折，岬湾交错，湖水宛若明镜，远山近岭倒映其中；湖边奇峰突出，野藤倒挂，山花烂漫，素有“胶东天池”之美誉。牟氏庄园是我国北方规模最大、保存最完整的封建地主庄园之一。艾山景区山溪奇石遍布，森林景观丰富，植被类型多样，是保持原始风貌的天然生态乐园。

2012年入选国家级水利风景区。

万紫千红水利风景区 位于泗水县泗张镇。占地面积10平方千米。群山环绕，地势起伏，植物茂盛，拥有北方地区极为少见的集湖水、缓坡、浅丘、山峦、密林于一体的山水田园自然景观。景区内的青界湖曾出现被誉为“生物活化石”的桃花水母，是一处生态系统原始、水质天然洁净的山泉湖。景区内主要有湖上乐园、养生酒店、水上别墅、汽车露营地、葡萄酒庄园、采摘园等项目，是集观光、休闲、度假等功能于一体的生态养生旅游区。2012年入选国家级水利风景区。

大乳山水利风景区 位于乳山市乳山滨海旅游度假区。占地面积52平方千米。大乳山景观独特，山、海、滩、湾、岛资源齐全。在保证防洪疏浚的基础上，注重山体、河道、湖泊、海域的生态要求，形成了耕渔知趣、欢乐世界、欢乐风休闲绿地三大特色鲜明的山水景观带，融旅游观光、休闲度假、康体养生、文化娱乐等多重功能于一体。2012年入选国家级水利风景区。

黛溪河水利风景区 位于邹平市。占地面积97.5平方千米，其中水域面积8.12平方千米。依托于印湖、黛溪湖和黛溪河而建，属于城市河湖型水利风景区。鹤伴山修筑拦水坝32座，降雨时节形成水库连水库、瀑布连瀑布的壮丽景观。鹤伴嘉业国家级水土保持科技示范园群山环抱，天鹅、穿山甲、银杏、水杉等野生动植物资源丰富，还拥有号称“齐鲁小灵岩”的佛教寺院唐李庵，以及北宋范仲淹读书洞。2012年入选国家级水利风景区。

沂河刘家道口枢纽水利风景区 位于临沂市沂河干流中下游。依托刘家道口水利枢纽和上游回水段而建，占地面积34.57平方千米，其中水域面积13平方千米。建有刘家道口节制闸、彭家道口分洪闸、李公河闸、李庄闸以及刘家道口、盛口、姜墩三处灌溉放水洞等水利工程，建筑类型多样，结构新颖别致。标准化的堤防，飞架两岸的公路大桥，绿草茵茵的沂河两岸，构成一幅人与水和谐相处、城市与自然完美融合的美丽画面。2013年入选国家级水利风景区。

金都龙王湖水利风景区 位于招远市温泉路。属于城市河湖型水利风景区,占地面积1.5平方千米,其中水域面积0.88平方千米。龙王湖三面环山,湖面开阔,岸线蜿蜒,山水和谐,景色幽美,有“一湖山色半城湖”之势。功能布局为一条主线、七大板块,即以环湖景观绿化带为主线,贯穿黄金阁公园、黄金乐园、城市滨湖休闲景观带、生态休闲疗养区、城市高端地产区、商业服务及生态休闲景观区。2013年入选国家级水利风景区。

徒骇河思源湖水利风景区 位于滨州市沾化区。占地面积30.8平方千米。胡营河、太平河等生态水系将徒骇河和思源湖两片风景区连成一体。以徒骇河城区段河道水系和思源湖蓄水工程为主线,建有大禹广场、大禹雕塑、水上观景台等人文工程和万亩林场、生态枣林、姜太公钓鱼台等景点景观。2013年入选国家级水利风景区。

夏津黄河故道水利风景区 位于夏津县苏留庄镇。依托郭后平原风沙综合防治示范工程和封庄小流域综合治理工程而建,占地面积26.8平方千米,其中水域面积1.2平方千米。地貌类型多样,沙丘延绵,树木繁茂,林草覆盖率95.8%,水土流失治理率96%。有颐寿园、金柿园、杏坞园、温泉度假村、森林游乐园、大云寺、香雪园、葡萄园等多个专题园区。2013年入选国家级水利风景区。

打渔张引黄灌区水利风景区 位于博兴县王旺庄,地处我国兴建较早的大型引黄灌区。占地面积135平方千米。1956年建成的引黄闸、1981年建成的新闸,还有老一干、引黄济青、三合干、十三条渠、稻改干等进水闸,各类水工建筑巧妙结合构成的打渔张渠首,成为水利风景区的核心景观。2013年入选国家级水利风景区。

绣源河水利风景区 位于济南市章丘区。水域面积5.8平方千米,景观绿化面积约6.7平方千米,属于城市河湖型水利风景区。包括绣源河上游的垛庄水库、中游的大站水库、下游的朱各务水库,水源充沛。分为郊野度假、中央游憩、休闲娱乐和生态涵养四个功能区段,以绣源河河面风景为主体景观,以各种花卉、乔木、灌木布置的自然景观,以水幕电影及音乐喷泉相互结合的科技景观,形成了河道与人文景观、自然景观、工程景观融于一体的别致景色。2013 年入选国家级水利风景区。

长清湖水利风景区 位于济南市长清区,地处济南国际园林花卉博览园核心区。湖区面积约 1 平方千米。长清湖按照“以人为本,宜宽则宽,宜弯则弯,人水相亲,和谐自然”的设计理念,构建城市滨水自然空间和生活休闲空间,成为集生态环境、人文历史、休闲与商业等功能于一体旅游区。2013 年入选国家级水利风景区。

微山湖水利风景区 位于微山县微山岛镇。以微山湖为核心,包括微山岛、渔家水街、昭阳湿地、湖东堤景观带、二级坝节制闸、独山岛和南阳古镇等景区,占地面积 893.68 平方千米,其中水域面积 839.50 平方千米。依托微山湖优越的水域生态环境,通过整合湖滨旅游资源,确立了两轴、四区的总体格局。两轴即湖东堤景观轴、大运河景观轴,四区即民俗风情度假区、生态湿地保护区、工程景观防护区、古镇休闲娱乐区。2013 年入选国家级水利风景区。

枣庄市城河水利风景区 位于枣庄市山亭区城头镇。占地面积 3.1 平方千米,其中湿地及水域面积 2 平方千米。有橡胶坝、梨花岛、桃花岛、农家乐别墅、观景台、垂钓中心、天然沙滩浴场、智能采摘大棚、自然生态博物馆、张家大院等景点。2013 年入选国家级水利风景区。

曲阜沂河水利风景区 位于曲阜市南部。依托曲阜沂河及其支流蓼河而建,属于城市河湖型水利风景区。占地面积 4.13 平方千米,其中水域面积 1.31 平方千米。沂河、蓼河两岸有亭台轩榭等人文和生态景观。景区周边人文资源丰富,北靠曲阜胜景孔府,东部有夫子洞及尼山书院,东南部有汉代墓群,南部有九龙山摩崖墓群,北部有周公庙、颜庙、寿丘、少昊陵等景点。2014 年入选国家级水利风景区。

蓼河水利风景区 位于济宁市三叶大道。依托蓼河及其连接的吟龙湖而建,属于自然河湖型水利风景区。占地面积 4 平方千米,其中水域面积 0.52 平方千米。以“一轴、一带、一环、一河、五湖、四片区”,构成一个体系完整、生态美好的水利风景区。2014 年入选国家级水利风景区。

青州弥河水利风景区 位于青州市黄楼街道。依托弥河水利工程而建,属于自然河湖型水利风景区。占地面积15.03平方千米,其中水域面积9.8平方千米,河道、湖泊、湿地、浅滩、岛屿、河心洲等自然景观,有朝晖、晚霞、雨景、冬景等天象景观,有喷泉、亭台、楼榭、景石、广场、运动公园、科普馆等人文景观,还有白鹳、白鹤、丹顶鹤、天鹅等稀有鸟类。2014年入选国家级水利风景区。

东沟河绿色生态长廊水利风景区 位于单县滨河路。依托东沟河而建,属于城市河湖型水利风景区。占地面积2.95平方千米,其中水域面积1.06平方千米。分为亲水堤岸、荷风栈道、健身休闲、丛林野趣等四个景观区,有植物群落、假山瀑布、儿童乐园、景观抛石、栈桥湖亭、湖面风光和休闲小亭等景观景点。2014年入选国家级水利风景区。

金牛湖水利风景区 位于聊城市茌平区建设路。占地面积3.5平方千米。背靠茌山,怀抱金牛湖,玉龙河盈盈环绕,植被茂盛葱郁,荷花池美不胜收。1.3万米的环湖路,大气的龙山广场,具有人文气息的景观桥梁,还有绿化带、音乐喷泉、跨谷景观桥、休憩廊亭,沙滩浴场、垂钓中心、上山木栈道等景点,形成了“一轴、一心、一带、一环、三脉、四区、十九景”的秀美风光。2014年入选国家级水利风景区。

秦皇河水利风景区 位于滨州市滨城区。依托秦皇河水利工程而建,属于城市河湖型水利风景区。占地面积1.4平方千米,其中水域面积0.5平方千米。景观布局分为亲水、临水和街景三个空间层次,形成了人水和谐的局面。主要景点有金河公园、信达国际花园、秦风苑、文景苑、四季观景平台等。2014年入选国家级水利风景区。

洰淀湖水利风景区 位于寿光市牛头镇。洰淀湖由织女河、阳河、益寿新河、张僧河汇集而成,湖区面积8.67平方千米,有潍坊市最大的天然湿地,是寿光市唯一的天然湖泊。属于湿地型水利风景区,自然景观有粼粼湖水、浩浩苇荡、翩翩飞鸟、清清游鱼四大要素,自古以“处处芦花飘香,声声渔歌入耳”而闻名。2014年入选国家级水利风景区。

大沽夹河水利风景区 位于烟台市芝罘区河滨路。属于城市河湖型水利风景区，景区全长约24千米，涵盖五处水利闸坝工程及一座地下水库，集行洪、供水、景观等功能于一体。拦河闸坝和跨河大桥梯级排列，闸坝横卧，碧水连天，远山近岭，遥相辉映。雪裹亭宇、冰封夹河、曲径听雨、雾锁林海、夹河晚霞、秋风落叶、夹河雾凇等天象景观众多。还有宫家岛烽火台、张桐人故居等历史遗迹。2014年入选国家级水利风景区。

大禹文化水利风景区 位于禹城市。依托泺清河综合治理工程而建，属于城市河湖型水利风景区。占地面积1.6平方千米，其中水域面积0.75平方千米。建有大禹文化“九龙入海”、“禹”字文化景墙、九曲桥、“一步两眼井”等23处景观，大禹主题广场、戏迷广场、健身广场等16处休闲场地。2014年入选国家级水利风景区。

洙水河水利风景区 位于巨野县凤台路。依托洙水河而建，属于城市河湖型水利风景区。占地面积9平方千米，其中水域面积4.92平方千米。洙水河形成于宋朝，粼粼万顷，荷花飘香，鱼鲜鸭肥，帆影点点，景观类型多样。正在打造洙水河景观生态轴和景观文化轴，营造城市生态带、洙水生态带和密林生态带，形成“一轴三区多点”的景观布局。2014年入选国家级水利风景区。

沁水河水利风景区 位于烟台市牟平区。依托沁水河而建，属于城市河湖型水利风景区。占地面积5.8平方千米，其中水域面积2.2平方千米。河道全长13千米，沿河建有城市客厅、浪漫桦林、碧海浮绿、曲艺天地、运动花园等多处景观，集湿地生态保护、都市休闲娱乐、文化体验、旅游观光等功能于一体。2014年入选国家级水利风景区。

韩墩引黄灌区水利风景区 位于滨州市，地处黄河三角洲腹地。依托韩墩灌区工程而建，属于灌区型水利风景区。占地面积12.6平方千米，其中水域面积8.6平方千米。以韩墩总干渠生态观光带为核心，打造了黄河文化观光区、生态观光农业园区、秦台民俗风情文化区、沾化冬枣生态旅游景区、沾化沿海滩涂观光区及六座平原水库，水利工程、自然生态、农业观光、地域文化等景观镶嵌其中。2014年入选国家级水利风景区。

临朐弥河水利风景区 位于临朐县。依托弥河水利工程而建,属于城市河湖型水利风景区。占地面积7.22平方千米,其中水域面积4.12平方千米。朐山林木葱郁,环境优美,文化历史浓郁;弥河碧波荡漾,两岸杨柳依依。以滨河景观为特色,结合丰富的地文景观、天象景观、生物景观、工程景观、人文景观,构建了“一脉两山八园五区”,打造了“湖映青山千林绿,一带碧水贯朐城”的水利美景。2015年入选国家级水利风景区。

樱花山水利风景区 位于邹平市西董镇。依托水土流失治理工程而建,属于水土保持型水利风景区。占地面积2.4平方千米,其中水域面积0.27平方千米。景区建设以保护生态、回归自然、享受绿色为理念,形成了五湖相拥相连的生态水系,构建了“以山为骨、以河为脉、以绿为体、以水为魂”的生态水土保持建设格局。2015年入选国家级水利风景区。

金水湖水利风景区 位于金乡县。依托大沙河、老万福河和金水湖而建,属于城市河湖型水利风景区。占地面积约1.13平方千米,其中湿地面积约0.47平方千米。河湖贯通、水域相连,沙滩、湿地、湖心岛等地貌景观多变,迎宾广场、观景台、音乐喷泉、木栈道各具特色,林地、草坪、湿地点缀其间。2015年入选国家级水利风景区。

莲湖水利风景区 位于聊城市东昌府区柳园北路。依托徒骇河水利工程而建,属于城市河湖型水利风景区。占地面积6.45平方千米,其中水域面积2.42平方千米。以占地近千亩的莲湖为主体,由徒骇河城区段河道、莲湖、昌东橡胶坝以及北城橡胶坝等组成。两处橡胶坝、徒骇河大桥和市民文化中心等工程景观与自然风景融于一体,以“一脉水清秀,一席莲韵来”,“徐徐入古道,悠悠映古城”的美景,重塑了“江北水城”的城市形象。2015年入选国家级水利风景区。

徂徕山汶河水利风景区 位于泰安市房村镇。依托天泽湖和徂徕山森林公园而建,属于城市河湖型水利风景区。包括徂徕山、汶河两大片区,占地面积293平方千米,其中水域面积11平方千米。徂徕山、汶河山水呼应,自然景观秀丽,人文底蕴丰富。沿环山路和泰良路将梁父山、光化寺、太平顶、纪念碑和泰山古城、碧霞苑、天泽湖等景观景点有机衔接,打造了以宗教文化、休闲旅游、红色教育为内涵的旅游线。2015 年入选国家级水利风景区。

九龙口湿地水利风景区 位于夏津县胜利路。依托九龙口湿地而建,属于湿地型水利风景区。占地面积 2.46 平方千米,其中水域及水利设施用地 2.12 平方千米。湿地类型多样,生物资源丰富。通过疏浚整治、人工植物浮岛水质净化工程、城北水系公园景观提升改造工程等措施,构建了"一带三区两园"的景观布局,集湿地保护、湿地科普与现代治水文化展示于一体。2015 年入选国家级水利风景区。

南池水利风景区 位于济宁市任城区。依托南水北调工程东线济宁段而建,属于城市河湖型水利风景区。占地面积 34.3 万平方米,其中水域面积 11.9 万平方米。依托良好的"古、雅、水、绿"的资源条件,打造了水上活动中心、城市风貌展示区、经典文化体验区、亲水休闲活动区、文化健身娱乐区,成为济宁市集防洪蓄水、水质净化、休闲度假、文化娱乐于一体的生态廊道。2015 年入选国家级水利风景区。

龙山河水利风景区 位于肥城市泰临路。依托龙山河及引汶入城工程而建,属于城市河湖型水利风景区。占地面积 9.2 平方千米,其中水域面积 4 平方千米。以沿岸自然生态环境风貌为底色,以肥城历史文化脉络为画谱,以两岸主题公园、广场、文化商业街、露天博物馆、休闲绿色步道等活动场所为要素,构造了一个充满活力的城市滨水共享空间。2015 年入选国家级水利风景区。

文亭湖水利风景区 位于成武县明水大道。依托文亭湖而建,属于城市河湖型水利风景区。文亭湖是汉代先民为阻挡洪水,取土筑堤挖掘而成。以"伯乐故里,湖畔绿地"的发展定位,形成"一轴、一环、双岛、三区、九星拱月"的发展布局。一轴即千里马路文化主景观轴,一环是生态环湖景观带,双岛指休闲映月岛和生态凤鸣岛,三区为荷花种植区、生态湿地区和水上活动区,九星拱月即“文亭九景”。2015 年入选国家级水利风景区。

鸡龙河水利风景区　位于莒南县。依托鸡龙河水利工程而建,属于城市河湖型水利风景区。占地面积 6.83 平方千米,其中水域面积 2.97 平方千米。景区内有九道溢流景观坝、两座橡胶坝、两座大型景观桥,主要景观景点有芦荡飞雪、馨风竹语、荷花仙子等,是以生态保护为主、兼顾都市休闲的风景区。2016 年入选国家级水利风景区。

羊山湖水利风景区　位于金乡县羊山镇。依托羊山运河、羊山湖、葛山湖工程而建,属于水土保持型水利风景区。占地面积 2.27 平方千米,其中水域面积 0.37 平方千米。羊山湖、葛山湖本是开山采石留下的采石坑,地下水汇集后形成湖泊,湖水清澈见底,游鱼如织。湖中及湖边分布有大量的岛石和象形石,石头形态各异,湖光山色相映成趣,形成了罕见而又奇特的山水石林景观,被称为“江北石林”。景区内还有鲁西南战役纪念馆、王杰纪念馆、兵器园、刘邓雕塑群等。2016 年入选国家级水利风景区。

徒骇河水利风景区　位于禹城市城区西隅。依托徒骇河综合整治工程而建,属于湿地型水利风景区。占地面积 3.6 平方千米,其中水域面积 1.62 平方千米。水系纵横,闸、坝、桥、涵等工程设施一应俱全,集防洪、灌溉、生态、旅游等功能于一体。现有一河、四景、一湿地,一河即两岸绿草如茵的徒骇河;四景即夏都聚落、象天法地、文明足迹、时代韵律等四个主题广场;一湿地即徒骇河人工湿地。2016 年入选国家级水利风景区。

阳河水利风景区　位于青州市西关路。依托仁河水库而建,属于水库型水利风景区,占地面积 68 平方千米。阳河包括南阳河与北阳河两条河流水系。南阳河为弥河的支流,穿越青州市区,沿岸风景名胜众多。北阳河古称“浊水”,早在北魏郦道元的《水经注》中就有记载,古往今来孕育了众多的历史名人,留下大量文化遗存。风景区设置了滩涂林地生态风貌区、民俗文化活动区、花文化展示区、历史先贤纪念区等特色区域,形成了完整的“生态画廊、历史长卷”风光带。2017 年入选国家级水利风景区。

沂水沂河水利风景区 位于沂水县。依托大小沂河而建,属于城市河湖型水利风景区。占地面积16.14平方千米,其中水域面积8.32平方千米。实施了河岸治理工程、月澜湾新区景观工程、沿岸绿化彩化工程,以河道工程、拦河橡胶坝、防洪大堤、生态湿地、月澜湾景观区、湿地花海等为主体,打造了“一河三园两湿地”的景观,实现了生态效益和社会效益的有效融合。2017年入选国家级水利风景区。

沂沭河水利风景区 位于临沂市经济技术开发区。依托沂河、沭河、李公河、玉白河、解白河、彭白河等河道而建,景区内河道总长度110.17千米,水域面积21.8平方千米。2018年入选国家级水利风景区。

十六、国家级海洋特别保护区

昌邑国家级海洋生态特别保护区 位于昌邑市北部堤河以东、海岸线以下的滩涂上。总面积29.29平方千米,全部为海域。主要保护以柽柳为主的多种滨海湿地生态系统和各种海洋生物。主要有浅水海域、滩涂、盐沼、柽柳湿地等天然湿地类型。植被茂盛,生物种类繁多,海洋生物资源丰富,潮间带大型底栖动物群落众多。天然柽柳林面积达20.7平方千米,犹如一道绿色的海堤抵御着汹涌海水的冲击,其规模和密度在全国滨海盐碱地区很罕见。2007年入选国家级海洋特别保护区。

黄河口生态国家级海洋特别保护区 位于东营市垦利区,地处黄河与渤海交汇的黄河三角洲。总面积约926平方千米,以黄河口海域生态环境保护、修复和管理为基础,以海洋经济鱼类产卵场、育幼场的保护修复和海洋资源合理开发利用为重点,以黄河口刀鱼、黄河口大闸蟹、四角蛤蜊、毛蚶、梭子蟹等海产品为主要保护对象,建有生态保护区、资源恢复区、环境整治区和开发利用区四个功能区。2008年入选国家级海洋特别保护区。

利津底栖鱼类生态国家级海洋特别保护区 位于东营市垦利区北部海区。包括从水下3—10米的海域,总面积94.04平方千米。以半滑舌鳎及近岸海洋生态系统为主要保护对象。该区域距离黄河入海口80千米,是半滑舌鳎等底栖鱼类的良好繁殖场所。通过一系列保护和管理措施,保护区内半滑舌鳎等底栖鱼类的密度和生物量得到增长并保持相对稳定,水质质量得到提高。2008年入选国家级海洋特别保护区。

河口浅海贝类生态国家级海洋特别保护区 位于东营市北部沿海地区。包括渤海湾南岸和黄河三角洲近岸海域,总面积448.12平方千米。主要保护对象为以文蛤、四角蛤蜊、青蛤、毛蚶等为主的经济贝类及其栖息生态环境。2008年入选国家级海洋特别保护区。

莱州湾蛏类生态国家级海洋特别保护区 位于东营市东营区。包括莱州湾西岸和广利河以北、永丰河以南的海域,总面积近180平方千米。这里是多种贝类的栖息和繁衍地,其中蛏类资源尤为丰富。主要保护以小刀蛏、大竹蛏、缢蛏等蛏类为主的多种底栖经济物种及其赖以生存的海洋生态环境。2009年入选国家级海洋特别保护区。

广饶沙蚕类生态国家级海洋特别保护区 位于广饶县。包括广饶县-5米的浅海海域,以及渤海莱州湾西岸近岸区域。地处黄河三角洲地区,滩涂广阔,坡度平缓,为沙蚕及其他湿地浅海生物的栖息提供了得天独厚的条件,是我国优质沙蚕群体的核心分布区。总面积73.56平方千米。主要保护对象为以双齿围沙蚕为主的多种底栖经济物种及其赖以生存的海洋生态环境。2009年入选国家级海洋特别保护区。

文登海洋生态国家级海洋特别保护区 位于威海市文登区。包括威海市文登区的青龙河口和靖海湾西部海域。总面积518.77万平方米。划分为重点保护区、生态与资源恢复区和适度利用区三个功能区,重点保护对象为河口、浅海生态系统和以松江鲈鱼、浅海贝类等为特色的物种多样性。2009年入选国家级海洋特别保护区。

黄水河口海洋生态国家级海洋特别保护区 位于龙口市黄水河入海处。包括水深0—6米的滨海湿地和水深6—12米的浅海区域，总面积近18平方千米。这里的海域是我国对虾产卵、索饵、生长的主要场所，又是黄渤海鱼类种群进出渤海洄游产卵的重要通道，还是蛤蛏、玉螺、沙肠、海肠、文蛤等底栖生物生存与繁殖的地域，也是过路鱼类主要集结场所。近海的经济鱼类有60多种，渔获量较大的有鳀、黄鲫等。2009年入选国家级海洋特别保护区。

芝罘岛岛群海洋特别保护区 位于烟台市芝罘岛北侧。由大摩罗石岛、小摩罗石岛、䃘碌岛、大石婆婆岛、小石婆婆岛、小山子岛等六个岛屿及其周围海域组成，总面积7.7平方千米，其中海域面积7.68平方千米。芝罘岛三面环海，为我国最大的陆连岛，具有特殊的海岛生态系统。保护区内海岛为基岩海岛，基岩裸露，岛屿四周发育有海蚀洞、海蚀拱桥等珍贵海蚀景观，对维护物种多样性和生态平衡具有重要作用。北部浅海岩礁发育良好，藻类丰富，具有丰富的渔业资源。还有阳主庙、婆婆口、海蚀柱、始皇道、阳主庙、射鱼台等古遗址。2009年入选国家级海洋特别保护区。

刘公岛海洋生态国家级海洋特别保护区 位于威海市环翠区，地处山东半岛最东端。总面积近12平方千米，包括刘公岛周边海域及邻近的大泓岛、小泓岛、日岛、黑岛、青岛、黄岛、连林岛、牙石岛、黑鱼岛等海岛。主要保护对象为区域内的无人海岛。刘公岛及其周边海域旅游资源丰富，自然风光优美，素有“海上仙山”和“世外桃源”的美誉，还是中日甲午战争的纪念地。刘公岛森林覆盖率达87%，是避暑、度假、疗养的理想之地。刘公岛周边海域盛产海参、三疣梭子蟹、鲳鱼、比目鱼、海带等，是一片不可多得的海洋“沃土”。2009年入选国家级海洋特别保护区。

牟平沙质海岸国家级海洋特别保护区 位于烟台市牟平区东北部浅滩。总面积近15平方千米，包括沙质海岸及其1 000米以内、水深0—10米的浅海区域。以保护沙质海岸原生态、打造海洋生态家园、促进生态繁荣为目标,重点保护海沙资源、沙质海岸景观以及海洋生物资源。滩涂开阔,海底坡度平缓,沙质洁白细软,是保存较为完好的自然沙滩,也是多种海洋生物栖息、索饵、产卵场地。初步探明的海砂矿产主要有金、铁、锆、钨、钼、钽、石英砂等。2010 年入选国家级海洋特别保护区。

莱阳五龙河口滨海湿地海洋特别保护区　位于莱阳市,地处五龙河入海处。总面积 12.19 平方千米,包括水深 0—5 米的滨海湿地浅海区域。主要保护对象为五龙河口滨海湿地。五龙河河口滨海湿地区域内,植物种类主要有赤碱蓬、芦苇、大叶藻、虾海藻等,栖息有白鹭等濒危鸟类。潮间带滩涂广阔,生物资源丰富,是多种贝类繁衍栖息的优良场所;潮下带洄游性和地方性经济鱼虾类品种繁多,是多种海洋经济鱼虾洄游索饵的通道和场所。2010 年入选国家级海洋特别保护区。

海阳万米海滩国家级海洋特别保护区　位于海阳市。总面积 15 平方千米,包括从海景酒店东侧至南水北调工程沿岸高潮线至高潮线以下 1 000 米的海域。主要保护对象是万米海滩和海洋生物多样性。万米海滩海岸蜿蜒,坡缓、浪稳、水清,沙粒均匀,平整如毯,是天然的海水浴场。2010 年入选国家级海洋特别保护区。

塔岛湾国家级海洋特别保护区　位于乳山市西南沿海,地处胶东半岛东南部。总面积近 11 平方千米,其中重点保护区域 4.64 平方千米。这里是集岛、滩、特殊地貌于一体的半封闭型自然海湾,湾口宽 3 200 米,岸线长 1.92 万米,最大水深 6 米,营养盐、饵料、浮游生物丰富,是菲律宾帘蛤、西施舌等经济生物栖息繁衍的优良场所,又是中国对虾、梭子蟹的增殖放流场。主要保护对象为菲律宾帘蛤、西施舌等海洋生物种质资源及其栖息、繁衍地。2011 年入选国家级海洋特别保护区。

威海小石岛国家级海洋特别保护区　位于威海市火炬高技术产业开发区西北部。总面积 30.69 平方千米,主要保护对象为刺参和小石岛。刺参主要分布在小石岛,小石岛因岛上多石而得名,面积 6.3 万平方米。2011 年入选国家级海洋特别保护区。

十七、世界地质公园

泰山世界地质公园 位于泰安市。占地面积418.36平方千米。泰山主峰玉皇顶海拔1 545米,有“五岳之首”“天下第一山”之称。地处我国东部大陆边缘构造活动带的西部,华北地台鲁西地块鲁中隆断区内,是华北地台的一个次级构造单元。地质构造十分复杂,既有前寒武纪形成的构造,又有中新生代发育的构造。地貌可分为侵蚀构造中山、侵蚀构造低山、侵蚀丘陵和山前冲洪积台地等四种类型造就了丰富多彩的景观形象。2006年入选世界地质公园。

十八、国家地质公园

熊耳山—抱犊崮国家地质公园 位于枣庄市山亭区北庄镇。占地面积108平方千米。以熊耳山和抱犊崮为依托,集双龙大裂谷、溶洞群、龙抓崖、山泉和典型的崮形地貌于一体。抱犊崮以雄奇险秀而著称,被誉为“鲁南小泰山”“天下第一崮”。熊耳山为华北罕见的岩溶地质地貌,拥有千奇百怪的溶洞群和钟乳石,气势雄伟双龙大裂谷,怪石林立的小白林,灰岩滚石随意堆砌的龙抓崖。2002年入选国家地质公园。

山旺国家地质公园 2002年入选国家地质公园。参见国家级自然保护区——山旺古生物化石国家级自然保护区。

东营黄河三角洲国家地质公园 位于东营市东北部。占地面积1 530平方千米,主要地质遗迹面积520平方千米。主要地质遗迹有河流地貌景观、沉积构造以及古海陆交互线遗迹，形成了以野、奇、特、新、旷、幽为特点的河口、森林、湿地、草甸、芦苇、水域、海滩等景观，拥有世界上暖温带最年轻、最广阔、保存最完整和面积最大的新生湿地生态系统。2004 年入选国家地质公园。

长山列岛国家地质公园 位于烟台市蓬莱区。长岛列岛是黄海与渤海的天然分界线，由 32 个岛屿组成。我国目前唯一的海岛国家地质公园，以红色碳酸盐岩组成的石林为主，以海岛海蚀、海积地貌景观为特色，还有火山岩地貌、崩塌地貌、古人类活动遗迹、生物多样性景观及其他自然景观，为我国东部渤海地区和胶辽半岛的区域地质历史演变提供了珍贵的证据。2005 年入选国家地质公园。

沂蒙山国家地质公园 位于临沂市。占地面积 148 平方千米。以蒙山为主体，主要园区和景点沿蒙山山脉和沂沭断裂带展开。地貌类型多样，北部的蒙山横亘数百里，72 主峰、36 洞天，集险、奥、幽、旷、奇、雄、秀于一体。这里还是中华文明的发祥地之一，也是东夷文化的中心，保存了大量的人文历史景观。现有蒙山园区、钻石园区、岱崮园区、孟良崮园区和云蒙湖园区。2005 年入选国家地质公园。

诸城恐龙国家地质公园 位于诸城市龙都街道。占地面积 4 平方千米。主要地质遗迹类型为白垩纪王氏群地层剖面和密集分布的恐龙化石，拥有世界上规模最大的恐龙化石群、足迹群，先后出土巨型山东龙、巨大诸城龙、诸城中国角龙等十多个恐龙新属种，是举世罕见的地质奇观。主要包括恐龙涧景区和臧家庄两大景区。恐龙涧景区的主要景点是龙立方展馆和恐龙涧化石长廊，臧家庄景区的主要景点是诸城中国暴龙馆。2005 年入选国家地质公园。

青州国家地质公园 位于青州市西南部。包括云驼园区和仰天山—黄花溪园区，占地面积 70.7 平方千米。以岩溶地貌景观为特色，拥有岩溶地质地貌遗迹、岩溶洞穴遗迹、典型地质剖面、构造形迹、岩溶水体景观、地质灾害遗迹和古生物化石群，集中了几乎所有的宏观地貌形态：常态山、孤峰、峰林、崮形地貌、高山洼地、坍塌崖、天生桥、石林、石柱、岩溶干谷、落水洞、漏斗、干洞、溶洞等。2009 年入选国家地质公园。

鲁山国家地质公园 位于沂源县鲁山镇。占地面积 132 平方千米，主要地质遗迹分布面积 16.50 平方千米。以古人类活动遗址、岩溶地貌、古生物化石为特色，涵盖地貌景观、水体景观等多种地质遗迹。拥有我国北方最大的地下溶洞群，许多溶洞曾是古代猿人繁衍生息的场所。发现的古猿人遗骸，与“北京猿人”同期，被命名为“沂源猿人”。2011 年入选国家地质公园。

莱阳白垩纪国家地质公园 位于莱阳市吕格庄镇。占地面积 15.46 平方千米，分为金岗口和凤凰山两个园区。挖掘出新中国第一具恐龙化石——棘鼻青岛龙，发现许多珍贵的恐龙化石与恐龙蛋化石，是我国少数几个“龙蛋共生”的地方之一。以白垩纪地球演化历史为主线，以白垩纪标准地层剖面、恐龙及恐龙蛋化石、莱阳生物群遗迹为特色，涵盖地貌景观和水体景观等多种地质遗迹。2011 年入选国家地质公园。

昌乐火山国家地质公园 位于昌乐县乔官镇。占地面积 32.6 平方千米。以火山地貌为特征，涵盖火山柱状节理景观、生物化石、典型地层剖面、新构造运动遗迹。火山以锥状火山和盾状火山为主，由五棱或六棱黑色玄武岩石柱组成。火山两次喷发的熔岩相互交切，右面第一次斜喷喷溢的岩浆形成的扇形柱状节理被左面第二次直喷喷溢的岩浆形成的垂直杆状节理明显切断，国内罕见。2014 年入选国家地质公园。

十九、国家森林公园

崂山国家森林公园 位于青岛市崂山区。占地面积 446 平方千米。世界三大优质矿泉水地下水系中心之一。属于暖温带落叶阔叶林区，现有林地约 233.33 平方千米，有木本植物 400 多个种和变种，有草本植物 1 000 余种,拥有我国暖温带面积最大、保护最完整的落叶松和赤松天然次生林生态系统。有汉柏、唐榆等古树名木 225 株。主要野生兽类有狐狸、野兔、獾、貉、黄鼬等,野生鸟类有鹊、雀、燕、雁等 250 余种。1992 年入选国家森林公园。

抱犊崮国家森林公园 位于枣庄市山亭区北庄镇,地处沂蒙山区。占地面积 6.67 平方千米。以熊耳山为主体,重峦叠嶂,沟壑纵横,有大小山头 40 多座,集双龙大裂谷、溶洞群、龙抓崖、崩塌地质灾害遗迹于一体。森林覆盖率 98%以上,以亚热带常绿阔叶树种、天然杂木林和松柏防护林为主。地层主要为碳酸盐岩,局部为夹砂页岩、砂岩的岩石组合。抱犊崮历史悠久,山脚下的王岭遗址、小古村遗址就是远古历史的见证。1992 年入选国家森林公园。

黄河口国家森林公园 位于东营市,地处新、老黄河入海口两侧。黄河携带大量泥沙在这里沉积,年均造陆约 13.33 平方千米,是我国最年轻的土地,也是我国暖温带保存最完整、最广阔、最年轻的湿地生态系统。每年春秋,数百万只鸟在这里捕食、栖息、翱翔,是东北亚内陆和环西太平洋鸟类迁徙的重要中转站、越冬栖息地和繁殖地。1992 年入选国家森林公园。

罗山国家森林公园 位于招远市东北部。罗山主峰海拔 759 米,山峰高峻、泉涧纵横、沟壑幽深、树木参天。亚洲最大的黄金矿田——玲珑金矿坐落于此。占地面积 18.8 平方千米,森林覆盖率 91%。有野生植物 1 000 多种,野生动物 80 多种。有毛公山、莲花宝盆、神龟观潭、观瀑阁、双谊亭、祥光寺、周祖庙等 40 余处景观。1992 年入选国家森林公园。

长岛国家森林公园 位于烟台市蓬莱区。占地面积 27 平方千米。主体部分为林海公园,公园南端是黄海与渤海的分界线——长山尾。长山尾由珠玑卵石堆积而成,弯曲飘逸,形似马尾。山峦起伏延绵,千亩松涛林海,浪绿波翠,以空气清新、负氧离子含量高而闻名。有陆生植物 780 余种,海洋动植物 278 种,每年途经这里的候鸟达 315 种 10 万多只,是国内外候鸟保护环志研究的重要基地。著名景点有岛展馆、水晶洞、蛇园等。1992 年入选国家森林公园。

沂山国家森林公园 位于临朐县沂山镇。沂山古称“海岳”，有“东泰山”之称，享有“泰山为五岳之尊，沂山为五镇之首”的盛名。占地面积148平方千米，森林覆盖率达98.6%，有野生植物1 000余种，中药材815种。分为五大景区：以东镇碑林、庙宇古建为主的东镇庙景区，以飞瀑流泉、古亭石刻为主的百丈崖景区，以古寺佛雕、古松名树为主的法云寺景区，以极顶览胜、天然景观为主的玉皇顶景区，以古庙神刹、奇峰怪石为主的歪头崮景区。1992年入选国家森林公园。

尼山国家森林公园 位于曲阜市东部。尼山本名“尼丘山”，为避孔子讳而称为“尼山”。占地面积约7.2平方千米，植被丰茂，风景秀丽，文物众多。五老峰、鲁源村、智源溪、坤灵洞、观川亭、中和壑和白云洞等景点合称为“尼山八景”。还有尼山孔庙、尼山书院等景点。1992年入选国家森林公园。

泰山国家森林公园 位于泰安市岱岳区红门路。占地面积120平方千米。泰山属于华北植物区系，植物生长繁茂，分为森林、灌丛、灌丛草甸、草甸等类型，森林覆盖率80%以上。有高等植物1 412种，低等植物446种，维管植物1 136种。动物主要为鲁中南山地丘陵动物地理区的代表性类群，有哺乳类25种，鸟类154种，爬行类12种，两栖类6种，鱼类45种，昆虫900余种。1992年入选国家森林公园。

徂徕山国家森林公园 位于泰安市房村镇，地处鲁中南山地丘陵区。徂徕山主峰太平顶海拔1 028米，重峦叠嶂，蜿蜒崎岖，秀水萦绕，森林茂密，有千年古松、古柏、古银杏、古紫藤。碑刻、刻石众多，是道教、佛教圣地。1992年入选国家森林公园。

日照海滨国家森林公园 位于日照市北沿海路。占地面积80平方千米，森林覆盖率78%。依山傍海，林海相依，动植物种类繁多。长达7 000米的黄金海岸线上，浪缓滩阔，沙质细腻，海水洁净。现已形成森林游乐、海滨运动、康养度假、生态文化四个旅游板块，建成森林游乐场、海水浴场、美食街、清风荷韵等旅游项目及设施。1992年入选国家森林公园。

鹤伴山国家森林公园　位于邹平市。占地面积4.8平方千米，其中林业用地3.56平方千米，森林覆盖率97%。地形复杂多变，沟谷曲折狭长，山、石、瀑、泉、云雾等景观众多，被誉为“鲁中生态明珠”。主要景观景点有英雄石、碧血潭、九瀑涧、九潭溪、水帘洞、鹤鸣谷、鹤翔岭、百鸟园、野葡萄沟、槐花谷、长生院等。1992年入选国家森林公园。

孟良崮国家森林公园　位于沂南县孙祖镇。占地面积6.59平方千米，植被覆盖率76%。因宋代孟良屯兵于此而得名“孟良崮”，因举世闻名的孟良崮战役而居沂蒙72崮之首。遍布太古界泰山变质岩，群山突兀、奇石林立、石洞叠连，流水潺潺、青藤缠绕、翠竹摇曳，四季常青，风光秀美。有孟良崮战役纪念碑、国民党74师指挥部遗址、古城堡、孟良祠、万福洞、九龙洞、泰山老母行宫、雕窝观云等50多个景点。1992年入选国家森林公园。

柳埠国家森林公园　位于济南市历城区柳埠镇。占地面积24.68平方千米，森林面积17.26平方千米。以侧柏、松类、刺槐和麻为主要植物，以柳埠四门塔北侧汉代的九顶松和九塔寺院内的两棵唐代灵柏最为古老。还有江北最大面积的竹林和涌泉瀑布。柳埠四门塔始建于隋代，是景区内最为著名的景点之一。1992年入选国家森林公园。

刘公岛国家森林公园　位于威海市刘公岛。全国唯一的海上森林公园，占地面积26.67平方千米，占全岛面积的74%，森林覆盖率87%。共有林木80多种，以黑松为主，野生花草50多种，鸟类50多种。自然风景独特，北部海蚀崖直立陡峭，南部平缓绵延，有数百头野生梅花鹿出没林中，素有“海上仙山”和“世外桃源”之美誉。1992年入选国家森林公园。

槎山国家森林公园　位于荣成市南部的黄海之滨。占地面积约30平方千米，森林覆盖率70%。主峰清凉顶峰连九顶，其色如黛，故称“九顶铁槎山”。危峰兀立，巍峨峻拔，山海相映，雄伟壮观。奇石林立，高达几十米甚至数百米，或如人物形象，或似动物群体。自然景观、人文景观、名胜古迹繁多，自古有“大东胜境”之称。1992年入选国家森林公园。

药乡国家森林公园　位于泰安市泰山区大津口乡。药乡以盛产药用植物而得名，药王孙思邈曾在此种药、采药。占地面积 12.3 平方千米。森林植被为针叶林、灌木林，森林覆盖率 95%以上。林海茫茫，绵延跌宕，丛林瀚瀚，松涛和鸣；山高谷幽，层峦叠嶂，云山雾海，沟壑幽深。有马刨泉、药王庙、秋千台等古迹。1992 年入选国家森林公园。

原山国家森林公园 位于淄博市博山区。占地面积 17 平方千米，由望鲁山、禹王山、岳阳山及胡山四大山系构成，有山峰 120 多座，群山起伏，层峦叠嶂，景象万千。有木本植物 120 种，草本植物 600 余种。秀丽的山光水色，丰富多彩的植被，古老、奇异、名贵的树种，古朴、浑厚、凝重的庙宇，悠远美丽的历史传说，吸引着无数的中外游客。1992 年入选国家森林公园。

黄河口国家森林公园 1992 年入选国家森林公园。参见国家自然保护区——黄河三角洲国家级自然保护区

昆嵛山国家森林公园 1992 年入选国家森林公园。参见全国农业旅游示范点——昆嵛山国家森林公园。

灵山湾国家森林公园 位于青岛市黄岛区。占地面积 761 平方千米，森林覆盖率 58.8%。由环海林场和大珠山两个片区组成。大珠山景区有建于隋唐时期的佛教造像石窟，有重修于金大定年间的石门古寺，有墓塔林、麻衣庵、朱朝洞、吟诗台、珠山石室等遗迹。环海林场有苍劲青翠的黑松林、枝繁叶茂的刺槐林，其间还有毛白杨、火炬树、山楂、紫穗槐等树种。1993 年入选国家森林公园。

双岛国家森林公园 位于威海市环翠区双岛湾。占地面积 24.77 平方千米，其中集体林地 20 平方千米。1993 年入选国家森林公园。

蒙山国家森林公园 位于蒙阴县南部，地处蒙山山脉北侧。占地面积 37 平方千米。森林植被覆盖率 95%以上。蒙山主峰龟蒙顶海拔 1 156 米，绵延百余里，奇峰耸立，峡多涧陡，古木怪石林立，有名的山峰就有百余座，既有泰山之雄壮，华山之险峻，又有黄山之秀丽，雁荡山之奇绝。蒙山还是鬼谷子王诩禅修之地。1994 年入选国家森林公园。

腊山国家森林公园 位于东平县银山镇。占地面积 7.2 平方千米。腊

山有大小山峰 72 座,主峰海拔 258.4 米,山奇雄,峰奇秀,岩奇险,石奇美。与腊山相依的东平湖,碧波浩渺,百舸扬帆。腊山上的古建筑依山势而建,翠柏虚掩,保存有众多麒麟送子图石刻。1996 年入选国家森林公园。

仰天山国家森林公园 位于青州市王坟镇。占地面积 24 平方千米。森林覆盖率 97%以上,大部分区域为天然次生林,林相完整,群落多样,奇花异草丰富。山势雄奇,地貌怪异,峰峦峭壁隐于苍松翠柏之中,寺院古老,环境优美,名人题刻俯拾皆是。主要景点有摩云崮、佛光崖、望月亭、文昌阁。2000 年入选国家森林公园。

伟德山国家森林公园 位于荣成市夏庄镇。伟德山群峰簇拥,层峦叠嶂,云雾缭绕,气势磅礴。森林覆盖率达 80%,满山皆绿,风景秀丽。山上的松树、槐树郁郁葱葱,茁壮挺拔,林间点缀着许多鲜花。2000 年入选国家森林公园。

珠山国家森林公园 位于青岛开发区西部。珠山主峰海拔 724.9 米,为青岛西海岸群峰之最;周围环列大小山峰 40 余座,群峰叠翠,山色各异,素有“东崂西珠,双珠嵌云”之说。占地面积 40.79 平方千米,以天然次生林为主,林草绿化覆盖率 92.74%。有子龟探母、大肚佛、雄狮啸天、姜公背姜婆等奇石景观,有大石屋、小石屋、白云洞、白石洞等天然洞穴和柜子山、南天门等人工开凿的洞窟,有青石湾等五座水库。距今 2 500 年之久的齐长城、白云寺等名胜古迹保存至今。2000 年入选国家森林公园。

牛山国家森林公园 位于肥城市北部。占地面积 30 平方千米,森林茂密,林相整齐,景点众多。远眺峰峦如聚、峭壁若屏,近观苍松叠翠柏、瘦藤攀古树。石砌寨高大的石墙上筑有掩体,易守难攻。陶山摩崖石刻古朴苍劲,七十二洞穴曲径通幽,石雕佛像千姿百态。流传着历代名人如范蠡、西施、穆桂英、李邦珍等的传奇故事,构成了牛山独特的文化氛围。共有各类植物 700 多种,动物 150 多种。2002 年入选国家森林公园。

鲁山国家森林公园 位于淄博市博山区池上镇。占地面积 42 平方千米,森林覆盖率 95%。山峦起伏,奇石林立,林木葱郁,流泉飞瀑,独具魅力。

分为六大景区，有 140 多处景点，以森林景观为主体，苍山奇峰为骨架，清溪碧潭为脉络，人文古迹点缀其间，构成了一幅静态景观与动态景观相协调、自然景观与人文景观浑然一体、风格独特的生动画卷。有植物 1 300 多种，鸟类 168 种，兽类 22 种，昆虫 561 种，堪称鲁中的动植物王国。2002 年入选国家森林公园。

岠嵎山国家森林公园 位于乳山市。占地面积 12 平方千米。共有 24 大景、72 小景。奇石林立，千姿百态，如禽似兽，似人如物，古人曾有“盘游岠嵎观奇石，胜似二八相巧云”的叹诵。历代文人墨客来此漫游，留下众多人文景观。野生植物资源丰富，树木多松、柞、楸。2002 年入选国家森林公园。

五莲山国家森林公园 位于五莲县。由隔壑并峙的五莲山、九仙山组成，占地面积 68 平方千米，森林覆盖率达 90%。全山 28 峰、118 景，峰峰奇异，景景多姿。燕鹊环谷，山泉绕溪，被宋代文学家苏轼赞誉为“奇秀不减雁荡”。明代敕建的护国万寿光明寺，是齐鲁四大佛教圣地之一，为重要的佛教活动场所。拥有万亩野生杜鹃花园，春夏之交鲜花竞放，争奇斗艳，五彩缤纷，如诗如画。有植物 1 000 余种，古树名木、奇花异草随处可见。2003 年入选国家森林公园。

华山国家森林公园 位于济南市莱芜区大王庄镇。占地面积 46 平方千米，其中以常绿林为主的森林近 40 平方千米，森林覆盖率 87%。山峦起伏，沟壑纵横，松柏万顷，奇石众多。以苍山奇峰为骨架，清溪碧潭为脉络，人文景观点缀其间。主要分为白龙潭景区、大舟院景区和永宁崮景区。白龙潭峡谷一侧石壁直立，松柏映衬；一侧地势缓平、宽阔，林木遮蔽，自然景色秀丽。大舟院景区山势陡峭，谷地幽深，森林茂密，环境优美。永宁崮景区自然环境幽雅，保留有历代文人墨客的众多遗迹遗址。物种资源丰富，有乔木 200 多种。2003 年入选国家森林公园。

艾山国家森林公园 位于烟台市蓬莱区村里集镇。占地面积 25.8 平方千米。自然植被为落叶阔叶林、针阔混交林、灌草丛和栽培植被，森林覆盖率 96.2%。艾崮山脉主峰海拔 819 米，素有“胶东小华山”之誉。艾山诸峰挺拔陡峭,如铁戟直刺苍穹,异常险峻。公园以森林生态环境为基础,以仙境文化、险峰群崮、温泉碧湖、历史遗迹为特色,是蓬莱旅游品牌的重要组成部分。2004 年入选国家森林公园。

龙口南山国家森林公园 位于龙口市东江镇。由招隐景区、竹林景区、鹤林景区和文苑景区组成,占地面积约 14 平方千米,森林覆盖率 73%,有树木 60 余种。山峦起伏,绿树葱茏,人文景观与自然景观相得益彰。历史上,骆宾王、王昌龄等文人墨客和康熙、乾隆等帝王将相留下了大量讴歌南山的华章。2004 年入选国家森林公园。

莲花山国家森林公园 位于新泰市。占地面积 18 平方千米,其中林地面积 13.6 平方千米,森林覆盖率 90%。莲花山古称“新甫山”,九峰环抱状似莲花。有秀水九条,潭瀑一百,雨季水量大恢宏壮观,旱季水量小潺潺灵动。莲花山佛缘广聚,有观音院、观音阁、太平禅院、云谷寺等众多佛教场所,是我国北方最大的观音道场,被誉为“齐鲁第一佛山”,有“观音胜境、北方普陀”之称。2005 年入选国家森林公园。

牙山国家森林公园 位于栖霞市唐家泊镇。牙山巨石矗立,形如锯齿,又称“锯齿牙山”。占地面积 65 平方千米,森林覆盖率 93%,是中国赤松的原生地和分布中心。有三峰争雄、观日台、神龟石、隐仙洞、影山湖等 40 多处自然景观。人文景观有邱处机修道遗址、草庵庙、天官院、永昌院等庙宇遗迹,有清初胶东农民起义领袖于七屯兵作战遗迹,抗日战争时期牙山战役史迹等。有草本植物 600 余种,鸟兽 200 余种。2005 年入选国家森林公园。

招虎山国家森林公园 2005 年入选国家森林公园。参见全国农业旅游示范点——招虎山国家森林公园。

寿阳山国家森林公园 位于昌乐县。以昌乐县孤山林场为主体,占地面积 30 平方千米,森林覆盖率 48.9%。主要树种有侧柏、桧柏、雪松等 50 余种。阳寿山山峰孤山是渤海南侧第一山,山势突兀,山体险峻,横看成岭侧成峰。山顶有庙一座,相传为伯夷、叔齐避难之处。罗圈山溶洞群内钟乳石众多,千奇百怪,绚丽多彩。2008 年入选国家森林公园。

东阿黄河国家森林公园 位于东阿县城东南部。沿黄河北岸及引黄干渠两侧分布，占地面积24.5平方千米，森林覆盖率72%。分为“三带十区”，即百里黄河风光带、引黄干渠风光带、田园风光带；艾山景区、香山景区、旧城景区、鱼山景区、农业开发园、范坡景区、鸣翠滩景区、位山景区、净觉寺景区和湿地休闲度假区，是鲁西北平原地区唯一的森林公园。主要景点有彩虹飞驾、艾山卡口、蛤蟆爬山、河底洞天、闸口涌金等。2010年入选国家森林公园。

峨庄古村落国家森林公园 位于淄博市淄川区太河镇。山势陡峭险峻，沟壑纵横，溶洞幽深，悬崖峭壁林立，自然景观惟妙惟肖。分为潭溪山、三教堂、瀑布群、云明山等景区。珍稀树种繁多，古树名木达万余株，有多处原始次生林，林地面积64平方千米，林木覆盖率70.3%。峨庄古村历史悠久，拥有隋唐时期的庙宇、明代昭阳太子的隐居点、百年古楼等景点。2010年入选国家森林公园。

峄山国家森林公园 位于邹城市东南部。占地面积21平方千米，森林覆盖率78.7%。森林植被以常绿针叶纯林和针阔混交林为主。自然风光秀美，怪石林立、洞穴幽深、清泉喷涌，集泰山之雄、黄山之秀、华山之险于一身，享有“岱南奇观”“邹鲁秀灵”之美誉。峄山是我国古代立有山志的九大历史文化名山之一，秦始皇首次东巡即登峄山，李白、杜甫、苏东坡、黄庭坚等文人名家相继登临，几千年的文化积淀，形成了以儒、释、道等多元文化并存的格局。2012年入选国家森林公园。

墨子国家森林公园 位于滕州市木石镇。占地面积30平方千米，由墨子故里景区、柴胡店景区和莲青山景区组成。有天然次生混交林、侧柏林、黑松林、刺槐林、杨树林、经济林以及众多古树，其中侧柏林茂密，四季常绿，素有“日晒三里不见面，雨天五里不打伞”之说。连绵俊秀的青山，历史悠久的遗迹，自然古朴的民居，源远流长的文化，群山、林海、遗迹交融，构成一幅气韵生动的美丽画卷。2013年入选国家森林公园。

密州国家森林公园 位于诸城市皇华镇。占地面积25.6平方千米，森林覆盖率 92.3%。由常山景区、马耳山景区、竹山景区、刘墉古板栗园景区四个片区组成。有常山雩泉神祠、常山碧霞宫、马耳山永隆寺、齐长城遗址、姜太公祠等古迹遗址。常山文博苑是民间大型艺术收藏馆,陈列有上万件历代佛陀造像。2013 年入选国家森林公园。

留山古火山国家森林公园 位于安丘市辉渠镇。占地面积 25.39 平方千米,森林覆盖率 89.6%。由留山、五龙山和城顶山三个景区组成。为典型的新生代"盾状"火山,由火山熔岩组成的低山丘陵是山东地区典型的新生代熔岩流分布区之一。以古火山遗迹景观、奇石景观、人文景观为主,有公冶长书院、留山庙、五龙山齐长城遗址等景点。2013 年入选国家森林公园。

泉林国家森林公园 位于泗水县。占地面积 48 平方千米,分为泉林、凤仙山、安山寺和黄山四个景区。泉林因名泉荟萃泉多如林而得名,有珍珠、趵突、黑虎、红石、涛糜、雪花等名泉。凤仙山古木参天,原始森林遮天蔽日,悬崖矗立,怪石嶙峋,洞穴幽深。安山寺始建于唐贞观年间,处于群山环抱之中,有大殿、禅房等 20 余间,历代碑碣 6 通。黄山风景优美,山石景观独特,人文景观相对集中。2014 年入选国家森林公园。

章丘国家森林公园 位于济南市章丘区文祖镇。占地面积 58.5 平方千米,森林覆盖率 89.2%,是百脉泉重要的泉水涵养区。群山起伏、沟壑纵横,山水相依,海山湖、百丈崖等镶嵌在绿海之中。这里有国内罕见的七星台星光天象景观,每年了吸引数以万计的天文摄影爱好者前来。古树名木有三峪口百年迎客松、朱家峪古柏、明代古槐、三百年古柿,以及被誉为"章丘古树之冠"的锦屏山银杏树。2015 年入选国家森林公园。

峄城古石榴国家森林公园 位于枣庄市峄城区。占地面积 24.5 平方千米,其中林地面积 24 平方千米。分为仙坛山片区和古石榴片区。古石榴片区的冠世榴园有百年以上石榴古树 12 万株、300 年以上石榴古树 2 万余株。仙坛山片区的青檀寺周围峡谷内,生长着约 2 000 株青檀树,其中百年以上 500 余株,千年以上的有 36 株。公园内还有柏类、栎类、黄连木等古树近千株,树龄均在百年以上。2015 年入选国家森林公园。

棋山幽峡国家森林公园 位于济南市莱芜区里辛街道。占地面积43平方千米,其中林地面积38平方千米。自然风景优美,以石奇水秀著称,主要景点有一线天、双猴山、老鹰石、雪蓑洞等。棋山历史文化悠久,有宋代的佛洞子、棋山观,明代的后宫、佛爷殿、雪蓑碑,近代的徐向前元帅碑、抗匪英雄碑等人文景观。棋山烂柯有"山中一日,人间百年"美丽传说,是"莱芜八景"之一。2015年入选国家森林公园。

茌平国家森林公园 位于聊城市茌平区。占地面积21平方千米。人工杨树林和圆铃大枣林的种植面积居全国之最,还是国内野生动物品种最多的平原森林公园之一。建有圆铃大枣博览馆、博陵大枣圆铃大枣观光园、枣文化长廊、枣乡广场、枣深加工展示区、玫瑰园、二十四孝雕塑等景点。2015年入选国家森林公园。

蟠龙山国家森林公园 位于济南市东郊,地跨彩石、港沟两镇。占地面积5.39平方千米,林木覆盖率达98.5%。高山深谷,怪石嶙峋,泉水清澈,拥有擎天柱、佛隐寺、淌豆泉及大型森林浴场等景点。春天万点飞花,夏日漫山滴翠,秋来红叶斑斓,冬季白雪皑皑,是远近闻名的旅游胜地。2015年入选国家森林公园。

夏津黄河故道国家森林公园 2015年入选国家森林公园。参见全国休闲农业与乡村旅游示范点——夏津黄河故道森林公园。

二十、国家湿地公园

马踏湖国家湿地公园 位于桓台县起凤镇。占地面积10.22平方千米。主要由河流湿地、沼泽湿地、人工湿地组成。分布有植物363种,以芦苇、香蒲为主,有庞大的芦苇水生植物群落,其中国家二级保护野生植物有水曲柳、金荞麦等;野生动物有174种,以鸟类资源最为丰富,其中国家一级保护野生动物有中华秋沙鸭、丹顶鹤、大鸨,国家二级保护野生动物有大、小天鹅等近20种。2015年入选国家湿地公园。

蟠龙河国家湿地公园 位于枣庄市薛城区田湾村。地处薛城蟠龙河中下部,靠近微山湖。占地面积5.65平方千米,其中湿地及水域面积5.33平方千米。通过挖泡堆岛、栖息地建设等途径,将蟠龙河建设成为人与自然和谐相处的天堂。2015年入选国家湿地公园。

寿光滨海国家湿地公园 位于寿光市西北部。地处小清河下游和渤海莱州湾海滨,属于典型的滨海盐碱地带。占地面积945万平方米,其中湿地面积644.47万平方米,湿地率为68.2%。不仅有大片的沿海防护林、风景林、经济林形成的盐碱地森林景观,还有东方不沉湖、神州第一鼎、荷香园、槐香园、果实采摘园、天然湿地保护区、森林度假村等景点,被誉为“盐碱地上神奇的生命绿洲”。2015年入选国家湿地公园。

白浪河国家湿地公园 2015年入选国家湿地公园。参见国家级水利风景区——白浪河水利风景区。

峡山湖国家湿地公园 位于潍坊市峡山生态经济开发区,包括峡山湖及南端的潍河、浯河、渠河三河交汇处湿地区域。占地面积近116平方千米,其中湿地面积近108平方千米,湿地率为93%。湿地类型包括沼泽湿地、湖泊湿地、河流湿地、库塘湿地。生态系统完整,保留了原有的自然生态风貌,烟波浩渺,群鸟翔集,历史文化底蕴深厚。2016年入选国家湿地公园。

武河国家湿地公园 位于临沂市罗庄区黄山镇。利用武河故道修建而成,占地面积13平方千米。湿地生态系统完整,景观资源独特,有着旖旎的自然风光、浓郁的田园风情,分为平湖秋月、芦花飘雪、饮水思源、荷塘月色、源远流长、沉鱼落雁等六大景区。2016年入选国家公园。

月亮湾国家湿地公园 位于枣庄市山亭区城头镇。占地面积310万平方米,其中湿地面积234万平方米,湿地率为75.48%。有城河飞瀑、藕香镜月、曲水花径、古幽溶洞、海树迎春、芦荡飞雪、恋鸟归洲、鸳鸳鸯岛、十里风荷等自然生态景观,有桃花岛、湿地梨园、垂钓中心、逍遥农场、林海果园、沙滩浴场、湿地博物馆和古村落等休闲项目，还有张家大院、清真寺、观音禅院等古建筑。2016 年入选国家湿地公园。

济西国家湿地公园 位于济南市西部城区，紧邻玉清湖水库。占地面积 33.4 平方千米。港汊纵横，有大小岛屿近百座。湿地物种比较丰富，有植物 860 多种，脊椎动物 202 种，鸟类 140 余种，鱼类 20 多种。水木葱茏，鱼虾游弋，碧波荡漾，水鸟起舞，生机盎然。2016 年入选国家湿地公园。

黄河玫瑰湖国家湿地公园 位于平阴县城西部。占地面积 6.85 平方千米，其中湿地面积 4.50 平方千米。包括河流湿地、湖泊湿地、沼泽湿地、人工湿地四大湿地类，有永久性河流、永久性淡水湖、草本沼泽、鱼塘湿地、稻田湿地、污水处理池六个湿地亚类。分为水上旅游休闲区、生态湿地体验区、现代农业体验区、休闲度假区、森林公园、玫城主题公园、生态农业观光区、村民安置区。2016 年入选国家湿地公园。

微山湖国家湿地公园 2016 年入选国家湿地公园。参见国家生态旅游示范区——微山湖国家湿地公园。

青州弥河国家湿地公园 2016 年入选国家湿地公园。参见国家级水利风景区——青州弥河水利风景区。

禹王国家湿地公园 位于潍坊市寒亭区郜吕店村。占地面积 6.79 平方千米，其中湿地面积 5.22 平方千米，湿地率为 76.94%。典型的河流湿地和天然湿地组成了综合生态系统。以纵横密布的河汊水系、植被茂密的沼泽资源为生态基底，以农业生产性景观和历史人文资源为文化特色。动植物资源种类繁多，是众多鸟类的理想栖息地。2017 年入选国家湿地公园。

拥翠湖国家湿地公园 位于安丘市凌河镇，地处潍河支流汶河中下游。依托拥翠山、汶河湿地和汶河林场而建，占地面积 32.18 平方千米，其中湿地面积 27.32 平方千米。包括人工湿地、河流湿地等类型，山水相依，钟灵毓秀，自然景观众多。还拥有安丘古城遗址、董家庄汉画像石墓等古迹。“安丘古八景”中的“汶水澄清”和“牟山拥翠”两景，均出自该地。2017 年入选国家湿地公园。

东明黄河国家湿地公园 位于东明县焦园乡。占地面积3.178平方千米,其中湿地面积2.47平方千米,湿地率为77.6%。堤下背河槽洼地常年积水,形成多处水面、浅滩,湖、池之中种植芦苇、蒲草、莲藕,深水处可划船,浅滩可戏水、垂钓、养鱼蟹。夏季长堤烟柳,荷花盛开,景色秀美。建有水岸渔家景区、休闲渔业园区,开发了湿地观光、水上游乐、野生鸟类观赏、植物观赏、森林游憩、果品采摘、拓展训练等项目。2017年入选国家湿地公园。

孔子湖国家湿地公园 位于曲阜市尼山镇。主要由库塘湿地、沼泽湿地组成,占地面积15.05平方千米,其中湿地面积10.94平方千米,湿地率为72.7%。地势多起伏,山不高而秀雅,谷不阔而悠长,展现出圣源之地人杰地灵的独特风貌。孔子湖西北侧的尼山,群峰峙立,山势蜿蜒,以五老峰最奇;孔子湖东北侧的颜母山颜母庄为孔子母亲娘家;孔子湖东南侧的红山山体东西屏立,形如游凤;孔子湖西南侧的昌平山,九顶七泉,岩峰突兀,山势俊美。尼山西麓山下的鲁源村为孔子父亲居住地;2017年入选国家湿地公园。

洛神湖国家湿地公园 2017年入选国家湿地公园。参见国家级水利风景区——洛神湖水利风景区。

鸡龙河国家湿地公园 2017年入选国家湿地公园。参见国家级水利风景区——鸡龙河水利风景区。

沭河国家湿地公园 2017年入选国家湿地公园。参见国家级水利风景区——沭河水利风景区。

金水湖国家湿地公园 2017年入选国家湿地公园。参见国家级水利风景区——金水湖水利风景区。

黄河岛国家湿地公园 2017年入选国家湿地公园。参见国家级水利风景区——黄河岛水利风景区。

九龙湾国家湿地公园 位于济南市市中区。占地面积5.34平方千米,其中湿地面积1.75平方千米。九龙湾是利用煤矿塌陷地形建造而成的人工湖,水系发达,三条主要河流——齐村支流、税郭支流、郭里集支流如三条玉带缠绕青山,蜿蜒流入峄城大沙河,注入京杭大运河。湿地类型以河流湿地为主。2018 年入选国家湿地公园。

白云湖国家湿地公园 位于济南市章丘区白云湖镇。占地面积 16.27 平方千米,湿地率为 83.2%。白云湖是山东省第三大湖泊,白云湖红莲是我国稀有的古代原始红莲品种之一。现有 11 种鱼类、62 种鸟类,其中有国家一级保护野生动物东方白鹳,国家二级保护野生动物灰鹤、大天鹅等。2018 年入选国家湿地公园。

沂沭河国家湿地公园 位于临沂市兰山区滨河东路。占地面积 29 平方千米,其中湿地面积 17 平方千米。以原汁原味的河流湿地景观为主,融合临沂市历史文化元素,通过实施绿道系统、景观桥和主题广场工程,开展电动车游览、自行车比赛、曲径漫步、碧波荡舟、湿地观鸟、休闲垂钓等观光体验活动,打造青少年综合实践基地、临沂动物园、植物园三位一体的旅游目的地。2018 年入选国家湿地公园。

曹县黄河故道国家湿地公园 位于曹县魏湾镇。以太行堤水库为依托,由引黄干线、太行堤水库堤坝围合而成,占地面积 8.88 平方千米,其中湿地面积 8.59 平方千米。分为沼泽湿地和人工湿地两个湿地类,草本沼泽、运河、输水河、稻田、冬水田等湿地型。水面宽阔,水草丰茂,群鸟云集,野生动植物资源丰富,展现了碧水连天、飞鸟成群、鱼翔浅底的湿地景色。2018 年入选国家湿地公园。

昌邑滨海国家湿地公园 位于昌邑市北部沿海浅滩。由沿海天然柽柳林、盐碱草甸、潮间盐水沼泽湿地,潍河、虞河、堤河等河道及河口湿地和少量盐田、水产养殖场等组成,占地面积 1.73 平方千米。主要包括月牙湖公园、耐盐碱苗木示范园、蒲河林场等板块。月牙湖公园由九大景点和观赏绿植板块组成,是湿地公园的主体组成部分。2018 年入选国家湿地公园。

麻大湖国家湿地公园 位于博兴县毛园村。占地面积 6.04 平方千米。麻大湖是鲁北平原内陆淡水湖泊,是黄河三角洲重要的生态屏障,南水北调工程重要的安全保障。水域广阔,苇蒲丛生,湖中有河,河中有渠,船道纵横,湖中特产九孔白莲藕、金丝鸭蛋、四鼻鲤鱼闻名遐迩,素有“北国江南,鱼米之乡”的美称。还是历代文人名相聚会之地,保存有齐桓公会盟诸侯的会城遗址、晏子使楚归来接风洗尘的饮酒厅等。2018 年入选国家湿地公园。

太平国家湿地公园 位于邹城市孟子大道。占地面积 10 平方千米,其中湿地面积 4.28 平方千米,湿地率为 42.8%。华北平原典型的采煤塌陷新生湿地,湿地类型主要有河流湿地、湖泊湿地、沼泽湿地等。以保护和恢复邹城煤矿塌陷地湿地为重点,以湿地生态系统保护为核心,以展示湿地生态功能和湿地文化为宗旨,以湿地体验为主要利用形式,通过环境更新、生态恢复和文化重现等手段,修复采煤塌陷区新生湿地生态。2018 年入选国家湿地公园。

傅疃河口国家湿地公园 位于日照市经济技术开发区西南部。占地面积 15 平方千米,湿地率为 94%。有河流湿地、人工湿地等湿地类。湿地生态系统结构完整,动植物资源丰富,具有水质净化和保护生态多样性功能。2018 年入选国家湿地公园。

唐岛湾国家湿地公园 位于青岛市黄岛区漓江西路。占地面积 16 平方千米,其中湿地面积 13 平方千米。包括浅海水域、沙石海滩、淤泥质海滩、河口水域、库塘、运河输水河和水产养殖场七个湿地型,涵盖了淡水、咸-淡水和咸水序列,生态系统保存良好,在我国北方沿海港湾区域中具有典型性和代表性。还有我国唯一的海上运河——马濠运河、独特的生态民居——海草房。2018 年入选国家湿地公园。

沂水国家湿地公园 2018 年入选国家湿地公园。参见国家级水利风景区——沂河水利风景区。

滕州滨湖国家湿地公园 位于滕州市滨湖镇。占地面积 7.63 平方千米。湿地类型为以浅水型湖泊、湖滨带、河流和人工林—渔湿地与人工岛屿为主的复合型湿地。以湖泊湿地景观为主体,涵盖了多样的地文、天象、鸟类、芦荡、荷花等自然景观,融合了渔家风情、运河文化、革命纪念地等多种人文景观。2005 年入选国家湿地公园(试点)。

台儿庄运河国家湿地公园 2009 年入选国家湿地公园(试点)。参见国家级水利风景区——台儿庄运河水利风景区。

少海国家湿地公园 位于胶州市。占地面积6.13平方千米，其中湿地面积5.14平方千米。属于人工干预恢复湿地生态系统，以丰富的生态资源、大体量的水资源和深厚的历史文化底蕴，成为我国北方沿海地区的典型性湿地。生物物种多样，景观以湖泊、草本沼泽以及沿湖生态带为主，森林植物群落和湿地植物群落演替自然，是胶州市的标志性景区。2011年入选国家湿地公园（试点）。

金仓国家湿地公园 位于莱州市莱州湾。占地面积12平方千米，其中湿地面积10.8平方千米。主要包括浅海水域、人工养殖池、潮沟、内陆沼泽等湿地类，以暖温带滨海湿地为主，形成了大面积滨海人工湿地与自然湿地镶嵌共存的湿地分布格局。植被是以人工黑森林为主的滨海防护林，是候鸟重要的越冬、栖息和繁殖地。2012年入选国家湿地公园（试点）。

王屋湖国家湿地公园 2012年入选国家湿地公园（试点）。参见国家级水利风景区——王屋水库水利风景区。

云蒙湖国家湿地公园 位于蒙阴县云蒙湖东汶河入湖口上游地区，是山东省第一个湖口湿地公园。占地面积61平方千米。云蒙湖是一座以防洪、灌溉为主，结合发电、城市供水、养鱼、旅游开发等功能的大型水库。2013年入选国家湿地公园（试点）。

汶河国家湿地公园 位于沂南县，地处汶河砖埠镇黄埠拦河坝至界湖镇南寨汶河段，涉及张庄镇、依汶镇、界湖街道。占地面积27平方千米。湿地型包括永久性河流湿地、洪泛平原湿地和库塘湿地。2013年入选国家湿地公园（试点）。

汤河国家湿地公园 位于临沂市兰山区汤河镇。占地面积4.95平方千米。包括汤河水库和下游的汤河流域，是我国北方典型的库塘河流湿地，我国鸟类迁徙中线的重要栖息地。2013年入选国家湿地公园（试点）。

浚河国家湿地公园 位于平邑县。占地面积17平方千米。以浚河上游和唐村水库为主体，浚河是平邑县最大的河流，唐村水库是淮河治理工程的重要组成部分。包括河流湿地和人工湿地两种湿地类,季节性河流、洪泛平原湿地、库塘、输水河、水产养殖场五个湿地型。湿地生态系统基本完整,是多种鸟类的栖息场所。2013 年入选国家湿地公园(试点)。

沁水河口国家湿地公园 2013 年入选国家湿地公园(试点)。参见国家级水利风景区——沁水河水利风景区。

梁山泊国家湿地公园 位于梁山县马营镇。依托梁山泊水库而建,属于水库型水利风景区。占地面积 6.80 平方千米,其中湿地面积 3.42 平方千米,湿地率为 50.26%。建有亲水平台、码头、栈道、瞭望塔、湖心亭、水韵广场、野猪林、十字坡、黄泥岗等景点。2014 年入选国家湿地公园(试点)。

潍河国家湿地公园 位于诸城市中部。占地面积 35 平方千米,湿地率为 67.0%。分为入口广场、观光平台、凤凰广场、金谷平原、休闲演艺广场、音乐喷泉广场六大景区,形成具有蓄水防洪、生态景观、休闲娱乐、文化旅游等多种功能的生态风景区。2014 年入选国家湿地公园(试点)。

泗河源国家湿地公园 位于泗水县中部和南部。占地面积 24 平方千米。分为天然湿地、人工湿地两大类型,已成为维护南水北调生态安全、保护生态多样性的绿色屏障。2014 年入选国家湿地公园(试点)。

汶河国家湿地公园 位于泰安市泰山区与岱岳区交界处。由大汶河干流水域及两岸湿地组成,占地面积 12 平方千米,湿地率为 86.7%。以大汶河河流湿地生态系统为主体,建设了上游橡胶坝、潜流人工湿地、植物种植及配套设施。2014 年入选国家湿地公园(试点)。

齐河黄河水乡国家湿地公园 位于齐河县。占地面积 9.66 平方千米。芦苇、菖蒲、睡莲、角草等水生植物郁郁葱葱,3.33 平方千米的水面碧波荡漾,千余亩樱花和海棠花竞相绽放,湿地自然风光旖旎。2014 年入选国家湿地公园(试点)。

康王河国家湿地公园 2014 年入选国家湿地公园(试点)。参见国家级水利风景区——康王河公园水利风景区。

徒骇河国家湿地公园 2014 年入选国家湿地公园(试点)。参见国家级水利风景区——徒骇河水利风景区。

浮龙湖国家湿地公园 2014年入选国家湿地公园(试点)。参见国家级水利风景区——浮龙湖水利风景区。

金牛湖国家湿地公园 2014年入选国家湿地公园(试点)。参见国家级水利风景区——金牛湖水利风景区。

九龙口国家湿地公园 2014年入选国家湿地公园(试点)。参见国家级水利风景区——九龙口湿地水利风景区。

天宁湖国家湿地公园 位于东营市垦利区胜坨镇。占地面积9.66平方千米,其中湿地面积7.90平方千米。通过保障水量水质、疏通供水渠道、保护水禽栖息地、恢复湿地生物多样性等措施,促进黄河三角洲湿地保护体系的健康稳定。2015年入选国家湿地公园(试点)。

五垒岛湾国家湿地公园 位于威海市文登区。占地面积36.6平方千米,湿地率为98.64%。主要包括香水河、金花河、昌阳河部分河段及五垒岛湾潮间带区域,湿地类型包括河口水域、淤泥质海滩、永久性河流、水产养殖场。以入海河口水域、草本沼泽与周边森林构成的复合湿地生态系统,河道纵横、林水相间,生物资源丰富。2015年入选国家湿地公园(试点)。

东平滨湖国家湿地公园 位于东平县东平湖滨。占地面积近13平方千米。属于北方罕见的大型湖湾湿地,水域开阔、港汊纵横、芦苇丛生、鱼跃鸟鸣。拥有约3平方千米的水上森林,山水相依、林水交融、景观独特,一派北国江南的秀美景色。2015年入选国家湿地公园(试点)。

两城河口国家湿地公园 位于日照市秦楼街道。占地面积近13平方千米,其中湿地面积12平方千米,湿地率为92.3%。以滨海湿地类型为主,涵盖永久性河流、河口水域、沙石海滩、浅海水域等湿地型。有高等植物231种,野生动物464种,也是各种鸟类栖息的天堂。2015年入选国家湿地公园(试点)。

大汶河国家湿地公园 位于济南市钢城区。占地面积6.88平方千米,湿地率为90.40%。大汶河沿岸南部地区以低山、丘陵为主,北部沿岸分布有河谷平原。建设了汶水湾、汶水滩、汶水广场、汶水之韵、九龙湿地等景区，以及爱山公园、双龙山公园、双凤山公园、钢城儿童乐园、钢城植物园、爱心航母公园六大主题公园，成为开放式城市滨水文化公园。2015 年入选国家湿地公园（试点）。

东昌湖国家湿地公园 位于聊城市东昌府区湖滨路。占地面积 4.65 平方千米。东昌湖区域有月亮岛、太阳岛等六个湿地岛，环境幽雅，空气清新，生态良好，生长着蒲草、芦苇、水葱、水曲柳、睡莲、菱角等野生植物，栖息着斑鸠、野鸭、山鸡、鹌鹑、燕子、胡鸡等野生鸟类。2015 年入选国家湿地公园（试点）。

减河国家湿地公园 位于德州市。占地面积 12 平方千米，绿化覆盖率 95%以上。分为池塘湿地、组合型湿地、潜流型湿地、景观湿地。减河东岸是以采摘体验为主的千亩花卉林果区，四季常青，常年可以采摘；西岸建设有一帆风顺观光塔、时来运转水车、惠风和畅风车和后羿射日、嫦娥奔月文化雕塑等人文景观。种植各类乔木、灌木、水生植物、地被植物等 60 多个品种 120 万余株。2015 年入选国家湿地公园（试点）。

秦皇河国家湿地公园 2015 年入选国家湿地公园（试点）。参见国家级水利风景区——秦皇河水利风景区。

雪野湖国家湿地公园 2015 年入选国家湿地公园（试点）。参见国家级水利风景区——雪野湖水利风景区。

东鱼河国家湿地公园 位于成武县。占地面积近 15 平方千米。包括河流湿地、湖泊湿地、人工湿地三个湿地类，永久性河流、永久性淡水湖、输水河、水产养殖场四个湿地型。动植物资源丰富，有维管植物 243 种，脊椎动物 155 种。打造了湿地生态文化和地域文化的展示平台。2016 年入选国家湿地公园（试点）。

西湖国家湿地公园 位于日照市东港区西湖镇。占地面积 32 平方千米。以日照西湖（日照水库）为主体，包括三庄河河口湿地、陈疃河口湿地、铨元河河口湿地、近水湿地植物群落带及三庄河、傅疃河部分河段等周边的湿地，属于典型的库塘型湿地。通过湿地公园的建设，保护西湖湿地生态系统及野生鸟类栖息地，发挥蓄水供水、净化水质和保护生物多样性等生态功能。2016 年入选国家湿地公园（试点）。

会宝湖国家湿地公园　位于兰陵县鲁城镇。会宝湖是一座集防洪、灌溉、发电、游览于一体的国家级大型水库。占地面积 20 平方千米，包括河流湿地、人工湿地两个湿地类，永久性河流、洪泛平原、库塘三个湿地型。湿地景观多样，物种丰富，共有高等植物 155 种，野生动物 271 种。2016 年入选国家湿地公园（试点）。

跃马河国家湿地公园　位于乐陵市主城区及周边地区。占地面积 2.1 平方千米。依托跃马河湿地而建，由西城区南北河、盘河、元宝湖、玉心湖等众多河、湖连接而成，属于城市河湖型水利风景区。湿地景观包括湿地植物、景观水面、南岸绿化树林。2016 年入选国家湿地公园（试点）。

五阳湖国家湿地公园　2016 年入选国家湿地公园（试点）。参见国家级水利风景区——五阳湖水利风景区。

胶河国家湿地公园　2016 年入选国家湿地公园（试点）。参见国家级水利风景区——胶河水利风景区。

小开河国家湿地公园　2017 年入选国家湿地公园（试点）。参见国家级水利风景区——小开河灌区水利风景区。

临朐弥河国家湿地公园（试点）　2017 年入选国家湿地公园（试点）。参见国家级水利风景区——临朐弥河水利风景区。

二十一、国家矿山公园

沂蒙钻石国家矿山公园　位于蒙阴县联城镇。占地面积 30 平方千米。依托世界闻名的金刚石原生矿——701 矿而建，是全国唯一一家钻石矿山公园,被誉为“中国金刚石之都”。包括矿坑片区、选矿场区两大片区,其中矿坑片区包括矿坑探秘区、钻石博览区、钻石游乐区和钻石小镇,选矿场区包括矿山游览区、钻石工厂。2005 年入选国家矿山公园。

中兴煤矿国家矿山公园 位于济南市市中区。占地面积约 21.3 平方千米。分为北区和南区两个部分,包括中兴煤矿遗址和 28 处遗迹。以中兴煤矿博物馆为中心,建设了集学术研究、科研考古、生态园林、休闲娱乐于一体的大型矿山地质公园。2010 年入选国家矿山公园。

归来庄金矿国家矿山公园 2010 年入选国家矿山公园。参见全国工业旅游示范点——归来庄金矿地质公园。

二十二、国家考古遗址公园

南旺枢纽国家考古遗址公园 位于汶上县。南旺分水枢纽是明永乐初年修建的大型综合性水利水运枢纽工程,是京杭大运河的关键工程,京杭大运河全线海拔最高点,被称为“水脊”。以汶水与运河交汇口和南旺分水龙王庙为核心,包括六处世界文化遗产点和会通河南旺枢纽段、小汶河两段世界文化遗产河段的部分河道遗产。2010 年入选国家考古遗址公园。

鲁国故城国家考古遗址公园 位于曲阜市区及近郊。鲁国故城是周代鲁国都城遗址,周公旦长子伯禽受封于鲁地,建都于此,延续 900 余年,是周朝各诸侯沿用承袭时间最长的都城之一。故城周长 11.9 千米,四周围有城壕,今日的曲阜市位于鲁国故城的西南角,面积仅为故城面积的七分之一。遗址公园以周公庙宫殿区为中心,以故城北部和西部的冶铜、冶铁、烧陶等手工业作坊遗址为延伸,展示了周代鲁国故城的生产生活风貌。2013 年入选国家考古遗址公园。

城子崖国家考古遗址公园 位于济南市章丘区龙山街道。城子崖是东周城址，以龙山文化为主，兼有岳石文化，是龙山文化的代表性遗址和命名地。城子崖的发掘创造了中国考古史的七项第一，为我国史前考古的发展铺垫了重要的基石，推翻了“中国文化西来说”，城子崖遗址因此获得“考古圣地”的殊荣。2017 年入选国家考古遗址公园。

二十三、世界遗产

泰山　1987 年入选世界文化与自然双重遗产，为世界上首个文化与自然双重遗产。参见国家级风景名胜区——泰山风景名胜区。

曲阜孔庙、孔府及孔林　位于曲阜市。孔庙又称“阙里至圣庙”，是祭祀我国古代著名思想家和教育家孔子的祠庙。始建于鲁哀公十七年（公元前 478 年），是一组具有东方建筑特色、规模宏大、气势雄伟的古代建筑群。孔庙占地面积 21.8 万平方米，九进院落，有殿堂、坛阁和门坊等 464 间。曲阜孔庙与南京夫子庙、北京孔庙和吉林文庙并称为“中国四大文庙”。孔府又称“衍圣公府”，是孔子嫡长子孙的府第，始建于明洪武十年（公元 1377 年），后多次重修拓展。孔府占地面积 16 万平方米，有厅、堂、房 463 间，是我国现存规模最大、建筑最豪华的封建官僚贵族府第，号称“天下第一家”。孔林又称“至圣林”，为孔子及其后裔的家族墓地。孔林占地面积 20 平方千米，林墙周长 5 591 米，坟冢 10 万余座，墓碑 4 003 座，古建筑 116 间，历代石像、石仪 85 对，墓葬延时之久，数量之多，规模之大，保存之完好，世界上绝无仅有。1994 年入选世界文化遗产。

中国大运河：山东段　中国大运河始建于春秋时期。由隋唐大运河（永济渠、通济渠、邗沟、江南河段）、京杭大运河（通惠河、北运河、南运河、会通河、中河、淮扬运河、江南运河段）、浙东运河共三大部分、十段河道组成；地跨北京、天津、河北、山东、河南、安徽、江苏、浙江 8 个省和直辖市，全长 2 700

千米(含遗产河道1011千米),纵贯我国最富饶的华北大平原与江南水乡,通达海河、黄河、淮河、长江、钱塘江五大水系,是世界上开凿时间较早、规模最大、线路最长、延续使用时间最长的运河,被国际工业遗产保护委员会入选最具影响力的水道。自清末改漕运为海运后,大运河地位衰落。2014年,联合国教科文组织将27段河道和58个遗产点以"中国大运河"之名列入《世界遗产名录》。大运河山东段,流经德州、聊城、泰安、济宁、枣庄5市,包括8段运河以及15处遗产点。15处遗产点:临清运河钞关、阳谷古闸群(荆门上闸、荆门下闸、阿城上闸、阿城下闸)、戴村坝、邢通斗门、徐建口斗门、十里闸、柳林闸、寺前铺闸、南旺水利枢纽、南旺分水龙王庙遗址、运河砖砌河堤和利建闸。

二十四、全国重点文物保护单位

济南—孝堂山郭氏墓石祠 位于长清区孝里铺。石祠是郭氏墓地的附属祠堂,建于东汉初年,是我国现存最早的石筑石刻房屋建筑。石祠仿照汉代民居建筑式样缩小比例而建,以青石砌成,长4.1米,宽2米有余,高2.6米。室内由一根八角石柱分为两间,面阔3.09米,进深2.08米。墙壁为厚约0.2米的石板。屋顶为单檐悬山式,由石板接成,石板上雕有屋脊、瓦垄、连檐等构件。石祠以及石祠后面大墓的主人,至今还是一个谜团。1961年入选全国重点文物保护单位。

济南—四门塔 位于济柳埠森林公园。建于隋朝后期,是目前我国现存最古老的单层亭阁式石塔。四门塔平面呈四方形,全部用当地出产的大青石砌成,至今尚无风化侵蚀的情况。由塔身、塔檐和宝顶组成,塔身上用石块垒砌挑出五层作为塔四角攒尖的锥状屋顶,上置石刻塔刹。1961年入选全国重点文物保护单位。

济南—城子崖遗址 位于章丘区龙山镇。1930年发掘，是我国学者发现并且发掘得最早的新石器时代遗址之一，也是我国史前城址的首次发现。占地面积20万平方米，文化堆积厚3—6米。一度被称为“黑陶文化”，后考古学界将以城子崖遗址为代表的文化遗存命名为“龙山文化”，龙山文化是黄河下游地区承袭大汶口文化而发展起来的古文化之一。作为龙山文化的命名地，城子崖遗址的发掘在中国考古史上具有开创性的意义。1961年入选全国重点文物保护单位。

济南—灵岩寺 位于长清区万德镇，地处泰山西北麓灵岩山下。灵岩山是泰山支脉之一，主峰海拔668米，山顶平坦，四壁如削，山形似玉玺，亦称“玉符山”。灵岩寺始建于东晋，北魏孝明帝正兴年间重建。佛教底蕴丰厚，自唐代起就与浙江天台国清寺、湖北江陵玉泉寺、南京栖霞寺并称为天下“四大名刹”。唐玄奘曾在寺内翻译经文，唐高宗以来的历代皇帝到泰山封禅也多到寺内参拜。自然景色壮美，石秀、岩峭、洞幽、泉甘、树奇，有北魏石窟造像，唐代宇寺塔，宋代辟支塔等。1982年入选全国重点文物保护单位。

济南—千佛崖造像 位于历城区柳埠村。始凿于唐代，以唐代初期造像为主宋、元、明各代有零星刻凿。造像区高数十米，长60多米，共有窟龛140余个，现存佛像240多尊，造像题记46则。造像中大多面相半圆，眉清目秀，衣纹线条流畅。造型构思之巧，雕刻刀法之精，艺术造诣之高，一直为世人称道。1988年入选全国重点文物保护单位。

济南—西河遗址 位于章丘区龙山镇。占地面积约15万平方米，文化堆积厚2—3米。已经发现大量后李文化时期的房址、灰坑和灰沟等，出土了大量完整的陶器。西河遗址是山东新石器时代早期文化中一处保存较好、面积较大的典型聚落遗址，还有少量大汶口文化、龙山文化以及部分汉唐时期的遗迹和遗物，对研究黄河下游地区新石器时代早期考古学文化的面貌特征、年代与分期、经济生活、社会性质以及聚落形态等提供了重要的科学资料。2001年入选全国重点文物保护单位。

济南—汉济北王墓 位于长清区城区西南部。济北王即汉高祖刘邦的玄孙。济北王墓和王后墓均依山为陵，分别占据东西两座山头，因此被称为“双乳山汉墓”。始建于西汉天汉年间，工匠们用简陋的工具，在一座坚硬的石头山上挖出深达22米、面积约100平方米的墓室和一条80多米长的墓道，令人惊叹。2006年入选全国重点文物保护单位。

济南一小荆山遗址 位于章丘区刁镇茄庄村，地处小荆山山阴的平原。占地面积约24万平方米。文化堆积厚1.5—2米，主要为新石器时代早期西河文化遗存，具有明显的氏族部落特征。主要遗迹为房址、墓葬、灰坑。房址多为圆角长方形半地穴式建筑，也有方形、椭圆形者。挖出的两座圆角长方形半地穴式房屋，门道为阶梯式，室内周壁有柱洞。居住区东南30米处为墓葬区。在遗址边缘地带，还有北辛文化晚期至大汶口文化早期、龙山文化、东周至汉代及宋元时期的遗迹。2006年入选全国重点文物保护单位。

济南一东平陵故城 位于章丘区龙山街道。汉代济南国、济南郡、平陵县治所遗址，占地面积约360万平方米。南面和西面的城墙保存较完好。城墙全部由土夯筑而成，内置木骨，城内有宫殿和手工业作坊。宫殿遗址西北一带是制陶和冶铁手工业区，南部和东南部是住宅区。2006年入选全国重点文物保护单位。

济南一洪家楼天主教堂 位于历城区洪楼广场。清同治末年创建，清光绪年间重建。中西合璧的哥特式建筑，外墙用石块砌成，西面的正立面有两座高大的尖顶钟楼，还有众多的小尖塔，教堂内部布满天主教题材的壁画和雕刻。大厅可容纳800人，是当时华北地区规模最大的天主教堂，也是我国三大著名天主教堂之一。2006年入选全国重点文物保护单位。

济南一万字会旧址 包括万字会济南母院旧址和青岛分院旧址。世界红万字会是源起济南的近代中国第一个大型民间慈善组织，1953年解散。济南道院创建于1921年，主张儒、道、佛、伊斯兰、天主教五教合一，从事慈善活动，至1939年国内各地有道院436处，日本、新加坡等地有道院修道点200余处，济南道院被奉为母院。济南道院位于济南市上新街，是一组晚清风格的宫殿庙宇混合式建筑群；青岛分院始建于1933年，现在是青岛美术馆。2006 年入选全国重点文物保护单位。

济南—大辛庄遗址 位于历城区王舍人镇。占地面积 40 余万平方米，是一处以商文化为主、集居址和墓地于一体的大型聚落遗址。文化层厚约 2 米，最深处 4 米，发现房址 12 座，水井 8 眼，墓葬 42 座，出土陶、石、骨、蚌、铜器等 700 余件，还发现了商都殷墟以外的首片商代甲骨卜辞。商代中期中原地区商文化向东推进的最远据点，对于商文化及商代夷商关系的研究具有重要意义。2013 年入选全国重点文物保护单位。

济南—明德王墓地 位于长清区五峰山镇。德王是明英宗朱祁镇第二子朱见潾及其嫡系子孙的封号。明崇祯末年清兵攻入济南，第七代德王朱由枢被俘，延续 180 余年的德王世系终结。共发现七座墓葬，每座墓葬原有规模宏大的地面设施，圈筑内外陵园，构成内外城郭，陵园内置享殿和配殿，神道两侧原有碑碣、石象生等，有的还有金水桥、过门厅，现仅存遗迹。2013 年入选全国重点文物保护单位。

济南—平阴永济桥 位于平阴县东阿镇，横跨浪溪河。现存石桥为明万历中期所建，清道光初年及民国时重修。永济桥为单孔拱券形石桥，全长 42.5 米，宽 5 米，最大跨度 8 米，由青石拱券砌筑而成。拱券龙门石浮雕龙头，桥面铺石板，中部高两端低，两侧置望柱、栏板。望柱计 32 根，其中 16 根柱头上雕有形态各异的坐狮。栏板共 30 块，上刻花卉图案。桥栏两端引桥砌石墙，与桥栏相接。经数次修缮，主要构件仍为明代遗物。2013 年入选全国重点文物保护单位。

济南—翠屏山多佛塔 位于平阴县玫瑰镇。始建于唐贞观初年，明嘉靖初年重修。多佛塔为八角 13 级楼阁式石塔，通高 18.55 米。塔基建在山顶岩石上，塔身通体为石块垒砌，构造简洁。每层叠涩挑出短檐，层层内敛，塔顶置铁铸宝瓶塔刹。塔身每层八面，均设佛龛，内嵌一石雕佛像，原有 104 尊，现存 98 尊。一层塔壁嵌有重修塔记碑。2013 年入选全国重点文物保护单位。

济南—莲花洞石窟造像 位于长清区五峰山。依崖而凿，北齐至隋代凿刻。共有造像308尊。石窟外造像风化严重，窟内造像也有风化。窟内正壁雕一佛、二弟子、二菩萨五尊像，高者2.12米，矮者1.73米。周壁雕有千佛，皆呈坐姿，面部多已残损。南壁券门左右壁各雕一尊武士像。洞窟外两侧雕有数尊造像。2013年入选全国重点文物保护单位。

济南—济南纬二路近现代建筑群 位于市中区。包括山东邮务管理局及其办公住宅楼旧址、德国领事馆旧址、德华银行旧址、交通银行济南分行旧址、山东民生银行旧址、德国诊所旧址、小广寒电影院和上海商业储蓄银行济南分行旧址，涵盖了济南自开埠以来建设的一批政治、金融、邮政、医疗、文化等机构设施和建筑，是西方列强瓜分山东进行军事渗透、经济掠夺、金融和文化侵略的一组建筑。2013年入选全国重点文物保护单位。

济南—原胶济铁路济南站近现代建筑群 位于天桥区。由原胶济铁路济南站、办公用房、车站邮局和站长室组成，占地面积约3.6万平方米。以原胶济铁路济南站为中心建筑，办公用房、车站邮局和站长室分列东西两侧。整组建筑群体现了民国初期中西方建筑技术的碰撞和交融，在新型现代建筑材料的利用、建筑立面艺术的处理手段等方面体现了当时的建筑水平，见证了济南乃至我国铁路发展的历史。2013年入选全国重点文物保护单位。

济南—原齐鲁大学近现代建筑群 位于历下区。包括原齐鲁大学、齐鲁大学医学院及附属医院的近现代建筑，均建于20世纪初。原齐鲁大学保存有校友门、考文楼、柏根楼、图书馆、齐鲁神学院、四百号院、景蓝斋、美德楼、教授别墅、模范村居住区、圣·保罗楼、小教堂、水塔、广智院；原齐鲁大学医学院及附属医院现存有新兴楼、求真楼、共和楼、和平楼、健康楼、科研楼等。建筑群见证了教会学校的发展过程，体现了近代校园规划和建设的理念。2013年入选全国重点文物保护单位。

济南—泺口黄河铁路大桥 位于天桥区。1912年竣工。桥长1 255.2米，宽9.4米，共有12孔，钢结构，耗用钢材8 652吨。单轨，可改双线轨道，两侧铺钢板人行走道。桥墩台为气压沉箱基础和钢筋混凝土桩基础，墩面砌蘑菇石。是当时亚洲最大的悬臂梁式铁路大桥，代表了当时世界桥梁设计及工程技术的较高水平。1992年铁桥停用,1999年修葺加固后重新投入使用。2013年入选全国重点文物保护单位。

济南—莱芜嬴城遗址 位于莱芜区羊里镇。新石器时代至汉代的遗址。探明有建筑基址、道路遗存、灰坑分布区域及文化层堆积,出土器物有石器、玉器、骨器、青铜器、铁器以及黑陶等多种陶器。出土的官方量具陶片,证明了嬴城在齐国的重要经济地位。2013年入选全国重点文物保护单位。

济南—莱芜牟国故城遗址 位于莱芜区、钢城区。周代至汉代时期的古城遗址。牟国故城呈长方形,南北长620米,宽520米,占地面积近32万平方米。城址内采集有磨制石器、商周时期的绳纹陶片、鬲足,周代的陶罐、陶鬲,汉代的陶片与墓砖,唐代的瓦当等文物。2013年入选全国重点文物保护单位。

济南—莱芜战役指挥所旧址 位于莱芜区。1947年2月,陈毅率华东野战军由临沂北上,在此设指挥所。莱芜战役歼灭国民党军队6万余人,收复城市13座,使鲁中、渤海、胶东三个解放区连成一片。旧址是1917年修建的四合院,地处山脚下,比较隐蔽,现存草顶南房、西房和东厢房各三间。2013年列为全国重点文物保护单位。

青岛—大泽山石刻及智藏寺墓塔林 位于平度市大泽山南麓。大泽山石刻的代表是“郑文公碑”。此碑高3米,宽1.5米,在一块天然的碑状石上琢磨而成,碑文共881字。碑文为北魏光州刺史郑道昭所书,内容系为其父——兖州刺史郑羲歌功颂德。智藏寺位于平度大泽山海拔430米的瑞云峰前,始建于唐朝,古刹已被毁,寺东侧有造型别致、雕刻精美的佛塔塔林。1988年入选全国重点文物保护单位。

青岛—即墨故城遗址 位于平度市古岘镇。此处曾为胶东国都,是齐国东部著名的政治、经济、文化中心。现存即墨故城遗址系西汉胶东王城,又称“康王城”;后世因城设朱毛村,传说春秋末年齐大夫朱毛曾居于此,故又称“朱毛城”。遗址分内城及外城。外城尚遗存城墙千余米,城基宽约40

米,高约5米,全为夯土板筑。内城有金銮殿、点将台、东西仓、贮货湾、养鱼池、梳妆楼等遗迹。故城北的群山峰上,古墓群蜿蜒15千米,有墓葬400余座。2001年入选全国重点文物保护单位。

青岛一八大关近代建筑 位于青岛市汇泉角与太平角之间。有横向马路七条,纵向马路三条,多以我国古代重要关隘为路名,其中八条比较著名,俗称“八大关”。八大关建筑最早于20世纪初由德国建筑师设计建造,以后美、俄、日等国建筑师及我国建筑师亦陆续设计建造,至20世纪40年代,形成了300余栋集20多个国家不同建筑风格的别墅建筑群,总建筑面积14.54万平方米。建筑结合了西方古典主义与浪漫主义风格,有平面对称、轴线突出的德式,尖塔坡顶的哥特式,装饰粗放的西班牙式等。建筑群依山傍海,与周围自然环境融于一体,有“世界建筑博览会”之誉。2001年入选全国重点文物保护单位。

青岛一德国建筑 清光绪二十三年(公元1897年)德国派兵强占胶州湾后,在青岛市太平路周边、八大关等处留下的西式建筑群。主要有五类:一是行政性建筑,如青岛德国警察署旧址、胶澳帝国法院旧址、青岛德国监狱旧址等;二是军事类建筑,如俾斯麦兵营、伊尔蒂斯兵营、青岛山炮台、游内山灯塔、小青岛灯塔等;三是公共设施类建筑,如观象台办公楼、胶海关、德国野战医院、青岛火车站等;四是经济和文化类建筑,如德华银行、山东路矿公司、基督教堂、德华高等学堂等;五是商业娱乐性建筑,如国际俱乐部、医药商店、海滨旅馆、水师饭店等。建筑大都为德国青年式样、哥特式、罗马式、巴洛克式以及拜占庭、折中主义等风格,体现了欧洲近现代建筑艺术的美学倾向。2006年入选全国重点文物保护单位。

青岛一东岳石遗址 位于平度市大泽山镇。岳石文化的命名地。遗址发现于1959年。出土精美文物400余件,典型器物为半月形双孔石刀和亚腰形石斧、尊形器、舟形器和蘑菇扭器盖,骨针磨制之精细,几可与今天的钢针媲美。岳石文化的发现和确立,使山东地区新石器时代与青铜时代相衔接,形成了较为完整的山东考古学文化发展谱系。2006年入选全国重点文物保护单位。

青岛—三里河遗址 位于胶州市三里河村。新石器时代大汶口文化和龙山文化的遗址。占地面积约5万平方米，发掘面积约1 570平方米。遗址的地层堆积分为上下两层，上层为龙山文化类型，下层为大汶口类型，证明了大汶口文化早于龙山文化的相对年代，明确了两者的继承关系。出土文物2 000余件，其中钻形黄铜器改变了一般认为黄铜的出现较青铜为晚的认识。2006年入选全国重点文物保护单位。

青岛—青岛啤酒厂早期建筑 位于市北区登州路。建于清光绪二十九年（公元1903年），由英德啤酒酿业公司建造，是我国第一家且持续经营至今的啤酒厂。建筑为德国青年派风格，三段式建筑，共两幢楼房，为综合办公楼和酿造车间。综合办公楼分为A楼和B楼，均为砖石结构，花岗岩墙基，红砖清水墙，红瓦斜坡屋面，室内木构件均有华丽雕刻。酿造车间亦为红色建筑。2006年入选全国重点文物保护单位。

青岛—西皇姑庵遗址 位于胶州市张家屯镇。西周文化遗址，奴隶主贵族墓地，占地面积约10万平方米，文化层厚2—3米。分上中下三层，上层有少量战国遗存，中层为商周墓地，下层属于龙山文化。发掘出西周时期的一个车马坑和两座墓葬，车马坑内殉葬一车、四马、二人，随同车马出土的多为铜制兵器，还有陶器、青铜器类文物。出土了两件刻有“父甲”“冉父癸”铭文的青铜器，为研究我国古文字的发展提供了宝贵资料。2013年入选全国重点文物保护单位。

青岛—赵家庄遗址 位于胶州市里岔镇。属于新石器时代龙山文化遗存。遗址坐落在高台上，东有岭，西有山，南有河流及水库。遗址东西长约300米，南北宽约300米，文化层厚达2.5米左右，地面暴露遗物较多，出土了鬼脸式鼎足、泥质黑陶盆口沿、石斧、凿式鼎足等重要文物。2013年入选全国重点文物保护单位。

青岛—西沙埠遗址 位于沽河街道西沙埠村。战国至汉代文化遗址。占地面积约1平方千米。文化层堆积厚2—3米。长方形布局，区域内随处都是瓦砾。遗存多处大型墓葬,出土了陶器、瓦当、铺地砖、石磨、铜带钩、铁犁等文物。北部应为居民区,中部偏南的位置有大型殿堂设置,南部为屯兵关防要地。2013 年入选全国重点文物保护单位

青岛—琅琊台遗址 位于黄岛区琅琊镇。海畔有山,形如台,故名“琅琊台”。春秋战国时期,齐桓公、齐景公曾游此。越王勾践北上争霸,于琅琊台上起观台,以望东海。秦始皇五巡郡县,三次登临琅琊台。始皇二十八年(公元前 219 年)秦始皇南登琅琊台,构建琅琊高台,在台上建造春、夏、秋、冬礼祀四时主的神祠。汉武帝四次登临,汉孝宣皇帝、东汉明帝皆曾行幸琅琊,礼祠四时主。琅琊台遗址是 5 000 年中华文明史的象征之一。2013 年入选全国重点文物保护单位。

青岛—祓国都城遗址 位于胶州市。汉代古城遗址。祓国为西汉诸侯国,建于汉武帝元狩年间,东汉光武帝建武十三年(公元 37 年)被撤销,城池逐渐没落直到湮废。明代,祓国故城成为“牧马城”。牧马城城郭呈方形,占地面积 25 万平方米,现只存城墙 2—3 米,昔日的繁华城池已荡然无存。2013 年入选全国重点文物保护单位。

青岛—板桥镇遗址 位于胶州市。板桥镇建于唐武德年间,北宋时期为全国五大商埠之一和长江以北唯一的通商口岸及海关重镇。宋哲宗元祐年间,板桥镇设置市舶司。遗址堆积层年代自上而下依次为现代、民国、清代、明代、元代、宋代。还发现了宋代的多组建筑基址,包括砖砌排水沟、庭院、水井、灶址、东西大道等遗迹,出土了瓷器、陶器、铜器、铁器、金器、琉璃器、骨器、石器、碑刻、建筑构件等上千件。2013 年入选全国重点文物保护单位。

青岛—崂山道教建筑群 位于崂山区。秦汉以后,崂山成为道教文化名山和佛教文化圣地,宫、观、寺、庵星罗棋布,鼎盛时有“九宫八观七十二庵”之说。现有保存较好的道教建筑有太清宫、太平宫、上清宫、明霞洞、关帝庙、白云洞、明道观、蔚竹庵、华楼宫、太和观、沧海观等 11 处,规模宏大,其中太清宫建筑形式堪称庙宇园林的典范。2013 年入选全国重点文物保护

单位。

泰安—大汶口遗址 位于泰安市城南的大汶河畔。距今4 000—5 000年的新石器时代晚期的父系氏族遗址。出土文物有造型美观的背壶、钵型鼎、镂孔豆、高柄杯、彩陶豆以及磨制精细的石斧、石锛、石铲、石凿、骨器等。1982年入选全国重点文物保护单位。

泰安—冯玉祥墓 位于泰山西麓。冯玉祥的墓葬。冯玉祥曾于1932年3—10月、1933年8月—1935年10月两次在泰山隐居，1948年9月在黑海因轮船失火遇难后，遵照其生前意愿，于1953年10月迁葬至此。1988年入选全国重点文物保护单位。

泰安—岱庙 位于泰山南麓。俗称“东岳庙”，是道教全真派圣地。始建于汉代，是历代帝王举行封禅大典和祭拜泰山神的地方。岱庙南北长405.7米，东西宽236.7米，占地面积9.6万平方米，建筑风格采用帝王宫城的式样，各类建筑150余间。主体建筑天贶殿为东岳大帝的神宫。保存有秦朝李斯篆书的泰山刻石。岱庙与北京故宫、山东曲阜三孔、承德避暑山庄的外八庙，并称中国四大古建筑群。1988年入选全国重点文物保护单位。

泰安—泰山石刻 位于泰安市。泰山最早的石刻立于始皇二十八年（公元前219年）。泰山石刻大部分为自然石刻，少量为碑碣。当年秦始皇及秦二世的刻石至今所存仅10个字，真假难辨。汉朝以后，历代帝王将相屡屡在泰山举行封禅大典，文人骚客纷至沓来，在泰山及其周围留下了数以万计的碑刻、题名。现存碑刻500余座、摩崖题刻800余处，碑刻题名之多为我国名山之首，成为一处天然的书法展览馆。2001年入选全国重点文物保护单位。

泰安—白佛山石窟造像 位于东平县白佛山。造像初雕于隋开皇年间，唐代和五代至宋初均有增刻。现存造像138尊，内容多为佛教题材。另有隋代以来的造像记铭110条，重修碑刻14方，提供了佛教造像进入鲁西地区的大量文字资料。2001年入选全国重点文物保护单位。

泰安—泰山古建筑群 泰山古建筑多达30多座，包括泰安岱庙、灵应宫、王母池、老君堂、普照寺、关帝庙、红门宫、小泰山、斗母宫、中天门中栖山建筑群、南天门建筑群、天街建筑群、碧霞祠、玉皇顶建筑群、元君庙、望天阁、玉泉寺、赤眉军营寨、冯玉祥墓、五贤祠、竹林寺、黑龙潭长寿桥及观瀑亭、灵岩寺古建筑群等。古建筑因山就势,或临溪而建,或跨道而筑,或借景而造,建筑形式或寺或庙,或桥或亭,或宫或观,人文景观与自然景观浑然一体。泰山古建筑群是泰山文化的重要载体,是中国历史文化的缩影和中华民族的象征。2006 年入选全国重点文物保护单位。

泰安—洪顶山摩崖 位于东平县旧县镇。北朝摩崖刻经群,共有佛教经文、佛名、题名碑、铭赞、龛像等 22 处,镌刻面积 1 000 平方米,刻字近千字,可辨者 792 字。字径最小的字仅 0.07 米,最大的四个字总高 9.30 米,最宽处达 4.10 米。书法家名僧安道一的刻经,全文 98 字,书写风格隶中带楷,楷中带隶,因解开了安道一的隶楷书体转变之谜而闻名国内外,是我国文字从隶到楷进化的重要见证。2006 年入选全国重点文物保护单位。

泰安—宁阳颜子庙和颜林 位于宁阳县鹤山乡。颜子即颜渊,春秋末期鲁国人,是孔子最得意的弟子之一,后世尊为“复圣”。颜子庙亦称“复圣祠”,始建于元至元年间,历经数百年至今犹存。颜林位于颜子庙西部,为颜氏墓地。颜林的楷树,树龄均在数百年以上。2013 年入选全国重点文物保护单位。

泰安—大汶口古石桥 位于泰安市大汶口镇。明隆庆年间修建,清雍正初年被大水冲毁,著名石匠姜桂松进行义修,故又称“姜公桥”。现存石桥呈 S 形,长 221 米,宽 2.5 米,有 65 个桥孔,66 个桥墩,桥面由 360 余块大型石条组成,石桥由数百个巨大的铁锔子固定。原石桥中间有镇水的石龙,“文化大革命”期间被毁。2013 年入选全国重点文物保护单位。

泰安—棘梁山石刻 位于东平县(原梁山县)戴庙乡。宋代在此设巡检司,后因宋江、晁盖等聚首于此,且由于梁山故事名声在外,所以改名“棘梁山”。棘梁山共有完整清晰的造像 700 余尊,均为北齐、唐宋造像。2013 年入选全国重点文物保护单位。

泰安—萧大亨墓地石刻 位于岱岳区满庄镇。萧大亨为明代政治家、军事家,历仕嘉靖、隆庆、万历三朝,官至太子太傅、兵刑两部尚书,倍受皇帝恩宠,明神宗敕令为其建墓。萧大亨墓于明万历四十五年(公元1617年)竣工。墓地依山傍水,地形像一把太师椅,北有金牛山似椅子背,东西两侧有两座小山头似椅子扶手。墓地石刻集透雕、浮雕、阴雕于一体,堪称明代晚期石雕艺术珍品。2013年入选全国重点文物保护单位。

泰安—徂徕山抗日武装起义旧址 位于泰山东南的徂徕山。1938年中共山东省委发动泰安、新泰、莱芜、泗水等地群众和平津沦陷区的流亡学生在此宣布抗日武装起义,编为八路军山东抗日游击第四支队。队伍以徂徕山为根据地,转战于鲁中南地区,为山东抗日根据地的建设和抗日战争的胜利作出了贡献。大寺原为古刹,后毁。1987年为纪念徂徕山抗日武装起义50周年,在附近建高23米的纪念碑,徐向前题写碑名。2013年入选全国重点文物保护单位。

聊城—光岳楼 位于东昌府区。始建于明洪武初年。光岳楼为中国十大名楼之一。光岳楼为木结构楼阁,是宋元建筑向明清建筑过渡的代表作,在我国古代建筑史上有着重要地位。1988年入选国家重点文物保护单位。

聊城—山陕会馆 位于东昌府区。明清时代,山西、陕西两省有两大驰名天下的商帮——晋商与秦商。山西与陕西商人常利用邻省之好,互相结合。山陕商人在很多城镇建造山陕会馆,始建于清乾隆初年的聊城山陕会馆是最著名的山陕会馆之一。建筑面积3 311平方米,有亭台楼阁160多间,建筑雕刻和绘画艺术精妙绝伦。1988年入选全国重点文物保护单位。

聊城—曹植墓 位于东阿县鱼山镇。曹植是三国时期魏国政治家曹操的次子。墓地依山而建,建于三国魏太和年间。墓室分甬道、前室、后室三部分。清理出土文物132件,其中有数件精致的玛瑙珠、玛瑙泡、青玉璜,其他大部分为车、案、壶、盆、鸡、狗、鹅、鸭之类的陶制明器。1996年入选全国重点文物保护单位。

聊城—景阳冈遗址 位于阳谷县张秋镇。这里冈阜起伏,草密林茂,传说为“武松打虎”之处。景阳冈遗址是一处龙山文化城址，平面呈椭圆形，占地面积约35万平方米。城内有两个台基。大台基占地面积9万平方米，小台基占地面积1万平方米。台基上有始建于明代的武松庙。2001年入选全国重点文物保护单位。

聊城—临清运河钞关 位于临清市老城区。明清两代在此设有运河督理漕运税收的直属机构。始设于明宣德年间，清光绪二十七年(公元1901年)运河漕运停止，钞关署治遂废，是目前仅存的一处运河钞关遗址。运河钞关建筑群占地面积4万平方米，厅堂坊舍室400余间，大都为硬山建筑，青色灰瓦屋面。2001年入选全国重点文物保护单位。

聊城—教场铺遗址 位于茌平区乐平镇。相传战国时孟尝君曾于此练兵，故名“教场铺”。清理出房址、陶窑、祭祀坑、奠基坑、墓葬及灰坑等海岱时期龙山文化中晚期的遗迹，出土大量陶器、石器、骨角器、蚌器等文物。教场铺遗址的发现，对我国早期国家起源与形成以及夷夏两大集团相互关系的研究具有较高的学术价值。2006年入选全国重点文物保护单位。

聊城—韩氏家族墓地 位于莘县董杜庄镇。韩允忠为唐魏博节度使，其父韩国昌为贝州刺史兼御史中丞。现存韩国昌、韩允中父子及其家族墓地。墓地规模宏大，留存有神道碑、牵马俑、石马、武士俑、羊、虎、墓表等，石刻雕琢古朴，碑额利用高浮雕的手法雕刻，神龙曲身盘绕，层叠分明。2006年入选全国重点文物保护单位。

聊城—隆兴寺铁塔 位于聊城市城区原隆兴寺内。八角形仿木结构铸铁式佛塔，由地宫、塔座、塔身、塔刹四个部分组成，通高18.5米，地宫深0.8米。四壁刻有仰莲、云纹浮雕等图案。出土铜菩萨、铜佛、青花瓷瓶、瘗钱等佛教器物，还有一个长方形石函，石函内放置一银棺和两包骨灰。棺内有丝料骨灰袋一个、银币四枚和“舍利子”若干粒。隆兴寺铁塔是我国为数极少的金属质地的古建筑，形制与浮雕风格具有鲜明的宋代特征。2006年入选全国重点文物保护单位。

聊城—尚庄遗址 位于茌平区尚庄村。相传古时此地建有能人寺、红门寺。发掘揭露面积约750平方米，出土汉、商周、龙山文化、大汶口文化时期较完整的遗物400—500件。该遗址为研究新石器时代的商周文化提供了重要的实物资料。2013年入选全国重点文物保护单位。

聊城—萧城遗址 位于冠县。宋代遗址。古城址遗迹有点将台、箭楼、城门楼、磨盘洞、烽火台、饮马井及万人坑等，是宋辽签订“澶渊之盟”的历史见证。2013年入选全国重点文物保护单位。

聊城—土桥闸遗址 位于东昌府区梁水镇。土桥闸是京杭大运河上的重要设施，始建于明成化年间。遗址为大运河上完整揭露的第一座船闸，发掘出土瓷器、陶器、铜器、铁器、玉石器近万件，石碑两方，清朝镇水兽四尊。2013年入选全国重点文物保护单位。

聊城—兴国寺塔 位于高唐县梁村镇。清代《高唐州志》称其为“宋塔”，建筑格局也显示出明显的宋代特征。楼阁式八角形空心塔，外为青砖白灰砌筑，内为青砖黄泥砌筑，塔身内部的角檐及踏步、塔门等处施有木筋。塔身13层，通高38.86米。塔内设有天宫、地宫，由于早年被盗，器物无存。塔北有一株唐代古槐，为原兴国寺遗物。2013年入选全国重点文物保护单位。

菏泽—安邱堌堆遗址 位于菏泽市佃户屯街道。现存堌堆高3米，长宽各500米，四壁较直，断面暴露有文化层，堆积层厚达4米以上，发现龙山文化、岳石文化、早商和晚商时期依次叠压的文化层。2001年入选全国重点文物保护单位。

菏泽—昌邑故城址 位于巨野县大谢集镇。西汉昌邑国的都城。昌邑，春秋战国时期为邑，当时从事冶铁生产的工役达数百人。迨至元末，黄河几次决口，厚厚的泥沙把这座古城湮没在黄土之下，仅留下城郭残垣隐约可见。2013年入选全国重点文物保护单位。

菏泽—定陶王墓地 位于定陶区张湾镇。西汉时期，定陶间续隶属梁国、济阴国(郡)、定陶国。有大型汉墓三座，可能是定陶王刘康及其王后之墓。其中一座石室墓是国内已发现的规格最高的“黄肠题凑”墓。墓葬被多次盗掘,仅存被撬开的漆棺、墓门上的铜质铺首以及门轴青铜柱套。2013 年入选国家重点文物保护单位。

菏泽—永丰塔 位于巨野县城永丰街。始建于后周,建成于北宋,距今已有 1 000 余年,历经洪水、地震,仍完好无损。清晨登塔眺望,东面山色蒙蒙,霞光绚丽,北有文庙大成殿,雄伟壮观。永丰塔附近有菏塔、石桥,交相辉映,景色甚美。2013 年入选国家重点文物保护单位。

菏泽—巨野文庙大成殿 位于巨野县博物馆内。宋金时期巨野文庙建于城北,屡经河患,废立不一。明洪武年间移建于今址。历代多次增修扩建,清康熙中期鼎新正殿,续成诸祠,占地面积 20 万平方米。1947 年文庙被废,仅存大成殿,殿内塑像亦遭劫难。1982 年对濒临倒塌的大成殿进行修缮,1995 年复建大成门,恢复孔子及四配殿塑像,制作神龛、御匾、香案等附属设施,逐步恢复原有建筑。2013 年入选全国重点文物保护单位。

菏泽—百寿坊及百狮坊 位于单县县城内。百寿坊始建于清乾隆中期,因雕有 100 个不同书体的"寿"字而得名,又因为儒林郎朱叔琪妻孔氏而建,亦称"朱家牌坊",百寿坊由青色鱼子状石灰岩构成,通高 13 米、宽 8 米,为四柱三间三层楼阁式建筑。百狮坊始建于清乾隆中期,因刻有 100 只形态各异的狮子而得名,高 14 米,宽 9 米,四柱三间五楼,歇山顶,正中车马道,两侧分设人行道。2013 年入选国家重点文物保护单位。

枣庄—薛城遗址 位于滕州市南部。东周时期的诸侯国薛国的都城遗址。城址平面呈不规则正方形,周长 1 万余米,城墙迤逦起伏,高出地面 4—7 米。城内地势平坦,宫殿遗址居于正中央。城东北角有两座高大的土冢,相传是战国时孟尝君及其父田婴之墓。城址周围常有春秋战国时期的青铜器出土,还曾发现一处汉代的冶铁遗址。1988 年入选全国重点文物保护单位。

枣庄—北辛遗址 位于滕州市官桥镇。占地面积约 5 万平方米。遗址距今约 7 300—8 400 年,是黄淮地区最早的新石器时代遗址。堆积层厚达 1.5 米以上,清理出一批灰坑、窖穴、墓葬,出土陶器、石器等文物 2 000 余件。

当时的居民已以石铲、鹿角锄等工具翻松土地，从事农业生产。制陶处于较原始阶段，器类较简单，手制痕迹比较明显。发现了单彩的“红顶碗”，为东方原始文化中彩陶之源。2006 年入选全国重点文物保护单位。

枣庄—偪阳故城　位于台儿庄区。周代逼阳国故城遗址。南依群山，东有龙河古道。故城周长 3 293 米，大体呈长方形，城内及城外地面可见陶片，以灰陶为主，多为豆、罐、盆。陶器有素面、绳纹、凹凸纹。出土文物有砖、板瓦、瓦当、铁渣、铜剑、铜镞、铜印等。2006 年入选全国重点文物保护单位。

枣庄—中陈郝窑址　位于薛城区邹坞镇。古代瓷窑遗址，附近有煤矿，盛产高岭土，为烧瓷业的发展提供了物质基础。遗址面积大，烧制延续时间长，分为青瓷区、白瓷区和黑瓷区三大区域。特别是其中隋代窑炉的发现，为研究我国古代窑炉的结构、瓷器的烧造技术提供了重要的实物资料，被考古界称为“北方民间第一窑”。2006 年入选全国重点文物保护单位。

枣庄—台儿庄大战旧址　2006 年入选全国重点文物保护单位。参见全国红色旅游经典景区——台儿庄大战遗址。

枣庄—建新遗址　位于山亭区。新石器时代遗址。坐落在一片高出周围 1.5 米左右的平坦台地上，东、南、北三面被群山环抱，西部为开阔平原，北侧有一条小河。遗址平面呈椭圆形，占地面积约 3 万平方米。发现房基 27 座，灰坑和窖穴 261 个，墓葬 92 座，水井 1 眼，陶窑 1 座，出土陶器、石器、骨角器等遗物 1 000 余件。2013 入选全国重点文物保护单位。

枣庄—前掌大遗址　位于官桥镇。西周早期薛国贵族墓地。占地面积约 20 万平方米。先后进行 10 多次发掘，清理墓葬 100 多座，发掘出土 5 座保存完好的大型车马坑，出土文物 2 万余件，包括西周早期的青铜礼器、兵器、玉器、酒器等。2013 年入选全国重点文物保护单位。

枣庄—龙泉塔　位于滕州市。砖石结构的密檐式佛塔，通高 43.35 米，八角九级，始建时代文献无考，风格属于北宋时代。建筑结构严谨，造型浑厚，为我国北方密檐式佛塔之佳作。2013 年入选全国重点文物保护单位。

威海—刘公岛甲午战争纪念地 1988年入选全国重点文物保护单位。参见全国红色旅游经典景区——刘公岛甲午海战纪念地。

威海—圣经山摩崖 位于文登区葛家镇。汉唐之际,这里寺观林立,洞庵毗连,香火不绝,至今留存众多道教遗迹。圣经山主峰海拔385米,山顶矗立着一块长约15.6米、高约6米的巨石,因状如新月,俗称"月牙石"。巨石上阴刻《太上老子道德经》两卷,146行5 000余字,每字长约0.1米,颜体楷书,略带魏风,"圣经山"因此得名。2006年入选全国重点文物保护单位。

威海—留村石墓群 位于荣成市宁津镇。我国唯一一处历史悠久且地表封石依然完整的石墓群,始建于元元统年间,后成为留村程姓的祖茔。墓群占地面积8 667平方米,原有石坟30—40座,现仅剩7座。古墓形状呈陀螺型,由青灰色花岗岩砌成,底座上有栩栩如生的花鸟虫鱼图案,还镌刻着墓主及其后人的姓名。保存较好的一座高2.3米、腹径17.5米,底层作八角形台基,饰有狮兽花草浮雕。2013年入选全国重点文物保护单位。

威海—英式建筑 主要指英国强租威海卫时期英国人在威海湾沿岸及刘公岛上所建的英式风格建筑,也包括英国续租刘公岛期间中外人士或机构在刘公岛和威海卫所建的欧式风格建筑。现存约40处,包括位于北山路的华勇营旧址、华务司署旧址、英领事官邸旧址,位于东山路的小红楼,位于环海路的意大利商人别墅、美国牙医别墅、英国商人别墅旧址、法国商人别墅旧址,位于育华路的泰茂洋行旧址。2013年入选全国重点文物保护单位。

东营—广饶关帝庙大殿 位于广饶县博物馆内。原为关帝庙主体建筑,始建于南宋建炎年间。现存正殿三间,全木结构,高10.38米、东西阔12.63米、进深10.70米、月台高0.73米,硬脊、歇山、单檐、雕甍绿瓦,结构形式为六架椽屋乳栿对四椽栿用三柱。室外乳栿当心间为藻井,次间为平棋,斗拱重昂五铺作。1996年入选全国重点文物保护单位。

东营—傅家遗址 位于广饶县傅家村。遗址中部高,四周低,俗称"傅家顶盖子"或"摩天岭"。新石器时代中晚期文化遗址,文化面貌同鲁南地区的大汶口文化有明显区别,代表了鲁北地区一个新的文化类型,为研究这一地区大汶口文化的地方类型和文化分期提供了重要的实物资料。2006 年入选全国重点文物保护单位。

东营—五村遗址 位于广饶县城东部。占地面积约 22.5 万平方米，文化层厚 3—5 米，遗迹有墓葬、灰坑等，遗物有陶器、骨蚌器等。陶器最为丰富，有鼎、豆、钵、罐、杯等，以夹砂陶为主，泥质陶次之。彩陶比较发达，彩绘陶也有发现。彩陶多施于豆、鼎、壶、罐等，色彩有红、深赭、白等。2013 年入选全国重点文物保护单位。

东营—南河崖盐业遗址群 位于广饶县南河崖村。在约 5 平方千米范围内发现商末周初遗址 53 处，东周遗址 12 处，汉魏遗址 2 处。商末周初的制盐遗址分布甚密，每平方千米达 12 处，有些遗址间隔仅 50 米。最大的一处遗址，地表暴露的陶片范围达 2 万平方米，另有两处遗址面积在 1 万平方米上下，其余多为 4 000—5 000 平方米。遗址延续时间不长，但堆积丰厚，许多遗址文化层厚 1—2 米。2013 年入选全国重点文物保护单位。

临沂—八路军 115 师司令部旧址 1996 年入选全国重点文物保护单位。参见全国红色旅游经典景区——八路军 115 师司令部。

临沂—北寨墓群 位于沂南县城西北的寨村。汉代画像石墓。探明古墓六座。一号墓为大型画像石墓，墓内分前、中、后三主室和东、西侧室，面积 88.2 平方米，用石 280 块，其中画像石 42 块，内容有攻战图、祭祀图、出行图、丰收宴享图、乐舞图等。二号墓为大型砖石结构多室墓，墓葬布局与一号墓基本相同，出土 80 余件文物，其中有珍贵的五龙戏珠三足砚和铜女俑。墓群画像丰富完美，雕刻精细，足以代表汉代绘画和雕刻艺术的最高成就。2001 年入选全国重点文物保护单位。

临沂—郯国故城 位于郯城县北部的护城河北岸。郯国故城建于战国至汉代，呈不规则四边形，周长 4 696 米。城门以青石构筑，城墙用夯土筑成，今仅存西、北城墙局部。东、西、南、北四门为青石砌筑。东北部隆起部分为古台遗址，俗称“帅军台”。出土有石斧、绳纹陶片、残陶鬲等。郯国故城对于研究山东地区东夷古国史和周至汉时期当地经济、文化的发展具有重要价值。2006年入选全国重点文物保护单位。

临沂—洗砚池墓群 位于临沂市洗砚池街。共有两座墓葬,东西相距30余米,除墓门为石制之外,其余均为砖筑。其中一号墓为双室墓葬,是山东省已发掘的汉晋大中型砖室墓中保存最完整的一座,也是山东省已发掘的大中型砖室墓葬中唯一一座未被盗掘的墓葬,出土了丰富精美的随葬品。从墓葬的形制结构、随葬品的器物组合特点和纪年资料初步判断,墓葬的年代属于西晋时期。2006年入选全国重点文物保护单位。

临沂—北沟头遗址 位于临沭县郑山镇。龙山文化时期到周商西汉时代的一处古文化遗址。遗址的地面及断崖上暴露有大量红烧土块和石器及破碎的陶器等,附近出土过铜箭头、货币、骨簇、瓮等。北沟头遗址的发现,为研究东夷地区的风土人情提供了宝贵的实物资料。2013年入选全国重点文物保护单位。

临沂—小谷城故城遗址 位于临沂市义堂镇。分为大城、小城两部分,面积较大,古文化层深厚,历经史前大汶口文化、龙山文化至商周秦汉,延续时间长。其中小城的高台遗址保存较好,当地称为“土城子”。2013年入选全国重点文物保护单位。

临沂—鄫国故城遗址 位于兰陵县向城镇。鄫国为夏少康之少子曲烈封地,至春秋灭国,隋复置缯城县,唐初为鄫州治所,贞观初州县俱废。鄫国故城系土城,北城墙长435米,南城墙长455米,东城墙长600米,西城墙长414米。四周城垣断断续续,高低不一,东南角高9.2米,东北角高10米,西北角已成为平地。中间偏西有一高台区,与东城墙相接,东西长300米,南北宽40米,高8米,为宫殿故址,墙基尚存。出土鬲足、陶豆柄、铜镞、圆瓦当、半瓦当等文物。2013年入选全国重点文物保护单位。

临沂—南武城故城遗址 位于平邑县魏庄乡。东周中期,鲁襄公为抵御齐国而在此筑城。战国时期曾被齐国占领,成为齐、楚两国边境要隘。遗址西北、南两面有苍山、南城山、开明山为屏障,东、北两面有用黄土夯筑的城墙,构成半圆形城郭。《史记》《左传》《论语》等都有对南武城和在南武城发生的历史事件及与此有关历史人物的记述。2013 年入选全国重点文物保护单位。

临沂—费县故城遗址 位于费县。春秋、汉代和北魏时期的古城遗址。遗址呈长方形，南北长 2 000 米，东西宽 1 000 米，周长 6 000 米。城内偏北部有一丘陵，岭北俗称“兵马城”，顺岭南下俗称“宫殿区”，随处可见一些古代瓦砾、陶片和砖块等。城垣轮廓依稀可见，北城墙长 954 米，西城墙长 2 170 米，东城墙长 1 935 米，南城墙长 1 077 米，近似长方形。2013 年入选全国重点文物保护单位。

临沂—皇圣卿阙、功曹阙 原位于平邑县城西北的九顶莲花山，1932 年移至平邑城关第三小学内。皇圣卿阙共两座，建于东汉元和年间；功曹阙一座，建于东汉章和初年。三阙均为著名的汉代石阙，是研究我国汉阙和汉代建筑的重要资料。2013 年入选全国重点文物保护单位。

临沂—新四军军部暨华东军区、华东野战军诞生地旧址 2013 年入选全国重点文物保护单位。参见全国红色旅游经典景区——新四军军部旧址。

日照—丹土遗址 位于五莲县潮河镇。在村东北方有大片红烧土，“丹土”即红土之意，村名来源于此。新石器时代晚期文化遗址，开始于公元前 2500 年前后，系父系氏族公社制时期，后延续到奴隶制社会时期。遗址占地面积约 28.8 万平方米，遗存以龙山文化为主，文化层厚 2.2 米。1996 年入选国家重点文物保护单位。

日照—两城镇遗址 位于东港区两城镇。占地面积 1.12 平方千米。文化堆积以龙山时代为主，还有少量的周代和汉代的遗存。出土了全国唯一的一件兽面纹玉锛。遗址所展示的农业文明、酒文化、陶器制作工艺，揭开了几千年前先民生存状态的神秘面纱，证明这一地区是龙山文化时期都邑性质的中心聚落，是两城镇龙山文化古国的政治、经济、文化中心。2006 年入选全国重点文物保护单位。

日照—尧王城遗址 位于岚山区。占地面积约 52 万平方米。地层堆积以龙山文化层为主，兼有大汶口、岳石、商、周、汉等时代的遗存。尧王城是一个相当大的“原始城市”，也是尧王城龙山古国的都城，有厚重的远古太阳崇拜和太阳文化的遗迹。在此发现了土坯房建筑和奠基石，其中奠基石的发现揭开了中国建筑领域举行奠基仪式的先河。其墓葬的葬俗——在墓主人周围镶陶片构成方形墓框，也独具特色，非常少见。2006 年入选全国重点文物保护单位。

日照—东海峪遗址　位于东港区东海峪村。大汶口文化和龙山文化遗址，占地面积约 7.5 万平方米。发现了大汶口文化晚期、大汶口文化向龙山文化过渡期和龙山文化时期的“三叠层”，出土了蛋壳镂空黑陶高柄杯和磨制石器等文物。2006 年入选全国重点文物保护单位。

日照—大朱家村遗址　位于莒县店子集镇。占地面积约 10 万平方米。遗址文化层深度 1.2 米，清理墓葬 45 座，出土器物 700 余件，其中有大口尊、彩绘盆、白陶鬶等器物。该遗址对研究汉字起源、社会等类分化及新石器时代莒地先民生活面貌有重要价值。2013 年入选全国重点文物保护单位。

日照—杭头遗址　位于莒县陵阳镇。占地面积约 6 万平方米，属于新石器时代文化遗存。出土了刻有图像文字的大口尊，还有单耳罐、高领罐、双耳罐、壶、鼎、高柄杯、骨坠等大量珍贵文物。2013 年入选全国重点文物保护单位。

德州—苏禄王墓　位于德城区北营村。安葬着苏禄国的一位国王和他的王妃及两位王子，是我国仅有的两座外国君主陵墓之一，也是我国唯一的驻有外国王室后裔守陵村落的异邦王陵。古苏禄国是一个信奉伊斯兰教的酋长国，国内有东王、西王、峒王三家王侯，以东王巴都葛叭答剌为尊。明永乐十五年(公元 1417 年)，三王率领家眷、官员共 340 多人远渡重洋至北京，受到永乐皇帝的隆重接待。使团辞归到达德州时，东王染病殒殁。明成祖亲撰悼文，为其择址建陵。1988 年入选全国重点文物保护单位。

烟台—牟氏庄园　位于栖霞市。大地主牟墨林及其后裔营建的住宅，是我国保存最完整、最典型的地主庄园之一。牟氏庄园吸取了我国北方民族建筑艺术风格，被称为“百年庄园之活化石”，有“中国民间小故宫”之称。庄园系统地展现了封建地主阶级产生、发展及其灭亡的过程，是一部反映封建地主阶级生活的“实物百科全书”。1988 年入选全国重点文物保护单位。

烟台—云峰山、天柱山摩崖石刻 位于莱州市东南部。云峰山摩崖石刻与天柱山石刻统称“云峰刻石”。现存北魏刻石 16 处，北齐刻石 1 处。其中最珍贵的碑刻当属《郑文公下碑》。《郑文公碑》系北魏光州刺史郑道昭所书，是魏碑书法的代表作之一，在我国书法史上占有重要地位。1988 年入选全国重点文物保护单位。

烟台—蓬莱水城及蓬莱阁 位于山东半岛最北端，濒临渤海、黄海，与韩国、日本隔海相望。蓬莱阁虎踞丹崖山巅，云拥浪托，美不胜收。阁内文人墨宝、楹联石刻琳琅满目。阁东蓬莱水城为我国最早的古代军港之一，负山控海，修有水门、码头、炮台等海港和军事建筑。1996 年入选全国重点文物保护单位。

烟台—北庄遗址 位于渤海海峡大黑山岛。距今 6 500 年的母系社会村落遗址，胶东地区最典型的史前聚落遗址。南北宽 180 米，东西长 140 米，占地面积约 2.24 万平方米。发掘出土 100 余座古房屋基址和 60 余座墓葬。现在原址上建有北庄遗址博物馆。1996 年入选全国重点文物保护单位。

烟台—丁氏故宅 位于龙口市黄城西大街。清乾隆年间“丁百万”家族的宅居。占地面积 3.1 万平方米，建筑面积 8 042 平方米，是目前我国规模宏大、保存较好的四合院式古建筑群之一，体现了胶东地区的民俗风情。1996 年入选国家重点文物保护单位。

烟台—福建会馆 位于芝罘区。始建于清光绪初年，由福建船帮商贾集资修建，是一座供奉海神娘娘（天后圣母）的封闭式古典寺院建筑，具有典型的闽南风格。由山门、大福殿、后殿、戏楼和两厢五个部分组成，占地面积 3 500 平方米，建筑面积 1 459 平方米。所用的砖瓦木石，全部从福建泉州一带精选，由良工巧匠就地雕琢、彩绘后运至烟台。1996 年入选全国重点文物保护单位。

烟台—白石村遗址 位于芝罘区。新石器时代遗址。出土的器物具有胶东沿海一带的文化特征，被命名为“白石文化”。遗址的发现，证明了胶东半岛和辽东半岛在距今6 000年前就有了文化交流，也对确立胶东半岛新石器时代文化的序列具有重要意义。2006年入选全国重点文物保护单位。

烟台—归城城址 位于龙口市莱山北侧的丘陵地带。莱山海拔619米，地势险峻。城址分为内外两城，内城占地面积22.5万平方米。古城出土的遗物比较丰富，其中以铜器和陶器为大宗，遗物上多有铭文或玺印等文字资料，应是一处西周至春秋时期的古国都城。2006年入选全国重点文物保护单位。

烟台—嘴子前墓群 位于海阳市盘石店镇。占地面积约1 500平方米，是一处规格很高的贵族墓地。发现三座墓葬，其中两座墓中随葬成套的编钟，且有多重棺椁以及其他贵重铜礼器。出土器物240余件，其中铜器60余件、漆木器40余件、玉器和石器10余件，其他为陶器。古墓葬附近还发现数量不少的马衔镳之类的车马器。2006年入选全国重点文物保护单位。

烟台—烟台山近代建筑群 位于芝罘区朝阳街。明洪武中期，为防备倭寇，把狼烟墩台(即烽火台)设置于山巅，故名“烟台山”。清末在墩台处建航海灯塔，沿用至今。鸦片战争后，英、美、法、德、日等16个国家在此建领事馆，40家英、德、美、日等国洋行在此设立。烟台山现存7个国家的原领事馆建筑，是我国半封建半殖民地历史的缩影。2006年入选全国重点文物保护单位。

烟台—南王绪遗址 位于蓬莱区北沟镇。新石器时代遗址，属于大汶口文化中晚期遗存。遗址东、北、西面均为断崖，文化堆积层厚0.3—3.2米。北侧断崖发现原始居住面，炕坑、柱洞、墓葬、石棺、灰坑及人骨清晰可见。遗址延续时间较长，对研究打制石器和制陶工艺以及古代人类的生活水平、习性，有着重要意义。2013年入选全国重点文物保护单位。

烟台—照格庄遗址 位于牟平区东南侧。南北长约250米，东西宽约220米。地层堆积有四层：一层为耕土层；二层至四层为文化层，均属于岳石文化。出土遗物有陶器、骨器、石器、青铜器等。清理灰坑40余个，有圆形、圆角方形和椭圆形。圆角方形的灰坑均为二连或三连坑，坑与坑之间有小土梁相隔，每个坑的面积一般为3—4平方米，可能是房屋遗迹。2013年入选全国重点文物保护单位。

烟台—村里集城址及墓群 位于蓬莱区艾山、崮山北麓。由柳格庄墓区、辛旺集墓区和站马张家墓区组成。自西周晚期始延续至战国，其中以春秋早、中期的墓葬数量最多、规格也最高。墓葬均为土坑竖穴，大者长5—6米，宽3—4米；小者长2.5米，宽1米。多有两层台，多数棺椁皆具，个别有重椁，墓底备腰坑。两层台殉人者居多。出土有铜器、陶器、玉器等。少数墓有石器、漆器、木器，个别墓有车马。墓区还有西周至春秋古城遗址，仅存部分城墙遗迹。2013年入选全国重点文物保护单位。

烟台—戚继光祠堂及戚继光墓 戚继光祠堂位于蓬莱区府前街。明崇祯年间为褒扬戚继光而建，赐额“表功祠”，为三进院落家庙式建筑，单檐硬山顶木结构，祠后为花园。戚继光墓位于蓬莱区芝山南麓，始建于明万历年间，砖石结构，穹窿墓顶，有墓门、墓道和前后墓室；墓前两侧为石人石马，台前嵌碑文两方，分别记载戚继光生平和墓丘修葺的经过。2013年入选全国重点文物保护单位。

烟台—西炮台 位于芝罘区西北部的通伸岗。因山上建有护卫烟台的海防炮台，并与东炮台相对峙，故名“西炮台”。清光绪初年在此修筑圩围、望楼，光绪十三年（公元1887年）增修炮台。清光绪二十五年（公元1899年）扩修炮台，并引进德国炮装备炮台，始成今日之规模。清光绪二十七年（公元1901年）《辛丑条约》规定“拆毁京师至海通道之各炮台”，西炮台的炮机被拆除，炮身与炮座于1938年被日军拆毁。1979年辟为西炮台山公园。2013年入选全国重点文物保护单位。

烟台—猴矶岛灯塔 位于蓬莱区猴矶岛。灯塔高约14米，主要为航行于长山水道和猴矶水道的船舶提供助航服务。该灯塔始建于清光绪初期，战争期间灯塔灯笼被毁，1953年重新修建，1974年灯塔大修。2013年入选全国重点文物保护单位。

烟台—张裕公司酒窖　位于芝罘区。张裕公司始创于清光绪十八年（公元1892年）。张裕公司酒窖始建于清光绪二十年（公元1894年），占地面积2 666平方米，历时11年才告完成，距海边不足100米，沉入地下7米，低于海拔1米，是世界上独一无二的海滩下的酒窖。用大青石砌成，八个拱洞纵横交错犹如迷宫。酒窖里安放着一排排橡木桶，共有148种型号，其中有三只大桶，每只桶可储酒15吨，被称为“亚洲桶王”。2013年入选全国重点文物保护单位。

济宁—嘉祥武氏墓群石刻　位于嘉祥县纸纺镇。东汉晚期武氏家族墓地石刻建筑。除石阙外，诸石祠于宋代以后倾圮，现存石阙、石狮各一对，石碑两块，祠堂石刻构件四组，雕刻精美，刻技娴熟。1964年将处于深坑中的石阙、石狮，按原位置提升到现在的地坪以上，并建立了宽敞的保护室。1961年入选全国重点文物保护单位。

济宁—曲阜孔庙、孔府、孔林　1961年入选全国重点文物保护单位。参见世界遗产——曲阜孔庙、孔府、孔林。

济宁—曲阜鲁国故城　1961年入选全国重点文物保护单位。参见国家考古遗址公园——鲁国故城国家考古遗址公园。

济宁—崇觉寺铁塔　位于济宁市古槐街道。崇觉寺又名“释迦寺”，始建于北齐皇建初年，现存明清时期的大殿五间和声远楼。北宋崇宁年间在寺内建立铁塔，寺院由此俗称“铁塔寺”。崇觉寺铁塔原为七层，明万历初年重修时增至九层。1988年入选全国重点文物保护单位。

济宁—铁山、岗山摩崖石刻　位于邹城市西北郊。铁山在南，岗山在北，两山相距500米。北朝摩崖刻经，铁山、岗山摩崖石刻与云峰山石刻、龙门造像题记并称为北朝书法艺术的杰出代表，为书法家所喜爱，尤其是铁山摩崖，气势磅礴，被康有为誉为“榜书之宗”。1988年入选全国重点文物保护单位。

济宁—颜庙　位于曲阜市陋巷街。颜回是孔门弟子，颜庙亦被称为“复圣庙”。颜庙始建年代不详。原建于曲阜城东北的五泉庄附近，元延祐年间迁至陋巷。明万历中期重建。现存颜庙占地面积2.4万平方米，三路布局，五进庭院，有元、明、清建筑25座，金代至清代碑刻53块，古树500余株。2001年入选全国重点文物保护单位。

济宁—汉鲁王墓 分布于曲阜市南九龙山、亭山以及邹城市四基山一带。汉代鲁王的家族墓群。共有汉墓14座。依山开凿，墓室结构大同小异，墓内有完整的排水系统。虽多次被盗，仍发掘出土了文物1 900余件，包括随葬车12辆，马50匹，车马饰器368件，工程浩大，在我国北方地区较为罕见。2003年入选全国重点文物保护单位。

济宁—王因遗址 位于兖州区王因镇。进行了五次发掘，清理大汶口文化早期的墓葬800余座，房址十余座，窖穴和灰坑近百个。墓葬分为早、中、晚三期，是全国最大的史前墓地之一和发现墓葬最多的氏族公共墓地，为研究史前人类生活习俗、埋葬方式、人类体质特征和史前环境提供了重要的实物资料。2006年入选全国重点文物保护单位。

济宁—孟庙、孟府和孟林 孟庙又称“亚圣庙”，位于邹城市区，为历代祭祀孟子之所，现存建筑多为清康熙年间重建。孟庙占地面积约2.4万平方米，五进院落，保存历代碑刻310余块，古树名木近300株。孟府亦称“亚圣府”，位于孟庙的西侧，占地面积约2.1万平方米，院落七进，是国内保存较为完整、官衙与内舍合一的古建筑群。孟林亦称“亚圣林”，位于邹城市四基山西麓，是孟子及其后裔的墓地。孟林始建于宋景祐年间，元、明、清历代均有扩建增修，现有林地约61万平方米，柏、桧、榆、槐等古树近万株。1988年孟庙及孟府入选全国重点文物保护单位，2006年孟林入选全国重点文物保护单位。

济宁—贾柏遗址 位于汶上县东贾柏村。属于原始社会早期北辛文化类型，是距今7 000年左右的文化遗存。占地面积约1.5万平方米，遗存有墓葬、房迹、灰坑。房迹形状有葫芦形、圆形两种，均为半地穴式建筑。出土各种器物100多件。北辛文化是黄河下游发掘最早的原始社会的文化，比大汶口文化早1 000多年,属于母系氏族社会的发展阶段。平原地带发现细石器,这在国内尚属首次,也为寻找北辛文化的渊源提供了新的线索。2006年入选全国重点文物保护单位。

济宁—邾国故城 位于邹城市峄山镇。东周时期都城遗址,占地面积约9平方千米。故城中部一高地长约500米,宽约240米,俗称“皇台”,地面暴露有大量陶片、建筑瓦片、花纹砖、云纹瓦当等,断崖上发现夯土层,间有少量础石及陶排水管道等,当为宫殿区;东北角地形高低悬殊,多为黄土断崖,有周代带铭铜器多件出土,当为贵族墓葬区;西南角金水河两岸,发现多处古陶窑遗迹及制陶工具、大量陶片等,当为制陶作坊区;东北城墙处有两个周长10多米的土台,俗称“炮台”,发现东周陶片,当为防御设施。2006年入选全国重点文物保护单位。

济宁—萧王庄墓群 位于济宁市萧王序村。东汉任城国国王及其配偶的墓葬群,原有封土堆九座,民间称为“九女周堆”,现存固堆四座。墓主人为东汉光武帝刘秀之孙、东汉任城国始封的孝王刘尚。墓葬形制结构在东汉大型墓中颇具特色,一号墓虽曾被盗掘,但仍出土不少文物,其中三件玉器为国家一级文物。尤为重要的是石墙上镌刻的近800块题记,题刻内容主要为石工、送石者的籍贯姓名,书体为民间汉隶,具有重要的文化价值。2006年入选全国重点文物保护单位。

济宁—明鲁王墓 位于邹城市和曲阜市交界处的九龙山南麓。明太祖朱元璋第十子朱檀及其妃子的陵墓,俗称“荒王陵”。占地面积约7万平方米,出土各类明代文物1 000余件。陵区北依九龙山,南与朱山遥遥相望,东、西有卧虎山、玉皇山拱卫,陵前有二泉,为白马河源头。整个陵区居高临下,向阳濒水,碧色参天,一派皇家气派,堪称明代亲王第一陵。2006年入选全国重点文物保护单位。

济宁—卞桥 横跨济宁市泗河之上,因泉林一带古为卞国,故名“卞桥”。相传每到中秋之夜,桥下水中出现双月,名“卞桥双月”,故又称“双月桥”。卞桥造型雅朴,雕饰精美。桥呈弧形,长24米,宽6米,两端各有引桥

35 米。三孔联拱券砌，中孔拱券顶刻着“卞桥镇重修石桥，自（金）大定二十一年（公元 1181 年）八月一日起工，至二十二年四月八日讫”字样。2006 年入选全国重点文物保护单位。

济宁—曾庙　位于嘉祥县南武山。又称“曾子庙”“宗圣庙”，是历代祭祀孔子高足曾参的专庙。始建于周考王十五年（公元前 426 年）。明万历初年重修，奠定了曾子庙现有布局和规模。曾庙坐北朝南，四周围以红墙，三进院落，主要建筑物 30 余座，殿、庑、亭、堂 70 余楹，占地面积 2.76 万平方米。曾庙是一处极具代表性的我国古代官式建筑群体，保留了明代建筑风格。2006 年入选全国重点文物保护单位。

济宁—尼山孔庙和书院　位于曲阜市尼山。尼山原名“尼丘山”，因孔子名丘，为避圣讳，故名“尼山”。相传孔子的父母登尼山祈祷而生孔子，后世建庙奉祀。初名“叔梁纥庙”，宋庆历年间成为主祀孔子的庙宇。建筑群占地面积约 1.6 万平方米，建筑面积 1 700 平方米，有殿、堂、祠、亭等大小建筑 27 座 81 间。尼山书院在庙院东北百余米处，周围恒墙，书院大门南向，院内有正房五间，五禀四柱前后廊式木架，灰瓦硬山顶，东西厢房各五间。系当年讲学授业和纪念孔子的处所。2006 年入选全国重点文物保护单位。

济宁—东大寺　位于济宁市小闸口上河西街。因处于全市九座清真寺之东，故称“东大寺”。始建于明洪武年间，明、清各朝及当代数次修缮。占地面积 7 200 平方米，建筑面积 4 134 平方米。标准的龙首式建筑群，中轴线上主要建筑有大门、邦克亭、大殿、望月楼等，中轴线两侧是南北讲堂、水房、碑廊等。大门为明代遗构，其他建筑为清乾隆时所建。高大巍峨，布局严密，结构合理，工艺精湛，是我国伊斯兰建筑的代表作之一。2006 年入选全国重点文物保护单位。

济宁—野店遗址　位于邹城市峄山镇。大汶口文化、龙山文化兼有周至汉时期遗存。发掘揭露面积 1 660 平方米，清理大汶口文化墓葬、灰坑、房址、陶窑及龙山文化的房址、灰坑。出土各类文物千余件，其中有生活用具、生产工具和装饰品。随葬品多寡不一，标志着氏族内部贫富分化明显。

2013 年入选全国重点文物保护单位。

济宁—青堌堆遗址 位于梁山县小安山镇。出土遗物较多,既有生活用具,也有生产工具。遗址既有山东龙山文化的特点,又有河南龙山文化的特点,是一处具有独特地域特征的龙山文化遗址,学术界称为“龙山文化青堌堆”类型。遗址保存良好,基本上未遭到人为的破坏。2013 年入选全国重点文物保护单位。

济宁—西夏侯遗址 位于曲阜市息陬镇。占地面积 12 万平方米,耕土下即为文化层,厚约 1.5 米,清理灰坑 17 个,陶窑 1 座,墓葬 32 座,出土陶器、石器等 600 余件。新石器时代大汶口文化中、晚期至龙山文化以及商代的文化遗存,首次从地层关系上明确了大汶口文化早于龙山文化。2013 年入选全国重点文物保护单位。

济宁—西吴寺遗址 位于兖州区小孟镇。占地面积 6 万平方米,以龙山文化遗存和周代文化遗存为主。其中龙山文化的遗迹有灰坑、房址、水井、墓葬等。2013 年入选全国重点文物保护单位。

济宁—防山墓群 位于曲阜市防山西麓。墓群分布在东西 3 000 米、南北约 2 000 米的山丘上,原有坟冢 22 座,现存 10 座。封土最大的一座东西 71 米,南北 75 米,斜面高 40 米,最小的径长 10 米,斜高 4 米。墓前无碑。墓室均依山势直凿穿石而下,前有墓道,上为封土,多为夯筑。从采集到的鼎、豆、盘等陶器残片和几何花纹方砖判断,当为东周至汉代的墓葬。2013 年入选全国重点文物保护单位。

济宁—孟母林墓群 位于曲阜市小雪镇。孟子母亲及孟氏后裔的家族墓地。1985 年修建林墙,享殿三间、大门三间。1996 年在孟母林神道树立两根望天吼石柱,建孟母牌坊一座。现孟母林内有各种树木 1.2 万余株,宋、元、明、清碑碣数百块,是一处不可多得的人造园林。2013 年入选全国重点文物保护单位。

济宁—金口坝 位于兖州区城东的泗河上。因坝身的石与石之间均以金属(铁)扣接,故名。始建于北魏延昌年间,名“泗津堰”。唐代称“石门”,

李白诗《鲁郡东石门送杜二甫》中的“石门”即此坝。坝长 125 米，宽 8 米，有 5 洞，宏伟坚固，宛如卧波长虹。每当夏秋之交，金口坝清波如镜，绿柳成荫，被誉为“金口秋波”。2013 年入选全国重点文物保护单位。

济宁—重兴塔 位于邹城市原崇兴寺内。崇兴寺原名“法兴寺”，元至元年间改名“重兴寺”，明天启初年残毁，崇祯年间重修。重兴塔为北宋初年始建的砖塔，八角形楼阁式建筑，九层十檐，通高 27.4 米。最下层为木回廊，基座正北辟门，东、南、西三面置方形龛室。2013 年入选全国重点文物保护单位。

济宁—太子灵踪塔 位于汶上县城宝相寺内。始建于北宋政和年间。塔高 45.5 米，为砖彻八角形 13 层楼阁式建筑。整体雄伟壮观，巍峨挺拔，宋代建筑风格。塔刹呈葫芦型，由黄土烧制而成，外面施黄色釉质，在阳光照耀下金光闪闪，俗称“黄金塔”。2013 年入选全国重点文物保护单位。

济宁—兴隆塔 位于兖州区兖州博物馆内。因原在古刹兴隆寺内而得名。始建于隋仁寿年间，初为木塔，北宋年间改建为砖塔，现存塔身为清康熙年间重建。八角楼阁式空心砖塔，13 层，底基周长 48 米，高 54 米。塔身分为两截，上下叠加，呈母子相托状，形成了“塔上塔”的独特风格。出土了一批珍贵文物，包括鎏金银棺、金瓶、舍利、“佛牙”和玻璃瓶等，“安葬舍利碑”记述了顶骨真身舍利的来历和供养过程。2013 年入选全国重点文物保护单位。

济宁—伏羲庙 位于微山县两城镇。建于伏羲陵台之上，创建年代不详。背依凤凰山，面朝独山湖，庙后有“六合”“圣母”等诸泉，青山碧野，流水潺潺，景色优美。原是一组完整的古建筑群，前有三圣阁，后有女娲殿，中心部位为伏羲殿，并配以钟楼、鼓楼、庙门等建筑，绕以青石围墙。现唯一留存的建筑物——伏羲殿，面阔五间，进深三间，建筑面积 138.6 平方米。2013 年入选全国重点文物保护单位。

济宁—光善寺塔 位于金乡县城中心。始建于唐代。通高 49 米，砖石结构，石台底座，砖砌八角形九层楼阁式建筑，顶为铁质葫芦型。2010 年维修塔体时发现一个券顶式壁龛，内置包括唐代佛塔、舍利棺在内22件银质文物，装饰图案的线条精美，做工精致，均为国家一级文物。2013年入选全国重点文物保护单位。

济宁—周公庙 位于曲阜市城区东北部。全国三大周公庙之一。周公是周文王的第四子，武王之弟，曾辅佐武王伐纣，建立周朝。按周朝宗法制度，周公被分封于鲁。因其留佐成王，故长子伯禽就封，建鲁国，为鲁国第一代国君。周公佐周有殊功，特许伯禽设立太庙以祀远祖。建筑群四周红墙包围，三进院落，古树掩映，占地面积50万平方米。2013年入选全国重点文物保护单位。

济宁—慈孝兼完坊 位于济宁市翰林街。清乾隆中期为旌表诰封奉直大夫王怀远之妻孙氏敕建的“节孝坊”，门楼式建筑，全石结构，三层圆透高浮石坊。第二层正中有工部郎中史大伦所题“慈孝兼完”四字。该坊采用浮雕、透雕、圆雕、线雕等手法，造型优美，内容丰富，做工精细。2013年入选全国重点文物保护单位。

济宁—青山寺 位于嘉祥县城南。原是祀西周侯国焦王的祠庙，故又称“焦王祠”。占地面积约6 000平方米，顺应山势层层递升，神秘而又幽深。院内碑石林立，造型别致，笔法俊逸，为历代文人墨客及官宦、捐施人士所刻。2013年入选全国重点文物保护单位。

济宁—景灵宫碑 位于曲阜市书院街道。宋真宗皇帝“推本世系，遂祖轩辕”，以轩辕黄帝为赵姓始祖，于大中祥符年间下诏将曲阜更名为“仙源”，将县城迁往寿丘之西，又兴建景灵宫奉祀黄帝。景灵宫北宋末年毁于战火，现原址仅存东碑和西碑两通。东碑俗称“万人愁碑”，碑身高16.95米，宽3.75米，厚1.14米，碑额浮雕六条盘龙，但无碑文。2013年入选全国重点文物保护单位。

济宁—兖州天主教堂 位于兖州区西御桥南路。清光绪中期开始营建。教堂有巨大的拱顶、高耸的塔楼，为德国哥特式建筑。建筑群长386米，宽217米，总面积8万余平方米，建筑之精美、规模之宏大为世人所瞩目。主要建筑被毁于1966年。2013年入选全国重点文物保护单位。

滨州—魏氏庄园 位于滨州市魏集镇。建于清光绪中期,是地主魏肇庆的宅第。占地面积2.67万平方米,平面布局呈“工”字形,由住宅、花园、池塘、祠堂、广场五个部分组成,三进九座院落,房屋大小256间。现存院落6个,住房40余间,房屋分卷棚顶、花脊两种营造方式,将具有我国古代军事防御功能的城垣建筑和北方四合院式民居融于一体,构成一组具有独特艺术风格的城堡式民居建筑群。1996年入选全国重点文物保护单位。

滨州—丁公遗址 位于邹平市长山镇。在遗址中发现大量龙山文化及岳石文化遗物。采集的文物标本除蚌器外,主要有石铲、磨制石斧等石器,还有骨簇、骨针及具有龙山文化典型特征的蛋壳陶片。陶器中有小陶罐,为泥质灰陶,鼓腹,颈部有一弦纹,口径5.2厘米,腹径8厘米。还有陶瓮残片,为泥质灰陶。黑陶鬼脸式鼎腿、猪嘴鼎腿尤为珍贵。2001年入选全国重点文物保护单位。

滨州—龙华寺遗址 位于博兴县陈户镇。南北朝至隋代的寺庙遗址。寺院始建于北魏中晚期。出土大批金铜造像、白陶佛像、石佛造像等佛教遗物,数量之多,质地之繁,纪年铭文之全,价值之高,国内罕见。2006年入选全国重点文物保护单位。

滨州—杨家盐业遗址群 位于沾化区富国镇。周朝时期的盐业遗址。太平河由遗址东部穿过,徒骇河穿过遗址西部边缘,遗址在两河之间高出地面0.5米,占地面积15.6万平方米。采集的大部分标本是盔形器、滤器、灰陶簋口沿、灰陶豆,皆为盐业生产所用,少部分为生活用具。还曾出土贝币、青铜剑、矛等器物。2013年入选全国重点文物保护单位。

滨州—丈八佛 位于博兴县。丈八佛造像雕造于东魏天平初年,为一青石立式圆雕造像,通高7.1米、像高5.6米,高肉髻、方面、大耳,着褒衣博带式通肩袈裟,胸前结带,赤足立于覆莲座上。莲座正面浮雕力士、博山炉、迦娄罗,两侧及左右刻四组26个供养人。2013年入选全国重点文物保护单位。

潍坊—驼山石窟 位于青州市驼山主峰崖壁上。开凿于北周末年至唐代长安初年。大小石窟六处,摩崖造像群一处,葬窟一座,造像638尊。最大者通高约6米,最小者不足0.3米,造型神态各异,种类繁多,雕凿技艺精湛。与驼山隔溪相对的云门山,有与驼山同期的五窟和十几个小龛,雕工至为成熟,为隋代精品。1988年入选全国重点文物保护单位。

潍坊—十笏园 位于潍城区胡家牌坊街。始建于明代,建筑面积约2 000平方米,因面积较小,喻若十个板笏之大而得名"十笏园"。园中的砚香楼原是明嘉靖年间刑部郎中胡邦佐的故宅。清光绪初年被当地首富丁善宝以重金购作私邸,修葺北部三间旧楼,开挖水池,堆叠假山,始成私人花园,又被称作"丁家花园"。既有北方园林的特点,兼具江南园林的风格,吸纳了南北园林建筑的精髓。1988年入选全国重点文物保护单位。

潍坊—崔芬墓 位于临朐县冶源镇。南北朝东魏古墓葬,墓主崔芬为东魏末年威烈将军。封土已毁。墓室呈"甲"字形,由方形墓室、甬道及生竖井式墓道组成。条石垒砌,石灰勾缝,墓顶覆斗状,四角攒尖,内有石棺床,四壁壁画流光溢彩。墓志石刻667字,为典型的魏碑体。甬道壁画色彩鲜艳,线条流畅,堪称北朝绘画佳作。2006年入选全国重点文物保护单位。

潍坊—王尽美故居 位于诸城市枳沟镇。王尽美是中国共产党的创始人之一,山东省党组织最早的组织者和领导者之一。故居为三间土墙草房,光线昏暗,低矮潮湿,年久失修倒塌。1960年在旧基上修复,四周筑起新围墙,建筑面积816平方米。现辟为王尽美纪念馆,由陈云题写馆名。2006年入选全国重点文物保护单位。

潍坊—西朱封遗址 位于临朐县。以龙山文化遗存为主,兼有大汶口文化、岳石文化的新石器时代至夏代遗址。出土有完整的陶器、石器、玉器等。清理了三座墓葬,出土的蛋壳陶高柄杯和磨光黑陶罍及冠形笄和人面纹笄玉器,代表了龙山文化时期海岱地区琢玉工艺的最高水平。2013年入选全国重点文物保护单位。

潍坊—双王城盐业遗址群 位于寿光市双王城水库周围。占地面积30

平方千米。发现30多处比较完整的商代至西周时期与制盐有关的古遗迹，出土两处制盐作坊遗址及数十件制盐盔形器物，还发掘出土多个卤水坑井、蒸发池、蓄水坑及两个煮盐用的大型灶台。双王城盐业遗址群是国内发现的最早的海盐制造遗址，比文献记载的东周时期齐国盐业官营制度早数百年。2013年入选全国重点文物保护单位。

潍坊—丰台盐业遗址群 位于寒亭区。周代、汉代和金代时期的盐业遗址。占地面积超过5 000平方米。发现西周早期盐业遗址两个，东周盐业遗址35个，填补了渤海南岸地区东周时期盐业考古的空白，对研究齐国规模化盐业生产水平具有重要意义。2013年入选全国重点文物保护单位。

潍坊—魏家庄遗址 位于孟津河西岸第一级台地上。占地面积约6万平方米。文化堆积层厚2—3米。采集的石器有斧、砺石；陶器有鼎足、器耳、钵底等，以夹沙红陶为主。出土鼎、釜、炉剑等38件汉代铁器文物，铁器的出土数量之多和密度之大为国内罕见，对研究汉代济南乃至山东地区的冶铁史、科技史、丧葬史和礼仪制度都具有重要意义。2013年入选全国重点文物保护单位。

潍坊—杞国故城遗址 位于坊子区。春秋时期至汉代的古城遗址。杞国故城东西长约1 600米，南北宽约1 500米，占地面积近280万平方米，由杞国故城城墙、皇城顶遗址、周家庄子遗址、周家庄子墓地、石佛寺遗址和九女冢组成。2013年入选全国重点文物保护单位。

潍坊—龙兴寺遗址 位于青州市王府西街路。占地面积约3万平方米。发现一处大型佛教造像窖藏，出土了石、陶、铁等各类佛教造像600余尊，数量之多，造像之精美，贴金彩绘之完好，为我国佛教考古史上所罕见。2013年入选全国重点文物保护单位。

潍坊—程家沟古墓 位于青州市邵庄镇。又称“田和墓”。墓葬现存封土呈方台形，三级梯田状，高约30米，边长约50米。黄土夯筑，夯层厚0.1米左右。在封土中发现石门靡。西南约300米处有一座小型封土墓，当地人称为“皇冢”，可能为该墓的陪葬墓。2013年入选全国重点文物保护单位。

潍坊—董家庄汉画像石墓 原在安丘市凌河镇。1959 年修建牟山水库时发掘，并拆迁到安丘市博物馆存放，1963 年在博物馆内复原。墓主为东汉青州刺史孙嵩。除甬道用砖铺地外，余均用巨大石板、石条建成，用石料共计 224 块。有画像者 103 块，组成画面 60 余幅。画像内容可分为奇禽异兽、神话传说、社会生活和历史故事四个类型。雕刻技法有浅浮雕、高浮雕、透雕、阴刻诸种，神态各异，生动逼真，是罕见的汉代艺术杰作。2013 年入选全国重点文物保护单位。

潍坊—衡王府石坊 位于青州城内西南部。衡王为明宪宗第七子，成化年间被册封为衡王，弘治年间就藩青州，建造了衡王府第。衡王府是一座富丽堂皇、古朴典雅的仿北京皇宫的建筑群，明朝灭亡后被夷为平地，仅存两座石坊。石坊原是衡王府正门前的大牌坊，四柱三门，高 7 米有余，造型宏伟，刻工精细。2013 年入选全国重点文物保护单位。

潍坊—青州真教寺 位于青州市益都镇。元大德年间由丞相伯颜后裔所建，后经明清两代多次修葺、扩建。占地面积 6 000 平方米，建筑面积 1 300 平方米。院落三进，主要建筑为大门、仪门、礼拜大殿等。布局在东西中轴线上，左右成对称式配列。大门为一座单檐歇山式砖石结构门楼，斗拱、挂砖饰以雕刻图案。大门上方石匾镌有“真教寺”三字。2013 年入选全国重点文物保护单位。

潍坊—坊子德日建筑 位于坊子区。形成于清末至民国初年，现有德式建筑 103 处，日式建筑 63 处，建筑面积达 4 万余平方米。有德军司令部、德军医院、火车站、机车维修段、电报大楼、邮局、煤矿、修女楼、教堂、学校、兵营、水站、高级军官别墅区等建筑。有的恢宏大气，有的别致精巧，有的庄严华贵，有的厚重古朴，堪称“德日建筑博览园”。2013 年入选全国重点文物保护单位。

淄博—齐国故城 位于临淄区齐都镇。春秋战国时期齐国都城遗址，是列国中最为繁华的都城之一，也是当时东方重要的政治、经济、文化中心。周夷王十一年（公元前 859 年）齐国第七世国君齐献公以临淄为都城，到秦始皇二十六年(公元前 221 年)秦灭齐止,先后作为姜齐和田齐的国都长达 630 余年。包括大城和小城两部分,大城是官吏、平民及商人居住的郭城,小城是国君居住的宫城,有规模庞大且保存完整的城建设施、宫殿建筑遗址、手工业作坊遗址和墓葬区,占地面积 20 余平方千米。1961 年入选全国重点文物保护单位。

淄博—田齐王陵 位于临淄区和青州市东高镇一带。战国时期齐王的陵墓。有王陵六座,分为"二王冢"和"四王冢"两组。二王冢为战国田齐太公子侪剡和齐桓公(一说春秋时的桓公和景公)墓,方基圆坟,犹如山上之山,气势雄伟。四王冢为战国田齐国君威王、宣王、湣王和襄王的墓葬,南依山岭,北面淄水,呈东西向一字排开,宛如连绵群峰,气势巍峨。1988 年入选全国重点文物保护单位。

淄博—桐林遗址 位于临淄区凤凰镇和朱台镇。包括 5 处遗址,占地面积 3 平方千米,属于原始社会晚期的龙山文化类型。遗址中心部位文化层堆积厚 3—4 米,内涵丰富。历年来,在农事耕作中曾多次出土网坠、斧、镰、锛等磨制钻孔石器及黑、红、白质陶器,其中有极为少见的高 38.5 厘米、口径 30.3 厘米的夹砂陶鬲,有迄今为止全国最大的高达 116 厘米、口径 44.5 厘米的灰陶甗。2001 年入选全国重点文物保护单位。

淄博—沂源猿人遗址 位于沂源县土门镇。1981 年猿人头盖骨化石首先被发现,为旧石器时代的猿人化石,与举世闻名的"北京猿人"同时期,距今四五十万年,地质年代属于更新世中期,被命名为"沂源猿人"。后又发掘出 1 块头盖骨、6 颗牙齿、1 块肱骨、1 块肋肌、2 块眉骨及伴生哺乳动物化石 10 余种。"沂源猿人"是目前发现的最早的山东人,也是黄河中下游地区最早的古人类。沂源猿人遗址的发现是我国古人类考古史上的一项重大成果。2006 年入选全国重点文物保护单位。

淄博—后李遗址 位于临淄区后李官庄。占地面积约 15 万平方米。后李文化因该遗址而得名。山东地区迄今为止最早的新石器时代人类遗存,距今 7 800—8 200 年。文化堆积厚达 2—5 米,划分为 12 层,10—12 层为新石器时代早期的后李文化遗存,9 层为新石器时代中期的北辛文化遗存,6—8 层为周代遗存,3—5 层为西汉至明清遗存。年代延续之长,内涵之丰富,甚为罕见。2006 年入选全国重点文物保护单位。

淄博—寨里窑址 位于淄博市寨里镇。我国目前所发现的唯一的北方青瓷产地,烧造年代为北齐至唐代,占地面积约 22 万平方米,文化层厚 0.4—1 米。遗存有大量青釉瓷片,还发现黄釉陶片,这证明了北朝的铅釉陶器已进入兴盛的阶段,工艺比较成熟,品种丰富多彩。2006 年入选全国重点文物保护单位。

淄博—颜文姜祠 位于博山区凤凰山。相传颜文姜孝侍公婆,远汲山泉,感动神明,遂泉出于室内汇流成河。后人在此建庙,即颜文姜祠。始建于北周时期,重建于唐天宝年间,占地面积 1 324 平方米。颜文姜祠华丽古朴,现存为唐代木质建筑物。2006 年入选全国重点文物保护单位。

淄博—蒲松龄故宅 位于淄川区洪山镇。蒲松龄生活在清代初期,秉性耿直,愤世嫉俗,常借狐鬼故事对当时社会腐败现象进行谐谑,所著《聊斋志异》誉满中外。故宅为典型的北方农家建筑,抗日战争中遭日军焚毁,1954 年依原貌修复。1980 年扩建为蒲松龄纪念馆。2006 年入选全国重点文物保护单位。

淄博—西天寺造像 位于临淄区齐都镇。西天寺为南北朝时期后赵皇帝石虎所建,几经兴废。北魏时期达到鼎盛,是当时国内寺庙建筑中规模较大、佛像数量较多、香火较盛的一座。明初重建。寺内正殿九间,砖木结构,红砖绿瓦,飞檐斗拱。正面供高达丈余的铜铸释迦牟尼坐像,旁立佛家众菩萨塑像,两侧为十八罗汉塑像,前殿供弥勒佛像。西天寺造像俗称“无量寿佛”,高 5.6 米,是华东地区现存最大的单体石佛造像。2006 年入选全国重点文物保护单位。

淄博—史家遗址 位于桓台县田庄镇。岳石文化遗存。清理出三叠城壕和夯土、墓葬、灰坑、窖藏、祭祀坑等诸多遗迹,出土大量陶器、石器、骨器、铜器等文物,年代自龙山文化时期至汉代。最为重要的发现是祭祀坑底部的两片残缺甲骨文，比河南安阳殷墟甲骨文早300多年。2013年入选全国重点文物保护单位。

淄博—北沈遗址 位于淄川区寨里镇。新石器时代遗址，自龙山文化时期、岳石文化时期延续到春秋战国。占地面积约28万平方米。发掘面积300平方米，出土商周时期房址两处，商周、战国时期墓葬6处，道路1条，出土陶器、骨器、石器20多件，并发现完整的骆驼、野猪尸骨。墓葬的方式不同于中原地区及临淄地区发掘的同期墓葬，葬俗奇特。2013年入选全国重点文物保护单位。

淄博—陈庄—唐口遗址 位于高青县花沟镇。占地面积8万—9万平方米，发掘西周早中期城址、西周贵族墓葬、祭坛、马坑、车马坑等遗迹，出土大量陶器及较多的骨器、铜器、玉器等珍贵文物，另有少量的精美玉器及蚌、贝串饰。城内中部偏南的夯土台基或为“祭坛”，全国罕见。2013年入选全国重点文物保护单位。

淄博—磁村古瓷窑址 位于淄川区磁村镇。包括南北窑洼区、苹果园区和华严寺区三处窑址。南北窑洼区占地面积约15万平方米，发掘窑炉12座，采集大量标本，早期以黑釉为主，次为青釉、酱釉、茶叶末釉；中期以白釉为主，有少量青釉，并施护胎釉，当为唐代晚期至北宋时期的窑址。苹果园区占地面积2万平方米，以黑釉居多，青釉、酱釉次之，其年代约为唐代。华严寺区占地面积1.6万平方米。2013年入选全国重点文物保护单位。

淄博—临淄墓群 位于临淄故城及故城周围。共有贵族墓葬150余座，墓葬年代为西周、东周和汉代，墓主身份多为国君、公侯、贵族、大夫、将军、名士，如著名的太公衣冠冢、二王冢、四王冢、管仲墓、三士冢、田单墓、西汉齐王墓等。墓的形制多为高大的封土墓，状如山丘。2013年入选全国重点文物保护单位。

淄博—四世宫保坊 位于桓台县新城镇。为表彰兵部尚书王象乾保卫明朝有功，经万历皇帝特许而建造。王象乾的父亲、祖父、曾祖父都官至太子太保、兵部尚书，故称“四世宫保”坊。石匾额“四世宫保”四字传为著名书法家董其昌所书。牌坊由青砖石灰砌成，面阔 9.2 米，进深 3.33 米，高 15 米，拱门洞两侧有石狮 8 个，拱门、楹柱等雕有飞禽走兽、山水花卉、神话人物，工艺精妙、古朴典雅。历经 400 余年风雨，数次七级以上地震，仍屹立不倒。2013 年入选全国重点文物保护单位。

淄博—青城文昌阁 位于高青县青城镇。祭祀文昌帝君的场所，建于清乾隆初期，道光中期重修。过街楼式建筑，基座为正方形，用大青砖砌成。基座上是三层木结构楼阁，每层四角攒顶，装饰斗拱，釉瓦覆顶，四脊有栩栩如生的石兽。檐下挂有铜铃，微风吹来铃声清脆。整个楼阁高 14.62 米，结构严密精巧，造型宏伟壮观，挺拔秀丽，卓尔不凡。2013 年入选全国重点文物保护单位。

淄博—淄博矿业集团德日建筑群 位于淄川区洪山镇。清光绪三十年（公元 1904 年），德国人开办淄川煤矿，建起了一栋栋充满异国风情的建筑作为办公和居住场所。1914 年日军占领淄川煤矿，在德式风格的建筑群中又增添了不少日式风格的建筑。现有德国建筑 13 座，日本建筑 5 座，占地面积 4 661 平方米，建筑面积 7 179 平方米，基本保持原有的风貌。2013 年入选全国重点文物保护单位。

齐长城遗址 齐长城即春秋时期齐国南部利用堤防连接山脉而成的长城，西起今济南市长清区，东至青岛市黄岛区，横亘于齐鲁大地，翻越 1 518 座山峰，全长约 619 千米。现存遗址主要有长清段、泰安段、莱芜段、五莲段等，其中保存最好的莱芜段长约 58 千米。齐长城距今已有 2 500 余年，是世界上现存最古老而又保存段落或遗迹较多的古长城。2001 年入选全国重点文物保护单位。

二十五、国家一级博物馆

甲午战争博物馆 位于威海市刘公岛。清光绪十四年（公元 1888 年）

北洋舰队正式编成，现甲午战争博物馆即当年的北洋海军提督署。博物馆依山临海，占地面积约 1.39 万平方米，大门额题“海军公所”为李鸿章手书。门前构筑左右角楼和东西辕门，为大典会操场所。西南建两层楼式瞭望台。正厅自南向北分别为礼仪厅、提督厅和祭祀厅。配房厢房分别为总兵、副将、洋教习办公室及提调室、文武值班室等。2008 年入选国家一级博物馆。

青岛市博物馆　位于崂山区梅岭路。黄瓦红墙，三进院落，占地面积 3 600 平方米，陈列面积 1 800 平方米。馆藏文物包括书法、绘画、陶瓷器、铜器、玉器、钱币、玺印、甲骨、竹木牙角器等 30 余个门类 10 多万件，其中以书法、陶瓷器、玉器、钱币为馆藏特色。庭院中心的八角牡丹亭中有一块南极石，于 1985 年取自南极。2008 年入选国家一级博物馆。

青州市博物馆　位于青州市范公亭路。县级综合性博物馆。占地面积 2.67 万平方米，建筑面积 1.2 万平方米。收藏各类文物 2 万余件，推出了简史陈列、陶瓷器、玉器、青铜器、书画、古货币、碑碣、石刻、革命文物等 10 个专题陈列。2008 年入选国家一级博物馆。

山东博物馆　位于济南市历下区经十东路。成立于 1954 年，是新中国成立后建立的第一座省级综合性地志博物馆。2010 年新馆建成，主体建筑面积 8.29 万平方米，高 74 米，上部为银白色半圆形穹顶，下部为灰色四角内切立方体，庄重稳健，时尚且具雕塑之美；建筑的四个立面中部柱廊阵列简约宏大，浑厚凝重；外墙装饰选用泰沂山脉独有的雪花青石材，庄重典雅。珍藏不少国家级的文物，如东平汉墓壁画、《孙子兵法》竹简、郑燮双松图轴等。2012 年入选国家一级博物馆。

烟台市博物馆　主馆位于芝罘区南大街，分馆位于烟台市福建会馆。主馆设有笔墨丹青、许麟庐艺术馆、瓷苑掇英、绳墨神工、丹心乡情、古钱今览等专题陈列，总展览面积 7 000 余平方米。馆藏文物 5 万余件，其中三级以上文物 6 000 余件，一级文物 62 件，包括秦嵌铜诏版铁权、孙中山手书“品重醴泉”等。分馆设有妈祖文化、民居陈设、阳主与秦始皇东巡等专题陈列，2017 年入选国家一级博物馆。

潍坊市博物馆 位于奎文区东风东街。建筑面积1.8万余平方米,是一座古建筑风格的地方综合性博物馆。馆藏文物近8万件,藏品种类涵盖化石、陶器、瓷器、青铜、玉石、钱币、古角牙木、书画、碑拓、古籍、碑刻、造像、织绣、玺印符牌、民俗服饰及饰品、近现代革命文物等33类。馆藏精品有霸王龙化石、犀牛化石等。2017年入选国家一级博物馆。

二十六、中华老字号

济南大观园股份有限公司(注册商标:大观园) 位于济南市市中区经四路纬二路。济南大观园建于1932年,已有80多年的历史。按照南京夫子庙及上海城隍庙建筑风格修建,灰瓦、白墙、红柱,堪称济南市井文化的一大标志。如今已成为集购物、餐饮、娱乐、休闲于一体的现代化商务中心。2006年入选中华老字号。

山东福胶集团东阿镇阿胶有限公司(注册商标:福) 位于平阴县东阿镇。清咸丰年间,东阿镇邓氏树德堂的阿胶曾受御赐“福”字,称为“贡胶”。御赐“福”字被视为东阿镇制胶人的骄傲,是正宗阿胶的经典标识。公司前身为平阴阿胶厂,始建于1950年,是第一家国营阿胶专业生产厂。以生产经营“福”牌阿胶及其系列产品为主业,主要有胶剂、膏剂、冲剂、口服液、片剂、胶囊剂、酒剂七大剂型50多个品种。2006年入选中华老字号。

济南宏济堂制药有限责任公司(注册商标:宏济堂) 位于济南高新技术产业开发区。宏济堂始创于清光绪末年,已有100多年历史。现拥有国家药准字文号产品140个,其中有国家一类新药人工麝香酮,国家三类新药前列欣胶囊、欣宝康、金鸣片等。冠心苏合丸、石斛夜光丸、六味地黄丸曾获全国中成药优质产品银质奖,小儿消食片、复方西羚解毒片等8个产品为国家中药保护品种。2006年入选中华老字号。

济宁玉堂酱园有限责任公司(注册商标:玉堂) 位于济宁市济邹路。玉堂酱园始于清康熙晚期,已有300多年历史。以选料精良,精工细作,南北风味兼蓄而著称,是全国酱菜调味品行业四大名牌之一。在1915年巴拿马万国博览会上一举夺得六枚金牌。2006年入选中华老字号。

潍坊瑞福油脂调料有限公司(注册商标:崔) 位于潍城区王潍路。小磨香油专业生产厂家。“崔”字牌小磨香油始于明代,至今已600余年。产品以色香味俱佳而闻名,曾获中国农业博览会银奖、中国国际农业博览会名牌产品等荣誉,远销日本、韩国、德国、新加坡、马来西亚等国家。2006年入选中华老字号。

济南市饮食服务总公司聚丰德饭店(注册商标:聚丰德) 位于济南市市中区经五路。前身为长安饭店,建于1947年,号称鲁菜发源地、鲁菜三大菜馆之一、鲁菜大师的“黄埔军校”。有九转大肠、干烧鱼、烤鸭等几十种色香味俱佳的菜肴,五仁包、豆沙包、油旋等精细面点和宴席点心,其中油旋被中国烹饪协会认定为“中华名小吃”。2006年入选中华老字号。

山东黄河龙集团有限公司(注册商标:强恕堂) 位于桓台县新世纪工业园。起源于1922年创办的强恕堂酒坊,是连续百年不间断生产的酿酒企业。主导产品有老乌河、金奖乌河、黄河龙大金装和小金装、老酿坊1922、老酿坊1948、水晶强恕堂、翡翠强恕堂及黑陶强恕堂等。2006年入选中华老字号。

淄博石蛤蟆餐饮有限公司(注册商标:石蛤蟆) 位于淄博市新世界商业街。起源于1928年始创的石家饺子铺,是文化底蕴深厚、名师名厨汇集、菜品制作精良的特色餐饮老店。“石蛤蟆”水饺制作精良,馅料考究,加工细致,造型如一个元宝,是山东省传统名吃之一。2006年入选中华老字号。

淄博清梅居食品有限责任公司(注册商标:清梅居) 位于淄博市博山区中心路。清梅居始创于1936年。清梅居系列食品历史悠久、素负盛名。主导产品香酥牛肉干、酱牛肉,风味独特、制作精细、品质优良,双双被中国烹饪协会认定为“中华名小吃”。2006年入选中华老字号。

德州通德酿造有限公司(注册商标:通德) 位于平原县经济开发区。前身为通德号,清光绪二十七年(公元1901年)挂牌营业。公司编创了36字酿酒工艺要诀和24字酿醋工艺要诀,采用全过程固态发酵酿造技艺,产品品质醇厚清香。主要产品有白酒、酱油、酱菜、食醋、调料等。2006年入选中华老字号。

山东景芝酒业股份有限公司(注册商标:景芝) 位于安丘市景芝镇。景芝镇酿酒历史已有4 500年。主导产品景阳春酒为山东省第一个浓香型粮食白酒,芝麻香型"景芝神酿"是我国芝麻香型白酒的代表。2006年入选中华老字号。

德州市又一村饭店(注册商标:又一村) 位于德州市德城区解放南路。起源于清光绪中期的有益村包子铺。在吸取天津狗不理包子制作技术的基础上,改良制作工艺,其灌汤包形如百菊,嫩面汤馅、嚼劲好、满口香。现今推出灌汤包、牛羊肉包、什锦包、三鲜包、素包等新品种。2006年入选中华老字号。

淄博博山聚乐村食品有限责任公司(注册商标:聚乐村) 位于淄博市博山区颜北路。聚乐村创建于1919年,创制的"吉祥四四席"是鲁中地区餐饮的主要宴席。还建有聚乐村饮食文化博物馆,以场景再现、文物展示、人物介绍、图片展览,展示了我国饮食文化和鲁菜的发展历程。2006年入选中华老字号。

济南德馨斋食品有限公司(注册商标:德馨斋) 位于济南市历城区北园大街。德馨斋始于1930年,是经营调味品的专卖店。自产自销高粱曲干酒、黄米水酒、酱油、食醋、甜酱、豆腐乳、臭豆腐、香油、麻汁、酱腌菜等12个大类、百余个品种。2006年入选中华老字号。

济南奇美美发美容有限公司(注册商标:奇美) 位于济南市市中区经四路。奇美理发店已有90年的历史,是济南四大理发店之一,其火烫技术在当时的济南堪称一绝。2006年入选中华老字号。

微山湖产品加工总厂(注册商标:微山湖) 位于微山县戚城北街。始建于1953年,现已从一个小型加工作坊发展成为集贸、工、农于一体的综合性加工企业,是鲁西南地区最大的麻鸭养殖、渔湖淡水产品加工出口创汇企业。主导产品有麻鸭制品系列、松花蛋和熟鸭蛋制品系列、淡水鱼虾制品系列、湖产品杂粮系列等。2006年入选中华老字号。

青岛灯塔酿造有限公司(注册商标:灯塔) 位于青岛市利津路。前身为裕长酱园,始建于清光绪三十年(公元1904年)。公司是山东省调味品行业的综合性龙头企业,主要从事灯塔牌酱油、食醋、酱类、香油、调味油等系列产品的科研生产和国内外销售。坚持纯粮酿造的传统工艺,选用优质的高粱和东北非转基因大豆为原材料,生产酸爽纯正、酱香浓郁的食醋和酱油产品。"灯塔牌"为"中国驰名商标"。2006年入选中华老字号。

青岛盛锡福实业有限公司(注册商标:环球) 位于青岛市市北区威海路。盛锡福起源于清宣统年间的天津,随后陆续在全国各地建立分号,青岛的"盛锡福"是其中之一。所生产的上千个花色品种的四季帽子,以用料考究、做工精细、品质优良、货真价实而著称。2006年入选中华老字号。

青岛天真摄影有限公司(注册商标:天真) 位于青岛市中山路。前身是1921年创办的"天真日夜美术照相馆",是青岛最早的照相馆之一。曾为党和国家领导人及各界名人拍摄照片,1957年毛泽东主席和周恩来总理在青岛的团体大合影就是"天真"的杰作。现拥有天真婚纱摄影、天真彩扩中心、天真儿童摄影、天真摄影基地。2006年入选中华老字号。

青岛海滨食品有限公司(注册商标:海滨) 位于青岛市市南区广州路。海滨成立于1925年,是一家具有青岛地方风格的海洋食品企业。公司经营业务覆盖从养殖、生产加工到批发零售的全产业链,主要生产销售各类高档滋补品、干海产品和海洋特色休闲食品。2006年入选中华老字号。

青联万香斋食品厂(注册商标:万香斋) 位于青岛市市南区观城路。万香斋始建于清朝末年。经历代名师的精心研制,形成了独具特色的酱、卤、熏、烤、灌制等传统中式肉制品和海产品,成为青岛食品行业传统品牌。2006年入选中华老字号。

利群集团股份有限公司(注册商标:利群) 位于青岛市崂山区崂山路。前身是始建于20世纪30年代的德源泰百货店。1956年由德源泰百货、永信绸布、大光明眼镜、福兴祥文具和福兴昌玻璃五家店铺公私合营为国有企业。现为一家跨地区、多业态、综合性的股份制商业企业集团。2006年入选中华老字号。

台东五金商店(注册商标:台东五金) 位于青岛市市北区威海路。综合性五金商店。原名"一大五金行",创建于1936年,2008年更名为"台东五金有限公司"。2006年入选中华老字号。

万和春商贸有限公司(注册商标:万和春) 位于青岛市市北区台东八路。集商贸、餐饮、娱乐、食品加工、配送于一体的民营企业。企业下属万和春商贸公司、万和春餐饮娱乐公司、万和春大酒店,拥有600平方米的配送中心、20余家快餐直营连锁店和5家特许加盟店。"万和春"的排骨砂锅米饭、海水豆腐被评为"中华名小吃"。2006年入选中华老字号。

维客集团股份有限公司(注册商标:崂百) 位于青岛市李仓区京口路。前身为1951年成立的崂山李村消费合作社,现已成为以零售连锁为主业的大型集团公司,涉足零售连锁、商业地产、物流配送、金融投资、餐饮酒店等多个领域,下辖16家分子公司,拥有10家大型购物中心、800余家便利店。2006年入选中华老字号。

山东即墨黄酒厂(注册商标:即墨老酒) 位于青岛市即墨区。即墨老酒起源于商周时代,宋代酿酒压榨技术已经成熟。新中国成立后组建即墨县黄酒厂。现为中国北方黄酒龙头企业之一,生产的即墨老酒名列"中华十大黄酒",享有"黄酒北宗"的美誉。2006年入选中华老字号。

崂山矿泉水有限公司(注册商标:崂山) 位于青岛市崂山区。1930年德国商人在山东半岛的天平山麓打成了我国第一口矿泉水水井,在水井附近建立了生产矿泉水的专业工厂,生产出了我国第一瓶矿泉水——爱乐阔健康水(崂山矿泉水的前身)。公司是生产、销售"崂山"牌系列矿泉水的国家大型企业。2006年入选中华老字号。

孚德鞋业有限公司(注册商标:孚德) 老厂区位于青岛市市南区延安三路,始建于1933年。2007年进驻青岛市城阳区空港工业园,是国有控股制鞋企业。现生产"孚德"牌女鞋、男鞋。产品曾荣获"全国首届轻工业博览会金奖"。2006年入选中华老字号。

金大鸡味素有限公司(注册商标:鸡牌) 位于青岛市市北区内蒙古路。1936年日本人在青岛建立"味之美"和"味之素"调味品工厂,1945年抗日战争胜利后更名为"青岛味精厂",产品商标为"鸡"牌。1949年新中国成立后,青岛味精厂被收归国有。现有"鸡牌"味素、酱油、醋、咖喱粉等60多个品种,并在内蒙古自治区卓资县兴建了30万吨味素生产基地。2006年入选中华老字号。

一木集团有限责任公司(注册商标:金菱) 位于青岛市市北区瑞昌路。前身为"青岛木器一厂",始建于1953年,如今是我国家具行业龙头企业之一,成为集研发和生产中高端实木家具、传统红木家具、办公家具、实木门、沙发床垫、出口木器产品、居室装饰、房地产开发等多种业务于一体的综合性木业公司。2006年入选中华老字号。

即发集团控股有限公司(注册商标:即发) 位于青岛市即墨区即发路。创建于1955年,现为国家重点扶持的自营进出口企业。主要经营针织品、发制品、手套、玩具、纺织品,年生产能力1亿件。建立了我国针织行业第一个国家级企业技术中心和中国合格评定国家认可委员会实验室。2006年入选中华老字号。

紫信实业有限公司(注册商标:金锚) 位于青岛市宁夏路。前身为"青岛手表厂",曾生产出山东省第一块手表"金锚"手表。现已形成商务、婚庆、海洋运动三大手表产品系列,曾为海军成立60周年等重大活动提供纪念手表。2006年入选中华老字号。

山东德州扒鸡股份有限公司(注册商标:德州牌) 2006年入选中华老字号。参见全国工业旅游示范点——德州扒鸡集团公司。

山东周村烧饼有限公司(注册商标:周村) 2006年入选中华老字号。

参见全国工业旅游示范点——周村烧饼有限公司工业旅游区。

烟台张裕集团有限公司(注册商标：张裕) 2006年入选中华老字号。参见全国工业旅游示范点——烟台张裕集团。

青岛啤酒股份有限公司(注册商标：青岛啤酒) 2006年入选中华老字号。参见全国工业旅游示范点——青岛啤酒厂。

仁德茶叶有限公司(注册商标：仁德) 位于淄博市周村区站北路。前身为始创于1946年的仁德茶庄,清末翰林大学士冯恕亲笔题写茶庄牌匾,并赠楹联“仁行欧亚展俊业,德贯宇宙四海春”。在广西南宁市建有茶叶加工基地,自收原茶、自制茶坯、自窨花茶,实现了产供销一条龙。2010年入选中华老字号。

趵突泉酿酒有限责任公司(注册商标：趵突泉) 位于济南市历城区。南依泰山,北临黄河,依山傍水,山清水秀,气候宜人,酿酒环境得天独厚。“趵突泉”酒起源于明崇祯年间。公司现年产商品白酒1万吨,被入选“中国白酒工业百强企业”。“趵突泉”被认定为“中国驰名商标”。2010年入选中华老字号。

山东玉兔食品有限责任公司(注册商标：玉兔) 位于淄博市周村区丝绸路。前身是齐鲁名酱园“信芳园”,始于清同治末年。集调味品和休闲食品加工生产、商品零售、商品猪养殖、食品添加剂生产于一体的综合性企业,产品有“玉兔”牌酱油、食醋、酱菜、豆制品、干粉调料、鸡精、保健醋等十大系列100多个品种。2010年入选中华老字号。

临沂惟一斋酱园(注册商标：惟一斋) 位于临沂县城。创办于清嘉庆年间,以经营“八宝豆豉”而闻名齐鲁大地。“八宝豆豉”用大黑豆、茄子、鲜姜、杏仁、紫苏叶、鲜花椒、香油和白酒八种配料调制而成,产品远销韩国、新加坡、俄罗斯、朝鲜等国家和地区。2010年入选中华老字号。

永盛斋扒鸡有限公司(注册商标：永盛斋) 位于德州市德城区萱蕙路。起源于1945年创办的小作坊。山东省农业产业化重点龙头企业,集饲养、宰杀、冷藏、加工、餐饮、房产、服务于一体,传承德州五香脱骨扒鸡制作的“八扒工艺”，即“别出型、抹上色、炸起酥、熬老汤、煮熟嫩、煨入味、焖脱骨、控去腻”，加工出色香味形质养齐备的美味扒鸡，被誉为“中华第一鸡”。2010 年入选中华老字号。

山东华王酿造有限公司（注册商标：王村） 位于淄博市周村区。以生产调味品为主的酿造企业，主要生产食醋、酱油、黄酒、料酒、酱类等五大系列几十个品种。主导产品“王村”牌食醋、黄酒为淄博市的土特名产；“豆花香牌”酱油采用高盐稀态发酵工艺，产品色泽红亮，酱香浓郁。2010 年入选中华老字号。

金蜂糕点食品厂（注册商标：金蜂） 位于金乡县金乡镇。前身为起源于清同治年间的糕点作坊“东长兴”，至今已有 150 多年历史。清末民初，东长兴制作的糕点已经名噪一时，炸制的“红三刀”京省驰名，成为老百姓相互馈赠的佳品。2010 年入选中华老字号。

山东兰陵美酒股份有限公司（注册商标：兰陵） 位于兰陵县兰陵镇。兰陵拥有 3 000 余年的酿酒历史。公司生产的高端酒有兰陵王、兰陵陈香、兰陵美酒系列，中端酒有特曲、陈酿系列，低端酒有大曲、特酿系列。2010 年入选中华老字号。

山东青州云门酒业（集团）有限公司（注册商标：云门） 位于青州市益王府北路。从青州苏埠屯出土的酒器看，青州酒至少有 3 600 年的历史。1948 年青州解放后，青州成立了胶济专酿公司青州实验酒厂。2001 年企业改制为民营企业，更名为“山东青州云门酒业（集团）有限公司”。主导产品为酱香型陈酿酒。2010 年入选中华老字号。

赵斌食品有限公司（注册商标：赵斌） 位于东平县经济开发区。原名“东平县赵氏糟鱼有限责任公司”，“赵斌糟鱼”源于元、明两代。公司拥有自动化生产线两条，主导产品有糟鱼、粥粉、烧鸡等，是目前国内糟鱼加工的农业产业化龙头企业。2010 年入选中华老字号。

泰康食物公司（注册商标：泰康） 位于济南市市中区望平街。初名“泰康罐头食品公司”，成立于 1914 年，主要经营糕点和南北杂货。1918 年泰康员工参加了抗日游行，当晚店铺被日本人砸得遍地狼藉，这一事件曾被《申报》《大公报》作头条报道，此后顾客日增，门庭若市。1930 年前后已在青岛、上海等城市设立了十个分公司。油茶、桃酥、月饼，是其三大招牌产品。2010 年入选中华老字号。

济美酿造有限责任公司（注册商标：济美） 位于临清市西门里街。前身为创办于清乾隆末年的南味酱园，前店后厂，生产的酱、醋、红青腐乳、酱咸制品味正精细，生意红火。清道光初年，济美小菜、豆腐乳成为御用贡品，名噪京城，与北京的六必居、保定的槐茂、济宁的玉堂并称“江北四大著名酱园”。现生产干渍、咸渍、酱渍、酱油、味醋、腐乳制品六大类 47 个品种，尤以甜酱瓜、小菜、豆腐乳享有盛名。2010 年入选中华老字号。

山东扳倒井股份有限公司（注册商标：扳倒井） 位于高青县城中心路。国家大型酿酒企业，拥有“国井”“扳倒井”两大品牌，主要生产芝麻香、淡雅浓香两大香型白酒。拥有中国白酒行业首家院士工作站、首家国家级技能大师工作室、博士后科研工作站三大国家级科研平台。2010 年入选中华老字号。

济南燕喜堂饭庄（注册商标：燕喜堂） 位于济南市历下区泉城路。开业于 1932 年 3 月，时值南燕北归时节，故取名“燕喜堂”。饭庄聘请的厨师都是鲁菜高手，严把原料进货关，饭菜质高量足，“燕喜堂”汤菜名扬天下，开业不足两年便跻身济南府餐馆三甲。2010 年入选中华老字号。

蒙阴边家风味食品有限公司（注册商标：边家） 位于蒙阴县旧寨乡。沂蒙山区生产干煸辣肉丝历史最早、规模最大的企业。现主要生产猪肉、鸡肉、牛肉、素肉干煸系列真空包装产品和各种档次的礼盒包装产品，年生产能力 3 800 吨。2010 年入选中华老字号。

市中饮食公司草包包子铺（注册商标：草包包子） 位于济南市市中区经八路。包子铺始创于 1937 年，创始人张文汉生性憨厚、做事勤快，被谑称“草包”，民间有“到了济南府，草包来一笼；人生繁杂味，尽在腹中生”之说。现推出鲁川粤等南北菜系菜品上百个，包子从过去单一的猪肉灌汤包，增加到茶叶包、御膳包、虾仁包、大素包等八大系列。2010 年入选中华老字号。

春和楼饭店(注册商标：春和楼) 位于青岛市市南区中山路。春和楼是山东省历史最久的鲁菜饭店之一,创办于清光绪十七年(公元 1891 年),如今饭店门口仍旧镶嵌着中国维新运动领袖康有为题写的匾额。春和楼选料严格、制作考究,香酥鸡、扒原壳鲍鱼、燕窝凤尾虾等传统特色菜肴不胜枚举。2010 年入选中华老字号。

北极星国有控股有限公司(注册商标：POLAR1S 北极星) 位于烟台市北马路。1915 年实业家李东山在烟台创办宝时造钟厂,成为我国机械制钟的开端。现已成为国内规模最大的机械钟生产基地,产品主要有机械钟、手表、石英钟、技术用钟四大类。曾获得国家产品质量钟表最高奖质量银奖。2010 年入选中华老字号。

中亚药业有限责任公司(注册商标：中亚) 位于烟台市芝罘区白石路。前身为始建于 1931 年的烟台中亚大药房,是烟台市历史最悠久的制药企业。1956 年中亚大药房改为公私合营烟台中亚制药厂,1980 年改为山东烟台中药厂。1998 年加盟张裕集团,成立烟台中亚药业有限公司。中亚大药房以传统的作坊式经营,主要生产蜜丸、水丸、膏药、散类等 30 余种中成药。2010 年入选中华老字号。

潍坊嵌银厂(注册商标：潍坊) 位于潍坊市奎文区潍州路街道。潍坊红木嵌银漆器已有 200 多年的历史,是世界上独有的特种工艺品,早在 1915 年就在巴拿马国际博览会上被授予最优奖。潍坊嵌银厂建于 1954 年,是红木嵌银漆器的生产厂家。现有产品 100 多个品种,上千余个花色,“潍坊牌”红木嵌银漆器曾被选为国家馈赠外国领导人的礼品,曾为人民大会堂山东厅设计制作了红木嵌银漆器大座屏。2010 年入选中华老字号。

济南宝明斋眼镜有限公司(注册商标：宝明齐) 位于济南市解放路。创立于清末民初,以眼镜配制闻名,因经营有方、重视质量,成为济南繁华商业街最好的眼镜店之一。现主要经营眼镜和钟表的批发零售、验光配镜、加工、修理。2010 年入选中华老字号。

万春堂骨科医院(注册商标:万春堂) 位于淄博市临淄区。始创于清同治初年,创始人崔宝和是具有五品职衔的候补官员,亦是远近闻名的骨科大夫。万春堂膏药由数十种精选名贵中药,反复实验研制而成,具有神奇疗效。2010年入选中华老字号。

烟台三环锁业集团有限公司(注册商标:三环) 位于烟台市新桥西路。前身是始建于1930年的烟台程明锁厂,是我国最早的制锁厂家之一。主要产品有“三环”牌铜、铁挂锁、钢挂锁、保险柜、磁卡锁、智能锁、楼宇防盗系统、防盗门、生物识别系统等十余类100多个品种,年生产能力2亿把(套)。产品畅销世界180多个国家和地区。“三环”1999年被国家工商总局认定为“中国驰名商标”。2010年入选中华老字号。

起凤整骨医院(注册商标:起凤) 位于桓台县起风镇。“起风整骨”源于田氏正骨,田氏正骨始于清道光年间,至今已有170多年。医院对各种骨折的治疗,主要采用传统的手法复位、小夹板固定,结合乌鸡接骨膏外敷;针对各种不稳定型骨折、人工关节置换及腰椎间盘突出症等,采用手术治疗,有效率极高。2010年入选中华老字号。

生生堂药房有限公司(注册商标:生生堂) 位于烟台市芝罘区北大街。生生堂始创于清同治初年。公司为国有控股医药零售企业,主要经营中药、中成药、西药等2 000多个品种,兼营医疗器械,并设有坐堂大夫为病人诊病。2010年入选中华老字号。

国风大药房连锁有限公司(注册商标:宏仁堂) 位于青岛市市北区人民路。前身是创建于1931年的“北平宏仁堂乐家老铺青岛分号”。公司现有药店119家,拥有宏仁堂药店、遵古药店、李村药店等17家老字号药店,主要经营中西成药、中药饮片、抗生素、生化药品、诊断药品、医疗器械、保健品、药妆、食品等万余个品种。2010年入选中华老字号。

山东惠民武定府酿造有限责任公司(注册商标:武定府) 位于惠民县武定府路。明天启年间,惠民城内出现了一批酱园商号,后“仙泉居”等八家商号延续下来。清康熙、雍正、乾隆三朝,仙泉居酱园的产品多次成为贡品。

因惠民城为武定府治所，故以“武定府酱菜”冠名。新中国建立后，成立惠民县酱菜厂。现已形成糖醋类、酱制类、泡渍菜、豆制品类四大系列50多种产品。2010年入选中华老字号。

山东东阿阿胶股份有限公司（注册商标：东阿牌） 2010年入选中华老字号。参见国家级非物质文化遗产生产性保护示范基地——东阿阿胶股份有限公司。

山东古贝春有限公司（注册商标：古贝春） 2010年入选中华老字号。参见全国工业旅游示范点——古贝春有限公司工业园。

福建篇

福建省，简称“闽”，位于我国东南沿海，东北与浙江省毗邻，西、西北与江西省接界，西南与广东省相连，东面隔台湾海峡与台湾省相望，陆域面积 12.4 万平方千米，海域面积 13.6 万平方千米。

福建省依山傍海，丘陵连绵，河谷、盆地穿插其间，山地、丘陵面积占全省总面积的 80%以上，有“八山一水一分田”之称。地势总体上西北高东南低，横断面略呈马鞍形。海岸曲折，港湾众多，岛屿星罗棋布。

福建省靠近北回归线，受季风环流和地形的影响，形成暖热湿润的亚热带季风气候，热量丰富，雨量充沛，光照充足，年平均气温 17—21℃。平均降雨量 1 400—2 000 毫米，是我国雨量最丰富的省份之一。

福建省下辖福州、莆田、泉州、漳州、龙岩、三明、南平、宁德等 8 个地级市，厦门 1 个副省级市。省政府驻地福州市。2018 年末，常住人口约 3 941 万。民族比较单一，汉族人口约占总人口的 98%。畲族人口 36.55 万，是全国畲族人口最多的省份。

福建省地处东海之滨，连接长江三角洲和珠江三角洲，是我国重要的出海口，也是我国与世界交往的重要窗口和基地。曲折的海岸线形成大小港湾 125 个，其中深水港湾 22 处，天然良港东山湾、厦门湾、湄洲湾、兴化湾、罗源湾、三沙湾、沙埕港等可建 5 万吨级以上深水泊位，福州港、厦门港、泉州港是重要的海港。福建省属于环太平洋成矿带中的重要成矿区之一，矿产资源比较丰富。福建省地处泛北极植物区向古热带植物区的过渡地带，植物种类较为丰富。

一、中国历史文化名镇

上杭县古田镇 位于上杭县东北部，地处梅花山南麓。4 000 多年前就有人在此聚居生活。唐大历年间设立上杭场，宋淳化年间上杭由场升县，内辖古田里。新中国成立后成为繁荣的山区集市。古田镇是中国革命的圣地，著名的"古田会议"会址所在地，毛泽东、朱德、陈毅等老一辈无产阶级革命家都在古田进行过伟大的革命实践。古田紧邻的国家级自然保护区梅花山，生态环境保存良好，自然景观荟萃。2003 年入选中国历史文化名镇。

邵武市和平镇 位于邵武市西南部。唐代越族先民在此定居，繁衍生息。宋、元时，称"禾坪"，取"地势平坦、盛产稻谷"之意，谐称"和平"。建筑多为明清风格，古城堡式格局，主街用青石板铺筑，被称为"福建第一街"。和平书院、李黄廖三姓氏的五座大夫第，史上入闽三道之一的愁思岭隘道，是中原文化进入福建的纽带、桥梁，汉族文化从中原进入福建后融入当地文化的缩影。2005 年入选中国历史文化名镇。

永泰县嵩口镇 位于永泰县西南部。宋朝设英达里，1918 年设镇。民居、祠堂、古寨为明清南方特色的全木结构及土木结构风格，保存有精美的木雕、砖雕以及石雕。中原南下移民遗风与闽越土著文明相结合的文娱活动、民俗民风民情、饮食文化，极具魅力。2008 年入选中国历史文化名镇。

蕉城区霍童镇 位于宁德市蕉城区西北部。商周时期已成聚落。秦代至唐末渐成村落，并因霍童山而得名。植被良好，以国家森林公园、峡谷瀑布和众多植物园闻名。霍童下街保存着较为完整的明清风格的老街区，散布着如全国道教四大名宫之一的鹤林宫、“不到支提枉为僧”的宗教圣地支提山华严寺等古建筑。霍童线狮艺术表现形式独特，有“中华绝活”的美名。2010年入选中国历史文化名镇。

平和县九峰镇 位于平和县西部山区。群峰耸立，丘陵起伏。明正德年间设县治于九峰大洋坡。老街用鹅卵石铺砌而成，曲折蜿蜒。街区两侧的闽南地区特有的骑楼，大多修建于明清时期。民居多为合院式，被称为“四点金”，成片的土楼成为一大特色。建于400多年前的城隍庙保存有40多幅壁画；甲于他邑的文庙依然坚固美观。2010年入选中国历史文化名镇。

武夷山市五夫镇 位于武夷山市东南部。始建于晋代，中晚唐时已具雏形。历代名人辈出，宋代鼎盛时期名人学者云集。一代理学大师朱熹曾在此著书、授徒、生活近50载，成为朱子理学的摇篮，留下众多的理学文化遗迹。兴贤古街的历史遗迹最为集中，虽经1 000余年，仍保留着许多古代特别是宋代时期的建筑。2010年入选中国历史文化名镇。

顺昌县元坑镇 位于顺昌县西南部。金溪贯穿境内，明清时期就是闽西北的交通要衢。民居多为几组并列的四进院落，门楼梁架雕饰精美，穿斗月梁造型多样，椽板上铺设望砖，简洁明朗，以精美的砖木雕饰见长。登云桥、文昌桥、槎溪桥等古廊桥，设计精巧、造型优美。2010年入选中国历史文化名镇。

永定区湖坑镇 位于龙岩市永定区东南部，地处金丰溪上游。中心坝四周碧水环绕，金丰溪支流之一的南溪左拥右抱，汇合于坝尾的榕树伯公处，人称“客家土楼乡的鼓浪屿”。不同时代、形态各异、规模不一的客家土楼以及宗祠、寺庙、学堂等沿溪而建。明代以来修建的圆形土楼、方形土楼、宫殿式土楼、五凤式土楼、府第式土楼等各种类型的土楼共有数十座，被誉为“土楼之乡”“南溪土楼长城”。2014年入选中国历史文化名镇。

武平县中山镇 位于武平县西南部，地处闽粤赣边界的客家地区，素有“小京城”之美称。唐宋时是武平县的场治、县治所在地，旧称“武平所”。历经沧桑，保存有古街、迎恩门、相公塔、永安桥等文物古迹，形成传统汉剧等独特的民间传统文化。方圆不过 5 千米,人口不过万,却聚居着 100 多个姓氏的人家,被称为“客家百姓镇”。百姓聚居杂而不乱,客家话、军家话两种方言并行不悖,被称为“客家方言孤岛”。2014 年入选中国历史文化名镇。

安溪县湖头镇 位于安溪县东北部。地处闽南金三角,历来是安溪的交通枢纽和商贸重地,素有“小泉州”之称。明正统年间日趋繁荣。山水人文特色鲜明,历史文化底蕴深厚,有被称为“湖头十景”的秀美风光,以贤良词和李光地故居为代表的明清建筑群,历史悠久的佛家胜地泰山岩等。风味独特的小吃、丰富的文化活动、擅演干戈武打的九角戏,也为小镇增添了魅力。2014 年入选中国历史文化名镇。

古田县杉洋镇 位于古田县东部。明弘治年间筑城,清咸丰年间重修,为古田东大门。宋代理学家朱熹两度在镇内的蓝田书院讲学,从此崇儒之风斐然,宗祠文化浓郁,有“先贤过化之乡”的美称。文物古迹众多,蓝田书院依照原貌重建,明清古民居保存完好,还有狮岩积雪、一线洞天、云梯接汉、古洞流云等“蓝田八景”和白溪万亩草场。奇山秀水之间点缀着丰富多彩的历代古建筑和骚人墨客的遗墨,构成独特的人文景观。2014 年入选中国历史文化名镇。

屏南县双溪镇 位于屏南县东北部。因南北两溪绕村交汇而得名“双溪”。五代后梁乾化年间陆氏始祖到此肇基,清雍正年间为屏南县治。民居多为明清风格,建筑精美,木雕、石雕技巧高超,梁柱、斗拱、檩椽、墙面雕梁画栋,楹联多出自名家之手。石板街巷铺设技术精湛,街巷空间尺度适宜,建筑有进有退。“一塔一湖一长老,两寺两庙两廊桥,三祠五宅廿七巷,舞龙迎神闹元宵”,自然风光与人文风景交相融合。2014 年入选中国历史文化名镇。

宁化县石壁镇 位于宁化县西部,地处闽赣交界的武夷山东麓。古称“玉屏”,唐代中叶更名为“石壁”。自西晋永嘉之乱始,大批中原汉人举族南迁,辗转汇集到以石壁为中心的石壁盆地,渐成村镇。同时作为客家向外拓殖的据点,被认为是“客家南迁的中转站”“客家祖地”。镇域内有东华山、双桂峰、狮子峰、升仙台、隆陂水库、围屋、屋桥、古墓等景点和古迹,是典型的客家传统聚居村镇。2014 年入选中国历史文化名镇。

二、中国历史文化名村

南靖县田螺坑村 位于书洋镇。因地形似田螺,且四周群山高耸,中间地势低洼,形似坑,故名“田螺坑”。元朝末年,黄氏祖先在此定居。明洪武初年,黄氏始祖建造了步云方楼,后黄氏族人环绕着步云楼先后建起了和昌、振昌、瑞昌和瑞云四座圆楼。这五座土楼错落有致地布局在群山环抱之中,居高俯瞰像一朵盛开的梅花,被誉为“中国古建筑的奇葩”。2003 年入选中国历史文化名村。

连城县培田村 位于宣和乡。背依卧龙山,村前为开阔的农田,河源溪由北向南流去,在村东绕了一个大弯把房屋和田野分开。元至正年间,客家先民吴氏家族由浙江辗转迁此定居,形成村落。数百年间先后建起 30 余幢高堂华屋、21 座吴氏宗祠、6 处私家书院、2 道跨街牌坊、4 座寺庙道观和一条千米古街,享有“福建民居第一村”“中国南方庄园”等美誉。2005 年入选中国历史文化名村。

武夷山市下梅村 位于武夷山市东部。山环水抱,因地处梅溪下游而得名。村落建于隋朝,兴于宋朝,因茶盛于清朝。留存了明清风格的古民居,东阁西厢,天井花园,祠堂、古井、老街、旧巷,布局考究,集砖雕、石雕、木雕艺术于一体,形成别具特色的建筑群,与民谣、山歌、龙舞、庙会交融出独特的魅力。2005 年入选中国历史文化名村。

晋江市福全村 位于金井镇,东临台湾海峡。唐乾符年间即有驻兵戍守。宋代有艘“福船”停泊,取谐音得名“福全”。街道纵横交错,街巷连接如“丁”字形,商贾云集,店铺林立。城内外有多处摩崖石刻、摩崖造像、碑刻、古碑、古坊、古塔、古庙。民居沿街巷散布，小巷安静清幽。2007 年入选中国历史文化名村。

武夷山市城村 位于兴田镇，地处武夷山南麓。始建于隋唐，兴于宋元，盛于明清。王城傍城村而存，城村因王城而名。周围寨墙四合，布局严谨和谐，变化有序。村中小巷卵石铺道，纵横交错。街巷两旁分设排水系统，古井随处可见，传说有 99 口之多。宗祠、神庙、古民居的马头墙突兀多姿，层层叠叠，屋内雕梁画栋。附近的闽越王城遗址，是保存完整的汉代古城遗址，也是追寻神秘的闽越古文明的一扇窗口。2007 年入选中国历史文化名村。

尤溪县桂峰村 位于洋中镇。群山环抱，云雾萦绕，山清水秀，气候宜人，被誉为“云霞仙境”。唐末宋初就有人居住。宋淳祐年间蔡氏先祖在此肇基，繁衍生息。建筑依山就势分布于三面山坡上，层层叠叠，错落有致。小桥流水，曲巷通幽，移步换景。村中心的“印桥皓月”景区，四周酒肆、商店、作坊林立，“厝厝均有文化，满街都是历史”。2007 年入选中国历史文化名村。

福安市廉村 位于溪潭镇，地处穆阳溪中游西岸。旧名“富溪津”“石矶津”，南朝梁天监年间薛氏先祖在此定居，繁衍生息。唐神龙年间，薛氏后人薛令之成为福建第一位进士，因为官清廉，御赐村名“廉村”。典雅整齐的古官道，巍然屹立的古城墙，苔迹斑驳的古道碑，气派庄严的祠堂，一砖一石一草一木透出一股幽然静肃之气，映照出村落在久远岁月里积淀的辉煌。2008 年入选中国历史文化名村。

屏南县漈下村 位于甘棠乡。地处文笔山南麓盆地，龙漈溪畔。明正统初年漈下始祖在此定居。村庄庐舍依山沿溪构筑，四面环山，双溪夹流，山清水秀，风景秀丽。建筑成“臼”字形布局，标志性建筑是明代古城楼和马氏仙宫。清乾隆皇帝御赐的“福”字匾、甘国宝指虎画和民间习武器械石锁石蛋等存世。全村沿袭习武之风，民间称为“拳头窝”，雅称“武术之乡”。2008 年入选中国历史文化名村。

清流县赖坊村 位于赖坊乡。北宋咸淳年间,赖氏先祖迁来定居,取名“赖坊村”。背山临水,周围层峦叠翠,文昌溪绕村而过。街坊布局以真武街、楼房下街、镇安门街为骨干,以众多里巷小弄为支脉,布局完整。里巷小弄幽深曲折,将整个村庄分割为若干个相对独立而又紧密联系的街区单元,堪称闽西北地区古村落建筑的经典之作,被誉为村落建筑的“活化石”。2008 年入选中国历史文化名村。

长汀县三洲村 位于三洲镇。宋代以前便是繁忙的商埠码头,明代设立驿站,遂成早期的汀杭大道一集镇。街巷走向自由多变,古建筑多青砖防火墙,高大精致的门楼和合院式的民居,古井、商号、古街、古树、驿道、古亭和林林总总的古宗祠,形成了一个较为完整的小城池格局。宋、明、清建筑风格并存,是一处典型的不同时期客家建筑集中地。2010 年入选中国历史文化名村。

新罗区中心村 位于龙岩市适中镇。村域内有上百座三层以上的方形土楼,年代久远,规模宏伟,结构奇特,汇聚了明清的建筑艺术、宫廷文化和儒家文化的精华,是明清民居建筑的瑰宝。其中古丰楼建造于南宋建炎初年,是福建现存最古老的土楼之一。还有盂兰盆会的主会场白云堂,作为文化之乡象征的魁楼等古建筑。2010 年入选中国历史文化名村。

屏南县漈头村 位于棠口镇。村落起源于唐乾符年间,历史上一直尊师重教,讲究“耕读传家”,出了不少人才,是屏南“四大书乡”之一,“屏南好漈头”美名远扬。屏南七种地方戏有四种发祥于此,被誉为“戏剧之乡”。武术文化源远流长,有“漈头武术甲闽北”之说。村落内保存完好的明清民居、祠堂、寺庙,古意盎然,令人顿生时光倒流之感。2010 年入选中国历史文化名村。

连城县芷溪村 位于庙前镇。因古时村边溪流两岸长满芷草而得名。西周时期已有人居住,南宋时迁居至此者增多,遂成一大村落。拥有明清时期修建的祠堂 68 座,民居 138 幢,除一部分专门作祭祖联宗之用外,其余都是祠居合一的复合型建筑,普遍采用客家地区“九厅十八井”结构布局,庭院舒畅，飞檐翘角，雕梁画栋，美轮美奂，被誉为“客家大宅门”。村落内，几乎家家酿酒，逢年过节，整个村子弥漫着浓浓的米酒香，被称为“客家米酒之乡”。2010 年入选中国历史文化名村。

长乐区琴江村 位于福州市航城镇，地处闽江南岸的洋屿。因流经这一段的闽江宛如一把古琴，故名“琴江”。清雍正初年，“福州三江口水师旗营”建在此处，逐渐形成村镇，成为福建地区唯一的满族聚居村。旗营北临闽江，营盘建筑呈“回”字形结构，分 12 条街四条直巷，有东西南北四个城门。街道纵横交错，时而相通，时而相闭，似太极八卦，被称为“旗人八卦城”。2010 年入选中国历史文化名村。

泰宁县大源村 位于新桥乡。南唐时期严氏先祖在此定居，并带来了傩舞。现存较多传统民居，其中有戴氏宗祠、严氏宗祠等较为完整的闽西北客家明清建筑 20 余处。青砖黑瓦木结构的古建筑群与山林之景相互映衬，别有韵味。2010 年入选中国历史文化名村。

马尾区闽安村 位于福州市亭江镇。地处闽江下游北岸，三面环山一面水。唐景福年间设巡检司衙门，宋代时列“福建四大名镇”之首，元明清时沿袭为军事与海上贸易重镇，取“安镇闽疆”之意，命名为“闽安”。作为千年来的兵家必争之地和古战场，保留有大量唐、宋、元、明、清时代的戍台文物古迹，其中以清协台衙门、虎头山戍台清军义冢、迴龙桥以及古桥石碑最为典型，并诞生了许多戍台世家，被称为“戍台文化活化石”。2010 年入选中国历史文化名村。

新罗区竹贯村 位于龙岩市万安镇。地处梅花山南麓，曾是古代万安社驿站，是龙岩通往闽中的交通要道。四周群山环抱，森林茂盛，保存着较好的自然生态环境。竹贯溪两岸屋舍俨然，规整的砖瓦结构房屋向溪而建，黑瓦白墙绿树红花，文化底蕴深厚。有重檐歇山式葫芦攒尖顶的积灵宫，历尽岁月沧桑的保定桥，保存完整的古代节孝坊。2014 年入选中国历史文化名村。

长汀县中复村 位于南山镇。地处“梅花十八峒”之一的半溪峒中间地段，环山抱水，人杰地灵，已有千年历史。全村居住钟姓人家，故古称“钟屋村”，后改称“中复村”。红军长征最早的出发点，号称“长征出发第一村”。建于明末清初的钟家祠堂还是松毛岭战役指挥部所在地。村内古道卵石铺砌，街道两边为土木结构瓦房，曾为红军提供过很多的帮助，因此被称为“红军街”。2014 年入选中国历史文化名村。

泉港区土坑村 位于后龙镇，地处湄洲湾南岸。明永乐初年，刘氏先祖在此肇居。古民居是典型的庭院式建筑，砖石木结构，结构严谨，井然有序，飞檐翘角，体现了“天人合一、负阴抱阳”的建筑理念。雕塑繁多，线条鲜明，姿态万千，具有闽南建筑特色。刘氏族人大力兴教，“隆师傅、尊高贤、端蒙教”写入了家规，精英世出，如今村中府第鳞次、旗杆栉比。2014 年入选中国历史文化名村。

龙海市埭尾村 位于东园镇。始建于明朝。古厝群傍水而建，对称排列，多层次进深，前后左右有机衔接，大小一致，屋顶多为硬山式曲线燕尾脊，红瓦屋面，石砌墙体，精美的木雕、砖雕、泥塑装饰令人叹为观止。2014 年入选中国历史文化名村。

周宁县浦源村 位于浦源镇，地处鲤鱼溪的下游。南宋嘉定年间，郑尚公在吴厝底筑小坝放养鲤鱼，后其三代迁至此村。三山环抱，一水弯行，民居依八卦布局而建。鲤鱼溪穿村而过，如同八卦中的太极。溪畔两眼鱼塘，酷似太极之眼。清澈的溪水中，数万条锦鲤怡然自得。村民以鱼为伴，敬鱼若神，不捕不食，不但为鲤鱼举行鱼祭、修建鱼冢，还有独特的护鱼拳。人与鲤鱼和谐相处的景象，已经在浦源村延续了数百年之久。2014 年入选中国历史文化名村。

福鼎市仙蒲村 位于磻溪镇。仙蒲溪穿村而过，把村庄分为两半，古民居大都临水而建，两岸石桥、碇步又把民居串连成一个整体。红砖黑瓦的房屋，掩映在青山碧水之间。民居外观以黑色为主，与周围满山的绿色形成令人愉悦的反差。布局错落有致，规模有大有小，与周围的环境十分融洽。一条条的石板路，每一块石板都圆润光滑，沉淀着岁月的痕迹。2014 年入选中国历史文化名村。

霞浦县半月里村 位于溪南镇。东望玉兔山，背靠弥勒山，南临双福桥水库，山水环绕，古朴而静谧。一座座青砖青瓦的畲族民宅，一处处明清古建筑，雕梁画栋，古韵犹存，是闽东地区现存畲族古迹最多的村庄。身着畲族服饰的少女穿梭巷道，耳畔传来悠扬动听的畲歌，浓郁的畲族生活气息弥漫着整个村庄。拥有畲族小说歌和畲族婚俗两项国家级非物质文化遗产代表性项目，被誉为“畲族历史文化名村”。2014 年入选中国历史文化名村。

三元区忠山村 位于三明市岩前镇。由大小 18 个寨子组成，古名“十八寨”。村落形成于唐，繁荣于明清。村里有精美的明清建筑，及众多的砖雕石刻、牌匾楹联。建筑类型多样，几乎包括了宗法制度下农业古村的全部基本建筑类型。拥有着丰厚的红色文化底蕴，红军在这里留下了弥足珍贵的革命遗址。2014 年入选中国历史文化名村。

将乐县良地村 位于万全乡，地处将乐、泰宁两县交界处。自梁姓始祖于北宋年间开基至今，已有近千年的历史。有廊桥、家庙、祠堂、古厝等各类古建筑。民居依山而建，或用石头垒砌地基，或用木头撑起吊脚楼，整个村子就像挂在山坡上，完美展现了闽西北客家的乡土建筑风格。谷仓区独立成群，石垒台基，石质台阶，木质的仓门和仓柜沿用至今。清澈的溪水，石子铺就的小路，高低错落的古宅，炊烟袅袅的青瓦屋，恍若梦中。2014 年入选中国历史文化名村。

仙游县济川村 位于石苍乡，地处仙游、永泰两县交界处。古名“漈坑”，又名“济水”，是一个有着 2 000 多年历史的古村落。笔架山云雾缭绕，济水溪川流不息，金钟水库碧波荡漾，原始风光旖旎无比。古寨、古井、古桥、古树、古刹、古楼自然地分布山间，散发着浓浓的历史气息。有南宋状元郑侨就读的云顶岩寺，有宋代古寨石鼓山，有明代的林宇茂宅，有叶飞将军留下的墨宝“济川风光”，儒、释、道交融，耕读传统发挥到极致。2014 年入选中国历史文化名村。

漳平市东洋村 位于双洋镇，地处九鹏溪上游。早在商周时代就有人在此繁衍生息。既有风景秀丽的田园风光,又有诸多名胜古迹及古建筑民居。村口荷塘的尽头是错落有致的民房,白墙乌瓦,端庄古朴。民居、祠堂、寺庙、古井、店铺、古巷道等一应俱全,古建筑上的木刻、泥塑、石雕、彩绘工艺精湛,精细灵动而富含韵味。2014 年入选中国历史文化名村。

平和县钟腾村 位于霞寨镇。宋朝初年,人们在此采铜炼铜,渐成村落,古名“铜场”“铜陵”。清乾隆年间,因武榜眼黄国梁而名声大噪。新中国成立后以烈士钟腾之名命名为“钟腾村”。村庄坐落在一个地势开阔的山坳里,一条小溪穿村而过。传统建筑众多,以榜眼府最有名。榜眼府为砖木结构,殿宇雄伟壮观,雕梁画栋巧夺天工,门楼景观意蕴深远,人文内涵极为丰富。西面望月山上还坐落着三座土楼,风光独特。2014 年入选中国历史文化名村。

明溪县御帘村 位于夏阳乡。南宋咸淳年间进士张日中在此筑居安家,宋端宗赐村名“御帘”,沿用至今。一条小溪穿村而过,溪中有村民放生的众多金鱼,民居就建在小溪两边。历史上建有 12 座书院。现有两大景点香泉祠与金凤祠,亭台楼阁遗址残迹犹存。还有灯塔、摩崖石刻等文物。第二次世界大战期间,东方军司令部设在张氏祖祠内,老一辈革命家彭德怀、杨尚昆等都曾在此战斗、生活过,如今村内还有红军标语、红军战壕的遗迹。2014 年入选中国历史文化名村。

三、全国特色景观旅游名镇(村)

秀屿区湄洲镇 位于莆田市秀屿区湄洲湾。因地处海陆之际,形如眉宇,故称“湄洲”。港湾众多,岸线曲折,沙滩连绵,有扣人心弦的湄屿潮音、九宝澜黄金沙滩、“小石林”鹅尾怪石等景观景点 30 多处,水中有山,山外有海,山海相连,海天一色,素有“南国蓬莱”的美称。这里还是妈祖的故乡,每年妈祖诞辰日和升天日,朝圣旅游盛况空前。岛域盛产鱼中珍品石斑鱼。

2010年入选全国特色景观旅游名镇(村)。

永定区湖坑镇 2010年入选全国特色景观旅游名镇(村)。参见中国历史文化名镇——永定区湖坑镇。

华安县仙都镇 位于华安县东北部。历史悠久,地灵人杰,传统优良。建于清乾隆年间的圆土楼民居建筑——二宜楼,依山傍水,楼内存有大量的彩绘壁画及楹联,有“土楼之王”的美誉。历来是华安最重要的茶叶生产基地,现有优质茶生产基地,素有“茶乡”之称。还是福建省高山族聚居最集中的地区。2011年入选全国特色景观旅游名镇(村)。

长泰县山重村 位于马洋溪生态旅游区内,与厦门市集美区仅一山之隔,长泰马洋溪在此发源。四面环山,地貌奇异,青山叠翠。田野山麓中的万亩花海,鹅卵石筑就的古村落,述说着千年历史的古树,原生态乡村民俗,形成特有的乡野古韵,素有“千年古村落,山水花中游”之美称。还有宋代石佛塔、明代昭灵宫、子龙庙、水云涧、百年古民居、薛氏林氏家庙等历史文化资源。2011年入选全国特色景观旅游名镇(村)。

漳平市香寮村 位于赤水镇。唐朝初年就有人在此开基。宋、元、明、清时期,迁入迁出的人口众多,特别是抗战时期迁来者日众。全村1 600多人,有近百个姓氏,是远近闻名的百家姓古村。生态环境优美,溪流清澈,景色秀丽。村西北部的天台山,是漳平国家森林公园的核心景区,山上有龙潭石窟、飞瀑群、古石拱桥、丁香树林、古驿道、天台庵和建于宋代的舍利塔等多处景观。2011年入选全国特色景观旅游名镇(村)。

上杭县古田镇 2011年入选全国特色景观旅游名镇(村)。参见中国历史文化名镇——上杭县古田镇。

连城县培田村 2011年入选全国特色景观旅游名镇(村)。参见中国历史文化名村——连城县培田村。

惠安县崇武镇 地处福建省东南沿海突出部,东海与南海的分界处,三面环海。宋设巡检寨,古名“小斗”。明代为二十七都,建城后以“崇武”为名,取“崇尚武备”之意。城内有50多处庙堂寺庵宫祠和保存完好的古民居,展现了抗倭历史名城的风貌和古建筑的非凡艺术以及复杂多样的宗教文化。建于明洪武中期的崇武古城,被誉为“天然影棚”。还有崇武海岸、崇武石雕工艺博览园、天下第一奇庙等景点。2015 年入选全国特色景观旅游名镇(村)。

上杭县才溪镇 位于上杭县西北部。700 多年前刘氏先祖在此开基,称“柴溪”,后改为“才溪”。土地革命战争时期,曾荣获“中央苏区模范区”的称号。毛泽东当年三赴才溪从事革命实践,并在这里写下《才溪乡调查》一文,为农村革命根据地建设提供了宝贵的经验。从这里走出了少将以上的军级干部 10 名,因而有“将军之乡”的美誉。有毛泽东才溪乡调查纪念馆、才溪区工会——列宁堂、光荣亭和列宁台等革命遗址。2015 年入选全国特色景观旅游名镇(村)。

福安市晓阳镇 位于福安市西北部。地处白云山北麓,最高海拔 1 449 米,是福安市的西北高原。依山傍湖,历史悠久,民俗独特,还是革命圣地,旅游资源种类丰富,以一湖丽水、二后(闽王谢皇后、宋代谢太后)陈迹、三贤故里、四季佛光、五件奇珍(午时莲、红豆杉、娃娃鱼、猕猴、鸳鸯)、六朝灵刹、七彩神鲤、八仙过海、九龙洞天、十里茶香而远近闻名。2015 年入选全国特色景观旅游名镇(村)。

福鼎市嵛山镇 位于福鼎市东南海域,扼闽浙海路之咽喉,是南来北往船只的必经之道。明洪武中期在此设置军事要塞。海域辽阔,山、湖、草、海景观齐全,有天湖山草场、绝顶之上神秘的大小天湖、鸟岛、红纪洞等自然景点,素有“海上天湖”“岛国天山”之誉。还有保存完整的碉堡、炮台、防空洞等军事设施遗址和年代久远的妈祖庙、大使宫、清福寺等人文景观。2015 年入选全国特色景观旅游名镇(村)。

晋江市围头村 位于金井镇。祖国大陆离金门岛最近的地方,被誉为“海峡第一村”。早在唐宋时期就是南北洋舟船往来必泊之地。宋元时期,围头古港已成为泉州“海上丝绸之路”四大出海口之一。此后一直都是军事重地。战地文化、滨海文化、渔村文化、华侨文化,多元文化相映生辉,铸就了独特的人文气质。2015 年入选全国特色景观旅游名镇(村)。

武平县云礤村 位于城厢镇。四面环山，背靠梁野山主峰古母顶，壁立千仞，山势险峻，其余三面山体平缓。层林叠翠，溪流清澈，水源干净，生态资源丰富。村落依然保持着传统的农耕方式，雄山、飞瀑、幽谷、古树、村落组合成绮丽的大自然风光。2015 年入选全国特色景观旅游名镇(村)。

永泰县嵩口镇 2015 年入选全国特色景观旅游名镇(村)。参见中国历史文化名镇——永泰县嵩口镇。

尤溪县桂峰村 2015 年入选全国特色景观旅游名镇(村)。参见中国历史文化名村——尤溪县桂峰村。

长乐区琴江村 2015 年入选全国特色景观旅游名镇(村)。参见中国历史文化名村——长乐区琴江村。

四、中国特色小镇

同安区汀溪镇 位于厦门市同安区西北部。群山延绵，层峦叠嶂，溪漳纵横，碧水潺潺，自然条件得天独厚。森林覆盖率 68.7%，被誉为厦门的“绿肺”。素有“厦门水脉”之称的汀溪水库，四周山峦叠翠蜿蜒，环境秀美；沉寂数百年的“珠光青瓷”，是海上丝绸之路的重要物证；还有四处高品质温泉，是厦门温泉密度最高的地区。2016 年入选中国特色小镇。

永泰县嵩口镇 2016 年入选中国特色小镇。参见中国历史文化名镇——永泰县嵩口镇。

安溪县湖头镇 2016 年入选中国特色小镇。参见中国历史文化名镇——安溪县湖头镇。

邵武市和平镇 2016 年入选中国特色小镇。参见中国历史文化名镇——邵武市和平镇。

上杭县古田镇 2016 年入选中国特色小镇。参见中国历史文化名镇——上杭县古田镇。

石狮市蚶江镇 位于石狮市北部。地处泉州湾南岸,是著名的侨乡。历史悠久,宋元时期是“东方第一大港”——刺桐(泉州)的门户,“海上丝绸之路”的起点。人杰地灵,旅游资源丰富,文物古迹众多,海滨风光旖旎。拥有“海上航标”宋代六胜塔和唐代林銮渡,有“中国灯谜艺术之乡”和“北狮王之乡”之称。石狮被誉为“中国休闲服装名城”,以休闲西裤为主导产业的蚶江在其中占有重要的地位。2017 年入选中国特色小镇。

福清市龙田镇 位于龙高半岛。三面环海,西接陆地,有“玉带束腰”之称。唐初已成村庄,南宋时形成集镇,俗称“牛田”。明嘉靖年间改称“龙田”。东有金山屹立,北和西北有名胜福庐山、南山横亘。有庐江公园、东壁岛海滨旅游度假区等景点。龙田还是东南地区“海产第一镇”,有大型的花蛤幼苗养殖基地,素有“花蛤之乡”的美称。2017 年入选中国特色小镇。

晋江市金井镇 位于晋江市东南部沿海。旅居海外的侨胞和港、澳、台同胞 10 多万人,是福建省著名的侨乡。20 世纪 80 年代初以服装基地而声名远扬,现仍是皮革纺织重镇,有著名的福建七匹狼集团。拥有花岗岩、玻璃砂、浅海滩涂等自然资源和石圳变质岩、西资岩石佛、围头金沙湾、“八二三”炮战遗址等旅游资源。2017 年入选中国特色小镇。

涵江区三江口镇 位于莆田市涵江区东南部。靠港傍海,水网旱地兼具。三江口港是个天然良港,历史上曾与福州、厦门、泉州、三都澳同列闽省五大港口,是涵江乃至闽中地区最大的货物集散港。有鳌山村的雁阵山风景区、南宋状元黄公度的读书处登瀛阁、驸马府等名胜古迹。2017 年入选中国特色小镇。

福鼎市点头镇 位于福鼎市中部。气候温和湿润,山海资源丰富,是福鼎大白茶、大豪茶的发源地,素有“茶花鱼米之乡”的美誉。主要景点有莲山古民居、普照寺、瓜坪渔火、大峨梅山、妈祖文化宫、古村孙店等。2017 年入选中国特色小镇。

南靖县书洋镇 位于南靖县西南部,是南靖县、平和县和永定区交界处的旅游重镇。历经宋元明清,已有近千年历史。民居以方形、圆形土楼为主,造型奇特,犹如“天上掉下的飞碟”“地上长出的蘑菇”,是民居建筑的一朵奇葩。境内有“小黄果树”瀑布——树海瀑布,石表林立的塔下“德远堂”,一级五更寮原始森林。2017 年入选中国特色小镇。

福安市穆阳镇 位于福安市西部的穆水溪畔。隋开皇年间,兰陵缪氏几经辗转落籍于此。镇区呈哑铃状,四面环山,溪水悠悠。民居依溪而建,土木结构,青瓦白墙,小巷纵横,是典型的徽式建筑。拥有千年历史积淀的古镇,也是天主教传入福建省较早的地区之一,现存教堂、罗洒修院等。2017 年入选中国特色小镇。

武夷山市五夫镇 2017 年入选中国特色小镇。参见中国历史文化名镇——武夷山市五夫镇。

永定区湖坑镇 2017 年入选中国特色小镇。参见中国历史文化名镇——永定区湖坑镇。

五、中国历史文化街区

福州三坊七巷历史文化街区 位于福州市鼓楼区。南后街两旁从北到南依次排列十条坊巷,西向三片称“坊”,东向七条称“巷”,“三坊”为衣锦坊、文儒坊、光禄坊,“七巷”为杨桥巷、郎官巷、安民巷、黄巷、塔巷、宫巷、吉庇巷,合称“三坊七巷”,占地面积约 40 万平方米。起源于晋代,完善于唐和五代,盛于明清,古老的坊巷格局基本保存完整,是中国都市少有的“里坊制度活化石”。坊巷内保存有 200 余座古建筑,其中全国重点文物保护单位 9 处,是一座不可多得的“明清建筑博物馆”。2015 年入选中国历史文化街区。

泉州中山路历史文化街区 位于泉州市鲤城区。街区长约 2.5 千米,始建于 20 世纪 20 年代初,1924 年南北大街全线贯通。沿街廊柱式骑楼浓缩了南洋建筑精华,是我国仅有的、保存完整的连排式骑楼建筑商业街。罗马式钟楼、大上海理发店、基督教堂、花桥慈济宫、秀才读书的泮宫,散发着古城特有的魅力。2015 年入选中国历史文化街区。

鼓浪屿历史文化街区 位于厦门市思明区鼓浪屿街道。从清道光二十四年(公元 1844 年)开始,先后有 13 个国家在鼓浪屿设立领事馆,英、美、法等国先后兴建教堂,开办学校、医院以及洋行,大量富商、华侨也纷纷建宅置业,因此留下大量的西式或中西合璧的建筑物。现存各式建筑 1 000 余座,被喻为“建筑博物馆”。优美的岛屿环境,自然的道路网络,各具特色的街区肌理,多样的建筑风格和园林景观,展示出中国传统文化、闽南地方文化与外来多元文化,是全球化早期阶段人类价值观在东亚和东南亚沿海地区交流、互鉴、融合的集中体现,我国步入近代化历程的缩影,是高品质和早期现代性特征国际社区的独特范例。2015 年被入选中国历史文化街区。

漳州台湾路—香港路历史文化街区 位于漳州市芗城区。北至市区中山公园,南到修文路,东到延安南路,西至青年路,包括香港路、台湾路府埕和文庙等,占地面积约 26 万平方米。有全国重点文物保护单位明代石牌坊、漳州文庙,市级文物保护单位王升祠、现代作家杨骚故居、两处石牌坊和台湾徐氏后裔的祖厝徐厝巷等,完整地保存了骑楼式店铺、中西合璧式建筑、闽南风格民居等三大类古民居建筑,还有“天益寿”老药铺、大同文具店等沿街老字号店铺 20 余处,是漳州历史文化名城的缩影,是闽南传统建筑的典型代表。2015 年入选中国历史文化街区。

六、国家级文化生态保护实验区

闽南文化生态保护实验区 包括泉州市、漳州市、厦门市。闽南地处海峡西岸,素以“闽南金三角”闻名的厦门、漳州、泉州三地是闽南文化的发源地和保存地。闽南文化是中华文化的重要组成部分,也是海峡两岸人民"同根、同祖、同缘"不可分割的文化见证和桥梁、纽带。2007 年入选国家级文化生态保护实验区,是我国第一个国家级文化生态保护区。

七、国家生态旅游示范区

武夷山国家生态旅游示范区 位于福建西北部与江西省交界处。属于典型的丹霞地貌,拥有地球同纬度地区保护最好、物种最丰富的中亚热带原生性森林生态系统,有 2 527 种植物,近 5 000 种野生动物。自秦汉以来,武夷山就为羽流禅家栖息之地,留下了不少宫观、道院和庵堂故址。拥有一系列考古遗址和遗迹,包括建于公元前 1 世纪的汉城遗址、大量的寺庙和与公元 11 世纪朱子理学相关的书院遗址。我国古代朱子理学的摇篮。2013 年入选国家生态旅游示范区。

梅花山国家生态旅游示范区 位于上杭县。梅花山被称为"北回归荒漠带上的绿色翡翠"。拥有华南虎数量最多的区域,百亩千株的千年红豆杉生态园,全国最长的双驱动拐弯索道——步云索道,还有猴园、尖峰顶、食草动物区、天诉池、亲水平台、华南虎园、森林浴场、归来山庄、万亩竹林、云海等十余处景点,风景如画,犹如人间仙境。2013 年入选国家生态旅游示范区。

天竺山旅游风景区 位于厦门市海沧区。原生态滨海城郊森林公园,包括山地森林公园和平缓地带的休闲娱乐度假区。占地面积 26.51 平方千米,森林覆盖率 96.8%。有 3.6 万米长的车行道、7 万米长的步行登山道、8 000 米左右的木栈道,已建成天竺湖、两二湖、皓月湖、百竹园、好望角、鸳鸯溪谷等景点,还有真寂寺和龙门寺遗址等人文景观。休闲娱乐度假区占地面积 10.54 平方千米,建有风情度假区、高级度假酒店区、体育公园区、动物园区、现代农业科技园区、闽台果蔬花卉区。2014 年入选国家生态旅游示范区。

冠豸山生态旅游区 位于连城县。冠豸山因峰似巨冠而得名，寓含“刚正廉明”之意。冠豸山山峻石奇，远望如欲放的莲花，故又名“莲花山”。占地面积 123 平方千米，其中核心区 53 平方千米，由冠豸山、石门湖、竹安寨、旗石寨、九龙湖五个游览区组成。宋元年间，石门湖筑亭建阁，广植松竹，成为吟诗斗酒之地。明代垒城开池，筑南北堑关墙，凿石磴，建书院，成为闽西“上游第一观”。山清水秀，与武夷山并称为“丹霞双绝”。2014 年入选国家生态旅游示范区。

鼓岭生态旅游区 位于福州市晋安区。清光绪初年由西方传教士开辟。鼓岭山高 800 多米，夏日最高气温不超过 30℃，吸引了许多不耐酷暑的西方人士。1935 年时已有风格各异的避暑别墅 200 多幢，还有教堂、医院、网球场、游泳池、万国公益社等公共建筑。主要景点有：老别墅、鼓岭邮局、柳杉王、石柱山、南洋溪、观日台、熊猫山庄等。2015 年入选国家生态旅游示范区。

云顶旅游区 位于永泰县。占地面积约 36 平方千米，由花海梯田景区、天池草甸景区、高山峡谷景区（包括七彩瀑谷景区、红河谷景区及翡翠谷景区）三大风景区构成。集观光休闲、度假养生、求知探险、科普教育于一体的综合型旅游地，被称为“福建旅游新地标”。2015 年入选国家生态旅游示范区。

八、全国红色旅游经典景区

福建省革命历史纪念馆 位于福州市晋安区。1998 年开馆，展出革命文物 800 多件、历史照片 800 多幅，展示了福建自 1840 年鸦片战争到 1949 年新中国成立的百年历史风云。“解放福建”半景画馆，长 80 米，高 17 米，以无接缝画布绘制战争场景，在180度半圆形视角空间里，结合大型地面塑型和声光电等高科技演示，再现了1949年解放福州、厦门海陆战争的激烈战斗场面，是全国最大的半景画馆之一。现为全国爱国主义教育示范基地。2005年入选全国红色旅游经典景区。

古田会议旧址 位于上杭县。原为“廖氏宗祠”，又名“万源祠”，始建于清道光末年，由前后厅和左右厢房组成，是一座单层歇山四合院式砖木结构的宗祠，建筑面积826平方米，后改为和声小学。1929年5月，红军第一次挺进闽西古田，学校改名为“曙光小学”。12月，毛泽东主持的红四军第九次代表大会在此召开，通过了具有历史意义的古田会议决议案。现已开辟为古田会议纪念馆。2005年入选全国红色旅游经典景区。

毛泽东才溪乡调查纪念馆 位于上杭县。占地面积18 750平方米，建筑面积7 300平方米，有毛泽东才溪乡调查会址、光荣亭、列宁台等史迹。毛泽东于1933年11月在才溪乡调查，对才溪人民的革命斗争实践进行了全面、系统、周密的调查和科学的总结，为农村革命根据地建设提供了宝贵的经验。光荣亭是1933年春福建省苏维埃政府为表彰才溪人民的光荣业绩而拨专款建造的，1955年毛泽东亲笔题写了“光荣亭”三个大字。2005年入选全国红色旅游经典景区。

福建省苏维埃旧址 位于长汀县。旧址为宋代汀州禁军署地，元代为汀州卫署址，明、清两代辟为试院，占地面积1万多平方米。院内的双柏树龄1 200多年，与汀州城同龄，清代《四库全书》总纂纪晓岚来汀主考时留下了“参天黛色常如此，点首朱衣或是君”的诗句。大堂旁边的简舍，曾是囚禁瞿秋白之处。1932年3月，福建省第一次工农兵代表大会在这里召开，成立了福建省苏维埃政府。现辟为长汀客家博物馆和长汀革命历史博物馆。2005年入选全国红色旅游经典景区。

福音医院旧址 位于长汀县。清光绪末年英国教会创办亚盛顿医院，1926年改名为“福音医院”。1927年曾接收医治300多位南昌起义部队伤病员，1929年红四军入闽后成为第一所红军医院，毛泽东多次到这里养病，在此写就《关心群众生活，注意工作方法》一文。1933年初迁往瑞金，改名“中央红色医院”。旧址为土木结构平房，建筑面积1 871平方米，共有房间30间，包括礼堂、传达室、妇产科、外科、内科、药房、化验室、手术室以及医生护士住房、男女病房和膳厅等。1966年按原样修复。2005年入选全国红色旅游经典景区。

长汀县革命委员会旧址　位于长汀县。1929年红四军攻克长汀县城，在此召开长汀县各界代表会议，成立闽西第一个县级红色政权——长汀县革命委员会。旧址原名“清阴阁”，占地面积852平方米，建于宋代，清道光年间重建，两层楼房，重檐歇山顶，土木结构。2005年入选全国红色旅游经典景区。

红四军司令部、政治部旧址　位于长汀县。1929年3月，毛泽东、朱德、陈毅率领红四军首次入闽，解放了长汀城。司令部旧址原为张氏公祠，建于清光绪年间，建筑面积402平方米，墙上保存有壁画及革命漫画和标语。政治部旧址原系长汀商会会长卢泽林的别墅，由门楼、空坪、前后厅两边厢房组成，砖木结构，占地面积523平方米，毛泽东曾在此召集“六种人调查会”，主持召开红四军前委扩大会议，制订了开辟闽西、赣南革命根据地的战略方针。2005年入选全国红色旅游经典景区。

中共福建省委旧址　位于长汀县。原系基督教堂，占地面积450平方米，庭院式土木结构，由大门、礼拜堂、两层楼房组成。1932年为福建省苏维埃政府驻地。毛泽东、周恩来、罗荣桓、聂荣臻等在此召开部署攻打漳州的军事会议，会后周恩来住在这里指导省委工作。2005年入选全国红色旅游经典景区。

福建省职工联合总工会旧址　位于长汀县。占地面积612平方米，土木结构。1932年春，闽赣两省工人代表大会在江西瑞金黄家山胜利召开，宣布成立两省职工联合会，福建省职工联合会就此成立。2005年入选全国红色旅游经典景区。

瞿秋白烈士纪念碑　位于长汀县县城西隅。瞿秋白是中国共产党早期主要领导人之一,1927 年 8 月担任临时中央政治局常委,并主持中央工作,1935 年在长汀县被国民党军逮捕,从容就义,时年 36 岁。纪念馆于 2006 年开馆,占地面积 590 多平方米,建筑面积 990 平方米。瞿秋白烈士纪念碑立于 1951 年,1985 年重建,总高 30.59 米。周围坪地上建有几处花池,其中六角形花池中央为瞿秋白就义处。2005 年入选全国红色旅游经典景区。

红军长征出发地(中复村)旧址 位于长汀县。1934 年 9 月中央红军第九军团从这里开始长征,是红军长征出发地之一,红军二万五千里长征的起始点。村域内有松毛岭阻击战指挥部旧址、红军征兵处旧址、红军 24 师师部旧址、红军战地医院旧址、抗日宣传漫画群遗址等。2005 年入选全国红色旅游经典景区。

红四军前敌委员会旧址 位于武平县。占地面积 801 平方米,建筑面积 485 平方米,砖木结构,建于清光绪中期。1930 年 6 月红四军主力进驻武平县城,前敌委员会驻于此。毛泽东曾在梁山书院主持召开区、乡苏维埃政府干部及地方各阶层人士代表座谈会,开展社会调查,推动了闽西土地革命斗争。2005 年入选全国红色旅游经典景区。

松毛岭战地遗址 位于连城县。松毛岭是连城、长汀两县交界处的一座山脉,是当年闽西苏区通往中央苏区的交通要道。松毛岭战役是长征前红军在闽的最后一战。1934 年 9 月 23 日,国民党顾祝同、蒋鼎文、宋希濂、刘戡等人指挥的 6 个师,调动飞机、重炮狂轰滥炸驻守在松毛岭的由朱德、林彪、聂荣臻等人指挥的红军,3 万余名红军将士坚持战斗 7 天 7 夜,终因敌强我弱,弹尽援绝,松毛岭全线失守,1 万多名红军将士献出了宝贵的生命。2005 年入选全国红色旅游经典景区。

红军医院旧址 位于宁化县石壁镇。1933 年在宁化城关谢氏家庙、湖村石下邱氏宗祠、方田丁氏宗祠以及泉上、禾口、安远等地办起了 20 多所红军后方医院。陈塘红军医院为红军第四战地医院,于 1933 年春随军进驻石壁地区,收治红军伤病员。旧址原是一座客家祖屋,占地面积 400 平方米,共计 32 个房间,保存有 40 余条红军标语、8 幅壁画以及多件卫生器材。2005

年入选全国红色旅游经典景区。

北山革命纪念园 位于宁化县。土地革命战争时期，宁化是中央革命根据地的组成部分，11 万人口中有 1.3 万人参加红军，3 300 人为革命牺牲。这里也是中央红军长征出发地之一，毛泽东、朱德、彭德怀等曾经在这里进行革命活动。纪念园占地面积 5 万平方米，保存有为数可观的革命历史文物和革命遗迹，如革命烈士纪念碑、毛泽东《如梦令·元旦》铜雕、革命纪念馆。2005 年入选全国红色旅游经典景区。

中央红军长征凤凰山出发地旧址 位于宁化县。红军长征四个出发地之一。1934 年 10 月，驻宁化淮阳、隘门的中央主力红军奉命将防务移交给地方红军和游击队，在淮土凤凰山集中，从凤凰山经江西石城、瑞金向于都方向集结，踏上了漫漫长征路。2005 年入选全国红色旅游经典景区。

泰宁县红军街 位于泰宁县城。1933 年 8 月，彭德怀、滕代远领导的红军东方军、由朱德总司令和周恩来总政委率领的红一方面军指挥部抵达泰宁，总部机关设在岭上街的陈家大院。当年红军都住在这条街上，遂命名为“红军街”。在古城老街两旁的墙壁上，至今完好地保留着当年红军用繁体字书写的《告刘和鼎部下士兵及下级官长书》，高 2.6 米，宽 4.2 米，全文 665 字。还有红军井、防空洞等遗迹。2005 年入选全国红色旅游经典景区。

红一方面军总司令部、总前委、总政治部旧址 位于建宁县濉城北溪口。1931 年 5 月，红一方面军总前委书记毛泽东、总司令朱德驻此指挥第二次反“围剿”斗争。1931 年 10 月，周恩来、朱德再次率部从江西广昌进入建宁，总部设于此。旧址原是 1926 年德国传教士所建的天主教堂，为中西合璧式建筑，前部为两层楼房，后部为礼拜堂，建筑面积 330 平方米。1959 年以红一方面军总司令部、总前委旧址为依托，成立了建宁县革命纪念馆。2005 年入选全国红色旅游经典景区。

清流县红军标语遗址 位于清流县。清流苏区始建于 1930 年，先后驻扎过多支红军部队，红军各部在清流书写了大量的宣传标语，为苏区人民积极支持红军、参加红军打下了良好的基础，也为 1934 年 11 月清流失陷后的苏区留下了革命的火种。2005年入选全国红色旅游经典景区。

红军战地医院遗址 位于明溪县玉虚洞。1930—1934年,工农红军在明溪县开展革命斗争,在滴水岩、城西李家大厝、陈家大厝等多处设立红军医院,主力红军转移后红军医院随军撤离。这些医院除了为部队官兵治病疗伤,还免费为地方群众治病,开展卫生防疫运动。1988年竖立一块大理石碑,铭文"红军战地医院"。2005年入选全国红色旅游经典景区。

永安市抗战遗址 位于永安市吉山村。这里是福建抗日战争的"第二战场",曾作为福建省战时省会达7年之久,成为与重庆、桂林齐名的抗战文化中心之一。保存比较完整的遗址有20多处,其中12处为全国重点文物保护单位,如挹秀楼、渡头宅(羊枣被捕处)、羊枣等12位文化人士囚禁处、春谷山庄防空洞旧址(当年省主席陈仪、刘建绪公馆)、刘氏祖屋(《老百姓报》编辑部旧址)、材排厝(最高法院闽浙赣分庭职员居住地)、上新厝(福建省高等法院旧址)、团和厝(福建省高等检查署官员居住地)等。2005年入选全国红色旅游经典景区。

毛主席率领红军攻克漳州陈列馆 位于漳州市芗城区。1932年中国工农红军东路军攻克漳州,是第二次国内战争时期中央红军远离根据地,集中兵力外线作战,攻打中等城市的一次成功战例。毛泽东率领红军攻克漳州纪念馆展品中,有当年毛主席致电周恩来三封电报的原文抄件,林彪、聂荣臻在飞机前合影等历史物件。2005年入选全国红色旅游经典景区。

坑口革命遗址 位于武夷山市洋庄乡。遗址包括中共闽北分区区委、闽北分区苏维埃政府诞生地,中共闽赣省委、闽浙赣特委办公地,方志敏率红十军首次入闽地,新四军三支队崇安留守处驻地,闽北红军独立师成立地,中共福建省委重建地,粟裕率红军挺进师与闽北红军会师地,中共七大福建代表团出发地,闽北红军北上抗日出发地,中国人民解放军入闽地。2005年入选全国红色旅游经典景区。

中共苏区闽赣省委旧址、东方县委旧址 位于邵武市金坑乡。1931—1933年,中央红军从江西黎川先后九次进驻金坑,建立金坑区、乡两级苏维埃政府。1933 年 9 月第五次反“围剿”斗争开始后，中共苏区闽赣省委由黎川县湖坊乡迁至金坑关，闽赣省东方县委、县苏维埃政府由光泽、上官迁到金坑，中央红军部分主力部队、医院、兵站撤至金坑—泰宁一线。2005 年入选全国红色旅游经典景区。

大洲国共谈判旧址　位于光泽县。1936 年西安事变发生后，蒋介石被迫接受中国共产党关于“停止内战，抗日救亡”的主张，打开了国共合作的新局面。1937 年 10 月 1 日，闽赣省委派出黄知真、邱子明为代表，与国民党江西省第七区保安副司令周中恂和光泽县县长高楚珩在大洲村一所民房里举行合作谈判，最后达成协议。原旧址是一土木结构民房，1963 年被拆毁，1991 年仿照原样重建。2005 年入选全国红色旅游经典景区。

马尾船政局旧址　位于福州市马尾区江滨东大道，地处闽江下游出海口。马尾船政局创建于清同治五年（公元 1866 年），是我国近代第一家专业造船厂，先后建造了数十艘新式舰艇，并组成船政水师，培养了近代著名思想家严复、工程师詹天佑、海军将领萨镇冰、邓世昌等。现存轮机厂、绘事院、放生池、钟楼、一号船坞，被誉为“中国近代海军的摇篮”。2011 年入选全国红色旅游经典景区。

中国工农红军闽东独立师旧址　位于宁德市蕉城区霍童镇。1934 年夏中央苏区第五次反“围剿”斗争失利，根据中共闽东临时特委的决定，闽东工农红军独立第二团和连江的闽东工农红军独立第 13 团、寿宁的独立营等集结在宁德支提山华藏寺，合编为中国工农红军闽东独立师。主力红军长征后，独立师留在闽东坚持游击战争。1938 年独立师改编为国民革命军新编第四军第三支队第六团，开赴苏皖地区开展抗日斗争。2011 年入选全国红色旅游经典景区。

中共闽东特委旧址　位于福安市溪柄镇。闽东苏区是土地革命战争时期中国 18 个革命根据地之一。1934 年，曾志、詹如柏在斗面村主持培训土改干部，进行分田试验。中共福安中心县委和连江县委在斗面村召开联席会议，成立中共闽东临时特委。2011 年入选全国红色旅游经典景区。

闽中支队司令部旧址 位于莆田市涵江区大洋乡。闽中支队司令部成立于1949年2月,总兵力6 000多人,是闽浙赣游击纵队在福建省最大的一支武装力量,在配合解放军解放福建中南部沿海地区中起了重要作用。2011年入选全国红色旅游经典景区。

上梅暴动遗址 位于武夷山市上梅乡。1928年10月,崇安县(今武夷山市)上梅、下梅农民举行武装起义,随后在农村广泛组织“民众会”,领导农民打土豪,破仓分粮,推动闽北革命斗争。领导暴动的指挥中心旧址为土木结构,悬山式屋顶。上梅暴动后设在洋庄乡张山头村的红色医院改建为闽北红军中医院。岚谷乡横源村是闽赣苏区革命基点村,有闽赣省委、岚谷苏区委旧址、岭阳兵工厂旧址等。2011年入选全国红色旅游经典景区。

三都岛红色革命旧址 位于宁德市蕉城区三都岛。三都岛是闽东重要的政治经济文化中心之一,抗日战争期间是闽东战事最频繁的地点。1939年8月、1941年4月,厦门、福州两地及其周边的县城相继沦陷,三都澳成了闽省唯一的出海口,英、美等国的轮船出入三都澳大为减少,但与被英国占领的香港、被日本占领的台湾以及上海、天津等处的海上运输航线仍畅通,三都岛与上述各地的商品贸易量有增无减,一度成为东南人民的生命线。2011年入选全国红色旅游经典景区。

屏南县革命旧址 1938年初,闽东红军独立师在屏南县棠口村改编为国民革命军陆军新编第四军第三支队第六团,叶飞等率团部及部队三四百人进驻双溪村,团部驻陆氏宗祠,其他人驻圣人庙、明伦堂等处。后六团分批从棠口、双溪出发,挥师北上抗日。屏南县共有20多处革命旧址,保存比较完整的旧址有:闽东独立师整编为“新四军三支队六团”遗址、北上抗日纪念碑、白水洋岩后村苏维埃首府遗址、中共闽东特委驻地、上楼战役旧址等。2011年入选全国红色旅游经典景区。

赤石、大安红色旅游景区 位于南平市。闽北苏维埃时期的大安,四周有45个自然村,闽北分区党政军和群团机关设在大安主街,闽北分区的党校、军校、学校、医院、工厂等分布在大安附近的村庄。1934年10月,中央主力红军长征后,国民党调集10万重兵,从四面八方围攻大安闽北苏区首府。1935年1月闽北分区党政军机关及所属单位分三批撤出大安,闽北进入艰苦卓绝的三年游击战争时期。2016年入选全国红色旅游经典景区。

闽北革命历史纪念馆　位于武夷山市中山路。共分七个展厅,陈列200多件珍贵的革命文物和260余幅图片,展示了闽北人民经历的大革命、土地革命、抗日战争、解放战争的光辉革命历程。2016年入选全国红色旅游经典景区。

谷文昌纪念馆　位于漳州市谷文昌纪念园内。谷文昌于1943年加入中国共产党,曾任东山县县长、县委书记及福建省林业厅副厅长,1981年在漳州病逝,2009年被评为新中国成立以来100位感动中国人物之一。纪念馆以大量珍贵的历史照片、图片和谷文昌生前使用的实物,再现了党的好儿女、人民的好书记谷文昌真实感人的故事。2016年入选全国红色旅游经典景区。

岚谷革命旧址　位于武夷山市岚谷乡横源村、岚头村和岭阳村。土地革命战争时期,这里是方志敏、黄道、粟裕、黄立贵、徐福元等革命前辈的活动地,闽北农民武装暴动的序幕地,闽北第一支工农红军55团诞生地,闽北三年游击战争时期举行重要会议的会址,中共闽赣省委成立地,率先攻克崇安县城的第一路解放大军入闽地,还是中共崇安中心县委、中共闽北特委、中共闽赣省委、闽北红军独立师等党政军机关的所在地。2016年入选全国红色旅游经典景区。

九、全国农业旅游示范点

漳浦天福茶博物院—石雕园　位于漳浦县赤土乡。占地面积33.33万平方米。石雕园以“唐山过台湾”为主题,以天福集团总裁李瑞河的家史为蓝本,讲述祖辈从家乡移居台湾省,艰苦奋斗创造辉煌,然后回到家乡来投资兴业回馈桑梓的故事,体现了海峡两岸同根同源、同文同种、一脉相承的关系。园区还有一座闽台民俗馆。2005 年入选全国农业旅游示范点。

三都澳海上渔排 位于宁德市。三都澳又名“三沙湾”,由城澳半岛、官井洋、复鼎洋及三都、青山、斗帽、白匏、鸡公山等 19 个岛屿组成,海域面积 714 平方千米,为闽东沿海的“出入门户,五邑咽喉”,是著名的深水避风良港,也是我国独有的大黄鱼内湾产卵场,更是山海兼备风光旖旎的风景区。海上渔排规模宏大,养殖户达 8 000 人,是名副其实的海上田园。2005 年入选全国农业旅游示范点。

十、全国休闲农业与乡村旅游示范点

天生农庄 位于福清市新厝镇。占地面积 72 万平方米,花团锦簇、硕果累累,是集无公害蔬果、林木、花卉的种植与销售,科普教育,农业观光,休闲度假,商务考察于一体的特色农业生态观光园。主要景点有牧羊岛、猛兽园、牛头寨、鸭子湾、名树大观园、翠竹园、民族园、福园、木化石园、花卉长廊、观音山等。现为全国科普教育基地。2013 年入选全国休闲农业与乡村旅游示范点。

月亮湾山庄 位于三明市莘口镇。占地面积 2.53 平方千米,因地形像一弯明月与沙溪河相伴,故称“月亮湾山庄”。以农耕民俗文化为主题,建有农耕文化展示区、果园观赏采摘园、农事耕作体验园、“葛藤凹”影视拍摄基地、高尔夫练习场、游泳池、网球场等体育健身区以及餐饮住宿等配套服务设施。农耕文化展示区收集了大量的实物,果园观赏采摘园内种有枇杷、杨梅、甜柿、水蜜桃、黄花梨等四季果树。2013 年入选全国休闲农业与乡村旅游示范点。

云灵山庄 位于邵武市水北镇。拥有云灵山湖度假村、园林茶园、生态农业园、花卉苗圃观光走廊、风情度假木屋群、原始森林休闲区、峡谷漂流、古村落露营基地、古树自然保护观景区、儿童水世界、温泉度假酒店等，开展生态农业观光旅游、风光科普宣教游和休闲度假养生游等旅游活动。2014年入选全国休闲农业与乡村旅游示范点。

聚仙堂生态旅游山庄 位于仙游县游洋镇。拥有1.33平方千米森林，建有主体建筑两幢和中心广场。广场的园林建设仿造北京颐和园的园林风格，主楼中精品红木家具、名石云集，近千平方米展厅收藏了众多名家字画，典雅的仿古家具与精美的工艺品相映成趣。2014年入选全国休闲农业与乡村旅游示范点。

天斗生态文明示范区 位于永安市上坪乡。占地面积8.6平方千米，拥有天宝岩国家自然保护区、九龙竹海森林公园，森林覆盖率95%以上。有牡丹、向日葵、孔雀草、波斯菊等花卉种植基地33.33万平方米，形成四季花开的“高山花海”。民居建筑古色古香，街道干净整洁，是竹乡生态旅游小镇。2014年入选全国休闲农业与乡村旅游示范点。

晋江市围头村 2014年入选全国休闲农业与乡村旅游示范点。参见全国特色景观旅游名镇(村)——晋江市围头村。

龙泉山庄 位于闽侯县南屿镇。山峦秀美，林木葱郁，空气清新，自然环境优美。有百亩无公害蔬菜园、千亩四季果林，还有登山古道、山间别墅、河边小屋、宋朝石人石马、石观音、千年古榕树、古温泉等景点。当地农民还建起了集农业观光、温泉度假等于一体的农家乐。2015年入选全国休闲农业与乡村旅游示范点。

皇旗尖休闲茶庄园 位于南安市眉山乡。占地面积1.73平方千米。福建省茶叶外贸出口基地，主要品种有铁观音、金观音等乌龙茶系列茗茶。“皇旗尖牌”清酸型、清香型、浓香型系列生态茶，品质上乘，韵味独特，口感纯正，深受消费者喜爱。庄园拥有采茶体验区、茶园休闲登山道、眉峰水库垂钓区、生态茶餐厅、茶园林间休息茶亭。2015年入选全国休闲农业与乡村旅游示范点。

天湖山茶庄园 位于福安市城阳镇。地处终年云雾缭绕的天湖山麓，周边有秦龙大峡谷和“韩阳十景”之一的“东山雪霁”。引进欧洲葡萄酒庄园模式，将茶庄园打造成以茶叶种植、加工为基础的集观光旅游、科普教育、休闲购物等于一体的农业旅游目的地。2015 年入选全国休闲农业与乡村旅游示范点。

相思岭现代农业科教观光园 位于闽侯县南郊。主要包括生态种植果园、农作物种植园以及苗木基地、养殖基地、香草园、蔬菜园等园区，建成了生态餐厅、大野炊区、创业文化广场等接待设施，是集大学生创业、农业科研实验、农业教育实训、休闲农业体验、中小学生社会实践以及企事业员工素质拓展等功能于一体的休闲农业示范园。现为国家级现代农业科技与集成示范基地、全国青少年农业科普与教育基地。2015 年入选全国休闲农业与乡村旅游示范点。

集志农庄 位于厦门市集美区后溪镇。集闽南历史文化、厦门海滨风情、农家生活情趣于一体的生态园林休闲农庄。原是一处废石场，现已将残缺的山体、斑驳的石壁、凹凸的坡道改造成错落有致的亭台楼榭、园林景观、小桥流水、茂林修竹、瓜棚荷塘，绿化覆盖率达 70%。2015 年入选全国休闲农业与乡村旅游示范点。

罗汉山休闲农业园区 位于厦门市同安区莲花镇。罗汉山原名“青山岩”，因 500 尊罗汉面朝东方悠然伫立于山间而得名，有景点数十处。供奉汉传和藏传佛教的诸佛菩萨 1 200 多尊，还建设了多处供信众清心祈福的宫观，如关帝庙、妈祖庙、财神殿、三宝殿、文昌祠等。2015 年入选全国休闲农业与乡村旅游示范点。

长泰县山重村 2015 年入选全国休闲农业与乡村旅游示范点。参见全国特色景观旅游名镇(村)——长泰县山重村。

同安顶上人家 位于厦门市同安区汀溪镇。占地面积 3.33 平方千米，远离城市喧嚣，云雾缭绕，清澈的山泉如玉带缠绕于山腰处，山头、峡谷、田园、古木、溪涧交错融合，80 多棵树龄 500 年以上的参天古木似一个个满脸笑意的“迎宾”，俨然一幅乡村人家的绝美油画。站在山顶极目远眺，苍翠如黛，田园风光如诗似画。2016 年入选全国休闲农业与乡村旅游示范点。

宝生园 位于厦门市集美区灌口镇。占地面积7万平方米,设有十二生肖体验种植区、四季花果区、铁皮石斛种植区、金线莲种植区、蜜蜂园、花鸟区、花卉市场、家庭花园区、射箭区、垂钓区、垒土窝区、赛马区、陶艺区、根雕区、烧烤区、拓展活动区、捕捉体验区、游舟区、鱼疗区以及多功能会议厅、咖啡厅、草坪中餐区、木屋鸟人区、交易市场等公共配套设施,是集种植、养殖、科研、科普教育、旅游观光、休闲娱乐、拓展培训于一体的绿色生态园。2016年入选全国休闲农业与乡村旅游示范点。

十一、全国工业旅游示范点

上杭紫金矿业股份有限公司 位于上杭县临江镇。以铜、金、锌等金属矿产资源勘查和开发为主的大型矿业集团,年冶炼高纯金能力6—8吨,主营的金、铜、锌金属资源储量和矿产品产量均位于国内矿业行业前三名。2004年入选全国工业旅游示范点。

惠安“中国雕艺城” 位于惠安县。集雕刻艺术品开发、生产、展示、商贸、旅游于一体的大型企业。惠安雕艺历史悠久,石雕发展可追溯到1 600多年前的晋代,发展到明清时代成为南派雕刻艺术的杰出代表,以“石雕之乡”而蜚声海内外。惠安雕艺融汇外来文化与技术精华,是中华优秀传统文化的一朵奇葩,被称为“天下一绝”。2004年入选全国工业旅游示范点。

福州马尾造船厂 2004年入选全国工业旅游示范点。全国红色旅游经典景区——马尾船政局旧址。

银鹭高科技园 位于厦门市翔安区。集园区开发、高科技项目投资、环保服务于一体的现代化综合性工业产业基地,首批全国乡镇企业科技园之一。自来水厂、污水处理厂、道路、给排水、供电、通信等基础设施较为完善,吸引了国内外20多家企业落户,吸纳当地农村富余劳动力1万多人就业,带动了当地农村经济的繁荣发展。2006 年入选全国工业旅游示范点。

石狮服装城 位于石狮市南洋路。占地面积 74 万平方米,设置服装交易区、展览艺术中心、星光休闲广场、现代物流配送区、商务配套服务区五大功能区,销售品牌有富贵鸟、九牧王、柒牌、劲霸等。中国服装年会、中国欧盟社会责任论坛、中国服装流行趋势发布会、新丝路模特大赛等众多活动在此轮番上演,展现了石狮区域服装经济的时尚魅力。2006 年入选全国工业旅游示范点。

惠安豪翔石业有限公司工业园 位于惠安县山霞工业区。占地面积 55 万平方米,主要从事石雕、墓碑、外栅、建材等的生产和经营的综合性企业。生产的石制品远销日本、欧美、东南亚等国家。2006 年入选全国工业旅游示范点。

福建水口电站 位于闽清县的闽江干流上。华东地区最大的水电站之一,福建省第一个利用世界银行贷款兴建的能源工程,1993 年建成。大坝全长 870 米,高 101 米,总装机 140 万千瓦,坝身上有 12 道溢洪闸门,闸门 22 米高,15 米宽,是一座以发电为主兼有航运效益的大型水利工程。2006 年入选全国工业旅游示范点。

雪津啤酒有限公司工业园 位于莆田市涵江区。主导产品雪津啤酒入选"中国驰名商标",先后获轻工部优质产品、全国啤酒行业优质产品等荣誉称号。雪津纯生、雪津冰啤等系列产品被国家绿色食品发展中心认定为"A"类绿色食品。2005 年被授予国家环保最高成就奖"国家环境友好企业"。2006 年入选全国工业旅游示范点。

十二、国家级非物质文化遗产生产性保护示范基地

海峡寿山石文化研究院 位于晋安县。成立于 1995 年,是福建省唯一研究寿山石文化艺术的省级学术社团,第一批福建省非物质文化遗产项目

保护单位之一。充分发挥寿山石文化的资源优势、人才优势和组织优势，加强与各类寿山石从业者的联系，完成了寿山石非物质文化遗产传承人的申报工作，集艺术创作、文化研究、作品展示交流和鉴赏鉴定于一体。2011 年入选国家级非物质文化遗产生产性保护示范基地。

宏益陶瓷雕塑研究所 位于德化县。德化瓷的制作始于新石器时代，兴于唐宋，盛于明清。德化瓷器一直是我国重要的对外贸易品。瓷雕创作在继承传统捏、塑、雕、刻、镂、推、接、修八字技法的基础上，吸收现代抽象表现手法，创作题材非常广泛，曾连续四届获得中国陶瓷美术创作设计评比一、二等奖。2014 年入选国家级非物质文化遗产生产性保护示范基地。

惟艺漆线雕艺术有限公司 位于厦门市思明区。著名的手工艺品老店，所生产的“蔡氏漆线雕”在闽南已流传 300 多年，历经 13 代传人千锤百炼，被列入国家级非物质文化遗产（代表性项目）名录。2014 年入选国家级非物质文化遗产生产性保护示范基地。

善艺李氏工艺有限公司 位于莆田市荔城区。建设了集雕刻、创作、设计、生产于一体的工厂车间。主要从事沉香木、檀香木等特种木雕及紫檀、花梨、香榧木、黄杨木等的雕刻，宗教艺术、民间吉祥题材手工艺品的开发生产，寺庙、大楼的古典内部装潢设计。先后完成了数万件精雕艺品，众多作品被海内外收藏家收藏，多次参加国内外美展并屡获殊荣。2014 年入选国家级非物质文化遗产生产性保护示范基地。

十三、国家级旅游度假区

鼓岭旅游度假区 2017 年入选国家级旅游度假区。参见国家生态旅游示范区——鼓岭生态旅游区。

十四、国家级风景名胜区

武夷山风景名胜区 1982年入选国家级风景名胜区。参见国家生态旅游示范区——武夷山国家生态旅游示范区。

清源山风景名胜区 位于泉州市晋江下游东北岸。清源山因泉眼多别称“泉山”。占地面积62平方千米,由清源山、九日山、灵山圣墓三大片区组成。属于花岗岩地貌的山地丘陵,地势起伏、岩石突兀,主景区海拔498米。自古以来,清源山就以36洞天、18胜景闻名于世,其中尤以老君岩、千手岩、弥陀岩、碧霄岩、瑞象岩、虎乳泉、南台岩、清源洞、赐恩岩等为胜。1988年入选国家级风景名胜区。

鼓浪屿—万石山风景名胜区 位于厦门市思明区。占地面积246平方千米,包括万石山、鼓浪屿和厦门海湾部分海域。山海交融,岩体裸露,巨石遍布,沟谷溪涧纵横,海岸线多变,沙滩相间,山、岛、海互为衬托。分为三湾汇海(海域区)、万笏朝天(万石山)、鼓浪洞天(鼓浪屿)、古刹新辉(南普陀寺)、虎溪夜月(虎溪岩、白鹿洞、鸿山寺)、金榜钓矶(金榜山、阳台山)、洪济观日(云顶岩、金鸡亭)、上里探幽(上里水库、森林公园)、曾厝度假(曾厝垵海滨)、黄厝观景(黄厝景区)等十大景区。1988年入选国家级风景名胜区。

太姥山风景名胜区 位于福鼎市。占地面积约100平方千米,三面临海,一面背山,山海相依,以“山海大观”称奇。相传尧时老母种蓝草于山中,逢道士而羽化仙去,故名“太母”,后改称“太姥”。北望浙江雁荡,西眺福建武夷,三者成鼎足之势。小型峰林为主的地貌类型,是国内唯一的在花岗岩丘陵上发育出峰林地貌的地区,也是国内晶洞花岗岩带上唯一的峰林地貌。1988年入选国家级风景名胜区。

桃源洞—鳞隐石林风景名胜区 位于永安市大湖镇。占地面积约37平方千米。群峰叠翠,丹霞峥嵘,沙溪宛若一条银练镶嵌在万绿丛中,有“小武夷”之称。分为桃源洞、百丈岩、修竹湾、栟榈山等景区,有景点73处。一线天长120米,悬崖断裂,一隙通明,窄处仅容一人侧身而过,被称为“福建三绝”之一。1994年入选国家级风景名胜区。

金湖风景名胜区 位于泰宁县。占地面积136.8平方千米,其中水域面积76平方千米。金湖是福建省最大的人工湖。景点包括水天一线、幽谷问津、盘斜云径、梵宇独支、金猫浴日、虎踞雄寨、鸳鸯情绵、尚书府第、水落悬瀑、醴泉清风、剑峰夕照、赤壁辉映、珠洒花间、十里平湖、天台灵境、擎天一柱,称为“金湖十六佳”。林木葱郁,有许多珍稀野生动植物。1994年入选国家级风景名胜区。

鸳鸯溪风景名胜区 位于屏南县东北部。占地面积78.8平方千米,是我国唯一的鸳鸯保护区,每年有数百上千只鸳鸯飞来越冬,故屏南被称为“鸳鸯之乡”。景区有四大奇观:一是白水洋,有三个上万平方米的浅水广场,大的近4万平方米,宽阔处达150米,河床布水均匀,水深没踝;二是百丈漈水帘洞,洞前潭布高150米,宽20余米,被列为“全国五大水帘洞之首”;三是如来峰,恰似如来高卧,观音移莲,可与黄山云海相媲美;四是鼎潭仙宴谷,峡谷中四潭如巨鼎相连,间有“烟道”相通,被称为“全立体景观”。1994年入选国家级风景名胜区。

海坛风景名胜区 位于平潭县。占地面积约49平方千米。象形山石千姿百态,峭壁礁岩雄奇险峻,海滨沙滩连绵无际,以优质的海滨沙滩和丰富独特的海蚀地貌而著称。拥有长500米以上的海滨沙滩25处,海蚀崖、海蚀洞、海蚀穴、海蚀阶地星罗棋布。被称为“东海仙境”的王爷山,有仙人井、仙人峰、仙人台、仙人洞、“金观音”等海蚀景观。1994年入选国家级风景名胜区。

冠豸山风景名胜区 1994年入选国家级风景名胜区。参见国家生态旅游示范区——冠豸山生态旅游区。

鼓山风景名胜区 位于福州市晋安区。鼓山海拔870米,因有巨石如鼓，每当风雨大作便簸荡有声而得名。以古刹涌泉寺为中心，东有回龙阁、灵源洞等20多景，西有洞壑数十景，南有罗汉台、香炉峰等50多景，北有大顶峰、白云洞等45景，蟠桃林、刘海钓蟾、玉笋峰、八仙岩和喝水岩等自然景观美不胜收。另有历代摩崖石刻多处。2002年入选国家级风景名胜区。

玉华洞风景名胜区 位于将乐县。占地面积43平方千米。玉华洞因洞内岩石光洁如玉、华光四射而得名，有两条通道，由藏禾洞、雷公洞、果子洞、黄泥洞、溪源洞、白云洞等六个支洞和石泉、井泉、灵泉等三条宽1—3米的小阴河组成，全长约6千米，是福建省最大的石灰岩溶洞。玉华洞在东汉末年就负有盛名，古诗文、题刻丰富。2002年入选国家级风景名胜区。

十八重溪风景名胜区 位于闽侯县南通镇。以火山岩自然山水为主体，以峡谷瀑布、奇峰怪石为主要景观。流域面积约62平方千米，其间水平长度500米以上的溪流有24条。水系发达，干流长约10.8千米，河宽5—40米，溪流两岸生长着茂密的常绿阔叶林、次生灌木林，有娃娃鱼、桫椤树等国家一级保护野生动植物，林中常有猕猴成群出没。奇特的火山岩地貌，典型的季节河，成群的野生猕猴，为景区三大特色。2004年入选国家级风景名胜区。

青云山风景名胜区 位于永泰县。占地面积约47平方千米，是集峡谷、森林、瀑布、古火山口、高山牧场和鸟类自然保护区于一体的生态旅游区。山高林茂，云雾缥缈，岩奇洞怪泉碧，还有桫椤和羚羊、猕猴等珍稀动植物。主要景点有：九天瀑布、青龙瀑布、云天石廊、桫椤神谷、白马峡谷、天池草甸。2004年入选国家级风景名胜区。

佛子山风景名胜区 位于政和县。占地面积52平方千米。地处中国东南沿海中生代火山岩带。主要地质遗迹分布面积35.01平方千米，地质遗迹类型包括火山岩石地层单元剖面，常见火山岩、火山碎屑岩、沉积火山碎屑岩和火山碎屑熔岩，有高耸的峰丛、巨大的崩塌堰塞、完整的火山复活剖面，展示了中生代复合型太平洋火山岩带地质地貌特征，也是揭示我国东南沿海地壳运动、地貌演变的一把钥匙。2009年入选国家级风景名胜区。

宝山风景名胜区 位于顺昌县。占地面积约30平方千米，由宝山、演山、七台山三个景区组成。具有悠久的历史文化、丰富多彩的自然景观、人文景观和天象景观，主要特色可归纳为“三宝”“三绝”和36景。一宝是全国重点文物保护单位宝山禅寺，二宝是上湖村的古银杏群落，三宝是万亩毛竹林丰产示范片。“三绝”是景象奇异的云海、日出和佛光。36景是指36处得天独厚的自然山水景观。2009年入选国家级风景名胜区。

白云山风景名胜区 位于福安市。宁德世界地质公园的三大园区之一，占地面积96平方千米，分为白云山、九龙洞、龙亭峡谷、黄兰峡谷和金钟山等景区。白云山主峰海拔1 450米，为闽东两大高峰之一。有独具特色的地质奇观，秀丽多姿的山岳、峡谷风光，美妙神奇的“佛光”胜境，稀有多样的生物种群，古老多源的文化传承。2009年入选国家级风景名胜区。

灵通山风景名胜区 位于平和县大溪镇。占地面积约15平方千米。明朝大学士黄道周为大峰岩题词“灵应感通”，大峰岩始称“灵通岩”，大峰山因此称为“灵通山”。灵通山山体系1.3亿年前由火山喷发而成，崖壁峭立、峰峦叠翠、雄奇险幽，在闽南地区独一无二。以灵通岩为中心，有7峰10寺18景观。景观以险峰、奇石、飘云、清泉为四大特色。2012年入选国家级风景名胜区。

湄洲岛风景名胜区 位于莆田市秀屿区。陆域面积14.35平方千米，包括岛、屿、礁30多个。湄洲岛南北长9.6千米，东西宽1.3千米，中部为平原，海岸线长30.4千米，素有“南国蓬莱”的美称。既有扣人心弦的湄屿潮音、九宝澜黄金沙滩、“小石林”鹅尾怪石等风景名胜30多处，更有妈祖信众魂牵梦萦的妈祖祖庙，每年农历三月二十三妈祖诞辰日和九月初九妈祖升天日，朝圣旅游盛况空前。2012年入选国家级风景名胜区。

九龙漈风景名胜区 位于周宁县。九龙漈流程3万米，瀑瀑相连，最大的落差达46.7米，丰水期瀑宽可达80余米，累计落差300多米，构成罕见的瀑布奇观。占地面积193平方千米，峰峦叠嶂，林木茂密，峰回水转，山水交融。2017年入选国家级风景名胜区。

十五、国家级自然保护区

武夷山国家级自然保护区 1979 年入选国家级自然保护区。参见国家生态旅游示范区——武夷山国家生态旅游示范区。

梅花山国家级自然保护区 1988 年入选国家级自然保护区。参见国家生态旅游示范区——梅花山国家生态旅游示范区。

深沪湾海底古森林遗迹国家级自然保护区 位于晋江市深沪镇。占地面积 31 平方千米,主要保护对象为距今 7 500 多年的海底古森林、距今 9 000—25 000 年的古牡蛎礁遗迹及周边海岸地带的地质地貌。濒临台湾海峡,有大片成长于数千年前的牡蛎礁,典型的海蚀红土陵岩、卵石油滩岩和现代堆积中的细沙丘,展示了古生代、中生代、新生代等漫长地质历史演变的多种多样的海蚀变质岩;埋藏于潮间带的 7 800 多年前的 20 多棵油杉树遗迹,世间少有。1993 年入选国家级自然保护区。

龙栖山国家级自然保护区 位于将乐县。占地面积 63.71 平方千米,平均海拔 800 米。属于森林生态系统类型自然保护区,拥有中亚热带森林植被生态系统和自然景观。有华南虎、金钱豹、云豹、黄腹角雉、白颈长尾雉等国家重点保护野生动物,还有南方红豆杉等珍稀植物资源。1998 年入选国家级自然保护区。

厦门珍稀海洋物种国家级自然保护区 位于厦门市海域。由原厦门中华白海豚省级保护区、厦门大屿白鹭省级保护区和厦门文昌鱼市级保护区合并而成,总面积约 330.88 平方千米,以中华白海豚、文昌鱼等珍稀海洋生物及黄嘴白鹭等鸟类为主要保护对象。国家一级保护野生动物中华白海豚的主要分布区之一,现有种群数量 40 头左右。2000 年入选国家级自然保护区。

虎伯寮国家级自然保护区 位于南靖县。占地面积 30.01 平方千米,具有我国南亚热带东部低纬度、低海拔地区唯一保存完整、连片大面积的南亚热带雨林森林生态系统。拥有珍稀植物130多种,包括国家一级保护野生植物南方红豆杉、银杏、伯乐树等19种;珍稀动物264种,包括国家一级保护野生动物云豹、黄腹角雉、蟒等31种,还有药用植物如虎伯寮金线莲、铁皮石斛、葛根等680种,昆虫362种,大型真菌如灵芝、淡黄长裙竹荪等187种,土壤微生物54种。2001年入选国家级自然保护区。

梁野山国家级自然保护区 位于武平县。占地面积143.65平方千米。云礤飞瀑有大小瀑布十几处,绵延近十里;峡谷两边或密林遮日或危崖高悬。主要保护对象包括国家一级保护野生植物南方红豆杉种群,稀有或罕见的森林生态系统,野生兰科植物资源和重要汇水区。拥有梁野湖、白莲池、白云禅寺、古母巨石、仙人洞、舍利宝塔等众多景点。2003年入选国家级自然保护区。

天宝岩国家级自然保护区 位于永安市,地处福建省两大山脉——武夷山脉和戴云山脉之间。山体为戴云山西伸余脉,属于中低山地貌,海拔580—1 605米,千米以上的山峰有22座。占地面积110.15平方千米,系南亚热带到中亚热带过渡地带,为我国小区域生物多样性较为丰富的地区之一,闽江水源涵养林区。有8个植被类型39个群系,地带性植被为常绿阔叶林。重点保护对象是大面积天然分布的长苞铁杉林、猴头杜鹃林、东南地区首次发现的泥炭藓沼泽。2003年入选国家级自然保护区。

漳江口红树林国家级自然保护区 位于漳州市漳江入海口。占地面积2 360平方千米。属于湿地生态系统类型的自然保护区,主要保护对象为红树林湿地生态系统、濒危动植物物种和东南沿海优质、水产种质资源。拥有150多种鸟类、240多种水生动物和近400种水生物。2003年入选国家级自然保护区。

戴云山国家级自然保护区 位于德化县。占地面积134.72平方千米,主要保护对象为大面积天然分布的原生性黄山松林、东南沿海典型的山地森林生态系统、昆虫和植物模式标本产地、野生兰科植物资源和濒危动植物物种。拥有常绿阔叶林、竹林、温性针叶林、山地灌丛、水生植被等9个植被类型，有国家一级保护野生植物水松、南方红豆杉、银杏，国家二级保护野生植物 17 种；国家一级保护野生动物云豹、黄腹角雉、蟒蛇，国家二级保护野生动物 36 种。2005 年入选国家级自然保护区。

闽江源国家级自然保护区　位于建宁县东南部。占地面积 130.22 平方千米。属于野生生物类型的自然保护区，主要保护对象为武夷山脉中段重要的生物区系组分、大面积的钟萼木和南方红豆杉原生种群、独特的生物群落类型和闽江源头森林植被。分布有南方红豆杉群落、钟萼木群落、雷公鹅耳枥群落、福建山樱花群落、深山含笑群落、香果树群落、浙江红山茶群落七大植物群落，有建宁金腰、建宁椴和建宁野鸦椿三种模式标本种；国家重点保护野生植物 36 种，国家重点保护野生动物 17 种。2006 年入选国家级自然保护区。

君子峰自然保护区　位于明溪县。占地面积 180.61 平方千米，其中核心区 74.98 平方千米。属于森林生态系统类型自然保护区，主要保护对象为常绿阔叶林和黄腹角雉、南方红豆杉。植被类型有温性针叶林、针阔叶混交林、暖性针叶林、落叶阔叶林、常绿落叶阔叶混交林、常绿阔叶林、竹林、常绿阔叶灌丛和草丛等九个植被型 33 个群系 60 个群丛。有高等植物 2 038 种，大型真菌 136 种，微生物 56 种，脊椎动物 386 种，昆虫 1 645 种，包括国家一级保护野生植物钟萼木、银杏、南方红豆杉，国家一级保护野生动物云豹、黄腹角雉、蟒蛇。2008 年入选国家级自然保护区。

雄江黄楮林国家级自然保护区　位于闽清县西部。占地面积 125.13 平方千米，其中核心区 41.98 平方千米。主要保护对象为以福建青冈林为代表的中亚热带南缘基带常绿阔叶林森林生态系统、溪流类湿地生态系统、珍稀濒危野生动植物及其栖息地、闽江水源涵养林。有维管植物 1 660 种，脊椎动物 391 种，昆虫 2 134 种，大型真菌 195 种，土壤和树体微生物 55 种，包括国家一级保护野生植物两种，国家二级保护野生植物 17 种，国家一级保护野生动物两种，国家二级保护野生动物 33 种。2012 年入选国家级自然保护区。

茫荡山国家级自然保护区　位于南平市延平区西北部。占地面积 94.42 平方千米，森林覆盖率 91.1%。属于森林生态系统类型自然保护区，主要保护对象为杉木原生种群与种质资源，中亚热带沟谷森林生态系统和珍稀濒危野生动植物资源。分布有温性针叶林、暖性针叶林、常绿针阔叶混交林、落叶阔叶林、常绿阔叶林、硬叶常绿阔叶林、竹林、常绿阔叶灌丛和灌草丛等九个植被类型。有维管植物 1 575 种，包括国家一级保护野生植物南方红豆杉等 4 种；有野生脊椎动物 453 种，包括国家一级保护野生动物云豹、金钱豹等 7 种。2013 年入选国家级自然保护区。

汀江源国家级自然保护区　位于长汀县，地处武夷山脉南段延伸支脉区域。占地面积 103.80 平方千米，包括圭龙山、中磺和大悲山三个片区，森林覆盖率 93.1%。属于森林生态系统类型自然保护区，主要保护对象为原生性的中亚热带常绿阔叶林生态系统、典型的中亚热带溪流生态系统、丰富的大型真菌资源、汀江源头重要水源涵养林。2014 年入选国家级自然保护区。

峨嵋峰国家级自然保护区　位于泰宁县，地处武夷山脉西南麓。占地面积 103 平方千米，其中核心区 35 平方千米。属于野生生物类型自然保护区，主要保护对象为极度濒危的水生植物东方水韭及中山沼泽湿地群、珍稀雉科鸟类及其栖息地、全球濒危的海南虎斑鳽、独特的原生性亮叶水青冈落叶阔叶林。武夷山脉是全球生物多样性保护的关键地区，被列为中国陆地 11 个生物多样性保护的关键区之一。保护区作为武夷山脉中段重要节点，是武夷山脉动物迁徙和基因交流的通道，也是闽江上游重要的生态屏障之一。2016 年入选国家级自然保护区。

十六、国家级水利风景区

东张水库水利风景区　位于福清市宏路镇。东张水库即石竹湖，是一座方圆 15 平方千米的葫芦状人工湖，东依石竹山，南襟黄檗山万福寺，西连灵石国家森林公园，风光秀丽，自然环境优越，人文景观丰富，气候温和，冬无严寒，夏无酷暑，旅游设施齐全，是福清市西部旅游走廊的“龙头”。2001年入选国家级水利风景区。

九鲤湖风景区 位于仙游县钟山镇。九鲤湖相传因汉武帝时安徽何氏九兄弟在此炼丹并跨鲤升天成仙而得名，面积50平方千米。千岩竞秀，怪石嵯峨，林木葱茏，瀑流泱泱，兼具林泉水石之胜，以湖、洞、瀑、石四奇著称。九漈瀑布以珠帘漈、瀑布漈、玉柱漈最为壮观。珠帘瀑水轰然砸向深潭，溅起阵阵雾浪，午阳照射瀑底飞雾中常常出现“午虹晴雨”的奇观。2001年入选国家级水利风景区。

延平湖水利风景区 位于南平市延平区。占地面积112平方千米，其中水域面积40平方千米，由三江堤游览区、百里闽江风景带和茫荡山生态旅游区构成。延平湖系1993年水口水电站建成蓄水后形成的人工湖，有库湾66个，库汊上百个，山环水转。沿湖主要景点有明翠阁、双溪楼、延寿楼、双剑塔、古越洲岛、大洲岛、宋代茶洋窑址、杉湖岛、蛇王庙等。2005年入选国家级水利风景区。

桃源洞水利风景区 位于永安市北大湖镇。占地面积约37平方千米，分为桃源洞、百丈岩、葛里、修竹湾、栟榈潭等五个景区，共有73处景点。桃源洞口是两峰之间裂开的巨罅。一条桃花涧迂回曲折，穿过双峰耸立的狭谷隘口，潺潺汇入沙溪。120米高的绝壁上有明万历年间举人陈源湛所书“桃源洞口”四个大字，每字2米见方，下题七律《桃源洞》诗一首，右上端横楔一块10多米长的鲤鱼石。2006年入选国家级水利风景区。

天门山水利风景区 位于永泰县葛岭溪洋村。天门山海拔828米，因山中有一巨石屹立形状如门而得名。占地面积6平方千米，分为天门景区和溪洋溪景区两大部分。属于火山岩地貌，以火山峡谷风化洞穴、风化走廊、擎天石柱、绝壁孤树为特色。古朴幽奇的鸳鸯林、迎客松、千年藤、百年樟、酸枣王、刺桫椤、红豆杉，成群的天然猕猴、羚羊、穿山甲等珍稀动物，千年园坪、古代染窑、红军洞、天门寺等遗址，都有很高的欣赏价值。2006年入选国家级水利风景区。

岱仙湖水利风景区 位于德化县。占地面积35平方千米,包括岱仙湖休闲区、岱仙瀑观光区、漂流探险区和温泉度假区等四个区域,集湖静、瀑绝、溪险、泉奇等特色于一体。主要景点有船岛山、下狮山、背腰里内湖、大云山内湖、葫芦坑内湖、虎尾山农田,龙山宫、无事亭、烈士纪念碑、古渡石碑等。2008年入选国家级水利风景区。

闽湖水利风景区 位于尤溪县。闽湖是修建街面水电站而形成的人工湖,水域面积约37平方千米,库面最大宽度2 500米,烟波浩渺,一碧万顷,宛若一块巨大的宝石嵌在八闽大地的中心。街面电站是福建省五大水电站之一,坝高126米,工程宏伟。山清水秀,湖面开阔,生态环境优良,并有"朱熹诞生地"的人文依托和"八闽中心"的独特区位优势。2009年入选国家级水利风景区。

梅花湖水利风景区 位于龙岩市新罗区。占地面积92.15平方千米。属于山区水库风景区,以优质的山水风光、丰富的中亚热带森林植被景观和深厚的文化底蕴为主要特色。群山环绕,四季常青,碧波荡漾,溪河纵横,瀑布雄奇,岩石嶙峋,古迹遍布,美不胜收。白龙湖为山水观光和民俗体验区,梅花湖为时尚运动和水上休闲游乐区。2009年入选国家级水利风景区。

龙湖水利风景区 位于龙岩市永定区。占地面积166平方千米,其中湖域面积65平方千米,是国家重点水利枢纽项目——棉花滩水电站蓄水形成的人工湖泊景区。龙湖湖面烟波浩渺,碧波万顷,湖中有68个岛屿,大岛如山,小岛如船,聚散有致,像一块块半浸在湖中的碧玉;半岛纵横,水环山,山抱水,相映成趣,形成独具特色的自然山水风光;湖湾曲折,宽则十几千米,窄处只有一线通道,曲径通幽,宛若迷宫。龙湖湖水清澈如镜,沿湖四周重峦叠嶂,丘陵起伏,群山争雄,婀娜多姿,奇花异木,物种多样,美不胜收。2011年入选国家级水利风景区。

九龙江水利风景区 位于华安县。依托华安水电站而建,属于自然河湖型水利风景区,占地面积9.55平方千米。九龙江河面开阔,水质清澈,环境幽静,山水相拥,自然山水风光独具特色。晴天,阳光直射河面,彩虹时隐时现,光彩旖旎;阴天,河面烟波浩渺,苍茫一片,宁静安然。2011年入选国家级水利风景区。

九鹏溪水利风景区 位于漳平市南洋镇。占地面积约18平方千米。九鹏溪发源于天台山国家森林公园，平均水深约40米，盛产鲤鱼、鲢鱼、草鱼、鳗鱼、河虾和乌龟；两岸是次生阔叶林，原始的自然风光与九鹏溪形成了一幅秀丽的风景图。2012年入选国家级水利风景区。

山美水库水利风景区 位于南安市九都镇。依托山美水库而建，属于水库型水利风景区。山美水库集雨面积1 023平方千米，总库容6.55亿立方米，灌溉面积433平方千米，是一座以灌溉为主，结合防洪、发电等综合利用的大型水库工程。拥有花草1 000多种，林木覆盖率达98.6%，有"天然氧吧"之称。2013年入选国家级水利风景区。

南太武新港城水利风景区 位于漳州市漳州开发区。占地面积3.10平方千米，其中水域面积41万平方米，属于水库型水利风景区。依托加走湖水库而建，由静湖水利风景区、南太武黄金海岸、双鱼岛三大景区组成。溪流泉涌，绿树成荫，更有摩崖石刻、老子像、"青蛇献瑞"传说、南炮台遗址等历史人文遗迹。南太武黄金海岸辽阔广袤，海域澄清；双鱼岛为国内首座大型离岸式生态人工岛，采用花园式布局。2013年入选国家级水利风景区。

木兰陂水利风景区 位于莆田市区木兰山下，地处木兰溪与兴化湾海潮汇流处。占地面积28平方千米。木兰陂是我国古代大型水利工程，陂首堰闸式滚水坝长219.3米，高7.5米，分32孔闸门，建有33座陂墩。陂首南北两端有两条长500米的护陂石堤。陂内的溪水分别经过陂首南北端的"回澜桥闸"和"万金陡门"，注入总长约120千米的大小沟渠，灌溉莆田的南北洋平原。2013年入选国家级水利风景区。

华阳山水利风景区 位于顺昌县。占地面积12平方千米，以天门峰、华阳峰、三宝峰为核心，分为畲族山庄度假区、瀑布区、树藤区、怪石区。华阳山主峰华阳峰海拔1 000米，三级瀑布群落差230米。峰峻岭险，怪石嶙峋，森林茂密，流泉飞瀑，洞穴万状，珍禽奇兽，充满神秘色彩。还有中华藤园、仿古廊桥、合掌岩万佛石窟等景点。2013年入选国家级水利风景区。

武夷山东湖水利风景区 位于武夷山市。依托崇阳溪支流上游的东溪水库而建，属于水库型水利风景区。水库内有三座半岛，即葫芦岛、双溪岛、坑口岛；四处湖湾，即长坑湾、大漆湾、兰华坑湾和双溪湾。库区水域面积5.8平方千米，既有挺拔的高山，也有起伏的丘陵，风光旖旎，景色迷人。2013年入选国家级水利风景区。

泰宁水利风景区 2013年入选国家级水利风景区。参见世界地质公园——泰宁世界地质公园。

宁德东湖水利风景区 位于宁德市蕉城区。占地面积4.48平方千米，其中水域面积2.91平方千米。包括东湖、南北岸公园、大门山公园、乌龟山公园、金马海堤、九孔水闸和金蛇山公园。以东湖水库水域风景、水利工程设施及湿地景观为依托，以水利文化、湿地文化、农耕文化、渔业文化为内涵，拥有水利与湿地观光、水利技术与生态科普教育、休闲度假、科学考察等项目。2014年入选国家级水利风景区。

土楼水乡水利风景区 位于南靖县。分布有热带雨林、常绿阔叶林等多种植被类型，是我国东部唯一保存完整、大面积的南亚热带雨林森林生态系统，被誉为“闽南西双版纳”。以福建土楼为依托，通过对树海瀑布、云水谣河段南一水库的整治和开发，融合世界文化遗产、中国最美景观村落、高大雄伟的南一坝头以及清澈秀丽的湖光水色，形成一个集生态体验、文化观赏、休闲养生于一体的水利风景区。2014年入选国家级水利风景区。

云灵山水利风景区 位于邵武市水北镇。占地面积17平方千米。以长达10.88千米的福禅溪及两岸生态资源为依托，建设开发了峡谷漂流、水乡渔村、水上乐园、园林茶园、农业科技园、风情度假木屋群、原始森林休闲、养生温泉等旅游项目。2014年入选国家级水利风景区。

金鸡拦河闸水利风景区 位于南安市霞美镇。岩石悬崖，绿树掩映，山前晋江流水蜿蜒，风景优美。有菩提树、紫薇、雪松、重阳木等几十种果树乔木，绿地上还引种了水杉、十八学士、鸡蛋花等树种，道路两旁乔木下种植了串串红、牵牛、太阳花等花草，一年四季花果飘香。2014年入选国家级水利风景区。

天竺山水利风景区 位于厦门市海沧区西北部。天竺山自然资源丰富，景致迷人，有天竺湖、两二湖、皓月湖、百竹园、好望角、鸳鸯溪谷等自然景观。人文景观60余处，其中云盖寺为宋代邵雍隐居时所建，藏经洞为清代蜀僧超古禅师为藏经所凿，上天堂建于南北朝时期，真寂寺为唐代皇帝李忱修度处，天竺山林场是抗清名将郑成功打败清将陈锦的古战场。2015年入选国家级水利风景区。

桃溪水利风景区 位于永春县。占地面积5.14平方千米，其中水域面积1.27平方千米。依托桃溪而建，主河道长19千米。河道中种植多种水生植物，沿溪芳草如茵，绿树成荫，水景与路景相呼应。还有始建于宋代的景观廊桥东关桥、永春白鹤拳武术文化、五里街古街、“海上丝绸之路”遗迹、吾峰名人故居、百丈岩、乌髻岩、雪山岩等景点，形成了“一轴、双核、三带、三极、多点”的景观格局。2015年入选国家级水利风景区。

天成奇峡水利风景区 位于邵武市肖家坊镇。占地面积约18平方千米，其中将石自然保护区12平方千米。天成奇峡是距今7 000—1亿年前剧烈的地壳运动造就的形状奇特的丹霞地貌，也是泰宁世界地质公园的重要组成部分。丹霞地貌连绵起伏、层峦叠嶂，奇峰怪石数以千计。2015年入选国家级水利风景区。

青岚湖水利风景区 位于柘荣县。占地面积19.34平方千米。依托青岚水库而建，属于水库型水利风景区，森林覆盖率86%，水土流失综合治理率96%。包括青岚湖景区、竹家楼溪养生沟谷区、鸳鸯头溪嬉水区、绸岭国际长寿养生度假村、碗窑村历史与茶文化区、鸳鸯草场景区、曲坑林场等七个主题景观区，以山、水、林、草为主体，长寿养生文化为内涵，形成“一湖环两溪、两村、两场”的布局。2015年入选国家级水利风景区。

台湾农民创业园水利风景区 位于漳平市。依托上林水库和排坑水库而建，属于灌区型水利风景区。占地面积15.47平方千米，其中水域面积0.97平方千米。排坑水库为国家小型水库，上林水库为中型水库，灌区面积7.73平方千米。拥有清亮的静夜星空、清澈的水库湖泊、清幽的山林茶园、星罗棋布的田园村落。2015 年入选国家级水利风景区。

冠豸山水利风景区 2015 年入选国家级水利风景区。参见国家生态旅游示范区——冠豸山生态旅游区。

九龙谷水利风景区 位于莆田市城厢区常太镇。依托延寿溪而建,属于自然河湖型水利风景区。占地面积 11.48 平方千米。以徐霞客考察踪迹为主线,以峡谷谷道为骨架,以山、谷、水、石、瀑、洞、林等景观为特色,精心打造飞凤漈瀑布、聚龙潭、水帘洞和蝴蝶谷等景点。九龙谷漂流全程约 2.8 千米,途经 10 余个跌水、10 余处弯道,峰奇石秀,泉清谷幽,湖光山色相映成趣。2016 年入选国家级水利风景区。

梁野山云礤溪水利风景区 位于武平县。依托云礤溪流域而建,属于自然河湖型水利风景区。占地面积约 64 平方千米,其中水域面积 1.04 平方千米。礤溪峡谷蜿蜒多变,谷中多为阶梯式的花岗岩山体,形成大量瀑布跌水,沿溪景致宛如仙境。主要有神牛瀑、草鞋陂、金鳌瀑、通天瀑、仙姑潭、五棵松、飞鱼瀑、无双瀑、神龟瀑、披云瀑、佛光瀑等 30 余条姿态各异的瀑布,是我国东南地区最美的瀑布群之一。2016 年入选国家级水利风景区。

洋中水利风景区 位于宁德市蕉城区。占地面积 2.6 平方千米,以水库、山潭、河流为依托的自然河湖型水利风景区。天山、棋盘顶、展旗峰等山峰屹立四周,山体延绵起伏,变化无穷;水系蜿蜒迂回,常年绿水如绸,时而穿梭于天然石滩之间,时而汇聚成宽广的水面,水体景观丰富多变。峡谷幽深,龙潭瀑布天然落差达百余米。青山绿水相融,风光旖旎。2016 年入选国家级水利风景区。

晋江源水利风景区 位于永春县。占地面积 5.12 平方千米,属于自然河湖型水利风景区。按照"安全水利、生态水利、景观水利、民生水利"的理念,利用晋江东溪源头水利资源及其周边自然环境与人文资源,以保护晋江东溪源头为目标,打造集水利功能、生态效益、休闲度假、游览观光、环境教育等综合功能于一体的水利风景区。2016 年入选国家级水利风景区。

长汀水土保持科教园水利风景区 位于长汀县。占地面积 1.21 平方千米，建设有项南纪念广场、水土保持宣教馆、演示厅、多媒体展示厅、人工模拟降雨试验小区、天然降雨径流小区、气象观测场、根箱展示区等，种植纪念树约 3 300 株，已成为集示范推广、科普教育、观光旅游于一体的水土保持类水利风景区。2017 年入选国家级水利风景区。

水韵九都水利风景区 位于宁德市蕉城区。占地面积 53 平方千米，包括贵村、乌猪滩等六个景观区，景点分布在霍童溪两岸。百年古渡口、古民居、古榕树群、文昌阁，景观丰富。云气村有乌猪滩、枫树林，扶摇村有防洪堤、农民公园，九都村有法华寺、水云寺、风水林，洋岸坂村有全国山地自行车赛道、水岸画廊、荷花池，乌坑村有闽东红军后方医院、红军洞遗址。2017 年入选国家级水利风景区。

杨家溪水利风景区 位于霞浦县牙城镇。既有奇峰怪石、急濑碧潭、岩洞瀑布、古树名木等自然景观，又有古道、古驿、古庙、古桥、古堡、古寨及历代摩崖石刻等人文景观，还有杨文广、朱熹、王十朋、游朴等名人的民间传说及畲家对歌、中秋曳石等民俗活动。龙亭瀑布由文、武两瀑构成，文瀑一级直下落差 136 米，武瀑分两级而下落差 135 米。瀑布周围还有将军印、文笔架、岩峰和金狮把口、玉兔飞跃、将军拜印、仙翁坐山、玉象峰、猴子洞、龙洞等 10 余个景点。拥有纬度最北的古榕树群和江南最大的纯枫叶林，其中一株“榕树王”树龄 800 多年，树干周长 12.6 米，冠幅直径 51 米，高 30 米，树干中空，有 7 个洞口，洞内可容数人。2017 年入选国家级水利风景区。

十七、世界地质公园

泰宁世界地质公园 位于泰宁县。占地面积约 493 平方千米，由石网、大金湖、八仙崖、金铙山四个园区和泰宁古城组成。以丹霞地貌为主体，兼有花岗岩、火山岩、构造地质地貌等多种地质遗迹，山峰平地拔起，丹崖陡峭奇特。泰宁丹霞还与湖、潭、溪完美结合,山环水绕,绿水丹崖,形成了罕见的水上丹霞景观。2005 年入选世界地质公园。

宁德世界地质公园 位于屏南县。占地面积约 2 639 平方千米,坐落在太姥山脉和鹫峰山脉的群山之中,由屏南县白水洋、福安市白云山、福鼎市太姥山三个园区组成。晶洞花岗岩山岳地貌雄伟壮观,火山岩山岳地貌绚丽多姿,河床侵蚀地貌千姿百态,兼有瀑布和深潭等水体景观,还有海岸岛屿、海蚀等地貌景观。2010 年入选世界地质公园。

十八、国家地质公园

漳州滨海火山国家地质公园 位于漳浦县前亭镇。占地面积约 100 平方千米。公园内有两座神奇的火山岛——林进屿和南碇岛。林进屿由火山岩(玄武岩)组成,有一个形成于 2 000 多万年前的古火山口,火山喷气口 16 处,数千平方米的铆钉状气孔柱群;南碇岛由源于地下 70—130 千米处的 140 多万根巨型柱状节理玄武岩组成,是世界上拥有最多柱状玄武岩的滨海火山岛。玄武岩石柱高于海平面 20—50 米,柱体状若梳理整齐的排排黛丝,自崖顶直插入海,堪称世界自然奇观。十几千米的海岸线上,有崎沙湾、江口湾和后蔡湾三个优质沙滩,清澈的海水、平缓的沙滩、细腻均匀的沙质、保护良好的原生态植被,滨海风光如诗如画。2001 年入选国家地质公园。

大金湖国家地质公园 位于泰宁县。占地面积约 461 平方千米。以丹霞地貌景观为主体,花岗岩地貌景观和人文景观点缀其中。大自然塑造了大金湖景区千岩万壑、形态万千、气势磅礴、蔚为壮观的丹霞地貌。金湖碧水烟波浩渺,湖光山色交相辉映,湖中有山、山中有湖,山环水、水绕山,动静协调,是水上丹霞佳景。2002 年入选国家地质公园。

天鹅洞群国家地质公园 位于宁化县湖村镇。占地面积约 248 平方千米，以自然景观为主，尤以喀斯特地貌岩溶奇观为最。洞群由天鹅洞、神风洞、石屏洞、水晶洞、山涧一线天等近百个风貌各异的溶洞组成，洞内幽深，千奇百怪，变幻莫测。天鹅洞群规模大，溶洞数量多，洞穴分布密，岩溶景观发育完善，被誉为“中国东南地区罕见的洞群世界”。溶洞地下河水中石林独树一帜，钟乳石丰富密集，岩溶造型奇特精巧，被称为“地下岩溶艺术博物馆”。2004 年入选国家地质公园。

深沪湾国家地质公园　2004 年入选国家地质公园。参见国家级自然保护区——深沪湾海底古森林遗迹国家级自然保护区。

石牛山国家地质公园　位于德化县与永泰县、仙游县三县交界处，地处戴云山脉中段，属于戴云山脉的第二高地。海拔 1 782 米的石牛山，是一座典型的火山塌陷盆地，形成于约 1 亿年前，奇石异洞构成独特的地貌景观，是我国两处放射状古火山爆发口之一，有龙泉洞、碧虚洞、龙凤石、老龟征途等 100 多处景点。山岗石林遍布，成片的原始红豆杉与数十种国家保护树种郁郁葱葱。岱仙瀑布单级落差 139 米，被誉为“华东第一瀑”。动植物资源丰富，分布有 10 多种国家级保护树种、12 种国家重点保护野生动物。2005 年入选国家地质公园。

桃源洞国家地质公园　位于永安市大湖镇。占地面积约 28.78 平方千米，由桃源洞、百丈岩、修竹湾、葛里、栟榈潭五大景区组成，是一个以桃源洞丹霞地貌和大湖岩溶地貌为主体，典型地层剖面、古生物遗迹相配套，融自然与人文景观于一体的综合性公园。桃源洞始建于宋代，盛于明代，毁于清初，1979 年修复。著名景点“一线天”全长 120 米，高 90 米，极其罕见。2005 年入选国家地质公园。

冠豸山国家地质公园　2009 年入选国家地质公园。参见国家生态旅游示范区——龙岩市冠豸山生态旅游区。

灵通山地质公园　2011 年入选国家地质公园。参见国家级风景名胜区——灵通山风景名胜区。

佛子山地质公园　2011 年入选国家地质公园。参见国家级风景名胜区——佛子山风景名胜区。

清流温泉地质公园 位于清流县。占地面积 29.40 平方千米，分为温泉园区和“清流人”古人类遗址园区。地质遗迹类型丰富，以富含氡元素的温泉群为核心，以古人类化石、丹霞地貌、喀斯特溶洞等地质遗迹为特色，集地质剖面、地质构造、古生物、地貌景观及水体景观等地质遗迹景观、国防文化遗迹、古民居、亚热带常绿阔叶林于一体。寂静的山谷，茂密的森林，多样的泉眼，飘荡的蒸汽，构成原始自然的画面。2014 年入选国家地质公园。

三明郊野地质公园 位于三明市梅列区。占地面积 47.67 平方千米，由大佑山和万寿岩两个园区组成，其中大佑山园区又分为瑞云山景区、七仙洞景区、小佑山景区、大佑山景区。以大佑山白垩纪火山地质地貌为主体，兼有古人类遗址、岩溶地质地貌、花岗岩地质地貌，人文景观丰富，生态环境优良。2014 年入选国家地质公园。

平潭地质公园 位于平潭县。属于海岛型地质公园，占地面积 57.64 平方千米，其中陆地面积 27.26 平方千米，海域面积 30.38 平方千米。以丰富典型的海蚀地貌、海积地貌和突出的海蚀遗迹（海蚀柱、海蚀龛、海蚀拱桥、海蚀天窗、海蚀崖等）为主，花岗岩地貌和火山岩地貌为辅，兼有海洋文化遗存和石厝群落等人文景观。2018 年入选国家地质公园。

三都澳地质公园 位于宁德市蕉城区。占地面积 27.81 平方千米，包括斗帽岛、鸡公山岛和青山岛。地质遗迹资源丰富，为我国东南沿海发育最为良好的晶洞花岗岩海岛-石蛋地貌，具有岬角、海蚀崖、海蚀柱等海岸地貌类型的典型特征，展示了闽东下降式海岸海蚀地貌的发育与演化过程。2018 年入选国家地质公园。

十九、国家森林公园

福州国家森林公园 位于福州市新店镇。占地面积 8.59 平方千米，三面青山环抱,南部濒临八一湖。地处亚热带北缘,属于亚热带海洋性气候,雨量充沛,年平均相对湿度79%,年平均气温20℃。植被类型复杂,种类繁多,有人工林和天然次生林两种类型,并有部分天然灌木林。拥有水杉、珙桐、望天树、金茶花、桫椤、秃杉等国家一级保护野生植物。主要景点有竹类观赏园、树木观赏区、人文景观区、龙潭风景区、森林博物馆、鸟语林区域、珍稀植物园。1993年入选国家森林公园。

天柱山国家森林公园 位于长泰县武安镇。占地面积30.81平方千米。天柱山海拔1 000—3 000米,因奇石如柱而得名,宋崇宁年间就成为闽南的旅游胜地。山上有14平方千米的原始天然林,有3 000多种珍稀树种和植物,还有30多种珍贵的野生动物。奇石、奇洞、奇水、奇岩及历代摩崖石刻、热带雨林等自然和人文景观158处,处处诗情画意。天柱观音庙是闽南著名古刹。1995年入选国家森林公园。

平潭海岛国家森林公园 位于平潭县龙凤路。占地面积12.96平方千米,由近岸丘陵台地和沿岸海滨沙滩组成。山峦巍然延绵,森林繁茂苍郁,森林覆盖率91%。浴场沙滩细软宽阔,海水清澈湛蓝,海湾屿礁星罗棋布。两座天然淡水湖波光潋滟,湖岸曲折多姿,四周绿树凝碧,是泛舟纳闲、闲情垂钓的绝妙佳境。1999年入选国家森林公园。

华安国家森林公园 位于华安县马坑乡,地处南亚热带与中亚热带过渡区域。占地面积81.53平方千米,森林植被为亚热带常绿阔叶林。主要有六大景区:土楼文化区,有土楼之王、神州第一楼、二宜楼;贡鸭山森林生态园区,以树木观赏、森林保健和休闲度假为主;竹类植物园区,是全国竹种最多属种最全的竹类植物园,建有高山族民俗风情园;九龙江北溪水上娱乐区,以九龙江北溪梯类水上娱乐、观赏夜景为主;华丰游览区,群山环抱、烟雾缭绕;休闲疗养区,以温泉疗养、天然红锥林森林浴为主。2000年入选国家森林公园。

猫儿山国家森林公园 位于泰宁县。地处平湖环抱之中,几乎山山有泉瀑,谷谷有溪涧,是大金湖旅游线上一颗璀璨明珠。占地面积25.6平方千米，植被繁茂，森林覆盖率90%。物种资源丰富，有野生植物360余种，其中属于国家重点保护野生植物的有水杉、红豆杉、长叶槐、乌干枥、红茶树等十余种。属于典型的丹霞地貌，山峰平地拔起，丹崖赤壁，峭拔奇特。2000年入选国家森林公园。

三元国家森林公园 位于三明市三元区莘口镇。占地面积45.73平方千米。森林覆盖率95%。分为格氏栲生态旅游区、文笔山健身休闲区、横坑温泉疗养区、岩前树木观赏区、普禅山旅游观光区、竹洲湖水上娱乐区、忠山文物观光区、莲花山古道游览区八个景区，拥有幽园通天塔、杜鹃园、珍果园、三元竹楼、栲树王、森林猎奇、空中楼阁、五水湖、生死树等景点50多处。有维管植物1 100种，格氏栲生态区面积11.25平方千米，有世界上面积最大的纯格栲树群落。2000年入选国家森林公园。

龙岩国家森林公园 位于龙岩市新罗区龙门镇，地处南亚热带中低山地区，毗邻梅花山国家级自然保护区。占地面积77.84平方千米，以森林植物多样性、喀斯特地貌为主景，以风景林、大型溶洞及茂林修竹为主要特色。分为龙康和江山两个景区。龙康景区以山林景观和喀斯特地貌见长，江山景区以山奇闻名。2000年入选国家森林公园。

旗山国家森林公园 位于闽侯县南屿镇，地处戴云山脉向东延伸的丘陵地带。旗山因山势逶迤似翠旗招展而得名，与福州鼓山东西对峙，有"左旗右鼓，全闽二绝"之誉。山势延绵数里，山峰海拔775米。占地面积35.87平方千米，森林覆盖率92%。有南方红豆杉、刺桫椤、乐东拟单性木莲、柳杉王等古树名木。是众多野生动物栖息、繁衍的理想王国，有国家重点保护野生动物云豹。还有52个温泉汤池，分为动感泡池区、养生泡池区、生态泡池区。2000年入选国家森林公园。

灵石山国家森林公园 位于福清市东张镇。占地面积22.75平方千米。连片的原始森林达5.73平方千米，古木参天，山花烂漫，珍奇动物出没其间。千年古刹晨钟暮鼓，文物塔墓比比皆是，还有充满神秘色彩的九狮洞。茂密的森林，优美的风景，清新的空气，悠久的佛教文化，自古就是闽中沿海的风景胜地。2001 年入选国家森林公园。

东山国家森林公园 位于东山县陈城镇。地处亚热带海洋性季风气候带,多年平均气温为 20.8℃。占地面积 7.85 平方千米,分为东门屿旅游度假区、西山岩游乐观光区、乌礁海滨浴场健身区三个景区。植被类型为亚热带常绿阔叶林。乌礁湾享有"金色沙滩"之美誉,东门屿被誉为"海上仙山"。2002 年入选国家森林公园。

仙人谷国家森林公园 位于三明市梅列区高岩路。占地面积 14.88 平方千米,分为仙谷潺岩景区、虎峰牧云景区、萍溪飞瀑景区、观光果园区、民俗休闲区,森林覆盖率 95%以上。地质年代为中生代三叠纪,岩性为岩浆深层侵入的燕山期花岗岩,强烈的新构造运动造就了奇峰、异岩、幽谷。共有维管植物 522 种,其中有国家一级保护野生植物南方红豆杉、伯乐树(钟萼木),国家二级保护野生植物桫椤、花榈木、香樟、凹叶厚朴、长叶榧、金钱松、福建柏等。良好的生态为白鹇、猕猴、蟒蛇、眼镜蛇、穿山甲等国家重点保护野生动物提供了良好的生存环境。2003 年入选国家森林公园。

天阶山国家森林公园 位于将乐县玉华洞。占地面积 9.39 平方千米。天阶山多怪石、异树、奇藤,是美景连连的天然盆景园。有许多百年古槠、柚木、枫树、桂花树,多为根在齐腰处即分枝丫数股,呈子孙满堂状向天空舒展,形成一大奇观。完整地保存着亚热带季风性气候的原始植物群落,是一座生趣盎然的植物博物馆。2003 年入选国家森林公园。

莲花国家森林公园 位于厦门市同安区莲花镇。占地面积 16.67 平方千米,分为生态科教园区、休闲游乐区、茶文化区、纪念林区、水上活动区、高山度假区六大功能区,以人工林、茶山文化、高山湖泊、天然峡谷为特色。波浪起伏的火力楠林,婀娜多姿的毛竹林,雄伟壮观的马尾松林,汇成绿色海洋;波光闪烁的小坪水库构成高山湖景,流水潺潺的花桥山涧形成溪流山泉,青山碧水浑然一体,湖光山色绮丽多彩。2003 年入选国家森林公园。

上杭国家森林公园 位于上杭县临城镇。占地面积 46.73 平方千米,包括西普陀、南方红豆杉生态园和摩陀寨三大景区。分布有南方红豆杉、乐东拟单性木兰、福建柏、长苞铁杉、香樟、金毛狗撅和猫头鹰、白鹇、苏门羚等30多种国家重点保护野生动植物。山峰奇峻，岩石或象形或传奇，形象生动。古庙、古堡、古道、古迹神奇美妙，文化历史底蕴深厚。2003年入选国家森林公园。

石牛山国家森林公园 2003年入选国家森林公园。参见国家地质公园——石牛山国家地质公园。

乌山国家森林公园 位于诏安县。乌山因山体呈乌黑色而得名。乌山山脉方圆900平方千米，海拔1 051米，悬崖峭壁之间到处是黑色花岗岩和流纹岩，遍地兀石林立，有雄姿各异的巨石，深不可测的石井，重重叠叠的大石堆成的天然石洞，盘曲蜿蜒数里乃至数十里的天然石隧道。公园占地面积69.2平方千米，植被覆盖率55%。2004年入选国家森林公园。

天台国家森林公园 位于漳平市南洋镇。占地面积39.87平方千米，分为天台山、大涵溪、紫云洞山及九鹏溪四大景区。森林植被以亚热带常绿硬叶林和亚热带常绿阔叶林为主，现有各类植物1 300余种。还有唐代的香山桥，宋代的天台庵和舍利塔，明代的麟塔和王镜读书处，以及“凤翔千仞”摩崖石刻等名胜古迹。2004年入选国家森林公园。

王寿山国家森林公园 位于龙岩市永定区桃尧镇。占地面积15.52平方千米，分为王寿山景区和东华山景区。主景区王寿山地处闽粤两省交界处的棉花滩水电站库区，海拔1 148米，延绵20平方千米，由多座山峰组成，素有“九峰十八景”的美誉。属于花岗岩地貌，山势雄奇。植被景观以南亚热带常绿阔叶原始林为主，景象壮美。有螳螂挂壁、棋盘石、笠麻栋、和尚拜烛、祥光寺等景点，鬼斧神工，妙趣横生。2004年入选国家森林公园。

武夷山国家森林公园 2004年入选国家森林公园。参见国家生态旅游示范区——武夷山国家生态旅游示范区。

闽江源国家森林公园 2005年入选国家森林公园。参见国家级自然保护区——闽江源国家级自然保护区。

九龙谷国家森林公园 位于莆田市城厢区常太镇。占地面积11.48平方千米,森林覆盖率95%以上。植被分区为闽东南戴云山东湿润暖亚热带雨林小区,海拔400米以下的地带植被属于亚热带常绿雨林,海拔400米以上的山地丘陵以中亚热带常绿阔叶林为主。有国家重点保护野生植物红豆杉、金毛狗蕨等,国家保护野生动物松雀鹰、红隼、穿山甲、苏门羚等。2006年入选国家森林公园。

支提山国家森林公园 位于宁德市蕉城区霍童镇,地处鹫峰山脉中段东麓。占地面积23.00平方千米,森林覆盖率94.35%。分为平甸山、支提山、金山、白马山四大景区,平甸山景区林茂谷幽,支提山景区瀑奇水秀,金山景区群峰险峻,白马山景区湖光山色。峭壁林立,峡谷幽深,“千斤顶”“一夫当关”“猛虎下山”“金山石壁”“莲花石”等石景造型奇特,惟妙惟肖;溪流纵横,瀑布错落其间,百丈瀑、双龙戏珠瀑等瀑布气势磅礴,蔚为壮观。2007年入选国家森林公园。

天星山国家森林公园 位于屏南县环城路。占地面积18.62平方千米,由龙井古桥景区与仙山松海景区组成。地属闽东南燕山火山岩带,地质构造以新华夏系构造为主,地形地貌发源于1.3亿年前的白垩纪时期。密布中亚热带常绿阔叶林,有较为丰富的古老植物,如石松科的石松属、木贼科的笔管草、紫萁科的紫萁、里白科的芒萁等。分布有野生动物125种,其中国家二级保护野生动物有鸳鸯、猕猴、穿山甲、赤腹鹰等。2008年入选国家森林公园。

九龙竹海国家森林公园 位于永安市。地处戴云山余脉,地质构造切割深度大,重峦叠嶂,水流湍急,形成了众多瀑布深潭景观。山地、丘陵、盆谷中有无边的竹林,竹之绿与水之绿融于一体,成为一道亮丽的竹海风景线。公园内有脊椎动物142种。2008年入选国家森林公园。

长乐国家森林公园 位于福州市长乐区古槐镇。占地面积17.69平方千米,由董奉山中心景区、竹田岩景区和腊溪源景区组成。森林植被为南亚热带雨林和中亚热带常绿阔叶林带,共有维管植物646种,还有相思树、黑松、黑荆树等古树名木,森林覆盖率95%。共发现野生动物94种。2008年入选国家森林公园。

匡山国家森林公园 位于浦城县富岭镇。匡山因山形“四周奋起而中窳下，形似筐庐”而得名。占地面积 21.75 平方千米，森林覆盖率 93%。典型的地带性植被为中亚热带常绿阔叶林，共有植物 1 234 种，分布有成片的香榧、南方红豆杉、黄山松、青钱柳等群落；栖息着猕猴、穿山甲、苏门羚、白鹇等国家重点保护野生动物。2009 年入选国家森林公园。

土楼国家森林公园 位于南靖县，地处博平岭山脉支脉板寮岭，属于南亚热带海洋性季风气候区。占地面积 22.34 平方千米，由云水谣景区、塔下景区和树海景区组成。植被有常绿阔叶林、针阔叶混交林等类型，森林覆盖率 87.11%。2010 年入选国家森林公园。

武夷天池国家森林公园 位于光泽县清溪流域上游，地处武夷山腹地，属于亚热带湿润型季风气候区。占地面积 25.25 平方千米，由武夷天池景区、大岐山景区、龚家湾景区和卧牛山景区等四个景区组成。森林覆盖率达 92%，森林植被为中亚热带常绿阔叶林，分布有维管植物 1 196 种。武夷天池方圆 15 千米，有大小山峰近百处，著名的诸母岗山峰就在这里。2013 年入选国家森林公园。

五虎山国家森林公园 位于闽侯县尚干镇。五虎山因五座主峰巍峨高耸形似五虎盘踞而得名。占地面积 26.69 平方千米，森林植被为亚热带常绿阔叶林。共有景点 28 处，著名的有五灵岩寺、方山寺、摩崖石刻、朱熹隐居处、古道等。有植物 513 种，其中 12 种属于国家重点保护野生植物；野生动物 261 种，其中 21 种属于国家重点保护野生动物。2014 年入选国家森林公园。

杨梅洲峡谷国家森林公园 位于寿宁县。占地面积 33.23 平方千米，由杨梅洲景区和仙岩景区组成，森林覆盖率 96.28%。杨梅洲峡谷隐藏于群山深处，长约 14 千米，峡谷深 60—350 米，水位落差 50 余米，完整地保存着福建省规模最大的高山杜鹃林，素有“万亩杜鹃，十里长廊”之称。2017 年入选国家森林公园。

二十、国家湿地公园

闽江河口国家湿地公园 2015年入选国家湿地公园。参见国家级自然保护区——闽江河口湿地国家级自然保护区。

汀江国家湿地公园 位于长汀县三洲镇。包括汀江及其支流河道28.5千米,属于河流型湿地公园。占地面积5.91平方千米,其中湿地面积4.49平方千米,湿地率为79%。生物多样性丰富,有维管植物424种,其中湿地植物145种;有野生动物180种,其中鱼类50种、两栖类7种、爬行类1种、鸟类11种。2017年入选国家湿地公园。

龙头国家湿地公园 位于永安市安砂镇,地处闽江干流上游、九龙溪中游。以水库为主体的库塘型湿地公园,占地面积30.74平方千米,其中湿地面积10.33平方千米。水面开阔,水质优良,湿地资源丰富,拥有天然林17.31平方千米,为珍稀动植物、大型真菌等提供了优越的栖息地和生长环境。有奇特的象形山石、岩壁、峡谷和岸滩等地文景观,有游憩河段和湖区、瀑布等水域景观,有常绿阔叶林森林群落的季相景观、野生动物栖息地等生物景观群。2011年入选国家湿地公园(试点)。

南洋国家湿地公园 位于漳平市南洋镇。占地面积3.26平方千米,其中湿地面积1.30平方千米。生物多样性丰富,湿地类型多样,湿地特征典型,是我国南方丘陵山区河岸带退化湿地生态系统、福建西南部以河流为主体的典型的复合性生态系统,九龙江流域上游水资源与湿地生物多样性保护示范区。2014年入选国家湿地公园(试点)。

中山河国家湿地公园 位于武平县。属于山地河流型湿地公园,以"两河"(中山河及其支流平川河)和"三库"(东留水库、卦坑水库和下坝水库)为主体。占地面积15.29平方千米,其中湿地面积7.08平方千米。分布有维管植物823种,野生脊椎动物257种。2015年入选国家湿地公园(试点)。

桃溪国家湿地公园　位于永春县东部。地处南亚热带季雨林向中亚热带常绿阔叶林的过渡地带,在我国候鸟迁徙线路的东线主干线上。占地面积3.32平方千米,其中湿地面积2.39平方千米。主要包括桃溪、霞陵溪、五一水库及其周边的生态公益林和部分绿地,分为永久性河流和库塘两种类型。由桃溪和周边森林构成的湿地-森林复合生态系统,在闽东南具有较强的典型性。2017年入选国家湿地公园(试点)。

念山国家湿地公园　位于政和县。占地面积7.32平方千米,其中湿地面积2.96平方千米。拥有历经千年开垦创造的梯田1.06平方千米,是“森林-村庄-梯田-河流”复合型湿地生态的典范。2017年入选国家湿地公园(试点)。

闽江源国家湿地公园　2017年入选国家湿地公园(试点)。参见国家级自然保护区——闽江源国家级自然保护区。

二十一、国家矿山公园

寿山国家矿山公园　位于福州市晋安区寿山乡。著名的“寿山石”的原产地,至今保留有一块面积1 600多平方米尚未开发的田黄石产地。占地面积202.57平方千米,分为寿山、日溪、红察、岭头、桂湖五个园区,主要展示寿山石原产地矿业遗迹。有寿古矿洞、山石馆、寿山石古街、寿山石文化广场、田黄探宝溪、人工观赏湖等景点。2005年入选国家矿山公园。

紫金山国家矿山公园　位于上杭县旧县镇。多数矿山公园的建设都是在矿山闭坑之后,而该矿山公园是在金矿步入稳产盛产期、铜矿尚未实现大规模开发之时就已启动建设。占地面积30平方千米,拥有世界少有的矿业遗迹,如大规模应用11世纪发明的湿法炼铜技术的遗迹,富集的大型、特大型铜金多金属矿床,三金合一且持续开采千年的矿山遗迹,储量居世界前列的斑岩铜矿山等。2005 年入选国家矿山公园。

寿宁古银硐国家矿山公园 位于寿宁县炭山村。占地面积 25.8 平方千米。保留有古代银矿硐近 300 处,还有大量的冶炼遗址、多处运矿道、多个粗制石磨以及与矿业相关的太监府、巡检司、官司楼、官事街等遗存。是以宋朝以来采银遗留的古银洞、古银坑等矿业遗迹为主体,以石灰岩采矿遗迹治理、地面塌陷遗迹治理等环境更新、生态恢复手段展示为核心,融合了官台山矿工起义、太监府遗址等人文景观的综合性矿山公园。2017 年入选国家矿山公园。

二十二、国家考古遗址公园

万寿岩国家考古遗址公园 位于三明市岩前镇。万寿岩是一座石灰岩山体,海拔 359 米,山上有船帆洞、灵峰洞、龙津洞等多个溶洞。我国南方典型的旧石器时代洞穴类型的遗址,时代距今 3 万—18.5 万年,占地面积 1 200 平方米。出土四个文化层,各文化层均含有大量远古人类制作的石质工具及伴生哺乳动物化石,包括石核、石片、砍砸器与刮削器等,还有骨铲、骨锥与角饰等。4 万年前的人工石铺地面和排水沟槽为国内首次发现。2017 年入选国家考古遗址公园。

二十三、世界遗产

武夷山 1999 年入选世界文化与自然双重遗产。参见国家生态旅游示范区——武夷山国家生态旅游示范区。

福建土楼 位于漳州市、龙岩市、泉州市，包括南靖土楼、永定土楼、华安土楼、平和土楼、诏安土楼、泉州土楼等土楼群。现存圆楼、方楼、五角楼、八角楼、吊脚楼等各式土楼30多种23 000多座。福建土楼是以土、木、石、竹为主要建筑材料，利用未经烧制的泥土并拌合一定比例的沙质黏土和黏质沙土，用夹墙板夯筑而成的两层以上的房屋。福建土楼起源于唐，由唐朝陈元光开漳时的兵营、城堡和山寨发展而来，成熟于明末、清代和民国时期，是闽南地区自唐以来“外寇之出入，蟊贼之内讧”的特殊社会环境的产物。福建土楼是世界上独一无二的山区大型夯土民居建筑，以其神奇的聚落环境、特有的空间形式、绝妙的防卫系统、巧夺天工的建造技术和深邃的土楼文化，令世界瞩目。2008年入选世界文化遗产。

中国丹霞：泰宁 2010年作为中国丹霞的组成部分入选世界自然遗产。参见世界地质公园——泰宁世界地质公园。

鼓浪屿 2017年入选世界文化遗产。参见历史文化街区——厦门市鼓浪屿历史文化街区。

二十四、全国重点文物保护单位

福州—华林寺大殿 位于屏山南麓。闽国灭亡后，吴越国国王钱镠割据闽浙等地，福州郡守鲍修拆除闽王宫殿，利用所拆下来的材料在屏山南麓建成华林寺的前身“越山吉祥寺院”，建成文昌祠、普陀岩和正殿等。后又建造数座禅院，规模宏大。其大雄宝殿为长江以南现存最古老的木结构建筑物之一，虽经屡屡修葺，仍保持五代时的特征。大殿除柱梁构架及斗拱外，门窗板壁及瓦顶均系近代更换。1982年入选全国重点文物保护单位。

福州—林则徐墓 位于鼓楼区马鞍村。墓为三合土夯筑，五层墓埕，面宽 14.6 米，纵深 37 米。封土隆起，形如覆釜。封土后护坡正中饰一圆形的“寿”字，直径 0.82 米。封土前竖立一块高 1.08 米、宽 2.55 米、厚 0.16 的墓碑。正中的供案桌上立长方形石碑牌，上镌楷书 56 字，写法属于传统形式，读时先中行，继右行，随之左行，再回读右而后左，以此类推。供案左右的转角柱上镌有对联“百丈松楸驯鹿土，千秋佳节卧牛眠”。墓区系清道光六年（公元 1826 年）林则徐丧母守制时为其父母营造，林则徐逝世后附葬于此。1988 年入选全国重点文物保护单位。

福州—瑞岩弥勒造像　位于福清市。始凿于元至正初年，至明洪武初年建成，是我国现存最大的弥勒造像之一。造像按照花岗岩的自然形态雕凿而成，高 9 米，宽 8.9 米，圆脸、扁鼻、高颧骨，两眼平视，开口大笑，双耳垂肩，双腿盘曲，胸腹袒露，右手置于腹部，左手握有佛珠。造像的腰部和腿部雕有三尊小罗汉。整座造像形态生动，线条流畅，刻工精细，堪称元代石雕艺术的佳作。1996 年入选全国重点文物保护单位。

福州—马江海战炮台、烈士墓及昭忠祠　位于马尾区马限山。清光绪十年（公元 1884 年）中法马江海战爆发，驻扎马尾港的福建水师全军覆没，700 多位将士壮烈牺牲。马限山炮台始建于清同治中期，马江海战中曾阻击法国侵华舰队，清光绪年间重修，以糯米汁拌三合土夯筑而成，主炮位重新安装 210 毫米克虏伯后膛炮一尊，两侧平台上置 120 毫米克虏伯后膛炮各一尊。烈士墓为马江海战阵亡将士安葬处，原有九冢，冢前各立“忠冢”石碑，1920 年合九冢及马尾船厂船坞旁的一批烈士遗骸并为一坟。昭忠祠落成于清光绪年间，内祀马江海战殉国 736 位将士英灵，现为马江海战纪念馆。1996 年入选全国重点文物保护单位。

福州—昙石山遗址　位于闽侯县甘蔗镇。4 000—5 000 年前原始社会晚期的公共氏族墓地，发掘面积 2 000 平方米，发现墓葬 89 座、陶窑 9 座、壕沟 2 条，出土大批陶器、石器、骨器和玉器。以昙石山遗址命名的“昙石山文化”，分布于闽江下游，直达沿海地区，具有鲜明的海洋文化特色，是先秦时期闽台两岸海洋文化的源头。遗址上层叠压着 3 000 多年前的黄土仑文化遗物,揭示了昙石山人的社会意识、昙石山文化的源流及与海峡对岸新石器时代文化的紧密联系。2001 年入选全国重点文物保护单位。

福州—陈太尉宫 位于罗源县中房镇。陈苏于唐末隐居罗源曹峰,教民农桑,死后被尊为神,敕封太尉。始建于宋代,木结构,占地面积 1 115 平方米,由正殿、配殿、戏台三个部分组成。正殿建筑面积近 400 平方米,有 28 根立柱,为鼓圆形状,整个建筑未用一根钉子。一宫之内,宋、元、明、清建筑并存,被誉为“古代建筑博物馆”。2001 年入选国家重点文物保护单位。

福州—崇妙保圣坚牢塔 位于鼓楼区。用花岗石砌建,风化后呈墨黑色,故俗称“乌塔”。原名“无垢净光塔”,建于唐贞元年间,五代后晋天福年间重建,名“崇妙保圣坚牢塔”。塔高 35 米,八角七层楼阁式,用赤泥做黏合原料。基台为须弥座,座脚雕刻兽类、花卉,转角处有大若常人佛像。龛中浮雕石佛像 46 尊,做工精美。五至七层塔壁上嵌有塔名碑、建塔记、祈福题名碑等。2001 年入选全国重点文物保护单位。

福州—鼓山摩崖石刻 位于晋安区鼓山。共有摩崖题刻 180 处,估计全山石刻不下 300 处,其中喝水岩下石壁上的“寿”字,字径达 4 米,为南宋书法家朱熹所书。鼓山刻石,上起北宋,下迄清代以至当代,前后延续近千年,内容丰富,字体篆、隶、行草、楷俱全,堪称“福州碑林”。2001 年入选全国重点文物保护单位。

福州—福建船政局建筑 2001 年入选全国重点文物保护单位。全国红色旅游经典景区——马尾船政局旧址。

福州—名山室 位于永泰县大洋镇。高盖山海拔近千米,有“永泰第一山”之称。唐文德初年辟建东、西二石室。唐天成年间赐名“高盖名山院”,后改今名。1926 年重建。石室中原有堂宇三座,现存后院,内有神榻、飞仙台,室中有元代佛教故事石刻及佛龛、石柱、香炉、台阶,室前有龟石。2006 年入选全国重点文物保护单位。

福州—圣寿宝塔 位于长乐区吴航镇。宋绍圣年间始建,明永乐初年郑和航海驻舟师于长乐,助寺修葺,题额“三峰寺塔”。后寺废塔存。塔为八角七层仿楼阁式，高 27.4 米，石结构。塔身中空，内有石阶可盘旋登塔顶。二至七层各开二门，逐层错位。1981 年国家拨款维修，在各层走廊底部用钢筋混凝土圈固，开裂处用高压水泥灌浆，修补缺损构件，复原各层围栏，重新安装避雷针、电灯，仿宋代风格砌筑塔坪。2006 年入选全国重点文物保护单位。

福州—福州文庙 位于鼓楼区。宋太平兴国年间转运使杨克让始作文庙，此后不断扩展。现存文庙为清咸丰初年重建，按中轴线自南至北依次为外门埕、棂星门、泮池，大成门的楼厅东、西对列殿庑，月台、大成殿、后照壁等，占地面积 7 552 平方米，建筑面积 4 000 平方米。2006 年入选全国重点文物保护单位。

福州—栖云洞造像 位于罗源县圣水寺。为十八罗汉石雕像，其中 16 尊刻于南宋淳祐年间，为福建省现存最早的石雕罗汉。另两尊属于明代作品。十八罗汉像曾于 1993—2005 年间五次被盗，皆被追回。洞中一尊观音石雕，1994 年被盗，至今下落不明。2006 年入选全国重点文物保护单位。

福州—显应宫泥塑 位于长乐区漳港镇。显应宫又称“大王宫”“妈祖庙”，始建于宋绍兴年间，清光绪年间因灾而淹埋于地下，从此匿迹。1992 年发现显应宫的后宫部分，前宫尚埋在邻近农舍之下。出土泥塑神像 44 尊，面部表情生动自然，衣饰色彩艳丽如昨，栩栩如生。其中有多尊神像着明代太监的服饰。长乐是郑和下西洋庞大舟师的驻泊基地和开洋起点，至今长乐还有郑和留下的众多遗迹。主神原型应为七下西洋的三宝太监郑和。2006 年入选全国重点文物保护单位。

福州—灵济宫碑 位于闽侯县青口镇。灵济宫始建于明永乐年间。碑为花岗岩质地，通高 6.5 米，宽 1.3 米，厚 0.2 米；龟趺高 1.9 米，长 2 米，宽 1.7 米，碑额弧形，两边浮雕龙云图案，中为篆书阴刻“御制洪恩灵济宫之碑”，碑文详细记述重建灵济宫及敕封二徐真君缘由，传为解缙所书。2006 年入选全国重点文物保护单位。

福州—严复故居和墓 严复故居位于鼓楼区。严复是我国近代启蒙思想家、翻译家，曾翻译《天演论》，对清末维新变法有重大影响，辛亥革命后任北京大学校长。故居占地面积 625 平方米，主建筑为五柱四扇三间，穿斗式构架，檐柱，出三跳插拱双坡顶，左右有披舍，前后走廊、栏杆均为民国时期流行的仿西方建筑纹饰。严复墓位于仓山区盖山镇，墓址为严复本人生前选定，墓园建于清宣统年间。2006 年入选全国重点文物保护单位。

福州—三坊七巷和朱紫坊建筑群 2006 年入选全国重点文物保护单位。参见中国历史文化街区——福州市三坊七巷历史文化街区。

福州—海坛海峡水下遗址 位于平潭县。已确认水下文化遗存八处，另有一批水下文化遗存疑点有待进一步确认。这些水下文化遗存的时代序列完整，从五代一直延续到清代。采集的物品以陶瓷器为主，还有部分铜钱、漆器等。陶瓷器有青白瓷、青瓷、黑釉瓷、青花瓷、五彩瓷以及陶器等，以日常生活用品为主，种类有碗、盘、盆、盏、碟、瓶、罐等。大部分产品为福建窑址生产，也有浙江龙泉窑、越窑、江西景德镇窑以及江苏宜兴等窑址的产品。遗址所在的海域是我国古代海上丝绸之路的必经之地，暗礁众多，海况复杂。2013 年入选全国重点文物保护单位。

福州—龙江桥 位于福清市。建成于清乾隆中期。为修此桥，辛琗祖孙三代历经 30 年，耗资逾万，几乎卖尽田产。桥西端刘家屋墙上曾描有辛氏父子画像，1966 年被毁。此桥四墩五拱，由粗料石与灰浆黏合而成。桥高 8.7 米，长 98 米，宽 5.5 米，两侧有高 0.9 米的青石板栏墙。单向舟形墩高 3 米，券拱跨径 17 米，拱券由九道单券磋列而成。桥堍向上设 30 级石阶。此桥与龙海江东桥、泉州洛阳桥、晋江安平桥合称“福建省古代四大桥梁”。2013 年入选全国重点文物保护单位。

福州—罗星塔 位于马尾区。公认的航标，有“中国塔”之誉。传为宋代柳七娘所建。塔立水中，回澜砥柱，水势旋涡，如若“磨心”，所以也称“磨心塔”。明万历年间罗星塔被海风推倒，天启年间复建。重建的石塔七层八角，高 31.5 米，塔座直径 8.6 米，每层均建拱门；外有石砌栏杆。檐角镇有八佛；角下悬铃择，海风吹来叮当作响。2013 年入选全国重点文物保护单位。

福州—九头马民居 位于长乐区鹤上镇。这里三座青山坐北，七溪灵水汇南，东西紫微照应，迎面万亩平畴。建筑群平面基本呈正方形，分为五列。主体建筑22座，四周有6米高的围墙，设有望楼、枪眼。五列间隔着风火墙、夹弄，有框门相通。每列南面正中各设大门一扇，每逢红白喜事大门、屏门、厅门一路洞开。建筑材料以木为主，最长的楠木梁10米。建筑形式有亭、台、楼、阁、轩、榭、厢，使用功能有祖厅、接官厅、客厅、议事厅、喜事厅、仓库、钱库、米粜馆、书斋、健身房、武术馆、番仔厝、闺阁、守节楼，最大的厅宽10米，采用三道杠梁。2013年入选全国重点文物保护单位。

福州—乌石山、于山摩崖石刻及造像 位于鼓楼区。乌石山怪石嵯峨，挺拔秀丽，有题刻200余处，书法精美。有唐代李阳冰，宋代程师孟、陈襄、李纲、朱熹、梁克家的题刻，篆、隶、草、行、楷俱全，还有蒙文书刻。其中以李阳冰的《般若台记》最为著名，全刻高5米，宽2米，字径0.5米，全文24个篆字。在“般若台”三字之下刻有“住持僧惠摄”5个楷书小字，径0.16米。于山有宋代至近代摩崖石刻100多处。鳌峰顶上北宋淳化初年吕文仲题名刻石，是福州最早的宋代崖刻。山南的《南较场演武厅铭》是福州面积最大的崖刻。2013年入选全国重点文物保护单位。

福州—亭江炮台 位于马尾区亭江镇。清顺治初年始建。由山巅主炮台、山边突出部前沿炮台、临江岸炮台群及山后弹药库组成，与长乐的象屿炮台相互呼应扼守闽江，形成闽江口第二道防线。主炮台为三合土结构，半圆形，半地穴式，深1.85米，内径18.3米，墙厚3.3米；前沿炮台呈“凹”字形，占地面积20平方米。弹药库呈方形，长7.2米，宽6.6米，高3.1米。清光绪十年（公元1884年）中法马江战役中，遭法国舰队毁坏。光绪十二年（公元1886年）重修，抗日战争中又遭日军毁坏。2013年入选全国重点文物保护单位。

福州—林则徐宅与祠 林则徐旧宅有两处：一处位于中山路，为林则徐出生地和幼年读书处；另一处位于文北路，为林则徐故居“云左山房”。林则徐祠位于鼓楼区，创建于清光绪末年，占地面积约3 000平方米，建筑面积

1 000 平方米，有仪门厅、御碑亭、树德堂、南北花厅、曲尺楼、竹柏轩等建筑物，收藏文物 100 多件，其中林则徐手书四条屏和鸦片战争火药缸为国宝级文物。现为林则徐纪念馆。2013 年入选全国重点文物保护单位。

福州—戍守台湾将士墓群 位于马尾区闽安古镇。清同治年间日本入侵台湾，闽安将士跟随福州籍船政大臣沈葆桢赴台驱日，100 多位将士为国捐躯。这些将士的遗骸用陶罐运回故里，葬于闽安村，此后逐渐形成戍台将士墓群。墓共 135 圹，清兵遗骸陶罐每位一圹，均用三合土封顶，墓前各立花岗石质小墓碑，碑面镌刻牺牲者的籍贯及姓名。2013 年入选全国重点文物保护单位。

三明—泰宁尚书第建筑群 位于泰宁县胜利二街。明天启年间兵部尚书加少保兼太子太师李春烨的府第。尚书第俗称“五福堂”，占地面积 5 220 平方米。庭院前的甬道分南北两门进出，北端进门设仪仗厅、接客厅。甬道设五重门楼，全宅门额都嵌有石匾，分别题刻“尚书第”“柱国少保”“四世一品”“礼门”等字样，匾额的枋檩柱头雕刻着各种精巧图案。门斗的石阶列一对抱鼓石，高 2 米，宽 0.92 米，鼓座雕着双狮戏球、云龙、花卉；门墩墙基刻有荷墀托、莲裙座、竹节衬柱等精美图案。1988 年入选全国重点文物保护单位。

三明—安贞堡 位于永安市槐南镇。始建于清光绪初期。围廊式土楼，依山而建，占地面积约 1 万平方米，建筑面积 5 800 平方米。墙厚宅深，外墙用厚石垒砌加土夯制；墙体四壁布有射击孔 198 个，瞭望窗 96 个，可全方位对外瞄准射击。堡前两侧凸建角楼，可居高临下夹击正面来敌，正中拱形门顶设有泄水孔，可防范火攻。建筑随地势起伏而逐次升高，大门前有 1 200 平方米的操场，整个安贞堡如同一艘行驶在碧海洋面上的巨舰。分上下两层，前后三进，建有正堂、下堂 18 处，大小房间 360 余间，备有 12 个厨房和 5 口水井，可供千余人居住。2001 年入选全国重点文物保护单位。

三明—万寿岩遗址 2001 年入选全国重点文物保护单位，参见国家考古遗址公园——万寿岩国家考古遗址公园。

三明—正顺庙 位于沙溪河畔。始建于南宋绍定年间。坐北朝南，与古典园林风格的麒麟山公园和繁华的商业区相望，是三明地区始建年代最早、保存最完好的一座木结构建筑。庙内遍种迎春、广玉兰、扶桑、丁香、柳、柏、樟、桂、竹等，姹紫嫣红，香气袭人。现为三明市历史博物馆。2006 年入选全国重点文物保护单位。

三明—建宁红一方面军领导机关旧址 2006 年入选全国重点文物保护单位。参见全国红色旅游经典景区——红一方面军总司令部、总前委、总政治部旧址。

三明—南山遗址 位于明溪县。占地面积约 5 万平方米，旧石器、新石器和青铜时期三个阶段的历史遗存同时存在，时间跨度达万年以上。包括洞穴遗址和露天旷野遗址，文化层达 3—4 米，其中包括用红烧土铺垫的人类居住层。发现三座新石器时代的墓葬和一处青铜时代的大型建筑遗址，柱洞直径达数十厘米，估计是当地首领的居址。发掘出土一件旧石器时代的用水晶石制成的刮削器，大量距今 4 500—5 000 年的磨光黑陶碎片，300 多粒炭化稻谷和少量果核。2013 年入选全国重点文物保护单位。

三明—中村窑遗址 位于三元区。窑址分布于十余座山岗坡地上，由珠山中心作坊区、宋代珠山窑址、元代蛇头山窑址、元至明初的草寮山后山窑址及珠山窑址组成，有大小龙窑数十座，占地面积约 27 万平方米。北宋中晚期创烧，以烧造青白瓷为主，兼烧酱黑釉器。揭露出完整的元代龙窑窑炉、陶洗池作坊、制坯作坊、窑神祭台等遗迹，窑炉为长条斜坡式龙窑，斜长 83 米，由窑头、窑室、窑门、窑尾等组成。还出土了一批瓷器、铜器及窑具等珍贵文物，制瓷作坊遗迹、宋代古道、石拱桥、桂花古树、瓷土矿保存完整。2013 年入选全国重点文物保护单位。

三明—大田土堡群 位于大田县，包括安良堡、芳联堡、光裕堡、广崇堡、琵琶堡、绍恢堡、泰安堡等七座土堡。土堡形态独特，风格迥异，规模宏大，建筑考究，具有较高的文物价值。历史上大田县曾有大小土堡近千座，始于宋元时期，盛行于明清时期，20 世纪三四十年代仍有零星建造。2013 年入选全国重点文物保护单位。

三明—玉井坊郑氏大厝 位于尤溪县西滨镇。清乾隆贡生郑孔时历时十余年建成，俗称“孔时公大厝”，是集闽南、客家、江西建筑风格于一体的闽中乡土传统民居。主体建筑为三进制悬山顶石木结构，由一座正厝、一座扶厝、二壁舍、二厢房等组成，计108个房间，占地面积4 485平方米，建筑面积2 800平方米。有相对独立的文武活动区、女眷生活区、宾客休闲区、财务档案区、生活资料储存区，结构严谨，布局合理，具有较强的防御功能。2013年入选全国重点文物保护单位。

三明—永安抗战旧址群 2013年入选全国重点文物保护单位。参见全国重点文物保护单位——永安市抗战遗址。

莆田—木兰陂 位于木兰溪与兴化湾海潮汇流处。始建于北宋治平初年。引蓄、灌、排综合利用的古代大型水利工程，陂身长110米，高7.25米，陂墩39个，陂门38个，冲沙闸1个，南北护陂堤、南北进水闸门各1个，大小沟渠长113米，沿渠配套工程100多座，可灌溉农田167平方千米。自宋代以来经过无数次洪潮冲击，现仍巍然屹立。木兰陂是全国五大古陂之一，至今保存完整。1988年入选全国重点文物保护单位。

莆田—释迦文佛塔 位于城厢区。建于南宋乾道初年。塔高约30米，五层八角形，石结构。仿木楼阁式建筑，外形玲珑，古朴庄重。须弥座束腰间浮雕着观音菩萨。各层塔檐薄而长，轻巧美观。檐下两层叠涩，浮雕凤凰、双头羽人、飞仙及奇花异草等图案，雕刻精细。塔内为八角空心室，宽敞明亮。此塔历经850余年，经受过八级以上大地震的考验。1988年入选全国重点文物保护单位。

莆田—元妙观三清殿 位于荔城区。玄妙观为宋代遗存的道教建筑群，现存三清殿、三门、东岳殿、五帝庙、西岳殿、五显庙、文昌三代祠、福神殿等，占地面积6 168平方米，建筑面积3 587平方米。三清殿系重檐歇山顶，原先面阔五间，后代扩建为七间，进深五间。1996年入选全国重点文物保护单位。

莆田—天中万寿塔 位于仙游县枫亭镇。创建于五代时期，是我国最大的阿育王式实心石塔。高耸在螺峰之巅，亦称“青螺塔”。以山作基，砌石而起，直插云霄，伸手可摘星，故又名“摘星塔”。塔为石构实心，四方形，五层，高7.4米，边长5.1米。在塔的顶端高高竖立一杆鞭状的石柱，四旁嵌上扇形的石雕，组成蕉叶合物轮顶，远望如一顶佛帽塔。塔表面布满浮雕，造型奇特，艺术精湛，堪称一绝。2001年入选全国重点文物保护单位。

莆田—镇海堤 位于荔城区。原名“东甲堤”，全长6千米，蜿蜒横卧在兴化湾南岸木兰溪入海口。唐元和初年，福建观察使裴次元在莆田南洋东北角最易被风潮冲毁的土堤外筑堤，是福建省最早最大的海堤，保护着兴化南洋平原133平方千米的良田。堤岸有报功祠，系清道光年间重建，用石刻记载了历代修堤的有功人士400多人。2006年入选全国重点文物保护单位。

莆田—无尘塔 位于九座寺西面。创建于唐咸通年间，为九座寺历代寺僧圆寂后火化的荼毗塔，宋崇宁年间赐名“无尘塔”。塔为三层石结构，八角空心，高14.22米，内径4.45米。塔尖为莲花葫芦形。基座为莲花石雕，各层角柱呈瓜楞形。底层下部八面刻有奔龙舞狮等浮雕图案。塔内有螺旋形石级盘旋而上。塔前有月台，与宋代以后的石塔形制迥然不同。2006年入选全国重点文物保护单位。

莆田—妈祖庙 位于湄洲岛。面积14平方千米。这里四季如春，绿树成荫，天蓝水净，空气清新。岛上景色秀丽，有号称“天下第一滩”的黄金沙滩九头尾，有“天然盆景”日纹坑，有鬼斧神工之妙的鹅尾山，还有如诉如歌的千古绝唱湄屿潮音。宋雍熙年间林默羽化升天后，邑人于此立通贤灵女庙，即今湄洲妈祖祖庙，是世界上第一座祭祀妈祖林默的庙宇。“妈祖祭典”被列入国家级非物质文化遗产（代表性项目）名录。2006年，妈祖祖庙入选全国重点文物保护单位。

莆田—平海天后宫 位于莆田市平海镇。创建于宋咸平年间，是湄洲妈祖庙分灵的第一座行祠。清康熙年间由福建水师提督施琅扩建，乾隆中期由福建水师提督张天骏重修，光绪年间依制重修。面阔19米，进深51.9米，建筑面积979平方米，为二进廊院式建筑，由大门、内庭、两廊和大殿组成，布局保持宋代“工”字布局。大殿面阔五间，进深三间，抬梁、穿斗式木构架，悬山顶。宫内立木柱108根，因而俗称“百柱宫”。大门檐下沿用宋代棱形石柱，门左嵌施琅的《师泉井记》碑，门右嵌《平海天后庙重修碑记》碑碣。2013年入选全国重点文物保护单位。

莆田—宁海桥　位于木兰溪下游的入海口。古为宁海渡，故名“宁海桥”。初建于元元统初年，清雍正初年第七次修建，历时15年才建成。桥全长225.7米，宽5.8米，有船形石墩14座，高10米，两墩间净跨径8.8—11.8米。桥面用75块长13米、宽厚各1.2米的石条铺设而成。桥面两旁有石扶栏，望柱头雕刻着姿态不一线条简练的石狮浮雕。桥的两端，原竖有高约3米的戴盔披甲、手执长剑的护桥将军石像四尊，现只存两尊，系明代雕造。2013年入选全国重点文物保护单位。

莆田—龙华双塔　位于仙游县龙华镇。北宋大观、政和年间，郭勇为母七十和八十寿诞先后建东塔和西塔。明嘉靖年间被倭寇烧损。1961年整修。五层八角楼阁式石塔，东塔高24.56米，西塔高25.66米。须弥座每边长0.85米，转角力士金刚承托。护塔神立在一层东、西门两侧。塔檐下刻斗拱。各塔檐脊上均有一尊坐佛。塔内每层均辟一方洞，以架梯上下。2013年入选全国重点文物保护单位。

莆田—仙游文庙　位于鲤城区。北宋初年创建，系福建省四大文庙之一。数度修葺、扩建，规模宏大，可惜棂星门、文昌宫、尊经阁、明伦堂以及各朝代名贤祠和亭、台、阁、榭、池、桥等已荡然无存，仅存戟门、两庑、大成殿、崇勋祠、文昌阁等古建筑。占地面积4 100多平方米，金碧辉煌，翠柏苍榕，草盛花美，环境清幽。庙内有宋代石鼓及清代的四对蟠龙浮雕石柱，收藏有大量的历史碑刻。2013年入选全国重点文物保护单位。

南平—城村汉城遗址　位于武夷山市兴田镇。城村古城建于闽越王立国之后，汉元封初年被汉武帝大军所毁。城墙南北约860米，东西宽550米，周长 2 896 米，宽 6—8 米，墙外少数地段地形陡峭，大部分有护城壕。城内发现大型建筑群基址 4 处、冶铁作坊遗址 5 处、居住区 15 处，以及烽火台、排水系统、古道路等多处。遗址保存较好，是武夷山世界文化和自然遗产的组成部分之一。1996 年入选全国重点文物保护单位。

南平—建窑遗址　位于建阳区水吉镇，分布在芦花坪、牛皮仑、大路后山、营长乾等处。占地面积约 12 万平方米，是宋代福建烧造黑釉茶盏的著名窑场，烧造的瓷器品种有青釉瓷器、黑釉瓷器，其中以黑釉瓷器为主，一度为宫廷贡品。黑釉瓷器以兔毫盏为主，是宋代最佳“斗茶”用具之一。还有油滴、鹧鸪斑、曜变等釉，均是宋代黑釉瓷器的代表作。2001 年入选全国重点文物保护单位。

南平—宝严寺大殿　位于邵武市新建路。宝严寺创建于唐大顺初年，元延祐年间和明嘉靖年间两度重修。原有山门、天王殿、大雄宝殿、经堂、方丈室、僧舍、花圃等建筑，现仅存大雄宝殿。大殿为木结构重檐歇山顶，面阔、进深各五间，通高 18 米，建筑面积 400 平方米。殿内立柱 36 根，明间四金柱的莲花石础为唐、宋遗物。金柱间梁栿和额枋上均置扁形普柏枋。梁栿彩绘人物、花卉、龙凤纹饰，至今色彩艳丽，画面清晰。现为邵武市博物馆。2001 年入选全国重点文物保护单位。

南平—宝山寺大殿　位于顺昌县大干镇。宝山寺始建于元至正年间，明万历中期重修。面阔五间，进深四间，单檐悬山顶，梁架结构由抬梁与穿斗混合组成。明间梁架采用砂岩凿成月梁与双梭柱，墙垣、檩子、合瓦、正脊、鸱尾、脊刹以及博风板皆用砂岩石料加工而成。大殿原结构除两扇大门外，其他构件全部用砂岩凿之。2001 年入选全国重点文物保护单位。

南平—北苑御焙遗址　位于建瓯市东峰镇。北苑御焙茶起源于五代十国时期的闽王龙启初年，持续上贡时间长达 458 年，历史上有“北苑贡茶名冠天下”之誉。遗址年代为北宋，为国内发现的、最早的官办茶叶衙署遗址。因地处闽都北部，故称“北苑”。两次发掘共揭露 50 多个遗迹单位，发现近 2 万平方米的宋元时期文化堆积层。2006 年入选全国重点文物保护单位。

南平—武夷山崖墓群 位于武夷山景区,主要分布在九曲溪两岸山峰和山北景区内,现存棺木约20具。武夷山崖墓是形似江南乌篷船的木棺,也称“架壑船棺”“武夷船棺”,是武夷山古闽族先民的一种葬具。棺群始于夏末,历商周,置于人迹罕至的悬崖绝壁之上,临溪水或地面的高20—50米。古人怎样把棺木放进这些位于悬崖峭壁上的洞穴里如今还是一个谜。2006年入选全国重点文物保护单位。

南平—朱熹墓 位于建阳区黄坑镇。朱熹是宋朝理学家、思想家、哲学家、教育家、诗人,闽学派的代表人物,儒学集大成者,世称“朱子”。陵墓为朱熹及夫人刘氏的合葬墓,地处丘阜隆起的高爽之处,周列水田,视野开阔,墓陵两旁山脉逶迤延伸,如风吹罗带飘拂。墓园共分三层,顶层为墓室,中为穹隆圆形墓堆,周围用小鹅卵石砌成,石碑立于墓后,高约2米、宽0.8米,上刻“宋先贤朱子、夫人刘氏墓”。二层为墓园,设有长方形石香炉,石供案各一,石烛一对;三层为长方形草坪。2006年入选全国重点文物保护单位。

南平—建瓯东岳庙 位于建瓯市中山东路。始建于东晋建武初年,多次重建,现存建筑为清嘉庆年间重建。殿宇依山而建,错落有致。主要建筑有山门、前殿、戏台、圣帝殿、后宫、慈航殿药王殿等。圣帝殿为主体建筑,重檐歇山顶,面阔五间,进深六间。大殿建筑工艺精巧,保存了明清的建筑风格。2006年入选全国重点文物保护单位。

南平—池湖遗址 位于光泽县。占地面积约6万平方米。先后发现30多座青铜时代的墓葬,采集了石斧、石簇、陶纺轮、灰硬陶片等,出土了大批珍贵的商周时期文物,其中8件文物被国家博物馆收藏,400多件文物被省博物馆收藏。这些石器、陶器与台湾考古发现以及近代台湾少数民族传统文化特征相一致,体现了闽台两地源远流长的亲缘关系。2013年入选全国重点文物保护单位。

南平—猫耳山遗址 位于浦城县。属于商代遗址。发掘面积2 250平方米,清理出商代早期陶窑9座,新石器时代墓葬2座,商代墓葬21座,居址灰坑9个,出土了大量石器、陶器、陶片等遗物。陶器以施黑衣的印纹硬陶为主。我国首次发现的早期龙窑,窑址分布集中、规模较大、窑型多样,为研究我国早期窑炉,特别是龙窑的起源和发展演变提供了宝贵的实物资料。2013 年入选全国重点文物保护单位。

南平—浦城土墩墓群 位于浦城县仙阳镇。夏商、西周至春秋时期的土墩墓,有平地掩埋、浅坑、竖穴深坑等形式。已发掘土墩墓 34 座,出土遗物 300 多件,其中原始瓷器 68 件,主要器形有豆、罐、尊、瓮、簋、盂、盘等;印纹陶器 146 件,主要有罐、簋、豆、尊、盅等;青铜器 72 件,以短剑、矛为主,还有戈、锛、匕首、刮刀、镞以及尊、盘、盅形器等,另有玉管饰和石器各 7 件。浦城土墩墓的发现,填补了我国东南地区土墩墓分布区域的空白。2013 年入选全国重点文物保护单位。

南平—云峰寺大殿 位于浦城县水北街镇。云峰寺始建于唐贞观年间,现存天王殿、大雄宝殿等建筑。大雄宝殿重修于明成化年间,重檐歇山顶,面阔三间 9.89 米,进深四间 10.88 米,高 11.6 米,面积 172 平方米。殿内保存有《云峰禅寺碑记》《上原里云峰寺记》等碑刻。2013 年入选全国重点文物保护单位。

南平—建瓯文庙 位于建瓯市仓长路。可能始建于北宋宝元年间,南宋建炎初年毁于兵火,屡毁屡修,现存建筑为清同治中期重建。中轴线上依次为屏墙、棂星门、泮池、戟门、大成殿,殿前有两庑,组成封闭式院落。大成殿面阔五间,进深四间,重檐歇山顶。保存有明嘉靖年间摹唐代吴道子绘孔子像碑刻,以及清康熙帝御碑。现为建瓯市博物馆。2013 年入选全国重点文物保护单位。

厦门—陈嘉庚墓 位于鳌园。陈嘉庚是爱国华侨领袖,曾任全国政协副主席、全国人民代表大会常务委员会委员、中华全国归国华侨联合会主席,1961 年病逝。鳌园原是南浔江中的一个小岛,岛上有“鳌王宫”庙,抗日战争期间毁于战火,1950 年陈嘉庚为纪念集美解放在此建鳌园。陈嘉庚墓为石结构,龟寿形,墓盖用 13 块六角形的磨光青石镶成。弧形青石屏壁浮雕陈嘉庚生平事迹图像多幅。墓前建拜亭一座,亭顶画有“飞天”图案。1988

年入选全国重点文物保护单位。

厦门—青、白礁慈济宫 分别位于沧海区海沧镇和漳州市角美镇，是两座宋代至清代建筑风格的道教宫观建筑。青礁慈济宫又称“东宫”，双曲燕尾歇山式建筑，殿内立有12根龙柱，其中以2根花瓶柱造型最为奇特；前殿左廊的天花板上有凤头、龟背、龙爪、狮足、虎腿、白泽尾等彩绘图案；保存有清代的重修碑记数通。白礁慈济宫始建于南宋绍兴年间，供奉北宋名医吴真人；三进宫殿式庙宇，飞檐交错，富丽堂皇。1996年入选全国重点文物保护单位。

厦门—胡里山炮台 位于厦门岛东南端。始建于清光绪中期，占地面积7万多平方米，城堡面积1.3万平方米。东与金门岛隔海相望，南与漳州临海，西与鼓浪屿遥相辉映，北面是繁华市区，被称为“八闽门户、天南锁钥”。炮台用花岗石条建造，以乌樟树汁和石炭、糯米拌泥沙夯筑，坚固异常。炮台结构为半地堡式、半城垣式，用优质花岗岩筑成的城门、城墙、城楼、护城壕、清兵营房和炮台等保留完整。一门口径280毫米克虏伯大炮，以白银10万两购自德国克虏伯兵工厂，有效射程可达1.6万米，是世界上现存原址的、最古老、最大的19世纪海岸炮。1996年入选全国重点文物保护单位。

厦门—陈化成墓 位于思明区梧村街道。陈化成曾任参将、总兵、福建水师提督、江南提督，清代二十二年(公元1842年)在上海吴淞口率军抗击入侵英军而壮烈牺牲。墓为三合土砖石构筑，龟形坟丘，两翼置石栏板和栏柱，柱首刻火炬或坐狮。坟前置石供桌，正面浮雕麒麟、鹿、鹤等，边饰以卷草纹。墓碑刻“皇清诰授振威将军，赐谥忠愍陈公，诰封一品夫人，德配曾夫人茔”。墓前竖八角形望柱一对，墓园中央竖立陈化成半身戎装铜像。2006年入选全国重点文物保护单位。

厦门—集美学村和厦门大学早期建筑 位于厦门市。“集美学村”是集美各类学校及各种文化机构的总称，由爱国华侨领袖陈嘉庚于1913年倾资创办，总建筑面积10万多平方米，形成了由学前教育至高等专科教育的完整教育体系。抗日战争期间,校舍大多被炸毁,仅存少数建筑。思明区的厦门大学,1921 年由爱国华侨陈嘉庚创办,主体建筑呈“一”字形,由群贤、同安、集美、映雪、囊萤五座大楼组成,部分早期建筑尚存。2006 年入选全国重点文物保护单位。

厦门—破狱斗争旧址 位于思明区。初为厦门海防同知署关押犯人之所,1912 年改为思明县监狱。1930 年 3 月,厦门反帝大同盟举行纪念北京“三一八”惨案大会,20 名共产党人和进步人士被国民党当局逮捕,关押在思明监狱的“政治犯”增加到 40 余人。1930 年 5 月,中共福建省委破狱特别委员会实施劫狱计划,冲出监狱的 40 多位同志秘密转移到闽西革命根据地。现存牢房五座,800 多平方米,皆为砖木结构双坡布瓦顶平屋。2006 年入选全国重点文物保护单位。

厦门—鼓浪屿近代建筑群 鼓浪屿现存各式建筑 1 000 余座,其中美国领事馆旧址、日本领事馆旧址、八卦楼、西林瞰青别墅、菽庄花园等 30 多座建筑先后于 2006 年、2013 年入选全国重点文物保护单位。2017 年入选“中国 20 世纪建筑遗产项目”。参见中国历史文化街区——厦门市鼓浪屿历史文化街区。

龙岩—古田会议会址 1961 年入选全国重点文物保护单位。参见全国红色旅游景点景区——古田会议旧址。

龙岩—长汀革命旧址 位于长汀县。1929 年 3 月—1933 年 11 月,毛泽东、朱德、周恩来、陈毅等先后到闽西长汀一带开展革命活动,创建了长汀红色区域,成为第二次国内革命战争时期中央革命根据地的重要组成部分。旧址主要包括省苏维埃政府旧址、福音医院、云骧阁、辛耕别墅、中华基督教堂等。1988 年入选全国重点文物保护单位。

龙岩—四堡书坊建筑 位于连城县。由雾阁、马屋两组建筑群构成,大部分为明清建筑。四堡书坊是雕版印刷场所,现存林兰堂、翰宝楼、碧清堂、文海阁等 80 余座。书坊建筑以耐火砖砌筑,具有防火功能,俗称“风火屋”。四堡书坊建筑群是我国现存最完整的古代雕版印刷遗存之一,2001 年入选全国重点文物保护单位。

龙岩—培田村古建筑群 2006年入选全国重点文物保护单位。参见中国历史文化名村——连城县培田村。

龙岩—西陂天后宫 位于永定区。西陂村居民绝大部分姓林,据传是闽林始祖即海神天后妈祖的后裔,这座天后宫就是莆田湄洲祖庙的分灵。始建于明嘉靖年间,占地面积6 400平方米,建筑面积1 600平方米。主体建筑为七层塔式结构,通高40余米,造型奇特,是全国少见的塔式建筑物,俗称"文塔"。2006年入选全国重点文物保护单位。

龙岩—闽东北廊桥 屏南县、寿宁县、柘荣县、古田县和武夷山市有许多廊桥。屏南县古峰镇的万安桥,初建于宋代,为石砌五墩六孔折线木拱桥,明万历中期毁,清光绪年间重建,1952年被山洪冲毁,同年修复。桥长79.2米,宽6.7米,高8.6米,二台二墩三孔,双曲木石拱桥。舟形桥墩,桥面以木板构成图案。桥屋为青瓦顶,有木柱100多根,两侧有1.3米高栏杆。桥廊缀37间、38隔扇、列152柱。廊两侧木结构栏杆并设座椅板凳,上方以穿斗式梁架飞檐走梭。1931年方志敏率红十军入闽曾在此歼敌一个团,桥屋横梁尚存红军标语。2006年入选全国重点文物保护单位。

龙岩—福建土楼 2006年入选全国重点文物保护单位。参见世界遗产——福建土楼。

龙岩—奇和洞遗址 位于漳平市象湖镇。旧石器时代晚期向新石器时代早期过渡的洞穴遗址。发掘面积120平方米,发现三处旧石器时代晚期人工石铺活动的遗迹,有火塘、红烧土堆、灰坑、房址、灶、沟等,出土打制石制品200余件,少量打制骨器、陶器及哺乳动物化石,还出土两具较完整的成年人颅骨及部分肢骨,两件精美的艺术品。奇和洞遗址是福建地区最早的新石器时代土著文化,填补了福建乃至我国东南区域史前文化新旧石器朝代过渡阶段的空白。2013年入选全国重点文物保护单位。

龙岩—汀州城墙 位于长汀县汀州镇。始建于唐大历年间,明清时期古城墙总长为5 000多米,设有12个城门,枕山临溪为城,形成"山中有城,城中有水”及“佛挂珠”的独特格局。现保存完好的城墙近 3 000 米，并有朝天门、五通门、惠吉门、宝珠门。2013 年入选全国重点文物保护单位。

龙岩—官田李氏大宗祠 位于上杭县稔田镇。始建于清道光中期，李氏后裔为纪念入闽始祖李火德而建，被誉为“客家第一祠”。宗祠结构严谨，气势磅礴，建筑特色堪称一绝。造型结构为前方后圆，融客家方楼与圆楼于一体；前低后高，融宫殿建筑和客家农舍建筑于一体；用青砖作为总祠外围的保护墙，集土墙与青砖砌体为一身，属于土楼与“洋”楼的混合体，是典型的“金银包”建筑；前、中、后三厅属于柱梁式框架建筑，仅用 11 对巨型石柱就把整个大厅装饰得富丽堂皇。2013 年入选全国重点文物保护单位。

龙岩—临江楼 位于上杭县城关镇，临汀江而立。占地面积约 300 平方米，高三层，原是“广福隆”货栈旧址，也是货栈业老板的别墅。1929 年 10 月，身患恶性疟疾的毛泽东由几个赤卫队员用担架抬着来到临江楼，在此居住近 20 天。著名的《采桑子・重阳》就是在这里写下的。2013 年入选全国重点文物保护单位。

龙岩—闽西工农银行旧址 位于新罗区。原是一家布店，建于 1927 年，占地面积 132 平方米，四层砖木结构骑楼式。1930 年 9 月，闽西苏维埃政府在此设立闽西工农银行，随即印制发行纸币，通令取缔非法流通的劣币。因国民党军队的军事“围剿”，闽西工农银行于当年年底随闽西苏维埃政府撤离龙岩。闽西工农银行是红色革命根据地创办较早、时间较长、办得较好的股份制银行。2013 年入选全国重点文物保护单位。

龙岩—红九军长征出发地 位于长汀县。旧址系村民纪念先祖的观寿公祠，建于清初，占地面积 314 平方米。1934 年 9 月，红九军团司令部设于此祠，司令员罗炳辉、政治委员蔡树藩指挥红九军团、红 24 师与国民党三个师展开松毛岭保卫战。后红九军团奉命开始二万五千里长征，在公祠前召开告别群众大会。2013 年入选全国重点文物保护单位。

龙岩—毛泽东才溪乡调查旧址群 2013 年入选全国重点文物保护单位。参见全国红色旅游经典景区——毛泽东才溪乡调查纪念馆。

泉州—安平桥 位于安海镇和水头镇之间的海湾上。我国现存最长的海港大石桥,也是中古时代世界上最长的连梁式石板平桥。始建于南宋绍兴年间,明清两代多次重修。桥长 2 070 米,桥面宽 3—3.8 米,共 361 墩。桥墩用花岗岩条石横直交错叠砌而成,有长方形、单边船形、双边船形三种不同形式。桥面用 4—8 条大石板铺架,石板长 5—11 米,宽 0.6—1 米,厚 0.5—1 米,重 4—5 吨,最大的重 25 吨。桥上筑憩亭五座,桥面两侧有石护栏,栏柱头雕刻狮子、蟾蜍等。1961 年入选全国重点文物保护单位。

泉州—清净寺 位于鲤城区。始建于北宋大中祥符年间。占地面积 2 184 平方米,整体为石结构建筑,仿照叙利亚大马士革伊斯兰教礼拜堂的建筑形式。现存主要建筑为门楼、礼拜殿、明善堂等。自创建以来,历代穆斯林相继集资修葺,并勒碑为纪,留下许多文物。与扬州仙鹤寺、广州怀圣寺、杭州凤凰寺合称"中国伊斯兰教四大古寺"。1961 年入选全国重点文物保护单位。

泉州—开元寺 位于鲤城区。始创于唐垂拱年间,传说泉州巨富黄守恭梦见桑树长出莲花,遂舍桑园建寺,初名"莲花寺"。唐开元年间诏示天下诸州各建一寺,以年号为名,于是改称"开元寺"。现存庙宇系明清两代修建,占地面积 7.8 万平方米。大雄宝殿雕塑技术高超,梁槽间的 24 尊飞天乐伎为国内古建筑中罕见。大殿用近百根海棠式巨型石柱支撑,俗称"百柱殿"。大雄宝殿之后的甘露戒坛,系我国现存三大戒坛之一。1961 年入选全国重点文物保护单位。

泉州—郑成功墓 位于南安市水头镇。郑成功为明末清初反抗荷兰侵略者、收复和开发台湾的民族英雄,明代永历十六年(公元 1662 年)病逝后葬于台南洲仔尾,清康熙中期迁葬于郑氏祖茔内,其子郑经等灵柩随同迁葬。墓室用三合土构筑,列三排分九室,第二排中室为郑成功的墓穴。墓前有石华表一对,高 14 米,顶端雕坐狮;石夹板九对,其中一板刻"戊子年解元"。在墓内发现郑成功佩戴的龙纹及鸟纹玉带 17 块,还有头发、龙袍残片、布靴面等珍贵文物。1982 年入选全国重点文物保护单位。

泉州—崇武城墙 位于惠安县城南濒海的尖岬上。崇武城三面临海，古称“小兜寨”。明洪武中期始建城池，是我国保存较完好的古代滨海石城之一。古城城墙共长 2 457 米，全部用白色花岗岩垒成。四面设城门，城门上各设烽火台，南城门外加设一照墙。城内莲花山制高点设有瞭望台。四面城边各有一潭一井和通往城前的涵井，城内的十字大街相接四个城门。城墙、窝铺、门楼、月城、墩台、捍寨和演武厅，构成一套完整的战略防御工程体系。1988 年入选全国重点文物保护单位。

泉州—洛阳桥 位于泉州市东北的洛阳江上。宋皇祐年间兴建。桥长 834 米，宽 7 米，有桥墩 46 座，全部用巨大石块砌成。建桥处浪潮汹涌，江宽流急，先在江底筑起一条 20 多米宽、1 000 米长的水下长堤，在石堤上用条石横直垒砌桥墩，成为现代桥梁工程中“筏形基础”的先驱，这种建桥技术欧洲直到 19 世纪才开始采用。为了使桥墩更为牢固，利用繁殖“砺房”的方法联结胶固石块，这种用生物加固桥梁的方法古今中外绝无仅有。桥上装饰有许多精美的石狮子、石塔、石亭。1988 年入选全国重点文物保护单位。

泉州—天后宫 位于泉州市城南晋江之滨。始建于宋庆元年间。明永乐初年出使西洋的太监郑和，奏令福建镇守官重祠其庙。此后，朝廷遣官出使琉球、爪哇等国，均到庙祭告祈祷。清康代熙中期施琅征海，敕封“护国庇民妙灵昭应宏仁普济天后”，遂易名为“天后宫”。雍正初年御书匾额“神昭海表”，今悬挂于殿中。1988 年入选全国重点文物保护单位。

泉州—清源山石造像 位于泉州市北郊。清源山因峰峦之间常有云霞缭绕，亦称“齐云山”，峰峦起伏，岩石遍布，胜景天成，有“闽海蓬莱第一山”之誉。山上有九尊宋元时期的石雕造像，包括老君岩、瑞像岩、赐恩岩、弥陀岩、碧霄岩、西峰岩、千手岩，另有历代摩崖石刻近 700 方，元明两代花岗岩仿木结构的石室多处。老君岩是由一块形似人像的巨大天然花岗岩雕凿而成的春秋时期思想家老子的坐像，雕刻年代最迟不晚于宋代。雕像高 5.1 米，宽 7.3 米，厚 7.2 米，面部和前额饱满，双目深邃平视前方，胡须呈飘动状，右臂倚琴桌、左手平放膝上，是我国现存最大的宋代道教石像。1988 年入选全国重点文物保护单位。

泉州—九日山摩崖石刻 位于泉州市九日山上。九日山高 80 多米,三峰环拱。东、西峰的山崖上,现存宋乾德年间至清乾隆中期的摩崖石刻 75 方,其中宋刻 59 方,元刻 6 方,明刻 9 方,清刻 1 方,留名人数达 250 人,内容包括景迹题名 15 方,登临题诗 11 方,游览留名 29 方,修建纪事 7 方,祈风石刻 13 方。1988 年入选全国重点文物保护单位。

泉州—屈斗宫德化窑遗址 位于德化县。宋代至清代的民间瓷窑遗址,北宋以生产白瓷为主,南宋以生产青釉瓷器为主,元代以生产白釉瓷为主,明代以生产低铝高硅的“象牙白”、白瓷闻名于世,是我国外销瓷数量最多、销地最广的瓷窑之一。发现窑址 200 多处,出土烧制工具、残器物 6 000 多件。南坑窑址占地约 20 万平方米,产品有青、青白、白三种釉色,胎骨呈灰白、白、灰色,器形有碗、洗、炉、盒、罐、杯、瓶、壶、碟等,装饰技法以刻画、模印并行,纹样有缠枝卷草、篦点、莲花、莲瓣等,装烧方法用匣钵仰烧、匣钵覆叠、托座叠烧等,生产年代主要在宋元时期。1988 年入选全国重点文物保护单位。

泉州—伊斯兰教圣墓 位于泉州市东郊灵山。伊斯兰教穆斯林贤人的墓葬。泉州是我国“古代海上丝绸之路”的起点,宋元时期被誉为“东方第一大港”,世界各国的商人、学者、传教士纷至沓来,留下了许多宗教遗迹和西方建筑。墓地正中有亭,亭中有两座花岗石雕的长方形墓盖石,墓盖底座环刻莲花瓣图案,简朴无华。墓后是一个半月形回廊环抱的墓室。几根造型特异的廊柱,上下两端偏细,为唐代柱式“梭柱”。回廊中青草石雕琢的阿拉伯文石碑,记载了元至治三年(公元 1323 年)一批阿拉伯穆斯林远渡重洋来泉州为圣贤修墓的过程。1988 年入选全国重点文物保护单位。

泉州—草庵石刻 位于晋江市。草庵始建于宋代,元代改建,面阔三间,单檐歇山顶。庵内依崖壁凿成圆形佛龛,利用岩石的天然色彩浮雕成佛像。佛像高约 1.5 米,宽约 0.8 米,结跏趺坐于莲花座上,相貌庄严,身体四周镌刻有佛光纹饰,雕工精致。这尊佛像是我国仅存的完整的摩尼佛石雕像，对于研究摩尼教在我国的流传具有重要意义。1996 年入选全国重点文物保护单位。

泉州—蔡氏古民居建筑群 位于南安市官桥漳里村。由蔡启昌及其子蔡资深于清同治至宣统年间修建。现存较为完整的宅第共 16 座，前后平行排列于约 3 万平方米的长方形地块中，建筑面积 1.53 万平方米。建筑多为穿斗式结构，硬山或卷棚屋顶。前后座之间铺宽 10 多米的石埕，山墙之间有 2 米宽的防火通道。单体建筑多为三进或二进五开间布局，轴线取南偏西，夏季南面日晒不入室内，冬季北风被后墙挡住，为闽南地区民居的最佳朝向。蔡氏古民居建筑群与永定土楼被称为“福建的两朵民居奇葩”。2001 年入选国家重点文物保护单位。

泉州—泉州府文庙 位于鲤城区。始建于唐开元末年，南宋绍兴年间重建。建筑规制完整，规模宏大，布局匀称，造型独特，集宋、元、明、清四个朝代的建筑形式于一体的孔庙建筑群。主体建筑大成殿为典型的宋代重檐庑殿式结构，面阔七间 35.3 米，进深五间 22.7 米，斗拱抬梁式木结构，以 48 根白石柱承托，正面有浮雕盘龙檐柱八根，在全国现存文庙中实属罕见。2001 年入选全国重点文物保护单位。

泉州—磁灶窑址 位于晋江市磁灶镇。窑址分布于梅溪两岸，计有 26 处，其中南朝窑址 1 处，唐代、五代窑址 6 处，宋、元时代窑址 12 处、清代窑址 7 处。最有代表性的是金交椅山窑址，占地面积 1 550 平方米，清理龙窑遗迹 4 座，作坊遗迹 1 处，年代为五代至南宋时期，出土了青瓷和酱黑器，器形有碗、盘、碟、瓶、壶、罐、炉、灯、水注、执壶等。磁灶窑产品在日本、菲律宾、印度尼西亚等国均有发现，证实磁灶是闽南地区生产外销陶瓷的重要窑场。2006 年入选全国重点文物保护单位。

泉州—德济门遗址 位于泉州市南门。700 年前，泉州天后宫前德济门是进出泉州的要道，聚宝街、万寿路富美码头是宋元时期进出口货物的集散地。占地面积 2 000 平方米，由城门、城墙、门道、墩台、内外壕沟、拱桥以及瓮城和瓮城门等组成，遗存有 13—14 世纪的印度教、基督教、伊斯兰教、佛教的石刻和明朝、清朝的铁炮等，各时期建筑遗存叠压清晰，内容丰富，完整保存了11世纪以来古刺桐城和泉南地区拓建、发展、演变的历史印迹。2006年入选全国重点文物保护单位。

泉州—泉州港古建筑 位于泉州市东部及石狮市。泉州港负山面海，扼晋江、洛阳江出口处，宋元时期商贾云集，是泉州出海之重港。历史上的泉州港，是泉州地区“三湾十二支港”集群海港的总称，其中刺桐港是宋元时期世界上最大的港口之一，“海上丝绸之路”的起点。古建筑主要包括姑嫂塔、六胜塔、真武庙、石湖港、文兴码头、美山码头。姑嫂塔建于南宋绍兴年间，郑和航海船队曾在此停泊；六胜塔与姑嫂塔遥遥相对，是元代建筑物；美山码头是宋至清代的古建筑；真武庙始建于宋代，为泉郡守望祭海之所。2006年入选全国重点文物保护单位。

泉州—陈埭丁氏宗祠 位于晋江市陈埭镇。始建于明代初年，是福建省历史最悠久、规模最宏大、保存最完整的回族祠堂。整体布局呈汉字“回”字形，建筑群体以廊院式组织，采用闽南传统民居的建筑技术，总面积1 053平方米。中堂是宗祠建筑群的中心建筑，神龛供奉丁氏列祖列宗考妣神主，每年春秋二祭在此举行。门楣上方的木雕以及廊心墙的石雕以阿拉伯文组字装饰，雕饰技艺精湛，题材纹样丰富，彩绘艳丽多彩。2006年入选全国重点文物保护单位。

泉州—安溪文庙 位于安溪县城南隅。始建于宋咸平年间，现存为清初重建之物。宫殿式建筑，建筑面积9 495平方米，左右对称排列。自南至北有泮池、照墙、棂星门、戟门、东西庑廊、大成殿、崇圣殿、教谕廨，东有明伦堂，周围绕以围墙，布局合理，结构完整，层次分明，工程宏大，艺术精湛，雄伟壮观。2006年入选全国重点文物保护单位。

泉州—施琅宅、祠和墓 施琅宅、祠位于晋江市南龙湖衙口村。施琅曾任福建水师提督，清康熙中期率师出征台湾，招降台湾郑氏集团，上疏力陈台湾的重要地位，强调不可弃台。清廷从其议于台湾设府置县，派重兵镇守。施琅靖海侯府是一座砖石木结构的闽南古大厝，五开间三进，大小房间

60余间，建筑面积2 175平方米。施琅宅建于清初，厅堂脊桁高7米，厅口檐柱粗0.34米，明间宽6.9米，次间、梢间上面架构3米高的阁楼，下面还有4米高的空间，承袭了明代建筑简朴明快、雍容大方的遗风。施琅墓位于惠安县黄塘镇虎窟坡，系施琅与其妻王氏、黄氏合茔。2006年入选全国重点文物保护单位。

泉州—庵山沙丘遗址　位于晋江市深沪镇。福建省规模最大的青铜时代沙丘兼贝丘类型的聚落遗址，也是我国东南沿海地区同时期面积最大、保存最好的沙丘遗址，占地面积20余万平方米。遗址地层自上而下分为七层，主要是青铜时代的文化遗存，遗迹有房址、灰坑等。出土的文化遗物种类繁多，其中五件石范残片对研究我国东南沿海青铜时代冶铸史具有重要意义。2013年入选全国重点文物保护单位。

泉州—五塔岩石塔　位于南安市官桥镇。五塔岩寺肇建于宋代，元代扩建，现存为近代建筑。塔为宋代建造的鼓形花岗岩石塔，计五座，形制相同，一字排开，每塔相距2米。塔高6米左右。基底为四方形，塔身作三层，一层呈六角形，二层呈现扁圆形瓜瓣状，三层呈圆鼓形，浮雕佛像，顶冠相轮刹，上托葫芦。2013年入选全国重点文物保护单位。

泉州—惠安青山宫　位于惠安县山霞镇。青山地处海滨，地势峭拔，层峦叠翠，林木苍郁。青山宫为道教宫观，背靠青山，面对浩海，与湄洲岛上的天妃宫、龙海的慈济宫并称为“闽中三宫”。青山宫始建于北宋太平兴国年间，占地面积656平方米，中殿斜线峻绝，高11米，屋顶两坡急泻，是我国古代建筑中的一件瑰宝。2013年入选全国重点文物保护单位。

泉州—安海龙山寺　位于晋江市安海镇。始建于隋皇泰年间，大殿有三大门，门楣悬挂历代书法名家字匾。大殿内千手眼观音身高2.3米，身披莲服，两脚微露，跣足立于石雕莲台之上，头戴花冠，眉清目秀，耳大嘴小，面丰头圆，庄严慈祥，两主手垂弯合掌于胸前，双侧向上或向前旁生1 008只手，每只手的掌心精雕着一只慧眼，手上分别掌着法器、钟、鼓、书卷、珠宝、花果、乐器等多种物品。佛像材料取自千年樟树的躯干，雕刻层次清晰，结构匀称。2013 年入选全国重点文物保护单位。

泉州—清水岩寺 位于安溪县蓬莱镇。地处蓬莱山主峰 500 米处，依山而建，背靠狮形龙脉，面临深壑，远处文笔三峰拱峙，周遭群峰环合。北宋普足禅师首创，从南宁景炎年间到近代，续建、重建、扩建、改建、重修达 30 多次。楼阁式，分三层，现存为明清及近代建筑。每逢春夏两季，悬崖峭壁石缝里会溢出如珍珠的水滴，阳光下美似五颜六色的珠帘垂挂。“岩图碑”系宋代以平面浮雕的清水岩寺建筑规制和总体布局，为国内所罕见。2013 年入选全国重点文物保护单位。

泉州—亭店杨氏民居 位于泉州市南郊。南宋乾道年间，杨氏始祖入闽后择居于亭店，拓荒垦殖，躬农为生。传至明永年乐间，人口繁衍至千余人。清道光、咸丰年间，杨嘉种（阿苗）自制轮船“孙獭”号，往来于祖地与菲律宾，被慈禧太后授予“官道街臣”金匾。他在家乡兴建大厝，面积达 1 300 多平方米，集石雕、砖雕、木雕、瓷雕和泥雕之技艺于一身，为闽南民居的典型代表。杨氏宗祠始建于明永乐初年，清康熙初年重建，雕梁画栋，富丽堂皇，冠于乡里。2013 年入选全国重点文物保护单位。

泉州—南安林氏民居 位于南安市省新镇。华侨建筑家林路回故里设计兴建的民居建筑群，他曾承建当时新加坡最宏伟的建筑——维多利亚纪念堂。清光绪末年建成，宗祠、正屋、叠楼、书房等建筑联袂并排平行而立，通长 110 多米，大小房间 99 间。建筑群前铺有宽敞的石埕，埕前建有水榭，山墙间留有 2 米宽的防火通道。硬山顶、四合院加左右护厝，角楼外观为西洋风格，内部装修采用水泥花砖。建厝的材料大都来自海外，水泥地砖历经百年仍保存完好。林氏民居在闽南传统建筑形式中巧妙融入南洋建筑装饰风格，韵味十足。2013 年入选全国重点文物保护单位。

泉州—南安中宪第 位于南安市石井镇。清雍正年间，石井海商郑运锦于台湾开设“勃兴行”，贸易致富后，在台湾采购优良杉木运回石井，大兴土木。其子郑汝成由贡监生授州司马并诰封中宪大夫，荫及三代，故称“中宪第”。中宪第又名“九十九间”（实际为 112 间），占地面积 13 986 平方米，由五进宫殿式主体、东西两侧护厝（厢房）、书轩、梳妆阁、演武厅及小园林构成整体建筑群，附设书院、演武厅、梳妆楼及花园，整体结构至今保存完整。2013 年入选全国重点文物保护单位。

泉州一李光地宅和祠 位于安溪县湖头镇。李光地系辅胜将军李伯瑶之后，清康熙年间进士，进翰林，累官至文渊阁大学士兼吏部尚书，政绩显著，康熙帝曾三次授予御匾。包括贤良祠、新衙、旧衙。贤良祠始建于康熙中期。新衙建筑面积 3 120 平方米，挂有康熙皇帝题写的匾额三块，对联两副。旧衙纵深五进，两边护厝。2013 年入选全国重点文物保护单位。

泉州一西资寺石佛造像 位于晋江市金井镇。相传造像为唐代晚期镌刻。造像依崖凿“西方三圣”阿弥陀佛、观音菩萨、势至菩萨各一尊，均赤足立于莲座上。阿弥陀佛居中，头挽螺髻，唇厚颐丰，双耳垂肩，身着袈裟，衣褶流畅，袒右胸露出右臂，左手单举当胸，托一莲朵，右手前伸作接引状，身高 4.5 米，宽 1.62 米。两侧观音菩萨、势至菩萨均高 4 米。观音菩萨头挽高髻，耳垂饰花，右手掂小净瓶垂于身前，左手掂诀当胸，身着广袖大衣，胸前饰瓔珞。大势至菩萨服饰与观音菩萨同，左手掂诀下垂，右手当胸。2013 年入选全国重点文物保护单位。

泉州一南天寺石佛造像和摩崖石刻 南天禅寺位于晋江市东石镇，始建于宋嘉定年间。寺中大雄宝殿内依崖凿造像三尊，为建寺时创建。崖壁佛龛通高 6.9 米，龛内石佛各高 6.25 米，结跏趺坐莲台上。中间为阿弥陀佛，螺发，披衣露乳；左侧为观音，花冠，持净瓶；右侧为势至，花冠，执经书。佛像伟岸肃穆、端庄慈祥，为泉州现存最大的石雕佛像。寺院附近山崖上还有摩崖石刻五处，时代为宋至清。2013 年入选全国重点文物保护单位。

漳州一东山关帝庙 位于东山县铜山古城。始建于明洪武中期，是全国四大关帝庙之一。抬梁式木构架建筑，庙门为牌楼式，由 6 根圆石柱顶托着数百支纵横交错、承力均匀的斗拱，捧着一座宫殿式楼亭，亭上有彩瓷剪贴雕 120 多个英雄人物，千姿百态。存有多方碑刻、柱础、铜钟、香炉等文物，其中金木雕、石雕琳琅满目，栩栩如生。1996 年入选全国重点文物保护单位。

漳州—石牌坊 漳州牌坊数量众多,清朝年间记载有地点、名称的牌坊多达400多座,保留至今的有近50座,分布在漳州市各区县。位于芗城区香港路的“尚书探花”和“两京扬历”两座明代牌坊,位于新华东路的“闽越雄声”和“勇壮简易”两座清代牌坊,最具代表性。1996年入选全国重点文物保护单位。

漳州—二宜楼 位于华安县仙都镇。建于清乾隆中期。占地面积9 300平方米,双环圆形土楼,分成16个单元,共有房间213间。楼内空地中还有两口井,分别为“阴泉”和“阳泉”,组成太极阵型。楼内存有壁画226幅593平方米,彩绘228幅99平方米,木雕349件,楹联163副,堪称民间艺术珍品。布局独具特色,防卫系统独创,装饰精巧华丽,堪称“圆土楼之王”“神州第一圆楼”。1996年入选全国重点文物保护单位。

漳州—漳州府文庙大成殿 位于芗城区。始建于南宋绍兴年间,明成化年间重修,现存为明代建筑。面阔五间,进深六间,重檐歇山顶。前檐六根廊柱为浮雕盘龙石柱,其他皆为花岗石圆柱。斗拱之上设井口天花。该殿屋檐起翘显著,两山山尖升起较高,正脊弯起,山花挑出山柱之外,反映了早期闽南建筑的特征,是闽南大型殿堂建筑代表作。2001年入选全国重点文物保护单位。

漳州—江东桥 位于龙海市榜山镇,横跨于九龙江的北溪与西溪交汇入海处。这里两岸峻岭夹峙,江宽流急,地势险要,古称“三省通衢”。宋绍熙初年曾架浮桥,嘉定年间建石墩木桥,嘉熙初年木桥毁于火,重建为梁式石桥。桥长约335米,石梁长23.7米,每根宽1.7米,高1.9米,重达200多吨,是我国古代十大名桥之一。今存古桥残长100.35米,两跨桥面、桥墩5座、残墩基9座和东西金刚墙。2001年入选全国重点文物保护单位。

漳州—赵家堡—诒安堡 位于漳浦县。宋朝灭亡后,赵家皇族后裔在此隐姓埋名聚族而居,于清康熙中期建成赵家堡。有内外两道城墙,外城有条石砌基的三合土墙,高6米,宽2米,周长1 082米;城中部有五座并列的府第，每座五落，共有 150 间房。诒安堡仿赵家堡而建，城墙周长 1 200 米，高 6.7 米，厚 2.2 米，用条石筑成马道，马道外侧建 2 米高的女墙，共有 365 个垛口；全城设四城门，南门至西门前开凿护城河，当年建造的 95 排、每排 10 间的民房基本保存完好。2001 年入选全国重点文物保护单位。

漳州—南胜窑址 位于平和县南胜镇。主要遗存有南胜花仔楼窑、田坑窑、五寨大垅窑、华仔楼窑、洞口陂沟窑、大垅窑、二垅窑六处窑址。南胜窑的烧造技术代表了明末清初漳州地区烧造瓷器的最高水平，烧造的瓷器是明末清初我国东南沿海地区对外贸易、“海上丝绸之路”的主要物品之一。2006 年入选全国重点文物保护单位。

漳州—南山宫 位于华安县，面对笔架山。占地面积 2 000 多平方米。始建于南宋德祐初年，明正统年间重建，历代皆有修缮。明太仆陈天定曾流寓此宫两年，亲题匾额“德茂天初”。雕刻、彩绘、壁画题材丰富，保存完整。其中的辇轿与蜈蚣旗，堪称民间艺术瑰宝。2006 年入选全国重点文物保护单位。

漳州—林氏宗祠 位于芗城区。由漳州各县林氏捐资共建，供奉林氏始祖比干。宗祠前后进已废，现存中进四方正殿，建筑面积 430 平方米，面阔三间，进深五间，重檐歇山顶，红色筒瓦，下檐不围合，并留有回廊。确切建筑年代已无考，据主殿实物与结构分析，当始建于宋代。因清末曾修葺，故有清式建筑的痕迹。2006 年入选全国重点文物保护单位。

漳州—漳浦文庙大成殿 位于漳浦县城。始建于南宋庆元年间，重建于明代洪武初年，现仅存大成殿。大成殿面阔三间，进深五间，重檐歇山顶、斗拱抬梁式结构。殿内存有明、清时期的碑石五方。1964 年维修时，把木柱换为石柱，其余基本保留原貌。漳浦文庙是 1937 年“漳浦事件”的旧址之一。2006 年入选全国重点文物保护单位。

漳州—德远堂 位于漳州市塔下村。建于清康熙年间。占地面积约 4 000 平方米。二进院落。前厅屋檐下两侧各有三座古代名戏人物的泥塑。大殿正中悬挂着一块大横匾，上书“德远堂”三个镏金大字。大殿正中的壁上筑有一大神龛，排列着历代祖宗的神位。正殿两边有左鼓右钟之设。祠堂前竖“石龙旗杆”23 根，每根高达 10 余米，是我国目前保存最多、最完好的一处石龙旗杆群。德远堂是世界文化遗产“福建土楼”的组成部分。2006 年入选全国重点文物保护单位。

漳州—林氏义庄 位于龙海市角美镇。义庄流行于古代汉族地区，为宗族所有之田产，始于北宋。林氏义庄为闽省著名的慈善机构之一，占地面积 4 500 多平方米，房屋 99 间，建筑面积 2 500 平方米，砖木结构，悬山顶，四合院构造。2006 年入选全国重点文物保护单位。

漳州—天一总局旧址 位于龙海市角美镇。清光绪初期由旅居菲律宾的华侨郭有品创办，总局设于流传社（今流传村），外设厦门、安海（晋江）、吕宋（菲律宾）等三个分局。天一总局专为海内外华侨和侨属办理书信投递和钱币汇兑接送业务。2006 年入选全国重点文物保护单位。

漳州—中国工农红军东路军领导机关旧址 位于芗城区。1932 年春，毛泽东率领红军第一、五军团东征闽南，攻克漳州城。毛泽东在此指导地方党组织创建红军独立团和建立工农民主政权，为闽南革命根据地建设奠定了基础。旧址原为美国基督教会创办的浔源中学校长楼——芝山红楼，建筑面积 480 平方米，西式两层红砖楼，七间主房砖木结构。楼上有毛泽东工作室兼卧室。1957 年辟为“毛主席率领红军攻克漳州纪念馆”，1991 年树立“纪念红军攻克漳州纪念碑”。2006 年入选全国重点文物保护单位。

漳州—莲花池山遗址 位于漳州市北郊。旧石器时代遗址。在三个文化层共采集标本 4 500 余件，石制品超过 400 余件。遗址分南北两区，但文化层相连。由于自然侵蚀和人工破坏，北区顶部和南区遗址已不复存在。2013 年入选全国重点文物保护单位。

漳州—陈政墓和陈元光墓 陈政墓位于云霄县将军山。唐总章年间泉州潮州间“蛮獠啸乱”，岭南行军总管陈政奉旨率兵来闽平乱，屯垦云霄，置宅于火田村，病殁后葬于将军山。其子陈元光袭其职，厉行法治，重视垦荒，兴修水利，对开发漳州作出卓越贡献，后死于征战，被尊奉为“开漳圣王”，死后初葬于漳浦,后移葬漳州市郊浦南镇石鼓山。陈政墓地尚存翁仲、马、羊等唐代大型石雕。陈元光墓墓碑题“唐开漳陈将军墓”,墓前有石羊、石狮及华表各一对。2013 年入选全国重点文物保护单位。

漳州—镇海卫城址 位于龙海市南太武山。建于明洪武中期。城墙全部用石头砌就,依山临海,如出水蛟龙,与威海卫、天津卫、金山卫并称“明初四大名卫”。原有东西南北四个门,门各有楼,后东门常闭,另开水门,保存较好的是南门和水门。南门有两重城门,第一道城门后两侧又各筑一道半月形城墙。城内有 99 口井,分布于石径、榕树之旁,庭院之中。2013 年入选全国重点文物保护单位。

漳州—平和城隍庙 位于平和县九峰镇。始建于明代正德年间,清康熙、乾隆年间曾多次重修。20 世纪 90 年代修葺,恢复旧观。占地面积 1 400 多平方米,五进,中轴线上大门、仪门、凉亭、大殿、后殿依次排列。前厅 9 檩、中堂 11 檩、后殿 7 檩,面阔均为 3 间,进深也为 3 间,抬梁式,宏伟壮丽。其中仪门、凉亭、大殿保存完好,是不可多得的纵列式乡土建筑组群。2013 年入选全国重点文物保护单位。

漳州—蓝廷珍府第 位于漳浦县。蓝廷珍官至南粤总兵、福建水师提督,定策治理台湾颇有功绩。府第于清雍正年间落成,也是江南水师提督、蓝廷珍之孙蓝元枚的故居。建筑群前由 360 块条石砌成的宽阔广场。主建筑台基勒脚为大面积花岗石,面宽 50 米,纵深 86 米,占地面积 4 300 多平方米。大门两侧立一对青石鼓,高 1.5 米,鼓面有麒麟、荷花、水草等精美浮雕。2013 年入选全国重点文物保护单位。

漳州—仙字潭摩崖石刻 位于华安县沙建镇。这里山峦连绵起伏,溪水折曲成潭。北岸临水悬崖的峭壁上,遗存着许多古石刻,除“营头至九龙山南安县界”一处为汉字外,其余都是离奇古怪的纹样。纹样大的长 0.74 米、宽 0.35 米,小的长 0.15 米、宽 0.09 米,形状各异,共 50 多个,占位 30 余平方米,像字像画还像符号,人莫能识,于是讹传为神仙所书,故名“仙字”。2013 年入选全国重点文物保护单位。

漳州—五更寮土高炉群 位于南靖县书洋镇。1958年的“大炼钢铁”运动中,南靖县在五更寮设铁厂,建土高炉24座。由于所炼钢铁不合格,次年停产。后土高炉多被拆往他处,现尚遗留8座,成为“大跃进”时期“大炼钢铁”运动的历史见证。五更寮土高炉群是偏远山区发现的保存数量最多、最为集中的一处现代工业遗产。2013年入选全国重点文物保护单位。

漳州—东山戍守台湾将士墓群 位于东山县铜陵镇。清朝时征调官兵戍守台湾,铜山(今东山岛)先后有4万多名官兵分赴戍守台、澎。戍台官兵殉难后,其尸骸火化骨灰装于“金斗瓮”运返铜山。清道光末年,东山人民于南门湾海边的翠云宫添置“义勇祠”,供祀戍台官兵的亡灵牌位。墓群占地面积约240平方米,现存墓碑130多座,大部分墓碑上刻有姓名。2013年入选全国重点文物保护单位。

宁德—福安狮峰寺 位于福安市柏柱洋狮峰山。始建于唐景福初年。明武宗曾游此寺,御题寺匾“狮峰广化禅林”,并赠诗。清嘉庆年间重修。寺院占地面积1.3万平方米,傍山而立,建筑雄伟,虽历千年而庙貌尚存。2006年入选全国重点文物保护单位。

宁德—观音亭寨 位于霞浦县。畲族古代御敌寨堡,始建于明洪武初年。长148米、高5.4米。堡中有一个2米高的仿宋代悬臂式条石砌圆形寨门,门楣上有清同治年间所书“观音亭寨”。城垛上还有方形御敌楼,古代为守兵住所,现仅存墙基。保留有15块历代碑刻,其中12块是明朝以来当地畲民百姓募缘修桥碑记,2块系清代府衙通告牌。2013年入选全国重点文物保护单位。

宁德—林公忠平王祖殿 位于周宁县。林公即宋代林亘,威猛善战,悬壶济世,除兽安民,闽东民间奉之为神明,明成化年间敕封为“杉洋感应林公忠平候王”。该殿创建于明正德年间,建筑面积421平方米。正殿面阔三间,进深三间,单檐歇山顶穿斗式土木结构。殿前太子亭为三檐歇山顶,顶上有“赐封林公忠平王祖殿”石匾额和建造宫碑,皆为明代遗存。左右为钟鼓楼,建筑形式为穿斗式双檐歇山顶,瓦栋上有泥雕,保存完好。2013年入选全国重点文物保护单位。

宁德—古田临水宫 位于古田县大桥镇。奉祀道教女神“顺天圣母”陈靖姑，相传陈靖姑能降妖伏魔，扶危济难，为民除害而殒。邑人感其恩德，建殿崇祀。五代闽王赐予三十六婆官，树碑纪念。临水宫依山而建，占地面积2 000多平方米，土木结构，飞檐翘角，红墙绿瓦，充分运用木刻、木雕、石刻、石雕、彩绘艺术手法，大量使用如意斗拱、弓梁、垂莲柱，是一座风格别致的唐代宫殿式建筑。2013年入选全国重点文物保护单位。

宁德—漈下建筑群 位于屏南县。村前有一条小溪名“漈水”，沿溪而居的大都是甘氏后裔，所以又称“龙漈甘溪”。建筑群类型丰富、数量众多、规模较大，沿漈水溪两岸布局，是传统古村落公共建筑空间分布与数量配置的典型代表。主要文物建筑有聚宝桥、飞来庙、峙国亭、雨廊、明代古城门、碓房、龙漈仙宫、漈下古民居等。2013年入选全国重点文物保护单位。

宁德—凤岐吴氏大宅 位于柘荣县。始建于于清乾隆、嘉庆年间。依山而建，两重围墙，四周花园，占地面积7 532平方米。主体建筑均为木结构穿斗式，双层重檐歇山顶，面阔各11间，进深各3间，共有天井27个，花窗100多个。斗拱和门窗多木雕，建筑装饰以原木、原砖、原色为主，历经数百年而大多数保存完好，弥足珍贵。2013年入选全国重点文物保护单位。

宁德—秦屿戍守台湾将士墓群 位于福鼎市秦屿镇。自清代起，秦屿左右营开始抽丁戍守台湾，官兵殉难或病故后安葬于此。墓群占地面积2 800平方米，由戍台故兵墓两处(一墓一碑)和抗倭义冢三处组成。2013年入选全国重点文物保护单位。

二十五、国家一级博物馆

福建博物院 位于福州市西湖公园内。始建于1933年，原名“福建省立科学馆”。1953年成立福建省博物馆,2002年新馆建成,更名为“福建博物院”。占地面积6万平方米,建筑面积3.6万平方米,包括地下一层、地上三层。展览面积1.5万平方米,共有15个展厅,包括7个基本陈列展厅和6个临时展厅。馆藏文物和自然标本近17万件,其中珍贵文物3万余件。2008年入选国家一级博物馆。

中国闽台缘博物馆 位于丰泽区。反映福建省与台湾省历史关系的专题博物馆,建于2006年。占地面积10.27万平方米,主体建筑面积2.33万平方米,分四层,高43米。入口处的“九龙柱”高19米、宽2米,是我国最高的一对“九龙柱”。馆藏精品有鹿港古钟、爆绘壁画等。集收藏、展示、研究、交流和服务等功能于一体,是研究闽台关系史的机构。2008年入选国家一级博物馆。

海外交通史博物馆 位于丰泽区。反映古代航海交通历史的博物馆,1959年创建,新馆于1991年落成。分为开元寺馆和东湖新馆两个馆区。陈列面积1.1万平方米,设有“泉州宗教石刻陈列馆”“中国舟船世界陈列馆”“泉州湾古船陈列馆”等七个分馆,展出国宝级文物宋代沉船及其大量伴随出土文物,数十根木、铁、石等古代锚具,数百方宋元时期的石刻,各个时期的外销陶瓷器,200多艘中国历代各水域的代表性船模。2008年入选国家一级博物馆。

古田会议纪念馆 2008年入选国家一级博物馆。参见全国红色旅游景点景区——古田会议旧址。

中央苏区(闽西)历史博物馆 位于龙岩市新罗区。反映闽西革命史,特别是中央苏区(闽西)历史的综合性革命博物馆。占地面积1.6万平方米,建筑面积4 800平方米,拥有12个陈列展厅,设有“红色闽西”“闽西英烈”“闽西红土名人”“中央苏区·福建”等专题展览,重点展示毛泽东、朱德等老一辈无产阶级革命家在闽西的革命史实和闽西在中国革命历史上的贡献。2017年入选国家一级博物馆。

二十六、中华老字号

漳州片仔癀药业股份有限公司(注册商标:片仔癀) 位于漳州市上街。由成立于1956年的漳州制药厂改制而来。现拥有1家研究院、35家控股子公司、7家参股公司,生产经营六大品类400多个产品。其中独家生产的国家一类中药保护品种片仔癀,具有消炎、解毒、镇痛等疗效及保健功能,特别是在治疗肝炎、解毒保肝、促进手术刀口愈合、消除无名肿毒等方面具有独特功效。2006年入选中华老字号。

春生堂酒厂有限公司(注册商标:春生堂) 位于洛江区佳泰路。生产、销售"春生堂"保健酒的专业公司。源自清道光初年开的"春生堂"中药铺。2006年入选中华老字号。

灵源药业有限公司(注册商标:灵源) 位于晋江市五里工业园区。前身是"晋江县灵源茶饼厂",始建于1958年。主要产品有灵源万应茶、维甜美降糖茶、降压袋泡茶、冰硼散等30多个品种的国药准字中成药及西药。其中龙头产品"灵源万应茶"系晋江灵源禅寺高僧传的秘方药茶,始传于元末明初。2006年入选中华老字号。

民天集团有限公司(注册商标:民天) 位于台江区国货东路。前身为创办于1931年的民天食品厂。福建省最大的调味品生产企业,生产酱油、鱼露、醋、黄酒、豆制品、酱腌菜、调料等,产品远销美国、欧盟、日本、中东、东南亚等国家和地区。2006年入选中华老字号。

回春医药连锁有限公司(注册商标:回春) 位于鼓楼区杨桥中路。始于清乾隆年间,是福州现存最古老的药店之一。回春药店以前店后作坊的形式进行生产销售,品种以丸散丹膏、药酒、参、茸、燕、桂等高档、贵重药材为主,产品畅销全闽各地,部分品种销往东南亚。新中国成立后,组建成立了医药零售连锁企业。2006 年入选中华老字号。

集泉茶叶工贸有限公司(注册商标:龙雀牌) 位于惠安县螺城镇。起源于清乾隆年间成立的“施集泉茶圃”,至今有 200 余年制茶、销茶史。主要产品有“龙雀牌”大红袍、铁罗汉、水仙种等,原料取自名山胜地武夷山慧苑岩。2006 年入选中华老字号。

好清香大酒楼(注册商标:好清香) 位于厦门市思明区体育路。起源于新中国成立初期的“好清香”饮食店,经营闽南特色菜肴和厦门风味小吃。几经商海沉浮,现已成长为厦门餐饮业一颗璀璨的明珠,总店营业面积达 4 000 多平方米,还在中山路、和平码头“新金鹰”号游轮设立连锁分店。2006 年入选中华老字号。

黄则和食品有限公司(注册商标:黄则和) 位于厦门市思明区中山路。手工作坊“黄则和”始创于 20 世纪 40 年代,因其花生汤等小吃风味极佳,深受厦门人的喜爱和青睐。现已采取连锁经营方式,在闽南地区发展了 120 多家加盟店,经营 200 多种各式糕点、面包、营养早餐等产品。2006 年入选中华老字号。

陈有香调味品有限公司(注册商标:陈有香) 位于厦门市思明区长青路。20 世纪 30 年代中期,陈有香利用在马来西亚、新加坡学习的制辣工艺,回国创办“陈有香”调味品。经过多年苦心经营,研制开发了酱、露、油、粉四大系列 50 几个品种。2006 年入选中华老字号。

南普陀寺实业社(注册商标:南普陀) 位于厦门市思明南路。主要经营南普陀素菜、素饼两大品牌产品,南普陀素菜已有百年历史。企业自 1985 年以来,先后获得“福建省文明单位”“厦门市著名商标”等多项荣誉称号。2006 年入选中华老字号。

福建老酒酒业有限公司(注册商标:鼓山牌) 位于福州市仓山区工业路。福建人习惯将陈放一年以上的糯米酿造的酒称为“老酒”,“福建老酒”便是这类“老酒”中的佼佼者,其酿造历史可追溯到宋代。如今“鼓山牌”福建老酒的生产逐步走向机械化、工业化,年生产规模达 300 多吨,是福建省产量最大、技术力量最强、设备最先进的黄酒生产企业。2010年入选中华老字号。

福建省宏盛闽侯酒业有限公司(注册商标:青红) 位于闽侯县经济技术开发区。有近60年的酿酒史,是福建省最大的黄酒生产基地。企业拥有"坊巷青红""青红""闽红""闽龙""龙台山""闽江""闽尤"及"八闽"八大品牌。2010年入选中华老字号。

福建复茂食品有限公司(注册商标:复茂) 位于莆田市荔华东大道。公司前身为"复茂饼家",始于20世纪初,已有百多年历史。现已成为专业制作汉式糕点和西式点心现代化综合性食品企业。2010年入选中华老字号。

明溪县城关荣兴肉脯干厂(注册商标:荣兴) 位于明溪县雪峰镇。明溪生产肉脯干可追溯到700多年前,被誉为"闽西八大干之首"。"荣兴"牌肉脯干选用猪后脚瘦肉,采用丁香、肉桂、八角、小茴等名贵天然香料,通过削片、腌制、炭火烘烤等传统工艺结合现代科学技术精制而成,风味独特。2010年入选中华老字号。

福建省安溪成珍食品有限公司(注册商标:成珍) 位于安溪县官桥镇。除生产传统食品"成珍"橘红糕外,还开发生产珍珠酪、瓜子、杏仁、花生酥、蜜金橘、蜜姜片、寸枣等系列低糖食品。"成珍"橘红糕传统手工技艺已被列入福建省非物质文化遗产。2010年入选中华老字号。

叶氏麻糍经营部(注册商标:叶氏) 位于厦门市思明区龙头路。1932年,年仅12岁的叶氏麻糍创始人——叶成屋跟着哥哥从安溪来到鼓浪屿做工,学做麦乳、米糕、茯苓糕,后来结合祖传糯米小吃手艺,创出了叶氏麻糍。叶氏麻糍已被认定为"中国名点"。2010年入选中华老字号。

黄金香食品有限公司(注册商标:黄金香) 位于厦门市思明区厦禾路。从事畜禽定点屠宰、养殖、肉禽蛋副食品经营的国有企业,是厦门市"菜篮子工程"和"放心食品工程"主要成员单位。"黄金香"无公害猪肉分为冷鲜肉、热鲜肉两种,是"福建名牌产品"。2010年入选中华老字号。

白鹭食品工业有限公司(注册商标：白鹭) 位于厦门市海沧区新光东路。由原来的厦门食品行业老字号企业、具有60多年历史的厦门食品厂改制而来。主要产品为饼干、蛋花酥、花生酥、小馒头、饴糖、馅料、鱼皮花生等休闲食品。2010年入选中华老字号。

淘化大同调味品有限公司(注册商标：海堤) 位于厦门市民族路。始于19世纪初期成立的淘化有限公司,专门生产酱油、酱品等食品。现已成为福建省最大的酿造企业之一,拥有著名商标“海堤”和“淘化大同”,产品有酱油、食醋、酱料、复合调味料四大类百余个品种,产品畅销全国,远销东南亚、中东、欧盟、南美等地。2010年入选中华老字号。

吴招治薄饼店(注册商标：吴招治) 位于厦门市同安区祥平街道。同安蔡家薄饼技艺祖传三代,吴招治自小跟随外祖父学习厨艺,手艺甚佳。1954年蔡体在同安开了间小店,字号就叫“招治薄饼”。吴招治薄饼店专营祖传薄饼,兼营五香、土笋冻等厦门小吃。2010年入选中华老字号。

将乐县民间龙池古砚作坊(注册商标：龙池) 位于将乐县古镛镇。龙池砚是福建省首批非物质文化遗产之一。20世纪末全县仅有老工匠3人从事“龙池砚”制作,后继乏人。2000年,龙池砚传人张旺金创办龙池砚作坊,现有艺术家1人、设计师1人、雕刻师4人,年生产各种规格自然砚、学生砚、工艺品砚2 000余方,产品远销北京、上海、广州等地。2010年入选中华老字号。

聚春园集团有限公司(注册商标：聚春园) 位于福州鼓楼区东街。“聚春园”始创于清同治年间。创制的“佛跳墙”菜肴驰名中外,是福建省唯一列入国家级非物质文化遗产代表性项目名录的烹饪技艺。2002年以百年老字号“聚春园”为品牌组建福州聚春园集团。2010年入选中华老字号。

同利肉燕老铺(注册商标：同利) 位于福州市鼓楼区澳门路。始创于清光绪年间,至今已传承五代。独创的风味小吃“太平燕”堪称神州一绝。“燕”“宴”谐音,“太平燕”又叫“太平宴”,寓意“太平”“平安”;燕子意味着家业兴旺、团圆,逢年过节和亲朋聚会当地都会吃“肉燕”,因此福州有“无燕不成宴,无燕不成年”之说。2010 年入选中华老字号。

老卤酱鸭店(注册商标：老卤) 位于福州市鼓楼区吉庇路。创始于 1924 年。老卤酱鸭老铺创始人林德兴,以其绰号“老卤”为招牌开店,因有前清御厨传授酱卤秘方而闻名。1978 年老卤酱鸭老铺恢复开市,成为当时全国第一家个体酱鸭老铺。“老卤”酱鸭五味入骨、肉熟而不烂,享誉榕城。2010 年入选中华老字号。

永和鱼丸店(注册商标：永和) 位于福州市鼓楼区南后街。创始于 1934 年,是福州市现存最古老的鱼丸店之一。“永和”牌鱼丸选取鳗鱼、鲨鱼或淡水鱼剔骨,把鱼肉剁成鱼茸,加上淀粉搅拌均匀,再将调制好的猪肉馅或虾肉馅包入其中,制成丸子形状,颜色洁白,质松软、味可口。2010 年入选中华老字号。

依海肉燕老铺(注册商标：依海) 位于福州市鼓楼区澳门路。起源于清同治年间开设的“聚记清水肉燕店”。1978 年恢复“肉燕”加工销售,1989 年将店名注册为“福州依海肉燕老铺”。“依海”肉燕系列产品有鲜燕皮、干燕皮、特制燕丸、精制肉燕。2010 年入选中华老字号。

台江老天华乐器行(注册商标：老天华) 位于福州市台江区大庙新村。原称“天华斋”,始创于清朝嘉庆初年。1955 年以“老天华”乐器店的师傅为骨干成立福州市乐器社以及福州市台江乐器厂。20 世纪 90 年代初,“老天华”乐器重新开业,前店后坊。2010 年入选中华老字号。

漳州八宝印泥厂(注册商标：丹霞) 位于漳州市青年路。八宝印泥是漳州“三宝”之一,制作工艺历史悠久,选料独特,质量上乘,使用寿命长,具有鲜艳饱和、气味芬芳、浸水不化、色泽长新、燥大不干、雨大不霉、夏不渗油,冬不凝冻等优点。2010 年入选中华老字号。

泉州中侨(集团)股份有限公司源和堂公司(注册商标：源和堂) 位于泉州市鲤城区新门街。始创于 1916 年,已有百年历史。产品蜜饯选用当地水果为原料,配以食盐和糖,加上中药配方等研制加工而成,具有增食欲、益胃脾、生津消食之功效。2010 年入选中华老字号。

泉州中侨(集团)股份有限公司药业公司(注册商标:古井) 位于泉州市鲤城区新华西路。1954年由有近300年历史的“老范志万应神曲铺”“开元秋水轩药庄”“泉州新中制药社”等中药制药企业公私合营组建而成。以生产中西成药为主,拥有丸剂、散剂、片剂、胶囊剂、糖浆剂、酊剂、茶(曲)剂、煎膏剂、颗粒剂、酒剂、合剂、口服液以及口服溶液等13种剂型的生产线。2010年入选中华老字号。

莆田华昌首饰有限公司(注册商标:华昌) 位于莆田市白塘街。创始于清光绪末年,1989年“华昌金镶玉技艺”第四代传承人张国王继承祖业,成立华昌珠宝有限公司,主要从事金镶玉、千足金镶嵌宝石、艺雕复镶系列产品的研发、生产与销售,先后开发出“金石和鸣”“太极赋”等数十个系列产品。2010年入选中华老字号。

光华大药房连锁有限公司(注册商标:佛手) 位于厦门市思明区湖滨南路。前身为“万记”药店,1954年更名为“新万记”,1966年改名为“光华药店”。2002年“光华”“回春”等15家药店整合成立“厦门光华大药房连锁有限公司”,2010年更名为“福建国大药房连锁有限公司”,中山路旗舰店仍保持“光华大药房”名号。2010年入选中华老字号。

厦门茶叶进出口有限公司(注册商标:海堤) 位于厦门市思明区湖滨中路。创始于1954年。福建省规模最大、产品系列最全的乌龙茶生产加工商和进出口贸易商。产品有五大类120多种,以“海堤”牌乌龙茶为主,销售网络遍及东南亚及欧美等40多个国家和地区。2010年入选中华老字号。

厦门惟艺漆线雕艺术有限公司(注册商标:BOHUACAI) 2011年入选中华老字号。参见国家级非物质文化遗产生产性保护示范基地——惟艺漆线雕艺术有限公司。

上海市政府专项资金项目“旅游＋校园体验中心”成果之一

中国经典景点

（下）

华北卷

夏林根——主编　汪安梅——编著

東方出版中心

前　言

由夏林根教授主持的上海市政府专项资金项目“旅游+校园体验中心”，包括“旅游大数据体验室”“出境旅游目的地信息系统”“中国经典景点信息系统”“客源国风情体验室”等子项目。《中国经典景点》根据其中的“中国经典景点信息系统”的相关资料整理编纂而成。

本书所称的“经典景点”，除了由联合国教科文组织认定的“世界地质公园”和“世界遗产”以外，全部为国务院及各相关部、委、局评选认定和命名的“国家级”景点。它们是人们进行旅游活动的主要场所，也是推进生态文明、建设美丽中国的重要载体。

本书汇集中国31个省、市、自治区（不含港、澳、台）的“经典景点”1.2万余个，分为以下30个类别：

1. 中国历史文化名镇。指由住房和城乡建设部与国家文物局组织评选的，保存文物特别丰富且具有重大历史价值或纪念意义，能较完整地反映一些历史时期传统风貌和地方民族特色的镇。

2. 中国历史文化名村。指由住房和城乡建设部与国家文物局组织评选的，保存文物特别丰富且具有重大历史价值或纪念意义，能较完整地反映一些历史时期传统风貌和地方民族特色的村。

3. 全国特色景观旅游名镇（村）。指由住房和城乡建设部与文化和旅游部共同评定的，具有丰富的地域特色、水域特色、生物特色、气候特色等自然景观资源且保存完好，具有鲜明的非物质文化特色、特色建筑和设施、农林牧渔特色、产业特色、民族特色等人文景观资源，体现乡村和小城镇的地方风貌,具有较高的观光游览和休闲度假等旅游开发利用价值,具有显著的爱国主义、文化传承、城乡交流、科普教育等积极意义,适宜开展旅游活动,形成一定的旅游主题的镇或村。

4. 中国特色小镇。指由国家发展和改革委员会、财政部、住房和城乡建设部共同认定的,富有活力的,以休闲旅游、商贸物流、现代制造、教育科技、传统文化、美丽宜居等为特色的镇。

5. 中国历史文化街区。指由住房和城乡建设部、国家文物局共同认定的,风貌完整、传统建筑集中、历史文化遗存丰富的法定保护的区域或“历史地段”。

6. 国家级文化生态保护实验区。指由文化和旅游部批准建立的,以保护非物质文化遗产为核心,对历史文化积淀丰厚、存续状态良好,具有重要价值和鲜明特色的文化形态进行整体性保护的特定区域。

7. 国家生态旅游示范区。指由文化和旅游部、环境保护部共同评定的,具有明确地域、管理规范、具有示范效应的典型的生态旅游示范区。

8. 全国红色旅游经典景区。指由国家发展和改革委员会等认定的,以1840年以来在中国大地上发生的中国人民反对外来侵略、奋勇抗争、自强不息、艰苦奋斗,充分显示伟大民族精神的重大事件、重大活动和重要人物事迹的历史文化遗存为主体,组织接待旅游者进行参观游览,学习革命精神,接受革命传统教育和振奋精神、放松身心、增加阅历的旅游目的地。

9. 全国农业旅游示范点。指由文化和旅游部认定的,以农业生产过程、农村风貌、农民劳动和生活场景为主要景观的旅游活动的示范点。

10. 全国休闲农业与乡村旅游示范点。指由农业农村部、文化和旅游部认定的,推进农业功能拓展、农业结构调整、社会主义新农村建设和促进农民增收的休闲农业与乡村旅游的示范点。

11. 全国工业旅游示范点。指由文化和旅游部认定的,具有观赏、研学、展示、休闲、疗养、购物等功能,提供相应旅游设施与服务的场所,以及反映重大事件、体现工业技术成果和科技文明等的载体,包括工业企业、工业园区、工业展示区域、工业历史遗迹等。

12. 国家级非物质文化遗产生产性保护示范基地。指由文化和旅游部认定的,通过生产、流通、销售等方式,将非物质文化遗产及其资源转化为生产力和产品,产生经济效益,并促进相关产业发展,使非物质文化遗产在生产实践中得到积极保护,实现非物质文化遗产保护与经济社会协调发展良性互动的单位。

13. 国家级旅游度假区。指由文化和旅游部认定的,为了适应我国居民休闲度假旅游需求的快速发展,为人民群众积极营造有效的休闲度假空间,提供多样化、高质量的休闲度假旅游产品,为落实职工带薪休假制度创造更为有利的条件而设立的综合性旅游载体品牌。

14. 国家级风景名胜区。原称国家重点风景名胜区,指由国务院审定的,具有观赏、文化或者科学价值,能够反映重要自然变化过程和重大历史文化发展过程,基本处于自然状态或者保持历史原貌,具有国家代表性的自然景观、人文景观比较集中,环境优美,可供人们游览或者进行科学、文化活动的区域。

15. 国家级自然保护区。指由国务院审定的,对有代表性的自然生态系统、珍稀濒危野生动植物物种的天然集中分布区,有特殊意义的自然遗迹等保护对象所在的陆地、陆地水体或者海域,依法划出一定面积予以特殊保护和管理的区域。

16. 国家级水利风景区。指由水利部评定的,以水域或水利工程为依托,可以开展观光、娱乐、休闲、度假或科学、文化、教育活动的区域。

17. 国家级海洋特别保护区。指由国家海洋局认定的,具有特殊地理条件、生态系统、生物与非生物资源及海洋开发利用特殊需要的,采取有效的保护措施和科学的开发方式进行特殊管理的,具有生态保护和重要资源开发价值、涉及维护国家海洋权益的重要海洋区域。

18. 世界地质公园。指由联合国教育、科学及文化组织选出的,以具有地质科学意义、珍奇秀丽且独特的地质景观为主的，融合自然景观与人文景观的自然公园。

19. 国家地质公园。指由自然资源部认定的，以具有国家级特殊地质科学意义、较高的美学观赏价值的地质遗迹为主体，并融合其他自然景观与人文景观而构成的一种独特的自然区域。

20. 国家森林公园。指由国家林业和草原局批准设立的，森林景观特别优美，人文景物比较集中，观赏、科学、文化价值高，地理位置特殊，具有一定的区域代表性，旅游服务设施齐全，有较高的知名度，可供人们游览、休息或进行科学、文化、教育活动的场所。

21. 国家沙漠公园。指由国家林业和草原局批准设立的，以沙漠景观为主体，以保护荒漠生态系统和生态功能为核心，合理利用自然与人文景观资源，开展生态保护及植被恢复、科研监测、宣传教育、生态旅游等活动的特定区域。

22. 国家石漠公园。指由国家林业和草原局认定的，以多样化的岩溶地貌与生物景观资源为基础，以保护岩溶生态系统及其生态环境为基本出发点，以生态文化建设和科普宣教为主线，合理利用资源开展公众游憩、旅游休闲和进行科学、文化、宣传和教育活动的特定区域。

23. 国家湿地公园。指由国家林业和草原局批准设立的，具有一定规模和范围，以具有显著或特殊生态、文化、美学和生物多样性价值的湿地景观为主体，以保护湿地生态系统、合理利用湿地资源、开展湿地宣传教育和科学研究为目的，可供公众游览、休闲或进行科学、文化和教育活动的特定区域。

24. 国家矿山公园。指由自然资源部、文化和旅游部、生态环境部等评定的，以人类矿业遗迹景观为主体，体现矿业发展历史，具备研究价值和教育功能，可供人们游览观赏、进行科学考察与科学知识普及的特定的空间地域。

25. 国家考古遗址公园。指由国家文物局评定的，以重要考古遗址及其背景环境为主体,具有科研、教育、游憩等功能,在考古遗址保护和展示方面具有全国性示范意义的特定公共空间。

26. 世界遗产。指由联合国教育、科学及文化组织和其组织内的世界遗产委员会确认的,人类罕见的、目前无法替代的、全人类公认的具有突出意义和普遍价值的文物古迹及自然景观。

27. 全国重点文物保护单位。指由国家文物局评定的,具有重大历史、艺术、科学价值,在中华文明中具有标志性地位和全国性意义的最高保护级别的不可移动文物。

28. 国家一级博物馆。指由国家文物局评定的,具有文物、标本收藏保管、科学研究、陈列展览功能,在综合管理与基础设施、藏品管理与科学研究、陈列展览与社会服务等各方面处于最高等级的博物馆。

29. 国家重点美术馆。指由文化和旅游部认定的,具有展览、典藏、研究及公共教育和服务功能,有较好的基础设施、管理和服务,不以营利为目的的公益性美术馆。

30. 中华老字号。指由商务部认定的,历史悠久,拥有世代传承的产品、技艺或服务,具有鲜明的中华民族传统文化背景和深厚的文化底蕴,取得社会广泛认同,形成良好信誉的品牌。

本书分为六卷,即东北卷(包括辽宁、吉林、黑龙江),西北卷(包括陕西、甘肃、青海、宁夏、新疆),华东卷(包括上海、江苏、浙江、安徽、福建、江西、山东,不含台湾),华北卷(包括北京、天津、河北、内蒙古、山西),中南卷(包括河南、湖北、湖南、广东、广西、海南,不含香港、澳门),西南卷(包括重庆、四川、贵州、云南、西藏)。各卷以省级行政区为单位分类归集景点,各类别的景点原则上以认定入选的年份先后为序。本书资料原则上截止于2018年6月。

本书先由夏林根制订框架,选定景点,收集相关基本资料,然后由各分卷编纂者负责校订增补,最后由夏林根通稿审定。在编纂过程中,本书得到了上海杉达学院副校长王馥明教授、副校长娄斌超教授、校长办公室李扬女士,东方出版中心唐丽芳博士,上海奇众信息科技公司总经理高吉瑞先生的大力支持和帮助。上海杉达学院管理学院院长助理童俊撰写了北京的部分景点。本书较多地参考征引了相关政府机关和专业网站的资料,恕不一一列举。谨致谢忱!

目 录 CONTENTS

北京篇

天津篇

河北篇

山西篇

内蒙古篇

北京篇

北京，简称“京”。北京是一座有 3 000 多年历史的古都，曾别称燕都、幽州、京城、南京、大都、北平、京师、京兆等。明永乐元年（公元 1403 年），明成祖朱棣取得皇位后，将他做燕王时的封地北平府改为顺天府，建北京城，“北京”之名由此而来。

北京位于我国华北平原北部，背靠燕山，东面与天津市毗连，其余均与河北省相邻，总面积 1.641 万平方千米。

北京地形西北高，东南低，平均海拔 43.5 米。西部为西山，属太行山脉，北部和东北部为军都山，属燕山山脉。山区面积约占 62%，平原区面积约占 38%。最高的山峰为京西门头沟区的东灵山，海拔 2 303 米。

北京的气候为典型的暖温带半湿润大陆性季风气候，夏季高温多雨，冬季寒冷干燥，春、秋短促。年平均气温，平原地区为 11—13℃，洧拔 800 米以下的山区为 9—11℃，高寒山区在 3—5℃。极端最高气温一般在 35—40℃，极端最低气温一般在 -20—-14℃。

北京是直辖市，下辖东城区、西城区、朝阳区、丰台区、石景山区、海淀区、顺义区、通州区、大兴区、房山区、门头沟区、昌平区、平谷区、密云区、怀柔区、延庆区 16 个区。

2018 年末，北京常住人口 2 154.2 万，其中城镇人口占 86.5%。全市人口除汉族最多外，排在第 2—第 6 位的是满族、回族、蒙古族、朝鲜族和土家族。

北京是中华人民共和国首都，是全国政治中心、文化中心、国际交往中心、科技创新中心，是世界著名古都和现代化国际城市。北京是世界上拥有世界文化遗产数最多的城市，全球首个拥有世界地质公园的首都城市，拥有世界上最大的皇宫紫禁城、世界上最大的四合院恭王府等众多闻名世界的名胜古迹。北京是全球首个既举办过夏季奥运会又将举办冬季奥运会的城市。

一、中国历史文化名镇

密云区古北口镇 位于密云区东北部，101 国道和京通铁路穿境而过，是长城上关口之一，北京与东北地区往来的咽喉要道，素有“燕京门户”“京师锁钥”之称。春秋时称“北口”，北魏时称“出峡”，唐时称“虎北口”。清乾隆元年（公元 1736 年），乾隆去热河途中经过此地，命名为“古北口”。春秋战国时的燕国就在此筑墩设防，唐、宋、辽、金、元代都曾在此设防。境内有万沟架子峰、卧虎山，著名景点有古北口长城、司马台长城、杨令公祠。2008 年入选中国历史文化名镇。

二、中国历史文化名村

门头沟区爨底下村 位于斋堂镇。建于明永乐年间，距今有 600 多年历史，因在明代“爨里安口”（当地人称“爨头”）下方而得名。村庄依山而建，以村后龙头为圆心，南北为轴线，呈扇面形展于两侧。全村被一条长 200 米的弧形大墙分开，村前又被一条长 170 米的弓形墙围绕，3 条通道贯穿上下，具有防洪、防匪之功能。保留着较完整的古代建筑群。2003 年入选中国历史文化名村。

门头沟区灵水村 位于斋堂镇。形成于辽金时代，是我国北方明清时期乡村民居建筑的典范，原貌保存较好。现有明代民居 20 余间，清代民居

100 余间。村落布局形似一巨龟,龟头朝南尾朝北,3 条东西走向街道与南北走向的胡同构成分明的龟纹,龟纹的大小块由四合院组成。文物古迹众多,如东岭石人、西山莲花、南堂北眺、举人宅院等。明清时期,该村出过 22 名举人,被冠以“举人村”之名。2005 年入选中国历史文化名村。

门头沟区琉璃渠村 位于龙泉镇。背靠九龙山,素有“中国皇家琉璃之乡”的美誉。从元代起朝廷在此设琉璃局,清乾隆年间北京琉璃厂又迁至此地,后修水渠至此,村子因此而得名。历经辽、金、元、明、清五朝的千年古村,历史上是京西重要的水陆枢纽和商贸文化集散地,是龙泉镇历史文化资源核心区域。著名景点有三官阁、关帝庙、万缘同善茶棚、琉璃厂商宅院、赵家老宅和邓家大院,其中三官阁建于清乾隆年间。2007 年入选中国历史文化名村。

顺义区焦庄户村 位于龙湾屯镇。闻名遐迩的全国青少年爱国主义教育示范基地——焦庄户地道战遗址就坐落于此。背倚层峦叠嶂的燕山,是休闲度假的天然“绿色氧吧”。北京知名的民俗旅游村,全村有 122 户从事民俗旅游接待,27 户为市级民俗旅游接待户。到焦庄户村旅游,可以吃农家饭、住农家院、干农家活、睡农家炕、享农家乐,还可以参观地道、登山观景、采摘鲜果、植纪念树。2011 年入选中国历史文化名村。

房山区水峪村 位于南窖乡。典型的深山区自然村落,村落成圆形,面南朝北,依山而建,一条青石砌成的 S 形古道贯穿全村。有 100 余套保存完整的明清时代的四合院民居,代表性建筑有杨家大院、瓮门、娘娘庙等。留存的 128 盘古碾,被誉为“石碾收藏世界之最”。曾入选“北京最美的乡村”。2013 年入选中国历史文化名村。

三、全国特色景观旅游名镇(村)

门头沟区斋堂镇 位于门头沟区西部,永定河、清水河穿镇而过。原是唐代古刹灵岳寺供僧侣和香客吃斋的地方，因而得名“斋堂”。美丽的古山城，是古往今来的兵家必争之地，元代修建了要塞天津关，明代修建了沿河城和斋堂两座戍守城池及12座敌台和内长城，有“京西重镇”之称。中国历史文化名村爨底下村、灵水村都位于镇域内，还有“东胡林人”遗址等著名旅游景点。2010年入选全国特色景观旅游名镇(村)。

延庆区八达岭镇　位于延庆区最南端，地处八达岭长城脚下。文物古迹和旅游景点众多，八达岭长城景区核心地段就位于镇域内，不仅有八达岭长城、水关长城、石佛寺、石峡关、八达岭野生动物园、八达岭滑雪场等人文景观，还有长城脚下的公社、吉润高尔夫球场等高端旅游休闲度假设施。八达岭长城为万里长城的精华，先后接待过尼克松、里根、撒切尔、戈尔巴乔夫等外国首脑和众多的世界风云人物。2010年入选全国特色景观旅游名镇(村)。

大兴区庞各庄镇　位于北京市南部、大兴区中部，京开高速公路和京九铁路纵穿镇域。旅游资源丰富，有永定河百里长堤、中国西瓜博物馆、西甜瓜观光园、万亩梨花庄园、大兴花卉园、龙熙顺景高尔夫俱乐部、永定河神祠遗址等景点。被誉为“中国西瓜之乡”，每年4月中旬的万亩梨花节以及一年一度的大兴西瓜节是享誉京城的两大节事。2010年入选全国特色景观旅游名镇(村)。

怀柔区雁栖镇　位于怀柔区南部。111国道和范崎路纵贯南北，沙通铁路横跨东西。总面积156平方千米，山区面积占总面积的80%。环境优美，旅游资源丰富，著名景点包括燕城古街、雁栖湖、神堂峪、明代古长城等。修复后的燕城古街是游览雁栖湖、品尝虹鳟鱼的必经之路。2010年入选全国特色景观旅游名镇(村)。

昌平区木厂村　位于兴寿镇。典型的山区乡村，环境优美，气候宜人。地处大杨山国家森林公园核心地区，以林茂、树美、山雄、石奇、峰险、谷幽著称。古迹众多，石佛寺在明清时就是佛教圣地。农家小院依山傍水，错落有致。村民主要种植板栗、核桃和各种杂果。5月赏花挖野菜，6月采摘银白杏,7 月李子 8 月枣,9 月核桃大板栗,10 月柿子红果节,观光田园采果品,回归自然乐无穷。2010 年入选全国特色景观旅游名镇(村)。

房山区十渡镇 位于房山区西南部。氧离子含量极高,有“天然氧仓”之称。镇域内的十渡风景名胜区是华北地区唯一以岩溶峰林、峰丛、河谷地貌为特色的自然风景区。景区内的拒马河是北方少见的喀斯特地貌景观,乾隆皇帝甚为喜爱,曾创作《拒马河》诗赋 8 首。镇域内共有 48 家大型宾馆,12 大地质奇观,7 个市级民俗村,399 户市级民俗户。2011 年入选全国特色景观旅游名镇(村)。

怀柔区渤海镇 位于怀柔区西南部。风光秀丽,资源丰富,长城横贯东西,有慕田峪长城、箭扣长城、长城北京结等著名景观,还有响水湖长城旅游风景区及卧佛山、擦石口明代摩崖石刻等知名景点。京郊板栗主产区,京郊最大的冷水鱼养殖基地,也是京郊民俗旅游的热门地区。2011 年入选全国特色景观旅游名镇(村)。

海淀区苏家坨镇 位于海淀区西北部。旅游资源丰富,西部沿山分布有凤凰岭景区、阳台山景区、鹫峰景区、汇通诺尔狂飚乐园以及龙泉寺、七王坟、九王坟、大觉寺等历史文化古迹;东部平原地区有稻香湖景区。民间传统文化更是繁荣发展,苏一二单锤大鼓和苏三四太平鼓为当地盛行的歌舞说唱艺术,是中国民间艺术的绝活。2011 年入选全国特色景观旅游名镇(村)。

平谷区金海湖镇 位于京、津、冀交会处,地处北京东北边缘。金海湖水库总库容 1.2 亿立方米,是北京市 4 座大型水库之一。距今 6000—7000 年的上宅文化遗址,填补了北京地区新石器时代早期的文化空白,有“东有上宅,西有周口店”的美誉。“金海石”由此孕育,被誉为“画在石上的中国画”,多次在国内外赛事中夺金折桂。拥有 15 千米的明长城,将军关是明代万里长城进入北京段东端的第一座重要关口。保存有药王庙、菩萨庙等众多寺庙。2011 年入选全国特色景观旅游名镇(村)。

门头沟区潭柘寺镇 位于京郊潭柘山麓。因镇域内著名佛教寺院潭柘寺而得名。规模宏大的潭柘寺位于潭柘山宝珠峰的南麓,周围有 9 座高大的山峰,呈马蹄状环护。历史悠久,人文积淀深厚,古建筑众多,如三国时期的张飞寨,始建于元代的高桥寺,始建于南宋绍熙五年(公元 1194 年)的孔雀庵等。2015 年入选全国特色景观旅游名镇(村)。

房山区韩村河镇 位于房山区西南部。交通发达,京石高速公路、京九铁路、京原铁路、107 国道及多条公路穿镇而过。农业在全镇的社会总产值中所占比例仅为 4%,工业和建筑业一直居于主导地位。野生动植物资源丰富。分布有珍稀植物 200 多种,珍贵野生动物 50 多种,名木古树繁多。著名景点有上方山国家森林公园、龙门生态园、世界知名的小康村韩村河村、高科技蔬菜园区。2015 年入选全国特色景观旅游名镇(村)。

昌平区南口镇 地处居庸关南口。金元时始称“南口”并设镇,明初筑南口城。自古为京郊重镇,现已开发为京郊旅游胜地。作为铁路交通枢纽和军事重镇,在不足百年的历史变迁中,曾经留下了许多全国知名人物的足迹。作为首都城市生态环境保护圈的重要组成部分,也是京津风沙源治理的重点地区。旅游资源丰富,有雪山文化遗址、虎峪风景区、居庸关、和平寺、辽代佛岩寺等景点。2015 年入选全国特色景观旅游名镇(村)。

怀柔区九渡河镇 位于怀柔区西南部。北魏时称“黄颁谷”,金代形成村屯,元代设置黄花镇千户所,是一个文物古迹众多、旅游资源丰富且密集的京郊古镇。景点有古长城、金汤池等。10.8 千米的古长城横跨东西,东有山海关,西有居庸关,北邻四海镇。境内还有清代皇帝义子张茂之墓,金声遥、蔡凯将军墓,火门洞石塔、古堡、中生代火山口遗址等文物古迹。2015 年入选全国特色景观旅游名镇(村)。

延庆区千家店镇 位于延庆区东部深山,是北京最边远的山区大镇。总面积 371 平方千米,约占延庆区总面积的 1/6。主要旅游景点有燕山天池、延庆硅化木群、滴水壶景区、乌龙峡谷自然风景区等,还有辛栅子、三道梁、下湾、秀水湾、长寿岭、龙湾大院 6 个民俗村。山峦重叠,地质景观移步换景,空气负氧离子丰富,年平均气温 8℃,是名副其实的避暑胜地和绿色氧吧,是北京首家实现“镇景合一”的旅游景区。2015 年入选全国特色景观旅游名镇(村)。

密云区古北口镇 2015年入选全国特色景观旅游名镇(村)。参见中国历史文化名镇——密云区古北口镇。

四、中国特色小镇

房山区长沟镇 汉代置乡,唐宋发轫,明清腾达,距今已有2 200多年历史。旅游资源丰富,素有“京南水乡”的美誉。拥有长沟土城、严行大德灵塔和唐代大型墓葬等历史文化遗址,包含胜泉、龙泉湖、圣泉公园的北泉水河6千米旅游景观带,长沟泉水国家湿地公园。现为全国小城镇建设试点镇和全国重点镇。2016年入选中国特色小镇。

昌平区小汤山镇 位于昌平新城东南,地处前门、故宫中轴线的北延长线上。山麓有温泉,古人称热水为“汤”,因而称为“小汤山”。小汤山温泉有文字记载的历史已有1 500多年。有天然温泉9处,是北京平原地区唯一有天然温泉的地区,被称为“中国温泉之乡”。温泉行宫文化历史悠久,现今仍保留着慈禧浴池的遗址和乾隆御笔“九华兮秀”的字迹。亚洲最大、中外名机最多的航空博物馆就坐落在镇内。2016年入选中国特色小镇。

密云区古北口镇 2016年入选中国特色小镇。参见中国历史文化名镇——密云区古北口镇。

大兴区魏善庄镇 位于黄村卫星城南部,地处京南中轴线上,自古以来就有“龙脉”之称。镇域内有好开心农庄、桃花园、绿鑫蕊、绿源艺景等15个生态高效农业园区,有全市最大的人造森林——半壁店森林公园,有“京南第一湖”之称的星明湖度假村,入选“北京最美的乡村”的张家场村,国家级非物质文化遗产项目钧天坊古琴技术研发中心,以徽州祠堂为核心的坦博艺苑,还有世界月季洲际大会主会场——世界月季主题园。2017年入选中国特色小镇。

顺义区龙湾屯镇 位于顺义区东北部。相传乾隆曾在此歇脚,所以取名“龙湾屯”。金鸡河横贯南北,燕山余脉蜿蜒东西,全长 10 千米的北大沟林场林木茂密,焦庄户地道战遗址、安利隆生态农业山庄、顺义区民兵训练基地、焦庄户民俗旅游村、焦庄户抗日纪念林、归真园和顺天庄园等景点分布在 15 公里绿色长廊沿线。2017 年入选中国特色小镇。

延庆区康庄镇 位于延庆区西南部,毗邻八达岭镇,京藏高速公路、京包铁路穿境而过。以粮食种植业为主,一直是延庆区的农业生产大镇。主要景点有野鸭湖湿地公园、康西草原,北京地区最大的古驿站——榆林驿站,康熙、慈禧曾先后在此驻足。2017 年入选中国特色小镇。

怀柔区雁栖镇 2017 年入选中国特色小镇。参见全国特色景观旅游名镇(村)——怀柔区雁栖镇。

五、中国历史文化街区

皇城历史文化街区 南起长安街,北至平安大街,东至今东城区南北河沿一线,西达今西城区西黄城根一线,是北京旧城整体保护的重点区域,占地面积约 6.8 平方千米。由紫禁城、王府和皇家园林组成,南长街、北长街、北池子大街和南池子大街是其中的主要街道。主要景点有故宫、太庙、社稷坛、景山公园、菖蒲河公园、皇史宬、北海公园和中南海等。2015 年入选中国历史文化街区。

大栅栏历史文化街区 位于天安门西南侧,东起珠宝市街、粮食店街,西至南新华街、延寿寺街、三富胡同、东南园头条,北至廊房头条、北火扇胡同、耀武胡同、桐梓胡同、东南园胡同、小沙土园胡同,南以大栅栏西街和铁树斜街南侧完整的院落为边界,占地面积 47 万平方米。自明朝永乐十八年

(公元1420年)以来,逐渐发展成为店铺林立的商业街。老字号店铺众多,是北京著名的历史风貌地区、著名的旅游胜地,是北京13片文化精华区之一。2015年入选中国历史文化街区。

东四三条至八条历史文化街区 位于东城区,重点保护区面积54.4万平方米,建设控制区面积15.5万平方米。四合院、胡同、街巷源于元代街巷格局,街区的胡同肌理形成于元代,至今几乎完整保存,是北京旧城历史文化街区中为数不多的元代城市格局标本,也是明清北京城的重要街区。胡同东西向,平直顺畅,南北有小巷相连,宅院规模较大,多为明清官员的宅邸,有崇礼住宅、绵宜宅、沙千里故居、叶圣陶故居等文物保护单位。2015年入选中国历史文化街区。

六、国家生态旅游示范区

南宫国家生态旅游示范区 位于丰台区王佐镇,地处北京市西南郊。地热资源十分丰富,被称为“中国地热第一村”。文化景观独特,有千灵山佛教文化洞窟群、南宫老爷庙、岗洼古桥等文物古迹,北京市首家农村五星级酒店——南宫温泉度假酒店,被誉为“京西夏威夷”的南宫温泉水世界。南宫世界地热博览园是国内唯一一家以地热为主题的博览园。2013年入选国家生态旅游示范区。

野鸭湖国家生态旅游示范区 位于北京西北部的延庆区,地处官厅水库之滨,是北京重要的鸟类栖息地,也是华北地区迁徙鸟类重要的中转站。动植物资源丰富,共有鸟类303种,其中国家一级保护的野生鸟类10种,国家二级保护的野生鸟类43种。示范区地处北京市西北沙尘暴风口带,成为北京西北部的生态屏障。2013年入选国家生态旅游示范区。

金海湖风景区 位于平谷区金海湖镇。金海湖是清康熙年间地震形成的沟河峡谷经过多次扩建而形成的人工湖，三面环山，峰峦叠翠，风景秀丽。拥有湖光塔、金花公主墓、锯齿崖、面积达 35 513 平方米的毕加索坝体彩绘等景观数十处。水上运动娱乐项目丰富，包括游船、快艇、自驾艇、水上飞伞、脚踏船等。2015 年入选国家生态旅游示范区。

七、全国红色旅游经典景区

天安门广场　地处东城区东长安街，北起天安门，南至正阳门，东起国家博物馆，西至人民大会堂，南北长 880 米，东西宽 500 米，占地面积达 44 万平方米，可容纳 100 万人举行盛大集会，是世界上最大的城市广场。地面由经过特殊工艺技术处理的浅色花岗岩条石铺成，广场中央矗立着人民英雄纪念碑和庄严肃穆的毛主席纪念堂，天安门两边是劳动人民文化宫和中山公园。1986 年被评为“北京十六景”之一，名“天安丽日”。这里是五四运动、一二·九运动、五二〇运动等无数重大政治、历史事件的发生地，是中国从衰落到崛起的历史见证。2005 年入选全国红色旅游经典景区。

中国人民抗日战争纪念馆、卢沟桥、宛平城　中国人民抗日战争纪念馆位于卢沟桥事变发生地——丰台区宛平城内，是一座全面反映中国人民抗日战争历史的大型综合性专题纪念馆、全国优秀爱国主义教育示范基地、全国国防教育基地、全国廉政教育基地、国家一级博物馆。卢沟桥位于丰台区永定河上，因横跨卢沟河（即永定河）而得名，是北京市现存最古老的石造联拱桥；桥身石体结构，关键部位均有银锭铁榫连接，为华北最长的古代石桥；在《马可·波罗游记》中被形容为一座巨丽的石桥，后来外国人都称它为“马可波罗桥”。宛平城位于丰台区卢沟桥东面，明末崇祯十一年（公元 1638 年）开建，明清时称拱北城、拱极城。1937 年 7 月 7 日，日军进攻卢沟桥和宛平城，遭到驻守宛平城的国民革命军的反击。2005 年入选全国红色旅游经典景区。

北京新文化运动纪念馆　又称“北京鲁迅博物馆”，2014 年由原北京鲁迅博物馆和北京新文化运动纪念馆合并组建而成。鲁迅博物馆位于西城区阜成门内大街，是为纪念鲁迅而建立的博物馆，馆区内有鲁迅故居以及鲁迅生平陈列馆，入选首批国家一级博物馆。新文化运动纪念馆又称红楼馆区，位于东城区五四大街，是依托原北京大学红楼建立的旧址类博物馆，全国唯一一家全面展示五四新文化运动历史的综合性博物馆。2005 年入选全国红色旅游经典景区。

李大钊烈士陵园　位于京西的万安公墓。占地面积 2 200 平方米，为仿古式庭院建筑。李大钊全身雕像为汉白玉，雕像后是烈士及其夫人赵纫兰的墓。墓后为纪念碑，碑名由邓小平题写。碑的北面是中共中央撰写的碑文。庭院正西为“李大钊烈士革命事迹陈列室”，以大量的文物图片资料介绍了李大钊烈士的丰功伟绩。2005 年入选全国红色旅游经典景区。

中国国家博物馆　位于天安门广场东侧，与人民大会堂东西相对。由中国历史博物馆和中国革命博物馆合并组建而成。总建筑面积近 20 万平方米，是世界上单体建筑面积最大的博物馆。展厅 48 个，展出“古代中国”和“复兴之路”两个基本陈列以及青铜器、佛造像、钱币、瓷器、石刻、革命文物、现当代美术作品等十多个专题展览，配合每年 50 余个高水平国际交流展和临时展览。藏品 100 余万件，国家一级文物近 6 000 件，是首批国家一级博物馆之一。2005 年入选全国红色旅游经典景区。

中国人民革命军事博物馆　位于复兴路。我国第一个综合类军事博物馆，主要收藏、研究、陈列反映中国共产党领导的军事斗争历程、人民军队建设成就以及中华民族五千年军事历史的文物、实物、文献、资料。1959 年建成，1960 年正式开放，是向国庆 10 周年献礼的首都十大建筑之一。主楼建筑高 94.7 米，南北两侧各 4 层，楼顶装有直径 6 米的中国人民解放军军徽。展览大楼建筑面积 15.9 万余平方米，陈列面积近 6 万平方米，有 43 个陈列厅（区）。2005 年入选全国红色旅游经典景区。

焦庄户地道战遗址纪念馆　位于顺义区龙湾屯镇，地处燕山余脉歪坨山下。始建于1964年秋，定名为“焦庄户民兵斗争史陈列室”，1979年改名为“焦庄户地道战遗址纪念馆”。18米高的民兵指挥瞭望楼顶上，飘扬着“人民第一堡垒”锦旗。1987年后逐步扩建道路、修复地道、新建展馆、恢复抗战民居等。目前纪念馆面积近4.8万平方米，分为3个参观区，即展馆参观区、地道参观区、抗战民居参观区。2005年入选全国红色旅游经典景区。

北京奥林匹克公园　位于朝阳区，地处北京城中轴线北端。占地面积11.59平方千米，北部为森林公园，面积6.8平方千米；中部为主要场馆和配套设施，面积3.15平方千米，是2008年北京奥运会的主要竞赛场馆；南部是已建成场馆区和预留地，面积1.64平方千米。拥有亚洲最大的城区人工水系、最大的城市绿化景观、最长的地下交通环廊和最大的庆典广场。代表性景点有国家体育场鸟巢、国家游泳中心水立方、国家体育馆等。2011年入选全国红色旅游经典景区。

圆明园遗址公园　位于海淀区，毗邻颐和园。始建于清康熙四十六年(公元1707年)，由圆明园、长春园、绮春园组成，占地面积350万平方千米，建筑面积近16万平方米，是清朝帝王在150余年间创建经营的一座大型皇家宫苑。清康熙四十八年(公元1709年)康熙把该园赐给四子胤禛，并赐名“圆明园”。以宏大的规模、杰出的技艺、精美的建筑群、丰富的文化收藏享誉于世，被誉为“万园之园”。清咸丰十年(公元1860年)遭英法联军洗劫并付之一炬，仅存山形水系、园林格局和建筑基址。2011年入选全国红色旅游经典景区。

北京规划展览馆　位于天安门广场东南侧。全面展示北京城市规划建设发展的历史、现状和未来的大型主题展览馆。临时展区位于一层和二层，总计2 100平方米，用于举办各种临时展览及活动；三层是北京城市大模型区域，主要展示北京城市发展规划；四层是参观展示区域。曾举办外交部驻华使领馆和外国媒体新年招待会、世界自然基金会“地球一小时”活动启动仪式、法国视觉·当代城市与建筑艺术展等高规格展览及重要活动。2011

年入选全国红色旅游经典景区。

宋庆龄故居 位于西城区后海北沿。宋庆龄于1963—1981年在此生活、工作,直至逝世。建筑始建于清康熙年间,为大学士明珠府邸,乾隆时为和珅别院,清末为醇亲王府花园,占地面积2万平方米。原王府花园内濠梁乐趣、畅襟斋等清代建筑为砖木结构,建筑面积约2 000平方米。主楼两层,建筑面积2 136平方米,是宋庆龄的寓所兼办公、会客室。2011年入选全国红色旅游经典景区。

香山双清别墅 位于海淀区香山公园南麓。原是清代皇家园林香山静宜园的松坞山庄,1949年中共中央机关入驻,成为人民解放战争走向全国胜利的指挥部,筹备召开新政协、建立新中国的历史见证地。院内有明代石经幢等古迹,有清乾隆御笔"双清"刻石。池旁的六角小亭,是当年毛泽东与友闲谈、读书阅报之所,著名诗篇《七律·人民解放军占领南京》就是在这里写的。毛泽东当年的居室仍保存旧观,并展出毛泽东的生活照片、诗文手稿。2011年入选全国红色旅游经典景区。

"没有共产党就没有新中国"纪念馆 位于房山区霞云岭乡,建于2006年。设有3个展厅,分别为"历史回响人民心声——没有共产党就没有新中国""深山里飞出不朽的歌——《没有共产党就没有(新)中国》"和"让心中的歌代代传唱——只有共产党才能领导人民前进"。纪念馆运用文字、摄影、绘画、浮雕、蜡像、幻影成像等传统与现代相结合的艺术手段,介绍革命歌曲《没有共产党就没有新中国》的诞生背景、创作过程和历史影响。2011年入选全国红色旅游经典景区。

冀热察挺进军司令部旧址陈列馆 位于门头沟区斋堂镇。1939年萧克领导的八路军冀热察挺进军进驻马栏村,将司令部设在这里,在此领导了平西抗日战争,1940年迁出。我国第一个由农民发起建立的村级革命题材陈列馆,展室面积48.2平方米,以照片、图表、油画、连环画、拓片、沙盘和实物,重现了这段历史。2011年入选全国红色旅游经典景区。

中国航空博物馆 位于昌平区大汤山下。花园式的科技类博物馆,占地面积70多万平方米。1989年对外开放,收藏119个型号299架飞机,其中国家一级文物、二级文物各47件。还收藏有地空导弹、雷达、航空炸弹、航空照相机等2 468件武器装备样品及数万件航空文物,中外航空图书资料2万余册。2011年入选全国红色旅游经典景区。

八、全国农业旅游示范点

韩村河 位于房山区韩村河镇。村近挟括河——流经村南河段别名韩村河,村以河名。辽代成村。有明代石桥一座,并有石碑。相传辽臣韩昌墓在此村。主要景观有鲁班公园、韩村河公园、国防教育主题园、高科技蔬菜园区等,集浏览、观光、会务、休闲、度假于一体,被誉为“京郊双文明第一村”。2012年入选全国农业旅游示范点。

蟹岛绿色生态度假村 位于朝阳区金盏乡。分四大块:种植园区、养殖园区、科技园区和旅游度假园区。种植园区和养殖园区将生产和观光分离,提高生产效率和游玩乐趣;旅游度假园区各式房型满足不同游客的需求。以餐饮、娱乐、健身为载体,产销“绿色食品”,是集种植、养殖、旅游、度假、休闲、生态农业观光于一体的绿色生态园基地。2012年入选全国农业旅游示范点。

锦绣大地农业股份有限公司 位于海淀区巨山路。1998年成立,2003年被国家八部委评为农业产业化国家重点龙头企业。建有锦绣大地农业观光园区,以生态农业和生态观光为主;园区内水面达40万平方米,建有27万平方米荷花品种池塘、7万平方米雁鸭湖、13万平方米天鹅湖,引入30种水禽,自然栖息的野鸭、白鹭100余只,湿地植物100余种。还建有种植园、垂钓园和高尔夫球场。2012年入选全国农业旅游示范点。

朝来农艺园 位于朝阳区五环路,毗邻奥运村。集高科技生产、净菜加工、休闲娱乐、旅游观光、科普教育于一体的农业公园,具有乡村田园风光的旅游观光景区。先后取得了无公害农产品证书和无公害农产品产地认定证书,被评为全国科普教育基地,北京市爱国主义教育基地和农业标准化基地。2012 年入选全国农业旅游示范点。

留民营生态农场　位于大兴区长子营镇。占地面积 13 万余平方米,拥有新型日光温室 31 栋、全自动连栋式大棚 1 栋。有机食品生产基地,所产蔬菜全部为施用有机肥、不喷洒农药的有机蔬菜。1986 年被联合国环境规划署确定为“中国生态农业第一村”。2012 年入选全国农业旅游示范点。

小汤山现代农业科技示范园　位于昌平区小汤山镇立汤路。始建于 1998 年,核心区分为东、西两区,总面积 153 万平方米。按照“科技示范、辐射带动、旅游观光”的总体功能定位,聚集了大北农生物技术中心、天通泰水培蔬菜、彩冰花园艺、天安农业等 48 家企业,形成了农业生物种业、工厂化蔬菜、特色苗木、精品花卉、特色果品等多个特色产业,为北京市首批国家级农业科技园区之一。2012 年入选全国农业旅游示范点。

南宫生态旅游区　2012 年入选全国农业旅游示范点。参见国家生态旅游示范区——南宫国家生态旅游示范区。

九、全国休闲农业与乡村旅游示范点

御林汤泉农庄　位于昌平区小汤山现代农业科技示范园西区,邻近中国航空博物馆。集旅游观光、康体休闲、会议、采摘于一体的京郊温泉旅游区,占地面积 350 亩。农庄的特色是数十套带室外温泉泡池的高档客房,别具特色的水上餐厅,还有樱桃草莓采摘、垂钓等休闲项目。2010 年入选全国休闲农业与乡村旅游示范点。

张裕爱斐堡国际酒庄　位于密云区巨各庄镇。由张裕集团融合法国、美国等多国资本打造。占地面积约 100 万平方米,其中葡萄园约 73 万平方米。酒庄得到了国际葡萄与葡萄酒组织的鼎力支持,是集葡萄种植及酿酒、葡萄酒主题文化旅游、休闲度假以及葡萄酒知识培训功能于一体的综合性国际酒庄。2010 年入选全国休闲农业与乡村旅游示范点。

富恒休闲农庄　位于房山区窦店镇。集民俗活动、旅游观光、农耕体验、水果采摘、休闲度假、田园风格住宿等多功能于一体的农业休闲观光公园,有机水果采摘园面积近 80 万平方米,有机水果品种有樱桃、西梅、枣、核桃、葡萄等,所产樱桃曾荣获北京市樱桃评比一等奖。园区内有各种不同风格的休闲小木屋,与林间曲径、断桥秋千相承一景。2010 年入选全国休闲农业与乡村旅游示范点。

华坤庄园　位于延庆区开发区民营科技园。以有机生态为核心的绿色庄园,占地面积 40 多万平方米。全国特有的 2 008 米的瓜廊种植了几百种国内珍奇瓜果及特色蔬菜。南瓜宴和豪华全瓜宴是庄园餐饮的一大特色,俄罗斯风格的木构建筑和异域风情的蒙古包是园区内的另一亮点。2010 年入选全国休闲农业与乡村旅游示范点。

金福艺农番茄联合国　位于通州区台湖镇。占地面积 200 多万平方米,以番茄为主题,主打产品是五彩番茄、牛奶草莓、水果黄瓜等。汇集世界各国近百种特色番茄,番茄的颜色就达 21 种。曾举办北京市第一个以蔬菜命名的节日——番茄文化艺术节,展出上百种番茄。已发展为集观光采摘、科普教育、科技示范、餐饮住宿、休闲会议、文化艺术于一体的大型都市休闲创意农业旅游景区。2011 年入选全国休闲农业与乡村旅游示范点。

延庆区柳沟村　位于延庆区井庄镇。古称“凤凰城”,历史悠久。乡村旅游为该村的主导产业。结合古城资源和新开发的三色豆腐,创出“凤凰城-火盆锅-农家三色豆腐宴”品牌,以火盆锅为核心的“豆腐宴”香飘京城。游客不仅可以参观豆腐制作流程,还可以采摘、垂钓、骑马,可以推碾子、辘轳等,体验当地的民俗风情。2008 年入选“北京最美的乡村”。2011 年入选全国休闲农业与乡村旅游示范点。

鹅和鸭农庄 位于怀柔区桥梓镇,占面积100多万平方米。林木茂盛,山水相伴,自然气息浓厚,是集住宿、休闲、娱乐、餐饮、会议于一体的旅游度假场所。农庄之名"鹅和鸭"源自英国的一个浪漫爱情故事,农庄的大门为城堡式风格,由一块块大鹅卵石砌成,城墙上面立有鹅和鸭的标志。娱乐项目丰富,有林间木屋、河边别墅等风格各异的客房。2011年入选全国休闲农业与乡村旅游示范点。

蔡家洼休闲农业集聚区 位于密云区蔡家洼村。主要发展精致农业、高效农业、精品林果业,培育绿色农业、有机农业和民俗旅游业。精品林果树达300多万平方米,栽植大樱桃树超过15万棵,是我国华北地区最大的樱桃采摘基地之一。玫瑰情园景区是玫瑰和月季的海洋。还有2 000平方米的农业科普展厅以及各类DIY体验项目。一年四季有花,一年四季有果。2011年入选全国休闲农业与乡村旅游示范点。

白河湾沟域经济产业带 位于怀柔区的白河流域。沟域经济产业带,总长19千米,涉及2个镇7个行政村。千米"母亲河"长廊与公路沿线流淌的白河相呼应,形成了集观光采摘、休闲养生、乡村体验于一体的旅游观光产业带。来这里吃八宝饭、住仿古屋、采山乡果、戏水垂钓,成为京城市民近郊出游的首选之一。2009年全国汽车场地越野锦标赛"白河湾"杯琉璃庙分站赛在这里激情上演。2011年入选全国休闲农业与乡村旅游示范点。

门头沟区涧沟村 位于门头沟区妙峰山镇。辽代建村,原名"三叉涧",1943年改为"涧沟村"。妙峰山风景名胜区位于村域内,山顶由巨石天然堆叠而成,在阳光的照耀下宛如金色莲花,清康熙皇帝敕封妙峰山为"金顶"。有平西情报交通联络站、灵官殿、傻哥哥殿等多个旅游景点,村民主要从事民俗旅游接待和玫瑰花种植。2012年入选"北京最美的乡村"。2013年入选全国休闲农业与乡村旅游示范点。

第五季富饶生态农业园 位于通州区于家务乡。占地面积73万平方米,是一家以"关爱生命家园,奉献绿色世界"为主题,集观光采摘、餐饮住宿、休闲娱乐、拓展及农业科普教育、生态养生养老、田园野趣于一体的大型特色都市农业生态园。拥有长约5千米的种植长廊和特大联栋温室,四季有景看,四季有果摘,还有水上乐园和各种娱乐设施。2014年入选全国休闲农业与乡村旅游示范点。

四季花海农园 位于延庆区东部山区。整合刘斌堡乡、珍珠泉乡、千家店镇3个乡镇的29个行政村的沟域资源而形成的新型农业园区,沟域总长度47千米,占地面积164平方千米。青山绿水间,数千亩鲜花姹紫嫣红,农田变花园,是京郊景观农业的新样本。2014年入选全国休闲农业与乡村旅游示范点。

王佐镇南宫村 2014年入选全国休闲农业与乡村旅游示范点。参见国家生态旅游示范区——南宫国家生态旅游示范区。

中农春雨休闲农场 位于朝阳区金盏乡温榆河畔。占地面积100多万平方米,为注重健康的群体提供全新概念的有机水果、蔬菜及农业休闲服务,是一个集观光、参与、体验、教育、展示、示范等多种功能于一体的休闲农场。2015年入选全国休闲农业与乡村旅游示范点。

欧菲堡酒庄 位于顺义区龙湾屯镇。欧式原生态大型酒庄。占地面积10多万平方米,分为酿酒区(葡萄酒博物馆)及会所区两大部分。游客不仅可以了解源远流长的世界葡萄酒文化、法式酿酒工艺,还可以采摘有机水果、亲手酿造葡萄酒、品尝酒庄自酿的葡萄美酒及红酒美食。2015年入选全国休闲农业与乡村旅游示范点。

花仙子万花园 位于通州国际科技种业园区。都市型现代农业园,华北地区最大的花卉景点,占地面积40万平方米。一望无际的花海,姹紫嫣红;长100米、宽4米的竹藤长廊下,因形似鹤首而得名的绿色鹤首葫芦垂悬其中,盘子大小的金黄色双层香炉瓜格外抢眼。游人在万花园中可看可玩可学。2015年入选全国休闲农业与乡村旅游示范点。

平谷区挂甲峪村 位于平谷区大华山镇,地处燕山南麓余脉。相传宋代名将杨六郎抗辽凯旋在此挂甲休息,村名由此而来。遍地果园绿满山,拥有100万平方米高标准观光采摘园和"五瀑十潭两湖"。在这里,游客可以尽情享受山林的寂静，呼吸新鲜的空气，品尝农家饭菜，体验返璞归真的田园生活。2007 年入选“北京最美的乡村”。2015 年入选全国休闲农业与乡村旅游示范点。

七彩蝶园 位于顺义区高丽营镇。占地面积超过 60 万平方米，绿化覆盖率 95%。分为蝴蝶观赏区、蝴蝶科普世界、蝴蝶文化区、蝴蝶放飞广场、DIY 体验区等五大主题区域，养殖名优蝴蝶 30 余种，年产蝴蝶约 500 万只，冬季可观赏面积达 6 000 平方米。作为北京市文化创意产业重点项目，集蝴蝶养殖、观赏、科普教育及其他文化活动于一体，是国内唯一一家以蝴蝶为主题的亲子教育基地和科普教育基地。2015 年入选全国休闲农业与乡村旅游示范点。

十、全国工业旅游示范点

首钢总公司 位于石景山区首钢工业园区。北京第一个工业旅游项目。以首钢集团工业生产活动为依托，以“钢铁是这样炼成的”为主题，以钢铁生产工艺流程为主线，使游客身临其境感受钢铁生产的壮观场面和现代化工业大企业的风貌。园区内还有首钢人文景观、企业文化和历史古迹展示。轰轰烈烈的钢铁生产场面与湖光山色有机结合，集科普教育、爱国主义教育、学术交流、休闲娱乐、人文类的教育功能于一体。2004 年入选全国工业旅游示范点。

燕京啤酒集团公司 位于顺义区林河工业开发区。集啤酒生产、观光、品赏等功能于一体的特色旅游品牌。燕京啤酒 1980 年建厂，是中国最大的啤酒企业集团之一。拥有欧式风格的现代化参观走廊，把参观接待放映厅、展示厅、调度指挥中心、糖化车间、发酵车间、灌装车间和燕京酒吧连在一起。在此，游客可体验啤酒的生产流程、了解啤酒知识和集团的发展历程。2004 年入选全国工业旅游示范点。

北京航空旅游　中国航空集团公司整合中国国际航空公司、首都机场集团及北京飞机维修工程有限公司的资源，推出的航空旅游项目。共有四个景区：游客可在“国航飞行员训练中心”感受驾驶飞机的乐趣，在“乘务员训练中心”体验乘飞机的感觉，在“飞机维修基地”观看飞机维修及飞机起降，在“候机楼”学习登机的基本常识。2005 年由世界夏令营联盟授牌认证管理委员会授牌“世界夏(冬)令营基地”。2005 年入选全国工业旅游示范点。

汇源饮料食品集团有限公司　位于顺义区北小营镇工业开发区。主营果蔬饮料的大型现代化集团公司。开展的旅游项目主要是“汇源果汁一日游”，参观流程大体分为四个部分：在会展中心观看专题片，参观荣誉室、产品展示厅，品尝汇源产品，了解汇源的发展历程；参观花园式厂区；参观先进生产线，了解果汁的生产过程和营养价值；在内部超市参观和采购汇源几十个系列的几百种产品。2005 年入选全国工业旅游示范点。

北京珐琅厂有限责任公司　位于东城区永定门外。创建于 1956 年，郭沫若题写厂名。全国规模最大的景泰蓝生产经营企业，全国景泰蓝行业中唯一的一家中华老字号，国家级非物质文化遗产保护传承基地。游客可以在景泰蓝艺术陈列室了解景泰蓝工艺和生产流程，亲自参与制作景泰蓝，在景泰蓝经典作品展示购物中心参观购买顶级的景泰蓝产品，还可以欣赏工艺美术大师精彩绝伦的现场制作表演。2005 年入选全国工业旅游示范点。

蒙牛乳业(北京)有限责任公司　位于通州区食品工业园区。蒙牛乳业集团最为重要的生产基地之一，蒙牛乳业集团在华北地区的营销中心，亚洲最大的低温酸奶研发生产基地，占地面积 9.3 万平方米，拥有酸奶生产线 17 条、鲜奶生产线 16 条。2011 年起设立“工厂开放日”，推出不同系列主题的工厂参观活动，让消费者在轻松、愉悦的体验中见证蒙牛乳品的品质。2005 年入选全国工业旅游示范点。

牛栏山酒厂　位于顺义区牛栏山镇。牛栏山二锅头酒已有数百年的历史，为我国清香型白酒(二锅头工艺)的代表。在这里，游客可参观牛栏山酒厂的酿酒车间、灌装车间、散酒库、质量检测中心、包装库和成品库，亲眼看见高粱经发酵、糖化、制曲、原料处理、蒸馏取酒、老熟陈酿、勾兑调味等一系列工艺流程后成为美酒佳酿的过程,了解牛栏山二锅头的发展历史。2005年入选全国工业旅游示范点。

顺鑫鹏程食品分公司 位于顺义区南法信镇。北京市最大的放心肉生产基地,国内第一家引进荷兰自动化屠宰生产线和全国单场屠宰量最大的企业。游客可参观屠宰车间、分割车间,了解世界上最先进的生猪屠宰工艺与安全控制技术,见证现代化、高科技的生产场景。2005 年入选全国工业旅游示范点。

顺鑫牵手果蔬饮品股份有限公司 位于顺义区牛栏山工业区。国内第一家提出"果蔬汁"概念的饮料生产企业,拥有多条具有国际先进水平的饮料加工生产线和数万亩专业级绿色种植基地。通过宽敞的参观走廊,可以观赏生产胡萝卜和南瓜原浆的前段生产工艺,目睹果蔬饮品从土地到餐桌的全程无污染质量控制过程。2005 年入选全国工业旅游示范点。

现代汽车有限公司工业园 位于顺义区林河工业开发区。拥有两座整车生产工厂、一座发动机生产工厂和一座自主研发技术中心。漫步在国际化厂房,可以了解冲压、车身、涂装、总装四大现代化汽车生产工艺流程,亲眼看见一块钢板通过上千道工序最终成为一辆功能先进、品质优异的汽车;可以参观先进的环保设备,品读北京现代领跑中国环保汽车的企业追求,感受追求极致的现代精神。2006 年入选全国工业旅游示范点。

高碑店污水处理厂工业园 位于朝阳区高碑店乡。北京市最大的污水处理厂,也是目前我国第三大的污水处理厂。汇集北京市南部地区的大部分生活污水及东郊工业区、使馆区等地约 96 平方千米内的全部污水,服务人口 240 万,污水处理回用率达 50%,平均每天回用量近 40 万吨,为一些大型工业园区提供了充足工业用水,节约了大量优质饮用水。开辟了"水能源环保旅游",是北京市重要的环保教育基地。2006 年入选全国工业旅游示范点。

北京热电工业园 隶属于中电国华电力股份公司,位于朝阳区建国路,是国内电力行业第一家"国家环境友好企业"。游客来到这里进行环保能源之旅,可以了解供热及采暖等环保节能技术、方式,掌握环保节能知识。2006 年入选全国工业旅游示范点。

龙徽酿酒有限公司工业园 位于海淀区玉泉路。占地面积近 7 万平方米,建筑面积近 4 万平方米。可以在葡萄酒生产车间亲眼看见清澈的琼浆经过繁复的工序成为美酒佳酿;可以参观龙徽葡萄酒博物馆,了解葡萄酒酿造工艺,感受龙徽企业文化;可以参观百年地下酒窖、酒池和储酒长廊,了解“两重窖藏”的陈酿过程,感受葡萄酒的奥妙之处;可以在国际酿酒大师艺术馆体验酿酒技术及酿酒大师的工匠精神。2006 年入选全国工业旅游示范点。

首云铁矿 位于密云区巨各庄镇。集采矿、选矿、竖炉焙烧连续生产工艺于一体的中型冶金矿山企业,占地面积 3.62 平方千米。整合现有资源,成功打造了四大主题游览区:铁矿博物馆、露天矿坑等主题矿业观光区,铁人训练营等主题休闲体验区,主题娱乐体验区和主题会议培训区。以矿业旅游为主轴,突出高科技互动的体验模式,诠释了工业旅游的新概念。2007 年入选全国工业旅游示范点。

十一、国家级非物质文化遗产生产性保护示范基地

内联升鞋业有限公司 位于西城区大栅栏。总店营业面积 1 700 多平方米,黄瓦红柱,描金彩绘,金碧辉煌,古色古香。店堂宫灯悬挂,货架仿古逼真。共有分店、专柜近百个,自产商品款式 1 000 余种。千层底布鞋、毛布底布鞋等多款商品取得国家专利证书。2011 年入选国家级非物质文化遗产生产性保护示范基地。

荣宝斋 位于和平门外琉璃厂西街。前身为“松竹斋”,始建于清康熙

十一年(公元 1672 年),清光绪二十年(公元 1894 年)更名为“荣宝斋”。1950 年公私合营,“荣宝斋新记”挂牌,并以郭沫若题写的“荣宝斋”为标准商号字样。改革开放以来,逐渐转型为集书画经营、文房用品、木版水印、装裱修复、拍卖典当、出版印刷、展览展示、教育培训、茶文化、进出口贸易等于一体的综合性文化企业,其“木版水印”和“装裱修复”两项技艺被列入国家级非物质文化遗产(代表性项目)名录。2011 年入选国家级非物质文化遗产生产性保护示范基地。

北京珐琅厂有限责任公司 2011 年入选国家级非物质文化遗产保护传承基地。参见全国工业旅游示范点——北京珐琅厂有限责任公司。

同仁堂(集团)有限责任公司 位于东城区东兴隆街。北京同仁堂始建于清康熙八年(公元 1669 年),是全国中药行业著名的老字号。从清雍正元年(公元 1723 年)开始“承办官药”直至清宣统三年(公元 1911 年),遵照皇家挑选药材的标准,恪守皇宫秘方和制药方法,形成一套严格的质量监督制度和同仁堂中药的特殊风格。同仁堂中医药文化被列入国家级非物质文化遗产(代表性项目)名录。2014 年入选国家级非物质文化遗产生产性保护示范基地。

十二、国家级风景名胜区

八达岭-十三陵风景名胜区 八达岭位于延庆区军都山关沟,是明长城的一个隘口,万里长城最著名的一段,燕京八景之一的“居庸叠翠”就是指八达岭及附近居庸关一带的景观。战国时期,八达岭一带筑有长城,如今残墙、墩台犹存。十三陵位于昌平区天寿山麓,占地面积 120 余平方千米,是明朝迁都北京后 13 位皇帝的陵寝。明永乐七年(公元 1409 年)始建,依次建有长陵、献陵、景陵、裕陵、茂陵、泰陵、康陵、永陵、昭陵、定陵、庆陵、德陵、思陵，故称“明十三陵”。长陵为明十三陵之首，是明成祖朱棣和皇后徐氏的合葬墓，在十三陵中建筑规模最大，施工最精细，保存得最为完好。唯一被发掘的陵墓是定陵，定陵地宫可供参观。1982 年入选国家级风景区。

石花洞风景名胜区　位于房山区西山深处。又名“潜真洞”“十佛洞”，形成于 7 000 万年前的造山运动，是中国第一座以岩溶洞穴自然景观为主题的国家地质公园，房山世界地质公园的组成部分。洞体为层楼式结构，共 7 层，1—6 层为溶洞景观，第 7 层为地下暗河，层层相连，洞洞相通，拥有罕见的地下溶洞奇观，规模大、洞层多、沉积类型全、次生化学沉积物数量大。与闻名中外的桂林芦笛岩、福建玉华洞、杭州瑶琳洞并称为“中国四大岩溶洞穴”。1994 年入选国家级风景名胜区。

十三、国家级自然保护区

松山国家级自然保护区　位于延庆区海坨山南麓，地处燕山山脉军都山中，总面积 4 671 公顷。始建于 1985 年。保存有华北地区唯一的大片天然油松林，是华北地区典型的天然次生阔叶林。森林覆盖率高，野生动物的种类丰富，是北京市西北方向保存最完好的生态系统，在水源涵养、抵御风沙及空气净化等方面具有重要作用。1986 年入选国家级自然保护区。

百花山国家级自然保护区　位于门头沟区清水镇，总面积 2.17 万公顷。最高峰百草畔海拔 2 049 米，为北京市第三高峰。动植物资源丰富，素有“华北天然动植物园”之称。分为百花山主峰景区、百花草甸景区、望海楼景区、百草畔景区四大景区。以保护暖温带华北石质山地次生落叶阔叶林生态系统及褐马鸡等珍稀保护动物及其种群为主的自然保护区，山地森林生态系统典型，为华北石质山地生物多样性最为丰富的地区之一。2008 年入选国家级自然保护区。

十四、国家级水利风景区

十三陵水库旅游区 位于昌平区。集防洪、水力发电、旅游观光、休闲度假于一体的旅游胜地。水库面积是颐和园昆明湖的20倍，总蓄水量6 000多万立方米。水库的大坝外坡上用汉白玉石块镶砌着毛泽东亲笔题写的“十三陵水库”五个大字，十分壮观。水库四周群山矗立，北岸巍峨的蟒山拔地而起，宽阔的水面倒映群山，给人以“高峡出平湖”之感。大型综合型游乐园——九龙游乐园深得游客喜爱。2008年夏季奥林匹克运动会铁人三项比赛在此举行。2001年入选国家级水利风景区。

青龙峡旅游度假村 位于怀柔区怀北镇，地处古长城关口大水峪关附近。集青山、绿水、古长城于一体的自然风景区，占地面积1.5平方千米。水库大坝高大雄伟，高峡平湖，可以乘龙舟、画舫或快艇沿蜿蜒的水路欣赏两岸风光，设有蹦极、攀岩、速降等健身娱乐项目；坝外是静静流淌的溪水，溪上可以划船、撑竹筏；峡谷两侧山势雄伟，植被茂密。山顶还有保存完好的明代古长城敌楼。2002年入选国家级水利风景区。

妙峰山水利风景区 位于门头沟区，总面积约20平方千米。妙峰山属太行山余脉，主峰海拔1 291米。永定河环绕景区。以古刹、奇松、怪石、异卉而闻名，有日出、晚霞、雾凇、山市等时令景观和千亩玫瑰花，有华北地区规模最大的传统朝圣庙会。2009年入选国家级水利风景区。

十五、世界地质公园

房山世界地质公园 位于北京西南部，地跨北京和河北两地，占地面积

1 045 平方千米。划分为八个园区：周口店北京人遗址科普区、石花洞溶洞群观光区、十渡岩溶峡谷综合旅游区、上方山-云居寺宗教文化游览区、圣莲山观光体验区、百花山-白草畔生态旅游区、野三坡综合旅游区、白石山拒马源峰丛瀑布旅游区。集山、水、林、洞、寺、峰林、峡谷及古人类、古生物、北方岩溶地貌、地下岩溶洞穴、燕山内陆造山和丰厚的人文积淀于一体，是一处具有重大科学意义的地质遗迹集中分布区。2006 年入选世界地质公园。

延庆世界地质公园　位于北京西北部，地处华北平原与内蒙古高原的过渡地带，总面积约 620 平方千米。由龙庆峡园区、古崖居园区、千家店园区和八达岭园区组成。龙庆峡园区以美轮美奂的喀斯特地貌为特征；古崖居园区不仅有燕山运动时期（约 1.1 亿年前）形成的花岗岩景观，而且是中国规模最大的崖居遗址；千家店园区即延庆硅化木国家地质公园，有形成于距今 1.4—1.8 亿年间的上侏罗纪硅化木石和罕见的恐龙足迹化石；八达岭园区集丰富的地质遗迹、著名的文化遗址和优美的自然环境于一体。2013 年入选世界地质公园。

十六、国家地质公园

延庆硅化木国家地质公园　位于延庆区东北部。占地面积约 226 平方千米。以形成于距今 1.4—1.8 亿年间的上侏罗纪硅化木为特征，有木化石群、滴水壶、乌龙峡谷等众多地质、人文及自然景观，是华北地区唯一以典型且稀有的硅化木群为主体景观的国家地质公园，也是延庆世界地质公园的重要组成部分。2002 年入选国家地质公园。

石花洞国家地质公园　2002 年入选国家地质公园。参见国家级风景名胜区——石花洞风景名胜区。

十渡国家地质公园　位于房山区西南部，地跨十渡、张坊两镇，占地面积301平方千米。从张坊至平峪的拒马河河谷中,大清河的支流拒马河蜿蜒奔流,形成10个景观各具特色的渡口,因此得名“十渡”。世界地质公园房山地质公园的核心园区之一,属于典型的喀斯特岩溶地貌类型。现为全国青少年地质科考夏令营基地。2004年入选国家地质公园。

黄松峪国家地质公园 位于平谷区黄松峪乡,占地面积64.4平方千米。主要地质遗迹为中元古界长城系石英砂岩形成的地貌景观,元古宇与太古宇角度不整合接触面及中元古界底砾岩、古火山活动遗迹、岩溶洞穴、地层遗迹。有中国北方半干旱地区典型的石英砂岩地貌景观;中元古界长城系常州沟组地层,呈角度不整合覆盖在中太古界片麻岩上面;京东大溶洞面积达2万多平方米,长2 500多米。公园内还出露有一套比较完整的中元古界长城系地层。2009年入选国家地质公园。

云蒙山国家地质公园 位于密云区西北部。属于燕山山脉与白河流域的一部分,占地面积238平方千米,主要的地质特色是美丽壮观的花岗岩地貌和独特的变质核杂岩构造,同时拥有密云水库水源保护区、云蒙山自然保护区。分为云蒙山和白河两个片区。云蒙山山势耸拔,沟谷切割幽深,奇峰异石多姿,飞瀑流泉遍布。白河园区以花岗岩沟谷地貌景观和太古-元古界地层遗迹为主,峡谷、潭瀑、壶穴、陡壁、阶地等地质现象和地貌景观资源丰富。2009年入选国家地质公园。

十七、国家森林公园

西山国家森林公园 位于北京西郊小西山,地跨海淀、石景山、门头沟三区。占地面积5 926公顷,拥有昌华、百望、静福、凌云、北岭五大景区。纷繁的树种和不同的混交林形成四季分明、风景秀丽的森林景观。结合山势建设了牡丹园、紫薇园、玉兰园、梅园、花溪等多处特色植物景区和山水文化景观，还开辟了多处森林健康休闲区，是京郊的天然森林氧吧。历史古迹包括进香古道、碉楼、福慧寺、地藏殿及顺治帝御笔碑刻的北法海寺等，构成了独特的西山人文历史景观。1992 年入选国家森林公园。

上方山国家森林公园 位于房山区韩村河镇。占地面积约 353 公顷，是华北地区保存最完好的原始次生林之一，拥有北京地区最大的名木古树群，共有一级古树 55 株，二级古树 4 000 余株；植物 103 科 363 属 650 种，我国特有以及北京地区首次发现的多种植物在此均有分布。天然古洞众多，其中云水洞是华北地区最早开放的溶洞，有“幽燕奥室”之称。东魏时期有高僧来此开山建寺，现有寺庵及遗址 72 座，其中最著名的是始建于隋代的兜率寺。1992 年入选国家森林公园。

蟒山国家森林公园 位于昌平区。蟒山最高峰 659 米，山势起伏如大蟒，故名。占地面积 8 622 公顷，被誉为镶嵌在十三陵水库、明十三陵黄金旅游线上的绿色明珠。约 8 666 公顷人工林，各类树木花卉 170 余种，春生流霞，秋成彩锦。登山天阶、明建古塔、石雕大佛、人工天池，都是公园奇观。1992 年入选国家森林公园。

云蒙山国家森林公园 位于密云区和怀柔区交界处。云蒙山古称云梦山，主峰海拔 1 414 米。占地面积 2 208 公顷，全部为天然次生林区，气温一般比山下低 6—7℃，高空负离子含量高于城市 6—12 倍。云蒙山有四多——奇松怪石多、仙山古洞多、飞瀑流泉多、瑞木瑶草多，被誉为“北京小黄山”，有“云蒙林海”为黄山所不及的说法，是京郊山岳避暑度假和开展森林生态旅游的胜地。1995 年入选国家森林公园。

小龙门国家森林公园 位于门头沟区清水镇，地处小五台山的支脉。占地面积 771 公顷，以自然景观为主，主要分为科学试验区、崇山峻秀区、幽谷探秘区和森林浴场区四个景区，有野鸡岭、野猪林、观景塔、杜鹃山、报春崖、拜佛山、望日坨、蘑菇石、野菜洼等景点。2000 年入选国家森林公园。

鹫峰国家森林公园 位于海淀区西北的群山怀抱之中。前身为北京林业大学的教学实验林场，占地面积 775 公顷。公园内最高峰海拔 1 153 米，主峰鹫峰海拔 465 米,双峰相对而立,宛如一只俯冲而来的鹫鸟。自古以来是闻名京城的风景胜地,保留着悠久且完整的庙宇文化和园林文化,拥有辽代的鹫峰山庄、明代的秀峰古刹、清代的响塘庙、民国的消债寺以及朝阳观音洞等多处古迹。2003 年入选国家森林公园。

古桑国家森林公园 位于大兴区安定镇和长子营镇。占地面积 1 165 公顷,森林覆盖率 82%。林地主要由次生林、人工林和经济林组成,林相完整,季相景观鲜明,形成了独具特色的城市平原森林景观。安定镇是北京市十大果品产区之一,尤其以桑树种植最为著名。安定的桑椹种植有着悠久的历史及传统,早在明清时期,安定出产的白色蜡皮桑椹就是进奉皇宫的贡品。2004 年入选国家森林公园。

大杨山国家森林公园 位于昌平区延寿镇。属燕山山脉,最高峰(高楼峰)海拔 1 439.3 米,占地面积 2 107 公顷。共有植物 400 余种,主要林木为天然次生林,森林覆盖率 90%以上。山腰有一块被称为“万人楼”的长 200 多米的巨石,像仰首挺立的巨龙;山腰间黑龙潭清澈透底,瀑布飞流直下,清光绪皇帝御笔题字“润洽为德”。山中隐藏着很多文物古迹,有辽代寺庙遗址八处,古塔十几座。2004 年入选国家森林公园。

八达岭国家森林公园 位于万里长城八达岭和居庸关之间。占地面积 2 933 公顷,最高峰海拔 1 238 米,分布植物 539 种、动物 158 种,林木绿化率达 96%,为中国首家通过国际森林管理委员会认证的生态公益林区。主要景区有红叶岭风景区、青龙谷风景区、丁香谷风景区、石峡风景区。红叶辉映残长城和望龙系列景点是公园内的最佳景观。2005 年入选国家森林公园。

北宫国家森林公园 位于丰台区西北部山区。因帝王憩地而得名。占地面积 900 公顷,由东部、西部和中部三大景区和北宫山庄、茗盛楼两组近 1 公顷的配套设施组成。有 12 处亭、廊、阁、塔等人文景观,以及芳泽溪、小江南、枫林路、桦林沟等 15 处景点。绿化美化面积 200 公顷,优质树种 21 种 3.6 万株,野生花卉 30 余种 5 公顷,植物种类达 253 种,形成了首都西部生态建设的亮点。2005 年入选国家森林公园。

霞云岭国家森林公园 位于房山区霞云岭乡。占地面积 218 公顷。奇特的山峰与茂密的森林交相辉映，构成“京都天山”——白草畔自然风景区、“奇险古山寨”——三角城自然风景区等各具特色的十大景区。植物资源丰富，有植物种类 1 500 余种。主要景点有五指峰、鲲鹏峡、北方石林、百草畔等，景观以奇、特、险著称。2005 年入选国家森林公园。

黄松峪国家森林公园 位于平谷区东北部。占地面积 60 余平方千米，九分山水一分田，群山起伏，云雾缭绕，林海茫茫，动植物种类繁多，生态环境优美，大自然的雄、奇、险、秀、幽融为一体，风貌独特。明代古长城、森林、高山草甸、碧峰、古朴的矿山巷道和人文景观，组成一幅幅天然画卷。2005 年入选国家森林公园。

崎峰山国家森林公园 位于怀柔区琉璃庙镇。占地总面积 4 290 公顷，分为崎峰山和柏查子两大景区，是首都北部重要的生态屏障。群山怀抱，怪石、幽林、奇峰、秀水，以优越的地理位置、优美的森林环境、奇特的自然风光、丰富的人文景观，成为京北独具特色的森林旅游区。2006 年入选国家森林公园。

北京天门山国家森林公园 位于门头沟区潭柘寺镇。占地面积 670 公顷，方圆百里，山势雄伟，林海茫茫。地处潭柘、戒台两寺之间，景象万千。有以望都峰等为代表的奇石险峰景观，以香雪弥天、松涛林海等为代表的森林景观，以窟窿山等为代表的地貌景观，以望都观日出等为代表的天象景观，以八奇洞等为代表的溶洞暗河景观，以潭柘寺等为代表的人文景观。2006 年入选国家森林公园。

喇叭沟门国家森林公园 位于怀柔区喇叭沟门满族乡，地处北京市最北端。占地面积 11 172 公顷，其中林地面积 9 493 公顷，原始次生林 4 667 公顷，保存着北京地区面积最大的蒙古栎林、白桦林、山场林等天然林，森林覆盖率居北京市之首。分布有野生药用植物 250 多种，其中不乏名贵草药和地道珍品，如北五味子、北乌头、草芍药、木香炉、刺五加等；野生动物 300 多种,其中兽类19种、鸟类33种、爬行类11种、两栖类6种、昆虫类200余种。2008年入选国家森林公园。

十八、国家湿地公园

野鸭湖国家湿地公园 2006年入选国家湿地公园。参见国家生态旅游示范区——野鸭湖国家生态旅游示范区。

长沟泉水国家湿地公园 位于房山区长沟镇。占地面积388公顷。汇集长沟地区众多泉水,有河流湿地、沼泽湿地、湖库湿地和人工湿地等多种湿地类,湿地率达45%。主要有五个功能区,形成"一泽、一湖、两带、十景"的布局,重点展示湿地生态系统、生物多样性和湿地自然景观,是集科普科研、环境教育、湿地功能展示、生态旅游、文化展示等多种功能于一体的精品湿地公园。2014年入选国家湿地公园。

十九、国家矿山公园

黄松峪国家矿山公园 2005年入选国家矿山公园。参见国家地质公园——黄松峪国家地质公园。

圆金梦国家矿山公园 位于怀柔区琉璃庙镇。占地面积5.56平方千米,矿业遗迹核心区系利用关闭的黄金矿山改建而成。拥有高差400多米的采矿、运矿生产系统,是我国黄金矿山中唯一的露天井下联合采运工序;黄金科普馆及炼金现场,再现了黄金生产的全过程;淘金娱乐活动、黄金纪念品等,凸显了黄金文化内涵。2010年入选国家矿山公园。

首云国家矿山公园 2010年入选国家矿山公园。参见全国工业旅游示范点——首云铁矿。

史家营国家矿山公园 位于房山区史家营乡。史家营煤矿2010年停产后,利用丰厚的矿业遗迹,建成了北京市首家以煤矿文化为主题的国家矿山公园。占地面积58.5平方千米,主要包括新兴枣园煤矿主园区、矿山修复观光区、博物馆、井下时空隧道、采煤工艺体验区等。2013年入选国家矿山公园。

二十、国家考古遗址公园

周口店国家考古遗址公园 位于房山区周口店龙骨山下。20万—70万年前的"北京人",10万—20万年前的第4地点早期智人,3.85万—4.2万年前的田园洞人,约3万年前的山顶洞人,均在此生活。因出土较为完整的北京猿人化石而闻名于世,1929年发现了第一具北京人头盖骨,成为古人类研究史上的里程碑。共发现不同时期的各类化石和文化遗物地点27处,出土人类化石200余件,石器10多万件,大量的用火遗迹及上百种动物化石,成为举世闻名的人类化石宝库和古人类学、考古学、古生物学、地层学、环境学及岩溶学等多学科综合研究基地。2014年入选国家考古遗址公园。

圆明园国家考古遗址公园 2014年入选国家考古遗址公园。参见全国红色旅游经典景区——圆明园遗址公园。

二十一、世界遗产

明清故宫:北京故宫 位于北京中轴线的中心。明永乐四年(公元

1406 年)始建。明朝称“大内宫城”,清朝称“紫禁城”,是明清两代的皇家宫殿,住过 24 个皇帝。有大小宫殿 70 多座,房屋 9 000 余间,建筑面积约 15 万平方米,是世界上现存规模最大、保存最为完整的木质结构古建筑之一。分为外朝和内廷两部分,外朝的中心为太和殿、中和殿、保和殿,是国家举行大典礼的地方;内廷的中心是乾清宫、交泰殿、坤宁宫,是皇帝和皇后居住的正宫。黄瓦红墙,金扉朱楹,白玉雕栏,宫阙重叠,巍峨壮观,被誉为世界五大宫殿(北京故宫、法国凡尔赛宫、英国白金汉宫、美国白宫、俄罗斯克里姆林宫)之首。1987 年入选世界文化遗产。

长城　始建于 2 000 多年前的春秋战国时期,是人类文明史上最伟大的军事防御建筑工程。秦灭六国统一天下后,秦始皇连接和修缮战国长城,始有万里长城之称。汉、明两代又大规模修筑。工程之浩繁,气势之雄伟,堪称世界奇迹。现存长城多为明朝修复,总长度 8 852 千米。其中最著名的八达岭长城,位于北京延庆区军都山关沟古道北口,为居庸关的重要前哨,被称作“玉关天堑”。1987 年入选世界文化遗产。

周口店北京人遗址　1987 年入选世界自然遗产。参见国家考古遗址公园——周口店国家考古遗址公园。

颐和园　位于海淀区新建宫门路。清朝帝王的行宫和花园,前身为清漪园,是三山五园中最后兴建的一座园林,始建于清乾隆十五年(公元 1750 年),咸丰十年(公元 1860 年)被英法联军焚毁。光绪十四年(公元 1888 年)慈禧太后以筹措海军经费的名义动用 3 000 万两白银重建,改称“颐和园”,光绪二十六年(公元 1900 年)又遭“八国联军”破坏,许多建筑物被烧毁。主要由万寿山和昆明湖组成,占地面积 3.08 平方千米,其中水面约占四分之三。现存各式宫殿、园林古建 7 万平方米,集传统造园艺术之大成。1998 年入选世界文化遗产。

天坛　位于东城区永定门内大街。占地面积约 273 万平方米,始建于明永乐十八年(公元 1420 年),清乾隆、光绪时重修改建。明清两代帝王祭祀皇天、祈五谷丰登之场所,世界上最大的祭天建筑群。有坛墙两重,形成内外坛，坛墙南方北圆，象征天圆地方。主要建筑在内坛，圜丘坛在南、祈谷坛在北，二坛同在一条南北轴线上，中间有墙相隔。主要建筑有圜丘坛、皇穹宇、祈年殿、皇乾殿、祈年门等，还有巧妙运用声学原理建造的回音壁、三音石、对话石等，充分显示古代中国建筑工艺的发达水平。1998 年入选世界文化遗产。

明清皇家陵寝：明十三陵　2003 年作为明清皇家陵寝的组成部分入选世界文化遗产。参见国家级风景区——八达岭-十三陵风景名胜区。

中国大运河：北京段　中国大运河始建于春秋时期。由隋唐大运河（永济渠、通济渠、邗沟、江南河段）、京杭大运河（通惠河、北运河、南运河、会通河、中河、淮扬运河、江南运河段）、浙东运河共三大部分、十段河道组成；地跨北京、天津、河北、山东、河南、安徽、江苏、浙江 8 个省和直辖市，全长 2 700 千米（含遗产河道 1 011 千米），纵贯我国最富饶的华北大平原与江南水乡，通达海河、黄河、淮河、长江、钱塘江五大水系，是世界上开凿时间较早、规模最大、线路最长、延续使用时间最久的运河，被国际工业遗产保护委员会入选最具影响力的水道。自清末改漕运为海运后，大运河地位衰落。2014 年，联合国教科文组织将 27 段河道和 58 个遗产点以“中国大运河”为名列入《世界遗产名录》。其中北京段有：万宁桥、东不压桥、通惠河北京旧城段、通惠河通州段等。

二十二、全国重点文物保护单位

天安门　位于故宫南端，与天安门广场以及人民英雄纪念碑隔长安街相望。占地面积 4 800 平方米，以杰出的建筑艺术和特殊的政治地位为世人所瞩目。始建于明朝永乐十五年（公元 1417 年），最初名“承天门”，清朝顺治八年（公元 1651 年）更名为“天安门”，是明清两代北京皇城的正门。由城台和城楼两部分组成，有汉白玉石的须弥座，总高34.7米。天安门城楼长66米、宽37米，正中门洞上方悬挂着毛泽东画像，两边分别是“中华人民共和国万岁”和“世界人民大团结万岁”的大幅标语。1961年入选全国重点文物保护单位。

人民英雄纪念碑　位于天安门广场中心。为纪念中国近现代史上的革命烈士而修建的纪念碑，1949年奠基，1958年建成。纪念碑通高37.94米，正面（北面）碑心是一整块石材，长14.7米、宽2.9米、厚1米，重60.23吨，镌刻着毛泽东所题写的“人民英雄永垂不朽”8个大字。背面碑心由7块石材构成，内容为毛泽东起草、周恩来书写的小楷字体碑文。1961年入选全国重点文物保护单位。

智化寺　位于东城区禄米仓胡同。建于明正统九年（公元1444年），寺名为明英宗所赐。山门上有汉白玉横匾“敕赐智化寺”。集造像、佛经、壁画、音乐等佛教艺术于一体的禅林净土，保存完整的四进殿宇是北京市内最大的明代木结构建筑群。主要建筑自山门内依次为钟鼓楼、智化门、智化殿及东西配殿（大智殿、藏殿）、如来殿、大悲堂等。主要建筑物的屋瓦用黑色琉滴脊兽铺砌，虽经历代多次修葺，仍保持明代早期特征，经橱、佛像及转轮藏上的雕刻，遒劲古朴，艺术高超。1961年入选全国重点文物保护单位。

国子监　位于东城区安定门内，与孔庙和雍和宫相邻。我国现存唯一一所古代中央公办大学建筑，始建于元大德十年（公元1306年），是元、明、清三代国家管理教育的最高行政机关和国家设立的最高学府。整体建筑坐北朝南，中轴线上分布着集贤门、太学门、琉璃牌坊、辟雍、彝伦堂、敬一亭。东西两侧有四厅六堂，构成传统的对称格局。明朝在北京、南京分别设有国子监，设在南京的国子监被称为“南监”或“南雍”，设在北京的被称为“北监”或“北雍”。1961年入选全国重点文物保护单位。

雍和宫　位于北京市区东北角。原址为明太监官房，后为清康熙帝四子胤禛的王府。雍正三年（公元1725年）改为行宫，称“雍和宫”。又因乾隆皇帝诞生于此，雍和宫出了两位皇帝，所以殿宇黄瓦红墙，规格同紫禁城皇宫。乾隆九年(公元1744年)改为喇嘛庙,成为全国规格最高的一座佛教寺院。占地面积66 400平方米,由3座精致的牌坊和五进宏伟的大殿组成,有殿宇千余间,融汉、满、蒙等民族建筑艺术于一体。宫中瑰宝主要有:"木雕三绝"——五百罗汉山、檀木大佛和楠木佛龛,高达1.5米的铜铸须弥山,正殿供奉的3尊高2米的铜佛,照佛楼内的"六道轮回图"。1961年入选全国重点文物保护单位。

妙应寺白塔　位于西城区阜成门内大街。我国现存最早最大的一座藏式佛塔,建于元至元十六年(公元1279年),随即迎请佛舍利入藏塔中。由塔基、塔身和塔刹组成,台基高9米,塔高50.9米,底座面积1 422平方米。台基上砌基座,将塔身、基座连接在一起。塔身俗称"宝瓶",形似覆钵,上安7条铁箍,其上又有亚字形小型须弥座,再上为13天相轮,顶端为一直径9.7米的华盖,华盖四周悬挂着36副铜质透雕的流苏和风铃,华盖中心处还有一座高约5米的镏金宝顶。1961年入选全国重点文物保护单位。

北海及团城　位于故宫西北部。辽代,北海一带为帝王的郊外园囿。金建行宫,元建大都,成为皇城禁苑。清顺治和乾隆年间进行改建,成为集宫室、宅第、寺庙和园林于一体的帝王宫苑。占地面积约70万平方米,以琼岛为全园中心,在水中置岛屿,用桥堤和岸边相连,继承了中国古代造园艺术的传统。团城位于北海南门,元代时为一小屿,明代重修时筑城墙,基本上形成现在的规模和四周环境。清乾隆年间进行修建,形成如今的建筑群。1954年在团城北面修了一座台阶,把团城和北海连接了起来。1961年入选全国重点文物保护单位。

北京大学红楼　位于东城区五四大街。整座建筑用红砖砌筑,红瓦铺顶。1916年至1952年间为北京大学的主要校舍之一。李大钊、陈独秀、毛泽东早期传播马克思主义和民主科学进步思想的重要场所,"五四"运动的策源地。"五四"运动后不久,李大钊等在此建立了北方第一个共产主义小组,成为北方革命活动的中心。1961年入选全国重点文物保护单位。2016年入选"中国20世纪建筑遗产项目"。

居庸关云台 位于昌平区居庸关关城内。元代大型过街喇嘛塔的基座。过街塔始建于元至正二年(公元1342年),现塔已不存,仅存基座。用大理石砌筑,保存有精美的元代石雕,石雕雕刻规模宏大,内容复杂,雕琢细致,包括了喇嘛教中的各种天神,用梵、汉、蒙、藏、维吾尔、西夏六种文字阴刻的《陀罗尼经咒》全文,是元代石雕艺术中的杰作,也是元代藏传佛教雕塑作品中最重要的一件。1961年入选全国重点文物保护单位。

云居寺塔及石经 位于房山区石经山。云居寺始建于隋大业年间,后被毁,仅云居寺塔及石经得以保存。塔建于辽代,四隅各有四座唐塔。塔高30.4米,砖砌,塔身分上下两层,下层为八角形,四周有拱门、假窗、佛龛浮雕,上层为圆锥形,是北京地区现存最古老的塔。石经位于半山腰的雷音洞中以及寺南的压经塔下藏经穴中,刻于隋代,至今已历千余年。雷音洞内藏经石4 196块,压经塔下藏经石10 082块,计刻佛经1 122部,3 452卷。云居寺石经版保存了大量佛教经典,被誉为"北京的敦煌"。1961年入选全国重点文物保护单位。

真觉寺金刚宝座 位于海淀区西直门外白石桥以东的长河北岸。因在一个高台上建有五座小型石塔,俗称"五塔寺塔"。塔建于明成化九年(公元1473年),按照印度佛陀迦耶精舍形式而建。塔的造型属于印度形式,但宝座上的短檐、斗拱和宝座顶上的琉璃罩亭等结构特征明显地表现了中国建筑特有的传统风格,成为中国建筑和外来文化互相结合的创造性杰作。1961年入选全国重点文物保护单位。

故宫 1961年入选全国重点文物保护单位。参见世界遗产——明清故宫:北京故宫。

颐和园 1961年入选全国重点文物保护单位。参见世界遗产——颐和园。

天坛 1961年入选全国重点文物保护单位。参见世界遗产——天坛。

周口店遗址 1961年入选全国重点文物保护单位。参见世界遗产——周口店北京人遗址。

卢沟桥 1961年入选全国重点文物保护单位。参见全国红色旅游经典景区——中国人民抗日战争纪念馆、卢沟桥、宛平城。

十三陵 1961年入选全国重点文物保护单位。参见世界遗产——明清皇家陵寝-明十三陵。

八达岭 1961年入选全国重点文物保护单位。参见国家级风景区——八达岭-十三陵风景名胜区。

皇史宬 位于天安门东边的南池子大街。明清两代的皇家档案馆，又称“表章库”。始建于明嘉靖十三年(公元1534年)，占地面积8 460平方米，建筑面积3 400平方米。主殿通体为整石雕砌，殿内大厅无梁无柱。地面筑有1.42米高的石台，其上排列150余个外包铜皮雕龙的樟木柜——“金柜”，其中陈列152个“金匮石室”，存放着皇家的圣训、实录与玉牒。整个建筑做工精良，功能齐全，防火、防潮、防虫、防霉，冬暖夏凉，极宜保存档案文献。1982年入选全国重点文物保护单位。

古观象台 位于建国门立交桥西南角。明清两代的国家天文台，是世界上古老的天文台之一，以建筑完整、仪器精美、历史悠久和在东西方文化交流中的独特地位而闻名于世。始建于明正统七年(公元1442年)，称为“观星台”，清代改称“观象台”，辛亥革命后改为“中央观星台”。台体高约14米，台顶南北长20.4米，东西长23.9米，台上陈设有简仪、浑仪和浑象等大型天文仪器，台下陈设有圭表和漏壶。康熙和乾隆年间，先后增设了八件铜制的大型天文仪器，均采用欧洲天文学度量制和仪器结构。现隶属于北京天文馆。1982年入选全国重点文物保护单位。

北京城东南角楼 位于建国门南大街和崇文门东大街相交处。原北京有内城和外城之分，内城的四角城台上各建箭楼一座，即城角箭楼，简称“角楼”。北京城东南角楼是唯一现存的一座，也是中国现存最大的城垣角楼。台高12米，底边长39.45米，上边长15米，楼高17米，通高29米，建筑面积700多平方米。平面呈曲尺形，四面砖垣，重檐歇山顶，楼体外侧辟箭窗(射孔)，共4层144孔。楼体内交金柱20根，是角楼的主要承重结构。角楼高大峻拔，形式特殊，是明清城防和城楼建筑的独特例证。1982 年入选全国重点文物保护单位。

恭王府及花园 位于什刹海西南角。清代规模最大的一座王府，曾先后为和珅等人的宅邸，清末恭亲王奕䜣成为宅子的主人，因此得名“恭王府”。目前保存最为完整且唯一向社会开放的清代王府古建筑群，有“一座恭王府，半部清代史”的说法。前府后园，占地面积超过 6 万平方米，其中府邸 3.2 万平方米，花园 2.8 万平方米，巧妙地将江南园林艺术与北方建筑格局融为一体，体现皇家风范和民间清致素雅的风韵。后罩楼、西洋门、大戏楼、福字碑被称为恭王府的“三绝一宝”。1982 年入选全国重点文物保护单位。

宋庆龄故居 1982 年入选全国文物重点保护单位。参见全国红色旅游经典景区——宋庆龄故居。

郭沫若故居 位于西城区前海西沿。原是清代和珅的一座花园，后成为恭亲王奕䜣府的草料场和马厩。民国年间，恭亲王的后代把王府和花园卖给辅仁大学，把此处卖给达仁堂乐家药铺作宅园。郭沫若自 1963 年起居于此，直至 1978 年逝世。大型四合院，由正房、耳房、东西厢房和后罩房组成，占地面积 7 000 平方米，建筑面积 2 280 平方米。故居大门上方悬挂着邓颖超题写的“郭沫若故居”金字牌匾。庭院草坪上有一座郭沫若全身铜像。1988 年入选全国重点文物保护单位。

牛街礼拜寺 位于西城区牛街。回族伊斯兰建筑，居北京四大清真寺之首。始建于北宋至道二年（公元 996 年），明成化十年（公元 1474 年）赐名“礼拜寺”。清康熙三十五年（公元 1696 年）进行修复和扩建，逐渐形成今日规模。占地面积约 6 000 平方米，主要建筑有礼拜大殿、宣礼楼、望月楼、南北碑亭、大影壁等，建筑采用中国木结构形式，细部装饰带有伊斯兰教建筑的阿拉伯风格。寺内两座筛海坟，是元朝初年从阿拉伯国家前来讲学的伊斯兰长老之墓，墓碑镌刻阿拉伯文字，为国内少有的文物。1988 年入选全国重点文物保护单位。

天宁寺塔　位于西城区天宁寺内。建造年代为辽代大康九年（公元1083年）。塔高57.8米，为8角13层密檐式实心砖塔，整体结构自下而上为基座、平座、仰莲座、塔身、塔檐、塔顶、宝珠、塔刹。整体造型和局部手法表现了辽代密檐砖塔的建筑风格，是研究中国古代佛塔的重要实例。1988年入选全国重点文物保护单位。

正阳门　位于天安门广场最南端。俗称“前门”“大前门”，原名“丽正门”，是明清两朝北京内城的正南门。始建于明永乐十七年（公元1419年），是老北京“京师九门”之一。集正阳门城楼、箭楼与瓮城为一体，形成完整的古代防御性建筑体系。自明正统初年至清末前后470余年间，因兵燹或失火多次遭到毁坏，多次重建、修缮。1949年中国人民解放军曾在此举行盛大的入城式。1988年入选全国重点文物保护单位。

太庙　位于天安门东侧。明清两代皇帝祭祀祖先之地。始建于明永乐十八年（公元1420年），占地面积19.7万平方米，有三道红墙环绕。戟门内三重大殿是中心建筑，黄琉璃瓦庑殿顶，巍峨雄伟，庄严肃穆。前殿称“享殿”，矗立于三层汉白玉须弥座上，是举行祭祖大典的场所；殿内68根大柱及木构件均为名贵的金丝楠木制作，地铺金砖，天花为贴金彩画。现已辟为北京市劳动人民文化宫，由毛泽东亲笔题写宫名。1988年入选全国重点文物保护单位。

社稷坛　位于天安门西部。明清两代祭祀社、稷神祇的祭坛，其位置依《周礼·考工记》“左祖右社”的规定，置于皇宫之右（西）。祖与社都是封建政权的象征。社稷是“太社”和“太稷”的合称，社是土地神，稷是五谷神，两者是农业社会最重要的根基。占地面积24万多平方米，主体建筑有社稷坛、拜殿及附属建筑戟门、神库、神厨、宰牲亭等。1925年孙中山的灵柩曾停放在园内拜殿中，故一度改名为“中山公园”。1988年入选全国重点文物保护单位。

北京孔庙　位于东城区国子监街。元、明、清三朝祭祀孔子的场所，又名“先师庙”，与南京夫子庙、吉林孔庙和曲阜文庙并称为中国四大文庙。始建于元大德六年(公元 1302 年),明永乐九年(公元 1411 年)重建,仍保持元代风格。建筑物沿中轴线布局,左右对称,三进院落,中轴线上的建筑依次为大成门、大成殿、崇圣门及崇圣祠,主体建筑都覆以黄色琉璃瓦,是封建社会的最高建筑规制。有元、明、清三代的进士题名碑 198 块,为研究中国古代科举制度的重要文献资料。1988 年入选全国重点文物保护单位。

崇礼住宅 位于东城区东四六条。清光绪朝大学士崇礼的宅第,建于清光绪年间。宅院坐北朝南,建筑面积 5 298 平方米。宅院中有三条规整的中轴线,将宅第分成东、西、中三路院落,内部互相连通。东院及花园为崇礼居所,西宅为崇礼弟兄和崇礼之侄所居,中路为花园。栋宇华丽,仅逊于王府,号称"东城之冠"。1988 年入选全国重点文物保护单位。

法海寺 位于石景山区翠微山南麓。始建于明正统年间,明清时多次重修。依山而建,占地面积 2 万余平方米。建筑布局规整,中轴线上依次建有护法金刚殿、四天王殿、大雄宝殿、药师殿、藏经楼等建筑,现仅存山门、大雄宝殿等。大雄宝殿面阔五间,黄琉璃瓦庑殿顶,殿中明代壁画是北京地区现存历史最悠久、保存最完整的壁画。1988 年入选全国重点文物保护单位。

琉璃河遗址 位于房山区琉璃河镇。东西长 3.5 千米,南北宽 1.5 千米,包括古城址、墓葬区、居住区三部分。古城址位于遗址中部,地面尚存北城墙和东西城墙的北半部,建城年代约在西周初期。墓葬区位于城东南部,以黄土坡村最为集中。墓分大、中、小三类,皆为长方形竖穴土坑,出土的堇鼎和伯矩鬲是极为珍贵的青铜礼器,刻有"成周"文字的甲骨,为确定燕都城址年代提供了有力的证据。居住区位于城内及西部,有房屋、窖穴、灰坑、水井等遗址。遗址区建有西周燕都遗址博物馆。1988 年入选全国重点文物保护单位。

银山塔林 位于昌平区北部。塔林主要为辽金时代名寺法华寺高僧的墓塔聚集而成。银山是中国现存辽塔最多的地区,塔群自金元以来已有 600 多年历史,民间素有"银山宝塔数不尽"之说。大片塔群高者数丈,小者径尺,高低错落,布局规整,结构一致,均为八角形平面,塔身有许多浮雕,保存完好,其中金代密檐式砖塔群最为著名。1988 年入选全国重点文物保护单位。

圆明园遗址 1988 年入选全国重点文物保护单位。参见全国红色旅游经典景区——圆明园遗址公园。

北京鼓楼、钟楼 位于东城区地安门外大街,老北京中轴线的北端点。始建于明永乐十八年(公元 1420 年),后毁于火,清代修复,今之鼓楼建于明代,钟楼建于清代。两楼前后纵置,气势雄伟,巍峨壮观,鼓楼置鼓,钟楼悬钟,"晨钟暮鼓"循律韵通,是元、明、清代都城的报时中心。在城市钟鼓楼的建制史上,北京钟楼、鼓楼规模最大,形制最高,是古都北京的标志性建筑之一。1996 年入选全国重点文物保护单位。

大高玄殿 位于西城区,北海公园之东,景山之西。始建于明嘉靖二十一年(公元 1542 年),是我国唯一一座明清两代皇家御用的道教宫观,皇帝祈祷上天求雨祈晴之地。占地面积约 1.3 万平方米,正面有两重绿琉璃仿木结构券洞式三座门,门后为过厅式的大高玄门。大高玄门前原有旗杆(现仅存石座),后有钟鼓楼。正殿名"大高玄殿",面阔七间,重檐黄琉璃筒瓦庑殿顶,前有月台,左右配殿各五间;后殿名"九天应元雷坛",面阔五间,两旁配殿各九间。与故宫内的钦安殿、玄穹宝殿并称"三大皇家道场"。1996 年入选全国重点文物保护单位。

历代帝王庙 位于西城区阜成门内大街。明嘉靖十年(公元 1531 年)始建,清雍正七年(公元 1729 年)重修,是明清两代皇帝崇祀历代开业帝王和历代开国功臣的场所,与太庙、孔庙合称为"明清北京三大皇家庙宇"。占地面积 21 500 平方米,大殿中共分 7 龛,供奉了 188 位中国历代帝王的牌位。现为北京历代帝王庙博物馆。1996 年入选全国重点文物保护单位。

南堂 位于宣武门内大街。我国历史最久的天主教堂,明万历年间意大利传教士利玛窦始建,当时称"宣武门天主堂"。清顺治七年(公元 1650 年)德国耶稣会士汤若望神父在旧址上重建了北京城内第一座大教堂。后遭火灾,又重建,清光绪二十六年(公元 1900 年)被焚毁,现存建筑修建于清光绪三十年(公元1904年)。教堂顶为拱形,正面有精致砖雕,柱顶有木刻浮雕镏金花纹,彩色玻璃镶嵌门窗,富丽堂皇,颇为壮观。内有描绘耶稣受难的巨幅油画和圣母像,祭台上高高地立着圣像。1996年入选全国重点文物保护单位。

北京东岳庙 位于朝阳区朝阳门外大街。原是道教正一派在华北地区最大的宫观,初建于元代,后由于战乱和火灾多有损毁,现存建筑绝大多数为清代所建,规模宏大,气势壮观,装饰精微,构思巧妙。占地面积约4.7万平方米,有房屋近400间,分为正院、东院和西院三个部分。保存了各具特色的道教建筑和历代碑刻,对研究中国古代道教以及玄教的历史渊源和发展具有重要的参考价值。1996年入选全国重点文物保护单位。

觉生寺 位于海淀区北三环路。建于清雍正十一年(公元1733年),曾是皇家祈雨、举行佛事活动的重要场所。因寺内珍藏一口明永乐年间所铸的巨大佛钟,又名“大钟寺”。占地面积3万平方米,格局严谨。气势雄伟的大钟楼是全寺建筑的主体,上圆下方,意喻“天圆地方”,明永乐年间的国宝“永乐大钟”便悬挂于此。1985年辟为古钟博物馆,展示中外古代钟铃400多件。1996年入选全国重点文物保护单位。

戒台寺 位于门头沟区马鞍山上。始建于唐武德五年(公元622年),原名“慧聚寺”,明英宗赐名“万寿禅寺”。因寺内建有全国最大的佛教戒坛,故称“戒台寺”。寺院依山而筑,建筑样式基本是辽代风格。中轴线上依次排列山门殿、钟鼓二楼、天王殿、大雄宝殿、千佛阁(遗址)、观音殿和戒台殿。中国北方保存辽代文物最多、最完整的寺院,保留了佛塔、经幢、戒坛等辽代佛教中罕见的珍品。清恭亲王奕䜣曾在这里隐居10年。1996年入选全国重点文物保护单位。

景山 地处北京城的中轴线上,占地面积32.3万平方千米。元代该处是个小山丘,名“青山”。明代兴建紫禁城时曾在此堆放煤炭,故俗称“煤山”。明永乐年间,将开挖护城河的泥土堆积于此,砌成一座高大的土山,叫“万岁山”。清顺治十二年(1655年)改名为“景山”。作为皇家御苑,帝王常来此赏花、习箭、饮宴、登山观景。景山高耸峻拔，树木蓊郁，风光壮丽，为北京城内登高远眺观览全城景致的最佳之处。1928 年辟为公园。2001 年入选全国重点文物保护单位。

白云观 位于西城区白云观街道。始建于唐代，为唐玄宗奉祀老子之圣地，名“天长观”。金末重建为“太极宫”。清康熙四十五年（公元 1706 年）进行大规模修建，形成如今的整体布局和主要殿阁规制。分为中、东、西三路以及后院四个部分，占地面积 1 万平方米。主要殿宇位于中轴线上，包括山门、灵官殿、玉皇殿等建筑，配殿、廊庑分列中轴线两旁。收藏着大量的珍贵文物，最著名的有唐石雕老子坐像、大书法家赵孟頫的《松雪道德经》石刻和《阴符经》附刻、明版《正统道藏》。2001 年入选全国重点文物保护单位。

法源寺 位于宣武门外教子胡同。建于唐贞观十九年（公元 645 年），唐时为“悯忠寺”，清雍正时重修并改为今名，1956 年在寺内成立中国佛学院，1980 年建立中国佛教图书文物馆，是中国佛教协会所属的宗教类博物馆。占地面积 6 700 平方米，七进六院，布局严正，采用中轴对称格局。大雄宝殿供奉“华严三圣”，木胎贴金罩漆，是明代塑像的精品之作；大悲坛是一座佛教文物的宫殿，陈列着历代的佛像、石刻及佛教艺术珍品。2001 年入选全国重点文物保护单位。

先农坛 位于西城区东经路，与天坛遥相对应。始建于明永乐十八年（公元 1420 年），是明清两代皇帝祭祀先农以及举行亲耕耤田典礼的地方，是北京皇家祭祀建筑体系中保存完好的一处。占地面积约 133 万平方米，有建筑群 5 组：庆成宫、太岁殿、神厨、神仓、俱服殿。另有坛台 4 座：观耕台、先农坛、天神坛、地祇坛。内坛观耕台前有 867 平方米耕地，为皇帝行籍田礼时亲耕之地。位于先农坛中心的太岁殿，是先农坛内最大的单体建筑，专门用来祭祀太岁及十二月将等自然神祇。2001 年入选全国重点文物保护单位。

孚王府 位于朝阳门内大街。清代规模较大的一座王府，建于雍正八年(公元1730年),清咸丰元年(公元1851年)孚郡王奕譓成为宅子的主人,孚王府因此得名。规制宏大,布局严谨,分东、中、西三路,中路建筑有正门、正殿、左右配楼、后殿、后寝、后罩楼;西路跨院为生活居住区;东路院是府库、厨厩及执事侍从住所,是清代王府建筑的典型。孚王府历经清王朝由鼎盛而至衰亡的历史进程,承载了极其丰富的历史文化信息。2001年入选全国重点文物保护单位。

东交民巷使馆建筑群 位于东城区东交民巷。集使馆、教堂、银行、官邸、俱乐部为一体的欧式风格街区,形成于清光绪二十七年(公元1901年)至1912年。北京仅存的20世纪初的西洋风格建筑群,现存建筑有法国使馆、奥匈使馆、比利时使馆、日本公使馆、意大利使馆、英国使馆、正金银行、花旗银行、东方汇理银行、俄华银行和国际俱乐部及法国兵营等,均为20世纪初欧美流行的折中主义建筑风格,用清水砖砌出线脚和壁柱,砖拱券加外廊,木结构角檩架,铁皮坡顶。2001年入选全国重点文物保护单位。

清净化城塔 位于北京名刹西黄寺内。俗称“六世班禅塔”,为纪念在西黄寺圆寂的六世班禅,清乾隆四十六年(公元1781年)乾隆下令修建该塔,乾隆御书《清净化城塔记》。由塔前牌楼、护塔兽、塔、塔后牌楼以及东西碑亭组成,是汉、藏、印佛教建筑艺术的完美结合。主塔是藏传佛教覆钵式佛塔,布局及总体结构采取印度的菩提伽耶式,塔上花纹装饰、图案造型等是我国汉族艺术的传统手法,融汇诸家艺术风格,为清代佛塔建筑艺术的杰作。2001年入选全国重点文物保护单位。

景泰陵 位于海淀区玉泉山北麓。明代第七位皇帝、明英宗之弟代宗朱祁钰之陵园。景泰八年(公元1457年)英宗复位,朱祁钰被废,去世后以王礼葬。宪宗即位,复景泰帝号,将原成王墓扩修为皇陵。陵前有黄瓦歇山顶碑亭,亭内有乾隆三十四年(公元1769年)御制诗碑,碑阳刻乾隆御题《明景帝陵文》。亭后有黄瓦硬山顶祾恩殿三间。2001年入选全国重点文物保护单位。2003年作为明清皇家陵寝明十三陵的组成部分入选世界文化遗产。

碧云寺　位于海淀区香山公园北侧。布局紧凑、保存完好的园林式寺庙，建于元至顺二年(公元1331年)，后经明、清扩建。占地面积4 000多平方米，依山而建，殿宇错落有致。中路共有六进院落，层层殿堂依山叠起，300多级阶梯，回旋串联，引人入胜。寺院内有北京市最高的金刚宝座塔，塔基正中开券洞，券墙上有金字“孙中山先生衣冠冢”。寺北侧的水泉院，原为乾隆皇帝行宫的一部分。2001年入选全国重点文物保护单位。

大慧寺　位于海淀区西直门外大柳树村。始建于明正德八年(公元1513年)，因寺内有大佛，俗称“大佛寺”。主体建筑大悲殿是典型的明代大木式结构，面宽5间，进深3间，重檐庑殿顶式建筑，高约30米。外檐斗拱较大，内檐为镏金斗拱。殿内雕塑以一尊高大的千手观音立像及两尊胁侍菩萨为主，两侧须弥座上有28尊高3.3米的佛教护法神彩塑，气势雄伟，神态各异，充分显示了明代彩塑的艺术魅力。2001年入选全国重点文物保护单位。

十方普觉寺　位于香山寿安山南麓。始建于唐贞观年间，原名“兜率寺”。清雍正十二年(公元1734年)重修后改名为“十方普觉寺”。唐代寺内有檀雕卧佛，元代又铸造了一尊释迦牟尼佛涅槃铜像，因此习称“卧佛寺”。殿堂布局沿袭唐代伽蓝七堂的法式。三世佛殿居诸殿之最，绿琉璃瓦黄剪边单檐山顶，殿前门额上悬有雍正御笔“双林邃境”木匾，两侧有乾隆御题楹联“翠竹黄花禅林空色相，宝幢珠珞梵宇妙庄严”。卧佛殿为绿琉璃筒瓦黄剪边单据歇山顶，两侧楹联为慈禧所书。明代英宗、宪宗、武宗、世宗、神宗五个皇帝都曾驾临该寺。2001年入选全国重点文物保护单位。

未名湖燕园建筑　位于海淀区北京大学校园内。近代著名学府燕京大学原址。燕京大学以明代名园“勺园”故址为中心兴建校舍，1926年建成。主要建筑有校门、办公楼、图书馆、外文楼、体育馆、岛亭、水塔等，仿古建筑风格。建筑多为二、三层，灰瓦红柱，石造台阶，浅色墙面，檐下有斗拱梁枋，施以彩画；次要建筑取民居园林形式，湖边水塔为八角密檐式。园内尚留一些明清旧园遗物，现未名湖区仍保持初建时的原貌。2001年入选全国重点文物保护单位。2016年入选“中国20世纪建筑遗产项目”。

清华大学早期建筑 位于海淀区清华大学校园内。原为清康熙时的熙春园,清道光二年(公元1822年)熙春园被一分为二,分赐皇亲。东部园区于咸丰时改名“清华园”,并有御笔匾额悬于宫门。光绪三十四年(公元1908年)美国用庚子赔款在此建清华学堂,初名“游美学务处”,辛亥革命后更名为“清华学校”,1928年改建成“国立清华大学”。现存建筑20座,较为重要的有清华学堂、图书馆、体育馆、大礼堂、科学馆等。2001年入选全国重点文物保护单位。

金中都水关遗址 位于丰台区右安门外玉林小区。水关建造年代约在公元1151—1153年间。遗址全长43.4米,跨城墙而建,木石结构,水流经水涵洞由北向南穿城而出,流入护城河。现存遗址主要有水涵洞地面铺石、两侧的残余石壁、进水口的“摆手”即城墙夯土等。迄今国内所发现的规模最大、保存较完整的一处水关遗址,已在原址建立辽金城垣博物馆。2001年入选全国重点文物保护单位。

万佛堂、孔水洞石刻及塔 位于房山区云蒙山南麓。孔水洞是一座喀斯特地貌的自然洞穴,洞中有泉,是北京最大的地下水泉之一,洞内石壁上有隋代石经、隋唐摩崖造像、金大定题记。万佛堂坐落在孔水洞出水口的墩台上,始建于唐代,寺名为唐代宗御赐,后毁于战火,明正德十一年(公元1516年)重建,并将《文殊、普贤万菩萨法会图》全图组嵌于万佛龙泉宝殿殿内的山墙上。万佛堂、孔水洞的两翼各有一座塔,左翼为辽咸雍六年(公元1070年)建造的花塔,右翼为元代建造的“龄公和尚舍利塔”。2001年入选全国重点文物保护单位。

潭柘寺 位于门头沟区潭柘寺镇。始建于西晋永嘉元年(公元307年),是佛教传入北京地区后最早修建的一座寺庙。因寺后有龙潭,山上有柘树,民间称为“潭柘寺”。背倚宝珠峰,主体建筑有山门、天王殿、大雄宝殿、斋堂和毗卢阁。元世祖忽必烈的女儿妙严公主到潭柘寺出家终老寺中,她每日跪拜诵经把殿内的一块铺地方砖磨出两个深深的脚窝,这块“拜砖”

现供奉在观音殿内。助燕王朱棣起兵“靖难”夺取皇位的姚广孝，功成名就之后辞官到潭柘寺隐居修行。天王殿前一口直径 1.85 米、深 1.1 米的铜锅，龙王殿前廊上一只长 1.7 米、重 150 千克的石鱼，被称为潭柘寺两宝。2001 年入选全国重点文物保护单位。

元大都城墙遗址 位于海淀区和朝阳区。由若干段东西走向的元大都的外郭城墙遗址组成，全长 6 730 米。元大都北城墙建成于元至元十三年（公元 1276 年），至今尚存的遗迹有大小豁口 9 处。土城遗迹高低不等，东段最高 6—7 米，西段最低 2 米；基宽不一，20—26 米。城墙建筑形式、建造方法和周密严谨的规划设计，成为研究元代建筑和元代城市营造工程以及北京城市发展史重要的实物数据。2006 年入选全国重点文物保护单位。

日坛 位于朝阳门外东南。始建于明嘉靖九年（公元 1530 年），是明清两代帝王祭祀大明之神（太阳）的地方。主体建筑是祭坛，四周环绕着矮墙，方形，白石砌成。坛面明代为红琉璃，清代改为方砖墁砌。正西有白石棂星门三座，其余三面各一座，西门外有燎炉、池。明清时代，每逢甲、丙、戊、寅、壬年，皇帝在春分日寅时亲临日坛祭祀。新中国成立以后，扩建后辟为公园。2006 年入选全国重点文物保护单位。

可园 位于东城区帽儿胡同。清末光绪年间大学士文煜的宅第花园，始建时仿苏州拙政园和狮子林，园虽小，但极可人意，故命名为“可园”。宅园面积南北长近 100 米、东西宽约 70 米。西路是一座四合院。中路最前面建有倒座房，前院有假山、水池，种有花草树木。中央有一座过厅，后院用回廊围成宽阔的院落种植花草。北方私家宅园中保存较好的实例。2006 年入选全国重点义物保护单位。

袁崇焕墓和祠 位于东城区东花市斜街。袁崇焕为明末政治家，抗清名将，遭魏忠贤余党弹劾，崇祯三年（公元 1630 年）被凌迟处死。清乾隆四十七年（公元 1782）乾隆帝下令为袁崇焕平反昭雪。祠堂有正房五间，前廊两端及室内墙壁上嵌有李济深撰《重修明督师袁崇焕祠墓碑》等石刻，屋檐下是叶恭绰题“明代先烈袁督师墓堂”匾额，袁崇焕手书“听雨”石刻嵌于墙上。袁崇焕墓位于祠堂后,葬着袁崇焕的头颅。2006 年入选全国重点文物保护单位。

地坛 位于东城区安定门外大街。又称“方泽坛”,是古都北京五坛中的第二大坛。始建于明嘉靖九年(公元 1530 年),定名“地坛”,清乾隆十四年(公元 1749 年)将绿琉璃瓦顶改为黄瓦,黄琉璃砖改为白色墁石,形制保存至今。明清两朝连续 381 年在此祭地,是历史上连续使用时间最长的祭地之坛,也是中国现存最大的祭地之坛。现存古建筑主要有神库、宰牲亭、斋宫、皇祇室、神马殿、牌楼、钟楼、养生园等。现已开辟为地坛公园,公园内有古树 176 株,大部分树龄超过 300 年。2006 年入选全国重点文物保护单位。

柏林寺 位于东城区雍和宫大街戏楼胡同。建于元至正七年(公元 1347 年),明清两代均有修葺增建。主要建筑建于南北中轴线上,依次为山门殿、天王殿、圆俱行觉殿、大雄宝殿和维摩阁,东西两侧为配殿。大雄宝殿为全寺主殿,面阔五间,单檐歇山顶,檐下正中悬有巨额横匾,上有康熙帝亲题“万古柏林”。殿内有明代塑造的三世佛和七尊木制漆金佛像,造型生动。保存的《龙藏》经版,是中国释藏中现存的唯一木刻经版。2006 年入选全国重点文物保护单位。

京师大学堂分科大学旧址 位于东城区安德里北街。创建于清光绪二十四年(公元 1898 年)“百日维新”时期,民国成立后改为兵营。现存五栋二层楼房,由日本建筑师真水英夫设计,其中两栋主楼为仿欧古典式砖木结构,清水砖墙,楼体做工精细,比例协调,手法纯熟,是一组对中国近代教育史和建筑史都具有重要研究与保存价值的建筑。2006 年入选全国重点文物保护单位。

清陆军部和海军部旧址 位于东城区平安大街。清末民初仿欧洲古典风格的砖木结构建筑群,共有主楼和三组风格各异的建筑。建筑群东部原为康熙第九子允禟的府第。光绪三十二年(公元 1906 年)清政府实行“新政”,在此设陆军部。民国时期为袁世凯和段祺瑞执政府所在地。1926 年在此发生“三一八”惨案。2006 年入选全国重点文物保护单位。

亚斯立堂 位于东城区后沟胡同,现为北京基督教会崇文门堂。始建于清同治九年(公元1870年),是美国卫理公会在华北地区建立的第一所礼拜堂。教堂最初建成时规模较小,仅能容纳四五百人聚会。清光绪六年(公元1880年)在原址上重建教堂,光绪二十六年(公元1900年)在义和团运动中被焚毁,光绪二十八年(公元1902年)清政府拨款重建。作为北京市最古老的一座基督教新教教堂,曾经接待过美国前总统乔治•布什、克林顿。2006年入选全国重点文物保护单位。

协和医学院旧址 位于东城区东单三条。原址为清太祖第15子豫亲王府第。1916年,美国煤油大王洛克菲勒购得此地,拆除原建筑,改建为协和医学院,以中国传统建筑形式结合西式装修,建成精美的建筑群。分南北两部分,南部是原协和医学院校址,有高大雄伟的主楼和翼楼。街南建有礼堂,是学校集会和宗教活动场所。主楼以北为学校的附属医院。有"中国式宫殿里的西方医学学府"之称。2006年入选全国重点文物保护单位。

孙中山行馆 位于东城区地安门东大街。曾是清朝王府,民国时易为外交总长顾维钧私邸。三进院落,房屋系硬山合瓦清水脊顶,四周绕以回廊,西北部是花园。内外套间,陈设简朴。1925年3月12日孙中山先生在此逝世。外间西墙上悬有孙中山遗像。遗像右边镜框内为临终《遗嘱》,左边镜框中为《致苏联书》,近墙条案上摆放着《建国方略》《中山全书》等。2006年入选全国重点文物保护单位。

利玛窦和外国传教士墓地 位于西城区车公庄大街。利玛窦为意大利天主教耶稣会传教士、学者,明朝万历年间来到中国传教,是天主教在中国传教的最早开拓者之一,也是第一位研究中国典籍的西方学者。最初的利玛窦墓墓前立有石门牌坊,大书"钦赐"二字,故后人称为"石门墓地"。明清时期的一些外国传教士相继葬于此墓地,包括清代的两位最重要的传教士汤若望和南怀仁。清光绪二十六年(公元1900年)墓地被义和团砸毁,后清政府出资重修,并新建教堂。"文化大革命"期间又被夷平,教堂被拆毁,1984年修复。2006年入选全国重点文物保护单位。

德胜门箭楼 位于北京城北垣西侧,是北京内城九座城门之一。始建于明正统二年(1437年)。历代都对城门和箭楼进行过维修。同瓮城一起,构成保护城门的军事堡垒。城台高12.5米,东西宽约39.5米,灰筒瓦绿剪边重檐歇山顶,俯视平面为凸形,楼上下共有4层,有箭窗(射击孔)82个。2006年入选全国重点文物保护单位。

月坛 位于西城区月坛北街路。原名“夕月坛”,是北京五坛之一。建于明嘉靖九年(公元1530年),是明清两代帝王秋分日祭夜明神(月亮)和天上诸星宿神祇的地方。高1.50米,14米见方,面积196平方米。明朝嘉靖时坛面用白琉璃瓦,清乾隆年间坛面改砌以金砖,东南西北四面建有石台阶,台阶均为六级。2006年入选全国重点文物保护单位。

中南海 中海和南海的合称,位于北京故宫西侧。占地面积约100万平方米,其中水面47万平方米。前身为西苑,是历朝封建帝王的行宫和宴游之地。始建于辽金时代,明清时期曾是封建统治者的皇家园林,民国成立后成为北洋政府的办公地点。现为中共中央、国务院、全国人大、全国政协等党的机关和中央国家机关驻地。中南海的正门是南门,又称“新华门”,为中南海的标志。主要景物有紫光阁、勤政殿、蕉园、水云榭、瀛台、丰泽园和静谷等。2006年入选全国重点文物保护单位。

关岳庙 位于西城区鼓楼西大街。原是道光帝的第七子醇贤亲王庙,建成于清光绪二十五年(公元1899年)。1914年改祀关羽、岳飞,遂称“关岳庙”,又称“武庙”。建筑面积3 000多平方米,两进院落。前院有宰牲亭、神库、神厨,后院有正殿、后寝殿及东西庑殿,均用黄琉璃绿剪边瓦色,正殿重檐歇山顶,殿前月台宽敞,为晚清上乘建筑。现为西藏自治区人民政府驻京办事处。2006年入选全国重点文物保护单位。

醇亲王府 位于西城区后海北沿。清代王府,同治十一年(公元1872年)醇亲王奕譞成为宅子的主人,醇王府的名称由此而来。占地面积近4万平方米,分中东西三路,分别由多个四合院组成。中路的三座建筑是府邸的主体,一是大殿,二是后殿,三是延楼。醇王府历经了清王朝由鼎盛至衰亡的历史进程。2006 年入选全国重点文物保护单位。

广济寺 位于西城区阜成门内大街。始建于宋朝末年,名“西刘村寺”。明天顺初年重建,成化二年(公元 1466 年)宪宗皇帝下诏命名为“弘慈广济寺”。1931 年寺院失火焚毁,1935 年重建。占地面积 2.3 万平方米,建筑保持明代格局。珍藏许多珍贵文物,如明代三世佛及十八罗汉造像、康熙时的汉白玉戒台、乾隆年间的青铜宝鼎。2006 年入选全国重点文物保护单位。

安徽会馆 位于西城区后孙公园胡同。原为明末清初学者孙承泽寓所“孙公园”的一部分。清同治八年(公元 1869 年)由李鸿章与其兄等人集资购得,建成安徽会馆。占地面积约 9 000 平方米,分为中、东、西三路庭院,每路皆为四进。正房文聚堂内悬挂书有皖籍中试者姓名的匾额,套院中有祭祀朱熹及历代名臣的神楼。戏楼是中路规模最大的建筑,系旧京四大会馆戏楼之一,曾是康有为等维新党人的活动场所。后为八国联军所占,设德军司令部于此。2006 年入选全国重点文物保护单位。

报国寺 位于西城区报国寺前街。始建于辽代,规模很小。明初塌毁,成化二年(公元 1466 年)重修,改名“慈仁寺”,俗称“报国寺”。扩建后的慈仁寺规模宏大,有七层殿房,错落有致。后院建有毗卢阁,阁高 36 级,周围长廊,可登临远眺。阁中收藏有窑变观音一尊,为镇寺之宝。毗卢阁窑变观音和寺内金代所栽的两株双龙奇松,被称为寺内“三绝”。清康熙十八年(公元 1679 年)京师大地震,报国寺大部分建筑坍塌。清乾隆十九年(公元 1754 年)重修,改名“大报国慈仁寺”。2006 年入选全国重点文物保护单位。

清农事试验场旧址 位于西城区西直门外大街。原为清康亲王赐园,乾隆时收为御园,后为乐善园。清光绪三十二年(1906 年)乐善园及附近的广善寺、慧安寺被划为农事试验场,此后屡有扩建。占地面积约 71 万平方米,建筑风格迥异,保存完好的建筑有畅观楼、鬯春堂、大门、门内正楼及侧楼。1912 年,宋教仁出任民国第一届内阁农林总长时寓居于此。现归北京动物园。2006 年入选全国重点文物保护单位。

西什库教堂 位于西城区西什库大街。本名“救世主教堂”,俗称“北堂”,清康熙四十二年(公元1703年)开堂,是北京最大和最古老的教堂之一。主体建筑为3层哥特式建筑,顶端有11座尖塔,通高16.5米;正面有3个尖顶拱券形入口,入口拱门之间雕刻有圣若望和圣保禄等四圣像,门窗均用汉白玉石刻装饰,正门中央主跨上有一扇瑰丽的圆形玫瑰花窗,礼拜堂四周有大小不一的80面玻璃花窗。2006年入选全国重点文物保护单位。

国立蒙藏学校旧址 位于西单小石虎胡同。建筑的历史可追溯至明代,明初为常州会馆,清代为乾隆长孙绵德贝子的府邸。基本保持贝子府邸格局,占地面积11 880平方米,建筑面积3 200平方米,分东西两部分。西侧院是三进院落,尚存府门、正厅、过厅、后厅、东西跺殿、东西配殿,共有房间50余间。1913年由蒙古王公贡桑诺尔布在此创办国立蒙藏学校,梁启超和徐志摩曾在此工作和暂居。2006年入选全国重点文物保护单位。

北京国会旧址 位于西城区新华通讯社院内,现为新华社的礼堂。原为清朝末年的京师法律学堂和财政学堂,袁世凯执政后定为国会议场,是中华民国政府成立后的第一届国会的开会和办公场所。现存建筑有国会议场、仁义楼、礼智楼。国会议场为方形建筑,高三层,建筑外表朴素,灰砖砌成。主大厅为方形,北面中央设有主席台,会场座位按扇形布置,楼上有东、西、南三面旁听座席。2006年入选全国重点文物保护单位。

京师女子师范学堂旧址 位于西城区新文化街,清宣统元年(公元1909年)建成,是由四座楼组成的仿西方风格学校。教学楼建筑面积4 300平方米,礼堂建筑面积220平方米。民国政府成立后,京师女子师范学堂改建为北京女子师范学校,1924年改为北京女子师范大学。鲁迅曾于1923—1926年在此执教。2006年入选全国重点文物保护单位。

国民政府财政部印刷局旧址 位于西城区白纸坊街。中国第一家采用雕刻钢凹版工艺的印钞企业,前身为清度支部印刷局,建于清光绪三十四年(公元1908年)。主要建筑有主工房大楼、机务科工房、活版科工房、三座两层办公楼及东西四合院等辅助用房。主工房大楼地上三层地下一层,砖混结构,三角桁架屋顶,立面简洁,仅大门处作简单柱式,屋檐下做简单木挑檐。内部为水泥框架结构,楼层高大。2006 年入选全国重点文物保护单位。

大栅栏商业建筑群 位于西城区前门外大栅栏地区。包括瑞蚨祥旧址、谦祥益旧址、祥义号旧址、劝业场旧址,除劝业场外,建筑均保存完好。瑞蚨祥旧址门面铺房于清宣统二年(公元 1910 年)建成,两层砖造木屋架结构,入口墙体为砖结构镶汉白玉石雕,为瑞蚨祥绸布店使用。谦祥益旧址和祥义号旧址的门面店堂均建于清末,两层木结构建筑,分别为谦祥益绸布店和诚宜厚商场使用。劝业场铺房最早建成于光绪三十二年(公元 1906 年),被毁后于 1918 年重建。2006 年入选全国重点文物保护单位。

北平图书馆旧址 位于西城区文津街。北平图书馆 1931 年落成,是当时远东最先进的图书馆之一。主楼平面呈“王”字形,仿清官式大殿楼阁,砖混结构,以绿琉璃瓦红色围墙围绕,大门正立面面阔三间,下身汉白玉石雕须弥座,上身灰墙,顶为绿琉璃歇山顶,下施琉璃一斗三升斗拱。现为中国国家图书馆的分馆。2006 年入选全国重点文物保护单位。

鲁迅故居 位于阜成门内门口西三条。1924—1926 年鲁迅在此居住。三开间小四合院,南北房各三间,东西房各一间,一直保持着当年的模样。南房是会客室,北屋东西两房间分别为鲁迅的母亲和朱安夫人的住室,中间一间为餐厅;北屋当中一间向北凸出一小间,面积仅 8 平方米,是鲁迅的卧室兼书房,陈设简朴。故居东侧是鲁迅博物馆,藏有大量鲁迅的文稿和遗物。2006 年入选全国重点文物保护单位。

爨底下村古建筑群 位于门头沟区斋堂镇。现存明清时代的四合院民居 76 家,以村北的山包为南北轴线,呈扇面形向下延展,以清代四合院为主体,基本由正房、倒座和左右厢房围合而成。四合院主要有山地四合院、双店式四合院及店铺式四合院。四合院的附属建筑主要有门外影壁、门内影壁、门楼、拴马桩、上马石、荆笆棚等。装饰有砖雕、石雕、木雕、字画等,雕刻装饰多以象征吉祥的花卉、鸟兽为主。庙宇建筑主要有关帝庙、娘娘庙及五道庙等。2006 年入选全国重点文物保护单位。

大觉寺 位于海淀区阳台山麓。始建于辽代咸雍四年(公元 1068 年),

称“清水院”,后改名“灵泉寺”,明代重建后改为“大觉寺”。依山势而建,主要由中路寺庙建筑、南路行宫和北路僧房所组成,占地面积6 000平方米。山门朝太阳升起的方向,体现了辽国时期契丹人朝日的建筑格局。中路自山门向上到龙王堂分别建有山门、碑亭、放生池、钟楼和鼓楼、天王殿、大雄宝殿、无量寿佛殿、大悲坛等;寺院后部有寺庙园林。2006年入选全国重点文物保护单位。

静明园 位于颐和园西侧的玉泉山上。占地面积75万平方米,其中水面13万平方米。金代始建芙蓉殿,亦名“玉泉行宫”。明正德年间建上下华严寺。清康熙十九年(公元1680年)建行宫,初名“澄心园”,后更名“静明园”。乾隆年间大规模扩建,形成“静明园十六景”,为静明园鼎盛时期。较为著名的景点有被乾隆命名为“天下第一泉”的玉泉,八角七级仿木构楼阁式石塔玉峰塔,八角七级密檐式汉白玉石塔华藏塔。静明园曾遭英法联军、八国联军两次焚毁。2006年入选全国重点文物保护单位。

健锐营演武厅 位于海淀区红旗村。北京地区仅存的集城池、殿宇、亭台、校场、指挥楼等建筑形式于一体的清代建筑群。始建于清乾隆十四年(公元1749年),是清代健锐营操演攻取碉楼的场所。演武厅格局完整,建筑宏伟壮观。主要建筑由南向北依次为实胜寺碑亭、西城楼门、校场、演武厅及东西配殿、团城、城内东西朝房和城上两座城楼、北城门外石桥,体现了清代城池武备建筑风格。2006年入选全国重点文物保护单位。

万寿寺 位于海淀区高梁河广源闸西侧。原称“聚瑟寺”,建于唐朝。清光绪初年毁于火,光绪二十年(公元1894年)重修。占地面积3万余平方米,山门上方有清顺治二年(公元1645年)御赐石匾,上书“敕建护国万寿寺”。分东、中、西三路:中路为主体建筑,共七进院落,向北依次为天王殿、大雄宝殿(大延寿殿)、万寿阁、大禅堂、御碑亭、无量寿佛殿、万寿楼;东路为方丈院和圃园;西路在乾隆年间改为行宫院。现为北京艺术博物馆所在地。2006年入选全国重点文物保护单位。

辛亥滦州起义纪念园 位于海淀区温泉镇。1937年,为纪念在同盟会会员王金铭发动的滦州新军起义中殉难的烈士而修建的纪念园。由三部分组成,依山而建。园门由米色花岗岩制成,门额刻“辛亥滦州革命先烈纪念园”。园门北向有纪念碑,汉白玉制,碑高2.85米,碑身正面刻“辛亥滦州革命诸先烈纪念碑”。半山腰处有八菱形石幢一座,幢身正面刻“辛亥滦州革命先烈衣冠冢”。2006年入选全国重点文物保护单位。

承恩寺　位于石景山区模式口大街东部。明正德五年(公元1510年)兴建,明武宗赐额“承恩禅寺”。清代三次重修,至今仍保留明初建筑格局。占地面积1.9万平方米,有山门殿、天王殿、大雄宝殿、法堂等四进殿宇。山门殿汉白玉券门上悬“敕赐承恩禅寺”石额。天王殿内东西墙壁画绘黄、绿、青、白四龙,殿前立三石碑。大雄宝殿北有法堂五间,大雄宝殿与法堂之间左右各有配殿三间、厢房七间。2006年入选全国重点文物保护单位。

十字寺遗址　位于房山区周口店镇。始建于晋代,原是佛寺,唐代改为景教寺院。元至正十八年(公元1358年)重修,元顺帝赐名“十字寺”。民国时期逐渐衰落。殿宇现已毁坏,尚有寺庙地基。有汉白玉石碑两通,一为辽碑,碑正面上方横书“三盆山崇圣院碑记”;另一为元碑,碑额顶端圆球内刻有十字,左右各有一条石雕云龙,正中刻有“敕赐十字寺碑记”。2006年入选全国重点文物保护单位。

金陵　位于房山区云峰山下。金朝完颜氏皇帝和宗室诸王陵寝,初建于金海陵王时期,共建有17座帝陵,是中国历史上为数不多的少数民族皇陵。占地面积6万平方米,分帝陵、妃陵及诸王兆域三部分。金代以后,陵墓无人守护,逐渐残毁。明天启年间拆毁地上建筑。清初修复,还特设守陵户,后又遭到严重损坏。现主要遗存有清兵入关后重修的三合土宝顶及享殿遗址、碑亭遗址、神道遗址。2006年入选全国重点文物保护单位。

京杭大运河　2006年入选全国重点文物保护单位。参见世界遗产——中国大运河:北京段。

明北京城城墙遗存　位于西二环路南端。建于明正统四年(公元1439年),为内城的西南角城垣。因年久失修逐渐倾塌,“文革”中城砖大部被拆除,仅留连接角楼的100余米长的残迹。城墙内外壁为下石上砖,内为土心。墙基厚18.08米,墙体高10.72米,城顶宽15.2米,雉堞高约1.8米。1981年修葺,城垣上重建硬山顶灰筒瓦卷棚顶铺房三间。1987年修复城墙,保留七处断面遗迹,并修复旧楼。2003年建成明城墙遗址公园。2013年入选全国重点文物保护单位。

文天祥祠 位于东城区府学胡同。文天祥是南宋末年政治家、文学家,爱国诗人,抗元名臣,与陆秀夫、张世杰并称为"宋末三杰"。祥兴元年(公元1278年)被俘,后被解至元大都(今北京),元世祖忽必烈亲自劝降,许以中书宰相之职,文天祥大义凛然,宁死不屈,英勇就义。祠堂为明洪武九年(公元1376年)将当年囚禁文天祥的土牢旧址改建而成,由大门、过厅、堂屋等三部分组成,占地面积近600平方米。2013年入选全国重点文物保护单位。

普渡寺 位于南池子大街。始建于明永乐年间,原名"皇城东苑",为明代南城洪庆宫的一部分,占地面积近1万平方米,是太子居住的地方。清初为摄政王多尔衮的府邸,乾隆二十年(公元1755年)修葺扩建,乾隆赐名"普渡寺"。建筑建在高台之上,窗棂低矮,正殿名"慈济殿",在正殿、山门两侧保留或兴建了行宫院、方丈院、小佛殿及僧寮等,是典型的满族风格建筑。2013年入选全国重点文物保护单位。

东堂 位于王府井大街。北京四大天主教堂之一,始建于清顺治十二年(公元1655年)。嘉庆十二年(公元1807年)失火,清光绪十年(公元1884年)重建后又被烧毁,清光绪三十年(公元1904年)由法国和爱尔兰两国用"庚子赔款"重建。占地面积约2 387平方米,中间为天主堂,面阔25米,堂顶立十字架3座,中间大,两旁小,堂内两侧挂着《耶稣受难》等多幅油画,是一座罗马建筑风格的教堂。2013年入选全国重点文物保护单位。

基督教中华圣经会北京分会旧址 位于东城区东单北大街。建于清宣统三年(公元1911年),占地面积1 826平方米,3层楼房,用红砖砌成,平面为矩形。整个建筑下面为1米高的台基,周围有中国传统式样的石栏杆;正门朝东,门楣上有弧形雨遮。样式仿中国建筑,大楼外是中式飞翅叠檐,室内按西式装修。民国时期曾是基督教会青年活动的场所,1958 年改为礼拜场所,后为北京基督教教务委员会所在地。2013 年入选全国重点文物保护单位。

北京大学地质学馆旧址 位于沙滩北街。原是清朝乾隆间大学士傅恒的家庙,院内立有傅恒征伐金川的功绩碑——傅恒征西川碑(乾隆敕建碑)。民国时期是傅恒的裔孙松椿的房产,称“松公府祠堂”。1931 年北京大学购得此处房产,建成地质学馆。建筑式样为 L 形,占地面积 791 平方米,1935 年北京大学地质系迁入,成为北大历史上首个拥有独立教学实验楼的理科系。2013 年入选全国重点文物保护单位。

万松老人塔 位于西城区西四南大街。高僧万松老人的墓塔,始建于元代,密檐式砖塔。现塔为 1927 年叶恭绰等人集资重修。塔高 16 米,清塔中包着元塔,古朴典雅,玲珑精致。塔院占地面积 105 平方米,塔南侧嵌有一方纪事石刻,上书“清乾隆十八年岁次癸酉谷旦康亲王王永恩奉敕重修”。2013 年入选全国重点文物保护单位。

克勤郡王府 位于西城区新文化街。清廷封给克勤郡王岳托的后人的三处府邸之一。因岳托的后人罗科铎改号“平郡王”,故又称“平郡王府”。平郡王是《红楼梦》作者曹雪芹的表兄福彭,曹雪芹的姑母就是由康熙指配给老平郡王纳尔苏的。王府建于清代顺治年间,正殿面阔五间,前出丹墀,左右配殿阔五间,后殿面阔三间,后罩正房面阔七间。后部的内门、后寝与东西配房、后罩房均保存完整。王府历经了清王朝由鼎盛而至衰亡的历史进程。2013 年入选全国重点文物保护单位。

基督教中华圣公会教堂 位于西城区佟麟阁路。又名“安立甘教堂”,是圣公会在北京兴建的第一所教堂,中华圣公会华北教区的总堂及主教座堂。清光绪三十三年(公元 1907 年)由英籍主教史嘉乐雇佣北京工匠建造,为华北地区规模最大的基督教中心教堂。主体建筑面积 947 平方米,附属建筑 5 955 平方米。建筑平面呈十字形,屋顶为中国式坡顶,顶部有两个八角亭作为天窗及钟楼。2013 年入选全国重点文物保护单位。

西交民巷近代银行建筑群 位于西城区南部。西交民巷是北京最长的一条胡同,全长 6.5 千米,是晚清至 20 世纪后期的金融街。主要由以下建筑组成:大陆银行旧址,现为中国银行使用;中央银行旧址,现为中国钱币博物馆使用;保商银行旧址,现为中国钱币博物馆使用;中国农工银行旧址,现为中华全国新闻工作者协会使用;户部银行旧址,现存入口及临街房屋。2013 年入选全国重点文物保护单位。

辅仁大学本部旧址 位于西城区定阜街路。辅仁大学创建于 1925 年,校址原为载涛贝勒府花园和马厩。教学主楼建于 1930 年,砖混结构,中西合璧风格,楼的四角和中心高三层,余皆为两层,楼顶覆绿琉璃瓦。主楼内有教室、实验室、图书馆、办公室和可容纳千人的礼堂。2013 年入选全国重点文物保护单位。

盛新中学与佑贞女中旧址 位于西城区教场胡同。旧址在清乾隆年间是西苑教场训练八旗兵之所。1917 年法国天主教仁爱遣使会在此建佑贞女中教学楼,1923 年在其东侧建盛新男中。1952 年两校合并。现存教室楼两栋,礼堂一座,砖木结构,为欧洲折中主义建筑风格。立面三段划分,灰瓦坡屋顶,红砖清水墙嵌以石料装饰。比例严谨,工艺精致,是 20 世纪二三十年代北京典型的学校建筑。2013 年入选全国重点文物保护单位。

李大钊旧居 位于西城区文华胡同。1920 年至 1924 年,李大钊一家在此居住,前后近四年,是他在故乡之外与家人生活时间最长的一处居所。三合院,占地面积约 550 平方米,有北房 3 间,东西耳房各 2 间,东西厢房各 3 间,其中北房东屋为李大钊夫妇的卧室,西厢房为李大钊的书房。2013 年入选全国重点文物保护单位。

梅兰芳旧居 位于西城区护国寺街。典型的北京四合院,原为清末庆亲王奕王府的一部分。占地面积 1 000 余平方米,大门影壁前安放着梅兰芳的汉白玉半身塑像。正院北房正中为客厅,里间为起居室,东西耳房为卧室和书房,书房的书柜里收藏大量珍贵手抄剧本,墙上悬挂张大千、齐白石、陈半丁等著名画家的作品,各项陈设均按梅兰芳生前生活原状布置。2013 年入选全国重点文物保护单位。

灵岳寺 位于门头沟区斋堂镇。创建于唐贞观年间,辽代时重建,元代和清代四次重修。寺院处于白铁山主峰前的平台上,中轴线上有山门、天王殿和释迦佛殿。寺的南部山门两侧为钟鼓楼遗址。天王殿为悬山式建筑,殿内供奉四天王、韦陀及接引佛塑像。释迦佛殿为单檐庑殿顶调大脊式建筑,檐下双昂五踩斗拱,拱眼壁为彩绘佛像。现存元至元三十年(公元1293年)《重修灵岳寺记》石碑以及清康熙二十二年(公元1683年)《重修灵岳禅林碑记》石碑。2013年入选全国重点文物保护单位。

四九一电台旧址 位于朝阳区豆各庄乡。又名“双桥电台”,民国海军通信基地,始建于1918年。共有铁塔6座,高200多米,发射机楼1座,宿舍小楼7座,占地面积近20万平方米,均为日式建筑风格。四九一电台是中国最早的广播发射台,1949年10月1日向世界报道了中华人民共和国开国大典。2013年入选全国重点文物保护单位。2018年入选《中国工业遗产保护名录》。

摩诃庵 位于海淀区八里庄南玲珑巷。建于明嘉靖二十五年(1546年),原址为太监赵政的墓地,赵政集资建此庵,希望有寺僧世代为他烧香。规模不大,但建筑精美,香炉、石塔、花坛雕镂精细,布设有致。禅房尽处,牌楼伫立。院内有杏树上千棵,花开时节来上香和赏花的人络绎不绝。此处还是慈禧太后每年春季去妙峰山朝山的“茶水站”。2013年入选全国重点文物保护单位。

慈寿寺塔 位于海淀区玉渊潭乡。基址为明正德太监谷大用墓地。明万历四年(公元1576年)建慈寿寺及塔。清光绪年间寺废,仅存塔。塔为密檐式8边13级实心砖塔,通高约50米。塔基为3层,上为双层须弥座,下面一层须弥座束腰,每面开壶门形龛6个。2013年入选全国重点文物保护单位。

镇岗塔 位于丰台区长辛店镇。建于金代,9级密檐式砖砌实心花塔,通高18米,底周长24米。底座呈八角形,低矮敦实,平座上有双杪重拱五铺作斗拱,每面各一攒。塔基上有精美古朴的砖雕花饰。上部用砖雕制出斗拱,在拱眼壁上雕刻盛开的盆花,凶猛的兽头、神像等极为精细。原塔前立有石碑一座,上有明嘉靖四十年(1561 年)重修古塔的碑记,已失落。抗日战争期间,塔底部的一角和塔刹被日军炸毁。2013 年入选全国重点文物保护单位。

长辛店“二七”大罢工旧址　位于丰台区长辛店镇。包括二七机车厂近代建筑遗存、劳动补习学校旧址、长辛店工人俱乐部旧址、工人夜班通俗学校旧址、警察局驻地旧址、长辛店留法勤工俭学预备班旧址、二七烈士墓。二七机车厂近代建筑遗存见证了震惊中外的“二七”大罢工运动;劳动补习学校旧址是京汉铁路工人运动的发源地之一;长辛店工人俱乐部旧址是京汉铁路总工会第一次筹备会召开的地方;工人夜班通俗学校旧址、警察局驻地旧址、长辛店留法勤工俭学预备班旧址和二七烈士墓,都见证了我国北方工人运动的发源和发展。2013 年入选全国重点文物保护单位。

良乡多宝佛塔　位于房山区良乡镇燎石岗。始建于隋朝,现存塔建于辽代。塔为平面八角形,高约 36 米,5 级空心楼阁式。塔身第一层高大,正东南西北各辟券门,其余四面开直棂窗,檐下施隐作砖斗拱,有梯可登。四面原有佛龛,佛像已遭破坏。塔内有梯可以登顶,可北望都城,南眺河北省涿州市,数十里田园风光尽收眼底。2013 年入选全国重点文物保护单位。

姚广孝墓塔　位于房山区常乐寺村。姚广孝是明朝政治家、文学家,靖难之役的主要策划者,燕王朱棣的主要谋士,中国历史上著名的“黑衣宰相”,《永乐大典》和《明太祖实录》最高编撰官,病逝后追赠“荣国公”,永乐皇帝亲自撰写神道碑铭,并以文臣身份入明祖庙。墓塔建于明代永乐年间,坐落在四方形的平台上,结构匀称,清秀挺拔,花卉图案雕刻精细。2013 年入选全国重点文物保护单位。

琉璃河大桥　位于房山区琉璃河上。修建于明嘉靖十八年(公元 1539 年)。石桥全长 165.5 米,宽 10.3 米,高 8 余米,共 11 孔。拱券正中雕有精美的兽头。桥体全部用巨大的石块砌筑,桥上建有实心栏板和望柱,均雕有海棠线等纹饰。嘉靖四十年(公元 1561 年)向南北两方修路堤,堤面铺以巨型条石。从修桥到路堤建成,前后 20 余年。琉璃河石桥为"朝宗孔道,四会轮蹄;北望卢沟,双虹对跨,诚京南要隘",如今仍保留着原有风貌。2013 年入选全国重点文物保护单位。

延庆古崖居 位于延庆区张山营镇一条幽静的峡谷中,为不见史志记载的古代先民在陡峭的岩壁上开凿的岩居洞穴,共计 147 个。中区西侧崖壁上的"官堂子"规模最大、结构最为复杂,残存部分分为上下两层,至少有八个洞室,似古代的宫殿,高大宽敞,采光条件极好,雕刻精细。古崖居以雄奇精巧的工艺,诠释了古代建筑的神奇成就,而其来历仍是千古之谜。2013 年入选全国重点文物保护单位。

京张铁路南口段至八达岭段 包括"人"字形铁路及相关车站、詹天佑墓及铜像等。京张铁路由著名工程师詹天佑于清光绪三十一年(公元 1905 年)开始修建,是中国首条由中国人自主修建并运营的铁路。南口到八达岭一段山高峰险,因地制宜采用"人"字形线路以减少工程数量,并利用"竖井施工法"开凿全长 1 091 米的八达岭隧道,提前两年建成了我国自行设计的第一条铁路。在 20 千米的距离中,分布着南口、东园、居庸关、三堡、青龙桥 5 座老车站。2013 年入选全国重点文物保护单位。

通州近代学校建筑群 位于通州区。这组建筑群原是美国教会所办的潞河中学、富育女校、华美学校的校舍。潞河中学源于清同治年间美国公理会传教士开设的"潞河男塾",后被破坏,清光绪二十八年(公元 1902 年)重建。富育女校建于清光绪三十年(公元 1904 年);华美学校由美国基督教卫理公会于清光绪十五年(公元 1889 年)建立,位于今北京护士学校内。建筑群是中国近代教会学校的遗存,具有近代美国折中主义风格和中国传统建筑的特征。2013 年入选全国重点文物保护单位。

焦庄户地道战遗址 位于顺义区龙湾屯镇。焦庄户村在抗日战争中属于冀东抗日根据地,是通往平西、平北根据地的必经之路。焦庄户人民同日本帝国主义开展地道战斗争始于 1943 年春,当时只是挖了几个隐蔽洞,到

1946 年全村挖的地道长达 11.5 千米，纵横交错并和邻村相连，形成了能打能防的战斗型地道网。现可参观的地道遗址长 830 米。已在遗址基础上建成北京焦庄户地道战遗址纪念馆。2013 年入选全国重点文物保护单位。

八宝山革命公墓　位于石景山区八宝山东部。中国规格建制最高的园林式公墓。1949 年后，护国寺及其周围土地为政府所征用，改建为北京市革命公墓。1970 年改名为“八宝山革命公墓”。公墓大致分为墓区与骨灰堂，墓地或骨灰的安放主要按生前政治级别而定。位于公墓北向顶端的一墓区，是公墓中政治规格最高的地方，朱德、瞿秋白、董必武、陈毅、陈云、彭德怀、安娜·路易斯·斯特朗等安葬于此。2014 年入选全国重点文物保护单位。

二十三、国家一级博物馆

故宫博物院　位于北京故宫。成立于 1925 年，以明清两代皇宫（紫禁城）和宫廷旧藏文物为基础建立，以宫廷建筑群、古代艺术品及宫廷文化史迹为主要展示内容的综合性国家级博物馆。新中国成立后，对原有库房进行大规模修整，建立了新的文物库房，保证恒温、恒湿、防火、防盗，并采用现代化技术自动控制。2008 年入选国家一级博物馆。

中国科学技术馆　位于朝阳区北辰东路。一期工程于 1988 年建成，新馆于 2009 年建成，占地面积 4.8 万平方米，建筑面积 10.2 万平方米。设有科学乐园、华夏之光、探索与发现、科技与生活、挑战与未来五大主题展厅，公共空间展示区及球幕影院、巨幕影院、动感影院、4D 影院等四个特效影院。2008 年入选国家一级博物馆。

中国地质博物馆　位于西城区西四十字路口。创建于 1916 年。收藏地质标本 20 余万件，涵盖地学各个领域，其中有巨型山东龙、中华龙鸟等恐龙系列化石，北京人、元谋人、山顶洞人等古人类化石，大量的鱼类、鸟类、昆虫等珍贵史前生物化石，世界最大的"水晶王"、巨型萤石方解石晶簇标本、精美的蓝铜矿、辰砂等中国特色矿物标本，种类繁多的宝石、玉石等一批国宝级珍品。2008 年入选国家一级博物馆。

首都博物馆 位于复兴门外大街。原址是北京孔庙，是集收藏、展览、研究、考古、公共教育、文化交流于一体的综合性博物馆。总建筑面积 6.3 万平方米，展馆地上 5 层、地下 2 层，藏品数量 5 622 件。现为全国科普教育基地、全国爱国主义教育基地。2008 年入选国家一级博物馆。

北京自然博物馆 位于东城区天桥南大街。前身是成立于 1951 年的中央自然博物馆筹备处，1962 年正式命名为"北京自然博物馆"。主要从事古生物、动物、植物和人类学等领域的标本收藏、科学研究和科学普及工作。有四个基本陈列和一个恐龙世界博览。馆藏文物、化石、标本 10 多万件，大型整体古哺乳动物化石数量居世界第二，黄河古象化石、恐龙化石名扬海内外。现为全国青少年科技教育基地。2008 年入选国家一级博物馆。2016 年入选"中国 20 世纪建筑遗产项目"。

周口店北京人遗址博物馆 位于房山区龙骨山下周口店遗址南侧。始建于 1953 年，面积 8 000 余平方米，粗粝、刚毅的建筑外观源于"北京人"最早制造和使用的工具——石器。馆藏文物 7 000 多件，展出文物 1 000 多件。博物馆设有临时展览、基本陈列和 4D 影院，涵盖了科普互动展项、模拟场景、纪念品销售、公共服务等内容。2008 年入选国家一级博物馆。

中国人民革命军事博物馆 2008 年入选国家一级博物馆。参见全国红色旅游经典景区——中国人民革命军事博物馆。

中国航空博物馆 2008 年入选国家一级博物馆。参见全国红色旅游经典景区——中国航空博物馆。

中国人民抗日战争纪念馆 2008 年入选国家一级博物馆。参见全国红色旅游经典景区——中国人民抗日战争纪念馆、卢沟桥、宛平城。

北京鲁迅博物馆 即北京新文化运动纪念馆鲁迅博物馆馆区，2008 年入选国家一级博物馆。参见全国红色旅游经典景区——新文化运动纪念馆。

中国农业博物馆　位于朝阳区东三环北路。馆舍是1959年建成的全国农业展览馆建筑群的一部分,地理位置、规模布局和建筑风格均由周恩来亲自审定,是新中国成立十周年的献礼项目。园林式展览馆,占地面积43万平方米,建筑面积12.4万平方米。保存有农业文物、标本、古籍和传统农具等各类藏品近5万件,由基本陈列、专题陈列和室外展园三部分构成。2012年入选国家一级博物馆。

中国国家博物馆　2012年入选国家一级博物馆。参见全国红色旅游经典景区——中国国家博物馆。

北京天文馆　位于西直门外大街。分A馆和B馆两大部分:A馆于1957年建成开放,B馆于2004年建成开放。占地面积2万平方米,建筑面积2.6万平方米,是中国第一座大型天文馆。主要通过人造星空模拟表演,举办天文知识展览,编辑出版和发行天文科普书刊,组织进行大众天文观测等形式宣传普及天文学知识。现为国家科普教育基地、科学与和平教育基地、青少年爱国主义教育基地。2017年入选国家一级博物馆。

恭王府博物馆　2017年入选国家一级博物馆。参见国家重点文物保护单位——恭王府及花园。

二十四、国家重点美术馆

中国美术馆　位于东城区五四大街。以收藏、研究、展示中国近现代艺术家作品为重点的国家造型艺术博物馆,始建于1958年,是新中国成立十周年十大建筑之一。占地面积3万余平方米,建筑面积1.7万平方米,展厅面积6 000平方米。主体大楼为仿古阁楼式,黄色琉璃瓦大屋顶,四周廊榭围绕,具有鲜明的民族建筑风格。馆额“中国美术馆”为毛泽东题写。收藏近现代美术作品和民间美术作品10万余件。2011年入选国家重点美术馆。

北京画院美术馆 位于朝阳区北京画院院内。2005年开馆,建筑面积4 600平方米,展览面积1 167平方米。馆内室内灯光分顶光、洗墙光和聚焦光三个照明层次,可根据不同需要调整光照及角度;任意组合式展墙和落地玻璃屏幕,可营造不同的展览空间;恒温恒湿、中央监控、自动消防等硬件设施均达到国际博物馆标准。辟有齐白石纪念馆,长期陈列北京画院所藏的齐白石作品。2011年入选国家重点美术馆。

中央美术学院美术馆 位于东城区校尉胡同。建于1953年,前身为中央美术学院陈列馆。美术馆建筑呈微微扭转的三维曲面体,天然岩板幕墙,配以现代性的类雕塑建筑,展现中央美术学院内敛低调的特质。占地面积1.5万平方米,地上4层,地下2层,展览及陈列面积4 150平方米。藏品1.3万余件,涉及古今,兼顾中西,囊括各个美术领域,不仅有艺术大师、当代著名美术家的代表作,更有自建院以来历届学生的优秀作品。2011年入选国家重点美术馆。

二十五、中华老字号

吴裕泰茶业股份有限公司(注册商标:吴裕泰) 总部位于东城区东四北大街。由吴裕泰茶栈、吴裕泰茶庄演变发展而来,吴裕泰茶栈创始于清光绪十三年(公元1887年)。销售茶叶、茶制品以及茶具等茶衍生产品的专业公司,现有190余家连锁店,一个配送中心,一个茶文化陈列馆,一个茶艺表演队和两个茶馆,连锁店分布于北京、天津以及华北的其他大中城市。2006年入选中华老字号。

稻香村食品有限责任公司(注册商标:稻香村) 注册地东城区东直门

内大街。北京稻香村始于清光绪二十一年(公元1895年),位于前门外观音寺,时称“稻香村南货店”,是京城生产经营南味食品的第一家,鲁迅寓居北京时经常前往购物。后因故歇业,1984年恢复。拥有157家连锁店,一个物流配送中心,500多个销售网点和社区连锁店体系,一个面积13.3万平方米的现代化生产基地。主要生产糕点、肉食、速冻食品、月饼、元宵、粽子等特色食品,共16大类600多个品种。先后荣获全国食品工业优秀企业、中国食品工业百强企业、重点行业(糕点)十强企业等多项荣誉。2006年入选中华老字号。

同升和鞋店(注册商标:同升和) 位于东城区王府井大街。鞋类产品生产经营企业,创始于清光绪二十八年(公元1902年)。最初以生产千层底布鞋为主,现悬挂在店堂里的玻璃牌为当时的名人杜宝桢题写。产品用料考究,质量上乘,党和国家领导人毛泽东、周恩来、刘少奇、杨尚昆以及很多文艺界和体育界人士都曾在此定做皮鞋。2006年入选中华老字号。

东安市场(注册商标:东安) 位于东皇城外王府大街。创始于清光绪二十九年(公元1903年),因邻近皇城东安门,故名“东安市场”。市场内有经营日用品的店铺,古书、古玩铺,小吃摊和杂技场,以及饭庄和戏园等,体现了老北京市场文化的特色。2006年入选中华老字号。

盛锡福帽业有限责任公司(注册商标:盛锡福) 位于东城区王府井大街。创始于清宣统三年(公元1911年)。主营业务为生产经营皮帽,其皮帽制作技艺被列入国家级非物质文化遗产(代表性项目)名录。用料考究、做工精细、品质优良,曾经为毛泽东、周恩来、刘少奇、江泽民以及朝鲜金日成、印尼苏加诺、柬埔寨西哈努克等中外政府首脑做过帽子。2010年帽文化博物馆在盛锡福诞生。2006年入选中华老字号。

大明眼镜股份有限公司幸福大街精益店(注册商标:精益) 位于东城区广渠门内大街。前身是上海精益眼镜公司在北京开设的分店,成立于1912年,后被大明眼镜收购,成为大明眼镜旗下最为著名的分店之一。以“验配精准、技术精良、专业能力强和能承接高难光度眼镜验配制作”而闻名，曾为党和国家领导人、驻华使节、社会名流验光配镜。2006 年入选中华老字号。

来今雨轩饭庄（注册商标：来今雨轩） 位于中山公园东侧。创始于 1915 年，门上的匾额“来今雨轩”四个大字是民国大总统徐世昌所书。民国时期社会名流休闲聚会的场所，张恨水、老舍、林徽因、徐志摩、巴金、鲁迅、朱自清等都曾在此聚会甚至写稿。以经营红楼菜肴和川贵风味菜肴为主，其中红楼肴馔于 1983 年、1987 年两次通过国内著名红学家鉴定。2006 年入选中华老字号。

大明眼镜股份有限公司（注册商标：大明） 位于东城区王府井大街。创始于 1937 年，是国内开业较早的眼镜名店之一，“大明眼镜公司”的牌匾由郭沫若题写。现在北京有超过 60 家连锁店。国内第一家推广软性隐形眼镜的商家，也是第一批配制渐进多焦点眼镜的商家之一。2006 年入选中华老字号。

中国照相馆有限责任公司（注册商标：中国照相馆） 位于东城区王府井大街。1956 年从上海迁至北京，周恩来总理亲定店址，周总理的标准像和遗像都由该公司拍摄，并成了中国摄影史上的经典之作。目前在北京有五家分店。2006 年入选中华老字号。

中国茶叶股份有限公司（注册商标：中茶） 位于朝阳区朝阳门南大街。世界 500 强之一中粮集团有限公司成员企业，前身是成立于 1949 年的中国茶业公司，是新中国最早成立的全国性专业公司。公司经营的商品包括红茶、绿茶、乌龙茶、花茶、白茶、黑茶、咖啡及可可食品等。2006 年入选中华老字号。

王府井工美大厦（注册商标：工美） 位于东城区王府井大街，是全国经营工艺美术品最早、经营面积最大、商品档次最高、最具中国文化特色和权威认知度的专营店之一，享有“中国工艺美术第一店”之美誉。工艺品商场接待过许多国家元首，被誉为“王府井大街的一颗明珠”。2006 年入选中华老字号。

馄饨侯餐饮有限责任公司（注册商标：馄饨侯） 1956年由王府井老东安市场附近的七家馄饨摊合营而成。一直以经营馄饨为主，其馄饨的特点是皮薄、馅细、汤好、作料全，手艺世代传承。首家店面位于王府井金街，现旗舰店仍坐落于原址。现在20余座城市开设连锁店铺50家。2006年入选中华老字号。

四联美发美容有限责任公司（注册商标：四联） 1956年经周恩来总理安排，上海4家理发名店联合迁京，在王府井东安市场北门开设了“四联理发馆”，意为“四家联合”。60多年来，四联秉承“联手、联心、联艺、联利”的企业精神，服务了几代北京市民和旅客，也见证了中国人的审美变迁。梅兰芳夫妇、梅葆玖、王晓棠、谢添、濮存昕、李谷一等文艺界名人都是店里的常客。2000年被授予“全国十佳美发美容院”称号。2006年入选中华老字号。

六必居食品有限公司（注册商标：六必居） 位于西城区北礼士路。前身为六必居酱园，始创于明朝嘉靖九年（公元1530年）。挂在店内的金字大匾，相传是明朝大学士严嵩题写的。原是山西人开办的小店铺，专卖人们日常生活必不可少的柴米油盐酱醋，故名“六必居”。最为知名的产品包括清朝时期被宫内定为御用小菜的大酱瓜、八宝菜、甘露（螺丝菜）、甜酱黑菜、十香菜、白糖蒜、稀黄酱、铺淋酱等。2006年入选中华老字号。

柳泉居饭庄（注册商标：柳泉居） 创始于明代隆庆年间，距今已有400多年的历史，饮誉京城。初建时，店址在护国寺西口路，是一家知名的黄酒馆。1949年迁入新街口南大街，以经营鲁菜为主，后集南北烹饪技艺之长，取京城人口味习俗之好，创出了独具特色的京味菜，逐步发展成为一家经营北京风味菜肴的特色饭庄。作家老舍先生的《四世同堂》《正红旗下》均以此馆作为素材和背景。2006年入选中华老字号。

聚德烤肉宛饭庄（注册商标：烤肉宛） 位于西城区南礼士路。创始于清康熙二十五年（1686年）。镇店名菜为烤牛肉和焦炒牛肉。烤牛肉溢油汤香，鲜嫩赛豆腐，清末代皇帝的堂兄溥儒为烤肉宛亲自题写字号牌匾，国画大师齐白石也题词画梅花图相赠，郭沫若、梅兰芳等曾在此留笔。2006年入选中华老字号。

桂馨斋食品厂(注册商标:桂馨斋) 原址在西城区骡马市大街铁门胡同,现位于西城区南横西街。创始于清乾隆元年(公元 1736 年),光绪三十年(1904 年)起扩大规模,先后开设了南桂馨斋、桂馨栈、桂馨东记三个分号。新中国成立后,以桂馨斋为首,与兰馨斋、瑞馨斋等几十家小酱园合并为北京市宣武酱菜厂,20 世纪 90 年代初恢复“桂馨斋”名号。擅长制作冬菜、梅干菜和佛手疙瘩,被誉为“冬菜老店”,清朝时“桂馨斋”酱菜得到宫廷御膳房的赏识,可进入皇宫送菜。2006 年入选中华老字号。

天福号食品有限公司(注册商标:天福号) 位于顺义区空港工业区裕华路。创始于清乾隆三年(公元 1738 年),是京城有口皆碑的熟肉制品企业。酱肘子曾作为清宫御膳必备佳肴,获赐进宫腰牌,享有“乾隆酱汁传百年,慈禧腰牌通天下”的美誉。2008 年天福号酱肘子制作技艺被列入国家级非物质文化遗产(代表性项目)名录。2006 年入选中华老字号。

砂锅居饭庄(注册商标:砂锅居) 位于西城区西四南大街。创始于清乾隆六年(公元 1741 年),主营宫廷王府菜。最早以经营砂锅白肉起家,经过不断发展,形成独特的御膳风味,有“名震京都三百载,味压华北白肉香”的赞誉。店铺经过多次翻建装修,将御膳风味与宫廷装修风格融为一体,形成浓郁的京都饮食文化特色。镇店名菜为砂锅白肉、红烧全家福等。2006 年入选中华老字号。

同和居饭庄(注册商标:同和居) 位于西城区月坛南街。创始于清道光二年(公元 1822 年),门上悬挂溥杰亲题“同和居”匾额,以经营山东风味菜肴闻名遐迩,以善于烹制海味、河鲜而著称。民国初年,饭庄请到清宫御膳房大厨,凭“三不沾”宫廷名菜名满京城。1939 年广和居停业,其大部分厨师来到同和居,遂成京城著名的“八大居”饭馆之首。2006 年入选中华老字号。

烤肉季饭庄(注册商标:烤肉季) 位于西城区什刹海前海东沿。始于清道光二十八年(公元 1848 年),原名“潞泉居”,因店主姓季,俗称“烤肉季”。旧时京城专卖烤肉的三大家之一，驰名中外的清真风味特色饭馆，经营的烤羊肉久负盛名，有“南宛北季”的美誉。曾多次接待国内外重要宾客，许多文化名人为这里的常客。书法家溥心畬、作家老舍都为饭庄书写匾额，现在悬挂的牌匾为末代皇帝溥仪胞弟溥杰于1988年所书。2006年入选中华老字号。

鸿宾楼餐饮有限责任公司（注册商标：鸿宾楼） 位于西城区展览馆路。清咸丰三年（公元1853年）开设于天津，店名取《礼记》“鸿来宾”之意。1955年应周恩来总理之邀入京。以经营天津清真风味菜为特色，汲取津门流行的烧、炖、扒三法之精粹，结合北京人的口味研制烹菜，以独特的菜品享誉京城。主要名菜有鸡茸鱼翅、红烧牛尾、炖蹄筋、砂锅羊头等，“全羊席”被列入国家级非物质文化遗产（代表性项目）名录，被誉为“京城清真餐饮第一楼”。2006年入选中华老字号。

天源酱园（注册商标：天字牌） 位于西城区西单十字路口。开业于清同治八年（1869年），引进清宫御膳房的技术，前店后厂，自产自销，尤以生产甜面酱和各种甜酱菜闻名。目前拥有500余家加盟店及20余家自营店，遍布北京各处，是北京唯一承担国家特供任务的酱菜企业。2006年入选中华老字号。

白塔寺药店（注册商标：白塔寺） 位于阜成门内的妙应寺附近。前身为北京的琪卉堂、大和堂两家药店，始于清同治十一年（公元1872年）。以经营中药饮片、高档参茸滋补品、中西药品为特色的大型综合药店。1999年被确定为首家“中药饮片精品店”；1995年创办白塔寺妙应堂中医诊所，聘请中医世家传承人等50位中医名家坐诊。2006年入选中华老字号。

元长厚茶叶有限公司（注册商标：元长厚） 位于西城区新街口外大街。原为河北永生元茶庄，创始于1912年。1930年迁入北平，后更名为“元长厚茶庄”。1953年成为北京私营茶商15家大户之一，1987年成立以元长厚茶庄为龙头的元长厚茶叶公司。以品味正、外形好、清新甘醇、香气鲜浓的小叶茶为特色。2006年入选中华老字号。

桂香村食品有限公司(注册商标:桂香村) 位于西城区新街口南大街。始创于1916年。桂香村产品分为糕点、肉食和小食品三大系列,数百个品种。对每个品种都精心调制配方,选用上好原料精工细作,讲求色、香、味、形俱全,是地道的苏杭美食风味特色。知名产品包括牛舌饼、状元饼、葱油桃酥、徽州麻饼等。2006年入选中华老字号。

玉华台饭庄(注册商标:首都玉华台) 位于海淀区马甸裕民路。创始于1921年。以经营淮扬菜闻名京城,尤其以擅制鱼虾蟹类菜肴而著称。清末皇帝的胞弟溥杰为玉华台题写了字号匾额,国画大师张大千为玉华台作画《春鸭》。1949年新中国开国第一宴由玉华台的九位大厨烹饪完成。2006年入选中华老字号。

西单商场股份有限公司(注册商标:XDSC) 位于西城区西单北大街。西单商场始创于1930年,20世纪80年代为北京市四大商场之一。建筑面积4.2万平方米,是集百货、超市、美食广场等多功能于一体的现代化大型百货商厦,业绩位居全国商业企业前列,1986—2002年连续保持北京零售商业企业销售第一名。2006年入选中华老字号。

同春园饭店(注册商标:同春园) 位于西城区西单商业区。前身是享誉京城的江苏风味名店同春园饭庄,开业于1930年。以烹制河鲜类菜肴最为拿手,鱼虾、蟹类名肴迭出。名人经常光顾,梅兰芳的60大寿、肖长华的收徒宴,都在此庆贺;名人字画墨宝为饭庄增光生辉,如梅兰芳的书法、王雪涛的国画《鸡》等。镇店名菜有:水晶肴肉、富春鸡、松子焖酥鸭、荷包鲫鱼。2006年入选中华老字号。

成文厚账簿卡片有限公司(注册商标:成文厚) 位于西城区西单北大街。以经营会计账簿、凭证单据、文化办公用品为特色,经营品种2 000多种。公司下设四个自然门店:成文厚账簿商店、成文厚卡片商店、成文厚批发部、成文厚现代办公用品商店,以样式新、质量优、信誉高而誉满京城,民间称"南有立信(上海)、北有成文厚"。"成文厚"起源于山东济南,清光绪三十年(公元1904年)开业。2006年入选中华老字号。

华天延吉餐厅有限责任公司(注册商标:华天延吉) 位于西城区西四北大街。创建于1943年,原名“新生冷面馆”,由几位朝鲜族人开设。1956年公私合营后更名“延吉餐厅”。餐厅经营的冷面深受北京食客欢迎,尤其是夏季顾客盈门,常常人满为患。除冷面外,拌辣肉、狗肉火锅也是独具特色的名菜。2006年入选中华老字号。

又一顺饭庄(注册商标:又一顺) 位于西城区黄寺大街。北京著名的清真风味饭庄,创始于1948年。北京的清真餐馆中,“东来顺”以涮肉为代表称“东派”,“西来顺”以清真小炒为代表称“西派”。“又一顺”将东派菜的爆、烤、涮和西派菜的精美、华贵小炒以及各地名小吃集于一店,自成一体,成为独具北京清真风味特色的菜系。一些社会名人常为座上客,如溥杰、前美国总统尼克松、作家老舍及夫人、原全国人大常委会副委员长许德珩等。2006年入选中华老字号。

峨嵋酒家(注册商标:峨嵋) 位于西城区赵登禹路。北京第一家经营川菜的老字号饭庄,1950年开业,现有八家连锁店。菜肴以精细见长,按照成都流派做法,讲究色、香、味,讲究刀工、造型。国宝级川菜大师伍玉圣在此主厨60年,主创的“峨嵋派川菜”久誉京城。代表性名菜有宫保鸡丁、黄焖鱼翅、豆瓣大虾、家常海参、大蒜烧鳗鱼等。2006年入选中华老字号。

便宜坊烤鸭集团有限公司(注册商标:便宜坊) 位于东城区永定门内东街中里。旗下有建于明永乐十四年(公元1416年)、以焖炉烤鸭技艺独树一帜的“便宜坊烤鸭店”,建于清乾隆三年(公元1738年)。光绪皇帝曾御驾光临的“壹条龙饭庄”,建于清道光二十三年(公元1843年)的北京八大楼之一的“正阳楼饭庄”,建于1922年经营佛家净素菜肴的“功德林素菜饭庄”,建于1926年以经营北京小吃著称的锦芳小吃店。拥有“焖炉烤鸭制作技艺”等国家级非物质文化遗产(代表性项目)两项,被评为“中国餐饮百强企业”“中国十大餐饮品牌”。2006年入选中华老字号。

前门都一处餐饮有限公司(注册商标:都一处) 位于东城区前门大

街。“都一处”于清乾隆三年（公元1738年）开业，最初为一席棚小酒店，后因接待乾隆皇帝并获赐名又获赠一“虎头”匾而出名。镇店名吃“烧卖”用料精细，做工精湛，鲜香爽口，荣获“中华名小吃”的称号。郭沫若生前经常偕夫人前往用餐，并亲笔题匾“都一处”。1996年进行改建和装修，一楼以普通烧卖为主，二、三楼经营中高档烧卖和山东风味炒菜。2006年入选中华老字号。

月盛斋清真食品有限公司（注册商标：月盛斋） 位于丰台区南顶路。始创于清乾隆四十年（公元1775年）。吸收清宫御膳房酱肉技术和民间传统技艺，经营五香酱牛肉、酱羊肉、烧牛肉、烧羊肉等传统产品及多味牛肉粒、香叶牛腱等清真风味产品。2006年入选中华老字号。

壹条龙清真餐饮有限公司（注册商标：壹条龙） 位于东城区前门大街。创始于清乾隆五十年（公元1785年），经营清真菜肴，以传统涮肉为主，兼营传统清真炒菜。1921年挂匾“壹条龙羊肉馆”，1956年改为“壹条龙饭庄”。2006年入选中华老字号。

天兴居炒肝店（注册商标：天兴居） 位于东城区前门鲜鱼口街。原名“会仙居”，创始于清同治元年（公元1862年）。最初是个小酒馆，以经营黄酒、花生米等小菜为主。清光绪年间以炒肝闻名，1997年炒肝被认定为“中华名小吃”。2006年入选中华老字号。

大北照相馆（注册商标：大北） 位于东城区花市枣苑小区。创始于1921年。从1955年起，在人民大会堂为历届中共党代会、全国人代会、全国政协会议以及党和国家领导人会见中外宾客拍照万余次，在全国照相馆业界享有盛誉。2006年入选中华老字号。

北京市糖业烟酒公司（注册商标：京糖） 位于东城区永外安乐林路。始创于1949年。主营业务从酒类发展到糖、酒、食品饮料及化妆品等四大类数千种商品。连续多年进入中国服务企业500强，曾荣获“全国商业服务十佳企业”“全国售后服务行业十佳单位”“中华老字号传承创新先进单位”称号。2006年入选中华老字号。

王致和食品集团有限公司(注册商标:王致和) 位于海淀区阜石路。始创于清康熙八年(公元1669年),至今已有350多年历史。主要产品包括臭豆腐、酱豆腐、腐乳、料酒、花色酱、涮羊肉调料、香油、芝麻酱等。2008年"王致和腐乳酿造技艺"被列入国家级非物质文化遗产(代表性项目)名录。2006年入选中华老字号。

一得阁墨业有限责任公司(注册商标:一得阁) 位于西城区南新华街。"一得阁墨业"始创于清同治四年(公元1865年),2004年改制为北京一得阁墨业有限责任公司。主要经营墨汁、印泥、印台、墨锭等,并经营中国字画、古玩、文房四宝、工艺品及字画装裱等。2006年入选中华老字号。

步瀛斋鞋帽有限责任公司(注册商标:步瀛斋) 位于西城区大栅栏。"步瀛斋"始创于清咸丰八年(公元1858年),由在朝任官的李姓人士所建。前店后厂,以制作布鞋为主,服务对象主要是朝廷官员和上流社会。后专门经营鞋类,"千层底"布鞋是经典畅销产品。100多年来,自产布鞋始终保持传统手工工艺,男女布底、皮底布鞋和棉鞋素有艺术品之美称。2006年入选中华老字号。

全聚德(集团)股份有限公司(注册商标:全聚德) 位于西城区前门西河沿。"全聚德"创始于清同治三年(公元1864年),以做北京烤鸭闻名,首创挂炉烤鸭。企业形成了以独具特色的烤鸭为龙头,集"全鸭席"和400多道特色菜品于一体的全聚德菜系,被誉为"中华第一吃"。1999年被认定为"中国驰名商标"。2006年入选中华老字号。

瑞蚨祥绸布店有限责任公司(注册商标:瑞蚨祥) 位于西城区大栅栏。"瑞蚨"于清光绪十九年(公元1893年)开业,为旧京城"八大祥"之首,主要经营花布、青布、绫罗绸缎和进口洋布等。北京城流传多年的歌谣"头顶马聚源、身穿瑞蚨祥、脚踩内联升",是对瑞蚨祥名满京城的生动写照。2006年被认定为"中国驰名商标",2008年荣获"中国丝绸第一品牌"的称号。2006年入选中华老字号。

张一元茶叶有限责任公司(注册商标:张一元) 位于西城区西砖胡

同。始创于清光绪二十六年(公元1900年),因茶好汤清、经营有方,在北京城一举扬名。1952年观音寺的张一元茶庄和大栅栏的张一元文记茶庄合并,1992年成立张一元茶叶公司。直接从各名茶产地进货,在福建有茶叶生产基地。供应的茶叶有龙井、碧螺春、君山银针等绿茶,还有深受北方人喜爱的各个档次的花茶、紧压茶、红茶、保健茶等。2006年入选中华老字号。

中盐北京市盐业公司(注册商标:京晶) 公司总部位于朝阳区芍药居北里。1949年成立,以优质的产品和服务在首都市民中赢得声誉,生产的"京晶"牌加碘食盐在北京地区的市场占有率达95%以上,在通州区的"北京市华德碘盐配送中心"为国家级食盐配送中心,该中心还承担了国家食盐储备任务。公司经营的盐种有日晒盐、粉碎洗涤盐、精制盐、营养盐系列、调味盐系列、软水盐系列及盐化工产品。2006年入选中华老字号。

义利食品公司(注册商标:义利) 位于大兴区北兴路。清光绪三十二年(公元1906年),英国商人詹姆斯·尼尔在上海创办义利洋行。1951年义利洋行由上海迁至北京,逐步发展成为以制造、销售巧克力、糖果为主的食品工业骨干企业。"义利"商标连续四届荣获北京市著名商标,"义利"牌巧克力、糖果、面包多次被评为北京市名牌产品。2006年入选中华老字号。

戴月轩湖笔徽墨有限责任公司(注册商标:戴月轩) 位于西城区琉璃厂东街。前身是北京戴月轩笔庄,创建于1916年,以创始人戴月轩为店名,前店后厂。自创建以来,一直以笔为媒与书画同仁友好往来,与齐白石、张伯驹等文化名人密切交往,为他们提供毛笔。现经营品种以戴月轩品牌的毛笔为龙头,文房四宝四大类近千种商品,兼营名人字画、金石印章等。2006年入选中华老字号。

丰泽园饭店(注册商标:丰泽园) 位于西城区珠市口西大街。前身丰泽园饭庄是旧京城"八大楼"之一,创办于1930年。开业之初,就以菜肴精美、风味纯正享誉京城,是北京最具代表性的山东菜系饭庄。新中国成立后,是国家领导人宴请外宾活动的重要场所之一,如胡志明、西哈努克、田中角荣、基辛格、布什等都曾到此就餐。名菜有一品官燕、葱烧海参王。2006

年入选中华老字号。

龙门醋业有限公司(注册商标:龙门) 位于西城区半步桥街。始创于清嘉庆二十五年(公元1820年),原醋坊在河北龙关,1947年迁至北京,成为京城酿造行业唯一生产食醋的厂家。1957年,龙门醋厂和万成醋酱厂等23家作坊合营,成立北京市龙门醋厂。生产的食醋以优质大米为主要原料,质地纯正,酸味柔和,入口微甜,有陈醋、香醋、米醋、熏醋等四大系列,产品一直是全国人代会和全国政协会议的特供产品。2007年被认定为“中国驰名商标”。2006年入选中华老字号。

金狮酿造厂(注册商标:金狮) 位于朝阳区黄木庄。创始于1938年,1949年命名为“北京市第一酱油厂”,1952年更名为“北京市酱油厂”,1999更名为“北京王致和食品集团有限公司金狮酿造厂”。有着悠久的调味品酿造历史和品质优良的产品,金狮牌系列酱油有“醇香”“利康”“老虎”等22个品种。金狮牌酱油为北京2008年奥运会指定用品。2006年入选中华老字号。

北京茶叶总公司(注册商标:京华) 位于西城区广安门外马连道。始创于1950年,时名“中国茶叶公司北京营业处”。1951年建北京市茶叶加工厂,1956年先后接管原北京各大私有茶行的技术人员、生产设备及经营网点。1988年更名为“北京茶叶总公司”。集茶叶生产、加工、销售为一体的大型国有企业。2006年入选中华老字号。

菜市口百货股份有限公司(注册商标:菜百) 位于西城区广安门内大街。前身是菜市口百货商场,成立于1956年,是黄金珠宝专业经营公司。现有30家直营连锁分店,并有深圳分公司和电商公司。中国珠宝玉石首饰行业协会副会长单位,参与制定、修订黄金珠宝相关的国家标准、行业标准。中国金币特许零售商,拥有上海黄金交易所综合类会员资格。公司自主品牌“菜百首饰”被评为“中国行业最具影响力品牌”。2006年入选中华老字号。

稻香春食品有限公司(注册商标:稻香春) 位于东城区东直门内大

街。创始于1916年,原是东安市场的一家小食品店,后成为京城名闻遐迩的南味食品经营大店。主要产品有南味糕点、南味肉食制品、小食品、时令食品等400余种。2006年入选中华老字号。

听鹂馆饭庄(注册商标:听鹂馆) 位于海淀区颐和园公园万寿山南侧。始创于清代乾隆年间,曾是慈禧欣赏戏曲的地方,牌匾由慈禧亲笔手书。饭庄共有八个餐厅,雕梁画栋,宫灯高挂,红木家具古色古香,呈现出富丽堂皇的皇家气派,以经营正宗的宫廷风味菜肴、满汉全席、宫廷御膳、宫廷滋补药膳闻名于世。新中国成立后,先后接待过党和国家领导人以及英国伊丽莎白女王、美国国务卿舒尔茨等。2006年入选中华老字号。

龙徽酿酒有限公司(注册商标:中华) 位于海淀区玉泉路。法国圣母天主教教堂用于教会弥撒、祭祀和教徒饮用的葡萄酒窖,始创于清宣统二年(公元1910年),生产法国风格的红白葡萄酒。1946年注册为"北京上义洋酒厂",向外出售葡萄酒。1959年更名为"北京葡萄酒厂",并注册了"中华"品牌,主要产品为桂花陈酒、莲花白酒和中国红葡萄酒。1987年更名为"龙徽酿酒有限公司"。多次被评为"亚洲最有价值的葡萄酒厂"。2006年入选中华老字号。

豆制品二厂(注册商标:白玉) 始建于1958年。在通州区潞城镇的食品工业园区建有生产基地,在丰台区、朝阳区及天津分设销售公司,是目前国内豆制品行业规模最大、机械化程度最高、产品年产销量最多的豆制食品生产企业。生产以"白玉"为主导品牌的系列包装豆腐,包括白玉内酯豆腐系列、白玉北豆腐系列、白玉营养保健系列、白玉休闲系列。2006年入选中华老字号。

牛栏山酒厂(注册商标:牛栏山) 位于顺义区牛栏山镇。始建于1952年。牛栏山二锅头的酿酒历史可上溯到清朝年间,是北京地区规模最大的自主酿造白酒、唯一获得"原产地标记保护产品"认定、唯一拥有"中国酿酒大师"荣誉称号的白酒企业。牛栏山二锅头已成为中国白酒清香型(二锅头工艺)的代表。2006年入选中华老字号。

百花蜂产品科技发展有限责任公司(注册商标:百花) 位于大兴区同济中路。公司前身是北京的“永丰”“志诚”“李园林”等几家私营养蜂场,2004 年更名为“北京百花蜂产品科技发展有限公司”。经营范围是蜂产品及其制品,包括蜂蜜、蜂王浆、蜂花粉、蜂胶、蜂蜡等以及各种以蜂产品为原料的营养补品等。公司生产的系列蜂产品质量上乘,是 2008 年北京奥运会蜂产品独家供应商。2006 年入选中华老字号。

红星股份有限公司(注册商标:红星) 位于怀柔区红星路。2000 年组建。全面继承了北京二锅头传统酿酒工艺,北京二锅头传统酿制技艺可追溯到 800 年前的元代,成形于清康熙十九年(公元 1680 年),被列入国家级非物质文化遗产(代表性项目)名录。“红星二锅头酒”是 1949 年开国大典献礼酒,目前产品分为普通级、特制级、精品级、珍品级和珍藏级。注册商标红星是中国驰名商标。2006 年入选中华老字号。

东来顺集团有限责任公司(注册商标:东来顺) 位于东城区南河沿大街华龙街。“东来顺”原是一个简易的小吃摊,始创于清光绪二十九年(公元 1903 年)。1912 年将涮羊肉引进店内,后更名为“东来顺饭庄”。经过百余年的发展,形成了以经营涮羊肉为主,炒、爆、烤为辅的清真菜肴体系。剧作家老舍、国画大师齐白石等前辈名人,生前经常在此宴请宾朋,并留下墨宝。党和国家领导人多次在此设宴招待外国元首和政要,对东来顺的美味佳肴给予了极高的赞赏和评价。现有餐饮连锁门店 150 余家,其中直营门店 20 余家。2006 年入选中华老字号。

北京同仁堂(集团)有限责任公司(注册商标:同仁堂) 2006 年入选中华老字号。参见国家级非物质文化遗产生产性保护示范基地——北京同仁堂(集团)有限责任公司。

内联升鞋业有限公司(注册商标:内联升) 2006 年入选中华老字号。参见国家级非物质文化遗产生产性保护示范基地——内联升鞋业有限公司。

荣宝斋(注册商标:荣宝斋) 2006 年入选中华老字号。参见国家级非物质文化遗产生产性保护示范基地——荣宝斋。

北京珐琅厂有限责任公司(注册商标:京珐牌) 2006年入选中华老字号。参见全国工业旅游示范点——北京珐琅厂有限责任公司。

启元茶庄(注册商标:启元) 位于东城区西花市大街。前身是鸿业茶庄,始创于1931年。茶庄所经营的茶叶都出自本店的种植基地,经过严格筛、拣、烘、熏、提五道传统工艺,以确保稳定的茶叶质量。熏制的花茶最负盛名,质脆、色浅、条匀、味浓,茶水棕黄透亮,口感清爽。2010年入选中华老字号。

永安茶叶有限公司(注册商标:馥郁) 位于西城区西珠市口大街。原名"永安茶庄",始创于1935年,"文革"中更名为"春青茶庄",1987年经翻建整修恢复老字号营业,营业厅内高悬着于右任手书的"永安茶庄"金色牌匾。自制拼配的茶叶馥郁芳香,独具特色,声名远扬。2010年入选中华老字号。

仙源食品酿造有限公司(注册商标:仙源) 位于通州区漷县镇。始创于1918年,主要生产"仙源"牌酱油、米醋、黄酱、腐乳、粉丝五大系列产品。2005年被农业部认定为"农副产品深加工创新机构",其酱油、米醋和粉丝三类产品首批通过国家食品安全(QS)市场准入。2010年入选中华老字号。

红螺食品有限公司(注册商标:红螺) 位于怀柔区庙城镇郑重庄村。前身是果脯老字号"聚顺和",始创于清宣统元年(公元1909年)。1915年"聚顺和"生产的北京果脯获得"巴拿马国际博览会金奖"。1956年"聚顺和"的传人建起简易果脯加工厂生产杏干,1996年组建北京红螺食品集团,2006年改制为北京红螺食品有限公司。目前主要生产果脯、羊羹、茯苓夹饼、板栗、烤鸭、老北京小吃等各类特色休闲食品,被誉为"京城果脯第一家"。2010年入选中华老字号。

二锅头酒业股份有限公司(注册商标:永丰) 位于大兴区瀛海镇工业区兴海路。前身是国营北京大兴酒厂,大兴酒厂可追溯到金大定三年(公元1163年)为金世宗酿酒的作坊。公司传承老北京二锅头传统酿造技艺,产品选用优质高粱为原料，以麸曲为糖化发酵剂酿造而成。主要产品有：永丰牌二锅头、京王子、醉流霞酒。2010年入选中华老字号。

正隆斋全素食品有限公司（注册商标：正隆斋） 位于海淀区上庄镇白水洼。始创于1946年，后因故歇业，1997年重新开业，2000年恢复“正隆斋”字号。现主要生产中式糕点、西式糕点、面包、月饼，深受消费者青睐。2010年入选中华老字号。

仁和酒业有限责任公司（注册商标：仁和） 位于房山区长阳镇长周路。前身“仁和店”，由三位清宫内侍始创于清同治元年（公元1862年），专为宫中酿造御酒。后改名为“仁和酒店”，继承御酒菊花白的配方及工艺。新中国成立后更名为“北京仁和酒厂”，2004年恢复“仁和”字号和特色产品菊花白酒的生产。“菊花白”酒被选为国家首批绿色食品。2010年入选中华老字号。

大顺斋食品有限责任公司（注册商标：大顺斋） 位于通州区潞城镇魏庄村。原是专门制作糖火烧挑担叫卖的流动摊贩，始于明崇祯十年（公元1637年），后因生意兴旺开铺子，取名“大顺斋南果铺”。清末，大顺斋进入鼎盛期，先后设立四个分号，除出售糖火烧，还兼营油盐酱醋。目前在北京设有30多处大顺斋糕点专柜，生产品种已达165种。2010年入选中华老字号。

全素斋食品公司（注册商标：全素斋） 位于东城区琉璃寺胡同。最初是东安市场内专门出售素菜、名为“全素刘”的小摊，清光绪二十八年（公元1902年）由清御膳房厨师刘海泉创立。1953年改名为“全素斋”，后迁至王府井大街营业。全素斋的素菜继承和发扬了传统的宫廷风味，以面筋、豆制品油皮为主要原料，以香菇、口蘑、木耳等为辅料制作而成，分卤菜、卷货、炸货三大类。2010年入选中华老字号。

北京市食品供应处34号供应部（注册商标：34号） 位于丰台区南三环西路。1955年在王府井东华门大街成立，门口标示“34号供应部”，承担重要会议的食品供应任务。2010年入选中华老字号。

浦五房肉食厂(注册商标:浦五房) 位于东城区胜古庄。清咸丰元年(公元1851年),一位浦姓先生在苏州开设了一家经营酱制鸭头、鸭翅、鸭肫肝等食品的小店铺,因为家中有子女五人,遂以“浦五房”为店名。清咸丰十年(公元1861年)从苏州迁到上海英租界,以经营熟肉为主,生肉和野味为辅,前店后厂,自产自销,因选料严格、加工精细,又有传统秘制诀窍,享誉上海。1956年遵照周恩来总理的指示从上海迁到北京。2010年入选中华老字号。

北京饭店(注册商标:北京饭店) 位于东城区东长安街。始创于清光绪二十六年(公元1900年)。拥有规格各异的客房近700间,提供风味独特的淮扬菜、四川菜、广东菜、西餐和日餐,是2008年第29届奥运会“奥运大家庭总部饭店”。2010年入选中华老字号。

仿膳饭庄(注册商标:仿膳) 位于京城西城区的北海公园。1925年创办,由原清宫御膳房八位厨师合伙开设,最初为茶社,取名“仿膳”,意为仿照御膳房的制作方法烹制菜点,经营的品种主要是清宫糕点小吃及风味菜肴。后成为京城有名的宫廷菜馆,以肉末烧饼、小窝头、豌豆黄最为有名。1956年改为饭庄,经营宫廷菜肴,以“满汉全席”驰名中外。曾接待许多党和国家领导人以及美国总统尼克松、日本首相田中角荣等外宾。2010年入选中华老字号。

谭家菜餐饮有限责任公司(注册商标:谭家菜) 位于西城区德胜门东滨河路。“谭家菜”始创于清朝同治年间,是中国最著名的官府菜之一。最初作为清末官僚谭宗浚的家传筵席,烹制方法以烧、炖、煨、靠、蒸为主,擅长干货发制和高汤老火烹饪海八珍。1958年在周恩来总理倡议下,谭家菜落户北京饭店,成为北京饭店的当家菜之一。1996年北京饭店陆续将“谭”“谭府”“谭家菜”申请为注册商标,并成立了北京谭家菜餐饮有限责任公司。2010年入选中华老字号。

护国寺小吃店(注册商标:京饮华天小吃) 位于西城区护国寺大街。目前在北京拥有44家门店。独家创制了集小吃精品和清真特色美食于一宴的“小吃宴”,有艾窝窝、驴打滚、豌豆黄、象鼻子糕、馓子麻花等80余种风味小吃,选料精细、造型美观,蒸、炸、煮、烙俱全,或绵软或酥脆,或咸鲜或香甜,汇聚了京味小吃之精华,成为京城饮食界的一朵奇葩。1999年派出四名厨师赴新加坡参加“春到河畔迎新年”活动,时任新加坡总理吴作栋当即预订100个“驴打滚”上国宴。2010年入选中华老字号。

老西安饭庄(注册商标:西安饭庄) 西北风味的特色餐馆,1954年开业。现在北京有两家门店,分别是新街口总店和方庄店,主要经营清真炒菜和牛羊肉泡馍。泡馍的泡法师承了西安“老孙家”和“同盛祥”泡馍馆的精华,被誉为“京城泡馍第一店”。1956年,毛泽东在彭德怀的陪同下专程来到老西安饭庄吃泡馍,饭庄厨师烹制了温拌腰丝、瓦块鱼、西安烩菜、锅烧牛肉等,很受毛泽东喜爱。2010年入选中华老字号。

新路春饭庄(注册商标:新路春) 位于地安门十字路口,是北京第一家经营天津狗不理包子的饭庄。1980年华天公司在北京开设第一家天津狗不理包子的分店,后更名为“新路春饭庄”。除经营包子外,逢八月十五自制北京传统月饼自来红、自来白、翻毛月饼等。2010年入选中华老字号。

西四大地餐厅(注册商标:华天大地) 位于西城区西四南大街。前身是1945年创立的大地西餐厅,主要经营俄式大菜,重色、味厚,讲究甜、酸、咸,高中低档兼有,品种丰富。餐厅口味地道,价格实惠,装潢富有情调,在演艺界的口碑极好,谢添、于洋、蔡明、李金斗等演艺明星都是常客。特色名菜有奶汁烤鳜鱼、火腿沙拉、吉林炸大虾、黄油鸡卷、黑椒牛扒、罐焖牛肉等。2010年入选中华老字号。

西来顺饭庄(注册商标:西来顺) 位于西城区北新华街。1930年开业,主营清真炒菜,菜式用料广泛,选料精细,烹饪细致,造型美观,被誉为“西派清真菜”的代表。镇店名菜是:烤全羊、马连良鸭子。2010年入选中华老字号。

曲园酒楼(注册商标:曲园) 位于西城区展览馆路。始创于清光绪年间,是北京经营湖南菜最早的老字号。齐白石、梅兰芳等文人名士都曾光顾酒楼,留下墨笔。酒楼的菜系特点是常用熏腊原料,烧、蒸、煎、炒等烹饪手段并用,讲究入味,兼具酸辣、鲜香、软嫩。著名菜式有腊味合蒸、东安子鸡、紫龙脱袍等。2010 年入选中华老字号。

锦芳小吃店(注册商标:锦芳) 位于东城区天坛路。1926 年由山东德州人满乐亭创建。主要经营清真小吃,如糖火烧、艾窝窝、麻团、一品烧饼、奶油炸糕等,品种多达 60 种。拳头产品是什锦元宵,煮时只要开锅都漂在水面,皮松软,馅心成粥状,香甜不腻。2010 年入选中华老字号。

西德顺饭馆(注册商标:顺德西) 位于东城区和平里中街。清光绪二十九年(公元 1903 年)开业,从老东安市场到朝内小街再到东四美术馆经历几次迁址。主营爆肚仁、爆牛百叶、爆羊散旦、爆肚板、爆肚领等,推出以老北京特色为主的爆肚宴,爆肚成为宴席中的主角。梅兰芳、侯宝林等知名艺术家都是店内常客。2010 年入选中华老字号。

小肠陈餐饮有限责任公司(注册商标:小肠陈) 位于丰台区草桥东路,以经营老北京风味卤煮小肠而著名。卤煮小肠源自清乾隆年间的一道御膳"苏造肉",后传入民间演变为卤煮小肠。现开发出卤煮火锅、卤煮砂锅等百余种下水风味菜肴,其中卤煮小肠被评为"中华名小吃",卤煮什锦火锅被评为"中国名菜"。2010 年入选中华老字号。

力力豆花庄(注册商标:力力) 位于东城区广渠门外大街。前身是国营老字号力力餐厅,创始于 1954 年,是经营四川风味菜肴的北京市一级餐馆。陈毅和罗瑞卿等四川籍中央领导人经常光临餐厅,郭沫若常来餐厅品尝四川风味菜肴,还题写匾额,赠诗一首。2010 年入选中华老字号。

隆福寺小吃有限公司(注册商标:隆福寺小吃店) 位于东城区隆福寺前街。创始于 1956 年,引进了隆福寺街及京城内外近百种清真风味小吃,既有慈禧太后喜食的豌豆黄、艾窝窝等宫廷小吃,又有京城百姓喜食的豆面糕、豆汁、焦圈、豆腐脑等,品种丰富,各具特色。隆福寺小吃豆面糕、椰蓉包、蜜麻花、糖卷果、馓子麻花、蜜三刀、开口笑等,被评为"中华名小吃"。2010 年入选中华老字号。

远东饭店(注册商标:远东) 位于天安门广场西南侧。始创于1939年,是北京饭店行业中仅有的几家中华老字号之一。建筑面积近1万平方米,集住宿、餐饮、娱乐于一体。拥有各类客房159套。2010年入选中华老字号。

爆肚冯饮食服务有限责任公司(注册商标:爆肚冯) 位于西城区廊房二条。清光绪年间,一冯姓人士摆摊卖爆肚,因做工精细,味道浓厚,人称"爆肚冯",后成为清宫御膳房专用肚子的特供点。1999年设立爆肚冯餐饮服务公司。爆肚分羊肚、牛肚,爆肚的做法有油爆、芫爆和汤爆。2010年入选中华老字号。

白魁老号饭庄有限公司(注册商标:白魁老号饭庄) 位于东城区隆福寺前街。前身为东长顺清真饭馆,清乾隆四十五年(公元1780年)开业,光绪二十六年(公元1900年)开南号,20世纪40年代时仅存南店。1957年改名为"白魁老号饭庄"。以经营羊肉为特色,"白魁烧羊肉"曾在全国食品展评会中获"第一类第一级风味食品"称号,椰蓉包、豆面糕、糖卷果、咸卷果被评为"中华名小吃"。2010年入选中华老字号。

翔达南来顺饭庄有限公司(注册商标:南来顺) 位于西城区南菜园街。始创于1937年,以爆、烤、涮等烹饪特色闻名京城,小吃宴精美绝伦,享有"清真第一宴""京城小吃第一家"的美誉。曾在第一届全国清真烹饪大赛中获得2枚金牌、3枚银牌、3枚铜牌,其中"炒麻豆腐"获得"全国风味名牌产品"称号。2010年入选中华老字号。

商务印书馆(注册图形商标) 位于东城区王府井大街。清光绪二十三年(公元1897年)创立于上海,1954年迁至北京,是中国第一家现代出版机构,也是目前中国最具实力和影响力的文化出版机构之一,是全国"百佳出版社"和"中国出版政府奖"荣誉称号获得者。代表性出版物有《辞源》《新华字典》《现代汉语词典》《牛津高阶英汉双解词典》等。2010年入选中华老字号。

永安堂医药连锁有限责任公司(注册商标:永安堂) 位于东城区东四

南大街。“永安堂”始于明朝永乐年间,2002 年成立北京永安堂医药连锁有限责任公司,目前有超过 50 家永安堂连锁药店。能够自制 16 个科门约 1 100 多种中成药,其中紫雪散、羚翘解毒丸、神授化痞膏等远近驰名。2010 年入选中华老字号。

鹤年堂医药有限责任公司(注册商标:鹤年堂) 位于西城区里仁街。明永乐三年(公元 1405 年),由医学养生大家丁鹤年创建。挖掘整理了 108 种药膳、138 种药粥、36 种药酒、82 种药汤,其中明嘉靖年间的“长生不老鹤年春酒”、万历年间的“秘制鹤年四宝酒”等,都是其独有的产品。2010 年入选中华老字号。

栎昌王麻子工贸有限公司(注册商标:王麻子) 位于昌平区沙河镇沙阳路。始创于清顺治八年(公元 1651 年),原是一家卖火镰、剪刀的杂货铺,铺名“刀顺号”。清嘉庆二十一年(公元 1816 年)正式挂出“三代王麻子”的招牌,改以经营剪刀为主,其剪刀表面乌黑油亮,刀口锋利,曾荣获国家最高质量奖、首届轻工博览会金奖,其传统锻制技艺已被列入国家级非物质文化遗产(代表性项目)名录。2010 年入选中华老字号。

红都集团公司(注册商标:红都) 位于东城区东交民巷。1956 年由上海迁京的七家服装企业联合组建而成。承担了“为中央领导服务、为出国人员服务、为驻京使团服务”三大任务,最著名的产品是为毛泽东设计制作的被世界称为“毛式服装”的中山装。“红都”被认定为中国驰名商标,获得“中国高级成衣定制第一家”称号。2010 年入选中华老字号。

天津篇

天津，简称“津”，别名“津沽”“津门”。天津因漕运而兴起。明建文二年（公元 1400 年），燕王朱棣在此渡过大运河南下争夺皇位。朱棣成为皇帝后，为纪念由此起兵的“靖难之役”，于永乐二年（公元 1404 年）将此地改名为“天津”，即“天子经过的渡口”之意。天津作为军事要地，在三岔河口西南的小直沽一带开始筑城设卫，称“天津卫”，天津成为我国古代唯一有确切建城年代记录的城市。

天津位于我国华北平原东北部，海河流域下游，东临渤海，北依燕山，西靠首都北京，并与北京市一起被河北省环绕。总面积约 1.191 7 万平方千米。

天津地貌总轮廓为北高南低，海拔由北向南逐渐下降。北部最高，海拔 1 052 米；东南部最低，海拔 3.5 米。天津有山地、丘陵和平原三种地形，平原约占 93%。除北部与燕山南侧接壤之处多为山地外，其余均属冲积平原。

天津是东亚季风盛行的地区，属暖温带半湿润季风性气候。邻近渤海湾，海洋对天津的气候影响比较明显，春季多风，干旱少雨；夏季炎热，雨水集中；秋季气爽，冷暖适中;冬季寒冷,干燥少雪。年平均气温约14℃。

天津是直辖市,下设河西区、和平区、河东区、南开区、河北区、红桥区、东丽区、西青区、津南区、北辰区、武清区、宝坻区、宁河区、静海区、蓟州区、滨海新区等16个区。2018年末,全市常住人口1 559.6万。据2010年第六次全国人口普查统计,天津共有53个少数民族,少数民族人口约33.13万。

天津是国家中心城市、环渤海地区经济中心,是北京通往东北、华东地区铁路的交通咽喉和远洋航运的港口,有"河海要冲"和"畿辅门户"之称。天津是中蒙俄经济走廊主要节点、海上丝绸之路的战略支点、"一带一路"交汇点,是连接国内外、联系南北方、沟通东西部的重要枢纽,还是邻近内陆国家的重要出海口。天津背靠华北、西北、东北地区,经济腹地辽阔,是我国北方十几个省区市对外交往的重要通道,也是我国北方最大的港口城市。天津名列"2017年中国百强城市排行榜"第5位。

一、中国历史文化名镇

西青区杨柳青镇 杨柳青镇是西青区政府驻地。初名“流口”，后名“柳口”，元末明初更名为杨柳青。明清时是运河漕运的重要枢纽，也是中国北方地区民间艺术集散地，孕育了中国四大木版年画之首——杨柳青年画、享誉津京的杨柳青风筝和剪纸等民间艺术奇葩。戏楼、牌坊、文昌阁为杨柳青三宝，现仅文昌阁尚存。杨柳青镇有津门著名的崇文书院及40余座古寺院，南运河民俗文化区集中体现了古镇的传统风格。2005年荣获“中国魅力文化传承名镇”称号。2008年入选中国历史文化名镇。

二、中国历史文化名村

蓟州区西井峪村 位于蓟州区渔阳镇府君山脚下，清代成村。因四面环山似在井中，冠以方位，得名西井峪。整个村落坐落于石山之上，也称石头村。由石头垒砌的房屋约占村庄现有建筑的三分之二，且多为清末民初的老房屋，原貌保存完好，布局集中。该村是京津冀地区知名的摄影基地，是京津冀地区首家摄影村。2010年入选中国历史文化名村。

蓟州区渔阳镇 2010年入选全国特色景观旅游名镇（村）。参见中国历史文化名村——蓟州区渔阳镇。

三、全国特色景观旅游名镇(村)

西青区杨柳青镇 2010年入选全国特色景观旅游名镇(村)。参见中国历史文化名镇——西青区杨柳青镇。

蓟州区渔阳镇 位于蓟州区中部,北倚燕山山脉,南临翠屏湖。2008年前称作城关镇。有山有水有平原,历史悠久,资源丰富,环境优美,风光秀丽。山上遍布板栗、核桃、磨盘柿等果品园及生态林。名胜古迹繁多,有被列为国家重点文物保护单位的千年古刹独乐寺以及白塔寺、鲁班庙,有桃花寺乾隆皇帝行宫、东果园村娘娘顶,还有中国历史文化名村西井峪村等。2010年入选全国特色景观旅游名镇(村)。

津南区小站镇 位于津南区南部。地处大沽海防与天津城厢之间,东临渤海,系京津屏障,乃历代兵家屯兵及防御之地。19世纪末,袁世凯曾在此编练新军,小镇成为近代北洋文化的发源地和大本营。旅游资源丰富,尤其是近代军事旅游资源,涵盖历史文化类、农业休闲类、都市娱乐类三大类十余个景点,著名的有天山海世界米立方水上乐园,有“近代中国看天津”项目之一的天津小站练兵园。2015年入选全国特色景观旅游名镇(村)。

宁河区七里海镇 位于天津市东北部,濒临渤海。地理位置优越,环境优美,资源丰富。拥有享誉国内外的七里海国家级自然保护区,是我国唯一一处同时包括古海岸与湿地的国家级自然保护区,堪称“天津最大的后花园”,为天津八大特色景区之一,有“京津绿肺”之称,也是小镇发展旅游业的主打品牌。2015年入选全国特色景观旅游名镇(村)。

蓟州区官庄镇 位于蓟州区西部,津蓟高速公路和蓟平高速公路均在该镇设立出口。早在盛唐时期,该地就在九华峰下修建了千像寺,清朝修建了皇家园林——静寄山庄。历史上曾建有72座寺庙和13座玲珑宝塔,以东五台山享誉佛教界。旅游资源得天独厚,以国家级风景名胜区——盘山风景区最为著名,还有以世界教科文组织授予“民间艺术大师”于庆成的泥塑著称于世的石趣园。2015年入选全国特色景观旅游名镇(村)。

蓟州区下营镇 位于蓟州区北部山区。建镇约有1 500年。旅游资源丰富,有天津最高峰九山顶,华北地区首次发现的阔叶次生森林区八仙山,爱国将领戚继光戍守16年的黄崖关长城,中上元古界地质公园,天津市唯一的满族村石头营村,一脚踏三市的三界碑,绵延41千米的古长城遗迹等风景名胜。依托得天独厚的旅游资源,主打绿色生态、民俗农家和山野健身三大类旅游项目。现为国家首批运动休闲特色小镇。2015年入选全国特色景观旅游名镇(村)。

西青区水高庄村 位于西青区东淀都市型现代农业核心区内。建于明代永乐年间。因村址在河边高台上,又因高姓人丁最兴旺,故名“水高庄”。旅游业发展主要依托水高庄园,庄园面积100万平方米,分5个特色园区,即农业风情园区、子牙河风情园区、欢乐谷采摘园区、温室栽培展示园区和乡村温泉休闲园区。山门为五谷丰登门,绘有杨柳青年画典型画作《五谷丰登》,地面铺装有杨柳青版画的图案,寓意农业五谷丰登,喜庆吉祥。2015年入选全国特色景观旅游名镇(村)。

西青区小南河村 位于天津市中心城区西南的精武镇。至今已有超过600年的历史,是清末爱国武术家、“精武之祖”霍元甲的故乡。村中的中华武林园景区享誉京津冀,保存有霍元甲故居和陵园,还有霍元甲纪念馆、霍元甲纪念园和精武馆。2010年和2012年成功举办了两届世界精武大会,成为集武术文化交流、旅游、爱国主义教育基地、影视基地于一体的世界精武文化中心。2015年入选全国特色景观旅游名镇(村)。

北辰区沙庄村 位于北辰区双街镇南部,是天津新城区建设的重点村。2004年成立的村办集体企业万源龙顺度假庄园,占地面积近60公顷,依托运河文化,开发绿色生态旅游,是一处集旅游住宿、特色餐饮、商务会议、康体娱乐、观光农业等于一体的大型旅游景区。2015 年入选全国特色景观旅游名镇(村)。

静海区西双塘村 位于静海区双塘镇。毗邻京杭大运河,京沪铁路、京沪高速铁路、新老 104 国道穿境而过,交通网络发达完善。主要景区有:东五台寺、仿古购物一条街、荷花塘、凤凰台文化广场、风情书画一条街、天下第一石、天下第一象等。先后获得“全国先进基层文明村”“全国民俗文化村”等多个国家级称号。2015 年入选全国特色景观旅游名镇(村)。

蓟州区常州村 位于蓟州区九山顶风景区附近。天津市最北、最高的塞外深山村,被誉为“中国最美休闲乡村”。1994 年注册成立旅游公司,开始发展旅游业,开发九山顶风景区,全村大部分家庭都从事农家乐或农业旅游。已建成万亩燕山板栗、千亩优质早酥梨、千亩优质大桃、千亩玫瑰花等果品、花卉生产基地。村中小桥流水、红砖碧瓦,环境优美,是天津市著名的乡村旅游度假胜地。2015 年入选全国特色景观旅游名镇(村)。

蓟州区郭家沟村 位于蓟州区下营镇东部。依山傍水,山湖相依,山上松柏郁郁葱葱,山下果树花果满枝,一座座青砖民居错落有致,是一个山清水秀的美丽小山村。村庄入口两侧是 1 000 米绿色长廊,栽植葫芦、丝瓜、豆角、猕猴桃等农作物,集休闲景观和农业采摘于一体。村东西两坡的果蔬采摘园,是开展休闲农业旅游的主要依托。2015 年入选中国最美休闲乡村、全国特色景观旅游名镇(村)。

蓟州区毛家峪村 位于蓟州区穿芳峪镇。四面环山,森林覆盖率高,空气清新,水质纯净。自清代建村以来,曾出现 4 位百岁老人,是远近闻名的长寿村。2002 年开始利用长寿村的自然环境,大力发展乡村旅游业,建成了元古奇石林和情人谷两大旅游景区,飞来泉、悬空六合塔等 80 个景点,是华北地区唯一一家以长寿为主题的旅游度假村。现为太极养生基地、全国农业旅游示范村。2015 年入选全国特色景观旅游名镇(村)。

四、中国特色小镇

武清区崔黄口镇　位于武清区东北部。地处海河水系中下游，南与大黄堡国家湿地保护区接壤，北与青北森林公园相邻。地毯编织是传统产业，中华地毯园就坐落于此。天津周恩来邓颖超纪念馆的特大型壁毯“海阔云舒”，北京中南海西花厅的“九龙壁毯”，人民大会堂河南厅的“满铺地毯”，联合国气象总部悬挂的“长城壁毯”，均是崔黄口地毯工人的杰作。镇中的电子商务产业园是天津市首批电子商务示范园区，被认定为国家火炬特色产业基地、国家电子商务示范基地。2016年入选中国特色小镇。

滨海新区中塘镇　位于滨海新区西南部，东临大港城区，南靠石化基地。小镇有强大的科技支撑，有庞大的制造业实践平台，有雄厚的工业基础，形成了全国最大的集科研、开发、生产于一体的汽车胶管研发生产基地。小镇还深度挖掘自春秋战国以来的历史文化及武术、秧歌、剪纸、布艺、陶艺等民俗文化资源，以北大港湿地公园、羊文化展览馆为载体，形成农业旅游观光、特色养殖体验、农家村落体验旅游、特色餐饮体验、垂钓采摘休闲等现代农业休闲旅游模式。2016年入选中国特色小镇。

津南区葛沽镇　位于天津市东南部，海河中下游南岸。始建于明代永乐年间，是具有漕海民俗文化特色的历史名镇，被誉为“华北八大古镇”之一、“北方妈祖文化之乡”，历史上曾有“水流三带”“九桥十八庙”等美景。因其迷人的自然景观和独具魅力的人文景观，明末清初已成为津门春游胜地，素有“小江南”的美誉。依托妈祖文化和漕运历史风貌，建设药王庙、郑家大院、张家大院等多个历史建筑和“葛沽八景”，重现葛沽辉煌灿烂的历史文化。2017年入选中国特色小镇。

武清区大王古庄镇　位于京津冀交界处，北与北京市通州区接壤，西与河北省廊坊开发区相连,京津唐高速公路贯穿全境。林木、果树、苗木资源丰富,素有“津西北林果基地”之称。该镇定位为工业创新(智能装备)小镇,以智能装备制造为工业主导产业,并以新兴玫瑰庄园发展农业休闲旅游产业,带动镇域经济发展,现为“天津市级实力小镇”“智能装备制造产业基地”。2017 年入选中国特色小镇。

蓟州区下营镇 2017 年入选中国特色小镇。参见中国特色景观旅游名镇(村)——蓟州区下营镇。

五、中国历史文化街区

五大道历史文化街区 位于天津中心城区的南部。东西向有以重庆、大理、常德、睦南及马场为名的 5 条街道,天津人称作“五大道”。五大道地区拥有 20 世纪二三十年代建成的,具有不同国家建筑风格的花园式房屋 2 000 多座,建筑面积达 100 多万平方米。最典型的 300 余幢风貌建筑中,有英式建筑 89 座、意式建筑 41 座、法式建筑 6 座、德式建筑 4 座、西班牙建筑 3 座,还有众多的文艺复兴式建筑、古典主义建筑、折中主义建筑、巴洛克式建筑、庭院式建筑以及中西合璧式建筑等,被称为“万国建筑博览苑”。2015 年入选中国历史文化街区。

六、国家生态旅游示范区

盘山国家生态旅游示范区 位于蓟州区西北处。盘山旧名“无终”“盘龙”。相传东汉末年,无终名士田畴不受献帝封赏隐居于此,因此人称“田盘山”,简称“盘山”。起始于汉,兴于唐,盛于清,是自然山水与名胜古迹并著、佛家文化与皇家文化共融的休闲胜地,被称为“京东第一山”。历史上众多帝王将相、文人墨客竞游于此,清乾隆皇帝也曾先后多次巡行盘山。山上多奇松、怪石、流水,而且高度不同,三层风景依次出现,形成著名的“三盘”奇景。2013 年入选国家生态旅游示范区。

黄崖关长城风景名胜区　位于蓟州区最北部。以始建于北齐天保六年(公元 555 年)的黄崖关长城为核心,总面积 135 万平方米。相继创建了长城历史博物馆、百将百家碑林、名人篆刻碑林等景点 41 个。黄崖关长城全长 42 千米,是我国万里长城的重要组成部分,明代名将戚继光任蓟镇总兵时重新设计大修,全段长城建筑在海拔 736 米的山脊之上,是一座长城博物馆和当代长城碑林。2014 年入选国家生态旅游示范区。

东丽湖景区　位于东丽区东丽路。东丽湖原是一个水库,面积 22 平方千米,其中水域面积 8 平方千米,以水面辽阔、地热丰富而著称,是中国北方地热带源头。依托良好的生态旅游资源,围绕自然体验、生态科普、生态湿地等主题,开发了环保志愿者基地、生态垂钓基地、湿地自然体验游步道等,吸引了京津冀大批游客及全国各地的生态旅游者。2015 年入选国家生态旅游示范区。

七、全国红色旅游经典景区

周恩来邓颖超纪念馆　位于南开区水上公园北路。建于 1998 年,占地面积 7 万平方米,建筑面积 1.3 万平方米,是一座园林式的伟人纪念馆。布局呈“工”字形,屋顶采取传统重檐形式并结合现代工艺,石材屋面,外檐镶嵌花岗石,色彩朴素淡雅。纪念广场、巨型花岗岩雕像《高山仰止》、不染亭、纪念林、草坪花卉与主建筑相互衬托,气氛庄重。纪念馆基本陈列分为三大展区,即主展厅、按1∶1比例仿建的北京中南海西花厅专题陈列厅和专机陈列厅。专机陈列厅有苏联政府赠送给周恩来总理的专机。现为全国爱国主义教育示范基地、全国廉政教育基地。2005年入选全国红色旅游经典景区。

平津战役纪念馆 位于红桥区平津道。全面介绍平津战役的现代化展馆。1997年建成,占地面积4.7万平方米,建筑面积1.4万平方米。聂荣臻元帅题写馆名,江泽民、李鹏、刘华清、张震、张万年、迟浩田等分别为纪念馆题词。主要由胜利广场、胜利纪念碑、主展馆、多维演示馆组成。主展馆为高22米的3层建筑,雄伟挺拔,由序厅、战役决策厅、战役实施厅、人民支前厅、伟大胜利厅、英烈业绩厅组成。现为全国爱国主义教育示范基地。2005年入选全国红色旅游经典景区。

盘山烈士陵园 位于蓟州区盘山风景名胜区内。占地面积20万平方米,1957年建成。主要建筑物有烈士纪念碑、烈士墓区、烈士纪念馆和革命传统教育纪念馆,松柏苍郁,肃穆庄严。纪念碑用汉白玉石块砌成,四周碑文分别是聂荣臻题写的“光荣烈士永垂不朽”、谢觉哉题写的“永远活在人民心中”、李运昌题写的“为人民革命事业而牺牲的英雄们永垂不朽”、宋劭文题写的“抗日英雄浩气常存”。烈士纪念馆内有毛泽东的题词和烈士遗像、传略及烈士英名录。2005年入选全国红色旅游经典景区。

天津市规划展览馆 位于河北区博爱道。地上建筑面积1.5万平方米。1至3层为展示区,其中第1层设历史展区、总体规划展区、交通规划展区、中心城区规划模型展区和公示区;第2层设滨海新区规划展区、海河规划展区、名城保护规划展区、旅游规划展区、海河之旅影厅;第3层设住房展区、公共设施展区、生态规划展区、环境整治展区等。在采用展板、模型等传统展示手段的基础上,大量使用高科技手段,将激光成像、发光地图等技术融入展示环节,全面展示了天津的过去、现在和未来。2011年入选全国红色旅游经典景区。

中共中央北方局旧址纪念馆 位于和平区黑龙江路。建筑建于1915年,为里巷式砖木结构的二层楼房,面积121平方米。原是中共中央北方局

1936 年至 1937 年在天津的办公驻地，也是刘少奇任北方局书记期间居住的地方。展览内容主要包括图片展、实物陈列和复原两大部分。图片展主要反映中国共产党领导北方人民开展革命斗争的经历，复原陈列包括刘少奇居室以及一楼“惠兴德成衣局”裁缝铺。2011 年入选全国红色旅游经典景区。

大沽口炮台遗址博物馆 位于滨海新区海河入海口两岸。占地面积约 93.8 万平方米，建筑面积 2.1 万平方米。展示主要分为“京畿海门”“沽口御侮”和“国门沦陷”等部分。“京畿海门”讲述大沽口炮台成为海防重地的历史背景，“沽口御侮”讲述清咸丰年间的 3 次大沽口之战。原陈设于大沽口炮台纪念馆的烟枪、白银元宝、铁炮、铁戗、英法联军火炮、中国红夷大炮以及被毁建筑遗存等大量文物，已迁入展馆。现为全国爱国主义教育示范基地。2011 年入选全国红色旅游经典景区。

八、全国农业旅游示范点

津南国家农业科技园 位于津南区八里台镇。2001 年首批启动建设的 21 个国家级农业科技园区之一，天津唯一的国家级农业科技园区。总面积 2 450 公顷，以休闲农业为主题，集科普性、趣味性、参与性于一体。建有名贵花卉、精品苗木休闲观光区，现代设施化无公害蔬菜生产区，新特优水产种苗繁育区，小站稻籽种繁育区等 6 个功能区，有蝴蝶兰育培园温室、生态植物园、蔬果采摘园、天嘉湖生态风景区等十几处景点。2002 年入选全国首批农业旅游示范点。

蓟州区常州村 2002 年入选全国农业旅游示范点。参见全国特色景观旅游名镇（村）——蓟州区常州村。

红星海上娱乐服务有限公司 位于滨海新区塘沽北塘水产路。2000 年成立,主要经营天津水域旅客运输。公司的“出海当一日渔民”旅游项目,观赏海上日出、体验海上捕捞垂钓、第一时间品尝网上海鲜等活动,享誉华北。2004 年入选全国农业旅游示范点。

第六埠农业开发中心 位于西青区辛口镇第六埠村,享有“京津蔬菜第一村”之称。面积 667 万平方米,设有农业科技示范区、城市小菜园区、森林景观区、垂钓区和采摘区,以休闲、体验为主的“租地种菜”城市小菜园最受游客青睐。现已成为天津市农业科普展示、学农和农业生态休闲观光游基地,是天津市乡村旅游特色点。2004 年入选全国农业旅游示范点。

曹庄花卉之乡 位于古运河畔的西青区中北镇。已经有 200 多年花卉种植史,自清末就盛产“晚香玉”“霸王鞭”等花卉品种,曾被农业农村部评为“中国晚香玉之乡”。拥有我国北方最大的花卉集散中心——曹庄花卉市场、亚洲最大的室内热带植物观光温室、全国一流的规范化观赏鱼交易中心,欧式建筑色彩斑斓,是一个集观赏、购物、旅游于一体的综合性特色旅游区。2006 年入选全国农业旅游示范点。

天津市农业高新技术示范园区 位于津杨公路。占地面积 40 公顷,是国内外农业高新技术示范基地,具有试验示范、引进消化、咨询培训、窗口展示、科普教育、旅游观光等功能。园区生产无公害蔬菜及种苗、花卉,并有开放的实验室和组培操作系统等,是国家引智基地、市级科普教育基地,游客可采摘新鲜蔬菜,体验采摘乐趣。2006 年入选全国农业旅游示范点。

九、全国休闲农业与乡村旅游示范点

东淀都市型现代农业核心区有限公司 位于西青区辛口镇水高庄村。2007 年成立,经营范围包括无土栽培技术及农业种植技术成果展示推广、农业技术培训、农产品蔬菜技术开发,农产品销售、贮藏及深加工服务,淡水养殖，蔬菜种植，中型餐馆，旅店住宿。2010 年入选全国休闲农业与乡村旅游示范点。

诺恩渔业生态园 位于滨海新区海滨大道。占地面积近 4 万平方米，与“天津之眼”摩天轮、意式风情街、小白楼欧式风情街组成天津四大旅游新亮点。作为农业产业化经营市级重点龙头企业，建有工厂化繁育车间、培训中心、研发楼。其赶海拾贝风景区依海而建，是天津仅有的原生态赶海拾贝景区，风景秀丽。海德怡深海温泉水质清澈透明，富含硫、锂、锌、偏硅酸等保健矿物质，对风湿性关节炎、糖尿病、高血压（脂）、神经衰弱和慢性妇科病均有显著疗效。其科研科普基地包括 2 100 平方米的海洋生物展馆（海洋水族展馆、潜水馆、海洋生物科普展厅）和 270 米的海洋渔文化科普长廊。2010 年入选全国休闲农业与乡村旅游示范点。

松江乡村俱乐部 位于津南区八里台镇。占地面积 73.3 万平方米，是集旅游观光、休闲娱乐、住宿餐饮于一体的商务会所。拥有全国首家西班牙风格的国际马会、景观垂钓、珍稀动物欣赏、生态种植、国际花卉基地、特色餐厅、酒吧、豪华别墅群等服务设施。其国际标准马场占地面积 5.2 万平方米，是天津唯一一家拥有室内灯光马术练习场、国际马会标准障碍赛场、马匹调教场、逍遥牧场等马术设施的大型马术俱乐部。作为现代设施农业示范基地，其智能温室大棚面积 7 万多平方米，生长着南方热带植物、花卉和南方果树。其加西豪森别墅群呈现加拿大式居住风貌，还有华北地区罕见的蒙古包。2010 年入选全国休闲农业与乡村旅游示范点。

北辰区龙顺庄园 位于北辰区双街镇沙庄村。占地面积 66.7 万平方米，是集商务会议、餐饮住宿、休闲娱乐、康体健身、景色观光、生态采摘、科普教育于一体的综合性度假庄园。其农家小院采用我国传统四合院建筑风格，配有名贵木材制作的传统家具。农业博览馆可容纳 1 200 人，满足不同类型会议要求。种养殖基地面积约 20 万平方米，种植了百余种花卉及许多无公害瓜果蔬菜。2011 年入选全国休闲农业与乡村旅游示范点。

西青区杨柳青庄园 位于西青区杨青镇北大柳滩村,毗邻有“华北第一宅”之称的石家大院。占地面积近53.3万平方米,绿化率90%,是集商务会议、休闲娱乐、旅游购物、采摘垂钓和餐饮住宿于一体的生态休闲旅游景区。拥有“赶大营之旅”“神秘丛林”“蒙古草原”、野外垂钓、自助烧烤、户外拓展等休闲项目。2011年入选全国休闲农业与乡村旅游示范点。

蓟州区毛家峪村 2011年入选全国休闲农业与乡村旅游示范点。参见中国特色景观旅游名镇(村)——蓟州区毛家峪村。

蓟州区常州村 2011年入选全国休闲农业与乡村旅游示范点。参见中国特色景观旅游名镇(村)——蓟州区常州村。

滨海新区崔庄村 位于滨海新区太平镇西南部。建于明代永乐年间。一条小河从村前流过,全村家家户户都种植冬枣,400年以上的枣树几乎每家都有几棵。村里现有168棵树龄600年以上的冬枣树,3 200棵400年以上的冬枣树。近几年来新栽枣树2万株,年产冬枣10多万千克。枣园还有1 860平方米的仿古建筑群——古驿站及鼓楼。2012年入选全国休闲农业与乡村旅游示范点。

君利现代农业示范园 位于武清区下朱庄街。示范园核心区面积110万平方米,辐射带动333.3万平方米,是集科技先导农业示范、高效设施农业生产、果蔬种苗繁育、旅游观光、休闲娱乐于一体的现代高效农业示范园。示范园内休闲、观光、娱乐项目多样,有农作物、花卉观赏、水上运动、垂钓、马术、卡丁车等。游客可游览参观珍果园、蔬菜大观园等,近距离观赏珍奇的花卉蔬果,也可以体验大型观光船、小型快艇、摩托艇等水上娱乐项目。2012年入选全国休闲农业与乡村旅游示范点。

汉沽陆强农家院 位于滨海新区杨家泊镇。汉沽街道有11个风格迥异、各有特色的农家院景点,涉及农家乐、渔家乐、设施农业观光、休闲农业庄园等多种形态,陆强休闲农家院就是其中之一。陆强休闲农家院是滨海新区最大的农家院,正在打造成集湿地观光、水上垂钓、葡萄采摘、吃农家饭、住农家院、体验农家风俗于一体的乡村旅游点。2012年入选全国休闲农业与乡村旅游示范点。

梅厂镇现代农业示范园 位于武清区梅厂镇。占地面积677万平方米，划分为陆地采摘区、棚室采摘区、休闲观光区、野营区和农业体验区。建设有温室、大棚3 068栋，以设施果品为主，间种蔬菜，主要种植葡萄。农业技术展示园占地4万平方米，展示特色盆景果蔬、花卉，包括南方特色植物品种，还开辟了6 700平方米的花卉种植基地，拥有上千种花卉植物。饲养有孔雀、鸵鸟、野兔、骆驼、矮马等20多种动物。2013年入选全国休闲农业与乡村旅游示范点。

绿源生态园 位于静海区台头镇。占地面积147万平方米。道路两侧种植法桐、龙爪槐，河道两侧种植垂柳等，夏天绿荫覆盖，年均气温11.9摄氏度，空气质量优异。除了大棚采摘和桃、梨、杏等果树采摘项目外，还建设了两座木屋别墅、3 000平方米的现代化温室生态餐厅、信鸽驯养基地、1 000米竹制绿色观光长廊等项目。2013年入选全国休闲农业与乡村旅游示范点。

蓟州区郭家沟村 2013年入选全国休闲农业与乡村旅游示范点。参见中国特色景观旅游名镇(村)——蓟州区郭家沟村。

滨海新区沙井子三村 位于滨海新区南部。集观光采摘、休闲垂钓、旅游度假于一体，是生产经营相结合的旅游专业村。建有233万平方米的四季田园，形成了四季蔬果采摘区、乡村休闲垂钓区、现代农业体验区、河滨生态景观区。6 000平方米的太空蔬菜智能温室，一年四季都有新鲜的蔬菜和可观赏的果实。在这里可以体验农耕、品尝农家饭、泡温泉。2014年入选全国休闲农业与乡村旅游示范点。

蓟州区小穿芳峪村 位于蓟州区东部。历史上是文人墨客云集之地。自明清以来，多有朝廷官员和文人隐士在此修建园林。一座座充满历史感的农家小院，错落有致地点缀于青山绿水之间。以北方特色民居为重点，建成了小穿芳峪乡野公园、农耕文化体验园、房车基地等休闲旅游项目。2014年入选全国休闲农业与乡村旅游示范点。2016年入选中国美丽休闲乡村。

蓟州区大巨各庄村 位于蓟州区穿芳峪镇。薰衣草等香草种植已形成规模,同时开发以香草为主打特色的农业旅游。香草园占地20万平方米,种植了世界上多种名贵的香草品种,构成了紫、蓝、红颜色的花海;花海间巨大的白色钢琴等景观成为一道亮丽的风景线,非常适合拍婚纱照。还建有南果园,种植鸡蛋果、人心果、神秘果等60余种南方地区的奇珍异果和榕树、芭蕉树、三角梅、铁皮石斛等树种、花卉。紫云水岸有观光河道10千米,陆上可以赏花,坐上电瓶船可以戏水。2015年入选全国休闲农业与乡村旅游示范点。

武清区南辛庄村 位于武清区大碱厂镇,地处大运河武清段东岸,重要水利枢纽“八孔闸”北侧。明清时期村头就有码头,无数的官船、商船从村前经过,造就了水乡运河的景致。这里风光迷人,碧波荡漾,古朴壮观的桥闸点缀其间,更添秀美景色。清康熙四十九年(公元1710年)曾立御碑——导流济运碑,清乾隆帝曾多次巡经此处。其香油产业较为发达,有“香油产业北方第一村”的美誉。2015年入选全国休闲农业与乡村旅游示范点。

泰泽康休闲农业示范园 位于宝坻区大唐庄镇东淀村。107万平方米天然芦苇地构成了独特的湿地景观,苇海中修建了约1 500米长的木栈道,游客不仅可以观赏多种珍稀鸟类,还可以体验多种多样的休闲活动。七星岛上种植了香梨、蜜桃、苹果、大枣、樱桃等特色水果,果实成熟时开放观光采摘服务。还建有传承我国悠久农业历史的农事博物馆,里面锄耙犁等农具应有尽有。2015年入选全国休闲农业与乡村旅游示范点。

北辰区双街村 位于北辰区双街镇,地处京津走廊。主打都市休闲观光采摘业,游客们不仅能采摘鲜美的葡萄,还能了解葡萄生长的整个过程,熟识葡萄农耕文化。文化历史展览馆作为乡村记忆的重要载体,主要展示“庭院春秋、昔日双街、今日双街和印象双街”。2015年入选全国休闲农业与乡村旅游示范点。

蓟州区西井峪村　2015 年入选全国休闲农业与乡村旅游示范点。参见中国历史文化名村——蓟州区西井峪村。

十、全国工业旅游示范点

天士力集团　位于北辰区普济河东道天士力现代中药城。占地面积 53 万平方米,绿化面积 21.3 万平方米。天士力大健康城是依托天士力控股集团的实体产业,以大健康为主题,以现代中药研发、智能制造为核心,涵盖中医药文化、大健康餐饮、健康产品购物、健康服务与管理、自然景色欣赏等内容的综合性工业旅游景区。为全国科学普及教育基地、中医药健康旅游示范基地创建单位。2004 年入选全国工业旅游示范点。

王朝葡萄酿酒有限公司工业园　位于北辰区津围公路。建有国际酿酒名种葡萄原料种植基地 2 000 万平方米,具有国际一流的葡萄酒生产设备和工艺。地下酒窖面积 5 000 平方米,是国内最大、设施最先进的地下酒窖之一。王朝御苑酒堡建筑面积 10 509 平方米,借鉴法国波尔多地区 19 世纪古堡风格,汲取卢浮宫华美建筑形式,涵盖了博物馆、接待培训中心等多项功能。2006 年入选全国工业旅游示范点。

海河乳业有限公司工业园　位于北辰区新宜白大道科技园区。占地面积约 13.3 万平方米,是集奶牛饲养、乳与乳制品科研生产于一体的现代化股份制企业。两个生产车间的全套灌装生产线透明化,游客可以亲眼看见先进的全自动牛奶、酸奶灌装生产线和鲜奶生产流程。2006 年入选全国工业旅游示范点。

天狮集团有限公司　位于武清区。总面积 88.6 万平方米。建有天狮博物馆,占地面积 6 500 平方米,内设 7 个基本展区,以及“中华养生文化”和“天狮产品展示”两大馆中馆。建有天狮健康产业园,游客到此能够感受到天狮独具魅力的企业文化,还能体验国际一流的医疗保健服务。2007 年入选全国工业旅游示范点。

天津港集团有限公司 位于滨海新区,地处渤海湾西端。天津港是世界上最大的人工深水港之一,是我国北方最豪华的国际游轮码头。工业游分海上和陆地两条线路:海上路线乘坐游轮参观现代化的集装箱码头群和深水泊位;陆上线路参观天津港博览馆,了解天津港的发展历程和未来蓝图。2007 年入选全国工业旅游示范点。

金威啤酒(天津)有限公司 位于滨海新区空港经济区环河西路。金威啤酒工业游以啤酒博物馆、啤酒生产流程展示为特色。在啤酒博物馆,可以了解啤酒生产过程,欣赏手工制作的啤酒艺术雕塑,品尝纯甜的啤酒原浆——发酵肉汤;在生产车间,可以见识世界顶尖酿酒设备;在酒吧,可以任意品尝刚刚下线的鲜啤酒。2007 年入选全国工业旅游示范点。

十一、国家级非物质文化遗产生产性保护示范基地

杨柳青画社 位于河西区佟楼三合里。杨柳青木版年画始创于明代末年,已有 400 年历史,以木版套印与手工彩绘相结合,在我国民间年画中独树一帜,被公推为“中国年画之首”,被列入首批国家级非物质文化遗产(代表性项目)名录。画社成立于 1958 年,由杨柳青画业合作社、天津荣宝斋、天津德裕公画庄合并组成。设有凝翠轩、文化街杨柳青画店、长春道杨柳青画店和杨柳青画社西青分店 4 个销售部。已搜集、整理杨柳青年画资料 3 000 余种,复制出版四五百种。2014 年入选国家级非物质文化遗产生产性保护示范基地。

十二、国家级风景名胜区

盘山风景名胜区 1994 年入选国家级风景名胜区。参见国家生态旅游示范区——盘山国家生态旅游示范区。

十三、国家级自然保护区

中上元古界地层剖面国家级自然保护区 位于蓟州区。占地面积约 900 公顷,主要保护对象为中上元古界标准剖面,是我国第一个国家级地质剖面自然保护区。其中上元古界地层剖面是一块保存完好、结构单纯、出露连续的古代地层,记录着距今 18.5 亿—8 亿年的地质演化史,储存着反映当时的古地理、古生物、古气候、古构造、古地磁等大量自然信息和各种金属非金属矿产资源,被誉为世之瑰宝。1984 年入选国家级自然保护区。

古海岸与湿地国家级自然保护区 位于滨海地区,临渤海湾西岸,地处海河等河流的入海口。始建于 1984 年,总面积 3.6 万公顷。主要保护对象为贝壳堤、牡蛎滩古海岸遗迹和滨海湿地。保护区属不连续、开放性类型,由贝壳堤区域和牡蛎滩、湿地区域组成。保护区内的七里海湿地,栖息和生长着多种珍稀野生动植物,对研究古地理、古气候、海洋生态、海陆变迁等具有重要的科学价值。1992 年入选国家级自然保护区。

八仙山国家级自然保护区 位于蓟州区。占地面积 5 360 公顷,拥有华北地区少见的保留着原始森林特性的天然次生林区,生长着热带、亚热带、暖温带、温带、寒带等区域植物 1 000 余种,名贵中草药 200 多种,野生动物

429种。八仙山的地层是距今18亿—14亿年由古海沉积的长城系石英岩，距今1亿年时燕山运动断裂出现褶皱和隆起，呈现山地的面貌，八仙山的地貌基本形成。现为全国科普教育基地。1995年入选国家级自然保护区。

十四、国家级水利风景区

北运河水利风景区 位于红桥区、北辰区和河北区交界处。北运河古称“御河”，是海河干流的重要组成部分，承担着防洪、引滦输水任务。以“铜帮铁底运河梁”为依托，以健康休闲、亲水休闲、文化休闲、生态休闲为主线，建设了滦水园、北洋园、御河园、娱乐园等4座主题公园及象征72沽的72块水文化石刻，沿河绿化贯穿其中，形成了特色鲜明的整体景观。2003年入选国家级水利风景区。

东丽湖水利风景区 2011年入选国家级水利风景区。参见国家生态旅游示范区——东丽湖景区。

十五、国家地质公园

蓟州国家地质公园 位于蓟北山区，居京津唐三市的腹心地带。占地面积342平方千米，核心带面积9平方千米，主要地质遗迹为中上元古界地层剖面和古生物化石。现已形成中上元古界地质自然保护区、八仙山石英岩峰林峡谷景区、九山顶石英砂岩林景区、黄崖关断崖地貌景区、盘山花岗岩地貌景区、九龙山碳酸岩峰林丛景区、府君山地质构造遗迹景区7个景区，总计87个景点。2002年入选国家地质公园。

十六、国家森林公园

九龙山国家森林公园 位于蓟州区东穿芳峪。占地面积2 126公顷，是一座以森林景观为主体的生态型自然景区。辖九龙山、梨木台山、黄花山三大景区，集古洞、幽林、奇峰、秀水于一体，是天津市面积最大的山区国家森林公园。公园东北部万丈深谷中连绵耸立着9条山脊，恰似九龙聚首，故名“九龙山”，清代时曾是皇家园林。森林覆盖率达95%以上，分布有我国北方典型的暖温带天然落叶阔叶林、针阔混交林，华北地区罕见的天然侧柏林。1997年入选国家森林公园。

十七、国家湿地公园

永定河故道国家湿地公园 位于武清区黄庄街道。主要包括龙凤河故道、永定河故道及其两岸的人工湿地，占地面积249万平方米。拥有丰富的野生动物资源和完整的生态系统，分为生态保育区、恢复重建区、宣教展示区、合理利用区和管理服务区五大区域，发挥着扩大与改善野生水鸟栖息空间，改善城市居民生活环境，为下游提供清洁水源等重要生态功能。2013年入选国家湿地公园。

潮白河国家湿地公园 位于宝坻区。占地面积675万平方米，主要打造10千米的滨河公园。以潮白河为主轴，以两岸生态廊道为绿脉，以“湿地体验、滨水游憩、空中游景”为景观特色，形成“一河、两岸、三区、二十八景”，展示宝坻区生态环境、历史底蕴和城市魅力。湿地类型多样，生物多样性丰富。每到迁徙季节,数万只雁鸭类、鸥类水鸟在此停歇,蔚为壮观。2014 年入选国家湿地公园。

州河国家湿地公园 位于蓟州区中南部。州河历史上是连接蓟县与天津方面的水上交通要道。占地面积 508 万平方米,依据河流与城市干道走向,结合城市功能区划,形成"两园一带、点线结合"的生态景观结构体系。栽植各类绿化苗木 100 多万株,其中有油松、雪松、睡莲、荷花、白鹤梅、珍珠梅、迎红杜鹃等名贵苗木、花草 157 种,常绿树种比例达 30%以上。2014 年入选国家湿地公园。

环秀湖国家湿地公园 位于蓟州区杨庄截潜旅游区内。占地面积 733 万平方米,群山簇拥,山涧溪谷遍布,果林成片,风光无限,具有得天独厚的天然生态旅游环境。杨庄截潜输水工程总长 11.8 千米,包括隧洞 6 500 米,渡槽一座约 1 000 米,涵洞两座约 400 米,防渗渠道 4 100 米。2014 年入选国家湿地公园。

十八、世界遗产

中国大运河:天津段 中国大运河始建于春秋时期。由隋唐大运河(永济渠、通济渠、邗沟、江南河段)、京杭大运河(通惠河、北运河、南运河、会通河、中河、淮扬运河、江南运河段)、浙东运河共三大部分、十段河道组成;地跨北京、天津、河北、山东、河南、安徽、江苏、浙江 8 个省和直辖市,全长 2 700 千米(含遗产河道 1 011 千米),纵贯我国最富饶的华北大平原与江南水乡,通达海河、黄河、淮河、长江、钱塘江五大水系,是世界上开凿时间较早、规模最大、线路最长、使用时间最久的运河,被国际工业遗产保护委员会入选最具影响力的水道。自清末改漕运为海运后,大运河地位衰落。京杭大运河的北运河和南运河在天津会师,又在这里被海河一齐入渤海。漕运发达时期,从天津到通州的北运河上每年要承载2万艘运粮的漕船,官兵12万人次,连同商船共3万艘。水道的开通使小小的直沽寨很快发展成了远近闻名的“天津卫”。2014年,联合国教科文组织将27段河道和58个遗产点以“中国大运河”为名列入《世界遗产名录》。其中天津段有:十四仓遗址、八孔闸、宜兴埠、独流木桥、九宣闸、三岔河口。

十九、全国重点文物保护单位

独乐寺 位于蓟州区武定街。安禄山起兵叛唐在此誓师,因其“思独乐而不与民同乐”而得寺名。占地面积1.6万平方米,是我国仅存的三大辽代寺院之一。全寺建筑分为东、中、西三部分;东部、西部分别为僧房和行宫,中部是寺庙的主要建筑物,由山门、观音阁、东西配殿等组成,山门与大殿之间用回廊相连接。山门和观音阁为辽代建筑,其他都是明、清时所建。山门内两尊高大的天王塑像,是辽代彩塑珍品。清乾隆十年(公元1745年)清高宗到访独乐寺,作诗《寄题独乐寺》,独乐寺一度成为禁地。1961年入选全国重点文物保护单位。

义和团吕祖堂坛口遗址 位于红桥区如意庵大街。始建于明宣德八年(公元1433年),为津门道教名观。因供奉“纯阳吕祖”(吕洞宾)而得名。主要建筑有山门、前殿、后殿和五仙堂。清光绪二十六年(公元1900年)义和团运动爆发,义和团首领曹福田率领数千人进入天津,将总坛口设于此。义和团首领张德成、林黑儿、刘呈祥等经常在此聚义拜坛,吕祖堂坛口成为当时天津义和团活动的中心之一。火烧紫竹林租界、攻打老龙头火车站和天津城保卫战等重大决策,都是在这里作出的。1982年入选全国重点文物保护单位。

望海楼教堂 位于河北区狮子林大街。始建于清同治八年(公元1869年),哥特式建筑风格,是天主教传入天津后建造的第一座教堂。清同治九年(公元 1870 年)反洋教斗争和光绪二十六年(公元 1900 年)义和团运动中两次被焚毁,是“天津教案”发生地。光绪三十年(公元 1904 年)重建,青砖木结构,正面有 3 个塔楼,呈笔架形。教堂内部并列两排立柱,为三通廊式,无隔间与隔层。内窗券作尖顶拱形,窗面由五彩玻璃组成几何图案,地面砌瓷质花砖,装饰华丽。1988 年入选全国重点文物保护单位。

大沽口炮台遗址 位于滨海新区海河入海口。原置于海河南北两岸,俗称“津门之屏”。明代大沽口开始设防,清代修炮台,置大炮,逐渐形成以“威、镇、海、门、高”大炮台和 20 多座小炮台组成的防御体系,成为我国北方的军事要地。第二次鸦片战争中,提督史荣椿率部坚守炮台,与英军激战,大部分爱国官兵壮烈殉国,史称“第一次大沽口保卫战”。清光绪二十七年(公元 1901 年)辛丑条约签订后,帝国主义列强强行拆去了大多数炮台,只残留南岸的“威”字和“海”字炮台以及北岸的“方”炮台。已建成大沽口炮台遗址。1988 年入选国家重点文物保护单位。

利顺德饭店旧址 位于和平区台儿庄路。始建于清同治二年(公元 1863 年),为仍在使用的天津最老的饭店。早期的利顺德是一座砖木结构的英国古典式 3 层楼房,是当时最为豪华的饭店。1924 年扩建了一座约 2 500 平方米的 4 层大楼。《中国丹麦条约》《中国荷兰条约》在此签订。利顺德饭店是全国最早使用电话、电报设备的单位,至今存有许多珍贵的历史文物。1996 年入选全国重点文物保护单位。

南开学校旧址 位于南开区四马路。始建于清光绪三十年(公元 1904 年),创办人为著名教育家严修、张伯苓,初名“私立中学堂”。后因学生日众,校舍难容,邑绅郑菊如捐赠田地 6 666 平方米,严修、王益逊、徐世昌、卢木斋、严子均诸人捐白银 26 000 两。光绪三十三年(公元 1907 年)新校舍建成。因地处南开,后更名为“私立南开中学堂”。南开学校是天津最早的私立中学,曾培养出众多科学家及知识界名人。现存东楼(伯苓楼)、北楼、范孙楼、瑞廷礼堂 4 幢建筑。1996 年入选全国重点文物保护单位。

劝业场大楼 位于和平区和平路。大型综合性开敞式商场,建筑面积原为16 500平方米,经过几次改造修建,现为29 600平方米。1926年开始筹建,聘请法籍工程师设计,主体5层,转角局部7层,钢筋混凝土框架结构。7层之上建有高耸的塔楼,由3层六角形的塔座、2层圆形塔身和穹隆式的塔顶所组成,上面装有旗杆、避雷针兼做装饰物,建筑风格明显受折中主义建筑形式的影响。2001年入选全国重点文物保护单位。

广东会馆 位于南开区南门里大街。天津位于九河下梢,元代以来就是漕运枢纽,商贾云集,货栈林立。广东会馆于清光绪三十三年(公元1907年)落成,木结构建筑,由门厅、正房、配房、戏楼和跨院、套房组成,很有岭南特色。会馆周围建造了铺房、住房300多间,还修建"南园"栽花种树,设立医药房。主体建筑为戏楼,京剧大师梅兰芳、尚小云等曾在此唱堂会、办义演。1912年孙中山曾在此演讲,1925年天津总工会以此为会址。现为天津市戏剧博物馆。2001年入选全国重点文物保护单位。

盐业银行旧址 位于和平区赤峰道。盐业银行于1915年开业,总行设于北京,当时与金城、大陆、中南三家银行并称为"北四行"。天津分行大楼1928年开始使用,建筑面积约800平方米,钢筋混凝土砖混结构,面阔7间,以红砖墙为主调。两尽端略用块石饰壁柱,柱头有雕饰。中间5间用2层高的爱奥尼柱式,上做檐壁、檐头。3层窗头用三角形山花装饰,最上端有花瓶栏杆式女儿墙。整个建筑采用三段式构图,具有典型的古典主义特征。2006年入选全国重点文物保护单位。

法国公议局旧址 位于和平区承德道。1931年建成。整幢建筑用仿花岗岩块砌筑,造型稳重壮观。二层混合结构,中央主体突出,左右两翼对称,简洁大方。檐部上有女儿墙,两侧尖处为断山花加盾饰。公议局是法国在津租界内的最高统治管理机构。1945年驻津日军向中国军队投降仪式在此举行。2006年入选全国重点文物保护单位。

天妃宫遗址 位于河东区大直沽中路。与天津卫城东门外三岔口海河西岸的天后宫东西相望,为海运和内河漕运的交会点。主遗址天妃灵慈宫,始建于元世祖至元年间,明万历六年(公元1578年)重修,清代数次修葺。

清光绪二十六年(公元1900年)毁于兵燹。光绪三十一年(公元1905年)复建大殿。曾发掘出元代建筑基址和明清时期大殿基址,出土大量元、明、清时期生活器皿、建筑构件。已就地建设遗址博物馆。2006年入选全国重点文物保护单位。

梁启超旧居 位于河北区民族路。梁启超是我国近代思想家、政治家、教育家。1895年跟随康有为发动“公车上书”,1898年参与“百日维新”,曾出任袁世凯政府司法总长,1915年策动护国军反袁,后任段祺瑞执政府的财政总长。旧居为民国初年梁启超的寓所和饮冰室书斋。寓所为意式两层砖木结构楼房,主楼为水泥外墙,塑有花饰,异型红色瓦顶,石砌高台阶。书斋为浅灰色两层洋楼,首层为书房,二楼做卧室和会客,梁启超后期著述均在此完成。2006年入选全国重点文物保护单位。

石家大院 位于西青区杨柳青镇。原为“清末天津八大家”之一的石元士住宅。石家原籍山东,祖辈靠漕运发家,清乾隆年间定居杨柳青。清道光三年(公元1823年),石家析产为四大门,分别是福善堂、正廉堂、天锡堂、尊美堂,各门均建一所颇具规模的建筑,石家大院为仅存的“尊美堂”宅第,曾有“天津第一家”“华北第一宅”之称。建筑结构独特,砖木石雕精美。大戏楼宽敞华丽,可供200人听戏饮宴,是华北民宅中最大的戏楼,京剧名家孙菊仙、谭鑫培等都曾在此献艺。2006年入选全国重点文物保护单位。

千像寺造像 位于蓟州区盘山东麓白水峪。千像寺为唐辽时期盘山著名寺庙之一,现仅存遗址、辽代统和五年(公元987年)创建的千像寺讲堂碑和相关的石刻造像群。石刻造像群分布在遗址周围400平方米范围内,在124处巨石和崖壁上发现线刻造像535尊,是迄今发现的、规模最大的辽代石刻造像群之一。2006年入选全国重点文物保护单位。

京杭大运河 2006年入选全国重点文物保护单位。参见世界遗产——中国大运河:天津段。

五大道近代建筑群 2013年入选全国重点文物保护单位。参见中国历史文化街区——五大道历史文化街区。

天津工商学院主楼旧址　位于河西区马场道。天津工商学院由法国天主教会献县教区耶稣会创办，为我国近代第二所天主教大学。主楼建于1925年，建筑面积4 917平方米，是一座法国罗曼式建筑风格的建筑。砖混结构3层楼房，红瓦坡顶，清水砖墙，建筑平面对称，楼顶建有法国曼赛尔结构穹顶。屋顶前后的墙上各嵌有一座巨大的圆钟，圆钟两侧和上方分别采用巴洛克的券罩和断山花加以防护和装饰。主楼正厅内悬有利玛窦、南怀仁画像，墙壁正中悬挂着南怀仁绘制的巨幅《坤舆万国全图》。2013年入选全国重点文物保护单位。

天后宫　位于南开区古城东门外。始建于元泰定三年（公元1326年），当时海运漕粮，漕船海难时有发生，而天津是海运漕粮的终点，皇帝下令在此建天后宫，是我国现存年代最早的妈祖庙之一。原名“天妃宫”，俗称“娘娘宫”，建筑群面向海河，由山门、牌坊、前殿、大殿等组成，属典型的中国传统庙宇式建筑。每逢农历三月二十三日天后诞辰，这里会举行大型民间酬神庙会活动，沿河船户、周边信众、各地商贾云集，造就了当时天津最著名的商业街——宫南北大街。2013年入选全国重点文物保护单位。

李纯祠堂　位于南开区白堤路南丰路。李纯是民国初年江西都督、江苏督军，他买下北京原明代大宦官刘瑾的府邸，拆卸后运津重建。因整座建筑与紫禁城中路相似，也称“津门庄王府”。自1913年起修建，历时10年建成，占地面积2.56万平方米。3进庭院，由照壁、石牌坊、石拱桥、大门、前殿、中殿、后殿、配殿和回廊组成。中殿是主体建筑，建有石狮、石坊、屏壁、华表、长廊、殿宇、戏楼、拱桥等。现辟作南开人民文化宫。2013年入选全国重点文物保护单位。

马可波罗广场建筑群　位于河北区原意大利租界。天津意大利租界是近代中国唯一的意租界，也是意大利在境外的唯一一处租界。马可波罗广场在原意租界的中心，占地面积2 200平方米。1908—1916年建成的马可波罗广场意式花园别墅住宅建筑群，分3组围绕圆形的马可波罗广场。各楼内装修大致相同，唯塔楼的平顶凉亭有平拱、圆拱、尖拱之别。2013年入选全国重点文物保护单位。

北洋大学堂旧址 位于红桥区光荣道。清光绪二十一年(公元 1895 年)盛宣怀创建天津北洋西学学堂,后改名“北洋大学校”“国立北洋大学”,是我国近代第一所大学。旧址现存南楼、北楼、团城 3 座建筑。北楼建于 1936 年,建筑面积 4 805 平方米;南楼建于 1933 年,建筑面积 4 902 平方米;团城建于 1930 年,建筑面积 939 平方米。南楼、北楼均为 3 层砖混结构,使用德国进口建材,建筑外立面为红砖墙面。团城为砖木结构平房,青瓦坡顶,建筑外立面为青砖墙面,曾为北洋大学办公地。2013 年入选全国重点文物保护单位。

天津西站主楼 位于红桥区子牙河与南运河之间。清光绪三十四年(公元 1908 年)清朝向英、德财团借款千万英镑开始修建当时中国最长的铁路——津浦线,天津西站为最北站点。天津西站主楼是天津西站的候车室,清宣统二年(公元 1910 年)启用,由德国建筑师设计,为砖红色的德国新古典主义建筑。天津西站自 2009 年起开始扩建工程,将原天津西站主楼进行移位保护。2013 年入选全国重点文物保护单位。

谦祥益绸缎庄旧址 位于红桥区估衣街。谦祥益绸缎店是山东章丘孟氏进修堂创办的“祥”字号之一,于 1917 年开业。2013 年入选全国重点文物保护单位。

北洋水师大沽船坞遗址 位于滨海新区大沽船坞路。继福建马尾船政局、上海江南船坞之后我国第 3 所近代船舶修造厂,也是我国北方早期的近代军械制造厂。清光绪六年(公元 1880 年),为修理北洋水师舰船,直隶总督李鸿章在大沽海神庙一带购地创建北洋水师大沽船坞,先后建了 6 个船坞,最大的可容 2 000 吨船只进坞修理。后又制造枪、炮、水雷等军械。清光绪二十六年(公元 1900 年)被八国联军侵占。现存甲字坞、轮机厂房、旧码头、海神庙遗址等。2013 年入选全国重点文物保护单位。

塘沽火车站旧址 位于滨海新区塘沽新华路。现名“塘沽南站”,是天津铁路分局仍在使用的一个四等车站。始建于清光绪十四年(公元 1888 年),是我国最早自主修建的铁路——北洋铁路上的一座车站。主体建筑为砖木结构欧式单层建筑群，与铁轨延伸的方向平行排列，南北长 130 米，东西宽 18 米。整座建筑物的尖脊屋顶造型凸显欧式建筑风格，墙体用青砖砌造。建筑群的中间部位原为 4 个旅客候车室，每个室内面积约 200 平方米。2013 年入选全国重点文物保护单位。

黄海化学工业研究社旧址 位于滨海新区解放路。黄海化学工业研究社是我国第一家私营化工科研机构，1950 年迁址北京，1952 年并入中国科学院。该建筑建于 1922 年，为英别墅式砖混结构灰色 2 层楼房。现为黄海化学工业研究社纪念馆。2013 年入选全国重点文物保护单位。

蓟县白塔 位于蓟州区（原蓟县）。始建于辽青宁四年（公元 1058 年），融汉式建筑与印度艺术风格为一体，是我国“七大白塔”之一。塔身白色，平面八角形，通高 30.6 米。塔身南面设门，内置佛龛；四个侧面凸雕碑形，上书佛教偈语。塔身上出三层砖檐，檐角系铜铎。素有“金峰平挂西天月，玉柱直擎北塞云”之誉。此塔下部为密檐塔型，上部砌作覆钵式，是我国辽塔造型奇特之一例。1976 年大地震，塔身震损，通体酥裂，1983 年大修加固。2013 年入选全国重点文物保护单位。

天尊阁 位于宁河区丰台镇。始建年代已不可考，清康熙年间重修。天津历史上道教三大阁之一，占地面积 6 000 平方米，建筑面积 240 平方米。木结构建筑，三层楼阁式，通高 17.4 米。阁内有 8 根由平地直达阁顶的通天圆柱，增强了建筑的牢固性和稳定性。1976 年唐山大地震时，附近民房坍塌甚多，高层建筑所剩无几，而天尊阁主体结构安然无恙。2013 年入选全国重点文物保护单位。

二十、国家一级博物馆

天津博物馆 位于河西区越秀路。展示我国古代艺术及天津城市发展历史的大型艺术历史类综合性博物。2004年由原天津市艺术博物馆和天津市历史博物馆合并组建。馆藏特色是我国历代艺术品和近现代历史文献、地方史料并重,有古代青铜器、陶瓷器、书法、绘画、玉器、玺印、文房用具、甲骨、货币、邮票、敦煌遗书、竹木牙角器、地方民间工艺及近代历史文献等各类藏品近20万件,图书资料20万册。2008年入选国家一级博物馆。

天津自然博物馆　位于河西区友谊路。我国第一个主题单元化、全景式展示的自然探索、科学体验、科学教育的自然史博物馆。前身是北疆博物院,1914年创办。占地面积5万平方米,建筑面积3.5万平方米,展示面积1.4万平方米,包括常设陈列区、临展区、体验娱乐区、科普教育区四部分。馆藏生物标本40万件,其中一、二级珍品1 282件,模式标本1 452件。2008年入选国家一级博物馆。

周恩来邓颖超纪念馆　2008年入选国家一级博物馆。参见全国红色经典景区——周恩来邓颖超纪念馆。

二十一、中华老字号

狗不理集团有限公司(注册商标:狗不理)　位于和平区和平路。始创于清咸丰八年(公元1858年),有着160余年历史。集团以餐饮业为主营,兼营速冻食品,主打产品狗不理包子是中国饮食文化中的瑰宝,被公推为“天津三绝”之首。产品行销全国近百个城市,并远销日本、美国、英国等国家和地区。先后荣获中国十大餐饮品牌企业、中国商业名牌企业、全国餐饮百强企业、中国驰名商标等称号和荣誉。2006年入选中华老字号。

桂发祥十八街麻花总店有限公司(注册商标:桂发祥十八街)　位于河西区洞庭路。始创于1927年,从一间小小的手工式作坊发展成为国内外知名的食品企业。主打产品桂发祥十八街麻花,被认定为“中华名小吃”,其制作技艺被列入国家级非物质文化遗产(代表性项目)名录。公司建设的桂发祥十八街麻花文化馆,成为人们追忆天津旧时风貌及这一传统食品的载体。2006 年入选中华老字号。

劝业场(集团)股份有限公司(注册商标:劝业场) 位于和平路与滨江道的交汇处。始建于 1928 年。公司主体建筑为法式折中主义风格,是天津市特殊保护的历史风貌建筑,也是我国百货店中唯一的全国重点文物保护单位。主要经营黄金珠宝首饰、手表、时装等商品。清代书法家华世奎书写的牌匾被命名为“中华历代名匾”。历史上劝业场被称为天津的“城中之城,市中之市”,民间有“不到劝业场,枉来天津卫”的说法。2006 年入选中华老字号。

渤海化工有限公司天津碱厂(注册商标:红三角) 位于滨海新区临港经济区。始创于 1914 年,由久大精盐股份有限公司及永利碱厂发展而来,以盐为本、酸碱并进,是我国近代化学工业的摇篮。进入新世纪,生产出合成氨、甲醇、纯碱、氯化铵、丁辛醇、醋酸、聚甲醛等系列优质化工产品,完成了从无机化工向煤化工、海洋化工、石油化工、港化一体化相结合的现代化工延伸与转变。“红三角”品牌为中国驰名商标。2006 年入选中华老字号。

中新药业集团股份有限公司隆顺榕制药厂(注册商标:隆顺榕) 位于天津经济技术开发区第十大街。前身是创办于清道光十三年(公元 1833 年)的天津隆顺榕药局,以藿香正气水闻名于世。新中国成立后,在此诞生了我国第一个中药片剂、第一个中药静脉注射针剂、第一个中药颗粒剂。1957 年隆顺榕与乐仁堂提炼部合并成立中新药业天津隆顺榕制药厂,致力于中药剂型改革的探索和中药技术的研究工作,是全国 21 家重点中成药生产企业之一。2006 年入选中华老字号。

春合体育用品厂(注册商标:中华牌) 位于西青区西青道。始建于 1922 年,是生产符合国际标准的体操比赛器材的专业厂家。“中华牌”全套体操器械 5 次荣获国际体操联合会认证,曾荣获全国科技大会 8 项重大成果奖、国家质量金奖,被 1999 年在天津举办的世界体操锦标赛、2001 年在北京举行的第21届世界大学生运动会所选用。2006年入选中华老字号。

天立独流老醋股份有限公司(注册商标：天立) 位于静海区独流镇。全国最大的调味品酿造企业之一。始创于清康熙年间，产品曾为贡品，名扬海内外。1984年重新恢复独流老醋的生产，独流老醋酿造技艺被列入天津市非物质文化遗产名录。有普通醋、精品醋、保健醋、专用醋、礼品醋、饮料、酱油七大系列不同规格的近百个品种。“天立”是中国驰名商标。2006年入选中华老字号。

中新药业集团股份有限公司乐仁堂制药厂(注册商标：乐仁堂) 位于西青区大明道。1921年创办。制药厂建立了我国第一家中药提炼加工厂——乐仁堂中药提炼部。第一批通过GMP(世界卫生组织药品生产质量管理规范)认证的中药企业之一，生产能力、自动化程度及检测水准都已进入国内同行业领先水平。现拥有中药品种150多个，其中包括36个独家产品，2个国家中药保护品种。拳头产品“通脉养心丸”是国家中药保护品种，“乐仁堂”为中国驰名商标。2006年入选中华老字号。

宏仁堂药业有限公司(注册商标：红花牌) 位于红桥区涟源西路。始建于1923年，素以“方名、料优、艺精、药灵”著称于世。后发展成为天津市第五中药厂，2003年改制为宏仁堂药业有限公司。已全面通过GMP(世界卫生组织药品生产质量管理规范)认证，主要产品有“七厘散”“紫雪”“养血生发胶囊”“冠心苏合胶囊”“血府逐瘀胶囊”等，多种产品被列入国家基本药物、国家基本医疗保险目录产品、国家中药保护品种。2006年入选中华老字号。

同仁堂股份有限公司(注册商标：太阳) 位于西青经济技术开发区赛达八支路。前身为明崇祯十七年(公元1644年)创办的张家老药铺，是我国历史最悠久的中药企业之一。早在100多年前，所产中成药和药酒就远销欧美，是最早将中药文化传播至海外的企业之一。天津同仁堂公司成立于2008年，中药制剂生产工艺达到国内领先水平，独家研制的肾炎康复片、脉管复康片等产品成为国家中药保护品种并取得多项专利。“太阳”为中国驰名商标。2006 年入选中华老字号。

耳朵眼炸糕餐饮有限责任公司(注册商标:耳朵眼) 位于红桥区丁字沽 12 段。前身是始创于清光绪二十六年(公元 1900 年)的耳朵眼炸糕小店。现已发展成为集小吃、正餐食品工业于一体,经营网点遍布天津市,辐射华北、东北,商品畅销全国大部地区的知名企业。主营产品——耳朵眼炸糕是天津独特的地方风味小吃,与狗不理包子、十八街麻花并称为“天津三绝”食品。耳朵眼炸糕、耳朵眼什锦麻花、耳朵眼小蜜麻花、耳朵眼汤圆,被中国烹协认定为“中华名小吃”。2006 年入选中华老字号。

登瀛楼饭庄有限公司(注册商标:登瀛楼) 位于和平区山西路。始创于 1913 年,以经营津鲁大菜、风味炒菜、面点小吃而著称。已形成一批独具特色的风味菜点,多次参加全国和天津市烹饪技术比赛屡获大奖:“津门三味虾”获首届中国烹饪世界大赛金奖,“通天鱼翅”“香桃满园”“奔向未来”等 15 个菜点获第 1 届、第 3 届、第 4 届全国烹饪大赛金牌奖。“登瀛楼煎饺”“煎饼馃子”等 17 个品种荣获“中华名小吃”称号。2006 年入选中华老字号。

天宝楼食品有限公司(注册商标:天宝楼) 位于和平区兴安路。始创于 1921 年,是一家生产酱货食品及熏煮类香肠的老牌企业。主要经营京酱肉、京酱肘、酱牛肉、五香牛肉、酱猪头肉、酱大肚、酱大肠等,在天津有“酱货要吃天宝楼”的说法。2006 年入选中华老字号。

果仁张(天津)食品有限公司(注册商标:果仁张) 位于和平区清和街南市食品街。始创于清道光十年(公元 1830 年),已有 180 多年历史。创始人张明纯和第二代张维顺曾在清宫御膳房当厨,专门炸制各种小食品。第四代传人张翼峰继承和发展了“果仁张”的传统技艺,20 世纪 80 年代首创挂霜系列多味花生仁,香甜酥脆,久储不绵,被称为“食苑一绝”。2006 年入选中华老字号。

崩豆张食品有限公司(注册商标:崩豆张) 位于津南区八里台镇工业园区。始于清朝乾隆年间,至今已有 200 多年历史。创始人张德才曾在宫中御膳房制作干果类小吃。主要产品有崩豆、扁豆果、炒黑豆、炒黑黄、炸黑黄等,被评为“津门十大名小吃”“中华名小吃”。2006年入选中华老字号。

老美华鞋店(注册商标:老美华) 位于和平区和平路。始创于清宣统三年(公元1911年),专门经营缠足鞋,在当时填补了鞋业的一个空白。20世纪90年代后,前店后厂,自采原料、自行设计款式、自行组织加工,在继承传统经营的同时,生产舒适合脚、美观大方的便鞋。2006年入选中华老字号。

起士林大饭店(注册商标:起士林) 位于和平区浙江路。源自德国人起士林于清光绪二十七年(公元1901年)创办的小餐馆,以正宗的德式西餐和面包、点心招徕顾客,是天津乃至全国最早的西餐馆之一。拥有三个风格迥异的西餐厅——维克多利西餐厅、巴德西餐厅、巴黎西餐厅,并在北戴河、北京开设西餐分店。接待过毛泽东、周恩来、刘少奇、邓小平等党和国家领导人,服务过包括柬埔寨国王西哈努克、美国前总统布什等政要官员和国际友人。2006年入选中华老字号。

飞鸽集团有限公司(注册商标:飞鸽) 位于和平区滨江道。前身是始建于1936年的天津自行车厂。1950年出厂的“飞鸽牌”自行车,为我国第一个自行设计生产的自行车品牌。我国自行车行业历史最悠久的企业集团,主要产品有“飞鸽”牌自行车、电动自行车、电动三轮车,每年可生产自行车300万辆,电动自行车、电动三轮车60万辆以上,产品畅销全国和世界50多个国家和地区。“飞鸽”为中国驰名商标。2006年入选中华老字号。

天津食品进出口股份有限公司(注册商标:金星牌、义聚永记) 位于和平区大同道。始建于1953年,是我国成立最早的专业外贸公司之一。集国际进出口业务、国内贸易和生产加工为一体的综合型外贸企业。经营的商品近千种,涉及罐头、酒、饮料、速冻食品、调味品、腌制品、糖果、果菜、杂粮豆、纺织服装等十几大类商品。金星牌玫瑰露酒、五加皮酒、高粱酒,长城牌罐头食品、速冻食品、天津冬菜、天津浙醋、调味品,多次荣获国际金奖。“金星”牌、“长城”牌为中国驰名商标。2006年入选中华老字号。

鸵鸟墨水有限公司(注册商标:鸵鸟) 位于南开区宜宾道。原为天津墨水厂,成立于1935年,是我国第一滴墨水的诞生地。主营产品为墨水、墨汁、打印喷墨、荧光水、荧光笔墨水、白板笔墨水、记号笔墨水等办公文具产品。2002年被中国制笔协会评为“中国制笔行业名牌产品”“中国墨水王”。“鸵鸟”为中国驰名商标。2006年入选中华老字号。

天女化工集团股份有限公司(注册商标:天女牌) 位于东丽区津赤路。原为天津人民制墨厂,成立于1949年。中国油墨行业首批通过ISO9001国际质量体系认证的企业之一。主导产品天女牌油墨,远销世界50多个国家和地区;胶印单张纸油墨、胶印卷筒纸油墨、溶剂型油墨等支柱产品,市场占有率逐年提高。2006年入选中华老字号。

中鸥表业集团有限公司(注册商标:海鸥) 位于天津空港经济区环河南路。原为天津手表厂。以海鸥表业为核心,由23个钟、手表及精密器件生产厂家等组成的行业性集团,是国内大型精密机械手表机芯制造基地。我国第一只国产手表、第一只符合国际标准的女表、第一只出口手表、第一只获得国际金奖的手表,均诞生在这里。通过了ISO9001质量体系认证。“海鸥”为中国驰名商标。2006年入选中华老字号。

长芦汉沽盐场有限责任公司(注册商标:芦花牌) 位于滨海新区汉沽国家庄街。汉沽盐场始于唐同光三年(公元925年)。新中国成立前名“芦台场”,是著名盐区——长芦盐区的骨干企业。所产原盐白润透明、品质纯正,被誉为“芦台玉砂”,名列贡盐。20世纪80年代末建成国内最先进的海盐生产系统,原盐质量稳居国内先进水平。为第一批国家食用盐定点生产企业之一。2006年入选中华老字号。

中纺抵羊纺织有限公司(注册商标:抵羊牌) 位于和平区云南路。始创于1932年。我国首批实行现代企业制度的国有独资公司之一,国有绒线行业产销量最大、产品质量最好的企业之一。公司以“抵羊牌”系列绒线蜚声海内外,被称为国货精品。产品连年获准使用国际羊毛局“纯新羊毛”标志。2006年入选中华老字号。

鸿起顺餐饮有限责任公司(注册商标:鸿起顺) 位于河西区大沽南路。始创于1935年,“文革”期间更名为“移风饭馆”,继又更名为“下瓦房回民饭馆”,1980年恢复鸿起顺牌匾。以清真菜为龙头,拥有传统菜、特色菜、系列菜、时令菜千余种。代表菜有顶汤燕菜、烂羊三样、黄焖牛肉、红烧牛舌尾、扒海羊、全羊汤等。2006年入选中华老字号。

玉川居酱菜厂(注册商标:玉川居) 位于天津空港经济区西十四道。天津市唯一的国有酱菜加工企业。继承我国传统的酱菜方法,选精菜,酿好酱,酱好菜,堪称“津门第一居”,主要生产天然甜面酱、蒜蓉辣酱、涮羊肉调料、各种高中档瓶装酱菜和集酸、甜、辣为一体的各种小菜、番茄酱、糖蒜等,共计60多个品种。2006年入选中华老字号。

鹦鹉乐器有限公司(注册商标:鹦鹉) 位于静海区中旺镇。前身是天津市乐器厂,始建于1950年。我国首家生产手风琴的国有企业,是国内外驰名的鹦鹉手风琴生产基地。以生产鹦鹉牌手风琴为主导,大力发展雅乐牌脚踏风琴、爵士鼓、大小军鼓、古筝等多品种系列化乐器。“鹦鹉”为中国驰名商标。2006年入选中华老字号。

康乐饮料有限公司(注册商标:康乐) 位于和平区滨江道。始创于1951年。主要生产、经营“康乐牌”冰激凌、冰糕及南北风味汤圆,兼营其他高中档冷、热饮和各种风味小吃。康乐汤圆、康乐小豆粥等风味小吃,早已成为天津百姓喜爱的传统美食。2006年入选中华老字号。

盛锡福帽业公司(注册商标:三帽) 位于和平区和平路。盛锡福帽庄始创于清宣统三年(公元1911年),20世纪60年代先后改称“红旗帽厂”“前进帽店”,80年代更为现名。帽子以用料考究、手工制作、做工精细、品质优良而著称于世。先后在北京、南京、上海、武汉、青岛、济南、徐州等地开设分号。毛泽东、周恩来、江泽民等党和国家领导人、外国政府首脑曾在盛锡福定做帽子。2006年入选中华老字号。

真美电声器材有限责任公司(注册商标:真美) 位于天津经济技术开发区西区新业一街。我国最大的扬声器生产企业之一,已有近60年历史。

专注于各种电声产品的研发和生产，主要产品为电子琴扬声器、汽车扬声器、微型扬声器、扩声、报警扬声器、家庭影院系列产品。2006年入选中华老字号。

中原百货集团股份有限公司（注册商标：中原百货） 位于和平区滨江道。前身是始创于1926年的中原股份有限公司，是天津市历史最长的大型百货零售商场之一。1988年更名为“天津华联商厦”，2003年更名为“中原百货集团股份有限公司”，确定了都市特色综合百货店的经营定位。2011年入选中华老字号。

天津市茶业公司（注册商标：春蕊） 位于和平区长春道。成立于1950年。以生产加工天津花茶和经销国内名茶为主的国有企业。公司秉承传统工艺，根据不同产区茶叶的特点，拼配加工出适合天津人口味的“春蕊”牌茉莉花茶，产品享誉津门。公司发挥品鉴茶叶的技术优势，直接从原产地选购龙井、洞庭碧螺春、黄山毛峰等传统绿茶，安溪铁观音、工夫红茶、普洱茶、福鼎白茶等优质茗茶，服务大众。2011年入选中华老字号。

华龙金店（注册商标：华龙） 位于南开区城厢西路天越园。成立于1985年。主要经营工艺美术品、珠宝首饰、餐具、不锈钢制品批发兼零售，金饰品鉴定，货物及技术的进出口业务。2011年入选中华老字号。

大明眼镜总店（注册商标：丽人） 位于和平区和平路。始建于1922年。隶属于天津市医药集团有限公司的一家国有企业，主要提供验光、配镜及相关眼疾病咨询治疗。国家技监局抽检产品的合格率曾连续8年为100%。2011年入选中华老字号。

津酒集团有限公司（注册商标：津酒） 位于红桥区丁字沽三号路。公司传承津门700年的酿酒工艺，采用传统固体发酵技术，对品质和工艺精益求精，保证了每一瓶、每一滴“津酒”的品质，是北派绵雅浓香白酒的典范。代表产品有白酒“津酒”帝王风范系列、扁风壶系列、婚宴酒系列、津味老酒系列、礼品酒系列等几十个品种。“津酒”为中国驰名商标。2011年入选中华老字号。

直沽酿酒厂(注册商标:天沽) 位于河东区大直沽前街。大直沽是天津白酒业的发祥地,有700多年历史,直沽酿酒厂是当地唯一保留下来的酿酒厂。已形成白酒、日本料理酒、清酒三大系列产品,年总产量1万多吨。通过了ISO9001质量管理体系认证。2011年入选中华老字号。

桂顺斋糕点食品二厂(注册商标:桂顺斋) 位于南开区西营门外大街。创始于1924年。主要生产经营清真糕点、饼干食品的国有企业,生产汤圆系列、糕点系列、麻花系列、粽子系列、月饼系列、饼干系列、木糖醇系列等9大类产品,以选料精良、做工精细、工艺考究闻名遐迩。特设独立的制馅车间,提供安全卫生、绿色健康的自制馅料。2011年入选中华老字号。

天津市肉类联合加工厂(注册商标:迎宾) 位于东丽区跃进路。前身为华北区食品公司天津第二食品加工厂,始建于1953年,1983年更名为"天津市肉类联合加工厂",是天津市唯一一家国有大型肉类联合加工企业。现设有生猪屠宰、熟肉制品、冷冻冷藏、食品机械等分厂和车间。产品还出口日本等国家。2011年入选中华老字号。

祥德斋糕点厂(注册商标:祥德斋) 位于和平区解放北路。始创于清咸丰五年(公元1855年),是一家专门做糕点的百年老店。最初是一家前店后厂式的点心铺,名叫"祥德斋","京八件"等糕点为宫廷贡品。2001年祥德斋京八件、提浆月饼、广式双黄月饼被天津市第一届糕点大赛评为"名牌糕点"。2011年入选中华老字号。

起士林食品厂(注册商标:五环) 位于津南区双港镇。始于清光绪三十一年(公元1905年)在天津德租界开设的"起士林洋点心铺",前店后厂,其正宗德式西餐及面包点心盛名天下。产品主要分为起酥、混酥和蛋糕类,品种达60多个。2011年入选中华老字号。

皮糖张糖坊有限公司(注册商标:老少乐) 位于北辰区双口镇杨河村。源于清光绪年间一户张姓人家,张家第二代传人将皮糖技术推进了一大步,人们称其"皮糖张"。抗日战争时期,"皮糖张"关闭糖坊及店铺。20世纪80年代,第三代传人重新挂起"皮糖张"的牌子,并注册了"皮糖张"商标。产品精选芝麻仁和白砂糖及精制淀粉,皮糖低糖、耐咀嚼、不粘牙,不含任何食用胶,纯手工工艺制作。2011 年入选中华老字号。

清真正兴德茶叶批发公司(注册商标:正兴德) 位于南开区古文化街。始创于清乾隆三年(公元 1738 年),至今已有 280 年历史。旧址在北门外竹竿巷,由天津八大家之一的穆家(文英)创办,最初经销来自湖南、湖北的绿茶及安徽大叶茶,同时兼售鼻烟,后来研制出有自己特色的花茶,在天津一炮打响。因创始人系回族,信奉伊斯兰教,故“正兴德”为清真茶庄。1980 年恢复老字号“正兴德茶庄”。选用闽北、闽东地区的春茶为原料,精心加工制成品质上乘的茉莉花茶,注重内质不讲究外观,以汤清色重、杀口耐泡、香味鲜浓为特色,饮后令人爽心,回味无穷。2011 年入选中华老字号。

正兴德茶叶有限公司(注册商标:成兴) 位于和平区和平路。正兴德总店于 1926 年在天津法租界梨栈开设正兴德第一支店(今和平路金街正兴德茶庄)。1928 年正兴德茶叶在国货展会上荣获优质奖章,1934 年又荣获超等奖。1987 年成立天津市正兴德茶叶公司,1997 年改制为有限公司。公司传承百年老号经营特色,坚持筛选广家,采选优质名茶,经销全国各地红茶、绿茶、黄茶、白茶、黑茶(普洱)、青茶(乌龙)等六大基本茶类及加工茶,主销茉莉花茶。2011 年入选中华老字号。

稻香村食品公司(注册商标:稻香村) 位于和平区滨江道。中外合作经营企业。主要经营糖果糕点、食品罐头、奶制品、茶、饮料、干鲜果品、冷冻食品、调味品、大肉类制品等。2011 年入选中华老字号。

石头门坎素包餐饮食品有限公司(注册商标:石头门坎) 位于和平区南市食品街。最初叫“真素园”,始创于清代末年,慈禧太后吃真素园素包后大加褒奖并御赐“石头门坎”店名。石头门坎素包选料考究上乘,注重营养搭配,选用优质配料,制作工艺精湛,薄皮大馅,18 至 20 个皱褶形似菊花,蒸熟后雪白晶莹,饱满光润。2011 年入选中华老字号。

大福来餐饮商贸有限公司(注册商标:大福来) 位于红桥区丁字沽新村。始创于清乾隆二十二年(公元 1757 年),因乾隆皇帝南巡时赐名“锅巴菜”,店铺命名为“大福来锅巴菜铺”。清光绪年间,大福来对锅巴菜制作工艺进行了改进,大小卤制、香菜根炝锅和卤香干片,在市场上脱颖而出,被认定为“中华名小吃”。2011 年入选中华老字号。

和平区饮食公司天津烤鸭店(注册商标:正阳春) 位于和平区辽宁路。前身是清同治元年(公元 1862 年)御厨郑春创建的正阳春鸭子楼,和“狗不理”“乔香阁”“老美华”等天津老字号食品齐名。1958 年毛泽东到店里视察并用餐,将正阳春鸭子楼改名为“八一三食堂”。1972 年改名为“天津烤鸭店”。主要经营烤鸭,挂炉烤鸭色泽枣红、外焦里嫩,香酥可口、肥而不腻。2011 年入选中华老字号。

白记餐饮有限责任公司(注册商标:白记) 位于和平区和平路。始创于清光绪十六年(公元 1890 年),是享誉津门的一家民族特色鲜明、风味传统独到的百年清真老店。主营产品为白记饺子,坚持手工工艺,生时形如元宝,熟后玲珑剔透,食之滑润鲜香。2000 年被中国烹饪协会确认为“中华名小吃”。2011 年入选中华老字号。

渔阳酒业有限责任公司(注册商标:渔阳牌) 位于蓟州区上仓镇。始创于清朝同治年间,时称“兴泰德烧锅”,是当时“全国十大御酒”之一。公司产品有“渔阳牌”浓香型白酒系列和饮用水系列。公司还是北京红星集团和天津津酒集团的生产合作商,为两大集团提供生产用高品质麸曲,合作生产红星二锅头和津酒系列产品。2011 年入选中华老字号。

红旗饭庄有限公司(注册商标:红旗) 位于红桥区临水道。前身为“同聚楼”,因 1958 年被评为“全国 5 省 3 市卫生红旗单位”而得现名。以经营天津地方特色菜品而闻名,日常经营天津风味菜点 300 余种。中国国家级烹饪大师王鸿业、天津烹饪大师吴玉书等曾在饭庄担当主厨,饭庄被市政府确定为津菜基地。2011 年入选中华老字号。

灯塔涂料工业发展有限公司(注册商标:灯塔牌) 位于北辰区南仓道朝阳路。在国家重点军工项目、航空航天工程中承担了大量特种涂料的研制、生产和应用任务。我国第一辆红旗牌轿车、第一辆解放牌汽车、第一台拖拉机、第一颗人造地球卫星、第一枚“长二捆”运载火箭,均使用“灯塔牌”涂料。“灯塔牌”为中国驰名商标,曾多次荣获国家产品质量金奖和银奖。2011 年入选中华老字号。

中新药业集团股份有限公司达仁堂制药厂(注册商标:达仁堂) 天津中新药业集团股份有限公司旗下的达仁堂制药厂,位于天津开发区第十大街,始创于 1914 年。“达仁堂”既是企业名称,又是企业商标,取自创始人乐达仁的名字。改变了传统中药行业前店后厂小作坊式的经营模式,是我国第一家中药工厂。产品多次荣获国家质量金奖,被列入国家级非物质文化遗产(代表性项目)名录。“达仁堂”为中国驰名商标。2011 年入选中华老字号。

达仁堂京万红药业有限公司(注册商标:健春) 位于西青区大明道。与北京同仁堂“乐家老铺”同祖同宗,一脉相承,同为乐家老铺的承袭者。公司继承乐家老铺祖传秘制的方药,产品行销欧美、东南亚、中国香港和澳门等国家和地区。拥有软膏剂、胶囊剂、酒剂等 7 个中药剂型,8 个自主知识产权品种,4 个国家中药保护品种,1 个国家秘密级技术保密品种——京万红软膏。2011 年入选中华老字号。

天津纺织集团进出口股份有限公司(注册商标:白玫瑰) 位于和平区云南路。天津市国有外贸行业的领军企业之一,2001 年收购了白玫瑰品牌。白玫瑰是天津纺织业的老品牌,拥有 60 多年的历史,见证了天津市纺织行业的光辉历程。白玫瑰牌产品已由单一的针织内衣发展到内衣系列和休闲系列,生产经营也由内贸发展到外贸。2011 年入选中华老字号。

渤天化工有限责任公司(注册商标:天工) 位于汉沽新井南路。前身是天津化工厂,是我国大型重点氯碱化工企业,隶属于天津渤海化工集团。公司主要生产烧碱、聚氯乙烯、一氯化苯、环氧氯丙烷、四氯化钛、氯化钡等 20 余种产品,以卓越的质量、优质的服务和良好的信誉行销海内外。“天工”牌商标于 1951 年注册,至今有近 70 年历史。2011 年入选中华老字号。

实发集团有限公司(注册商标:山海关、红玫瑰) 位于天津开发区第一大街。前身是天津市食品发酵总公司。旗下的红玫瑰牌味精始于1934年,由日本东京昭和化学株式会社创立。1949年改名为“天津化学厂”,1966年更名为“天津味精厂”,后又更名为“天津市红玫瑰食品有限公司”。红玫瑰牌99%结晶味精在1983年荣获国家质量金奖。旗下的山海关汽水始创于清光绪二十八年(公元1902年),20世纪50年代山海关橘汁汽水全部用采用国产原料,成为当时的国宴专用饮料。1987年,山海关汽水厂与可口可乐合资成立天津津美饮料公司,山海关汽水逐渐退出市场。2014年重新上市销售。2011年入选中华老字号。

长芦海晶集团有限公司(注册商标:海晶) 位于滨海新区塘沽营口道。前身是丰财场,始建于元至元二年(公元1265年),是长芦盐的重要产地之一。以海晶牌工业盐蜚声中外,年产优质工业盐100万吨以上。海盐和化工产品的生产工艺和技术装备居国家先进水平,是我国最大的海盐生产基地之一和国家药用盐中试基地。2011年入选中华老字号。

仁立毛纺有限公司(注册商标:天马) 位于西青区李七庄南大任庄路。创建于1931年。拥有全套进口精纺、粗纺纺纱设备,并拥有洗毛、梳条、毛条染色、散毛染色、纱线染色及全套精纺、粗纺面料的后整理设备,专营各类精纺、粗纺面料,产品享誉日本及欧美市场。2011年入选中华老字号。

隆庆股份有限公司蜂皇家具分公司(注册商标:蜂皇) 位于津南区双港工业园。前身是百年前创立的惠福洋货木器公司,曾是全国五大家具生产厂家之一。1958年与祥记木箱、和记木器等多家木制品企业合并成立南仓木材厂,几经更名后名为“隆庆股份有限公司蜂皇家具分公司”。2011年入选中华老字号。

陈林洗染公司(注册商标:陈林) 位于和平区西安道。始创于1933年,由创始者陈靖宇、林宝昌两人的姓氏命名,是天津市第一家高水平的洗衣店。主营干洗、水洗、熨烫、织补、皮衣清洗保养、地毯清洗等业务。开创了天津洗染行业的多个第一,20世纪80年代添置了第一台干洗机,90年代淘汰了旧干洗机,率先引进了天津第一台新型绿色环保干洗机。2011年入选中华老字号。

裕华经济贸易总公司(注册商标:放羊牌) 位于和平区新华路。前身是天津化工采购供应站,1953 年创立自有品牌“放羊牌”染料,采用国内及进口优质原料,合成工艺简单,花色规格齐全,应用简便,主要用于棉、麻、丝绸的印染以及锦纶、羊毛的染色。2011 年入选中华老字号。

利顺德大饭店(注册商标:利顺德) 2011 年入选中华老字号。参见全国重点文物保护单位——利顺德饭店旧址。

杨柳青画社(注册商标:杨柳青) 2011 年入选中华老字号。参见国家级非物质文化遗产生产性保护示范基地——杨柳青画社。

河北篇

河北省，简称“冀”，因位于黄河以北而得名。

河北地处我国华北地区，环抱首都北京，东与天津市毗连并紧傍渤海，东南部、南部衔山东省、河南省，西倚太行山与山西省为邻，西北部、北部与内蒙古自治区交界，东北部与辽宁省接壤。总面积 18.88 万平方千米。

河北省地势西北高、东南低，由西北向东南倾斜。地貌复杂多样，高原、山地、丘陵、盆地、平原类型齐全，有坝上高原、燕山和太行山山地、河北平原三大地貌单元。小五台山海拔 2 882 米，为河北省最高峰。河北平原区是华北大平原的一部分，占全省总面积的 43.4%。

河北省属温带大陆性季风气候。1 月平均气温在 3℃以下，7 月平均气温 18℃至 27℃，四季分明。

河北省下辖石家庄、唐山、秦皇岛、邯郸、邢台、保定、张家口、承德、沧州、廊坊、衡水 11 个地级市。2017 年中央决定设立河北雄安新区，新区规划范围涉及河北省雄县、容城、安新 3 县及周边部分区域。省政府驻地石家庄市。截至 2018 年年末，常住总人口 7 556.3 万。

河北是中华民族的发祥地之一，早在5 000多年前，中华民族的三大始祖黄帝、炎帝和蚩尤就在河北由征战到融合，开创了中华文明史。河北是万里长城途经距离最长、保存最完好的省份，境内长城遗存达2 000多千米。河北是文物大省，省级以上文物保护单位近千处，居全国第一位。境内有世界现存最大的皇家园林承德避暑山庄，中国最大的皇家寺庙群外八庙，中国现存规模最大、保存最完整的皇家陵墓群清东陵和清西陵，世界最古老的敞肩石拱桥赵州桥。已发现各类矿产156种，其中探明储量的矿产125种。河北是国家确定的13个煤炭基地之一，煤炭探明储量147.1亿吨。有华北、冀东、大港三大油田，累积探明储量27亿吨，天然气储量1 800亿立方米。河北是首都北京连接全国各地的必经之地，陆、海、空综合交通运输网齐全强大。

一、中国历史文化名镇

蔚县暖泉镇 位于张家口市。“暖泉”之名源于镇中有温泉。逢源池南为凉亭书院的一座凉亭，泉水从地下穿亭而过，亭前有一过流水井，石砌八角形，故称“八角井”。“水过凉亭八角井”是“蔚县八大胜景”之一。镇域内的西古堡村，建于明代嘉靖年间，有古民宅、古寺院、古城堡、古戏楼、张家大院、董家祠堂、苍竹轩、九连环院，保存完好，被誉为“河北民俗文化第一村”。2005 年入选中国历史文化名镇。

永年区广府镇 位于邯郸市。因历史上曾为广平府治所，故称“广府”。隋末农民起义领袖窦建德在此创建大夏国，奖励农桑，拥兵坐镇，已成城池规模。原为土城，明嘉靖二十一年（公元 1542 年）砌为砖城，四门筑有城楼，四角建有角楼，并有垛墙 876 个，固若金汤。现存的古城，墙高 10 米、厚 8 米，城楼、角楼等建筑已毁。这里还是杨式、武式太极拳的发祥地，杨式太极拳创始人杨露禅、武式太极拳创始人武禹襄的故居保存完好。2007 年入选中国历史文化名镇。

峰峰矿区大社镇 位于邯郸市。古迹有水峪寺、皇姑庵和五圣庙等。现存传统民居较多，其中以何家大院最为典型，为封闭式的城堡式建筑群，东西建筑成太极状分布，正堂大院建筑在阳极之位，有较强的防御作用和浓厚的文化氛围。镇域内的小响堂石窟，是北齐鲜卑族遗留的重要遗迹，为全国重点文物保护单位。另有苍龙山石窟、皇姑庵石窟、水浴寺石窟等省级重点文物保护单位。2008 年入选中国历史文化名镇。

井陉县天长镇 位于石家庄市。形如簸箕倚立,绵河萦于前,北岭居于后,素有“燕晋通衢”之称。起于汉代,唐设天长军,后晋改为“天威军”,自宋熙宁八年(公元1075年)至1958年,一直为历代井陉县治之所。钙原料储量达2亿吨,钙加工业发达。煤炭储量丰富,洗煤业发展迅速。农副产品多样化,有特色红薯生产区,山鸡、柴鸡、乌鸡养殖区,核桃、石榴种植园区。民间艺术活动活跃,有晋剧、竹马、拉花、社火、腰鼓、高跷、龙灯、舞狮等。这里是世界非物质文化遗产“拉花”的故乡。2008年入选中国历史文化名镇。

涉县固新镇 位于邯郸市。地处清漳河谷地,山岭连绵,沟谷交错,土地肥沃。主产小麦、水稻、玉米、谷子。著名景点有黄花山、林旺石窟、清泉寺、南山寺等。黄花山山势险峻,风景秀丽,四季皆景。林旺村的响堂石窟,历北齐、隋唐、宋明,保存有隋代摩崖记事碑。清泉寺建筑古朴雄伟,是清静幽雅的名胜之地。南山寺始建于东晋永昌年间,现存历代碑刻四通。2010年入选中国历史文化名镇。

武安市冶陶镇 位于邯郸市。邯(郸)长(治)铁路及邯长公路复线过境,交通便利。镇政府所在地冶陶村,解放战争时期为晋冀鲁豫党政军机关驻地,董必武、刘伯承、邓小平、陈毅、徐向前等老一辈革命家曾在这里运筹帷幄、决胜千里。晋冀鲁豫中央局旧址为全国重点文物保护单位。固义村的“固义傩戏”为传统地方戏曲剧种,有500多年的历史。2010年入选中国历史文化名镇。

武安市伯延镇 位于邯郸市。南依鼓山,北临南洺河,邯长铁路穿境建站,武磁公路越境而过。北宋初年建村,因村形如大雁,故名“伯雁”,后将“雁”写作“延”,为“武安八大镇”之一。民居较著名的有徐家庄园、房家庄园、徐家兄弟庄园和王顺庄园等,多为一个或数个相连的四合院,建筑装饰极为讲究。明代的元宝坑老槐树、关帝庙古槐至今仍郁郁葱葱。抗日战争时期,刘伯承、邓小平等率部在这里抗日;解放战争时期,高树勋、刘伯承在这里会晤,揭开了邯郸起义的序幕。2014年入选中国历史文化名镇。

蔚县代王城镇 位于张家口市。壶流河绕城而过,镇北为浅山丘陵区,镇南为恒山余脉。崇山峻岭中存有众多的古关隘,其中“太行八陉”之一的“飞狐古关”最为著名,为历代兵家必争之地。镇区“四堡四庄四街”及所辖的三个行政村马家寨、北门子、城墙碾,均坐落在古城汉遗址之上。周围汉代城垣环绕,代王城城址是全国重点文物保护单位。2014 年入选中国历史文化名镇。

二、中国历史文化名村

怀来县鸡鸣驿村 位于鸡鸣山下。鸡鸣驿因背靠鸡鸣山而得名。鸡鸣驿是全国现存最大、功能最齐全的古驿站之一,鸡鸣驿城为全国重点文物保护单位。清光绪二十六年(公元 1900 年)八国联军攻占北京,慈禧太后和光绪皇帝出逃途中曾在村里的“贺家大院”留宿,至今山墙上留有刻砖“鸿禧接福”四个楷书大字。这里独特的风貌受到电影界的青睐,《血战台儿庄》《血战长城》《大决战》《国士无双》《大话西游》等影片在此选景。2005 年入选中国历史文化名村。

井陉县于家村 位于于家乡。地处太行山麓一个四面环山的小盆地中,绵延起伏的群山是村庄的天然屏障。相传明代政治家于谦的后裔在此开山凿石,垒房盖屋,建造了规划有序、粗犷豪放的石头村落。四合院各有特色,或石墙瓦房,或石券窑洞,或瓦房窑洞混建,大多用石板铺砌。清凉阁兴建于明万历九年(公元 1581 年),形状与北京前门箭楼相似,上层是砖木结构,下两层为全石结构。2007 年入选中国历史文化名村。

清苑区冉庄村 位于保定市冉庄镇。村内有全国重点文物保护单位冉庄地道战遗址,1995 年被共青团中央确定为全国青少年教育示范基地,时任中共中央总书记江泽民题写牌匾;1997 年被列为全国爱国主义教育基地。冉庄地道战纪念馆由聂荣臻元帅题写馆名,杨成武将军题写门匾,珍藏着大批革命文物。2007 年入选中国历史文化名村。

邢台县英谈村 位于路罗镇。地处太行山东麓深山腹地。古寨原是唐朝黄巢义军留下的营盘,明朝永乐年间山西一路姓大户举家来此落户。建村已有 600 余年历史。院落依山就势,高低错落,筑有寨墙,现存建筑多为明清所遗存,有“江北第一古石寨”之称。村内万亩山场古树参天,枝繁叶茂。2007 年入选中国历史文化名村。

涉县偏城村 位于偏城镇。约在宋末元初,刘姓从山西辽州(今左权县)迁来,渐成旺族,曾被称为“刘家寨”。寨子围以石头寨墙,寨子内是典型的北方四合院建筑,依山就势,布局紧凑,砖石土木结构,主房、陪房等级明显。街道呈“丁”字形,石阶铺就,沿街门楼飞檐斗拱,大门的门楣多为青石,并雕刻楹联,建筑装饰以雕刻、彩绘为主,雕梁画栋异彩纷呈。刘家寨内的“将军第”最为威严。2008 年入选中国历史文化名村。

蔚县北方城村 位于涌泉庄乡。明万历四年(公元 1576 年)建小城堡,黄土夯筑,呈方形,故称“方城”。堡内原居住着白、赵、邓三姓氏人家,始祖均为明洪武年间由山西洪洞县迁徙而来,后人丁繁衍,另筑新城,即现存的北方城古堡。虽经历 400 多年的风雨侵蚀,依然基本上保持了明代规划的“丰”字形布局。现存民宅、戏楼、庙宇、碾坊、堡门,主要为明、清时期和民国年间建筑,是保存比较完整的北方四合院式建筑群和传统村落。2008 年入选中国历史文化名村。

井陉县大梁江村 位于南障城镇。建于元末明初,因隐藏在群山环抱之中,古风古貌得以完整保存。这里有一处完整的明清建筑群,房屋建筑以石头为主要材料,木质门窗,碧瓦青砖,斗拱飞檐,气势宏伟,被称为河北的“乔家大院”。村中的石碾、石碑、石刻随处可见,石砌排水洞贯穿整个村落。最具代表性的建筑当属“武举人”的“一宅九院”,院中有院,院里有楼,楼上有楼,楼顶有院,楼能通楼,院能通院,进一道门可以走遍九重院落。2010 年入选中国历史文化名村。

沙河市王硇村 位于柴关乡。地处太行山东麓,村庄西南是风景秀丽的鸡冠山和红风山，环境优美。以古石楼群闻名于世，建筑风格南北融合。村中一座老宅一进七院，有东西南北上下左右八个大门，从一个大门进入可以串遍七座院子，门外有碾子、水井、牛羊圈。王硇村还是革命老区、抗日圣地、八路军根据地、沙河县抗日县政府所在地以及沙河县抗日独立营、抗日高校所在地。2014 年入选中国历史文化名村。

蔚县上苏庄村 位于宋家庄镇。新石器时代就有人类活动。庄堡建于明嘉靖二十二年（公元 1543 年），取名“上苏庄”，“苏”为万物复苏之意；形如打击乐器镛锣的模样，东西南北交错的街道是镛锣的框架，一幢幢方方正正的四合院像一只只镛锣挂于框架之上，所以又叫“镛锣堡”。现有明代四合院 44 座，清代四合院 22 座，有连环院，也有里外院，有的设有过厅，有的建有前廊，有的青砖灰瓦，有的雕梁画栋，不一而足。街巷用山石铺就，雨滴落地会发出悦耳动听的响声，所以被称作“响堂街”。多庙宇，如三义庙、风神庙、关帝庙、三元宫、阎王殿、释迦寺等。2014 年入选中国历史文化名村。

井陉县小龙窝村 位于天长镇，地处晋冀交界的太行山腹地。始建于隋朝。四面青山环抱，渠水三面环绕，驿道穿村而过。现有保存较好的明清建筑风格民居院落 20 多处，有石楼群、瓦房楼，有简陋的窑洞，也有阔气的露明柱外插桴、将军石柱、瓦当等装饰的窑洞，不占寸土建在顽石之上的四合院，还有完全建在窑顶上的四合院。古建筑有龙窝寺、观音庙、三官庙双龙桥和韩信“假粮台”。2014 年入选中国历史文化名村。

磁县花驼村 位于陶泉乡。坐落于云龙山脚下，山高路陡，仅有一条蜿蜒曲折的盘山路，有“磁西百里，人称天尖”之说。相传形成于北齐时期，现存民居以明清、民国时期传统民居为主，大部分为平屋顶，石木结构，门楼有精美雕刻装饰，檐角和水口多为整块青石雕刻而成。有约 1 500 年历史的天宝寨，保存有玉皇庙、奶奶庙、文王庙。另有唐代古槽碾、清代摩崖石刻、郭氏祠堂以及抗日战争时期的 129 师兵工厂旧址等。2014 年入选中国历史文化名村。

阳原县开阳村 位于张家口市，素有“关内楼兰”之称。街道布局一改传统的以南北中轴线的格局,采取“井”字形结构,将整个村堡划分为九个部分,称“九宫街”;中间的街区称为“中宫”,其余八个街区称为“八宫”,彼此相连,很像八卦中的阳爻与阴爻,村堡西北角和西南角仍保留着“乾三连”和“坤六断”的格局。拱形堡门建在离宫之位,全部由石块、石条垒筑而成,虽经千年仍完好无损;堡门内的铺路石光滑如镜,上面两条车辙清晰可见;堡门上的玉皇阁造型独到,美观坚固。2014 年入选中国历史文化名村。

三、全国特色景观旅游名镇(村)

平山县西柏坡镇 位于太行山东麓。始建于唐代。“中国五大革命圣地”之一。1948 年党中央移驻西柏坡,在这里指挥了震惊中外的“三大战役”,召开了具有历史转折意义的七届二中全会,是党中央进入北平(今北京)解放全中国的最后一个农村指挥所。西柏坡纪念馆藏有革命文物 2 000 多件,其中一级品 8 类 15 件。基本陈列有革命遗址复原陈列和纪念馆辅助陈列,复原陈列有毛泽东、朱德、刘少奇、周恩来、任弼时、董必武同志的旧居,中国共产党七届二中全会会址,中共中央九月会议会址,中国人民解放军总部旧址,中共中央接见国民党和平代表旧址等。2010 年入选全国特色景观旅游名镇(村)。

清苑区冉庄镇 位于保定市。冉庄地道战遗址为全国重点文物保护单位,保留着 20 世纪三四十年代冀中平原原貌和当年构筑的地道及各种作战工事,是冀中平原上能打能藏、可攻可守、进退自如的地下长城的缩影。冉庄地道战是世界战争史上的奇迹,创造了在无险可守的平原地区开展抗日活动的一种独特战斗方式。还有侵华日军罪行展览馆、野外战场遗址、农家小院等景点。2010 年入选全国特色景观旅游名镇(村)。

怀安县左卫镇 位于晋冀蒙三省(区)交界处,素有“金三角”之称。全国五个“围棋之乡”之一，熏肉、豆腐皮、一窝丝饼并称“怀安三宝”。拥有丰富的历史人文和自然景观，名胜古迹有明昭化寺、古长城等。自然风光有张家口市最大的自然湖（冷泉湖），湖周围十眼自流水长年不断，春秋两季有天鹅等各类水鸟在此栖息，周围林地草木繁茂。还有龙洞山狩猎场等旅游景区。2010 年入选全国特色景观旅游名镇（村）。

迁安市白羊峪村　位于大崔庄镇，地处长城脚下。白羊峪古长城始建于北齐，明朝多次加固，气势磅礴，雄伟壮观，许多烽火台仍巍然屹立。现今仍保留着长城的基本风貌，其中东部的一段为紫红色大理石所筑，是仅有的两段大理石长城之一，举世罕见。还有生态观光和民俗体验等特色景点，冀东民俗别具风情，田园生活质朴闲适。2010 年入选全国特色景观旅游名镇（村）。

邢台县前南峪村　位于浆水镇。曾是抗日军政大学敌后总校所在地。1940 年 11 月抗日军政大学由延安辗转迁至邢台，总校就在前南峪村。在改革开放后，前南峪村没有实行“分产到户”，而是利用集体力量变成了太行山最绿的地方，享有“太行明珠”的美誉。既是全国百佳绿色旅游景点之一，又是全国百佳红色旅游景点之一，成为“红”“绿”结合的特色旅游区。2010 年入选中国特色景观旅游名镇（村）。

迁安市山叶口村　位于大五里乡。国家地质公园山叶口景区坐落于此。远古海底的鹅卵石、泥沙经过高温高压和地壳运动而形成五彩石，随处可得，有“海底五彩琥珀”的美称。拥有丰富完整的太古地貌遗存，被誉为“全息海底地质档案馆”。峡谷溪流、海底地貌、山顶湖泊、千年奇树“六股神松”等自然景观，令人称奇。2011 年入选全国特色景观旅游名镇（村）。

峰峰矿区和村镇　位于邯郸市。地处鼓山脚下，滏水之源，山清水秀。早在明、清时期已是冀南大地商贾重镇。古老的磁山文化、磁州窑文化和响堂文化在此交融，孕育出独特的地域性民俗文化和饮食文化，和村香醋、熏肉、豆腐等特色食品、调味品远近闻名。留存的古迹众多，包括国家重点文物保护单位北响堂石窟群，战国时期“八老拜相”“弘济桥”等。2011 年入选全国特色景观旅游名镇(村)。

抚宁区蟠桃峪村 位于秦皇岛市石门寨镇。矿产资源有钛铁矿、电气石、铂金红石、褐铁矿等。蟠桃峪村有“四绝”:一绝白云,天空湛蓝如洗,朵朵白云伸手可及;二绝奇松,林海茫茫,松树千姿百态;三绝秀水,溪水清澈见底,水流落差间小瀑布众多;四绝怪石,绿树掩映下的磐石,或壁立千仞鬼斧神凿,或似龟石探海横卧山顶,或如金刚盘天虎背熊腰,或像夫妻亲昵相依相携。附近有净土寺、老君顶河谷漂流、山海关望峪山庄等。2011 年入选中国特色景观旅游名镇(村)。

蔚县暖泉镇 2011 年入选全国特色景观旅游名镇(村)。参见中国历史文化名镇——蔚县暖泉镇。

滦州市滦州镇 位于燕山南麓滦河西岸。前身为城关镇,1987 年更名为“滦州镇”,2014 年改设滦城路街道。经济资源丰富,矿产资源有铁矿、石灰岩、玻璃砂岩等。滦河、横河穿过,农业主产花生、小麦、玉米、蔬菜等粮油作物以及核桃、板栗、苹果等经济作物。2015 年入选全国特色景观旅游名镇(村)。

滦州市响堂镇 位于唐山市。响堂镇现已改为响堂街道。以农业种植为主,已形成多种经营模式:以大小闫营、杜营、姜庄为代表的西红柿、玉米、白菜三种三收模式;以老孟营为代表的洋葱、玉米、白菜三种三收模式;以老陈营为代表的菠菜、小麦、白菜、烟叶四种四收模式;以吕甸、尹峪为代表的葱秧子套种玉米、玉米套种大白菜两种两收模式。养殖业蓬勃发展,已培育多个养殖小区,以养殖猪、牛、鸡(鸭)为主。2015 年入选全国特色景观旅游名镇(村)。

滦州市王店子镇 位于唐山市。借助青龙山重点旅游开发项目,打造特色旅游平台。韩新庄、孟店子、洼里、梅庄等的果品采摘园,选优质品种的苹果、梨、桃、葡萄等作为主要种植品种,同时引进高档水果品种,开展观光采摘活动;建连栋种植大棚,种植反季蔬菜,集种植、采摘、加工、销售于一体,成为唐山乃至京东地区较大的采摘观光基地。2015 年入选中国特色景观旅游名镇(村)。

张北县张北镇 位于内蒙古高原的南缘,地处华北内地连接内蒙古的咽喉地段。地域大致分为东南坝头区、西部丘陵区、中部平原区三个类型区。生产莜麦、杂豆、亚麻、马铃薯、甜菜、秸以及无污染的各类错季蔬菜,是重要的农副产品基地,是“三北”防护林工程重点区域和畜牧业基地。有丹麦等国投资的5 000千瓦大型风力发电站,是华北地区重要输变电枢纽之一。2015年入选全国特色景观旅游名镇(村)。

霸州市胜芳镇 位于冀中平原东部。始建于2 400年前的春秋末期,“胜芳”取意“胜水荷香,万古流芳”。我国北方古代著名的水旱码头,客商云集,清朝时被列为“直隶六大重镇”之一,有杨家大院、戏楼等著名景点。2008年修复和重建胜芳历史上的“三宗宝”(戏楼、牌坊、文昌阁),对旧区进行恢复性重建,并建设了胜芳历史博物馆。农作物有玉米、高粱、大豆、小麦等。2015年入选全国特色景观旅游名镇(村)。

武强县周窝镇 位于衡水市。工业以生产无磁力开关、吹风机、变压器及其部件、硬木家具、西洋乐器为主。周窝音乐小镇建有音乐水世界、水乐方、军歌博物馆、音乐体验中心等,打造音乐文化主题民宿80多套;沿街店铺统一包装,新建音乐吧、咖啡屋、音乐饰品屋、音乐制作室等娱乐休闲场所,吸引国内外音乐家长驻于此;每年举办音乐交流活动,如麦田音乐节、吉他文化节等,带动音乐人才培养、音乐创作、乐器销售。2015年入选全国特色景观旅游名镇(村)。

昌黎县西山场村 位于十里铺乡,坐落于碣石山主峰仙台顶背后的一道谷峪里。以栽植玫瑰香葡萄、龙眼等水果为主。当地夏秋季节昼夜温差大,沙土性强,用以灌溉的山泉水极佳,出产的葡萄甘甜可口,有独特的清香味儿。这里有400多年栽植葡萄的历史,房前屋后、街旁院内、山上崖下、河畔沟壑,到处种满了葡萄,自然形成“十里葡萄长廊”。2015年入选全国特色景观旅游名镇(村)。

内丘县神头村 位于赛乡,地处太行山太子岩东麓的鹊山脚下。相传是扁鹊的封地,建村有2 000多年的历史。村庄依山而建,三面环山,呈山字形带状聚落,保存有冀南风格的山乡风貌和建筑格局。经济以农为主,主要种植枣树、梨树、核桃、杏树、柿子、苹果等。风景秀丽,古迹颇多,如鹊山祠是全国重点文物保护单位,还有扁鹊庙、太子岩、莲花峰、太子洞、乔家洞等。2015年入选全国特色景观旅游名镇(村)。

易县凤凰台村 位于西陵镇,地处清西陵风景区内,后靠凤凰山。历史上是个守陵村,为乾隆的母亲孝圣宪皇后泰陵守陵。全村96%人口是满族,都是泰陵守陵人的后代,有"京南满族风情第一村"之称。保存着清朝时期的营房、营门、庙宇等古建筑,每条街道、每条胡同都以当初机构的名称命名,横平竖直,呈品字形。民居基本保持着清代的建筑式样,每家的房子高度都一样。2015年入选全国特色景观旅游名镇(村)。

邢台县英谈村 2015年入选全国特色景观旅游名镇(村)。参见中国历史文化名村——邢台县英谈村。

四、中国特色小镇

卢龙县石门镇 位于秦皇岛市,205国道与京哈铁路从镇区穿过,是秦皇岛市的"西大门"。早在100多万年前有古人繁衍生息于此,留下了夷齐读书处、功德碑、夷齐井、洗砚池等一批古迹遗址。现已形成以石门街、东阚、西阚和孟团店为中心的核桃基地,以高各庄、团山子村为中心辐射周边十个行政村的食用葡萄基地,以唱石门生猪养殖、胡石门蛋鸡养殖、孟石门獭兔养殖为主的养殖基地和甘薯种植基地,还有人造石英石、光伏能源和现代物流等新兴产业项目,不断形成新的经济增长点。2016年入选中国特色小镇。

隆尧县莲子镇 位于邢台市,是邢台滏阳经济开发区的一部分。相传因历史上盛产莲藕而得名。农业型乡镇，主要种植小麦、玉米、棉花。“过会”是莲子镇重要的民俗风情，每年农历十月十六是莲子镇的“过会”日期。今麦郎日清食品有限公司坐落于该镇。2016 年入选中国特色小镇。

高阳县庞口镇 位于保定市，津保、保沧两条省级公路和大广、保沧两条高速公路穿境而过，已纳入“京、津、石 90 分钟经济圈”。农业大镇，农业主产小麦、玉米、高粱，工业有塑料加工、铸造、酿造、造纸业等。庞口汽车农机配件市场所在地，是“中国农机配件之都”。拥有浓厚的历史文化气息，所辖旧城村相传为高阳旧城、颛顼帝故都。被誉为“一代文官祖，三朝帝王师”的李鸿藻、赴法勤工俭学的李石曾、为抗日英勇捐躯的佟麟阁将军，都是庞口人。2016 年入选中国特色小镇。

武强县周窝镇 2016 年入选中国特色小镇。参见全国特色景观旅游名镇(村)——武强县周窝镇。

枣强县大营镇 位于衡水市。因明代燕王南征在此设大营而得名。我国皮毛业和裘皮文化的发源地之一，商末丞相比干就在这里制裘。元末明初周围上百个村庄相继发展裘皮业，大营裘皮成为朝廷“贡品”，郑和下西洋时“营皮”与苏州绣品、景德镇瓷器等一同漂洋过海。古时的皇封“天下裘都”，如今成为闻名全国“皮草之乡”。全镇皮毛业加工产值占工农业总产值的 80%以上，农民家庭收入的 90%来自皮毛业，经营的皮毛种类有各种皮张、半成品、裘皮服装、饰边饰品、裘皮鞋帽、羊剪绒制品、工艺品等。2017 年入选中国特色小镇。

鹿泉区铜冶镇 位于石家庄市。土地资源丰富，农作物有玉米、小麦、谷子、甘薯、高粱、各种豆类，经济作物有棉花、花生、芝麻、油菜籽等，干鲜果品有苹果、葡萄、甜柿、鲜枣、石榴、桃、杏等。有洨河、金河两条河流，属海河流域子牙河水系，有羊角庄水库、岭底水库和韩家园水库。旅游资源丰富，封龙山以雄奇壮美和“两大道观、三大石窟、四大禅林、五道汉碑”享誉国内外。2017 年入选中国特色小镇。

曲阳县羊平镇 位于保定市。曲阳被称为“雕刻之乡”,羊平镇是雕刻的发源地。镇域内的黄山产优质汉白玉,质地细腻,适宜雕刻。自古多能工巧匠,元代雕刻艺人杨琼所做的“一狮一鼎”作为贡品,被元世祖忽必烈称为“绝艺”;清末艺人刘普治雕刻的“仙鸽”“干枝梅”等作品,在巴拿马国际艺术博览会上荣获第二名。镇内有座黄山,因古时黄山有上阁、下阁、菩萨、钟楼等八座寺院,故称“八会寺”,为冀中佛教圣地,藏有山顶石佛龛、石雕佛像和石刻佛经等文物。2017 年入选中国特色小镇。

柏乡县龙华镇 位于邢台市。土地肥沃,旱涝保收。盛产小麦、玉米、大豆、棉花、葡萄等。境内古迹较多,十五里铺村西的“光武庙”,建于东汉章帝元和年间,因有“刘秀砍倒石人问柏乡”的传说,庙前石碑刻有“汉光武斩石人处”。2017 年入选中国特色小镇。

宽城满族自治县化皮溜子镇 位于承德市。依托丰富的山水资源,将休闲旅游和生态观光作为发展重点,大力发展休闲农家游。菁润生态观光园是“休闲康养”的旅游胜地。马架沟村以花溪城康养文化体验园为依托,努力发展满族特色餐饮、生态观光、康养运动、农家休闲游。正努力发展为一个集休闲观光、农事体验、康养运动、满族文化于一体的创意农业镇。2017 年入选中国特色小镇。

清河县王官庄镇 位于邢台市。我国北方最大的汽车、摩托车配件生产销售基地,主要产品有汽摩钢索、密封条、胶垫、注塑件、冲压件、滤芯等 200 个品种,近 1 500 个规格型号。汽摩钢索占全国市场的 60%以上,密封条占全国市场的 40%。全镇从事汽摩零部件加工的业户占总户数的 50%,从业人员占全部劳动力的 70%,工农业总产值中汽摩配件产业占 81%。2017 年入选中国特色小镇。

肥乡区天台山镇 位于邯郸市肥乡区西南部。具有悠久的历史文化底蕴,拥有传统棉技艺、皮影、四股弦戏等三项国家级非物质文化遗产代表性项目,以及其他一些省级非物质文化遗产。充分挖掘葛洪出生地的历史文化底蕴,大力发展养生文化和养老产业,推广生地、药菊等中药材种植,是全国生地四大主产地之一。积极发展节庆经济，促进生态休闲活动，实现休闲、养生等产业的协调发展。2017 年入选中国特色小镇。

徐水区大王店镇 位于保定市徐水区西部。东近京广铁路和 107 国道，南临保定主城区，西依太行山与满城接壤，保大、徐大、张石高速公路贯穿全境，地处交通枢纽。主产小麦、玉米等粮食作物，盛产各种蔬菜、草莓、西瓜、花生等经济作物，是京、津草莓市场的重要货源地，远近闻名的“草莓之乡”；同时以盛产磨盘柿、核桃、黑枣而闻名。辖区的太行山脉白云岩矿产丰富，适于建筑用石碴生产。2017 年入选中国特色小镇。

五、国家生态旅游示范区

野三坡景区 位于涞水县。地处太行山脉和燕山山脉交汇处，以雄、险、奇、幽的自然景观和古老的历史文物称誉华北。雄踞紫荆关深断裂带北端，强烈的构造运动和岩浆活动造就了类型齐全的地质遗迹，为中国地质大学科研教学基地。主要景点包括百里峡景区、拒马河景区、龙门天关景区、白草畔森林游览区、鱼谷洞、印象野三坡等，是中国北方极为罕见的融雄山碧水、奇峡怪泉、文物古迹、名树古禅于一体的风景名胜区。2015 年入选国家生态旅游示范区。

衡水湖景区 位于衡水市桃城区、冀州区。衡水湖紧邻 106 国道，处在环京津、环渤海、沿京九铁路的位置，集铁路、公路、通讯枢纽于一体，为“黄金十字交叉”处。华北平原唯一保持沼泽、水域、滩涂、草甸和森林等完整湿地生态系统的自然保护区，生物多样性丰富，以内陆淡水湿地生态系统和国家一、二级保护的野生鸟类为主要保护对象。旧城北部有省级重点文物保护单位冀州古城址，北关村东北有竹林寺遗址。2016 年入选国家生态旅游示范区。

六、全国红色旅游经典景区

华北军区烈士陵园 位于石家庄市中山西路。占地面积21万平方米，1948年为了纪念抗日战争、解放战争中牺牲在华北大地的革命烈士而修建。园区建筑呈对称布局，中轴线上的建筑依次为陵园大门、综合广场、革命烈士纪念碑、著名烈士铜像区、烈士墓区、华北革命战争纪念馆。东侧建筑依次为迎宾厅、柯棣华塑像及陵墓、烈士纪念馆、董振堂纪念碑亭，西侧建筑依次是影视厅、白求恩塑像及陵墓、白求恩·印度援华医疗队纪念馆、烈士纪念碑亭、戎冠秀铜像、赵博生纪念碑亭。2005年入选全国红色旅游经典景区。

晋冀鲁豫烈士陵园 位于邯郸市陵园路。1946年奠基，占地21.3万平方米。分南北两院，北院以园林建筑为主，建筑群掩映在苍松翠柏之间；大门两侧镌刻着毛泽东的手书“为有牺牲多壮志，敢教日月换新天”和朱德题写的“晋冀鲁豫烈士陵园”；高24米的烈士纪念塔，正面镌刻着毛泽东题词“英勇牺牲的烈士们千古无上光荣”，其余三面分别为周恩来、刘少奇、朱德的题词。南院以陵墓为主，有纪念亭、纪念碑及烈士墓。2005年入选全国红色旅游经典景区。

129师司令部旧址 位于涉县赤岸村。由129师司令部旧址、将军岭和129师陈列馆三部分组成。抗日战争时期，涉县是边区根据地的腹心地、首府县，地处华北抗战前哨，为华北抗战战略要地。八路军129师临危受命东渡黄河、挺进太行，浴血千里太行山，打响了抗日战争中长生口、神头岭、响堂铺和解放战争中上党、平汉等著名战役，曾有110多个党、政、军、财、文等机关单位在涉县驻扎长达5年之久。2005年入选全国红色旅游经典景区。

晋冀鲁豫中央局旧址 位于武安市冶陶镇。解放战争时期，中共晋冀鲁豫中央局、晋冀鲁豫军区和晋冀鲁豫边区政府部分机关分别驻扎冶陶及附近各村，晋冀鲁豫边区政府驻三王村，冶陶村成为晋冀鲁豫边区秘密首府。著名的华北财经会议、挺进大别山南征会议、土地会议、整党整风会议在此召开。这里还是《人民日报》的诞生地和《毛泽东选集》第一卷的印刷地。司令部旧址百米外的庙坡山，安放着刘伯承、黄镇、徐向前、李达、王新亭、袁子钦、赵子岳等将帅的灵骨，山亦改名为“将军岭”。2005 年入选全国红色旅游经典景区。

晋察冀军区司令部旧址 位于阜平县城南的南庄村。晋察冀军区成立于 1937 年 11 月，聂荣臻任司令员兼政治委员。1945 年 8 月，军区司令部驻扎在这里一栋“品”字形的欧式建筑物里。1948 年春，毛泽东、周恩来、任弼时等率中央机关由陕北向西柏坡转移途中曾在此居住、工作。2005 年入选全国红色旅游经典景区。

狼牙山风景区 位于易县西部的太行山东麓。狼牙山因奇峰林立状若狼牙而得名，由 5 坨 36 峰组成，主峰莲花峰海拔 1 100 多米，“郎山竞秀”为古“易州十景”之一，素有“北方小黄山”之称。八路军 5 位战士与日军奋战，弹尽粮绝后跳崖的壮举就发生在这座山上。山后的“五马义村”已改名为“五勇村”，在五勇士坚守的棋盘坨主峰建起了纪念塔。主要景点有莲花峰、棋盘坨、石棋盘、蚕姑祠、老君堂、迷魂谷、燕王仙台、勇士陈列馆、壮士纪念塔等。2005 年入选全国红色旅游经典景区。

白洋淀景区 位于安新县（现属雄安新区）。白洋淀又称“西淀”，地处太行山东麓永定河冲积扇与潴沱河冲积扇相夹持的低洼地区，是中国海河平原上最大的湖泊。水域构造独特，一个个既相互分割又相互联结，以物产丰富、风景秀丽闻名于世，素有“日进斗金”“四季皆秋”之誉。抗日战争时期，水上游击队——雁翎队活跃在白洋淀地区与日寇周旋，演出了一幕幕抗日壮剧。2005 年入选全国红色旅游经典景区。

冉庄地道战遗址 位于保定市清苑区冉庄镇冉庄村。抗日战争期间，冉庄人民利用地道与日本侵略者进行了英勇的斗争。地道以十字街为中心，有主要干线4条，长25千米，支线24条，还有通往附近村庄的连村地道。地道的出入口或修在屋内墙根壁上，或修在牲口槽、炕面、锅台、井口、面柜、织布机底下，伪装巧妙。地道一般距地面2米，洞内高约1—1.5米，宽约0.8—1米，高房相通、地道相通、堡垒相通，明枪眼与暗枪眼交叉，高房火力与地堡火力交叉，墙壁火力与地堡火力交叉，构成了房顶和地面、野外和村沿、街道和院内纵横交叉的立体作战阵地。已建成地道战纪念馆。2005年入选全国红色旅游经典景区。

白求恩柯棣华纪念馆 位于唐县城向阳北大街。白求恩是加拿大医生，于1938年率领一个由加拿大人和美国人组成的医疗队来到中国，在山西雁北和冀中前线进行战地救治，1939年因败血症逝世。柯棣华是印度医生，1938年随同印度援华医疗队到中国协助抗日，1942年因癫痫病发作逝世。纪念馆由纪念堂、白求恩生平事迹陈列馆、柯棣华生平事迹陈列馆等组成，原中共中央总书记胡耀邦题写馆名。全国百个爱国主义教育示范基地之一。2005年入选全国红色旅游经典景区。

留法勤工俭学运动纪念馆 位于保定市金台驿街保定育德中学旧址。1916年，蔡元培、李石曾、吴玉章等开始大张旗鼓地宣传和组织赴法勤工俭学，在全国先后建起了20余所留法预备学校和预备班，1917年在保定育德中学附设的留法高等工艺预备班是其中最早的一所。纪念馆主体建筑是一座典型的清末砖木结构的四合院，大门门楣上的匾额是原中共中央总书记江泽民的亲笔题词。2005年入选全国红色旅游经典景区。

平西抗日根据地旧址 位于涞水县三坡镇。平西即北京的西部地区，1938年八路军开辟了平西抗日根据地，司令部设在西斋堂村的聂家大院。老一辈无产阶级革命家杨成武、萧克等在这里指挥抗日游击战，消灭了大量的日本侵略军，平西抗日根据地成为插在华北敌后的一把尖刀。平西烈士陵园埋葬着平西抗日战争时期野山坡地区牺牲的众多烈士。2005年入选全国红色旅游经典景区。

潘家峪惨案纪念馆 位于唐山市丰润区火石营镇潘家峪村。1941年1

月 25 日,侵华日军 3 000 多人和伪军 2 000 多人,包围了冀东抗日根据地的潘家峪,对手无寸铁的村民进行惨绝人寰的大屠杀,1 230 名村民遇难,1 000 余间房屋被烧毁,33 户人家绝户,史称“潘家峪惨案”。纪念馆采用不对称布局,灰白色的两层楼房,院内遍铺爆炸状卵石,暗示侵华日军惨无人道的“三光政策”。全国爱国主义教育示范基地。2005 年入选全国红色旅游经典景区。

李大钊故居和纪念馆 位于乐亭县新城区大钊路。故居建于清光绪七年(公元 1881 年),三进宅院,典型的冀东农村庄户格局,是李大钊诞生和幼年成长的地方。纪念馆由原中共中央总书记江泽民题写馆名,馆内陈列有文物、资料、图片等。全国百个爱国主义教育基地之一。2005 年入选全国红色旅游经典景区。

中国人民抗日军事政治大学陈列馆 位于邢台县浆水镇前南峪村。中国人民抗日红军大学 1936 年 6 月创办于陕北瓦窑堡,1937 年更名为“中国人民抗日军事政治大学”。中国人民抗日军事政治大学陈列馆是全国建馆最早、规模最大、全面反映抗大发展史的专题性陈列馆,主题厅展陈分为“抗大在陕北创建”“挺进华北敌后”“抗大在浆水”“革命熔炉育英才”四个部分。全国爱国主义教育基地。2005 年入选全国红色旅游经典景区。

马本斋烈士纪念馆 位于献县本斋乡本斋村。马本斋是抗日战争时期八路军冀中军区回民支队的创建人,“100 位为新中国成立作出突出贡献的英雄模范人物”之一。纪念馆主要包括火炬台、铜像、国旗台、主馆、辅助馆、百将碑廊、母子湖及园林等景点。纪念馆前的广场上矗立着马本斋的铸铁雕像。2005 年入选全国红色旅游经典景区。

董存瑞烈士陵园及纪念馆 位于隆化县城西北的苔山脚下。董存瑞是中国人民解放军东北野战军一位班长,屡立战功,1948 年 5 月在解放隆化县的战斗中英勇牺牲,2009 年入选“100 位为新中国成立作出突出贡献的英雄模范人物”。陵园占地 9.16 万平方米,是全国面积最大的以烈士名字命名的陵园。园内有纪念牌楼、烈士纪念碑、烈士塑像、烈士墓、纪念馆、碑林等 13

项建筑。烈士纪念馆通过声、光、电、投影技术,生动地讲述了董存瑞光辉的一生。2005 年入选全国红色旅游经典景区。

西柏坡红色旅游系列景区　2005 年入选全国红色旅游经典景区。参见中国特色景观旅游名镇(村)——平山县西柏坡镇。

开滦矿山博物馆　位于唐山市开滦唐山矿业公司内。企业博物馆,以“黑色长河”为主题,以翔实的史料、丰富的展品、新颖的展陈形式,记载了开滦首开中国路矿的历史遗踪,重现了因煤而兴的唐山难以抹去的城市文化记忆。这里珍藏着中国迄今存世最早的股票——开平矿务局老股票。2011 年入选全国红色旅游经典景区。

喜峰口长城抗战遗址　位于宽城县。喜峰口长城是明代中原通往北疆和东北边陲的咽喉要道,历来为兵家必争之地。1933 年 3 月,日本侵略军进逼长城,平津危急,宋哲元、张自忠、赵登禹等爱国将领率国民革命军第 29 军,夜袭喜峰口日军,取得了自“九一八”事变以来的首次大捷,打破了日军不可战胜的神话。2011 年入选全国红色旅游经典景区。

唐山地震遗址纪念公园　位于唐山市路南区岳各庄大街。1976 年 7 月 28 日,唐山、丰南一带发生 7.8 级地震,唐山市顷刻间夷为平地,造成 242 769 人死亡,重伤 16.4 万人。世界上首个地震遗址纪念公园,以原唐山机车车辆厂铁轨为纵轴,以纪念大道为横轴,分为地震遗址区、纪念水区、纪念林区、纪念广场等区域。2011 年被中国地震局授予“国家防震减灾科普教育示范基地”的称号。2011 年入选全国红色旅游经典景区。

张北国防教育基地　位于张北县城正南方,毗邻 207 国道。基地以 20 世纪 70 年代国防、人防地道工程为主体,以 802 演习纪念馆为依托,分为军事展馆区、地道游览区、营房游览区、拓展训练区等 6 个参观游览区域。其中户外军事展区展示了华北大演习中使用过的飞机、大炮、坦克、装甲车等。基地内设立有真人 CS 大战俱乐部。国家国防教育示范基地。2011 年入选全国红色旅游经典景区。

邢台县前南峪村　2011 年入选全国红色旅游经典景区。参见全国特色景观旅游名镇(村)——邢台县前南峪村。

布里留法工艺学校旧址 位于高阳县赵堡乡布里村。1917年蔡元培、李石曾、吴玉章在此创办留法勤工俭学预备学校,1918年改名为“布里留法工艺学校”。李石曾亲自设计建筑方案,蔡元培题词“勤于做工,俭以求学”。先后培养留法学生200多人,为中国共产党和新中国培养了一批栋梁之材。旧址为四方院落,有平房11间,保存基本完好。2016年入选全国红色旅游经典景区。

高蠡暴动烈士陵园及纪念馆 位于高阳县西演镇北辛庄村。1932年8月,高阳、蠡县一带的农民掀起了震撼华北、影响全国的反对国民党反动统治的武装暴动,攻占了北辛庄。暴动队伍经过整编,建立了河北红军游击队第一支队。1946年在南北辛庄之间和北辛庄村分别修建了纪念碑和烈士墓,1957年又修建了纪念塔。2016年入选全国红色旅游经典景区。

黄土岭战斗遗址 位于涞源县银坊镇黄土岭村。1939年10月至12月的雁宿崖战斗,是北岳区冬季反扫荡战役中的一场重要的战斗;1939年11月的黄土岭战斗,是八路军晋察冀军区部队对日军进行的伏击战。在黄土岭战斗中八路军曾设伏歼灭日寇的山坡上,建立了纪念碑和陈列馆。2015年被列入国家级抗战纪念设施、遗址名录。2016年入选全国红色旅游经典景区。

冀中军区抗战后方基地 位于顺平县境内。顺平县的白银坨地区是抗日根据地,也是冀中军区的后方基地。击毙日本“名将之花”阿部规秀的黄土岭战斗就发生在这片土地上。建有白校学子烈士纪念广场、白校学子遇难烈士纪念馆、冀中抗战纪念园、冀中抗战纪念馆、黄土岭抗战纪念馆等。2016年入选全国红色旅游经典景区。

察哈尔烈士陵园 位于张家口市桥东区陵园路。为纪念在抗日战争和解放战争中牺牲的17 000多名烈士而建。主要建筑有革命烈士纪念塔、察哈尔革命纪念馆、功德牌坊、李子秀烈士墓碑等。纪念塔塔身正面有“革命烈士纪念塔”7个大字,纪念塔正厅内安放着一尊1米多高的银质革命烈士纪念鼎,墙壁上记录着在抗日战争、解放战争和抗美援朝战争中英勇牺牲的烈士英名。塔内设有骨灰堂,存放着烈士及老红军的骨灰。2016 年入选全国红色旅游经典景区。

察哈尔省民主政府旧址　位于张家口市桥东区察哈尔烈士陵园内。旧址是一组保存完整的三进四合院建筑群,原是天主教大修道院,始建于清光绪三十年(公元 1904 年)。1945 年 9 月晋察冀八路军解放宣化,同年 11 月在宣化召开察哈尔省人民代表会议,选举产生了中国共产党历史上第一个省级民主政府,并将此院落改为民主政府办公地。2016 年入选全国红色旅游经典景区。

民众抗日同盟军烈士纪念塔　位于张家口市桥东区东山路。1933 年 6 月民众抗日同盟军誓师北征,仅用 21 天就相继收复康保、宝昌、沽源、多伦 4 县,将士阵亡 312 名,遂建造"民众抗日同盟军收复察东失地阵亡将士纪念塔"。塔高 13 米,六棱柱形,混凝土结构,是为抗日阵亡烈士建造的最早一座纪念塔。塔身一侧镌刻着冯玉祥将军亲书的塔名,塔身三面刻有阵亡官兵官职姓名;塔顶刹尖斜指东北方向,寓意抗日同盟军抗日救国收复东北失地的决心。2016 年入选全国红色旅游经典景区。

七、全国农业旅游示范点

巨龟苑旅游区　位于平山县冶河东岸。由全国劳动模范、养鳖大王范海庭投资修建。景区有两个世界之最:万吨巨龟长 39 米、宽 36 米,腹部高 6.8 米,头部距水面 9.7 米,每个眼睛重达 1.5 吨,鼻孔 80 厘米,脖子粗 4 米,背上还有 1 997 只形态各异的小龟;跨世纪献礼牌楼高 13.2 米,宽 16.2 米,重 240 万千克,用一整块青钢石雕刻而成,上面还用圆雕、浮雕、透雕三种手法雕刻着 1 999 个吉祥龟。被称为"山中海世界,石上万卷书",载入世界吉尼斯大全。2004 年入选全国农业旅游示范点。

集发生态农业观光园 位于秦皇岛市北戴河区海北路。分为综合活动区、民俗展示区、吃住休闲区、观赏采摘区、娱乐项目区、动物表演区,已形成产品系列化、种养生态化、环境园艺化的高效农业生产格局,先后开发了空中花园、百菜园、戴河漂流、飞越戴河、戏水摸鱼、冬欢节、农家乐趣味运动会、乡村游等多种旅游项目。2004 年入选全国农业旅游示范点。

长寿百果庄园 位于内丘县柳林乡石河村。以园林、果业、旅游业为主导产品,实施林药间作、林草间作、林果间作的种植模式。分为桃树、杏树、李子、核桃、大枣、苹果、梨等 60 多个植物区及无公害瓜果蔬菜区,种植名、优、特、稀林果近 150 种,还修建了养鱼池、游泳池、鱼形钓鱼台和龟形钓鱼台,亚洲最大真石假山万寿山,仙人洞、锁链吊桥、戏水中心福寿园、农家四合院和亭台楼阁等娱乐休闲设施。2004 年入选全国农业旅游示范点。

昌利农业旅游示范园 位于定兴县境内。集农业观光旅游和特色农业、新技术推广于一体的农业科技示范基地。分为现代农业示范景点和休闲度假娱乐场所两部分,包括特色蔬菜种植观赏采摘区、名优花卉种植观赏区、特色水果种植观赏采摘区、农技展示演示区和水上娱乐区。2004 年入选全国农业旅游示范点。

万顷桃源农庄民俗文化园 位于顺平县城西的伊祁山下。伊祁山是上古帝王尧的出生地,山上有古老的洞穴、庙宇、殿堂、亭台,以及原始氏族群居残留遗址。山下果林漫布,争芳斗艳,集中了古顺平八景中的“曲水春风”“西山晴雪”“马耳双峰”和“柿林红叶”等景观。每年农历正月十六、七月初七,商贾百姓、文人骚客前来寻根祭祖。顺平县是“中国桃乡”,伊祁山周边成为一年一度桃花节的主观花区。2004 年入选全国农业旅游示范点。

容辰庄园 位于怀来县小南辛堡镇小七营村。由种植区、日月星辰度假旅游区、酒园等组成。种植区种植着世界名种酿酒葡萄品种赤霞珠、梅鹿辄、霞多丽等及鲜食品种红地球、森田尼无核等,种植面积达 200 公顷。2004 年入选全国农业旅游示范点。

邓庄农业科技示范园 位于衡水市桃城区邓庄镇。已建成高级日光温室150栋,全智能连栋温室2栋,并建成工厂化育苗中心、无公害检测中心、肉奶牛胚胎移植中心、技术人才培训中心、净菜加工配送中心。正在成为农业新品种、新技术的试验、示范、推广基地,改造传统农业的应用基地,农业产业结构调整和农业产业化经营的示范基地,农业科技人才的培养基地,对外开放和深化农村改革的样板基地。2004年入选全国农业旅游示范点。

前南峪生态观光园 2004年入选全国农业旅游示范点。参见中国特色景观旅游名镇(村)——邢台县前南峪村。

润生生态园 位于涿州市影视城路。园区内建设了占地8公顷的绿色无公害蔬菜生产旅游、采摘园区,建有现代化日光温室大棚48栋,室内全部为自动化供暖调温系统,部分温室种植了各类蔬菜、瓜果、番茄树等珍稀品种,四季均可采摘。园院内还有大批的名贵树木、花卉,其中具有药用价值的金银花树龄都在百年以上,紫薇盆景树龄千年以上。2005年入选全国农业旅游示范点。

王家寨水乡民俗观光园 位于安新县安新镇白洋淀内。分为东西两部分,中间是百亩荷塘。观光园共有40多个农家小院,各户单独成院;院内花草相间,布局高雅,设施俗雅结合,既有传统的大灶炕,又有现代气派的单人、双人床;既可亲自下厨操作,又可统配饭菜。游乐项目有放竹排、放河灯、龙舟比赛、篝火晚会、民俗表演、打水仗、鱼鹰表演、织网、织席、编篓等,地方特色浓厚。2005年入选全国农业旅游示范点。

恒利庄园 位于沙河市白塔镇,地处太行山东麓。主要有三个功能区:以恒利集团制药股份有限公司为龙头的工业区,以恒利庄园为中心的生活区,以万亩银杏园为中心的生态区。建成了华北最大的银杏基地,栽植各种观赏树木1万余株。2005年入选全国农业旅游示范点。

九龙峡自然风光旅游区 位于邢台市浆水镇。开发有九龙峡风景区、九龙峡度假村,是中国最大的野生桃花生长集散地,华北地区最大的红砂岩峡谷聚集群,有华北落差最大、群落最集中的瀑布群。代表性景观有卧虎山、桃花谷、红叶岭、飞龙瀑、观音洞、明长城等。每年一度的九龙峡桃花节、山水旅游节、龙文化节、红叶节、冰雪艺术节,已成为旅游名片。2005 年入选全国农业旅游示范点。

绿源农业生态观光园 位于临城县北盘石村。修建林间道路、建人工湖、放养观赏鱼、种植荷花,修建假山、观赏亭、高标准宾馆、小别墅,引进桃、杏、李、苹果、枣等稀特名优果树,建鸵鸟养殖场、养鹿场、狩猎场,间作优质饲草紫花香椿,养笨鸡,养鱼,放养野兔、山鸡等,成为集生产、研发、销售、观光于一体的综合性景区。2005 年入选全国农业旅游示范点。

遵化市沙石峪村 位于遵化市东南部。沙石峪过去是远近闻名的穷山沟,"土如珍珠水如油,满山遍野大石头"。村民们肩挑臂挎,从石头缝里取土,在青石板上造田,创建了"万里千担一亩田,青石板上创高产"的奇迹,修造优质梯田 33 公顷,被周恩来总理赞誉为"北方农业的一面旗帜",1964 年被授予"全国红旗村"。近年来调整农业种植结构,重点发展以葡萄为主,樱桃、李子等为辅的高效益果品种植,昔日的荒山秃岭全部被郁郁葱葱的林木所覆盖。2005 年入选全国农业旅游示范点。

昌黎县葡萄沟 位于昌黎县西山场村,就是曹操"东临碣石,以观沧海"名句中的碣石山的背风坡。昌黎是"中国葡萄之乡",沿海大部分海域属于一类海水,夏无酷暑,阳光和煦,是华北的阳光地带之一。葡萄沟以栽植玫瑰香、龙眼等鲜食葡萄为主,由于当地夏秋季节昼夜温差大,沙土性强,又以山泉水灌溉,出产的葡萄分外甘甜可口,并有着独特的清香味儿。2005 年入选全国农业旅游示范点。

八、全国休闲农业与乡村旅游示范点

绿野仙庄 位于永清县韩村镇。周边被万亩森林环绕,大气质量一级,水质纯净无污染。园区分为游客接待中心、种养基地和生态疗养村三大区域，是京南最大的有机食品种养基地，也是绿色生态生活基地和现代农业示范基地。2013 年入选全国休闲农业与乡村旅游示范点。

佳圣现代农业科技园 位于张北县境内。占地 33.3 万平方米，分为现代化种植、育种(苗)、会展、养殖与沼气、认种与采摘、专家科研等功能区。通过高科技育苗种植、大型蔬菜储藏初加工和观光旅游三产联动，辐射带动周边种植区的品种改良和优化，惠及农户两万余户。2013 年入选全国休闲农业与乡村旅游示范点。

尚亚葡萄产业示范园 位于承德市双桥区冯营子镇冯营子村。承德具备生产高品质葡萄的优良自然条件，冯营子村利用良好的区位优势，与北京中国农业大学签订合作协议，共同开发建设葡萄产业示范园。示范园以葡萄酒文化为主导，集葡萄采摘和优质葡萄酒酿造、体验、品鉴、研发等功能于一体。2013 年入选全国休闲农业与乡村旅游示范点。

喜峰口板栗专业合作社观光园 位于迁西县喜峰口。全国农民专业合作社示范社，以“公司+合作社+社员+基地+市场+商标”的经营模式，开发生态、有机、低碳品牌农业。拥有有机板栗基地 3 330 万平方米，核桃基地 1 332 万平方米，杂粮基地 667 万平方米；有储存 2 000 吨板栗的冷库，年产 1 000 吨板栗仁和年产 300 吨超微板栗粉的生产线。在日本、韩国、泰国等 15 个国家注册了“张大胡子板栗”商标，板栗产品多次在国际林业产业博览会、中国特色农产品博览会上获奖。2014 年入选全国休闲农业与乡村旅游示范点。

假日绿岛生态农业文化旅游观光园 位于张家口市宣化区塔儿村乡。分为特色果蔬种植园区、高效农业示范区、农耕文化展示体验区、儿童益智娱乐区、“乡村花海”文化园五个部分。园区以人工湖为主体，湖畔种植观赏树木，水面划分为休息垂钓区、水上游乐区、锦鲤观赏区。其中农耕文化展示区建有文化博物馆和农耕文化展示厅，展示各类农耕农具及农家生活用具。特色果蔬种植园区建有九个日光温室大棚，种植有草莓、桑葚及彩椒、西红柿、西瓜、香瓜等各类蔬菜，供游客采摘。2014 年入选全国休闲农业与乡村旅游示范点。

尚水渔庄 位于临城县西竖镇彭家泉村。紧邻水库，风光好，水质好，鱼也好，是集餐饮、休闲、住宿于一体的生态庄园。基础设施完善，白墙灰瓦的徽派建筑错落有致，建有观赏荷花塘、垂钓鱼塘、果蔬采摘园，由农业专家指导种植了中华寿桃、紫薯、黑花生等产品。2014 年入选全国休闲农业与乡村旅游示范点。

白沙村休闲农业园区 位于武安市淑村镇白沙村。拥有占地 33.3 万平方米的现代农业采摘园、智能温室观光园、9 层观景楼和可接待 500 人的旅游宾馆。智能生态园栽种了新奇的绿色蔬果和热带植物。观光区主要体现南果北种模式，种有菠萝树、发财树、香蕉树、四季橘、大叶伞等 10 余种果树绿植。无土栽培展示区主要体现现代化种植模式，包括基质栽培、水培、雾培，有紫背天葵、生菜、百风菜、甜心菜等 10 余种植物。2014 年入选全国休闲农业与乡村旅游示范点。

丞起颐天园现代农业园 位于乐亭县乐亭镇三丁庄村。集农业科技新品种引进推广、农业新技术展示、生态绿色果蔬种植、农艺体验、观光采摘、休闲垂钓、科普教育、农家乐服务、观赏动物养殖于一体的生态园区。拥有四大区八大功能：四大区为新科农艺展示区、生态休闲区、精品种植展示区、低碳示范及配套服务区；八大功能即现代农业发展的导向功能，新品种、新技术、新工艺的展示功能，新型农民的培训功能，新型农业经营方式的创新功能，放松心情、亲近自然的休闲功能，农耕文化的传承功能，旅游服务的中枢功能，新型农村社区的示范功能。2015 年入选全国休闲农业与乡村旅游示范点。

仁轩酒庄 位于秦皇岛市抚宁区。由种植园及生态观光基地、酿造生产区、高级休闲会所和滨海休疗区组成。种植园及生态观光基地引进了法国赤霞珠、梅洛、西拉、马瑟兰、霞多丽和小满胜、赛美蓉、雷司令、长相思和白诗南等葡萄品种，分布着法式品酒室、休闲别墅、酒文化展示中心、食用葡萄采摘园、温室大棚采摘园、水果采摘园、绿色长廊、农家生态餐厅、风车水车景观、儿童乐园、鸟语林、动物养殖场、跑马场和欧式风情小镇。2015 年入选全国休闲农业与乡村旅游示范点。

狼牙山万亩花海休闲农业园 位于易县西部的狼牙山脚下。规划面积 1 000 多万平方米,农业旅游观光区拥有油菜园、牡丹园、葵花园、樱花园、郁金香园、蓝香芥园、芝樱花园、玫瑰园、海棠园、梨花园等多种花卉种植园。狼牙山万亩山花节,每年随着不同花期举办各类赏花主题活动。2015 年入选全国休闲农业与乡村旅游示范点。

安居农庄 位于广平县南阳堡镇。以日光温室生产无公害瓜果蔬菜为主,主要种植黄瓜、樱桃西红柿、西红柿、豆角、青椒、尖椒、茄子、青菜、白菜、草莓、西瓜等几十个错季蔬菜品种,杏、樱桃、梨等水果品种,集生产、配送、采摘、观光、休闲于一体。2015 年入选全国休闲农业与乡村旅游示范点。

柳河庄园 位于卢龙县冯家山村。依托冯家山良好的山体资源、林果资源、水资源、红色旅游资源、酒葡萄资源,打造“中国——柳河山谷”高端葡萄酒文化休闲体验区、现代农业示范区、特色农艺展示区。已建成高端葡萄酒庄及休闲会所、无公害葡萄酒酿制区、食用葡萄精品展示与采摘区、特色花卉及水果采摘区、特色蔬菜栽培区、生态循环畜禽散养区、地域文化展示区等项目。2015 年入选全国休闲农业与乡村旅游示范点。

九、全国工业旅游示范点

华夏葡萄酒有限公司 位于昌黎县城北部。“长城牌”系列葡萄酒生产企业之一,产品畅销华南、华东、西南、西北、华北等国内市场和欧美、东南亚等十多个国家和地区。在这里可以参观亚洲大酒窖、现代化储酒车间、进口全自动灌装生产线。亚洲大酒窖是目前亚洲最大的地下酒窖,建筑在地下十多米深处，由数万块花岗岩石砌成，四季恒温，酒窖内存放着1万余只进口橡木桶，储存着各年份高档葡萄酒。现代化的储酒车间、意大利进口全自动灌装生产线，每小时可生产15 000瓶优质葡萄酒。2004年入选全国工业旅游示范点。

衡水老白干酿酒（集团）有限公司 位于衡水市人民东路。衡水"老白干"酒始于明朝嘉靖年间，"老"指生产悠久，"白"指酒体无色透明，"干"指用火燃烧后不出水分，即纯，"闻着清香，入口甜香，饮后余香"为衡水酒的特色。前身是衡水老白干酒厂，始建于1946年，现已发展为中国白酒行业规模最大的老白干香型生产厂家。2004年入选全国工业旅游示范点。

华富玻璃器皿有限公司 位于承德市双桥区。我国规模最大、综合实力最强的人工吹制玻璃器皿生产企业之一。拥有全电明料玻璃熔炉四座、全电色料玻璃熔炉十座、玻璃花纸生产线以及专业玻璃艺术馆，可进行各种花纸设计与制作、工艺服务。主要产品为高、中档手工无铅玻璃杯、玻璃花瓶、玻璃烛台、耐热玻璃杯以及部分水晶玻璃器皿，包括高透明无装饰玻璃产品和金饰、彩饰、刻花、喷砂、贴花等深加工装饰产品。产品主要销往美国、德国、英国、日本、澳大利亚等30多个国家和地区。2004年入选全国工业旅游示范点。

海格雷骨质瓷有限公司 位于唐山市路北区河北路。高档骨质瓷专业生产厂家，拥有"中国陶瓷艺术大师""河北省陶瓷艺术大师"等大师级的专业研发队伍，产品被认定为"唐山骨质瓷"地理标识产品。主要产品有酒店用瓷、中西餐礼品用具、茶具、咖啡具、艺术瓷器和航空用瓷六大系列500余种，产品出口量占销售总量的95%以上。2004年入选全国工业旅游示范点。

华龙面业集团有限公司 现已更名为"今麦郎面业"，位于隆尧县东方食品城。占地面积100万平方米，员工12 000人，拥有15个分公司，集生产、销售、科研开发于一体的功能齐备、设施先进、管理现代化的大型食品企业集团。2000年华龙集团荣登中国民营企业500强排行榜第37位，产销量居全国同行业前三位。2004年入选全国工业旅游示范点。

德龙钢铁文化园 位于邢台县南石门镇。集清洁生产、科普教育、文化体验、趣味游览于一体的工业主题景区。依托德龙钢铁生产基地,设置有现代钢铁生产工艺流程实景参观、钢铁文化休闲体验区(德龙钢铁博物馆)、钢铁心经园以及变形金刚园等项目或设施,正在建设炼钢生产主题体验、青少年户外活动营地、实景安全教育等项目。2004 年入选全国工业旅游示范点。

河北药都制药集团 位于安国市东方药城。以中成药生产研发为主的民营企业集团,整体通过国家 GMP 认证。安国素有“药都”之称,作为中药材深加工企业的药都制药具有得天独厚的优势,目前是国家基本药物的主要生产厂家。全国最大的丸剂生产基地之一,主要产品为丸剂、片剂、颗粒剂、胶囊剂等中药剂型,大蜜丸系列主导产品产销量居于全国同行前列,被誉为“蜜丸大王”。2005 年入选全国工业旅游示范点。

中国长城葡萄酒有限公司 位于怀来县沙城镇。沙城为“中国葡萄之乡”,是中国七个著名葡萄酒产区之一,得天独厚的环境为酿造高品质葡萄酒提供了良好的先决条件。拥有葡萄原料基地 1 万公顷,自有葡萄园 74.8 万平方米,种植着 10 余种国际酿酒名种葡萄;现有储酒容器 1 581 个,储酒能力 8.9 万吨,年生产能力 5 万吨。产品已形成 7 个系列 33 个品种,其中龙头产品长城白干葡萄酒先后 8 次荣获国家金奖,11 次国际评酒会金、银奖。2005 年入选全国工业旅游示范点。

栗源食品有限公司 位于遵化市通华西街。主要经营京东板栗、粮食深加工及其他农副产品,是国内首家拥有板栗深加工先进生产线的厂家。现有鲜板栗、速冻栗仁、小包装甘栗仁、板栗糕点、塑杯罐头、小甘薯、莲子、杂粮、纯净水等 10 大系列 30 多种产品,储藏、保鲜及深加工技术位居国际先进水平。产品出口韩国、美国、马来西亚、法国、泰国、日本、新加坡等几十个国家。2004 年被国家八部委命名为“农业产业化国家重点龙头企业”。2005 年入选全国工业旅游示范点。

蒙牛乳业(唐山)有限责任公司 位于唐山市丰润区外环路奶业科技园区。主要生产液体奶系列,包括白奶、乳饮料和儿童奶系列,整个生产过程采用集中控制系统。蒙牛工业旅游景区设有液体奶、奶源、质量检测中心等参观点，从生产车间到行政办公区全部实现透明化，游客可以近距离感受蒙牛独特的企业文化。2005 年入选全国工业旅游示范点。

朗格斯酒庄 位于昌黎县两山乡段家店村。主要从事酿酒葡萄的种植，葡萄酒和橡木桶的生产，葡萄深加工及相关技术研究开发。占地面积200 万平方米，意大利式园林风格，集酿酒、品酒、观光于一体。中国第一家种植及酿造全面通过 ISO9001 国际质量体系认证及 ISO14001 环境管理体系认证的葡萄酒企业，也是亚洲第一家拥有专属橡木桶厂的酒庄。2005 年入选全国工业旅游示范点。

贯头山酒业有限公司工业园 位于迁安市贯头山旅游开发区内。秉承传统固态泥池发酵工艺的传统酿酒企业，已通过 ISO9001 国际质量体系认证。投资修建了百米诗酒文化长廊和酒文化博物馆，保护了东晋时期的酿酒古泉，建了酿酒鼻祖黄帝神像和黄帝祖庭馆。2006 年入选全国工业旅游示范点。

蓝猫饮品集团有限公司工业园 位于遵化市汤泉乡。专业从事野生饮品研发、生产、销售的企业集团。遵化及周边地区具有丰富的野生酸枣资源，公司独立生产野生饮品四大包装体系（玻璃瓶、塑料瓶、易拉罐、利乐纸包装），三种不同口味的野生饮品近百个品种，是全国食品工业龙头企业、农业产业化国家重点龙头企业，已通过 ISO9001 国际质量体系认证及 HACCP 国际食品安全保证体系认证，并获“绿色食品”认证标号。2006 年入选全国工业旅游示范点。

蒙牛乳业（滦南）有限责任公司工业旅游区 位于滦南县城南部。主要经营生产液态乳制品、蛋白饮料类，乳制品的原辅料、包装物加工、销售。厂房内建设了专门的旅游参观走廊，做到参观、生产互不打扰。游客在参观廊内可以亲眼看到原奶是怎样经过加工处理成为成品的。2007 年入选全国工业旅游示范点。

弘业地毯集团公司工业旅游区 位于迁安市兆康路。前身为迁安市地毯总厂，始建于 1973 年。现生产传统地毯、波斯地毯、纯羊毛胶背地毯、腈纶地毯、机织地毯五大系列几十种规格的产品,主要销往日本、美国、欧洲等地。厂区环境优美,生产车间无尘、无噪。2007 年入选全国工业旅游示范点。

十、国家级非物质文化遗产生产性保护示范基地

习三内画艺术有限公司 位于衡水市桃城区人民西路。衡水内画是一种鼻烟壶内壁绘画技艺,为中国独有的民间工艺,已被列入国家级非物质文化遗产(代表性项目)名录。公司由中国工艺美术大师、“冀派内画”创始人王习三与其长子王又三创建于 1995 年,是集内画艺术理论研究、内画艺术人才培养、内画艺术产品生产开发、“冀派内画”精品展销于一体的综合性文化企业。主要产品有鼻烟壶、水晶球、摆件、花瓶、茶叶罐等内画工艺品。2011 年入选国家级非物质文化遗产生产性保护示范基地。

宏州石业集团有限公司 位于曲阳县正阳街。曲阳石雕是曲阳县民间传统美术,始自西汉时期,已被列入国家级非物质文化遗产(代表性项目)名录。公司创建于 1993 年,是从事石雕生产加工、工程施工和雕塑艺术创意博览的文化企业。投资兴建了中国曲阳国际雕塑艺术会展中心和中国曲阳雕刻博物馆,用以传承曲阳千年雕刻技艺,打造曲阳石雕艺术精品。2011 年入选国家级非物质文化遗产生产性保护示范基地。

一壶斋工艺品有限公司 位于衡水市新华中路。公司前身是“衡水市特种工艺厂”,是生产内画鼻烟壶及各种内画工艺品的专业厂家,是“冀派”内画的发祥地。2003 年改制为“衡水一壶斋工艺品有限公司”,注册商标“一壶斋”。2014 年入选国家级非物质文化遗产生产性保护示范基地。

良盛达花丝镶嵌特艺有限公司 位于廊坊市大厂县。花丝镶嵌制作是

先将金、银、铜拉成丝，然后运用各种技法制成各种首饰、器物等装饰品，这是中国一种传统手工技艺，已被列入国家级非物质文化遗产（代表性项目）名录。明代波斯人定居大厂，带来了传统的波斯图案和手工技艺，与当地的花丝镶嵌技术相结合，将花丝镶嵌制作技艺提高到一个全新水平。公司将传统技艺与现代美学、阿拉伯文化有机结合，形成了独特的手工艺流程和造型色彩特征，作品风格在我国工艺美术界独树一帜。2014 年入选国家级非物质文化遗产生产性保护示范基地。

峰峰矿区大家陶艺有限责任公司 位于邯郸市峰峰矿区彭城镇。磁州窑烧制技艺是一种地方传统烧制技艺，有原料、采集、拣选、加工等 72 道工序，在中国陶瓷史上占有重要的地位，已被列入国家级非物质文化遗产（代表性项目）名录。公司自建磁州窑艺术馆，弘扬磁州窑传统文化，继承开发磁州窑的传统工艺技法和装饰风格。2014 年入选国家级非物质文化遗产生产性保护示范基地。

十一、国家级风景名胜区

避暑山庄外八庙风景名胜区 外八庙是承德避暑山庄东北部八座藏传佛教寺庙的总称，于清康熙五十二年（公元 1713 年）至乾隆四十五年（公元 1780 年）间陆续建成，建筑雄伟，规模宏大，是汉、蒙、藏文化交融的典范。多数寺院建筑依山建造，在布局上运用了一些特殊手法，如将轴线对称式与自由式布局结合，巧妙利用地形来解决平面高差问题，叠置人工假山来增加空间趣味等。普宁寺大乘阁供奉的千手千眼观音立像，高 20 多米，是中国现存最大的木雕像。1982 年入选国家级风景名胜区。

苍岩山风景名胜区 位于井陉县。苍岩山享有“五岳奇秀揽一山，太行群峰唯苍岩”的盛誉，相传隋炀帝的长女南阳公主到此出家修行，山峦中至今留存有不少古刹名殿。除了脍炙人口的“苍岩十六景”，景区有三绝：一绝桥楼殿，桥上建楼，楼内建殿，殿内有三尊大佛，现为中国三大悬空寺之一；二绝白檀树，树根裸露，盘抱巨石，没皮没心，奇姿异态，为檀树之王；三绝古柏朝圣，上千万棵千年崖柏、沙柏、香柏生长于悬崖峭壁之上，都朝着南阳公主祠的方向生长。1988 年入选国家级风景名胜区。

野三坡风景名胜区 1988 年入选国家级风景名胜区。参见国家生态旅游示范区——野三坡景区。

嶂石岩风景名胜区 位于赞皇县嶂石岩乡嶂石岩村。以嶂石岩命名的嶂石岩地貌，与丹霞地貌、张家界地貌并称为“中国三大旅游砂岩地貌”。嶂石岩景观主要分为丹崖、碧岭、奇峰、幽谷这四个类型，拥有“三栈牵九套，四屏藏八景”。三栈即三条古道；九套即连接三条古道的九条山谷；四屏乃整体似四道屏障而又相对独立的四个景区（九女峰、圆通寺、纸糊套、冻凌背）；八景即八处胜景（九仙聚会、岩半花宫、晴天飞雨、回音巨崖、槐泉凉意、冻凌玉柱、重门锁翠、叠嶂悬钟）。1994 年入选国家级风景名胜区。

天桂山风景名胜区 位于平山县。天桂山是太行山的名峰，因有“一夫当关，万夫莫开”之险，被称为“三门寨”；山脉形势酷似桂林山形，向有“北方桂林”之称。典型的岩溶地貌融合山泉林洞，且雄且险且奇。青龙观道院又称“北武当”，始建于明末，为崇祯皇帝的归隐行宫。另外还有白毛女洞、真武洞、聚仙堂等。1997 年为庆祝香港回归，在天桂山 100 多米高的峭壁上镌刻了一个巨大的“归”字，字高 97.71 米，宽 49.1 米，是世界上最大的汉字。2002 年入选国家级风景名胜区。

崆山白云洞风景名胜区 位于临城县。包括崆山白云洞和天台山两个景点。崆山白云洞是大型喀斯特溶洞，号称“北方第一洞”，是全球同纬度最大的溶洞之一，洞内四季恒温 17℃，因洞体幽深、景观奇绝而被誉为“世界喀斯特风景洞穴博览园”。洞内遍布石笋、石塔、石钟乳、石柱，最大的石柱高 8.5 米，柱围 4.3 米，被称为“擎天柱”；网状卷曲石更是一绝，在我国其他溶洞中极为罕见。天台山为“临城古八景”之一，远望像一尊巨型睡佛。2002 年入选国家级风景名胜区。

太行大峡谷风景名胜区 位于邢台县路罗镇贺家坪村。以石英砂岩峡谷景观为主体，辅以山崖、瀑布、人文风情等景观的峡谷群型旅游区。由24条峡谷组成，其中长1 000米以上的达8条，具有狭长、陡峻、深幽、集群、赤红五大特点，成为“八百里太行”的一大奇观，专家称之为“太行奇峡群”“世界奇峡”。目前可游览的峡谷共5条，分别为长嘴峡、流水峡、黄巢峡、竹会峡和老人峡，景观50余处。2012年入选国家级风景名胜区。

响堂山风景名胜区 位于邯郸市峰峰矿区。响堂山分南北两山，均属太行山支脉，南响堂山原名“滏山”，北响堂山原名“鼓山”。因山洞幽深，击掌甩袖都能发出洪亮的回声，故名“响堂”。东魏、北齐时期，皇家贵族先后在山上建凿了南北两座寺院，隋、唐、宋、元、明各代均有增凿。明代以后统称为“响堂寺”，近代称为“响堂山石窟”。现尚存石窟16座，雕像4 000多尊。2012年入选国家级风景名胜区。

娲皇宫风景名胜区 位于涉县中皇山上。群山叠翠，流水环绕，风景秀丽，为“涉县古八景”之一。相传是“女娲炼石补天，抟土造人”之处。娲皇宫始建于北齐时期，全国肇建时间最早、规模最大、影响地域最广的奉祀女娲的文化遗存之一，被誉为“华夏祖庙”，是“全国五大祭祖圣地”之一。占地面积76万平方米，多为明清时期遗物，北齐遗迹仅留石窟与摩崖刻经6部，是中国现存摩崖刻经中最早、字数最多的一处。2012年入选国家级风景名胜区。

十二、国家级自然保护区

雾灵山自然保护区 位于兴隆县北部。雾灵山原名“伏凌山”，为“京东第一高峰”。森林生态系统类型自然保护区，主要保护对象为温带森林生态系统和猕猴。分布有数千种生物，是护卫京、津的绿色屏障和重要的水源供给地。1988 年入选国家级自然保护区。

黄金海岸自然保护区　位于昌黎县沿海。分陆域和海域两部分,主要保护对象为沙丘、沙堤、潟湖、林带和海洋生物等沙质海岸自然景观及所在海区生态环境和自然资源,属于海洋类型自然保护区。保护区内的海岸为由海滩、多道沙堤、风成沙丘组成的砂质岸,砂粒磨圆度高,分选性好,含有海生贝壳碎片和微体生物化石。景点有翡翠岛、渔岛、国际滑沙活动中心、葡萄沟、金沙湾海洋沙雕大世界等。1990 年入选国家级自然保护区。

红松洼自然保护区　位于围场县最北部。综合性草地类自然保护区,山地高原交相呼应,丘陵曼甸连绵起伏,河流湖泊星罗棋布,森林草原交错相连,地形结构复杂。植被以亚高山草甸为主,为华北亚高山草甸保存最好的区域之一。分布有国家一级保护野生动物黑鹳、金雕、白头鹤、大鸨、金钱豹,国家二级保护野生动物主要有细鳞鲑、苍鹰、游隼、黄羊、猞猁等;国家重点保护野生植物有胡桃楸、蒙古黄芪、野大豆、刺五加等。1998 年入选国家级自然保护区。

小五台山自然保护区　位于蔚县和涿鹿县。小五台山主峰海拔 2 882 米,是太行山主峰、河北最高峰。森林野生动物类型自然保护区,主要保护天然针阔混交林、亚高山灌丛、草甸和国家重点保护野生动物褐马鸡、金钱豹等。动植物资源丰富,仅脊椎动物就有 130 余种,包括国家一级保护野生动物褐马鸡、金雕、白肩雕、大鸨、黑鹳和金钱豹及国家二级保护野生动物鸢、雕鸮、斑羚等 16 种,是华北地区动植物种类最丰富的地区之一。2002 年入选国家级自然保护区。

泥河湾自然保护区　位于阳原县、蔚县及山西省的雁北地区。地质遗址类型自然保护区,山峰耸立、沟壑交错、地层分明,埋藏着丰富的哺乳动物化石和大量旧石器时代遗迹,是国际地质考古界公认的世界上剖面最多、保存最完好的第四纪标准地层,世界仅有的早更新世石器时代遗地。主要遗址有小长梁遗址、虎头梁遗址、于家沟遗址、马圈沟遗址、侯家窑遗址。曾入选“中国 20 世纪 100 项考古大发现”。2002 年入选国家级自然保护区。

大海坨自然保护区 位于赤城县南部。典型的山地森林生态系统，生物门类齐全。植被为典型的北温带山地森林，分布有软枣、猕猴桃、黄檗、核桃楸、野大豆、刺五加等国家重点保护野生植物，珍稀动物有白肩雕、金雕、斑羚、金钱豹等。由于特殊的地理位置，对于白河流域森林生态系统的恢复、防风固沙、增强水源涵养能力、调节气候，改善北京周边地区的生态环境具有特殊意义。2003 年入选国家级自然保护区。

衡水湖自然保护区 2003 年入选国家级自然保护区。参见国家生态旅游示范区——衡水湖景区。

柳江盆地地质遗迹自然保护区 位于秦皇岛抚宁区。地质遗迹类型自然保护区，主要保护对象为标准地质剖面、典型地质构造等地质遗迹。地质遗迹资源丰富，在较小的范围内荟萃了中国北方 20 多亿年以来各个地质历史时期形成的 24 个组级地层单位、六大地壳不整合面和多种典型地质构造与地貌，弹丸之地五代同堂。三大岩类出露齐全，各年代沉积地层发育良好，底层单位界线清晰，化石丰富多样。2005 年入选国家级自然保护区。

塞罕坝自然保护区 位于围场县。清代是皇家猎苑木兰围场的核心区域之一。森林生态系统类型自然保护区，主要保护森林-草原交错带生态系统，滦河、辽河水源地以及黑鹳、金雕等珍稀濒危动植物物种。植物种类繁多，具有天然针叶林、次生林和灌木林以及大面积的沼泽和草甸植被等类型，是塞罕坝地区原生性生态系统保存最完好、生物多样性最丰富、生物地理区系交错带最典型的区域，是我国三北防护林环北京、天津区段的主要组成部分。2007 年入选国家级自然保护区。

茅荆坝自然保护区 位于隆化县。森林生态系统类型的自然保护区，主要保护森林生态系统及其生物多样性、珍稀濒危物种及其栖息地、自然生态环境和滦河上游水源地。处于华北、内蒙古、东北三个植物区系的交汇处，具有比较原始的自然生态环境，动植物资源丰富。分布有天然落叶松林、油松林、云杉林和亚高山草甸、石海、多彩水体，自然景观丰富，分布有国家一级保护野生动物黑鹳、金雕和豹以及黑熊等多种国家二级保护野生动物。2008 年入选国家级自然保护区。

滦河上游自然保护区 位于围场县接坝地区。主要保护滦河上游的自然生态环境,森林、草原生态系统及其生物多样性和珍稀濒危的野生动植物。保持着比较原始的森林、草原、山谷湿地等生态环境,温带森林植被类型完整。野生动植物资源丰富,分布有国家重点保护植物四种,国家一级保护野生动物五种。人文景观有燕秦长城遗址、小锥子山古城址、12 座连营遗址以及众多的庙宫、石刻、岩画等。2008 年入选国家级自然保护区。

驼梁山自然保护区 位于平山县西北部,地处太行山中段山区。驼梁山因主峰似一匹雄健的骆驼而得名。主要保护对象为森林生态系统和珍稀濒危野生动植物物种。地质构造属于华北古陆太行山中段东麓,地层分布多为古老岩系,广泛出露中、下元古界变质岩系。分布有蕨关、裸子类和被子类植物近 700 种,包括国家级保护及珍稀濒危植物近 30 种;国家一级保护野生动物黑鹳、金雕、白鹤、大鸨、豹,还有国家二级保护野生动物 30 多种。2011 年入选国家级自然保护区。

青崖寨自然保护区 位于武安市西北部。主要保护对象为森林生态系统、珍稀濒危野生动植物物种及地质遗迹。生态环境复杂,保存有太行山中段较为完整的森林生态系统,分布有大面积的天然落叶阔叶林。青崖寨是第三纪孑遗植物领春木分布的北界,目前仅剩五株。还存有大量珍贵的地质遗迹,如能说明太行山南段重大地质历史事件的吕梁、蓟县、怀远三大不整合面,长城石英砂岩形成的嶂石岩地貌,长城系石英砂岩层面形成的波痕、泥裂、交错层构造遗迹等。2012 年入选国家级自然保护区。

十三、国家级水利风景区

桃林口水利风景区 位于青龙县三道河村。依托国家大型水利枢纽工程桃林口水库工程而建。雄伟的大坝与古老的长城遥相辉映,构成一幅蓝天白云下玉带系明珠的美丽画卷。大坝巍峨,碧水如锦,奇峰林立,百鸟争鸣,奇秀如小三峡,澄澈如漓江水,有天然氧吧的美誉。2002 年入选国家级水利风景区。

中山湖风景区 位于鹿泉市黄壁庄镇。中山湖即黄壁庄水库,因与古中山国遗址相邻而得名,是集防洪、工农业和城市供水、农业供水、发电养殖等功能于一体的大型水利枢纽。占地 70 多平方千米,其中水面 60 平方千米,湖面开阔、烟波浩渺,雄伟的长坝宛若长龙。种植乔灌木 50 多万株,植草坪 13.3 万多平方米,建有亭阁 18 座、仿古长廊 300 多米、大型水库全景壁画面积 300 多平方米。2004 年入选国家级水利风景区。

燕塞湖风景区 位于秦皇岛市山海关区。长寿山国家森林公园和柳江国家地质公园的组成部分。燕塞湖原名"石河水库",沿岸悬崖峭壁千姿百态、惟妙惟肖,自然景观星罗棋布,苍松翠柏、野杏山桃如翠如碧,素有北方"小桂林""小三峡"之称。景区内的"鸟语林"放养着黑天鹅、丹顶鹤等百余种珍稀鸟类。2004 年入选国家级水利风景区。

衡水湖风景区 2004 年入选国家级水利风景区。参见国家生态旅游示范区——衡水湖景区。

潘家口水利风景区 位于迁西县。潘家口水库如一条舞爪摆尾、腾云欲飞的巨龙,故又称"蟠龙湖",是引滦入津的主体工程,集工业和城市供水、防洪、生态与环境保护、农业灌溉、发电等功能于一体。水库地处燕山山脉沉降地带的东南构造带与华夏构造带的复合部位,地质构造复杂,奇峰怪石、陡壁悬崖绚丽多姿。风景区包括引滦工程群、喜峰口景区、独石沟景区和贾加庵景区,约 50 个景点。2005 年入选国家级水利风景区。

沕沕水水利风景区 位于平山县西南边缘。这里的瀑布是典型的喀斯特岩溶泉,常年涌流,四季不竭,明清时代即为"平山八大胜景"之一,享有"沕水瀑布天上降"的盛誉。依托沕沕水水电站而建,沕沕水水电站建于1947 年,负责向当时的党中央驻地西柏坡和周围兵工厂供电,著名景点还有水帘洞遗址、百丈飞瀑、陶然湖、天池、九天沐雨等。2005年入选国家级水利风景区。

京娘湖水利风景区 位于武安市西北部的口上村。京娘湖因宋太祖送京娘的故事而得名,有“太行三峡”之称。景区分为水上游览区、贞义岛游览区和码头休闲度假区三大区域。水上游览区主要景点有老虎洞、神女仓、屏风山、神龟探海、双虹映月、一线天、高山平湖、宋太祖题诗处、宋祖峡、京娘峡、搭衣岩、滴翠潭、梳妆台等。贞义岛游览区以山地自然风光为主,天然次生林保存完好,一年四季野趣盎然。2005年入选国家级水利风景区。

前南峪生态水利风景区 位于邢台县浆水镇前南峪村。通过水土保持综合治理,先后治理主沟10条,支沟70多条,栽植各类树木23万株,在此基础上规划建设了面积26平方千米的生态水利风景区。2006年入选国家级水利风景区。

凤凰湖水利风景区 位于邢台县野河村,地处太行山中段。依托野门沟水库工程而建,野门沟水库建于1966—1976年间,主要用于防洪、灌溉、发电。重峦叠嶂,天然植被保存完整,动植物资源丰富,历史文化积淀深厚。2006年入选国家级水利风景区。

庙宫水库水利风景区 位于围场县四合永镇。庙宫水库是以防洪为主,兼顾灌溉、发电、养殖等综合利用的大型水利枢纽工程。庙宫是清嘉庆皇帝巡幸塞外时修建的“敦仁镇远神祠”,当年的行宫已不存,但行宫墙外的松树依然郁郁葱葱。水库枢纽由大坝、溢洪道、输水洞、泄洪洞、排沙洞和水电站组成。大坝右侧就是清朝几代皇帝举行木兰秋狝大典的必临之地。2006年入选国家级水利风景区。

东武仕水库水利风景区 位于磁县。东武仕水库是以防洪和工业供水为主,兼顾灌溉、生态、旅游、发电等综合利用的国家级大型水库,是邯郸市的屏障工程和生命工程。水库西部有一个狭长的半岛太阳岛,太阳岛以东是广阔的浅水区,湖水清澈,碧波涟涟,是游泳戏水的好去处,太阳岛以西水面呈深绿色,一望无涯,游艇可以在这里任意驰骋。2006年入选国家级水利风景区。

滦河生态防洪水利风景区 位于迁安市城区西部。城市河湖型水利风景区。防洪工程上游拥有大面积的人工防护林和湿地。占地近万亩的黄台湖有大小岛屿六座,形成了北方城市少有的水域景观;湖东岸设有游船码头,坝西有带状公园,坝东有黄台山公园,坝南有天然浴场;西岸有 1 500 年前的五里山摩崖石佛像。2007 年入选国家级水利风景区。

闪电河水库水利风景区 位于沽源县闪电河乡,地处坝上塞外草原。依托闪电河水库而建,属于水库型水利风景区。拥有浩瀚的水面景观、面积庞大的生态湿地、美丽的山峰,有草原 1 333 万平方米,水质良好,空气清新,是夏季避暑胜地。周围遗存有元代墓葬,魏、辽、元三代帝王宫遗址以及沽源塞外庄园。2009 年入选国家级水利风景区。

黄土梁水库水利风景区 位于丰宁县。依托黄土梁水库而建,属于水库型水利风景区。黄土梁水库由拦河坝、溢洪道、放水隧洞、水电站和泄洪渠等组成,是以防洪和灌溉为主,兼有发电、养鱼、林果和旅游等综合效益的中型水库。山奇、水秀、景美,动植物种类繁多,生态环境良好,民族文化底蕴深厚。2010 年入选国家级水利风景区。

梨乡水城水利风景区 位于魏县主城区。依托环城水系而建,属于城市河湖型水利风景区。环景区河湖水系 60 多千米,生态水面 6 平方千米,先后建成“五河一湾、五湖一源、三十六桥”景观,水利工程和园林工程景观优美。2014 年入选国家级水利风景区。

邺城公园水利风景区 位于临漳县城区。城市河湖型水利风景区,依托人工湖和引、退水渠及其相关的桥闸涵工程而建。由六朝园、三曹园、七子园、三台园四个主要景区组成,包括西南新区的四个生态湖、东北部的玄武园以及 67 万平方米的环城水面,融合厚重的邺城文化和独特的湖泊风情,水清林幽,四季常青。2014 年入选国家级水利风景区。

滏阳河水利风景区 位于衡水市桃城区。城市河湖型水利风景区,依托滏阳河市区段综合整治和截污导污工程而建。景区以“十里长廊、龙脉滏阳”为主题,沿滏阳河开展了水景景观打造、堤岸绿化、主题公园建设等生态景观综合提升工程,修建了宝云湿地公园、萧何广场、滏阳生态文化公园、历史风情走廊等标志性景观。2014 年入选国家级水利风景区。

七里河水利风景区　位于邢台市南部。七里河是横贯邢台市区南部的一条季节性行洪河道,是邢台的母亲河。城市河湖型水利风景区,依托七里河综合治理工程而建,占地面积 24 平方千米。通过河道清淤、堤防加固等手段加强水系连通性,河道全程蓄水,南北滨河观光道全部贯通。已建成迎宾公园、月亮湾滩地游园、阳光沙滩浴场、佳洲美地滩地游园、太阳帆儿童广场等近 20 个沿河景点。2015 年入选国家级水利风景区。

滦河水利风景区　位于滦县城区东部。城市河湖型水利风景区,占地面积 12.5 平方千米。通过堤防加固、河道扩宽疏浚、截污治污等工程措施,沿河道打造了滨水文化生态绿廊景观带,主要景点有詹天佑大铁桥、如意洲、文峰塔等。2015 年入选国家级水利风景区。

紫金山水利风景区　位于邢台县。水土保持型水利风景区,依托紫金山小流域治理工程而建,占地面积 17 平方千米。通过植树种草、封育保护,建设塘坝、谷坊、蓄水池等,有效防止水土流失,改善了生态环境。拥有紫金书院、峻极关、玉皇殿等多处历史人文景观。紫金山因 700 年前建的紫金山书院而得名,紫金山书院是我国数学、天文、历法的重要发祥地之一。2016 年入选国家级水利风景区。

易水湖水利风景区　位于易县县城西南部。易水湖水域面积约 27 平方千米,水质达到国家二级饮用水标准,周围山势雄奇险峻,林木繁盛茂密。依托良好的山水景观组合和生态环境优势,构建了“一环四廊道,两心三组团”的空间布局:“一环”即由环湖公路串联的旅游大环线;“四廊道”即环湖自驾车廊道、环湖自行车骑行廊道、滨湖亲水廊道、国家登山健身步道;“两心”即观音山景区和易水文化村体验区;“三组团”即文化运动休闲度假组团、生态养生野奢度假组团、山水观光亲水体验组团。2016 年入选国家级水利风景区。

广府古城水利风景区 位于邯郸市永年洼。占地面积42平方千米,其中湿地面积19平方千米。永年洼是华北三大洼淀之一,具有北方罕见的湿地洼淀风貌特征。广府古城早在春秋时期就有记载,距今已有2 600多年的历史,是战国时期赵国毛遂的封地,隋末窦建德在此建都;因明清时期曾为冀南三府之一的广平府治所,故称“广府”。坐落于3 066平方米的永年洼湿地中央,为旱地水城,被誉为“北国小江南”。2017年入选国家级水利风景区。

十四、国家地质公园

白石山国家地质公园 位于涞源县南部,是北京房山世界地质公园的组成部分。公园以白石山白云质大理岩构造峰林为特征,辅以十瀑峡花岗岩瀑布群和拒马源构造泉群等地质遗迹。白石山下部为肉红色的花岗岩基座,中部为白色大理岩的围腰,上部为灰色塔形山峰,红、白、灰三色一体,景观独特。拒马源泉群形成于距今约1.4亿年的燕山运动,为受构造断裂控制的上升泉。植被茂密,动植物种类繁多,附近分布有辽代阁院寺、唐代兴文阁、明代长城等历史文物古迹。2002年入选国家地质公园。

天生桥国家地质公园 位于阜平县西部,地处晋、冀两省交界处。由天生桥瀑布景区和龙泉关景区两部分组成。天生桥由瀑流沿山谷裂隙冲蚀形成,横跨瀑布是我国首次发现的变质片麻岩天生桥,与瑶台山银河瀑布组合,形成了一道独特奇妙的天然地质奇观;与相邻沟谷内的30余处瀑布汇集成群,形成了我国北方最大的瀑布群,蔚为壮观。龙泉关是太行山中段明长城的一处关隘,素有“冀晋咽喉要道”之称。植被覆盖率95%以上,被誉为“太行山深处的香格里拉”。2002年入选国家地质公园。

柳江国家地质公园 2002年入选国家地质公园。参见国家级自然保护区——柳江盆地地质遗迹自然保护区。

赞皇嶂石岩国家地质公园 2004年入选国家地质公园。参见国家风景名胜区——嶂石岩风景名胜区。

野三坡国家地质公园 2004年入选国家地质公园。参见国家生态旅游示范区——野三坡景区。

临城国家地质公园 位于临城县。以岩溶洞穴为主体，融峰林地貌、嶂石岩地貌、重要地层单位标准剖面、典型滨浅海沉积特征、水体景观和人文历史古迹为一体的综合性地质公园。由崆山白云洞景区、天台山景区、小天池景区、岐山湖景区、古陆核地质遗迹景区五部分组成。崆山白云洞景区发育在古生代中寒武世晚期；天台山景区被誉为沉积岩天然博物馆；小天池景区山体主要岩性为下元古界浅变质的砂岩、板岩，变玄武岩、长城系石英砂岩以及后期侵入的脉岩。2005年入选国家地质公园。

武安国家地质公园 位于武安市活水乡和管陶乡。拥有太古界、元古界、古生界和新生界地层，燕山运动、喜马拉雅运动造就了京娘湖、古武当山、七步沟、武华山的石英砂岩峡谷峰林景观；第四纪以来玄武岩浆留下了岩流景观、溢流口景观、对围岩烘烤景观；岳庄寒武系地层中记录了距今5亿多年的古地理环境；莲花洞中有多姿多彩的岩溶景观。2005年入选国家地质公园。

兴隆国家地质公园 位于兴隆县。集燕山地质构造、岩溶洞穴、花岗岩景观、典型的地质构造剖面于一体的综合性地质公园，包括雾灵山、兴隆溶洞、六里坪等景区和若干地质遗迹聚集地段。地质资源类型多样，分布有雾灵山、蛇绿岩出露地、岩溶洞穴等地质地貌；发育在中元古界雾迷山组的兴隆溶洞，是典型的渗流带洞穴。雾灵山是我国猕猴分布的最北限，雾灵山岩体是华北地区燕山晚期岩浆活动的代表。雾灵山、九龙潭、六里坪、奇石谷等自然景观与明长城、明代摩崖石刻等人文景观相得益彰。2009年入选国家地质公园。

迁安—迁西国家地质公园 位于迁安市、迁西县。以太古宙迁西群古老地层、地质构造及地貌为一体的综合类地质公园。由灵山景区、红峪口景区、大采景区及黄台湖景区组成。灵山景区主要以长城系常州沟组底砾岩形成的巨型滚石以及出露典型的构造遗迹为特点，红峪口景区以黄金溶洞的岩溶景观、绵延起伏的万里长城以及古香古色的红峪山庄为主要景观，大采景区以尾矿库改造后的水库和万亩沙棘林为主要景观，黄台湖景区集防洪、城市建设、旅游观光于一体。奇特而珍贵的迁西群地质遗迹，是世界上仅有的六处最古老的陆核之一。2009 年入选国家地质公园。

承德丹霞地貌国家地质公园　位于承德市区东南部。以丹霞地貌为主，热河古生物群和清代皇家园林为辅的综合型地质公园。地处内蒙古高原向华北平原的过渡区，分为坝上高原和冀北山地两大地貌单元，由磬锤峰、双塔山、鸡冠山三个园区组成，包括磬锤峰、夹墙沟、朝阳洞、唐家湾、双塔山、鸡冠山六个景区。地质公园所处坝下山区属侵蚀构造山地，地形复杂，河流纵横，流水侵蚀强烈，地貌形态多变。2011 年入选国家地质公园。

邢台峡谷群国家地质公园　位于邢台县路罗镇贺家坪村。由 24 条峡谷组成，其中长 1 千米以上的有 8 条，其中长嘴峡俗称“一线天”，奇石遍布，溪水长流，地势奇险。景观以石英砂岩峡谷为主体，辅以山崖、瀑布、人文风情等景观。垄断性石英砂岩峡谷群和典型性的嶂石岩砂岩地貌，在太行山区乃至全国山岳型旅游区中独树一帜。谷底狭深，峡岸壁立，并有连绵 5 千米的清潭飞瀑及广阔的原始次生林。2011 年入选国家地质公园。

十五、国家森林公园

北戴河海滨国家森林公园　位于秦皇岛市北戴河区滨海大道，是秦皇岛野生动物园所在地。茂密的森林为 380 余种鸟类栖息提供了良好的环境，其中国家重点保护鸟类 64 种，列入中国和日本候鸟保护协定的鸟类 181 种。

这里有遗鸥、黑嘴鸥、白鹳、白鹤等多种世界珍稀鸟类，是秦皇岛旅游风景区的重要组成部分。1991年入选国家森林公园。

磬槌峰国家森林公园 位于承德市郊区。棒槌山因形似棒槌而得名。武烈河如一条银带将山庄、寺庙、森林、奇峰连接起来。地质构造属内蒙古台背斜与燕山沉陷带的过渡地带。约7 000万年前全球性造山运动产生了各种岩石造型，再经长期风化剥蚀，形成奇峰、异石、岩洞、绝壁，构成了承德丹霞地貌景观。公园有杜鹃花、芍药花等100多种野花，油松、紫椴等300多种树木，鸳鸯鸟、金翅鸟等近百种鸟类。1993年入选国家森林公园。

翔云岛国家森林公园 位于乐亭县东南沿海。翔云岛因李世民东征在此大获全胜被视为吉祥宝地而得名；林木葱茏，植物种类多达230多种，鸟类达400多种，仅国家一、二级保护的野生鸟类就有68种，世上存量极少的黑嘴鸥、白鹤、黑鹤、半睽鹊、短尾信天翁等经常到岛上栖息，已成为著名的观鸟基地。拥有森林、海浪、阳光、沙滩等自然景观和翔云寺、扳倒井、瞭望塔等人文景观。1993年入选国家森林公园。

清东陵国家森林公园 位于遵化市西北部的清东陵。清东陵是世界文化遗产，由580个单体建筑组成的帝王陵墓古建筑群。地处燕山余脉昌瑞山南麓，以常青乔木松柏为主的人工森林长势繁茂。主要景观有林海松涛、高山峡谷、奇峰怪石、云海日出、珍禽异兽、曲溪碧潭，还有明代长城、清代陵群、寺庙楼台等。1993年入选国家森林公园。

塞罕坝国家森林公园 1993年入选国家森林公园。参见国家级自然保护区——塞罕坝自然保护区。

辽河源国家森林公园 位于平泉市大窝铺林场，地处辽河的发源地。分为三大景区——森林草原花海区、马孟山森林浴场仙居山庄度假区和辽代古墓区。保存有大面积的原始次生林，有2 000余种各类植物，有20余种一级保护野生动物。千年古木“九龙蟠杨”，树冠面积750平方米，独木成林，被称为天下奇树。1996年入选国家森林公园。

山海关国家森林公园 位于秦皇岛市，南襟渤海，北依燕山。因花岗岩地貌的节理发育、风化剥蚀和流水切割，形成高大挺拔的山体，产生奇峰、深壑、怪石、石蛋等自然景观。拥有角山、长寿山、燕塞湖三个旅游区，老龙头、天下第一关、孟姜女庙等名胜古迹。动物资源丰富，有野生动物100余种，木本植物52科，中草药材有黄芩、苍竹、桔梗、红芹、柴胡、野花椒等。1997年入选国家森林公园。

五岳寨国家森林公园 位于灵寿县西北部深山区。因五座山峰并列耸立且有五岳之特点而得名。地质构造属于华北古陆太行山中段东麓，植被覆盖率98%，种类繁多，其中40%以上是原始次生林，落叶松林、油松林、白桦林、核桃秋林遍布整个园区。动植物资源丰富，有高等植物530多种，其中东陵绣球、木香蕾糖叶、黄芪、花楸等属于河北省特有植物；有159种陆生脊椎动物。2000年入选国家森林公园。

白草洼国家森林公园 位于滦平县靳家沟林场。地貌构造属于燕山褶皱与内蒙古背斜的过渡地带，山岭纵横，河谷交错。森林植被属于温带针阔混交林，以天然次生林为主，拥有华北地区规模最大、保存最为完整的天然白桦林。栖息的陆生脊椎动物有200多种，盛产榛子、山核桃、山野菜、蘑菇、木耳、猕猴桃、五味子等。2002年入选国家森林公园。

天生桥国家森林公园 2002年入选国家森林公园。参见国家地质公园——天生桥国家地质公园。

黄羊山国家森林公园 位于涿鹿县城西北的黄羊山。占地2 000多公顷，其中森林面积1 700公顷，国家重点防护林1 200公顷。公园内有乔、灌、草等植物1 700种，野生动物数十种，还有我国北方罕见的钟乳石状地貌。分为清凉寺、香峰寺、龙王堂和塔山四大景区。清凉寺始建于汉，寺内的龙凤松和卧龙松已有千年历史。2004年入选国家森林公园。

野三坡国家森林公园 位于涞水县。占地面积4.99万公顷，主峰海拔1 983米。分为百里峡峡谷风光游览区、拒马河避暑疗养游乐区、佛洞塔奇泉怪洞游览区、龙门天关长城文物保护区、白草畔原始森林保护区及金华山寻奇狩猎区六大景区。公园有种子植物713种，蕨类植物65种。植物主要有油松、华北落叶松、白桦、榛树、侧柏、臭椿、香椿、黄栌、西伯利亚早熟禾、蒙古早熟禾、阿穆尔莎草、达乌里胡枝子、堪察加鸟巢兰、百花花楸等。野生动物700余种,其中脊椎动物达184种。2004年入选国家森林公园。

六里坪国家森林公园 位于兴隆县。地处燕山山脉中段中低山区,是暖温带向寒温带过渡区域。森林植被属温带落叶阔叶林,有松树、柞树、桦树、杨树、椴树等高大乔木树种,有国家一级保护野生植物黄菠萝,还有榛子、栗子、核桃、蘑菇、红果等经济林木;野生动物160余种,其中猕猴、金钱豹是国家二级保护野生动物。2004年入选国家森林公园。

茅荆坝国家森林公园 2004年入选国家森林公园。参见国家级自然保护区——茅荆坝自然保护区。

响堂山国家森林公园 2004年入选国家森林公园。参见国家风景名胜区——响堂山风景名胜区。

易州国家森林公园 位于易县。地处太行山区向华北平原过渡倾斜地带,山体多为侵蚀、剥蚀、岩溶地貌。占地面积6 812公顷,包括狼牙山景区、洪崖山景区、摩天岭景区和红花寨景区。油松飞播林、天然次生桦木林、青龙潭瀑布、摩天岭、龙女峰等自然景观,与古长城、古战场遗迹等人文景观融为一体。2005年入选国家森林公园。

古北岳国家森林公园 位于唐县。由大茂山森林公园和倒马关森林公园组建而成。大茂山森林公园山高林密,原始次生林郁郁葱葱,森林覆盖率57%,群山之中隐藏着很多天然洞穴,如神秘莫测的黄龙洞和黑龙洞,洞穴幽深弯曲,洞内有洞,洞内碧水常年不断。倒马关森林公园由潭瀑峪、寨石峪、双瀑峪和秀水峪、熊窝子两个自然保护区组成,瀑布、温泉、奇石构成了独特的文化和自然景观。2005年入选国家森林公园。

武安国家森林公园 位于武安市。地处丘陵地带,植被繁茂,物种丰富。天然次生林和人工林郁郁葱葱,乔木、灌木和木质藤本树种近400种,还有树龄数百年甚至上千年的古柏树、国槐、板栗树、漆树、橡树等,野生药用植物200多种。沟壑纵横交错,山峰林立多姿,还有战国赵长城遗址、定晋岩禅果寺遗址、八路军兵工厂遗址、扼守晋冀古道的峻极、黄泽二关。2005 年入选国家森林公园。

白石山国家森林公园 2005 年入选国家森林公园。参见国家地质公园——白石山国家地质公园。

前南峪国家森林公园 位于邢台县浆水镇前南峪村。占地面积 2 600 公顷,植被覆盖率 95%,林木覆盖率 91%,被林业专家赞为“太行山最绿的地方”。万邦珍果园内万亩板栗漫山遍野,新疆薄皮核桃、美国凯特杏、美国红提葡萄、澳洲秋红油桃、欧洲榛子、乌克兰大樱桃、北海道黄杨和千株玫瑰等在此安家落户。万株唐代板栗树和西洋参、杜仲、丹参、金银花等数十种保健药用植物枝繁叶茂,成为一景。还有 14 亿年前的植物化石、古长城、志高庴、温泉寺等古迹。2006 年入选国家森林公园。

驼梁山国家森林公园 2006 年入选国家森林公园。参见国家级自然保护区——驼梁山自然保护区。

木兰围场国家森林公园 位于围场县。占地面积约 9.4 万公顷,其中森林面积约 7.1 万公顷,包括落叶松、樟子松和云杉组成的人工林约 5 万公顷,白桦、山杨、柞树、枫树等组成的天然次生林约 2 万公顷。“千里松林”曾是辽帝狩猎之地,清帝康熙的狩猎场。林木葱郁,河湖密布,栖息着数以万计的马鹿、狍子、野猪、雉鸡、黑禽鸡、细鳞鱼等。2008 年入选国家森林公园。

蝎子沟国家森林公园 位于临城县西部。占地面积约 5 000 公顷,森林覆盖率近 90%,原始次生林 2 666 公顷,是太行山中段原始森林保存最完整的区域之一。公园西部山体为典型的嶂石岩地貌景观,东部变质岩山峰与嶂石岩地貌交织,形成峡谷、奇石、尖峰等地貌景观。动植物资源丰富,有 150 种野生动物,600 多种植物,其中百年古树约 2 000 棵,国家一级保护野生动物 2 种、国家二级保护野生动物 13 种。2008 年入选国家森林公园。

仙台山国家森林公园 位于井陉县西北部。仙台山因主峰形似一尊大仙而得名,山势逶迤,地形险峻,有众多溶洞、峡谷,几座山峰形成回笼地形。主要树种有松、柏、刺槐、漆树、黄栌等,其中以黄栌数量最多;植物约500种,其中药用植物300多种,山林中盛产黄花、蘑菇、木耳等几十种可食用的野菜;栖息有松鼠等野生动物几十种,鹰等禽类上百种。有原始森林景区、主峰景区、护国院三大景区,漆树谷、鹿刨泉、军粮洞、仙台山主峰、王母宫、护国院等90多处景点。2008年入选国家森林公园。

丰宁国家森林公园 位于承德市西部。由京北第一草原、千松坝、汤河源、云雾庄园、白云古洞五大景区组成。京北第一草原盛夏无暑、花香草茂,有“北京后花园”之美誉。千松坝有绵延3 800米、树龄一二百年的天然云杉林。汤河源山涧谷地纵横交错,以榆树林、杨树林、柳树林、怪石和高大山体为主。云雾庄园集山岳、森林、草甸、潭水为一体。白云古洞以三寺、六山、九谷、十二洞最著名。有800种植物,300多种陆生脊椎动物。2008年入选国家森林公园。

黑龙山国家森林公园 位于赤城县黑龙山林场。侏罗纪酸性火山岩和火山碎屑岩形成众多奇峰异石景观。主要包括黑河源、白桦林、东猴顶等景区,主要景点有黑河源头、东猴顶、响水谷、榆林长廊、十里仙境、亚高山草甸等20多处。公园是黑河发源地,有泉眼上百处,为北京饮用水的源头。东猴顶是燕山群峰之首,京北第一高峰。在黑河源景区和白桦林景区下部沟谷,有面积约200公顷的天然白榆林,是河北省境内规模最大的天然榆林。2009年入选国家森林公园。

大青山国家森林公园 位于尚义县南壕堑林场,地处河北省与内蒙古自治区交界处的森林草原生态过渡带。大青山南北坡的自然景观截然不同。南坡岩石林立、灌草覆地,巨大的石块自山体中伸出。北坡林木莽莽、浓荫蔽日,植被多为人工针叶林,辅以落叶阔叶林及灌木林。森林覆盖率近80%,分布有大面积的落叶松、樟子松、紫椴、绣线菊、红丁香、山荆子、山杏、大果榆、白桦、文冠果、绸李、忍冬等,其中以华北地区罕见的大面积天然紫椴林最具特色。2017年入选国家森林公园。

十六、国家湿地公园

闪电河湿地公园　2009年入选国家湿地公园。参见国家水利风景区——闪电河水库水利风景区。

海留图湿地公园　位于丰宁县坝上地区。地处闪电河的上游，为典型的坝上高原湿地，三面环山，地势平缓，以草甸、河流为主，草原风光独特，自然景观特色鲜明。水资源充沛，有野生植物200多种，鸟类160多种，其中含黑鹳、金雕等国家一级保护野生鸟类动物；小天鹅、鸳鸯、草原雕等国家二级保护野生鸟类动物近30种。2012年入选国家湿地公园。

永年洼湿地公园　位于邯郸市永年区。永年洼总面积约10平方千米，是华北三大洼淀之一。滏阳河从永年洼的南部和东部绕流而过，因永年洼海拔低，周围水源自然渗透到洼淀中。洼淀周边为人工栽培的杨、柳、榆、槐、椿、泡桐等植被，洼淀中以芦苇、菖蒲等水草为主。这里是多种野生动物的理想生存场所，仅鸟类就有野鸭、白鹭、苇莺、杜鹃等100多种。2012年入选国家湿地公园。

康巴诺尔湿地公园　位于康保县城南部。“康巴诺尔”为蒙古语，意为“美丽的湖泊”。保护完好的天然高原湖泊湿地，伴有部分沼泽湿地。有野生维管植物210种，野生陆生脊椎动物200多种，其中国家一级保护野生鸟类有遗鸥、金雕、大鸨等；国家二级保护野生鸟类有小天鹅、灰鹤、黄嘴白鹭、草原雕等。现有遗鸥6 000只左右，占全世界遗鸥总数的60%，为世界上遗鸥的主要栖息地和繁衍地，堪称遗鸥天堂。2012年入选国家湿地公园。

察汗淖尔湿地公园　位于尚义县大营盘乡。“察汗淖尔”为蒙古语，意为“白色之湖”。华北地区最大的内陆咸水湖，湖面一望无际，烟波浩渺，天水相连，宛如明镜镶嵌在草原深处。湿地内有野生植物160多种，植被环湖带状分布现象清晰,是天然的盐生草甸植被资源库;水生底栖动物和浮游动物12种,其中包括在地球上生存了2亿年、保存了三叠纪时原始长相的鲎虫;鸟类140多种,是众多国家重点保护的野生鸟类栖息、繁殖的迁徙地和"加油站"。2013年入选国家湿地公园。

木兰围场小滦河湿地公园　位于围场县御道口乡。全国唯一一个以河柳林、细鳞鲑为重点保护对象的国家级湿地公园。河流纵横,水秀溪清,生物种类繁多,独具风貌的锥状山顶形成了独特的地貌景观。公园主体工程有综合管理中心、公园巡护路网、鸟类栖息地、主入口广场、宣教广场等,景观设施有映花湖、花海、风车水车景观、木栈道等。2013年入选国家湿地公园。

潮白河大运河湿地公园　位于香河县城。包括北运河、潮白河和万亩荷塘三部分。属暖温带落叶阔叶林区,气候适宜,雨量充沛,野生资源丰富,有维管植物近300种,其中包括蕨类植物、裸子植物和被子植物;有脊椎动物165种,其中包括鱼类、两栖类、爬行类、鸟类和哺乳类动物。2015年入选国家湿地公园。

官厅水库湿地公园　位于怀来县官厅镇。官厅水库是新中国成立后修建的第一座大型水库,湖面宽广,山清水秀,被誉为"塞外明珠"。包括洋河、永定河和官厅水库及其滩涂三部分,有陆生脊椎动物230多种,其中鸟类190多种,属于国家重点保护野生动物30多种,其中黑鹳、大鸨、金雕、白尾海雕、白肩雕、中华秋沙鸭和遗鸥为国家一级保护野生鸟类,另有国家二级保护野生动物24种。2015年入选国家湿地公园。

黄盖淖国家湿地公园　位于张北县。黄盖淖水库又称"天鹅湖",是一座以防洪为主,结合灌溉、养殖及林业生态综合利用的中型水利枢纽工程。水库建有渔场,天然养殖鲤鱼、鲢鱼、草鱼等鱼类。水库枢纽主要由拦河大坝、输水洞、闸门、泄洪道及溢洪道等建筑物组成。2015年入选国家湿地公园。

清漳河国家湿地公园　位于涉县境内。山区河流型湿地公园,生物资源丰富,有以芦苇、香蒲、水芹、西洋菜等为优势种的湿地植物群落,在此生息繁衍的鸟类有170多种,其中有国家一级重点保护野生鸟类黑鹳,国家二级重点保护野生鸟类小天鹅、鸳鸯等。2015 年入选国家湿地公园。

双塔山滦河国家湿地公园 位于承德市双滦区。地处承德避暑山庄西南部，占地面积约 30 平方千米。双塔山为承德名山，滦河水从后山蜿蜒东流，山间花树葱茏，山下原有石马、石凳、石洞等胜景。1 300 多年以前契丹人在双塔峰顶建造的两座古塔增添了神秘色彩，清朝的康熙、乾隆、嘉庆皇帝以及文武名臣曾多次登临。公园内有维管植物 130 多种，脊椎动物 87 种，包括国家一级保护野生鸟类黑鹳、东方白鹳；另有国家二级保护野生鸟类 12 种。2015 年入选国家湿地公园。

滏阳河国家湿地公园 位于邯郸市峰峰矿区。滏阳河发源于峰峰矿区的滏山南麓，是邯郸市唯一一条常年有水的天然河流。湿地公园以保护与恢复滏阳河湿地生态系统为核心，推动子牙河水系乃至海河流域水源水质的保护，维持滏阳河国家三级水质标准。2015 年入选国家湿地公园。

伊逊河国家湿地公园 位于隆化县。“伊逊河”为蒙古语，意为“九曲的河流”，是滦河最大的支流，常年不断流，水质状况良好。通过实施伊逊河向武烈河生态补水工程，可确保承德避暑山庄湖区水源和市区橡胶坝水源，从根本上解决市区旱河的生态问题，有效改善承德历史文化遗产的生态环境。2015 年入选国家湿地公园。

青龙湖国家湿地公园 位于青龙县东南部。湿地公园分为河流湿地、沼泽湿地和人工湿地三个湿地类，包含永久性河流、洪泛平原湿地、草本沼泽和库塘。湿地中有维管植物近 300 种，鱼类 23 种、两栖类 4 种、爬行类 13 种、鸟类 123 种、兽类 30 种，具有很高的保护价值。2015 年入选国家湿地公园。

鹊山湖国家湿地公园 位于内丘县柳林镇。湿地以海河流域子牙河水系马河上游的一座中型水利枢纽工程马河水库（鹊山湖）为主体，以上游河道、河滩为延伸。相传先秦名医扁鹊曾在鹊山湖炼丹，死后葬于此地，“鹊山”由此得名。湿地公园在净化水质、涵养水源、维持生态系统平衡、改善城市环境等方面具有重要作用。2016 年入选国家湿地公园。

大陆泽国家湿地公园 位于任县境内。大陆泽地处河北平原西部太行山河流冲积扇与黄河故道的交接洼地，为漳北、泜南诸水所汇，水面辽阔。湿地公园主要包括牛尾河、顺水河、澧河、沙洺河和留垒河河道以及邢州湖和点水湖，湿地包括永久性河流、季节性或间歇性河流、洪泛平原湿地和库塘。2016 年入选国家湿地公园。

北戴河湿地公园　位于渤海之滨、北戴河北侧 10 平方千米沿海防护林区。占地面积 3.07 平方千米，其中湿地面积 1.64 平方千米，包括浅海水域、潮间沙石海滩、河口水域、永久性河流、坑塘湖泊和沼泽洼地等湿地型。由生态保育区、森林氧吧和湿地鸟类保护区三个功能区组成，其中湿地鸟类保护区是我国北方重要的鸟类栖息地，我国现存鸟类 1 186 种，这里可观察到的 450 种，其中有 68 种是国家重点保护的，不少还是世界著名的珍禽。现为全国野生动物保护科普教育基地。2016 年入选国家湿地公园。

一渠百库国家湿地公园　位于卢龙县。主要包括引青渠和青龙河两部分。“一渠”即引青渠，全长 67.5 千米，沿引青渠两侧分布着大小百余座水库湖泊，是为“百库”，被誉为“银河下凡”“旱海游龙，群星落地”。在渠水的滋润下，沿“一渠百库”山清水碧、林深果香、农田秀美。2017 年入选国家湿地公园。

潮河国家湿地公园　位于滦平县，涉及虎什哈镇、付家店乡、马营子乡、巴克什营镇。潮河源于丰宁县槽碾沟南山，属于海河水系，经滦平县到古北口入北京市密云区境，汇入密云水库，是京津两市的重要水源地，因水流湍急，其声如潮而得名。通过对潮河流域环境的保护，这里正在成为留鸟的乐园，候鸟的中转站。2017 年入选国家湿地公园。

十七、国家矿山公园

开滦煤矿矿山公园　位于唐山市开滦唐山矿业公司内。由中国近代工业博物馆群落、老唐山风情小镇、开滦现代矿山工业示范园三大园区以及龙号机车游览线组成。第一个园区是开滦博物馆以及由三大矿业遗迹组成的开滦唐山矿早期工业遗存。其特色项目“井下探秘游”，可在地下古巷道遗址体验原始采煤到现代化采煤的演进历程。老唐山风情小镇包含“西洋风韵”“南土熏风”“民俗风情”三大主题区域，是将文化景观与商业元素巧妙融合的特色小镇；开滦现代矿山工业示范园是我国现代化矿山工业和循环经济的示范园。2005 年入选国家矿山公园。

华北油田矿山公园　位于任丘市华北油田。任丘油田是我国最早发现的古潜山油田。世界上第一个以重现古潜山油田地下的真实状态、展现石油工业与自然协调统一的石油矿山公园，包括三个景区：一是石油科技展览区——雁翎主题公园；二是采油科普区——任四井石油开采区；三是生态观光区——白洋淀景区。2005 年入选国家矿山公园。

西石门铁矿矿山公园　位于武安市太行山东麓中南段，地处煤矿采空塌陷区。以矿业遗迹为主体，集地质遗迹、自然生态、人文历史于一体的综合性矿山公园。分为 4 个景域 13 个景区，其中红旗湖游览景区、地宫探奇景区、大恒山煤矿遗址景区、南山森林游览景区、火烧山景区 5 个矿业景点处在公园的核心部位。另有煤炭文化博览景区、游乐探险景区、风情景区、矿工疗养度假景区、高台低谷鸟瞰景区和民俗美食景区等。公园内博物馆模拟展示了矿井采矿的场景，全景再现了西石门铁矿的发展史。2005 年入选国家矿山公园。

金厂峪矿山公园　位于迁西县。金厂峪金矿床是华北地台北缘最大的金矿床，有“金场”之称，采金历史悠久。矿业遗迹包括代表性的岩石矿物、地质剖面、指示性矿带、成矿模式、采矿存留、选冶工艺设备、废矿堆、尾矿堆积区、环境治理工程等；矿业活动遗迹包括采掘井巷、采冶炼遗迹等。2010 年入选国家矿山公园。

十八、国家考古遗址公园

元中都国家考古遗址公园　位于张北县馒头营乡。元中都为元朝三大都城之一,始建于元大德十一年(公元1307年),至正十八年(公元1358年)红巾军烧毁中都宫阙,遂成废址。原称“白城子”,由宫城、皇城、郭城组成,是中国传统都城“三重城”建制。宫城内呈露在地面上的27处建筑基址保存较好,出土了大批石、陶、木、砖雕等建筑构件及铜、铁、骨器,其中汉白玉角部螭首堪称元代雕刻极品。“工”字形中心大殿,“三观两阙三门道”梁柱结构的南门,奇特的“三出阙”角楼,堪称瑰宝。1999年入选“全国十大考古发现”。2017年入选国家考古遗址公园。

十九、世界遗产

承德避暑山庄及周围寺庙　避暑山庄又名“承德离宫”或“热河行宫”,位于承德市北部武烈河西岸一带狭长的谷地上,是清代皇帝夏天避暑和处理政务的场所。始建于清康熙四十二年(公元1703年),历经清康熙、雍正、乾隆三朝,耗时89年建成。避暑山庄以朴素淡雅的山村野趣为格调,取自然山水之本色,吸收江南塞北之风光,为中国现存面积最大的帝王宫苑。分为宫殿区、湖泊区、平原区、山峦区四大部分,整个山庄东南多水,西北多山,是中国自然地貌的缩影。避暑山庄周围寺庙有:建于清乾隆时期的普宁寺,建于清乾隆二十五年(公元1760年)的普佑寺,建于清乾隆二十九年(公元1764年)的安远庙,建于清乾隆三十一年(公元1766年)的普乐寺,建于清乾隆三十六年（公元 1771 年）的普陀宗乘之庙，建于清乾隆三十九年（公元 1774 年）的殊像寺，建于清乾隆四十五年（公元 1780 年）的须弥福寿之庙，建于清康熙五十二年（1713 年）的溥仁寺。1994 年入选世界文化遗产。

明清皇家陵寝：清东陵　位于遵化市昌瑞山南麓。占地面积 80 平方千米，清顺治十八年（公元 1661 年）开始修建，历时 247 年，陆续建成 217 座宫殿牌楼，组成大小 15 座陵园。陵区南北长 125 千米、宽 20 千米，建有皇陵 5 座：顺治帝的孝陵、康熙帝的景陵、乾隆帝的裕陵、咸丰帝的定陵、同治帝的惠陵，以及东（慈安）、西（慈禧）太后等后陵 4 座、妃园 5 座、公主陵 1 座，埋葬着 5 位皇帝、15 位皇后、136 位妃嫔、3 位阿哥、2 位公主共 161 人。2000 年作为明清皇家陵寝的组成部分入选世界文化遗产。

明清皇家陵寝：清西陵　位于易县城西的永宁山下。始建于清雍正八年（公元 1730 年）。共有 14 座陵墓，包括雍正的泰陵、嘉庆的昌陵、道光的慕陵和光绪的崇陵，还有 3 座后陵以及怀王陵、公主陵、阿哥陵、王爷陵等。建筑形式严格遵循清代皇室建陵制度，皇帝陵、皇后陵、王爷陵均采用黄色琉璃瓦盖顶，妃嫔、公主、阿哥园寝均为绿色琉璃瓦或灰布瓦盖顶。陵区占地面积约 800 平方千米，宫殿建筑千余间。2000 年作为明清皇家陵寝的组成部分入选世界文化遗产。

中国大运河：河北段　中国大运河始建于春秋时期。由隋唐大运河（永济渠、通济渠、邗沟、江南河段）、京杭大运河（通惠河、北运河、南运河、会通河、中河、淮扬运河、江南运河段）、浙东运河共三大部分、十段河道组成；地跨北京、天津、河北、山东、河南、安徽、江苏、浙江 8 个省和直辖市，全长 2 700 千米（含遗产河道 1 011 千米），纵贯我国最富饶的华北大平原与江南水乡，通达海河、黄河、淮河、长江、钱塘江五大水系，是世界上开凿时间较早、规模最大、线路最长、延续使用时间最久的运河，被国际工业遗产保护委员会入选最具影响力的水道。自清末改漕运为海运后，大运河地位衰落。2014 年，联合国教科文组织将 27 段河道和 58 个遗产点以“中国大运河”为名列入

《世界遗产名录》。其中河北段有：华家口夯土险工、谢家坝、南运河沧州至德州段运河河道。

二十、全国重点文物保护单位

石家庄—安济桥　又称“赵州桥”，横跨在赵县的洨河上。因桥体全部用石料建成，当地称“大石桥”。建于隋朝开皇至大业初年，由著名匠师李春设计建造，1 400 多年来，经历无数次洪水冲击和 8 次地震，仍安然无恙。桥长 50.82 米，只有一个大拱，长达 37.4 米，是当时世界上最长的石拱桥。桥拱的两肩上各有 2 个小拱，拱上加拱桥身更显美观。赵州桥是世界纪录协会认定的世界上最早的敞肩石拱桥，欧洲出现这种敞肩拱桥比中国晚了 1 200 多年。1961 年入选全国重点文物保护单位。

石家庄—永通桥　位于赵县城西门外清水河上。建于唐永泰元年（公元 765 年）。带腹拱单孔并列券敞肩式石桥，长 32 米，宽 6.34 米，大券上伏有小拱 4 个，跨径 26 米，拱矢 5.34 米。桥栏板雕刻一为两端雕斗子的蜀柱，中间用驼峰托斗，华板通长无格，上有优美浮雕；一为荷叶墩代斗子蜀柱，华板分两格。各小券的撞券上都有河神浮雕，北面东端小券墩上雕飞马，西端券面雕鱼，形象生动。永通桥造型与著名的安济桥相似，规模比安济桥略小，俗称“小石桥”。1961 年入选全国重点文物保护单位。

石家庄—广惠寺华塔　又名“多宝塔”。位于正定县城南大街路。广惠寺建于唐贞元年间，明清两代香火极盛，乾隆皇帝曾多次前来拈香礼佛，并钦题额匾“妙光演教”，寺院早已不存。华塔建于金代，由主塔和附属小塔构成，全用砖砌；主塔底层四隅各有一座六角亭状的小塔，小塔环抱主塔，高低错落，主次相依，精巧华丽，是中国造型最为特异的砖塔之一。1961 年入选全国重点文物保护单位。

石家庄—赵州陀罗尼经幢 位于赵县城内。建于北宋景祐五年(公元1038年),因幢体刻有陀罗尼经文而得名。经幢通高16.44米,是中国境内现存最高大的经幢。由幢基、幛身和幢顶几部分组成,八棱多层形式,共七级,各级之间置华盖等石雕装饰物,顶部为铜质幢刹。台基四周刻有莲花圆柱、佛像、板门、花卉和人物等,板门旁各浮雕两个金刚力士。束腰的东、西、南三面刻有"妇人掩门"图,富有生活气息。1961年入选全国重点文物保护单位。

石家庄—隆兴寺 中国十大名寺之一,位于正定县城东门里街。原是东晋十六国时期后燕慕容熙的龙腾苑,隋开皇六年(公元586年)改建为寺院,时称"龙藏寺",唐朝改为"龙兴寺",清朝改为"隆兴寺"。占地面积82 500平方米,大小殿宇10余座,高低错落,主次分明。大悲阁是寺内主体建筑,阁内有铜铸大悲菩萨像,高21米,有42臂,是闻名遐迩的正定大菩萨。摩尼殿以建筑形制奇特而著称,平面呈十字形,这种建筑在中国宋代仅此一例。殿内的壁画、彩色倒坐观音像都有很高的观赏价值。1961年入选全国重点文物保护单位。

石家庄—西柏坡中共中央旧址 位于平山县。曾是中共中央和中国人民解放军总部所在地。新中国成立前中共中央的许多重要会议在此召开,包括解放战争三大战役在内的一系列战役在此运筹和指挥,毛泽东的几十篇光辉著作在此诞生。现在的西柏坡中共中央旧址大院是1971年在原址北面山坡上按原布局、利用原房屋构件等复原修建的。1982年入选全国重点文物保护单位。

石家庄—开元寺 位于正定县城燕赵南人街。始建于东魏兴和二年(公元540年),曾名"净观寺""解慧寺"。主殿在后,塔与钟楼在殿前左右对峙,这种布局是唐代寺院从以佛塔为中心向以殿阁为中心过渡的珍贵实例。清代后期,因年久失修,寺院废毁,殿堂塌落,仅存唐代建筑须弥塔和钟楼。须弥塔为九级密檐式方塔,高42.6米,刹座、仰莲、覆钵均系砖砌,四周置铜镜,其上系金属质刹杆、宝殊,格外挺拔。钟楼为两层楼阁式建筑,高14

米，平面呈四方形，面阔和进深各三间，青瓦重檐歇山顶，楼上所悬铜钟也是唐代遗物。1988年入选全国重点文物保护单位。

石家庄—凌霄塔 位于正定县城大众街原天宁寺内，因巍峨高崇而得名。又因塔身多系木结构，俗称“木塔”。始建于唐至德元年（公元756年），当时寺院规模宏大，富丽堂皇，香火鼎盛。民国初年，寺院所遗殿堂一一被毁，唯凌霄塔独存。凌霄塔是一座下砖上木、砖木混合的楼阁式塔，共分九层，一至四层为砖砌结构，五层以上全部为木构建筑。在塔身第四层中心部位竖立一根直达塔顶的木质通天柱，并依层位用放射状八根扒梁与外搪相连，这样的结构国内仅此一例。凌霄塔地宫中发现一个半圆石函，半圆石函上放置着一个长方形小石函，其内部还放着一个斗状的石函，上刻“唐代宗朝建塔”的铭文。1988年入选全国重点文物保护单位。

石家庄—中山古城遗址 位于平山县三汲乡。占地面积约12平方千米。主城分为东城和西城，城垣现已大部无存，仅南城墙西段、西城墙和北城墙部分地段尚存夯土遗迹，发现有四处大型夯筑附属建筑。城内和城外王陵区内仍存三处墓葬封土。发掘多座战国早期墓，出土万余件精美的青铜器、玉器和其他珍贵文物，获得了珍贵的长篇青铜铭文和兆域图铜版。中山古城是战国重要都城之一，自公元前414年到公元前296年，先后五位国君定都于中山古城。曾入选“中国20世纪100项考古大发现”。1988年入选全国重点文物保护单位。

石家庄—治平寺石塔 位于赞皇县嘉应寺村。治平寺始建于隋开皇三年（公元583年），兴盛于唐宋，明成化年间尚“殿宇成群”。日本侵华期间，毁于战火，现仅存石塔（经幢）和部分附属文物。石塔建于唐天宝八年（公元749年），平面呈八角形，青石雕砌，高约12.5米。塔身分四层，各层均出檐。每节塔身及塔檐分别用一整块大石雕琢而成，各面浮雕有佛教故事，各层翼角微微翘起并饰以蹲兽，造型轻盈而庄重。1996年入选全国重点文物保护单位。

石家庄—正定文庙大成殿 位于正定县城育才街。文庙现存主要建筑为照壁、戟门、大成殿和东西庑,其他建筑均在民国时期坍塌。大成殿是文庙的正殿,单檐歇山顶,面阔五间,进深三间,瓦顶平缓,斗拱简洁硕大,不施平板枋,斗拱直接安放于柱顶,应为唐末五代所建,比曲阜孔庙现存的大成殿早五六个世纪,为我国现存最早的文庙大成殿。1997 年恢复大殿原貌,并依照曲阜孔庙增补了孔子等的塑像。1996 年入选全国重点文物保护单位。

石家庄—毗卢寺 位于新华区上京村。始建于唐天宝年间,占地面积约 1.8 万平方千米,宋、元、明各朝均曾重修,现仅存释迦殿(前殿)和毗卢殿(后殿)。毗卢殿供奉佛教的本尊主佛毗卢遮那(印度语,意为光明普照),故称为“毗卢寺”。以存有明代精美的宗教壁画而驰名,并保存有一批西汉石刻、雕像等珍贵历史文物。毗卢寺壁画共 200 多平方米,绘有 122 组 508 位神祇人物,气势壮观、富丽堂皇。1996 年入选全国重点文物保护单位。

石家庄—天护陀罗尼经幢 位于井陉矿区天户村。建造于唐开元十五年(公元 727 年),青石质,残高 5 米,直径约 64 厘米。幢身下施覆莲座、须弥座及方形石础。幢身呈八边形,施宝盖二重,上承须弥山,再上为重层仰莲托八面石柱,石柱各面的尖拱龛内各雕有菩萨立像一尊。幢身南面刻“为国敬造佛顶尊胜陀罗尼幢”。幢顶残缺。1996 年入选全国重点文物保护单位。

石家庄—井陉窑遗址 位于井陉县和井陉矿区。占地面积超过 150 万平方米,烧造历史始于隋唐,终于明清,分布面广、烧造时间长。以烧制白瓷为主,绛釉、黑褐釉、黑釉瓷次之,也有少量的天目釉、绿釉、黄釉器。品种以盘碗为主,也有瓷枕、罐等 20 多个品种。装饰手法以划花、刻花、印花、镂空为主。金代凿姓窑场遗址保存下来的晾坯架栏、烘坯碳沟遗迹及“戳印点彩戳模”震动了国内陶瓷界。遗址的发掘填补了中国北方陶瓷分布的空白。2001 年入选全国重点文物保护单位。

石家庄—临济寺澄灵塔 位于正定县城生民街临济寺内。俗称“青塔”“衣钵塔”,始建于唐咸通八年(公元 867 年),为收藏临济宗开创人义玄禅师的衣钵而修建。8 角 9 级密檐式实心砖塔,通高 30.47 米,建在八角形砖砌基台上。台上为石砌基座,再上是砖砌须弥座。束腰正面镶嵌清雍正十二年(公元1734年)谕旨石刻。2001年入选全国重点文物保护单位。

石家庄—幽居寺塔 位于灵寿县沙子洞村。幽居寺为北齐天保八年(公元557年)赵郡王高睿所建,早年圮毁,仅存方塔一座和碑、幢及石佛像。方塔平面呈正方形,建于方形石基上,7级,高20余米。第一层正南面有拱券门,第二层以上面阔和高度逐渐递减。每层塔檐为菱角牙子叠涩外出,共有汉白玉小石佛像17尊,刻工精细,为北齐石刻珍品。塔顶用仰莲花承托塔刹,颇具特色。2001年入选全国重点文物保护单位。

石家庄—大观圣作之碑 位于赵县县城内。刻于北宋大观二年(公元1108年)。碑由青石雕成,碑身为一块整体的石料,高5.6米,宽1.57米,厚0.5米。正面碑额上雕有双龙,刻有“大观圣作之碑”六个楷体大字。碑身四周刻有卷龙缠枝牡丹图案,中间刻有碑文,为宋徽宗赵佶所撰,共1 021字,现残缺62字。碑文由书学博士李时雍仿徽宗瘦金体书丹所书。当年的圣旨碑现存世六通,另外五通分别在河南新乡市、泰安岱庙碑林、陕西兴平市文庙、河北平乡文庙和西安碑林。2001年入选全国重点文物保护单位。

石家庄—大唐清河郡王纪功载政之颂碑 俗称“风动碑”,位于正定县城解放街。唐永泰二年(公元766年)刻立。通高6米、宽2.5米、厚0.48米。碑额上刻有“大唐清河郡王纪功载政之颂”12个大字。碑文楷书29行总计1 398字,现存1 007字,内容是颂扬当时成都军节度使李宝臣功德。碑文书法遒劲,为历代学家所称道。2001年入选全国重点文物保护单位。

石家庄—台西遗址 位于藁城区岗上镇台西村。以三个土台“疙瘩”为中心,分布着商代中期居住遗存和墓葬。14座商代房址中,其中早期房子两座,为半地穴式;晚期房子12座,大部分为木制梁架的地面建筑,有硬山顶式、平顶式和斜坡顶式等类型。发现的铁器铁刃铜钺、铁矿渣、手术器械砭镰、平纹绉丝纺织品、脱胶麻织品、酿酒作坊、酒曲实物等,都是世界上同类物品中最早的。2006年入选全国重点文物保护单位。

石家庄—常山郡故城 位于元氏县。战国末期至汉代重要的文化遗产。常山郡故城城墙尚有七八米高,城墙周围有十数只石羊石马石像。发现两座大型古墓,出土银、铜、铁、漆、陶等器物残件1 000多件,铜器上标有常山铭文。2006年入选全国重点文物保护单位。

石家庄—万寿寺塔林 位于平山县三汲乡东林山。占地面积6.67万平方米。原有万寿寺高僧墓塔23座,现存2群13座。其中2号墓塔为唐天寿太子墓塔,故又称“唐太子墓塔群”。太子墓塔通高6.5米,底周8米,八角形,塔身正面有拱券门,其余各面有方形方格直棂盲窗2个,檐下为四铺作单挠斗拱,檐上为仰莲葫芦塔刹,显得浑厚稳健。除1、2号塔为唐、五代所建外,其余为宋、元、明、清建筑。现存砖塔皆为单层、单檐仿木结构,檐上为攒尖顶、莲瓣塔刹,有些塔上还保存有完好的铭文。2006年入选全国重点文物保护单位。

石家庄—柏林寺塔 又名“从谂禅师舍利塔”,位于赵县赵州城石塔路。柏林寺建于东汉,宋元时殿宇碑塔林立,后大部废圮。现存柏林寺塔系元天历三年(公元1330年)为纪念唐代名僧从谂真际禅师而建。塔高33米,8角7层,砖木结构,图案雕刻技法精良。从谂真际禅师是中国禅宗史上一位震古烁今的法师,他在该寺传法长达40年,人称“赵州古佛”。2006年入选全国重点文物保护单位。

石家庄—正定府文庙 位于正定城内常山东路。宋熙宁三年(公元1070年)创建,金、元、明、清代均有重修。民国年间,庙内建筑有大成殿7间,东西庑各13间,庙东北为崇圣祠,东为六忠祠,庙西侧为明伦堂,堂后建尊经阁,阁左右建梯云步月楼,阁后建敬一亭。戟门五间,东为名宦祠,西为乡贤祠,庙东南为魁星阁,阁北建文昌祠。院内有观乐亭、棂星门、关帝庙、斋室、教授宅、训导宅等建筑。“文革”时期大成殿等建筑被拆毁,现仅存戟门五间和东西庑各三间,其中戟门是元代遗存。2006年入选全国重点文物保护单位。

石家庄—井陉古驿道 位于井陉县。古驿道年代久远,已湮没难觅,似为由鹿泉郄庄经上安、井陉故城、板桥、长生口、娘子旧关到山西平定柏井。

秦始皇十八年(公元前229年)秦将王翦伐赵之战,公元前206年刘邦以少胜多的背水之战,公元756年唐将郭子仪、李光弼歼灭叛将史思明平定安史之乱,清光绪二十六年(公元1900年)清将刘光才抵抗八国联军的庚子大战都发生在这里。2006年入选全国重点文物保护单位。

石家庄—福庆寺 位于井陉县苍岩山。占地面积246万平方米。相传隋炀帝之长女南阳公主在苍岩山以石泉水沐浴,治愈癣疥,后削发为尼,长居于此,故建该寺。宋祥符七年(1014年)宋真宗敕赐"福庆寺"。主体建筑南阳公主祠宽三间、进深一间,单檐歇山式黄绿琉璃顶,祠内正面三龛中间端坐着南阳公主彩塑,山墙上绘有公主修身得道、济世救人的彩色壁画。另有幽深的石洞,传说为公主的寝室。寺院内还有苍山书院、万仙堂、大佛殿、峰回轩、砖塔等建筑及数座碑碣,现存建筑大都是清代遗物。2006年入选全国重点文物保护单位。

石家庄—伏羲台遗址 位于新乐市何家庄村。唐尧以前的伏羲氏为文化的散播者,开化中国的鼻祖。商、周、汉时期古遗址,占地面积1 600万平方米。主体建筑分布在一条中轴线上,所有建筑均建在高5米的夯土台上,并在台上筑台逐层增高,形成高低错落的平面布局。六佐殿为元代建筑,龙师殿和寝宫为1994年复原建筑。中轴线东西两侧建有华胥庙(俗称"老娘殿")、雷公庙、东西朝房和钟鼓二亭。2013年入选全国重点文物保护单位。

石家庄—西张村遗址 位于元氏县。占地面积约10万平方米,包括西周晚期至东周时期的文化层,发现两座墓葬,出土了刻铭青铜器、玉器、车马器等重要遗物。随葬品中有铸有铭文的鼎、尊、卣、簋等青铜器,其铭文揭示了周初軧国的地理位置,证实了周初始封邢侯之国的地域,以及邢国与北戎的关系。2013年入选全国重点文物保护单位。

石家庄—东垣故城遗址 位于长安区古城村。东垣古城为战国中山国的重要城邑,汉代真定国都。古城址为不规则长方形,占地面积约3平方千米。城墙墙基宽约20米,四周城墙均有遗存。地表暴露有大量陶片以及砖瓦残件。曾出土大量的燕赵刀币和西汉半两陶范。城址内的断崖上暴露的文化层中含有丰富的陶质生活用品和建筑构件的残片。2013 年入选全国重点文物保护单位。

石家庄—古宋城遗址　位于赵县韩村镇宋城村。占地面积 38.5 万平方米。宋子城墙为板筑夯打,并有柱洞,是汉代的做法。在以宋子城西为中心方圆几十平方千米的田野里,分布着几十座高大的土丘墓。古墓内曾出土汉代陶俑等随葬品,墓葬形制多为多室砖墓,当为汉代宋子上层统治者的家族墓,说明汉代宋子城正处于兴旺繁荣时期。2013 年入选全国重点文物保护单位。

石家庄—甄氏墓群　位于无极县处史村。甄氏墓群为东汉至南北朝时期河北一带的名门望族——甄氏家族的墓地。“甄”姓是中国古老的姓氏之一,国内外的甄姓同胞普遍承认无极是甄姓家族的故乡。甄氏家族成员官高位显,累世因袭,甄丰、甄邯、甄韵、甄举、甄阜、甄逸、甄琛、甄备、甄像、甄愓等人皆葬此处。现存土坟丘 6 个,曾挖出东汉后期甄谦墓和北魏时甄凯墓,出土铜器、青瓷器、彩绘陶俑等文物上百件,其中包括石砌拱门、甄谦买地券和甄凯墓志等重要文物。2013 年入选全国重点文物保护单位。

石家庄—赞皇李氏墓群　位于赞皇县西高村。又名“北朝赵郡李氏家族墓”。由九座古墓组成古墓群,目前已发掘四座。该墓群规模大、排列有序,是目前已发现的少有的北朝大型家族墓地。出土随葬品丰富、组合清晰、纪年明确,是北朝墓葬研究的标尺。2013 年入选全国重点文物保护单位。

石家庄—开化寺塔　位于元氏县城。开化寺内建筑大多已毁圮。寺内原有两座塔,一通唐代经幢。开化寺双塔始建于唐代,金代、明代成化年间重修,“文革”期间开化寺及寺内西塔被毁,唯东塔留存。现存塔体为金代结构,8 角 9 级密檐式实心砖塔,塔下台基由长方形条石砌就,高 1.2 米,每边长 8 米。塔座全高 6.5 米,自上而下由仰莲座、栏板、斗拱等砖雕装饰和下层两组花卉图案组成。2013 年入选全国重点文物保护单位。

石家庄—灵寿石牌坊　位于灵寿县城关西街。明崇祯十四年(公元

1641年)建。牌楼高12.1米,宽8米,通体用细青石仿5楼4柱三重檐的木结构透雕而成。斗拱主间六朵,次间上楼三朵,下楼二朵,布局匀称。三层额枋上有流云、仙鹤、行龙、双凤等深浮雕图案,雕工细致,正中匾额楷书“三世中枢”四字。各柱两边的夹柱石上,雕有大小不同的狮子45个,跃立坐卧形态各异,极为生动。牌坊透雕布局均匀合理,雕工细致,构思巧妙,是一件不可多得的艺术珍品。2013年入选全国重点文物保护单位。

石家庄—正定城墙 位于正定县。始建于北周,初为石筑。唐宝应元年(公元762年)进行拓建。明正统十四年(公元1449年)扩建为周长12千米、高10.5米、上宽6.6米的土城。隆庆五年(公元1571年)将土城改为砖城。设4座城门,均附有月城和瓮城。除东城门已埋于国防工事之下,其余3门均存留。2013年入选全国重点文物保护单位。

石家庄—井陉旧城墙 位于井陉县西南处。唐代设天长镇,北宋熙宁八年(公元1075年)移井陉县治于此。明初,县城周长约1.5千米,高约9.9米。明嘉靖九年(公元1530年)南城被河水冲坏,后以石砌南城。隆庆六年(公元1572年)大雨,雉堞崩毁,改砌石城,并在南门处设瓮城。现除城楼外,保存尚完整。东门外有清筑东关大桥跨于绵河。东南角外突出一段有一门,称“小南门”,为防备湍急水流而设。2013年入选全国重点文物保护单位。

石家庄—封龙山石窟 位于元氏县与鹿泉市交界处的封龙山。封龙山东、西麓各有石堂院,但东石堂院窟内的造像已毁。西石堂院有窟3个,一号窟即三世佛窟,主龛坐佛为释迦牟尼佛,右龛坐佛为未来佛弥勒佛,左龛坐佛为过去佛阿弥陀佛,四壁还刻有90多个小佛龛。二号窟约开凿于唐代前期,为千佛窟,坐像为释迦像,窟内四壁自上而下雕刻一排排、一组组纵横交错的小佛,共847尊。三号窟为涅盘窟,窟内刻释迦牟尼涅槃像,为北宋年间所刻。2013年入选全国重点文物保护单位。

石家庄—瑜伽山摩崖造像 位于平山县南冶村瑜伽山香炉谷。现存摩崖造像3处,一处在香炉谷,一处在寺嘴,一处在岭西的菩萨洞,大小佛像共

74尊。香炉谷中的弥勒阁,始建于唐末,金代重修,现存遗物为明代砖石结构无梁殿建筑。弥勒阁内依石崖雕善跏坐佛一尊,高8米,敷搭双肩袈裟,右摆吊搭于左肩上,衣纹流畅挺拔,面部圆润丰颐,姿态柔和,表现了高超的雕塑技巧。2013年入选全国重点文物保护单位。

石家庄—正丰矿工业建筑群 位于井陉矿区。1912年北洋政府总理兼陆军总长段祺瑞以及阎锡山等十余人集资,成立正丰煤矿股份有限公司,段祺瑞之弟段祺勋出任总经理。厂方聘请德国设计师,按照西洋风格建成总经理办公大楼、德国工程师专用办公大楼等建筑。建筑群包括段家楼群和正丰矿两个片区,其中段家楼群占地面积16.32万平方米,建筑面积1.2万平方米,规模宏大,布局紧凑,结构巧妙,做工精细,技术精湛,是西洋建筑与中国古典建筑艺术相结合的艺术珍品。2013年入选全国重点文物保护单位。

石家庄—中国人民银行旧址 位于新华区中华北大街。因用水泥砌成,表面呈灰色,俗称“小灰楼”。小灰楼在1947年11月石家庄解放后成为首届石家庄市委办公地,后移交给晋察冀边区银行使用。1948年中国人民银行在这里挂牌成立,我国第一套人民币在这里诞生。新中国成立后,中国人民银行总行迁至北京,“小灰楼”移交给当地驻军使用。小灰楼落成石碑镶于正门左侧的墙上,宽50多厘米,高70多厘米。2013年入选全国重点文物保护单位。

秦皇岛—万里长城山海关 位于山海关区。山海关长城是万里长城的入海处,全长26千米。山海关城由关城、东罗城、西罗城、南翼城、北翼城、威远城和宁海城七大城堡构成,四周有长4 769米、高11.6米、厚10余米的城墙,墙体高大坚实,气势宏伟。在东、西、南、北建有四个城门,城东南隅、东北隅建有角楼,城中间建有雄伟的钟鼓楼。建筑规模宏伟,防御工程坚固。1961年入选全国重点文物保护单位。

秦皇岛—北戴河秦行宫遗址 位于北戴河区金山嘴及其附近。即秦始皇碣石行宫,又称“金山嘴古城遗址”,占地面积约6万平方米。“一峰压水、三面清波”的金山嘴,曾是方士求仙的中心与舟樯聚泊的地方。揭露建筑遗址以及陶井、水井、灶、水管道、窑穴等遗迹,出土大量板瓦、筒瓦、柱础石、菱形纹空心砖、巨形夔纹半瓦当、云纹瓦当等建筑构件和少量的陶盆、陶甑、铿、罐、瓮等生活用具。秦代建筑遗址有三个主要地点,分布在以金山咀为起点的南北轴线上,其中金山咀和横山以北的建筑遗址已遭破坏。曾入选第七个五年计划期间"全国十大考古发现"。1996 年入选全国重点文物保护单位。

秦皇岛—万里长城九门口 位于抚宁区东北与辽宁省绥中县交界处。河北境内明长城东端蓟镇的重要关隘,以雄奇、险峻著称,有"不到九门口,枉来长城走"民谚。位于长城下山体内的长城隧道,据说是明代屯兵所用。隧道在巨石中开凿,狭长幽深,会议室、寝室、厨房、厕所、练兵场所等一应俱全,现陈列有折戟沉沙的兵器,还新筑了不少将士形象。但内部通风不好,湿气较大,可见当时条件极为艰苦。1996 年入选全国重点文物保护单位。

秦皇岛—源影寺塔 位于昌黎县城源影寺内。始建年代已难考证。典型的辽金时代佛塔建筑,高约 40 米,13 层 8 面密檐实心砖塔。塔基筑有以须弥座承托着的、雕饰秀美的平座,平座上有仰莲两层,托起用青砖雕刻的天宫楼阁。天宫楼阁直至塔顶,各层斗檐卷刹飞扬,古朴秀美。塔尖为凌空傲立的风磨铜顶,耀眼夺目。古塔下还有一水井,深约 20 米,长年有泉水流出,清甜可口。2001 年入选全国重点文物保护单位。

秦皇岛—大佛顶尊胜陀罗尼经幢 位于卢龙县城内。八棱形多层式石质建筑,高十米,分幢座、幢身、幢顶三部分。幢身共分六层,基本保存完好,底四层有石刻文字,上两层有雕刻佛像。除第四层幢身为明万历年间所建外,其余为金朝大定年间重修。经幢可能始建于唐高宗仪凤年间。2006 年入选全国重点文物保护单位。

秦皇岛—山海关八国联军营盘旧址 位于山海关区。清光绪二十六年(公元 1900 年)八国联军占领北京后,向京畿战略要地发起进攻。列强组成的联合舰队从山海关老龙头沿海进攻登陆,澄海楼被毁,驻防清军沿长城撤至九门口。翌年,清政府与列强签订《辛丑条约》,列强在山海关南部沿海相继建立营盘,在山海关火车站南侧修建了专门接待外国人的六国饭店、由六国饭店至各国军营的马拉小铁路。从此,山海关的海防权被列强把持。这些营盘旧址是中国现存最大、最完整的八国联军军营旧址。2006 年入选全国重点文物保护单位。

秦皇岛—北戴河近代建筑群 位于北戴河区海滨。始建于清末,至 1948 年有别墅 719 幢,占地面积约 18 平方千米。占地面积较大的建筑有:北洋政府大总统徐世昌之弟徐世章的别墅,日本人东金草燕的别墅,奥地利人白兰士的别墅,德国人八贝所建的八贝楼,中华平安公司北戴河办公地的五凤楼,还有常德立别墅、张学良楼、吴鼎昌楼、陆军总长段芝贵楼、海关楼等。2006 年入选全国重点文物保护单位。

秦皇岛—板厂峪窑址群遗址 位于抚宁区驻操营镇板厂峪村。板厂峪村地处"万里长城第一关"山海关附近,村北横亘着 3.5 千米长的明代长城。已探明砖窑遗址 136 座,其中瓦窑遗址 2 座、灰窑遗址 5 座、小铁作坊遗址 2 座,保存有长城砖的砖窑 66 余座。砖窑直径 3.5 米至 6 米不等,窑深约 3.5 米,里面大都保存着当时烧好的筑长城用的青砖,砖长 36 厘米,宽 17 厘米,厚 9 厘米,重 10.5 千克左右。砖窑每座码砖 20 层,存砖 5 000 余块。2013 年入选全国重点文物保护单位。

秦皇岛—永平府城墙 位于卢龙县城西部。永平府是明朝的一个府级行政区划,地域包括现唐山市大部地区、秦皇岛大部地区和辽宁省西南部地区,府治在今秦皇岛市卢龙县西部。永平府城墙长约 1 010 米,包括永平府城南门、大西门(含瓮城)和小西门各一座。东汉建安十二年(公元 207 年),曹操屯兵卢龙,筑平州城,为夯土结构,为卢龙城墙之始。明洪武四年(公元 1372 年),筑永平府城,为砖石结构。2013 年入选全国重点文物保护单位。

秦皇岛—秦皇岛港口近代建筑群 秦皇岛于清光绪二十四年(公元 1898 年)开埠,随着秦皇岛港的建成,港口附属设施逐年增加,形成了以港口设施为主,民用建筑、近代企业建筑并存的港口近代建筑体系。主要包括秦皇岛开滦矿务局高级员司俱乐部、南山电厂、开平矿务局秦皇岛经理处办公楼、南栈房、老船坞、京奉铁路桥等21处近代工业遗产，大多保存较好。现已建成秦皇岛港口博物馆。2013年入选全国重点文物保护单位。

秦皇岛—耀华玻璃厂旧址 位于海港区文化路。1922年中国和比利时合资组建秦皇岛耀华机器制造玻璃股份有限公司，为当时中国北方唯一的中外合资企业，中国第一块机制平板玻璃在这里诞生，秦皇岛成为世界闻名的“玻璃之城”。旧址包括三座老建筑，即电灯房、水塔和水泵房，由比利时设计师设计，典型的法国哥特式建筑风格。电灯房建筑面积1 454平方米，高13.6米，现为玻璃博物馆的主展厅。水塔由砖石砌筑，原高16.7米，储水容量96立方米，1977年增高至23.15米。水泵房建筑面积为260平方米，蓄水池为长方体结构，下有深水井，四季有水。2013年入选全国重点文物保护单位。

邢台—邢窑遗址 位于内丘、临城两县境内的太行山东麓丘陵和平原地带。发现窑址13处，是隋至五代时期的瓷窑遗址，出土了大量唐朝实物标本，填补了中国瓷史研究中的一项空白。邢窑所产白瓷，胎质细洁、色纯白而极坚硬，釉色为乳白色。它的出现改变了中国一向以青瓷为主的局面，具有重大保护价值和科学研究价值。1996年入选全国重点文物保护单位。

邢台—普利寺塔 位于临城县城关东北部。普利寺始建于北魏太武帝年间，唐朝时重修。北宋皇祐四年(公元1052年)在寺内建舍利塔。北宋大观四年(公元1110年)，北宋赵佶皇帝北巡晋地路经临城，曾在普利寺内驻足停留，命宰相蔡京书写“爽亭”二字刻于碑上。现普利寺已废，仅存塔。我国唯一保存的北宋方形密檐式仿木砖塔，高33米，共8层。各壁面砌千佛龛，每龛内浮雕坐佛一躯。一层塔身共有佛像1 016尊，二层各面分别浮雕4尊罗汉像，转角处饰有力士。2001年入选全国重点文物保护单位。

邢台—东先贤遗址 位于南石门乡东先贤村。南北长约970米，东西宽约780米，占地面积约75万平方米。遗址区除局部为战国时期堆积外，主要为商代堆积，文化层厚50—200厘米，有些地方厚达300厘米，发现房址、陶窑、灰坑等大量遗迹，出土遗物极为丰富。2006年入选全国重点文物保护单位。

邢台—邢国墓地 位于桥西区。占地面积100万平方米,重点保护区域内密集分布着西周诸侯、贵族墓葬,先商及商代中、晚期遗址。其中西周时期的墓葬500余座,车马坑50余座,已发掘西周墓葬230座、车马坑28座。曾出土大型青铜器、金器、漆器、玉器等。2006年入选全国重点文物保护单位。

邢台—隆尧唐祖陵 位于隆尧县魏庄镇。唐贞观二十年(公元646年)唐太宗下诏修建祖陵,先后建成李熙的建初陵和李天赐的启运陵,合称“大唐帝陵”。占地面积超过4平方千米,由陵署、献殿、光业寺、下宫、陪葬墓等组成,布局与唐代长安城相似,规制为帝王规格。神道长100米,宽40米,两侧原存唐代石刻石华表、翼马、鞍马及控马人、文武侍臣、镇陵石狮等共20件,现存17件。唐祖陵封土已平,整个陵区现为一片洼地。2006年入选全国重点文物保护单位。

邢台—扁鹊庙 位于内丘县神头村,这里是扁鹊行医采药之地。扁鹊是战国时代的名医,汉司马迁《史记》曾为其立传。扁鹊庙汉唐有之,始建不详。自汉至今,历代均有修葺,现存为元代建筑。扁鹊庙又名“鹊山庙”“鹊王庙”,宋代加“神应”之号。群山环抱之中,右扶龙腾山,前临龙腾水;庙内有扁鹊塑像,庙左有扁鹊墓,每年农历三月,八方人士云集祀之,香火极盛。2006年入选全国重点文物保护单位。

邢台—邢台开元寺 位于桥东区开元北路。始建于唐开元年间,武则天敕封为“大云寺”,唐玄宗更名为“开元寺”。元世祖忽必烈曾两次幸临开元寺,召开资戒大会,立资戒坛碑。明朝以后逐渐衰落,每当住持法师讲授教义时云集于此的知名高僧仍多达千人,堪称当时中国北方的一个佛教中心。现存开元寺占地面积约2.7万平方米,大雄宝殿、毗卢殿及释迦牟尼殿等均为明代建筑,保存有唐代的经幢、金代的大铁钟及大量的碑铭题记等珍贵文物。2006年入选全国重点文物保护单位。

邢台—宋璟碑 位于桥西区李村乡。唐代名相宋璟的神道碑。因碑文为唐代"金紫光禄大夫行抚州刺史上柱国鲁郡开国公颜真卿撰并书",所以也称"颜鲁公碑"。碑额为方形,正中阴文篆书"大唐故尚书右丞相赠太尉文贞公宋公神道之碑"20个大字。原有仰首赑屃碑座,上刻褡裢花纹,庄严稳重,今已逸失。2006年入选全国重点文物保护单位。

邢台—义和拳议事厅旧址 位于威县固献乡沙柳寨村。威县是义和拳(团)运动的发源地之一。议事厅是赵三多等义和拳(团)首领计议军机大事的场所,面阔五间,进深一间,东、西分别为耳房和带抱厦的清式民居。明间前廊挂匾,上书"义和拳议事厅"。厅前有义和拳(团)首领赵三多塑像及纪念碑亭。2006年入选全国重点文物保护单位。

邢台—柏人城遗址 位于隆尧县双碑乡。柏人城始建于春秋,是战国时期赵国仅次于邯郸的第二大城市。柏人城遗址系夯土建筑,北邻抵水,三面环岗。岗上遍布战国及汉代古墓,出土遗物有陶器、瓷器、金属器等,代表性器物有战国时期所铸的"白人"刀币和刻有"柏人"的铭文戈。当时赵国只有邯郸和柏人两地铸造钱币,足见当时柏人城历史地位之重要。2013年入选全国重点文物保护单位。

邢台—鹿城岗遗址 位于桥西区西沙窝村。古城随地形而建,平面呈不规则方形,南北约640米,东西约700米,地面保留有高大的夯土城墙,最高处距地面约6米。根据城墙规模、城墙基、夯土层、夯窝以及出土陶片、瓦当等判断,此城墙建筑可能早于春秋。2013年入选全国重点文物保护单位。

邢台—后底阁遗址 位于南宫市紫冢镇后底阁村。北朝至唐代的城镇遗址。清理出的遗迹有灰沟、灰坑、铺砖地面、窖穴,出土有佛教石、陶造像及残块,其中汉白玉造像的数量较多,雕刻精美。部分造像有彩绘、描金和铭文。遗址面积大,文化遗存丰富,对研究北朝至唐代的城镇及这一地区的佛教传播历史和造像演变具有一定价值。2013年入选全国重点文物保护单位。

邢台—临清古城遗址 位于临西县县城东南的仓上村。北魏至金代的遗址。呈长方形,南北长3千米,东西宽1.5千米,占地面积4.5平方千米。

北城墙、北城门遗址犹存。城内主要建筑有古县衙、钟鼓楼、文庙、奶奶庙、净域寺等,有多座汉代至北宋末年的古墓。出土有大量的瓷片。2013 年入选全国重点文物保护单位。

邢台—南贾乡石塔 位于南石门镇南贾乡村。现存石塔通高 4.6 米,由塔基、莲花座、佛龛、七层出檐的塔身、葫芦形塔刹组成。佛龛所在的塔身处四面均有题记,但多已模糊不清。塔身正面佛龛的左侧有“天启”字样,但据形制及造像推断建造时期应为唐代,明代续有题记。佛塔最有价值的塔身佛龛部分已被盗。2013 年入选全国重点文物保护单位。

邢台—平乡文庙大成殿 位于平乡县平乡镇学前铺。大成殿是文庙的主体建筑,始建于宋真宗大中祥符年间。建筑分为东西两路,大成殿位于西路中轴线的中心位置,东路为附属建筑。大成殿建筑面积 315 平方米,元代建筑风格,面阔 5 间 25.8 米,进深 3 间 11.27 米,殿高 12 米,单檐歇山绿琉璃屋面,四椽伏对乳伏用四柱,重昂五铺做斗拱置于平板枋之上,布局主次分明。2013 年入选全国重点文物保护单位。

邢台—补要村遗址 位于临城县临城镇补要村。占地面积 6 万余平方米,文化堆积厚 0.5 米至 3.2 米。发现灰坑 300 余座,墓葬 37 座,房屋 4 座,灰沟 19 条,窑址 5 座,地面青铜冶铸基址 1 处,已复原陶瓷器 200 多件,石、骨、木、角、蚌器及青铜小件逾千件,分属于仰韶文化晚期、先商时期、晚商时期、汉唐时期。2013 年入选全国重点文物保护单位。

邢台—普彤塔 位于南宫市。始建于东汉永平十年(公元 67 年),初建者是迦摄摩腾等印度高僧,是中国内地最早肇建的佛塔之一。历史上屡遭损毁,又多次被修缮和重建。现存普彤塔为八角形楼阁式 9 级红砖塔,通高 33 米,明代建筑风格。1—6 层为空筒结构,底部有一水井,7—9 层是实心结构,整塔之中未发现安放舍利宝匣的空间。1966 年邢台地震,震掉塔顶铜佛 3 尊,均为红铜质菩萨像,最大的一尊高 41 厘米,重 6.25 千克,佛像背部有铭文。2013 年入选全国重点文物保护单位。

邢台—天宁寺前殿 位于桥东区。天宁寺始建于唐初,原名“华池若兰”。原有四大天王殿、大雄宝殿、水殿、虚照禅师塔及大量的历代石刻，20世纪40年代寺内建筑大多毁于战火，新中国成立后大殿和山门等建筑被拆除，仅留存一座前殿。前殿面阔三间，进深两间，单檐歇山顶，檐下施五铺作重拱双昂斗拱，制作手法、用材比例、结构形式都保留着元代的形制和特点，应属元代晚期建筑。2013年入选全国重点文物保护单位。

邢台—道德经幢 位于桥东区清风游园内。经幢是唐代出现的一种佛教石刻，后来道教模仿此形式，便有了道德经幢。《道德经》为老子所著，老子世传为道教始祖，唐玄宗李隆基甚为尊崇，令天下诸州立石刊刻。唐开元二十七年（公元793年）邢州刺史李质遂立此经幢。经幢高约七米，以亭覆庇，由顶、身、座三部分组成，八面棱形，分为三截，阴刻楷书《道德经》原文及玄宗皇帝对《道德经》的逐句注释。“文革”期间被炸毁，现尚存两块幢体，字迹清晰可辨。道德经幢现全国仅存3座。2013年入选全国重点文物保护单位。

邯郸—赵邯郸故城 位于邯郸市区西南郊。邯郸是战国后期黄河以北人口众多、商业繁荣的著名大都会之一。战国时期赵国国都遗址占地面积约1 888万平方米，包括赵王城及大北城两部分。赵王城为赵都宫城，平面呈“品”字形，城内地面上有布局严整的龙台、南北将台等夯土台，地下有宽广的夯土基址，显示了中国封建社会初期都市建筑的基本面貌。大北城发现了作坊、炼铁、陶窑等遗址。1961年入选全国重点文物保护单位。

邯郸—响堂山石窟 1961年入选全国重点文物保护单位。参见国家级风景名胜区——响堂山风景名胜区。

邯郸—磁山遗址 位于武安市磁山村。新石器时代早期文化遗址，距今约10 300年，考古学上定名为“磁山文化”。占地面积近14万平方米，出土陶器、石器、骨器、蚌器、动物骨骸、植物标本等6 000余件。发掘灰坑468个，其中10个窖穴的粮食堆积厚达2米以上，88个窖穴底部堆积有粟灰，把中国黄河流域植粟的记录提前到距今7 000多年前，修正了世界农业史的植粟年代。出土的家鸡骨骸，属于中国已知最早的家鸡，比原来认为的世界最早饲养家鸡的印度早3 300多年。1988年入选全国重点文物保护单位。

邯郸—邺城遗址 位于临漳县境内。曹魏、后赵、冉魏、前燕、东魏、北齐的都城遗址。邺北城是建安九年(公元204年)曹操封魏王后营建的国都,曹丕代汉移都洛阳后以此为北都。承光元年(公元577年)北齐亡,此城衰落。邺南城为东魏元象元年(公元538年)依邺北城南墙而建,毁于隋代。邺城是一个功能分区明确、结构严谨的城市,首次体现了“先规划、后建设”的城市建设理念。发现佛造像埋藏坑,出土2 895件东魏、北齐石造像及残件。1988年入选全国重点文物保护单位。

邯郸—磁县北朝墓群 位于磁县北部。公元534—577年,东魏、北齐先后建都于邺城,与邺城相邻的磁县成为北朝时聚族而葬的墓地。墓葬密集区位于磁县的东南部区域,南北绵延15千米,东西约14千米。北朝墓群是北朝东魏、北齐时期的帝王及皇族的墓群,墓葬达134座,其中80多座有封土。1988年入选全国重点文物保护单位。

邯郸—磁州窑遗址 磁州窑在隋代开始生产青瓷,宋代时制瓷工艺达高峰,产品最负盛名。磁州窑不仅品种多,产量大,而且具有鲜明的民族风格和地方特色,形成了独具一格的磁州窑系,在中国陶瓷史上占有重要地位。磁州窑的制瓷技艺得到广泛传播,遍及黄河流域的河北、河南、山东、山西、陕西和南方各地,并传到国外。古窑址有两处:一处在磁县的观台镇一带;另一处在彭城镇-临水镇一带,现存古窑址数十处。1996年入选全国重点文物保护单位。

邯郸—娲皇宫及石刻 1996年入选全国重点文物保护单位。参见国家级风景名胜区——娲皇宫风景名胜区。

邯郸—八路军129师司令部旧址 1996年入选全国重点文物保护单位。参见全国红色旅游经典景区——129师司令部旧址。

邯郸—赵王陵 又称“三陵陵墓”“温窑灵台”,共有五座陵丘,分别位于邯山区、丛台区和永年区。战国时期七雄之一赵国的帝王陵寝,故称“赵王陵”。陵墓依山而建,气势恢宏,被誉为“东方金字塔”。经2 300多年的风雨侵蚀和人为损坏，地面建筑只存遗址和碎砖烂瓦，陵台、陵墓封土、墓台、神道等保存完整。2001 年入选全国重点文物保护单位。

邯郸—石北口遗址 位于永年区临洺关镇。新石器时代仰韶文化遗址，占地面积约 20 万平方米，文化层一般厚 1—1.5 米，少数地方达 4—5 米。发现新石器时代房基、灰坑、墓葬，出土陶、石、骨、蚌、角器等 1 033 件。出土的陶器大多是生活用具，泥质陶占 85%左右，陶色以“上红下灰”、素面和磨光为主，少量陶器表面还有花纹和彩绘，全部是手制，大部分经过慢轮修整，比较规整。遗址保存状况良好，房基遗址、灰坑、墓葬以及早、中、晚期文化层叠加关系清晰可见。2006 年入选全国重点文物保护单位。

邯郸—讲武城遗址 位于磁县城讲武城村。讲武城是历代兵家必争之地。三国时曹操击败袁绍占据邺城后，经常在这里活动，把此地作为培养武将的基地。古城平面呈平行四边形，除南墙及东墙南段被彰河冲毁外，其余大部分尚存。发掘出土板瓦、筒瓦等建筑构件和豆、罐、盆等生活用品。属于战国古址，汉时曾经补筑、改造或扩建以继续沿用。2006 年入选全国重点文物保护单位。

邯郸—大名府故城 位于大名县城东北部。大名府春秋时代名“五鹿”，宋庆历二年（公元 1042 年）建陪都，史称“北京大名府”。清代曾为直隶省第一省会。故城始建于东晋升平四年（公元 360 年），占地面积约 36 平方千米，有罗城、皇城、宫城三重城垣，古运河在城东临城而过。后被黄河水淹没，被埋在 4 米以下的黄河河沙之中。曾出土黄釉注壶、青瓷碗、白釉黑花罐、白釉黑花灯型器、石刻神佛像、石刻、旗杆座等文物。2006 年入选全国重点文物保护单位。

邯郸—成汤庙山门 位于涉县井店镇。建于金大定四年（公元 1164 年），木构建筑，单檐歇山顶，面阔三间，进深四椽，前后檐用八根四棱抹角石柱，屋架为四椽檐栿通搭前后檐。山门以南原有一座戏楼，已塌毁。2006 年入选全国重点文物保护单位。

邯郸—弘济桥 位于永年区东桥村的滏阳河上。因位于广府古城东，又称“东桥”“老东桥”。弘济桥和赵州桥都属于单孔敞肩石拱桥，结构形制基本相同。桥面两边各有 18 根方形望柱，17 块栏板，上刻狮子、猴、鹿、麒麟、石榴、桃和武松打虎等图案，精工细雕，形象逼真。栏板中部刻有“弘济桥”三个大字。2006 年入选全国重点文物保护单位。

邯郸—玉皇阁 位于峰峰矿区临水镇纸坊村。始建于明隆庆年间，清道光二十二年(公元 1842 年)重修，祭祀玉帝。砖结构无梁拱顶殿阁，面阔、进深各五间，通高 18.6 米。外观呈二层楼阁式，琉璃瓦盝顶，上置宝刹，阁身通体为砖构仿木，四周加设木构回廊。阁身饰作五踩双昂仿木斗拱，出跳甚小，布置繁密。瓦顶部分较好地保存了明代琉璃脊饰件，手法纯熟，为琉璃精品。2006 年入选全国重点文物保护单位。

邯郸—五礼记碑 原在大名县大街乡双台村，现存大名县石刻博物馆。立于唐开成五年(公元 840 年)，为著名书法家柳公权奉唐文宗之命为魏博节度使何进滔撰写的德政碑。碑首精雕八条龙，碑额阳面正中为宋徽宗篆额“御制大观五礼之记”双行八字，故称“五礼记碑”。碑身两侧为柳公权墨迹，碑阴刻唐“何进滔德政碑”字样，碑文改刻为“御制五礼记碑文”，因而称“唐宋碑”。历经千年侵蚀，刚劲秀丽的柳体风格仍依稀可辨。2006 年入选全国重点文物保护单位。

邯郸—永年城 2006 年入选全国重点文物保护单位。参见中国历史文化名镇——永年区广府镇。

邯郸—中共晋冀鲁豫中央局和军区旧址 2006 年入选全国重点文物保护单位。参见全国红色旅游经典景区——晋冀鲁豫中央局旧址、晋察冀军区司令部旧址。

邯郸—南城村遗址 位于磁县南城乡南城村。新石器时代至商、汉时期的遗迹。占地面积 12 万平方米，地层堆积明确，堆积丰富，先商墓葬的集中出土为河北省首次。龙山时期遗存是继邯郸涧沟、龟台、下潘旺、永年台口遗址后的又一重要发现；汉代渠沟也是罕见的发现。南城村遗址的发现，对研究这一地区文化的起源、发展趋势和周边文化的交流等具有重要意义。

2013 年入选全国重点文物保护单位。

邯郸—涧沟遗址 位于复兴区涧沟村。遗址为沁河环绕，占地面积 1 万余平方米。龙山时代和商文化遗存。龙山时代文化遗存被商代文化层叠压，遗迹有房址、水井、陶窑和丛葬坑。房基中有埋人头骨的现象，被埋头骨尚存砍痕和剥皮痕；丛葬坑内的死者身首异处，层层相叠。水井与陶窑毗邻，窑室底部为“非”字形火道，重要遗物有朱色或多色彩绘陶器、龟甲和卜骨。涧沟遗址中发现的水井是中原地区迄今发现的年代最早、结构最复杂的水井，为研究中国水井和“井”字的起源提供了宝贵的资料。2013 年入选全国重点文物保护单位。

邯郸—固镇古城遗址 位于武安市冶陶镇固镇村。春秋至战国、汉代城址，平面呈长方形，南北长 1 750 米，东西宽 1 500 米，残存部分夯土城墙高 3 米，城内出土有鼎、鬲、罐、盆、豆等陶器。曾发现元代炼铁炉 12 座，现残存 5 座。其中一座残高 2.1 米，壁厚 0.9 米，呈鼓形，最大直径 1.7 米，最小直径 1.3 米。炉内壁为红砂岩砌成，内磨耐火土，壁上凝结有氧化铁和炼渣，炉址周围均有陶片。2013 年入选全国重点文物保护单位。

邯郸—禅果寺遗址 位于武安市活水乡寺沟村。始建于魏黄初三年（公元 222 年），初建时规模较小，唐同光元年（公元 924 年）大兴土木，后多次扩建、重建，寺院规模逐渐扩大。禅院所处山势险峻，松柏青翠森蔚，梵王宫殿壮丽，高僧出没，游人不绝，其胜景有碑刻记之。现仅存石碑碣 19 通。另有一座明嘉靖五年（公元 1526 年）建造的 3 级 4 角方形石塔，高达 14 米，内外有浅雕；一座乌龙桥，为明代建筑。山下还有明代灵骨塔林，是古时埋葬和尚的陵墓。2013 年入选全国重点文物保护单位。

邯郸—林村墓群 位于复兴区。占地面积 2 万平方米。清理发掘墓葬 262 座、沟渠 18 条、水井 15 眼、灰坑 238 座，灶 1 座，出土成型文物 1 300 多件。墓葬时代为汉代至清代，出土遗物为罐、壶、碗、盘、勺、耳杯、樽、盖弓帽等铜、陶、瓷器等。2013 年入选全国重点文物保护单位。

邯郸—玉泉寺大殿 位于涉县温村。建于元至元二十六年（公元 1289

年)，为涉县大寺之一，现仅存大殿(水陆殿)。水陆殿面阔五间，进深三间，单檐歇山顶，瓦顶有琉璃花脊、吻、兽等，五彩釉色，红陶胎体。檐下施有五铺作双昂斗拱，柱形为卷刹柱，柱子侧脚可见。梁架进深六檐，前后用二柱及内中柱支顶，梁架结点使用斗拱连接。寺内原有金代碑一通。2013 年入选全国重点文物保护单位。

邯郸—常乐龙王庙正殿 又名“常乐寺”。位于涉县常乐村。正殿面阔三间 10.10 米，进深二间 12.15 米，高 6.55 米，占地面积 97.5 平方米。单檐悬山布瓦顶，琉璃瓦剪边，梁架大木彻上露明造。明间后金柱上施彩绘蟠龙。在廊墙和山墙上各嵌题记碑，简述清乾隆四十六年(公元 1781 年)重修事由。为河北省为数不多的元代木构建筑。2013 年入选全国重点文物保护单位。

邯郸—九江圣母庙 位于武安市管陶乡管陶村。始建于元代，明、清、民国时期均有重修。建筑布局为回字形，主体建筑位于中心位置，四周为配殿，共有殿宇 14 座，占地面积 1 000 余平方米。保存有明代至民国时期的石刻多件。2013 年入选全国重点文物保护单位。

邯郸—天青寺大殿 位于武安市崔炉村。建于明天顺三年(公元 1459 年)，现仅存大殿。面阔五间，进深三间，单檐歇山布瓦顶绿琉璃剪边。柱为石质，截面为小八角形，柱下分别为圆形、方形、八角形须弥座式柱础。金柱采用移柱和减柱的做法。梁架结构用双层大额枋，额上托五架梁，前后出双步廊，檩、梁、穿构件布置不拘常规，繁复有序，俗称“乱梁殿”，是明代建筑中罕见的实例。2013 年入选全国重点文物保护单位。

邯郸—滏阳河西八闸 位于永年区大慈村至田堡村之间的滏阳河北岸。从明嘉靖九年(公元 1530 年)至明崇祯十四年(公元 1641 年)先后建成八座河闸，自西向东分别为广仁闸、普惠闸、便民闸、济民闸、润民闸、惠民闸、阜民闸、殖民闸，其中有五座闸至今仍在使用。滏阳河西八闸引滏阳河水灌溉城西下坡地，盐碱荒滩不毛之地从此变为水稻丰产区。2013 年入选全国重点文物保护单位。

邯郸—黄粱梦吕仙祠 位于丛台区黄粱梦镇。吕仙即吕洞宾。始建于北宋初期,占地面积1.3万平方米,殿宇房舍180余间。门前有高大的琉璃照壁,照壁嵌有“蓬莱仙境”四个字。成语“黄粱美梦”典出于此,殿内有大青石雕刻卢生睡像和睡床。2013年入选全国重点文物保护单位。

邯郸—朱山石刻 全称“汉朱山群臣上酬石刻”,位于永年区吴庄村朱山顶上。为西汉后元六年(公元前158年)候国赵国大臣为赵王祝寿时所刻。石刻长1.5米,宽0.52米,刻字崖面依山倾斜,石刻石面向西。上刻“赵廿二年八月丙寅群臣上酬此石北”15个小篆体大字,字长1.2米,宽0.08米,记载汉高祖刘邦之孙赵王遂与群臣在朱山饮酒应对的情景。字体浑朴古拙,篆书中兼有隶法,堪称秦汉之际篆隶过渡时期的书法代表作品。被誉为“中华摩崖石刻鼻祖”。2013年入选全国重点文物保护单位。

邯郸—水浴寺石窟 位于峰峰矿区大社镇水浴寺的低矮断崖上。包括东西两个石窟。东窟内三壁有造像,雕刻技法和人物面部表情以及体态动作的精细程度可与响堂寺石窟的造像相媲美。西窟正中雕有通窟顶的长方形塔柱,绕柱可转走,形成“隧道”,窟内所有壁面和塔柱均雕刻有大小不一的佛像,故俗称“万佛洞”。石窟开凿距今已有1 500年的历史,屡遭自然灾害与人为浩劫,不少石像已流失海外。2013年入选全国重点文物保护单位。

邯郸—法华洞石窟 位于武安市石洞乡青烟寺村法华山。佛道合一的文化遗存,开凿于北宋年间,明代、清代均有重修和续建。石窟分左、中、右三窟,坐北面南并排而建。左窟较小,壁上无雕刻,地上存石造像一尊。中窟为主要建筑,窟内左、中、右三壁上共浮雕造像500余尊,地上散置石造像5尊。右窟较深,地上散置石造像5尊。石窟外存有明代始建的圣母庙,明代石柱2根,明清时期的碑刻4通。2013年入选全国重点文物保护单位。

邯郸—大名天主堂 位于大名县城东街。始建于1918年。占地面积1 440平方米,为钟楼和礼拜堂一体的哥特式建筑。平面呈十字形,建筑材料为砖、石、木。钟楼位于整个建筑的北端,楼高46米,楼上三面各嵌有一直径1.42米大钟,正门上方3米处的供龛内雕刻有圣母抱耶稣玉石像,像两侧刻有对联“欲识其宠请看怀中所抱，要知厥能试观掌上所持”，横批“宠爰之母保障大名”。2013 年入选全国重点文物保护单位。

邯郸—晋冀鲁豫边区政府旧址 位于涉县索堡镇弹音村。晋冀鲁豫边区政府成立于 1941 年 9 月，1942 年 2 月从涉县靳家会村迁此，1945 年春迁往涉县下温村。边区政府设秘书处、财政厅、交通厅、教育厅、税务总局、军区司令部、高等法院等，管理全边区的政务。旧址为一独立四合院，由正房、北屋、戏台和西耳房组成。2013 年入选全国重点文物保护单位。

保定—开元寺塔 位于定州市城内。北宋咸平四年（公元 1001 年）建，用以瞭望敌情，故又称“料敌塔”。八角形 8 层楼阁建筑，通高 84 米，是我国现存最高的古砖塔，素有“中华第一塔”的美誉。塔身由内外层衔接而成，之间以回廊相连，形成塔内藏塔的奇特结构。底层阁楼双重出檐，底檐砖砌，上层作砖雕仿木三跳斗拱，施彩绘，以上作叠涩出檐，形成塔身平台。券门上有砖雕门额、门簪，券顶上饰有佛光。1961 年入选全国重点文物保护单位。

保定—义慈惠石柱 又称“北齐石柱”，位于定兴县石柱村。建于北齐大宁二年（公元 562 年），是杜洛周、葛荣起义军遗骨埋葬之处。石柱用石灰石累迭而成，通高 6.65 米，分基础、柱身和石座三部分。柱顶还有一座殿堂模样的石屋。石屋底部有彩绘。造型带有南北朝风格，是北朝时代遗存的艺术佳作。1961 年入选全国重点文物保护单位。

保定—燕下都遗址 位于易县。战国时期燕国都城遗址，建于战国末期燕昭王时代，是已发现的战国都城中最大的一座。城址呈长方形，东西约 8 千米，南北达 4 千米。中部有一道隔墙，将城分为东、西二城。东城分为宫殿区、手工业作坊区、居民区、墓葬区、古河道区五个部分，文化遗存丰富，保存较好。西城为一防御性的附城，遗存较少。除出土有铜器、铁器、陶器、石器等生产、生活用具外，还发现许多兽首陶水管、筒瓦、板瓦等建筑构件。曾入选“中国 20 世纪 100 项考古大发现”。1961 年入选全国重点文物保护单位。

保定—清西陵 1961年入选全国重点文物保护单位。参见世界遗产——明清皇家陵寝：清西陵。

保定—冉庄地道战遗址 1961年入选全国重点文物保护单位。参见全国红色旅游经典景区——冉庄地道战遗址。

保定—北岳庙 位于曲阳县城。为古代帝王将相遥祭"北岳恒山之神"而建，故名。始建于南北朝北魏宣武帝景明、正始年间，宋初为契丹所焚，淳化二年（公元991年）重修。南北长542米，东西宽321米，占地面积7.4万平方米。建筑布局呈田字形，采用以中轴线为主两相对称的古典建筑形式。现存古建筑主要有德宁之殿、飞石殿遗址、御香亭、凌霄门和山门等。庙内碑碣林立，品位较高，璀璨夺目。1982年入选全国重点文物保护单位。

保定—直隶总督署 位于莲池区裕华路。保存完整的清代省级衙署。原建筑始建于元代，清雍正八年（公元1730年）大规模扩建后作为总督署。纵深约200米，宽近100米，中轴线上分布着大门、院门、大堂、二堂、三堂、四堂等建筑。曾驻此署的直隶总督共59人66任，包括曾国藩、李鸿章、袁世凯、方观承等，有"一座总督衙署，半部清史写照"之称。民国年间，曾是直系军阀曹锟的大本营。抗日战争和解放战争期间，曾是日伪和国民党河北省政府所在地。新中国成立后，河北省人民政府也曾驻此。1988年入选全国重点文物保护单位。

保定—涧磁村定窑遗址 位于曲阳县涧磁村。窑址分布在东西狭长10余千米的范围内，宋代的曲阳属定州所管辖，故称"定窑"。始于唐代后期，盛于北宋，元代以后逐渐衰落。发掘面积近2 000平方米，发现大量窑炉和作坊遗迹，出土遗物标本万余件，残片约37万片。1988年入选全国重点文物保护单位。

保定—中山靖王墓 位于满城区陵山。西汉中山靖王刘胜及其妻窦绾的墓葬。刘胜夫妇墓凿山为陵，南北并列，墓门相距约120米。刘胜墓长51.7米，宽37.5米，墓道以土坯封门；窦绾墓长49.7米，宽65米，以砖封门，中间浇铸铁水。墓内随葬品6 000多件，品种齐全，放置有序，在此发现了两件完整的“金缕玉衣”和镶玉漆棺。1988 年入选全国重点文物保护单位。

保定—阁院寺 位于涞源县县城。东汉时创建,唐时重修,占地面积约 6 900 平方米。现存最早的建筑是辽初修建的文殊殿,是辽初官式建筑的代表,全国为数不多的超过千年的土木建筑之一。现存天王殿、文殊殿、东西配殿、藏经楼、东西禅房等建筑。文殊殿的减柱造、斗拱、窗棂、壁画、外沿彩绘及殿内原来的肉身像和院子东南角的古钟,是阁院寺的“七绝”。其中大铁钟铸于辽天庆四年(公元 1114 年),高 1.6 米,口径 1.5 米,重约 2 000 千克,是我国现存的、唯一有明确记年的辽代大铁钟。1996 年入选全国重点文物保护单位。

保定—开善寺 位于高碑店市。据传始建于唐代,原建筑多已被毁,现存辽代的大殿和后代修缮的天王殿、金刚殿。大殿面阔 5 间,进深 3 间,通高约 13.2 米。殿内仅有 4 根立柱,用材粗壮,具有明显的侧脚和升起,各柱卷杀圆润,殿顶为出檐深远、弧度平缓的庑殿顶。保留有辽代壁画。1996 年入选全国重点文物保护单位。

保定—慈云阁 原名“大悲阁”,位于定兴县城西部。始建年代不详,元大德十年(公元 1306 年)重建,明万历年间重修,因佛教视心慈为贵,贵慈如云,改名“慈云阁”。清康熙五十二年(公元 1731 年)、嘉庆二十五年(公元 1820 年)均有修葺。原为一组建筑群,分前、中、后三部,现前后两部分被毁,唯存慈云阁。阁面阔、进深各 3 间,建筑面积 142 平方米,重檐歇山顶,通高 13.3 米,南北长 12.6 米,东西宽 11.9 米。1996 年入选全国重点文物保护单位。

保定—万里长城紫荆关 位于易县城西部。万里长城的重要关门,与居庸关、倒马关并称“内三关”,是华北平原通往宣化、大同的交通要道。始建于战国时期,汉时为土石夯筑,明洪武初年改用石条作基础,以砖砌面封顶,并用石灰和碎石灌注。明成祖迁都北平(今北京)后,多次改筑、扩建关城,增设城堡、隘口,开凿盘山道,形成一个完备的防御体系。现存关城及两翼城墙为明万历年间重修。关城北门有“紫荆关”“河山带砺”匾额,南门有

“紫塞金城”匾额,皆为明万历年间书刻。1996 年入选全国重点文物保护单位。

保定—龙兴观道德经幢 位于易县城内。目前中国现存唯一较完整的唐代道德经幢。唐开元二十六年(公元 738 年)建,通高 4.29 米。幢身镌刻李隆基御注《道德经》。幢顶为屋顶式,下雕八脊,脊间雕瓦垄,下雕檐板,飞檐,檐椽角梁下有斗拱承托,下为仰莲座。幢身为八角柱体,直径 0.9 米。1996 年入选全国重点文物保护单位。

保定—晋察冀边区政府及军区司令部旧址 位于阜平县花山村。包括城南庄晋察冀军区司令部旧址、花山村毛泽东旧居、县城晋察冀边区政府成立处、史家寨乡家北晋察冀边区政府机关驻地、史家寨乡庙台晋察冀军区司令部旧址。抗日战争时期,中国共产党领导的敌后抗日武装在华北同蒲路以东,津浦路以西,正太、石德路以北,张家口、承德以南广大地区创建了第一个敌后抗日根据地——晋察冀抗日根据地,被中共中央和毛泽东誉为“敌后模范的抗日根据地及统一战线的模范区”。1996 年入选全国重点文物保护单位。

保定—南庄头遗址 位于徐水区南庄头村。中国北方地区最早的新石器时代遗址之一,距今 9 700—10 500 年。占地面积约 2 万平方米,已发现 5 条灰沟、2 座灰坑和 2 个用火遗迹。出土遗物丰富,种类有石磨盘、石磨棒、骨锥、骨针、种子和少量的夹砂深灰陶、夹砂红褐陶片、石片,以及水沟等人类活动的足迹,还有鼠、鸡、狗、狼、猪、鹿等动物骨骼,其中部分骨骼有烧烤、切割的痕迹。2001 年入选全国重点文物保护单位。

保定—汉中山王墓 位于定州市城区东郊。汉前元三年(公元前 154 年),汉景帝封其第九子刘胜为中山靖王,定卢奴(今定州)为中山国国都。定州境内原有汉墓 281 座,现存汉墓 175 座,大部分封土已平,现有封土最高者 30 米,一般高 5 米,其中中山怀王陵、中山简王陵、中山穆王陵等已经发掘,出土大量文物精品。2001 年入选全国重点文物保护单位。

保定—药王庙 位于安国市境内。始建于东汉建武年间,北宋又拓址新建。庙中祭祀人物为汉光武帝刘秀部下二十八宿将之一的邳彤。相传邳彤在宋朝“显灵”,为宋秦王治愈了顽疾,故为他立了这座庙。庙门额上“药王庙”几个大字为清朝大学士刘墉题写。整座建筑占地约1.6万平方米,含四进院落、两个跨院、一个广场,共17座单体建筑。庙前有两根铁铸造旗杆,庙内有药王墓、十大名医像、药王正殿、寝殿等,为我国现存最大的纪念古代医圣的古建筑群。2001年入选全国重点文物保护单位。

保定—定州贡院 位于定州市东大街。清乾隆三年(公元1738年)建。道光十二年(公元1822年)重修增建,形成规模宏大的考场。占地面积2.21万平方米,建筑面积1 547平方米。主体建筑由号舍、魁阁两组建筑组合而成。魁阁正中攒尖顶,两侧依次降低,形成奇特外观。魁阁中的二层阁楼供奉“魁星”。大堂紧挨着号舍的北面,是考生交卷、考官封卷的地方。后楼是考官观看武生比试的地方。2001年入选全国重点文物保护单位。

保定—腰山王氏庄园 位于顺平县腰山镇。始建于清顺治四年(公元1647年),是中国古建筑史上一处罕见的超规制城堡式民居建筑群,中国现存规模最大、最完整的清代将军府邸和巨商的豪门巨宅。占地面积18.6平方千米,房屋1 000多间,核心建筑群“仁和堂”是一个由10个四合院组成的大套院。《野火春风斗古城》《天下第一楼》等多部电影电视剧在此取景。2001年入选全国重点文物保护单位。

保定—涿州双塔 位于涿州市老城内东北部。涿州古城的标志性建筑,两塔南北对峙,南塔称“智度寺塔”,北塔称“云居寺塔”,合称“涿州双塔”。双塔皆因寺而得名,但寺院不知毁于何时。双塔均为八角形砖仿木构楼阁式舍利塔,彼此相距300米。南塔5级,通高44米,始建于辽太平十一年(公元1031年)。北塔6级,通高56米,始建于辽大安八年(公元1092年)。2001年入选全国重点文物保护单位。

保定—古莲花池 位于莲池区。初名“雪香园”,为元代汝南王张柔建造,建成于南宋端平元年(公元1234年),不久被地震震毁,仅存深池清水,俗称“莲花池”。清代,兴建莲池书院,又辟为皇帝的行宫,皇帝多次在此驻跸。占地面积2.4万平方米，以中心岛为界分为南北两塘，南塘呈半月形，外围峭壁环峙，松柏滴翠；北塘呈不规则矩形，四周玉石堆岸，杨柳垂丝。2001年入选全国重点文物保护单位。

保定—庆化寺花塔 位于涞水县北洛平村。庆化寺已毁，仅存此塔。花塔为砖结构，通高13米，围长19.2米。八角形基座，须弥座高3.4米，束腰各角皆雕力士1尊。每面均设壶门2个，内雕吹、拉、弹、舞等形态各异的乐伎，束腰以上用双抄五铺作专雕斗拱承托平座，平座勾栏各角用柱，每面用间柱一根。拱顶的两角处各雕飞天一尊，其余四隅各设直棱假窗。塔身各角施半圆形倚柱，上撑第一层塔檐斗拱，斗拱以上是砖雕椽飞，其上覆布瓦顶。2001年入选全国重点文物保护单位。

保定—北福地遗址 位于易县高村乡，地处太行山、衡山、燕山三山交界处。考古发掘发现了三个阶段的新石器时代的文化遗存，其年代与磁山文化、兴隆洼文化的年代大体相当，距今大约8 000年，在地域上填补了此两支文化之间的空白。遗址中发现了大量房址、灰坑，还发现了祭祀场遗址。2006年入选全国重点文物保护单位。

保定—钓鱼台遗址 位于曲阳县晓林乡。新石器时代仰韶文化时期遗址，距今有5 000多年的历史。占地面积约7万平方米，文化层厚度为0.3米至1.8米，发现有大小不等的14个不规则圆形灰坑，并存有半地穴式建筑遗迹及灶坑、火炕，炕三面壁上有烧烤痕迹。遗物种类丰富，有陶器、石器、骨器、角器等，尤以陶器为多，陶器以彩陶为主。2006年入选全国重点文物保护单位。

保定—南阳遗址 位于容城县南阳村，村民称作“城坡”。春秋战国时期遗址，占地面积56万平方米。出土“西宫”铜壶一件、铜鼎两件、“右征”铜壶盖一件，“易市”陶钵、陶罐各一件，以及陶鬲、陶鼎、陶豆、陶罐、陶尊、铜镞等文物40多件。其中出土的春秋时期钱币“尖首刀”，以及南阳遗址保存着的春秋战国时期燕国易都的迹象，为燕国中期断代的说法提供了充分依据。2006年入选全国重点文物保护单位。

保定—刘伶醉烧锅遗址 位于徐水区刘伶醉酒厂。发掘了16座发酵池,发现了房基、水沟、窖穴、灶等遗迹。国家文物局和中国食品工业协会确定刘伶醉古烧锅遗址同贵州茅台酒传统生产工艺技艺、四川水井街酒坊遗址等五家为“首批中国食品文化遗产”。2006年入选全国重点文物保护单位。

保定—所药村壁画墓 位于望都县所药村。东汉宦官孙程之墓,该墓为多室砖券墓,由墓道、墓门、前室及北壁小龛等构成。墓道至后室及北壁小龛长20.35米,中室及东西两侧室宽14.74米。前室四壁、通往中室的券门两侧绘有壁画,先用墨描绘轮廓,再以朱、青、黄三色加彩。除北券门过道券上的云纹鸟兽外,其他人物或鸟兽都有题字。2006年入选全国重点文物保护单位。

保定—张柔墓 位于满城区大册营乡岗头村。张柔是蒙古三大汉族武装势力之一,为元统一中国立下赫赫战功,元至元四年(1267年)晋封蔡国公。墓地依山傍水,地势高峻,有“头枕九龙(北边是九龙山),足蹬八宝(南边是八宝嘴山),左揽日光(东边有日光庵),右抱明月(西边是月明寺),腰系银茶玉带(南边有漕河)”之说。有张柔及其子张宏略、张宏规3座墓,占地面积4 800平方米。古柏成荫,浓密遮天,墓前原有石马、石羊、石虎、石狮及文臣武将等,现多数已残缺或不翼而飞。2006年入选全国重点文物保护单位。

保定—怡贤亲王墓 位于涞水县东营房村。怡贤亲王即清康熙皇帝第13子爱新觉罗·胤祥。胤祥深受雍正帝器重,被封为怡亲王,雍正七年(公元1729年)奉命为雍正皇帝选陵,选中易州泰宁山的太平峪为陵址,即今易县清西陵中的泰陵。雍正降旨嘉奖,赐其距泰陵东北30公里处一块“平善之地为墓地”,即今怡贤亲王园寝。占地面积达40万平方米,是清朝历史上规模最大、规格最高、唯一有望柱华表的王爷陵墓。如今只有荒冢坑一个,古墓遗迹片瓦无存,只有碑、桥、牌楼、华表等得以幸存。2006年入选全国重点文物保护单位。

保定—解村兴国寺塔 位于博野县程委乡。兴国寺已毁,仅存此塔。四方形15层密檐式实心石塔,通高7.51米。塔基每边长1.73米,由3层方石组成。塔身第1层由3块整石拼合形成塔室,刻有唐代“景龙四年”(公元710年)字样。第2至15层为密檐式,每层设檐,均为石雕叠涩式,每层一整块石料,与檐部石料相互叠压。塔刹为一石雕宝珠。2006年入选全国重点文物保护单位。

保定—修德寺塔 位于曲阳县北岳庙南。始建年代应早于北宋。塔呈八角形,共7层,通高32米。第2层塔身特别高大,周身砌小型塔龛110座,呈现“大小互融,重重无尽,事事无碍”的华严法界胜境,建筑界称为“花塔”。“花塔”是佛教信仰中国化在建筑上的反映,此种形制的塔类建筑流传下来的非常少见。2006年入选全国重点文物保护单位。

保定—静志寺塔基地宫 位于定州市新立街草场胡同。原塔建于北宋太平兴国二年(公元977年),现已毁,仅存塔基地宫。地宫呈方形,砖筑,占地面积7.2平方米,全高2.34米。木构彩绘斗拱,顶口盖石雕歇山式屋顶,南面券门两侧绘天王像,北壁绘释迦牟尼涅槃图,东西两壁绘帝释天、梵天礼佛图。出土定瓷百余件,其中有高达60.7厘米的白釉刻花龙头净瓶。2006年入选全国重点文物保护单位。

保定—圣塔院塔 又名“荆轲塔”,位于易县城荆轲山上。创建于辽乾统三年(公元1103年),不久寺塔俱毁。现塔为清代重修,八角形实心砖塔,13层,通高25.36米,砖石结构,塔身第一层高大,仿楼阁式,八角均施塔状砖雕倚柱,门上雕出圆形铺首,为辽代典型建筑手法。第二层以上均为叠涩出檐。2006年入选全国重点文物保护单位。

保定—西岗塔 位于涞水县城的西岗上。建造年份无考,推断为辽代遗物。13层密檐楼阁式砖塔,通高36米,须弥座式基座,下面有八角形砖砌台基。塔的内部结构为双层套筒式,由塔壁和塔心柱构成八角环形回廊,楼梯置于回廊和砖柱之中,从塔身可旋至塔顶。2006年入选全国重点文物保护单位。

保定—兴文塔 位于涞源县。始建于唐天宝三年(公元744年),现存为辽代建筑,为该县的标志性建筑。8角5级阁楼式实心砖塔,通高27米,由须弥座、塔身、塔刹三部分组成。第一层塔身最高,以上每层高度均匀递减,全塔除角梁外均采用仿木构件。塔顶呈八角攒尖式,塔刹铁铸。经过千年的风雨沧桑,塔身第五层已经严重风化,塔刹倾斜,成了斜刹塔。2006年入选全国重点文物保护单位。

保定—永济桥 位于涿州市城北部拒马河上。始建于明万历二年(公元1574年)。9孔石桥,总长660米,主桥长153米,宽8.5米。桥身全部用长方巨石砌成,栏杆系汉白玉雕饰。桥面两侧设地袱和高0.84米的栏板、1.4米高的望柱,栏板雕净瓶、荷叶,望柱雕方形卷叶,工艺精美。两端引桥各有涵洞11个。桥南桥北各建有牌楼一座,画栋雕梁。桥面巨石最重的一块达两吨,为"中国第一长石拱桥"。2006年入选全国重点文物保护单位。

保定—大道观玉皇殿 位于定州市城区。大道观原为中轴式群体建筑,明代重建,现仅存中殿玉皇殿。该殿东西长七间,南北宽四间,庑殿顶琉璃瓦剪边,设三踩单翘单昂斗拱。殿内四壁现存明代万历年间沥粉贴金帝王出巡图,画面人物栩栩如生。清康熙年间,大道观东曾有池塘,养鱼栽荷,州人每逢中秋佳节携酒前往赏月,因景取名"西溪玩月"。2006年入选全国重点文物保护单位。

保定—伍仁桥 原名"万寿桥",位于安国市伍仁桥村。建于明万历二十六年(公元1598年)。桥长65米,宽6.7米,全部石质结构。5孔联拱石桥,桥面、拱券和桥墩之间都有铁腰和铁仲连接,严密结实。桥面两旁26对望柱上雕有栩栩如生的石狮子,云朵花纹栏板。桥南口紧接抱鼓石处雕有大型石狮,通高1.8米。北口两侧雕石象长1.4米,高0.85米。2006年入选全国重点文物保护单位。

保定—金门闸 位于涿州市义和庄乡北蔡村。创建于清康熙四十年(公元1701年),为引莽牛河之水入永定河借清刷浑之用。后因河底淤滞,原闸遂废。永定河水性湍悍,挟沙而行,沙淤河高,河高坝下,故必数年一修。清宣统元年(公元 1909 年)重建石坝金门闸。金门闸南北长 100.6 米,共计 15 空,1937 年改南端两空为铁闸门,其余各空均废。闸之南坝台有清乾隆题诗碑及乾隆《金门闸浚淤碑》、道光《上谕》碑、同治《重修金门闸减水石坝记碑》、宣统元年《重建金门闸记碑》各一通。2006 年入选全国重点文物保护单位。

保定—大慈阁 位于莲池区裕华路。始建于金朝正大四年(公元 1227 年),为元代蔡国公张柔所建。占地面积 1 600 平方米,建筑面积 600 平方米,通高 31 米,重檐 3 层,歇山布瓦顶。阁内的观音菩萨木雕,高 5.5 米,42 支手臂持各种法器,两侧有壁画十八罗汉及经变故事,藻井、檩枋均绘旋子彩绘。以"市阁凌霄"之美誉成为古城保定的象征,有"不到大慈阁,何曾到保定"之说。2006 年入选全国重点文物保护单位。

保定—育德中学旧址 位于新华路。育德中学系清光绪三十三年(公元 1907 年)由同盟会直隶保定支部主盟人陈幼云等创建,为同盟会河北分会的秘密基地,在辛亥革命、"五四"运动、"二七"铁路工人大罢工、"五卅"运动中,一直是保定革命活动的中心。育德中学也是古城保定最早传播马列主义的地方,也是中共保定市地方党组织的诞生地和活动中心。现存当年的平房教室一排、陈幼云祠堂一座、碑石两通。2006 年入选全国重点文物保护单位。

保定—保定陆军军官学校旧址 位于莲池区东风东路。清光绪二十八年(公元 1902 年),直隶总督兼北洋大臣袁世凯在保定东关外创练常备军(新军),并创办北洋陆军将弁学堂。军校的不少毕业生后来成为中国近代革命史上的知名人物,如北伐战争中率领"铁军"、抗日战争时期任新四军军长的叶挺等。现已辟为保定陆军军校纪念馆。2006 年入选全国重点文物保护单位。

保定—晏阳初旧居 位于定州市中山东路。占地面积 564 平方米,由正房加东西厢房组合的四合院,布瓦硬山式屋顶,典型的北方风格民居。晏阳初是四川巴中人,20 世纪初留美博士,社会改革实践者,1926 年在此设立

“中华平民教育总会办事处”,开始了以乡村为单位的平民教育实验。他举家迁居定县,住在此院。2006年入选全国重点文物保护单位。

保定—布里留法工艺学校旧址 2006年入选全国重点文物保护单位。参见全国红色旅游经典景区——布里留法工艺学校旧址。

保定—北放水遗址 位于唐县高昌镇北放水村。占地面积约11万平方米,遗址保存完好,文化层堆积包含物丰富,曾发现灰坑、灰沟、土坑墓、瓮棺葬、房址等遗迹近300个,出土遗物可复原者近50件。遗存分属先商、东周及西汉三个时期,以先商时期为主。北放水遗址是南水北调工程河北段六个控制性文物保护项目之一。2013年入选全国重点文物保护单位。

保定—要庄遗址 位于满城区安庄乡要庄村。商代至周代时期的文化遗存,范围包括要庄村西(俗称“南城”和“北城”)和村东南(俗称“南马圈”和“北马圈”)的高地,东西长约1 000米,南北长约700米。遗址四周断层上有三四米厚的文化层堆积,还有灰坑、灶坑、土堆及夯迹多处。2013年入选全国重点文物保护单位。

保定—东黑山遗址 位于徐水区大王店镇东黑山村。南北长约800米,东西宽1 200米,发掘面积5 200平方米。主要文化内涵以战国、汉代为主。发现战国时期小城址一座,属于燕南长城外围的附属小城,遗存有灰坑、灰沟、房址、井、墓葬等遗迹及各类遗物。还发现有西汉时期的房子和火炕。2013年入选全国重点文物保护单位。

保定—宋祖陵 位于清苑区。宋祖陵即“宋三陵”:宋僖祖赵朓的钦陵、宋顺祖赵珽的康陵、宋翼祖赵敬的靖陵。出土的石虎呈伏卧体态,头高仰,双眼凝视前方,全神贯注地守卫着墓中的主人公;造型雄伟高大,全身无纹,刀法简洁洗练,构思古朴,颇有晚唐五代遗风,又有宋代新创。石虎是中国封建时代贵族、大臣墓前石兽的一种,作为中国古代封建帝王陵寝前的陪葬石刻动物,有展示死者生前威仪和驱鬼避邪的功用。2013年入选全国重点文物保护单位。

保定—王处直墓 位于曲阳县灵山镇。王处直,官拜义武军节度使,节制易、定、祁三州，为河北地区的重要藩镇将领，死于后梁龙德三年（公元923年）。墓多次被盗，遗存物较少，且多已残损。墓内嵌有大小不等的石刻彩绘浮雕18块，石刻彩绘浮雕数量之多，题材之佳，工艺之精，前所罕见。前室北壁的水墨山水画，是目前出土年代确切而且时代最早的水墨山水画。2013年入选全国重点文物保护单位。

保定—永安寺塔 位于涿州市刁窝乡。当地人俗称“塔儿照塔”。此塔未见文献记载，其建造工艺和艺术风格均与涿州古城区内的智度寺塔、云居寺塔相同，砖制斗拱形制做法完全一致，为辽代建筑无疑。雕工精细、构饰华美、造型优雅、比例协调，不失为辽代密檐式塔的典型建筑。2013年入选全国重点文物保护单位。

保定—伍侯塔 位于顺平县腰山乡南伍侯村。辽代建筑，塔基和塔身都有不同程度风化。六角密檐式五层空心砖塔，一层塔身平面呈六边形，南北两面为砖雕假门，四抹两扇，假门两侧各有一佛龛；其余四面均为砖雕盲窗，两抹两扇，菱花加斜方格。每层均为仿木结构，置阑额、普柏枋，枋上为斗拱，塔檐琉璃剪边。塔刹为琉璃莲花宝珠式。2013年入选全国重点文物保护单位。

保定—双塔庵双塔 位于易县西陵乡太宁寺村。北塔创建于辽代，八角十三层密檐式实心砖塔，通高17.4米，分塔座、塔身、塔刹三部分。塔座为须弥座，束腰部分每角置一力士像，每面分为两块，雕有祥云、蝎牛、蚯蚓、金鱼等图案。束腰之上为砖雕斗拱承托勾栏，勾栏也雕刻各种图案。南塔为六角三层密檐式实心塔，创建于南宋绍兴十四年（公元1144年），明万历年间重修。2013年入选全国重点文物保护单位。

保定—皇甫寺塔 位于涞水县皇甫寺村。毗卢寺内的一座舍利塔，寺已毁，只留下塔和两通古碑。金朝大定年间所建，已有千年历史。塔顶上铸有字迹，东南方向铸字“大明嘉靖八年四月初八日，鲁家庄住人，佟礼、长男佟璋、次男佟园定，重修塔顶”，西南方向铸字“直隶保定府易州涞水县毗卢寺，主持续景，募绿法镇，银头性真”。2013年入选全国重点文物保护单位。

保定—金山寺舍利塔 位于涞水县东龙泉村。建于元代大德四年(公元1300年)。金山寺几度兴衰,明清各朝曾多次重修,现殿宇坍塌,独存千佛舍利塔。舍利塔通高8.18米,平面呈八角形,13层密檐式结构。须弥座塔基,束腰部分浮雕海兽,束腰上下有海马、海狮、缠枝、牡丹、海石榴等图案。八棱塔柱南面正中浮雕无量寿佛,左右两边阴刻细线条三爪云龙戏珠图案,上下两端阴刻双钩蔓草纹,最下边是阴刻莲花作为承托图案,其余各面或浮雕或阴刻840多个形态各异的佛像。2013年入选全国重点文物保护单位。

保定—定州清真寺 位于定州市中山中路。始建于元至正八年(公元1348年),占地面积5 255平方米。四合院式建筑,由垂花门楼、南北讲堂、正殿组成。传说大殿梁上装有“恐雀木”,任何飞禽都不敢飞入殿内,因此从无鸟雀干扰穆斯林做礼拜。2013年入选全国重点文物保护单位。

保定—下胡良桥 位于涿州市东仙坡镇下胡良村的胡良河上。始建于明万历二年(公元1574年)。单路5孔石拱桥,长69米,宽9.14米,桥面两侧有栏板、望柱,两端抱鼓石已不存。解放战争时期,为了阻挡敌人,胡良桥曾经被炸断,1954年进行局部整修。屹立在胡良桥南头的碑亭,在“文革”期间被拆除。目前,桥的整体还很坚固,仍在使用。2013年入选全国重点文物保护单位。

保定—钟楼 位于莲池区裕华路。钟体通高2.55米,口径2米,唇厚17厘米,铸于金大定二十一年(公元1181年),早于西安钟楼大钟200多年,早于北京大钟寺大钟500多年。采用我国传统工艺——无模铸造法浇铸而成,用手轻轻一拨大钟便能晃动,充分显示了我国古代工匠高超的建筑技能和对力学原理的巧妙运用。千百年来,经受了无数次的撞击和风雨沧桑,至今完好无损。2013年入选全国重点文物保护单位。

保定—方顺桥 位于满城区方顺桥乡龙泉河上。始建于西晋永嘉二年(公元309年),现存建筑为明代重修。3孔券石桥,桥长30.61米,宽8.07米,中孔净跨14.34米,净高6.15米,两侧小孔净跨3.43米,净高3.7米。券条石均垂直于桥的走向,主券当中有戏水兽。桥上共有30根望柱,其中保留有22根形态各异的石狮望柱;石栏板28块,其中有24块带雕刻栏板。桥两端各有两个巨狮,分居左右。2013年入选全国重点文物保护单位。

保定—定州文庙 位于定州市刀枪街。始建于唐大中二年(公元848年)。占地面积1.2万平方米,东、西、中三个相邻的院落得以保存下来,东院主要建筑为崇圣祠与魁星阁,西院为明伦堂,中院为大成殿、戟门、棂星门,还有东坡双槐、槐抱春、落星石等景点。2013年入选全国重点文物保护单位。

保定—淮军公所 位于莲池区环城西路。清光绪十四年(公元1888年),直隶总督兼北洋大臣李鸿章奉诏修建的昭忠祠及公所合一的建筑群。李鸿章死后改为李鸿章祠堂。淮军公所占地面积约2.7万平方米,分为前院、戏楼和公祭区、生活住宅区、神厨库(伙房)、死亡将士纪念区、荷花塘、马厩区等7个区域,既有北方建筑的古朴浑厚,也有南方园林的精巧秀美。2013年入选全国重点文物保护单位。

保定—清河道署 位于莲池区兴华路。全国范围内保存较为完整的清代道台衙门,后成为军阀王占元公馆,抗日战争胜利后为国民党28军军部。现存建筑占地面积1 840平方米,分东、中、西三路,南北方向的主轴线全长160余米。清代从雍正到光绪朝,共有111位清河道员在此任职。2013年入选全国重点文物保护单位。

保定—八会寺刻经 位于曲阳县羊平镇少容山顶。八会寺创建于北齐时期,原有上阁、下阁、菩萨、资福、普同、圣寿诸院和钟、鼓楼。几经劫难,至清末已焚毁殆尽,唯石经龛独存。石经龛开凿于隋开皇十三年(公元593年),唐代刻成,正面刻有《妙法莲花经》《观世音普门品经》,其他几面有的刻有经文,有的刻有佛名,共刻佛名近千数。石经相对完整,字体为隶书,有的略带楷书意味,说明当时的书法正处于隶楷演变时期。2013年入选全国重点文物保护单位。

保定—卧佛寺摩崖造像 位于唐县白合镇柏山村。开凿于北宋庆历五年(公元1046年),现存大小窟龛95龛,造像138尊,为以释迦牟尼涅槃经变相为主体的大型摩崖龛群。其中卧佛造像长达4.5米，为河北省现存最大的石质卧佛造像。涅槃经变相中刻画的众弟子，形象生动，形态各异，较好地表达了佛祖涅槃之际的肃穆哀伤气氛。2013年入选全国重点文物保护单位。

保定—直隶审判厅旧址　位于莲池区法院西街。清光绪三十三年（公元1907年）开工建设，至宣统二年（公元1910年）投入使用。天井式二层楼房，包括南楼、北楼、东西配楼，有内外回廊，东、西、北三面有砖砌围墙，至今保存完好。直隶审判厅是中国从封建司法制度向近代司法制度演变的这一历史重要节点的见证。2013年入选全国重点文物保护单位。

保定—光园　位于裕华路。原为明代大宁都司右卫署和断事司。1916年曹锟任直隶督军后大兴土木，进行大规模改建、装饰，成为曹锟的公馆。因曹锟敬慕抗倭名将戚继光，故改名“光园”。以单层建筑为主的大型院落，仿照天津流行的小洋楼风格，融入了传统四合院建筑格局，原占地面积2 000多平方米，现仅存主体建筑。2013年入选全国重点文物保护单位。

衡水—封氏墓群　位于景县前村乡。又名“封家坟”，俗称“十八乱冢”，北魏至隋代门阀士族封氏家族墓地，占地面积133万平方米。原有封土墓18座，现存16座。曾出土铜器、青瓷器、彩绘陶俑、墓志等文物300多件。1961年入选全国重点文物保护单位。

衡水—开福寺舍利塔　原名“释迦文舍利宝塔”，俗称“景州塔”。位于景县旧城，是早已废圮的开福寺的主要建筑之一。建于北宋元丰三年（公元1080年），石塔，呈八面棱锥形，共13层，总高63.85米。塔顶装有铜铸葫芦，高2.05米；葫芦下有铁刹网罩托，高3.3米。刹网与洞户被天风鼓荡，作水涛声，有“古塔风涛”之说。舍利塔内有佛经、佛像及金银珠宝等物。1996年入选全国重点文物保护单位。

衡水—逯家庄壁画墓　位于安平县逯家庄。东汉时期的大型竖穴多室砖墓，由甬道、墓门、前室、中室、后中室、后室、北后室组成。前室右侧室、中室和中室右侧室中绘有壁画，颜色为红、黄、青、白、黑等，分别描绘墓主出行、日常生活、下属官吏治事、谒见等。墓室券砖上书写有《急就篇》《论语》《孝经》等的句子。北壁西侧描绘规模庞大的院落建筑,其中有高大的望楼。2001 年入选全国重点文物保护单位。

衡水—北齐高氏墓群 位于景县王瞳镇、杜桥乡。北魏至隋代渤海高氏族墓,当地群众称为“高氏祖坟”或“皇姑陵”。原有墓冢近百座,现存封土墓十座。发掘了三座,均为南向砖室墓,形状大小不一,葬式不同。其中东魏天平四年(公元 537 年)的高雅夫妇子女合葬墓较为特别,这是一座按封建礼制埋葬的标准贵族墓,但父母和子女特别是已出嫁的女儿葬在一起的情况并不多见。2001 年入选全国重点文物保护单位。

衡水—宝云塔 位于旧城村。原在宝云寺内,因此称“宝云塔”。明朝永乐十三年(公元 1415 年)因洪水淹没县城,县城搬迁,宝云寺随迁,但塔一直耸立在原址。宝云塔为砖木结构,高 35 米,底座周长 25.6 米。第一层的南面有一拱券佛龛,龛里原有一尊石雕莲花坐佛。塔顶有一葫芦形塔刹。塔的各层建筑风格各异,或为鸳鸯斗拱,或为梅花斗拱等。全塔成九层八面棱锥体,雄浑古朴。2006 年入选全国重点文物保护单位。

衡水—庆林寺塔 位于故城县饶阳店村。建于北宋初期。楼阁式砖塔,塔身 6 层,通高 35.67 米,每层之间砌有双层塔檐。二层以上每层四面各有一个券门,门上有窗,窗上装有菱纹、云纹、天莲花纹的窗棂,花饰精美,各不相同。塔内为穿心式和壁内折上式相结合,可拾级而上塔顶,四壁有大小不同的佛龛、灯龛等。精巧玲珑,造型美观,独具一格。2006 年入选全国重点文物保护单位。

衡水—冀州古城遗址 位于冀州区冀州镇北关村。古城建于西汉高帝年间,沿城址西、北面的沟渠为原城的护城河。西汉时,该城城周 6 000 米。北宋时将城周扩大到 1.25 万米。元、明、清各朝曾增修。现存古城墙是汉代冀州古城西北面的一段土城墙,总长 4 500 米,高 3—5 米,基底宽 30 米,顶面宽 4 米。2013 年入选全国重点文物保护单位。

衡水—安济桥 位于桃城区胜利东路,东西横跨滏阳河上。又名“衡水石桥”或“衡水老桥”。此处在明代曾先后建木桥、石桥，屡修屡毁。清乾隆三十一年（公元1766年）重建石桥，乾隆皇帝赐名“安济”。1937年10月，日寇的火轮由滏阳河南犯，将安济桥中孔炸毁。1982年改为钢筋水泥结构。2013年入选全国重点文物保护单位。

衡水—深州盈亿义仓 位于深州市博陵路。清代建筑群，占地面积3 429平方米。北方传统四合院样式，砖木结构建筑，硬山式阴阳合瓦布瓦顶，抬梁式大木构架。分为东西两院，以门庭与西厢房间的过道相通。东院为办公区，西院为仓储区，原有4仓36间，东仓7间于1942年被日本侵略军的飞机炸毁。2013年入选全国重点文物保护单位。

廊坊—边关地道遗址 以永清县县城南关为起点，向东南和西南两个方向延伸，覆盖面积达300平方千米。北宋初期为防御辽国南侵而修建的地下军事防御工程，宋辽交战多年，辽军一直没有发现这个地道。地道结构复杂，洞体以青砖构筑，洞内高矮各异，宽窄不一，延伸曲折，既有宽大的藏兵洞，又有窄小的迷魂洞、迷障巷道、翻板、翻眼等军事专用设施，还备有通气孔、放灯台、蓄水缸、土炕等生活设施，深及地下1—5米。2006年入选全国重点文物保护单位。

廊坊—大辛阁石塔 位于永清县大辛阁乡。原为辽代龙泉寺附属建筑，八角密檐式石雕塔，由塔座、塔身和塔顶组成。须弥式莲花座上立塔身，其上浮雕释迦像、著甲力士像，毬纹槅扇门，塔檐下为仿木铺作、角梁、椽、枋等构件，上部雕出瓦垄。塔下有水井，与地道相通，可达附近岔口村隆兴寺以躲避敌军。2013年入选全国重点文物保护单位。

唐山—清东陵 1961年入选全国重点文物保护单位。参见世界遗产——明清皇家陵寝：清东陵。

唐山—李大钊故居 位于乐亭县新城区大钊路。始建于清光绪七年（公元1881年）。占地面积1 010平方米，三进宅院，南北长55.5米，东西宽18.2米，是一座典型的冀东农村庄户格局。清光绪十五年（公元1889年）李大钊出生于此。已建成李大钊纪念馆、李大钊纪念碑林。1988年入选全国重点文物保护单位。

唐山—西寨遗址 位于迁西县滦河北岸台地上。新石器时代遗址，占地面积9.62万平方米，距今6 000余年。发现有祭祀地、房址、器物堆积群等重要遗迹，出土文物近5 000件。集祭祀、居住、制陶、制石、渔猎于一体的大型史前遗存，反映了滦河中下游新石器时代文化特征及演化序列。2001年入选全国重点文物保护单位。

唐山—爪村遗址 位于迁安市城南的滦河南岸。遗址四面是圆形低山，中间为低平盆地，占地面积约54万平方米。由爪村村南和村西上下两个文化层构成，下层为旧石器时代晚期较早阶段的古文化遗存，上层为旧石器晚期较晚阶段的古文化遗存。出土大量的披毛犀、野驴、野猪、赤鹿、转角羊、原始牛、纳玛象等古脊椎动物化石，砍砸器、刮削器、尖状器等打制石器，还有珍稀的骨器，如骨针、骨椎等。2006年入选全国重点文物保护单位。

唐山—天宫寺塔 位于丰润区。天宫寺塔周围是茂密的苍松翠柏、碧柳绿槐，东侧是殿宇相连的寺院，南侧、西侧是大面积沼泽地，北面是潋滟的浭水，再远处是起伏连绵的燕山峰峦。密檐式砖塔，通高24米，13层，八角，实心，保存了辽代建筑特色，造型优美，雕刻精细。1976年遭地震破坏。1987年重修时发现两个塔心室及塔内保存的一批珍贵文物，其中有木板刻经数卷，镏金铜佛五件，文殊普贤石像及陶器、瓷器等。2006年入选全国重点文物保护单位。

唐山—寿峰寺 位于丰润区老庄子镇。现存古建筑有药师塔、无梁阁以及附属建筑文昌阁。药师塔始建于辽重熙年间，高27米，为八角形亭阁式花塔，塔身为圆锥形砖体结构，装饰着各种繁复的佛教文化花饰，金属塔顶下有一个八角托盘，每角悬风铃一个，微风拂过，叮咚之声不绝于耳。无梁阁始建于辽重熙年间，通高28.5米，面阔12.5米，进深9.9米，三重檐琉璃瓦顶。2006年入选全国重点文物保护单位。

唐山—净觉寺 位于玉田县杨家套乡蛮子营村。占地面积18 540平方米，属于皇家寺庙，被称为“京东第一寺”。始建于唐朝，清道光、咸丰年间曾进行四次大规模的重建、扩建、修缮。现存均为清代建筑。2000 年在寺门口竖立了牌楼、影壁，铺设了 5 000 多平方米的广场，千年古刹以崭新的面貌呈现在世人面前。2006 年入选全国重点文物保护单位。

唐山—丰润中学校旧址 位于丰润区。丰润中学于 1913 年开办，1914 年在车轴山寿峰寺办新校，修建了罗马式两层小楼的图书馆、高大宽阔的会议室、校长室、会计室、传达室、牌坊式铁格扇大门。中轴线两侧呈雁翅排开房屋 300 多间，分成教学区和斋宿区，是一座宏伟别致的艺术园林式校园。2006 年入选全国重点文物保护单位。

唐山—唐山大地震遗址 1976 年 7 月 28 日，冀东地区的唐山、丰南一带发生 7.8 级地震，新兴的重工业城市唐山被夷为废墟。华北理工大学建筑物倒塌了 7 万多平方米，即将竣工的图书馆被震毁，死亡 1 247 人，11 万册图书被毁。1996 年在原图书馆楼前建立了汉白玉大理石刻制而成的纪念碑。机车车辆厂除部分中间立柱扭曲、倾斜外，四周墙柱全部倒塌，屋架落地，现存遗迹是南北走向的三跨厂房。地震遗址纪念公园于 2008 年建成开放，占地面积 40 万平方米，是世界上首个以“纪念”为主题的地震遗址公园。现为全国红色旅游经典景区、国家防震减灾科普教育示范基地。2006 年入选全国重点文物保护单位。

唐山—潘家峪惨案遗址 2006 年入选全国重点文物保护单位。参见全国红色旅游经典景区——潘家峪惨案纪念馆。

唐山—孟家泉遗址 位于玉田县石庄村。占地面积 6 750 平方米。存在两个自然文化层，下部棕红色砂层和上部灰绿色砂层。下层含石制品较少，动物化石较完整，为原生文化层。上层石制品和动物化石丰富，分布不均匀，有晚期文化遗物混入。出土同一个时代的两块智人化石，一是残缺的顶骨；另一块是不完整的上颌骨，上面带有三枚牙齿，还保留了上第三前臼齿和上第一臼齿的齿孔。出土脊椎动物化石包括 3 纲、7 目、14 科、23 属种，出土石制品 23 000 余件。孟家泉遗址是迄今所知“北京人”文化东传最近的地点，时代距今 18 000—20 000 年。2013 年入选全国重点文物保护单位。

唐山—万军山遗址 位于迁安市杨各庄镇万军村。新石器时代遗址。万军山为梯田状，山顶为平台，青龙河、冷口沙河在山脚下交汇，两河由东、北两面环抱万军山，山上土质疏松，呈褐色沙土。遗址占地面积 1.5 万平方米，出土文物有盆、红顶钵、陶鬲、陶祖等陶器以及大量石器。居住址、灶台等遗迹，证明人类在此地曾经久居。陶祖的出土表明这里曾有生殖崇拜。2013 年入选全国重点文物保护单位。

唐山—龟地遗址 位于丰润区火石营镇。商代晚期遗址，因台地形似乌龟向河中饮水而得名。占地面积 3 320 平方米，随处可见鬲、颅、豆、盆、钵、罐等陶器残片，堆积厚度在 2.5—4 米之间。发现房址、墓葬、灰坑等遗迹及石器、玉器、骨器、蚌器、铁器、铜器、金器、陶器等文物。墓葬中还有一对金耳环。遗址具有多重结构文化类型，同时具有辽东半岛、山东半岛、海河北系区及张家口壶流河流域等诸多文化的共同点。2013 年入选全国重点文物保护单位。

唐山—开滦唐山矿早期工业遗存 位于路南区开滦国家矿山公园内。开滦矿是指开平和滦州煤矿，创办于清光绪四年（公元 1878 年），官督商办，是中国最早的股份制企业之一。该遗存包括被称为“中国第一佳矿”的唐山矿一号矿井、建于清光绪七年（公元 1881 年）的唐胥铁路零起点和建于清光绪二十五年（公元 1899 年）的百年达道。如今这里开发了开放式的矿井旅游，一些建筑转换成了博物馆，只有一号矿井依旧在源源不断地出厂黑金。2013 年入选全国重点文物保护单位。

唐山—滦河铁桥 位于滦州市。清光绪二十八年（公元 1892 年），中国铁路工程师詹天佑主持修建的单线铁路桥，全长 670.6 米，共 17 孔。大桥早已“退休”，但依然矗立在宽阔的滦河上。2013 年入选全国重点文物保护单位。2018 年入选第一批中国工业遗产保护名录。

沧州—沧州铁狮子 位于沧县旧州镇的原开元寺前。铸成于后周广顺三年（公元 953 年），民间称为“镇海吼”，相传为遏海啸水患而造，是我国现存年代最久、体型最大的铸铁狮子。铁狮子背负巨盆（相传是文殊菩萨莲座），狮身向南，头向西南，两左脚在前，两右脚在后，呈前进状。铁狮身长6.264米，体宽2.981米，通高5.47米，重约32吨，现有裂缝25条，四肢断裂疏松，锈蚀严重。1961年入选全国重点文物保护单位。

沧州—献县汉墓群 献县自西汉建立河间国，直至南北朝一直是王封之地。献县汉墓群是汉代河间王及其子孙、乐成侯、中水侯等葬于献县境内墓葬的总称。现存37座汉墓，几个大墓集中在一起，大墓旁还有小墓，可见墓与墓之间有历史渊源。墓群规模大、级别高、数量多、层次全、时间跨度大，对研究汉代的政治、经济、文化具有重要价值。1996年入选全国重点文物保护单位。

沧州—泊头清真寺 位于泊头市清真街。始建于明永乐二年（公元1404年），占地面积11 200平方米，房屋近200间，规模庞大，配置齐全，是典型的民族化的伊斯兰教建筑群。寺院坐西朝东，正门门楼阔3间，高10米，单檐歇山顶，古棚出厦，琉璃瓦顶，朱门铜饰，颇有气势。保存有清乾隆四十九年（公元1784年）的《清真寺恩功记碑》，康熙四十一年（公元1702年）的匾额，光绪三十四年（公元1908年）、公元1930年的砖刻。2001年入选全国重点文物保护单位。

沧州—海丰镇遗址 位于黄骅市东部。占地面积超过228万平方米。遗址所在为一中间高四周渐低的台地，中心最高处由东西向土岗高出周围地表3米左右，地表砖、瓦、瓷片随处可见，断崖上文化层连绵不绝，主要区域的文化层厚2—4米，是一处保存较好的古文化遗址。2006年入选全国重点文物保护单位。

沧州—纪晓岚墓地 位于沧县崔尔庄镇。纪昀，字晓岚，清朝政治家、文学家，历任左都御史、兵部尚书、礼部尚书、协办大学士，曾任《四库全书》总纂官，嘉庆十年（公元1805年）病逝。纪晓岚坟茔周围有数株高大的椿、榆、槐树，所竖墓碑为纪晓岚下葬时的原物，墓碑上刻有嘉庆皇帝御制碑文；神道碑上有蛟龙图案，篆额“永垂不朽”，碑身正面刻楷书大字“皇清太子少保协办大学士礼部尚书纪文达公神道碑”，碑阴刻纪事碑文。2006年入选全国重点文物保护单位。

沧州—单桥 位于献县南河头乡的滹沱河上。建于明崇祯二年(公元1629年)。全长755.5米,宽9.5米,5孔,青石砌筑,是世界上最长的不对称石拱桥。按地形水势设计,南高北低,南3孔稍宽略高,在拱与拱之间增添4个小腹拱,以减轻石桥自重,提高泄水能力。大小9个拱顶的两端,雕饰着18个龙头,栏板、栏柱上雕刻着不同的动物图案。2006年入选全国重点文物保护单位。

沧州—聚馆古贡枣园 位于黄骅市齐家务乡聚馆村。聚馆枣以皮薄、肉嫩酥脆、味甘的独特品质闻名遐迩。明弘治三年(公元1490年)朱孝宗将聚馆枣钦定为贡品,此后年年来朝,直至清末。我国现存最大最古老的古贡枣园,占地面积66.7万平方米,现存的1 067株古贡枣树最小树龄在100年以上,最大树龄在600年以上,树体健壮,生长结果正常。2006年入选全国重点文物保护单位,是唯一一处植物类全国重点文物保护单位。

沧州—三各庄遗址 位于任丘市七间房乡三各庄村。西汉元始二年(公元2年),巡海使中郎将任丘在此筑城以防海口,遂以其名为地名。占地面积3万平方米,文化层厚1—2米,采集的标本有彩陶、红陶、磨光陶以及骨器、石器等,暴露遗址有灰坑、陶井、兽骨,属于仰韶文化和龙山文化,以仰韶文化后岗类型为主。2013年入选全国重点文物保护单位。

沧州—哑叭庄遗址 位于任丘城近郊,当地俗称"疙瘩顶"。龙山文化遗址,距今约5 000年左右,分布范围6万平方米,文化层积厚0.2—5米。发掘面积1 300平方米,发现不同时期的灰坑130个,水井7眼,出土陶器、石器、骨器、角器、蚌器和玉器1 300余件。2013年入选全国重点文物保护单位。

沧州—武垣城址 位于肃宁县窝北乡。武垣城始建于公元前四世纪中叶东周战国时期,两汉时期为鼎盛时期,隋唐后逐步废弃。占地面积3平方千米,分为内外两城,外城现存北城墙1 444米,西城墙970米,东城墙400余米,内城现存西墙160米,北墙100米。城内建筑已荡然无存,遗存文物有泥质灰陶豆把、罐口沿、绳纹、交错绳纹、旋纹陶器残片和泥质灰陶方格纹瓦片、酱釉瓷碗等。2013 年入选全国重点文物保护单位。

沧州—沧州旧城 位于沧县旧州镇。西汉高祖五年(公元前 202 年)建浮阳县城,因城似卧牛,城中有铁狮,故俗称“卧牛城”“狮子城”。旧城城内占地面积约 430 万平方米,城墙宽约 40 米,周长 7 787 米。有铁狮、铁钱库、铁炉及开元寺等遗址,出土大量铁钱。2013 年入选全国重点文物保护单位。

沧州—登瀛桥 位于沧县杜林镇。建于明万历二十二年(公元 1594 年)。三孔敞肩拱形石桥,桥体由三大拱两小拱组成,两小拱悬卧于三大拱连接处的拱肩上,两个流线型的大桥墩支撑着桥身。桥长 66 米,桥面宽 7.8 米,每孔跨径 11.3 米。中拱上顶两侧各有一龙头石雕,探出桥体,张牙瞪目,呼之欲出;左右两大拱之上各有一石雕狮子头,暴目裂眦,神态凶猛;两小拱的拱顶各有一摇头探尾的神水兽;桥面石栏、石柱上是目不暇接的浮雕画面和姿态各异的石猴、石狮等动物。2013 年入选全国重点文物保护单位。

沧州—马厂炮台 位于青县马厂镇。清同治十年(公元 1871 年),淮军将领周盛传进驻马厂,动工兴建兵营。兵营在运河两岸分设两个营区,隔河相望,占地面积 478 万平方米。东营区围墙高 8 米,厚 12 米,周长 7.5 千米,内修炮台 9 座。西营区围墙的高厚同东营区围墙,周长不足 5 千米,设炮台 5 座。1937 年 9 月,侵华日军攻陷马厂,将炮台毁坏,现仅存中央炮台一座。2013 年入选全国重点文物保护单位。

沧州—光明戏院 位于河间市城内。20 世纪 30 年代的梨园建筑,正面是舞台,后边是宿舍,东西两厢有两排朱红色明柱。楼上两侧有包厢,每个包厢里有小方桌一张,几把椅子。观众座是条椅,可容千余人。戏楼栏杆底部的方格里有花鸟人物画,戏台正上方画有“八仙”,相当精致。2013 年入选全国重点文物保护单位。

张家口—清远楼 位于宣化古城。始建于明成化十八年(公元 1482 年)。外观 3 层,重檐多角十字脊歇山顶,通高 25 米,3 开间,6 塔椽,前后明间出抱厦,四周有游廊,支立 24 根粗大廊柱。梁架斗拱精巧秀丽,循角飞翘。

楼内悬有明嘉靖十八年(公元 1539 年)铸造的大钟,高 2.5 米,口径 1.7 米,重约万斤,用四根通天柱架于楼体上层中央,钟声可远传 20 千米。1988 年入选全国重点文物保护单位。

张家口—下八里墓群 位于宣化区城郊。包括两片墓地,东区为辽代监察御史张世卿家族墓群,西区为韩姓墓地。发掘了 12 座辽金时期的墓葬,墓葬形制有双室墓、单室墓,有方形、圆形、六角形、八角形等,大部分为砖雕仿木结构。出土文物 800 多件,其中木器 35 件,至今千年未朽,极为罕见。柏木棺箱内盛有骨灰,箱外均墨书梵、汉两种经文,这种特殊的葬式在我国尚属首次发现。墓室共有壁画 98 幅,分别为散乐图、茶道图、天文图、出行图、侍女图、备经图等。1996 年入选全国重点文物保护单位。

张家口—蔚州玉皇阁 位于蔚县北城墙上。始建于明洪武十年(公元 1377 年),历代屡次修整。名为敬奉玉皇大帝,实为防备外来之敌。重檐歇山琉璃瓦顶,外观 3 层,实为 2 层。整个楼阁分前后两院,前院由天王殿和 15 间禅房组成,后院正面为玉皇阁大殿,殿内正面为玉皇大帝塑像,两侧墙壁上为洞神壁画,大殿用柱 36 根,柱上有精美的斗拱。大殿前左有钟楼,右有鼓楼。1996 年入选全国重点文物保护单位。

张家口—泥河湾遗址群 位于阳原县化稍营镇泥河湾村。在桑干河两岸发现早期人类文化遗存 80 多处,出土数万件古人类化石、动物化石和各种石器。在我国已经发现的 25 处距今 100 万年以上的早期人类文化遗存中,泥河湾遗址群占 21 处。泥河湾早期文化遗存的年代之久远,密度之高,国内绝无仅有,世界上也属罕见。马圈沟遗址首次发现了距今约 200 万年前人类进餐的遗迹,是迄今为止东亚地区发现的最早的具有确切地层的人类活动遗址。1998 年入选“全国十大考古发现”。2001 年入选“中国 20 世纪 100 项考古大发现”。2001 年入选全国重点文物保护单位。

张家口—代王城遗址 位于蔚县代王城镇。代王城为春秋至汉代的代国都城。城址平面呈椭圆形,东西宽 3 400 米,南北长 2 200 米,周长 9 265 米。城垣高 3—12 米,夯土板筑,墙基宽 10—12 米,9 座城门遗址依稀可辨。

城内东南部为宫殿区,发现汉代大型夯土台基,文化堆积厚达2米。遗物丰富,陶片以建筑材料最多,生活日用陶器也占一定数量,个别器物上带有文字戳记。2001年入选全国重点文物保护单位。

张家口—代王城墓群　位于蔚县代王城东南隅。代国历代王侯将相的墓葬,分布于古城东、南、西三个区域,占地面积约8 000平方米,平坦的地面上巨石突起,高大的坟丘延绵不断。现存封土墓63座,直径大的40—50米,小的10余米,高10—15米不等,很有气势。2001年入选全国重点文物保护单位。

张家口—元中都遗址　2001年入选全国重点文物保护单位。参见国家考古遗址公园——元中都国家考古遗址公园。

张家口—梳妆楼元墓　位于沽源县南沟村。辽代萧太后的"梳妆楼",青砖拱券无梁结构,楼内中央地下2米左右即元代蒙古贵族墓。古墓为竖穴砖石墓,墓内并列三具棺木,中间棺木内挖出与人体相当的凹槽,死者置其中。东西两个棺木与现代棺木类似,棺底有两层,上层有七个与北斗星类似的七个圆,史称"七星棺"。三名死者为一男二女,男为元世祖忽必烈的女婿阔里吉思,二女即阔里吉思的两个妻子。2001年入选全国重点文物保护单位。

张家口—昭化寺　位于怀安县怀安城镇。初创于明洪武三十年(公元1397年),明正统十年(公元1445年)扩建成一座佛教圣地,朝廷赐匾额"昭化寺"。占地面积3 820平方米,全部建筑均为石条基础,砖木结构。天王殿、大雄宝殿为歇山顶木结构建筑,四面斗拱,玻璃瓦盖顶,玉龙卧脊,兽头出飞檐。殿内金像悬山,雕梁画栋,金碧辉煌。大雄宝殿内壁画面积达100多平方米,以连环画的形式刻画了500多个人物,栩栩如生。2001年入选全国重点文物保护单位。

张家口—鸡鸣驿城　位于怀来县鸡鸣驿乡。明代的驿站遗存,占地面积22 000平方米,是全国现存规模最大的邮驿建筑群。城墙高15米,青砖砌垒,内夯黄土,城墙上有东西两座城门,可供人马车辆出入。驿城所处的驿路,在先秦时代即以“上谷干道”闻名于世。这条千年古道上有很多著名的城镇和驿站,而第一大站就是鸡鸣驿城,繁华时仅当铺就有六家,还有商号九家、油铺四家及茶馆、车马店。2003 年、2005 年两次被世界纪念性建筑保护基金会选入 100 处世界濒危文化遗产名单。2001 年入选全国重点文物保护单位。

张家口—南安寺塔 位于蔚县城南门。始建于北魏,重修于辽金。八角形砖筑实心塔,全高 28 米,密檐 13 层。塔基用石条叠砌,高 2.5 米。塔座每面中间雕一兽头,上有仿木砖搪,搪上有莲瓣一周,塔身置于莲花座中。塔身四面设拱形假隔扇门,刻有灵棍,顶部雕盘龙,龙盘之上有砖仿木斗拱,犹如一幢建造雅致的阁楼。塔顶圈仰覆一莲花,承托起用金属重圆环型相轮组成的刹身,刹身嵌以宝珠。2001 年入选全国重点文物保护单位。

张家口—释迦寺 位于蔚县城南关。主要建筑大部分分布在中轴线上,自南向北依次为天王殿、大雄宝殿、卧佛殿,另有东西配殿和部分禅房。大雄宝殿为元代建筑,占地面积 141 平方米,面阔三间,单檐歇山布瓦顶,屋顶相当平缓,檐头和 4 个翼角都翘起,出檐 1.5 米,外围檐下斗拱比例和造型处理巧妙,庄重肃穆。2001 年入选全国重点文物保护单位。

张家口—宣化古城 位于宣化区。始建于唐文德元年(公元 888 年),明洪武十七年(公元 1394 年)扩建,因朱元璋第 19 子朱穗受封谷王,规模形制近似都城的大邑。清康熙三十二年(公元 1693 年),废宣府卫所,改置宣化府,宣化由此得名,有“京西第一府”之誉。古城区现有清远楼、镇朔楼及辽墓壁画等国家重点文物,拱极楼、察哈尔省民主政府旧址、五龙壁砖雕、旧城垣、时恩寺及辽代壁画墓群等省级重点文物,还有立化寺塔、大北街的马宅和都司街的南宅四合院、六中院内的“武庙”大殿、按院街内的张自忠将军故居、慈清西行时的行宫等。2006 年入选全国重点文物保护单位。

张家口—土城子城址 位于尚义县三工地镇。北魏柔玄镇遗址。占地面积 105 万平方米,城墙残高 0.5—1.5 米,夯筑,东西长约 1 100 米,南北宽约 1 006 米。遗址地表散落有大量泥质灰陶布纹瓦残片、红陶瓦残片和少量夹砂黑陶残片遗物。许多地点都发现了具有典型北魏特征的莲花纹瓦当、布纹板瓦、子母扣筒瓦、水波与凹弦纹夹砂泥质灰陶片，莲花瓦当纹饰有复瓣双层、复瓣单层等多种样式。出土了金代铁犁铧、马具、青铜镞与铁镞，以及北宋与金代的货币，如金正隆、大定通宝等。2006 年入选全国重点文物保护单位。

张家口—九连城城址　位于沽源县九连城乡。九连城始建于金代，是金代塞外三重镇之一。城池占地面积 70 万平方米，城墙土质结构，城垣四周及城角共有角楼和城台残墩 28 个，从每个角度看都有 9 个，故名“九连城”。遗址区散布有各种灰瓦、白釉黑边陶瓷以及兰花、兔毫、流彩等各式各样的细瓷残片，这些瓷片都出自宋代定、钧等名窑。2006 年入选全国重点文物保护单位。

张家口—小宏城遗址　位于沽源县。始建于南宋淳祐十一年（公元 1251 年），是元世祖忽必烈的行宫，也是元朝皇帝盛夏消暑、行围狩猎、宴请宗王、祭祀祖先的场所。明宣德五年（公元 1430 年）北部边防内移后逐渐荒废。城垣里外均用石板加白灰浆砌包，内夯混合土，各夯层之间杵有窠臼，上下凹凸相合，为元代早期草原皇城建筑特色。2006 年入选全国重点文物保护单位。

张家口—西古堡　位于蔚县暖泉镇。始建于明嘉靖年间，是古蔚州八百庄堡中保存最完好的一座。城堡平面呈方形，边长 230 余米，黄土夯筑，墙外凸出土筑马面，高 8 米。两瓮城的内城门南北对峙形成一条大街，东西各有小街道三条，沿堡墙内周围有“更道”一周。瓮城建筑布局灵活多变，结构严谨复杂，殿宇高低参差错落，楼台掩映，工艺精细。古民居院落约 180 座，大多为砖木结构，青条基石，白灰砌青砖墙，房顶起脊，安制吻兽、覆青板瓦，基本保留了明清时期的历史风貌。2006 年入选全国重点文物保护单位。

张家口—时恩寺　位于宣化区鼓楼北街。始建于明成化六年（公元 1470 年）。寺院其他建筑已毁，仅存大殿。大殿为单檐九檩庑殿顶，面阔 5 间，进深 3 间，通高 10.3 米，单翘单昂五踩斗拱，绿琉璃瓦顶。殿前有卷棚抱厦5间,为清代所增进。2006年入选全国重点文物保护单位。

张家口—暖泉华严寺 位于蔚县暖泉镇。创建于明洪武三十二年(公元1399年),清代重修。占地面积3 400平方米,有前、后殿,东、西配殿。前殿面阔进深各三间,单檐歇山布瓦顶,檐下施五踩斗拱,五架梁,前、后各出单步梁,内施天花,绘有精美的龙凤图案。2006年入选全国重点文物保护单位。

张家口—真武庙 位于蔚县财神庙街。始建年代不详,明、清重修。占地面积2 944平方米,四合院式布局,有前殿、东西配殿及正殿。正殿为单檐歇山绿琉璃瓦顶,前设歇山卷棚顶抱厦,檐下施五踩斗拱,殿前有月台。钟楼为单檐歇山顶,檐下施五踩斗拱,柱子及阑额、普柏枋,保留了金、元时期建筑风格。2006年入选全国重点文物保护单位。

张家口—常平仓 位于蔚县城鼓楼西街。旧名“丰豫仓”,明代建筑,占地面积7 700平方米,有仓房11座55间,盛时储粮3.5万石。清道光年间重修时保持了当年格局,现仅存仓房四座,南北各两座相对,均为单檐硬山布瓦顶,砖木结构。两仓中间建有神庙一座,庙前连接戏楼。2006年入选全国重点文物保护单位。

张家口—蔚州灵岩寺 位于蔚县县城鼓楼西街。建于明代。占地面积6 682平方米,现存天王殿、大雄宝殿、东西配殿以及禅房僧舍数十间。大雄宝殿为单檐庑殿布瓦顶,檐下四周置五踩斗拱,殿内置精美天花和斗八、斗四藻井,天花上彩绘“佛教八宝”、飞鹤、花卉图案。天王殿为单檐歇山布瓦顶,七檩六架,重昂五踩斗拱,转角为鸳鸯交首拱,梁架上为“雅伍墨”彩绘,拱眼壁内皆绘水墨蟠龙。2006年入选全国重点文物保护单位。

张家口—万全右卫城 位于万全区万全镇。明洪武二十六年(公元1393年)筑土城,明永乐二年(公元1404年)置万全右卫所,明正统三年(公元1438年)用砖包砌城墙,明万历三十七年(公元1609年)重修并增筑南关。城堡为菱形,占地面积0.78平方千米,玉皇阁、城隍庙、关帝庙、西大寺等各类建筑井然有序。2006年入选全国重点文物保护单位。

张家口—洗马林玉皇阁 位于万全区洗马林镇。建于明宣德十年(公元1435年),明万历三年(公元1575年)、清咸丰八年(公元1858年)曾两次重修。玉皇阁建在一砖砌墩台之上,阁前有钟、鼓二楼。阁为歇山布瓦顶,3层楼阁式,高12米,面阔、进深各三间。阁内藏有明版经卷31箱687函7 643卷。2006年入选全国重点文物保护单位。

张家口—察哈尔都统署旧址 位于桥西区明德北街。始建于清乾隆二十七年(公元1762年),民国年间曾为察哈尔省政府驻地,1941年成为伪蒙疆联合自治政府德王官邸。共有清代61位都统,民国8位都统、13任省政府主席在此任职。新中国成立后,这里曾为察哈尔省人民政府驻地。占地面积约6 650平方米,现存四进院落,布局完好。2006年入选全国重点文物保护单位。

张家口—筛子绫罗遗址 位于蔚县下宫村乡筛子绫罗村。新石器时代遗址,占地面积约10万平方米。发现七座房屋遗址,均为长方形或正方形,居住面都用火烧烤过。还发现一些灰坑。出土大量的石器、石器、陶窖、夹砂灰陶等物品,其中有大型的石磨棒、石斧、石矛、石核、切割器等。仅在一个坑里就发现了50多枚矢镞,说明当时这个群落的人们以狩猎生活为主,或者这里曾经发生过战争。2013年入选全国重点文物保护单位。

张家口—庄窠堡遗址 位于蔚县常宁乡庄窠堡村。文化层最厚可达5米,断崖处有灰坑、墓葬遗迹。包括仰韶、龙山、商代早期、汉和辽等时期的遗存,还有夏家店下层文化的遗物,以商代早期的遗存最有价值。龙山时期的遗物有石斧、夹砂灰陶细绳纹鬲、泥质灰陶罐等。商代早期陶器有夹砂灰陶折沿方唇绳纹鬲、泥质灰陶宽折沿方唇素面盆、圈足豆等。2013年入选全国重点文物保护单位。

张家口—张家口堡 位于桥西区中部。长城防线上的重要军事驻军城堡,以"武城"之誉雄冠北疆。始建于明宣德四年(公元1429年),鼎盛时期有票号、商号1 600多家,最高年贸易额达1.5亿两白银。随着"北方丝绸之路"——张库大道的日渐兴盛,军事功能逐渐被商业贸易功能所代替。现存文物古迹700余处,其中重点院落93处,是保存最为完整的明清建筑城堡之一。2013年入选全国重点文物保护单位。

张家口—佛真猞猁迤逻尼塔 位于宣化区塔儿村。兴建于辽天庆七年(公元1117年)。13层六棱实体砖塔,塔体通高20米。石条墩台高1.9米,周长33米,墩台呈八角形。塔基的南面有七级石阶通塔基面。塔的南面靠下方镶嵌方砖一块,镌刻阳文“佛真猞猁迤逻塔”和“维天庆七年岁次”字样,现基本保存完整。2013年入选全国重点文物保护单位。

张家口—三关遗址 位于蔚县三关村。新石器时代、商、战国的居住址文化遗存,占地面积35万平方米。断崖处可见灰土层和灰坑,灰土层最厚达1.5米。居住址均为矩形半地穴式,房内有圆形和竖井形的灶坑,穴壁和居住面均抹有草泥土,经火烧烤,表面坚硬平整。出土可复原陶器近70件,石、骨、蚌器等文物250余件。2013年入选全国重点文物保护单位。

张家口—澍鹫寺塔 位于阳原县白家泉乡窑儿沟村西南方的半山上。澍鹫寺建于唐代贞元年间,清咸丰年间重修,毁于20世纪60年代,唯佛塔保存。寺塔通体砖砌,实心,8角13级,总高约25米。2013年入选全国重点文物保护单位。

张家口—金河寺悬空庵塔群 位于蔚县小五台山金河口峪内。金河寺被侵华日军焚毁,现存禅师灵塔六座,均为砖仿木结构,建筑风格、形式及特点为辽代建筑。其中第四号塔是佛教教派“临济正宗廿四代传人资中政公灵塔”。据说原有明塔72座,暗塔72座,建筑形式分别为窑檐式塔和喇嘛式塔。2013年入选全国重点文物保护单位。

张家口—蔚县关帝庙 又称“夏源南堡关帝庙”。位于蔚县西合营镇。现存一进四合院,格局为前殿、东西厢房、正殿。两厢房山墙有精美的“百工图”壁画64幅,内容主要为“民间百行作坊作业”,如首饰楼、成衣局、仁义当、生药店、书籍斋、弓箭铺等,还有兑换金银、高唱古词、专理音乐、烟火炮铺、顽童要货等活动的画面,是研究清代社会的珍贵资料。2013年入选全国重点文物保护单位。

张家口—蔚县故城寺 位于蔚县宋家庄乡大固城村。建于明正德二年（公元1507年）。布局形制特殊，弥勒宫位于佛殿之后更属少见。现存正殿（过殿），面宽三间，进深两间，单檐悬山布瓦顶，木架用材硕大。殿内东西山墙壁上壁画保存完整，颜色艳丽，风格鲜明，而且幅幅均有榜题。2013年入选全国重点文物保护单位。

张家口—重光塔 位于赤城县龙关镇的华严寺遗址之上。华严寺建于唐代，明正统十四年（公元1449年）重建。明万历名将杨洪收复塞北河山后，重修该塔，取光复之意，名“重光塔”。8角5层楼阁式砖塔，通高33.67米。塔内砌砖梯，可攀登至顶层。第四、第五层各置26个瞭望孔。此塔是塞外军事性古塔。2013年入选全国重点文物保护单位。

张家口—柏林寺 位于宣化区崞村镇。始建于唐肃宗至德年间，明正德、嘉靖、隆庆年间渐次完成石窟、石塔雕凿，又经清嘉庆年增建，终成规模。主要建筑是三座石窟、一座多宝（石）佛塔、大雄宝殿和三官殿，还有玉皇庙、财神庙、龙王殿、孔庙、禅房等。2013年入选全国重点文物保护单位。

张家口—重泰寺 位于蔚县涌泉庄乡。明朝弘治九年（公元1496年）改建，名为“三圣寺”。明朝弘治十六年（公元1503年）重修。嘉靖九年（公元1530年），山西潞城王驾幸该寺，赐名“重泰寺”。占地面积6 580平方米，有殿宇房舍120间，楼、阁、殿、台塔、舍错落有致。现存的建筑有山门、钟鼓楼、弥勒殿、天王殿、千佛殿、观音殿等，各殿均有壁画。2013年入选全国重点文物保护单位。

张家口—察哈尔民主政府旧址 位于宣化区。原是1930年由天主教察、冀、晋、鲁四省五个教区联合修建的“若瑟总修院”，三进四合院，中西合璧，古朴典雅。这组建筑为砖柱带檐廊的砖木结构。中院二层楼为典型的哥特式建筑。2013年入选全国重点文物保护单位。

张家口—天齐庙 位于蔚县县城胜利路。始建于明万历二十七年（公元1601年）。现存供厅和正殿，占地面积559平方米。正殿面宽5间19.1米，进深4间11.8米，高7米，单檐庑殿黄琉璃瓦顶，琉琉花脊，中间有琉璃龙、牡丹图案,边脊有花纹,额、核均有和玺彩绘,正殿外拱眼壁上饰琉璃黄龙、绿地黄龙。供厅面阔三间,进深三间,单檐卷棚歇山布瓦顶,6架梁前出单步廊。2013年入选全国重点文物保护单位。

张家口—洗马林城墙 位于万全区洗马林镇洗马林村。建于明宣德十年(公元1435年),隆庆五年(公元1571年)增修砖包,清乾隆六年(公元1741年)重修。洗马林城墙是洗马林堡的一部分,城墙整体布局尚可辨认,城西北部城墙保存较好,底宽6—7米,顶宽1.5—2米,高8米。2013年入选全国重点文物保护单位。

张家口—沙子坡老君观 位于蔚县暖泉镇沙子坡村。明清建筑。南北中轴线上分布有戏楼、山门、前殿(三清殿)、后殿(北极玄宫)以及东西配殿。山门为五架梁,悬山式。山门内有一木引壁,上画太极八卦乾坤图。庙内正殿保存有精美的道教题材壁画。2013年入选全国重点文物保护单位。

张家口—蔚州古城墙 位于蔚县。始建于北周大象二年(公元580年),现存城墙为明洪武十年(公元1377年)重筑。中国现存城址中唯一一座不是方圆建制的,而是依地势建造的不规则城墙,并且一反古城四门或九门的建制,在北方不建城门,为其他地区的古城所罕见之处。有城楼3座,角楼4座,敌楼24座,垛口1 100余个。2013年入选全国重点文物保护单位。

张家口—杨氏家族墓地 位于蔚县南阳庄乡。墓地上有一通石碑——《蔚州杨氏先茔碑铭》,立于元至治元年(公元1321年),由碑首、碑身、碑座三部分组成,碑身高2.2米,宽1.2米,厚0.32米,为一整块青石雕刻而成。碑文行楷竖式22列,共计702字,记述了杨赟一生的功德政绩。杨赟曾任泰安、莱芜等处铁冶提举以及岚州、平定州知州、忠顺大夫、宣德府知府。碑铭为元代书画家赵孟頫晚年的代表作,书体典雅,刚柔并济,文字精练,情起语伏。2013年入选全国重点文物保护单位。

张家口—明长城 东起张家口辛立台,西至怀安西洋河的明长城,全长87千米,延绵于崇山峻岭的山脊上。明成化二十一年(公元1485年)修筑张家口至洗马林段,嘉靖二十五年(公元1546年)修筑洗马林至西洋河段。长城沿线关隘要塞处,筑有军堡 5 座,瞭望台 36 座,烽火台 89 座。明长城大部分已经坍塌,在遗址上发现了明代永乐年间铸造的钢炮、铜簇等明代兵器,明正德年间制造的铜制火铳。2013 年入选全国重点文物保护单位。

张家口一卜北堡玉泉寺　位于蔚县城南的大山上。山腰峪口处有一清泉,周围草木丛生,故称“玉泉”。大约在唐代,有僧侣在玉泉旁边修建一寺院,取名“玉泉寺”。从唐代起就有僧侣居住于此,耕地、坐禅、念经,香火甚旺。寺庙坐北朝南,山门即作天王殿。正殿面宽进深均三间,为罕见的单檐庑殿顶前抱厦,梁架上均有彩绘。2013 年入选全国重点文物保护单位。

张家口一晋察冀军区司令部旧址　2013 年入选全国重点文物保护单位。参见全国红色旅游经典景区——晋察冀军区司令部旧址。

承德一普宁寺　位于双桥区。始建于清朝乾隆时期。寺庙前半部为汉式,具有汉族传统佛教寺庙的特征,后半部为藏式,仿西藏桑鸢寺而建,两种不同风格的建筑融为一体。整座寺院雄伟壮观,占地面积约 2.3 万平方米。主尊佛像千手千眼观世音菩萨,通高 27.21 米,金漆木雕。普宁寺作为“避暑山庄及其周围寺庙”的组成部分已入选世界文化遗产。1961 年入选全国重点文物保护单位。

承德一普乐寺　位于双桥区。始建于清乾隆三十一年(公元 1766 年)。西部为汉族寺庙样式,由山门、天王殿、钟鼓楼、配殿、正殿组成。东部为藏式建筑。主体建筑旭光阁,重檐圆顶,类似北京天坛祈年殿。阁内顶部置圆形藻井,龙凤图案,藻井中心雕金龙戏珠。藻井采用层层收缩的三层重翘重昂九踩斗拱手法,雕工精细,金光闪闪,具有极高的艺术价值。普乐寺作为“避暑山庄及其周围寺庙”的组成部分已入选世界文化遗产。1961 年入选全国重点文物保护单位。

承德一普陀宗乘之庙　位于双桥区。建于清乾隆三十六年(公元 1771 年),为庆祝乾隆皇帝 60 寿辰和皇太后 80 寿辰而建。占地面积 22 万平方米,为承德外八庙中规模最宏大者。主体建筑位于山巅,60 余座(现存 40 余座)平顶碉房式白台和梵塔白台,随山势呈纵深式自由布局。全庙布局仿拉萨布达拉宫,故俗称“小布达拉宫”。乾隆皇帝在这里接见了万里东归的土尔扈首领渥巴锡一行,并举行隆重的讲经、说法、祝寿等活动。普陀宗乘之庙作为“避暑山庄及其周围寺庙”的组成部分已入选世界文化遗产。1961年入选全国重点文物保护单位。

承德—须弥福寿之庙 位于双桥区。清乾隆四十五年(公元1780年)建。乾隆皇帝70岁生日时,西藏六世班禅长途跋涉到承德贺寿,乾隆下旨仿班禅驻地日喀则的扎什伦布寺为班禅建此行宫。庙自山脚顺山势向上延伸,主体为三层高的大红台,中央是一座重檐大殿,名“妙高庄严殿”,是庙中最大的殿宇。殿顶用镏金铜瓦铺盖,四脊上有八条金龙。大红台西有吉祥法喜殿,为班禅寝殿,重檐歇山顶镏金瓦顶。殿北有金贺堂和万法宗源殿,是班禅弟子的住处。须弥福寿之庙作为“避暑山庄及其周围寺庙”的组成部分,已入选世界文化遗产。1961年入选全国重点文物保护单位。

承德—避暑山庄 1961年入选全国重点文物保护单位。参见世界遗产——避暑山庄及周围寺庙。

承德—金山岭长城 横亘在滦平县与北京市密云区交界地带的燕山支脉,东接司马台长城,西连古北口长城。明朝将领戚继光任蓟镇总兵官时主持修筑,是万里长城的精华地段,素有“万里长城,金山独秀”的美誉。障墙、文字砖和挡马石是金山岭长城的三绝,素有“摄影爱好者的天堂”的美誉。1992年11月亚洲“飞人”柯受良驾驶摩托车成功飞越了金山岭长城。1988年入选全国重点文物保护单位。

承德—殊像寺 位于双桥区。建于清乾隆三十九年(公元1774年)。仿山西五台山殊像寺而建,形制以汉族庙宇建筑为主,占地面积27公顷。采用庭园式布局,叠砌假山,散植松树。现存主要建筑有山门、过殿、钟鼓楼、天王殿以及东、西配殿、会乘殿等,均系单檐歇山顶。1988年入选全国重点文物保护单位。

承德—安远庙 位于双桥区。建于清乾隆二十九年(公元1764年)。占地面积26 000平方米,分三进院落。因主殿普度殿为方形,俗称“方亭子”。背衬雄奇的群山，依托苍松翠柏，坡下武烈河银波生辉，寺院严整密合，烘托出一种辽远清幽的神秘气氛。1988 年入选全国重点文物保护单位。

承德—溥仁寺 位于双桥区。清康熙五十二年（公元 1713 年），诸蒙古王公为庆贺康熙帝 60 寿辰，奏准在承德避暑山庄外围建一寺院作庆寿盛会之所，遂建造了溥仁、溥善二寺。溥善寺早已荒废。溥通普，有普遍、广大之意，有皇帝深仁厚爱普及天下之意。溥仁寺建筑形制为汉族庙宇的“伽蓝七堂”式，山门内主轴线上布置天王殿、慈云普阴殿、宝相长新殿，殿宇为单檐歇山顶，檐柱彩绘，雕梁画栋，光彩夺目。2001 年入选全国重点文物保护单位。

承德—会州城 位于平泉市城西南隅会州城村。辽太祖时期建城池，一直沿用到明永乐年间，后被废弃。城址东西长 950 米、南北宽 855 米，城墙残高 2—6.6 米。墙体为夯土分层而筑，东、南、北三面城墙大部分被居民住宅和锦承铁路所占据，西门及城墙基本保存完好。出土“绿釉刻莲花鸡腿瓶”，为国家一级文物。2006 年入选全国重点文物保护单位。

承德—城隍庙 位于双桥区西大街文庙西路。清乾隆三十七年（公元 1772 年）建。山门内有钟鼓两楼，正殿五楹，有清乾隆帝御题额“福荫岩疆”；左右各有配殿三楹，后有后殿五楹，东西配殿各一楹。庙内有乾隆御制《热河初建城隍庙拈香瞻礼八韵碑》，详载城隍庙营建始末。2006 年入选全国重点文物保护单位。

承德—普佑寺 位于双桥区避暑山庄内。建于清乾隆二十五年（公元 1760 年），为普宁寺喇嘛诵经的札仓（附属经学院）。占地面积 9 000 平方米，前后二层院落。天王殿为单檐歇山顶，供奉的佛像有汉式也有藏式，别具一格。1964 年因雷击起火，大部分建筑毁于火灾，仅存山门及四座配殿，后整修复原。2013 年入选全国重点文物保护单位。

承德—四方洞遗址 位于承德市鹰手营子矿区。洞穴遗址，因洞口呈四方形而得名。文化年代为旧石器时代晚期，在此最早出现的人类与北京周口店“山顶洞人”属于同一时期。占地面积约 44 000 平方米，洞口高约 12 米，宽约 13 米。遗址堆积分为上下两层。上文化层出土动物遗骨多有轻微石化,除啮齿类头骨、下额骨与鹿类牙齿外,可鉴定的动物种类只有中华鼢鼠和鹿,另有一些鸟类肢骨。下文化层出土的大量动物遗骨,较上文化层保存完整,可做鉴定的有啮齿类颌骨、牙齿和食草类牙齿。2013 年入选全国重点文物保护单位。

承德—化子洞遗址 位于平泉市党坝镇。旧石器时代晚期遗址,洞口上部岩石外凸约 3 米,形成一岩厦。洞内已坍塌。地层堆积厚约 4 米,文化层可分为 11 层,其中以第七层最为重要。这层由一层灰烬一层土相间堆积而成,分层现象明显,最厚处达 0.88 米,每一层厚 2—4 厘米,有的土层表面有局部轻度的烧结面,推测应是一处人工用火遗迹。出土遗物有石制品、骨器和动物骨骼。2013 年入选全国重点文物保护单位。

承德—顶子城遗址 位于平泉市茅兰沟乡。夏、商至战国时期所建,属夏家店文化时期下层文化。占地面积 1.5 万平方米,文化层厚约 2.5 米。现存数重用石头垒砌的半圆形矮墙和一些平坦的圆形、方形、长方形生活区。围墙基高 3 米,垒墙用的石料均为当地青灰石质不规则石板和石条,墙基宽窄不均。采集的遗物有陶器、石器、铜器等。2013 年入选全国重点文物保护单位。

承德—付将沟遗址 位于兴隆县。战国至汉代冶铁基地遗址。最重要的发现是战国铁范共 87 件,约重 190 千克,多为铸造农业生产工具的铸范,其中有铸造锄头的“锄范”,铸造刨土用具镬头的“镬范”,铸造斧头用的“斧范”,制造铁凿用的“凿范”,制造车辆铁件用的“车具范”,改写了古代农业开始使用铁器的历史。还在周围发现许多陶器碎片、木炭屑、矿石碎块及大量烧土和部分筑石基。2013 年入选全国重点文物保护单位。

承德—土城子遗址 位于承德县头沟瓦房村。占地面积 41.5 万平方米,四周有土筑城墙,南北城墙残存,东西两墙已平为耕地。南北城墙正中皆有门,门外筑有翁城,城的四角均有方形土台,为夯筑望楼。现存城墙高处达 6 米,一般高 3—4 米,厚 0.8 米左右,城中间有南北通道一条。2013 年入选全国重点文物保护单位。

承德—石羊石虎墓群 位于平泉市柳溪乡石虎村。辽金时期墓葬，占地面积约 26 575 平方米。现存石羊、石虎、石人造像共 9 尊，由花岗岩雕成，细致部分已经风化，而且大部分被埋入地下。2013 年入选全国重点文物保护单位。

承德—半截塔 位于围场县半截塔镇。建于元至元年间，为了祭祀疆场死者的亡灵而修建，因此又叫“祭骨塔”。后因塔仅剩一半，遂有“半截塔”之称。原塔高 40 米，塔座边长 10 米，空心圆形砖木石结构，塔身上端置宝珠形塔顶。1930 年当地士绅捐资重修，方具塔之全貌。2013 年入选全国重点文物保护单位。

承德—凤山关帝庙 位于丰宁县凤山镇。始建于清雍正十年（公元 1732 年），光绪十一年（公元 1885）重修。砖石木结构，条石台基，歇山券棚顶。建筑构思奇妙，技艺高超，集书法、绘画与建筑艺术为一体，历经 280 多年沧海桑田的变迁和塞外大地的风风雨雨，依然巍然矗立。2013 年入选全国重点文物保护单位。

承德—木兰围场御制碑 位于围场县。清代皇家猎苑。这里自古以来就是一处水草丰美、禽兽繁衍的草原。乾隆皇帝数次来围场围猎，留下了很多诗句。围场内共有 7 块御制碑，除《木兰记碑》是嘉庆皇帝所立，其余都是乾隆皇帝所建。《木兰记碑》通高 4.4 米，碑身高 2.28 米，宽 1.32 米，厚 0.62 米，碑文用满汉两种文字书刻，为嘉庆皇帝御笔。2013 年入选全国重点文物保护单位。

承德—摩崖石刻 承德的佛教摩崖造像共有四处：最早的是金元时期的隆化石佛口摩崖造像，另有三处清代造像，即滦平星龛岩寺、丰宁东喇嘛山摩崖造像和磬锤峰摩崖造像。隆化石佛口摩崖造像，共存 4 组 130 余尊佛像。滦平星龛岩寺始建于清康熙年间，佛像凿开在陡峭的石壁上，寺中供奉高 2 米左右的 3 尊盘膝打坐壁雕石佛像。丰宁东喇嘛山摩崖造像为释迦牟尼佛，高 3.12 米，宽 2.72 米，头有爆发，结跏趺坐，背有彩色佛光。磬锤峰摩崖造像依山而刻，高约 4 米，长约 40 米。2013 年入选全国重点文物保护单位。

京杭大运河 中国东部平原上的一项伟大的水利建筑，世界上最长的古代运河，也是世界上开凿最早、规模最大的古代运河。大运河始建于公元前486年，包括隋唐大运河、京杭大运河和浙东大运河三部分，全长2 700千米，跨越地球10多个纬度，地跨北京、天津2个直辖市和河北、山东、河南、安徽、江苏、浙江6个省，通达海河、黄河、淮河、长江、钱塘江五大水系，是中国古代南北交通的大动脉。河北境内的京杭大运河称“南运河”，起自北京，经天津，流经河北省沧州、泊头等地，成为海河水系的一支。2006年入选全国重点文物保护单位。

二十一、国家一级博物馆

河北博物院 位于石家庄市文化广场。省级综合性博物馆。前身是河北省博物馆。占地面积53 128平方米，展览面积22 000余平方米，文物藏品15万件，其中一级品334件(套)，二级品1 910件(套)，三级品16 313件(套)，以满城汉墓出土文物、河北古代四大名窑瓷器、元青花、石刻佛教造像、明清地方名人字画以及抗日战争时期文物最具特色。藏书5万余册，不少是明清善本图书，为河北省地方志主要收藏单位之一。2008年入选国家一级博物馆。2018年获“全国最具创新力博物馆”称号。

西柏坡纪念馆 位于平山县西柏坡镇。占地面积1.34万平方米，建筑面积3 344平方米。分为西柏坡陈列展览馆、西柏坡中共中央旧址、西柏坡丰碑林、西柏坡国家安全教育馆、西柏坡廉政教育馆、西柏坡领袖风范雕塑园、西柏坡青少年文明园等部分。馆藏革命文物2 000多件，其中一级品8类15件，以毛泽东用过的办公桌、转椅，刘少奇用过的文件箱，朱德用过的金属桌椅，董必武用过的百寿杖、棕色毛毯、棉被，周恩来用过的转椅、两用书架,任弼时用过的帆布衣箱、怀表,最为珍贵。2008 年入选国家一级博物馆。

邯郸市博物馆 位于丛台区中华北大街。主体建筑的前身是 1968 年建成的“毛泽东思想胜利万岁邯郸展览馆”。馆舍建筑占地面积 11 000 平方米,主体建筑分上、中、下三层,高达 26 米。内设大小展厅 15 个,布置有新石器早期的磁山文化、赵国两汉时期的赵文化、磁州窑瓷器、中国历代钱币、邯郸古代石刻艺术等五大基本陈列。2017 年入选国家一级博物馆。

二十二、中华老字号

洛杉奇食品有限公司(注册商标:金凤) 位于石家庄市鹿泉区获铜路。专业生产金凤扒鸡禽类制品、洛杉奇肉类制品、面食制品等三大类 200 多种产品。“金凤扒鸡”始于 20 世纪初,享誉国内市场。金凤扒鸡的传统手工制作技艺被列入省级非物质文化遗产名录。2006 年入选中华老字号。

槐茂有限公司(注册商标:槐茂) 位于保定市七一中路。在槐茂酱菜厂的基础上改制而成的股份制调味品生产企业。槐茂酱园始于清康熙十年(公元 1671 年),槐茂甜面酱、槐茂酱菜以原料优质、工艺精湛、酱香浓郁而闻名。清光绪二十七年(公元 1901 年)慈禧太后途经保定品尝后连声称好,赐名“太平菜”。现有酱油、食醋、腐乳等五大系列 60 余个品种的调味佐餐产品,其中“什锦酱菜”在中国首届食品博览会获银奖。2006 年入选中华老字号。

刘伶醉酒厂(注册商标:刘伶) 位于保定市徐水区。刘伶为晋朝“竹林七贤”之一,嗜酒不羁,被称为“醉侯”。刘伶醉烧锅起源于金元时期,至今已连续酿酒近千年,是中国较早的蒸馏酒发源地之一。刘伶醉酒严格采用传统老五甑工艺,经泥池老窖、固态、低温、长期发酵,缓火蒸馏、量质摘酒、分级储存、精心酿造而成。2006 年入选中华老字号。

乾隆醉酒业有限责任公司(注册商标:板城烧锅) 位于承德县下板城镇。相传清乾隆三十八年(公元1773年),乾隆帝与纪晓岚微服私访至下板城庆元亨酒店,酒兴之余诗兴大发,乾隆出上联"金木水火土",纪晓岚接下联"板城烧锅酒",乾隆皇帝乘兴御笔亲书赐予小店,自此"板城烧锅酒"名扬四海。主要生产板城烧锅酒、紫塞明珠两大系列共200多个品种的中、高档白酒。2006年入选中华老字号。

鸿宴饭庄(注册商标:鸿宴) 位于唐山市新华东道。创建于1937年,2001年改为股份合作制企业。菜点以选料精细、做工考究、质量稳定、特色鲜明而著称,煨肘子、酱烧茄子、红烧裙边、酱汁瓦块鱼、肉烧冬笋于1999年被国家国内贸易局评为"中国名菜";兰花虾片、官烧目鱼、红燕雪蛤羹、蟹黄鸡茸菜心、鸡汁广肚、菜胆鱼翅于2003年被中国烹饪协会评为"中国名菜";传统小吃"棋子烧饼"于1997年被中国烹饪协会评为"首届中华名小吃"。2006年入选中华老字号。

刘美实业有限公司(注册商标:刘美) 位于乐亭县城东大街。产品包含"刘美烧鸡"系列、真空畜禽熟食系列、酱卤肉制品系列、灌制品系列、特色调味品系列等五大系列300多个品种。"刘美烧鸡"系列运用唐代宫廷御膳秘方及祖传卤煮熟食工艺,融入现代科技手段和技术,"色、香、味、型"四美合一,味干香而不腻,肉烂而不脱骨。2006年入选中华老字号。

鸿源酒业有限公司(注册商标:丰年牌) 位于玉田县林南仓镇。相传唐太宗在征战击鼓之前饮玉田老酒,晕而不醉,露宿沙场,发觉敌人蜂拥而至,调遣兵将一战而胜,遂封玉田老酒为"御酒"。生产丰年牌御宴酒、丰字白酒、盛唐2000、丰年酒、二锅头、宴宾酒等系列产品。"丰年牌"玉田老酒以优质小麦、红粮等为主要原料,选用多种微生物参与发酵,经科学勾兑,双轮底增香,陶瓷坛陈酿。2006年入选中华老字号。

衡水老白干酒业股份有限公司(注册商标:衡水老白干) 2006年入选中华老字号。参见全国工业旅游示范点——衡水老白干酿酒(集团)有限公司。

十里香股份公司(注册商标:十里香) 位于泊头市裕华路。原为三井酿酒有限公司。已建成华北最大规模的浓香窖池群,具备2万吨原酒储藏能力,成为河北省浓香型白酒酿造基地、最大规模的原酒储藏企业。拥有包括3位国家级白酒评委在内的白酒生产技术及研发团队,是河北省浓香白酒酿造工程研究中心驻地。2011年入选中华老字号。

马氏中发食品有限公司(注册商标:真定府) 位于正定县京深西大街。“马家老鸡”起源于明末清初,清朝同治八年(公元1869年)在正定府开设了马家老鸡店。清光绪二十七年(公元1901年)慈禧太后及光绪皇帝回京途中驻跸正定,对马家老鸡赞不绝口,此后马家老鸡一度成为贡品,名声大震。2011年入选中华老字号。

争荣食品有限公司(注册商标:争荣) 位于霸州市南孟镇。始于清光绪八年(公元1882年)的“德泉永”烧坊。现已变更为“争荣生物科技股份有限公司”。选取非转基因大豆、食用级大豆粕、大米、高粱、小麦、麦麸为主要原料,采用传统酿造与现代技术相结合的工艺,经过三大过程20多道工序酿造,主要产品有酿造酱油、酿造食醋、黄豆酱、料酒、复合调味料(捞汁)、白酒等系列产品。2011年入选中华老字号。

柴沟堡熏肉制品有限责任公司(注册商标:柴沟堡) 位于怀安县长胜街柴马路。柴沟堡熏肉是怀安古镇的传统肉制品,至今已有200多年的历史,肉质鲜嫩,皮层柔软,色泽光亮,保质期长,曾为清廷贡品。公司现已变更为“张家口柴记食品有限公司”,年加工能力达3 000吨熏肉制品。产品分柴沟堡熏肉系列、西式肉制品系列、豆蛋制品三个系列60多个品种。2011年入选中华老字号。

大名府香油调味品有限公司(注册商标:大名府) 位于大名县工业区香油城。大名府小磨香油始创于清光绪年间,以芝麻为原料,用石质小磨和独特的传统技艺加工而成,品味纯正。公司引进国外先进过滤设备,精选上等芝麻为原料,采用传统石磨工艺,保证产品的营养成分不破坏、不流失,保持原汁原味原质。2011年入选中华老字号。

一篓油餐饮有限公司(注册商标:一篓油) 位于邯郸市丛台区丛台路。“一篓油水饺”选料精细,坚持用新肉,配上小磨麻油和上等调味品,精心制馅、包制,成熟后汁包馅,吃时流油,故名。原是一家经营简单炒菜和饺子的小门店,现已发展成为拥有数十家加盟店的大型餐饮连锁机构。2011年入选中华老字号。

京府黑芝麻小磨香油有限公司(注册商标:五鹿香) 位于大名县大名镇。公司采取订单农业和“公司+协会+农户”的方式,培育芝麻种植基地做绿色健康食品。采用百年传承石磨工艺与现代生产技术,生产黑芝麻系列产品小磨香油、芝麻酱,香味纯正,色泽晶莹,既是常用的调味食品,又是良好的养生保健品。2011 年入选中华老字号。

泥坑酒业有限责任公司(注册商标:福盛泉) 位于宁晋县宁辛路。前身是始建于 1916 年的宁晋县制酒厂,2003 年完成股份制改造。主要产品为“泥坑”系列、“凤来仪”系列、“福盛泉”系列白酒。泥窖发酵是“泥坑”牌及“福盛泉”系列浓香型白酒的特色之一。2011 年入选中华老字号。

曹雪芹酒业有限公司(注册商标:曹雪芹) 位于唐山市丰润区左家坞。前身是成立于 1945 年的左家坞酒厂,由祖籍丰润的曹雪芹家族酿酒作坊沿革发展而来。“曹雪芹家酒”是曹雪芹家族用白云岭山庄的天然软水,采用古方特酿的历史名酒,迄今已有 400 多年的历史。现年产“曹雪芹”“浭阳”两大系列白酒过万吨。2011 年入选中华老字号。

新新麻糖厂(注册商标:蜜蜂麻糖) 位于唐山市路南区增盛路。“新新麻糖”起源于明朝万历年间。前身为成立于 20 世纪初的新新公司,当时生产的“新新”蜂蜜麻糖,有“麻糖大王”之美誉。采用独特的生产工艺,以精制面粉、香油、花生油、蜂蜜、桂花等原料,经和面、熬浆、擀制、炸制、浇浆、控浆等工艺流程,制成的产品色泽淡黄,形似花朵,薄似蝉翼,酷似玉雕,香甜可口,松软酥脆。2011 年被入选中华老字号。

贯头山酒厂(注册商标:贯头山) 位于迁安市大五里乡贯头山村。主要产品有精致特酿浓香型白酒、浓香型白酒老窖系列、浓酱兼香型白酒千酒系列(金千酒、银千酒、千酒传奇、千酒传世)、浓酱兼香型白酒坛酒系列、浓香型酒王系列(至尊酒王、普通至尊酒王、新唐山酒王)、特供酒、婚宴酒等。2004年被中国诗酒文化协会评为“中华文化名酒”。2011年入选中华老字号。

避暑山庄企业集团有限责任公司(注册商标:山庄) 位于平泉市东方街。主要产品有“山庄”牌山庄老酒、“启健”牌酒精、“避暑山庄”牌蛋白饲料、液态二氧化碳和玉米油。集团是中国白酒行业50强企业之一,河北省最大的酒精生产厂家,全国酒精10强企业,国家级农业产业化重点龙头企业。山庄老酒是中国地理标志产品、中国白酒工业十大创新品牌,被列入国家级非物质文化遗产代表性项目名录。2011年入选中华老字号。

中和轩饭庄(注册商标:中和轩) 位于石家庄市新华区新华路。饭庄始建时,满氏兄弟带着几个伙计从保定来到石家庄,在通顺巷(中华胡同)经营清真炒饼和炒菜,后把天津包子引到石家庄,又增添了小笼蒸饺,声名鹊起。1955年公私合营,使用“中和轩”的名号。1997年中和轩的蒸饺被中国烹饪协会命名为“中华名小吃”。2011年入选中华老字号。

丛台酒业股份有限公司(注册商标:丛台) 位于邯郸市丛台区酒业大道。前身是邯郸市酒厂,始建于1945年,以著名烧坊“贞元增”为基础,联合兼并周边15家私人烧坊而成立,1994年改制为股份制企业。主导产品“丛台”酒,以邯郸城市象征、著名战国遗址“丛台”命名。2011年入选中华老字号。

赵家馆(注册商标:赵家馆) 位于昌黎县鼓楼东街。始建于1921年,在冀东、京津、东北一带享有盛誉。赵家馆饺子分为圆笼蒸饺和速冻水饺两大类,以圆笼蒸饺为主,品种有素三鲜、三鲜、猪肉大馅、茴香馅、羊肉馅、驴肉馅、什锦馅等,制作方法为开水烫面,肉馅煨鸡汤,全部手工制作,饺子皮薄、馅大,香而不腻。2011年入选中华老字号。

朝阳楼饭庄有限责任公司(注册商标:朝阳楼) 位于张家口市宣化区牌楼西街。始创于明末清初,清光绪二十六年(公元1900年)慈禧太后西行途经宣化府,朝阳楼饭庄为其专供御膳,慈禧太后赞不绝口。饭庄的涮锅选用当年的羔羊,肉质鲜嫩绵香。传统早点芙蓉饼、糖麻叶,常常供不应求。新开发的甜咸酥饼、香蕉饼,蛋黄、五仁、枣泥以及各种水果风味的月饼,风靡古城。2011 年入选中华老字号。

乐仁堂医药股份有限公司(注册商标:乐仁堂) 位于石家庄市桥西区和平东路。“乐仁堂”品牌衍生于北京同仁堂,在石家庄始于 1935 年,1956 年公私合营时成立石家庄市药材公司。乐仁堂经营范围包括中西药制剂、中药材、中药饮片、生物制品、麻醉精神药品、医疗用毒性药品、原料药、保健食品、医疗器械、化学试剂、玻璃仪器等各类商品两万多个规格品种。2011 年入选中华老字号。

金牛制药有限公司(注册商标:金牛) 位于定州市兴华中路。金牛牌眼药始创于康熙年间,被选为宫廷御药,乾隆皇帝曾亲笔御赐“金牛张铺”。20 世纪初曾获巴拿马赛会金奖。现有颗粒剂、散剂、栓剂、糖浆剂、口服剂、酒剂、酊剂、胶囊剂、丸剂、片剂、针剂等 11 个剂型 60 多个品种,其中“金牛眼药”“拨云散眼药”“特灵眼药”和“肝净注射液”为全国独家产品。2011 年入选中华老字号。

山西篇

山西省，因居太行山之西而得名。简称“晋”“三晋”，古称“河东”。

山西省位于黄河中游东岸，地处华北平原西面的黄土高原上。东以太行山为界与河北为邻，西、南隔黄河与陕西省、河南省相望，北以外长城为界与内蒙古自治区毗连。总面积 15.67 万平方千米。

山西省地处华北西部的黄土高原东翼，是一个被黄土广泛覆盖的山地高原，地势东北高西南低。地貌类型复杂多样，有山地、丘陵、高原、盆地、台地等，山地、丘陵占总面积的 80%，高原、盆地、台地等平川河谷占 20%。重峦叠嶂，丘陵起伏，沟壑纵横，总的地势是“两山夹一川”，东西两侧为山地和丘陵隆起，中部为一列串珠式盆地沉陷，平原分布其间。大部分地区海拔在 1 000 米以上。最高处为东北部的五台山叶头峰，海拔 3 058 米；最低处为南部边缘运城市垣曲县东南西阳河入黄河处，海拔仅 180 米。

山西省地处中纬度地带的内陆，属于温带大陆性季风气候，四季分明，雨热同步、光照充足，南北气候差异显著，冬夏气温悬殊，昼夜温差大。年平均气温 4.2—14.2℃。

山西省下辖太原、大同、朔州、忻州、阳泉、吕梁、晋中、长治、晋城、临汾、运城 11 个地级市。省政府驻地太原市。2018 年末，常住总人口 3 718.34 万人。人口以汉族为主，少数民族有回族、满族、蒙古族、彝族、苗族、土家族等 53 个，人口为 9.35 万。

山西省是人类和华夏文明发祥的最早起源地和中心区域之一，有文字记载的历史达 3 000 多年，被誉为“华夏文明摇篮”，素有“中国古代文化博物馆”之称。山西省被称为“中国古代建筑艺术博物馆”，保存完好的宋、金以前的地面古建筑物占全国的 70%以上。山西省也是老革命根据地，革命活动遗址和革命文物遍布全省。山西省还是中国戏曲艺术的发祥地之一，地方剧种达 54 个，占全国 300 多个剧种的六分之一，被称为“戏曲摇篮”。

一、中国历史文化名镇

灵石县静升镇 位于灵石县东北部。依山傍水，一条大街横贯东西，九沟、八堡、十八街巷散布于山麓之中。地势平坦，土地肥沃，新石器时代就有人类繁衍生息。清康乾年间，农商发达，经济繁荣，修庙宇，建民居，大兴土木，被誉为“晋中第一镇”。古建筑群王家大院，俨然一座壁垒森严的中世纪城堡，有“华夏民居第一宅”之称。现山区集中发展核桃种植，特色林业初具规模。新能源产业园区以北斗导航智慧应用云计算、亨泰荣和金属压铸件等项目为龙头，重点发展高科技、装备制造产业项目。2003 年入选中国历史文化名镇。

临县碛口镇 位于吕梁山西麓，地处黄河之滨。明清以来，凭借黄河水运一跃成为北方商贸重镇，享有“九曲黄河第一镇”之美誉。自然景观以黄河风情为主，人文景观以明清建筑为主。其中黑龙庙创建于明代，乐楼的音响效果极为奇特。每年农历正月和七月初一的黑龙庙会，有古风古韵的“社戏”活动，上演的《狮子啃绣球》等地方小戏，还有碛口腰鼓以及陕北皮影、剪纸、八音会、民间说唱等表演展示。“听黄河”“住窑洞”“寻古迹”都是当地特色旅游项目。碛口红红枣是山西特产。2005 年入选中国历史文化名镇。

襄汾县汾城镇 位于临汾市，地处吕梁山脉、姑射山东麓。汾城是战国时期魏国的城邑。农作物以小麦、棉花为主，盛产苹果。主要旅游景点有汾城的学前塔、北膏腴的大砖塔、太常九龙沟的普救寺塔、西疙瘩的金代大钟、北膏腴的北魏大钟、文庙的碑林等。汾城镇文化积淀浓厚，建有百米古建筑群文化长廊,恢复了龙门书社,春节文化系列活动和农历三月十六尉村跑鼓车节开展得红红火火。2007年入选中国历史文化名镇。

平定县娘子关镇 位于阳泉市,地处山西省和河北省交界处,石太铁路、阳井公路、太旧高速公路、307国道穿境而过。农业基础地位稳固。娘子关关城始建于明嘉靖年间,依山傍水,居高临下,为“太行八陉”之一,是京畿的天然屏障,史称“天下第九关”。拥有张果老洞、固关长城、娘子关三大景区。娘子关瀑布平地突起,下赴绝涧,悬流百尺,跌宕峡谷,散缕似珠。2007年入选中国历史文化名镇。

泽州县大阳镇 位于晋城市泽州县西北部。三面群山环绕,中间是一开阔平原,土厚质肥,宜于农耕。粮食作物以小麦、玉米、豆类、谷子为主。煤铁资源丰富,早在春秋战国时期就有了炼铁业,明洪武年间成为全国主要矿区之一。明清时期是全国最大的手工制针基地之一,手工业、商贸业繁盛一时。拥有北方最大的明清古建筑群,被誉为“中国古城镇的活化石”。现有国家重点文物保护单位汤帝庙,以及天柱塔、烈士亭、无梁殿等一批文物单位,裴家大院、张家大院、段家大院、王家大院等一批明清民居。2008年入选中国历史文化名镇。

天镇县新平堡镇 位于大同市,地处河北省和内蒙古自治区交界处。历代为战略要地。新平堡城筑于明嘉靖二十五年(公元1546年),南北纵横16街,是典型的长城城堡布局。拥有守备府第、真武庙、城隍庙、火神庙、白衣庵、北岳庙、财神庙、镇边寺、金佛寺、关帝庙等众多社会、宗教活动场所。玉皇阁建于明万历二十一年(公元1593年),歇山顶式建筑,可登高望远,便于观察指挥。北方民间四合院院落一般将大门设在阴阳八卦的“乾”位(院子的东南角),而这里的一处民居,大门居中,东西设四合院,布局特别。2010年入选中国历史文化名镇。

阳城县润城镇 位于晋城市,地处沁河东岸。四山环抱,三水萦流,樊溪横贯镇区。战国时期是韩赵相争的重镇。硫黄、煤炭资源丰富,硫黄冶炼历史悠久。因冶炼业兴旺曾称“铁冶镇”,明嘉靖三十八年(公元1559年)改为“润城”。主要景点有永宁闸、润城东岳庙、上庄村牌楼、王国光故居尚书府、砥洎城、天坛山等。砥洎城位于沁河河心一天然大砥石上,三面环水,巍然屹立,恰如砥柱。每年农历三月十五,天坛山庙会商贾汇集,盛况空前。2010 年入选中国历史文化名镇。

泽州县周村镇 位于晋城市,地处华阳山脚下,为泽州县西大门。雄踞晋、豫、陕三省要冲,历来为兵家必争之地。因老城墙形似虎踞,俗称“虎城”。原名“长桥镇”,因有西晋平西将军周处墓葬及周孝侯祠,更名为“周村镇”。商周时期初具规模,隋唐时期商贾云集,明清时期有大小店铺、商号 700 余家,成为通衢重镇。东岳庙为全国重点文物保护单位。魁星阁、范氏庄园、郭家大院、潘家大院、明清古街巷古风犹存,戏剧、故事、八音会、面塑、剪纸、水席“八八六六”、庙会等民俗文化历久弥新。2014 年入选中国历史文化名镇。

二、中国历史文化名村

临县西湾村 位于吕梁市碛口镇。村落临河而建,主体部分建在两座石山中间,民居建筑群坐落在斜坡上,层层叠叠,参差错落。民居的门楣上大多镶嵌有石质或木质匾额,落款为清道光、咸丰年间的石刻匾额并不鲜见。整个村落由五条南北走向的竖巷分隔,寓意金、木、水、火、土五行。每条竖巷里的宅院互相贯通,只要进入一座院落就可以游遍全村。民居属典型的晋西风格四合院,有浓郁的黄土文化特色。2003 年入选中国历史文化名村。

阳城县皇城村 位于晋城市北留镇。清代康熙皇帝的老师、《康熙字典》总阅官、文渊阁大学士兼吏部尚书陈廷敬的故里。地下有丰富的煤炭资源,地上有全国重点文物保护单位“皇城相府”。盛极明清两代的皇城陈氏家族,留下占地6万平方米的“双城古堡”古建筑群、1.6万平方米的“紫芸阡”古墓碑群和1.1万平方米的大型花园“止园”。现整合九女仙湖、皇城小康新村、山城工业园,创办了煤炭开采、轻工、农副产品加工和旅游服务等多种产业,农民收入在全省名列前茅。2005年入选中国历史文化名村。

介休市张壁村 位于晋中市龙凤镇。千年古村落,是一座融军事、民居、生产、宗教活动于一体的袖珍小城,在0.1平方千米的范围内集中了夏商古文化遗址、隋唐地道、金代墓葬、元代戏台、明清民居等文物古迹。地道长达3 000米,上下3层,攻防兼备。用红色石块砌成的“龙脊街”长300米,错落有致地分布着五大神庙建筑、典雅的店铺和古朴的民居。2005年入选中国历史文化名村。

沁水县西文兴村 位于晋城市沁水县城西南部。以唐代思想家、文学家柳宗元的后裔形成的柳氏血缘村落。始建于明永乐年间,至今仍保存明代以来的6个完整府第,每院均为四大八小的四合院式建筑,布局结构精巧,砖木结构坚固。保存有宋代理学家朱熹、明代文学家王阳明、大书法家文徵明的书法碑,以及不少的石、木刻楹联、壁画、皇家赐匾和柳氏族谱等文物。2005年入选中国历史文化名村。

平遥县梁村 位于晋中市岳壁乡。主要由东和堡、西宁堡、昌泰堡、南乾堡和天顺堡5个古堡组成,民居院落132座,布局呈凤凰展翅之状,人称“凤凰村”。其中东和堡年代最久,地势最险;西宁堡两面环水,景色最秀;昌泰堡以四合院为主,较简陋;天顺堡和南乾堡保存最为完整。这些院落多为清代巨商故宅。村中还有几人才能合抱的参天古槐树,一座有700余年历史的古砖塔。2007年入选中国历史文化名村。

高平市良户村 位于晋城市原村乡。初建于战国时期,唐代中叶郭、田两大家族在此形成村落,古称“两户”。三面环山,一面绕水,街道多为沙石铺砌,排水流畅。其中最有名的堡寨建筑蟠龙寨,是一组规模宏大的城堡式明清建筑群,空间布局和建筑风格融宫廷规制与地方特色为一体,是晋城城堡式民居的缩影。蟠龙寨的主要建筑为侍郎府,一进四院,结构精巧,三雕美轮美奂。2007 年入选中国历史文化名村。

阳城县郭峪村 位于晋城市北留镇。明代顺天巡抚张鹏云，清代刑部侍郎张尔素，明末清初大富商王重新的故居所在地，也是清代文渊阁大学士陈廷敬长大成人的地方。明清两代文风鼎盛，人才辈出，此地先后走出了 18 位举人和 15 位进士，民间有谚语“郭峪三庄上下伏，秀才举人两千五”。明清建筑群独具特色，建筑格局、形式、材料以及工艺等方面保持原状，为全国重点文物保护单位。2007 年入选中国历史文化名村。

郊区小河村 位于阳泉市义井镇。著名红色作家石评梅的祖籍地。群山环绕，依坡建村，小河穿村而过，建筑高低起伏，层次分明，山村街巷结构得以保存。著名景点有：石家花园、石评梅纪念馆、关帝庙和观音庵等。石家花园始建于清雍正年间，观音庙始建于明崇祯八年(公元 1635 年)，保存完整。2007 年入选中国历史文化名村。

汾西县师家沟村 位于临汾市僧念镇。三面环山，南边临沟，避风向阳，山明水秀，景致幽雅。本地师氏家族耕读传家，农商合一，兼营钱庄当铺，广置田产，起房盖屋，200 多年间几代人精心修筑扩张，形成总面积 5 万多平方米的集群型、家族式的师家大院，所有的斗拱、雀替、挂落、栋梁、照壁、匾额、帘架、门罩等分别装饰着木雕、石雕、砖雕，仅窗棂的“寿”字图案就达 108 种。民居巷道相连，院院相通，全村围以长方条石铺成的人行道 1 500 余米，有“下雨半月不湿鞋”之说。2008 年入选中国历史文化名村。

临县李家山村 位于吕梁市碛口镇。始建于明代，相传因李姓人家在此开荒落户，故名“李家山”。村庄内有两条小沟，两沟之间的山峁形似凤凰头，左右两山是凤凰的翅膀，整座村庄被分为凤身和左右翼三部分。其中左翼是旧村，保存基本完整；右翼的建筑施工精良，风格各异，高下叠置，多达九层，壮美异常。建筑多以水磨砖对缝砌筑，在细部装饰精美的砖雕、石雕和木雕。保留有豪华清代民居和普通窑洞多种不同的民居形态，蕴藏着黄土民情风俗和丰厚的黄河文化。2008 年入选中国历史文化名村。

灵石县夏门村 位于晋中市夏门镇。相传夏禹曾带领先民选择太岳、吕梁两山间壅塞狭窄之处开凿山口，将汾水导入黄河，开山之处“灵石口”即今夏门村所在地，“夏门村”由此得名。坐落在汾河谷地，负阴抱阳，造就了富于变幻的山水景观和极佳的人居环境。主要建筑群始建于明万历年间，传统街巷方便交通和藏匿。有清代御史府百尺楼、清代知府院关帝庙、对碑滩摩崖石碑、韩信墓、秦王岭、老生寨、雀鼠谷、大夫第、深秀宅、惇叙祠堂、祭祖堂、关驿、文昌宫、竹林书院、“志矢柏舟”牌坊等人文景观。2008 年入选中国历史文化名村。

沁水县窦庄村 位于晋城市嘉峰镇。宋元祐八年(公元 1093 年)窦氏家族迁居于此，窦庄村由此发轫。明代中期，大理寺正卿张五典告老还乡后开始构筑窦庄城堡，至明崇祯初年最终建成，是晋东南地区明代中后期著名的大型古堡建筑群，开启了乡村城堡建筑的先河，现为全国重点文物保护单位。2008 年入选中国历史文化名村。

阳城县上庄村 位于晋城市润城镇。明朝重臣王国光的故里。群山环绕，溪水穿行，风景优美。村内最低处是一条条石铺筑而成的“水街”，平时是街道，下雨时成了河道。庄河两岸是紫砂岩堤坝，明清两代留存的青砖瓦舍沿溪而建。入口处的永宁闸，砖木结构，闸上建有永宁阁。炉峰庵植于明代的白皮松，枝叶繁茂。还有高媒殿、文昌阁、夫子殿、三教堂、十八罗汉殿及钟鼓楼等建筑。村内建筑大部分建于明代。2008 年入选中国历史文化名村。

晋源区店头村 位于太原市晋源镇，地处吕梁山支脉风峪沟口。毗邻蒙山景区、天龙山景区，太山龙泉寺也在村域内。群山环抱，古树参天，历史文化遗存随处可见。主要景点有古民居、文昌宫、真武庙、店头坟、蒙山寨、店头“走柏树”等。保存较完整的郭家大院已有千年历史。北面的蒙山寨，原是北汉帝的一处避暑行宫。2010 年入选中国历史文化名村。

郊区大阳泉村 位于阳泉市义井镇。古名“德裕城”，后因村中上港井水自平地涌出，故名“漾泉”，谐音称“阳泉”，阳泉市因此得名。现存古建筑有兰家巷、郄家院、冯家院、姚家院、张穆故居、观音阁、玄天阁、冯氏宗祠、庙育祠、五龙宫、遏云楼等。兰家巷民居为清代特色，四大八小，八间街房，两间设门，中为店庭；面街为清水砖墙，墀头及檐下均有鸳鸯、凤凰、天鹅、对鸭等各色砖雕。2010 年入选中国历史文化名村。

泽州县西黄石村 位于晋城市北义城镇。原名“金玉村”，始建于唐代。清代更名为“黄石村”，取“金”为黄，“玉”为石之意。成家繁衍数代后形成一个庞大的家族，在村中大量修建宅院。明末，杜家迁来，经营盐务，生意兴隆，遂大兴土木，修建住宅、祠堂、寺庙光宗耀祖。留存的明、清两代古建筑，布局严谨，层楼迭阁，工艺精湛，既具北方民居高大雄浑之气势，又有南国园林玲珑秀雅之风韵。2010 年入选中国历史文化名村。

高平市苏庄村 位于晋城市河西镇。相传最初有苏姓建庄，故名“苏庄”。以清代晋商宅院为主要建筑的古村落，依山傍水，古街老巷旧貌犹存，仅清中前期的院落就有近百处。从屋檐、炕、墀头、斗拱、雀替到础石、门窗、照壁，随处可见精细的木雕、砖雕、石雕，既有北方建筑的雄伟气势，又有南国建筑的秀雅风格。2010 年入选中国历史文化名村。

沁水县湘峪村 位于晋城市郑村镇。耸立在悬崖坚石上的城堡式村落，因有明代名宦孙氏的三都堂而以“三都古城”闻名。村落布局状如棋盘，路面石磨盘铺地。五纵三横的街道成“丁”字形，石磨、石碾、石鼓、石礅等随处可见。街巷两边多为“四大八小”的双层或高层民宅建筑，均为砖木结构。现存主要建筑有三都堂、帅府、十大宅院以及寺院、祠堂、私塾等。城垣之中的藏兵洞，中西合璧的状元楼、探花楼，固若金汤的城墙防御体系，被誉为“北方明代第一古城堡”。2010 年入选中国历史文化名村。

宁武县王化沟村 位于忻州市涔山乡。地处管涔山的崇山峻岭和茫茫林海中，因远眺似空中楼阁，被称为“悬空村”。村民是伐木工人的后代，因地方狭窄，有的房屋后部坐落在崖石上，前半部悬空而建，下面以木柱支撑着竖立在天然石壁上，与江南的吊脚楼有异曲同工之处。一条长约千米、用松树原木建成的“空中栈道”，横贯整个村落。几百年来，村民延续着原始古朴的生活习惯，吃莜面、豆面和土豆，喝山泉水，睡土炕，烧木柴，运输靠骡马驮运,每天日出而作,日落而息。2010 年入选中国历史文化名村。

太谷区北洸村 位于晋中市北洸镇。著名晋商曹家的大本营。明洪武年间,曹家始祖迁居于此。明万历年间修建曹家大院东院,清顺治年间修建曹家大院中院,清康熙年间修建曹家大院西院和西花园,形成布局庞大、富丽堂皇的宅院。其中以"福""禄""寿""禧"四座大院最具代表性。现在是一个以种植业和林果业为主的传统农业村。2010 年入选中国历史文化名村。

灵石县冷泉村 位于晋中市两渡镇,地处晋中盆地南端。扼南北交通之要冲,是三晋腹地之咽喉。南北有秦晋古驿道相通,是秦晋通商必经之路,素有"三晋雄关""河东重镇"之称。因村后有一泉水,夏天凉之入骨,故名"冷泉村"。村落由一个个独立的小院组成,只有街巷相连。院落功能齐全,建筑类型丰富,建筑艺术精美,保存了较为完整的历史风貌。2010 年入选中国历史文化名村。

万荣县阎景村 位于运城市高村乡。自清代以来商业繁荣,素有"小北京"之称。晋商李家大院创建于清道光年间,与乔家大院、王家大院并称为"晋商三蒂莲",是 19 世纪末至 20 世纪初晋南民居的典型代表。整体建筑为竖井式聚财型山西四合院,同时吸纳了徽式建筑风格,建筑的砖雕、石雕、木雕及铁艺图案有晋南地区汉族民间多子多福、三星高照、五福临门、松鹤延年、耕读传家等吉祥含义。现存历史街道与建筑还有小西门巷、大西门巷、宁家巷、后沟巷、贾家巷与结义庙、送子娘娘庙、老爷庙等。2010 年入选中国历史文化名村。

新绛县光村 位于运城市泽掌镇。早在新石器时代就有人类在此地繁衍生息。光村遗址属新石器时代仰韶文化期遗址。始建于唐贞观年间的福胜寺为全国重点文物保护单位。三佛洞大院供奉廉颇和蔺相如,廉、蔺与佛祖共享香火者全国仅此一家。民居院落形式多样,有四大八小院、四穿院、平楼院、楼阁院、书房院等。有北雄山、玉皇庙、半截塔、通灵碑、子母池、火神庙、碑顶柏等文物古迹。有"中国四大名砚"之一的绛州澄泥砚,且被列入国家级非物质文化遗产(代表性项目)名录。2010 年入选中国历史文化名村。

襄汾县丁村 位于临汾市新城镇。拥有两项全国重点文物保护单位:一是丁村遗址,旧石器时代文化遗存,在此发现了至少 10 万年以前的人类活动遗迹、人牙化石和旧石器,被命名为“丁村文化”;二是丁村民宅,共有明清民宅院落 40 余座房舍 498 间,分为北院、中院、南院、西院四大群组,横径曲巷,院院贯通,木、石、砖雕举目皆是,巧夺天工。2014 年入选中国历史文化名村。

沁水县郭壁村 位于晋城市嘉峰镇。古时是沁河的一个渡口,河边高筑堤坝,远望如郭,实仅一壁,故名“郭壁”。村落已有上千年的历史,有着丰厚的历史文化底蕴。郭壁村古建筑群为全国重点文物保护单位。此外还有三槐里和青缃里古建筑群落。三槐里是王氏族人祖居之地,临街设石拱券阁,券阁两侧各有两层街房;甬道临阁的两侧对称地建有两个垂花门楼;胡同东侧是清咸丰六年(公元 1856 年)建的迎爽院,西侧是庆心苑。青缃里又称“王圪洞”,有一条由沙石铺砌成的斜坡,在这个斜坡的底部北侧分布着“大中第”和“易安院”两个院落。2014 年入选中国历史文化名村。

高平市大周村 位于晋城市马村镇。传说周朝武将杨纂镇守于此,故历史上称“周纂镇”。拥有规模宏大的城堡、民宅、商院组成的古建筑群,尤以宋代地道、宋代寺庙资圣寺和宣圣庙著称。保留着大量民间艺术,如剪纸、八音会、砖雕、木雕、匾额艺术等。剪纸阴刻、阳刻并用,线条流畅、图案丰富、色彩明艳。村民们喜欢用八音会来表达情感,“八音”由弦、琴、笛、管、箫、锣、鼓、钹组成,不论平时娱乐还是婚嫁喜事,村民们总要请来八音会,再配上“九莲灯”等一系列舞蹈欢天喜地热闹一番。2014 年入选中国历史文化名村。

泽州县拦车村 位于晋城市晋庙铺镇。太行古道上的典型传统村落,山西进入中原的门户,被称为“星轺驿”。拥有大量保存原貌的商铺,商铺中数骡马店最多,还有铁器行、杂货铺、粮油店、百货店、西药铺、当铺等。2014

年入选中国历史文化名村。

泽州县冶底村 位于晋城市南村镇。自古为“晋豫陕通衢之地”。村落布局呈蝎子形,头朝东南,尾向西北,村东北的古寨和村南的奶奶堂是两个钳角,村西北的全国重点文物保护单位岱庙是尾刺。村东北高岗上矗立着一座苍朴的古城寨。村西北保留有数里长青石铺就的“清化大道”遗址。此外还遗存有两条完整的老街和多处古店铺。2014 年入选中国历史文化名村。

平顺县奥治村 位于长治市阳高乡。村名和大禹治水有关,周边地区留存有不少上古时期大禹的父亲鲧治水的遗迹。村内不仅有大禹庙、关帝庙等建筑外,还有保存完好的成片清代民居,著名的有刘家大院、赵家大院、任家进士大院。2014 年入选中国历史文化名村。

祁县谷恋村 位于晋中市贾令镇。谷恋村是“晋剧之乡”“秧歌之源”。在谷恋村诸多的名人中,晋剧名人高锡禹为“中路梆子一代宗师”,对晋剧艺术的唱腔和音乐发展做出了巨大的贡献。2014 年入选中国历史文化名村。

高平市伯方村 位于晋城市寺庄镇。清初一代廉吏毕振姬的故里,毕振姬故居为清代中前期所建,现存较完整的有住宅院两处,书房院一处,祠堂一处。仙翁庙内的壁画《唐玄宗封禅图》,描绘了唐玄宗两次赴泰山封禅的出行场面,具有极高的历史价值和艺术价值。此外还有村南的观音阁,村东北的东顶观,以及三眼阁和三官司庙等古建筑。2014 年入选中国历史文化名村。

阳城县屯城村 位于晋城市润城镇,地处沁河东岸。因春秋战国时期白启在此屯粮而得名,距今已有 2 300 年。沁河、湘峪河三面绕村,卧虎山郁郁葱葱,山清水秀,人杰地灵。遗存有金代、元明清时期的建筑,如张慎言故居、潞国公故居、泽国公故居、“沁园”陈家古建群、陈家看家楼、郑家赵家看家楼、东岳庙、二郎庙、关帝庙、张泰交故居、御书厅、古城墙遗址、城门遗址等,还有 1 000 年的桧树,600 年的柏树,500 年的皂荚树、槐树,依然枝繁叶茂。2014 年入选中国历史文化名村。

三、全国特色景观旅游名镇(村)

五台县台怀镇 位于忻州市五台县最北端,地处五台山五大高峰怀抱之中,故名“台怀”。镇北有灵鹫峰,地理形势颇似古印度释迦牟尼说法的灵鹫峰,镇内大白塔的地底下又藏有释迦牟尼的舍利,因此历代在台怀镇及其附近修建寺庙,使这里成了佛寺鳞次栉比、宝塔如林的五台山佛教中心区,五台山的佛教寺院有一半以上在台怀镇。台怀镇是历代皇帝朝拜五台山的中心,清康熙时曾建立专供朝拜五台山用的行宫,俗称“皇城”,宏伟壮丽。2010 年入选全国特色景观旅游名镇(村)。

永济市蒲州镇 位于运城市,地处中条山下和黄河西岸。唐代曾作为府地。保存有我国“四大名楼”之一的鹳雀楼,始建于唐武则天时期、《西厢记》故事发生地的普救寺,国宝唐朝开元大铁牛,中条山第一名刹万固寺,蒲州古城等。隋唐多文人,如王维、柳宗元、卢纶;宋代多画家,如王居正、马兴祖;清代多名伶,如祁彦子、郭宝臣。这里也是梆子戏的鼻祖“蒲剧”的发源地。普救寺内的方形砖塔,同北京天坛的回音壁、河南宝轮寺塔、重庆潼南区大佛寺“石琴”并称为“中国四大回音建筑”。2010 年入选全国特色景观旅游名镇(村)。

祁县乔家堡村 位于晋中市东观镇,地处晋中盆地中部,汾河东岸,太行山北麓。村中的主体古建筑群乔家大院,始建于清乾隆年间,是清代著名商业金融资本家乔致庸的宅第。民俗博物馆陈展了 5 000 多件珍贵文物,专门设有乔家史料、乔家珍宝、影视等专题陈列。每年腊月二十八至正月十八在乔家大院举办的社火活动,是当地的传统民间活动。2010 年入选全国特色景观旅游名镇(村)。

阳城县皇城村 2010 年入选全国特色景观旅游名镇(村)。参见中国历史文化名村——阳城县皇城村。

灵石县静升镇 2010 年入选全国特色景观旅游名镇(村)。参见中国历史文化名镇——灵石县静升镇。

介休市张壁村 2010 年入选全国特色景观旅游名镇(村)。参见中国历史文化名村——介休市张壁村。

汾阳市杏花村镇 位于吕梁山东麓子夏山下。酒文化源远流长,酿酒历史可以追溯至 4 000 多年前,汾酒酿造技艺被列入首批国家级非物质文化遗产(代表性项目)名录,素有"酒都"之美称。有数量众多的历史文化遗迹,如太符观、汾酒作坊、护国灵岩寺、药师七佛多宝塔、新石器遗址、烽火台、申明亭、镇河门等。金代建筑太符观是全国重点文物保护单位,建筑风格全国少有,壁画、泥塑、悬塑栩栩如生。明清居民建筑群也是一道旅游景观。2011 年入选全国特色景观旅游名镇(村)。

盐湖区解州镇 位于运城市。这里是蚩尤、风后、李冰、关羽、柳宗元、关汉卿、程子华等先贤名人的故乡,有"华夏起源地"之说。从唐代至民国,是晋陕豫黄河金三角金融文化中心之一,以解州命名的解盐、解州百合、解州竹纸、解州银楼、解州金藏、解州手布、解州酱菜、羊肉泡馍等远近闻名。城内的水质甘甜,而百步之外的水质则咸,可谓解州一绝。现存国内最大的关帝庙解州关帝庙,为全国重点文物保护单位。2011 年入选全国特色景观旅游名镇(村)。

万荣县荣河镇 位于万荣县城西南,为老荣河县城所在地。镇内有全球华人祭祖寻根中心——后土祠,宋代建筑八龙寺塔,明代建筑北辛村舍利塔,还有荣河县衙等名胜古迹。当地物产丰富,特产大黄牛远近知名。2011 年入选全国特色景观旅游名镇(村)。

阳城县北留镇 位于晋城市。历史悠久,人文荟萃,煤炭、矿石等物产丰富。拥有清代北方第一文化巨族之宅——皇城相府,此外还有海会寺、郭峪古城、九女仙湖、刘秀岭、牛头寨等旅游景点,有皇城、郭峪、大桥、尧沟四个省级历史文化名村,皇城、郭峪两个中国历史文化名村,海会寺、郭峪古建筑群两个全国文物保护单位。2011 年入选全国特色景观旅游名镇(村)。

平顺县神龙湾村 位于长治市东寺头乡,地处晋豫交界处、太行山大峡谷源头。大自然的鬼斧神工造就了独特的自然环境,奇峰险峻,绝壁对峙,沟壑纵横,怪石嶙峋,流瀑四挂,云雾缭绕,植被茂盛。一座座石砌的房子错落有致,街道古朴幽静,石桌、石凳、石磨、石碾随处可见。还有当地村民冒着生命危险修建的求生路——挂壁公路。2011 年入选全国特色景观旅游名镇(村)。

平定县娘子关镇 2011 年入选全国特色景观旅游名镇(村)。参见中国历史文化名镇——平定县娘子关镇。

天镇县新平堡镇 2011 年入选全国特色景观旅游名镇(村)。参见中国历史文化名镇——天镇县新平堡镇。

沁水县西文兴村 2011 年入选全国特色景观旅游名镇(村)。参见中国历史文化名村——沁水县西文兴村。

原平市崞阳镇 位于忻州市。京原铁路、大运高速公路纵贯南北,崞水公路和崞大公路贯穿东西。建于晋怀帝永嘉四年(公元 310 年),曾为崞县县城。现存古建筑主要有古城墙、古城门、教堂、文庙、吉祥寺、千佛寺、观音阁和普济桥,还有经历千年的乾隆泉、“崞县八景”之一的崞山叠翠等景观。普济桥横跨在崞阳镇南门外河流上,创建于金泰和三年(公元 1203 年),至今仍保持宋、金时期的石桥雄姿和瑰丽艺术。矿产资源和水资源丰富,当地黄土质地细腻,是制陶、烧砖的好材料。2015 年入选全国特色景观旅游名镇(村)。

四、中国特色小镇

昔阳县大寨镇 位于晋中市昔阳县城南郊。地属丘陵地带,松溪河由南向北流经东部。主要景点有:陈永贵墓、陈永贵塑像、大寨展览馆、名人题词馆、周总理纪念亭、郭沫若墓碑、虎头松涛、大寨红叶、大柳抒怀、胜天洞、天齐庙等。“昔阳八景”中有四景在该镇境内，分别是：蒙山烟雨、古寺园林、洪水池塘、石马寒云。产业有煤炭开采、水泥制造、糠醛提炼、衬衫和羊毛衫加工等，农业以种植玉米、谷子为主，为昔阳县经济强镇。2016 年入选中国特色小镇。

汾阳市杏花村镇 2016 年入选中国特色小镇。参见全国特色景观旅游名镇（村）——汾阳市杏花村镇。

阳城县润城镇 2016 年入选中国特色小镇。参见中国历史文化名镇——阳城县润城镇。

稷山县翟店镇 位于运城市。古称“石龙镇”，自古以来就是晋、陕、豫交界地带的一个商贸重镇。镇区已形成“四纵四横”路网和集行政新区、商品街、工业园区、文化站、文化广场、小康住宅区于一体的城镇模式。盛产大枣，品种有板枣、长枣、蛤蟆枣、柳罐枣、园红枣等，其中板枣为“山西省七大名枣”之首。土特产饼子、麻花名扬三晋，红枣、苹果、葡萄、柿饼等干鲜果类远销省外。2017 年入选中国特色小镇。

高平市神农镇 位于晋城市。相传华夏始祖炎帝神农氏在这里种五谷、尝百草、制耒耜、兴医药、制陶器、开日市，是我国农耕文明的发祥地，与炎帝有关的民间传说、神话故事、风俗习惯和记载炎帝功德的碑文石刻十分丰富，形成了完整的炎帝文化体系。在以羊头山为中心的区域内，现存有神农城、神农泉、神农井、神农庙、五谷畦、神农洞等众多遗迹遗址，并有以炎帝陵为中心的炎帝中庙、炎帝行宫、神农祠等炎帝文化古建筑群。2017 年入选中国特色小镇。

泽州县巴公镇 位于晋城市。太焦铁路、207 国道、晋长二级路纵贯南北。因春秋时期晋文公西伐巴蜀、迁蜀人于此而得名，素有“太行第一镇”之称。崇寿寺始建于北魏，是佛教传入我国后修建的第 19 座寺庙。碧落寺是古泽州境内创建时间最早、建筑规模最大、声望最为显赫的寺院之一，位居“古泽州四大佛教寺院”之首，已被入选全国重点文物保护单位。2017 年入选中国特色小镇。

怀仁市金沙滩镇 位于朔州市。因辽宋在此交兵的古战场金沙滩而得名。主要景点有：金沙滩古战场、金沙滩墓群、金沙滩生态旅游区等。百里金沙滩是杨业父子浴血鏖战的古战场，是杨家将故事的主要发生地。金沙滩生态旅游区包括金沙滩林区和洪涛山林区，百里苍翠，万顷碧波，清流似带，鸟语花香。以宋辽交战和崇国寺佛教文化为主题的园林建筑群，掩映于莽莽林海之中，气势恢宏。2017 年入选中国特色小镇。

右玉县右卫镇 位于朔州市，是山西省的北大门。建于战国时期，秦汉时均为雁门郡郡治。历史上曾在此发生无数战争，磨砺出众多武将。明清时，店铺林立，商贾云集。如今，以土豆、玉米等小杂粮为主的种植业，以羊、奶牛为主的畜牧业，走上了产业化发展之路。2017 年入选中国特色小镇。

汾阳市贾家庄镇 位于吕梁市。贾家庄大道以南是农业科技园，各类农作物呈“丰”字形布局，以块分类，高低相间，优种纷呈，硕果累累。大道以北有供人游乐的射箭场、万紫千红的花卉园和整齐茂密的苗圃丛林。还有明清风格特色古街——贾街，包括民俗文化展示街、地方特色小吃街、手工作坊街以及酒吧街，是三晋民俗体验地。乡镇企业产品以水泥、焦炭、瓦楞纸为主，农业主产小麦、玉米、蔬菜、高粱。2017 年入选中国特色小镇。

离石区信义镇 位于吕梁市。整体地势由东向西倾斜，地形地貌呈现两山夹一川之态势，主要为黄土丘陵区和部分土石山区。主要作物有谷子、玉米、马铃薯等。西华镇的土豆、莜面，永红村的优种核桃，严村的无公害蔬菜，小神头的药材、山木耳、羊肚菌等，远近闻名。西华镇的草原遍地开放的万寿菊，还有宝峰山，每年吸引众多游人。2017 年入选中国特色小镇。

曲沃县曲村镇 2017 年入选中国特色小镇。参见中国历史文化名镇——曲沃县曲村镇。

灵石县静升镇 2017 年入选中国特色小镇。参见中国历史文化名镇——灵石县静升镇。

五、国家级文化生态保护实验区

晋中文化生态保护实验区　实验区的范围涵盖晋中市全境与太原市、吕梁市的八个县(市、区)等,北接草原、南引中原,东西两山环抱,汾河、黄河文明彰显,草原文化与黄土高原的农耕文化、商业文化交相融会,形成了厚重特殊的历史文化遗存。山西省内的国家级非物质文化遗产(代表性项目)三分之一分布在该保护区内。保护区以"一带(农耕文化带)、一廊(晋商文化走廊)、一区(方言文艺区)、一圈(节庆文化圈)"为地域特色,保存着较为完整的文化生态,是华夏传统文化的典型代表和重要组成部分。以宝龙斋布鞋、文涛坊宝剑、古城灯艺、孝义南曹村豆腐等制作技艺为代表的传统手工技艺,在产业化发展与生产性保护中都取得了长足的进步。2013 年获入选国家级文化生态保护实验区。

六、全国红色旅游经典景区

八路军太行纪念馆　位于武乡县城太行街。全面反映八路军抗战历史的大型革命纪念馆。"工"字形布局,两侧是平顶现代建筑,中堂尖顶为传统建筑。馆区主要分为主展区和游览区两大部分。主展区包括八路军简史陈列厅、八路军将帅厅、日军侵华暴行厅;游览区包括八路军游击战术演示厅、八路军抗战纪念碑、八路雄风碑林、徐向前元帅纪念亭等。重要藏品有《新华日报》铸字机、反法西斯联盟国国旗、英国记者乔治·何克用过的外文打字机等。2005 年入选全国红色旅游经典景区。

八路军总部旧址 位于武乡县砖壁村和王家峪村。四周群山环绕,地势险要。旧址包括玉皇庙及周围的佛爷庙、奶奶庙、李家祠堂。1937 年 8 月,八路军奔赴山西抗日前线,总司令部先后驻扎在晋察冀抗日根据地的五台县南茹村、潞城北村等地,其中武乡县砖壁村和王家峪村是驻扎时间最长的。1940 年 7 月,彭德怀、左权、罗瑞卿、聂荣臻、吕正操等在这里部署和指挥了“百团大战”。现在王家峪建有八路军总司令部旧址纪念馆,在砖壁村存有炮兵阵地、总部防卫工事、地堡、哨洞等遗址。2005 年入选全国红色旅游经典景区。

“百团大战”砖壁指挥部旧址 位于武乡县东部山区。1939 年 7 月日寇对晋东南抗日根据地发起第二次围攻,八路军总部机关进驻砖壁村。1940 年 7 月,彭德怀副总司令、左权副参谋长、罗瑞卿主任等在此部署和指挥了震惊中外的“百团大战”。2005 年入选全国红色旅游经典景区。

黄崖洞革命纪念地 位于黎城县东崖底镇上赤峪村。黄崖洞是黄崖山悬崖上一个天然大石洞,八路军在此设有兵工厂。1940 年 10 月日本侵略者向黄崖洞发起进攻,落败而去。1941 年 11 月,日军 5 000 余众陆空联合进犯黄崖洞,八路军总部特务团 900 余名指战员血战 8 昼夜,歼敌千余人,成为反“扫荡”中的一次模范战斗。2005 年入选全国红色旅游经典景区。

太岳军区司令部旧址 位于沁源县关镇阎寨村。太岳军区成立于 1940 年。旧址占地面积 215 平方米,分东西两部分,西边是太岳军区司令部办公区,东边是部队驻扎区。1940 年 11 月,日军 7 000 余人对沁源县进行第一次“扫荡”,闫寨成为一片废墟。军区党政军领导带领官兵打造土窑洞 170 余孔,继续坚持战斗。现建有烈士亭、决死纵队阵亡将士纪念碑。2005 年入选全国红色旅游经典景区。

八路军前方总部旧址 位于左权县麻田镇麻田村。1937 年 11 月,八路军第 129 师师长刘伯承率军进驻辽县(今左权县)西河头村,麻田镇成为根据地的前沿。1940 年 11 月,八路军前方总部、野战政治部、后勤部、卫生部、军工部、中共中央北方局、北方局党校、新华社华北分社、鲁迅艺术学校以及

129师司令部等机关移驻麻田镇。旧址占地2 200余平方米，现有房屋106间，包括八路军总部机关旧址、邓小平旧居、左权旧居和杨尚昆旧居。2005年入选全国红色旅游经典景区。

左权将军殉难处 位于左权县麻田镇北艾铺村十字岭。1942年5月，日军纠集两万余重兵对太行山根据地进行大扫荡。5月24日夜，八路军前方总部、北方局机关转移到十字岭时遭到日军包围。激战中，八路军副参谋长左权以身殉国，时年37岁。在此建有一座四角正方形的纪念亭，竖有“左权将军殉难处汉白玉纪念碑”一块，主碑四周还竖有八块石碑，镌有朱德、彭德怀、周恩来、刘伯承、邓小平撰写的纪念文章。2005年入选全国红色旅游经典景区。

大同煤矿遇害矿工“万人坑”展览馆 位于大同市煤峪口南沟。“万人坑”是大同煤矿展览馆的别称，因有两个日寇侵华期间被害矿工尸骸的山洞而得名。分上、下两洞。上洞宽5米、深40多米，系一自然山洞；下洞宽4米左右、深70多米，为旧时小煤窑的坑道。日寇占领大同8年，以建房、筑路为名，诱骗或强抓大批农民和手工业者下井充当矿工，把6万多名被摧残丧生或患病垂危的矿工扔进山洞和旧煤窑中，日积月累形成了一个个白骨累累的“万人坑”。煤峪口南沟的坑口，是矿区20多个“万人坑”中的一处。2005年入选全国红色旅游经典景区。

平型关战役遗址 位于灵丘县蔡家峪、小寨及白崖台乡的关沟、辛诘、跑池一带。峰峦起伏，峪谷幽深，一条峡谷山路长达7千米，东通河北，西接雁门，地势险要。平型关战役是抗日战争爆发以来国共两党军队第一次联手阻击进犯日军并取得胜利的著名战役。1937年9月，八路军第115师在平型关伏击进犯太原的日军，血战6个多小时，歼敌1 000余人，缴获大批军用物资，打破了“日军不可战胜”的神话。遗址包括平型关大捷纪念碑、115师指挥所、平型关关口、战役纪念馆、主战场乔沟、老爷庙、邓峰寺、将帅广场、驿马岭阻击战遗址等。2005年入选全国红色旅游经典景区。

平型关烈士陵园 位于灵丘县城东南部。分为两个园区。纪念瞻仰区由烈士事迹陈列馆、纪念塔、纪念亭、纪念堂组成;烈士墓丘区安放着平型关战役中牺牲的八路军战士及同时期牺牲的566位烈士,修建京原铁路时牺牲的74位解放军战士,为修建京原铁路、灵丘空军机场而牺牲的86位烈士。纪念堂内牌位上敬录着1 000多位在各个历史时期参军、参战或从事党政工作的灵丘籍烈士姓名。2005年入选全国红色旅游经典景区。

晋察冀军区司令部旧址纪念馆 位于五台县金岗库村。原址为晋察冀军区司令部旧址。整个建筑分里外两院,大小相仿,砖木结构瓦房,具有北方明清时期建筑风格。1938年聂荣臻率晋察冀军区机关进驻金岗库,司令部就设在这所院子里。纪念馆现有陈列室21间,展厅4个,展布内容主要是晋察冀军区司令部抗战史迹、聂荣臻生平、晋察冀根据地五台山地区抗日机关分布模型。2005年入选全国红色旅游经典景区。

徐向前故居和纪念馆 位于五台县东冶镇永安村。徐向前是中国人民解放军的十大元帅之一,清光绪二十七年(公元1901年)出生在这里,并度过了青少年时期。故居占地面积216平方米,一进两院,典型的晋北四合院式的建筑,青砖通板瓦房。现已改建为徐向前纪念馆,以珍贵的实物如望远镜、旧军衣、水壶,1955年毛泽东向徐向前授勋时的元帅礼服,徐帅亲笔书写的两首古诗《石灰吟》和《龟虽寿》的原件等,展示徐向前元帅伟大而光辉的一生。2005年入选全国红色旅游经典景区。

雁门关伏击战遗址 位于代县雁门关乡黑石头沟。1937年10月,八路军第120师第358旅第716团,在代县的广武、雁门关、太和岭间打击日军运输队,切断日军供给线,成为继“平型关大捷”后又一个大胜仗。遗址南北长1 000米,东西宽200米,留有被炸毁的大桥墩。2005入选全国红色旅游经典景区。

夜袭阳明堡机场遗址 位于代县阳明堡镇。阳明堡飞机场为阎锡山部队所建,1937年日军占领代县后抢修扩建,成为日军机场。1937年,八路军129师第769团的战士夜袭阳明堡机场,激战1小时,歼灭日军100余人,击毁击伤飞机24架,有力地配合了正面战场作战。2005年入选全国红色旅游经典景区。

刘胡兰纪念馆 位于文水县刘胡兰村。刘胡兰生于1932年，小小年纪就参加了革命，1947年1月因叛徒告密被捕，被敌人用铡刀残酷杀害，就义时尚未满15周岁，是中国共产党女烈士中年龄最小的一个。中共中央主席毛泽东为刘胡兰题词“生的伟大，死的光荣”。纪念馆占地面积79 000余平方米，主要建筑物有毛泽东题词纪念碑、刘胡兰事迹陈列室、七烈士纪念厅、刘胡兰雕像、陵墓和观音庙等。现为全国重点烈士纪念建筑物、爱国主义教育基地。2005年入选全国红色旅游经典景区。

“四八”烈士纪念馆 位于兴县东会乡庄上村。1946年4月8日，出席重庆国共谈判与政治协商会议的中共代表王若飞、秦邦宪（又名博古）及新四军军长叶挺、中共中央职工委员会书记邓发、进步教育家黄齐生等乘机飞返延安，飞机遇浓雾失事，机上人员全部罹难。纪念馆陈列着王若飞、叶挺、邓发等烈士灵位、遗像、悼词等。2005年入选全国红色旅游经典景区。

晋绥边区革命纪念馆 位于兴县西郊的蔡家崖村。原为晋绥开明绅士牛友兰的宅院，抗日战争时期捐献给抗日民主政府。1940年2月晋西北行政公署（后改为晋绥行政公署）在这里成立，晋绥军区司令部也驻于此，直至1948年下半年撤离南下。分东西两个相对独立的院落，占地面积4 500平方米，建筑面积1 180平方米。东院为四合式小院，有石窑洞六孔，普通瓦房数间。西院有石窑洞六孔，瓦房八间，军区主要领导人贺龙、吕正操等居住在这里。2005年入选全国红色旅游经典景区。

中共中央后方委员会旧址 位于临县三交镇双塔村。1947年3月，由叶剑英任书记的中共中央后委机关从陕北迁来临县，中央后方委员会领导机关驻扎在临县双塔村，其他人员驻扎在双塔及湫水河沿岸的40多个村庄，直到1948年4月迁往西柏坡。旧址包括七处院落，保存较好。2005年入选全国红色旅游经典景区。

陕甘宁晋绥联防军旧址 位于临县林家坪镇沙垣村。1942年5月中共中央军委决定成立陕甘宁晋绥联防军司令部，任命贺龙为联防军司令员，关向应为政治委员。陕甘宁晋绥联防军完成了抗击日军、肃清土匪、打退国民党、保卫陕甘宁边区和晋绥抗日民主根据地的历史任务。旧址为清代建筑,分为四处院落。2005 年入选全国红色旅游经典景区。

山西国民师范旧址革命活动纪念馆 位于太原市杏花岭区五一路。山西省立国民师范学校始建于 1919 年,是阎锡山创办的一所培育小学教师的师范学校。1924 年春,国民师范学生梁其昌、韦思恭等在校园里秘密建立了社会主义青年团支部;山西第一支抗日武装——山西青年抗敌决死队也诞生在这里,是第一次、第二次国内革命战争和抗日战争初期中国共产党在山西开展革命活动的重要基地之一。纪念馆展出 1 万余份文物资料、1.6 万余幅历史照片和 900 余件文物。2005 年入选全国红色旅游经典景区。

太原解放纪念馆 位于太原市东山的牛驼寨。这里当年是解放太原的主战场之一,中国人民解放军攻克牛驼寨等东山四大要塞,1949 年 4 月太原回到了人民的怀抱。纪念馆系仿古建筑,肃穆凝重。纪念碑区由凯旋门、太原解放纪念碑主碑及副碑等建筑组成。展览区有毛泽东题写的“死难烈士万岁”的烈士纪念碑。墓区苍松翠柏,郁郁葱葱,安放着当年攻打东山牛驼寨等四大要塞牺牲的烈士的遗骨。墓地中央矗立着烈士纪念堂。2005 年入选全国红色旅游经典景区。

高君宇故居 位于娄烦县静游镇岭底村。高君宇是中国共产党最早的 56 名党员之一,是山西共产主义启蒙运动的先驱。故居依山而建,以砖砌窑洞为主,有窑房 70 余间,始建于清末咸丰年间。高君宇于清光绪二十二年(公元 1896 年)出生于此,并度过了青少年时代。现已修复为“高君宇故居纪念馆”。2005 年入选全国红色旅游经典景区。

彭真生平暨中共太原支部旧址纪念馆 位于太原市海子边东街。原为山西省立第一中学,是山西传播新文化、新思想的前哨阵地,中共早期党员、山西共产主义启蒙运动的先驱高君宇、贺昌、彭真等在此就读并从事革命活动。1921 年 5 月太原社会主义青年团在此成立,1924 年在这里组建了山西省第一个党组织——中共太原支部。2002 年中共太原支部旧址纪念馆落成,2010 年更名为“彭真生平暨中共太原支部旧址纪念馆”。2005 年入选全国红色旅游经典景区。

双塔陵园 位于太原市迎泽区双塔南巷。双塔寺一带是太原市东南的制高点,1949 年解放太原战役中,解放军浴血奋战击溃了双塔寺附近的阎锡山守军,打开了解放太原的大门。1954 年在双塔寺南侧修建了烈士陵园。墓冢呈扇面形三排排列,安葬着大革命时期省委领导人刘天章、任国桢、阴凯卿,称“三烈士墓”,墓为汉白玉筑砌。2005 年入选全国红色旅游经典景区。

百团大战遗址 位于阳泉市城区西南的狮脑山。遗址包括百团大战纪念碑、百团大战纪念馆、百团大战革命烈士名录墙等。百团大战纪念碑建成于 1987 年,由主碑及三座副碑、一座大型圆雕、两座题字碑、烽火台及“长城”组成。百团大战纪念馆建成于 1995 年,1997 年被中宣部列为全国“百家爱国主义教育示范基地”。2011 年入选全国红色旅游经典景区。

红军东征纪念馆 位于石楼县东征大街。1936 年 2—5 月,中国工农红军在三晋大地东征抗日。纪念馆依山而建,周围苍松翠柏,占地面积 1.1 万平方米。分展厅与纪念碑两部分。纪念碑碑体直耸云天,如一艘前进中的帆船,象征着红军精神永存。展厅陈列有革命文物 75 件、史料 70 余份、历史图片 190 多张,再现了当年红军东征的历史壮举。现为全国爱国主义教育示范基地。2011 年入选全国红色旅游景点景区。

大寨展览馆及西沟展览馆 大寨展览馆位于昔阳县城东南的虎头山下,是一座平面呈倒“山”字形的民族式仿古琉璃瓦建筑,馆内展示了建设新大寨的全过程。西沟展览馆位于平顺县西沟村,这里是全国劳动模范李顺达、申纪兰的家乡。西沟展览馆展出有 600 余幅珍贵照片和 100 多件实物,包括毛泽东、刘少奇、周恩来、江泽民、胡锦涛等接见李顺达、申纪兰的珍贵照片。2011 年入选全国红色旅游经典景区。

七、全国农业旅游示范点

大寨村生态农业园 位于昔阳县虎头山下。往昔的太行山区自然环境恶劣，耕地贫瘠，生产条件极为简陋，粮食产量很低，大寨人靠天吃饭。如今的大寨已经成为一个优美的生态农业园，层层梯田庄稼葱绿，田田池水波光旖旎，人造森林郁郁葱葱，处处果园硕果累累，窑洞整齐，街道干净，基础条件大为改善，成为一个成熟的农业旅游区。2004 年入选全国农业旅游示范点。

前郝村生态农业园 位于忻州市忻府区东楼乡。山西省第一个农业科技示范园区，被誉为“三晋第一园”。两米多高的辣椒树上结满了七彩辣椒，无土栽培的木耳菜生长在圆形的培养柱上，娇艳的鲜花、蜿蜒的藤蔓攀缘缠绕在房檐屋顶，以色列的黄瓜、日本的红玉西瓜、非洲的茉莉、荷兰的郁金香等来自世界各地的奇瓜异果、名花异草汇聚一室。2004 年入选全国农业旅游示范点。

贾家庄生态农业园 位于汾阳市吕梁山东麓。这里地势平坦，水源丰富。经过 50 多年的艰苦奋斗，全村基本实现了农田林网化、耕作机械化、土地水利化、种植区域化、服务科技化，园林式的农业已经成型，贫穷落后的盐碱滩变成了人们慕名前往的旅游地。2004 年入选全国农业旅游示范点。

大同野生动植物游乐观光园 位于大同市南郊云冈国家森林公园内。拥有水上乐园、生态博览园、精品鸟语湖等，集自然保护、科学研究、驯养繁育、旅游观光于一体，是华北地区规模最大的野生动植物游乐观光园之一。虎园饲养着 20 多只东北虎和非洲狮，可以乘坐专用车辆近距离观赏东北虎捕食，也可通过游廊给虎喂食。水上乐园建有亲水广场和湖心岛，可以在此游泳、划船、垂钓。2005 年入选全国农业旅游示范点。

大营温泉生态旅游度假区 位于原平市崞阳镇大营村。大营温泉无色透明，富含多种对人体有益的微量元素。温泉区西枕恒山山脉，东倚滹沱河水，北与代州古城毗邻，南与崞阳古城相接，处于五台山、雁门关、芦芽山三大景区的中心位置和交汇地带，环境优美，有“华北第一泉”的美称。2005 年入选全国农业旅游示范点。

白石沟葡峰山庄 位于清徐县西马峪乡。全国闻名的清徐葡萄的主要产地。建有葡萄长廊和葡萄园、葡萄文化博物馆、风格迥异的葡农小院等。葡萄丰收之时，游客可以自己采摘葡萄，体验传统农耕生活。每年都会举办“白石沟金秋葡萄节”。“西山无处不摇钱，葡萄架儿遮满天，夏日不知炎热苦，人人赛如活神仙”，是对白石沟生态旅游农业的真实写照。2005 年入选全国农业旅游示范点。

山西省农业科学院果树研究所农业观光采摘园 位于晋中市太谷区西南部。研究所主要开展果树新品种选育、果树栽培与生理、植保、生物技术、果品储藏加工等研究，提供种质资源收集、保存和利用以及新品种、新技术的示范推广等科技服务。园内主要种植苹果、梨、葡萄、枣、核桃、桃、樱桃、杏、李、扁桃、柿、山楂、草莓等水果。2005 年入选全国农业旅游示范点。

平顺县西沟村 位于长治市西沟乡。全村森林覆盖率达 90%以上，已建成观光旅游、森林休闲、田园采摘，农产品开发四大园区。主要景点有金星森林公园、西沟展览馆、陈卿故里、《三里湾》创作地。西沟村已成为闻名华夏的红色旅游地，有李顺达纪念亭、李顺达故居等多处爱国主义和革命传统教育场所。2005 年入选全国农业旅游示范点。

泽州县东四义村 位于晋城市巴公镇。早在 1952 年就被评为全国卫生模范村，周恩来总理亲手为他们颁发毛主席亲笔题词的奖旗。该村主要农产品有玉米尖、韭菜花、花椰菜等，矿业资源有碲银矿、沸石金红石、银等。2005 年入选全国农业旅游示范点。

沁水县示范牧场 位于晋城市郑庄镇杨家河村。1980 年与新西兰合作建设的一个示范牧场，1986 年移交给中方经营。牧场养羊条件得天独厚，采用围栏轮牧和机械化管理方式。现承担着“南非肉用美利奴种羊引进及推广”“山西肉用绵羊母本品系的培育”等多项科研课题和黑山羊选育、培育任务。2005 年入选全国农业旅游示范点。

陵川县锡崖沟村 位于晋城市古郊乡。山大沟深,地势险峻,几乎与外界隔绝,山清水秀,村落古朴,民居别致,风景优美,俨然是个世外桃源。经过 40 年的不懈努力,用最原始的方法、最简陋的工具,终于在悬崖峭壁上凿出了一条长 7.5 千米长的“之”字形挂壁公路,成为罕见的人文景观。2005 年入选全国农业旅游示范点。

太子滩农业观光园 位于曲沃县城北部。太子滩是国家农业科技示范园区和绿色食品示范基地,已建成温泉浴池、绿色果蔬自采园,新修了太子湖。2005 年入选全国农业旅游示范点。

阳城县皇城村 2005 年入选全国农业旅游示范点。参见中国历史文化名村——阳城县皇城村。

八、全国休闲农业与乡村旅游示范点

磨盘岭农业观光园 位于曲沃县史村镇西海村。园区分为“赏花摘果”游览区、百果园蔬菜育苗观赏区、温泉水上乐园等区域。磨盘岭下 3 600 栋蔬菜大棚一望无际,数百亩温泉养鱼场、百万只鸡规模的养鸡场一片生机,沟壑间 100 余孔蘑菇洞星罗棋布,半山腰 10 万株甜柿树硕果累累,好一派北国“小江南”风光,实现了现代农业与观光农业的完美结合。2013 年入选全国休闲农业与乡村旅游示范点。

晋城市现代都市农业示范园 位于晋城市北石店镇。利用原有的废弃矿井用地和垃圾山,建设了集农业技术推广、观光旅游、休闲采摘和科普教育等功能为一体的大型农业科技产业园,建设有 200 座普通日光温室与多种果蔬新品种的种植。示范园成功展示了一个围绕城市并服务城市的城郊特色农业发展路径，城市居民可在这里认领、种植自己的“开心农场”，创造了城郊休闲新范式。2013年入选全国休闲农业与乡村旅游示范点。

凤凰山生态植物园 位于定襄县汤头温泉开发区。植物园所在地域是山西知名的“温泉之乡”和“水果之乡”。华北地区最大的人工生态植物园之一，环境优雅、四季常绿，主要由温泉文化体验区、百果采摘园、农业科技示范园以及别墅度假区等组成，开发有神汤都温泉乐活园、滹沱人家窑洞宾馆、有机百果采摘园、凤凰湖水系娱乐区、植物动物园、龙头山玉皇庙、毛泽东像章纪念馆等20余处人文景观景点。2014年入选全国休闲农业与乡村旅游示范点。

华北奕丰生态园 位于阳五高速盂县东出口。生态园是石店煤业对原采煤塌陷区进行生态修复治理，发展农业生态旅游的项目，是一个集种植、养殖、苗圃、蔬菜、花卉、生态酒店、旅游服务等功能于一体的大型综合性生态园区。设有钓鱼台、跑马场、鲜果采摘园、农业科技观光园、滑草场等。昔日地质灾害频发的采空区，如今变成了生机勃发的生态园。2014年入选全国休闲农业与乡村旅游示范点。

绿盈休闲农业观光示范园 位于襄垣县富阳园区。育苗、种植、储藏、加工、贸易、观光相结合，产、供、销一体化的现代农业园区。已培育出“林盛果缘”系列养生饮品，包括黑枸杞汁、玫瑰汁、雪菊汁、沙棘汁、梨汁、杏汁等饮料。2014年入选全国休闲农业与乡村旅游示范点。

方兴现代农业园区 位于长子县宋村乡宋村。拥有全自动智能化连栋日光温室、植物组培技术中心、玻璃温室、日光能温室、高标准日光温室、春秋大拱棚、防虫网棚、现代化养猪场等专业设施及场所，还建设了垂钓鱼塘、休闲生态餐厅、地方特色民俗院、蔬菜水果采摘园、喷泉广场等休闲设施及场所，是一处集热带植物观光、水果采摘体验、科普教育、餐饮、休闲娱乐于一体的综合性游览景区。2015年入选全国休闲农业与乡村旅游示范点。

美宝农业观光园 位于晋中市太谷区北洸乡三台村。建有五院七园，五院为喜字院、宝葫芦院、花平院、元宝院、农家乐院，七园即菜园、苹果园、梨园、桃园、葡萄园、樱桃园、枣园。还有农耕文化展。2015 年入选全国休闲农业与乡村旅游示范点。

灵丘县上北泉村 位于灵丘县红石塄乡东南山区。四面环山，气候温润，湿地宽广，素有“塞北小江南”美称。利用得天独厚的自然条件，初步建成生态观光度假型旅游村。借助青山绿水、花蔬林果，精心打造山水北泉品牌。通过举办荷花节、采摘节、《山水北泉》实景演出等活动，唱响“山水北泉”乡村文化旅游品牌。2015 年入选全国休闲农业与乡村旅游示范点。

万荣县晋汉子农庄 位于万荣县卓立村的孤峰山西麓。东有圣母峰，北有旱泉塔关公石像，南有山涧，此地有“依涧而居”的说法。农庄东北部有 20 余万平方千米松林，形成了天然氧吧。建有有机生态种植园区、有机生态养殖园区以及“三百基地”（百果园、百花园、百蔬园），主要种植玉米、小麦、黑花生、黑大豆、紫薯等农作物，养殖黑猪、有机绵羊、有机柴鸡等。2015 年入选全国休闲农业与乡村旅游示范点。

九、全国工业旅游示范点

太原东湖醋园 位于太原市马道坡。山西最为盛名的是老陈醋，东湖醋园是山西省第一家动态展示传统与现代老陈醋生产工艺流程和老陈醋历史文化内涵的公司化、工厂化博物馆。醋园收集了我国从西汉以来各种酿醋器具和 700 个醋疗药方，以古今器皿展示、文献典籍摘记、图片照片写真、产品实物陈列等形式，展示了山西老陈醋的历史文化底蕴。2004 年入选全国工业旅游示范点。

平朔煤炭工业公司 位于朔州市朔城区。我国规模最大、现代化程度最高的露井联采的特大型煤炭生产企业之一，也是我国主要的出口煤基地和晋西北亿吨级煤炭生产基地。公司负责平朔矿区的开发、建设、管理,拥有一个生产经营矿、一个开发建设矿、一个规划筹备矿以及五个配套专业公司和一个多种经营开发公司,形成了以煤为主、多种经营、综合发展的基本格局。2004 年入选全国工业旅游示范点。

晋华宫煤矿 位于大同市西部。由我国自己设计、自己施工建设的大型煤矿。矿井由大井和南山两对生产井口组成,属高瓦斯矿井。矿区内可见雄伟的晋福门楼、辉煌的江泽民题词纪念壁、壮观的煤炭开采史浮雕墙、干净整洁的矿容矿貌。2000 年开发了“井下探秘游”项目。2004 年入选全国工业旅游示范点。

杏花村汾酒集团有限公司 位于汾阳市杏花村镇。全国最大的名优白酒生产基地之一。公司所在地山西汾阳杏花村,具有优良的地下水资源和特有的酿酒微生物群,酿酒历史至少可以追溯到商周时期。主导产品有汾酒、竹叶青酒、玫瑰汾酒、白玉汾酒、葡萄酒以及啤酒六大系列。汾酒是我国清香型白酒的典型代表,以入口绵、落口甜、饮后余香、回味悠长而著称。2004 年入选全国工业旅游示范点。

盐湖养生城 位于运城市区南部中条山下的盐湖中。盐湖是一处天然结晶池盐宝藏。盐湖池水清澄,微风徐来水波涟漪起伏,山上的葱茏松柏与山脚下的银湖相互映衬,风光别具一格。景区依靠得天独厚的盐湖资源,开发打造精品养生项目,是一处集娱乐、康体、休闲、疗养、度假于一体的黑泥康体养生城。2004 年入选全国工业旅游示范点。

万家寨黄河水利枢纽 位于黄河北干流托克托至龙口峡谷河段。万家寨水利枢纽工程连通黄河、汾河、桑干河,为太原市和朔同地区提供充足水源,是一座以供水、发电为主,兼有防洪、防凌等功能的大型水利枢纽,也是山西省引黄入晋工程的起点。在这里,黄河千里奔流,浩浩汤汤,天地宽阔,壮美至极。2005 年入选全国工业旅游示范点。

中国煤炭博物馆 位于太原市万柏林区。国家级煤炭行业博物馆,全国煤炭行业历史文物、标本、文献、资料的收藏中心。博物馆分东、西两院,占地约11万平方千米,建筑面积约9万平方米。基本陈列为煤的生成厅、煤炭与人类馆、煤炭文献馆等7个展馆和1个模拟矿井。收藏有贫煤、长焰煤、褐煤、气煤、瘦煤、肥煤、焦煤等煤种标本。2005年入选全国工业旅游示范点。

宇达青铜文化产业园 位于夏县水头镇。集青铜文化产业的创意、设计、雕塑、制作、拍卖、画廊、展览、旅游、科研、实习等功能于一体,是国家文化产业示范基地。产业园内有韩美林雕塑艺术馆、宇达青铜国礼极品艺术馆。产业园内的宇达大型青铜雕塑厂,是专门制作巨型、大型、中型青铜雕塑的专业化工厂。2005年入选全国工业旅游示范点。

亚宝药业风陵渡工业园 位于芮城县黄河河畔。集药品研发、生产、物流于一体的高新技术企业,跻身于全国中成药企业50强。"亚宝"商标为中国驰名商标。工业园是我国最大的透皮制剂生产基地,拥有14个生产车间、国内一流的药品检测中心,建有日处理能力达300吨的污水处理站。2006年入选全国工业旅游示范点。

太平家俬工业园 位于大同市南郊水泊寺马家小村。工业园以大同太平家俬有限责任公司为主体,公司主要经营木器加工销售、仿古雕刻、装潢材料,品种齐全,实力雄厚。2006年入选全国工业旅游示范点。

鲁能河曲热电工业园 位于河曲县文笔镇沙畔村。工业园以山西鲁能河曲发电有限公司为主体,该公司于2004年成立,经营范围包括火力发电及销售、开发与电力相关的综合利用项目等。2006年入选全国工业旅游示范点。

潞宝集团 位于长治市潞城区西部。创建于1994年,是一家以现代精细化工为主导,横跨电力、物流、红色旅游、现代农业及医药等领域的大型中外合资企业。以集团为主体的潞宝生态工业园区,集工业旅游、生态旅游、红色旅游及新农村旅游为一体,实现了产业转型升级,从黑色产业向绿色产业转变并延伸到红色产业。2007年入选全国工业旅游示范点。

宏特煤化工公司工业旅游区 位于吕梁市交城经济开发区内。山西宏特煤化工有限公司是一家集生产、科研、销售于一体的现代化大型煤焦油深加工专业公司。公司的生产基地,坐落在山西省煤化工基地吕梁夏家营生态工业园区,以开发区内的焦化副产品煤焦油作为生产原料,以焦炉煤气作为生产燃料,具有得天独厚的资源优势。2007 年入选全国工业旅游示范点。

丹朱岭煤矿安全培训基地 位于高平市寺庄镇釜山村。煤炭安全教育体验游、煤炭工业发展史观光游和中国钱币博物馆参观游“三位一体”的旅游景点。已经初步完成了井下煤矿事故安全教育演示区域和培训中心的建设。井下安全教育演示厅利用声、光、电等高科技手段,模拟演示煤矿常见的自然灾难,让参加者在体验中提高安全生产意识,掌握安全生产知识。2007 年入选全国工业旅游示范点。

十、国家级非物质文化遗产生产性保护示范基地

山西老陈醋集团有限公司 位于太原市杏花岭区马道坡。山西老陈醋源自明洪武元年(公元 1368 年)创立的“美和居”醋坊,“美和居”老陈醋酿制技艺被专家学者称为“中国谷醋酿造活化石”。作为“美和居老陈醋酿制技艺”的传承单位,2012 年入选国家级非物质文化遗产生产性保护示范基地。

广誉远国药有限公司 注册地为晋中市太谷区广誉远路。公司的前身广盛号药店,始创于明嘉靖二十年(公元 1541 年),曾与广州陈李济、北京同仁堂、杭州胡庆余堂并称为“清代四大药店”。主导产品“龟龄集”和“定坤丹”为国家级保密处方和工艺技术;“龟龄集”“定坤丹”和“安宫牛黄丸”为国家级非物质文化遗产产品。建立了“龟龄集”“定坤丹”两个传习所,中药制作技艺传承人 40 余人。2014 年入选国家级非物质文化遗产生产性保护

示范基地。

稷山赵氏四味坊传统面点传习中心　位于稷山县振兴北路。稷山县是中华农耕始祖后稷的故里，面食文化历史悠久。面点传习中心制作的“赵氏四味坊”麻花是稷山传统面点的典型代表。稷山麻花制作工艺源于民间，创始于清道光年间。2014年入选国家级非物质文化遗产生产性保护示范基地。

十一、国家级风景名胜区

五台山风景名胜区　地跨忻州市五台县、繁峙县、代县、原平市、定襄县。因五峰耸立，峰顶平坦如台，故名“五台”。山上气候多寒，盛夏不见炎暑，故又别称“清凉山”。拥有独特而完整的地球早期地质构造、地层剖面、古生物化石遗迹、新生代夷平面及冰缘地貌，完整记录了地球新太古代晚期至古元古代地质演化历史，具有世界性地质构造和年代地层划界意义和对比价值，被誉为“中国地质博物馆”。位居“中国四大佛教名山”之首，文殊菩萨的道场，有佛像30 000余尊，寺院47处。1982年入选国家级风景名胜区。

恒山风景名胜区　位于浑源县城南部。恒山曾名“常山”“恒宗”“元岳”“紫岳”，东西绵延250千米，是海河支流桑干河与滹沱河的分水岭。其中，倒马关、紫荆关、平型关、雁门关、宁武关虎踞为险，是塞外高原通向冀中平原之咽喉要冲，自古为兵家必争之地。森林景观针叶林多于阔叶林，常绿落叶树种并存，白桦季相丰富，山桃花娇艳，乔灌花草皆备，名木古树均有。恒山也是张果老隐居潜修之地，留下了大量的仙踪遗迹和神话传说。1982年入选国家级风景名胜区。

黄河壶口瀑布风景名胜区　位于山西省吉县、陕西省宜川县。地处晋陕大峡谷中段，两岸夹山，黄河水到此被两岸苍山挟持，束缚在狭窄的石谷中，几百米余宽的洪流骤然收束为30余米，河水奔腾怒啸，山鸣谷应，最后从20余米高的断层石崖飞泻直下，跌入30余米宽的石槽之中，状如巨壶沸腾，故名“壶口瀑布”。抗日战争时期，革命诗人光未然、音乐家冼星海，就是在这黄河壮丽情景的激励下，谱写出《黄河大合唱》的。1988年入选国家级风景名胜区。

北武当山风景名胜区 位于方山县。北武当山为我国道教发源地，具有泰山之雄、黄山之奇、华山之险、峨眉之秀和青城山之幽，被誉为“三晋第一名山”。自然资源丰富，自然景观优美。主峰四周几乎都是悬崖峭壁，只有一条人造天梯可攀登，险峻之处有栏杆铁索，每蹬一步都可听到悠扬顿挫的“石音”，令人称奇。奇石林立，其中“龟石”用力一推或经风一吹便摇摇欲坠，被称为“风动石”。山中还有道观、石刻、壁画、泥塑等人文景观。植被繁茂，森林茂密，生活着珍禽褐马鸡以及豹、麝、狍子等大型哺乳动物。1994年入选国家级风景名胜区。

五老峰风景名胜区 位于永济市城东南的中条山脉。由五座山峰组成，因形似五位元老列座厅堂，故名“五老峰”。河洛文化早期传播的圣地，我国北方道教全真派的发祥地之一。以五老峰、古蒲州为中心，包括黄河滩岸、王官峪、龙头山、云仙阁等六个景区。奇特的喀斯特地质地貌造就了许多罕见奇观。主峰玉柱峰，形同玉柱，直插云霄。峰顶有南天门、灵宫庙、菩萨殿、秀士殿、千子堂、祖师庙等建筑遗址。1994年入选国家级风景名胜区。

碛口风景名胜区 位于临县县城南郊的黄河边。因黄河第二大碛——大同碛而得名。“碛”意为“浅水中的沙石”，引申为“沙漠”。碛口从清乾隆年间兴起，此后200余年一直是我国北方的商贸重镇。碛口明清商业建筑群及周边古村落的民宅深院，被誉为“世上珍奇、人间瑰宝”。景点有黄河大同碛、碛口古镇、西湾、李家山和寨子山民居、黑龙庙、毛泽东东渡黄河纪念碑、黄河峡谷天然石雕等。2012年入选国家级风景名胜区。

十二、国家级自然保护区

庞泉沟自然保护区 位于交城县和方山县交界处。野生动植物类型自然保护区,主要保护对象是我国特有的褐马鸡及其栖息地,以及华北落叶松、云杉天然次生林植被。有国家一级保护野生动物褐马鸡、金雕、黑鹤、金钱豹、原麝,国家二级保护野生鸟类鸳鸯、鸢、红角鸮、青鼬等。保护区为泛北极植物区系,植被类型为寒温性针叶混交林、针阔混交林和温性阔叶混交林,主要树种有华北落叶松、云杉、油松、山杨、红桦、白桦等,还分布有党参、黄芪、甘草、菖蒲、连翘、桔梗、柴胡等药用植物。1986 年入选国家级自然保护区。

历山自然保护区 位于翼城、垣曲、阳城、沁水四县交界处。属森林生态系统类型自然保护区,主要保护对象为暖温带森林植被和珍稀动物。复杂多样的自然生态系统,孕育了丰富的野生动植物资源。保护区分布有国家重点保护野生植物以及多种药用植物、淀粉植物、油料植物、芳香植物等。有属于国家一级保护野生动物金钱豹、金雕、黑鹳、大鸨、原麝等。奇峰异洞与青山碧流相辉映,奇峰、怪石、清涧、溶洞和冰帘并称“历山五绝”,林涛、山风、冰雪、雾雨、光影、古迹、植物、动物、药材和村庄并称“历山十胜”。1988 年入选国家级自然保护区。

芦芽山自然保护区 位于宁武县、五寨县、岢岚县交界处。以保护森林生态系统、珍稀动物褐马鸡为主的综合性自然保护区。褐马鸡的集中分布区,我国暖温带残存的天然次生林分布区中保存最完整、分布最集中的地区之一,保存有大面积华北落叶林和大片的云杉林,是黄土高原森林生态系统保存最完好的地区之一。生活着国家一级保护野生动物褐马鸡、黑鹳、金雕、胡兀鹫、大鸨、金钱豹、原麝等。1997 年入选国家级自然保护区。

莽河猕猴自然保护区 位于阳城县。以猕猴等珍稀野生动物和森林生态系统为主要保护对象的自然保护区。沟壑纵横，深涧、峡谷、奇峰、瀑潭星罗棋布。岩石多是太古界和元古界的产物，主要组成是结晶岩和变质岩系。这里是猕猴分布的最北限，太行猕猴属猕猴的华北亚种，为我国特有。生活着大量的脊椎动物和昆虫，属于国家一级保护野生动物的有金雕、黑鹳、金钱豹，属于国家二级保护野生动物的有猕猴、勺鸡、大鲵、水獭、猛禽类、鸮类等。种子植物约占山西省种子植物总科数的76%。1998年入选国家级自然保护区。

五鹿山自然保护区 位于蒲县、隰县。五鹿山又称“五龙山”，为吕梁山南段最高峰；山上建有五鹿庙，相传是为祭祀春秋时期晋国五鹿大夫狐突而建。地形多变，山势险要，峰峦叠嶂，沟大谷深。属森林生态系统类型的自然保护区，主要保护对象是世界珍禽褐马鸡和我国特有树种白皮松。国家重点保护野生动物有黑鹳、金雕、大天鹅、猎隼、褐马鸡、原麝等。2006年入选国家级自然保护区。

黑茶山自然保护区 位于吕梁山中段。黑茶山古称“合查山”，山势雄奇，松柏苍翠，素以山高林密、天气变化莫测而闻名。晋西北浅山区生物多样性最为丰富的地区之一，是黄河一级支流湫水河源头和蔚汾河的重要水源地。主要保护对象为暖温带落叶阔叶林与温带草原交错区的生态系统。主要乔木树种有油松、山杨、白桦、落叶松、云杉；灌木种类主要有沙棘、黄刺玫、绣线菊、小叶鼠李等；草本植物有苔草、苋草、蒿类等；野生动物资源有国家一级保护野生动物褐马鸡、金钱豹、黑鹳、金雕、麝等。2012年入选国家级自然保护区。

灵空山自然保护区 位于沁源县。山势险峻，沟谷交错，森林茂密，山岩地质为寒武纪石灰岩，大面积基岩裸露，沟谷切割较深。山岩之上为第四纪老黄土覆盖，适宜植物生长，林木郁郁葱葱，山花野草遍地。主要保护对象为以油松为主的典型暖温带针阔叶森林生态系统体系和以褐马鸡、金钱豹等为代表的珍稀动物。野生动物资源有国家重点保护野生动物金钱豹、大鸨、猛禽等。2013 年入选国家级自然保护区。

太宽河自然保护区 位于中条山中西端，地跨夏县、平陆县和闻喜县。我国华北地区典型的暖温带落叶阔叶林的重要种质资源和基因库，分布有水杉、银杏、杜仲、山白树、领春木、猬实、青檀、野大豆、黄耆、黄檗等国家珍稀濒危保护植物；国家一级保护野生动物东方白鹳、黑鹳、金雕、大鸨、金钱豹、原麝等。2018 年入选国家级自然保护区。

十三、国家级水利风景区

汾河二库水利风景区 位于太原市尖草坪区。汾河二库是一座以防洪、泄洪为主并有发电、旅游等综合功能的大型水利枢纽工程。水库控制流域面积 2 348 平方千米，总库容 1.33 亿立方米。湖面狭长，清如明镜，青山倒映，伸手可触。周围奇峰突兀，怪石嶙峋，千姿百态。有漂流、蹦极、快艇、吊桥、岩洞、清泉等游乐项目。2002 年入选国家级水利风景区。

汾源水利风景区 位于宁武县东寨镇。汾源是“三晋母亲河”汾河的发源地，自古享有“三晋第一胜境”的美誉。“汾源灵沼”水质甘醇，沁人心脾，惠泽三晋大地；原始次森林苍翠欲滴，林间珍禽异兽增添无限生机；神奇的万年冰洞可称世界奇观；始建于唐代的悬崖栈道惊险绝伦；10 多处天池组成了高山湖泊群，如明镜般镶嵌在 2 000 米的高山之巅；幽雅浪漫的情人谷如同人间仙境；北方罕见的宁武石门悬棺留下了千古之迹；险峻芦芽山尽揽天下神奇。2002 年入选国家级水利风景区。

万家寨黄河水利枢纽 2003 年入选国家级水利风景区。参见全国工业旅游示范点——万家寨黄河水利枢纽。

黄河蒲津渡水利风景区 位于永济市古蒲州城西门外的黄河东岸，地处晋、秦、豫三省交界。蒲津渡是古黄河的一大渡口，自古以来就是交通要冲,历史上很多朝代在这儿修造浮桥,铸造于唐代开元十二年(公元 724 年)的四尊“黄河大铁牛”,就是黄河上蒲津桥的桥头地锚。2004 年入选国家级水利风景区。

汾河水利风景区 位于娄烦县下石家庄村。风景区依托汾河水库而建。汾河水库总面积 32 平方千米,控制流域面积 5 268 平方千米,总库容 7 亿立方米,设计灌溉面积 994 平方千米。水库主体工程大坝,坝高 61.4 米,底宽 485 米,顶宽 6 米,坝长 1 002 米,是世界上最高的人工水中填黄土均质坝之一。2005 年入选国家级水利风景区。

藏山水利风景区 位于盂县苌池镇。藏山古名“盂山”,因春秋时期“藏孤救赵”的历史事件而闻名遐迩。碧水绕青山,奇峰对秀岭。仙人峰的植被覆盖率达 97%,仅自然植物就有 70 多种,其中有 30 多种珍稀植物和数种名贵药材。森林内苍苔密布,枯藤盘绕,争怪斗异,千姿百态。这里还是野生动物繁衍生息的乐园,随处可见松鼠穿梭、鸟雀啁啾、山狍漫步、锦鸡起舞。2008 年入选国家级水利风景区。

山里泉水利风景区 位于晋城市西南的太行山南部,地处晋豫两省交汇处。群峰壁立,风光秀丽,有神奇独特的地质地貌奇观。沁河九曲十八弯,犹如一条蛟龙雄踞在大山深处,人称“北方小三峡”。动植物资源丰富,有猕猴、豹子等野生动物,有茂密的森林和数十种草药,还有历史悠久的名胜古迹和美丽动人的传说以及拴驴泉水电站。2008 年入选国家级水利风景区。

太行水乡水利风景区 位于平顺县北部的太行山区。依托浊漳河干流和数个水库、小水电站而建,属于水库型水利风景区。利用天然地势峡谷,人工蓄水形成平湖、瀑布,蔚为壮观。由水利工程形成的万亩湿地,已经成为多种水鸟的家园。景区内还有著名的大云院和三国时期马超藏兵洞等古建遗迹。已建成悬瀑飞泻、高峡平湖、水上游艇、高空溜索、激流冲浪、激情漂流等多种游乐设施和项目。2008 年入选国家级水利风景区。

桑干河湿地水利风景区 位于朔州市。依托桑干河干流河滩湿地、东榆林中型水库、泥河大坝、灌区、天然泉域等而建。相传桑干河在每年桑葚成熟时就干涸，故名“桑干”，如今“桑干不干、桑地奇观”的秀美景色已经初步形成。芦苇、水草、湿地遍布，并有大型岩溶泉群和100多个泉点，有的自喷水柱可达2米多高，泉水富含多种矿物质元素。现已建成城市名片区、城市文化区、植物园区、湿地涵养区、边塞文化区、王阁老墓景区六大区域，并有百鸟园、烽火台遗址、文魁塔、正阳湖等景点。2008年入选国家级水利风景区。

翠枫山水利风景区　位于阳泉市平坦镇。翠枫山海拔1 430米，林草覆盖率达97%以上，汇集和保存了大量比较完整的天然原始次生植物和生物群落。共有植物1 200余种，其中野菜类植物270多种，药用植物350种，野生果树110余种，野生花卉400多种；鸟类、昆虫和各类动物800余种，仅蝶类就达110余种。狼、红尾山鸡、野猪、豹猫等30余种动物已列入国家重点保护野生动物。2008年入选国家级水利风景区。

昌盛水利风景区　位于柳林县城东南的龙泉沟流域，属于水土保持型水利风景区。当地靠水起家，大力发展种植业，现在形成花果满山、绿树成荫的景象。春天可赏桃花、梨花，夏天可在山庄避暑，秋天可摘果，初步形成了粮菜、林果、养殖、加工一体化的发展格局。现有人文景观龙头山龙王庙以及展览馆和红太阳纪念馆，有供游客采摘的梨园、枣园、葡萄园，有别具农情风味的田园宾馆。2012年入选国家级水利风景区。

暖泉沟水利风景区　位于宁武县余庄乡，地处“三晋母亲河”汾河的发源地。依托暖泉沟流域生态清洁型小流域综合治理工程建设而成。有山、石、林、草、洞、湖、泉、谷、庙、关十大系列百余处景观，既有北国草原风光之壮美，又具江南水乡之风韵。建有漂流、蹦极、滑雪、滑草、滑沙等多种休闲娱乐设施以及农家乐旅游项目，国家体育总局还在此成立了皮划艇训练基地。2012年入选国家级水利风景区。

汾河水库水利风景区　位于娄烦县下石家庄村，地处汾河上游吕梁腹地。依托汾河水库枢纽工程，整合水域、岸地、林草、建筑和历史人文等资源建设的水库型风景区。汾河水库集灌溉、发电、工业及城市用水、防洪减灾等功能于一体,为山西省最大的综合利用大型水利枢纽工程,是太原市的地表饮用水源地。2012 年入选国家级水利风景区。

北方水城水利风景区 位于沁县县城。以相邻的西湖、北海、圪芦河、南湖、瘦西湖等水域为载体,以二郎山森林公园、景山生态园、北海湿地公园为重点,属于城市河湖型水利风景区。占地面积 18 平方千米,其中水域面积 3.8 平方千米,湿地面积 2 平方千米。山环水绕,河湖相伴,风景秀丽。曾成功举办多届北方水城端午民俗文化节。2012 年入选国家级水利风景区。

精卫湖水利风景区 位于长子县。依托申村水库而建,属于水库型水利风景区,占地面积 4.18 平方千米,其中水域面积 2.87 平方千米。申村水库是浊漳河南源干流最上游的一座控制性水利枢纽。"精卫填海"的故事就发生在这里。湖水洁净,水产丰富,多种鸟类栖息于此,并可偶见天鹅等珍稀动物。湖岸线曲折,南岸为山地,北岸为台地,绿树掩映,风景秀丽,环境优美。主要景点有八角亭、吊桥、湖心岛、大南石村东西庙、鳖盖滩等。2012 年入选国家级水利风景区。

滹源水利风景区 位于繁峙县。以滹沱河源头及其繁峙县的河道、羊眼河、峨河、青羊河、孤山水库、龙山水库、虎山水库、下茹越水库为依托,结合周边自然和人文旅游资源形成的一个综合性风景区。北依恒山,南接五台山,中间由滹沱河谷地连接,构架了特殊的地貌风光。水体景观主要由滹沱河、峨河、青羊河构成。滹沱河地下暗河长达 20 千米,神奇壮观。这里还有秘魔崖—天井大峡谷,以及圭峰古柏、岩山叠翠、峨岭秋红、峪口晴岚等自然景观,还有五处全国重点文物保护单位。2013 年入选国家级水利风景区。

滹沱河水利风景区 位于原平市。依托滹沱河综合治理工程和油篓山拦河闸工程而建,属于自然河湖型水利风景区。滹沱河综合治理工程是原平市打造和谐宜居家园的重点项目,油篓山拦河闸工程是山西省"两纵十横"大水网规划新建的十项新水源工程之一。整个景区将生态修复、景观绿化、市政建设有机结合起来,通过"山、水、堤、路、桥、景"统一规划和综合整治,实现人与自然的和谐共生。2014 年入选国家级水利风景区。

漳泽湖水利风景区 位于长治市。依托漳泽水库而建,属于水库型水利风景区。漳泽水库是漳卫南运河水系浊漳河南源干流上的一座以工业用水、城市供水、灌溉、防洪为主,兼顾旅游等综合利用的调节水库,总库容 4.27 亿立方米。水域广阔,坝下公园森林茂密,古木参天,鸟语花香。漳泽湖历史文化丰富,《山海经》所记载的"发鸠之山",就在库区浊漳河南源。2014 年入选国家级水利风景区。

鹅毛河水利风景区 位于怀仁市。依托鹅毛河而建,属于自然河湖型水利风景区。地貌为鹅毛河一级堆积阶地及河床、河漫滩,河谷左右两岸均为台地,现有柳东营水库和新发水库,水资源丰富。湿地、滩涂散落分布,胡杨林成带状分布,遍布于河道东侧,自然风光宜人。2015 年入选国家级水利风景区。

十四、国家地质公园

王莽岭地质公园 位于陵川县。集岩溶峰丛、峡谷、地下岩溶洞穴于一体的地貌类地质公园。地貌地质遗迹区占地面积约 22 平方千米,拥有丰富的峰丛地貌、岩溶地貌和峡谷景观,重要地质遗迹达 68 处。锡崖沟中的谷中谷,上部发育在寒武系的岩溶峡谷,深 500—800 米,峡谷底宽缓平直;下部是百米障谷,宽仅几十米。在马家沟组和亮甲山组下部分布有众多的岩溶洞穴;岩溶洞穴黄围灵湫洞洞体规模巨大,沉积物丰富。2009 年入选国家地质公园。

黄河蛇曲地质公园 位于永和县西部的黄河沿线,地处陕西省与山西省交界处。保存了中生代三叠纪、新生代第四纪及黄河形成等漫长的地质演化记录。山大沟深,沟壑纵横,地形切割剧烈,地貌复杂,其中阁底乡多为残垣沟壑区，打石腰乡、南庄乡及黄河沿岸地区为梁峁沟壑区，具有很好的观赏性。分布有水蚀浮雕和天然石球，被称为“石球之乡”。2011 年入选国家地质公园。

大同火山群地质公园 位于大同市云州区东北部。发育在黄土高原上的火山群，为我国六大著名火山群之一，也是华北地区保存最好、出露最完整、规模最大的第四纪火山群。已知金山、狼窝山、东坪山等火山 30 多座。金山四周有许多丘梁似的小火山环绕，称为“胎火山”，如一个个孩子依偎着母亲，形态可爱。狼窝山火山口最为深邃，大火山口中又生成一个小火山口，称为“继生火山”，是两次火山喷发形成的奇特现象。2012 年入选国家地质公园。

天脊山地质公园 位于平顺县东部，地处太行山中段的主脊地带。以地貌与水体景观为主体的综合型地质公园。由通天峡、天脊山、神龙湾三个景区组成，主要地质遗迹分布面积约 59 平方千米。是中元古界、古生界和新生界等地质时期的地质遗迹，反映了长达 1.5 亿年的沉积过程及多次海进海退过程。岩溶地貌突出，流水地貌和水体景观丰富多样。山崖雄险，谷深洞幽，峰奇石异，悬落型河道瀑布、山泉、潭等异彩纷呈。2016 年入选国家地质公园。

十五、国家森林公园

云岗国家森林公园 位于大同市。有十里河、云冈、红石崖、文瀛湖、白登山等游览区，山水古迹相映，自然人文景观交辉。十里河游览区以森林景观为主，乔、灌、花、草错落分布，环境幽雅。云冈游览区以人文景观为主，有气势恢宏的云冈石窟和吴官屯石窟群，清幽宁静的佛字湾、观音堂、焦山寺等寺庙建筑，还有绿树繁花、景色宜人的云冈公园。白登山游览区是西汉

“白登之战”的古战场,以林海风光为主。1992 年入选国家森林公园。

龙泉国家森林公园　位于左权县城东南部。主要包括三大自然地理单元:北天池亚高山草甸区、千亩川山间宽谷区、龙泉中山林区。溶洞古刹雷音寺,周朝时被辟为“十龙洞”;溶洞顶部刻有摩崖石刻,上书“梵天佛地”,堪称天下奇观;钟楼、鼓楼合二为一,实属罕见。植被属针阔叶混交林,有古老的国家珍稀树种榉木和红豆树。野生动物种类丰富,其中属于国家一级保护野生动物褐马鸡、金钱豹等。1992 年入选国家森林公园。

禹王洞国家森林公园　位于忻州市西张乡。禹王洞原名“仙人洞”,亦称“仙登窑”,相传大禹曾在此系舟治水,洞内有一石像酷似禹王,后改称“禹王洞”。山体主要由石灰岩构成,山势巍峨雄壮,岩石嶙峋怪异,有许多喀斯特溶洞。主要分为禹王洞、聚宝盆、苍龙山和翠岩山四大景区。著名景点有洞群觅宝、藏龙卧虎、神猴除鳄、貂蝉故里、元好问陵、将军窑、聚宝灵泉、红岩叠翠、龙门峡谷、松涧石瀑、红岩石浪、醉松起舞、红叶香泉、伞盖青松、偕老古松等。1992 年入选国家森林公园。

赵杲观国家森林公园　位于代县交口乡红寺村。以深山古刹赵杲观为中心建设的小型森林公园。赵杲观高阁凌空,绝壁下悬,壁间悬十数丈铁索;楼阁前建屋宇,后依石洞,楼檐与石洞相配,木石结构巧妙。公园内山势挺拔雄伟,峭崖险峻无比,植被茂密,主要以油松和桦树混交林为主,蔚为壮观。1992 年入选国家森林公园。

方山国家森林公园　位于寿阳县北部山区。地处太原、晋中、阳泉三市“金三角”地带。方山因四面正方而得名,又因主峰形似蝙蝠,晋魏时被赐名“神蝠山”,又名“福秀神山”,系五台山南陲,山势雄伟,层峦叠嶂。植被以油松为主,杂以枫、榆、槐、杨等树种,乔灌草品逾千,其中不乏贵树名木,仅名贵中药材就有 80 多种。大小动物超百种,有国家重点保护野生动物金钱豹、野猪、狍子、猫头鹰、彩蝶等。1992 年入选国家森林公园。

交城山国家森林公园　位于吕梁山东麓,地处晋中盆地西缘。地貌复杂,山多川少,最高峰孝文山是华北第二高峰。动植物资源丰富,有侧柏林、乔木林、观赏林等，落叶松、云杉集中，素以“华北落叶松之乡”而著称。有褐马鸡、候鸟、野鹿、原麝、金雕等几十种国家重点保护野生动物栖息于此。1992 年入选国家森林公园。

太岳山国家森林公园 位于长治、临汾、晋中三市交界处，地处太岳山西麓。森林结构以天然次生林为主，主要树种为油松，素有“油松之家”之称；其中灵空山有全国最大的油松“九杆旗”，号称“油松之王”。其他树种还有华北落叶松、白皮松、杜松、杨树、桦树、辽东栎、五角枫等。1992 年入选国家森林公园。

五老峰国家森林公园 位于永济市东南的中条山。包括永济国有林场和张家窑、柏峪、石佛寺三村的南部山地，占地面积 27.6 平方千米。海拔 500—1 000 米的前山及山基部为农垦草灌带，海拔 900—1 800 米的陡坡为疏林灌丛带，海拔 1 800 米以上为亚高山草灌丛。有药用植物 200 多种，野生动物 110 多种，其中鸟类 80 多种。1992 年入选国家森林公园。

老顶山国家森林公园 位于长治市东北部。山体多为下古生界寒武系、奥陶系石灰岩。主要分为四个区域：动物养殖观赏区、林业科研考察区、老顶山风景游览区、神农峰名胜游览区。主要景点有雄狮卧岗、鉴天石、石丛缀菊、石海微澜、五指擎天、危岩耸空、九龙宫、百草堂、祖师庙、摩崖石刻、攀山古道、古鱼池、南崖宫、朝阳宫、古寒泉、神农井、百谷洞、耒耜洞。1992 年入选国家森林公园。

恒山国家森林公园 1992 年入选国家森林公园。参见国家级风景名胜区——恒山风景名胜区。

乌金山国家森林公园 位于太行山西缘山脉。由乌金山、大洪山、紫金山、中林山等山脉和明珠湖组成。主要岩石为古生界二叠系与石炭系时期形成的灰色砂岩和紫红色、灰绿色页岩，局部地区覆盖淋溶性褐土、褐土性土和石质土。为典型的华北地区太行山土石山区的植被特征，其中白皮松为国家二类保护树种，闪金柏为珍奇树种，蒙椴、黑弹朴、本氏木兰为稀有树种，丽豆为濒危树种。1993 年入选国家森林公园。

中条山国家森林公园　地跨临汾、晋城、运城三地市。尧、舜、禹、汤都曾活跃于此，著名的下川遗址就在公园内。栖息有国家重点保护的野生动物金钱豹、猕猴、水獭、林麝、大鲵、金雕等；主要树种有橡树、桦树、杨树、油松、华山松等，药用植物主要有山茱萸、连翘、五味子、黄芩、柴胡等，还有冬虫夏草、猴头、灵芝等名贵食用菌。自然风光秀丽，奇峰、怪石、飞瀑、流泉随处可见。1993 年入选国家森林公园。

太行峡谷国家森林公园　位于壶关县树掌镇。原为“紫团山国家森林公园”，1996 年更名为“太行峡谷国家森林公园”。全园以五指峡、龙泉峡、王莽峡三大峡谷为主线，串联真泽宫、紫团洞、九龙洞、女妖洞、云盖寺、崇云寺、万佛寺、“猫路”险道、“天桥”奇观等风景名胜。还有雄奇壮丽的庙宇，引人入胜的溶洞，令人神往的传说。1996 年入选国家森林公园。

黄崖洞国家森林公园　位于黎城县。这里的悬崖陡壁皆为黄色，东崖半空有一天然石洞，“黄崖洞”因此得名。占地面积 6 000 余公顷，平均海拔 1 600 余米，由黄崖洞、善陀、白云洞、广志山四大景区组成。拥有雄伟奇特的山峰，峭壁千丈的悬崖，高深莫测的岩洞，飞流直下的瀑布，变幻神奇的云雾，茂密葱茏的森林，无比珍稀的物种，荟萃了太行山的壮美风光。1996 年入选国家森林公园。

棋子山国家森林公园　位于陵川县。殷商末期卜筮学家箕子曾隐居于此，摆布石子，推演天文，为围棋的起源奠定了最初的基础。棋子山山势峻峭，沟峡深邃，山下梯田层层，地表多为寒武系石灰岩。分为棋子山、锡崖沟、红叶三个片区。棋子山片区有规模宏大的太行人工油松林、风景绝美的佛子山峡谷和香磨河；锡崖沟片区有南太行最典型、壮观的嶂石岩地貌和震撼人心的挂壁公路；红叶片区有绵延百里的天然次生林和“百里云霞”的秋季红叶美景。2014 年入选国家森林公园。

太行洪谷国家森林公园　位于沁水县。地处太行、太岳、中条三大山系衔接处，属暖温带落叶阔叶林植被区域的南部地带。由太行洪谷、山辿岩和龙岗三大片区组成，植被以天然次生林为主。拥有国家一级保护野生植物南方红豆杉,国家二级保护野生植物连香树、野大豆;国家一级保护野生动物原麝、黑鹳、金雕、大鸨等,国家二级保护野生动物大鲵、苍鹰、黄嘴白鹭等39种。主要景点有南阳仙洞、岩溶穿洞、落水洞、青禅寺遗址、舜王庙遗址等。2017年入选国家森林公园。

安泽国家森林公园 位于临汾市东部,地处太岳山东南麓。安泽全县有林面积13.2万公顷,林木覆盖率67%,居山西省第一位。2017年入选国家森林公园。

十六、国家沙漠公园

西坪国家沙漠公园 位于大同市云州区东部。以云州区西坪镇为中心,包括南部桑干河沙地和北部黄花种植基地,占地面积61.67平方千米。古老的火山口,像大地张开的嘴,仰面朝天;沙地景观绵延起伏,一望无垠。近年来,当地政府投入大量资金,恢复植被,改善生态,已取得巨大成就。2015年入选国家沙漠公园(试点)。

边城国家沙漠公园 位于天镇县城北部。占地面积139平方千米。近年来公园主要开展灌草植被及退化生态系统封禁与保护、人工造林、油松天然林复壮、生物资源以及人文历史遗迹的保护等工作,规划建设边城古迹博物馆、古堡府邸生态园、生态修复工程技术示范园、公众植树园,并开发人文历史遗迹和民俗风情等旅游项目。2015年入选国家沙漠公园(试点)。

管家堡国家沙漠公园 位于左云县东北部。近年来公园主要开展荒坡植被保护、生物资源及其多样性维持以及人文历史遗迹保护等工作。原有大量荒坡沙质土壤,如今已满坡披绿。当地历史悠久,文化底蕴较为深厚,著名景观有东汉长城、明长城、睡佛寺等。2015年入选国家沙漠公园(试点)。

金沙滩国家沙漠公园　位于怀仁县西部。主要包括金沙滩镇、何家堡乡，包括金沙滩林区和洪涛山林区。近年来公园主要开展沙地植被保护、生物资源及其多样性维持以及人文历史遗迹保护等工作。沙漠公园以林海为躯，宋辽交战古战场为魂，以崇国寺佛教文化为主题，集生态景观与人文景观于一体。2015 年入选国家沙漠公园（试点）。

麻家梁国家沙漠公园　位于朔州市朔城区。总面积 8.67 平方千米，规划建设沙地保育区、沙漠体验区、宣教展示区和管理服务区。2015 年入选国家沙漠公园（试点）。

黄沙洼国家沙漠公园　位于右玉县旧城东北部。黄沙洼地处毛乌素沙漠边缘，风大沙多，寸草难生，民谣《走西口》的“西口”就在这里。经过数十年的植树造林，通过垣顶挖鱼鳞坑、垣腰挖等高沟、脚底修水平阶等措施，寸草不生的风沙地已绿意盎然。公园内保存着过去植树失败留下的奇景：有的树干被风沙埋了半截，仍然倔强生长，枝叶繁茂；有的树根被大风刮露在外，还在努力吮吸着生存的养分。2016 年入选国家沙漠公园（试点）。

林湖国家沙漠公园　位于偏关县。偏关县古称“林湖”。沙漠公园地处毛乌素沙漠边缘，属京津风沙源治理工程区。沙漠公园规划面积 5.74 平方千米，分为沙地保育、沙漠体验、宣教展示、服务管理四个功能区。2018 年入选国家沙漠公园（试点）。

十七、国家湿地公园

垣曲古城国家湿地公园　位于垣曲县东南部。公园地处清河、允河交汇入黄河口处，以小浪底水库库区为基础，占地面积 29.07 平方千米。近年来加大湿地开发与保护力度，生态环境得到明显改善，吸引了白鹭、黑鹳、白天鹅等十余种珍稀鸟类安家此地。2016 年入选国家湿地公园。

千泉湖国家湿地公园 位于沁县县城西部。为黄土高原丘陵区水资源最为丰富的地区之一。公园水系属浊漳西源,有三条主要河流,分别是浊漳河、景村河、迎春河,其中浊漳河是沁县第一大河,纵贯湿地公园南北。湿地水源主要依靠天然降水,除地表径流外,还有漳河泉、池堡泉、口头泉等地下水源。2016年入选国家湿地公园。

介休汾河国家湿地公园 位于介休市北部。包括汾河河道及其支流龙凤河治理区,拥有河流湿地、沼泽湿地和人工湿地三大湿地类和四个湿地型。河道水量充沛,是我国鸟类迁徙途中的重要停歇地,每年春季和秋季有大批水鸟在此停留、栖息、觅食。公园内有国家二级保护野生动物灰鹤、雀鹰等。2018年入选国家湿地公园。

洪洞汾河国家湿地公园 位于洪洞县临汾盆地北部。主体为汾河洪洞段,水量丰沛,泥沙含量较大,淤积速度快,河漫滩湿地发育充分。湿地类包括河流湿地、沼泽湿地和人工湿地三种。河滩及河心洲草木丛生,生物多样性丰富,生态系统较为完整。有国家二级保护野生植物野大豆,国家一级保护野生动物黑鹳,国家二级保护野生动物白琵鹭、大鵟等。2018年入选国家湿地公园。

沁河源国家湿地公园 位于长治市太岳山国有林场。占地面积2.48平方千米,其中湿地面积0.94平方千米,湿地率38%,涵盖了河流湿地、沼泽湿地、库塘湿地三大类型。自然景观有沁河源头、双乳雄峰、一剑溪水、沁河峡谷、石门洞开、白桦纯林、石台揽月、五松朝阳等,还有抗日红色旅游遗址等人文景观。2018年入选国家湿地公园。

神溪国家湿地公园 位于浑源县北岳恒山脚下。占地面积4.05平方千米,其中湿地面积3.16平方千米,湿地率78%。湿地资源类型多样、景观独特、动植物源丰富,具有鲜明的黄土丘陵河流溪源与库塘湿地生态系统的典型性和代表性。有国家二级保护野生植物野大豆,国家一级保护野生动物黑鹳、国家二级保护野生动物小天鹅。湿地范围内拥有古戏台、古民居等人文景观,其中位于湿地中央的律吕神祠为国家重点文物保护单位。2018年入选国家湿地公园。

昌源河国家湿地公园　位于祁县县城东部。昌源河是贯通祁县全境的第一大河流，被称为祁县的“母亲河”。湿地公园是祁县一轴两区“大县城”规划建设战略的轴心线，占地面积 893 万平方米，其中湿地面积 460 万平方米，占公园总面积的 51%。2011 年入选国家湿地公园（试点）。

双龙湖国家湿地公园　位于襄汾县西贾乡。双龙湖是 20 世纪五六十年代建设的人工湖，从空中俯瞰两个湖区犹如两条巨龙，呈“双龙戏珠”状，故名“双龙湖”。占地面积 430 万平方米。拥有丰富的动植物资源和野趣十足的湿地景观，清秀娇美的湖光秋色和丰厚的人文景观有机地融汇在一起，增添了双龙湖的意蕴和魅力。2012 年入选国家湿地公园（试点）。

文峪河国家湿地公园　位于交城县吕梁山脉中段的文峪河上游。文峪河是汾河的支流，发源于交城县关帝山。湿地种类繁多，包含河流溪源、人工库塘、泛洪滩涂、草甸沼泽，尤其以半干旱草本沼泽湿地和亚高山草原湿地最为典型。生物群落多样完整，分布有落叶松、油松、云杉等华北地区的代表性树种，国家重点保护野生动物褐马鸡、黑鹳、金钱豹等。2012 年入选国家湿地公园（试点）。

精卫湖国家湿地公园　位于长子县县城西部。占地面积 3.59 平方千米，其中湿地面积 2.98 平方千米，湿地率 83%。包括精卫湖、永久性河流、滩涂、草木沼泽等多种类型湿地。拥有湿地植物 150 种，记录有湿地野生动物 98 种，其中有国家一级保护野生鸟类黑鹳，国家二级保护野生鸟类普通鵟、乌雕、百尾鹞、苍鹰、雀鹰和鸢 6 种。2014 年入选国家湿地公园（试点）。

孝河国家湿地公园　位于孝义市。占地面积 5.47 平方千米，其中水域面积 3.28 平方千米。拥有黄土高原典型的次生湿地，河湖水系相连，夹杂着众多的港汊和鱼鳞状池塘，形成独特的湿地景观。在天鹅湖、芦苇池、菖蒲池、睡莲池、鱼跃塘设置了水系生态修复区和湿地生态观赏区，水净化、水生态、水环境处理体系基本形成。2014 年入选国家湿地公园（试点）。

汾河川国家湿地公园　位于静乐县城南部。主要工程内容有堤防修复改造、水源地保护治理等。以汾河河道为主体,占地面积 5.94 平方千米。河道宽广,水量充沛,水流蜿蜒曲折,河心滩伫立其中,植被茂密,生态环境复杂多样,在黄土丘陵地区非常罕见。褐马鸡、野鹳等野生动物重要的繁殖栖息地。2014 年入选国家湿地公园(试点)。

稷山汾河国家湿地公园 位于稷山县。占地面积 7.18 平方千米,涵盖了汾河稷山段全程及两岸河堤内的河道部分。奔流不息的汾河水,逶迤蜿蜒的河堤岸,随风摇曳、生机盎然的湿地植被,构成了典型的湿地景观。公园内设有芳草渡广场、轮之舞广场、汇石园和野趣园四大景点。2015 年入选国家湿地公园(试点)。

苍头河国家湿地公园 位于右玉县。右玉县地处毛乌素沙漠边缘,是京津风沙源治理项目区。苍头河是全县最大的河流,也是黄河的重要支流。湿地公园占地面积 7.75 平方千米,其中湿地面积 4.60 平方千米。共有野生植物 280 种,野生动物 58 种,其中包括国家一级保护野生动物黑鹳,国家二级保护野生动物鸳鸯、苍鹰、雀鹰等 9 种。2015 年入选国家湿地公园(试点)。

桑干河国家湿地公园 位于大同市云州区南部。占地面积 47.22 平方千米,其中湿地面积 39.33 平方千米,湿地率 83%。包括河流湿地、沼泽湿地和人工湿地三大湿地类,永久性河流湿地、洪泛平原湿地、草本沼泽湿地、灌丛沼泽湿地、库塘湿地、输水河湿地六个湿地型。2015 年入选国家湿地公园(试点)。

口泉河国家湿地公园 位于怀仁市。占地面积 6.27 平方千米。有山地、黄土丘陵台地和平原,生态环境复杂多样,下游与桑干河自然保护区相连,为野生动物创造了良好的栖息环境,是众多珍稀水鸟的重要栖息地和繁殖场所。湿地公园内常见的野生水鸟有遗鸥、黑鹳、灰鹤、白琵鹭等,每年 11 月有数百只白天鹅在此休养生息,成为一道亮丽的风景。2016 年入选国家湿地公园(试点)。

清漳河国家湿地公园 位于左权县。包括清漳河上游干流河道及其两岸湿地、林地,石匣水库,白垢河干流及两岸滩地、林地,占地面积 7.37 平方千米。石匣水库水质优良，自然景观丰富，是左权县城用水的主要取水区域。动植物资源丰富，栖息有国家重点保护野生动物黑鹳、金雕、鸳鸯、大天鹅等 17 种，具有显著的生态和生物多样性价值。2016 年入选国家湿地公园（试点）。

十八、国家矿山公园

晋华宫矿矿山公园 位于大同市西部。晋华宫矿为侏罗纪煤系和石炭二叠纪煤系重叠而成的双纪煤田。占地面积约 19 平方千米，主要由马武山景区、南山景区、煤海英雄景区、煤矿科技展示区、井下探秘科普展览区、煤炭文化发展景区、休息疗养区、滨水公园等组成，开发了井下探秘项目，建成了煤炭博物馆，成为以地质、地貌和矿业开发为主要特色，以“煤”文化为主题的综合性园区。2005 年入选国家矿山公园。

太原西山矿山公园 位于太原市万柏林区。占地面积约 3.1 平方千米，分布有丰富的矿业遗迹和与矿业活动有关的人文景观，包括白家庄矿二号井井口及斜井、日伪炮楼、十间房、石头窑、慰安所旧址等，还有掩埋被日军杀害矿工遗体的高家河“万人坑”，全国“五一劳动奖状”获得者傅昌旺义务绿化的荒山林“昌旺林”。是以矿业遗迹保护、绿色生态休闲旅游以及科普教学实习基地为主体功能的矿山旅游景区。2010 年入选国家矿山公园。

十九、世界遗产

平遥古城 位于晋中市平遥县。始建于周宣王时期，明洪武三年（公元

1370 年)扩建,是我国汉民族地区现存最为完整的古城。占地面积约 225 万平方米。古城中心的县衙,始建于北魏,定型于元明清,占地 2.6 万余平方米,是我国现有保存完整的“四大古衙”之一,也是全国现存规模最大的县衙。古城墙、镇国寺、双林寺被誉为“平遥三宝”。1997 入选世界文化遗产。

云冈石窟 位于大同市西郊的武周山南麓。始凿于北魏文成帝初年,辽金时期大规模修整,明末毁于兵燹,清代重修。依山开凿,东西绵延 1 千米,存有主要洞窟 45 个,大小窟龛 252 个,石雕造像 51 000 余躯。石窟造像气势宏伟,内容丰富多彩,被誉为中国古代雕刻艺术的宝库,与敦煌莫高窟、洛阳龙门石窟和天水麦积山石窟并称为“中国四大石窟”。石窟形象地记录了印度及中亚佛教艺术向中国佛教艺术发展的历史轨迹,反映出佛教造像在中国逐渐世俗化、民族化的过程。2001 入选世界文化遗产。

五台山 2009 年入选世界文化遗产。参见国家级风景名胜区——五台山风景名胜区。

二十、全国重点文物保护单位

太原—晋祠 位于悬瓮山麓的晋水之滨。始建年代不详。为纪念周武王的次子叔虞兴修农田水利有功而建的“唐叔虞祠”,因临晋水,又称“晋祠”,北魏的《水经注》中已有记载。宋太平兴国四年(公元 979 年)扩建,宋仁宗天圣年间增建纪念叔虞之母的圣母殿,金代又增建献殿,又经元、明、清各代增建和重修,始成今日的格局。祠内有几十座古建筑,环境幽雅舒适,风景优美秀丽,以雄伟的建筑群、高超的塑像艺术闻名于世。难老泉、侍女像、圣母像被誉为“晋祠三绝”。1961 年入选全国重点文物保护单位。

太原—龙山石窟 位于晋源区,地处龙山山顶。我国现存规模最大、保存最完整的道教石窟之一,始凿于元代初年,已有 700 多年历史。共八窟,分别为虚皇龛、三清龛、卧如龛、玄真龛、三大法师龛、七真龛及两座辩道龛，有道教石雕像66尊、浮雕云龙8条以及双凤藻井、仙鹤等诸多石雕。雕像风格朴实、凝练、庄重，衣饰简洁、褶皱分明，与佛教石窟雕像风格迥异。有的龛内的两侧及前壁留有元代的题记。1996年入选全国重点文物保护单位。

太原—晋阳古城遗址 位于晋源区晋源街道。晋阳古城创建于春秋中晚期，为战国时赵国的都城、北齐时的陪都、北汉的都城、唐代的“北京”。城址有西城、东城、中城、太原府、晋阳宫城、大明宫城、仓城、罗城等。三家分晋、西汉戍边、东魏霸府、北齐别都、盛唐肇基、五代战乱，历史上一系列重大事件都和晋阳古城有着密切的关系。北宋太平兴国四年（公元979年）宋灭北汉，一炬焚烧晋阳，继而引汾水灌之，古城被夷为平地。遗址占地面积约20平方千米，现存主要地面遗迹：古城营村的西城城墙、南城角村的西城西南城角、古城营村内的两座夯土建筑基址。2001年入选全国重点文物保护单位。

太原—窦大夫祠 位于尖草坪区上兰村。祀奉春秋时晋国大夫窦犨的祠庙，窦犨曾于狼孟（今阳曲县黄寨镇）开渠兴利，宋元丰八年（公元1085年）神宗封其为英济侯。祠庙创建年代不详，最晚当在唐代之前。有50多间殿堂，其中琉璃团龙山门、方形藻井式献亭、五间悬山式正殿都是元代遗物，部分保留宋金时代的建筑风格。建筑巍峨壮观，古朴幽深；大殿中塑有窦犨坐像，神态自若。“烈石寒泉”为太原名胜之一，“灵泉”二字碑刻相传为宋徽宗赵佶所书。2001年入选全国重点文物保护单位。

太原—天龙山石窟 位于晋源区天龙山。天龙山亦名“方山”，海拔1 700米，风光秀丽，北齐时山下兴建天龙寺，后人称为“天龙山”，曾是北齐皇帝高洋之父高欢的避暑行宫。有东魏、北齐、隋、唐时开凿的洞窟33个，石窟造像1 500余尊。各窟的开凿年代不一，以唐代最多。东魏石雕比例适度，写实逼真，生活气息浓郁；唐代石雕体态生动，姿势优美，刀法洗练，衣纹流畅，具有丰富的质感。在世界雕塑艺术史上具有重要地位。2001年入选全国重点文物保护单位。

太原—王家峰墓群 位于迎泽区郝庄镇王家峰村。有3座北齐时期的墓葬,其中保存最完整的是武安王徐显秀之墓,穹隆顶砖券单室结构,由墓道、过洞、天井、甬道、墓室五部分组成。全墓彩绘壁画约330平方米,墓室壁画分上下两层,上层是天象图,下层是墓主生前的生活图景;北壁为宴饮图,西壁是墓主准备出行的场面,东壁是墓主夫人即将出行的场面,南壁门洞画面是东西两壁的延伸和继续。另出土一件来自中亚乃至地中海地区的镶嵌宝石金戒指。2006年入选全国重点文物保护单位。

太原—明秀寺 位于晋源区晋祠镇王郭村。创建于汉朝,是我国最早的佛教寺庙之一。明嘉靖二十一年(公元1542年)毁于兵火,后重建。占地面积1 144平方米,建筑多以绿琉璃瓦盖顶,俗称"琉璃寺"。寺旁原有晋水支渠流经,寺中古树参天,殿宇参差,景致幽雅。现存正殿内塑金妆三世佛,旁边塑有四胁侍和二力士,都为明代泥塑作品。泥塑背衬金龙,盘绕五彩佛光,雕塑手法细腻、色彩鲜艳,壁画精美绝伦。2006年入选全国重点文物保护单位。

太原—多福寺 位于尖草坪区马头乡庄头村的崛围山之巅。原名"崛围教寺",建于唐贞元二年(公元786年)。文殊菩萨的道场之一,唐宋两代香火很盛。宋末毁于战火,明洪武年间重建,是晋王宗室的重要礼佛之所,弘治年间改名"多福寺"。现存山门、钟楼、大雄宝殿、文殊阁、藏经楼、东西垛殿等殿宇7处。大雄宝殿为主殿,规模宏伟,并有明代立粉贴金彩绘的佛传壁画84幅及塑像30余尊。寺内有霜红龛,为明末清初太原著名学者傅山隐居处。2006年入选全国重点文物保护单位。

太原—净因寺 位于尖草坪区上兰镇土堂村。始建于北齐,金泰和五年(公元1205年)重建,明代多次重修。各殿塑像清代曾予装绘,已失明塑风格。现存两躯石狮为金代雕刻,余皆明清遗物。寺旁古柏,长势奇特、怪异,俗称"土堂怪柏",为太原一大奇观。2006年入选全国重点文物保护单位。

太原—永祚寺 位于迎泽区郝庄村。始建于明万历二十七年(公元

1599 年），初名“永明寺”，万历三十六年（公元 1608 年）五台山高僧妙峰和尚奉敕续建，易名“永祚寺”。占地面积 12 万平方米，依山而建，三进院落。大雄宝殿为两檐楼阁式结构，不用一钉一木，是典型的明代无梁式建筑。有东西两塔，均为八角形 13 层楼阁式空心砖塔，通高约 55 米，“凌霄双塔”为“太原八景”之一。保存有明清两代所刻《宝贤堂集古法帖》和《古宝贤堂法帖》石刻 200 余通。各色牡丹 6 000 余株，尤以牡丹名品紫霞仙为贵，是我国唯一现存的明代牡丹。2006 年入选全国重点文物保护单位。

太原—狐突庙 位于清徐县城西的西马峪村。为纪念春秋时晋国大夫狐突而建。始建于金明昌元年（公元 1190 年），元至元二十六年（公元 1298 年）重修，明嘉靖十四年（公元 1535 年）增补扩建。现存献殿、正殿与碑廊等建筑，占地面积 1 875 平方米。保存元代彩塑 8 尊，狐突夫妇像端坐中央。前檐明间悬“三晋名臣”横匾一方。配殿内塑黑白龙王夫妇坐像。共存历代石碑 18 通，详细记载了狐突事迹及狐突庙建制沿革。2006 年入选全国重点文物保护单位。

太原—清源文庙 位于清徐县清源镇。始建于金泰和三年（公元 1203 年），元、明、清均有修葺。占地面积 7 000 平方米，三进院落。中轴线上依次有棂星门、状元桥、泮池、戟门、大成殿，左右各置配殿、厢房。大成殿面宽、进深各三间，单檐歇山顶，结构规整，殿顶琉璃剪边，前有月台，在金代建筑遗存中具有一定的代表性。黄绿相间的蟠龙琉璃照壁，蟠龙雕刻虽经数百年风雨沧桑，颜色依旧不改。2006 年入选全国重点文物保护单位。

太原—不二寺 位于阳曲县城首邑西路。寺名“不二”，寓意佛教信徒由此门（寺）而入就能达到不二境界。始建于北汉乾祐九年（公元 956 年），宋咸丰六年（公元 1003 年）、金明昌六年（公元 1195 年）以及元、明、清各代均有修葺。现存三圣殿为金代遗作，占地面积 184 平方米，单檐悬山顶，保存有释迦牟尼、弟子、菩萨等 9 尊金代泥塑。两侧山墙存明代精美壁画。寺内外遍植枣树和榆树，林木荫翳。2006 年入选全国重点文物保护单位。

太原—清真寺 位于迎泽区解放路。原名“清修寺”，唐代贞元年间创建,宋代重修,现存建筑是明代重建后的遗存。占地面积2 800平方米,两进院落,典型的砖木混合结构,布局紧凑严整。建筑装饰融合了阿拉伯建筑风格和我国传统工艺手法,中西合璧。保存着“圣谕碑”和宋代黄庭坚、元代赵子昂、清代傅山和刘石庵的题铭碑刻。2013年入选全国重点文物保护单位。

太原—大关帝庙 位于迎泽区庙前街。创建年代不详,现存为明代建筑。占地面积3 500平方米,前后二重院布局,中轴线上有山门、正殿、春秋楼,两侧为钟鼓楼、厢房、围楼等殿堂25间及东西别院。正殿面阔、进深各3间,歇山琉璃瓦顶。后院春秋楼为二层楼阁建筑,重檐歇山筒瓦顶,两侧与左右厢房、客堂楼阁相连。2013年入选全国重点文物保护单位。

太原—悬泉寺 位于阳曲县西凌井乡。始建年代不详。这里原为晋王府的柴炭之地,后因山景秀丽,气候宜人,晋王朱枫及其后裔划为禁地,当地百姓称为“官山”。明正统八年(公元1443年)成为晋王府的家庙。整个建筑建造在峭壁间,占地面积800平方米,分上中下三层,有正殿、地藏殿、偏殿、神堂等殿堂16间。崖壁上有一摩崖刻石,高宽各一米,刻有鱼、剑、轮回等佛宝文字残迹,笔墨题记十几处,可能镌于唐初。2013年入选全国重点文物保护单位。

太原—开化寺 位于阳曲县高村乡辛庄村。始建年代不详,元、明、清代均有修葺,现存主要为明代建筑。占地面积2 300平方米,二进院落布局,主要建筑有大雄宝殿、观音殿、地藏殿、东西垛殿、天王殿、斋堂、厢房等。大雄宝殿面阔三间,进深三间,单檐悬山顶。存有明、清重修碑八通。2013年入选全国重点文物保护单位。

太原—帖木儿塔 位于阳曲县杨兴乡史家庄村。共由3座塔,均为元代建筑。东塔为石塔,为达鲁花赤也先帖木儿的墓塔,三级密檐式,高约7米;中塔为史公仲显墓塔,5层8棱墓志铭石塔,高2.9米,元大德九年(公元1305年)也先帖木儿为纪念其父史仲显而建;西塔为也先帖木儿其弟拜延帖木儿的墓塔,三级密檐式砖塔。2013年入选全国重点文物保护单位。

太原—大王庙大殿 位于阳曲县东黄水镇范庄村。始建于金大定十二年(公元1172年),是晋国大夫赵武的行宫。赵武是《赵氏孤儿》中公孙杵臼和程婴所救助的那位孤儿,阳曲县将赵武称为“大王”,将赵武庙称作“大王庙”。现庙内建筑仅存大殿。大殿建于明成化三年(公元1467年),面阔三间,进深三间,单檐歇山顶,梁架为悬梁吊柱,因此也称为“无梁殿”。2013年入选全国重点文物保护单位。

太原—千佛寺　位于古交市金牛东大街杨家坡。创自唐代,距今有千年历史。因大殿后壁嵌有石雕小佛千余尊,故名“千佛寺”。几经兴废,饱经风霜,1991年搬迁复原,摒弃清代加建的前廊、套房、耳房等不协调的部分,恢复了明代风格,巍峨壮丽。两川相夹,背山临水,左有钟楼,右有井泉,面对寨亭,庄严古朴。千佛像的雕法技巧不一,以墙面的右上角为最佳。佛像形体为束腰、宽肩、圆脸,应为隋唐风格。2013年入选全国重点文物保护单位。

太原—古交遗址　位于古交市古交镇后梁村,大川河、原平河和屯兰河与汾河的交汇地带。旧石器时代遗址群,分为王家沟和后梁两个遗址点。已发现有旧石器时代早、中、晚期文化遗存多处。先后采到石制品700余件,原料以角岩砾石为主,种类以砍砸器、刮削器最多。器形普遍硕大,打制风格粗犷。其中一件石核长、宽、厚分别为0.51米、0.45米、0.14米,重21.5千克,是目前山西省石核类中最大的一件。2013年入选全国重点文物保护单位。

太原—娄烦古城遗址　位于娄烦县马家庄乡东沟村。东周时代遗存。占地面积约24万平方米,文化层厚约0.6—0.7米。墙体大部分用黄土夯筑,土质较纯净。采集、出土有东周时期陶盆、陶罐、布纹板瓦、筒瓦,以及铜戈、铜镞等。最高点的皇帝峁有夯土台遗迹。城内发现有战马骨骼和插有箭镞的人头盖骨。2013年入选全国重点文物保护单位。

太原—纯阳宫　位于迎泽区五一广场西北部。又称“吕祖庙”,始建于元代,供奉吕洞宾,“纯阳”为吕洞宾之号。明万历年间、清乾隆年间扩建增筑。主要建筑有吕祖殿、回廊亭、巍阁、配房、砖券窑洞、关公亭等。吕祖殿面阔3间,供奉吕洞宾塑像;殿后两院以楼阁式建筑组成,高低错落;后院的巍阁是宫内的最高建筑,登阁可环眺市区风光。布局严谨,类型众多,为道教建筑文化中别具特色的一个范例。2013年入选全国重点文物保护单位。

太原—崇善寺大悲殿 位于迎泽区狄梁公街。崇善寺建于唐代,明洪武十四年(公元1381年),朱元璋三子晋恭王朱棡为纪念其母孝慈高皇后马氏而大事扩建。清同治三年(公元1864年)寺院失火,主要建筑被焚毁,只有大悲殿及一些附属建筑得以幸存。大悲殿占地900平方米,面宽七间,进深四间,重檐歇山顶,从内柱、梁枋到平基全部采取宫廷中惯用的金碧彩绘,基本上是明代初修时的原物。保存有我国木刻印刷史上的早期版本——北宋《崇宁万寿藏》和南宋《碛砂藏》,还有元版藏经。2013年入选全国重点文物保护单位。

太原—唱经楼 位于杏花岭区楼儿底街。明万历三十七年(公元1609年)重修。现存建筑以唱经楼为主,还有正殿和春秋楼,平面布局呈"工"字形。唱经楼为两层木结构建筑,十字歇山顶,一层面阔、进深各三间,二层面阔三间进深一间。正殿面阔三间,进深两间,单檐歇山顶,虽经清代重建,主体风格仍保留明代特色。春秋阁为两层建筑,一层为三间窑洞式,二层为木结构前插廊悬山顶。2013年入选全国重点文物保护单位。

太原—阿育王塔 位于晋源区晋源街道古城营村。即惠明寺舍利塔,"舍利"是梵语,意为"身骨",相传释迦牟尼死后火化,骨灰成为各色晶莹的珠子,佛家称为"舍利子",信佛之人奉为灵物。创建于隋文帝二年(公元602年),重建于明洪武十八年(公元1385年)。喇嘛式实心白色覆钵体塔,总高25米。2013年入选全国重点文物保护单位。

太原—晋源文庙 位于晋源区晋源街道。始建于明洪武六年(公元1373年)。中轴线上依次排列有琉璃照壁、棂星门、泮池、献殿、大成殿、明伦堂、敬一亭、藏经阁等,另有崇圣寺等建筑。大成殿面宽五间,进深三间,单檐歇山顶。殿内东西两山绘有山水、花卉等图案壁画60余平方米。2013年入选全国重点文物保护单位。

太原—清徐尧庙　位于清徐县东南郊的尧城村。尧城村是尧帝最早立国建都之地,后因水患迁都至平阳(今临汾市)。始建无考,元至正年间重建,明正统年间重修。殿宇高低有序,紧松相宜,形制各异,建筑奇特。2013年入选全国重点文物保护单位。

太原—太原文庙　位于迎泽区文庙巷。原有府县两文庙,府文庙建于金天会年间,县文庙建于金大定年间,清光绪七年(公元1881年)汾水泛滥,两文庙被毁。次年移地重建,即现存的文庙。占地面积4万余平方米,两重院落,门殿庑祠近百间,四周红墙高耸,巍峨壮观。民国时期被辟为省图书博物馆,现是山西省民俗博物馆。2013年入选全国重点文物保护单位。

太原—山西大学堂旧址　位于迎泽区侯家巷太原师范学院附属中学校内。山西大学堂是我国最早设立的新型大学之一,创建于清光绪二十八年(公元1902年)。大学堂坐北朝南,东西对称,教学大楼、钟楼与避雷针成“山”字形,钟楼与大楼楼体成“西”字形,意指“山西”,整座大楼将“山西”两字巧妙地设计进去。规模宏大,布局整齐,是近代中西文化合璧的实物例证。2013年入选全国重点文物保护单位。2017年入选“中国20世纪建筑遗产项目”。

太原—太原天主堂　位于杏花岭区解放路。始建于清同治九年(公元1870年),光绪二十六年(公元1900年)焚毁,光绪三十一年(公元1905年)重修。现存礼拜堂系罗马式建筑,总高约37米,另有附属建筑70余间,保存完好,为太原地区最大的教堂,亦称“太原总堂”。2013年入选全国重点文物保护单位。2018年入选“中国20世纪建筑遗产项目”。

太原—龙泉寺　位于晋源区风峪沟。原为道教昊天观,始建于唐景云元年(公元710年),金元时期被毁,明洪武二十四年(公元1391年)重建,改为佛寺。分上、下两院,上院为明代重建的观音阁,下院大雄宝殿为双层楼阁式建筑,下层奉观音菩萨,上层奉释迦牟尼佛。地宫为沙石筑砌而成,内有一具鎏金铜棺,铜棺内有精致的银棺,银棺内藏一个手掌就可托起的金棺。2013年入选全国重点文物保护单位。

太原—中共太原支部旧址　2013 年入选全国重点文物保护单位。参见全国红色旅游经典景区——彭真生平暨中共太原支部旧址纪念馆。

运城—永乐宫　位于芮城县永乐镇。始建于元贵由二年（公元 1247 年），元至正十八年（公元 1358 年）竣工，施工期达 110 多年。金大定八年（公元 1168 年）毁于火，后重建。奉祀我国道教“八洞神仙”之一的吕洞宾。中轴线长达 1 000 米，依次耸立着山门、文瀛湖、宫门、无极殿、纯阳殿、重阳殿。保存有《朝元图》，画面达 402 平方米，描绘出朝元神 286 位，8 位主像 3 米以上，玉女像 1.9 米以上，场面波澜壮阔。纯阳殿、重阳殿有吕洞宾、王重阳修道成仙的连环故事画。1961 年入选全国重点文物保护单位。

运城—西侯度遗址　位于芮城县风陵渡镇西侯度村。旧石器时代遗存，距今 180 万年。文化遗物和动物化石集中分布砂层中。动物化石主要是哺乳动物，包括巨河狸、剑齿象、平额象、步化羚羊等，绝大部分是草原动物，也有适于草原和森林生活的动物。共发现石制品 32 件，包括石核、石片和经过加工的石器，石器原料多为石英岩。发现带有人工砍砸或刮削过的鹿角和用火烧过的动物化石，大大提早了人类用火的历史。1988 年入选全国重点文物保护单位。

运城—东岳庙　位于万荣县解店镇。始建年代不详，唐代贞观时已经存在，元至元二十八年（公元 1291 年）至大德元年（公元 1297 年）间重建。现存主要建筑有飞云楼、午门、献殿、享亭、东岳大帝殿、阎王殿等，飞云楼为清代重建，其余大多是元代建造、明代修葺。飞云楼通高 40 米，十字歇山式楼顶，四根通柱直达楼顶，抱厦与上部十字歇山屋顶组合巧妙，构成丰富的轮廓线；各层檐角起翘，加以檐下 307 组斗拱重叠，似云朵簇拥，如凌空欲飞，在我国木构建筑中占有独特地位。1988 年入选全国重点文物保护单位。

运城—禹王城遗址　位于夏县禹王乡的禹王村、庙后辛庄、郭里村一带。相传夏禹曾居住于此。分大、中、小三城。大城可能为战国时期魏都安邑，占地面积 13 平方千米，出土大量春秋战国时期的陶片，如罐、盆等。中城可能为秦汉时期的河东郡治，出土云纹瓦当和刻有文字的砖块。小城可能为原安邑的宫城，建于东周，至北魏仍沿用，出土秦汉的铜器、陶器等物。城北有夏桀“酒池肉林”遗址。1988 年入选全国重点文物保护单位。

运城—司马光墓 位于夏县水头镇小晁村。司马光是北宋宝元年间的进士，著名的史学家、政治家，主持修纂的《资治通鉴》，以编年体记载了我国自西周至五代末 1 800 年的通史，为历代史家所称道。墓园占地近 3 万平方米，司马光祖族多人葬于此。祠堂建于金皇统九年（公元 1149 年），祠堂前的五座碑亭，保存有金代所刻司马光神道碑；茔地内有五座大墓，还保存着三块石碑。1988 年入选全国重点文物保护单位。

运城—解州关帝庙 位于盐湖区解州镇。创建于隋开皇九年（公元 589 年），宋、明时曾扩建和重修，清康熙四十一年（公元 1702 年）毁于火，后经十余年修复。占地面积 22 万平方米，共有房舍 200 多间，分为正庙和结义园两部分，是现存规模最大的宫殿式道教建筑群和武庙之一，被誉为“关庙之祖”“武庙之冠”。庙内有康熙御笔“义炳乾坤”、乾隆钦定“神勇”、咸丰御书“万世人极”、慈禧太后亲书“威灵震叠”等匾额。春秋楼是其代表性建筑。1988 年入选全国重点文物保护单位。

运城—万荣后土庙 位于万荣县宝鼎乡庙前村。汉元狩二年（公元前 126 年）建，东汉、唐、宋各代屡事兴建，屡遭黄河水患被淹没。清同治九年（公元 1874 年）易地重建。占地面积约 1.8 万平方米，现存山门重楼、戏台、献殿、后土大殿及钟鼓楼、配殿、廊屋等，以晚清建筑居多。明代遗构秋风楼，楼身三层，高 33 米余，面宽、进深各五间，十字歇山顶，设有金柱 12 根直通楼顶，挺拔秀美，为我国楼阁建筑的佳作。保存有宋刻“萧樯碑”、金刻“庙貌碑”以及元刻汉武帝《秋风辞碑》。1996 年入选全国重点文物保护单位。

运城—西阴村遗址 位于夏县尉郭乡西阴村。1926 年由李济发现并主持第一次发掘，是中国人首次独立主持的田野考古工作。占地面积约 30 万平方米，为新石器时代仰韶庙底沟文化、西王村三期文化、庙底沟二期文化、三里桥类型文化和商代二里冈文化，以庙底沟类型文化和庙底沟二期文化遗存最为丰富。仰韶庙底沟类型文化遗迹有半地穴式圆形或长方形房址及不同形状的灰坑,出土遗物包括石、骨、蚌、陶等类。庙底沟二期文化遗迹有圆形半地穴式房址及不同形状的灰坑,遗物以陶器为主。1996 年入选全国重点文物保护单位。

运城—绛州大堂　位于新绛县城的新绛中学内。绛州州府的主体建筑,始建于唐代。唐太宗李世民曾命张士贵在此设帐募军,故名“帅正堂”。“薛仁贵从军”等故事也源于此。现存大堂为元代建筑,面阔七间,进深八椽,单檐歇山顶,使用减柱法,柱子、横梁等大多为原始材料稍加砍稍而成。全国州衙正堂通例为五间,而绛州大堂为七间,全国少见。大堂北壁嵌有“宋真宗御制文臣七条”碑。1996 年入选全国重点文物保护单位。

运城—泛舟禅师塔　位于盐湖区寺北村。泛舟禅师是唐高宗李治的孙子,20 多岁便出家修行,为报国寺住持。该塔是泛舟禅师的灵骨宝塔,建于唐贞元九年(公元 793 年)或长庆二年(公元 822 年)。单层亭阁式塔,设计独特,建造精巧,卓尔不群。袁允所做的“塔铭”,一改古代书写习惯,从左到右排列竖写,极为罕见。2001 年入选全国重点文物保护单位。

运城—马村青龙寺　位于稷山县城西部的马村。唐龙朔二年(公元 662 年)创建,元明清各代多次重建、修葺和补绘。占地面积约 6 000 平方米,前后两进院落,大小殿宇八座。腰殿、后大殿和垛殿为元代遗物。腰殿与后殿内尚存壁画 185 平方米,大都是明洪武十八年(公元 1385 年)补绘或重装,保留元代遗风。2001 年入选全国重点文物保护单位。

运城—马村砖雕墓　位于稷山县下迪乡马村。宋金时期墓群,占地面积约 1.6 万平方米。均为夫妻合葬墓。墓葬结构形制类同,仅有大小和繁简之别。墓道有斜坡、阶梯、竖穴三种形式。墓顶均为方形覆斗顶。墓门外仿木构门楼装饰华丽,或设重台勾栏,或雕武士、镇兽。砖雕精美,装饰富丽。2001 年入选全国重点文物保护单位。

运城—太阴寺　位于绛县卫庄镇张上村。坐南向北,属于阴向,因而得名“太阴寺”。始建于北魏时期,北周天和三年(公元 568 年)、唐永徽元年(公元 650 年)、金大定二十年(公元 1180 年)、元大德元年(公元 1297 年)都曾大修。现存主体建筑南大殿为金代遗构,供奉释迦牟尼卧像,躯长4米,由独木雕成,为金代原物。我国最早最完整的大藏经《赵城金藏》,从开雕到续雕、补雕、印制,历经金、元两个朝代,太阴寺是其中一个重要的雕印场所。2001年入选全国重点文物保护单位。

运城—广仁王庙 位于芮城县龙泉村。建于唐太和五年(公元831年)。因五龙泉水从庙基前涌出,俗称“五龙庙”,内奉水神“广仁王”。由正殿、戏台、厢房组成,四周有围墙。四合院形制,单檐歇山顶,殿身有檐柱16根,全部筑入墙内,殿堂内无柱,梁架全部露明,结构简练,古朴雄浑,为唯一现存的唐代道教庙宇。正殿墙上嵌有唐碑两通。2001年入选全国重点文物保护单位。

运城—芮城城隍庙 位于芮城县城永乐南街。北宋大中祥符年间创建,明清两代多次修葺。现存主要建筑有宋代的大殿,元代的享亭,清代的献殿、寝殿及配房。大殿面阔五间,进深三间,为典型的宋代规制;歇山部分的“二龙戏珠”琉璃悬版为明代制作,富丽堂皇;琉璃鸱吻及琉璃脊饰精美绝伦,系我国古建筑中的罕见之作。保存有北魏、北周、隋、唐、宋、元、明、清的碑刻、造像、墓志铭98通。2001年入选全国重点文物保护单位。

运城—清凉寺 位于芮城县东北部的西陌镇寺里村。元代名刹。现存的大雄宝殿是原汁原味的元代建筑,斗拱古朴壮美,梁架粗犷豪放,使用减柱手法,大爬梁自前檐斗拱后尾直接挑承在平梁以下,减轻了横梁净跨负荷,是元代建筑结构上的重大创举。保存有元、明、清各代石碑数十通。2001年入选全国重点文物保护单位。

运城—福胜寺 位于新绛县城西北部的光村。唐贞观年间敕建,宋、元两金代曾予补葺,明弘治十一年(公元1498年)大修。钟鼓二楼耸峙于寺前两侧,中线自前至后有山门、天王殿、弥陀殿、后大殿四进院落,两侧衬以厢房配殿,井然有序。弥陀殿5间见方,重檐九脊顶,系元制。寺内奉弥陀佛、观音,悬塑南海观音、善财童子、明王等,皆为建殿时原物。2001年入选全国重点文物保护单位。

运城—稷益庙 位于新绛县城西南郊的阳王村,俗称“阳王庙”。供奉后稷和伯益的庙堂。稷植百谷,传为谷神,始教民稼穑于此;伯益相传为大禹之臣,佐禹治水有功,故建庙以祀。始建年代无考,但不晚于南宋。现存舞台、正殿为明代建筑。正殿5间,三彩琉璃瓦顶,东南西三面满布明正德二年(公元1507年)的壁画,面积130平方米,绘有人神400余位,赞颂了大禹、后稷、伯益为民造福事迹。2001年入选全国重点文物保护单位。

运城—临晋县衙 位于临猗县临晋镇。元代临晋县衙署所在地,创建于元大德年间,明清两代及民国年间均有修葺。我国现存唯一元代建筑风格的县衙,占地面积16 000平方米。现存主体建筑大堂为元代原构,面阔五间,进深六椽,用柱14根,空间宽阔明亮。建筑用料独特,营造法式奇巧,保留了元代的建筑艺术风格。2001年入选全国重点文物保护单位。

运城—稷王庙 位于万荣县稷王山麓太赵村。相传上古时后稷教民稼穑于此,为纪念后稷而建庙。始建年代不详,现仅存中轴线上的正殿、戏台。正殿是稷王庙的主殿,金元时期建筑,面阔五间,进深六椽,建筑面积252平方米,后壁上镶有元至元时创修舞台碑碣一通。2001年入选全国重点文物保护单位。

运城—东下冯遗址 位于夏县埝掌镇东下冯村。夏商时期二里头文化东下冯类型的典型遗址,年代为公元前1900—前1500年。公元前21世纪,夏禹之子启建都于此。占地面积约25万平方米,发现了灰坑、房屋、墓葬、水井、沟槽、陶窑等遗迹,出土物包括陶器、骨器、蚌器、铜器、石器、卜骨等。还发现有二里岗时期的城址,城墙保存较好;房屋有半地穴式、窑洞式和地面建筑3种,共30余座,以窑洞式居址最多。2001年入选全国重点文物保护单位。

运城—蒲津渡与蒲州故城遗址 位于永济市西郊的黄河之滨。蒲津渡是著名的古渡口,河桥始建于春秋时期鲁昭公元年(公元前541年),唐开元十二年(公元724年)改建为铁索连舟固定式曲浮桥,曾出土唐代系缆固桥的铁牛以及铁人、铁山、铁墩等。蒲州故城是唐开元九年(公元721年)所封中都的所在地，金、元、明、清各朝均有重修。蒲州城外城为唐代遗址，周长约 5 700 米；蒲州城内城为明代遗址，周长约 5 400 米，砖砌城墙、4 座城门保存较好。2001 年入选全国重点文物保护单位。

运城—舜帝陵庙 位于盐湖区北相镇西曲马村。创建于唐开元年间，元末毁于兵火，明万历年间重建，清顺治、康熙、雍正、乾隆年间多次重修。现存建筑基本保持了原有布局，占地面积 2.7 万平方米。舜帝陵为砖砌方形墓冢，高 3 米，周长 51 米，正面立明万历三十九年（公元 1611 年）“有虞帝舜陵”石碑，陵前嵌“有虞氏陵”石碣。陵庙始建于唐开元二十六年（公元 738 年），现存明、清、民国时期重修碑刻七通。2006 年入选全国重点文物保护单位。

运城—泰山庙大殿 位于盐湖区上王乡郭村。创建年代不详，元至正、明成化、嘉靖、万历、清道光年间均有重修。建筑大多已毁，仅存元代大殿一座。大殿砖砌台基，面阔五间，进深六椽，单檐硬山顶。2006 年入选全国重点文物保护单位。

运城—崔家河墓群 位于夏县埝掌镇崔家河村。东周时期或更早些的墓群。占地面积 12.5 万平方米。墓葬多为竖穴墓，随葬品以铜鼎、豆、壶为主，还有铜编钟、匜、罍、石磬、玉、骨圭和铜贝、石贝、骨贝、贝币以及玉饰等，铜器纹饰为云雷纹、蟠螭纹等。2006 年入选全国重点文物保护单位。

运城—泰山庙 位于夏县瑶峰镇大洋村。创建年代不详，元大德八年（公元 1304 年）、明隆庆五年（公元 1571 年）均有修葺。庙宇建筑毁坏严重，现仅存元代大殿一座，建筑面积 132 平方米，面宽五间，进深四椽，单檐悬山顶。2006 年入选全国重点文物保护单位。

运城—玉皇庙 位于新绛县泽掌镇乔沟头村。创建于唐代，明嘉靖三十四年（公元 1555 年）被大地震破坏，嘉靖四十一年（公元 1562 年）重建。现仅存连三舞台、玉皇殿、马王殿等，占地面积 3 280 平方米。大殿为元代遗构，面阔三间，进深四椽，单檐悬山顶。与大殿相对的三舞台为明代遗构，中台已毁，东西二台尚存，后台留有清光绪时的演出题记。马王殿壁上留有清代壁画17平方米。2006年入选全国重点文物保护单位。

运城—龙香关帝庙 位于新绛县店头乡龙香村。创建于宋代,明、清两代重修,现仅存戏台、献殿、正殿。正殿为元代遗构,余皆清代所建。正殿面阔三间,进深三间,悬山式屋顶,殿内用减柱法,用材粗大。有关羽、周仓、关平等彩塑七尊,均为元代作品。献殿三楹,为清时增建。舞台为清道光十一年(公元1831年)所建。2006年入选全国重点文物保护单位。

运城—新绛三官庙 位于新绛古城内韩家巷。由山门兼献殿和正殿组成。献殿面宽进深各一间,单檐十字歇山顶,左右两侧筑八字影壁,砖雕细致。正殿面阔二间,进深四椽,单檐悬山顶,元至正元年(公元1341年)创建;殿内保存有主像三官等元代彩色泥塑造像11尊,是我国现存较早、较完整的三官塑像。三官即天官、地官、水官,是道教较早供祀的神灵;天官即上元紫微大帝——尧帝,赐福;地官即中元清虚大帝——舜帝,赦罪;水官即下元洞阴大帝——禹帝,解厄。2006年入选全国重点文物保护单位。

运城—龙兴寺 位于新绛县城龙兴路。始建于唐代。原名"碧落观",后经历史演变,道教宇观变为佛门圣地,称"龙兴寺"。现存正殿为元代建筑,悬山顶,殿内有宋金时期彩塑;院内碧落碑系唐代小篆碑,书法特异,为历代书法家所推崇。龙兴寺宝塔原为8级,清乾隆四十年(公元1784年)塌落,重修增高至13级,高约40米,全由磨光的青砖砌制而成,檐下的椽、柱、斗拱均为仿木结构,制作工细。2006年入选全国重点文物保护单位。

运城—白台寺 位于新绛县泉掌镇光马村。创建年代不详,唐开元十四年(公元726年)重修,金大定、明昌年间重建,元、明、清皆有补修。现存主要建筑有法藏阁、东西耳殿、释迦殿、后大殿及西厢房等。法藏阁为金代创建,依土崖而建,面阔三间,高三层,歇山顶,结构精巧,形制壮丽。寺内有大量元代彩塑。保存有唐代九级造像幢、碑刻等。院内有一枝繁叶茂的槐树,传为植于唐。2006年入选全国重点文物保护单位。

运城—二郎庙北殿 位于垣曲县蒲掌乡北阳村。创建年代不详,现仅存北殿,元代遗构,建筑面积55.8平方米;砖石台基,殿身面阔三间,进深四椽，单檐悬山顶；梁架结构为四椽。2006 年入选全国重点文物保护单位。

运城—埝堆玉皇庙 位于垣曲县皋落乡张家庄村。创建年代不祥。原有山门、正殿、戏台和东西配殿，现仅存戏台和正殿，为元代遗构，占地面积 481 平方米。戏台面宽、进深各三间，单檐悬山顶。正殿面宽三间，进深两间，单檐悬山顶。2006 年入选全国重点文物保护单位。

运城—景云宫玉皇殿 位于绛县横水镇东灌底村。景云宫初创于唐贞观八年（公元 634 年），元、明、清时均有修葺。原先规模宏大，1933 年多数建筑毁于大火，现仅存玉皇殿。玉皇殿为元代遗构，面阔五间，进深三间，单檐悬山顶。殿前尚存元始天尊像碑，通高 2.09 米，唐贞观八年（公元 634 年）勒石。2006 年入选全国重点文物保护单位。

运城—董封戏台 位于绛县安峪镇董封村。原为泰山庙内建筑，现庙已毁，仅存戏台。戏台初建于明万历四十年（公元 1612 年），历代均有修缮。分前台和后台及清代续建的三面观抱厦，台基高 0.9 米，砖砌，石条压面；面阔、进深各三间，单檐歇山顶。2006 年入选全国重点文物保护单位。

运城—寨里关帝庙献殿 位于盐湖区泓芝驿镇寨里村。创建年代不详。其他建筑早毁，仅存献殿。献殿建于元代，面宽五间，进深四椽，单檐悬山顶，无栏额；正面檐下施通圆木大额枋，前檐的大梁放置在通面额之上，不与下面的立柱相对应，次间外的两根柱子略向中间靠近。外观梢间较宽敞，次间较狭窄，这种结构在古代建筑中较为罕见。2006 年入选全国重点文物保护单位。

运城—妙道寺双塔 位于临猗县城北部双塔学校内。创自隋唐间，宋代重修。两塔相距 50 余米，均为方形七层。西塔高约 30 余米，第七层檐下砌砖雕斗拱，其余各檐皆叠涩伸出或收刹，塔刹已毁坏。东塔底层中空，二层以上为实心。双塔之门对向而立，每年七夕有“双塔交影”之称。因双塔上筑有众多雁巢，故亦称“雁塔”。2006 年入选全国重点文物保护单位。

运城—黄河栈道遗址 位于平陆县以及垣曲县沿黄河的悬崖峭壁之上。栈道全长 4 517 米，平陆县段长约 4 032 米。开凿于汉代，依山傍河，时断时续，大多先依山腰向内开凿成“凹”形通道，然后在通道岩石上开凿方形壁孔、牛鼻孔、底孔等，再插以木梁，梁上铺板，形成完整的栈道。现存栈道上的所有木构件已荡然无存。1998 年入选“全国十大考古发现”。2006 年入选全国重点文物保护单位。

运城—万泉文庙 位于万荣县万泉乡万泉村。创建年代不详，现存建筑为明正统四年（公元 1439 年）重建，占地面积 2 784 平方米。大成殿面宽五间，进深三间，单檐歇山顶。殿前的清雍正三年（公元 1725 年）“平定青海告成太学碑”，用满汉两种文字镌刻，尚可辨认。2006 年入选全国重点文物保护单位。

运城—常平关帝庙 位于盐湖区解州镇常平村。关羽的故里是三国时河东解梁常平里。关羽去世后，乡人建祠奉祀。金代，建成“关圣家庙”。自明代嘉靖三十四年（公元 1555 年）始，先后 16 次进行整修或增建，现存建筑多系清代遗构。占地面积 13 320 平方米，殿宇壮观，古柏参天。关帝殿面宽五间，四周有围廊，重檐九脊顶，殿内木雕神龛，装饰富丽。娘娘殿宽、深各五间，关夫人凤冠霞帔端坐神龛，是清代泥塑的上乘佳作。圣祖殿内塑关羽的始祖、曾祖、祖父、父亲像，为其他关庙中所未见。庙内的八角九层砖塔，传为关羽父母亲之墓。庙南有关羽的祖茔。2006 年入选全国重点文物保护单位。

运城—古垛后土庙 位于河津市樊村镇古垛村。创建年代不详，明、清均有修葺。占地面积 3 805 平方米，现存戏台、圣母殿为元代遗构，其余均为明清建筑。圣母殿面阔三间，进深三椽，单檐悬山顶。戏台砖砌台基，面阔三间，进深四椽，单檐悬山顶。2006 年入选全国重点文物保护单位。

运城—稷山稷王庙 位于稷山县城中心。奉祀我国农业始祖后稷的庙宇。原在县城南部的稷王山上，相传是后稷教民稼穑之地。元代创建，明隆庆元年（公元 1567 年）迁至今地，清道光二十三年（公元 1843 年）重建。现存山门、钟楼、鼓楼、献殿、正殿、泮池、姜嫄殿，其中姜嫄殿为元代建筑，其余均为明清建筑。以木石雕刻见称，其中的廊柱、栏板装上饰的山水人物、耕耘碾打等农事活动图景艺术尤精。2006 年入选全国重点文物保护单位。

运城—上郭城址和邱家庄墓群　上郭城址位于闻喜县城南的上郭村，为春秋时期的曲沃城址，占地面积约 750 万平方米；城址北墙残长 500 米，宽 7—8 米，高 0.5—3.5 米。邱家庄墓地位于闻喜县官庄乡邱家庄，战国汉墓群，东西长 2 000 米、南北宽 500 米，断崖暴露大量的土坑竖穴和砖室墓，曾清理发掘 15 座土坑竖穴墓，出土有青铜器、陶器、玉器等遗物。2006 年入选全国重点文物保护单位。

运城—闻喜后稷庙　位于闻喜县阳隅乡吴吕村。祭祀教民稼穑、华夏农祖后稷的庙宇。元至元元年（公元 1264 年）创建，元至元、明嘉靖、清乾隆年间均有修葺。现仅存水陆殿和戏台。水陆殿面阔三间，进深四椽，单檐悬山顶，殿前有清乾隆二十九年（公元 1764 年）《重修水陆殿碑》和乾隆五十五年（公元 1790 年）《重修稷王殿碑记》。2006 年入选全国重点文物保护单位。

运城—太平兴国寺塔　位于盐湖区安邑街道。原为太平兴国寺附属建筑，现寺毁塔存。唐贞观年间创建，宋代改建。楼阁式塔，原为 13 级高 89 米，现存 11 级高 71 米。第一层南面开门，东西北三面均开一小室，仰视似叠涩藻井。第二层直至顶层四面各施圆拱窗，每层的八角上都悬挂铁制风铃。塔尖上铸有“绛州”二字，塔尖下端原有如盘香的螺旋，今已不存。2013 年入选全国重点文物保护单位。

运城—池神庙及盐池禁墙　池神庙位于盐湖区解放路，始建于唐大历二年（公元 777 年）。唐代宗李豫赐运城盐池为“宝应灵庆池”，钦定在盐池建庙，赐封池神为“灵庆公”，列入国家祭祀大典，遂建庙奉祀。盐池神庙是国内唯一一座同时祭祀池神、太阳神、风神的庙宇。唐代在盐池周围修筑禁墙，盐池禁墙位于盐湖区东郭镇磨河村至平陆县张店镇坪头铺南界的中条山北麓，现存禁墙多为清代所筑。2013 年入选全国重点文物保护单位。

运城—运城关王庙 位于盐湖区红旗西街。创建于元代，明正德六年（公元1511年）、嘉靖五年（公元1526年）大修。现存山门、献殿、正殿与春秋楼，大多为明代建筑。献殿面阔三间，进深两间，单檐卷棚顶。正殿面阔、进深皆三间，单檐歇山顶。献殿与正殿檐口几乎相接。2013年入选全国重点文物保护单位。

运城—绛州文庙 位于新绛县城内四府街。创建年代不详，最迟为宋代所建，元、明、清屡经增修。占地面积1.067万平方米，中轴线上现存建筑依次为照壁、泮池、棂星门、大成殿、西厢房等。大成殿重檐歇山顶，四周有围廊。东西厢房、大成门、山门等建筑现已恢复。2013年入选全国重点文物保护单位。

运城—北池稷王庙 位于新绛县阳王镇北池村。肇建年代不详，明万历十八年（公元1590年）和清康熙四十六年（公元1707年）重修。现存建筑有正殿、戏台、配殿、耳殿、土地庙及门楼，主要为明清遗构。庙院规模较小，布局相对完整，且非寻常所见的左右对称布局，各建筑檐下及屋顶大量使用了砖、木、石雕及琉璃构件。正殿下的木雕结构有明显的元代特征。殿脊上的琉璃脊饰装饰华丽，戏台背后的砖雕影壁有较高的历史艺术价值。2013年入选全国重点文物保护单位。

运城—冯古庄墓地 位于新绛县三泉镇冯古庄村。西周诸侯封国的墓地，占地面积约15万平方米。在长700米宽9米的范围内，发现墓葬80座，车马坑4座。发掘了15座墓葬，均为竖穴土坑，墓口一般长2米，宽1—2米，最深约7米。葬具除一座为两棺一椁外均为一棺，葬式为仰身直肢，个别有腰坑，曾出土铜鼎、爵、陶罐等遗物。2013年入选全国重点文物保护单位。

运城—泉掌关帝庙 位于新绛县古交镇泉掌村。明弘治八年（公元1495年）创建，明清时均有修葺。现仅存元代大殿，占地面积412平方米，面阔、进深皆五间，重檐歇山筒瓦顶，琉璃瓦饰。四周有围廊，檐下有20根石雕龙柱，其中11根为浮雕盘龙柱，另9根为浅平雕龙柱，雕饰工艺极佳。2013年入选全国重点文物保护单位。

运城—南樊石牌坊及碑亭 位于绛县南樊镇西堡村。石牌坊建于清嘉庆九年(公元1804年),是为诰封中宪大夫贾凝端继妻李恭人所建的节孝坊,石质仿木构结构,双面6柱5门三重檐,高12米,阔8.5米,牌坊上雕“圣旨”和“旌表”石匾,从基座到顶部均浮雕走兽、花卉、人物。牌坊右侧附设石碑楼一座,内有石碑15通,碑文书体有真、草、隶、篆,并配有线刻图案、花卉,雕工书法俱佳。2013年入选全国重点文物保护单位。

运城—乔寺碑楼 位于绛县东山底乡乔寺村。建于清道光十七年(公元1837年),是周氏家族为资政大夫周万钟所建的功德碑楼。碑楼高约15米,单檐歇山顶,石砌台基长17米,宽2.6米,高1.5米,楼体上部四面均为仿木斗拱砖雕,三踩单翘,龙形耍头,雕有人物、花卉。2013年入选全国重点文物保护单位。

运城—长春观 位于绛县陈村镇东荆下村。创建于元延祐七年(公元1320年),历代均有修缮。现仅存元代建筑玉皇殿和清代建筑三清殿。玉皇殿面宽三间,进深四椽,单檐悬山顶,前檐施四根粗木柱,木柱上承粗圆木通额,通额上施斗拱五铺作双下昂,结构简洁,用材硕大,具有典型的元代建筑特色。2013年入选全国重点文物保护单位。

运城—周家庄遗址 位于绛县横水镇周家庄村。占地面积约10万平方米,遗存、遗迹有灰坑和墓葬两种。遗物主要是陶器,以泥质红陶为主,其次为夹砂红褐陶和泥质灰陶;泥质陶以素面和彩陶为主,夹砂陶以绳纹最常见,彩陶颜色均为黑色,一般采用连续的弧线三角或勾叶纹构成图案;器型有鼓腹盆、双唇口尖底瓶、壶、敛口罐或瓮等,具有典型的仰韶庙底沟文化类型的特征。2013年入选全国重点文物保护单位。

运城—横北倗国墓地 位于绛县横水镇横北村。占地面积约3.5万平方米。发掘墓葬1 326座,其中西周墓葬1 299座,发现西周时期的车马坑或马坑35座。出土文物有带有“倗伯”铭文的青铜器和先秦史籍《周礼》中记载的“荒帷”,以及大量青铜礼乐器、陶器、瓷器、漆器、玉石器、蚌贝器、串饰、骨器、铜车马器、铜饰件、铜兵器。2013年入选全国重点文物保护单位。

运城—南柳泰山庙 位于绛县南樊镇南柳村。始建于元朝,明清时曾多次修缮。占地面积 7 343 平方米,现存建筑有正殿、道士房、后土殿、牛龙马王庙、阎王殿、虎头门、圣母殿、火神殿和娘娘殿。2013 年入选全国重点文物保护单位。

运城—绛县文庙 位于绛县县城文庙路。后唐长兴三年(公元 932 年)始建,元、明、清历代曾重修和扩建。原有五进,建有棂星门、大成门、乡贤祠、名宦祠、戏台、献殿、大成殿、明伦堂、麟经楼、敬一亭、崇圣祠、射圃亭、文昌阁等,现仅存大成殿和明伦堂,占地面积 4 224 平方米。大成殿面阔三间,进深四椽,单檐歇山顶,斗拱五辅作双下昂,是元代大德年间的实物。明伦堂为清代遗构。2013 年入选全国重点文物保护单位。

运城—薛瑄家庙及墓地 位于万荣县里望乡平原村。薛瑄为明代学者,官至礼部右侍郎,谥文清。家庙原有前后两院,现存前院,南北长 31.6 米,东西宽 13.4 米。庙内存有《薛文清公全集》明万历四十三年(公元 1615 年)木雕书版 1 080 块,明代石碣 2 块,薛瑄线刻像碑 1 通,木刻对联 3 幅,傅山所书 1 幅。薛家墓地有墓冢百余座,薛瑄墓冢高 1.50 米,周长 18 米,保存完整。2013 年入选全国重点文物保护单位。

运城—闫景李家大院 位于万荣县闫景村。清至民国时期晋南首富李子用的家宅,与乔家大院、王家大院并称为“晋商三蒂莲”。始建于清道光年间。原有院落 20 组,房屋 280 间,现存院落 11 组,房屋 146 间,建筑面积 10 万多平方米。整体建筑为竖井式聚财型四合院,同时吸纳了徽式建筑风格,部分院落为“哥特式”建筑,是南北融汇、中西合璧的晋商大院。建筑的砖雕、石雕、木雕及铁艺等饰品,有晋南地区汉族民间多子多福、三星高照、五福临门、松鹤延年、耕读传家等吉祥含义。2013 年入选全国重点文物保护单位。

运城—稷王山塔 位于万荣县三文乡稷王山。宋至和三年(公元 1056 年)建。稷王山上原有砖塔两座,俗称“公母塔”。公塔已倒塌无存,只留下此母塔。七级密檐式砖塔,平面呈八角形,通高 23 米。一层塔檐仿木构砖雕斗拱，其余各级皆叠涩出檐，塔顶残损。2013 年入选全国重点文物保护单位。

运城—中里庄八龙寺塔 位于万荣县荣河镇中里庄村。原为八龙寺附属建筑物，八龙寺建于宋大中祥符四年（公元 1011 年）。后寺毁塔存。7 层楼阁式实心砖塔，通高 23.9 米，下面 5 层辟有砖券拱门，塔檐下均施仿木构斗拱，顶层上筑宝顶。2013 年入选全国重点文物保护单位。

运城—旱泉塔 位于万荣县高村乡孤山。孤山槛泉寺建于宋宣和二年（公元 1120 年），寺已成瓦砾而塔独存。方形 11 级密檐式砖塔，通高 31.2 米。1—4 层塔檐下仿木构砖雕斗拱，5 层以上迭涩出檐。塔前有柏树两株，枝叶翠绿，塔柏相映。塔东侧原有一块长 0.7 米、高 0.37 米石碑，碑文使用明末李自成政权大顺国“永昌”年号。2013 年入选全国重点文物保护单位。

运城—寿圣寺塔 位于万荣县里望乡南阳村。创建年代不详，据形制推断为宋代建筑。楼阁式砖塔，11 级，通高约 30 米，各层高度由下至上逐渐收缩。第一层的塔檐砖雕仿木结构斗拱，二层以上皆出叠涩砖檐。塔旁遗有金代铁钟 1 口，蒲牢形纽、圆肩，高 2.35 米，直径 1.65 米，厚 0.05 米，四周铸有铭文，为原圣寿寺遗物。2013 年入选全国重点文物保护单位。

运城—台头庙 位于河津市新耿南大街。因地处旧城高台之上而得名。始建于汉代，建筑雄伟，构造坚固，工艺考究，风格质朴。占地面积近 2 万平方米，现存中殿、献殿、正殿、东西配殿、东西廊坊，建筑面积 1 300 余平方米，为元代遗构。2013 年入选全国重点文物保护单位。

运城—山王墓地 位于河津市柴家乡山王村。山王村为古耿城，晋大夫赵夙为晋献公灭耿之地。耿属西周侯国，或云姬姓，或云嬴姓。墓地为西周墓群，曾发现三件器物，分别是鼎、盘和壶盖，当为西周中晚期器物组合，铜鼎铭文有“共王”字样，应为周共王时器物。2013 年入选全国重点文物保护单位。

运城—玄帝庙 位于河津市樊村镇樊村。又称“琉璃庙”，创建于明隆庆三年（公元 1570 年），明万历三十一年（公元 1603 年）竣工。沿中轴线有山门、香亭、中殿、后殿等建筑，占地面积2 997平方米。香亭面宽、进深皆三间，三重檐歇山顶。中殿面宽五间，进深四椽，单檐悬山顶。玄帝姬颛顼，为上古五帝之一，黄帝之孙。2013年入选全国重点文物保护单位。

运城—南阳法王庙 位于稷山县稷峰镇南阳村。创建年代不详，元代重建。占地面积3 000余平方米，现存殿宇18间、舞台一座和清代补建的3间门楼。舞台建于明成化七年(公元1472年)，3间见方，重檐十字歇山顶，梁架结构繁杂奇巧，斗拱装饰古朴俏丽，雕刻工艺精湛，屋顶琉璃脊兽齐备，色彩鲜丽，沿袭了元代乐楼古制，是一座具有元代遗风的明代建筑珍品。2013年入选全国重点文物保护单位。

运城—玉壁城遗址 位于稷山县太阳乡白家村。北朝时期的遗址。地处北周与北齐的分界地带，为历代兵家必争之地，著名的古战场。始筑于西魏大统四年(公元538年)，北周建德六年(公元577年)荒废。遗址东西长420米，南北宽500米，城南残垣高0.8—3米。城的北面和西面各有一个平顶土丘，与城相连，昔日均为城堡，现北堡暗道尚存。城东沟里半坡地方，有一地道直通玉壁城下。2013年入选全国重点文物保护单位。

运城—稷山大佛 位于稷山县大佛路佛阁寺内。佛阁寺始建于金皇统二年(公元1142年)，元、明、清各代曾多次重修或扩建。大部分建筑已毁于战乱，现仅存正殿、垛殿及十王洞、十六罗汉洞。正殿内有一尊依土崖而雕的释迦牟尼佛像，高20余米，宽6.7米，佛身串通阁之上下，被誉为“天下第一土雕大佛”，寺院因此俗称“大佛寺”。800多年来，稷山地区发生了多次地震，而土雕大佛并无大恙。2013年入选全国重点文物保护单位。

运城—北阳城砖塔 位于稷山县清河镇北阳城村。由村民解武为其母奉佛而建，初建于北宋宝元二年(公元1039年)。七级方形实心砖塔，通高5米，基部直径1.68米，自下而上逐级收缩呈锥状，各层皆为叠涩出檐。塔基嵌有一尊释迦牟尼石佛像。2013年入选全国重点文物保护单位。

运城—匼河遗址 位于芮城县风陵渡匼河村。旧石器时代遗址。在13.5平方千米范围内发现旧石器地点群17个，出土了肿骨鹿、披毛犀、扁角鹿、对丽蚌、德氏水牛、二门马、野猪、师氏剑齿象、东方剑齿象、纳玛象、三趾马等动物化石。遗址地质时代为距今约60万年的中更新世早期,被命名为"匼河文化"。2013年入选全国重点文物保护单位。

运城—坡头遗址 位于芮城县陌南镇坡头村。新石器时代遗址,早期属庙底沟二期文化,晚期属龙山文化。占地面积近5 000平方米,文化层厚1.5—5米,暴露遗迹有灰坑及房址等。发掘清理墓葬262座,出土玉璧、玉钺、玉琮等玉石器200余件。庙底沟二期文化时期的大规模墓地在全国还是首次发掘。2004年入选"全国十大考古发现"。2013年入选全国重点文物保护单位。

运城—金胜庄遗址 位于芮城县大王乡金胜庄村。仰韶文化庙底沟类型遗址。南北长约3 000米,东西宽600米,文化层堆积厚1—3米,断面暴露有三层间隔0.07—0.14米的白灰面。地面暴露有大量的彩陶、红陶及夹砂陶片,采集有尖底瓶、钵、盆、罐、豆、鬲等器物残片。曾出土一件完整的彩陶曲腹罐,纹饰分圆点弧形三角纹、绳纹、划纹及附加堆纹。还采集有石斧、石刀、石铲等。2013年入选全国重点文物保护单位。

运城—东庄遗址 位于芮城县西南部的黄河岸边。仰韶文化早期遗址,占地面积约5万平方米。发现有圆形半地穴式的房址、储藏食物的窖穴、烧制陶器的陶窑,外表绘有黑色三角形图案和鱼形花纹的陶器,还有石斧、石锛、石刀、陶刀、弹丸、纺线轮、敲砸器、陶锉等生产工具,石头和动物骨骼制成的箭头,骨笄、牙饰、陶环等装饰品。2013年入选全国重点文物保护单位。

运城—西王村遗址 位于芮城县风陵渡镇西王村。新石器时代遗址,以仰韶文化为主,其次是龙山文化和两周的遗存。发现有生产工具及猪、狗等动物骨骼,当时的古人类已能饲养、驯化动物;彩绘的陶器,曲腹碗、盆和双唇小口尖底瓶为代表性生活用具;陶质环形装饰品,分圆形、六角形、九角形三类形状,陶环上刻有花纹、辫纹、乳丁纹,代表着古人类有了简单的几何形体的概念。出土的蛹形陶饰长1.5厘米,宽、高0.6厘米,蛹身上有横线纹。2013 年入选全国重点文物保护单位。

运城—古魏城遗址 位于芮城县城关镇北部。周代遗址。东西长 1.5 千米,南北宽 1.3 千米,周长 4 500 米。残存的北城墙,长 1 500 米,宽 4—7 米,高 7 米,夯窝直径 6 厘米。古城东南、西北、东北三个城角保存较好,城外侧都有月牙状的夯土台。在城西有西周晚期到春秋早期的墓葬群,出土过数批青铜器。2013 年入选全国重点文物保护单位。

运城—巷口寿圣寺砖塔 位于芮城县城关镇巷口村。原址有废弃古寺,从中挖出了舍利,于是造塔以葬舍利,并于北宋元丰元年(公元 1078 年)修建了寿圣寺。寺院已毁,唯塔独存。13 层楼阁式砖塔,通高 46 米。底层高大,以上各层收分明显,外轮廓略带弧线。塔内残存佛教人物壁画约 20 平方米。2013 年入选全国重点文物保护单位。

运城—上冯圣母庙 位于夏县埝掌镇上冯村。始建于元延祐三年(公元 1316 年),明、清均有修葺。现仅存元代遗构圣母殿和明代遗构香亭。圣母殿面阔 3 间,进深 4 檐,单檐悬山顶,殿内两山墙壁上残留有彩塑及悬塑的琼宫楼阁。2013 年入选全国重点文物保护单位。

运城—夏县文庙大成殿 位于夏县瑶峰镇南关村解放南路。夏县文庙始创于宋朝,目前仅存大成殿。大成殿是原文庙的主体建筑,面阔七间,进深五间,占地面积 570 平方米,是迄今山西省现存县级文庙建筑中规模最大的一座。2013 年入选全国重点文物保护单位。

运城—薛嵩墓 位于夏县水头镇大张村。墓主薛嵩,为薛仁贵之孙,曾平安禄山之乱,封平阳郡王。墓地占地面积 832 平方米,由墓室、甬道、天井、过洞、壁龛、墓道组成。墓冢封土高 2.45 米,周长 91 米。墓前有唐大历八年(公元 773 年)神道碑。现存石羊两尊。甬道内保存有约 20 平方米的壁画。2013 年入选全国重点文物保护单位。

运城—郭家庄仇氏石牌坊及碑亭 位于闻喜县郭家庄镇郭家庄村。石牌坊是清代盐提举仇嘉谟奉旨为其母孙宜人所建的贞节牌坊,建于清光绪年间。通体石构,仿木结构重檐歇山顶,蟠龙鸱吻,檐下正、背面皆悬石匾,额枋枋身阳雕有人物故事,花板饰有花草图案,阑额刻有额题。碑亭建于清同治、光绪年间,共五座,分别为仇毓镜神道碑亭、仇氏三兄弟德行碑亭、仇氏五碑碑亭、赵太君节寿碑亭和薛太君节孝碑亭,均为石质仿木结构;仇毓镜神道碑亭为十字歇山顶,余均为单檐歇山顶。2013 年入选全国重点文物保护单位。

运城—宋村永兴寺 位于垣曲县华峰乡宋村。创建年代不详,明万历朝曾重修。占地面积 4 840 平方米,中轴线对称布局,现存有北殿、东耳房、东西厢房、永兴砖塔。北殿面阔五间,进深四椽,五架梁柱头,圆筒灰瓦悬山顶,梁架大部分保存金代风格。附近有清代密檐式砖塔一座。2013 年入选全国重点文物保护单位。

运城—下阳城遗址 位于平陆县老城乡太阳渡村。周代遗址。城池筑于西周初期。遗址南北长约 3.5 千米,东西宽约 2 千米。现存城墙残基数段,共计长 200 余米,高 4—6 米,厚 3—5 米,夯层一般厚 0.05—0.08 米。出土编钟、鼎、簋等青铜器以及编磬、铜贝、包金贝、骨贝、铲币、布币、玉器等珍贵文物。2013 年入选全国重点文物保护单位。

运城—虞国古城遗址 位于平陆县张店镇古城村。春秋时晋献公所灭的古虞国的都城。虞国夹在虢国和晋国之间,扼守晋国通往中原的主要通道。遗址南北长 2.5 千米,东西宽 2 千米,现残存城外郭南墙 300 余米,墙基宽 15—20 米,夯层厚 0.06—0.08 米。2013 年入选全国重点文物保护单位。

运城—虞坂古盐道 位于平陆县。始凿于西周初期,废弃于 20 世纪 50 年代。古代为把河东盐运至中原、西北乃至全国而开辟的一条道路,从张店镇坪头铺下山,至运城市盐湖区东郭镇磨河村南山底出,沿途山势险峻,坡道盘曲,路面坎坷不平。现存路面宽 2—4 米,全长约 8 千米。2013 年入选全国重点文物保护单位。

运城—程村遗址 位于临猗县庙上乡程村。东周时期的墓葬群。占地面积约 30 万平方米,文化层厚约 1 米,地面暴露有豆、盆、瓮等器物残片,均为灰黑陶。发现墓葬 220 余座,车马坑 10 余座,出土文物近 2 000 件。墓葬保存完好,遗物丰富,未经任何扰动和破坏,木质车遗痕和器物原始位置清楚、完整,极为罕见。2013 年入选全国重点文物保护单位。

运城—猗氏故城 位于临猗县南铁匠营村。又名“猗顿城”,西汉时期猗氏县治所遗址。唐贞元年间,河东节度使马燧平李怀光叛乱,千年古城毁于一旦。现仅存城墙,南、北墙分别长 1 254 米,东墙长 1 289 米,残高 2.8 米,厚 19—21 米,夯土层厚度 0.09—0.1 米。城内占地面积 162 万平方米。2013 年入选全国重点文物保护单位。

运城—闾原头永兴寺塔 位于临猗县城关镇闾原头村古郇城遗址上。又称“文笔塔”,建于唐末五代或宋初。方形 9 级楼阁式砖塔,残存 8 级,通高 13.5 米。一层中空,内设佛龛,余皆为实心。各层皆为叠涩出檐,装饰倚柱、门窗。塔身逐层向上收分,塔顶残损。2013 年入选全国重点文物保护单位。

运城—张村圣庵寺塔 位于临猗县北景乡张村。建于宋代。原为圣庵寺内建筑,寺院已毁,仅塔独存。六角七层楼阁式砖塔,高 11.62 米。一层正面辟门,塔内中空,以上各层皆为实心。一层塔檐下仿木结构砖雕斗拱,二层以上叠涩出檐,塔身收分不大。2013 年入选全国重点文物保护单位。

晋城—青莲寺 位于泽州县寺南庄。分为古、新两寺,相距不远。古青莲寺创建于北齐天保三年(公元 552 年),唐咸通八年(公元 867 年)重修;东侧有明代砖砌藏式佛塔,西侧有唐代的惠峰石塔。新青莲寺始建于唐太和年间,北宋太平兴国三年(公元 978 年)赐名“福严禅院”;院内古柏虬柯,银杏参天,幽雅素静。所存 6 尊唐代彩塑,面容丰满,肌肉健美,姿态自然,是不可多得的艺术珍品。寺内还有许多唐、宋、明、清各代的碑刻,真、草、隶、篆等字体齐备。1988 年入选全国重点文物保护单位。

晋城—玉皇庙 位于泽州县金村镇府城村。始建年代不详,北宋熙宁九年(公元 1076 年)重建,金泰和七年(公元 1207 年)重修,贞祐年间部分毁于兵火,元至元元年(公元 1335 年)再建。占地 4 000 余平方米,三进院落,南北长 110 米,东西宽 32 米,有殿宇楼亭 110 间,其中玉皇殿为北宋遗构,成汤殿建于金，后院左右垛殿和东西配庑为元建，余为元明清建筑。粗壮的梁柱斗拱结构、门窗墙壁以及神台上镶嵌的浮雕砖饰保留着宋金时期的建筑风格。殿内有宋元明道教彩塑300余尊，其中人物和动物形象结合的二十八宿星君神像是独一无二的绝品。1988年入选全国重点文物保护单位。

晋城—二仙庙 位于泽州县金村乡小南村。因崇祀唐代乐氏二仙女而得名。创建于宋大观元年（公元1107年）至政和七年（公元1117年）间。占地面积1 232平方米，两进院落，现存后院正殿、耳殿、香亭、配殿，其中乐台、香亭为明清建筑。正殿3间见方，建材硕大，左右各跨踩殿四楹，在我国古建筑史上占有重要地位。正殿的斗拱出挑之多在宋代建筑中极为罕见。殿内塑像6尊，人物体态端庄，眉清目秀，为宋塑之佳作。1996年入选全国重点文物保护单位。

晋城—姬氏民居 位于高平市陈区镇中庄村。建于元至元三十一年（公元1294年），距今已有720多年的历史，是我国目前发现的最早的木结构民居建筑之一，尚属元代民居建筑的孤例。面宽三间，进深六椽，悬山式屋顶。屋顶举折平缓，屋面覆以板瓦。建筑前檐以四根石柱支撑，其余均为木质结构，外观简洁大方，建造手法沿袭宋金风格。1996年入选全国重点文物保护单位。

晋城—南、北吉祥寺 位于陵川县礼义镇，两寺相距2千米。南吉祥寺建于唐贞观年间，北宋天圣年间迁建于此，金、元、明、清屡有修葺；二进院落，中殿为宋建，后殿为金建元修，山门为明代重修，余皆为明清遗构。北吉祥寺创建于唐大历五年（公元770年），宋、元、明、清历代重修；占地面积约3 000平方米，共有殿宇66间，全系砖木结构；前殿、中央殿用材硕大，为宋代建筑形制，正殿为明代形制。山门前古松四株。1996年入选全国重点文物保护单位。

晋城—龙岩寺 位于陵川县梁泉村。原名“龙泉寺”，金大定二年（公元1162年）改为现名。现存建筑为明代遗物，前后两院，有过殿、正殿、配殿、廊庑等30余间。过殿面阔三间，进深六椽，单檐歇山顶，灰布瓦，两山墙内壁有壁画,外镶有金大定三年《龙岩寺记》石碑。正殿面阔五间,进深六椽,单檐悬山顶。2001 年入选全国重点文物保护单位。

晋城—小会岭二仙庙 位于陵川县附城镇小会村。庙宇创建年代不详,占地面积 1 255 平方米。现存建筑正殿为宋代遗构,余皆明清所建。2001 年入选全国重点文物保护单位。

晋城—西溪二仙庙 位于陵川县崇文镇西溪村。创建于唐乾元年间,金皇统二年(公元 1142 年)扩建,后历代皆有修葺。二进院落,占地面积 2 916 平方米。中轴线上依次建有山门、拜亭、中殿、后殿,山门和中殿之间的东西两侧设廊,中殿至后殿之间的东西两侧建梳妆楼及配殿。现存建筑后殿、东西梳妆楼为金代遗构,余皆明清所建。寺内保存历代碑碣 20 余通。2001 年入选全国重点文物保护单位。

晋城—陵川崔府君庙 位于陵川县礼义镇。崔府君即崔珏,唐安史之乱后被封为“灵圣护国侯”。此庙始建于唐,金大定二十四年(公元 1148 年)重修。两进院落,共有殿宇 50 余间,全系砖木结构,是我国现存仅有的汉唐高台式建筑。2001 年入选全国重点文物保护单位。

晋城—崇明寺 位于高平市东南郊的圣佛山。创建于北宋开宝四年(公元 971 年),历代屡有修葺,规制保存宋代建筑风格。两进院落,现存建筑有山门、中佛殿、后殿、钟鼓楼及东西配殿、两庑等。中佛殿居院内中央,稳重壮观,建于宋《营造法式》颁行之前,许多地方沿袭唐制,殿内梁架彻上露明造,一对“断梁”结构奇特,是民间匠师独特的创造;后殿为明代建筑,其余建筑为清代遗物。2001 年入选全国重点文物保护单位。

晋城—开化寺 位于高平市陈区镇王村。创建于唐末天祐年间,初名“清凉寺”。北宋熙宁六年(公元 1073 年)建造大雄宝殿,改名为“开化禅院”。宋、金、元、明、清历代屡有修葺。进深两院,现存主要建筑,前有大悲阁为明代建筑,中为大雄宝殿系宋代建筑,东为观音阁是金代遗构,后院东配殿及东西角楼为元代建筑,余皆明、清建筑。殿内梁架斗拱上彩画为宋时原物,是我国古建筑中保存最完整的宋代彩绘图案之一。2001 年入选全国重点文物保护单位。

晋城—游仙寺 位于高平市城南的游仙山麓。创建于北宋淳化年间，金元明清屡有增修。三进院落，崇楼峻阁，规模宏大。现存毗卢殿为北宋淳化元年（公元990年）所建，举折平缓，出檐深远，檐下柱头斗拱五铺作，双抄偷心造；补间斗拱为单抄单下昂偷心造，昂为批竹式，要头与昂几乎完全相同，这一形制在山西宋代建筑中开了先例。中殿建于金代。2001年入选全国重点文物保护单位。

晋城—定林寺 位于高平市城东南郊的七佛山。寺居山之阳，寺侧有定林泉，寺名由此而得。创建年代不详，在唐代已有此寺。四进院落，寺东有上下两个偏院，雷音殿、东西配殿为元代建筑，其余皆为明清遗物。雷音殿面阔三间，进深六椽，单檐九脊顶，琉璃脊饰是金代琉璃制品的佳作。殿前月台上竖有北宋建造的石雕八角形经幢两座，均高4.3米。院内有香瓜树两株，挺秀翠茂，瓜熟之时芳香扑鼻。还有千年牡丹两株，暑伏天蝴蝶纷飞，是定林寺一大奇观。2001年入选全国重点文物保护单位。

晋城—泽州岱庙 位于泽州县南村镇治底村。道教全真派道场。始建年代不详，最晚建于宋代。后历金、元、明、清等各朝屡加修葺，终成今日之形制格局。最早的建筑遗存为正殿天齐殿的宋代石基、文形覆莲柱础与石柱。分为上、下两院，沿中轴线为山门、鱼沼、竹圃、舞楼、天齐殿，两侧设有碧霞元君殿、土地殿、五谷神殿、虫王爷殿、牛王殿、龙王殿、速报司神祠、关圣帝殿等。庙旁一棵银杏树，高达25.4米，胸径3.25米，周粗9.6米，盘根14.6米，树龄5 000—7 000年。2001年入选全国重点文物保护单位。

晋城—塔水河遗址 位于陵川县夺火乡塔水河。旧石器时代晚期遗址。发现人类颅骨化石碎片、石制品2 000余件。石制品原料以燧石为主，基本采用锤击法，间或采用砸击法；石核、石片多不规则，体积较小；石器类型较简单，尖状器是其代表性器物；加工以单边单向修理为主。2006年入选全国重点文物保护单位。

晋城—陵川东岳庙 位于陵川县附城镇玉泉村。创建年代不详，明万历七年(公元1579年)、清乾隆三十五年(公元1770年)、清道光十二年(公元1832年)重修。一进院落,房屋50余间。正殿为金代建筑,面阔三间,进深六架椽,单檐歇山顶,正脊为琉璃制品,梁架为典型的金代结构。东垛殿为金代构造,西垛殿元代维修时作过大的调整。2006年入选全国重点文物保护单位。

晋城—陵川玉皇庙 位于陵川县潞城镇石掌村。创建年代不详。依地势分为三层院落,主要建筑有山门、正殿,两侧有东西配殿、耳房、配房。现存建筑正殿为金代遗构,余皆明、清时代所建。正殿面宽三间,进深六架椽,单檐歇山顶。2006年入选全国重点文物保护单位。

晋城—南神头二仙庙 位于陵川县潞城镇石疙峦村。创建年代不详,清顺治四年(公元1647年)、清康熙十七年(公元1678年)、清道光二年(公元1822年)均有修缮。占地面积1 000平方米,一进院落,正殿面阔三间,进深六架椽,九脊单檐歇山顶,正脊为瓦条脊,次间墙体用宋砖砌成,斗拱用材硕大,为典型的金代作品。2006年入选全国重点文物保护单位。

晋城—三圣瑞现塔 位于陵川县西河底镇积善村。原为藏舍利而建,创建于隋代,再建于金代。我国辽金时期密檐式砖塔的典型代表,平面呈长方形,每边长6米,共13层,高约30米。第一层塔身为平座的砖墙砌筑,每层迭舌出檐,各层逐渐缩小,第五层收分过大,有隋唐建筑的手法。正面各层均有通风窗口。2006年入选全国重点文物保护单位。

晋城—白玉宫 位于陵川县潞满城镇郊底村。建于金代以前,金、明两代及民国时期均有重修。过殿前檐四柱均为方形抹角石柱,光滑明亮如玉,故称“白玉宫”。占地2 750平方米,三进院落,共有房舍50多间。中轴线上现存山门、三仙殿、正殿、后殿,两侧有垛楼、僧舍、廊房、耳殿等。正殿为金代建筑,面阔三间,进深六架椽,单檐歇山顶,屋顶琉璃剪边。2006年入选全国重点文物保护单位。

晋城—崇安寺 位于陵川县崇文镇。创始年代无考,唐初原名为“丈八佛寺”,北宋太平兴国元年(公元976年)敕命为崇安寺。占地4 380平方米,主要建筑为山门、过殿、大雄宝殿、西插花楼。山门系明代建筑，明间青石门框为宋代嘉祐年间制作。西插花楼为楼阁式建筑，面宽、进深均三间，歇山顶，具有元代风格。大雄宝殿为五间单檐悬山建筑，殿龛内有一佛二弟子二菩萨浮雕石刻，为隋唐作品。钟楼内存有宋崇宁年间所铸一大铁钟。保存有宋庆历、金贞元、明清时期的碑碣 13 通。2006 年入选全国重点文物保护单位。

晋城—三教堂　位于陵川县杨村镇寺润村。始建年代不详，现存金代遗构大殿一座。大殿为重檐歇山式建筑，面阔进深各三间，斗拱用材较大，灰色筒板布瓦屋顶，四角柱侧脚明显。梁架结构为四椽栿通檐用二柱，前檐当心间施板门。2006 年入选全国重点文物保护单位。

晋城—古中庙　位于高平市下台村。创建年代不详，元、明、清历代有修葺。占地面积 2 655 平方米，中轴线上有山门、无梁殿、正殿，两侧有厢房、配殿，山门外筑东西戏楼各 4 间。现存建筑无梁殿为元代建筑遗构，其余均为清代遗物。2006 年入选全国重点文物保护单位。

晋城—西李门二仙庙　位于高平市拥万乡西李门村。以奉祀乐氏二仙女而得名。始建年代不详，金、明、清各代屡有修葺。今存建筑三进院落，有山门、中殿、后殿、东西翼殿、客房、廊庑、偏殿及钟楼、鼓楼等。中殿建于金正隆二年（公元 1157 年），三间见方，单檐九脊歇山顶，梁枋粗大，出檐深远。殿前有金代石筑月台，须弥座束腰处浮雕有力士、兽头，并镶嵌有两幅线刻“队戏图”和“方巾舞图”，是我国已经发现的年代最早的戏剧实物资料之一。2006 年入选全国重点文物保护单位。

晋城—高平二仙宫　位于高平市南郊。始建年代不详，金、元、明、清均有重修。现存山门、东西廊庑、中殿、配殿、后大殿、舞楼、梳妆楼等建筑。中殿三间见方，单檐九脊顶，殿内无柱，结构简洁，为金代遗构。存有清光绪五年碑，详述光绪三年灾情及民间生活疾苦。2006 年入选全国重点文物保护单位。

晋城—清梦观　位于高平市陈区镇铁炉村。创建于元中统二年（公元

1261 年),明万历、清嘉庆和道光朝均有重修。二进四合院,中轴线上有山门、中殿、拜亭、正殿,左右建钟鼓楼、配殿、厢房、耳殿,其中中殿为元代建筑,正殿为明代重建,其余为清代建筑,殿内四壁满绘壁画,内容为道教故事,以连环画的形式绘制而成。2006 年入选全国重点文物保护单位。

晋城—二郎庙 位于高平市王报村。现存正殿、献殿、东西侧殿、山门、舞台和廊庑若干间。庙里供奉的是长着三只眼睛的天神杨戬。戏台建于金世宗大定二十三年(公元 1183 年),已有 830 多年历史,是我国目前发现的最古老的戏台之一。古戏台是一间亭榭式建筑,采用金代重要建筑所惯用的须弥座式台基,单檐歇山顶,宽 5.02 米,进深 5 米,四角立柱为粗大的圆木石对柱,通高 3.13 米。整座戏台的形制、构件及营造方式都与宋金官方颁布的《营造法式》的规定基本相符。2006 年入选全国重点文物保护单位。

晋城—羊头山石窟 位于高平市神农镇羊头山。羊头山因山巅巨石酷似羊头而得名。羊头山北控三晋,南扼中原,东接齐鲁,西挡川陕,历代是兵家必争之地,2 000 多年前的"长平之战"就发生于此。石窟开凿于北魏至唐代,共有 40 余窟,洞窟大小不一,一般为一石一窟,个别有一石二窟或三窟。其中第六窟最大,石窟内龛面整齐,四面满雕佛像,或一佛二弟子,或一佛二菩萨,洞外有许多小龛,有佛、菩萨、天王、力士、供养人等,形制各异,雕工精细。另有千佛造像碑 1 通,唐制石塔 6 座。2006 年入选全国重点文物保护单位。

晋城—湘峪古堡 位于沁水县郑村镇湘峪村。始建于明天启三年(公元 1623 年),由孙居湘、孙鼎湘兄弟主持修建,孙氏三兄弟同朝为官,孙居湘为户部尚书,孙鼎湘为四部首司。占地面积 3.25 万平方米,街巷为五纵三横的棋盘式格局,现存主要建筑有三都堂、帅府等建筑以及寺院、祠堂、私塾等公共设施。另外还有孙居相墓。2006 年入选全国重点文物保护单位。

晋城—郭壁村古建筑群 位于沁水县郭壁村。自古是山西对外的重要通道,经济发达,文人辈出,明、清两代进士多达十几人,是明清时期晋东南地区重要的商贸集镇,有"金郭壁"之称。现存明、清民宅 3 400 余间,窑洞数百孔,庙宇7座、阁楼10座,有进士宅院13处,行宫建筑1处,祠堂2处,古井18眼。民居建筑以青砖砌筑,二至三层的四合院,重要的建筑有华丽的门楼和照壁雕饰,里坊式建筑布局基本完整。2006年入选全国重点文物保护单位。

晋城—窦庄古建筑群 位于沁水县嘉峰镇窦庄村。明万历二十年(公元1592年)进士、大理寺正卿张五典及其子孙所建。张五典之子张铨为明万历三十二年(公元1604年)进士,天启元年(公元1621年)赴任监军辽东,后金兵围辽阳,张铨苦战被俘后殉国,窦庄现存其衣冠冢。现存古建筑面积约4万平方米,除大量民宅外,还有庙宇、楼阁、祠堂、书房、校场、法庭、地牢、城墙、城门楼、牌坊、店铺和碑刻。2006年入选全国重点文物保护单位。

晋城—柳氏民居 位于沁水县土沃乡西文兴村。唐代诗人柳宗元的后人、陕西华昌府通判柳遇春的故居。明永乐四年(公元1406年),柳宗元遗族耕读发家,始造河东柳氏府邸一进13院,占地3万多平方米,是以同祖血缘世代聚居的古村落。现存清代建筑4座院落,房屋114间,占地面积4 032平方米。封闭型四合院,建筑形制多为悬山和硬山式,以"司马第院"最具代表性。现存朱熹、文征明、王阳明等名人碑刻手迹40多通,唐代画家吴道子的墨迹画碑;元宝耳石狮、一品青莲节节高砖雕、明四意暗八仙木雕,堪称海内孤品。2006年入选全国重点文物保护单位。

晋城—砥洎城 位于阳城县东郊的润城镇。三面环水,如砥柱挺立中流,故名"砥洎城"。创始于明末以前。城堡型建筑,占地面积约3.7万平方米,临河城墙高20余米,上设城垛、炮台等;城北沿城墙设石梯,沿梯而下可通水门。民居共分十大街坊,摆布井然有序,高低错落有别,巷道形成许多丁字街口,巷深墙高,道路狭窄。明代建筑文昌阁台基上尚存"山城一览"碑刻,为明崇祯十一年(公元1638年)砥洎城建筑规划平面图,是我国古代建筑史上稀有的珍贵资料。2006年入选全国重点文物保护单位。

晋城—阳城汤帝庙 位于阳城县河北镇下交村。始建于宋代,金大安二年(公元1210年)重修,明清两代均有大规模修缮。一进两院,现存正殿、拜殿、舞楼,占地 1 200 余平方米。正殿、拜殿分别为宋、金建筑,明清两代重修;舞楼为明嘉靖十五年(公元 1537 年)增修。现存碑刻 20 多通以及明代琉璃、清代壁画以及荆木大梁等文物。2006 年入选全国重点文物保护单位。

晋城—阳城东岳庙 位于阳城县润城镇润城村。始建于宋代,明万历二十一年(公元 1593 年)重修,现存建筑为明代风格。原是一个三进院落的大型庙宇,现仅存献亭、天齐殿、后宫等建筑,占地面积 1 000 平方米。献殿面阔、进深各三间,十字歇山顶;天齐殿面宽阔五间,进深六椽,悬山顶;后宫面宽五间,进深六椽,重檐歇山顶,皆为明代遗构。2006 年入选全国重点文物保护单位。

晋城—郭峪村古建筑群 位于阳城县北留镇垦城村。占地面积 17.9 万平方米,现存城堞 450 个,城门 4 座,敌楼 10 座,窝铺 18 个,窑洞 628 眼,古宅 40 多幢,大多是明、清遗构。城中央有防御建筑“豫楼”,7 层,高 33.3 米,每层 5 间;西城门内有元代创建的汤帝庙。城墙雄伟,雉堞林立,豫楼高耸,古庙森严,官宅豪华,民居典雅,成为独具特色的北方乡村古代建筑群。2006 年入选全国重点文物保护单位。

晋城—开福寺 位于阳城县老城区南大街。始建于北齐天宝四年(公元 553 年),后晋天福四年(公元 939 年)重建。原为三进院,现为二进院落,仅存三座建筑,沿中轴依次是戏台、献殿和大雄宝殿。戏台原为护神殿,明代建造,民国年间改建而成;献殿为元代遗构;大雄宝殿为金代遗构。2006 年入选全国重点文物保护单位。

晋城—泽州汤帝庙 位于泽州县大阳镇。创建年代不详。主要建筑汤帝殿,建于元代,殿阔三间,进深八椽,单檐悬山顶。正殿东西分别为佛祖殿、老君殿,东北、西北两小院内又设耳殿两座。现存有明清重修碑、纪事碑数通,保存完好。2006 年入选全国重点文物保护单位。

晋城—泽州玉皇庙 位于泽州县北义城村。始建于北宋,宋大观四年(公元 1110 年)重修。占地面积 3 500 平方米,现存建筑有玉皇殿、献殿、耳殿、东西配殿、舞楼、厢房。玉皇殿建于高 1.2 米的砖砌台基之上,深广各三间，单檐九脊顶，琉璃剪边，庄重稳健，保存了宋代木构建筑风格。正殿塑有玉皇大帝泥像一尊。2006 年入选全国重点文物保护单位。

晋城—泽州东岳庙　位于泽州县周村镇。始建年代无考，宋元丰五年（公元 1083 年）、明宣德二年（公元 1427 年）、明隆庆四年（公元 1570 年）三次重修，以后历代均重修。清代又增修文庙、高台寺、迎祥观，形成一个古庙群落。占地 2 200 余平方米，一进两院，现存正殿、关帝殿、财神殿、钟鼓楼，主要构件依然为宋、金遗物。2006 年入选全国重点文物保护单位。

晋城—海会寺　位于阳城县北留镇大桥村。创建于隋代，唐代已颇具规模。唐昭宗李晔先赐“龙泉禅院”，宋太宗赵光义又赐“海会寺”。明清是寺院的鼎盛时期，九曲龙泉绿水潺潺，殿宇佛阁巍峨壮观，池沼湖瀑景观林立。现存古塔两座，一为舍利塔，创建于唐末梁初，6 角 10 级，高 20 余米，造型古朴，工艺精湛；二是琉璃悬阁塔，明代嘉靖、隆庆年间建造，8 角 13 层，高 50 多米。这里也是明代吏部尚书王国光、张慎言读书讲学之所，保存有五代至清代的碑额近百块。2006 年入选全国重点文物保护单位。

晋城—碧落寺　位于泽州县巴公镇南连氏村。初创于北朝时期，后多次扩建，隋唐时颇具规模。背靠碧落山，面对万松岭，群峰环抱，环境优美，“碧落卧云”为“泽州古八景”第一。占地面积 1 786 平方米，分东、西、中三院，现存古建筑多为清代建筑。存有北齐石窟一座、唐代石窟两座、唐代及武周石龛十余处，明代古桥五座，北魏至民国历代摩崖题记、碑刻百余方。2006 年入选全国重点文物保护单位。

晋城—玉虚观　位于高平市原村乡良户村。金、元、明、清持续营造而成的道教古建筑群。占地面积 1 600 平方米，现存正殿及其西耳殿、中殿、西配殿、南房、魁楼，正殿及其西耳殿、中殿为金、元建筑，其余皆明清建筑。中殿存有明清时期的道教壁画 40 多平方米，题记较多，有重大研究价值。2013 年入选全国重点文物保护单位。

晋城—嘉祥寺　位于高平市城东北的赤祥村。始建于五代后周年间，宋元明清各代屡有增修。三进院落，现存建筑有观音殿、前殿、三佛殿、东西配殿、厢房等,前殿为宋代遗构,余皆明清所建。前殿面阔三间,进深六椽,单檐歇山式屋顶,琉璃脊饰,殿内四壁满绘壁画。殿前竖有经幢两座,皆建制于五代后周广顺三年(公元953年),一为《佛顶尊胜陀罗尼经》,另一为《佛说阿弥陀佛经》。2013年入选全国重点文物保护单位。

晋城—大周村古寺庙建筑群 位于高平市马村镇大周村。包括观音阁、资圣寺、汤王庙及真武阁、地道等四座建筑。观音阁建于明代,重檐歇山式两层阁楼,面阔三间,进深六椽。资圣寺创建年代不详,最迟宋代已有,明正德元年(公元1506年)重修,占地面积2 112平方米,二进四合院,现存山门、中殿、正殿、东西配殿等。汤王庙及真武阁为元明遗构,地道为宋代遗构。2013年入选全国重点文物保护单位。

晋城—高平玉皇庙 位于高平市河西镇南庄村。创建于东汉,曾多次重修。现存建筑有山门、献殿、正殿,东西配殿、厢房、舞楼等。正殿为金代遗构,余皆为明清建筑。正殿面阔三间,进深六椽,单檐悬山顶。寺内存金代石碣、清代重修碑。2013年入选全国重点文物保护单位。

晋城—万寿宫 位于高平市原村乡上董峰村。亦称"圣姑庙",建于元至元二十一年(公元1284年),明清屡有修葺。二进院落,现存建筑有牌楼、三教殿、玉宇(石亭)、圣姑殿、西配殿、厢房等,其中三教殿为元代遗构,其余均为明清遗物。三教殿面阔三间,进深六椽,单檐九脊顶。殿内东西墙壁上遗存有部分壁画,为元代作品。2013年入选全国重点文物保护单位。

晋城—高平济渎庙 位于高平市建宁乡建南村。祭祀济水之神的庙宇,创建年代不详,清康熙二十二年(公元1683年)重修。三进院落,规模宏大。山门(倒座戏台)面阔三间,进深四椽,高浮雕的龙击于碧波,翔于青天,动势强劲。踏道两侧的一对石狮,体态修长,威猛中尽显慈爱。前殿为明代建筑,面阔五间,进深六椽,悬山顶。主体建筑后殿,面阔五间,进深七椽,悬山顶,清代重修,梁架结构仍为元代风格。2013年入选全国重点文物保护单位。

晋城—宣圣庙 位于高平市石末村。创建于元代泰定三年(公元1326

年）,后来历代均有增修。庙内正中为大殿,明三暗五,七檩六架椽,进深跨度很大,悬山顶,阴阳瓦,琉璃兽脊,柱头转角斗拱为双下昂,补间斗拱出两跳,出上昂,拱下横楣用材巨大,为典型的元代风格。大殿两旁有耳殿三间,东西厢房各七间。庙内有水井一眼,有明万历八年（公元 1580 年）维修碑记一块。2013 年入选全国重点文物保护单位。

晋城—仙翁庙 位于高平市寺庄镇伯方村。又名“纯阳宫”,道教宫观,始建年代无考,有元代建筑风韵。现存建筑有山门、钟鼓二楼、乐亭、仙翁亭、仙翁殿、东西配殿。仙翁殿为主体建筑,供奉吕洞宾塑像,尊称“仙翁”;殿宽五间,悬山式,梁枋简洁规整,殿顶琉璃脊兽完备,制作精工,色调纯朴,堪称明代琉璃中的佳品。保存有面积达 60 多平方米的帝王像壁画,壁画的主人为唐玄宗李隆基。2013 年入选全国重点文物保护单位。

晋城—景德寺 位于泽州县高都镇高都村。曾与碧落寺、显庆寺、松林寺并称“古泽州四大名寺”。创建于唐代。占地面积 3 376 平方米,二进院落,布局基本完整,后殿（正殿）基本保持了宋金建筑风貌。1956 年将建筑和屋檐上的雕刻用砖瓦和木板封盖起来,檐柱、斗拱及殿内梁架得以完整地保留了下来。2013 年入选全国重点文物保护单位。

晋城—泽州成汤庙 位于泽州县大东沟镇辛壁村。始建年代不详,宋徽宗大观元年（公元 1107 年）重修,后历代均有修葺。整座庙宇建在条石砌筑的高台之上,一进院落,主要建筑有正殿、东西偏殿、龙王殿、马王殿、五瘟殿等。正殿汤帝殿,宋建,面阔三间,进深六椽,单檐悬山顶。2013 年入选全国重点文物保护单位。

晋城—泽州东岳庙 位于泽州县北义城镇尹西村。创建于金明昌五年（公元 1194 年）。分上下两院,集金、元、明、清各个时代建筑于一体。正殿面阔三间,进深六椽,悬山式顶。东西角殿各三间,重檐悬山顶,门及门框、贴花均为元代原物。东偏院和马房院建于明清。2013 年入选全国重点文物保护单位。

晋城—泽州济渎庙 位于泽州县高都镇西顿村。修建于（北）宋、金交替之时,庙内存金大定二十八年(公元 1188 年)及清乾隆四十三年(公元 1778 年)重修碑各一通。正殿建于宋宣和四年(公元 1122 年),砖木结构,梁架纵横,斗拱搭牵,涂刷黑色墨汁以防虫蛀风蚀。2013 年入选全国重点文物保护单位。

晋城—泽州岱庙 位于泽州县北义城镇坛岭头村。金大定二十年(公元 1180 年)重修。初名“岱岳殿”,现称“大佛殿”,内有塑像三尊,分别是毗卢佛、祖师、蔺相如。三开间,单檐歇山顶,宋金风格。院子东西两侧各有明清风格廊房九间。2013 年入选全国重点文物保护单位。

晋城—泽州佛堂 位于泽州县川底乡川底村。汉传佛教寺院,一座狭小的四合院,占地面积 233 平方米。正殿是主要建筑,创建时间不详,元至顺三年(公元 1335 年)曾修葺,现存建筑是金代风格。正殿面阔三间,进深四椽,单檐九脊顶,覆灰筒板瓦,檐柱采用四楞抹角石柱。2013 年入选全国重点文物保护单位。

晋城—泽州东岳庙 位于泽州县下村镇史村。创建年代不详,清乾隆、嘉庆年间均有复修。中轴线上有山门、中殿、正殿,轴线两侧为钟(鼓)楼、厢房、偏殿、碑廊。现存建筑正殿为元代遗构,中殿有少量明代构件,其他建筑为清代风格。正殿面阔七间,进深六椽,单檐悬山顶,琉璃筒瓦布面,为元代典型的“减柱并移柱造”。2013 年入选全国重点文物保护单位。

晋城—泽州崔府君庙 位于泽州县金村镇水东村。创建于元至元三十年(公元 1293 年),明清屡有修缮。一进院落,布局完整,有山门(戏台)、献殿、正殿、看楼(东西厢房),其中正殿是元代木构,其余为清代建筑。庙内存明万历至清道光碑刻四方。2013 年入选全国重点文物保护单位。

晋城—泽州玉皇庙 位于泽州县高都镇薛庄村。创建年代不详。占地面积 795 平方米,中轴线上有山门(倒座舞楼)、正殿,两侧依次有妆楼、厢房、廊房、耳殿,形制规整,布局有序。正殿为金代风格,其他建筑为清代风格。正殿三面墙上留存有清代壁画,画工细腻。2013 年入选全国重点文物保护单位。

晋城—泽州汤帝庙 位于泽州县南岭乡神后村。始建于金大定二十四年(公元1184年)。明正统年间沁河发大水,庙宇几乎被冲毁,后搬迁到高地上,大量原有石构件和部分木构件在重建过程中被保留。平面布局是宋、元、明、清寺庙建筑惯用的均衡对称形制,为大木结构与砖混结构结合的多时代建筑,柱子几乎全是金代风格,斗拱、昂嘴还有金代遗风,正殿柱子可能是金代原物。2013年入选全国重点文物保护单位。

晋城—泽州关帝庙 位于泽州县金村镇府城村。占地面积400平方米,四进院落,中轴线上依次为山门、戏台、关帝殿、三义殿,西侧建筑有廊庑、钟鼓楼、僧楼。正殿关帝殿面阔三间,进深八椽,单檐悬山顶,九架前廊式建筑,前廊四根柱子缠绕着两条巨龙,石雕龙、木雕龙、砖雕龙、琉璃龙,大大小小几十条龙攀附在廊柱上,把整个大殿变成了水上龙宫。2013年入选全国重点文物保护单位。

晋城—陵川玉皇庙 位于陵川县附城镇北马村。创建年代无考。一进院落,占地面积859平方米。中轴线上有山门、正殿,两侧为廊房、耳殿。正殿面宽五间,进深六椽,单檐悬山顶。现存正殿为辽代建筑,其他为明清建筑。2013年入选全国重点文物保护单位。

晋城—南召文庙 位于陵川县平城镇南召村。南召村为唐朝武氏三状元故里,相传武则天死后,武氏一支为避免唐朝李氏屠戮逃至此村,建文庙尊孔以图官宦。创建年代不详。主要建筑有山门、正殿、东西看楼、东西配殿等。正殿为元代遗构,余皆明清建筑。正殿面阔五间,进深六架椽,单檐悬山顶,梁架用材较大。2013年入选全国重点文物保护单位。

沓城—陈廷敬故居 位于阳城县北留镇皇城村。陈廷敬为清代康熙帝师、吏部尚书、文渊阁大学士、《康熙字典》总修官。别称“皇城相府”,是一处城堡式古代官宦家居建筑群。由内城和外城两部分组成,内城为明代建筑,占地面积11 565平方米,主要建筑有城墙、河山楼、藏兵洞、陈氏宗祠、树德居、世德居、容山公府、御史府及麒麟院等;外城为清代建筑,占地面积11 583平方米,主要建筑有相府、书房、花园、管家院、内宅、城墙、御书楼及功德牌坊等。2013 年入选全国重点文物保护单位。

晋城—高平三嵕庙 位于高平市米山镇河西村。创建年代不详,但宋元建筑风格明显。供奉神话传说《后羿射日》中的后羿。现存大殿三间,献殿三间,西殿两间,东西廊房各七间,山门一座并东西耳楼各两间,配殿、配楼、戏台等受损严重。2013 年入选全国重点文物保护单位。

晋中—平遥城墙 位于世界文化遗产平遥古城。平遥城的始建时间可追溯至周宣王时期,现存城墙为明洪武三年(公元 1370 年)在西周旧城的基础上重修,此后又经过数十次修补,保持了明代初期的风格。周长 6 163 米,高 8—10 米,底厚 8—12 米,顶厚 3—6 米。墙身素土夯筑,分层铺设稻草为拉筋,外壁城砖白灰包砌,顶部青砖铺墁。墙上有 6 座城门及门楼 72 座、垛口 3 000 多个。东西城门外均筑有附属的瓮城,形如乌龟的头尾和四足,且城内街道布局颇似龟背纹络,故有"龟城"之称。古城墙、镇国寺和双林寺合称"平遥三宝"。与陕西西安城墙、湖北荆州城墙、辽宁兴城城墙并列为我国现存最好的四座古城墙。1988 年入选全国重点文物保护单位。

晋中—镇国寺 位于平遥古城的郝洞村。创建于五代时北汉天会七年(公元 963 年)。占地面积 1 万平方米,建筑面积 5 000 多平方米。万佛殿造型独特,平面近正方形,屋顶为单檐歇山式,出檐深远,庞大的七辅作斗拱,总高超过柱高的三分之二,殿顶形如伞状,是我国现存唯一的五代的木构建筑;万佛殿中央为佛坛,塑有释迦牟尼等 14 尊塑像,其中 3 尊为明代塑造,其余皆为五代原作,是全国寺观庙堂中唯一保存至今的五代作品。全寺没有一根钉子,所有结构都是木头与木头相互卯楔而成。镇国寺、古城墙和双林寺合称"平遥三宝"。1988 年入选全国重点文物保护单位。

晋中—双林寺 位于平遥古城桥头村。原名"中都寺",创建年代难以确考,寺中现存的"姑姑之碑"立于北宋大中祥符四年(公元 1011 年)。至宋代,取佛祖释迦牟尼涅槃之地"双林入灭"之意,更名为"双林寺"。到元末,殿楹损坏,厅廊倾颓。明朝景泰、天顺、弘治、正德、隆庆年间以及清道光、宣统年间都曾大规模重建或重修,现存庙宇为明代和清代建筑。占地面积 1.5

万平方米，由十座殿堂组成。寺庙围墙上置垛口，内为夯土，外砌砖墙，为明代所建。保存有宋、元、明、清的彩塑2 000余尊，色彩艳丽，被誉为“东方彩塑艺术宝库”。双林寺、古城墙和镇国寺合称“平遥三宝”。1988年入选全国重点文物保护单位。

晋中—祆神楼 位于介休市北关顺城街。祆神楼为我国仅存的祆教建筑，主楼高三层，面开三间，屋顶三色琉璃瓦装饰，暗含着对数字三的崇拜；在木制斗拱和雀替中，有许多猛虎、牧羊犬、神牛、大象的图案。在祆教教义中，猛虎、牧羊犬、神牛、大象等都是神兽，数字三代表吉祥如意。1996年入选全国重点文物保护单位。

晋中—榆次城隍庙 位于榆次区东大街。始建于元至正二十二年（公元1362年），后多次扩建增修。占地面积6 000平方米，是山西省最古老、保存最完好的城隍庙之一。明弘治十年（公元1497年）修建的玄鉴楼，被世界历史文化保护基金会评为全球最精美的100处古建筑之一。1996年入选全国重点文物保护单位。

晋中—旌介遗址 位于灵石县静升镇旌介村。商代文化遗址。先后发现商代墓葬三座，车马坑一座。墓葬为土坑竖穴墓，葬具有棺、椁，或一椁三棺，或一椁二棺，填土中都有殉人、殉狗，附葬牛腿。出土有青铜器鼎、簋、尊、卣、觚、爵、羊头小刀铜器等170余件。1996年入选全国重点文物保护单位。

晋中—八路军前方总部旧址 1996年入选全国重点文物保护单位。参见全国红色旅游经典景区——八路军前方总部旧址。

晋中—介休后土庙 位于介休市老城庙底街。南朝宋孝武帝大明元年（公元457年）、梁武帝大同二年（公元536年）重修，今日格局为明正德十一年（公元1516年）重修时所置。“后土”是自初民社会所祭的“地母”神演化而来，因地母能生殖五谷，五谷由野生培植为人工生产为妇女所创造，故称地母为“后土”。后土行宫大殿面阔11间，双重檐歇山带廊，采用只有帝王宫阙才能使用的黄色琉璃瓦，雍容华贵。庙内所有琉璃制品，色彩纯正明丽,造型准确生动,被称为“琉璃建筑艺术的宝库”。2001 年入选全国重点文物保护单位。

晋中—平遥文庙 位于平遥古城东南部。始建于唐贞观初年。占地面积 35 811 平方米,各类建筑物、构筑物达 16 类 112 座,其中大成殿重建于金大定三年(公元 1163 年),为金代原构,至今保持原貌,余皆明清所建。平遥文庙是我国现存最早的文庙之一,是全国文庙中仅存的金代建筑,有我国最大的孔子及儒学先贤塑像群。2001 年入选全国重点文物保护单位。

晋中—资寿寺 位于灵石县城东郊的苏溪村。创建于唐代咸通十一年(公元 870 年)。金代末年因周围林木失火而毁。元泰定年间动工重建,明正德十六年(公元 1521 年)进行大规模补葺完善。现存建筑均为明代重修,占地面积 3 000 余平方米。各殿宇的彩塑、绘雕、构制,各有其妙,以主殿、药师殿、三大士殿的珍藏最具魅力,为我国现存明代彩塑中的珍品。2001 年入选全国重点文物保护单位。

晋中—慈相寺 位于平遥县洪善镇冀郭村。宋仁宗庆历年间建麓台塔,宋末寺焚塔毁,金天会年间在旧塔址起塔,又修殿宇、楼亭十多座。现存除正殿与砖塔为金代遗物外,余者是清代重建之物。主建筑大雄宝殿五间,殿顶悬山式,用材硕大古朴,现存“三身佛”坐像和壁画 100 余平方米,均系金代高手之作。2001 年入选全国重点文物保护单位。

晋中—乔家大院 位于祁县东观镇乔家堡村。清代著名晋商乔致庸的宅第。始建于清乾隆二十年(公元 1756 年),经近两个世纪的扩建和增修始成现时格局。城堡式建筑,围以 10 余米高的青砖墙。整个院落呈双“喜”字形,分为 6 个大院,内套 20 个小院,313 间房屋,总占地 10 642 平方米,建筑面积 4 175 平方米。亭台楼阁,雕梁画栋,堆金立粉,雄伟壮观,集中体现了清代北方民居的独特风格。2001 年入选全国重点文物保护单位。

晋中—渠家大院 位于祁县晋商老街。始建于清乾隆年间。渠氏家族是明清时期晋中巨商之一,在县城内建有 40 个院落,人称“渠半城”。整座大院占地面积 5 317 平方米,宏伟庄重,高峻威严,气象森然,为全国罕见的五进式穿堂院。内分 8 个大院、19 个四合小院，共 240 间房屋，院落之间有牌楼、过厅相接，形成院套院、门连门的格局。明楼院、统楼院、栏杆院、戏台院巧妙组合，错落有致。悬山顶、歇山顶、卷棚顶、硬山顶形式各异，主次分明，浓缩着中国传统文化元素和深厚艺术底蕴。2006 年入选全国重点文物保护单位。

晋中—清凉寺　位于平遥县。始建于元至正二年（公元 1342 年），明嘉靖年间曾增修。占地 1 500 平方米，二进院落，前后两进院，现存建筑有山门、中殿、七佛殿、东西配殿及东西廊房等。七佛殿为正殿，面阔五间，进深六椽，单檐悬山顶，七尊坐像通高近三米，背光金碧辉煌，为明代彩塑之精品。寺内存碑四通，其中一通为北魏造像碑，其余为明清碑。2006 年入选全国重点文物保护单位。

晋中—利应侯庙　位于平遥古城东北的郝洞村。纪念春秋时晋国大夫狐突的神庙。庙宇仅存大殿，建于金泰和六年（公元 1206 年），建筑设计与装饰工艺简洁典雅，具有宋、金朝代的建筑特征。2006 年入选全国重点文物保护单位。

晋中—平遥城隍庙　位于平遥古城城隍庙街。始建于明朝洪武初年，成化年间重修，清代郑板桥宰潍县时再修，并撰有《创修城隍庙碑记》。占地面积 7 302 平方米，以城隍正殿为中心，由六曹府、土地堂、灶君庙、财神庙四大部分组成。2006 年入选全国重点文物保护单位。

晋中—日昇昌旧址　位于平遥古城西大街。日升昌票号成立于清道光三年（公元 1823 年）。旧址占地近 2 000 平方米，前后三进院落，正院、偏院各三组，厅堂铺号共 67 间，建筑大部为硬山顶两层木结构式。现已辟为中国票号博物馆。2006 年入选全国重点文物保护单位。

晋中—清虚观　位于平遥县城东大街。原名“太平观”，始建于唐显庆二年（公元 657 年），几经补筑并易名，至清代复称“清虚观”。现存元、明、清三代遗构共十座，三进院落，占地面积 5 891 平方米。中轴线上有山门、龙虎殿、献殿、三清殿、玉皇阁等建筑，左右对称，布局严谨。附属文物中，以碑刻、石雕最为珍贵，宣谕碑、文告碑、记事碑、经文碑、符篆碑、画像碑、题字碑（碣）等种类繁多。2006 年入选全国重点文物保护单位。

晋中—普光寺 位于寿阳县西洛镇白道村。始建年代无考。主要建筑包括正殿、东西配殿、东西厢房、东西耳房等，占地面积约 1 100 平方米。正殿为宋代早期建筑，东西配殿为明代建筑，其余建筑均为清代遗构。2006 年入选全国重点文物保护单位。

晋中—福田寺 位于寿阳县平头镇黑水村。始建于唐代，金贞祐年间毁于兵火，元至顺四年（公元 1333 年）重建。占地 1 053 平方米，现存大小殿宇 14 间，其中正殿为元代遗构，其余皆为清代建筑。正殿面阔三间，进深七椽，单檐悬山顶，结构、用材都体现了元代建筑特点。2006 年入选全国重点文物保护单位。

晋中—龙泉寺 位于寿阳县燕竹镇孟家沟村。明天启四年（公元 1624 年）重修。占地面积 3 050 平方米，二进院落，中轴线上仅存大殿，两厢建碑廊、配殿。现存的大殿为明代遗构，其余皆为清代建筑。大殿为三层砖券窑洞，面阔七间，进深三间。寺内现存明清游记题咏碣 38 方及明代、民国碑各一通。2006 年入选全国重点文物保护单位。

晋中—回銮寺 位于介休市绵山镇兴地村。原名“空王灵溪寺”，建于唐代，唐太宗欲登绵山礼佛至此回銮，后僖宗赐名“回銮寺”。五代末毁于兵火。宋初重建，北宋末又毁。金天会十一年（公元 1133 年）于旧基而兴新构。现存山门、天王殿、大雄宝殿及东西配殿、垛殿等建筑 20 余间，占地近 1 万平方米。主体建筑大雄宝殿建于元至大元年（公元 1308 年），面阔五间，进深六椽，梁架简洁，保存元代结构。院内龙槐翠柏郁郁葱葱，别具恬静之趣。廊下有明清碑数十通。2006 年入选全国重点文物保护单位。

晋中—洪山窑址 位于介休市洪山镇。古代瓷窑，占地面积 2.5 万平方米。创烧于北宋初年，历金、元、明、清数代，烧瓷历史达千年之久。北方典型的民窑，产品有细白瓷、粗白瓷、黑釉瓷及黄釉瓷、柴釉瓷、青釉瓷等，其中细胎白瓷的烧造量最大。2006 年入选全国重点文物保护单位。

晋中—介休东岳庙 位于介休市城南的小靳村。始建年代不详,元至元、大德、清光绪年间多次重修。占地 3 100 平方米,现存影壁、山门、戏楼、钟鼓楼、献殿、正殿、后寝殿等建筑,为元、明、清代遗构。现存明清彩塑 30 余尊,碑碣 16 通。山门、正殿、寝殿皆有完整、精美的壁画。2006 年入选全国重点文物保护单位。

晋中—太和岩牌楼 位于介休市义安镇北辛武村。清光绪二十三年(公元 1897 年)建造。因通身包砌精美华丽的琉璃饰件,被称为“琉璃牌坊”。四柱三楼歇山顶琉璃砖石结构,高 8.5 米,长 9.65 米,宽 1.55 米,绚丽高贵、庄重典雅。柱头、柱底用琉璃烧造了各种不同的花卉、卷草龙、寿山、瑞兽及八卦等图案,运用了仿线刻、仿高浮雕、透雕等多种表现形式,掺入了大量的绘画技法,图案无一雷同。琉璃牌坊在全国存世甚少,太和岩牌楼是我国琉璃艺术鼎盛时期的佳作。2006 年入选全国重点文物保护单位。

晋中—介休五岳庙 位于介休市东大街草市巷。建于明景泰七年(公元 1463 年),清乾隆十五年(公元 1750 年)毁,二十八年(公元 1763 年)重建。占地面积 2 158 平方米,现存建筑有临街影壁、八字影壁、山门、戏楼、钟鼓楼、正殿、献殿、东西配殿、后寝殿等。正殿面阔五间,进深三间,单檐硬山顶,殿内明间金柱上有“二龙戏珠”悬塑。建筑顶部脊饰全部为以孔雀蓝为主调的琉璃饰件,色泽纯正,造型优美。2006 年入选全国重点文物保护单位。

晋中—张壁古堡 位于介休市龙凤镇张壁村。约始建于唐武德二年(公元 619 年)。占地面积约 12 万平方米。堡墙用土夯筑而成,高约 10 米。古堡地下遍布地道,全长万米,纵横交错。古堡内保留有空王佛行宫、真武庙、三大士殿、吕祖阁、二郎庙、关帝庙、兴隆寺、可汗王祠等古代建筑,大多是明清遗物。有一株根深叶茂的槐抱柳,相传植于宋代。2006 年入选全国重点文物保护单位。

晋中—光化寺 位于太谷区白城镇白城村。始建于唐贞观十三年(公元 639 年),宋咸平二年(公元 999 年)敕命重修,元泰定三年(公元 1326 年)

重建，明清两代多次修葺。大雄宝殿面宽五间，进深四间，八架椽，单檐九脊顶，瑰丽严整。另有四天王殿、钟鼓二楼、山门及两楹护法、左右禅院、廊庑墙垣等。在驼峰、角背、蜀柱及梁枋规制方面保留了宋金手法。2006 年入选全国重点文物保护单位。

晋中—净信寺　位于太谷区东漾邑村。创建于唐开元六年（公元 714 年），原为尼庵，后改僧院。占地 3 629 平方米，由两进院落组成。寺前立砖构“福”字影壁，戏台、三佛殿、毗卢殿、钟鼓楼、配殿等数十座建筑，保存了明清建筑风格。保存有明清彩塑 78 尊，壁画 180 平方米，唐碑、明匾等均为珍品。2006 年入选全国重点文物保护单位。

晋中—无边寺　位于太谷区城南部南寺街。创建于晋泰始八年（公元 272 年），北宋治平年间重修。北宋元祐五年（公元 1090 年）续修，寺中建塔。现有清代所建的山门及倒座戏台、天王殿、大雄宝殿、献厅、藏经楼等建筑。天王殿墙体灰色，彩绘素雅，是一座质朴沉稳的明代歇山顶小殿。还有宋代楼阁式空心塔一座、明代琉璃狮一对、古槐一棵。2006 年入选全国重点文物保护单位。

晋中—真圣寺　位于太谷区范村镇蚍蜉村。始建于金正隆二年（公元 1157 年），明清时多次修葺。现存建筑有正殿、石窑、东西配殿遗址。正殿建筑面积 113 平方米，面阔三间、进深三间，结构简洁，构架规整，为金代遗构。入寺之门石窑，面宽七间，石结构建筑，为清代遗存。2006 年入选全国重点文物保护单位。

晋中—曹家大院　位于太谷区北洸村。始建于北周武帝建德六年（公元 577 年）。曹家先人闯关东做买卖起家，渐成巨富。曹家在北恍村建造了一批富丽堂皇的宅院，以“福”“禄”“寿”“禧”字形建造的四座大院最具代表性，现存建筑即为其中的“寿”字形宅院，亦称多福、多寿、多子的“三多堂”。占地面积 6 468 平方米，并排 3 个穿堂大院，连接 3 座 3 层 17 米高的楼房，内套 15 个小院，现存房舍 277 间。保存着无数文物珍品，如：纯金火车头、明代画家仇英临摹北宋张择端的《清明上河图》、用 92 块天然花纹大理石镶成的“百寿大屏风”、用天然贝壳雕琢的吉祥图案。2006 年入选全国重点文物保护单位。

晋中—安禅寺 位于太谷区安禅寺巷。创建年代不详,宋咸平四年(公元 1001 年)再建,元延祐三年(公元 1317 年)重修,清光绪年间再次修葺。现仅存藏经殿、后殿。藏经殿为北宋早期建筑,后殿为清代建筑。2006 年入选全国重点文物保护单位。

晋中—晋祠庙 位于灵石县马和乡马和村。创建于元至正年间,明代嘉靖、隆庆、万历年间三次补修。现存建筑有正殿、献亭、戏台及钟鼓楼、配殿等。正殿称“昭济圣母殿”,单檐悬山顶。献殿为元代所建,单檐歇山顶。戏台建于清道光十三年(公元 1833 年),建筑面积 80 平方米。祠内保存石碑数通,最早的为明万历十七年(公元 1619 年)所镌。2006 年入选全国重点文物保护单位。

晋中—灵石后土庙 位于灵石县静升镇静升村。始建年代不详,元大德八年(公元 1304 年)重修,现仅存献殿和正殿,占地面积 1 088 平方米。献殿平面呈方形,单檐歇山顶。大殿面宽三间,进深六椽,单檐悬山布灰瓦顶。保存有明正德五年碑(公元 1510 年)、清乾隆四十六年碣(公元 1718 年),字迹多已漫漶。2006 年入选全国重点文物保护单位。

晋中—王家大院 位于灵石县静升村。建于清代康熙、雍正、乾隆、嘉庆年间。共有大小院落 231 座,房屋 2 078 间,总面积 8 万平方米,规模宏大。东大院俗称“高家崖”,由 3 座大小不同的矩形院落组成,主体建筑是两座三进四合院。西大院是城堡式封闭型住宅群,因堡门为红色,俗称“红门堡”,共有院落 27 座。王家大院是清代民居建筑的集大成者,号称“三晋第一宅”。2006 年入选全国重点文物保护单位。

晋中—金庄文庙 位于平遥县金庄村。始建于元至顺四年(公元 1335 年),明万历、清康熙、嘉庆年间三次重建。占地面积 1 056 平方米,现存三进院落,建筑面积 500 余平方米。大成殿面阔三间,原供孔子、四配、十哲像,后加有若和朱熹二哲像,廊下存清碑碣五通。院内还有五爪柏一株。2006 年入选全国重点文物保护单位。

晋中—左权文庙大成殿 位于左权县县城辽阳街。相传创建于晋代。大成殿于元大德年间重建,总面积 410 平方米,面阔五间,进深三间,通高 13.5 米,重檐歇山顶,共用柱 44 根,柱础石为青石,屋顶瓦、脊及其上的仙人走兽全为绿色琉璃,结构简练,气势恢宏,为典型的元代建筑风格。2006 年入选全国重点文物保护单位。

晋中—什贴墓群 位于榆次区什贴村。南北朝时期韩轨及其家族的墓葬群。韩轨为北齐狄那人,青州刺史,后拜大司马。墓葬散布在黄土高原的塬峁之上,占地面积约 8 万平方米。现存封土墓 6 座,无封土墓 1 座,墓葬均为带天井、过洞、斜坡墓道的土洞墓。2006 年入选全国重点文物保护单位。

晋中—崇教寺 位于昔阳县城北部。创建于宋熙宁二年(公元 1069 年),元、明、清各代屡有修缮。占地面积 550 平方米,包括前后大殿、左右配殿。前殿和后殿均面阔五间,进深三间,左右配殿面阔三间,进深一间。四大殿面向院内的檐部斗拱共计 33 朵,保存完好。2006 年入选全国重点文物保护单位。

晋中—兴梵寺 位于祁县东观镇东观村。始建于宋天圣三年(公元 1025 年)。现存大雄宝殿,面阔五间,进深六椽,建筑面积 287 平方米,单檐歇山顶,斗拱为四铺作出单抄,梁架结构为四椽栿对,前后搭牵用四柱,屋顶琉璃剪边,三个绿色琉璃麒麟托起的装饰高高耸立于瓴脊之上。殿内塑像已毁。2006 年入选全国重点文物保护单位。

晋中—懿济圣母庙 位于和顺县平松乡合山村。懿济为古代部落联盟首领枢姑氏之女,宋朝号懿济圣母,建此庙祭祀,元代重修,历代均有修葺。占地面积 2 600 平方米,由上下二院及显泽侯神祠组成。上院有圣母殿、献殿、眼光殿、痘疹殿、白龙殿、药王殿,下院有牌楼、山门、戏台、东西廊房及禅院,显泽侯神祠有大王殿、虫王殿、阎王殿、财神殿、土地庙、山门。主体建筑圣母殿为元代建筑,余为明清建筑。2006 年入选全国重点文物保护单位。

晋中—崇圣寺 位于榆社县上赤峪村。创建于唐代,南宋毁于战火,金大定年间重建，元、明、清均有修葺。分上、下两院，建筑面积 1 840 平方米。上院释迦佛大殿面宽三间，进深三间六椽，单檐歇山顶，为元代遗构。下院有山门、法堂、方丈室，为明清时修建，保存完好。保存有唐代石刻造像六尊、元代石塔二座、明代砖塔一座。2006 年入选全国重点文物保护单位。

晋中—福祥寺　位于榆社县河峪乡岩良村。始建于晚唐，金大定年间重修，历代均有修葺。现仅存大雄宝殿、天王殿，占地面积 845 平方米。大雄宝殿面阔五间，进深三间，单檐悬山顶，保留了金代建筑风格；殿内两侧有元代壁画约 80 平方米，线条流畅，形态传神。殿内存六角形经幢 1 节，为晋代原物。2006 年入选全国重点文物保护单位。

晋中—白云寺　位于平遥县卜宜乡梁家滩村。相传创建于唐朝，重修于明嘉靖十六年（公元 1537 年），后经过九次增补维修。依山筑基，就岩起屋，四进院落，60 间殿宇藏于山坳丛林之中，占地面积 7 793 平方米。现存主要建筑有山门、弥陀殿、观音阁、大雄宝殿、七佛殿、观音殿、地藏殿等，其中弥陀殿、大雄宝殿、观音阁内均有彩塑。2013 年入选全国重点文物保护单位。

晋中—慈胜寺　位于平遥县襄垣乡襄垣村。始建年代不祥，明、清重修。现存戏台、正殿及东西配殿。正殿为明代后期遗构，面阔三间，进深六椽，梁架结构简洁，用材较细，山花之上尚有墨画，图案为山石花草、楼阁亭台。2013 年入选全国重点文物保护单位。

晋中—南神庙　位于平遥古城南郊的干坑村。始建年代不详，明代重修。三进院落，现存山门、天王殿、光明菩萨殿、石佛殿等建筑。光明菩萨殿面阔三间，进深四椽。殿内主祀的“光明菩萨”耶输陀罗。满堂彩塑，世俗风格明显，清代中后期手法显著。2013 年入选全国重点文物保护单位。

晋中—隆福寺　位于平遥县南政乡南政村。始建于元大德二年（公元 1298 年），明代重修，清嘉庆五年（公元 1800 年）补修。两进院落，占地面积 2 927 平方米。中轴线上自南而北为影壁、山门、关公殿、韦驮殿、弥陀殿、正殿。山门两翼有拱券窑洞，上建钟鼓二楼。正殿面阔五间，进深六椽，单檐歇山顶。2013 年入选全国重点文物保护单位。

晋中—雷履泰旧居 位于平遥县城上西门街。雷履泰是我国第一家票号——日升昌的创始人，故居为雷履泰晚年居住之地。建于清嘉庆末年至道光初年，为由两主院、两跨院组成的传统住宅，占地面积 3 888 平方米。中院是故居的主体，属平遥典型的“三截两院过道厅”院式格局。房舍建筑用材硕大，造型粗犷，砖木石构件雕饰别致。2013 年入选全国重点文物保护单位。

晋中—永福寺过殿 位于平遥县朱坑乡北依涧村。建于元代，明、清两代曾有修葺。前后两进院，建筑面积 1 302 平方米。中轴线上有天王殿、大雄宝殿、西天古佛殿，巍峨庄严，肃穆壮观。原有正殿和东、西配殿，已被拆毁。全寺所有彩塑以及山门外的戏台，一概不存。唯古佛殿地下西段埋藏有废除的石雕佛数尊。2013 年入选全国重点文物保护单位。

晋中—惠济桥 位于平遥县城惠济河上。建于清康熙十年（公元 1671 年），因桥有九个券孔，亦称“九眼桥”。全长 80 米，桥面宽 7.4 米，由条石铺砌而成，黏合牢固规整。桥身呈弧形，中间一孔弧矢距河床表面高约 6 米。桥身两侧各立高约 1 米的石质望柱 40 根，望柱间装砌单钩阑石质栏板。栏板、望柱上雕刻有细腻的动物花卉图案。各拱券净跨 4.2—4.9 米，石墩高 5 米。2013 年入选全国重点文物保护单位。

晋中—平遥市楼 位于平遥县城中心。兴建年代不详，清康熙二十七年（公元 1688 年）曾重修。三重檐木构架楼阁，高 18.5 米，歇山造，黄绿琉璃瓦顶。底层面阔、进深各三间，四角立通柱，外包砖墙。楼之上架施斗拱，斗拱全部外露。内设前后神龛，武圣关帝像与观音大士像相背而坐。2013 年入选全国重点文物保护单位。

晋中—圆智寺 位于太谷区范村镇。建于唐贞观年间，金天会九年（公元 1132 年）重修，明清两代多次重修，现存建筑多为明清所建。占地面积约 9 000 平方米，二进院落，现有殿宇 70 多间。整个寺院的正脊、重脊及龙吻、仙人、兽头、勾头、滴水都饰以琉璃瓦件，分布于滴水、勾头、正脊、重脊、龙吻的龙的形态无有雷同。保存有485平方米的壁画。两株树龄近千年的牡丹和一株楸树仍然枝繁叶茂。2013年入选全国重点文物保护单位。

晋中—山西铭贤学校旧址 位于太谷区山西农业大学校园内。铭贤学校由孔祥熙创办于清光绪三十三年(公元1907年),1951年更名为“山西农学院”。旧址原为太谷区望族孟氏的“孟家花园”,建于清中叶。孟家花园初建时占地面积22 000平方米,现存建筑占地面积约8 000平方米,分东、中、西三院,东院为两进院落,中院(祀神区)系四合院,西院(寝室及书斋区)是三进院落。2013年入选全国重点文物保护单位。

晋中—孔家大院 位于太谷区明星镇。原系太谷士绅孟广誉的老宅,始建于清乾隆年间,1930年为民国时期四大家族之一的孔祥熙购得。占地面积6 324平方米,由东西花园和多个横排的四合套院组成,各院之间有垂花门、宝瓶门和八角或月牙门相通,隔墙用多种造型的窗户予以装饰;主体建筑均使用斗拱飞椽,木构部分雕梁画栋,沥粉堆金,宛似七彩虹霓,既有北方民居的风格,又有南方园林的特色。2013年入选全国重点文物保护单位。

晋中—妙觉寺 位于太谷区阳邑乡。汉传佛教寺院,创建年代不详,明嘉靖、清道光年间重修。现存建筑千佛殿是清代建筑,其他均保留明代建筑风格。占地面积约1 200平方米,二进院落布局,中轴线上有过殿(千佛殿)、正殿(大雄宝殿),两侧东西有配殿。过殿面阔三间、进深四椽,单檐悬山顶。2013年入选全国重点文物保护单位。

晋中—介休城隍庙 位于介休市东大街。始建于明洪武三年(公元1370年),明弘治八年(公元1495年)大修。四进院落,占地面积2 637平方米,现存建筑有山门、戏台、钟鼓楼、正殿、东西跺殿及东西廊庑等。戏台面宽五间,进深四椽,单檐卷棚硬山顶,黄绿蓝琉璃脊刹、吻兽和琉璃瓦方心点缀。正殿面宽七间,进深六椽,重檐歇山顶,黄绿色琉璃脊饰。2013年入选全国重点文物保护单位。

晋中—云峰寺石佛殿 位于介休市绵山抱腹岩。云峰寺始建于唐贞观年间,因建于抱腹岩而名“抱腹寺”。殿宇依山势而筑,占地3 932平方米。

现存石佛殿为明代遗构,石木混合建筑,面宽三间,进深一间,歇山顶,两山与后檐包砌石墙,所有斗拱、梁枋、窗楼均为石雕。2013 年入选全国重点文物保护单位。

晋中—源神庙 位于介休市洪山镇洪山村。相传为唐初尉迟恭任介休县令时为纪念大禹治水而建,现存建筑保持了明万历十六年(公元 1588 年)扩建后的风貌。占地 711 平方米,依山势呈阶梯状,层层升级,步步登高,环境清幽,池伴古庙,建造精美,有“华宫”之誉。现存碑碣 20 余通,记录有宋代名相文彦博“始开三河”的功绩,载有明代知县王一魁治理洪山水利的实迹。2013 年入选全国重点文物保护单位。

晋中—梁村遗址 位于祁县城东南郊的果村。新石器时代仰韶文化庙底沟类型遗址,占地面积约 2 平方千米。村西北高崖头断面上,露出明显的烧灰层和灰坑,含有丰富的遗存物。出土的器物有陶、石、骨器。陶器有彩陶、红陶、灰陶等。形制上有罐、钵、鬲等。石器有石斧、石球、石刀、石环等 13 件。骨器有骨镞 16 个,骨凿 5 个,骨针 2 个,骨锥 4 个,蚌器有穿孔蚌壳、蚌环、蚌刀等。2013 年入选全国重点文物保护单位。

晋中—石马寺石窟 位于昔阳县城西南的石马村。初名“落鹰寺”,始建于北魏永熙三年(公元 534 年),石窟建成后取名“石佛寺”。后因唐李世民赐石马一对,易名“石马寺”。寺现存石窟 3 个,佛龛 178 个,摩崖造像 1 500 多尊,石刻造像的时间在大同云冈石窟之后、洛阳龙门石窟之前。石窟顶部的悬蜗卧顶式建构,举世无双,被誉为我国石窟艺术的“小家碧玉”。2013 年入选全国重点文物保护单位。

晋中—大寨人民公社旧址 位于昔阳县大寨村。大寨地处太行山腹地,七沟八梁一面坡,自然环境恶劣。1963 年遭受一场毁灭性的洪涝灾害,大寨群众自力更生、艰苦奋斗,重建家园。1964 年毛主席发出“农业学大寨”的号召,全国掀起“农业学大寨”的高潮。周恩来、李先念、叶剑英、邓小平、陈毅等相继视察大寨,来自五大洲 134 个国家的 2.5 万人到大寨参观访问,其中包括 22 位国家元首和政府首脑。旧址包括东窑十孔,北窑三孔,北排房三栋,大门一座,是当时人民公社的代表性建筑。2013 年入选全国重点文物保护单位。

晋中—寿圣寺 位于左权县桐峪镇苇则村。创建年代不详。四合院布局,轴线上自南而北建有山门、正殿。山门两侧建有钟鼓楼,院内东西两侧建配殿,鼓楼与配殿现已不存。山门面阔三间,进深四椽,单檐悬山顶,筒板瓦覆盖,正脊为黄绿琉璃的飞龙和牡丹,姿态各异,神型兼备。正殿面宽五间,进深六椽,单檐悬山顶,正脊为黄绿琉璃的飞龙和牡丹,脊刹两侧设兽头吞脊,鸱尾为黑色琉璃。2013 年入选全国重点文物保护单位。

晋中—普照寺大殿 位于左权县拐儿镇寺坪村。创建于五代后晋天福年间,明崇祯、清顺治年间重修,现仅存大殿,为元代遗构。大殿占地面积 375 平方米,面阔七间,进深六椽,单檐歇山顶,筒板瓦布顶,正脊覆绿色琉璃,饰黄色忍冬纹。殿前后各存重修碑两通,殿前 60 米处存石狮两只。2013 年入选全国重点文物保护单位。

晋中—灵石文庙 位于灵石县静升镇。元至元二年(公元 1336 年)落成,明清及民国年间多次维修。占地面积 2 237 平方米,两进院落布局,中轴线上现存戟门、大成殿,两厢建奎星楼、配殿。大成殿面宽三间,进深五椽,六檩前廊式结构。建筑以元明为主,门口影壁为元代遗物。其壁心为“鲤鱼跃龙门”双面镂空石雕,高七米,宽十余米,波浪翻滚,二龙飞舞腾跃,显首藏尾,其中有一条鱼正冲向龙门,头已成龙,尾还是鱼。2013 年入选全国重点文物保护单位。

大同—华严寺 位于平城区下寺坡街。始建于辽重熙七年(公元 1038 年)。占地面积 6.6 万平方米,单体建筑 30 余座。上华严寺大雄宝殿面阔九间,进深五间,建筑面积 1 559 平方米,是我国现存辽金时期最大的佛殿之一;正脊上的琉璃鸱吻高 4.5 米,北吻是金代原物,南吻是明代制作,为我国古建筑上最大的琉璃吻兽。下华严寺薄伽教藏殿面阔五间,进深四间,单檐九脊顶,正脊两端矗立着高达 3 米的琉璃鸱吻,为辽代旧物。藏有明、清藏经 1 700 余函 18 000 多册,其中有明代永乐和万历年间刻印的佛经 1 700 多册,还有一套清代年间刻印的、完整的《龙藏》。华严宝塔是继应县木塔之后我国第二大纯木榫卯结构的方形木塔，通高 43 米，塔下近 500 平方米的千佛地宫，采用 100 吨纯铜打造而成。1961 年入选全国重点文物保护单位。

大同—善化寺　位于大同城内西南部。创建于唐开元年间，亦名“开元寺”。辽保大二年（公元 1122 年）遭受战争破坏，金天会至皇统年间重建，明正统十年（公元 1445 年）又加整修，改名“善化寺”。大雄宝殿建于辽代，西壁和南壁绘佛教故事壁画，以一堵墙为一幅，中间画 1—3 尊大佛，结跏趺坐莲台上，周围画罗汉、菩萨、善男信女，虽为清初作品，仍可看元代画风。1961 年入选全国重点文物保护单位。

大同—云冈石窟　1961 年入选全国重点文物保护单位。参见世界遗产——云冈石窟。

大同—平型关战役遗址　1961 年入选全国重点文物保护单位。参见全国红色旅游经典景点——平型关战役遗址。

大同—悬空寺　位于浑源县恒山翠屏峰的峭壁间。原称“玄空阁”，“玄”取自于我国传统宗教道教教理，“空”来源于佛教教理。后因整座寺院像悬挂在悬崖之上，汉语中“悬”与“玄”同音，改名“悬空寺”。佛、道、儒合一的寺庙，建成于北魏太和十五年（公元 491 年），现存建筑为明清两代修缮。共有楼阁殿宇 40 间，呈一院两楼布局。全寺只见十几根碗口粗的木柱支撑，最高处距地面约 50 米，半插飞梁为基，巧借岩石暗托，梁柱上下一体，廊栏左右相连，巧夺天工。“悬空寺，半天高，三根马尾空中吊”，选址之险，建筑之奇，结构之巧，内涵之丰富，堪称一绝。1982 年入选全国重点文物保护单位。

大同—平城遗址　位于大同市城区及其附近。北魏中期都城遗址，在汉代平城县的基础上扩建而成。由宫城、外城、郭城三部分组成，地方千里，规模宏大。当时平城居住着鲜卑、汉、匈奴、高车、高丽、柔然、羯、氐、羌、宾等十几个民族，人口稠密，市井繁华。1988 年入选全国重点文物保护单位。

大同—许家窑侯家窑遗址　位于阳高县许家窑村与河北省阳原县侯家

窑村之间的梨益沟西岸。旧石器时代中期遗址，占地面积约1平方千米。在许家窑村地下8米深处发现古人类的额、顶、枕骨化石，石核、石片等石器及骨角器3万余件，脊椎动物化石20多种。人类化石年代距今约10万年，被称为“许家窑人”；“许家窑人”的发现，弥补了旧石器时代早期“北京人”与旧石器时代晚期“峙峪人”之间的空白。侯家窑遗址出土了老、中、青年共14个人的个体顶骨、枕骨、下颌骨化石，属“北京猿人”后裔，出土大量石器石核、石片、石钻、石球、雕刻器、刮削器，还有野马、鸵鸟、羚羊等多种动物化石。1996年入选全国重点文物保护单位。

大同—九龙壁 位于平城区和阳街。建于明洪武末年，是明太祖朱元璋第13子朱桂代王府前的琉璃照壁。壁高8米，厚2.02米，长45.5米。壁面由426块特制五彩琉璃构件拼砌而成，9条飞龙以飞腾之势跃然壁上，龙的间隙由山石、水草图案填充，互相映照烘托。壁顶覆盖琉璃瓦，顶下由琉璃斗拱支撑。壁底为须弥座，高2.09米，敦实富丽，上雕41组二龙戏珠图案。腰部由75块琉璃砖组成浮雕，有牛、马、羊、狗、鹿、兔等多种动物形象。2001年入选全国重点文物保护单位。

大同—永安寺 位于浑源县城鼓楼北巷。创建于金代，元明清代曾多次重修。原有规模宏大，现后部已毁，仅存山门、护法天王殿、传法正宗殿及配殿。主要建筑沿中轴线对称布置。传法正宗殿于元延祐二年（公元1315年）在金代大殿基础上重建，面阔五间，进深六椽，单檐庑殿顶，梁架用材、斗拱制作都仿照金代规范。2001年入选全国重点文物保护单位。

大同—大云寺大雄宝殿 位于浑源县荆庄乡荆庄村。大云寺始建于北魏后期，原有三进院落、四座殿宇，现仅存大雄宝殿一座。大雄宝殿主体构架为金代所建，面阔三间10.90米，进深两间8.75米，单檐歇山顶，高约8米，屋顶为绿色筒瓦覆盖，内壁皆为壁画。2001年入选全国重点文物保护单位。

大同—曲回寺石像冢 位于灵丘县三楼乡曲回寺村。曲回寺建于唐开元二十一年（公元733年）。石像冢散布在寺庙附近，均为石块砌垒，上以长条石封顶，再以沙石土掩埋。冢体大小不等，一般高三四米，围二三十米，外观与坟墓无异。每冢增留一小门,从外部能看见内部的石像。每座冢中安置着十尊左右的佛、菩萨、金刚、供养人等雕像。发掘出的石像最大的高1.2米,面目已经模糊,但衣带清晰可辨。2001年入选全国重点文物保护单位。

大同—觉山寺塔 位于灵丘县城东南郊。创建于北魏太和七年(公元483年),现存庙宇为清代光绪年间重建后的遗构。觉山寺塔为典型的辽代密檐空心塔,建于辽大安六年(公元1090年),现存为宋代所建,13层,通高43.54米。塔内四壁存有精美的壁画,为明代风格。塔座四周,有砖雕歌舞伎,舞姿优美,生动感人;砖雕武士形象威武雄健,栩栩如生。2001年入选全国重点文物保护单位。

大同—永固陵 位于新荣区镇川乡。北魏时期,这里建有灵泉宫和灵泉池,是规模较大的皇家行宫。永固陵始建于北魏太和五年(公元481年),占地面积2平方千米,主要包括北魏文成帝和文明皇后冯氏陵墓"永固陵"及陵庙"永固堂"、孝文帝虚宫"万年堂"、陵园门阙基址、"思远浮屠"遗址、灵泉宫池遗址以及登山的御道。永固陵地表有高大的封土,墓室由墓道、前室、过道和主室组成;墓室门框上雕有口衔宝珠的朱雀和手捧花蕾的赤足童子,是北魏石雕中的精品。2001年入选全国重点文物保护单位。

大同—七峰山禅房寺塔 位于云冈区七峰山。禅房寺建于唐大宝年间,已毁于清代。禅房寺塔建于辽代,高约20米,6角7层实心砖石结构。塔基全部用规整的长方石料砌成,石条间不用泥灰黏合而是用小木榫铺垫。基座以上的束腰每块石头上都雕有莲花、牡丹以及其他植物图案,8个角上各雕有勇猛威武的力士。砖塔檐角原挂有风铃3 000多枚。塔顶为镏金莲珠塔刹。现存明、清及民国匾、联54块,不乏上乘之作。2006年入选全国重点文物保护单位。

大同—山西省立第三中学旧址 位于大同城西武周山西岩寺下。前身是创建于清光绪三十年(公元1904年)的大同府中学堂。旧址占地面积31.6万平方米,八柱校门、天圆地方行政中心、12座四阿顶教室、立志大礼堂、曲尺形图书馆等,都保存完好。总体布局规整有序,单体建筑造型新颖独特,细部处理精致优美,呈现出20世纪初年折中主义的建筑风格。2006年入选全国重点文物保护单位。

大同—栗毓美墓 位于浑源县永安镇。栗毓美曾任河东河道总督,因治理黄河而闻名,清道光二十年(公元1840年)积劳成疾而卒,道光皇帝下谕追赠太子太保衔,敕建坟墓,御赐祭文。墓区砖券大门居中,两通汉白玉碑分立大门两侧;汉白玉牌坊制作精致,牌坊前两侧各有一汉白玉墓表;墓道两侧对称地排列着5组10尊石像生,高大威严。陵墓封土高4.8米,墓室内有民族英雄林则徐所书的墓志铭。2006年入选全国重点文物保护单位。

大同—古城堡墓群 位于阳高县古城镇。西汉早期墓葬,现存墓冢58座,保存基本完整,其中5座有盗洞。随葬器物非常丰富,有铜器、陶器、漆器、铜镜、麻布、靴、砚、罗、缯、印章、小型车马器模型等。2006年入选全国重点文物保护单位。

大同—云林寺 位于阳高县新华南街文物巷。始建年代不详,现存系明代建筑。大雄宝殿面阔五间,进深四间,单檐庑殿顶,坡度较陡,用材断面合理,纵横构件连接牢固;三面殿墙满绘壁画,计123组,重彩平涂,立粉贴金,金碧辉煌。保存有泥塑像25尊,基本完好。2006年入选全国重点文物保护单位。

大同—水神堂 位于广灵县壶泉镇壶山上。始建于明代嘉靖年间,清代乾隆年间增建文昌阁。占地7 600平方米,房舍40多间。建筑主体为九江圣母祠和观音庵,配有东西观赏厅和龙虎廊,院内建有7级砖塔。灵应宝塔通高17.5米,塔身7层,仿木结构,玲珑俊逸,通体砖雕,精巧朴实。2006年入选全国重点文物保护单位。

大同—沙梁坡墓群 位于天镇县南河堡乡冯家夭村。东汉时期戍边将士墓地。现存汉墓44座,散落在一眼望不到边的沙土坡上,墓葬之间的距离近的30多米,远的3 000—5 000米。墓葬封土堆一般高8—12米,周长50—90米,全部由黄土堆夯垒而成,有竖穴洞式墓、木椁墓、土坑墓、砖室墓等多种墓葬形制。随葬品有铜镜、五铢钱、带钩、印章、环首刀、玉饰品、砚台、陶罐、陶壶、陶虎等文物。2006 年入选全国重点文物保护单位。

大同—慈云寺 位于天镇县县城西街。始建于唐末,明宣德三年(公元 1428 年)重修。现存建筑 31 座,除钟鼓楼为元代遗构外,其余均为明清建筑。主殿毗卢殿高 15 米、宽 23.5 米,殿脊为直径 1 米的琉璃葫芦瓶,瓶上铁铸莲花,莲叶上栖一待飞的铁制侯风鸟,完好无损。释迦殿有明代壁画 50 多平方米,人物形象鲜明。钟楼悬一 400 多千克的大铁钟,铸于明宣德七年(公元 1432 年)。清光绪二十六年(公元 1900 年)慈禧太后与光绪皇帝离京西逃落脚慈云寺,慈禧题词"英灵万古",光绪帝题词"山河闲气"。2006 年入选全国重点文物保护单位。

大同—大同煤矿万人坑 2006 年入选全国重点文物保护单位。参见全国红色旅游经典景区——大同煤矿遇害矿工"万人坑"展览馆。

大同—观音堂 位于平城区。始建于辽代重熙六年(公元 1037 年),数次毁于兵火。现存建筑系清顺治八年(公元 1651 年)重建。占地面积 7 400 平方米,分前后两院,戏台、观音堂、三真殿沿中轴线排列,迭层升高。正殿有一尊 6 米高的石雕观音像,观音两侧有 2 米高的石雕胁侍立像两尊,系辽代所作。寺前的三龙琉璃照壁,为明代遗物。寺西摩崖上镌有 3 米见方的双钩"佛"字,为辽代遗迹。2013 年入选全国重点文物保护单位。

大同—关帝庙大殿 位于鼓楼东街。明代屡有修建,清康熙、乾隆年间有增修。现仅存大殿,为元代建筑。大殿面阔三间、进深三间,单檐歇山顶,上覆琉璃瓦。清代增置的平棋藻井上绘制的龙形图案,多姿多态,别具一格。殿前的抱厦,面阔三间、进深两间,为清代所增建。2013 年入选全国重点文物保护单位。

大同—圆觉寺塔 位于浑源县城石桥北巷。圆觉寺建于金正隆三年(公元 1158 年),20 世纪 30 年代日本侵略者将寺内木结构建筑全部拆毁,仅存砖塔一座。塔高 9 层,密檐飞拱,通体砖砌,呈八角形,全仿木结构。塔基须弥座高达 4 米,四周镶满砖刻浮雕,其中有舞乐人像 40 个,姿态各异,逼真动人。每层檐角皆悬风铃,共有风铃 72 个,风动铃响。铁刹尖端有一翔凤,随风转动,是精巧的天然风向标。2013 年入选全国重点文物保护单位。

大同—律吕神祠 位于浑源县东北部的神溪村。建于北魏时期,元至元六年(公元 1269 年)重修。祠庙名为“律吕”,源自“律吕报雨”的传说。正殿面宽三间,进深两间,古朴庄严;殿内壁四周有近 70 平方米的四海龙王行云布雨彩绘壁画,共有各种大小人像 139 个,笔工精细。祠内树有水母娘娘夫妇塑像。东西两旁建有钟鼓楼,南面是砖砌五龙壁。2013 年入选全国重点文物保护单位。

大同—浑源文庙 位于浑源县城内西大街。建于辽金以前,元朝初年扩建,明成化八年(公元 1472 年)开启大规模重建。占地面积 3 720 平方米,中轴线上建有戟门、大成殿、崇圣祠。大成殿面阔五间,进深三间,单檐歇山顶,黄绿色琉璃瓦覆顶。2013 年入选全国重点文物保护单位。

长治—八路军总司令部旧址 1961 年入选全国重点文物保护单位。参见全国红色旅游经典景点——八路军总部旧址。

长治—法兴寺 位于长子县张店乡庄头村。创建于北魏。中轴线上依次排列有山门、舍利塔、燃灯塔、圆觉殿、毗卢殿以及廊庑配殿等。法兴寺的闻名在于“三绝”:一是唐咸亨四年(公元 673 年)建造的石舍利塔,唐高祖十三子郑惠王曾赐藏经 3 000 卷;二是唐大历八年(公元 773 年)建造的燃灯石塔,燃灯石塔通常称作“长明灯”,是佛教的六种供具之一;三是宋元丰四年(公元 1081 年)重建的圆觉菩萨殿口的宋代彩塑。1988 年入选全国重点文物保护单位。

长治—大云院 位于平顺县城西北部的龙耳山中。我国现存的九座五代木结构建筑之一。创建于五代晋天福三年(公元 938 年),北宋建隆元年(公元 960 年)已有殿堂 100 余间。大佛殿面阔三间,进深六椽,单檐歇山顶,飞檐起翘,屋坡平缓,形制古朴,殿内的五代壁画是稀世佳作。寺南山岗上有青石雕凿的浮屠七宝塔,是五代遗物;百米外的土崖上有三国马超避兵的 72 个连环洞。1988 年入选全国重点文物保护单位。

长治—天台庵 位于平顺县耽车乡王曲村。始建于唐末天祐四年(公元 907 年),是我国目前仅存的四座唐代木结构古建筑之一,我国佛教最早的宗派“天台宗”的庵院。占地面积 970 平方米,佛殿广深各三间,面阔 7.15 米,进深 7.12 米,屋坡举折平缓,四翼如飞,单檐筒板布瓦,琉璃脊兽歇山顶,殿内没有一根柱子,结构简练,相交严实,没有繁杂装饰之感。1988 年入选全国重点文物保护单位。

长治—崇庆寺 位于长子县城东南的紫云山山麓。始建于北宋大中祥符九年(公元 1016 年)。宋元丰二年(公元 1079 年)完备塑像,明清均有扩建和修葺。占地面积 2 081 平方米。主殿千佛殿面宽三间,进深三间,六架椽屋,单檐九脊殿式屋顶,为宋代原构,殿内塑像依旧。三大士殿面阔三间,悬山顶,梁、枋、柱、额几乎全是宋代原物。地藏殿三开间,悬山顶,殿顶琉璃、门窗装修以及众多塑像皆为明代遗物。院内甬道两旁各有一丛千年牡丹。1996 年入选全国重点文物保护单位。

长治—龙门寺 位于平顺县石城镇源头村。创建于北齐天保年间,五代后唐及宋金时期曾予大规模扩建。现存后唐、宋、金、元、明、清建筑 70 余间,占地面积 5 070 平方米。布局为东、中、西三路轴线,各条轴线又分为前院、中院和后院。主要建筑均分布在中轴线上。建筑依地形而建,高低错落,主次分明。西配殿面宽三间,进深四椽,构造简洁,是我国现存唯一的五代时期悬山式建筑。1996 年入选全国重点文物保护单位。

长治—梁家庄观音堂 位于长治市西北郊的梁家庄。创建于明万历十年(公元 1582 年)。二进院落。天王殿、香亭、钟鼓楼、观音殿等以中线对称排列。主要文物为观音殿内 500 余尊明代彩塑,人物众多,仪态万千,是难得一见的珍品。每年农历二月十九(观音诞生日)和六月十九日(观音成道日)举办庙会,信徒会云集献香祈福。2001 年入选全国重点文物保护单位。

长治 正觉寺 位于上党区司马乡看寺村。寺名取佛经“登上正觉彼岸”之意。唐大和年间始建,金代重建,宋、元、明都有修葺。现存建筑后殿为金代遗构,东西配殿为元代重建,过殿为明代建筑。二进院落,占地面积 2 448 平方米。后殿面阔五间,进深六架椽,单檐歇山顶,布灰筒板瓦顶,梁架简洁明朗,结构合理。2001 年入选全国重点文物保护单位。

长治—潞安府城隍庙 位于长治市东大街庙道巷。元至元二十二年(公元 1285 年)创建,明弘治、清道光年间曾重修。占地面积 12 229 平方米,建筑面积 5 175 平方米,规模宏大,布局和谐,主次分明,错落有致,飞檐凌空,斗拱交错,琉璃堂皇,是我国现存府城隍庙中规模最大、保存最好的一座。中大殿和角殿为元代建筑,重楼(玄鉴楼)、戏楼、寝宫为明代建筑,廊房、耳殿为清代建筑。2001 年入选全国重点文物保护单位。

长治—洪济院 位于武乡县东良乡东良侯村。创建年代不详。元、明、清历代屡有修葺,现存主体建筑正殿为金代风格,余皆明、清时期重建。两进院落,占地面积 1 036 平方米。正院有戏楼、钟鼓楼、南殿、正殿、东西配殿,偏院内主要建筑为关公殿。正殿为寺院主殿,面阔五间,进深三间,单檐悬山顶,用材规整。保存有清代壁画 92 幅,共约 120 平方米。山墙外的千佛塔,高约 2 米,浮雕坐佛 1 000 余尊。2001 年入选全国重点文物保护单位。

长治—会仙观 位于武乡县监漳镇监漳村。始建于金正大六年(公元 1229 年),历代曾数次修葺。占地面积 1 920 平方米,三进院落,主体建筑三清殿为金代遗构,玉皇殿为元代建筑,余皆明清所建。三清殿面宽五间,进深三间,单檐歇山顶,梁架结构简洁,形制古朴。玉皇殿面阔三间,进深四椽,单檐歇山顶。2001 年入选全国重点文物保护单位。

长治—大云寺 位于武乡县故城镇故城村。创建年代不详。北齐河清四年(公元 565 年)重修,金大定年间重建三佛殿。两进院落,占地面积 7 900 平方米。主要建筑有观音殿、大雄宝殿。观音殿面宽五间,进深三间,单檐悬山顶,为清代遗构。大雄宝殿为金代原构,面阔五间,进深三间,单檐悬山顶。各殿共保存有壁画 200 余平方米。2001 年入选全国重点文物保护单位。

长治—明惠大师塔 位于平顺县不兰岩乡虹霓村。原为海惠院内的建筑,寺院早毁,唯塔独存。唐乾符四年(公元 877 年)明惠大师主持海惠院时被杀,后捧舍利为大师建塔。我国现存仅有的一座五代时期石塔,高约 6 米,塔基用青石垒砌,塔身单檐四柱式,塔顶四坡,瓦陇皆备,中置叠涩刻山花蕉叶,塔刹束腰;塔身门两侧雕金刚像,门上托起塔檐部分雕伎乐人,有弹有舞,神态活泼。2001 年入选全国重点文物保护单位。

长治—九天圣母庙 位于平顺县北社乡东河村。创建于隋代,宋、元、明、清历代重修,都保持了宋代的建筑风格。一进院落,前有山门戏楼,中为献亭,北为圣母殿,两侧配以耳殿,殿宇错落有致,殿顶形制各异。宋、元、明、清四朝建筑集于一庙,在国内现存的古代建筑中为数不多。宋代重修圣母殿时创建了舞楼,保存有宋、元、明、清及民国年间重修碑 20 余通,其中有国内少见的记载戏剧舞台的碑刻。2001 年入选全国重点文物保护单位。

长治—淳化寺 位于平顺县阳高乡阳高村。始建于南北朝北齐天保年间,北宋开宝年间重建。原为两进院,占地 700 平方米,现仅存中殿一座。中殿为金代建筑,广深三间,六架椽屋,单檐歇山顶,梁架结构简洁规整,四翼起翘,飞檐凌空。方丈院内竖立石幢两座,高约 3 米,须弥式圆形基座四周浮刻仰覆莲花瓣,图案清晰,刻工精细,为北宋开宝三年(公元 970 年)原物。2001 年入选全国重点文物保护单位。

长治—原起寺 位于潞城区东北部的凤凰山。始建于唐天宝六年(公元 747 年),后经维修、扩建,成为唐宋两代混合结构。由大雄宝殿、三佛殿、青龙宝塔、香亭、经幢五部分组成,占地面积 1 200 平方米。大雄宝殿面阔三间,进深四椽,琉璃九脊屋顶,飞檐斗拱,古朴雅致,具唐宋风貌。殿前有香亭,亭下有青石经幢,幢座八面雕刻的使女、乐人个个风姿动人。殿西矗立着北宋元祐二年(公元 1087 年)建造的大圣宝塔,高 17 米,巍峨凌云。2001 年入选全国重点文物保护单位。

长治—壶关三嵕庙 位于壶关县黄山乡南阳护村。创建年代不详,金大定八年(公元 1169 年)修葺,明万历二年(公元 1574 年)重修。原为两进院落,殿宇 23 间,占地面积 1 200 平方米。现存建筑正殿为金代原构,香亭、钟楼和鼓楼为明代遗构,余皆清代所建。虽历代屡有修葺,却完整地保存着宋金木结构建筑之风格。2001 年入选全国重点文物保护单位。

长治—大云院 位于沁县郭村镇郭村。始创年代不祥，北魏、金代、北宋、元、明、清均有重建和增葺。现仅存山门、前殿、后殿等建筑，占地面积927平方米。前殿为金代遗构，面阔三间，进深两间，四架椽屋，单檐悬山顶，梁架简洁，斗拱精致，雕刻华丽。后殿广深三间，高台筑殿，六架椽屋，单檐悬山顶，山墙顶端残存40多平方米壁画。殿前存重修碑及金代敕赐寺名碑两通。2001年入选全国重点文物保护单位。

长治—潞安府衙 位于潞城区庙道巷。明代府衙殿宇建筑，现存大门、钟鼓二楼、府二堂、办公院、西花园等建筑。大门与钟鼓二楼平行排列，台基高峙，主从有别，错落有致。大门面宽三间，进深四椽，明间辟门，两次间青砖砌筑扇面墙，单檐悬山顶。钟鼓楼斗拱密致，脊兽华丽，与门庭高低错落，交相辉映。2006年入选全国重点文物保护单位。

长治—玉皇观 位于上党区南宋乡南宋村。创建年代无考，明万历、清乾隆年间均有修葺。占地面积3 500平方米，中轴线上依次有山门（五凤楼）、拜厅、后殿，两侧有配殿、钟鼓楼，其中五凤楼和东配殿为元代遗构，余皆为明清所建。五凤楼是玉皇观的标志性建筑，面阔三间，进深三间，总高20米，殿宇高耸，古朴雄浑。2006年入选全国重点文物保护单位。

长治—夏禹神祠 位于平顺县阳高乡侯壁村。建于元至元二年（公元1336年），明、清皆有修葺。一进院落，主要建筑有山门、正殿，东西两侧为配殿。正殿为元代遗构，面阔三间，进深六椽，单檐悬山顶，斗拱四铺作，梁架结构为四椽袱对前乳袱用三柱。2006年入选全国重点文物保护单位。

长治—金灯寺石窟 位于平顺县玉峡关乡背泉村。石窟开凿于山巅自然形成的石凹内。从明弘治十七年（公元1504年）起至嘉靖四十四年（公元1565年）止，开凿历时60余年。现存洞窟14个，佛龛37个，摩崖造像500余尊。佛、菩萨、金刚、天王、罗汉以及佛教故事中的人物造像，形体秀美，装饰富丽，承唐宋圆润之遗风，又具明代俊俏娴静的特色。规模宏大，雕造精美，是我国石窟造像尾声中的巅峰之作。2006年入选全国重点文物保护单位。

长治—佛头寺 位于平顺县阳高乡车档村。因后靠山形似佛头而得名。创建时代不详。原有两座院落,现仅存佛殿一座。佛殿面阔三间,进深九椽,单檐九脊顶,梁架古朴柱立根,斗拱五铺互出昂,脊兽两座相背蹲,琉璃剪边扣筒瓦,具有明显的宋代建筑特征。大殿墙壁上保存有大面积的壁画。2006 年入选全国重点文物保护单位。

长治—回龙寺 位于平顺县阳高乡侯壁村。创建年代不详,现仅存佛殿一座。佛殿面对村舍民居,背临浊漳河水,为金代早期风格,建筑面积 82 平方米,面阔三间,进深四椽,平面近方形,柱头不施普柏枋,阑额至角柱不出头。保存有清代工笔淡彩壁画 50 余平方米,清光绪二年重修碑(公元 1876 年)。2006 年入选全国重点文物保护单位。

长治—真泽二仙宫 位于壶关县树掌镇神郊村。建于唐乾宁二年(公元 895 年),宋、元、明、清历代均有修葺,至清乾隆三十年(公元 1765 年)形成五进院落,占地 9 600 平方米。中轴线上有牌坊、当央殿、子孙殿、后宫殿,两侧有望河楼、钟鼓楼、梳妆楼、插花楼、配殿。主体建筑当央殿,面阔五间,进深六椽,单檐歇山顶,梁架粗犷,为典型元代建筑。保存有宋、明、清、民国碑碣 28 通,石狮六尊。2006 年入选全国重点文物保护单位。

长治—黄崖洞兵工厂旧址 位于黎城县东崖底镇上赤峪村。黄崖洞是黄崖山悬崖上一个天然大石洞。1937 年 7 月,八路军在黄崖洞水窑山建立兵工厂,是华北敌后根据地最早、规模最大的兵工基地,也是八路军武器弹药的主要供给地。2006 年入选全国重点文物保护单位。

长治—潞城龙王庙 位于潞城区东邑乡东邑村。创建年代不详,金代以后多次重修。现存主要殿宇属于明清时期的建筑风格。两进院落,中轴线上有山门、戏楼、正殿,两侧有耳殿、厢房等,共有殿宇 33 间。正殿是最主要的建筑,面阔三间,进深六椽,单檐悬山顶,灰瓦,大吻、垂兽、戗兽、套兽均为琉璃雕花,正脊每面六条龙,垂脊雕凤,均配饰牡丹,主要构件是金代遗物。2006 年入选全国重点文物保护单位。

长治—普照寺大殿 位于沁县郭村镇。普照寺始建于北魏太和十二年

（公元488年），唐元和、金大定、明万历、清顺治和雍正年间屡有增建与修葺。抗日战争初期，日本侵略军将南殿、后殿及其附属建筑炸毁，现仅存大雄宝殿。大殿为金代遗构，面阔三间，进深六椽，歇山顶。2006年入选全国重点文物保护单位。

长治—襄垣文庙 位于襄垣县城新建街。始建于金天会年间，后世多次重修。现仅存大成殿。大成殿建于南宋景定三年（公元1262年），明成化、隆庆、天启，清顺治、康熙、嘉庆年间多次重修；面阔五间，进深六椽，单檐悬山顶，前后檐各并列木柱6根，柱高3米，直径0.5米；殿顶正脊、垂脊、筒瓦、板瓦、勾头、滴水等均为黄绿色琉璃。2006年入选全国重点文物保护单位。

长治—灵泽王庙 位于襄垣县夏店镇太平村。创建于金大安二年（公元1210年），明清均有增修。现存建筑有大殿、角殿、耳楼、东西配殿、东西廊房、山门、戏楼、钟鼓楼等，是一座保存完整，集金、明、清各代建筑为一体的建筑群。大殿为金代建筑，面阔三间，进深四椽，单檐悬山顶，梁栿用材硕大，结构简洁。2006年入选全国重点文物保护单位。

长治—昭泽王庙 位于襄垣县王桥镇郭庄村。昭泽王原是唐咸通年间襄垣民间一位侠士，为民惩恶扬善，历代加封立庙祀之，北宋宣和元年（公元1119年）加封为“昭泽王”。庙始建于金大定二十七年（公元1187年），清乾隆、民国年间屡有修葺。现存建筑有正殿、东西角殿、老君殿、土地殿等。2006年入选全国重点文物保护单位。

长治—宝峰寺 位于屯留区路村乡姬村。创建年代不详。现存建筑占地面积2 800平方米。五方佛殿面阔五间、进深三间，单檐悬山顶，为典型元代风格，但梁架结点构件保留金代建筑特点。水陆殿为单檐歇山顶，后门有明成化五年（公元1496年）的题记，墙上残留彩色壁画。2006年入选全国重点文物保护单位。

长治—天王寺 位于长子县城南大街。始建于唐朝永徽年间，元、明、清先后九次修葺和增建，规模巨大。现存建筑有中殿和后殿，占地面积1 141

平方米,建筑布局及用材体现了金代艺术风格。中殿面阔进深各三间,单檐歇山顶,柱头用卷杀,栌头大于柱围,是金代建筑的典型之作。2006 年入选全国重点文物保护单位。

长治—崇教寺 位于潞州区马厂镇古驿村。创建于北宋太平兴国九年(公元 984 年),明嘉靖、万历和清康熙、乾隆年间多次修葺。占地面积 792 平方米,中轴线上依次有山门、正殿,西侧存耳殿一座。正殿为宋代遗构,其余皆为明清建筑。正殿面宽三间,进深六架椽,单檐硬山顶,灰筒板瓦顶,梁架用材硕大,门窗配置与宋式建筑形制趋同。保存有宋代赐文碟文碣一块,明清碑碣数块。2013 年入选全国重点文物保护单位。

长治—北和炎帝庙 位于上党区北呈乡北和村。始建于唐代,元代重建,明清两代曾多次修葺。原为四合院布局,有戏台、钟鼓楼、献亭、正殿、东西配殿等,现除正殿、西耳殿保存完整外,其余殿宇已不复存在。正殿亦称“五谷神殿”,广深三间,硬山顶,梁架弯曲粗壮,屋顶举折平缓,既沿袭唐代建筑的手法,又有元代建筑的特征。2013 年入选全国重点文物保护单位。

长治—关村炎帝庙 位于潞州区老顶山镇关村。创建年代不详。一进院落,砖木结构建筑,占地面积约 1 445 平方米。大殿为元代遗构,其他附属建筑为清代建筑构。大殿面阔三间,柱身有收分,柱头有卷杀,为元代建筑风格。大殿拱眼有壁画六幅,皆为沥粉贴金做法。前槽两内柱彩绘龙云图,色泽减退,图案可辨,是罕见的泥皮柱画。2013 年入选全国重点文物保护单位。

长治—真如寺 位于武乡县韩北乡土河村。始创年代不可考,至北宋祥符年间始有真如寺之名。元至治三年(公元 1323 年)重修扩建,格局初成。明弘治、清康熙、乾隆年间多次增建重修,但基本格局未变。现存有正殿、南殿、护法伽篮、钟鼓楼等殿宇 30 余间。主体建筑正殿面阔五间,进深五椽,梁架为原始材料粗略加工后施用,为元代遗构。2013 年入选全国重点文物保护单位。

长治—小张碧云寺大殿 位于长子县丹朱镇小张村。碧云寺分上、中、下三院。正殿建于五代时期，面宽三间，木质结构，单檐歇山式屋顶，开间较大，出檐深远，梁架结构规整紧凑；殿内正中为地藏菩萨像，顶棚绘有壁画，神形兼备。大梁顶端斗拱处发现的真昂，为国内罕见。2013 年入选全国重点文物保护单位。

长治—布村玉皇庙 位于长子县慈林镇布村。始建年代不详。现存有舞楼、献殿、前殿、后殿以及诸多朵殿、两厢等。根据建筑形式推断，前殿为唐代风格建筑，后殿是金代风格建筑，后殿的东朵殿是元代风格建筑，献殿、舞楼及两厢等都是清代和民国以后所建。2013 年入选全国重点文物保护单位。

长治—韩坊尧王庙大殿 位于长子县大堡头镇韩坊村。创建年代不详，金兴定二年（公元 1218 年）、元至元十五年（公元 1278 年）及明、清时期均有重修。现仅存倒座跨门舞楼和正殿。正殿为元代遗构，舞楼为清代遗构。正殿面宽三间，进深六椽，单檐歇山顶，方正敦实，翼檐舒展，梁架有力，斗拱简洁，外观浑厚。2013 年入选全国重点文物保护单位。

长治—长子崔府君庙大殿 位于长子县城东大街。长子县的崔府君庙修建年代不晚于北宋大观二年（公元 1108 年），此后历代屡有重修。原有山门、舞楼、献亭、大殿、寝宫等建筑，现仅存大殿。大殿面阔五间，进深四间，歇山筒瓦屋顶，具有金元时期的建筑风格。2013 年入选全国重点文物保护单位。

长治—义合三教堂 位于长子县大堡头镇义合村。创建年代不详。一进院落布局，中轴线上由南向北依次有中殿、正殿，东、西两侧有耳殿，占地面积 705 平方米。现存止殿为金代遗构，中殿为明代遗构，东、西耳殿为清代建筑。2013 年入选全国重点文物保护单位。

长治—护国灵贶王庙 位于长子县丹朱镇下霍村。护国灵贶王就是后羿，当时天上出现了十个太阳，他临危受命射下九个太阳，只剩下阴阳二气照临乾坤，天下得以雨润风清，百谷丰收。庙宇始建年代不详，清康熙四十一年（公元 1720 年）重修。占地面积约 288 平方米。现存建筑正殿为金代遗构,其余均为清代建筑。正殿内有后羿和嫦娥塑像,山墙上绘有行云布雨图。献厅山墙上塑有浮雕风、雨、雷、电四神像。2013 年入选全国重点文物保护单位。

长治—前万户汤王庙 位于长子县丹朱镇前万户村。创建年代不详。中轴线上有大殿,两侧有东、西耳殿和东、西配殿,占地面积约 1 045 平方米。现存正殿为元代遗构,其余为清代建筑。正殿面阔三间,进深六椽,单檐悬山顶,乡间小庙的规制更具有灵活性。2013 年入选全国重点文物保护单位。

长治—长子伏羲庙 位于长子县南漳镇中漳村。创建年代不详,明、清均有重修。现存正殿、朵殿、献殿及两厢等建筑,占地面积 694 平方米。正殿为元代遗构,献亭为明代遗构,其余为清代建筑。正殿面阔三间,进深四椽,单檐悬山顶。献殿面阔三间,进深一间,悬山卷棚顶。庙内存有明崇祯、清乾隆、清嘉庆、清同治年间的碑碣四方。2013 年入选全国重点文物保护单位。

长治—长子三嵕庙 位于长子县常张乡大中汉村。现存建筑有跨门倒座舞楼、正殿、东西两侧耳殿、廊房、妆楼,占地面积 815 平方米。正殿为元代遗构,其余为清代建筑。正殿面阔三间,进深六椽,单檐硬山顶,有部分琉璃脊饰。正殿、耳殿有大面积的壁画,内容为官员、贵族出行的场景,也有当地民俗活动与商旅驼队。2013 年入选全国重点文物保护单位。

长治—襄垣昭泽王庙 位于襄垣县城上寺南路。始建于唐乾宁元年(公元 894 年),后代多次增修。现仅存正殿、献殿。正殿为元代遗构,面阔五间,进深六椽,单檐悬山顶。2013 年入选全国重点文物保护单位。

长治—永惠桥 位于襄垣县城的甘水河上。始建于金天会九年(公元 1131 年),明成化、明万历、清道光年间多次维修。单孔青石结构的拱形桥,长 33.6 米,宽 8.34 米,桥孔净跨 12.8 米,矢高 7.5 米。拱券石以叠涩收分法垒砌,形成下大上小的立体式梯形结构的桥座。拱顶两侧高浮雕盘龙吸水兽以及图案各异、形象生动的栏板雕饰,有人物、花卉、飞禽走兽等图案。整个建筑用长方形、梯形、微弧形石灰岩条石横置砌成,历经近千年仍在使用。

2013年入选全国重点文物保护单位。

长治—五龙庙 位于襄垣县城北关。创建年代不详，元至正十年（公元1350年）重建，明清时期屡有修葺。庙坐北朝南，平面为方形，四合院样式，主要建筑有山门、乐楼、正殿、东西厢房，占地面积800平方米。正殿面阔五间，进深六椽，单檐悬山顶。2013年入选全国重点文物保护单位。

长治—北社三嵕庙 位于平顺县北社乡北社村。创建年代不详。单进院，中轴线上依次为山门（上为倒座戏台）、献殿、大殿、东西廊房、耳殿，占地面积988平方米。大殿为元代遗构，余皆清代建筑。大殿面阔三间，进深四椽，单檐悬山顶，敬奉的是羿神。2013年入选全国重点文物保护单位。

长治—北社大禹庙 位于平顺县北社乡北社村。创建年代不详，明清屡有修葺。现存四合院布局，占地1 101平方米。中轴线上依次为山门（上为倒座戏台）、献殿、大殿，两侧为夹殿、钟鼓楼、配殿、耳殿。除大殿为元代建筑外，其余均为明清遗构。大殿面宽三间，进深四椽，单檐悬山顶。庙内存清代重修碑。2013年入选全国重点文物保护单位。

长治—北甘泉圣母庙 位于平顺县苗庄镇北甘泉村。创建年代不详。现存一进院，占地1 050平方米，中轴线上依次为山门、献殿、正殿，东西两侧为夹楼、配殿、耳殿。正殿保留元代风格，其余皆为清代建筑。正殿面阔三间，进深六椽，单檐悬山顶。2013年入选全国重点文物保护单位。

长治—西青北大禹庙 平顺县北社乡西青北村。创建年代不详，清道光二十八年（公元1848年）重修。现存建筑呈四合院布局，占地面积1 101平方米，中轴线上依次为山门、献殿，两侧有夹楼、钟鼓楼、配殿、耳殿。大殿为元代建筑，面阔三间，进深四椽，单檐悬山顶。2013年入选全国重点文物保护单位。

长治—李庄武庙 位于潞城区黄牛蹄乡李庄。创建年代不详。二进院落布局，中轴线上依次遗有山门、献亭、拜殿、正殿，两侧存北耳殿，南、北配殿，南、北厢房，占地面积1 144平方米。现存正殿为元代遗构，其余为清代遗构。2013年入选全国重点文物保护单位。

长治—李庄文庙 位于潞城区黄牛蹄乡李庄村。创建年代不详,金兴定、元至元、元至正、明万历年间均有重修。大成殿保留金元时期建筑风格,其余殿宇均属清代遗构。大成殿面阔三间,进深六椽,单檐歇山顶,筒板瓦作,屋顶脊兽黄绿琉璃相间,色彩庄重柔和,富有元代特征。2013年入选全国重点文物保护单位。

长治—南涅水石刻 位于沁县南涅水乡南涅水村。出土窑藏石刻造豫1 126件,为北魏、东魏、北齐、隋、唐、宋六个朝代的民间石雕艺术珍品。石刻分为碑文石刻、造像石塔、个体造像三大类,碑刻又有文像并刻和纯文石刻两种。石刻题材大多以佛教活动为主,以四面开龛造像的方形石块叠垒成塔形,为国内稀有。石刻造像群就地取材凿石成像成塔,高的达2.6米,矮的仅1.35米,不拘形式,生动活泼。2013年入选全国重点文物保护单位。

长治—南涅水洪教院 位于沁县南涅水乡南涅水村。南涅水曾为县邑治所,东汉永平十年(公元67年)已建起了佛教寺院,金大定九年(公元1169年)重建,敕封"洪教之院",木制牌匾今仍悬挂在大雄宝殿之前。元至元、明天顺、清康熙年间多次重修。现存三进院落,占地面积1 522平方米,主要建筑有天王殿、二佛殿、大雄宝殿、伽蓝殿、关帝殿等。大雄宝殿面阔三间,六椽栿,单檐悬山顶,具有金元建筑特征。保存着数尊北魏石刻神像及历代重修碑刻,极为珍贵。2013年入选全国重点文物保护单位。

长治—灵空山圣寿寺 位于沁源县城西北郊的灵空山。唐朝末年,唐懿宗第四子李侃避黄巢起义于此,削发为僧,皈依佛门。由于历代增补修缮,现存殿宇已非唐代架构,主要建筑均为明清风格。2013年入选全国重点文物保护单位。

长治—黎侯墓群 位于黎城县黎侯镇西关村。西周至春秋时期的墓葬群,占地面积约10万平方米。已发掘墓葬十座,其中大型墓葬两座、中型墓葬五座、小型墓葬三座。大型墓有墓道,中、小型墓均无墓道,墓葬之间并无排列规律。出土随葬品有青铜器、玉器、陶器等千余件。西周黎侯墓群的发现,揭开了古黎国的神秘面纱。2013年入选全国重点文物保护单位。

长治—长宁大庙 位于黎城县东阳关镇长宁村。创建年代不详,但不晚于宋代。亦称“灵源圣井庙”,俗名“圣王庙”,一进两院布局,占地面积1 519 平方米。现存正殿为元代遗构,其余为明、清建筑。正殿面阔五间,进深六椽,单檐悬山顶,琉璃脊饰,梁架用自然弯曲木材,古拙大方。庙内存明、清重修碑各一通。2013 年入选全国重点文物保护单位。

长治—辛村天齐王庙 位于黎城县东阳关镇辛村。元至正元年(公元1341 年)创建,明清屡有修葺。中轴线上现存有山门、正殿,东西两侧有妆楼、廊房、耳殿,占地面积 1 344 平方米。正殿为元代遗构,戏楼为明代遗构,其余为清代建筑。正殿面阔五间,进深六椽,单檐悬山顶。保存有元、明、清碑刻 5 通。2013 年入选全国重点文物保护单位。

长治—黎城城隍庙 位于黎城县城。北宋天圣三年(公元 1025 年)随县治迁变而迁建于此。元至元、明洪武、嘉靖,清康熙、咸丰、宣统年间屡毁屡建。原为两进院布局,现仅存前院,主要有门楼和正殿。门楼面阔三间,进深两间,三层重檐,俗称“三节楼”,属明代风格。正殿面阔、进深各五间,悬山顶,正脊、吻兽均为黄绿相间琉璃造,威严肃穆。2013 年入选全国重点文物保护单位。

长治—庄头天仙庙 位于壶关县晋庄镇庄头村。宋建隆元年(公元 960年)创建,明崇祯、清康熙年间曾重修。依山而建,占地面积 2 000 平方米。现存建筑主要有山门、钟鼓楼、过亭、香亭、正殿等。正殿为元代遗构,余皆清代建筑。正殿面阔、进深均三间,单檐悬山顶,斗拱五铺作双下昂,梁架为彻上露明造。2013 年入选全国重点文物保护单位。

长治—先师和尚舍利塔 位于屯留区西北郊的三嵕山金禅寺内。始建年代不详,宋乾德四年(公元 966 年)重修。密檐中空式小型砖塔,方形九级,残高约 11 米,通体由青砖垒砌,塔座以红砂岩石垒砌,构造简约,造型古朴,是唐代早期砖塔风格。2013 年入选全国重点文物保护单位。

长治—蓬莱宫 位于屯留区路村乡石室村。一进院布局,殿宇 28 间,占地面积 1 170 平方米。创建年代不详,现存戏台为清代遗构,其余建筑皆为明代遗构。正殿面阔三间，进深五椽，六檩式构架，单檐悬山顶，梁架彩绘金龙，山墙残存清代壁画 4 平方米。2013 年入选全国重点文物保护单位。

长治—太岳军区司令部旧址 2013 年入选全国重点文物保护单位。参见全国红色旅游经典景区——太岳军区司令部旧址。

临汾—广胜寺 位于洪洞县广胜寺镇。始建于东汉建和元年（公元 147 年）。宋、金时期被兵火焚毁，随之重建。元大德七年（公元 1303 年）被地震震毁，大德九年（公元 1305 年）又重建。除上寺飞虹塔及大雄宝殿为明代重建外，其余均为元代建筑。分上、下两寺和水神庙三处建筑。上寺在霍山巅，翠柏环抱，古塔耸峙，琉璃构件金碧辉煌。下寺在山麓，随地势起伏而建，错落有致。璀璨夺目的飞虹宝塔，艺术奇葩元代戏剧壁画，蜚声中外。1961 年入选全国重点文物保护单位。

临汾—晋国遗址 位于侯马市西北部。又称“新田遗址”。春秋中叶，晋景公迁都新田（今侯马市），至战国早期三家分晋，晋国在此建都 200 余年。遗址占地面积约 50 平方千米，包括古城遗址、铸铜遗址、庙寝遗址、祭祀遗址、盟誓遗址、墓葬群等。发掘 40 余处，其中古城遗址 10 处、宫殿台基 4 处、宗庙建筑群 1 处、手工业作坊遗址 6 处、祭祀坑带 11 处、墓地 8 处，出土各类文物 10 万余件，其中有 1 000 余件“侯马盟书”、1 对铭文相同的“徐王庚儿自作鼎”。1961 年入选全国重点文物保护单位。

临汾—丁村遗址 位于襄汾县丁村附近的汾河两岸。旧石器时代遗址，分布范围 55 平方千米。共有旧石器和化石地点 50 余处，已发掘其中的 3 处：一是九龙洞遗址，为原地埋藏的石器制作场，是 17 万年前原始人类打制石器的加工厂；二是过水洞遗址，形成年代为 20 万年至 30 万年前，在此发现有人类的用火遗迹；三是老虎坡遗址，发现有 10 万年前的人类活动遗迹。科学界把丁村遗址的出土文化称为“丁村文化”。1961 年入选全国重点文物保护单位。

临汾—丁村民宅 位于襄汾县城郊的丁村。共有明清民宅院落 40 余座，其中最早的民宅建于明代万历二十一年（公元 1593 年）。分为北院、中院、南院、西院四大群组，北院以明代建筑为主，中院、南院、西北院皆为清代建筑。布局合理，建筑气派；横径曲巷，院院贯通；注重装饰，木、石、砖雕举目皆是，尤以木雕巧夺天工。1988 年入选全国重点文物保护单位。

临汾—陶寺遗址 位于襄汾县陶寺村。黄河中游地区以龙山文化陶寺类型为主的遗址，还包括庙底沟二期文化和少量的战国、汉代及金、元时期的遗存，陶寺文化的绝对年代为公元前 2300 年至 1900 年。占地面积约 280 万平方米，包括规模空前的城址、与之相匹配的王墓、世界最早的观象台、气势恢宏的宫殿、独立的仓储区、官方管理下的手工业区等。在此发现了世界上最早的测日影天文观测系统，我国最早的文字、最古老的乐器，中原地区最早的龙图腾，世界上最早的建筑材料——板瓦，黄河中游史前最大的墓葬。1988 年入选全国重点文物保护单位。

临汾—隰县千佛庵 位于隰县县城西郊的凤凰山巅。创建于明崇祯二年（公元 1629 年）。因大雄宝殿内有佛千尊而得名。分上下两院，建筑面积 1 100 多平方米，依山叠造，以布局新颖、格调别致而著称。大雄宝殿内满堂木骨泥质悬塑，贴金敷彩，金碧辉煌，梁架彩画富丽典雅，堪称中国雕塑艺术史上的“悬塑绝唱”。收藏有传世罕见的官版经书《明永乐北藏》。1996 年入选全国重点文物保护单位。

临汾—霍州州署大堂 位于霍州市东大街。霍州署创建年代不详，元代州署已具一定规模，元大德七年（公元 1303 年）毁于地震。次年重建，元至正十八年（公元 1358 年）毁于火灾，唯大堂幸存。明洪武四年（公元 1371 年）重建，后代又屡有增补修葺。占地面积 6 000 平方米，中轴线上依次有谯楼、仪门、甬道、戒石亭、大堂等建筑。现存大堂为元代原构，仪门、戒石亭为明代建筑，余皆为清代所建。大堂为衙署主体建筑，面宽三间，进深八椽。1996 年入选全国重点文物保护单位。

临汾—牛王庙戏台 位于尧都区魏村镇。亦称“舞楼”。建于元至元二十年（公元 1283 年），大德七年（公元 1303 年）大地震中被损坏，至治元年（公元 1321 年）维修，明、清两代屡有修葺。木构亭式舞台，平面呈正方形，三面有墙，正面当台口，无前后场之分，保留着宋金乐亭旧制。戏台台基高1米，台身面阔7.45米，进深7.55米，建筑结构为“井”字形框架，顶部有单檐歇山顶或十字歇山顶两种形式，是国内现存最早的一座木结构戏剧舞台，全国仅存的六座元代戏台之一。1996年入选全国重点文物保护单位。

临汾—曲村天马遗址　位于曲沃县城东北部。占地面积约11平方千米。遗址共分为四大文化层，涵盖新石器时期的仰韶和龙山文化层、夏文化层、西周到战国文化层及秦汉元明文化层。核心部分是占地面积1.5万平方米的晋侯墓地，包括9代19座晋侯及夫人墓葬，10座陪葬车马坑。出土文物万件以上。1992年、1993年连续两年入选“全国十大考古发现”。1996年入选全国重点文物保护单位。

临汾—柏山东岳庙　位于蒲县东郊的柏山山巅。创建年代不详，唐贞观以来屡加修建，元大德七年（公元1303年）被地震毁坏，延祐年间重修，明、清两代多次修葺扩建，始成今日格局。占地面积约2万平方米，共有亭台楼阁300余间。现存建筑除献亭柱础为金代遗物外，行宫大殿为元代建筑，其余殿阁、楼、廊等皆为明、清遗物。后土祠、娘娘殿、清虚宫、地狱府等殿内均有塑像。地狱府内140余尊明代塑像，大小约同真人，如此庞大完整的地狱造型在我国现存寺庙中十分罕见。2001年入选全国重点文物保护单位。

临汾—大悲院　位于曲沃县曲村镇。唐大和元年（公元827年）创建，北宋治平四年（公元1067年）重修，金大定、清乾隆进行过修葺。占地面积4 000平方米，包括西院和东院两部分。西院又称“旧庙”，由文物殿和方丈院等组成；东院又称“新庙”，由天王殿、大雄宝殿、大悲殿、地藏殿、配殿、耳房和回廊组成。现存建筑献殿为金代原构，余皆清代所建。献殿面阔三间，进深三间，单檐歇山顶，保存有金大定二十年（公元1180年）《大悲院新修卢舍那佛记》、明万历十六年（公元1588年）《大悲院记碑》等4通。2001年入选全国重点文物保护单位。

临汾—玉皇庙　位于洪洞县马牧乡辛北村。元太宗元年（公元1229年）建，明、清和民国均有修葺。分前后二进院落，建筑面积4 128平方米。

现存主体建筑玉皇殿、关公殿、二郎殿均为元代建筑。三座大殿内梁架均为草栿，保持了典型的元代风格。殿内均有壁画，画面粗犷，线条流畅，保存尚好，为元代作品。2001 年入选全国重点文物保护单位。

临汾—柿子滩遗址 位于吉县东城乡西村。占地面积约 6 万平方米，是我国现存面积最大、堆积最厚、内涵最丰富的旧石器时代晚期遗址之一，距今 1 万—2 万年。在古人类活动中心区域 2 平方千米的范围内，发现 25 处旧石器地点，10 余处人类用火遗迹，上万件石制品、动物化石、石磨盘、石磨棒和蚌质穿孔装饰品，具有一定分布规律的烧土、烧骨、炭灰、动物碎骨和石制品，还有两方岩画。2001 年入选全国重点文物保护单位。

临汾—铁佛寺 位于尧都区鼓楼南街。始创于唐贞观六年（公元 632 年），清康熙三十四年（公元 1695 年）毁于地震，现存寺院为清康熙五十四年（公元 1715 年）重建。由山门、献亭、中殿、方塔、藏经阁等建筑组成。方塔是寺内现存最完整的建筑，共 6 级，由水磨青砖砌成，高 30 余米，各层均有琉璃构件；内置高 6 米、直径 5 米的铁铸佛头，造型丰满，眉目端庄，系唐代原作。2006 年入选全国重点文物保护单位。

临汾—东羊后土庙 位于尧都区土门镇东羊村。原为“东岳庙”，供奉东岳大帝，始建于元至元二十年（公元 1282 年），大德七年（公元 1303 年）毁于地震，至正五年（公元 1345 年）重修。20 世纪 70 年代东西厢房、正殿等被拆除，整个庙宇仅存后土圣母殿，于是被称为“后土庙”。2006 年入选全国重点文物保护单位。

临汾—王曲东岳庙 位于尧都区吴村镇王曲村。创建年代不详，明清两代均有修葺。庙已不存，仅存舞台。戏台前檐为民国年间重修时增建，后部建筑为元代遗构；平面略呈方形，台宽 7.25 米，单檐歇山顶，背面及两侧后部筑以墙壁，无前后场之分；前檐两根粗大的木柱支撑大额，后墙及两山为土坯砌筑，形成了三面砌墙正面敞口的形式；斗拱为重拱双下昂计心造作法，内檐梁架结构尤为别致。2006 年入选全国重点文物保护单位。

临汾—尧陵 位于尧都区大阳镇北郊村。世称“神林”，相传为帝尧之陵墓,尧帝死时,百姓如丧考妣,前来送葬者人山人海,陵冢为臣民们裹土堆成。唐太宗李世民征辽东曾拜谒尧陵,元代中统年间元世祖下谕修筑尧陵。明成化、清雍正和乾隆时都曾重修。陵丘高 50 米,周 300 米,为三皇五帝陵墓中最大的一座;古柏葱茂,涝河环绕南泄,陵周土崖环抱。陵前有祠宇,相传为唐初所建。2006 年入选全国重点文物保护单位。

临汾—四圣宫 位于翼城县西闫镇曹公村。因供奉尧、舜、禹、汤四圣先贤而得名。最初修建于唐代,元、明、清历代均有重修。包括老君庵、四圣宫和关帝庙三个部分。四圣宫现存有舞台、正殿以及耳殿 3 间、配殿 6 间、廊房 12 间。四圣宫舞台为元至正年间所建,台宽 7.71 米,台深 7.21 米,高 13 米,井字形梁架结构,单檐歇山式,斗拱五铺作,每面各施六朵。整个建筑用材硕大规整,为元代建筑中的佳作。2006 年入选全国重点文物保护单位。

临汾—南撖东岳庙 位于翼城县隆化镇南撖村。始建年代最迟为元代至元二十七年(公元 1290 年)。现存主要建筑物是大殿和献殿,大殿两侧有配殿,献殿两侧为厢房,虽经清康熙二十二年(公元 1683 年)修葺,仍保留着元代建筑风格。大殿屋架举折平缓,出檐深远,斗拱的昂嘴前身支撑前压,昂尾与檩条相连,具有很好的平衡支撑作用。2006 年入选全国重点文物保护单位。

临汾—乔泽庙戏台 位于翼城县南梁镇武池村。乔泽庙亦称“水神庙”,始建于元泰定元年(公元 1324 年),庙已毁,仅存戏台。戏台台基高 1.6 米,面阔 9.4 米,进深 9.35 米,单檐歇山顶,举折适度,筒板布瓦覆盖,四角立角柱四根,两侧后半部与背面墙内立撑柱四根,角柱之上施大兰额结成井字形框架,八卦藻井华丽,是我国现存元代戏台中规模最大的一座。2006 年入选全国重点文物保护单位。

临汾—霍州观音庙 位于霍州市赵家庄村。始建于宋代。占地面积 2 021 平方米,总体布局为两条平行轴线,东轴线为一进院,分布有山门、三圣殿,东侧有厢房、廊房、耳殿;西轴线为两进院,分布有过街阁楼、观音殿,两侧分布有廊屋。三圣殿、山门、观音殿、过街阁楼、文昌阁等均为元、明时期建筑,筒瓦硬山顶式建筑,琉璃瓦脊。2006 年入选全国重点文物保护单位。

临汾—娲皇庙 位于霍州市大张镇贾村。始建于明代,后毁,清同治四年(公元 1865 年)重修。现存悬山顶式戏台、硬山卷棚顶式钟鼓二楼、悬山顶式圣母殿及歇山顶式东西垛殿等六座清代建筑,占地约 2 348 平方米。圣母殿内的娲皇圣母壁画是清代壁画中的上乘之作,总面积达 71.17 平方米;画面采用通景式构图,勾线填色,略有渲染,把神话传说与清代社会现实生活组合在一起。2006 年入选全国重点文物保护单位。

临汾—普净寺 位于襄汾县赵康镇史威村。始建于东汉明帝七年(公元 64 年),现存为元、明遗物。占地面积 5 624 平方米,建筑面积 819 平方米。普净寺有“三宝”:一是大佛殿,元代结构,整个框架为汉代建筑基础,是佛教传入临汾的最早记录;二是普贤菩萨塑像,端庄中流露笑姿,娴静中透出潇洒,灵眉慧眼,栩栩如生;三是古木瓜树,树龄已逾 1 900 年,几经枯荣,如今依然枝繁叶茂。2006 年入选全国重点文物保护单位。

临汾—汾城古建筑群 位于襄汾县城西南的汾城镇。汾城在唐初为尉迟公的封地鄂公堡,唐贞观七年(公元 627 年)为太平县县城。现存古建筑 40 余座,总面积约 2 万平方米,建筑时代从金大定二十三年(公元 1184 年)至清代末期均有,包括唐代始建的鼓楼和县衙大堂,金代修建的洪济桥,元代重建的文庙和新创建的明伦庙、关帝庙,明代修建的城隍庙和社稷庙以及城墙。2006 年入选全国重点文物保护单位。

临汾—霍州窑址 位于霍州市白龙镇陈村。烧造始于金代,终于明代。元代,窑主彭均宝改进制技,效仿定窑,烧制出造型新颖的器物,故霍州窑被称为“彭窑”。占地面积约 15 万平方米,以陈村村南一带最为集中点,地表尚存较完整的晚期馒头形窑炉、用于阴干器坯的砖券窑洞等遗迹;断面文化层含有丰富的瓷片和窑具,出土有金白釉划花纹盖罐、金白釉印花双鱼纹折腹瓷洗、金白釉弦纹三足瓷炉、金白釉瓷盖罐、元白釉高足瓷杯等遗存。主要生产白胎瓷,造型小巧,胎薄体轻,纹饰精细。2006 年入选全国重点文物保护单位。

临汾—寿圣寺 位于乡宁县城寺坡巷。创建于宋皇祐元年(公元1049年),元、明、清均有修葺。现仅存正殿和钟楼。正殿为宋代原构,面阔三间,进深两间,单檐悬山顶。钟楼创建于元皇庆元年(公元1312年),面阔、进深各三间,上下二层,歇山顶。2006年入选全国重点文物保护单位。

临汾—师家沟古建筑群 位于汾西县僧念镇师家沟村。现存院落31座,均为清代建筑,最早的建于乾隆年间。砖构的窑洞式宅院依山势而建,长1 500余米的石板路环村一周。以我国传统的四合院为主,也有一些三合院,各院落分别设正房、客厅、偏房、过厅、书房、绣楼、门房以及马厩,上下左右相通,形成楼上楼、院中院的奇特格局。整个宅院除通过共同的交通通道联系外,各个院落间还用较为隐蔽的踏道、侧门、隧道甚至设在窑洞中的暗洞相互贯通。保存完好的建筑布局,错落有致的院落,精致的木雕、砖雕和石雕,独树一帜。2006年入选全国重点文物保护单位。

临汾—老君洞 位于浮山县县城南郊。始建于唐武德二年(公元619年),历唐、宋、元、明、清五朝的风尘岁月,有毁有建。洞深8.3米,宽10.1米,洞内左右各有卷石洞一个,有石碑各一座。石梁殿纯为石制,无寸木片瓦,殿门两壁嵌《太上显化图》线刻石雕组画81块,神台上雕有老君石像,四壁有元代壁画《黄录朝圣》,绘有115组612个神话人物,线条流畅,浪漫夸张。2006年入选全国重点文物保护单位。

临汾—三清庙献殿 位于曲沃县安居乡东许村。创建年代不详,元元统元年(公元1333年)重修。现存建筑有献殿、戏台,占地1 170平方米。献殿面宽三间,进深四椽,单檐悬山顶。戏台为清代所建,面宽三间,单檐灰瓦硬山顶。庙内供奉三清仙境的三位尊神:玉清原始天尊、上清灵宝天尊和太清道德天尊。2013年入选全国重点文物保护单位。

临汾—龙泉寺 位于曲沃县北董乡南林交村。占地面积3 702平方米,现存建筑有影壁、大殿、西廊房。大殿建于元代延五年(公元1318年),面宽五间,进深六椽,单檐灰瓦悬山顶、琉璃正脊,主体结构保存较好。西廊房面阔九间,进深三椽,单檐悬山顶。影壁素面无饰,顶为砖雕仿木结构砖檐,灰布筒板瓦扣墙帽。2013 年入选全国重点文物保护单位。

临汾—羊舌墓地 位于曲沃县城东北郊的羊舌村。晋国东周时期的墓地,墓主人推测为晋国历史上著名的晋文侯。由大型墓葬和中小型墓葬组成。已出土数十件璜组佩、大玉戈、大玉璧、扳指、踏玉、金腰带饰件等。玉器制作精美,其中有数件时代可早到商或更早。大部分的陪葬墓都有陶鬲、铜礼器、玉覆面、小型的玉组佩或玉串饰,铜礼器多是明器,时代特征明显。2013 年入选全国重点文物保护单位。

临汾—郎寨砖塔 位于安泽县马壁乡郎寨村。始建于唐代,现塔为宋代建筑。八角九级密檐式实心砖塔,残留八层,残高 12.07 米。塔基石砌,高 0.92 米。塔身八面呈弧形,南面有砖旋门。一层檐下有出檐,上端用莲瓣砖、狗牙砖和条砖砌成,二至六层檐出均为叠涩,各层均有小佛龛,六级以上塌毁。2013 年入选全国重点文物保护单位。

临汾—麻衣寺砖塔 位于安泽县和川镇岭南村。建于金大定年间。残高 20.19 米,八角九级,密檐式砖塔。塔座总宽 6.0 米,四面镶有经文石碣 32 块。全塔每级筑有佛龛,嵌有砖雕佛像,共计 336 尊,已毁坏 21 尊,尚存 315 尊。2013 年入选全国重点文物保护单位。

临汾—灵光寺琉璃塔 位于襄汾县邓庄镇北梁村。灵光寺创建于唐贞观年间,殿堂毁于 1948 年,仅剩一塔。塔为八角形,仿木构形式砖塔,原有 13 级,上部六层毁于清代康熙三十四年(公元 1695 年)地震,现存 7 级,第一层被埋入淤地中。金皇统年间、明正统、崇祯年间和清乾隆年间的 5 块关于重修灵光寺的碑,亦被埋入地下。2013 年入选全国重点文物保护单位。

临汾—襄陵文庙大成殿 位于襄汾县襄陵镇。襄陵文庙创建于金大安元年(公元 1209 年),元大德十年(公元 1306 年)重建,明清时期屡有修葺。现仅存大成殿,面阔 5 间,进深 10 椽,歇山顶。2013 年入选全国重点文物保护单位。

临汾—洪洞关帝庙 位于洪洞县文庙街。创建于元大德十年(公元 1306 年),后历代均有修葺。占地面积 1 364 平方米,沿中轴线由北向南依次为前殿、献殿、露台、戏台、春秋楼，两侧为东西廊房和钟、鼓楼。春秋楼为十字歇山顶楼阁式建筑，楼内三层塑一木雕关公坐像，通高 1.5 米。2013 年入选全国重点文物保护单位。

临汾—商山庙 位于洪洞县赵城镇孙堡村。创建年代不详，明清屡有修葺。主要建筑有三皇庙、关帝殿、三官殿、法王殿等，结构简练，用材较大。各殿内后槽均砌龛并有塑像，山墙绘有壁画共 100 余平方米。大殿面阔三间 11 米，进深四椽，悬山顶，殿内供有塑像，中供天皇，两侧分别为地皇、人皇。2013 年入选全国重点文物保护单位。

临汾—净石宫 位于洪洞县提村乡干河村。创建于明弘治元年（公元 1488 年），后历代均有修葺。二进院落，东院有北大门、东廊房、南窑洞三孔，西院有正殿、东西配殿、东西垛殿、窑洞、过路戏台等建筑。西院正殿为主体建筑，面阔三间，进深六椽，单檐悬山顶，殿内神龛内悬塑盘龙和 42 尊塑像，均为明代作品，东西山墙及后墙保存有清初绘制的壁画 80 平方米。2013 年入选全国重点文物保护单位。

临汾—永和文庙大成殿 位于永和县正大街东门巷。文庙创建于元至元年间，现仅存大成殿。大成殿面宽五间，进深五间，单檐歇山顶，梁架均为圆木稍加砍制而成。2013 年入选全国重点文物保护单位。

临汾—石四牌坊和木四牌坊 位于翼城县旧城十字街。石牌坊创建年代不详，明万历三十九年（公元 1611 年）、清乾隆、民国年间屡有修葺，四柱三楼青石结构，单檐十字歇山顶，面阔、进深均为 5.5 米，梁架、斗拱、椽飞、垂莲柱等均为木构，下层柱枋花板台基等均为石质，石柱、额枋上浮雕人物、禽兽、花卉等。木牌坊重建于明万历四十一年（公元 1631 年），清康熙、民国年间屡有修葺，四柱三楼木结构，重檐十字歇山顶，总高 20 余米，面阔、进深均为 6 米。2013 年入选全国重点文物保护单位。

临汾—樊店关帝庙 位于翼城县南唐乡樊店村。占地 1 642 平方米。中轴线上依次为戏台、献殿、大殿，两侧为东西庙门、东西耳楼、廊房、配殿、耳殿。现存大殿为元代风格，戏台、东西庙门保留为明代风格，东西耳楼为清代建筑。大殿面阔三间，进深四椽，单檐悬山顶。2013 年入选全国重点文物保护单位。

临汾—千佛洞石窟 位于隰县北郊的七里脚村。始凿于北齐及唐初。共有 2 个洞窟，面积约 400 平方米。北齐凿造的南窟，面宽 2.72 米，进深 2.35 米，高 8 米，内置雕像 50 余尊，最大的高 2.1 米，最小的 0.45 米。唐代凿造的北窟，面宽 2.9 米，进深 2.3 米，高 2.76 米，左右壁壁面高浮雕有佛像 24 身。2013 年入选全国重点文物保护单位。

临汾—隰县鼓楼 位于隰县东大街与南大街交汇处。又称“大观楼”，明万历四十五年（公元 1617 年）创建，清代屡有修葺。十字门洞高 5.98 米，门洞上建有高 14.31 米的 2 层 3 重檐十字歇山顶建筑。各门洞上方均有牌匾，东为“龙泉古郡”，西为“长寿遗封”，北为“三晋雄邦”，南为“河东重镇”。2013 年入选全国重点文物保护单位。

吕梁—文水则天庙 位于文水县北郊的南徐村。创建于唐代。占地面积约 26 000 平方米，中轴线上有正殿、乐楼、雕像、山门，两翼建筑有偏殿、配殿、碑廊、鱼池、回音亭，共有殿宇 30 多间。院内柳树成荫，花草遍地。1996 年入选全国重点文物保护单位。

吕梁—晋绥边区政府及军区司令部旧址 1996 年入选全国重点文物保护单位。参见全国红色旅游经典景区——晋绥边区革命纪念馆。

吕梁—东岳庙 位于石楼县龙交乡兴东垣村。占地面积 2 800 平方米，前后两进院落，大小房屋 28 间，砖木结构。主体建筑大殿为宋金遗物，面阔三间，进深六椽，单檐歇山式，顶由黄、绿、蓝三色琉璃瓦覆盖；前廊深 2 椽，占进深的三分之一，形制特殊；东西两壁有清同治五年（公元 1866 年）壁画 36 平方米。2001 年入选全国重点文物保护单位。

吕梁—马茂庄墓群 位于离石区城关镇马茂庄。东汉时期墓葬。墓群分布范围约 2 平方千米。墓葬结构为单室、二室、三室和多室墓，大部分为画像石墓。墓室采用砖石结构，画像石一般分布在墓门处或前室的四壁。画像采用墨线勾勒细部，然后剔地平铲像外衬底，使得画像凸起。2001 年入选全国重点文物保护单位。

吕梁—太符观 位于汾阳市杏花村镇上庙村。始建年代不详。金承安五年(公元1200年)建醮坛,刻立碑记,后经明、清修建,始成现状。棂星门式牌楼门,三彩琉璃团龙镶饰在隔墙上。主殿昊天玉皇上帝殿,前方两侧为后土圣母殿、五岳殿两配殿,配殿侧各有五孔窑殿,其中昊天大帝殿为金代原构,余皆明代遗物;左右配殿大于正殿,打破了庙宇建筑的惯例,实为罕见。各殿内有许多彩塑、壁画,均为明代作品。2001年入选全国重点文物保护单位。

吕梁—安国寺 位于离石区乌崖山麓。创建于唐贞观十一年(公元637年)。这里曾为唐代宗女昌化公主食邑之地,代宗以佛牙两枚赐予昌化,置铜塔储之,今寺中铜塔楼就是当年供奉、储放佛牙之处。当地还流传有昌化公主迎佛骨的故事。共四处院落,依山势而建,错落有致,亭台楼阁、殿宇禅房比比相连。周围山峦耸立,绝壁悬崖,群山环抱,松柏丛生,郁郁葱葱。2001年入选全国重点文物保护单位。

吕梁—香严寺 位于柳林县县城东北部。始建于唐贞观十三年(公元639年)。寺门高悬唐德宗李适敕赐"香严寺"匾额。占地面积7 380平方米,共有5院13殿120余间,大多为宋、金、元、明、清时期建筑,是少有的多朝代庙宇。相传有三件宝:一是风磨铜佛像,高约1米,凡生锈见风即可复生光辉;二是铁杆蒿梁,长10米有余,粗0.25米,为古今罕见奇木;三是山门上的鸽子雕像,寺亦俗称"鸽子寺"。保存完好的金代砖雕、屋面造型独特的黑釉琉璃,也属珍贵文物。2001年入选全国重点文物保护单位。

吕梁—天贞观 位于离石区的凤山上。创建于宋代,元代遭兵火焚毁,明代五次大扩建。建筑依山就势,分上下两院。下院有孙真人殿与三官楼、雷公殿、黄宝坛与玉皇楼、陈抟殿、观音殿与读书楼;上院为三清殿,附属建筑有老爷庙、土地庙、五道庙、石碑坊等。主要建筑陈抟殿,面阔三间,进深两间,单檐悬山顶,保存有明永乐十一年(公元1413年)的壁画30余平方米。2006年入选全国重点文物保护单位。

吕梁—文峰塔 位于汾阳市阳城乡建昌村。明天启二年(公元1623年)建。8角13层楼阁式砖塔,高84.93米,为山西现存最高的砖塔之一。空筒式构造,外廓每层之间以砖雕椽飞、斗拱组成的檐相隔,塔室之间以转折回廓式阶梯塔道相通。塔座为条石砌筑的须弥座,石条上雕有"竹节""仰莲""卷草"图案。全塔共有斗拱512攒。2006年入选全国重点文物保护单位。

吕梁—杏花村汾酒作坊 位于汾阳市杏花村镇东堡村卢家街。杏花村的酿造史自北齐河清年间始,历经唐、宋、元、明、清,至今1 500多年没有间断。芦家街汾酒老作坊建筑群为宋代"甘露堂"原址,占地面积9 000平方米,房屋50余间。老作坊花园占地面积2 000余平方米,北侧有宋元古井、明代申明亭,清代院落和清代作坊,是全国唯一一座现存仍在使用的集酿酒、储存、销售于一体的古代酿酒遗存。2006年入选全国重点文物保护单位。

吕梁—五岳庙 位于汾阳市三泉镇北榆苑村。金天得三年(公元1151年)重建,元、明、清均有修葺。现存五岳殿、水仙殿为元代建筑,余皆清代所建。四合院布局,占地面积7 200平方米。主体建筑五岳殿,面阔、进深均三间,单檐悬山顶,建于元大德十年(公元1306年)。水仙殿面阔、进深均三间,单檐悬山顶,建于元大德四年(公元1300年)。两殿内均保存有精美的壁画。2006年入选全国重点文物保护单位。

吕梁—善庆寺 位于临县大禹乡府底村。隋开皇三年(公元583年)置"善训府",唐武德三年(公元620年)废,后改建为"善庆寺"。原来分为东西两院,东院为佛事活动区,西院为僧人生活区。现存主要建筑有山门、大雄宝殿和诸佛殿。大雄宝殿面阔五间,进深三间,单檐悬山顶,建于元至元六年(公元1269年)。2006年入选全国重点文物保护单位。

吕梁—义居寺 位于临县三交镇枣圪挞村。创建于宋代,几经重修。现存建筑占地5 981平方米,三进院落,依中轴线排列为山门、前殿、正殿、藏经楼。正殿为元代遗构,山门、前殿为明代建筑,藏经楼重修于清康熙五十二年(公元 1713 年)。万佛洞石窟面积 60 平方米,彩塑 10 080 余尊,为唐代遗存。2006 年入选全国重点文物保护单位。

吕梁—碛口古建筑群 位于临县南郊碛口镇。碛口镇东依吕梁山,西临黄河水,从明末清初起商业日益发达,形成了由三条主街道和众多民居、商号、店铺、客栈、寺庙等组成的格局。“五里长街”碛口老街,青石铺砌,店铺林立,明清风格的四合院错落有致,人称“九曲黄河第一镇”“水旱码头小都会”。西湾村、碛口、高家坪、自家山、垣上、寨子山、李家山 7 处明清民居建筑群基本保存完好。碛口古镇标志性建筑黑龙庙,占地面积 4 800 平方米,始建于明代,单进四合院布局,雕梁画栋。2006 年入选全国重点文物保护单位。

吕梁—中阳楼 位于孝义市中阳楼街道。汉魏始建,元大德七年(公元 1303 年)地震中坍毁,后复建。清同治七年(公元 1868 年)遭雷火,清宣统元年(公元 1909 年)重建。现存楼阁高 23.14 米,4 层 4 檐,全木结构,十字歇山顶,层檐迭峭,雕梁画栋。楼内藻井富丽华美,建筑彩画色彩艳丽,绘有《封神榜》《水浒传》《岳飞传》等有关人物故事。2006 年入选全国重点文物保护单位。

吕梁—天宁寺 位于交城县北郊的卦山。创建于唐贞观六年(公元 632 年),后经历代扩建与重修,现存建筑多为明清遗构。由天宁寺、石佛堂、书院、朱公祠、圣母庙、文昌宫六组建筑组成,还有环翠亭、戏台、华严塔、墓塔等附属建筑,殿堂楼阁共 200 多间。山门内两廊有古唐碑、明铁碑、历代重修碑。卦山最早建筑石佛堂,有高达五米的圆雕石佛,为我国唐代石雕精品。千佛阁为宋代结构,面阔五间,重檐歇山绿琉璃瓦剪边,内有元代铸造佛像三尊。2006 年入选全国重点文物保护单位。

吕梁—南村城址 位于方山县南郊的南村。始建于战国,先后为战国皋狼邑、西汉皋狼县治所,十六国汉刘渊起兵反晋在此建都,称“左国城”。城址平面呈不规则形状,占地面积约 900 万平方米。战国的皋狼城位于中部,汉代的皋狼县城和十六国时期的左国城系皋狼城内外套城,内城继续沿用战国皋狼城。2006 年入选全国重点文物保护单位。

吕梁—龙天土地庙 位于汾阳市峪道河镇柏草坡村。元至元二十七年(公元 1290 年)创建。占地面积 1 450 平方米,现存正殿主体为元代遗构,其余属清代建筑。戏台面阔三间,进深四椽,卷棚硬山顶,台基中部突出,两侧缩回,前檐随台基而设并呈波浪形,天花饰有八卦图,梁架结构为前后乳袱用 3 柱,驼峰、蜀柱承脊檩。檐柱、枋子和前乳袱互相交搭,乳袱出头制成要头,将八卦图巧妙地融合在建筑之中。2013 年入选全国重点文物保护单位。

吕梁—东龙观墓群 位于汾阳市西南郊的东龙观村。宋、金、元时代的两个家族墓地,北边的墓主人为周氏或吴氏家族,南边的墓主人为生活在金代早期的王氏家族。已发掘面积 1 196 平方米,发掘古墓葬 27 座,其中砖室墓 16 座,土洞墓 11 座。墓地中出土的宋金时期墓地的规划图——"明堂",尤其是以明堂作为墓地的轴心枢纽,在全国是第一次发现。2013 年入选全国重点文物保护单位。

吕梁—三皇庙 位于孝义市西郊的贾家庄村。亦称"圣祖庙",现存建筑最早为元代遗构。两进院布局,中轴线上建有乐楼、三皇殿。三皇殿面阔三间,进深四架椽,梁架为三椽,单檐硬山顶前廊式,殿内正面供奉"三皇":太昊伏羲——天皇、炎帝神农氏——地皇、黄帝轩辕氏——人皇;两侧配祀古代十大名医,山墙绘有壁画《行医图》。三皇祭拜活动香火旺盛,历代不衰。2013 年入选全国重点文物保护单位。

吕梁—天齐庙 位于孝义市梧桐镇中王屯村。现存建筑为元代建筑。占地面积约 4 790 平方米。最主要的建筑正殿,面阔五间,进深六檐,悬山顶,墙体为青砖所砌,殿顶铺石砌琉璃脊瓦。殿内有元代方形木柱四根,上盘四条极富动感的泥塑盘龙,每龙长 3.1 米,龙色分别为红、黄、紫、蓝;东、西、北三面共有 16 幅壁画,总面积 60 多平方米。2013 年入选全国重点文物保护单位。

吕梁—慈胜寺 位于孝义市高阳镇苏家庄村。始建于金天会九年(公元 1131 年)。单进四合院。正殿面阔三间,进深两间,上半部球形穹隆用砖券拱成,并无梁、栋、枋,外面墙上饰以斗拱、垂柱、横楣、窗棂,外形为硬山顶,两者衔接得天衣无缝;供有明代彩塑释迦牟尼三身像,墙上有清代彩塑壁画,殿顶有明代琉璃吻兽。2013 年入选全国重点文物保护单位。

吕梁—玄中寺 位于交城县西北的石壁山。始创于北魏延兴二年(公元 472 年)。因此地层峦叠嶂,山形如壁,又名“石壁寺”。从北魏到隋唐,先后驻锡过中国佛教净土宗的三大祖师,进而开宗立派,并远播朝鲜、日本,玄中古寺成为继庐山东林寺之后中国佛教净土宗的又一个祖庭。占地面积 6 000 平方米,中轴线上依次分布着天王殿、大雄宝殿、七佛殿和千佛殿等殿堂。现存最古的建筑为明万历三十三年(公元 1605 年)修建的天王殿、七佛殿、千佛阁。1983 年被列为汉族地区佛教全国重点寺院。2013 年入选全国重点文物保护单位。

吕梁—梵安寺塔 位于文水县孝义镇上贤村。始建于唐代,现存建筑为北宋崇宁年间重建。梵安寺现已毁。八角形七级楼阁式砖塔,造型殊异,风格独特。该塔有三奇:一是无塔尖。二是塔顶盖有一座小庙,内供铁佛一尊;抗战期间八路军常在庙内设瞭望哨,后日军毁掉小庙,盗走铁佛,拆掉塔内阶梯与阶层,成为上下贯通的内空塔。三是塔高 47 米却无石砌地基,整座塔矗立在灰土平面之上。2013 年入选全国重点文物保护单位。

吕梁—张家河后土圣母庙 位于石楼县前山乡张家河村。始建年代不详,元至正七年(公元 1347 年)重修。占地面积 2 375 平方米,主要建筑有山门、戏台、正殿,两侧为东西配殿、厢房及排列不太对称的 18 孔窑洞。正殿为明代所建,面阔三间,进深一间,内有彩塑 13 尊,后墙壁有悬塑亭台楼阁、人物花卉等。戏台为元代所建,面宽 5.25 米,进深 5.15 米,面积 27 平方米,单檐歇山顶,是迄今发现的元代戏台中面积最小的一座。2013 年入选全国重点文物保护单位。

吕梁—玉虚宫 位于柳林县青龙城宝宁山。始建年代不详,主殿玄天殿匾额立于明正德五年(公元 1510 年)。依山势而建,有玄天殿、观音堂、药王殿、圣母殿、子孙乳母殿等建筑。主殿玄天殿面宽五间,进深三间,单檐悬山顶,筒板瓦布顶,琉璃剪边,梁架用材规整,殿台上置木雕神龛,内塑真武像1尊,高3米余。2013年入选全国重点文物保护单位。

忻州—南禅寺 位于五台县阳白乡李家庄。占地面积3 078平方米,有殿宇六座。主体建筑大佛殿是唐代原物,为现存最古老的唐代木结构建筑之一,面阔三间11.62米,进深9.9米,单檐灰瓦歇山顶,檐柱12根,由檐墙上的柱子支撑屋顶重量,四周各柱柱头与横梁构成斜角,四根角柱与层层迭架的斗拱构成"翘起",墙身不负载重量但很稳固。龙王庙建于明代,观音殿、菩萨殿建于清代,僧房也是明、清建筑。寺内有雕塑17尊、石狮3只、石塔1座,都是唐代遗物。1961年入选全国重点文物保护单位。

忻州—佛光寺 位于五台县豆村镇佛光村。因历史悠久,佛教文物珍贵,有"亚洲佛光"之称。始建于北魏孝文帝时期,后因唐武宗禁止佛教而被毁。唐大中十一年(公元857年)唐宣宗提倡佛教又重建,至今已有1 160余年的历史,为佛教十大名寺之一。占地面积34 000平方米,三重院落,有殿、堂、楼、阁等120余间,其中东大殿为唐代建筑,文殊殿为金代建筑,其余均为明、清时期的建筑。唐代建筑、唐代雕塑、唐代壁画、唐代题记被称为"四绝"。1961年入选全国重点文物保护单位。

忻州—白求恩模范病室旧址 位于五台县耿镇松岩口村。白求恩为加拿大胸外科医师,1938年6月抵达晋察冀军区后方医院,对松岩口村龙王庙进行改建,北房为手术室,东耳房为医务室,西耳房为消毒室,东房为病房,南房为戏台。白求恩在此工作了100多天,献出了自己宝贵的生命。这座病室后被晋察冀军区司令部誉为"白求恩模范病室"。毛泽东撰写了《纪念白求恩》一文。旧址龙王庙于1940年被日军焚毁,1974年按原貌重建。1982年入选全国重点文物保护单位。

忻州—显通寺 位于五台山中心区的台怀镇。始建于汉明帝永平年间,是五台山第一大寺,我国最早的佛寺之一。现存建筑400余间,大多建于明、清时期,占地约8万平方米。中轴线上排列着水陆殿、大文殊殿、大雄宝殿、无量殿、千钵文殊殿、铜殿和后高殿7座殿宇,布局严整。铜殿铸于明万历三十八年（公元1610年），共用铜50吨，是我国国内保存最好的铜殿之一。1982年入选全国重点文物保护单位。

忻州—岩山寺　位于繁峙县五台山北麓天延村。创建于金正隆三年（公元1158年），元、明、清屡有修葺。寺内正殿已毁，现存建筑主要有南殿三间，东西配殿各三间，其他殿四间，禅房三间，垂花门一座，钟楼一座。除南殿外，其余均为晚清到民间年间的建筑。南殿内残留金代彩塑水月观音、胁侍、天王和文殊坐骑等，内壁四围有金代壁画约90平方米。1982年入选全国重点文物保护单位。

忻州—广济寺大雄宝殿　位于五台县城内西大街。广济寺始建于元至正年间，清乾隆四十三年（公元1778年）重修。原规模宏大，年久失修，“文革”中又遭破坏，现仅存大雄宝殿。大雄宝殿面阔五间，进深三间，建筑面积290平方米，悬山顶，外檐斗拱无横拱，柱头上方饰兽面，为地方特有做法。殿前立八角形经幢一座，通高四米，幢身八面都有造像。2001年入选全国重点文物保护单位。

忻州—洪福寺　位于定襄县宏道镇北社东村。创建年代不详，自宋代以来一直香火旺盛，是五台山南麓的重要寺院。寺院建于七米高的土台上，四周围以堡墙，占地面积约3 300平方米。正殿面阔五间，单檐悬山顶，为金代天会年间重修，殿内佛台上有九尊金代彩塑，是比较少见的金代彩塑精品。2001年入选全国重点文物保护单位。

忻州—阿育王塔　位于代县县政府后院内。始建于隋仁寿元年（公元601年），原为木结构，唐宋几经废兴。金兴定二年（公元1218年）元兵南下时举火焚烧，元至元十二年（公元1275年）改建为砖塔。塔下有地宫，存有佛舍利、佛像、佛经等物。2001年入选全国重点文物保护单位。

忻州—边靖楼　位于代县上馆镇西北街村。创建于明洪武七年（公元1374年），成化十二年（公元1476年）重建，清康熙、雍正、嘉庆、道光、光绪历朝皆有修葺。占地面积3 402平方米，由砖砌城台、木构楼阁和登台步道三部分组成，通高40米；楼身面宽七间，进深五间，三层四檐歇山顶；檐下悬

“声闻四达”和“威镇三关”巨匾，廊下存明碑两通、清碑三通。2001 年入选全国重点文物保护单位。

忻州—金洞寺 位于忻府区合索乡西呼延村。始建于北宋元祐八年（公元 1093 年）。占地面积 3 551 平方米。主殿文殊大殿面阔 10.5 米，进深 11.7 米，悬山顶，房屋陡峭，斗拱俊俏华丽，保存了明代嘉靖年间的建筑原貌。转角殿进深、面阔均为 9.5 米，单檐歇山顶，梁架明露，砍削规整，瓦顶举折平缓，斗拱肥大古朴，是宋代建筑风格。转角殿内的神龛，是金代按实物比例制作的建筑模型，为其他庙宇所少见。2006 年入选全国重点文物保护单位。

忻州—延庆寺 位于五台县阳白乡善文村。始建年代不详，宋景祐二年（公元 1035 年）重修，后各代均有修缮。占地面积 1 040 平方米，前后两进院落。大佛殿面宽三间，进深六椽，单檐歇山顶，梁架结构简洁奇巧，建筑形制、结构与制作手法具有典型的金代风格。寺前有一经幢，高约七米，分为四层，造型别致，结构紧密，上刻遵胜陀罗尼经。2006 年入选全国重点文物保护单位。

忻州—三圣寺 位于繁峙县东郊的西沿口村。创建年代不详，清同治十年（公元 1871 年）迁建现址。分前后两院，两院之间建有舞台。正殿内有木雕华严像三尊，后有雕花背光，前有韦陀等泥塑、木刻，东、西、北三壁有明代壁画。三圣寺保存了唐代及金、元、明、清的石刻、木建筑等。2006 年入选全国重点文物保护单位。

忻州—秘密寺 位于繁峙县岩头乡岩头村。创建于北齐，唐武则天时为远近闻名的禅宗道场，金代以前为“五台山十大寺”之一，明代属“西台外九寺”之一。三进院落，中轴线上依次为天王殿、大雄殿、文殊殿、藏经阁遗址。寺东有中庵，原有建筑已毁，石壁上现存雕像 17 尊，另有秘密寺最负盛名的龙洞。寺前还有金代的石幢和砖塔两座。2006 年入选全国重点文物保护单位。

忻州—公主寺 位于繁峙县杏园乡公主村。公主寺属五台山北台外寺庙,北魏诚信公主曾在此出家,故名。后毁于兵火。唐武则天时曾重建公主寺。今公主寺旁还有一座小寺“驸马庙”,传说是诚信公主的丈夫出家修行处。现存殿堂均为明代建筑,占地 4 000 平方米。寺内有明代壁画 290 余平方米,和永乐宫壁画并称“南北双珠”。2006 年入选全国重点文物保护单位。

忻州—代县文庙 位于代县城内西南街。始建年代不详,元至正十八年(公元 1358 年)毁于战火,至正二十七年(公元 1367 年)重建,明成化、嘉靖年间扩建,清代屡有修葺。现存建筑为明代遗构,个别建筑为清代所筑。占地面积 14 400 平方米,中轴线对称的宫殿式布局,规制严谨。大成殿是文庙的主殿,面宽七间,进深八椽,单檐歇山顶,殿内藻井和前檐隔扇,为明代小木作精品。2006 年入选全国重点文物保护单位。

忻州—关王庙 位于定襄县城北关。创建于金泰和八年(公元 1208 年),元、明、清复经修葺。庙宇已毁,仅存无梁殿。无梁殿是金代原构,面阔 3 间,进深 2 间,单檐歇山顶,筒板灰瓦覆盖,饰花琉璃脊兽;前檐明间宽阔,前次间甚窄,转角处用较小抹角梁;斗拱结构形制达 8 种之多,前椽补间 3 垛,两山及后檐各设一攒,用材厚,出挑长,为别处所未见。殿内壁画绘三国演义故事,绘于清嘉庆八年(公元 1803 年)。2006 年入选全国重点文物保护单位。

忻州—西河头地道战遗址 位于定襄县西河头村。从 1942 年至 1948 年,定襄县有 80 多个村庄挖了地道,总长 200 千米,构成了密如蛛网的地下长城。西河头地道是我国保存最完整的两大地道战遗址之一,3 条主道全长 5 000 米,52 条支道纵横交错;分为 3 层,设有指挥所、机要室、武器库、会议室。地道内有翻口 22 个,卡口 8 个,陷阱和迷魂阵各 12 个,作战枪眼 22 个,出击口 10 个,出入口 11 个,连通水井 3 眼,地堡 15 座,高房工事 1 处,具有防水、防毒、防烟、射击等多种功能。2006 年入选全国重点文物保护单位。

忻州—徐向前故居 2006 年入选全国重点文物保护单位。参见全国红色旅游经典景点——徐向前故居和纪念馆。

忻州—罗睺寺 位于五台县台怀镇杨林村。创建于唐代,明弘治、万历年间重修。现存建筑为明、清所建。占地面积1.9万平方米,三进院落。大佛殿为寺内主殿,面宽三间,进深八椽,单檐庑殿顶,殿内佛坛上塑有三世佛。保存有唐代石狮1对,明、清塑像255尊,明清碑9通。五台山保存完好的十大黄庙之一和五大禅寺之一,现为汉族地区佛教全国重点寺院。2013年入选全国重点文物保护单位。

忻州—惠济寺　位于原平市东北部的练家岗村。创建于唐代,重构于宋代,历代屡有修葺。占地面积2 135平方米。大佛殿为宋代遗构,面宽五间,进深八椽,单檐歇山顶;佛坛上塑佛、菩萨、胁侍、童子、金刚等,为宋塑佳作;两壁千佛阁内存有157尊宋代木雕,雕工精细。文殊殿为清康熙五十三年(公元1714年)重建,面宽、进深各三间,单檐悬山顶,佛坛上保存彩塑18尊,两山墙绘壁画20余平方米。2013年入选全国重点文物保护单位。

忻州—正觉寺大雄宝殿　位于繁峙县县城中央。正觉禅院始建年代不详,寺名为宋徽宗所赐。现存建筑大雄宝殿为金代遗物,其余房屋均为清代建筑。大雄宝殿面阔五间,进深三间,歇山顶,五间大殿仅用金柱两根,用材砍削规整。现存石狮子两座,绘水陆图功德碑半方。2013年入选全国重点文物保护单位。

忻州—阎家大院　位于定襄县河边镇。山西军阀阎锡山的故居,阎锡山执政山西近40年,曾一度出任国民政府行政院长。宅第始建于1913年,1937年竣工,先后建成都督府、得一楼、上将军府、二老太爷府、穿心院、新南院、东西花园及子明慈幼院等27个院落,房屋近千间,占地面积3.3万平方米。每个院落相对独立,彼此之间相互连通,院套院,宅连宅,参差错落,变幻谲奇。建筑的方位、高低、宾主关系按八卦吉星方位而定,具有鲜明的民俗色彩和中西结合的建筑艺术风格。2013年入选全国重点文物保护单位。

忻州—八路军总部旧址　位于五台县南茹村。1937年"七七事变"后,八路军总部进驻南茹村。南茹村是八路军总部抗日出征后的第一个农村驻扎地,也是八路军总部由"北上"改为"南移"的折返地,八路军总部在南茹村提出和实施了一系列重大的军事决策。八路军总部旧址在村东北一组由玉皇庙、佛爷庙、娘娘庙、李家祠堂组合的建筑群中，占地面积约1万平方米。2013年入选全国重点文物保护单位。

朔州—应县木塔 位于应县县城佛宫寺内。全名为“佛宫寺释迦塔”。建于辽清宁二年（公元1056年），是我国现存最古老最高大的纯木结构楼阁式建筑。塔高67.31米，底层直径30.27米，呈平面八角形。共五层，各层间夹设暗层，实为九层。采用中国传统的斜撑、梁枋和短柱等建筑方法，实用木材3 500立方米以上，重达3 000吨。曾遭受军阀炮击以及多次强烈地震，仍巍然屹立。底层有一尊11米高的释迦牟尼金身坐像，保持着辽代风格；墙壁上有六幅如来佛画像，色彩鲜艳，是中国壁画中的珍品。1961年入选全国重点文物保护单位。

朔州—崇福寺 位于朔州古城东街。始建于唐麟德二年（公元665年）。主殿弥陀殿建于金熙宗皇统三年（公元1143年），高约21米，檐下悬有金大定二十四年（公元1184年）的原物“弥陀殿”匾。当心五间，中柱减去，前槽四根金柱仅留两根，并移至次间中线上，这种减柱与移柱的做法是我国建筑史上的创新。镇寺之宝千佛石塔，通高3米，塔身上浮雕佛像1 400多尊，是我国北朝佛教艺术文物，现仅见塔刹，塔身于1939年被日军掳到日本，现存台北历史博物馆。1988年入选全国重点文物保护单位。

朔州—广武汉墓群 位于山阴县西南部。东汉时期墓群。占地面积3 250平方米，共有墓葬298座，封土堆分为大、中、小三种，大的高20米，小的仅3米多。墓群东北端的一座封土堆，周长130米，其上矗立着一座高8米的烽火台。清理发掘了11座古墓，出土大批汉代文物。1988年入选全国重点文物保护单位。

朔州—广武城 位于山阴县雁门关下。明长城山西镇重要关堡，有新旧二城，新城紧傍长城而筑，旧城居长城之外，两城相距2 000米，互为犄角。旧城始建于辽、金时期，雄踞关口，南接长城，对峙敌楼，城墙高8米，周长1 652米，进可攻退可守。新城建于明洪武年间，城墙高10米，是锁钥中原的北大门和战略要点，历来为兵家必争之地。2006年入选全国重点文物保护单位。

朔州—净土寺　位于应县东北部。创建于金代天会二年(公元 1124 年)。现仅存大雄宝殿。大雄宝殿为金代原构,面宽、进深各三间,单檐歇山顶,殿顶用筒、板瓦覆盖,檐头镶以绿色琉璃,扇面墙有明、清时期彩画。大殿天花、藻井及天宫楼阁的混金作法,是少见的金代珍品。2006 年入选全国重点文物保护单位。

阳泉—关王庙　位于阳泉市郊区荫营镇林里村。建于北宋熙宁五年(公元 1072 年),是我国最早的关王庙之一。占地面积 7 000 平方米,分内外两个院落。正殿为宋代原构原貌,面阔三间,进深六椽,深幽肃静;阑额转角不出头,五铺斗拱作双抄,殿柱檐椽有卷刹,平梁上蜀柱甚细,歇山式殿顶举折平缓,九脊十兽四套头,设计独特,流光溢彩。1996 年入选全国重点文物保护单位。

阳泉—大王庙　位于盂县县城北部。春秋时晋国上卿赵武之行宫。创建年代不详,金代重建,汉、唐、宋、元历代均有修葺。占地面积 3 537 平方米,中轴线上依次排列有照壁、山门(后兼戏台)正殿、寝宫,山门两侧为钟鼓二楼,碑廊和仪门分立二楼左右。现存建筑寝宫为金代原构,正殿为明代建筑,余皆清代所建。2001 年入选全国重点文物保护单位。

阳泉—府君庙　位于盂县万花山主峰北麓。创建年代不详,元延祐二年(公元 1315 年)重修。窑洞式神祠两间,占地面积 936 平方米。山门前高台凸起,两边石阶对称,形制独特。山门高居正中,面阔三间,进深六架椽,两层三重檐歇山顶,山门明间有宋代青石门框,梁架结构为金代手法。正殿面阔五间,悬山式屋顶。院内有古柏树两棵,牡丹花两蓬,形成一幅对称图案。2006 年入选全国重点文物保护单位。

阳泉—泰山庙　位于盂县北下庄乡坡头村。始建年代不详,元至正七年(公元 1357 年)重建。占地面积 3 240 平方米,三进院落。庙宇前部开阔疏朗,后部紧凑严密,形成了疏密有序,高低错落有致,建筑形制多样,元、明、清各代建筑并存的群组建筑风格。正殿和后殿均为元代建筑,其余建筑为明、清两代遗物。2006 年入选全国重点文物保护单位。

阳泉—藏山祠 位于盂县长池镇藏山村。藏山原名“盂山”，相传春秋时晋国程婴藏赵氏孤儿于此，故称“藏山”。藏山祠创建年代不详，金大定十二年（公元 1172 年）重修，元、明、清历代屡有修葺。依山建造，建筑分布于三层递高的平台上，祠前为明代“藏孤胜境”牌楼。中轴线上依次布列山门、乐台、正殿、寝宫、梳妆楼，东西两侧为钟鼓楼、配殿和耳殿。除寝宫部分梁架保存金代风格外，余皆清代建筑。保存有宋宣和六年（公元 1124 年）铁钟 1 口，金、元、明碑各 1 通，清碑 72 通，明嘉靖铁焚炉 3 个。2013 年入选全国重点文物保护单位。

阳泉—天宁寺双塔 位于平定县城南关土垣上。始建年代不详，明、清两代均有补修。寺内建筑残坏，双塔依然如故。塔为楼阁式，平面八角形，高约 30 米，每层收刹甚急，轮廓形制奇异。底层四面砌有券洞，内置佛像一躯，两层以上平座甚高，外观很像七层塔。塔下存有北魏石佛一躯，眉目清晰，躯体完好。2013 年入选全国重点文物保护单位。

阳泉—冠山书院 位于平定县冠山镇后沟村。冠山山间有资福寺、崇古书院、文昌阁、吕祖洞、夫子洞，统称“冠山书院”。现存建筑除夫子洞为明代所筑，余皆为清代晚期重建。资福寺为一单进四合院，占地面积 1 470 平方米，保存有清碑八通、元碑一通。崇古书院为二进四合院，随地势分上、下两院，窑洞式建筑，占地面积 737 平方米。文昌阁和吕祖洞均为单开间砖结构拱券式窑洞。夫子洞为一组砂石质石窟，窟檐外利用天然石略加修饰形成一单进四合院落。2013 年入选全国重点文物保护单位。

阳泉—开河寺石窟 位于平定县岩会乡乱流村。开凿于北魏永平三年（公元 510 年）至隋开皇元年（公元 581 年）。开河寺分东、西两院，占地面积约 800 平方米。东院依山凿就 3 龛大小佛像 88 尊，西院依山而建石窟一处，主像高 4.4 米。佛像大的高 4.4 米，小的仅高 0.12 米，造像风格和神态与大同云冈石窟佛像如出一辙，故有“三晋小云冈”之称。另有石刻题记十余处。2013 年入选全国重点文物保护单位。

二十一、国家一级博物馆

山西博物院 位于太原市滨河西路。前身为1919年创建的山西教育图书博物馆。2004年新馆竣工，更名为“山西博物院”，为国家“九五”重点建设工程之一。占地11.2万平方米，建筑面积5.1万平方米，珍贵藏品约40万件。基本陈列以“晋魂”为主题，由文明摇篮、夏商踪迹、晋国霸业、民族熔炉、佛风遗韵、戏曲故乡、明清晋商等七个历史文化专题和土木华章、山川精英、翰墨丹青、方圆世界、瓷苑艺葩等五个艺术专题构成。2008年入选国家一级博物馆。

中国煤炭博物馆 2008年入选国家一级博物馆。参见全国工业旅游示范点——中国煤炭博物馆。

八路军太行纪念馆 2008年入选国家一级博物馆。参见全国红色旅游经典景点——八路军太行纪念馆。

二十二、中华老字号

六味斋实业有限公司(注册商标：六味斋) 位于太原市长治路。创始于清朝乾隆三年(公元1738年)，1997年改制为有限公司。拥有北京、大同、临汾、阳曲、右玉等分公司和200多家连锁专卖店、快餐店的综合食品加工企业。六味斋最负盛名的产品酱肘花，早在清朝乾隆年间即为皇宫贡品。肉制品系列有酱肉、酱猪肝、酱大肚、酱牛肉、蛋卷、小肚等60多种产品，都是享誉三晋的名优特产。近年来先后开发出豆制品、速冻食品及主食三大系列

100多个产品。2006年入选中华老字号。

平遥牛肉集团有限公司(注册商标:冠云) 位于平遥县中都路。前身是平遥县食品公司,成立于1954年,1995年组建集团,1997年进行股份制改造。以肉制品(平遥牛肉为主)加工为核心,涉足屠宰业、农副产品加工业、旅游业、餐饮业、服务业、纯净水等多个领域的集团公司。“冠云”商标为中国驰名商标。冠云牌平遥牛肉在1956年全国食品博览会上被评定为“全国名产”,现已被列入国家级非物质文化遗产(代表性项目)名录。2006年入选中华老字号。

双合成食品有限公司(注册商标:双合成) 位于太原市杏花岭区北大街。始创于清道光十八年(公元1838年)。拥有双合成、梅森凯瑟、娘家多个品牌。“双合成”以传统中点为主、西点为辅,“梅森凯瑟”为时尚西点,“娘家”为早餐、主食。现已形成中式系列、西式系列、娘家系列、感恩月饼系列、喜庆系列、文化主题系列六大类产品,其中郭杜林晋式月饼制作技艺已被列入国家级非物质文化遗产。2006年入选中华老字号。

益源庆醋业有限公司(注册商标:益源庆) 位于太原市迎泽区桥头街铜锣湾广场。始创于明朝初年,是专为明开国皇帝朱元璋之孙宁化王朱济焕府上制醋、酿酒、磨面的王府作坊。清嘉庆二十二年(公元1817年)时日产醋150余千克,为当时山西最大的制醋作坊之一。现产醋品八大系列78个品种,销售网络遍布全国20多个省市地区,并远销海外,为国家山西老陈醋地理标志保护地。2006年入选中华老字号。

荣欣堂食品有限公司(注册商标:荣欣堂) 位于太原市小店区平阳路。始于清光绪二十一年(公元1895年)。公司组建于1995年,主要生产太谷饼、孟封饼以及特色高档饼干和创新产品巴片儿等,也是山西果丹皮、甘草山楂等蜜饯制品的加工基地,形成了“荣欣堂”独特的烘焙风格,产品畅销全国,行销俄罗斯、日本、蒙古等国。“太谷饼”是面制炉烤的实心饼,曾被慈禧太后御点为皇宫贡品。2006年入选中华老字号。

云青牛肉有限公司(注册商标:云青) 位于平遥县小城村工业园区。

前身为源盛昌肉店，创始于清嘉庆三年（公元1798年）。专业从事熟肉加工，以“云青”“成老大”牌平遥牛肉、精酱猪蹄、五香牛肉为主导产品，还有驴肉、狗肉、扒鸡等七大系列100多个品种的肉制品。曾获中国国粹精品博览会金奖、中国第三届食品博览会金奖。2006年被入选中华老字号。

延虎肉制品有限公司（注册商标：延虎） 位于平遥县小城村工业园区。主营平遥牛肉、曹家熏肘、曹家熏蹄、曹家香耳、曹家兔肉、曹家狗肉、曹家驴肉、曹家熏鸡、五香牛驴肉、鸡腿、精肘花。“曹家熏肘”名列“平遥名吃三大宝”，曾获第六届中国民间艺术节名特产品汇展金奖。2006年入选中华老字号。

古灯调味食品有限公司（注册商标：古灯） 位于太原市杏花岭区。生产历史可追溯到1939年的华北军用酿造厂。前身为建于1958年的太原市味精厂，1997年改为股份制企业，是山西省大型调味品生产企业之一。产品全部为纯粮酿造，主要有酱油、醋、酱、腐乳、调味油、鸡精、味精、料酒等八大类80多个品种，销往全国30个省、市、自治区。2006年入选中华老字号。

山西老陈醋集团有限公司（注册商标：东湖） 2006年入选中华老字号。参见国家级非物质文化遗产生产性保护示范基地——山西老陈醋集团有限公司。

广誉远国药有限公司（注册商标：远） 2006年入选中华老字号。参见国家级非物质文化遗产生产性保护示范基地——广誉远国药有限公司。

太原市果品茶叶副食品总公司（注册商标：乾和祥） 位于太原市杏花岭区新建路。前身为乾和祥茶庄，创始建于1918年，茉莉花茶拼配技艺是其一绝。现经营红茶、绿茶、花茶、砖茶、乌龙茶五大系列，茶叶品类齐全。2010年入选中华老字号，是全国八个“中华老字号”茶叶销售企业之一。

普得商贸有限公司（注册商标：泰山庙） 位于太原市迎泽区钟楼街。创始于1958年。经营范围主要包括服装、服饰、鞋帽、日用百货、化妆品、工艺美术品、五金交电、冷冻设备、装潢材料、土产日杂、文化用品、日用化工的销售，自有房屋租赁，物业管理，劳务分包等。2010年入选中华老字号。

老香村副食品商店(注册商标:老香村) 位于太原市迎泽区钟楼街。老香村创始建于1927年,精制各种京、广、苏式糕点,生意日渐兴隆,至“七七事变”前经营的品种达700余种,山珍海味、洋酒罐头、干鲜果品、鲜菜鱼虾,应有尽有。抗日战争中衰落。新中国成立后逐年扩大,1981年重新悬挂“老香村”牌匾,恢复经营特色。2010年入选中华老字号。

山西糖酒副食品有限责任公司(注册商标:晋唐) 位于太原市五龙口南巷。由原山西省糖酒副食品公司改制而来。主要经营糖、酒、副食批发、物流配送以及连锁超市、宾馆餐饮、摄影扩放等业务,于2000年被国家国内贸易局确定为全国物流配送重点企业。自主开发了“晋唐”牌系列产品,如老陈醋、保健糖、小袋糖、杂粮等。2010年入选中华老字号。

来福老陈醋集团有限公司(注册商标:来福) 位于清徐县文源路。由山西老陈醋嫡系传人、国家级高级食醋酿造专家荣学泽于1995年创立,为我国调味品行业的大型企业之一,山西老陈醋国家质量标准化起草单位之一。“来福”老陈醋系列产品秉承山西老陈醋创始人于1644年所创造的老陈醋配方和传统酿造工艺,结合现代食品科技及创新专利技术,产品色泽浓郁、体态淳厚,口感酸、香、绵、甜、鲜,品味纯正,行销全国各地,出口美国、日本、东南亚等国家和地区。2010年入选中华老字号。

阳泉食品总厂有限公司(注册商标:颐寿) 位于阳泉市新华东街。前身是阳泉市食品加工厂,初建于1953年,由私营稻香村糕点作坊福兴号、同元号、新联醋作坊、瑞义恭酱醋作坊合并而成。1998年改制,更名为“阳泉食品总厂有限公司”,下设阳泉颐寿华天早餐工程有限公司、阳泉颐寿豆香村食品有限公司等,是阳泉地区最大的食品综合加工企业。主导产品有“颐寿”牌中西枣泥、糕点、月饼、豆制品,“雪贝”牌系列饮料、乳制品,“北岭”牌酱油、醋等。2010年入选中华老字号。

吴家宝兴熏肉制品有限公司(注册商标:宝兴善) 位于临汾市尧都区。始创于清末民初,主要产品为吴家熏肉,是吴氏祖传肉食,百余年来盛名不衰。吴家熏肉加工精细,程序考究,以猪肉为主材,放入已有50多年历史的老汤内,与田七、良姜、白芷等20多种中药材一起卤制,肉皮明亮,色泽金黄,肥而不腻,瘦而不柴,草香浓郁,蚊蝇不沾,经久耐放,风味独特。2010年入选中华老字号。

通宝醋业有限公司(注册商标:明泉宝) 位于晋中市太谷区医药食品工业园区。前身"通宝醋坊"始创于清康熙二年(公元1663年)。公司主要生产经营酿造食醋,同时进行果蔬冷冻、速冻、脱水、中低温储藏、保鲜和中药材及果蔬浓缩提取产品等综合性农产品加工。拥有全国独有的无混浊沉淀物、无杂质的纯净老陈醋生产技术,解决了山西老陈醋有杂质沉淀物的技术难题。除龙头产品山西特香纯净醋系列产品外,又开发了具有大蒜、姜汁、桑枝、大枣、降脂、香辣口味的纯净醋系列。2010年入选中华老字号。

福同惠食品有限公司(注册商标:福同惠) 位于运城市盐湖区解放南路。始创于清乾隆末年,已有200多年历史。主要经营糕点生产、食品馅料加工和副食品销售。生产的"南式细点",选料精良,配方考究,工艺独特,造型逼真,色鲜味美,既保留有南方特色,又适合北方口味;"南式细点"每0.5千克分为4款12块,象征1年4季12个月,每块一个花色,代表一个美好祝愿。已通过ISO9001国际质量体系认证。2010年入选中华老字号。

郭氏食品工业有限公司(注册商标:郭国芳) 位于壶关县龙泉镇谷驼村。集养殖、食品加工、餐饮连锁为一体的农业产业化企业。主要产品有"郭国芳"牌郭氏羊汤系列和"郭大厨"牌速冻水饺系列。有百年历史的郭氏羊汤,由郭氏传人郭国芳依祖法,精选优质鲜羊肉、羊杂割、炖羊老汤并配以十余种佐料,采用现代化工艺精制而成,具有伏天温胃去泻止肚胀,冬天健脾生津的功效。羊汤系上党地方名吃,始于唐宋,盛于近代,有一碗汤中有"全羊"之说。2010年入选中华老字号。

恒义诚甜食店(注册商标:老鼠窟) 位于太原市迎泽区钟楼街。20世纪30年代初,先是走街串巷挑担叫卖元宵等甜食小吃,后在老鼠窟巷口租屋创建"恒义诚甜食店"。"老鼠窟元宵"主要有芝麻、桂花、玫瑰、花生4种口味,皮薄馅满,味道甘美。2010年入选中华老字号。

太原市食品三厂(注册商标:晋) 位于太原市杏花岭区胜利街。始创建于1954年。主要生产糕点、面包、饼干、油炸类食品四个大类百余个品种。1994年由国家统计局列为"中国500家最大食品制造企业"。晋式月饼以"精、细、软、甜"为特点,晋式蛋皮采用精良的生产工艺,甜而不腻,老少咸宜。2010年入选中华老字号。

太原酒厂(注册商标:晋泉) 位于太原市杏花岭区大东关街。始建于1950年,是山西省内第二大白酒生产企业。"晋泉""晋酒"系列产品在继承传统酿造技艺的基础上,采用地缸固态边糖化、边发酵工艺,各种微生物转化丰富,是生态型、健康型纯粮酿造白酒。2010年入选中华老字号。

晋阳风味御菜厂(注册商标:龙筋) 位于平定县冠山镇后沟村。特色产品黄瓜干始创于明洪武年间,以色鲜、味香、质脆而扬名,为"平定三宝"之一。御菜厂产品采用传统纯手工技艺制作,采用无烟煤火烤制脱水,风味独特。2010年入选中华老字号。

清和元饭店(注册商标:清和元) 位于太原市桥头街。相传创建于清初,以制作地方名吃"头脑"而闻名。"头脑"又名"八珍汤",由一代名医傅山创制,以黄芪、煨面、莲菜、羊肉、长山药、黄酒、酒糟、羊尾油配制而成,外加腌韭菜做引子,为药膳食品。清朝道光年间,从头年的白露到第二年的立春要宰用两岁的子绵羊200只左右,并有"帽盒"和"稍梅"等佐餐食品。2010年入选中华老字号。

杏花村汾酒集团有限责任公司(注册商标:杏花村) 2010年入选中华老字号。参见全国工业旅游示范点——杏花村汾酒集团有限公司。

飞凯达食品有限公司(注册商标:赵氏四味坊) 2010年入选中华老字号。参见国家级非物质文化遗产生产性保护示范基地——稷山赵氏四味坊传统面点传习中心。

内蒙古篇

内蒙古自治区，简称“蒙”。位于我国北部边疆，东西直线距离 2 400 多千米，南北直线距离 1 700 千米，横跨东北、华北、西北三大地区，内与黑龙江、吉林、辽宁、河北、山西、陕西、宁夏、甘肃 8 省区相邻，外与俄罗斯和蒙古国接壤，国境线长 4 200 千米。总面积 118.3 万平方千米，是我国第三大省区。

内蒙古自治区是一个高原型的地貌区，平均海拔 1 000 米左右，海拔最高点贺兰山主峰 3 556 米。以蒙古高原为主体，高原约占总面积的 53%。内蒙古高原是我国四大高原中的第二大高原。

内蒙古自治区地域广袤，所处纬度较高，高原面积大，距离海洋较远，边沿有山脉阻隔，气候以温带大陆性季风气候为主。春季气温骤升，多大风天气，夏季短促而炎热，降水集中，秋季气温剧降，霜冻往往早来，冬季漫长严寒，多寒潮天气。年平均气温-3.7—11.2℃。

内蒙古自治区是我国最早成立的少数民族自治区，下辖呼和浩特、包头、乌海、赤峰、呼伦贝尔、通辽、乌兰察布、鄂尔多斯、巴彦淖尔9个地级市，兴安盟、锡林郭勒盟、阿拉善盟3个盟。首府为呼和浩特市。2019年年末，全区常住人口2 539.6万人。生活着蒙古族、汉族、满族、回族、达斡尔族、鄂温克族、鄂伦春族等55个民族，其中以蒙古族最多，达466.61万人。

内蒙古自治区地域辽阔，资源丰富，草原、森林和人均耕地面积居我国第一，稀土金属储量居世界首位，也是我国最大的草原牧区，有“东林西矿、南农北牧”之称。我国获得国际上承认的新矿物有50余种，其中10种就发现于内蒙古自治区，是我国发现新矿物最多的省区。保有资源储量有17种居全国之首，43种居全国前三位，85种居全国前十位。煤炭保有资源储量居全国第一位。狭长的内蒙古是一条连接东北和西北的大动脉，更是拱卫华北的军事要地。内蒙古自治区与京津冀地区、东北、西北经济技术合作密切，是京津冀协同发展辐射区，也是我国8个国家级大数据综合试验区之一。

一、中国历史文化名镇

多伦县多伦淖尔镇 位于锡林郭勒盟东南端。清康熙二十九年(公元1690年)康熙皇帝北征得胜后,在多伦先后建“汇宗”“善因”两大喇嘛教寺院,多伦淖尔成为蒙古族藏传佛教圣地之一。多伦淖尔镇驻地有大型的环形陨石坑,有百余座火山口,其火山锥遗址距今已有2万多年,形成了复杂的地质结构和独特的自然风貌。2008年入选中国历史文化名镇。

喀喇沁旗王爷府镇 位于赤峰市。因清康熙年间喀喇沁郡王建府于此,故名“王爷府镇”。主要景观有内蒙古规模最大的建筑喀喇沁亲王府、福会寺以及风景秀丽的印山、十八罗汉山等。夏秋之交举办的“王府文化旅游节”,其蒙古族迎宾礼仪、生活习俗、饮食文化、清朝服饰、庙会和佛事活动吸引着无数国内外游客。“林果地野养笨鸡”等特色农业产品也较出名。2009年入选中国历史文化名镇。

丰镇市隆盛庄镇 位于乌兰察布市。清乾隆三十二年(公元1768年)清政府招民在此垦荒建庄。清嘉庆年间,各地工商农户聚集于此,各谋生业,形成集镇规模,取名“隆盛庄”。清朝末年、民国初期已成为闻名遐迩的商业重镇,是当时由中原地区通往蒙古草原的重要交通枢纽,也是晋商文化向草原文化过渡的一个重要集镇。传统文化活动丰富,如正月十五元宵日、三官社、民间社火活动,二月二舞龙灯、耍旱船、四美庄“四脚龙舞”民间舞蹈,四月八(奶奶庙会)、六月二十四传统古庙会。其传统庙会从清代延续至今,已经有200多年历史。2014年入选中国历史文化名镇。

库伦旗库伦镇 位于通辽市。具有深厚的历史、民族文化内涵的多民族集聚地。库伦镇中央坐落着始建于17世纪的库伦古城,城内的兴源寺、福缘寺、象教寺统称“库伦三大寺”,是蒙古族崇尚的宗教圣地,现为全国重点文物保护单位。兴源寺是库伦旗的政教中心,福缘寺为财政中心,象教寺为喇嘛住所,且象教寺与兴源寺仅一墙相隔。2014年入选中国历史文化名镇。

二、中国历史文化名村

石拐区五当召村 位于包头市五当召镇。因村内建有内蒙古现存最大、最完整的纯藏式喇嘛寺庙五当召而得名。在蒙古语中,“五当”意为“柳树”,“召”意为“庙宇”。五当召为我国藏传佛教中的三大名寺之一,始建于清康熙年间,精美壮观,曾是内蒙古西部最有影响力的藏传佛教格鲁派寺庙和培养僧侣的高等学府。每年农历七月二十三至八月初一,这里都会举行嘛呢会,喇嘛们手持经轮,吹着法号,敲着羊皮鼓绕召庙而行,场面颇为壮观。2007年入选中国历史文化名村。

土默特右旗美岱召村 位于包头市美岱召镇。美岱召因17世纪初麦达里胡图克图活佛在此坐床传教而得名,一直延传至今,成为村名。美岱召是一座城堡、邸宅和寺庙功能兼具的建筑群,曾是喇嘛教一个重要的弘法中心,建筑规模宏伟,风格独特,保存完好,具有较高的历史、文化、艺术价值。每年农历五月都会举办盛大的传统庙会,已成为当地最隆重的物资文化交流大会。2012年入选中国历史文化名村。

三、全国特色景观旅游名镇(村)

巴林左旗林东镇 位于赤峰市。巴林左旗政府所在地,巴林左旗交通枢纽,多民族和谐共处的聚集区。全境为半山半川区,以铅、锌和非金属等矿业为支柱产业,农牧业并举发展。5 000 余年前就有人类在此活动,是“富河文化”的发祥地。公元 10 世纪,契丹族建立辽,在此建都,成为辽代政治、经济、文化的中心。现有古文化遗址 273 处,其中全国重点文物保护单位 2 个。1997 年发现的奇异冰川遗迹——冰臼群,世所罕见。2010 年入选全国特色景观旅游名镇(村)。

克什克腾旗同兴镇 位于赤峰市,地处大兴安岭支脉黄岗梁东麓。平均海拔 1 516 米,有黄岗梁和北大山两大主峰。群山环绕,森林茂密,矿产、动植物资源丰富,是以汉族为主体的半农半牧区。镇域西北边部有第四纪冰川遗址——阿斯哈图石林,镇域西部有国家森林公园十三道湾和黄岗大峡谷。2010 年入选全国特色景观旅游名镇(村)。

伊金霍洛旗伊金霍洛镇 位于鄂尔多斯市。历史悠久,文物古迹荟萃,全国重点文物保护单位成吉思汗陵坐落于此。在此地举行的成吉思汗祭典被列入第一批国家级非物质文化遗产(代表性项目)名录。典型的半农半牧区,土地平坦肥沃,水草丰美,牛羊成群。融草原之爽、帝陵之奇、高原风貌之神、民族风情于一体,旅游资源得天独厚。2010 年入选全国特色景观旅游名镇(村)。

多伦县多伦淖尔镇 2010 年入选全国特色景观旅游名镇(村)。参见中国历史文化名镇——多伦县多伦淖尔镇。

巴林右旗索博日嘎镇 位于赤峰市大兴安岭南麓的赛罕乌拉山脚下,地处大兴安岭山地与燕山山地交接过渡地带。曾是契丹族的故土,辽朝的发祥地。镇域大部分地区处在赛罕乌拉国家级自然保护区之内，文物古迹众多，自然景观优美，包括辽庆州遗址、辽白塔、辽庆陵、金边堡、“朝阳十八景”以及远近闻名的六味神泉。经济以农牧业生产为主，主推优质肉牛繁育以及胡萝卜、马铃薯特色种植。2011 年入选全国特色景观旅游名镇(村)。

清水河县城关镇 位于呼和浩特市。地处蒙晋交界，为县政府驻地。南有玉屏山，北有银滚山、金盖山，清水河由东而西流过，风景秀美。明清时定居之民逐渐增多，此地逐渐兴盛。清康熙三十六年(公元 1679 年)，恪靖公主下嫁土谢图汗部敦多布多尔济，并在此定居九年，后乡民为“四公主”立碑纪念，四公主府至今犹存。早期民居为依山而筑的窑洞，银滚山、金盖山下的古窑洞鳞次栉比。2015 年入选全国特色景观旅游名镇(村)。

喀喇沁旗美林镇 位于赤峰市。地处蒙冀两省(自治区)三县交汇处，著名的锡伯河发源于此。属于高寒山区，矿产资源丰富，产铅、锌、萤石、硅石、钼等。树木葱郁，以针叶林、阔叶林为主，森林覆盖率达 84%。动植物资源丰富，有野鸡、山兔、狐狸、鹿、狍子等动物 50 余种，有榛子、山杏、蕨菜、蘑菇等经济作物，还有柴胡、生麻、沙参、贝母、党参等山药材。旅游景点有玉女峰、茅荆坝植物园、内蒙古第一长隧、滴水壶、韭菜楼、古战场等。春踏春、夏避暑、秋赏叶、冬观雪，一年四季游客络绎不绝。2015 年入选全国特色景观旅游名镇(村)。

鄂托克旗乌兰镇 位于鄂托克大草原中部。北部为天然草原，南部为毛乌素沙地，属中温带温暖型干旱、半干旱大陆性气候区。煤炭、石膏、天然碱等矿产和羊绒资源富集，为典型的农牧业经济类型。为鄂托克旗政府驻地，是全旗政治、文化和社会活动中心，也是鄂尔多斯市西部最大的物流基地和重要的交通枢纽，以“世界藻都”“蒙元文化圣地”“草原温泉之城”驰名，素有“精美宜居草原小城镇”之美誉。2015 年入选全国特色景观旅游名镇(村)。

乌审旗无定河镇 位于鄂尔多斯市最南端。因黄河一级支流无定河(萨拉乌苏河)横贯全境而得名。镇内有内蒙古西部最大的水库巴图湾水库,纳林河流经40余千米,处处郁郁葱葱,风光万千,素有“塞外江南”之称。内蒙古的商品粮基地,鄂尔多斯市最大的玉米制种基地、水稻种植基地与优质大苹果栽培地。主要人文自然景观有萨拉乌素文化遗址、成吉思汗白纛、大夏国转兵洞等。2015年入选全国特色景观旅游名镇(村)。

阿荣旗那吉镇 位于呼伦贝尔市,地处阿伦河谷地带。“那吉”为鄂温克语,意为“鱼非常多的地方”。旗政府驻地,是全旗的政治、经济、文化、交通和物流中心。当地出产白鹅以及白瓜子、油菜籽、大豆、马铃薯等农作物。镇域内有抗联英雄园,展示抗联英雄在阿荣旗的英雄事迹。2015年入选全国特色景观旅游名镇(村)。

陈巴尔虎旗巴彦库仁镇 位于呼伦贝尔市西北部。西北以额尔右纳河为界与俄罗斯为邻,东南与海拉尔区毗邻。“巴彦库仁”系蒙古语,意为“富饶的院落”,地处海拉尔河和莫尔格勒河之间的盆地,因水草丰美而得名。主导产业为乳、肉、粮等农畜产品。近年来围绕草原景观、历史文化和民俗风情三大主题,大力发展以草原旅游为主体的旅游业。2015年入选全国特色景观旅游名镇(村)。

扎兰屯市成吉思汗镇 位于呼伦贝尔市。雅鲁河穿境而过。气候温和,土质肥沃,盛产玉米、大豆、白瓜子、甜菜、马铃薯等粮食作物和经济作物,是全国重要的商品粮基地和糖料基地,矿产资源有硅石、石墨、煤、重晶石等。旅游资源得天独厚,山险、石怪、水秀、林茂、兽奇、鸟异,素有“塞外苏杭”“北国江南”之美誉。历代北方少数民族游猎栖息之地,一代天骄成吉思汗曾在此屯兵扎寨,金朝长城横贯南北。现有成吉思汗庙、红光朝鲜民俗村、金界壕、孤山子等景区。2015年入选全国特色景观旅游名镇(村)。

宁城县黑里河镇 位于黑里河国家级自然保护区中心地段。西辽河主干流老哈河的发源地之一。矿产资源丰富,有原始森林100多平方千米,素有“塞外西双版纳”之美誉。动植物资源丰富,有雕、山鹰、大鸨、老鹳等珍贵鸟类,豹、熊、狼、狐狸、猞猁、狍子、獾等兽类,松、柏、枫、椴、柞、桦等高大乔木,蕨菜、木耳、猴头蘑、山核桃、山杏、山枣、山梨、山葡萄等山珍。清康熙帝曾在此围猎并设园林，现有莲花山第四纪冰川遗迹、道须沟奇石、杜鹃花观赏区、八沟道天然油松籽基地等景观。2015 年入选全国特色景观旅游名镇(村)。

科尔沁左翼中旗花吐古拉镇　位于西辽河和松辽平原的过渡地带。科尔沁沙地的主要组成部分。清代孝庄文皇后的出生地，民族英雄嘎达梅林的故乡。达尔罕亲王府和寿安寺(唐格尔庙)坐落镇内。农牧林业资源丰富，是以农为主、农牧林相结合的经济类型区，还有一处具有 300 年历史的古榆林。2015 年入选全国特色景观旅游名镇(村)。

科尔沁左翼后旗阿古拉镇　位于通辽市东南部。清代蒙古族将领僧格林沁的出生地。有号称“天下第一敖包”的近百米高的双合尔山，山上有清雍正年间修建的古白塔——舍利塔，山下有双福寺；有保存完好的原始湿地草原 13.3 平方千米；有百旱不干、稳定水面 3.3 平方千米的白音查干湖。现大力发展以黄牛为主的设施畜牧业、以玉米种植为主的农业。胡仁乌力格尔、低音四胡、叙事民歌已被列入国家级非物质文化遗产(代表性项目)名录，阿古拉镇被誉为“叙事民歌之乡”。2015 年入选全国特色景观旅游名镇(村)。

准格尔旗龙口镇　位于准格尔旗东南部，地处与山西省、陕西省交界处，素有“鸡鸣三省”之称。矿产资源丰富，有石灰岩、煤炭、铁矿等。镇域内有黄河万家寨、龙口两座水电站大坝，再加上堪称“黄河太极图”——包子塔，形成了漂亮、壮观的“黄河峡谷”。峡谷内，两岸峭壁壁高耸，巨石林立，河水平静如湖，碧绿透迤，天水一色。镇区河道中心有两个形态不同的小岛——太子滩和娘娘滩，郁郁葱葱，历史传说更为其增添了神秘色彩。2015 年入选全国特色景观旅游名镇(村)。

准格尔旗布尔陶亥苏木　位于鄂尔多斯市。北部是库布齐沙漠，南部为梁峁山区，属半农半牧区。“布尔陶亥”为蒙古语译音，意为“褐色湾子”。“苏木”蒙古语原意是“箭”，是相当于乡一级的行政单位。坐落境内的准格尔旗王爷府，建于清同治年间，是鄂尔多斯市规模宏大、建筑考究的盟旗王公府邸之一,主体部分保存较为完整。王爷府周围地势平坦,视野开阔,有湖泊、沙地、草地、林地等。境内还有“点素敖包”传统祭祀点。2015 年入选全国特色景观旅游名镇(村)。

鄂托克前旗上海庙镇 位于内蒙古和宁夏两区交界处,地处鄂尔多斯高原西南边缘地带。镇域广阔,煤、天然气、石膏等资源富集。甘草、麻黄、苦参等药材资源丰富,是著名的“梁外甘草”生产地。镇域内有明代长城 28 千米、水洞沟古人类活动遗址和特布德庙。主体经济是农牧业,现正发展以历史古迹、人文景观、民族风情、草原观光为特色的新兴旅游业。2015 年入选全国特色景观旅游名镇(村)。

鄂托克前旗城川镇 位于鄂尔多斯市西南部。地处蒙、陕、宁交界处,内蒙古的最南端,素有“内蒙古南大门”之称。古河套人的发祥地,萨拉乌素动物化石群的集聚地,内蒙古地区最早的革命根据地之一。有著名的古河套人遗址、宥州城遗址、延安民族学院旧址、黑疙瘩汉代古墓群以及王震井等文物古迹,还有神斧天凿、自然而成的大沟湾旖旎风光,北大池盐湖、温泉,神奇的榆树壕,美丽的巴彦希泊日天然草原等。2015 年入选全国特色景观旅游名镇(村)。

扎兰屯市柴河镇 位于呼伦贝尔市,地处呼伦贝尔、阿尔山、黑龙江三大旅游区的结合点。内蒙古阿尔山-柴河国家地质公园的重要组成部分,扎兰屯国家级风景名胜区的核心部分。镇域内绰尔河和柴河等河流纵横,河岸峭壁连天,河中水族众多,天池群错落有致,野生动物 200 余种,林下山珍丰富,被鄂温克族视为渔猎和采集的宝地,镇名“柴河”在鄂温克语中意为“险峻的宝地”。镇域内的吉尔果天池酷似“圆月”而被称为“月亮小镇”。2015 年入选全国特色景观旅游名镇(村)。

额尔古纳市莫尔道嘎镇 位于呼伦贝尔市,西隔额尔古纳河与俄罗斯相望。“莫尔道嘎”在鄂温克语中意为“碧水”“白桦林生长的地方”“驯鹿出没的地方”。地处大兴安岭北段原始森林腹地,保存着我国最后一片寒温带明亮针叶原始林景观。山峦起伏,溪流密布,古木参天,林业资源丰富,野生动植物种类繁多。拥有内蒙古大兴安岭首家国家森林公园，以林海、松风、蓝天、白云的夏季风光，以及冰峰、雪岭、严寒、雾凇的冬季风韵最为著名，森林风景资源独具特色。2015 年入选全国特色景观旅游名镇(村)。

额尔古纳市黑山头镇 位于呼伦贝尔市。镇域西部、西北部与俄罗斯隔额尔古纳河相望，国家一类口岸——黑山头口岸于 1990 年开放。畜牧业是当地优势产业，额尔古纳河和根河水系有淡水鱼 20 多种，为呼伦贝尔市第二大淡水鱼产区。黑山头古城遗址，气势宏伟，一说为元太祖成吉思汗四弟铁木哥斡赤斤所建，一说是金古都，由尼伦部扎木合所建。2015 年入选全国特色景观旅游名镇(村)。

额尔古纳市蒙兀室韦苏木 位于呼伦贝尔市，地处额尔古纳河右岸及大兴安岭北麓。与俄罗斯奥洛契村隔河相望，有国家一类口岸——室韦口岸，室韦-奥洛契口岸大桥是中俄界河上的第一座永久性大桥。保存有大小城遗址 10 余座，是蒙古民族的发源地之一，也是俄罗斯族聚居区。蒙古之源——蒙兀室韦民族文化园为蒙古族同胞朝圣、祭祖的圣地。春季山花烂漫、溪流缠绕，夏季林海滔滔、鸟语花香，秋季层林尽染、色彩缤纷，冬季白雪皑皑、银装素裹，为内蒙古重要的旅游地之一。2015 年入选全国特色景观旅游名镇(村)。

额尔古纳市恩和俄罗斯族民族乡 位于呼伦贝尔市。隔额尔古纳河为界与俄罗斯相望。“恩和”在古文献中称为“鞑靼”。全国唯一的俄罗斯族民族乡，居民的生产生活保持着原始的俄罗斯民俗风情，居住俄式木刻楞，遵从俄罗斯族的饮食习惯和节庆时令。建有俄罗斯族民俗馆。2015 年入选全国特色景观旅游名镇(村)。

额尔古纳市奇乾乡 位于呼伦贝尔市，地处额尔古纳河畔。乡名“奇乾”由境内的奇雅河的“奇”及乾东河的“乾”字组合而成。地处大兴安岭北部原始森林腹地，林木以落叶松为主，野生浆果、食用菌、药用植物丰富，还有猞猁、驼鹿、紫貂、棕熊等 10 多种野生动物。村落形成于清末民国初期，特色民居“木刻楞”已被列入“中国传统村落”保护名录。小孤山遗址有近圆形的半地穴式房址。2015 年入选全国特色景观旅游名镇(村)。

根河市敖鲁古雅鄂温克族乡 位于呼伦贝尔市的敖鲁古雅河畔。原有较多的白杨树,白杨树在鄂温克语中称为“敖鲁古雅”。这里居住着鄂温克族一个神秘的支系,也是我国唯一饲养驯鹿的少数民族聚居乡。鄂温克民俗文化和桦树皮制作技艺被列为国家级非物质文化遗产拓展项目。被誉为“桦树皮文化之乡”和“驯鹿文化之乡”。2015 年入选全国特色景观旅游名镇(村)。

察哈尔右翼中旗科布尔镇 位于阴山北麓的乌兰察布市中部。察哈尔右翼中旗政府的驻地。“科布尔”在蒙古语中有“土地松软”之意。农业和畜牧业为当地传统经济,矿产主要有金、煤、铜、石灰石、大理石等。拥有亚洲目前最大的风力发电厂,上千台的风力发电车成为当地的标志性建筑群。黄花沟旅游风景区山水灵秀,被誉为“塞外江南”。现有上新系第四纪冰川活动的典型地质遗存等各类景观 20 余处。气候独特,有“六月雪,三伏天”等天气奇观,是不可多得的塞上避暑胜地,更是观赏流星雨的宁谧圣地。2015 年入选全国特色景观旅游名镇(村)。

四子王旗乌兰花镇 位于乌兰察布市。因境内的红土山丘而得名,“乌兰花”在蒙古语中意为“红山丘”。20 世纪 30 年代初为大青山北麓的一个贸易集镇,现为全旗政治、经济、文化中心与交通枢纽。气候干燥,风多雨少,胡杨、戈壁羊和乌蒙奶皮子为当地特产。格尔苏木草原是我国神州系列飞船回收舱着陆点。拥有全国重点文物保护单位四子王旗王爷府,建于清乾隆二十三年(公元 1758 年)的锡拉木伦庙,还曾出土罕见的犀牛化石群。2015 年入选全国特色景观旅游名镇(村)。

阿拉善右旗巴丹吉林镇 位于阿拉善盟。阿拉善右旗政府所在地。集工业、农业、交通、旅游服务业于一体的新型城镇。自然资源丰富,盐、芒硝等矿藏资源丰富,湖泊中盛产卤虫等微生物,湖畔栖息着天鹅、野鸭、盘羊、黄羊、獾猪、狐狸等几十种野生动物,还盛产甘草、麻黄、锁阳、苁蓉等沙生药材。巴丹吉林沙漠是我国八大沙漠之一,也是阿拉善沙漠的主体。2015 年入选全国特色景观旅游名镇(村)。

额济纳旗达来呼布镇 位于阿拉善盟,北与蒙古国接壤。“达来呼布”在蒙古语中意为“大海的深渊”。地属内陆,干旱少雨,生长有大片的胡杨林,每年深秋时节一派金黄,景色壮美。每年胡杨节期间,该地举行赛马、赛驼、搏克以及各种棋类比赛,举办祭敖包、文艺演出、摄影展、农畜产品展销、经贸洽谈会等活动。农牧业为传统经济,盛产蜜瓜、棉花等。旅游景观有戈壁绿洲、瀚海沙漠、古郡重镇、关市口岸、居延汉简、黑城文书,还有额济纳旗王爷府旺嘉布官邸。2015 年入选全国特色景观旅游名镇(村)。

松山区瓦房村 位于赤峰市,地处半支箭河中上游。属半川半山地貌。旅游资源主要有香山景区、辽代缸瓦窑遗址和盔甲山原始次生林景区。香山有我国北方地区最大的汉传佛教圣地——香山寺以及青龙洞、黄龙洞、观音洞、皇姑泪、龙泉井等景点。辽代窑遗址是目前黄河以北发现的唯一龙窑遗存。盔甲山原始次生林有松、榆、柏、椴等 20 多个树种,活跃着狐、狍、獾等十几种飞禽走兽,有蕨菜、蘑菇、木耳等林副特产 10 多种。2015 年入选全国特色景观旅游名镇(村)。

敖汉旗白斯朗营子村 位于赤峰市四道湾子镇。小河沿文化发祥地,上承红山文化,下启夏家店下层文化,在远古历史中占有重要地位。早在 4 500 年前就有先民在这里过着渔猎和农耕相结合的原始生活。出土的彩陶器上的刻画符号被认定是中国汉字的雏形。修建于战国时期的燕长城遗址穿村而过。村内的佛祖寺按悲、智、愿、行分别供奉观音、文殊、地藏、普贤四大菩萨,每尊铜像高 5.68 米;天王殿供奉的弥勒佛像用独块汉白玉雕成,重 37.4 吨。2015 年入选全国特色景观旅游名镇(村)。

准格尔旗松树墕村 位于鄂尔多斯市纳日松镇。村内有充满神奇色彩的千年古松“油松王”,入选内蒙古自治区区级重点文物保护单位。村内的阿贵庙自然植物保护区林木茂盛,是鄂尔多斯古陆原始植被区,林区植被以天然次生植物为主,显示出典型的温带针叶阔叶混交和温带草原面貌;较为完整地保留着鄂尔多斯高原天然森林草原植被的本来面貌,是鄂尔多斯生物多样性标本示范区。2015 年入选全国特色景观旅游名镇(村)。

准格尔旗兴胜店村 位于鄂尔多斯市十二连城乡西部沿河。全村以玉米、西瓜种植和肉羊、奶牛养殖为主要产业。村里的农家乐除了提供烤全羊、采摘水果蔬菜等地方特色项目外,还会组织当地村民表演地方戏漫瀚调、二人台。戏漫瀚调即沙漠调,是流行于蒙古族和汉族杂居地区的一种民歌;二人台俗称“双玩意儿”“二人班”,起源于山西,成长于内蒙古,是流行于内蒙古自治区中西部及山西、陕西、河北三省北部地区的传统戏曲剧种。2015 年入选全国特色景观旅游名镇(村)。

阿荣旗东光村 位于呼伦贝尔市。内蒙古唯一的朝鲜民族乡新发乡政府驻地,有着浓郁的朝鲜族风情和文化,具有发展朝鲜族餐饮业和生态旅游业得天独厚的条件。以打造“内蒙古朝鲜族第一家园”为目标,启动实施了“一纵两横三通四园五区”发展规划,打造民族文化景观区、美食商业旅游服务区、特色民居区、绿色果蔬采摘区和高效农业区五个景观区。2015 年入选全国特色景观旅游名镇(村)。

喀喇沁旗王爷府镇 2015 年入选全国特色景观旅游名镇(村)。参见中国历史文化名镇——喀喇沁旗王爷府镇。

库伦旗库伦镇 2015 年入选全国特色景观旅游名镇(村)。参见中国历史文化名镇——库伦旗库伦镇。

四、中国特色小镇

宁城县八里罕镇 位于赤峰市中西部,地处内蒙古东南部地区通往京津唐的重要通道上。驰誉塞北的休闲旅游胜地萧太后温泉度假村就在附近。八里罕最早见于史籍是清康熙二十年(公元 1681 年),《清圣祖皇帝实录》有记载。具有千年酿酒历史,是久负盛名的“塞外酒乡”,目前已形成以白酒生产、设施农业、肉牛养殖、商贸流通、旅游观光等特色产业链。2016 年入选中国特色小镇。

科尔沁左翼中旗舍伯吐镇 位于通辽市。是科左中旗区域性交通枢纽和区域性中心镇。这里是孝庄文皇后故里，亦是民族英雄嘎达梅林、爱国将领孔飞和阿斯跟、民歌大师查干巴拉、马头琴演奏大师齐·宝力高的家乡。近年来加快推进城乡一体化，一二三产业联动、产业与城镇融合发展，是通辽市现代农牧业综合改革发展示范区的重要组成部分。2016 年入选中国特色小镇。

额尔古纳市莫尔道嘎镇 2016 年入选中国特色小镇。参见全国特色景观旅游名镇(村)——额尔古纳市莫尔道嘎镇。

敖汉旗下洼子镇 位于赤峰市。地处内蒙古和辽宁省交汇处，交通便利，商贸发达，素有“一京二卫三下洼”之称。镇街曾有城墙环绕，1933 年热河抗战第一仗即发生于此。以农为主、农牧林商结合的经济类型区，农业生产主要以玉米种植为主，为敖汉旗的玉米主产区；南部地区杂粮、杂豆种植历史悠久，盛产谷子、荞麦、芝麻、绿豆、红小豆、油葵等绿色杂粮。南部地区有丰富的矿产资源，主要有黄金、萤石等。镇域内有兴隆洼原始聚落、赵宝沟新石器文化等新石器时代遗址，武安州、宁昌路遗址，大黑山国家级自然保护区。2017 年入选中国特色小镇。

东胜区罕台镇 位于鄂尔多斯市。拥有典型的丘陵沟壑地貌，煤炭、石英砂、高岭土、硫黄等矿产资源丰富。有以奶牛、肉牛和獭兔为主的特色养殖业，以白灵菇和鸡腿菇为主的食用菌特色种植业，还有羊绒纺织产业，组成了绒纺、农牧、旅游等产业集群。镇内的灶火壕遗迹源自古时运盐车夫挖的土灶，形成从陕西通往包头及蒙古国等地的一条商道，是农耕文化与草原文化、中原文化与蒙元文化紧密联系的文化纽带。2017 年入选中国特色小镇。

凉城县岱海镇 位于乌兰察布市。有六条公路横穿小镇，最初以畜牧业为核心产业，后大力发展工商业，工业经济得以快速发展，形成以圪臭沟高载能工业园区、西厢经济建设开发区、西厢粮食贩运园区为核心的园区体系。依山傍水,风景秀丽,镇旁即是著名的岱海旅游区,更有内蒙古四大温泉之一的岱海温泉。岱海湖湖水清澈,湖畔芦苇丛生,有“草原天池”之美誉。2017 年入选中国特色小镇。

阿尔山市白狼镇 位于兴安盟的大兴安岭南侧。西与蒙古国相邻,是东、南方向进入阿尔山市的交通要冲。森林茂密,野生动植物资源丰富,经济以林业为主。这里曾是阿尔山岭南地区的中心,曾设立区级政府努图克和林矿分局。抗日战争时期遭到日本侵略者的疯狂掠夺,成片的原始森林被砍伐殆尽。2017 年入选中国特色小镇。

察哈尔右翼后旗土牧尔台镇 位于乌兰察布市北部。“土牧尔台”在蒙古语中意为“有铁的地方”。镇内的皮毛绒肉加工园区为乌兰察布市农牧业产业化示范园区,基本可以实现皮毛绒肉的初级加工一条龙服务,园区现有梳绒机 340 台,年梳绒 2 500 吨,年屠宰加工肉羊 60 万只,产品还出口日本、美国、欧盟等国家。2017 年入选中国特色小镇。

开鲁县东风镇 位于通辽市,地处通辽市到开鲁县的必经之地。东风镇属农贸集散地,基础产业是农业,盛产小杂粮、益都椒,年产绿豆等杂粮 350 万千克,益都椒直接出口韩国。永新、敖包村产的“王梦夏”鸭蛋久享盛誉,被称为“家鸭生野鸭蛋”。2017 年入选中国特色小镇。

林西县新城子镇 位于赤峰市。生态环境好,水源丰富,电力充足,已建成六大基地:6.6 平方千米内蒙古野果基地,年产纯天然、无污染、无公害野果 1.2 万吨;20 平方千米紫花苜蓿草基地,年产干苜蓿 3 000 吨;66.6 平方千米野生山杏林基地,年产 3 000 吨山杏核;纯种小尾寒羊基地,基础母羊年存栏 1.6 万只,年出栏 2 万只;杂粮基地,年加工各种杂粮 500 吨;玄武岩、花岗岩石材基地,年加工石材 4 万平方米。2017 年入选中国特色小镇。

鄂托克前旗城川镇 2017 年入选中国特色小镇。参见全国特色景观旅游名镇(村)——鄂托克前旗城川镇。

扎兰屯市柴河镇 2017 年入选中国特色小镇。参见全国特色景观旅游名镇(村)——扎兰屯市柴河镇。

五、国家生态旅游示范区

阿尔山国家生态旅游示范区　位于阿尔山市大兴安岭西南麓。属于火山熔岩地貌，由于火山喷发熔岩壅塞及水流切割，造成一系列有镶嵌性质的截头锥火山。拥有大兴安岭第一峰特尔美峰和大兴安岭第一湖达尔滨湖，还有火山爆发时熔岩流淌凝成的石塘林和天池。植被类型属寒温带针阔混交林，以木本植物为主体，代表性植被是兴安落叶松群种的针叶林。生活着驼鹿、马鹿、狍子、水獭等30余种动物和松鸡、榛鸡、啄木鸟等60余种飞禽。2013年入选国家生态旅游示范区。

根河源国家湿地公园　位于大兴安岭北麓西坡。占地面积约600平方千米，其中湿地面积约200平方千米，拥有森林、沼泽、河流、湖泊等多种生态类型，是众多东亚水禽的繁殖地。根河是额尔古纳河最大支流之一，维系着大兴安岭林区和呼伦贝尔大草原的生态安全。集森林生态观光、房车自驾车游、木屋住宿、餐饮娱乐、会议接待、野生动物观赏、冷极湾漂流、高尔夫体验、野生浆果采摘、野外拓展训练、自驾车环线体验于一体，被誉为“中国冷极湿地天然博物馆”。2014年入选国家生态旅游示范区。

恩格贝沙漠景区　地处黄河南岸、库布齐沙漠中段。“恩格贝”在蒙古语中意为“平安、吉祥”。恩格贝沙漠初步形成了带、网、片、乔、灌、草结合的综合防护林体系，形成了保护母亲河黄河的一道绿色屏障。现有旅游景点20余个，已发展成为集沙漠珍禽动物观赏、大漠风景观赏、生态农业观赏、沙生植物观赏和游客休闲度假综合服务于一体的沙漠生态旅游区。其中漠中河长3.5千米，乘快艇或荡舟随着沙丘的曲折蜿蜒直入沙漠腹地，堪称一绝。2015年入选国家生态旅游示范区。

六、全国红色旅游经典景区

乌兰夫故居和纪念馆 乌兰夫曾任中华人民共和国副主席、全国人大常委会副委员长、全国政协副主席、中共中央统战部部长，上将军衔。故居位于土默特左旗塔布赛村，是一座普通的农家院落，有正房五间和东、西厢房，清光绪三十二年（公元1906年）乌兰夫诞生于此。1929年乌兰夫从苏联莫斯科中山大学回到家乡开展革命活动；1931年乌兰夫同家人在住宅中掩护过上级派来的情报员。乌兰夫纪念馆位于呼和浩特市新华西街，占地约3 000平方米，现为全国爱国主义教育示范基地。2005年入选全国红色旅游经典景区。

红色国际秘密交通线教育基地 位于满洲里市国门景区。“红色国际秘密交通线”是指由哈尔滨经满洲里前往苏联的交通线，被称作“红色桥梁”。从1920年至1937年，这条国际秘密交通线共存在了18年。许多中共早期领导人如李大钊、陈独秀、瞿秋白等，以及许多革命青年前往苏联，主要是通过满洲里出境，支持我国和东方国家革命事业的共产国际代表、军事顾问也经由满洲里进入我国内地。2005年入选全国红色旅游经典景区。

内蒙古自治区政府成立纪念地 位于乌兰浩特市。内蒙古自治区政府成立于1947年5月，是新中国第一个成立的省级民族区域自治政府。纪念地主要包括内蒙古民族解放纪念馆、“五一大会”旧址、乌兰夫办公旧址、内蒙古党委办公旧址、内蒙古自治政府办公旧址，以及乌兰浩特市烈士陵园、内蒙古日报社办公旧址、内蒙古师范大学旧址、西满军区驻王爷庙办事处等10多处遗址。2011年入选全国红色旅游经典景区。

世界反法西斯战争海拉尔纪念园 位于呼伦贝尔市海拉尔城区。原址为侵华日军海拉尔要塞。海拉尔要塞是日本关东军修筑的以内陆防御为主的军事工事,其中北山阵地是国内同类遗址中地上地下工事最复杂、规模最大、设施最全、保存最完好的一处环行防御阵地,是我国各族人民抗日斗争的历史见证。纪念园占地面积1.1平方千米,分为地上、地下两部分,其中地面建有海拉尔要塞遗址博物馆,展出抗战时期相关的文字资料和珍贵历史照片以及大量的战争实物。2011年入选全国红色旅游经典景区。

察哈尔抗战遗址 位于多伦县。包括察哈尔抗日同盟军收复多伦指挥部(察哈尔抗战纪念馆)、吉鸿昌将军讲演地、同盟军收复多伦战斗旧址三部分。1933年察哈尔民众抗日同盟军收复多伦,多伦成为中国抗日战争史上最早的、完全依靠自己力量收复的第一座军事重镇。遗址内还有革命烈士陵园、苏蒙联军作战指挥所汇宗寺、群众抗日集会场所山西会馆等。2011年入选全国红色旅游经典景区。

绥蒙革命纪念馆及田家镇惨案遗址 乌兰察布市绥蒙革命纪念馆位于凉城县,是记录绥蒙革命、大青山抗日游击根据地的重要场馆。田家镇惨案遗址在原凉城县城所在地田家镇,1937年9月日军侵入田家镇,3个小时残忍杀害299名无辜百姓,制造了骇人听闻的"田家镇惨案"。2011年入选全国红色旅游经典景区。

大青山抗日根据地旧址 位于武川县大青山。大青山抗日根据地建立于1938年,系晋绥抗日根据地的一部分。大青山区是大青山抗日游击根据地的中心,峰峦起伏,地形险要。现存有司令部、卫生队、教导队、电台等遗址,素有"塞外小延安"之称。展陈馆分为以毛主席题词、武川地势岩石题材群体为主题的主题正厅,以抗日战争、大青山之鹰、全民抗战、决战大青山、抗战胜利为题材的五个展厅。2016年入选全国红色旅游经典景区。

集宁战役红色纪念地 位于乌兰察布市集宁区。包括集宁烈士陵园、人民英雄纪念碑、集宁战役指挥部旧址、地道遗址、英烈墙、国防教育区、全国红色旅游书屋、青少年科技实验基地等烈士纪念设施。解放战争时期,集宁是我党同国民党在原绥远地区争夺最为激烈、战役规模最大的地区之一,发生过集宁争夺战、大同集宁战役和解放集宁战役三次较大规模的战役,后统称为“集宁战役”。2017 年入选全国红色旅游经典景区。

诺门罕战役遗址及陈列馆 位于呼伦贝尔市新巴尔虎左旗。包括战争陈列馆、万人焚尸坑、将军庙、炮阵地、日军野战医院遗址、胡鲁斯台河战争遗址等。1939 年 5 月，日军为占领蒙古、苏联远东地区，在诺门罕及哈拉哈河中下游两岸区域发动了诺门罕战役。日军和苏蒙军双方共投入兵员 20 余万人，以及大量的大炮、飞机、坦克装甲车等。在这次战役中，日军首次使用了生物武器。结局是日军伤亡 5.4 万人，此战被日本史学家称为“日本陆军史上最大的一次败仗”。2017 年入选全国红色旅游经典景区。

七、全国农业旅游示范点

蒙丰锦绣园 位于呼和浩特市新城区双拥街。内蒙古种业股份公司下属的农业示范旅游观光园，已形成集农业观光、现代农业示范、餐饮度假、农业修学、特种动物养殖等功能于一体的十大园区。建有百花园、百菜园、百鸟园等多个景点，已成为中小学生和城乡居民生态旅游、休闲度假的场所。2002 年入选全国农业旅游示范点。

格根塔拉草原旅游中心 位于大青山北麓的四子王旗草原上。“格根塔拉”在蒙古语中意为“辽阔明亮的草原”。提供食、宿、行、游、购、娱一条龙服务，设有接待包 5 顶，各种住宿包约 300 顶，可容纳 1 000 人就餐的宴会厅以及其他餐厅近 30 处。还设有勒勒车、舞厅、酒吧、医疗、游乐场所、大型那达慕会场等设施。2002 年入选全国农业旅游示范点。

呼和诺尔旅游区 位于呼伦贝尔草原腹地呼和诺尔湖畔。“呼和诺尔”在蒙古语中意为“蓝色的湖”。呼和诺尔草原环抱着波光潋滟的呼和诺尔湖，绿茵如毯，鲜花烂漫，蒙古包点点，是呼伦贝尔大草原风景的典型代表。旅游区推出一系列具有地方民族特色的旅游活动项目：草原自然生态观光、骑马乘驼等游牧旅游,“那达慕”大会以及篝火晚会、摔跤、射箭、垂钓、乘船游湖、湿地探险等参与性旅游活动。2002年入选全国农业旅游示范点。

蒙古汗城旅游区 位于锡林郭勒大草原最壮美的西乌珠穆沁草原腹地。主要以蒙古族民俗文化观赏、休闲旅游和草原观光为主。蒙古汗城所在的乌珠穆沁草原,被誉为“游牧文化之源”“民族服饰之都”“蒙古长调之乡”“摔跤健将摇篮”,是蒙古族风俗文化保存最完整的地区。西区以娱乐、休闲、运动为主,东区以敖包会、祭奠活动为主。多功能的综合娱乐场所的金顶大帐,可同时供上千人用餐、几百人住宿,并有蒙古族原生态歌舞演出、篝火晚会以及充满英雄气息的小型那达慕活动。2002年入选全国农业旅游示范点。

星月集团农业高科技旅游区 位于巴彦淖尔市临河区隆胜乡。这是一处以再现农业生产过程、农村风貌、农民劳动生活为主要特色的旅游区。2002年入选全国农业旅游示范点。

恩格贝生态旅游区 2002年入选全国农业旅游示范点。参见国家生态旅游示范区——恩格贝沙漠景区。

敕勒川人家旅游度假村 位于呼和浩特市玉泉区。度假村以生态农业为依托,以产销绿色有机食品为特色,以餐饮、娱乐、购物、休闲度假、品味文化为载体,集种植、养殖、观光于一体,是一个生态、环保型绿色企业,已成为呼和浩特市民俗旅游单位,自治区绿色蔬菜、瓜果生产基地,呼和浩特市生态示范区。2004年入选全国农业旅游示范点。

通湖草原旅游区 位于阿拉善左旗腾格里大沙漠腹地。汇集了沙漠、盐湖、湿地草原、沙泉、绿洲、牧村、岩画等多种自然、人文景观。浩瀚的腾格里沙漠中蕴藏着方圆百里的湿地草原,大漠草原间的骆驼山亦具特色。古丝绸之路北路要塞,保存有古商道、盐道、大盛魁古驼道、古长城、古战场、古买卖城等遗址,被誉为“大漠中的伊甸园”。特色游乐项目有草原跑马、骑骆驼、越野卡丁车等,惊险刺激。还有敬哈达、下马酒、住蒙古包等充满浓厚的蒙古族风情的体验项目。2005年入选全国农业旅游示范点。

莫尔道嘎国家森林公园 位于额尔古纳市莫尔道嘎镇，地处大兴安岭北部原始森林腹地。我国位置最北、森林生态多样性最完整、物种最为丰富的国家森林公园之一，包括龙岩山、翠然园、原始林、激流河、民俗村、界河游等景区，占地面积148万平方千米。主要树种有兴安落叶松、樟子松、白桦、山杨、黑桦、柳树等，林间隙地有五味子、党参、柴胡、刺五加等400余种中草药材，还有马鹿、猞猁、紫貂等国家重点保护动物。2005年入选全国农业旅游示范点。

赛汉塔拉旅游娱乐园 位于苏尼特右旗赛汉塔拉镇东南部。坐落于富饶美丽的苏尼特草原上，以自然生态风光为主，以人造设施为辅，空气清新，风景秀丽。主要景点有人工湖、恐龙博物馆、野生动物园、休闲广场和赛马、摔跤、射箭场，还有可以体验真实牧民生活的家庭牧场。2005年入选全国农业旅游示范点。

八、全国休闲农业与乡村旅游示范点

圣鹿源旅游示范点 位于包头市九原区。在赛汗塔拉圣种鹿繁育基地和九原鹿产品深加工基地的基础上改建而成，综合展示鹿业的规模化养殖和高科技健康礼品的生产。2013年入选全国休闲农业与乡村旅游示范点。

水镜湖休闲度假区 位于鄂尔多斯市布尔陶亥苏木李家塔村。作物种植、花卉培育、旅游接待的新型农业产业休闲区，占地面积240万平方米。地势平坦，土壤肥沃，灌溉条件好，植被茂盛，景观资源丰富。以特种蔬菜瓜果推广为基础产业，以农业休闲观光为延伸产业，拥有种植区、养殖区和智能日光温室以及试验中心和农产品展示中心。2013年入选全国休闲农业与乡村旅游示范点。

松枫山庄 位于宁城县黑里河大坝沟景区内。周围生长着珍贵的油松林及大片五角枫树林,庄名由此而来。空气清新,环境原生态。建筑格局为两进式院落。前院客房为火炕式,东西厢房为碾房、磨房,客房间用木栅栏隔开,俨然农家小院。后院正房是客房,厢房是厨房和餐厅用房,房顶用茅草覆盖,墙体是泥土垒成。设有网球场、羽毛球场等运动娱乐设施。山庄后面还有采摘园。2014 年入选全国休闲农业与乡村旅游示范点。

玫瑰庄园 位于科尔沁右翼前旗大坝沟镇平安村。拥有蔬菜种植、林木栽植、果菌培育、牲畜养殖以及旅游观光开发等经营服务项目。2014 年入选全国休闲农业与乡村旅游示范点。

万通旅游度假村 位于达拉特旗白泥井镇海勒苏村。这里的特色是温泉水世界,拥有三大功能区,一是半球形建筑——水空间,设置有海浪池、温泉区等娱乐区;二是球形建筑——水上乐园,有激情漂流河、双色巨蟒滑道等娱乐项目;三是室外露天温泉区。2014 年入选全国休闲农业与乡村旅游示范点。

和润农业高新科技园区 位于赤峰市元宝山区。以新品种展示、新技术示范为基础,以农业休闲观光、青少年素质教育、鲜食采摘、体验拓展为特色的现代农业展示区,占地面积 67 万平方米。拥有各类棚室及附属设施 22 万平方米,具有种苗生产、多功能温室、微生物发酵及肥料生产线、种子加工生产线等设施,每年可出圃穴盘苗、嫁接苗、组培苗、扦插苗约 4 亿株,出圃花卉 120 万余盆,各类安全蔬菜近 17 万吨。园内还有环境优美的沙湖景观区、农俗园区、林溪野趣景观区和农业体验观光区。2015 年入选全国休闲农业与乡村旅游示范点。

萨拉乌苏生态农业示范园区 位于乌审旗南部。以农业发展为支撑,农业科技为要素,具有生态观光和文化休闲功能的农业园区,占地面积约 1 667 万平方米。由萨拉乌苏滨河景观养生轴和河谷生态涵养林带、渔果休闲、花田度假及农牧体验等功能区域构成。2015 年入选全国休闲农业与乡村旅游示范点。

白狼镇林俗村 位于阿尔山市白狼镇南部。原名“三道沟”,占地面积约6万平方米，常住居民主要由蒙古、汉、满等民族组成。新中国成立后林区开发建设者最早的定居地之一，保留有20世纪中期林业工人的住房，是东北林区的一个典型村落。至今保持着原始的林区生产、生活方式，可以到此感体验火墙、火炕，品尝当地风味，体验几代务林人的创业历程。2015年入选全国休闲农业与乡村旅游示范点。

阿荣旗东光村 2015年入选全国休闲农业与乡村旅游示范点。参见全国特色景观旅游名镇(村)——阿荣旗东光村。

九、全国工业旅游示范点

蒙牛乳业(集团)工业旅游区 位于和林格尔县盛乐工业园区。蒙牛乳业(集团)是我国成长速度最快的企业之一。由蒙牛公司与澳大利亚桂伐公司、印度尼西亚三林集团三方投资的澳亚牧场，占地面积约5.9平方千米，被誉为“牧场联合国”，是我国最大的单体牧场，建成了万头奶牛养殖基地。蒙牛的工业旅游以参观和游览为主要形式，其中蒙牛液态奶生产线和企业文化对游客最有吸引力。在全封闭的游览通道，有专职导游负责接待、讲解，把复杂的雪糕、冰激凌等食品的生产过程直接展示给游客看。2004年入选全国工业旅游示范点。

神东煤海 位于伊金霍洛旗。拥有八个现代化煤矿及配套的煤炭洗选加工项目，其中六个矿井生产能力超过千万吨。运用现代化最新科技手段改造和提升传统生产工艺，建设高产高效矿井，形成了世界一流的矿井生产安全自动化监测、监控系统和地面洗选加工、设备检修、资产管理、办公自动化等信息管理控制系统。绿色、环保的新型矿区，实现了人与自然的和谐发展。2004年入选全国工业旅游示范点。

鄂尔多斯羊绒集团 位于鄂尔多斯市东胜区。已经从一家羊绒制品加工企业,发展成为涵盖羊绒服装、资源矿产开发和能源综合利用等多元化经营的大型现代综合产业集团,凭借自身完善的产业链、先进的工艺水平成为羊绒纺织领域领军企业。“鄂尔多斯”是我国羊绒纺织行业第一个获得中国驰名商标称号的品牌。2005年入选全国工业旅游示范点。

北方重工业集团 位于包头市青山区。国家特大型骨干企业,现已发展成为军、民用大型锻件毛坯供应中心,特殊钢、深孔加工及大型配套设备制造重点生产企业,越野载重汽车和矿用载重汽车主要科研生产基地,“三车一站一泵”成套建筑机械及环卫车辆、振动式压路机等改装车、工程机械产品供应中心,铁路配套产品重点生产企业。集特殊钢冶炼、铸锻造、机械加工、焊接装配、电气液压、仪器仪表、专用车辆、总装调试等于一体,通过了ISO9001国际质量体系认证。还拥有兵器城、具有实弹射击等功能的地下人防工程。2006年入选全国工业旅游示范点。

包头钢铁集团 位于包头市河西工业区。新中国成立后最早建设的钢铁工业基地之一,投产时由周恩来总理亲自剪彩。世界最大的稀土工业基地和内蒙古自治区工业龙头企业,拥有“包钢股份”“包钢稀土”两个上市公司。包钢会展中心是包头钢铁集团的厂史馆,通过声光电等科技手段,全方位展示了包钢60多年来的沧桑巨变。2006年入选全国工业旅游示范点。

紫濛山庄风电场旅游景区 位于克什克腾旗达尔罕苏木,地处贡格尔草原腹地。与山庄近在咫尺的东电茂霖风能发电有限责任公司达里风场,风车群规模宏大,蔚为壮观。水光潋滟、山峦竞秀、芳草万顷,集草原、森林、湖泊、奇石、名胜古迹于一体,旅游风光独特。2006年入选全国工业旅游示范点。

河套酒业集团 位于杭锦后旗陕坝镇。已由一个县级制酒厂成长为内蒙古20户重点大企业集团之一,自治区酿酒行业的龙头企业,被国家统计局和中国食品工业协会评为全国白酒行业十佳经济效益型企业,年产5 000吨河套王原酒。生产基地被中国酿酒工业协会白酒技术委员会评为“北方第一窖”。集团的内蒙古酒文化博物馆是内蒙古地区最早的企业博物馆，全方位展示了内蒙古地区5 000多年来的酿酒、饮酒历史和风情。2006年入选全国工业旅游示范点。

十、国家级非物质文化遗产生产性保护示范基地

恒瑞翔地毯有限责任公司　位于阿拉善左旗巴彦浩特镇。阿拉善左旗地毯的花纹图案变化多姿，如古色古香的琴棋书画，活灵活现的虫鱼花鸟，秀丽优美的风物景色，跃然欲出的鹿奔马驰，龙翔凤舞和古老的云纹，千姿百态，蔚然大观，具有浓厚的民族色彩。2014年入选国家级非物质文化遗产生产性保护示范基地。

十一、国家级旅游度假区

扎兰屯风景名胜区　位于呼伦贝尔市。包括扎兰屯市及西北一带的大兴安岭山地，其中最有名的景点为秀水风景区和吊桥公园。秀水风景区青山叠翠，碧水环绕，林木葱茏，一湾河水衬着青山，恰似低眉垂首的含羞少女。坐落在市区北部的吊桥公园，由沙俄中东铁路局修建于清光绪三十一年（公元1905年），自然植被丰富，园内有百年吊桥、一柱亭、垦石园等园林建筑，还有苏联红军烈士碑和革命英雄纪念碑。2002年入选国家级旅游度假区。

十二、国家级风景名胜区

扎兰屯风景名胜区 2002 年入选国家级风景名胜区。参见国家级旅游度假区——扎兰屯风景名胜区。

额尔古纳风景名胜区 位于额尔古纳市。额尔古纳河是中俄界河。景区内最著名景点是额尔古纳湿地,是我国目前保持原状态最完好的湿地之一,核心区面积 1 260 平方千米,拥有典型的灌丛沼泽、水泡子、河流及其支流等湿地生态系统,被誉为"亚洲第一湿地"。2017 年入选国家级风景名胜区。

十三、国家级自然保护区

大青沟自然保护区 位于科尔沁草原西部。地质构造属于西辽河洪积沙沉降带,表层为栗钙土和风积沙,地表显现为高低不平的沙丘草地貌。具有保存完整的森林生态系统,多种动物和鸟类在这里栖息繁衍。分布有植物 700 多种,蕨类和种子植物 500 多种,药用植物 200 多种,观赏植物近 40 种,栖息着狐、花鼠、水獭、狼和野兔、鸢、秃鹫、雀鹰、红脚隼、黄爪隼、红隼、猎隼、纵纹腹小鸮、红角鸮、长耳鸮等野生动物。1988 年入选国家级自然保护区。

呼伦湖自然保护区 位于新巴尔虎右旗、新巴尔虎左旗、满洲里市和扎赉诺尔区,地处中、蒙、俄三国交界地区。呼伦湖是内蒙古第一大湖、我国第五大湖、我国第四大淡水湖、亚洲中部干旱地区最大的淡水湖。拥有典型的草原生态系统、湿地生态系统、沙生植被、灌丛化草甸等生态景观类型，是联合国教科文组织世界生物圈保护区之一。拥有高等植物480多种，哺乳类动物35种，两栖爬行动物4种，鱼类30种，鸟类333种，其中64种动物被列入《中国濒危动物红皮书》。1992年入选国家级自然保护区。

贺兰山自然保护区 位于阿拉善左旗。贺兰山是内蒙古地区最高的山地之一，拥有内蒙古西部最大的天然次生林区，阻隔了腾格里沙漠的东移。主要保护对象为云杉等野生动植物和干旱、半干旱区的山地森林生态系统。拥有四合木、沙冬青、野大豆、羽叶丁香、蒙古扁桃等国家重点保护植物，还有贺兰山刺豆、贺兰山蝇子草、斑子麻黄、阿拉善黄芪、贺兰山蒿草、二蕊蒿草、贺兰山荨麻、贺兰山孩儿参等保护区特有得植物，被誉为“天然基因库”。1992年入选国家级自然保护区。

科尔沁自然保护区 位于科尔沁右翼中旗的东部。以保护科尔沁草原、蒙古黄榆、西伯利亚山杏疏林景观、鹤鹳类等珍禽及其栖息环境湿地为主的综合性自然保护区。地质构造属于松辽断陷盆地的边缘区域，地貌形态由波状丘陵、沙丘以及丘间分布的河漫滩、阶地、低洼盆地冲积平原组成。拥有3 000公顷西伯利亚山杏灌丛天然林，林、灌、草及河流、湖泊、沼泽等湿地天然镶嵌组合，构成了复杂多样的生态环境类型，为丹顶鹤、白枕鹤、蓑羽鹤、白鹳、大鸨等珍禽的繁殖地。1995年入选国家级自然保护区。

图牧吉自然保护区 位于扎赉特旗的最南端，地处大兴安岭山地与干旱草原的过渡地带。地质构造属于东北新华夏构造体系，大兴安岭隆起带与松辽沉降带的过渡部位，普遍覆盖着冰水——洪积沉积物，砂砾、黏土混杂构成了波状起伏的台地平原地貌形态。河流主要是二龙涛河，属松花江水系，为间歇性河流。湖泊较多，主要有图牧吉泡、三道泡、哈达泡、靠山泡等。主要保护对象为大鸨、丹顶鹤、白鹳等珍稀鸟类及其赖以生存的草原和湿地生态系统。1996年入选国家级自然保护区。

大兴安岭汗马自然保护区 位于根河市，地处大兴安岭西北坡原始森林腹地。额尔古纳河一级支流激流河发源于此，“汗马”即鄂温克语“源头”

之意。占地面积约 10.73 万公顷,是以寒温带明亮针叶林及栖息于此的野生动植物为主要保护对象的森林生态类型自然保护区。地质构造由海西早期断裂活化运动形成,岩系以岩浆岩为主,土壤以针叶林土和沼泽土为主。分布有野生植物 600 余种,脊椎动物 290 余种,包括国家重点保护野生动物 40 余种。被联合国教科文组织认定为世界生物圈保护区。1996 年入选国家级自然保护区。

西鄂尔多斯自然保护区 位于乌海市,地处西鄂尔多斯荒漠化草原与东阿拉善草原化荒漠的过渡地区。荒漠生态系统类型自然保护区,主要保护对象为四合木、半日花等古老残遗濒危植物和荒漠生态系统。四合木和半日花是第三纪孑遗物种,距今已 7 000 万年,被专家学者誉为植物中的“大熊猫”。还保存着极其珍贵的古地理环境,古生物化石十分丰富。1997 年入选国家级自然保护区。

达里诺尔自然保护区 位于克什克腾旗的西部,地处大兴安岭新华夏隆起带。以保护珍稀鸟类及其赖以生存的湖泊、河流、沼泽、草原、林地、沙地等多样性的生态系统和火山遗迹、历史文化古迹为主的综合性自然保护区。拥有优美的自然风光和历史遗迹:达里湖为高原干旱区的封闭性湖泊,湖水含盐量高碱度大,为苏打型盐碱湖;玄武台地和湖积平原上是一望无际的草原;达尔罕山绿树成荫怪石林立;小腾格里沙地连绵起伏,分布有大小不等的水泡;应昌路遗址依山傍水,环境幽雅。1997 年入选国家级自然保护区。

白音敖包自然保护区 位于克什克腾旗西北部。主要保护对象是世界仅存的沙地云杉林生态系统。沙地云杉为中国特有树种,当地牧民称之为“沙地神树”“草原上的绿宝石”。沙地云杉林呈斑块状分布于草原之中,构成了特有的森林草原景观。地表多呈现为连续而不规则的垄固定沙带,少部分为半固定沙地及零星新月形沙丘。白音敖包山海拔 1 499 米,是贡格尔草原蒙古族祭祀的圣地。2000 年入选国家级自然保护区。

赛罕乌拉自然保护区 位于巴林右旗北部。以保护珍稀濒危野生动植物及其赖以生存的森林、草原、湿地等多样的生态系统为主的综合性自然保护区。地貌景观主要有第四纪冰川、冰缘、盐风化地貌、崩塌地貌等,其中第四纪冰川侵蚀地貌主要为大陆冰川结束后短暂的山谷冰川发育所形成的U形谷、冰斗、刃脊、角峰组合等。河流主要有乌兰坝河、海清河、灰通河等10条。著名历史遗迹有:庆云山和荣山景区、千年释迦佛舍利古塔、辽庆陵及庆州城遗址、辽怀陵及怀州城遗址、金代古长城、古岩画猴头像等。2001年加入世界生物圈保护区。2000年入选国家级自然保护区。

鄂尔多斯遗鸥自然保护区 位于鄂尔多斯市东胜区和伊金霍洛旗。地质构造属于太古界古老变质岩系,地貌属鄂尔多斯波状高原。主要湖泊有桃-阿海子、侯家海子和苏家圪卜海子。高原内陆湿地生态类型自然保护区,主要保护对象是遗鸥繁殖地及内陆湖泊。2001年入选国家级自然保护区。

乌拉特梭梭林-蒙古野驴自然保护区 位于巴彦淖尔市宝音图苏木、前达门苏木和巴音杭盖苏木。地处荒漠向草原化荒漠的过渡地带,是国境边防线上的一道生态屏障。原始天然梭梭林是梭梭林在我国分布的最东缘,多数树龄已达几百年,蔓延成片,对防风固沙、抑制沙漠化、改良土壤具有很好的作用;梭梭根部寄生的肉苁蓉具有“沙漠人参”之美称。这里也是国家一级保护野生动物蒙古野驴的主要集群和栖息区域。2001年入选国家级自然保护区。

大黑山自然保护区 位于敖汉旗东南部,地处燕山山脉努鲁尔虎山中东部。丘陵山地综合性自然保护区,以草原、森林多种生态系统及野生动植物栖息地和西辽河水源涵养地为主要保护对象。拥有草原、森林、灌丛、半灌丛、草甸等5类植被类型,是北方园林绿化树种重要的天然分布地,防范科尔沁沙地南侵的天然生态屏障。分布有国家重点保护野生鸟类金雕、鸢、雀鹰、红脚隼、黄爪隼等20余种,国家重点保护野生植物3种,国家重点保护野生药用植物等7种。2001年入选国家级自然保护区。

辉河自然保护区 位于呼伦贝尔市西南部,地处大兴安岭山地森林向呼伦贝尔草原的过渡带和草甸草原向典型草原的过渡带。集森林、草原、湿地于一体的综合性自然保护区，主要保护对象为湿地、草原、森林生态系统及珍稀濒危鸟类。辉河湿地是呼伦贝尔草原东部最大的一条沼泽、湖泊型带状湿地，与达赉湖、俄罗斯达乌尔斯克、蒙古国达乌尔严格保护地共同构成东北亚地区草原湿地生态系统，是东北亚乃至全球重要的生态屏障，也是候鸟的重要栖息地及迁徙过境的驿站。2002 年入选国家级自然保护区。

红花尔基樟子松林自然保护区　位于大兴安岭南段，鄂温克族自治旗的南端。主要保护对象是沙地樟子松森林生态系统，红花尔基沙地樟子松林是我国唯一集中连片的沙地樟子松林，是当地生态环境和草原畜牧业的天然屏障。拥有多种受到国家重点保护的野生动植物和特有的鱼类、菌类、药材、山野菜等资源，具有森林、草原兼得的多样性生物种类。2003 年入选国家级自然保护区。

黑里河自然保护区　位于宁城县西南部，地处燕山北麓的七老图山脉。森林生态系统类型自然保护区，主要保护对象是以大面积天然油松林为代表的暖温型针阔混交林生态系统及生物多样性资源及其珍稀濒危物种。山高林密，林下苔藓等植物繁盛，水源涵养作用极强，大小沟系流水常年不断，水资源丰富，是西辽河的重要源头区之一。处于东北针阔混交林向华北落叶阔叶林的过渡地带，是燕山山地生物多样性的典型地段和物种资源的“基因库”。拥有国家二级保护野生植物 17 种，国家重点保护野生动物 10 多种。2003 年入选国家级自然保护区。

额济纳胡杨林自然保护区　位于额济纳旗的额济纳绿洲。天然胡杨林的主要分布地之一，主要保护对象是胡杨林植物群落、珍稀濒危动植物物种、荒漠绿洲森林生态系统及其生物多样性。植物类型分为森林植被、荒漠植被、盐化草甸植被、草本沼泽植被等四个植被类型。拥有国家重点保护植物胡杨、梭梭、肉苁蓉、沙冬青、裸果木和瓣鳞花，国家一类保护野生动物蒙古野驴、野马、野骆驼、胡兀鹫、雪豹、波斑鸨。2003 年入选国家级自然保护区。

科尔沁草原自然保护区　位于阿鲁科尔沁旗。地处科尔沁沙地北缘，我国北方半干旱农牧交错区，东北平原向内蒙古高原的过渡地带，主要保护对象为沙地草原、湿地生态系统及珍稀鸟类。主要植被类型有水生植被、沼泽植被、草甸植被、草原植被、丘陵坡地半灌木丛植被、丘陵坡地灌丛植被和沙地复合植被。有乌力吉沐沦河和黑哈尔河两大河流，水源丰富，湿地众多，分布着多样的生态系统和丰富的物种资源，成为科尔沁沙地北部的天然生态屏障，也是鸟类南北迁徙的重要通道和驿站。2005 年入选国家级自然保护区。

哈腾套海自然保护区 位于磴口县西北部的乌兰布和沙漠的东北缘。北及偏北部是高耸巍峨的狼山山脉，为土石山区；西部是广袤的乌兰布和大沙漠，地表为沙丘和沙生植物覆盖；南面是奔腾咆哮的古老黄河。荒漠生态类型自然保护区，主要保护对象是荒漠植被生态系统和珍稀濒危野生动植物及其生存环境，其中包括国家二级保护野生植物沙冬青、绵刺等以及国家一级保护野生动物黑鹳、北山羊、大鸨等。地貌可分为山地、沙漠、平原、河流四个类型。2005 年入选国家级自然保护区。

额尔古纳自然保护区 位于额尔古纳市，地处大兴安岭西北坡，西北与俄罗斯相邻。森林生态系统类型的自然保护区，主要保护对象为大兴安岭北部山地原始寒温带针叶林森林生态系统，栖息于此的珍稀濒危野生动植物，森林湿地与额尔古纳河源头湿地复合生态系统。拥有经济植物 148 种，野生食用菌 52 种，脊椎动物 329 种，国家一级保护野生兽类紫貂、貂熊、原麝 3 种，国家一级重点保护野生鸟类黑鹳、金雕、白尾海雕、玉带海雕、黑嘴松鸡、白头鹳、丹顶鹤、白鹤 8 种。2006 年入选国家级自然保护区。

鄂托克恐龙遗迹化石自然保护区 位于鄂托克旗乌兰镇，地处鄂尔多斯高原西部。主要保护对象为分布广泛的多种类型的恐龙足迹化石以及恐龙骨骼化石等。这里的化石种类之多，数量之大，分布面积之广，在国内外实属罕见。仅在一处长约 30 千米的早白垩纪灰色砂岩石上，就露出近万个各种恐龙足迹化石，均为三趾型，既有大型食草类恐龙的足迹化石，也有罕见的龙鸟类和食肉类恐龙的足迹化石，其中一个最大的足迹化石直径达 0.8 米。还发现了大型蜥脚类恐龙骨骼化石。2007 年入选国家级自然保护区。

大青山自然保护区 位于包头市、呼和浩特市至乌兰察布市卓资县以北的阴山山地。主要保护对象为以边缘物种群落为代表的山地森林和濒危珍稀物种。大青山为块状断裂山地，基岩及地表由花岗岩、片麻岩、砂砾岩、坡积层等构成。地貌形态不对称，南部以巨大的正断面与黄河平原截然分开，相对比较温暖而湿润；北部地势较平缓，与蒙古高原没有明显的分界线，直接承受蒙古干燥气流的影响，气候干燥而温度低，因而形成了山地森林、灌丛，林间草地、山麓草原、沟谷河流等多种类型地貌。2008 年入选国家级自然保护区。

高格斯台罕乌拉自然保护区 位于阿鲁科尔沁旗北部。主要保护大兴安岭南麓山地典型的过渡带森林草原生态系统，西辽河源头的湿地生态系统，栖息于此的野生马鹿（东北亚种）种群和国家重点保护野生鸟类大鸨、黑鹳及其他珍稀濒危鸟类的繁殖地。拥有植物 800 余种，包括被列入《濒危野生动植物种国际贸易公约》的植物手掌参、角盘兰、红门兰、绶草、大花杓兰，国家重点保护兽类马鹿、猞猁，国家重点保护野生鸟类 38 种，是重要的种质资源与“遗传基因库”。2011 年入选国家级自然保护区。

古日格斯台自然保护区 位于西乌珠穆沁旗巴拉嘎尔高勒镇东南部，地处大兴安岭南部山地余脉西麓。为东亚阔叶林与大兴安岭北部寒温带针叶林、草原与森林双重交汇过渡的典型地带。拥有大兴安岭南部山地最典型、最完整的森林、草原生态系统，生物类型多样，森林、沙地-伏沙地复合群落、灌丛、草原、草甸、湿地均匀分布，良好的生态环境为种类繁多的动物提供了理想的栖息地。2012 年入选国家级自然保护区。

青山国家级自然保护区 位于科尔沁右翼前旗西南部，地处嫩江二级支流归流河的下游。属于典型的生态脆弱区。主要保护对象为森林草原过渡带以蒙古栎林、黑桦林为代表的典型温带阔叶林森林生态系统和草原草甸生态系统及其生物多样性。生物物种资源丰富，包括国家重点保护野生动物 40 种，其中国家一级保护野生动物有大鸨、丹顶鹤、黑鹳、金雕和白肩雕 5 种；植物种类繁多，包括国家重点保护野生植物紫椴和野大豆等。2013 年入选国家级自然保护区。

罕山自然保护区　位于扎鲁特旗。地处山地向平原、森林向草原过渡地带,属蒙古高原与松辽平原水系分水岭,是流经科尔沁草原的唯一河流霍林河的发源地。集典型夏绿阔叶林、草原草甸生态系统和丰富的河流湿地生态系统于一体的综合型生态系统类型自然保护区。拥有通辽市面积最大、保存最完好的天然次生林,是通辽市的生态屏障。嫩江和西辽河水源涵养地,扎鲁特草原乃至整个科尔沁草原的"天然肺叶",动植物物种极其丰富。2013 年入选国家级自然保护区。

毕拉河自然保护区　位于鄂伦春自治旗诺敏镇,地处大兴安岭北段东麓的森林、灌丛向草原与农牧过渡的嫩江流域。以原始森林和自然湿地生态系统类型为主的自然保护区,重点保护对象为森林沼泽、草本沼泽以及珍稀濒危野生动植物。小河流众多并汇入毕拉河,是嫩江水源之一。森林沼泽与草本沼泽的泥炭层较厚,碳含量较高,对减缓全球气候变化具有重要意义。2014 年入选国家级自然保护区。

乌兰坝自然保护区　位于巴林左旗北部的乌兰坝林场和石棚沟林场,地处大兴安岭南麓。地形以中低型山地为主,是以过渡带森林、草原植被及珍稀野生动物为主要保护对象的自然保护区。森林植被丰富,是西辽河主要的水源涵养地之一。野生动植物资源丰富,其中包括国家一级保护野生鸟类大鸨、黑鹤,国家二级保护野生鸟类天鹅、鸳鸯、草原雕、秃鹫、白头鹞、红脚隼、黑琴鸡、蓑羽鹤等;野生植物 600 余种,包括国家重点保护野生植物紫椴,药用植物 100 多种。2014 年入选国家级自然保护区。

十四、国家级水利风景区

红山湖水利风景区　位于翁牛特旗乌敦套海镇。红山湖又名"红山水库”，是内蒙古地区最大的一座人工湖。以防洪为主，兼顾灌溉、发电、养殖、旅游等综合功能的国家大型一类水利枢纽工程，库区总面积214平方千米，水面面积94平方千米，总库容25.6亿立方米，控制流域面积24 486平方千米。主要景观有天台鸟瞰、白玉引水、明代石刻、北滩公园、绿春湾垂钓、鸟岛听韵、金银滩等。2004年入选国家级水利风景区。

打虎石水利风景区　位于宁城县西部山区西泉乡。打虎石水库水质优良，水产丰富，是我国北方含沙量、淤积量最小的水库之一。千米长的水库拦河大坝建于两山之间，大坝两端的台阶用白色石条铺砌。设有各种水上旅游项目，如水上迷宫、摩托艇、气垫船、游泳场、钓鱼台，还有“海豹出水”“玉兔望月”等奇峰怪石以及唐代名将李存孝少年打虎遗迹、福峰山昊天寺石窟等景点，既有江南水乡之妩媚，又具塞外风情之粗犷。2004年入选国家级水利风景区。

石门水利风景区　位于包头市北部阴山山脉的峡谷中。因流经于此的昆都仑河古称“石门水”而得名。景观包括峰峦景观、植物景观、天象景观、水库大坝及泄洪闸等巨型建筑物，集自然、工程、娱乐、人文四大景观于一体。动植物资源丰富，有天鹅、雁、水鸭、狐狸等多种国家重点保护野生动物以及松、柏、杉、白桦、刺梅等数十种植物。湖光山色，风景宜人，是观光、娱乐、休闲、度假、避暑的胜地。2004年入选国家级水利风景区。

巴图湾水利风景区　位于鄂尔多斯市最南端。以巴图湾水库、萨拉乌苏遗址为依托，以黄土高原和毛乌素沙地为背景，自然景观山奇、水幽、沙美，历史文化源远流长，形成了以地绿天蓝、金沙碧水、天然渔猎、溪流飞瀑和现代游乐为特色的、具有塞外江南美景的北方旅游风景区。2004年入选国家级水利风景区。

察尔森水库水利风景区　位于科尔沁右翼前旗。察尔森水库是一座以灌溉、防洪为主，兼顾发电、养鱼、旅游等综合功能的大型水利枢纽，两面临山，另两面与草原及国家级森林公园接壤，山水浑然一体，风景秀丽。还修建了水库迎客门、鲤鱼喷泉、明珠园、益园、蒙古村等40个景点。游客可在蒙古包内品尝马奶酒、奶茶、手扒肉、烤羊腿,观看蒙古族歌舞,品味蒙古族风土人情。2004 年入选国家级水利风景区。

三盛公水利风景区 位于杭锦旗巴拉贡镇与巴彦淖尔市磴口县交界处。三盛公水利枢纽是全国三个特大型灌区之一的内蒙古河套灌区的引水龙头工程。所辖黄河河道长约 58 千米,拥有大面积的黄河湿地和黄河流域难得的天然河滨沙滩。著名景点有“万里黄河第一闸”“天下第一锁”“天下第一古筝”等,还有黄河特有的流凌景观和黄河冰凌景观。2005 年入选国家级水利风景区。

南山水土保持生态示范园 位于赤峰市区红山区南部。共分十大景区:文化综合展示区、森林休闲娱乐园区、花卉观赏区、生态教育与环保教育区、农家乐园民族民俗旅游区、自助采摘园艺区、水上漂流及山地湖泊垂钓休闲探险旅游区、体育健身区、山地旅游探险与革命历史传统教育区、南山历史变迁展示区。其中文化综合展示区有契丹广场、双陆棋广场、契丹大字广场、契丹小字广场、图腾柱、草原丝绸之路大型组雕、辽代佛教艺术石窟、帝王广场、契丹阁、辽代名人长廊。2006 年入选国家级水利风景区。

达理诺尔水利风景区 位于克什克腾旗。依托达里湖湿地和多种自然地理过渡带的区位优势及自然资源,构建了集湖泊、湿地、草原、河流水面于一体的湿地生态系统,建成湿地和地质博物馆,与区内地质公园构成旅游网络体系。主要分为北岸景区和南岸景区。北岸景区有水上乐园、自然博物馆、观鸟长廊等景点,南岸景区有碧海银滩、曼陀山庄等景点。2006 年入选国家级水利风景区。

七星湖沙漠水利风景区 位于鄂尔多斯市库布齐沙漠腹地。依托库布齐沙漠七大湖泊湿地创建的沙漠生态公园。七星湖因七大湖泊呈北斗七星状排列而得名。其中扎汉道图、东达道图、大道图三大湖泊统称为“道图湖”,相互以沙山相隔,犹如三颗蓝宝石镶嵌在库布沙漠中,湖水清澈,芦苇丛生,有十几种珍稀鸟类在此栖息。曾被评为“全国首批低碳生态旅游示范景区”“国家沙漠旅游实验基地”“中国最美沙漠观星地”。现为“中国沙漠

(七星湖)汽车越野训练基地”。2006年入选国家级水利风景区。

锦山水上公园水利风景区 位于喀喇沁旗。以喀喇沁旗锦山橡胶坝水上公园为核心区,周边辐射南山生态公园、锦山文化广场、马鞍山自然风景区,以四道橡胶坝形成的水面、堤修工程和周边河岸绿化景观带为主体,构成一个集水利工程景观、自然景观、人文景观于一体的小城镇河道(河湖)型水利景区。2006年入选国家级水利风景区。

前天子水库水利风景区 位于呼和浩特市和林格尔县的黄河一级支流浑河上。前天子水库是浑河干流上最大的水利枢纽工程,群山环抱,水域广阔,岔河岔沟形成了幽深的湖区。水库水质清澈无污染,鱼类品种繁多,常有白天鹅等珍禽在此栖息,生态环境优越。景区所在地是北方草原文明与中原农耕文明的接合部,兼容边塞军事和农牧贸易的多元文化。这里是历代中原人“走西口、出塞外”进行商业贸易的必经之路,有长城、边关、古遗址、古墓葬等大量文化遗存。2007年入选国家级水利风景区。

翰嘎利水库水利风景区 位于科尔沁右翼中旗巴彦呼舒镇。翰嘎利水库是自霍林河引水的一座旁侧水库,兼有发电、灌溉、养殖、旅游观光功能。霍林河宛如一条银色的缎带镶嵌在科尔沁草原上,是科尔沁草原上难得的水域。水库水面广阔,水产丰富,特有的大银鱼远销国内外。水库周边有清代图什业图王府、辽代贵族墓葬群及独特的五叶枫树林。景区的全鱼宴、烤全羊和奶茶等内蒙古草原饮食享誉一方。2007年入选国家级水利风景区。

沙漠大峡谷水利风景区 位于鄂托克前旗城川镇大沟湾村。依托黄河支流无定河上的大沟湾水库修建而成。无定河也称“萨拉乌素河”,从毛乌素沙漠中穿过,河道迂回曲折,弯多沟深,形成了壮观的北方沟川地貌和水回田绕的水乡风光,成为亚洲仅有的沙漠峡谷奇观。景区内的古河套人遗址,是我国三大著名的旧石器晚期文化遗址之一。2007年入选国家级水利风景区。

西山湾水利风景区 位于多伦县东部,地处滦河干流的上游。集发电、供水、防洪、水产养殖、旅游等多功能于一体的综合水利枢纽。多伦湖像一块镶嵌在高山和草原中间的翡翠,山、湖、草原相映成趣,湖内多涌泉,水质优良,盛产鲤鱼、鲫鱼等十几种淡水鱼。由七个相连的大小水潭组成,形成两个湖心、两个大半岛、一个沙半岛。多伦湖边生长有大片的原始榆树林,大部分榆树的树龄在百年以上。夏季温热多雨,秋季凉爽宜人,四季气温变化分明,自然景观丰富多彩。2008 年入选国家级水利风景区。

哈素海水利风景区　位于土默特左旗,地处内蒙古中部呼、包、鄂城市群腹地。以哈素海为依托而建,属于水库型水利风景区。“哈素”在蒙古语中意为“青水湖”。哈素海地处大青山南麓冲积平原、黄河冲积平原和大黑河冲积平原的交汇处,是黄河变迁遗留的牛轭湖,属大黑河水系的外流淡水湖泊,盛产多种鱼类及河虾蟹,芦苇荡内繁衍着各种鸟类,有“塞外西湖”之称。2008 年入选国家级水利风景区。

沙那水库水利风景区　位于巴林左旗林东镇。沙那水库是以防洪、灌溉为主,兼顾养鱼、旅游的中型水库,远水区生长着杨树、柳树,近水区生长着红柳、芦苇,每到春季,大量的鸬鹚、白天鹅、鸿雁、淡水鸥、野鸭等水鸟就会汇集而来。水库大坝西端的山坡及平地上,生长着黑松、杜松、云杉、文冠果、榆叶梅、丁香等树种,每到夏季,绿树成荫,野花遍地。景区内有藏传佛教遗址阿鬼庙。2008 年入选国家级水利风景区。

达拉哈湖水利风景区　位于阿鲁科尔沁旗扎斯台镇。达拉哈湖属淡水湖,盛产鲤鱼、鲢鱼、鲫鱼等鱼类。湖的四周芦苇密布,北面是一望无际的黄柳、沙棘等沙地植物群落,南部是雪白的沙滩,东西两侧与其他小湖连接,中部有一处沙岛,春夏季节,白天鹅、鸿雁、灰鹤、水鸭等水鸟嬉戏湖面,妙趣天成。自然景观资源丰富,生态环境保护良好,是集草原、湖泊、沙地等景观资源及民族风情于一体的生态景区。2008 年入选国家级水利风景区。

二黄河水利风景区　位于巴彦淖尔市河套灌区,南临黄河,北靠阴山,东临包头,西依乌兰布和沙漠。我国三大灌区之一的内蒙古河套灌区打造的以河套水利文化为载体、以水利工程为依托的休闲、娱乐、度假、旅游景观区。留存有秦汉时期的水利文化遗存和清代以来水利工程遗迹,文化底蕴深厚;生长着河套地区特有的红柳、胡杨等植物,与黄河流凌构成独特的自然景观;拥有“冲桩挂笆”等多项水利技术展示景点,展现了河套水利的发展历程。2009年入选国家级水利风景区。

凤凰湖水利风景区 位于牙克石市东南部的海拉尔河一级支流免渡河下游,地处大兴安岭西麓低山丘陵区。拥有凤凰湖、云龙湖、上凤湖、下凤湖、太阳湖五大人工湖,将免渡河河水通过引水渠自流引入湖内。重峦叠嶂,丘陵连绵,水草丰美,资源丰富。2009年入选国家级水利风景区。

白石水利风景区 位于呼和浩特市区以西的大青山深处。依托五一水库而建,属水库型水利风景区,被誉为呼和浩特市的后花园。五一水库水面开阔,碧水荡漾,鸥飞鱼跃;两岸青山拥抱,草木葱郁;多条山涧汇成白石河,蜿蜒百折,纵贯景区。拥有大面积的次生林,阴坡的植物覆盖率75%以上,为夏秋避暑胜地。有龙潭瀑布、古文化园区、高山滑草、水上乐园、沙滩摩托、旋转飞椅、野战营等游乐项目。2010年入选国家级水利风景区。

砒砂岩水利风景区 位于准格尔旗暖水乡。依托黄河中游粗泥沙集中来源区拦沙工程而建,属水土保持型水利风景区。典型的黄土地貌,沟壑纵横,砒砂岩裸露,地质景观独具特色。景区以水土保持、生态恢复为主题,因地制宜地开展旅游观光活动。2011年第入选国家级水利风景区。

东居延海水利风景区 位于额济纳旗。依托东居延海天然湖泊而建,属于自然河湖型水利风景区。居延海汉代称“居延泽”,唐代以来称“居延海”,是穿越巴丹吉林沙漠和大戈壁通往漠北的重要通道。由于长期无节制地开发利用,导致东居延海生态系统严重恶化,20世纪90年代曾干涸,胡杨林、沙枣林、红柳林、芦苇、芨芨草等优质牧草大面积死亡,成为沙尘暴的发源地之一。自黑河实施跨省分水工程以来,东居延海已实现连续多年不干涸,水域面积达到40多平方千米,生态效益日渐明显。目前景区内生态系统完整,动植物种类繁多,自然景观独特。2011年入选国家级水利风景区。

德岭山水库水利风景区 位于乌拉特中旗。依托德岭山水库与风蚀冰臼地质公园而建,属于水库型水利风景区。景区内历史文化遗迹众多,现存阴山岩画、秦长城和清代蒙地汉租水利工程遗址。如诗如画的自然风光、浓郁特色的民族文化、厚重灿烂的水利文化和丰富珍贵的文物古迹,组成了独具魅力的自然与人文景观。这里是匈奴帝国的发祥地,赵武灵王“胡服骑射”、蒙恬修长城、胡汉和亲、昭君出塞、冒顿单于鸣镝弑父、西汉抗匈名将卫青、大漠骠骑霍去病等历史故事广为流传。2014 年入选国家级水利风景区。

德日苏宝冷水库水利风景区 位于巴林右旗大板镇。依托德日苏宝冷水库而建,属于水库型水利风景区。德日苏宝冷水库是集生态保护、工业供水、灌溉用水功能于一体的综合利用水库,是赤峰市“十一五”时期重要的基础设施建设项目,曾获全国水利行业优质工程最高奖——大禹奖。层峦叠嶂,白音汉山、翁根山的雄奇山势和优美山形倒映湖中,形成了山水相依、山环水绕的优美景观。2014 年入选国家级水利风景区。

狼山水库水利风景区 位于巴彦淖尔市,地处乌拉特草原腹地。北部草原与南部阴山山脉交相辉映,蒙古民族风情浓郁。依托狼山水库而建,属于水库型水利风景区。狼山水库始建于 1975 年,是以防洪为主兼顾灌溉的中型水库。水利工程与民族文化风情相结合,形成了集库塘、灌区、生物、地文等多种类型于一体的自然生态系统。2015 年入选国家级水利风景区。

乌海湖水利风景区 位于乌海市与阿拉善盟的交界区。乌海湖是国家西部大开发重点工程——黄河海勃湾水利枢纽建成后形成的城中大湖,乌海湖的广阔水面与乌兰布和沙漠组合成大小形态各不相同的沙水景观,还拥有大漠落日、黄河落日、大桥余晖等天象景观。2016 年入选国家级水利风景区。

南海湿地水利风景区 位于包头市东河区的黄河之滨。南海湿地地处包头市内九曲黄河的第二弯,由黄河改道南移后自然形成,占地面积约 20 平方千米。北有青山朦胧辉映,南有黄河玉带环绕,湖中碧波荡漾,湖滨水草丰美,天空鸥鸟翱翔,风景独秀,素有“塞外西湖”之美誉。这里历史上曾为官渡,传说昭君出塞就途经南海,故又称“昭君渡”。2017 年入选国家级水利风景区。

马颤沟神龙寺水利风景区 位于达拉特旗树林召镇。依托沙坝子沙棘水土保持生态保护示范区而建。2017年第入选国家级水利风景区。

洮儿河水利风景区 位于乌兰浩特市。依托洮儿河及沿岸灌区而建，是集生态保护、休闲度假、科普教育、民俗文化体验于一体的综合型水利风景区。主要景点有敖包山水田观景台、义勒力特花香小镇、民俗文化体验区、神骏山和洮儿河生态公园，具有辽金、蒙元等深厚的地域文化和淳朴的民俗风情。2018年入选国家级水利风景区。

乌加河水利风景区 位于巴彦淖尔市。内蒙古河套灌区是全国3个特大型灌区之一，河套灌区总排干沟的前身就是黄河故道——乌加河。由乌加河改建而成的总排干沟，是河套灌区灌溉余水和沿山洪水的排水大通道，每年通过总排干沟排水近200亿立方米，排盐3 600万吨。总排干沟为乌梁素海生态补水，成为河套灌区和乌梁素海绿色发展的生命线。核心景区红圪卜排水站，是目前亚洲最大的斜式轴流泵站，与黄河三盛公水利枢纽共同构成灌排配套的关键性工程。2018年入选国家级水利风景区。

十五、世界地质公园

克什克腾地质公园 位于赤峰市西北部，地处内蒙古高原与大兴安岭山脉南端山地和燕山山脉七老图山脉的交汇地带。拥有冰川、花岗岩、火山、泉类、峡谷、湖泊、河流、湿地、典型矿床及采矿遗迹、沙地十种类型的地质地貌景观，以距今约175万年的第四纪冰臼群和花岗岩石林地貌及地质构造为主要特色。有贡格尔草原、大兴安岭原始森林、世界上最窄的河——耗来河等自然景观，有百岔川岩画、乌兰布统古战场、金代长城——金界壕等历史文化景观。2005年入选世界地质公园。

阿拉善沙漠地质公园 位于阿拉善盟。由巴丹吉林、腾格里、居延3个园区及其所属的10个景区组成。主要地质遗迹类型有：沙漠景观——巴丹吉林沙漠、腾格里沙漠，戈壁景观——额济纳戈壁，峡谷景观——敖伦布拉格峡谷、额日布盖峡谷、骆驼瀑布，风蚀地貌景观——海森楚鲁风蚀地貌。是世界上唯一系统而完整地展示风力地质作用过程和以沙漠地质遗迹为主体的地质公园。2009年入选世界地质公园。

阿尔山世界地质公园 2017年入选世界地质公园。参见国家生态旅游示范区——阿尔山国家生态旅游示范区。

十六、国家地质公园

宁城地质公园 位于赤峰市南部，地处蒙、辽、冀三省区交界处。由古生物化石遗迹园区、区热水温泉园和黑里河园区组成，主要地质遗迹为古生物化石、含化石地层剖面、热水温泉资源。雄伟壮观的第四纪冰川遗迹、雄险奇秀的花岗岩地貌、神奇独特的塞外温泉与历史悠久的辽中京文化相得益彰。主要景点有：道虎沟古生物化石遗迹保护馆、内蒙古宁城国家地质公园博物馆、深山胜景葫芦峪、林茂山奇杜鹃山、皇家猎苑大坝沟、大辽石窟福峰山、大辽胜境七金山、钟灵毓秀藏龙谷、黑里河原始森林、冰石河景区、宁城老哈河、养生胜地宁城温泉、奇峰秀水紫蒙湖、“中国塞北第一漂”、“塞外九寨”道须沟。2009年入选国家地质公园。

鄂尔多斯地质公园 位于鄂尔多斯市。以构造剖面、古人类遗迹和古生物化石为主，辅之以地貌、水体景观的综合性地质公园，由鄂托克恐龙足迹、沿黄河沙漠湖泊两个园区组成。鄂托克恐龙足迹园区分布着大量的大型兽脚类恐龙足迹、尾迹、铸模以及蜥脚类和鸟类足迹化石。沿黄河沙漠湖泊园区的七星湖景区，由镶嵌在沙漠中的七个排列为北斗七星状的沙漠湖泊组成。2011年入选国家地质公园。

巴彦淖尔地质公园 位于巴彦淖尔市。主要景点有：磴口沙漠湖泊园区、巴音满都呼恐龙化石园区、乌兰布和沙漠、纳林湖景区、冬青湖景区、黄河三盛公景区、刘拐沙头景区、奈伦湖景区等。巴音满都呼恐龙化石园区拥有国内最大的晚白垩世恐龙化石群埋藏地，出土各类古生物化石100多件，其中包括一枚含有胚胎的恐龙蛋化石和一具世界罕见的大型原角龙完整头骨化石。2012年入选国家地质公园。

老牛湾国家地质公园 位于清水河县。地处晋蒙边界黄河流域，处于黄河“几”字形第一拐弯处，是黄河、长城的唯一的交汇处。拥有清水河规模宏大、纵横交错的峡谷，丰沛灵动的瀑布景观，典型的地质构造和黄土地貌景观；华北北缘最完整的古生代地层系统，真实地记录了地球十几亿年的海陆变迁历史。2014年入选国家地质公园。

十七、国家森林公园

红山国家森林公园 位于赤峰市老城区。分为红山区、北山区、东山区和西山区四部分。天然次生林茂密，植被类型丰富多样，奇峰绝壁，风景优美。植被主要有黑松、云杉、落叶松、杨、柳、榆、柞、桦等。生长有各种药材，如黄芪、党参、柴胡、菊花、芍药、大黄等；食用菌和食用类植物，如蘑菇、木耳、蕨菜、金针、香葱等；憩息野鹰、野雕等鸟类100余种。红山山石呈红色，“红山”和“赤峰”皆因此而得名。保留有远古太阳神像、战国燕长城遗址、辽金文化遗存及木兰碑等人文古迹。出土的古代碧玉龙，被称为“天下第一龙”。1991年入选国家森林公园。

哈达门国家森林公园 位于武川县，地处大青山南麓。地形由深切沟谷和沟间梁地组成，峡谷、山地、高山台地错落分布；地表溪流主要有小西沟和瀑布沟，向南汇入呼和浩特市郊区的哈拉沁河，并经大黑河流入黄河。生物种类丰富,植被以原始白桦林和落叶松林为主,脊椎动物有梅花鹿,青羊和斑羚,狍子等,蝴蝶品类多达40种。自然景观有高原牧场和桦林沟,以及顽石潭、三叠瀑、一线泉、双驼峰等。1992年入选国家森林公园。

察尔森国家森林公园 位于科尔沁右翼前旗。公园的主体由4 000多公顷人工林构成,为高数丈直径0.1米的树木构成的林木郁闭区,树木繁茂,绿草如茵。公园内的民族旅游村有16座大型蒙古包,以马奶酒、奶茶、手扒肉、烤羊腿、献哈达和民族歌舞等接待八方来客,让游客能在娱乐之中品味蒙古民族的风土人情。1992年入选国家森林公园。

海拉尔国家森林公园 位于呼伦贝尔市海拉尔区。我国唯一以樟子松为主体的国家级森林公园。樟子松又名“海拉尔松”,天然生长在沙丘上,属松科常绿针叶乔木,树体高大粗壮,耐寒抗旱,是我国北方珍贵的针叶树种之一,被誉为“绿色皇后”。还拥有北方草原细石器时期文化遗址,三处侵华日军工事遗址。野生动物以鸟类为主,主要有蒙古百灵、戴胜、啄木鸟等。1992年入选国家森林公园。

乌拉山国家森林公园 位于乌拉特前旗。近临黄河,西接“塞上明珠”乌梁素海,北傍乌拉特草原,自然风光秀丽,人文景观丰富,素有“塞外小华山”之称。分为三大景区:西乌不浪沟奇峰异石猎奇探险区,山奇石秀,怪石林立,有佛座、骆驼岭、罗汉坡、玉壶峰、弥勒佛、青松坡等景点;东乌不浪沟古树溪泉览胜区,峭壁耸崎,古树参天,溪水潺潺,有福寿门、观音佛、青杨溪、清水溪等景点;大桦背林海度假区,峰峦叠起,白桦葱茏,油松滴翠,林木繁茂,泉水潺潺,各种美景四季可赏。1992年入选国家森林公园。

乌素图国家森林公园 位于大青山中段前坡。植被覆盖率高,动植物种类丰富,是黄河上中游和华北京津地区的生态屏障。由劈柴沟旅游区、白石头沟旅游区、喇嘛洞旅游区、水磨沟旅游区、狩猎区、乌素图旅游中心六个部分构成。主要景点乌素图召,由庆缘寺、法禧寺、长寿寺、广寿寺、罗汉寺五大寺院组成,其中庆缘寺规模最大,由乌素图召第一代活佛创建于明神宗万历十一年(公元1583年);法禧寺建筑别致,装饰华丽,为乌素图召第三代活佛于清雍正三年(公元1725年)所建。1992年入选国家森林公园。

马鞍山国家森林公园 位于喀喇沁旗锦山镇。马鞍山环境幽雅,森林茂密,古松、奇峰、云海、清泉堪称“四绝”。有40余座巨石奇峰,玉杵峰形似棒槌,凌空而起;灵芝峰状如灵芝,冠茎俱全;“叫天犬”张口昂头,吠叫天日。满山遍布青松、白桦、山杨、五角枫、蒙古栎、映山红、花秸子,山花烂漫,牧草如茵。峰谷之中泉水清澈,山涧溪流淙淙有声,素有“塞北小黄山”之美称。1993年入选国家森林公园。

二龙什台国家森林公园 位于凉城县西北部的蛮汉山。这里生长着云杉、樟子松、油松、落叶松、黄波罗、华山松、白桦、侧柏、樟子松、黄榆、河柳、五角枫、刺玫、沙棘、胡枝子、绣线菊、山丹丹、芍药、马兰、柴胡等珍贵树种,成片的白桦林、山杨树点缀在层层松林中,蓊郁苍翠,荫盖四野,是树的海洋、药的宝库、动物的乐园。除了山峰、溪流景观,还有万年冰窖佛爷洞、原始社会龙山文化早期的重要史迹永兴老虎山遗址。1993年入选国家森林公园。

兴隆国家森林公园 位于赤峰市元宝山区山前镇。山水秀丽,古木参天,澄湖散落,怪石嶙峋,全长188千米的森林窄轨铁路穿越万顷林海。原始森林苍郁神秘,香磨山湖碧波荡漾,有慈航古寺、野生动植物园等景点,有森林大排档、木刻楞森林小屋、林区工人技能表演、朝鲜族风俗婚礼体验等休闲娱乐项目。1994年入选国家森林公园。

黄岗梁国家森林公园 位于克什克腾旗经棚镇。黄岗梁由黄岗峰、木叶山、阴山等27座山峰组成,拥有冰川运动形成的阿图冰石林,有冰斗、U形谷、角峰、条痕石、漂砾等冰川遗迹,是冰川地貌齐全的第四纪冰川遗迹。天然森林景观多为落叶松或云杉林,为塞北地区罕见的天然森林群落。在上千种植物中,夹杂有白头翁花、金莲花、迎春花等40多种名花异卉,花草间有黄芪、手参等珍贵中草药材50多种,有“千花百药山”之称。1996年入选国家森林公园。

莫尔道嘎国家森林公园 1999年入选国家森林公园。参见全国农业旅游示范点——莫尔道嘎国家森林公园。

阿尔山国家森林公园 2000年入选国家森林公园。参见国家生态旅游示范区——阿尔山国家生态旅游示范区。

达尔滨湖国家森林公园 位于鄂伦春自治旗。达尔滨湖是嫩江西岸最大的高山湖泊。大兴安岭林区保存最为完整的原始林区,以原始森林、河谷湿地、休眠火山、熔岩地貌、火山堰塞湖、地质板块断裂带峡谷为主要特色,素有林区"小江南"的美誉。划分为"一心、三区、十二景"。"一心"即达尔滨罗核心景区;"三区"即达尔滨湖旅游度假区、诺敏河温泉景区、四方山民族文化景区;"十二景"即神指峡、诺敏河漂流、景区门区、熔岩杜鹃林、石海黄菠萝、生态渡口、毕拉河垂钓园、月亮岛、野生动物观赏园、农业生态园、诺敏镇民族社区、扎文火山景区。2000年入选国家森林公园。

伊克萨玛国家森林公园 位于根河市满归镇。植被由东西伯利亚植物区系和蒙古植物区系构成。树种主要以兴安落叶松为主,其次是白桦、樟子松、山杨、甜杨、朝鲜柳、偃松、黑桦和红皮云杉等。由阿鲁原始林自然保护区、鸟兽保护区、月牙湾景区、敖鲁古雅国际狩猎场、凝翠山景区组成,其中鸟兽保护区从来没有进行过任何生产经营活动,至今仍保持着原始森林生态系统。2001年入选国家森林公园。

贺兰山国家森林公园 2002年入选国家森林公园。参见国家级自然保护区——贺兰山自然保护区。

乌尔旗汉国家森林公园 位于呼伦贝尔市中部,地处内蒙古大兴安岭西坡中段。兴安落叶松、樟子松、白桦、杨树林下生长着众多的灌木及各类植被,还有多种国家重点保护野生动物,被誉为"天然动物园"。主要景点有古城堡、古窑址、瞭望塔、蝴蝶谷、杜鹃山、嬷嬷峰、松鸦岭、观赏植物园、野生动物园、森林浴场、大雁河、库都尔河、自然博物馆等。大雁河因有众多飞翔的大雁栖息而得名,是呼伦贝尔大草原的生命之源。2003年入选国家森林公园。

旺业甸国家森林公园 位于喀喇沁旗西南部旺业甸镇。旺业甸原名

“王爷店”，乃清代王公贵族到北京拜谒或办事时往来的驿站。清代，这里是木兰围场的一部分，康熙、乾隆曾多次到此行围打猎。群山起伏，森林茂密，风景秀丽，有茅荆坝、玉女峰、韭菜楼、滴水壶等多处美景。茅荆坝是赤峰地区通往承德、北京的咽喉要道，辽河、滦河两大水系的分水岭，以针阔混交林为主要景观。玉女峰是茅荆坝最大的凌空观景台，四周为天然次生林环绕。韭菜楼是喀喇沁最高的山峰之一，青翠欲滴，犹如春夏之际的韭菜。滴水壶为一狭长沟谷，山坡陡峭，生长着茂密的天然次生林，以“幽”著称。2003 年入选国家森林公园。

好森沟国家森林公园　位于阿尔山市，地处蒙古高原向大兴安岭山地过渡地带。地质构造主要是花岗岩和火山玄武岩，是著名的哈拉哈火山的一部分，地貌以山地丘陵为主，植被类型为亚寒带针叶林。主要景点有：麒麟峰、猎人峰、仙人洞和天河峡谷。麒麟峰因形状酷似昂首远眺的麒麟而得名；猎人峰因形状酷似一位持枪的猎人而得名；天河峡谷砾石遍布，每逢雨季水流顺沟而下形成瀑布。2003 年入选国家森林公园。

桦木沟国家森林公园　位于克什克腾旗西南部。地处我国温带向寒带过渡带。地带性植被有森林、草原和荒漠，隐域性植被有草甸、沼泽地、盐生、沙生植被类型。这里是高山草甸草原与原始森林的接合带，植物类型多样，种类繁多，一年四季景色各异。白乔木林主要树种为白桦、山杨、黑桦、稠李等；人工林主要树种为沙地云杉、樟子松、落叶松；灌木林主要树种为河柳、榛子、山杏、草莓、杜鹃、胡枝子等。主要景点有草原水库、野果园、祭敖包景区、塞北览胜景区、皇家猎苑景区等。2003 年入选国家森林公园。

额济纳胡杨国家森林公园　2003 年入选国家森林公园。参见国家级自然保护区——额济纳胡杨林自然保护区。

兴安国家森林公园　位于小兴安岭腹地。岩石结构以花岗岩、玄武岩、石英岩、安山岩为主，地貌单元可分为山地、丘陵、河谷平原三种类型。土壤以暗棕壤、草甸土、沼泽土为主，暗棕壤是小兴安岭典型地带性土壤。原始林相是以红松为主的针阔混交林，天然生长的树种主要有红松、云杉、冷杉等。主要景点醉泉，是一个天然形成的泉眼，泉水清澈甘洌，常年不绝，水中富含对人体有益的矿物质。2004年入选国家森林公园。

绰源国家森林公园 位于呼伦贝尔市南部，地处大兴安岭南麓。主要树种有落叶松、樟子松、白桦等。野生动物资源丰富，其中脊椎动物达302种。由育林、乌丹、爱国主义教育基地三大景区组成。育林景区包括湿地栈桥、原始森林、木质别墅、水上餐厅等；乌丹景区包括一线天、观音赐福、金蛙问天、金屋藏猴、森林探险迷宫、石龟祝寿、石虎出洞、张果老观林、青岭湖等；爱国主义教育基地包括日伪遗址飞机场、飞机库、掩体山洞、日本指挥部遗址等。2004年入选国家森林公园。

阿里河国家森林公园 位于鄂伦春自治旗，地处大兴安岭东麓。我国的东部温带针叶混交林区域和大兴安岭寒温针叶林区之间的过渡带。以丰富的森林景观为主体，以独特的山石、水域环境为特色。由相思谷原始林景区、伊勒呼里山阿里河源头景区、仙子湖景区、窟窿山景区组成。其中相思谷原始林景区内有鄂伦春风情园、鲜卑山庄、原始生态观赏圈、乳泉溅游览区；窟窿山风景区主要景点是一座石峰，西望似一艘巨轮，北观如一座金字塔。2004年入选国家森林公园。

五当召国家森林公园 位于包头市石拐区北部。因名寺五当召庙而得名。天然林古木参天，松柏林立，灌木丛生，景点繁多。根皮沟野狼谷沟深林密，植被以天然油松为主，四季色彩斑斓，终年山林翠绿，是野生动物主要的栖息地；吉忽伦图敖包山为森林公园最高峰。还有活佛避暑佳地庚毗召、医学和密宗学部的殿堂阿会独贡等景点。2005年入选国家森林公园。

红花尔基樟子松国家森林公园 2005年入选国家森林公园。参见国家级自然保护区——红花尔基樟子松林自然保护区。

喇嘛山国家森林公园 位于牙克石市巴林镇北部。拥有28座突兀挺拔、陡峭嶙峋、巧夺天工、构造奇特的石峰，石林景观独特。主峰喇嘛峰海拔810米，远看似一诵经喇嘛面壁而坐，极顶处可俯瞰巴林镇全貌。植被大致分为山地草甸草原带、山地森林草原带、山地落叶阔叶林带。主要景点还有保安寺、瀑布岩、石雨谷、药王洞、仙人台、剑龙岩、醒狮岩、喇嘛湖等。2006年入选国家森林公园。

滦河源国家森林公园 位于多伦县东南部。亿万年的地壳变迁与河水的冲刷,造就了高平台、沙丘、河流洼地,形成半环形盆地的地貌特征及广袤的榆木景观。榆木川拥有我国面积最大、保存最完好的天然榆树林之一,为森林公园最具代表性的景观。这里栖息着100余种野生动物,其中国家一级保护野生动物有大鸨和蒙古野驴,国家二级野生保护动物有黄羊、大天鹅等20多种。公园内还有辽代太子墓葬遗址、八郎阁达山宋朝名将杨八郎点将台、辽代哈奇王子墓葬、有“隐居鲫鱼仙子”之称的七星坛、险峻的石门、巍峨的鸡冠峰、富有传奇色彩的喇嘛洞、古老的吊桥等。2009年入选国家森林公园。

河套国家森林公园 位于乌拉特前旗巴音花镇,地处大桦背山区域。大桦背是乌拉山第一高峰,因山背面多桦树而得名,人迹罕至,自然景观保存完好。主要景点:南剑门、玉壶峰、南天观音佛、神门、大桦背一揽台、铁木兔沟、东乌不浪沟古树。其中大桦背一揽台海拔2 322米,可一览包头黄河、河套川、乌梁素海、乌拉特草原。2009年入选国家森林公园。

宝格达乌拉国家森林公园 位于东乌珠穆沁旗东北部,地处大兴安岭西南麓。主要以天然白桦次生林为主,有常见植物600余种,包括山杏、榛子、刺玫果等食用植物,地榆、土三七、金莲花等药用植物以及蜡梅、杜鹃、野山菊等观赏植物。野生动物主要有驼鹿、黑熊、野猪、猞猁、雪兔等30余种。2010年入选国家森林公园。

龙胜国家森林公园 位于卓资县卓资山镇新区东南部。由城区的九曲公园和向外延伸的郊野公园两部分组成。九曲公园已建成“两场一湖一园九亭”,绿化布局以森林景观为主。建筑设计、园林绿化和景观布置,彰显了卓资山水特色和文化底蕴。2014年入选国家森林公园。

敕勒川国家森林公园 位于土默特右旗九峰山南麓,地处阴山山地生物多样性最集中地带。峡谷群规模宏大,是西北高原塞外边陲罕见的自然风景区。绵延东西的大青山为南北两种自然景观的天然屏障,北坡平缓,气候干燥温度偏低,南坡以巨大的正断面与土默川平原截然分开,气候温暖湿润。野生动植物资源种类繁多,保护完好。风景融山、水、峡、瀑、石于一体,更有全国独有的“城寺合一”的明代古刹美岱召。2015 年入选国家森林公园。

成吉思汗国家森林公园 位于伊金霍洛旗中部。沙地绿洲型森林公园,以人工林和沙地植被为主要植物景观,是森林、湿地、草原、沙地等不同生态景观类型的不同组合,形成独具特色的沙地森林景观体系。由成吉思汗陵和红碱淖两个片区组成,环境清新安逸,拥有人工林、沙地植被、河流与沼泽湿地、草原等多种自然景观和世界濒危物种、国家一级保护野生动物遗鸥,还有成吉思汗陵园、郡王府、吉祥福慧寺、公尼召、白塔寺人文景观。2015 年入选国家森林公园。

绰尔大峡谷国家森林公园 位于大兴安岭东南麓。以森林景观为主体,以火山峡谷景观和溪谷景观为特色的森林生态旅游景区。丰富的植被类型和植物种类,再现了从低等植物到高等植物的演替过程,是名副其实的“物种基因库”。拥有内蒙古大兴安岭南林区面积最大、最原始的钻天柳林,钻天柳为国家二级保护野生植物。兴安大峡谷横贯公园,火山岩遍布峡谷两侧,形成壮观的“火山石海”。其中橄榄玄武岩石柱群是典型的火山喷发遗迹。2015 年入选国家森林公园。

图博勒国家森林公园 位于阿荣旗北部,地处大兴安岭东南坡。属森林、草甸、河谷交错的森林公园。公园内有野生脊椎动物 150 多种,其中包括国家一级保护野生动物紫貂、金雕、中华秋沙鸭、细嘴松鸡、红胸角雉和国家二级保护野生动物棕熊、马鹿、驼鹿、原麝、猞猁、雪兔、水獭、大天鹅、小天鹅、鸳鸯、花尾榛鸡等。主要景点有:图博勒峰、索尔珠沟、龙背岩、生态文明木雕群、库伦沟等。2017 年入选国家森林公园。

神山国家森林公园 位于扎赉特旗神山林场,地处大兴安岭东南山麓、科尔沁草原与松嫩平原交错地带。山体呈长条状,前列为大神山,后列为小神山。“神山”的蒙古语古名为“额客朵颜温都儿”，意思是“祭祀母亲的高山”，曾是祭拜成吉思汗母亲诃额仑的地方。主要景点有：石老爷山、仙人洞、神山石狮、胡秃鹫山、佛母洞、神山敖包、将军崖、印章岩、尤格斯尔仙人洞、无底洞、鸿运崖、神山水库、原始森林和象形巨石。2017 年入选国家森林公园。

十八、国家沙漠公园

七星湖国家沙漠公园 位于杭锦旗独贵塔拉镇。以库布齐沙漠为依托，七个呈北斗星状排列的天然湖泊与雄浑的沙漠景观完美融合。七星湖从大到小分别是大道图湖、天鹅湖、爱情湖、太阳神湖、月亮湖、神海子湖和珍珠湖。公园内除了美丽的自然风景，还有太阳能光伏发电站、沙漠生态科技中心、库布齐国际沙漠论坛会议中心。2015 年入选国家沙漠公园。

沙金套海国家沙漠公园 位于磴口县。千百年来，黄河在磴口县几易其道和，留下了独特的自然景观资源和深厚的民俗文化资源。拥有阴山、黄河、沙漠、绿洲、湖泊、古长城、汉古墓、西北军粮仓博物馆、公路铁路大桥等景观，其中阴山岩画、鸡鹿塞和朔方郡古城遗址为全国重点文物保护单位。在此能体验滑沙、沙漠越野等娱乐活动项目，以及梭梭肉苁蓉接种、航天育种等科研项目。2015 年入选国家沙漠公园。

勃隆克国家沙漠公园 位于翁牛特旗乌丹镇。勃隆克沙漠处在科尔沁沙地的西缘，这里集合了湖泊、沙漠、草地、沼泽、山林等各种景观，动植物物种丰富，其中金雕是我国一级保护野生动物，沙地油松是我国的珍稀树种，冰川遗迹对研究古生物、气候、地质等意义重大。背倚千姿百态的怪石山峰，面临万顷湖泊和碧绿的草原，加之古朴的牧区生活习俗和浓郁的蒙古族风情，是一个体验沙漠、欣赏奇石、认知植物的生态旅游和科普宣教场所。

2015 年入选国家沙漠公园。

宝古图国家沙漠公园 位于奈曼旗白音他拉苏木,地处科尔沁沙地腹地。“宝古图”在蒙古语中意为“有鹿的地方”,历史上这里曾是富饶美丽的大草原。现在是浩瀚的沙海,只有少量的黄柳、沙蒿、锦鸡儿等沙生植物。这里孕育过距今 7 000 年的赵宝沟文化、距今 5 000 年的红山文化、距今 4 000 年的夏家店下层文化、距今 3 000 年的夏家店上层文化,诸多遗址在茫茫沙海里沉睡。公园在促进防沙治沙和保护荒漠生态系统的基础上,建设以沙漠风光、民族风情、历史文化体验为特色的精品旅游景区。2015 年入选国家沙漠公园。

金沙湾国家沙漠公园 位于乌海市海勃湾区。沙丘连绵,植被珍稀,酷似海湾大漠之地,被誉为“城市中的沙漠,沙漠里的奇观”。除了龙凤、睡佛、金龟等自然奇观,公园还有蒙元文化特色的篝火晚会和葡萄观光园,有滑沙、沙地摩托车、沙漠冲浪车、沙漠越野车、沙滩排球、沙疗健身娱乐等沙漠特色旅游项目,以及被学术界誉为“植物大熊猫”的珍稀植物四合木。2015 年入选国家沙漠公园。

苏里格国家沙漠公园 位于乌审旗西南部。典型的草原内陆沙漠公园,季相景观奇特,地质古老,物种丰富,文化积淀深厚。既有流动沙地、半固定沙地、固定沙地等沙地类型,又有林地、疏林地、灌木林地、未成林造林地等多种林地类型。沙地间还分布有大小不等的低湿滩地和水泡子。沙生植被的生态系列和湿生植被的生态系列交替并存,是当地珍稀野生动植物安全、适宜的栖息地。已建成沙漠探险、滑沙体验、骆驼体验、自驾车营地、民族风情园等项目。2015 年入选国家沙漠公园。

银沙湾国家沙漠公园 位于库伦旗库伦镇。地处号称“东北第一漠”的塔敏查干沙漠中东部,具有沙漠、戈壁、沙地、丘陵、河流、草原等多种地形,风景壮观。动植物资源丰富,有榆树、杨树、桦树和黄柳条、沙蒿、骆驼蓬等多种木本植物,狼、狐、獾、野兔、艾虎等兽类和红脚隼、黄鹂、翠鸟、白鹤、鸿雁等留鸟、候鸟。开发了多种多样的旅游项目,如沙漠越野、沙漠野营、徒步穿越、沙漠风筝、祭敖包等。2017 年入选国家沙漠公园。

乌宝力格国家沙漠公园 位于乌拉特后旗，地处巴音温都尔沙漠。东与著名的巴音善岱庙和红峡谷相邻，南边是巍峨的阴山山脉，北与神奇的玛瑙湖相接，总面积约 100 平方千米。不仅有浩瀚的戈壁沙漠、草原风光以及边塞胜景，更有丰富多彩的人文瑰宝、自然纯朴的民族风情。2017 年入选国家沙漠公园。

高格斯台国家沙漠公园 位于正蓝旗。既有沙丘起伏，沙泉、河流静淌，也有葱郁的树木草甸，自然景观奇特优美。古榆树林稀疏地散布在沙草地上，其中很多树龄在百年以上。公园在保护生态环境的前提下，正努力开展沙漠体验和宣传教育活动项目，以促进改善区域生态环境，加强科普宣传。2017 年入选国家沙漠公园。

大沙头国家沙漠公园 位于鄂托克前旗敖勒召其镇，地处蒙、陕、宁三省区交界处。主要有固定沙地、半流动沙地以及流动沙地等地形，大部分为流动和半流沙沙地，沙丘众多，沙峰最高可达 50 米。沙漠中还融合了湖泊、稀树和草地，构成了丰富多样的景观。常见的植物有草麻黄、车前草等，并有苍鹰等国家二级保护野生动物。开办了沙漠越野竞技、沙漠探险野营、篝火晚会、马术表演等多种沙漠休闲娱乐项目。2017 年入选国家沙漠公园。

十九、国家湿地公园

哈素海湿地公园 2011 年入选国家湿地公园。参见国家级水利风景区——哈素海水利风景区。

根河源湿地公园 2011 年入选国家湿地公园。参见国家生态旅游示范区——根河源国家湿地公园。

临河黄河湿地公园 位于巴彦淖尔市临河区，地处黄河“几”字形弯的北岸,河套平原南麓。拥有西部干旱、半干旱区典型的黄河河滩芦苇沼泽湿地型,是维护黄河流域中下游水生态安全和北方防沙、治沙绿色生态的天然屏障。拥有林地、灌丛、草甸、沼泽、水生植物等多种植被群落类型。分布有国家一级保护野生鸟类白尾海雕、大鸨、遗鸥,国家二级保护野生鸟类斑嘴鹈鹕、白琵鹭、大天鹅、玉带海雕、苍鹰、雀鹰等。2013 年入选国家湿地公园。

额尔古纳湿地公园 2013 年入选国家湿地公园。参见国家级风景名胜区——额尔古纳风景名胜区。

甘河国家湿地公园 位于呼伦贝尔市鄂伦春自治旗甘河镇北部。“甘河”为鄂伦春语,意为“大河”。主要树种为兴安落叶松、樟子松、白桦,有黄芪、赤芍、灵芝、百合等多种药材及种类繁多的野菜、野果、食用菌类,还有可作为化工原料的杜香草。野生动物有马鹿、驼鹿、狍子等,还有榛鸡、松鸡等飞禽及细鳞、鲫鱼、狗鱼等多种鱼类。2014 年入选国家湿地公园。

哈拉哈河国家湿地公园 位于兴安盟阿尔山市天池镇。哈拉哈河是我国与蒙古国的界河,发源于大兴安岭西侧摩天岭北部的达尔滨湖,流入贝尔湖。哈拉哈河流域是蒙古民族的重要发祥地之一。“哈拉哈”是蒙古语,意为“屏障”。从哈拉哈河东岸看西岸如同一座长长的壁障,哈拉哈河由此而得名。植被类型属于寒温带明亮针叶林。盛产多种名贵珍稀的冷水鱼,其中体形硕大的哲罗鱼,每年顶着桃花水成群结队溯流而上,因肉质鲜嫩而久负盛名。2015 年入选国家湿地公园。

卡鲁奔国家湿地公园 位于根河市得耳布尔镇。由额尔古纳河一级支流——得耳布尔河流域及其四条支流两侧的沼泽湿地和卡鲁奔山林组成。“卡鲁奔”在鄂伦春语中意为“有宝藏的地方”。地处阜地与森林过渡带,地貌分为高原边缘山地森林草甸、高原森林草原和山地森林草原,物种的递变明显。分为河流湿地和沼泽湿地两个湿地类,包括永久性河流湿地、草本沼泽、灌丛沼泽、森林沼泽四个湿地型。自然景观高低错落有致,湿地、河流分布均匀,珍稀物种及野生动物种类繁多。2015 年入选国家湿地公园。

库都尔河国家湿地公园 位于牙克石市。主要水体为库都尔河。库都尔河发源于大兴安岭,流域内林木繁茂,地形起伏大,坡陡流急。草本沼泽、灌丛沼泽、森林沼泽、永久性河流组成完整的生态系统。分布有野生植物400多种,野生动物180多种。建设有湿地漫步长廊、森林氧吧、森工文化主题园等。2015年入选国家湿地公园。

奥伦布坎国家湿地公园 位于阿尔山市白狼林业局施业区内,地处大兴安岭西南麓的原始森林。由优质火山矿泉群汇集而成的湿地。在这里,游客可以穿过湿地生命博物馆,乘坐橡皮筏,在莫尔根河中穿越花海、森林、火山溶洞、激流瀑布,完成一次奇幻的漂流之旅。2015年入选国家湿地公园。

秀水国家湿地公园 位于扎兰屯市,地处大兴安岭山脉中段东麓。包括雅鲁河、卧牛河、扬旗山水库和吊桥公园,分为河流湿地和人工湿地两个湿地类,包含永久性河流、洪泛平原湿地、库塘三个湿地型。生态系统完整,湿地景观优美奇特,野生动植物资源丰富,包括国家一类保护野生植物野大豆,国家二级保护野生动物鸳鸯、大天鹅、红脚隼、花尾榛鸡、黑琴鸡、灰鹤等。2015年入选国家湿地公园。

莫和尔图国家湿地公园 位于鄂温克族自治旗,地处大兴安岭西麓。地貌为低山、丘陵相间的地貌组合,寒冷湿润,冬季漫长。湿地类主要有河流湿地、湖泊湿地、沼泽湿地和人工湿地。峰峦连绵,松林密集,水草丰茂,植被类型属寒温带针叶林。冬日时节,白雪覆盖,景色壮美。2015年入选国家湿地公园。

陶海国家湿地公园 位于陈巴尔虎旗,地处大兴安岭西麓的低山丘陵与呼伦贝尔高草原东北边缘的接合地带。地势起伏平缓,属典型的草甸草原。以海拉尔河为主体,河流蜿蜒曲折,洪泛湿地、灌丛湿地、沼泽湿地、沼泽草甸等镶嵌分布,同大兴安岭及其丘陵景观形成鲜明对照。陈巴尔虎旗草原辽阔,草场主要以高平原干草为主,是三河马、三河牛的故乡和主要培育基地。2015年入选国家湿地公园。

雅鲁河国家湿地公园 位于牙克石市,地处大兴安岭中段的东南坡。

雅鲁河是嫩江的一级支流,“雅鲁”在蒙古语中意为“边地”。雅鲁河干流及其支流全部纳入湿地公园保护范围内,干流哈拉苏以上为山地林区,两岸为高而陡的山地围绕;干支流均处于山地林区,地形起伏大,坡陡流急,植被茂密,河谷中发育有沼泽。2015 年入选国家湿地公园。

二卡国家湿地公园 位于满洲里市东湖区东北部。地处季节性或常年积水草地沼泽土地带,是一个与俄罗斯接壤的跨国湿地。20 世纪 20—30 年代,共产国际与中国共产党在满洲里建立国际秘密交通线和交通站,二卡水上秘密交通线是其中一条重要线路。独特的地理位置,适宜的地质条件,独立的人文氛围及得天独厚的旅游资源,构成了二卡湿地生态自然保护区。由于地形复杂,植物种类很多,生长着大片芦苇,有呼伦贝尔草原“第二森林”之称。2015 年入选国家湿地公园。

孟家段国家湿地公园 位于奈曼旗八仙筒镇,地处科尔沁沙地腹部,老哈河与西拉木伦河交汇处。孟家段沙湖是我国沙漠淡水湖蓄水量最多、植被景观保护最好的沙湖之一,被誉为“沙海水乡,候鸟王国”,是我国东北现存最大的沙湖。建设有水上乐园、民俗风情园、百亩荷花池、国际垂钓中心、特色渔村等多处景点,是以湿地景观为主,集水上娱乐、生态观鸟、民族风情、休闲垂钓和巡游探险于一体的综合性旅游景区。每年冬季,孟家段沙湖开展冬捕文化节旅游活动。2015 年入选国家湿地公园。

兴和察尔湖国家湿地公园 位于包头市昆都仑区。以湿地水系和园林景观为重点,打造“一带、两岸、三区、四点”的景观体系。“一带”是一条南北贯通的水带。“两岸”是两岸绿地与场地结合,突出生态休闲的特点。“三区”是三个不同主题的景观分区。“四点”为分布在不同位置的景观节点。2015 年入选国家湿地公园。

雅多罗国家湿地公园 位于绰尔林业局全胜林场施业区内。湿地分为河流湿地和沼泽湿地两个湿地类,包含永久性河流、草本沼泽、灌丛沼泽和森林沼泽四种湿地型,植被类型属于寒温带明亮针叶林。为东北平原和呼伦贝尔草原过渡地带典型的河流-沼泽-森林复合型湿地,是我国东北地区湿地生物多样性保护的关键区域之一。2016 年入选国家湿地公园。

巴美湖湿地公园 位于五原县塔尔湖镇。由巴美湖、胜利海子、拉僧庙海子、海丰海子、春光四社、五社海子等八个天然湖泊及其周边区域构成。巴美湖是黄河改道而形成的天然湖泊,湖水清澈,渔产丰富。林木葱郁,牧草丰美,羊群朵朵,是多种鸟类和野生动物的理想栖息地。羊博园蓄养有国内外多个品种的羊只,是一个以羊产业、羊文化为核心的主题公园。2016 年入选国家湿地公园。

纳林湖国家湿地公园 位于磴口县西北部。湿地类型以湖泊湿地为主,有少量沼泽湿地和人工湿地鱼塘、干渠。纳林湖所处地区为黄河冲积和湖泊沉积平原,境内大都是流动沙丘和半流动沙丘,多风蚀坑,纳林湖是其中最大的风蚀坑,素有“大漠明珠”之称。这里也是鸟类的繁殖地和迁徙地,其中有国家重点保护野生鸟类白天鹅、黑天鹅、灰鹤、白鹭等数十种。春秋两季节,百余种候鸟栖息在波光潋滟的湖面上,形成大漠中的一大奇观。还有胡杨林、沙海驼影、大漠落日、灌区风光,令人流连忘返。2016 年入选国家湿地公园。

包头黄河湿地公园 位于包头市区的黄河北岸,是我国最大的严寒高纬度国家城市湿地公园。由昭君岛、小白河、南海湖、共中海和敕勒川五个片区组成,拥有多样的湿地类型和原生态的湿地系统,生物资源极为丰富。处于全球候鸟迁徙路线东亚和澳大利亚线上,也在青海湖到三江湿地候鸟迁徙路线上,是重要的候鸟迁徙中转站。2016 年入选国家湿地公园。

萨拉乌苏湿地公园 位于乌审旗无定河镇和苏力德苏木。北靠毛乌素沙地,南接沟壑纵横的黄土丘陵,森林、沙地和草地呈斑块状分布其间。主要由无定河流域河流湿地及巴图湾水库湖泊湿地组成,是我国少有的沙漠大峡谷湿地。我国候鸟迁徙中转、越冬和繁殖地之一,享有“大漠碧湖,飞鸟天堂”的美誉。动植物资源丰富,其中植物 160 余种,动物 160 余种,包括国家一级保护野生动物黑鹳、东方白鹳、金雕和大鸨及国家二级保护野生动物白琵鹭、大天鹅、疣鼻天鹅、蓑羽鹤、长耳鸮等。2016 年入选国家湿地公园。

图里河湿地公园 位于牙克石市图里河镇。山峦起伏，沟系纵横，有草本沼泽、灌丛沼泽、森林沼泽、永久性河流湿地等四个类型湿地，水体主要为图里河，主要植被类型为草甸植被和沼泽植被。野生动植物资源丰富，其中植物410余种，主要有兴安落叶松、白桦、山杨以及灰脉苔草、小叶章、乌拉苔草等；动物180余种，常见的有哲罗鱼、黑斑狗鱼、白鹭、灰鹤，赤麻鸭等。建有刘少奇纪念林、鹤翔园度假村、大型观景台、游览栈道、木刻楞小木屋。2017年入选国家湿地公园。

索尔奇湿地公园 位于阿荣旗复兴镇。“索尔奇”在鄂温克语意为“鱼类洄游”，因蜿蜒清澈的索尔奇河穿越湿地而得名。具有河流湿地、沼泽湿地和人工湿地等湿地类，主要水体为复兴水库和索尔奇河。浅滩草甸相接，水湾湖塘交错，生物种类多样，有森林、灌丛、草甸和沼泽等12个植物群系，脊椎动物达百种以上，包括国家一级保护野生动物丹顶鹤和国家二级保护野生动物鸳鸯、黑鸢、雀鹰、马鹿等十多种。2018年入选国家湿地公园。

锡林河湿地公园 位于锡林浩特市南郊。地处中纬度西风气流带内，是典型的欧亚草原植物区，呈现出湖泊、沼泽、草甸、草原交相辉映的景观。主要水体为锡林浩特市母亲河——锡林河，湿地类包括河流湿地、沼泽湿地等。植被多样，物种丰富，其中植物200余种，动物180多种，大多为哺乳类和鸟类。建有锡林九曲、游园栈道、环城水系、儿童娱乐沙滩等休闲养生和文化旅游项目。2018年入选国家湿地公园。

龙游湾湿地公园 位于乌海市海勃湾西北角。湿地植物、沙生植物种类齐全，拥有红柳、香蒲和芦苇各类植物近160种，鱼类、鸟类、两栖类、爬行类、哺乳类等各类动物150余种，其中包括国家一级保护野生鸟类黑鹳、白尾海雕、大鸨，国家二级保护野生鸟类白琵鹭、大天鹅、小天鹅、灰鹤、长耳鸮、红隼等。湿地公园在阻挡乌兰布和沙漠风沙侵袭、维护黄河流域中上游生态安全、净化水质等方面发挥着重要作用，也是全球候鸟迁徙东亚至澳大利亚线和我国候鸟迁徙青海湖至三江湿地线重要的中转站。2018年入选国家湿地公园。

牛耳河湿地公园 位于大兴安岭金河林业局牛耳河林场内。地形地貌分为山地、丘陵和河谷平原三种类型,主要水体为牛耳河及其上游河段昆纳河,包括永久性河流湿地、草本沼泽、灌丛沼泽、森林沼泽湿地。公园与上游的汗马自然保护区共同构成结构完整的牛耳河河流湿地保护系统。拥有植物550种,动物260余种,其中植物以东西伯利亚植物区为主体,还含有蒙古植物区、东北植物区以及华北植物区成分。主要建设项目有牛耳河风景园、生态露营地、野外拓展基地。2018年入选国家湿地公园。

免渡河湿地公园 位于牙克石市东南郊。免渡河为主要水体,拥有河床地貌、河漫滩、河谷地貌类型和河流、沼泽和人工湿地等类型,是大兴安岭西麓森林、草原交汇区森林边缘的生态屏障。林木葱郁,草地繁盛,动植物资源丰富,是大兴安岭与呼伦贝尔草原交界区域的珍稀水鸟的重要栖息地,其中包括国家一级保护野生鸟类白鹳、黑鹳、金鹏,国家二级保护野生鸟类鸳鸯等,以及国家二级保护野生动物水獭、猞猁和雪兔等。2019年入选国家湿地公园。

绰源湿地公园 位于牙克石市绰河源镇。由绰尔河河道及其支流和周边湿地等组成,主要水体为绰尔河,总面积5 284公顷,湿地率48%,涵盖了草本沼泽、灌丛沼泽、森林沼泽和永久性河流四个湿地型。动物种类繁多,分布有野生动物189种,主要植物群系有兴安落叶松群系、白桦群系、紫桦群系、柳叶绣线菊群系、沼柳群系等。2019年入选国家湿地公园。

洮儿河湿地公园 位于阿尔山市白狼镇,地处大兴安岭西南山麓。拥有河流湿地、沼泽湿地、灌丛湿地、森林湿地四类湿地,是大兴安岭林区保存最好的原始生态区域之一。野生动植物资源丰富,主要有柴貂、马鹿、黑熊、猞猁、冷水细鳞鱼、飞龙等动物,落叶松、白桦、小叶樟、钻天柳、蕨菜、野大豆、苔藓等植物,是大兴安岭地区重要的“物种基因库”。湿地公园由湿地资源保护区、湿地资源展示区、野生动物观赏区和度假娱乐区四部分组成。2005年入选国家湿地公园(试点)。

阿拉善黄河湿地公园 位于阿拉善盟经济开发区九店湾黄河西岸,西连乌兰布和沙漠。拥有沼泽湿地、湖泊与河流湿地以及人工湿地等多种湿地类。主要分为湿地保护带、湿地科普教育区以及生态旅游区域。以“借天上之水,营塞北绿洲;融草原文化,展黄河风采”的设计理念,建设有多个生态旅游和休闲园区,如运动娱乐园、乡土植物园、黄河风情园、草原活动园、森林休闲园等。2009 年入选国家湿地公园(试点)。

上都河湿地公园 位于正蓝旗。上都河是滦河的重要水源,内蒙古唯一一处世界文化遗产——元上都遗址就坐落在上都河畔。拥有大面积的河滩沼泽湿地,是候鸟迁徙、鱼类等生物生息繁衍的重要场所。2013 年入选国家湿地公园(试点)。

滦河源湿地公园 2013 年入选国家湿地公园(试点)。参见国家森林公园——滦河源森林公园。

奎勒河湿地公园 位于大兴安岭大杨树林业局奎勒河林场内。由奎勒河、西日特其肯河及周边沼泽、滩地、林地等组成。地貌以山地、丘陵为主,并有较少的冲积平原,主要水体为奎勒河及其支流西日特其肯河,主要有永久性河流湿地和草本沼泽湿地两种类型。湿地公园对保护奎勒河湿地生态环境,保障嫩江流域水环境生态安全,具有重要意义。2014 年入选国家湿地公园(试点)。

奈伦湖国家湿地公园 位于磴口县。“奈伦”在蒙古语中意为“太阳”。奈伦湖是黄河与乌兰布和沙漠的“邂逅之地”,地处乌兰布和沙漠应急分洪区,由凌汛期黄河分流洪水形成,是干旱区沙漠向湿润区沙地的过渡区,具有典型的西北荒漠绿洲交接区和干旱区的特点。由于气候适宜、水质好、浮游生物丰富,包括赤嘴潜鸭和世界濒危物种遗鸥的上万只候鸟在此栖息,在湖中的沙洲和沙生植物上筑巢安家。2015 年入选国家湿地公园(试点)。

托欣河国家湿地公园 位于扎赉特旗巴彦乌兰苏木西北部。生态系统原始性保存较好,湿地植被基本处于自然状态。分布有钻天柳、黄菠萝等国家二级保护野生植物,金雕等国家一级保护动物,鸳鸯、大天鹅、小天鹅、苍鹰、灰鹤等国家二级保护野生动物。还有雷氏七鳃鳗是绰尔河特有的圆口纲动物,被列入《中国濒危动物红皮书鱼类》。沼泽河滩星罗棋布,大小河流交错纵横,春秋两季成为绿头鸭、鸬鹚、白鹭、草鹭、白天鹅的天堂。2016 年入选国家湿地公园(试点)。

乌兰淖尔国家湿地公园　位于达拉特旗。地处库不其沙漠与黄河冲积平原的过渡地带,是阻挡库不其沙漠北侵的生态屏障,也是鸟类迁徙的重要通道,分布有包括黑鹳、大鸨、大天鹅、小天鹅等国家一级、二级保护野生鸟类。2016 年入选国家湿地公园(试点)。

乌力吉沐沦河国家湿地公园　位于巴林左旗。"乌力吉木伦"在蒙古语中意为"吉祥",乌力吉木伦河流域是"红山文化"和"富河文化"的发祥地之一。以乌力吉沐沦河、沙里河流域湿地为主体,湿地类主要是河流湿地、沼泽湿地、人工湿地。生物多样性丰富,其中包括黑鹳、丹顶鹤、玉带海雕、蓑羽鹤、鸳鸯、大天鹅、白琵鹭等国家一级、二级保护野生鸟类。2017 年入选国家湿地公园(试点)。

固里国家湿地公园　位于呼伦贝尔市固里河林场内,地处大兴安岭东麓。由永久性河流湿地和草本沼泽组成,湿地与相邻的多座天池位于我国三条候鸟迁徙路线的中线通道上。柴河景区周围分布着七个海拔千米以上的高山天池,其中月亮天池因形状与月亮相似而得名。湿地生态环境保持完整,每年春季有大批候鸟来固里河大岭北侧、百灵河及同心天池等区域停歇、栖息、繁殖。2017 年入选国家湿地公园(试点)。

长寿湖国家湿地公园　位于呼伦贝尔市乌奴耳林业局施业区内。乌奴耳河属额尔古纳河水系,是免渡河一级支流,发源于大兴安岭西坡牙克石市乌奴耳镇西南部山区,河源为乌尼日河。乌奴耳河支流众多,主要支流有乌尼日河、哈日扎拉格河、乌山沟、开伊力也巴托河、九号泡子河、南大河等。长寿湖又名"九号泡子",是一处天然湖泊,湖面呈较为规则的圆形。2017 年入选国家湿地公园(试点)。

巴彦国家湿地公园　位于莫力达瓦旗,地处嫩江右岸。公园内河道密集,沼泽富集。根据湿地资源分布特点,园区划分为五大功能区,即湿地保育区、恢复重建区、宣教展示区、合理利用区、管理服务区。2017 年入选国家湿地公园(试点)。

雅克河国家湿地公园　位于呼伦贝尔市南木林业局施业区内。占地面积约 178 平方千米。根据湿地资源分布特点,园区划分为五大功能区,即湿地保育区、恢复重建区、宣教展示区、合理利用区、管理服务区。2017 年入选国家湿地公园(试点)。

红花尔基伊敏河国家湿地公园　位于鄂温克族自治旗境内。根据湿地资源分布特点,园区划分为五大功能区,即湿地保育区、恢复重建区、宣教展示区、合理利用区、管理服务区。2017 年入选国家湿地公园(试点)。

银岭河国家湿地公园　位于呼伦贝尔市免渡河林业局施业区内。根据湿地资源分布特点,园区划分为五大功能区,即湿地保育区、恢复重建区、宣教展示区、合理利用区、管理服务区。2017 年入选国家湿地公园(试点)。

霸王河国家湿地公园　位于乌兰察布市集宁区和察哈尔右翼前旗。分为南北两部分,南部为霸王河片区,北部为尼旦河片区。霸王河片区包括集宁区范围内的全部河道,尼旦河片区包括集宁区范围内的尼旦河及尼旦河水库。湿地公园对于保护霸王河流域水环境和湿地动植物栖息生态环境,恢复河滩地湿地生态系统具有重要作用。2017 年入选国家湿地公园(试点)。

霍勒金布拉格国家湿地公园　位于满洲里市。西起中俄边境线,经查干湖、老水源、北湖,东至中俄边境线,主要包括湿地生态系统保护工程、湿地功能恢复工程、科普宣教工程、科研监测工程和生态旅游工程。2017 年入选国家湿地公园(试点)。

二十、国家矿山公园

巴林石矿山公园　位于巴林右旗西北部,查干沐沦河中游东岸。公园所在的特尼格尔图山，是世界珍稀矿产资源巴林石的唯一产地，其中鸡血石属于举世珍品。主要分为矿产遗迹游览区、自然生态保护区、民族风情体验区、草原风情观赏区四大景区，有巴林石矿特尼格尔图山、红山文化巴林石加工遗址、固伦淑慧公主陵、古榆树林、京津周边地区沙源治理区等景点，主体景观为巴林石矿地质遗迹和矿业生产活动遗迹。巴林石矿遗迹结合沙地、草原、河流等景观，融合丰富多彩的蒙古族风情，是集娱乐、旅游探险、科学普及为一体的综合性公园。2005 年入选国家矿山公园。

扎赉诺尔矿山公园　位于满洲里市大兴安岭西坡的海拉尔高原。主要包括矿山公园露天矿景区和矿山博物馆。遗迹类型主要有矿业地质遗迹、古生物遗迹、水体景观地质遗迹、地形地貌地质遗迹、矿山地质灾害遗迹等，还有沙俄、日伪时期采矿的房屋、露天采坑、采剥剖面，断层、褶皱、火区、塌陷等及因采矿活动发现的大量古人类化石。2005 年入选国家矿山公园。

林西大井矿山公园　位于林西县大井子镇。由 2 800 多年前的古铜矿遗址和如今仍在生产的大井矿组成，划分为矿业遗迹景区、现代生产景区、矿业文化景区与生态体验区。这里的矿业是我国北方最大、最早的古铜矿之一。矿山公园以中国铜矿业发展的历史为主线，以古铜矿遗址为主体景观，结合现代铜矿业先进开采技术与优美的自然景观，展示绚丽多彩的铜文化。2010 年入选国家矿山公园。

额尔古纳矿山公园　位于额尔古纳市室韦俄罗斯民族乡。额尔古纳河千里沿岸盛产砂金，黄金开采已有百余年历史，素有“黄金镶边”之称。主要包括矿业生产遗迹、矿业开发史籍、矿业活动遗迹、矿业制品以及与矿业活动有关的人文景观，是集砂金遗迹、黄金文化、少数民族文化、文化娱乐于一体的综合性国家砂金矿山公园。2010 年入选国家矿山公园。

白云鄂博矿山公园　位于阴山之北的乌兰察布草原西北部。这里历史上先后为匈奴、鲜卑、突厥、回纥、契丹、女真和蒙古等游牧民族部落驻牧之地。白云鄂博矿区是我国最大的铁、氟、稀土综合矿床之一，稀土矿和铌矿资源居全国之首，有“稀土之都”的美誉。划分为六大主题区域，分别体现草原敖包祭奠、草原游牧、铁矿挖掘、工业开采、矿区文化传承和工业文明纪念。2017年入选国家矿山公园。

准格尔矿山公园 位于准格尔旗的黑岱沟和哈尔乌素露天煤矿采矿复垦区内。以露天煤矿遗迹、遗址为主题,通过演示露天开采工艺流程、矿山环境恢复整治过程等,展现准格尔矿区在煤田开发过程中留下的矿业遗迹,展示绿色矿山和现代观光农牧业的协调发展,打造集矿山科研科普、旅游休闲、生态保护于一体的国家矿山公园。2017年入选国家矿山公园。

二十一、世界遗产

元上都遗址 位于正蓝旗草原。宋宝祐四年(公元1256年)忽必烈在此建开平府,南宋景定四年(公元1263年)升为上都,曾为元朝第一个都城和夏都。南临上都河,北依龙岗山,周围是广阔的金莲川草原,既有土木为主的宫殿、庙宇建筑群,又有游牧民族传统的蒙古包式建筑,体现出一个高度繁荣的草原都城的宏大气派,是农耕文明与游牧文明融合的产物,草原文化与中原农耕文化融合的杰出典范。2012年入选世界文化遗产。

二十二、全国重点文物保护单位

呼和浩特—万部华严经塔 位于赛罕区太平庄乡白塔村西南。万部华严经塔为白色,俗称“白塔”。塔高55.5米,八角七级,砖木混合结构,楼阁式。第一层南面有塔门,篆书石刻“万部华严经塔”方额嵌于塔门的门楣上。塔内墙壁上写满了从金代起用汉、藏、契丹、女真、蒙古、维吾尔等文字书写的题记。巨塔笔挺，拔地凌空，直刺云天，虽经千年沧桑，辽代风格犹存。“白塔耸光”为呼和浩特胜景之一。1982 年入选全国重点文物保护单位。

呼和浩特—金刚座舍利宝塔 位于玉泉区五塔寺。因塔座上有五座方形舍利塔，故名五塔寺。建造于清朝雍正年间。砖石建造，塔高约 13 米。束腰部分有砖雕狮、象、法轮、金翅鸟和金刚杵等图案花纹，座身下部镶嵌蒙、藏、梵三种文字所书的金刚经文，刻工细致。南面正中开着券门，门上镶嵌着蒙、藏、汉三种文字书写的“金刚舍利宝塔”石刻匾牌。塔座上设五座小塔，塔后照壁嵌有蒙古天文图石刻。1988 年入选全国重点文物保护单位。

呼和浩特—大窑遗址 位于呼和浩特市新城区保合少镇。面积约 200 万平方米，是我国罕见的大型旧石器制造遗址，也是国内面积最大的古人类石器制造场之一。遗址分属旧石器时代早期第一、第二阶段，旧石器时代晚期，中石器时代和新石器时代。遗址延续的年代很长，地层剖面清楚，出土石器很有特点，代表一个新的旧石器文化，被命名为“大窑文化”。1988 年入选全国重点文物保护单位。

呼和浩特—格尔土城子遗址 位于和林格尔县城北部。汉至唐代的故城遗址。城址呈不规则多边形，总面积约 349 万平方米。城门、瓮城、角楼以及建筑基址保存基本完好，城内街道依稀可辨。南区现存东墙南段和南墙；北区现存东墙、西墙、北墙和西南墙；中区现存东墙和北墙。城外发现了数十座汉唐墓葬，其中北魏镶嵌宝石金猪佩饰、唐三彩鹦鹉提壶以及北魏和唐代壁画墓等，都有很高的学术价值。2001 年入选全国重点文物保护单位。

呼和浩特—和硕恪靖公主府 位于呼和浩特市赛罕区。清康熙皇帝的六女儿和硕恪靖公主居住过的府邸，占地面积 1.8 万平方米，由南向北分为大照壁、前殿、大殿、仪门、寝殿五重建筑，是塞外保存最完整的一处清代四合院群体建筑。收藏文物精品 1 200 余件。现为呼和浩特市博物馆。2001 年入选全国重点文物保护单位。

呼和浩特—王昭君墓 位于呼和浩特市南郊大黑河南岸。汉朝明妃王昭君的墓地。蒙古语称“特木尔乌尔虎”，意为“铁垒”；每到深秋时节，四野草木枯黄，唯有昭君墓上草青如茵，故又称“青冢”。始建于公元前的西汉时期，人工积土夯筑。墓体状如覆斗，高达 33 米，底面积约 1.3 万平方米，是我国现存最大的汉墓之一。2006 年入选全国重点文物保护单位。

呼和浩特—大召　位于玉泉区。藏传佛教寺院，“召”在藏语中意为“寺庙”。明万历七年(公元 1579 年)，明代蒙古土默特部落首领阿拉坦汗于主持创建。是呼和浩特最早建成的黄教寺院，也是内蒙古地区少有的不设活佛的寺庙。占地面积 3 万余平方米，主要建筑有山门、天王殿、菩提过殿、九间楼、经堂、佛殿等。佛堂正中供有一尊 2.55 米高的银佛像，因此又称为“银佛寺”。2006 年入选全国重点文物保护单位。

呼和浩特—绥远城墙和将军衙署　绥远城在今呼和浩特市，清乾隆四年(公元 1739 年)建成，城垣周长 6 533 米。城墙由一巨型大青砖砌成，内里为三合灰泥压碾，城基为花岗岩石条砌筑。城墙既高又宽，可并列同行三辆马车，并有突出的垛墙。将军衙署设于城内中心鼓楼西侧，按一品封疆大吏规格建造，砖木构制，占地面积约 3 万平方米，房屋 132 间，清代曾有 78 位将军在此任职。2006 年入选全国重点文物保护单位。

呼和浩特—乌兰夫故居　2006 年入选全国重点文物保护单位。参见全国红色旅游经典景区——乌兰夫故居和纪念馆。

呼和浩特—云中郡故城　位于托克托县古城村。战国至隋唐时期的遗址。城垣周长约 8 千米，呈不规则状，墙体夯筑，东、西、北三面城墙破坏严重，唯南城墙存留较完整。城墙夯土中含有战国至西汉陶片，外层夯土还夹杂北朝遗物。城中心有一高大土丘，为钟鼓楼遗址，曾出土北魏“大代太和八年”鎏金铜佛像一尊。城西墙外有古墓群。2013 年入选全国重点文物保护单位。

呼和浩特—格尔东汉壁画墓　位于和林格尔县新店子乡。墓的主人是东汉王朝中央政府派遣到北方民族杂居地区的重要官员，他生前担任的最高官职是护乌桓校尉。在古墓中发现了大量壁画，是目前为止我国发现的汉代壁画最多、榜题最多的墓葬，其中《庄园图》是这位官员晚年生活的真实写照。2013 年入选全国重点文物保护单位。

呼和浩特—乌素图召 位于攸攸板乡乌素图村。“乌素图”是蒙古语，意为“有水的地方”。当地旧有七座寺，因相距不远，地处乌素图村旁，统称“乌素图召”。以庆缘寺为中心，东有长寿寺，西有茶坊庙，东北有法禧寺，西北有药王庙，正北有罗汉寺，再往北还有一座广寿寺，建于明清两代。寺庙建筑糅合蒙、藏、汉艺术，建筑形式和构造特点同中有异，形成了每座寺庙自身的独特风格。2013 年入选全国重点文物保护单位。

呼和浩特—席力图召及家庙 位于玉泉区石头巷。“席力图”是蒙古语，意为“首席”或“法座”，寺庙因席力图活佛长期主持此庙而得名。建于明隆庆和万历年间，建筑面积 5 000 平方米。大殿采用藏式结构，四壁用彩色琉璃砖包镶，殿前的铜铸镏金宝瓶、飞龙、祥鹿与朱门彩绘交相辉映。清康熙皇帝御制“平定噶尔丹纪功碑”立于大殿前。经堂广厦七楹，金碧辉煌。召庙东南脚有白石雕砌覆钵式喇嘛塔，高 15 米，颇为雄壮。2013 年入选全国重点文物保护单位。

呼和浩特—清真大寺 位于回民区通道南街。始建于唐天宝元年（公元 742 年），元中统、明洪武、清乾隆年间重修。占地面积约 12 000 平方米，四周有青色砖围墙，建筑总面积约 4 000 平方米。寺内保存有清康熙三十三年（公元 1694 年）勒石《重到洪武御制回辉教百字碑》《康熙圣谕碑》《重修绥远清真大寺碑》等碑石 7 通，阿拉伯文手抄本《古兰经》30 卷，匾额多方。2013 年入选全国重点文物保护单位。

呼和浩特—广化寺造像 位于土默特左旗毕克齐镇的大青山中。初名“喇嘛洞召”，始建于明初万历年间，是土默特地区黄教发祥地之一，清顺治十五年（公元 1658 年）扩建，乾隆四十八年（公元 1783 年）御赐名“广化寺”。各殿佛像均以黄铜制成，工艺高超，栩栩如生。2013 年入选全国重点文物保护单位。

呼和浩特—天主教堂 位于回民区伊斯兰风情街。1923 年移建至此地，是呼和浩特当时最大的欧洲建筑群，之后又建有孤儿院、修道院、医院等系列建筑。1980年恢复宗教功能。由比利时专家设计,天津工人施工,建筑风格呈典型的欧式罗马形制特征,砖头都是特别烧制的,共耗费4万块方砖。建筑高25米,宽20米,北面的一排辅助建筑现今仍为教会所用。2013年入选全国重点文物保护单位。

赤峰—辽上京遗址 位于巴林左旗林东镇。始筑于辽神册三年(公元918年),为辽代五京之首。由皇城和汉城组成,周长约6 400米,城墙均夯土版筑。皇城略呈方形,现存三座城门,城墙上筑马面,城门外有瓮城。大内位于皇城中部,有前方后圆的毡殿形基址和官衙基址。城东南为官署、府第、庙宇和作坊区。发现的窑址,既生产典型辽风格的瓷器,也生产精致的仿定窑白瓷。汉城在南,是汉、渤海、回鹘等族和掠来的工匠居住的地方。1961年入选全国重点文物保护单位。

赤峰—辽中京遗址 位于宁城县大明城老哈河北岸。中京是辽代五京之一,辽统和二十一年(公元1003年)开始修建,并设立大定府,辽代帝王常驻于此。明代初年在此设大宁卫,永乐元年(公元1403年)撤销卫所,从此沦为废墟。辽中京的城市布局仿照宋汴京城的制度,由外城、内城和宫城组成。城墙黄土夯筑,残迹最高约4米。1961年入选全国重点文物保护单位。

赤峰—缸瓦窑遗址 位于松山区。辽国最大的瓷窑。已发现20多座马蹄窑和1座龙窑,出土有带“官”字铭文的窑具。所烧瓷器品种较多,有白瓷、白地黑花、三彩及色陶器,以白瓷为主,器皿有杯、碗、盘、碟、壶和罐;三彩陶器以印花盘为多,黄釉有鸡冠壶和凤首瓶。各种产品分窑烧造,马蹄窑以烧白瓷为主,兼烧单色、三彩釉陶和仿磁州窑瓷器等;龙窑主要烧制黑釉和茶末釉等大型粗缸胎容器。1996年入选全国重点文物保护单位。

赤峰—兴隆洼遗址 位于敖汉旗宝国吐乡。西辽河流域和内蒙古地区最早的新石器时代文化遗址,占地面积2万平方米,发现聚落房址、环形壕沟、墓葬、灰坑等遗迹,出土玉器100余件。其中聚落遗迹10多排,每排房屋10座左右,住房为半地穴式,屋内有圆形灶坑。有一座墓葬中的死者两耳处各有一件精美的玉玦,还有的墓用一公一母两头整猪随葬。兴隆洼文化距今 7 400—8 200 年。兴隆洼文化玉器是迄今所知我国年代最早的玉器，开创了我国史前用玉之先河。1996 年入选全国重点文物保护单位。

赤峰—大甸子遗址 位于敖汉旗宝国吐乡。占地面积约 7 万平方米，属于 4 000 年前夏家店下层文化城址。城内有居住房址和宫殿遗址，墙外有围壕，围壕北侧外为墓葬区。清理墓葬 804 座，出土 1 200 余件精彩无比的陶器、玉器、漆器、骨器、铜器、金器等。大甸子城址既有生居的城址，又有死葬的营区，是夏家店下层文化的枢纽和中心地区之一。1996 年入选全国重点文物保护单位。

赤峰—辽陵及奉陵邑 辽代的帝陵有祖陵和庆陵两处。奉陵邑是皇帝陵寝的前方守卫和奉祀陵寝的城郭。祖陵是大辽开国皇帝辽太祖耶律阿保机、贞烈皇太后、齐天太后的陵寝，位于巴林左旗，建于辽天显二年（公元 92 年），太祖陵陵前有享殿遗址及经幢、石翁仲等遗物；奉陵邑为祖州城，城门建筑基址尚存，另有圣宗、兴宗、道宗三帝王后妃墓园。庆陵是辽圣宗耶律隆绪、兴宗耶律宗真、道宗耶律洪基三帝及其后妃陵的总称，位于巴林右旗，三座帝陵曾被盗掘，随葬的文物多已散失，遗存有享堂、庑殿等遗迹，墓内壁画丰富，出土石刻契丹小字哀册；奉陵邑为庆州城，保存有建筑遗址，还有辽代砖塔一座。祖陵及祖州城、庆陵及庆州城先后于 1988 年、2001 年入选全国重点文物保护单位。

赤峰—城子山遗址 位于敖汉旗萨力巴乡与玛尼罕乡交界处。距今 3 500—4 000 年。遗址分布范围约 6.6 平方千米，发现 10 个祭祀点。其中规模最大、保存最好的一号点，平面呈不规则多边形，石块垒砌的围墙周长 1 418 米，发现一石雕猪首形象，猪首长 9.3 米、吻部宽 2.1 米、额头宽 7.5 米、额头顶部距地面 5 米，是我国发现的最大的猪的图腾形象。城子山遗址是夏家店下层文化中心性祭祀遗址，也是辽西地区出现早期国家的实证。2001 年入选全国重点文物保护单位。

赤峰—喀喇沁亲王府及家庙 位于喀喇沁旗王爷镇。喀喇沁亲王府是清朝贡亲王的府地，是蒙古族思想家、政治家贡桑诺尔布的故居，先后有 12

代喀喇沁旗蒙古王爷在此袭政，是内蒙古地区现存规模最大的一座蒙古族亲王府。始建于清康熙十八年（公元1679年），占地面积约4万平方米。现存中轴线五进院落建筑22栋，西跨院建筑11栋及府前广场等。主要建筑为规整的四合院，有硬山式厅堂、卷棚环廊式客堂、勾连塔式祠堂、藏传佛教楼阁等。2001年入选全国重点文物保护单位。

赤峰—福会寺 位于喀喇沁旗。始建于清康熙年间，全盛时期住寺喇嘛达450多人。占地面积6 136平方米，现存各式建筑15幢，中轴对称式布局，依次布列山门、前殿、经堂、大殿、后殿及东、西翼殿等五进建筑，东西两厢置前配殿、钟鼓楼、中配殿、后厢房等四组建筑。除后厢房外，皆大木屋架结构，磨砖对缝墙体，筒瓦覆顶屋面，古朴典雅，严谨庄重。雕龙佛龛、千年古井为福会寺之宝。2001年入选全国重点文物保护单位。

赤峰—架子山遗址群 位于喀喇沁旗西北部。夏家店下层时期的聚落遗址群，距今3 500—4 000年。包括架子山、城子顶等聚落遗址。在30平方千米范围内，分布有33个典型遗址。架子山遗址占地面积8万平方米，依山修筑9层平阶和巨大的围壕，遗存大量石圈、石墙。城子顶遗址占地面积近4万平方米，清理出房址、灰坑、墓葬、祭祀坑数百座，出土陶、石、骨、蚌、铜等遗物7 000余件。2001年入选全国重点文物保护单位。

赤峰—大井古铜矿遗址 位于林西县官地镇中兴村。青铜时代的遗址，距今2 700—2 900年。占地面积约2.5平方千米，遗址文化性质单纯，属于夏家店上层文化，是中国迄今发现的最早的一处集采矿、冶炼、铸造等全工序的古铜矿遗址。2001年入选全国重点文物保护单位。

赤峰—应昌路故城遗址 位于克什克腾旗西达里诺尔西南部。元至元七年（公元1270年）修筑，初名“应昌府”，后改“应昌路”。由于曾为鲁王及鲁国大长公主等居地，被称为“鲁王城”。在元代，与大宁路、全宁路同为塞北三大历史名城。城址南北长800米，东西宽650米，有东、西、南三门，均设方形瓮城。城内中部为宫殿基址，汉白玉石柱础保存完好；南部分布井字形街道。城内还有社祭坛、儒学、孔庙、报恩寺等遗址。城外西面为白塔寺遗址,东北为元代墓葬群,东边有城隍庙和十三敖包遗址,东南有龙兴寺遗址和应昌县遗址,形成以应昌路城址为中心的、总面积达20平方千米的遗址群。2001年入选全国重点文物保护单位。

赤峰—宝山、罕苏木墓群 宝山墓群位于阿鲁科尔沁旗。夯土筑围墙,有10余座墓;其中1号墓壁画题记为辽天赞二年(公元923年),是已知时代最早的契丹贵族墓;1、2号墓室内饰有精美彩绘壁画,用笔简练流畅,纤毫入微,充分展现了辽初绘画艺术的成就。罕苏木墓群位于阿鲁科尔沁旗古日板呼舒牧村,为辽耶律羽之家族墓地;耶律羽之墓以琉璃砖作为建筑装饰材料,金碧辉煌,局部饰有彩绘壁画,墓中出土金银器、瓷器等精美文物300余件,其中一方近千字的楷书墓志,字口勾金,记述了耶律羽之属皇族近支的显耀世系及其生平事迹;还发现了用大型实用车具殉葬的现象。2001年入选全国重点文物保护单位。

赤峰—张应瑞家族墓地 位于翁牛特旗梧桐花镇国公府村。张应瑞是元世祖忽必烈时忠武王的陪臣,其家族是源于河北清河县的汉族,他们为蒙古弘吉剌部的发展效忠尽力,被封为中奉大夫加赠荣禄大夫、鲁王傅,死后追封蓟国公。墓地葬有张应瑞及其先人和后人,毁于元末明初的兵燹战火,唯张应瑞墓碑完整地保存下来。张氏先茔碑正面阴刻楷书汉字39行3 000余字,背面阴刻与汉文相同内容的蒙文,为元代蒙汉文合璧碑中的珍品。2006年入选全国重点文物保护单位。

赤峰—韩匡嗣家族墓地 位于巴林左旗白音诺尔镇。韩氏家族是辽代第一家赐姓耶律的汉官家族。韩匡嗣之父韩知古,是辽太祖21名佑命功臣之一。韩匡嗣是韩知古第三子,太宗朝为右骁卫将军、二仪殿将军,景宗即位后又委以重任。迄今发现的辽代最大的家族墓地,由两道山谷、三个山沣、两个祭祀址和一处大型居民聚落遗址组成,成排的建筑基址清晰可辨,地表散布着许多辽代砖、瓦、石灰、覆盆形石柱遗迹以及一些陶瓷片等遗物。2006年入选全国重点文物保护单位。

赤峰—龙泉寺 位于喀喇沁旗锦山镇。元初建寺,至元二十四年(公元

1287年)、至正元年(公元1341年)及清代、民国年间屡经维修。依山建寺,三进院落,中轴线两侧有东、西配殿,寺后部下有一巨型为主殿,重檐歇山式,阶卧狮。寺院内存有元碑、四至碑、民国碑各一通。有一口泉名“龙泉”,常年泉水不枯,“龙泉寺”由此而得名。2006年入选全国重点文物保护单位。

赤峰—灵悦寺 位于喀喇沁旗锦山镇。建于清康熙年间。清中央政府专门拨款给喀喇沁第三代郡王、额驸噶勒藏修的家庙,占地面积12 000多平方米,兴盛时住庙喇嘛达500多人。建筑风格与中原相仿,门殿三间,通道两侧立有泥塑佛像四尊,钟、鼓二楼各列两旁,前殿之后建有嘛呢亭,嘛呢亭内设有“转经”,轮壁刻有“唵嘛呢叭咪哞”梵文六字真言。大殿宏伟壮观,内有大小佛像百余尊。藏经殿藏有各种经卷200余部。2006年入选全国重点文物保护单位。

赤峰—宝善寺 位于阿鲁科尔沁旗巴拉奇如德苏木驻地达兰花,又称“巴拉奇如德庙”。始建于清康熙四年(公元1665年),原址在西拉木仑河北岸,乾隆三十五年(公元1770年)迁至今址。由大小八座殿堂组成,其中大经堂苏克沁殿规模宏伟,别具一格。香火鼎盛时有喇嘛800余人。2006年入选全国重点文物保护单位。

赤峰—真寂之寺石窟 位于巴林左旗查干哈达苏木。“真寂之寺”即林东后召庙石窟寺。辽代石窟,开凿在桃石山东南面陡壁上,分中、南、北三窟,现存浮雕佛像110尊。中窟眉额刻“真寂之寺”四字,“真寂”二字与中窟内释迦牟尼“圆寂”之意相合,窟内释迦卧佛像周围有佛弟子像,窟壁有佛像百余尊。南窟雕像中间为佛,骑狮子和象的文殊、普贤二菩萨分列两边,窟门口有金刚力士像。北窟分内外两室,外室雕像同于南窟,内室造像均为浮雕,两侧刻有胡服装束力士像一对。2006年入选全国重点文物保护单位。

赤峰—红山遗址群 位于红山区,地处红山北麓。新石器时代遗存,距今约5 000年,“红山文化”由红山而得名。包括聚落古遗址和古墓葬。出土有新石器和青铜器时代陶器、石器、骨器等,其中以细泥彩陶和石耜最为重要。近年来新发现红山文化中期聚落遗址、夏家店下层文化祭祀遗址、小型城址、夏家店上层文化墓地各一处。2006 年入选全国重点文物保护单位。

赤峰—夏家店遗址群 位于松山区夏家店村。占地面积约 38 万平方米，为夏家店下层文化、夏家店上层文化和战国时代文化遗存。共有遗存 9 处，以居住址为主，所包含的文化内涵基本相同。多处文化类型相同的聚落遗址，很可能是规模较大的社区性聚落群。2006 年入选全国重点文物保护单位。

赤峰—赵宝沟遗址 位于敖汉旗高家窝铺乡赵宝沟村。略晚于兴隆洼文化的新石器时代考古文化的遗存，距今约 7 000 年。占地面积约 9 万平方米，已发现房址和灰坑 140 余处，遗物有陶器、石器、骨器和蚌器。陶器中以筒形罐、椭圆形底罐、尊形器、钵和碗为多，尊形器是赵宝沟文化的典型陶器之一。陶质多夹砂褐陶，手工制作。主要纹饰有拟像动物形纹、抽象几何形纹和之字形纹。生产工具石器以打制为主，兼有磨制和细石器，最典型的是耜和斧。2006 年入选全国重点文物保护单位。

赤峰—黑城城址 位于宁城县甸子乡黑城村。汉代右北平郡平刚故城，分内、外城。外城俗称“罗城”，东西长 1 800 米，南北宽 800 米，城垣基宽 16—20 米，残高 1—3 米，城中南部有王莽时期制钱作坊和窑址。内城俗称“黑城”，东西长 700 米，南北宽 500 米，垣基宽 15 米，残高 8—9 米，四墙开门，外设瓮城。内城西北部有夯筑小城，南北长 250 米，东西宽 200 米，垣基宽 5—6 米，残高 1—2 米。内城有大量云纹瓦当、钱币等，外城有汉代陶片、坩埚残块、钱币、铁器及辽金遗物。2006 年入选全国重点文物保护单位。

赤峰—查干浩特城址 位于阿鲁科尔沁旗。“查干浩特”在蒙古语中意为“白色的城池”。蒙古林丹汗都城。利用棋盘山天然屏障，在两座山峰之间的山坳处夯筑城墙，每边长约 500 米。城内发现建筑址 30 余处，十字形街道与四门相连。中央宫殿位于城市的中轴线上，四周环以配殿，形成众星拱月式的格局。发现不同形状和规格的柱础石 24 块，全部为白色花岗岩，柱础正面和立面均经过磨刻或凿刻处理。出土有绿、黄色琉璃龙鳞纹残砖、绿釉筒瓦、高足杯、银锭等一批重要文物。在城东北高地上清理两座出土穴洞室墓,墓地上有景教墓顶石,属阿剌兀思系汪古人墓地。2006 年入选全国重点文物保护单位。

赤峰—白音长汗遗址 位于林西县。新石器时代遗址。占地面积 7 257 平方米,发掘房址 17 座、灰坑 33 个、墓葬 6 座,出土陶器和石器。遗迹和遗物的文化面貌以兴隆洼文化为主。2013 年入选全国重点文物保护单位。

赤峰—兴隆沟遗址 位于敖汉旗东部。新石器时代遗址。遗址分为三个地点,分别属于兴隆洼文化、红山文化和夏家店下层文化聚落,占地面积 4 000 平方米。发现有房址、居室墓、灰坑,出土遗物有陶器、石器、玉器、骨器、蚌器、动物骨骼、自然石块等。发现一尊距今 5 300 多年、属于红山文化时期的精美陶塑人像,是我国首次发现的一件史前陶塑人像,再次证明敖汉旗是红山文化的中心之一。2013 年入选全国重点文物保护单位。

赤峰—魏家窝铺遗址 位于红山区文钟镇魏家窝铺村。内蒙古地区发现的规模较大、保存最完整、发掘面积最大的红山文化时期的聚落遗址之一,距今 6 000 多年。占地面积约 9.3 万平方米,除了大量房屋遗址外,还出土了陶器、石器、动物骨骼、蚌器等大量遗物。2013 年入选全国重点文物保护单位。

赤峰—富河沟门遗址 位于巴林左旗富河镇。新石器时代晚期的遗址,“富河文化”的命名地。占地面积约 6 万平方米。发现半地穴式房址,多为方形,房内多有灶坑。房址北部保存相对较好,南部尽遭毁坏。房址有连续叠压和成排分布的现象,连续叠压的房址最多的有 4 座。发现有大量的陶片、石质遗物,出土大量的动物骨骼和骨制品。2013 年入选全国重点文物保护单位。

赤峰—草帽山遗址 位于敖汉旗四家子镇。分布有积石冢三处,墓地面积达 600 平方米。石砌建筑十分规整,建筑形式前坛后冢,用琢成方形巨石砌筑的祭坛,层层叠起,有方有圆,匀称有序地筑成三层台阶。新石器时代红山文化祭祀遗址群,距今约 5 500 年,是我国现存时代最早的地上建筑之一,所出土的玉璧是红山文化玉器中迄今所知最明确的方形玉璧,陶器上的米字、十字等刻画符号在红山文化中也属首例，尤其是石雕神像，雕法独特，逼真而神化。2013 年入选全国重点文物保护单位。

赤峰—马架子遗址 位于喀喇沁旗。新石器时代至夏、商、周的文化遗址。占地面积约 56 万平方米。采集石器七件，手制素面夹沙黄褐、黑褐陶片，有口沿、器底、泥质陶片和铁器、瓷片等。2013 年入选全国重点文物保护单位。

赤峰—三座店石城遗址 位于松山区初头朗镇。遗址分布在洞子山山顶及南坡，西侧是临河断崖，北侧与阴河左岸的山岗相连接，南侧和东侧为沟谷冲积的平川地。揭露面积 9 000 多平方米，包括大城的绝大部分和小城的全部。清理的遗迹有石砌的圆形建筑基址、半圆形建筑基址、窖坑以及石墙、积石台和零星墓葬。规模巨大的城墙及星列的马面遗迹，蔚为壮观。遗迹绝大部分属青铜时代夏家店下层文化，只有积石台遗迹属夏家店上层文化，还可见少量红山文化时期的陶片。2013 年入选全国重点文物保护单位。

赤峰—二道井子遗址 位于红山区二道井子村。占地面积约 3 万平方米，东北部城墙保存完整，城墙为层层黄土堆筑而成，城墙外侧抹有多层草拌泥，有大小不等的院落和街巷，院落中的房子大都用土坯垒成。共发掘出房屋、窖穴、灰坑、墓葬、城墙等遗迹单位 710 处，出土各类珍贵文物 1 521 件。国内迄今为止发现的规模最大、保存最完整的青铜时代遗址之一。遗址上建有博物馆。2009 年入选“全国十大考古发现”。2013 年入选全国重点文物保护单位。

赤峰—太平庄遗址群 位于松山区城子乡。夏朝至商朝的文化遗址，属于夏家店文化类型遗址。包括庙东山遗址、老爷庙后山遗址、太平庄后山遗址、石砬子遗址、岱王山遗址等六处，分布于相互临近的六个山岗上，彼此呼应，又各有特点。2013 年入选全国重点文物保护单位。

赤峰—尹家店山城遗址 位于松山区。夏朝至商朝的文化遗址。占地面积约 4.6 万平方米，由南、北两城组成，其中北城较大，但主要建筑集中在南城。城址周围有石砌的围墙，北、东两面墙保存较好，围墙内外壁砌石，内填黄土，石块封顶，基宽约 5 米。北墙和东墙南部外侧砌筑马面，北墙 4 个，较小的边长 7—8 米，较大的 10 米左右。2013 年入选全国重点文物保护单位。

赤峰—南山根遗址 位于宁城县存金沟乡。周朝时期的文化遗址，属于夏家店上层文化遗址。发现男女裸像青铜短剑、铃型器、狩猎纹铜环、铜刀、陶盆、陶鼎、陶碗、红陶罐等物品，其中男女裸像青铜短剑的出土在青铜剑中尚属首次发现，而且迄今仅此一件，极其稀贵，同时也显示此剑的使用者具有特殊的身份。2013 年入选全国重点文物保护单位。

赤峰—饶州故城址 位于林西县。辽代古城遗址。遗址分东、西两城，全长 1 400 米，城墙基宽 12 米，残高 2—4 米，东西各有两张门，发掘有瓷片、陶片、壶、瓶、碗、盘、瓷牛头、马俑、铡刀、镐、铲、铁矛、箭镞等文物。古城唐初为饶乐都督府，唐贞观二十二年（公元 648 年）改称“松漠都督府”，辽代由太祖建立饶州，西南小城为饶州的长乐县城。2013 年入选全国重点文物保护单位。

赤峰—武安州遗址 位于敖汉旗。辽、金、元时期的古城遗址。武安州有三重城垣，一重略呈方形，边长近 800 米；第二重城垣呈方形，边长约 650 米；第三重城垣略呈方形，边长约 270 米。出土有辽、金、元代的瓦当陶节、围棋子、象棋子等遗物。2013 年入选全国重点文物保护单位。

赤峰—宁昌路遗址 位于敖汉旗玛尼罕乡。辽代至元代时期的城址。现存方城遗址一座，城垣夯筑，方圆 1 000 米，墙残高 2 米。在城内的中轴线上偏北耸立着砖砌佛塔“万寿白塔”。出土一批元代柱础、石狮子、飞马石雕、石螭首、龙凤纹琉璃瓦和银器，还发现一枚“至大元宝”金币，以及元青花高足龙纹杯和梨形壶，元末至正年加封孔子制诏碑刻。2013 年入选全国重点文物保护单位。

赤峰—小黑石沟墓群 位于宁城县甸子乡。夏家店上层文化遗址，时间约为西周晚期至春秋战国时期。共发掘古墓 72 座，可分为三个等级：一级墓葬为部落首领的石椁墓，二级墓葬是部落武士墓，三级墓葬是贫民墓。

发现房屋、墓葬、灰坑以及金器、青铜器、石器、陶器、骨角器、蚌器等文物，出土文物包括贵族使用的礼器、车马具、武器、工具装饰品等。2013 年入选全国重点文物保护单位。

赤峰—耶律祺家族墓 位于阿鲁科尔沁旗。耶律祺即《辽史》中有传的耶律阿思。墓地背靠高山，面向东南，缓坡中部有一道隆起的小山脊，两侧围有低矮的石墙，北墙长 67 米、宽 1.7 米、残高 0.5 米；南墙长 22 米、宽 1.7 米、残高 0.8 米。在 2 万多平方米的墓地范围内，发现墓葬 5 座。辽天祚帝乾统八年（公元 1108 年）刻制的《耶律祺墓志铭》，正面刻篆体契丹大字 46 行，共约 3 000 字，是已知所有契丹大字石刻中字数最多的一件。2013 年入选全国重点文物保护单位。

赤峰—耶律琮墓 位于喀喇沁旗马鞍山乡。耶律琮又名“耶律合住”，是辽景宗从孙，官至郑国军节度使、检校太师兼政事令、漆水郡开国公，辽保元十一年（公元 979 年）因病逝世。耶律琮墓于民国初年被盗，仅存墓前方一块“观音经碑”，两行排列整齐的石雕石虎、石羊、文官、武吏；墓的右侧原有一通记载耶律琮生平事迹的石碑，现仅存龟趺。2013 年入选全国重点文物保护单位。

赤峰—沙日宝特墓群 位于阿鲁科尔沁旗。地处低矮山丘环抱地带，山丘有裸岩暴露，中下部有黄土覆盖。辽代晚期墓葬群，大多为多角形墓，也有长方形小墓，个别为圆形墓，以墓棺殓葬和在尸床上铺设木板作为葬具。墓中被盗走的“耶律慈特墓志”，刻于辽道宗大康八年（公元 1082 年），刻有契丹小字 28 行，用很大的篇幅详述墓主人的家史。2013 年入选全国重点文物保护单位。

赤峰—和硕端静公主墓 位于阿鲁科尔沁旗。和硕端静公主是清康熙皇帝的五格格，嫁于喀喇沁旗郡王噶勒藏为福晋。康熙五十一年（公元 1713 年）和硕端静公主陵建成，康熙五十八年（公元 1719 年）和硕端静公主被安葬于此。占地面积 6 666 平方米，四周是约 3 米高的石围墙。墓前有高大的石雕牌坊，两侧立有花岗石华表，中有碑亭，内置御赐碑一通，碑文由满、蒙、汉三种文字镌刻而成。2013 年入选全国重点文物保护单位。

赤峰—梵宗寺 位于翁牛特旗乌丹镇。汉式建筑的藏传佛教寺院。始建于清乾隆八年(公元 1743 年)。建筑群依山势起伏由南向北布局,由山门(天王殿)、正殿、东西配殿、后殿(丈八佛殿)、关帝殿、经卷殿等组成,现存 115 间,总建筑面积 5 000 平方米。每座殿宇都建筑在石台基之上,青砖灰瓦木架结构,梁枋上绘有多彩的游龙和花卉,墙上保存有一批壁画以及精美的雕刻。寺院周围树木茂密,环境优美。2013 年入选全国重点文物保护单位。

赤峰—荟福寺 位于巴林右旗大板镇。清康熙四十五年(公元 1706 年)康熙帝次女荣宪公主主持兴建。占地面积 7 100 平方米,如今仍保持原有规模,有大门、前殿、后殿、东西配殿及后东侧室等。后殿最为完整,面阔、进深各五间,重檐歇山顶,殿内佛像壁画俱存。殿前侧建有覆钵式塔两座,高 4.5 米。此寺落成后,为迎接康熙帝巡幸巴林草原,在庙北营建行宫一座,今行宫旧址尚存。2013 年入选全国重点文物保护单位。

赤峰—法轮寺 位于宁城县大城子镇。清代十大黄教寺庙之一。占地面积 2.2 万平方米,原有 14 幢主建筑,8 幢辅助建筑。主体建筑长 31 米,宽 23.7 米,高 20 米,三檐歇山构造,柱基有 1 米高的长方形石台基和雕有图案的圆形基石。门侧有卷莲鼓状石墩,雕式精湛。檐椽、柏枋、柱面绘彩,望板、戽间有彩画。寺内佛像已毁。建筑群外有围墙,院内有古松数株。2013 年入选全国重点文物保护单位。

赤峰—清真北大寺 位于红山区西横街。建成于清乾隆十二年(公元 1747 年),仿照当时奉天清真南大寺的风格建造,中式古典建筑风格。由正殿、配殿、望月亭、沐浴室等组成。正殿分为宝刹、大殿、瑶殿三部分,其中宝刹是教徒礼拜时整衣、脱鞋处,大殿是礼拜场所,瑶殿直通望月亭。望月亭高 30 米,顶部为铜质。2013 年入选全国重点文物保护单位。

赤峰—克什克腾岩画群 位于克什克腾旗,地处百岔河两岸。共有 23 处 90 组 400 余个单体图像。岩画刻在坚硬的玄武岩上,全长 60 余千米,因此有“百里画廊”之称。其中万合永镇的 5 幅岩画内容最丰富,有似人面与太阳神的组合、飞奔的骏马、体态安详的绵羊、跳跃活泼的群鹿等图案。最著名的《鹿王图》被埋藏在沙堆下，图高3米，宽3米，画中的鹿王身长0.6米，身高0.3米，鹿角长0.5米，体态健壮，昂首而立。围在鹿王身边大大小小的鹿有10多只，或立或奔，神态各异，栩栩如生。2013年入选全国重点文物保护单位。

鄂尔多斯—成吉思汗陵 位于伊金霍洛旗。蒙古帝国第一代大汗成吉思汗的衣冠冢，1954年由青海的塔尔寺迁回故地。占地面积约55 000平方米。正殿前方广场上耸立着两根旗杆，上面印有九匹腾空骏马的图案。大殿高26米，上部为蒙古包式造型的殿顶，上面镶嵌着蓝黄两色琉璃瓦，组成传统的云勾浪纹图案；有朱红色的大门、宽大的窗棂、汉白玉雕栏、沉稳的花岗岩基座。前殿有高5米的成吉思汗塑像，后殿有三顶黄缎蒙古包安放着成吉思汗和夫人的灵柩。东殿安放着成吉思汗第四子拖雷及其夫人的灵柩，西殿供奉成吉思汗的战刀、马鞍及祭祀奶桶。东西走廊均有绚丽的壁画。1982年入选全国重点文物保护单位。

鄂尔多斯—阿尔寨石窟 位于鄂托克旗。在茫茫大漠草原上耸立着一座孤零零的红砂岩石小山，险峻的峭壁上分布着大大小小的石窟。尚存49座石窟，分为上、中、下三层；石壁的中上部还有九座浮雕石塔点缀其间。石窟的规模有大、中、小三种，均为方形。开凿于西夏时期，至明代还在使用。西夏乾定四年（公元1226年）成吉思汗第六次征伐西夏时的总指挥部设于此，10号石窟即为成吉思汗养伤时的住所。2001年入选全国重点文物保护单位。

鄂尔多斯—萨拉乌苏遗址 位于乌审旗河南乡。“萨拉乌苏”在蒙古语中意是“黄色的水”。旧石器时代中晚期的文化遗址。1922年，法国天主教神父、地质生物学家桑志华首先在这里发现了一颗“河套人”的门齿化石，此后我国考古学家多次实地考察。共发现人类化石、石器化石等文化遗物380多种，还有更新世晚期的哺乳动物化石及鸟类化石等45种。得以证实早在35 000年前“河套人”就在这里生活，“河套人”所创造的文化被称为“萨拉乌苏文化”。2001 年入选全国重点文物保护单位。

鄂尔多斯—“独贵龙”运动旧址 位于乌审旗巴彦柴达木乡。清光绪二十八年(公元 1902 年)乌审旗爆发了大规模反开垦、反奴役的“独贵龙”运动,12 个“独贵龙”总部驻此。旧址俗称“海流图庙”,藏名“珠达巴达尔赞林”,始建于清康熙五十四年(公元 1715 年),蒙汉结合式建筑,占地面积 3 万平方米。现存小经堂、僧侣房舍十余间。2006 年入选全国重点文物保护单位。

鄂尔多斯—秦直道遗址 秦直道始修于秦始皇三十五年(公元前 212 年),自陕西省淳化县铁王乡始,途经陕西、甘肃和内蒙古三个省、自治区,直达包头市南郊,全程约 700 千米。秦直道是我国古代唯一沿山脊和高地选线的国家级交通大道线形顺直,弯道很大,道路标准很高,被誉为“中国高速公路之祖”。秦直道鄂尔多斯段,横跨乌审旗、伊金霍洛旗、东胜区、达拉特旗。2006 年入选全国重点文物保护单位。

鄂尔多斯—城川城址 位于鄂托克前旗城川镇。唐代宥州城。始建于唐开元十一年(公元 723 年),主要安置附唐的突厥人。南宋宝庆三年(公元 1227 年)被毁。城址平面呈长方形,东西长 765 米,南北宽 595 米。城墙夯筑,基宽 3—10 米,残高 2.5—5 米。遗址内文化层厚 1.5—2 米,采集到兽面纹瓦当、滴水、筒瓦、板瓦,灰陶罐、瓮,褐釉剔花瓶,白釉粗胎盆、碗残片及铜钱等。2006 年入选全国重点文物保护单位。

鄂尔多斯—朱开沟遗址 位于伊金霍洛旗纳林塔乡朱开沟村。发掘面积约 4 000 平方米,发现居住房址 87 座、灰坑 207 个、墓葬 329 座、瓮棺葬 19 座,出土可复原陶器 500 余件,石器、骨器和铜器 800 余件。朱开沟遗址的时代上限相当于距今 4 200 年的原始社会晚期,下限约相当于距今 3 500 年的商代前期。2006 年入选全国重点文物保护单位。

鄂尔多斯—霍洛柴登城址 位于杭锦旗浩绕柴达木苏木。城垣周长 5 000 余米,占地面积 4 平方千米。城墙夯筑,基宽 13 米,残高 0.5—2 米。发现 5 座陶窑,出土有泥质灰陶和釉陶仓、灶、井、罐、熏炉及铜钫、壶、“五铢”钱等。多次发现钱范和铸钱作坊遗址以及钱币窖藏,曾一次出土约3 500千克的古钱币,大多为汉代钱币“货泉”。铸币窑址分布井然有序,窑址附近还发现制晒坯场地。整个作坊遗址布局合理,应是统一规划建造而成,这在国内尚属首次发现。霍洛柴登古城是西汉北方重镇西河郡的郡治所在。2006年入选全国重点文物保护单位。

鄂尔多斯—十二连城城址 位于准格尔旗十二连城乡。《元和郡》记县载,十二连城原为隋唐胜州榆林城,始建于隋文帝开皇三年(公元583年)。因其地形势弯环,连绵不绝,故曰“连城”。古城只剩残垣断壁,考古学家发掘出自新石器时代至明清时代的一些代表性器物,其中晚唐时期的绿釉陶质小狗和白釉瓷质小山羊现陈列于中国历史博物馆。2006年入选全国重点文物保护单位。

鄂尔多斯—寨子圪旦遗址 位于准格尔旗。新石器时代遗址。我中国北方地区迄今为止发现的时代最早的具有石筑围墙的遗址。遗址略呈椭圆形,占地面积约1.5万平方米。石砌围墙底宽4.5米,顶部残宽0.5—3.5米,残高约1.5米。在遗址中心地带,有长约30米的高台基址,属于履行宗教事务的祭坛遗迹。2013年入选全国重点文物保护单位。

鄂尔多斯—准格尔召 位于准格尔旗。俗称“西召”。建于明天启三年(公元1623年),赐名“秘宝寺”,清时赐名“宝堂寺”。鼎盛时寺内住有喇嘛2 000余人,僧舍相连,庙地1.33平方千米。建有经堂、白塔、红塔等宗教设施30余处,均为汉藏式建筑风格,雕梁画栋,飞檐斗拱,金硫碧瓦,木刻、砖雕、绘画、壁毯做工考究。2013年入选全国重点文物保护单位。

鄂尔多斯—沙日特莫图庙 位于杭锦旗。始建于明代初期。清代及民国期间历经兴废,经历抗战及“文革”,大经堂和明王殿及4座佛塔被拆。之后陆续恢复佛事活动,复建菩提塔,维修甘珠尔殿、护法殿和天王殿,扩建苏格庆大殿。吉祥果聚塔为汉藏风格,供奉蒙藏汉文全套《甘珠尔》《丹珠尔》等大量珍贵佛典,为我国西部地区最大的佛塔之一。2013年入选全国重点文物保护单位。

鄂尔多斯—桌子山岩画群 位于乌海市东部。主峰海拔 2 149 米，山顶较平坦，远眺貌似桌子状，故名“桌子山”。古代游牧民族羌、乌桓、鲜卑、突厥、回鹘（纥）、党项、蒙古等民族都曾在这里繁衍生息，在桌子山脉诸多山沟的悬崖峭壁和沟畔石灰岩磐石上留下了无数古代岩画，其中以召烧沟、苦菜沟、毛尔沟、苏白音沟、苏白音后沟、雀儿沟 6 个地区的岩画群较为集中。2013 年入选全国重点文物保护单位。

呼伦贝尔—嘎仙洞遗址 位于鄂伦春自治旗阿里河镇西北部。这里峰峦层叠，树木参天，松桦蔽日。北魏拓跋鲜卑先祖所居的石室，高出平地约 5 米，洞口西南向，南北长 90 多米，东西宽 27 米许，高 20 余米。洞内西壁距洞口 15 米处，有北魏太平真君四年（公元 443 年）摩崖铭刻。1988 年入选全国重点文物保护单位。

呼伦贝尔—金界壕遗址 金界壕又称“金长城”“兀术长城”，是规模宏大的古代军事防御工程。从辽保大三年（公元 1123 年）开始修建，直到西辽天禧二十一年（公元 1198 年）前后才最终成形。东起呼伦贝尔市莫力达瓦旗，至阴山黄河后套平原，全程计 1 500 千米。由外壕、主墙、内壕、副墙组成，主墙墙高 5—6 米，界壕宽 30—60 米，主墙每 60—80 米筑有马面，每 5—10 千米筑一边堡。残墙一般高 1.5—2.5 米，壕墙和边堡旧址清晰可见。2001 年入选全国重点文物保护单位。

呼伦贝尔—黑山头城址 位于额尔古纳市。金、元时期的遗址，为成吉思汗大弟拙赤哈萨尔及其家族主要居住城池之一。古城南临根河，北倚得尔布尔河，地势险要，可攻可守，是古代扼守草原北方的门户，进出草原的咽喉。建筑呈“干”字形，遗址内有许多琉璃瓦、青砖、龙纹瓦当和绿釉覆盆残片。2001 年入选全国重点文物保护单位。

呼伦贝尔—扎赉诺尔墓群 位于满洲里市扎赉诺尔矿区，地处达兰鄂罗木河东岸。我国首次发现的拓跋鲜卑古墓群。东汉初年，拓跋鲜卑部落从大兴安岭东南麓的原始森林中来到水草丰美的扎赉诺尔地区，在这里生活了 100 多年，留下了 300 余座墓葬。墓葬分布在坡地上，坡地高 20 余米，长500余米。墓葬均为竖穴，内放木质葬具，出土大批文物，有陶器、铜器、铁器、骨器、木器、金饰、珠饰、贝壳等。2006年入选全国重点文物保护单位。

呼伦贝尔—巴彦乌拉城址 位于鄂温克族自治旗巴彦托海镇。斡赤斤宗王所建，为蒙古汗国古城之一。城址南北长410米，东西宽440米，周长1 700米，城墙土筑，残高1.3—2米。四面设门，门宽18米。东门内砖铺路长222米，宽6米。四角有角楼址，残高2.5米。至今巴彦乌拉古城遗址没有进行过考古挖掘。2006年入选全国重点文物保护单位。

呼伦贝尔—蘑菇山北遗址 位于扎赉诺尔区。旧石器时代的文化遗址。蘑菇山海拔约650米，山头光秃，圆滚滚形似蘑菇，故名。在1米深的更新世晚期黄褐色沙质土层中，出土了大量的石锤、石片、刮削器、砍砸器、尖状器，都经人工打击制成，器型较大。2013年入选全国重点文物保护单位。

呼伦贝尔—辉河水坝遗址 位于鄂温克族自治旗辉河右岸。新石器时代遗址。分布范围有30多万平方米，属于原地埋藏类型。文化层为灰黑色细沙层，最厚可达1米。遗存有罕见的人类居住遗迹、墓葬、篝火遗迹和由大量动物骨骼堆积的灰坑以及许多陶片和大量的石制品。石制品包括细石核、石片、石叶或细石叶及其进一步加工的各类工具。2013年入选全国重点文物保护单位。

呼伦贝尔—哈克遗址 位于海拉尔区。新石器时代的聚落遗址，文化遗存命名为“哈克文化”。出土玉器、骨器、陶器、石镞等细石器文物2 000多件。海拉尔的西山细石器是从旧石器向新石器过渡期间的中石器时代的代表，标志着北方草原原始人类告别野蛮开始走向文明。2013年入选全国重点文物保护单位。

呼伦贝尔—浩特陶海城址 位于陈巴尔虎旗。辽代时期的古城遗址。遗址呈四方形，城墙土筑，南北各设城门一座，城外有一护城河。古城内辽代篾纹陶片甚多，还出土过铁器、铜钱、骨针、细石器等文物。浩特陶海古城是回鹘可敦城，经战乱荒废，辽代边境女真部族人在旧城址上重建，兴建了专为屯兵镇守边关的边防城或牧马城，是戍边士卒驻扎之所。2013年入选全国重点文物保护单位。

呼伦贝尔—团结墓地 位于海拉尔区哈克镇团结村。墓葬分布较为密集。已有多处墓葬遭到严重破坏,地表散落有人骨和马头、牛头骨等遗物。已清理的七座墓葬均为土坑竖穴墓,无葬具,均为单人葬,多仰身直肢。随葬品均为生活用品和装饰品,以陶器为主,约在一半的墓中出土铁器。殉牲现象比较普遍,约占60%,一般将马、牛、羊的头骨和牛蹄骨放置于人头顶的二层台上。出土的陶器器型单一,均为手制夹砂黑褐陶罐。推断墓地的年代为东汉中晚期。2013 年入选全国重点文物保护单位。

呼伦贝尔—谢尔塔拉墓地 位于海拉尔区谢尔塔拉镇。“谢尔塔拉”在蒙古语中是“金色草原”的意思。在谢尔塔拉草原上发掘了十座古代蒙古人的墓葬。墓葬中出土的不仅有大木弓、铁镞、桦树马鞍、玻璃球等百余件文物,还有保存较为完好的十具尸骨。古墓中尸骨的人种属于北亚蒙古人种,时代为公元九世纪左右,墓主人为室韦人,室韦人是蒙古族的祖先。2013 年入选全国重点文物保护单位。

呼伦贝尔—巴彦汗日本毒气实验场遗址 位于鄂温克族自治旗。日本关东军在东北地区设置的最大的生化武器试验场,建于 1940 年。毒气实验场遗址分布在近 110 平方千米的草原上,主要包括指挥所、实验工事群、大小牲畜及小动物实验坑、蓄水池及地下工事、汽车和坦克掩蔽部、堑壕、交通壕、碉堡、步兵作战掩体、土筑炮阵地、单兵坑等。当年日军从山东、河北等地抓或骗来的劳工,大多在修筑工事中累死、病死或被枪杀,形成了长 150 余米、宽 80 余米的“万人坑”。2013 年入选全国重点文物保护单位。

锡林郭勒盟—元上都遗址 1988 年入选全国重点文物保护单位。参见世界遗产——元上都遗址。

锡林郭勒盟—汇宗寺 位于多伦县城北郊。蒙古语中称为“呼和苏默”,意为“青庙”,因殿顶覆以青蓝色琉璃瓦而得名。敕建的皇家寺院,清康熙三十年(公元 1691 年)始建,康熙五十一年(公元 1712 年)竣工,赐名“汇宗寺”,康熙亲题匾额。由广场、大山门、天王殿、八大菩萨殿、金刚殿、大雄宝殿及其附属的善因寺、13座活佛仓、5座官仓和120多座当子房等组成，外观庄严华贵，装饰富丽堂皇。2001年入选全国重点文物保护单位。

锡林郭勒盟—贝子庙 位于锡林浩特市北部。始建于清乾隆八年（公元1743年），历经七代活佛建造而成。占地面积1.2平方千米，中间为朝克沁（行政教务）殿，两侧分别为拉布楞（活佛）殿、却日（哲学）殿、满巴（医务）殿和珠多都巴（天文数学）殿。周围还有十几座小殿和2 000余间喇嘛住宅。兴盛时期喇嘛达1 200人，享有“北国名刹”之誉。2006年入选全国重点文物保护单位。

锡林郭勒盟—诺尔古建筑群 位于多伦县多伦淖尔镇。古街区清代建筑古色古香。兴隆巷的裕和永铜铺是清代多伦四大铜铺之一，专营铸造铜佛，原有房40余间，现存铺面3间，砖木结构，卷棚硬山顶。聚兴长铺为山西艾、常二姓老板在多伦的最大商号，原四合院有房30余间，现存铺面3间，砖木结构，砖券拱形门窗，饰有雕花。多伦照相馆原是镇内八大商号之一，二层楼阁式建筑，硬山瓦顶，底层面阔5间。山西会馆建于清乾隆十年（公元1745年），现存房屋百余间，以及牌楼、山门、戏楼、二进门、过殿、正殿、钟鼓楼、长廊等建筑。2006年入选全国重点文物保护单位。

锡林郭勒盟—金斯太洞穴遗址 位于东乌珠穆沁旗。旧石器时代中晚期遗址。洞穴宽16米、深24米，堆积层厚5米，遗存有大量的石器、陶器，出土野马、披毛犀、野鹿和转角羚羊等动物的骨骼，少量的铜箭头、石砧、石锤等工具，反映了草原地区的原始先民以猎取野马为生的生活状态。2013年入选全国重点文物保护单位。

锡林郭勒盟—四郎城古城 位于正蓝旗敦达浩特镇。城址为乌桓游牧故地，故又名“桓州城”。始建于金代。古城东西长1 053米，南北宽1 137米，东西两面城门至今尚可辨认。城墙残高3—5米，每隔60左右米有凸出的马面。城中有建筑台基遗迹，为州府官衙所在。古城内散布着大量残砖碎瓦，瓦背为素面，反面布纹，砖多是灰色素面，有少量沟纹砖。古城内曾出土粗瓷双耳罐铁斧及定窑、钧窑瓷片。2013年入选全国重点文物保护单位。

锡林郭勒盟—砧子山古墓群 位于多伦县。世界遗产元上都遗址核心区的重要组成部分,是元上都居民(主要是汉族平民、工匠)的丛葬区。古墓分布面积48.26平方千米,考古发掘墓葬26座,其中19座没有墓茔,均为土坑墓,平面以长梯形为主,各墓规格悬殊,墓向多为西北向。随葬品多寡不一,出土有铜、铁、金、银和丝织品。2013年入选全国重点文物保护单位。

锡林郭勒盟—恩格尔河墓群 位于苏尼特左旗。元代墓葬,分布在恩格尔河庙西北10千米处。内蒙古地区罕见的独木棺墓葬,原为木棺,外饰金箍,棺内葬一名女性,并随葬一批金、银、丝织品等质地的文物。出土文物中有罕见的龙凤纹镂雕马鞍具、花卉纹马饰具、高足金杯、十字架金饰片、绿松石金耳饰、金镯等。2013年入选全国重点文物保护单位。

乌兰察布—岱海遗址群 位于凉城县岱海周围。由王墓山、老虎山、园子沟等三处典型遗址组成,占地面积约17万平方米。岱海地区发现新石器时代、青铜时代文化遗址30余处,涵盖了仰韶文化一至三期,不仅有保存良好的房屋建筑、房基面,而且发现了大量遗物。2001年入选全国重点文物保护单位。

乌兰察布—庙子沟遗址 位于察哈尔右翼前旗。距今约5 500年的原始村落遗址。发掘房址51座,灰坑、窖穴132个,墓葬43座,出土及复原各类陶器700余件,其他比较完整的石器、玉器、骨角器、蚌器和装饰品达千余件。生产工具是磨制石器、打制石器和细石器,并有骨、角器和陶制工具。陶制工具有大量的铲、刀和少量陶纺轮。骨器有锥、针、镞、匕、嵌石刃刀、嵌石刃剑、槽形尖状器和亚形器等。庙子沟遗址反映了一种以原始锄耕农业为基础,渔猎经济占一定比重的经济形态。2001年入选全国重点文物保护单位。

乌兰察布—净州路故城 位于四子王旗吉生太镇城卜子村。又称"元净州路故城",建于金大定十八年(公元1178年)。故城平面呈长方形,东西长920米,南北宽670米,城墙残高1—3米,基宽0.5—9米,地表散布有砖瓦、陶瓷碎片。发掘金元时期的墓葬32座,出土古钱币10余种151千克。2006年入选全国重点文物保护单位。

乌兰察布—砂井路总管府故城 位于四子王旗红格尔苏木布拉莫仁庙村。故城建于元代，东西长约570米，南北宽约520米。城墙夯筑，残高0.2—2米，基宽13米。四面各开一门，外加筑瓮城。东墙北段有马面四个。城内十字形街道，东西向街宽约80米，南北向街宽约70米。街道两侧有土墙。地表遗物仅有少量瓷片。2006年入选全国重点文物保护单位。

乌兰察布—克里孟城址 位于察哈尔右翼后旗。“克里孟”在蒙古语中有“城墙”之意。具有鲜卑民族特色的南北朝时期的城址，总面积约75万平方米。城内分为东西两城，平面呈梯形，城中有南北向隔墙，四隅有角楼基址。夯筑土墙残高约2米，基宽约8米。城外围有壕堑。东城内西侧有方形院落房址。文化层厚约2米。地表散布砖瓦建筑构件，遗址内采集到灰陶盘口壶、折沿尖唇盆、侈口罐、喇叭口壶残片。2006年入选全国重点文物保护单位。

乌兰察布—四子王旗王府 位于四子王旗乌兰花镇。始建于清光绪三十一年（公元1905年）。占地面积2 800平方米，设前后两个厅，前厅供王爷执政办公，后厅供王爷和福晋居住。另附设两个独贡，是喇嘛念经的场所。磨砖对缝、筒瓦盖顶、砖木结构的殿庑建筑，雕梁画栋。1949—1952年这里是旗政府驻地。2013年入选全国重点文物保护单位。

包头—五当召 位于石拐区五当召镇。在蒙古语中，“五当”意为“柳树”，“召”意为“庙宇”。始建于清康熙年间，乾隆十四年（公元1749年）重修。以西藏扎什伦布寺为蓝本，经过康熙、乾隆、嘉庆、道光、光绪年间的多次扩建，始具今日规模。依山垒砌的白色建筑，群山环绕，苍松翠柏掩映。占地面积20万平方千米，主体建筑以八大经堂（现存六座）、三座活佛邸和一幢安放本召历世活佛舍利塔的灵堂组成，有大小殿宇、经堂、僧舍2 500余间，分布在1.5千米长的山坡上。五当召与西藏的布达拉宫、青海的塔尔寺和甘肃的拉卜楞寺齐名，是我国藏传佛教名寺之一。1996年入选全国重点文物保护单位。

包头—秦长城遗址 位于固阳县，地处阴山山区。始建于秦始皇三十三年（公元前214年），秦大将蒙恬率30万大军为御北方匈奴、东胡的侵扰而筑，后汉武帝派卫青进行修复。秦长城横穿固阳县3个镇，全长85千米，多半修筑在山峦的阴面半坡上，依山就险、因坡取势，就地取材，石块垒筑，每块石片重的有25—30千克，轻的有5千克左右，砌起来的长城历千年而不塌。在城墙内侧，每隔1 000米设一座烽火台，固阳段内共有烽火台4座，成为著名的烽燧遗址。1996年入选全国重点文物保护单位。

包头—敖伦苏木城遗址 位于达尔罕茂明安联合旗。"敖伦苏木"为蒙古语，意思是"众多的庙"。建于元泰定元年（公元1323年），占地面积约55万平方米，不仅有高耸雄伟的殿堂，豪华雅致的宫邸楼阁，还有鳞次栉比的街衢商店和金碧辉煌的"德风堂"，为当时汪古部落的政治、经济、文化中心。城墙的四面辟有城门，四角筑有角楼，城墙墙基宽约3米，残高2—3米。城址内发现建筑遗址17处，高台和土包99处，出土大量的建筑构件、石碑、石兽等。1996年入选全国重点文物保护单位。

包头—美岱召 位于土默特右旗美岱召村。明隆庆年间，蒙古土默特部领主阿勒坦汗受封顺义王，在土默川上始建城寺。万历年间西藏迈达里胡图克图来此传教，所以又称"迈达里庙""迈大力庙"或"美岱召"，是内蒙古地区重要的藏传佛教建筑之一。占地面积约4 000平方米，周围筑有高厚的围墙，土筑石块包砌。四角筑有外伸约11米的墩台，上有角楼。保存有大面积的壁画。1996年入选全国重点文物保护单位。

包头—麻池城址和召湾墓群 位于九原区麻池乡。麻池是汉代临沃县府所在地，城址占地面积约90万平方米，分南、北两城，土筑城垣，城内多残砖碎瓦类建筑材料及陶片等；城周有汉代墓葬群，墓地发现瓦当有"单于天降""单于和亲"的文字。召湾墓群位于包头市南郊，分布着上百座汉代墓葬，已清理墓葬98座，墓葬形制有木椁墓、砖室墓、土洞墓三类，其中以木椁墓和砖室墓最多；墓葬以仰身直肢葬为主，多为夫妻合葬，也有数代人葬于一墓的现象，死者多口含钱和手握钱。2006年入选全国重点文物保护单位。

包头—阿善遗址 位于东河区阿善沟门村东部。新石器时代遗址，从地面往下分五层，一层为耕土，夹杂有房子墙基的石块和各类遗物；二层分为两个小层,一小层色浅灰,质松软;另一小层黄花土,质坚硬,多处留有地面房子的居住面和火塘遗迹,采集到大量泥质篮纹灰陶片;三层色深灰,土质松软,中间夹有一至两层居住面,仍以灰色篮纹陶片为多;四层褐色土,土质细而硬,泥质灰褐和泥质橙黄陶居多;五层为生土。按其层次序列,第五层的文化遗存被称为"阿善第一期文化",第四层的文化遗存被称为"阿善第二期文化",第三、二层的文化遗存被称为"阿善第三期文化"。2006 年入选全国重点文物保护单位。

包头—百灵庙起义旧址 位于达尔罕茂明安联合旗百灵庙镇。1936 年 2 月,中共地下组织领导"蒙古地方自治政务委员会"的保安队千余人,在绥远的百灵庙举行武装起义,打响了内蒙古民族武装抗日的第一枪。现有"百灵庙抗日武装暴动纪念碑",碑高 25.8 米,呈方锥状,由碑体和抗日武装暴动骑兵群雕组成,碑体上部两面都用蒙古文文字和汉字竖刻"百灵庙抗日武装暴动纪念碑"大字。纪念碑入选国家级抗战纪念设施遗址名录。2006 年入选全国重点文物保护单位。

包头—白灵淖尔城址 位于固阳县。又名"北魏怀朔镇故城",建于北魏始光年间,永熙三年(公元 534 年)废弃。城址周长 4 667 米,在地表 0.8 米下即可见当时的路面。古城中被河道分割为东西两个区域。在东区和南门外一带的田头地垄,陶器的残片俯拾皆是。地面建筑遗迹都集中在西区,地表上仍然可以看到瓦砾堆和建筑物基址,这一带应该是当年衙署和官员居所集中地段。2006 年入选全国重点文物保护单位。

包头—安答堡子城址 位于达尔罕茂明安联合旗百灵庙镇。城址平面呈方形,每边长约 500 米。夯筑土墙,残高 0.9—1.5 米。四面各开一门,外筑瓮城。四隅设角台,北墙有马面。城内发现建筑遗址 30 余处,十字形街道与四门相连,宽 8—10 米。城外有护城河,宽 7—8 米,深 0.9—1.2 米。在遗址中采集到筒瓦、板瓦,灰陶卷沿盆、直口罐,铁锈花白瓷罐、茶袖瓮等残片。城东北高地上有古墓群,已清理两座土穴洞室墓,内置木棺,单人仰身直肢葬,头朝西,死者穿丝绸衣服。2006 年入选全国重点文物保护单位。

包头—燕家梁遗址 位于九原区麻池镇。元代遗址,东西长 650 米,南北宽 600 米,面积约 40 万平方米。发掘出土灰坑 425 个,房址 199 座,窑址 4 座,墓葬 25 座,道路 6 条,出土瓷器、铜器、铁器、玉器等文物 1 万多件和 4 万枚铜钱。2013 年入选全国重点文物保护单位。

兴安盟—成吉思汗庙 位于乌兰浩特市罕山之巅。1944 年竣工。正面呈“山”字形,融汉、蒙古、藏三个民族的建筑风格。正殿中有 16 根粗大的红漆明柱,四周绘有反映成吉思汗业绩的图案,中央为 2.8 米高的成吉思汗铜像。偏殿陈列有元代的兵器、服装、瓷器。山门到正殿有宽 10 米、长 158 米用花岗岩砌成的 81 级台阶。2006 年入选全国重点文物保护单位。

兴安盟—内蒙古自治政府成立大会会址 位于乌兰浩特市城北的罕山脚下。内蒙古自治区的诞生地。原为伪满洲国兴安陆军军官学校的礼堂,建于 1935 年,砖木结构起脊式二层建筑,面积约 2 817 平方米,建筑面积 679 平方米。1947 年 4 月 23 日—5 月 1 日,内蒙古人民代表会议在这里召开,内蒙古自治政府成立,成为我国第一个少数民族自治区。2006 年入选全国重点文物保护单位。

兴安盟—吐列毛杜古城遗址 位于科尔沁右翼中旗。金代遗址。古城分东西两座,两城仅隔 160 米。西城周长 2 382 米,南墙和东墙都开有近 20 米宽的城门,城门前有用作防守的半圆形瓮城,城四角筑有角楼,城墙上有马面 31 个,在城内能拾到陶瓷片、铜钱及铁器残件。东城周长 1 410 米,城北有城门,东墙有一便门,城外有宽约 5 米的护城河。2013 年入选全国重点文物保护单位。

兴安盟—侵华日军阿尔山要塞遗址 位于阿尔山市。阿尔山要塞建于 1935—1945 年,由花炮台阵地、五叉沟机场、南兴安隧道、碉堡、阿尔山车站等组成。花炮台阵地位于阿尔善河上游河谷,由指挥部、营房、碉堡、暗堡、观察所、车库、发电室、军犬舍、水井、铁器加工铺、劳工棚、防坦克壕等组成。五叉沟机场位于叉沟镇,由飞机跑道、飞机库、弹药库、地面掩体组成,为半圆形混凝土结构。南兴安隧道、碉堡位于白狼镇,由隧道、碉堡组成,隧道长

3 210 米，隧道内避车洞、排水沟、渗水井、信号等设施完备；碉堡为混凝土结构，共六层，地下两层，地上四层，建筑面积 600 平方米。2013 年入选全国重点文物保护单位。

兴安盟—中国共产党内蒙古工作委员会办公旧址　位于乌兰浩特市王爷庙。原为伪满洲国兴安南省和兴安总省的办公楼，1947—1949 年内蒙古共产党工作委员会在此办公。1949 年 12 月中共中央内蒙古分局成立，内蒙古共产党工作委员会撤销。旧址始建于 1934 年，是砖瓦结构二层起脊楼房，占地面积 2 356 平方米，建筑面积 1 881 平方米。2013 年入选全国重点文物保护单位。

阿拉善盟—居延遗址　位于额济纳旗。“居延”为匈奴语，意为“弱水流沙”。在汉代，居延地区是通往西域的交通要道，也是汉廷防御匈奴的战略屏障。居延遗址分布在内蒙古自治区额济纳旗和甘肃省金塔县境内，沿额济纳河流域呈扇形分布，包括烽燧、塞墙、城址、墓葬、绿城遗址群、寺庙、佛塔、古代房址八类，其中最主要的是西汉时期长城防御体系中的烽燧亭障遗址。在额济纳旗发现汉代烽燧等遗址，出土简牍 1 万余枚。1988 年入选全国重点文物保护单位。

阿拉善盟—定远营　位于阿拉善左旗巴彦浩特镇。定远营是巴彦浩特镇的旧称。相传汉代名将班超出使西域时曾经在此驻扎，朝廷因班超畅通“丝绸之路”有功，封班超为定远侯，他所驻扎的营地便称为“定远营”。定远营城倚山筑城，占地面积约 50 万平方米，城墙周长 1 650 米。有高大雄伟、华丽的南城门，外侧门楣上书石刻大字“定远营”。2006 年入选全国重点文物保护单位。

阿拉善盟—巴丹吉林庙　位于阿拉善右旗，地处巴丹吉林沙漠腹地。始建于清乾隆二十年（公元 1755 年）。由于处于深处大漠，人迹罕至，巴丹吉林庙一直保持着原貌。建筑面积近 300 平方米，上下两层的中式楼阁建筑，外有半人高的围墙，墙外西侧矗立着一座白塔。有四角形的角楼，重檐山顶。庙室四周的墙壁上绘满了佛教题材的壁画。神龛上供着许多佛像。

藏经阁里摆满布裹的经书。还有精美的砖雕、木雕令人目不暇接。2013 年入选全国重点文物保护单位。

阿拉善盟—曼德拉山岩画群 位于阿拉善右旗孟根苏木。“曼德拉”系蒙古语，意为“升起、兴旺、腾飞”，具有山势高峻之意。曼德拉山黑石嶙峋、岩石遍布，在 18 平方千米的山内，分布有羌、月氏、匈奴、鲜卑、回纥、党项、蒙古等北方少数民族制作的岩画 4 000 多幅，造型技法有凿刻、磨刻和线刻，画面内容为狩猎、放牧、战斗、神佛、日月星辰、寺庙建筑、舞蹈、竞技以及游乐等题材。题材之广泛、内容之丰富，堪称我国“西北古代艺术的画廊”，被誉为“美术世界的活化石”。2013 年入选全国重点文物保护单位。

巴彦淖尔—朔方郡故城 位于临河区及磴口县。包括磴口县汉代朔方郡三座故城，巴彦淖尔市区的黄羊木头城址和八一城址。朔方郡故城东、西墙分别长 637 米、620 米，南、北墙均长 450 米，地表散布绳纹砖瓦，绳纹、波浪纹、方格纹陶罐、瓮、盆残片及“五铢”铜钱。汉武帝时期为了控制西北地区，在鄂尔多斯市杭锦旗设立朔方郡，为西北地区最重要的军事重镇，后来为库布齐沙漠所埋没。2006 年入选全国重点文物保护单位。

巴彦淖尔—阴山岩画 西起阿拉善左旗，中经磴口县、乌拉特中旗，东至乌拉特后旗，在东西长约 300 千米、南北宽约 40—70 千米的阴山狼山地区发现近万幅岩画。题材涉及动物、人物、神灵、器物、天体等，刻法有敲凿、磨刻、线刻等。岩画的创作历经旧石器时代晚期、新石器时代、青铜时代、战国时期、秦汉时期、南北朝时期、隋唐时期、西夏时期、蒙元时期、明清时期共 10 个阶段。北魏地理学家郦道元在《水经注》中对阴山岩画作过详细的记述。2006 年入选全国重点文物保护单位。

巴彦淖尔—沃野镇故城 位于乌拉特前旗。沃野镇是“北魏六镇”之一，鲜卑族为抵御柔然部落而建造。山洪和黄河水冲刷致使城墙倒塌被沙土覆盖，最终消亡。故城为中、东、西三城相连，呈“凸”字形，东西长 1 040 米，南北宽 680 米。在南墙东部还存有东西长约 340 米、南北宽约 200 米的外墙。城墙残高 0.5—1.3 米。城东北角有一高大夯土堆，可能是角楼遗址。

城内到处都有砖瓦和碎陶片，曾出土有瘦莲花纹瓦当，均属北魏遗物。2006年入选全国重点文物保护单位。

巴彦淖尔—新忽热古城址 位于乌拉特中旗。汉武帝太初元年（公元前104年），匈奴的领地遭受大范围的雨雪灾害，造成大批牲畜死亡，匈奴左大都尉打算带兵投降西汉，汉武帝派遣因榆将军公孙敖筑了这座塞外受降城，屯驻骑兵以接应。古城东西长950米，南北宽950米，城墙为土夯，南墙与东墙各设宽12米城门，城内采集有汉代陶片、唐代钱币、西夏陶器残片等文物。2013年入选全国重点文物保护单位。

通辽—开鲁县佛塔 位于开鲁县开鲁镇。建于元至元十六年（公元1297年）。元代藏传佛教覆钵塔，通高17.7米，砖砌，外表涂以白灰。全塔由基台、塔座、覆钵、相轮十三天、塔刹等五部分组成。塔体修长，造型匀称，相轮肥壮，不设华盖，为蒙古族地区特有的覆钵塔形制。2001年入选全国重点文物保护单位。

通辽—库伦三大寺 即兴源寺、象教寺、福缘寺，位于库伦旗库伦镇。库伦是清代内蒙古地区唯一实行政教合一的喇嘛旗，是蒙古族崇尚的宗教圣地。兴源寺始建于清顺治六年（公元1649年），占地面积2.5万平方米，正殿有61根沥金龙柱，面阔、进深各9间，有“八十一间殿堂”之称。福缘寺建于清乾隆七年（公元1742年），有山门殿、诵经殿、佛殿、老爷庙等四重殿宇及偏殿、钟鼓楼。原有舍利塔，后在“文革”中被毁。象教寺亦为四进院落，山门内有弥勒殿、无量佛殿、玉柱堂、佛母殿、寝殿、影壁等。三大寺建筑具有蒙、藏、汉文化相结合的特色，有深刻的民族文化内涵。2006年入选全国重点文物保护单位。

通辽—僧格林沁王府 位于科尔沁左翼后旗。原名“科尔沁郡王府”，始建于清乾隆五年（公元1740年）。咸丰五年（公元1855年）札萨克郡王僧格林沁因功晋升亲王，赐“博多勒嘎台”，遂称“博王府”。正方形院落，占地面积约4万平方米，现存正殿、库房、后仓等建筑。正殿为单檐硬山顶，面阔五间，进深两间。2006年入选全国重点文物保护单位。

通辽—萧氏家族墓 位于奈曼旗青龙山镇。又称“陈国公主墓”。陈国公主为辽景宗皇帝孙女、秦晋国王圣宗皇太弟耶律隆庆之女、吴国公主之妹。约营建于辽开泰六年(公元1017年),砖砌多室墓,全长16.7米。由墓道、天井、前室、东西耳室和后室六部分组成。出土随葬品44组共3 227件,随葬品多是用金、银、玉石以及玛瑙、琥珀、珍珠等贵重材料制作。墓中出土的金银制品,其中纯金制品1 365.75克,纯银制品5 723.7克,还有一些金、银、铜、玉等复合制品,共计黄金重约1 700克、白银10 000余克。1986年入选“全国十大考古发现”。2006年入选全国重点文物保护单位。

通辽—吐尔基山墓 位于科尔沁左翼后旗吐尔基山。历史上科尔沁左翼后旗地属辽代乌州。石室墓,由墓道、墓门、甬道、墓室及左右耳室组成。长斜坡墓道,长48米,两壁石墙残高约10米。墓葬中出土了大量的铜器、银器、金器、漆器、木器、马具、玻璃器和丝织品。吐尔基山辽墓是一座未曾被盗掘的千年古墓。2006年入选全国重点文物保护单位。

通辽—土城子城址 位于奈曼旗土城子乡土城子村。战国东汉时代的古城。城址东西多沟壑,南北多台地。400米×400米的方形古城址较为完整,城墙高度4—6米,底宽10—14米,均为夯土板筑,有南、北两门。城内西北角建有90米×90米的正方形小城(马圈),东开门,高处达3米多,底宽5米。在城内拾到大量战国、秦汉时代的陶片、货币、兵器、建筑构件等。2013年入选全国重点文物保护单位。

通辽—灵安州遗址 位于库伦旗扣河子镇。辽代时期古城遗址。占地面积40.8万平方米,城周围群山起伏,山峰峻峭,岩石突兀。城墙底部宽6米,上部宽3—4米,残高约2米余。城内有十字形街道、建筑台基。地表散布沟纹砖、布纹瓦、莲花纹瓦当、兽面纹瓦当、白瓷片及辽、北宋的铜钱等物品。出土有“灵安州刺史印”一方及大量建筑物件,以及瓷器、陶器、铁器等。2013年入选全国重点文物保护单位。

通辽—豫州城遗址及墓地 位于扎鲁特旗。辽代城址。占地面积14.5万平方米。城墙残高2.5—3.5米,宽22—25米。城内建筑遗迹很多,最大的遗址土堆南北23米，东西24米，建筑基址间有道路痕迹，城址中间有一口水井。在城址东北角有一座庙宇遗址，南北长160米，宽90米，内有大量的残砖瓦和柱基石。2013年入选全国重点文物保护单位。

通辽—韩州城遗址　位于科尔沁左翼后旗浩坦苏木五家子嘎查。韩州乃辽代重镇，系辽圣宗耶律隆绪并三河、榆州所置，隶属东京道，曾三迁治所，此遗址为最初的治所，距今约有千年历史。遗址方圆数十千米，地处平原沙丘，塘泥河为其天然的护城河。城墙夯土板筑，残高3.5米，细密坚实。城有四门，有瓮城保护。全城共建马面23座。发现建筑遗址三处，为官署遗迹。2013年入选全国重点文物保护单位。

通辽—南宝力皋吐古墓地　位于扎鲁特旗东南部。地处大兴安岭南麓草原与科尔沁沙地交汇地带，是东北地区新石器时代多种原始文化相互摩擦与碰撞的重要领地域。遗址揭露面积1.2万平方米，清理墓葬395座，房址9座，灰坑40余座，出土陶器、骨蚌器等1 800多件。2013年入选全国重点文物保护单位。

通辽—奈林稿辽墓群　位于库伦旗前勿力布格村。前勿力布格村是辽代懿州的辖地，懿州是辽圣宗女儿越国公主的私城。越国公主下嫁国舅萧孝忠。这里的几座辽墓可能是萧孝忠一系子孙。发掘了四座辽代墓葬，这四座墓葬均曾被盗，但还是出土了大型辽代壁画和较为丰富的随葬器物。2013年入选全国重点文物保护单位。

通辽—蒙古王府　位于奈曼旗大沁他拉镇。奈曼部首领札萨克多罗达尔汉郡王的府邸，始建于清同治二年（公元1863年）。大院呈方形，占地面积近1万平方米，有房屋190余间。四周为夯土板筑梯形围墙，四角建有角楼，非常威严。正面是豪华艳丽的两扇朱红大门，门前有大石狮一对，院内正殿和配殿兽头瓦当，叶脉滴水，金碧辉煌。正殿和东西二殿均有丹青彩绘。2013年入选全国重点文物保护单位。

通辽—寿因寺大殿　位于库伦旗良乡城塔湾村。寿因寺建于明万历中期。现存大殿为汉藏结合风格建筑，二层三顶式，正面前出三间抱厦，四根石雕明柱支擎第一、二层建筑。前檐斗拱作木雕虎头、象头,屋顶前部为卷棚式,中部、后部为单檐歇山式。大殿内有彩绘,大殿门前西南墙内侧绘有十八层地狱轮回图。2013 年入选全国重点文物保护单位。

二十三、国家一级博物馆

内蒙古博物院　位于呼和浩特市新华大街和中山路交汇处。1957 年内蒙古自治区成立 10 周年大庆的重点建设项目之一,也是我国少数民族地区最早建立的博物馆之一。建筑面积 15 000 余平方米,展厅面积 7 000 平方米,集合了现代元素、地域表征与民族特色。楼顶塑有凌空奔驰的骏马,象征着内蒙古的吉祥与腾飞。馆藏文物丰富,匈奴王金冠是目前国内发现的唯一的匈奴贵族金冠饰,印金团花图案夹衫为元代丝织佳品,清鸟羽式萨满服属一级文物。2008 年入选首批国家一级博物馆。

鄂尔多斯博物馆　位于鄂尔多斯市康巴什区。占地面积 27 760 平方米,建筑面积 41 220 平方米。外观似一块饱经风雨魔力侵蚀的磐石,象征鄂尔多斯悠久的历史和深厚的文化底蕴;古铜色的金属外表,记录着鄂尔多斯古老沧桑的草原文明。馆藏文物 7 000 余件(套),以中生代恐龙足迹印痕化石、河套人与萨拉乌素动物群、乌仁都希山岩画、鄂尔多斯青铜器等珍贵文物蜚声海内外。2017 年入选国家一级博物馆。

二十四、中华老字号

河套酒业集团股份有限公司(注册商标:河套)　2006 年入选中华老字

号。参见全国工业旅游示范点——河套酒业集团。

民族商场有限责任公司(注册商标：民族) 位于呼和浩特市中山西路。始建于1954年，主营业务领域包括商业(百货零售、连锁超市、集贸市场和电器专营等)、酒店业和房地产三大板块，是全国大型百货零售企业贸易联合会、中国商业联合会、中国百货商业协会成员单位，我国少数民族地区最大的商贸中心和商业企业集团。曾获得全国重点大商场百强企业、全国商业信誉企业、全国百家大零售企业等多项荣誉。2011年入选中华老字号。

呼和浩特市制酒厂(注册商标：丰州) 位于呼和浩特市金川东路。建于1950年，时称"地方国营归绥酿酒公司"，是新中国成立后第一批组建的地方国营酿酒厂之一，国家原轻工部定点的白酒生产企业。2002年重组，更名为"内蒙古金元集团呼和浩特制酒厂"。依托呼和浩特地区丰富的历史文化资源，研发了"丰州"牌系列白酒。2011年入选中华老字号。

百年酒业有限责任公司(注册商标：开鲁) 位于开鲁县开鲁镇新开大街。前身是开鲁县制酒厂，始建于清光绪二十四年(公元1898年)，立字号"万合永烧锅"。现名列中国白酒行业百强企业。开鲁老白干系列产品、开鲁大曲系列、开鲁老窖系列产品，曾荣膺"内蒙古名牌产品"称号。2011年入选中华老字号。

恒丰食品工业(集团)股份有限公司(注册商标：河套) 位于巴彦淖尔市临河区建设南路。源于建于1958年的日加工十几吨的小加工作坊，现已发展成为西北地区最大的粮食加工企业集团，拥有三条意大利进口的全套专用粉加工设备，完成了从田间到餐桌的全产业链经营布局。以优质河套小麦为原料生产的"河套"牌系列面粉及深加工产品，获得了国家绿色食品资格证书。2011年入选中华老字号。

大盛魁实业有限公司(注册商标：大盛魁) 位于呼和浩特市玉泉区。大盛魁商号由清代山西人开办，大盛魁实业有限公司公司继承了大盛魁商号的品牌，秉承"信达天下，诚通四海"的核心理念和"诚信、进取、敬业、创新”的企业精神,形成了以能源产业链为依托,文化产业为主业,集房地产开发、影视、旅游、度假、休闲、绿色有机食品、酒业等为辅的经营格局,走出了一条充满生机活力的企业发展之路。2011 年入选中华老字号。

鸿茅实业股份有限公司(注册商标:鸿茅)　位于凉城县关镇建设街酒源路。现代制药企业。主营产品“鸿茅药酒”始创于清乾隆四年(公元 1739 年),曾作为宫廷贡酒,被封为皇室养生益寿的御用圣品,传承数百年。2014 年“鸿茅药酒配制技艺”入选国家非物质文化遗产(代表性项目名录)。2016 年“鸿茅药酒”被国家质检总局批准为地理标志产品保护。2011 年入选中华老字号。